1000 Photo Icons

GEORGE EASTMAN HOUSE

Umschlagvorderseite: Man Ray (Emmanuel Rudnitzky; Amerika, 1890–1976), Solarisation, 1929, Museumsankauf, ehemalige Sammlung Man Ray (Abbildung S. 533)
Umschlagrückseite: Bill Brandt, (England, geb. Deutschland, 1904–1983), Belgravia, London, 1951, Museumsankauf (Abbildung S. 637)

Herausgeber: Therese Mulligan und David Wooters
Autoren: William S. Johnson, Mark Rice, Carla Williams
Koordination: Therese Mulligan, David Wooters, und Amy Winward, George Eastman House
Ann H. Stevens, East River Editorial
Reproduktionen: Barbara Puorro Galasso, Head of Photographic Services, George Eastman House

Hohenzollerning 53, D–50672 Köln
www.taschen.com

Projektleitung: Simone Philippi, Köln
Übersetzung aus dem Englischen: Birgit Herbst
Lektorat und Koordination: Gimlet & Partner, Köln
Produktion: Martina Ciborowius, Köln

Printed in Italy
ISBN 3–8228–2095–4

1000 Photo Icons

George Eastman House

TASCHEN
KÖLN LONDON MADRID NEW YORK PARIS TOKYO

Inhalt

Vorwort

Dieses Buch gibt Anlaß, Nachforschungen anzustellen. Eher heuristisch, statt definitiv, bietet es verschiedene Möglichkeiten an, sich der George Eastman-Sammlung aus privatem oder wissenschaftlichem Interesse zu nähern und stellt damit nur eine von vielen denkbaren Strukturen und Präsentationsformen dar. Diese, anläßlich des 50jährigen Bestehens des Museums erscheinende Publikation ist eine Einladung zur Entdeckung, denn Entdeckung bestimmt wesentlich den Auftrag eines Museums.

Therese Mulligan, Kuratorin für Photographie, hat den Prozeß der Auswahl und Interpretation der Bilder geleitet. Die Kategorien, zu denen sie die Bilder gruppiert hat, schließen viele Aspekte ein und treffen Aussagen über die Sammlung, ohne sie zu definieren. Die von Therese Mulligan mit wissenschaftlich geschultem und sensiblen Blick für die Stärken der Sammlung getroffene Auswahl der Bilder und ihr Essay sind intellektuell und emotional ansprechend, *weil* sie bedingt und persönlich sind. Jedes Bild kann zwar als Vertreter der gesamten Sammlung betrachtet werden, aber die hier gezeigte Auswahl steht in keinem Verhältnis zu ihrem Umfang.

David Wooters, seit fast zwei Jahrzehnten Photoarchivar des George Eastman House, spricht häufig von der Einladung zur Entdeckung, welche die Sammlung an den Besucher richtet. In dieser Hinsicht bietet die Sammlung einen Anreiz, die Freude des Interpretierens zu entdecken, ein pädagogischer Prozeß, zu dem dieses Buch besonders einlädt. David Wooters vermittelt in seinem Essay die Freude, beim Betrachten einer Sammlung von Bildern durch wiederholtes Anschauen zu entdecken, daß Geschichte so reflektiert wird, wie sie entstanden ist – gleichzeitig absichtsvoll und zufällig, und vor allem stets überraschend.

Text und Bilder dieses Buches ergeben im Zusammenspiel eine menschliche Erzählung dessen, wie diese Sammlung durch eine Reihe von Zufällen und Gelegenheiten, durch Glück und Zielstrebigkeit entstanden ist. Das Ergebnis der über 50jährigen Sammeltätigkeit ist ein Bestand an Werken, der nicht nur aufgrund seines ästhetischen oder pädagogischen Werts, sondern auch aufgrund seiner großen Vielfalt für Qualität steht. Dies sowie die gesellschaftlichen und kulturellen Implikationen machen die photographische Sammlung des George Eastman House zu einer äußerst interessanten und einflußreichen Einrichtung. Es hat den Anschein, als würden große Sammlungen nicht durch Befolgen von Regeln, sondern durch Offenheit für Entdeckungen entstehen.

Im Namen der Trustees möchte ich allen Mitarbeitern des George Eastman House danken; wir freuen uns, durch Benedikt Taschen die Schätze des Museums präsentieren zu können.

Anthony Bannon
Direktor

Die Sammlungen im George Eastman House

Wegen ihrer einzigartigen Vielfalt und Qualität ist die Photographie-Sammlung im George Eastman House zu Recht weltberühmt. Ihre Aussagekraft wird unterstrichen durch die anderen großen Sammlungen des Museums: Film, Technologie und Bibliothek. Das restaurierte Anwesen von George Eastman, der die Photographie der Allgemeinheit zugänglich machte, vervollständigten die Sammlungen, die in ihrer Gesamtheit das Museum ausmachen.

Die Stärke des Museums war schon immer sein Fundament aus zahlreichen Sammlungen internationaler Artefakte. Die zukunftsweisende Sammlung von Gabriel Cromer bestimmte Tenor, Qualität und Bandbreite der Institution. Seltene, oft einzigartige Kameras, Abhandlungen und Bücher sowie Hunderte der schönsten frühen Daguerreotypien und Drucke aus Europa wurden von anderen Sammlungen erworben und bildeten die Grundlage dieser Forschungseinrichtung. Alle vier Sammlungen enthalten einen hervorragenden Bestand an amerikanischen Artefakten, darunter Zeitschriften, Filme und Geräte, von denen viele aus den Anfängen des Mediums stammen.

1950 wurde der Komplex um das Dryden Theatre erweitert, um die wachsende Zahl der Filme der Öffentlichkeit zugänglich zu machen. Die Stummfilmsammlung innerhalb der Filmsammlung ist unübertroffen. Zu weiteren Höhepunkten gehören alle noch existierenden Filme von Greta Garbo und Louise Brooks, viele Filme des Kinos der Weimarer Republik sowie die MGM Collection einschließlich ihrer Technicolor-Negative. Die Privatsammlung des Regisseurs Martin Scorsese mit Hunderten von Kurzfilmen des amerikanischen Nachkriegskinos ist eine weitere bedeutende Erwerbung. Wie andere Sammlungen ist auch die Filmsammlung ständig bemüht, ihr Archiv um seltene sowie zeitgenössische Stücke zu erweitern.

Die Sammlung photographischer Technologie ist weltweit eine der größten. Sie umfaßt alle Aspekte der photographischen und cinematographischen Austattung. Das älteste Stück der Sammlung ist eine Camera obscura aus dem 18. Jahrhundert, und auch die weltweit erste kommerziell produzierte Kamera, die berühmte Giroux, befindet sich hier. Dieses kostbare Stück ist vermutlich für Daguerre selbst gebaut worden und trägt die Signatur des Photographen über dem Firmenzeichen des Herstellers. Die Atelierausstattung und die Daguerreotypie-Kamera von Bemis aus Boston, gebaut 1840, werden hier zusammen mit ihrer Verkaufsurkunde aufbewahrt, ebenso wie das Edison-Kinetoskop aus dem Jahr 1894, ein Gerät zum Betrachten einer dreiminütigen Filmschleife. Aber auch moderne Technologie wird gezeigt; ausgewählte Beispiele digitaler Bildtechnik gelangten als Schenkungen von Herstellern in die Sammlung.

Die »Richard and Ronay Menschel Library« bildet die Achse, an der alle Sammlungen zusammenlaufen. Keine andere Bibliothek umfaßt so viele Aspekte der Geschichte, Ästhetik und Technologie der Photographie und des Kinos. Sie ist nicht nur eine Sammlung von Artefakten, sondern auch eine wertvolle Informationsquelle für Öffentlichkeit und Wissenschaft. Hier findet man *Humphrey's Journal*, die erste amerikanische Photographie-Zeitschrift, und andere seltene historische Bücher und Zeitschriften, Dokumente der optischen und chemischen Fortschritte, die der Erfindung der Photographie vorausgingen, sowie Bücher von zeitgenössischen Künstlern.

Die Sammlungen greifen thematisch ineinander und behandeln Geschichte, Stilperioden und die Veränderungen, die durch die Entwicklung von Kameras und Projektoren sowie den öffentlichen Geschmack hervorgerufen wurden, so daß der Besucher ihre imaginären Grenzen überschreiten und in all ihren Bereichen Forschung betreiben kann. So lassen sich beispielsweise der Geist und die Darstellung des expansiven amerikanischen Westens oder der Impuls eines neuen dokumentarischen Stils in der Literatur über die Zeit, durch die Bilder (sowohl faktische wie fiktive) und anhand der Technologie zurückverfolgen, die eine bestimmte Sicht- und Arbeitsweise möglich gemacht haben.

Die Sammlungen, die in einem modernen Gebäudekomplex untergebracht sind, erreichen die Öffentlichkeit durch ständig wechselnde Ausstellungen im Museum des George Eastman House, landes- und weltweite Ausstellungen, Studieneinrichtungen sowie Vorführ- und Schnitträume und zwei Theater, in denen fast täglich Filme gezeigt werden.

Da das Museum den Auftrag hat, die Öffentlichkeit zu bilden und ihr den Reichtum seiner Sammlung zugänglich zu machen, wurden eine Schule und Labors für Restaurierung und Konservierung eingerichtet, um eine neue Generation von Spezialisten heranzubilden. Die L. Jeffrey Sleznick School of Film Preservation und das Andrew W. Mellon Advanced Residency Program in Photograph Conservation sind wichtige Bestandteile dieser Einrichtung.

Die Sammlungen im George Eastman House könnten als gesonderte Gruppen von Artefakten betrachtet werden, aber dies würde bedeuten, ihre Aussagekraft als zusammenhängendes Ganzes zu übersehen. Ob man die Sammlung benutzt, um etwas über die Welt von George Eastman, seine Unternehmungen und die Zeit, in der er lebte, zu erfahren, oder um sich über die Geschichte des Films und der Photographie zu informieren, die Summe dieser Sammlungen ist wirklich größer als ihre Einzelteile.

Marianne Fulton
Kuratorin

Ein Vermächtnis in der Entwicklung

Die Publikation dieser Beschreibung der Sammlung markiert den 50. Jahrestag der Gründung des Museums im George Eastman House im Jahr 1949. Obwohl erst das zweite, der Photographie gewidmete Museum (Louis Walton Sipleys »American Museum of Photography« wurde früher eröffnete), war es das erste, das Photographie und Technologie mit ihrer Schwester, der Filmkunst verband. Dies allein sichert ihm bereits einen Platz in der Geschichte, aber von noch größerer Bedeutung ist, daß es zu einer zentralen Einrichtung in der sich verändernden Landschaft der amerikanischen Photographie wurde, die erst noch durch außergewöhnliche institutionelle Aufträge kartographiert, akademisch anerkannt und von einem neuen Markt entdeckt werden mußte. Dies änderte sich mit der Gründung des George Eastman House, das die photographische Praxis in Amerika mit seinem, der Bewahrung, Information und Interpretation gewidmeten Auftrag nachhaltig prägte.

Vor dem Hintergrund der angespannten wirtschaftlichen Lage des Nachkriegsamerika kann die Gründung des Museums zum Teil auf die Frage über die zukünftige Nutzung des Hauses von George Eastman zurückgeführt werden. Der Gründer der Eastman Kodak Company, George Eastman, hatte sein Haus und das umliegende, knapp fünf Hektar große Grundstück der Universität von Rochester als Wohnhaus für ihre Rektoren vermacht; ein Museum hatte er nicht vorgesehen. Aber die steigenden Unterhaltskosten des Hauses und die Verlegung des Campus veranlaßten die Universität, das Anwesen aufzugeben. Am 3. Juni 1948 versammelten sich neun Männer in den Räumen der Eastman Kodak Company, zur ersten Sitzung des Board of Trustees des George Eastman House und beschlossen, in dem Haus ein Museum einzurichten. In der Gründungsurkunde wurde der Auftrag zur Schaffung eines »Museums der Photographie und damit zusammenhängender Einrichtungen« sowie die Erstellung »einer graphischen und kontinuierlichen Geschichte der Photographie« für die Vermittlung von »Photographie durch Demonstration und Ausstellung« festgeschrieben.

Die Sprache dieser Gründungsurkunde des Museums ist zwar komplex, aber der Impuls war klar und entstammte dem Wunsch, George Eastman ein Denkmal zu setzen.

In derselben Versammlung ernannten die Kuratoren Dr. C. E. K Mees, den Leiter des Kodak Research Laboratory, zum Präsidenten, und General Oscar Solbert, Leiter der Public Relations Abteilung, zum Direktor des Museums. In den Händen dieser beiden Männer nahmen das Museum und sein Auftrag Gestalt an; Mees war aktiv mit den Bereichen Photographie und Technologie, und Solbert mit der Abteilung Film befaßt. Die Trustees einigten sich auch auf den ersten Kurator des Museums, den Photographie-Historiker Beaumont Newhall.

Die Entscheidung, Newhall anzustellen, hatte eine Vorgeschichte. Er war den Geschäftsführern von Kodak, besonders Dr. Walter (Nobby) Clark, kein Unbekannter; dieser hatte ihn 1939 mit der Katalogisierung der kurz zuvor als Teil der Eastman Historical Photographic Collection (EHPC) erworben Sammlung Gabriel Cromer beauftragt. Newhall hatte eine enge Verbindung zu Clark behalten und später eine wichtige Rolle in dem neu gegründeten Museum gespielt, als er Clark bei Erwerbungen für die EHPC beriet. Zu dieser Zeit kuratierte Newhall photographische Ausstellungen des Museum of Modern Art, wo er als Bibliothekar arbeitete, und leitete 1940 die Einrichtung, einer photographischen Abteilung dieses Museums – die erste dieser Art in den Vereinigten Staaten. Dennoch wurde nicht Newhall, sondern der Photograph Edward Steichen zum Leiter der Abteilung ernannt. Und obwohl Steichen zuvor als Kandidat für die Stellung des Kurators am George Eastman House in Betracht gezogen worden war, einigte man sich einstimmig auf Newhall. Er füllte diese Position zehn Jahre lang, bis zum Tod von General Solbert 1958, und wurde dann zweiter Direktor des Museums.

Als Kurator und Direktor in den Entstehungsjahren des George Eastman House definierte Newhall mehr als jeder andere Charakter und Auftrag des Museums. Sein Wissen um die ästhetischen Möglichkeiten der Photographie, das er anschaulich in dem wegweisenden Buch *Geschichte der Photographie* darlegte, hatte entscheidenden Einfluß auf den neu entstehenden Bereich der photographischen Wissenschaft. Auch wenn sein modernistischer, teleologischer Ansatz häufig Gegenstand von Diskussionen und Neubewertungen gewesen ist, schuf Newhall doch einen institutionellen Rahmen für die »Geschichte der Photographie«. Seine Ausstellungen postulierten eine Kunstgeschichte der Photographie und verwandelten die Räume des George Eastman House in Hallen ästhetischer Interpretation. In gleicher Weise baute er auch eine umfangreiche und vielfältige Sammlung von Meisterwerken der Photographie auf und verschaffte dem Museum damit einen Platz im Zentrum des photographischen Diskurses als national wie international führende Stimme.

Als Mitarbeiter für seine kuratorische Aufgabe gewann Newhall Persönlichkeiten, die nicht nur seine Philosophie und seine Ambitionen für das Museum teilten, sondern auch einflußreiche Vertreter der zeitgenössischen photographischen Szene waren. Auch seine Frau, Nancy Newhall, schrieb über Photographie und spielte eine bedeutende Rolle für das Museum. In Zusammenarbeit mit ihrem Mann war sie für zeitgenössische Erwerbungen, Ausstellungen und Publikationen verantwortlich, darunter solche von langjährigen persönlichen Freunden wie Ansel Adams, Margaret Bourke-White, Alfred Stieglitz, Paul Strand und Edward Weston.

1953 lud Newhall den Photographen Minor White zur Mitarbeit an der Herausgabe der Museumszeitschrift *Image* ein. White, bereits Herausgeber von *Aperture*, jener Photographie-Zeitschrift, die er 1952 mit Unterstützung unter anderem von Newhall gegründet hatte, hatte das Angebot für eine Anstellung als Kurator am Museum of Modern Art abgelehnt. Er zog nach Rochester und nannte es zwölf Jahre lang seine Heimat. Bevor er Kurator wurde, verbrachte er die ersten drei Jahre als Herausgeber von *Image* am George Eastman House. Er verließ das Museum 1956, um am neu eingerichteten Institute of Technology in Rochester Photographie zu unterrichten.

Whites Zeit am Museum war zwar kurz, aber sein Einfluß in kuratorischen und pädagogischen Fragen war nachhaltig und erstreckte sich auf die gesamten 1950er und 1960er Jahre, die häufig als die »goldene Zeit« des Museums bezeichnet werden.

White trug maßgeblich dazu bei, Bild- und Textinhalt von *Image* als Zeitschrift der Kunst, Wissenschaft und Technologie der Photographie und des Films zu prägen. Als informatives Organ des Museums bediente sich die Zeitschrift der Archive des Hauses und präsentierte in kritischen Essays und Kunstreproduktionen eine Geschichte der Medien. Sie berichtete über Ausstellungen, Forschungen und Erwerbungen des Museums und behielt durch Kritiken und Leitartikel den Kontakt zu aktuellen Trends in der Photographie jenseits der Museumsmauern. Für die Herausgeber Newhall und White wurde *Image* zu einem wichtigen Sprachrohr des Museums und diente dazu, seine umfassenden Aktivitäten einem größeren nationalen und internationalen Publikum vorzustellen. Außerhalb des Museums war White weiterhin Herausgeber von *Aperture*, dessen Herstellung er inzwischen nach Rochester verlagert hatte. *Image* und *Aperture* waren die wichtigsten kritischen Zeitschriften der Zeit und untermauerten die Rolle des Museums und der Stadt Rochester als zentraler Ort der Photographie. Dieser Status wurde durch die von White kuratierten Ausstellungen sowie all jene erhärtet, die bei ihm und Newhall am Museum studierten und arbeiteten.

In thematischen Ausstellungen wie »Camera Consciousness«, »The Pictorial Image« und »Lyrical and Accurate« verband White Bild und Wort in interessanten didaktischen Präsentationen. Der Pädagoge und Philosoph White realisierte als Kurator ein öffentliches Forum für seine theoretischen Überlegungen zur Photographie, die er regelmäßig in *Aperture* darlegte. White war Anhänger der direkten Photographie, die man im Hinblick auf ihre psychologische, metaphorische oder spirituelle Botschaft »lesen« konnte, und war, ebenso wie Newhall, bestrebt, die Photographie aus ihrer traditionellen dokumentarischen Rolle zu entlassen, um ihr ästhetisches

Potential in den Vordergrund zu stellen. Diese – wenn auch nicht neue – Sicht des Mediums sprach viele junge amerikanische Photographen an, die in der Photographie eine Ausdrucksmöglichkeit und ein Mittel der Forschung sahen. Für zahlreiche von ihnen war das George Eastman House sowohl Ausbildungsstätte als auch öffentlicher Schauplatz der aktuellsten photographischen Praxis und Theorie.

Zu Beginn der 1960er Jahre wuchs die Zahl der Beschäftigten, Referendare und Studenten am Eastman House um Photographen, Historiker und Kritiker wie Peter Bunnell, Walter Chapell, Robert Doty, Harold Jones und Nathan Lyons. In der Nachfolge von White übernahmen Chapell und Lyons kuratorische und redaktionelle Verantwortung, da Newhall, damals Direktor, seine Aufmerksamkeit administrativen und verlegerischen Angelegenheiten widmete. Vor allem Lyons bestimmte in den 1960er Jahren den kuratorischen Kurs des Museums und beleuchtete in Ausstellungen und Publikationen Gegenwart und Zukunft der photographischen Praxis. Er sah in der Institution des Museums, seinen Ausstellungsräume und Sammlungen in erster Linie einen Ort der Forschung und Lehre.

Mit zeitgenössischen Erwerbungen schuf Lyons teilweise ein Gegengewicht zu Newhalls auktorialer Hierarchie photographischer Meister. Seine bahnbrechenden zeitgenössischen Studien und Gruppenausstellungen wie »Photography 63«, »Photography 64«, »Toward a Social Landscape« und »Vision and Expression« stellten eine neue Generation von Photographen vor, welche die traditionellen Grenzen von Technik und Inhalt ausweiteten, um die aktuellen sozialen und politischen Konflikte in den Vereinigten Staaten zu beleuchten, oder die Rolle der Photographie in den Massenmedien als kulturelle Ware zu untersuchen. Inhalt und Präsentation von Lyons' Ausstellungen waren für ihre Zeit provozierend und einflußreich. Mit »Conscience: The Ultimate Weapon«, 1968, gestaltete er, in seinen Worten, eine »thematische Raumerfahrung« durch Bild und Klang. In dieser Ausstellung, teils Vorführung, teils traditionelle Wandpräsentation verband Lyons mit elf

Projektoren Dias der politischen Dokumentarphotos von Ben Fernandez mit synchronisiertem Ton zu einem beeindruckenden multimedialen Erlebnis. Dieses, heute allgemein verbreitetere Ausstellungskonzept war zur damaligen Zeit revolutionär, besonders innerhalb eines Museums. In seiner kuratorischen Arbeit machte Lyons deutlich, daß die Welt des Museums und die Welt jenseits des Museums sich nicht gegenseitig ausschließen, sondern kulturell und kommunikativ untrennbar miteinander verbunden sind.

Ebenso wie Newhall und White nutzte auch Lyons seine Position als Kurator, um die pädagogischen Bestrebungen innerhalb der Photographie voranzutreiben. 1962 berief er die erste Versammlung der Society for Photographic Education (SPE), einer Gruppe von Lehrenden der Photographie an Schulen und Universitäten ein. Unter anderem inspiriert von Minor White, dessen Workshops und Kurse viele Photographen und Photographie-Professoren besucht hatten, wurde SPE, dessen Vorsitzender Lyons war, dank dessen koordinatorischer Fähigkeiten Realität. Der pädagogische Auftrag der SPE war für Lyons eine Ergänzung zu dem des Museums, und wie in all seinen Aktivitäten, bemühte er sich auch hier, eine gegenseitige Beziehung zwischen Lehreinrichtungen und photographischen Anwendern herzustellen. Unter seiner Leitung nahmen pädagogische Ziele der SPE in Form von Erweiterungsprogrammen, Symposien, Forschungsstipendien und einem Ausbildungsprogramm am George Eastman House Gestalt an. Die SPE erlangte in den 1960er und 70er Jahren Bedeutung als anerkannter Vertreter der sich verändernden Rolle der Photographie in den Vereinigten Staaten, besonders hinsichtlich der Akzeptanz des Mediums innerhalb pädagogischer Institutionen.

In den 1970er Jahren erlebte die Photographie im populären, professionellen und institutionellen Bewußtsein der Vereinigten Staaten explosionsartige Verbreitung. Ausschließlich der Photographie gewidmete Museen und Galerien wurden eröffnet, etwa die einflußreiche Light Gallery in New York, deren Direktor, Harold Jones, zuvor Kurator am George Eastman House gewesen war. Kunstmuseen richteten photographische Sammlungen ein, und Universitäten und Schulen sammelten Photographien für Unterricht, Ausstellungen sowie als Begleitmaterial zu der entstehenden Photographiegeschichte und angewandten Studiengängen. Parallel zu diesen Entwicklungen wuchs der Markt für Photographien rapide, was Auktionshäuser dazu veranlaßte, dem Medium gewidmete Abteilungen einzurichten und regelmäßig Verkäufe zu veranstalten. Seit seinen Anfängen hatte das George Eastman House diese Zukunft der Photographie vorangetrieben, in der die Ästhetik und Geschichte des Mediums geschätzt, kritisch studiert und praktiziert werden würden.

Aber das Museum hatte nicht nur diese institutionelle Vision. Während der 1970er und bis in die 1980er Jahre erweiterte und verbesserte es seinen Auftrag der Bewahrung, Erziehung und Interpretation. Eine Abteilung für Restaurierung wurde eingerichtet, die in den folgenden Jahren auch eine lehrende Funktion annahm und Studenten aus der ganzen Welt anzog. Zu den Referendaren und Studenten des Museums gehörten viele, die zu bedeutenden Experten der Photographiegeschichte werden sollten.

Lyons verließ das Museum 1969 und gründete den »Visual Studies Workshop«, und Newhall nahm 1970 eine Professur an der University of New Mexico an, aber das Museum beschäftigte noch immer einen Stab von Kuratoren, der nicht nur aus Historikern, Kritikern und Autoren bestand, sondern auch aus aktiven Photographen. Die Position des Photographen als Kurator, lange Zeit eine Hauptstütze der photographischen Interpretation, erreichte in dieser Generation ihren Höhepunkt. Aufgrund der Professionalisierung des Bereichs wurde der Photograph als Kurator jedoch zunehmend von solchen Kuratoren verdrängt, die auf die Geschichte der Photographie spezialisiert waren.

Als aktive Photographen strebten Museumskuratoren wie Thomas Barrow, Robert Fichter und William Jenkins danach, die zentrale Rolle des Museums als Ort der Interpretation neuer Trends in der zeitgenössischen

Photographie aufrechtzuerhalten. Barrow und Fichter gehörten einem Kreis von örtlichen Kollegen an – Betty Hahn, Joan Lyons, Bea Nettles und John Wood – deren Interesse an vernachlässigten photographischen Verfahren des 19. Jahrhunderts und neuen Reproduktionstechnologien wie der in Rochester entwickelten Xerographie, Vergangenheit und Gegenwart der Photographie zu einem neuen, experimentellen Ansatz verschmolzen. In ihrer umfangreichen und einflußreichen Arbeit widmeten sie sich den aktuellen Themen der Zeit: Feminismus, Autobiographie, politische Konflikte und der Rolle der Photographie in der Massenkultur.

Gleichzeitig entdeckte Jenkins mit Unterstützung des Photographen Joe Deal, der ebenfalls für das Museum arbeitete, eine Gruppe zeitgenössischer Photographen, die das altehrwürdige Thema der amerikanische Landschaftsphotographie fortsetzten. Die von Jenkins 1975 organisierte Ausstellung »New Topographics: Photographs of a Man-altered Landscape« stellte eine herausragende Bewegung in der Photographie vor, die sich mit den durch Industrie, neue Technologien und Migration verursachten Veränderungen in der amerikanischen Landschaft beschäftigte. In der Vergangenheit der Photographie bewandert und verbunden mit ihren Traditionen der Landschaftsdarstellung beendete die einflußreiche Bewegung den Mythos der amerikanischen Landschaft als nationale Metapher der Verheißung und des Wohlstands, und ersetzte ihn durch Themen wie Umweltzerstörung und wuchernde Städte.

Ende der 1970er und zu Beginn der 1980er Jahre traf die lebendige kuratorische Arbeit, in der das Museum zeitgenössische Themen in der Photographie aufgriff, auf einen ähnlichen Geist der Wiederentdeckung und Erforschung der verschiedenen historischen Rollen, den die Photographie in Wissenschaft, Populärkultur und Journalismus gespielt hatte. In zwei großen Ausstellungen reflektierte Janet Buerger, Kuratorin für Photographie des 19. Jahrhunderts, anhand der Sammlung Gabriel Cromer, wie französische Daguerreotypisten und Kalotypisten die ersten Jahre der Photographie und ihre zukünftigen kulturellen Anwendungen prägten. Die Kuratoren Robert Sobieszek und Marianne Fulton, die beide eine persönliche Forschungsrichtung verfolgten, richteten ihre Aufmerksamkeit auf die zentrale Rolle der Photographie für die Entwicklung der Populärkultur und der Massenmedien. Die 1989 gezeigten Ausstellungen »The Art of Persuasion: A History of Advertising Photography« von Sobieszek und »Eyes of Time: Photojournalism in America« von Fulton behandelten die Vorherrschaft der Photographie als kulturelles Vehikel der Massenkommunikation, der Propaganda und des Konsumismus.

Ende der 1980er Jahre sah sich das Museum mit zahlreichen Herausforderungen konfrontiert, die zu einer Neubewertung seiner interpretativen Ziele und seines Auftrags führten. Diese Herausforderungen waren zum Teil das Ergebnis umfassenderer kultureller Fragen, welche die institutionellen Aufgaben von Museen und den Platz betrafen, den die Photographie in ihnen einnimmt. Gegenstand der Hinterfragung waren auch die interpretative und erzieherische Funktion des Museums sowie seine Beziehung zum Publikum. Gemäß seiner interpretierenden Funktion beschloß das George Eastman House, seine Sammlungen der Öffentlichkeit stärker zugänglich zu machen, so daß es zu einer Neubelebung, insbesondere der Museumsangebote kam. Wie viele Institutionen sah sich auch das Museum in der wirtschaftlich angespannten Lage der späten 1980er Jahre mit finanziellen Schwierigkeiten konfrontiert, seine Sammlung für die Nachwelt zu bewahren. Wie bereits in den Anfangsjahren wurde das Museum auch jetzt durch städtische und private Gelder sowie Spenden von Unternehmen unterstützt. So konnte 1992 ein neues, an das restaurierte Herrenhaus angeschlossenes Gebäude eingeweiht werden, in dem Bibliothek, Restaurierungsabteilung, Sammlungen und neue Ausstellungsräume untergebracht sind.

Im Laufe der vergangenen 50 Jahre trug das George Eastman House maßgeblich zu einer Veränderung photograpischer Praxis und Philosophie bei. Heute wird der fortgesetzte Auftrag der Bewahrung, Interpretation und Erziehung des Museums durch die Geschichte verändert, zu deren Entstehung es beigetragen hat. Während es einst eine der wenigen der Photographie gewidmeten Einrichtungen in der Welt war, so ist es heute eines unter vielen. Das frühe Ziel des Museums, der Photographie einen gleichwertigen Status mit anderen visuellen Kunstformen zu verschaffen, schließt einen kulturellen Diskurs darüber ein, wie öffentliche und private Institutionen (wie das Museum selbst) die Ästhetik des Mediums und seine öffentliche Rezeption beeinflußt und geprägt haben. Aufgrund seines langjährigen Bestehens ist dem Museum auch bewußt, daß die Geschichte der Photographie nicht mehr einzigartig oder exklusiv ist, sondern aus zahlreichen ineinandergreifenden Geschichten besteht. Aspekte dieser Geschichten werden nicht nur in der Photographiesammlung, sondern auch in den Sammlungen Technologie und Film, der Bibliothek sowie in der kürzlich eingerichteten Sammlungen Landschaft und dem George Eastman Archiv gezeigt. Die kommenden 50 Jahre der Geschichte des Museums werden von der Summe dieser einander durchdringenden Sammlungen geschrieben. Denn wie das Medium, dem es gewidmet ist, ist das Vermächtnis des George Eastman House ständige Innovation und Transformation.

Therese Mulligan
Kuratorin für Photographie und Mitherausgeberin

Eine der größten Freuden der Arbeit für die photographische Sammlung des Eastman House besteht darin, nie zu wissen, welche Frage als nächstes an die Sammlung gestellt wird. Die Photographie, die erst gestern zur Veranschaulichung eines Albumindrucks diente, ist heute ein Beispiel der Arbeit von Timothy O'Sullivan und morgen vielleicht eine Illustration der Plattenphotographie oder der traditionellen amerikanischen Landschaftsphotographie. Photographien sind in ihrer Bedeutung nicht festgelegt, ebenso wenig wie Sammlungen von Photographien. Es sind amorphe Dinge, deren Form durch die Fragen bestimmt wird, die man an sie richtet.

Diese Formfindung beginnt meist schon früh im Leben einer Sammlung. Sammlungen entstehen, um Fragen zu beantworten, und die Frage, welche die Sammlung des George Eastman House so gut beantwortet, ist die nach der Praxis der Photographie. Eine solche weitreichende Frage, die nicht nur die physische Erscheinung der Photographie, sondern auch ihre technischen Anwendungen und sozialen Manifestationen umfaßt, erfordert gleichermaßen umfassende Anworten. Um dieser Antworten zu formulieren hat das Eastman House eine Reihe verschiedener Sammlungen erworben.

Die Eastman Kodak Company kaufte 1939, zehn Jahre, bevor das Eastman House seine Türen der Allgemeinheit öffnete, die Sammlung von Gabriel Cromer. Der Franzose hatte zwar Jura studiert, aber sein Leben der Photographie gewidmet. Als Photograph und Sammler war Cromer wegen seiner Portraits angesehen und galt als Meister des Kohledrucks. Dennoch wurde nicht seine eigene Photographie, sondern die Sammlung sein Vermächtnis.

Dank seines großen Interesses an der Geschichte der Photographie brachte Cromer fast 6.000 Photographien zusammen, eine umfangreiche Bibliothek photographischer Bücher sowie eine Sammlungen von Apparaten, welche die Räume seines Hauses außerhalb von Paris füllten. In Cromers Kollektion französischer Photographen des 19. Jahrhunderts steht Lois-Jacques-Mandé Daguerre im Mittelpunkt. Cromer errichtete dem Meister einen wahrhaften Schrein und sammelte seine Portraits, Zeichnungen,

Gemälde, Diorama-Material, persönliche Dinge, eine von ihm selbst signierte Daguerreotypie sowie eine Giroux-Kamera, von der Cromer glaubte, sie habe Daguerre gehört. Diese Objekte waren für Cromer offenbar ebenso Reliquien wie Artefakte. Fünfhundert, fast ausschließlich französische Daguerreotypien vollenden Cromers Hommage an Daguerre.

Auch die frühe französische Papierpotographie ist in Cromers Sammlung mit Arbeiten wie den Alben von Baldus, den Seestücken von LeGray und Le Secqs Papiernegativen vertreten, während spätere Photographen wie Disdéri, Adolphe Braun und Delmaet und Durandelle die Entwicklung der Photographie während des 19. Jahrhunderts repräsentieren.

Cromers Begeisterung für die Photographie wird vor allem durch den Umfang seiner Sammlung deutlich. Cartoons und Kameras gehören ebenso dazu wie photographische Drucke. Er überschritt mühelos die Grenzen zwischen Bildern und Apparaten und sammelte vor-photographische Radierungen sowie photomechanische Arbeiten, aber die Grenze seines eigenen Landes überschritt er nicht. Der französische Photographiehistoriker Georges Potoninée behauptete im Vorwort zu seinem 1924 erschienenen Buch *History of the Discovery of Photography*: »Die Geschichte der Photographie ist im wesentlichen eine französische.« Die Masse von Cromers Sammlung unterstreicht diesen nationalistischen Anspruch und bietet ausgezeichnete Beispiele für die Praxis der Photographie in Frankreich. Auch wenn es erwähnenswerte Ausnahmen gibt, konzentrierte sich Cromer kaum auf die photographische Aktivität außerhalb seines eigenen Landes.

Cromers Traum, seine Sammlung würde zum Grundstein eines nationalen Photographiemuseums werden, endete mit seinem Tod im Jahr 1934 und der wachsenden Bedrohung des Krieges. Seine Witwe, die in Frankreich kein angemessenes Angebot für die Sammlung erhielt, wandte sich an ausländische Interessenten. Dr. Walter Clark, der das Forschungslabor von Kodak in Harrow in England eingerichtet hatte, interessierte sich sehr für Cromers Sammlung und mit seiner Fürsprache kaufte die Eastman Kodak

Company für 13.000 Dollar den Grundstein der photographischen Sammlung des George Eastman House.

Cromers Sammlung war zwar die größte und bemerkenswerteste Erwerbung für die Historische Photographiesammlung des Museums, aber nicht die erste. Bereits zu Beginn des Jahrhunderts hatte das Unternehmen damit begonnen, photographische Apparate eigener und fremder Herstellung zu sammeln. Dazu kamen 1920 eine Reihe von Apparaten, die dem österreichischen Naturwissenschaftler und Historiker Josef Maria Eder gehört hatten. Eder leistete zahlreiche Beiträge zur Verbesserung der Sensibilität photographischer Chemikalien, seine umfangreichen Schriften und sein monumentales Werk *Geschichte der Photographie* (1905) machten ihn zu einer weltbekannten Figur in der Photographie. Eder sammelte im Laufe seines Arbeitslebens viele Exemplare photograpischer und photomechanischer Verfahren, und aus diesem Material kaufte die Eastman Kodak Company eine Auswahl überwiegend photomechanischer Drucke. Die Sammlung Cromer wurde diesen beiden Sammlungen hinzugefügt.

Kodak sammelte weiter; Farbphotographien, Salzpapierdrucke von Hill und Adamson, frühe Kodak-Schnappschüsse und Photographien aus dem Krimkieg von Roger Fenton kamen in die Sammlung. Damit repräsentierte die Eastman Historical Photographic Collection, so die New York Times 1940, »eine sehr umfassende Geschichte der Photographie seit den Tagen Daguerres bis zur heutigen Zeit«, als 300 Exponate im Museum of Science and Industry im New Yorker Rockefeller Center ausgestellt wurden. Die vollständige Sammlung wurde 1948 in das George Eastman House verlegt.

Diese breit angelegten sammlerischen Aktivitäten wurden über 20 Jahre unter der Leitung von Beaumont Newhall fortgesetzt, dem ersten Kurator und späteren Direktor des Museums. Während seiner Amtszeit wurden zahlreiche bedeutende Erwerbungen getätigt. Amerikanische Daguerreotypien von einer kalifornischen Highschool-Lehrerin, Zelda Mackay; 5.000 Stereogramme von dem Sammler Fred Lightfoot, Photographien aus dem amerikanischen Bürgerkrieg von Philip Medicus, die Bewegungsstudie *Animal Locomotion* von Eadweard Muybridge, 500 Photographien von Atget, fast 10.000 Photographien von Lewis Hine sowie Sammlungen von Newhalls Freunden und Kollegen Ansel Adams, Alvin Langdon Coburn, László Moholy-Nagy, Charles Sheeler, Alfred Stieglitz und Eward Weston.

Mit diesen Erwerbungen wurde eine solide Grundlage für das Studium der Photographie gelegt. Newhalls Name wird stets mit seinem Lehrbuch, *Geschichte der Photographie,* assoziiert werden, das eine ganze Generation von Studenten in die Geschichte der Photographie einführte. In der 1964 erschienenen Ausgabe des Buches stellte Newhall dieser Generation auch die Sammlung des Eastman House vor, denn die fast 200 Illustrationen stammten aus dem Museum. Dies war jedoch sowohl in früheren wie auch in späteren Ausgaben des Buches nicht der Fall, in denen weniger als 15 Prozent der Illustrationen der Sammlung des Museums entlehnt waren. Angesichts der großen Zahl photographischer Sammlungen, die Historikern heute zur Verfügung stehen, und einer umfassenderen Sicht dessen, was photographische Geschichte ausmacht, ist es unwahrscheinlich, daß eine einzelne Sammlung jemals wieder so stark mit der Geschichte des Mediums in Verbindung gebracht wird, wie die Eastman-Sammlung zu dieser Zeit.

Die *Geschichte*, die Newhall verfaßte und die Sammlung, die er kuratierte, waren in vielen Fällen miteinander verflochten. Aber seine Erwerbungen umfaßten weit mehr als sein Buch, das sich auf die Photographie als eine der visuellen Künste konzentrierte. Dies wird niemanden überraschen, der weiß, daß Newhall auch Autor von *The Daguerreotype in America* (1961) und *The Airborne Camera* (1969) ist und zahlreiche Artikel in *Image*, der Zeitschrift des Museums, verfaßte, in denen er seine umfassenden Kenntnisse der photographischen Praxis bewies. Folglich erwarb Newhall neben Arbeiten von Photographen wie Stieglitz und Weston auch solche, die niemals den Weg in seine *Geschichte* finden würden: frühe Farbplatten, Salonphotographien und kommerzielle Photographie. Die Werbephotographie, die in

Newhalls *Geschichte der Photographie* nicht behandelt wird, ist im Eastman House jedoch mit umfangreichen Sammlungen vertreten, die während Newhalls Amtszeit erworben wurden, darunter die Arbeiten der erfolgreichsten Werbephotographen New Yorks, Victor Keppler und Nickolas Muray.

Heutige Historiker profitieren von Newhalls Bereitschaft, eine solche Bandbreite der photographischen Praxis zu erwerben und zu bewahren. Ein großer Teil dieses Materials wird heute für die Erstellung neuer Photographiegeschichten genutzt, die zuvor ausgesparte Praktiken wie die Werbephotographie oder die Arbeit der Camera Clubs umfassen. Es entbehrt nicht einer gewissen Ironie, daß viele der heutigen Historiker beim Verfassen ihrer Photographiegeschichten, häufig mit Verweis auf Newhalls Auslassungen, übersehen, daß eben jenes Material, das sie erforschen, von Beaumont Newhall für das Eastman House erworben wurde. Es gehört zu den Herausforderungen und Freuden einer öffentlichen Sammlung, für viele Interpretationen offen zu sein und nicht nur die Ikonen einer bestimmten Zeit zu bewahren, sondern auch ihre Widersprüche.

Eine solch offene Vorgehensweise in der photographischen Praxis läßt sich am besten in einer der größten Sammlungen erkennen, die während Newhalls Zeit erworben wurde, der Sammlung von Alden Scott Boyer. Geschichten über Boyer sind Stoff für eine Legende. Als wohlhabender Chicagoer Parfümfabrikant beherbergte Boyer seine diversen Kollektionen in einem ehemaligen Bankgebäude. Hier verbrachte er seine Tage zwischen Spielautomaten, Hochrädern und photographischen Büchern, Bildern und Apparaten. Auch wenn wir nicht wissen, wie groß sein Interesse an Spielautomaten und Fahrrädern war, wird Boyers Liebe zur Photographie an seiner Sammlung und den begeisterten Notizen in seinen Büchern deutlich. Sein Exemplar von Newhalls *Geschichte* enthält überschwengliche Randbemerkungen in grüner Tinte wie »Jesus!« oder »Muß ich haben!«

Boyers Sammlung von mehr als 13.500 Photographien sowie eine umfangreiche photographische Bibliothek und Kamerasammlung gelangten nach einem sehr kurzen Verhandlungsgespräch in den Besitz des Eastman House, in dem Boyer Newhall fragte, ob er die Sammlung kaufen oder sie lieber als Schenkung erwerben wolle. Als Newhall antwortete, er wolle sie als Schenkung, antwortete Boyer: »Das gefällt mir, direkt zur Sache. Wann kommen Sie und packen ein?« Boyers Sammlung, ein Sattelschlepper voll mit Photographien, Büchern und Geräten, wurde am 27. April 1951 nach Rochester gebracht und als Teil der Sammlung des Eastman House katalogisiert.

Die Boyer Sammlung ist ebenso faszinierend wie ihr Schöpfer. Vertraute Namen wie Blanquart-Evrard, Julia Margaret Cameron, Maxime DuCamp, P. H. Emerson, Roger Fenton, Francis Frith, H. P. Robinson und Boyers Lieblingsphotographen Hill und Adamson stellen neben den 1.000 Daguerreotypien von Southworth und Hawes und den 260 Papiernegativen des irischen Photographen John Shaw Smith einen überwältigenden Reichtum dar.

Auch wenn diese Namen fast wie Zitate aus Newhalls Kanon klingen, paßte Boyer seine Sammlung keineswegs Newhalls *Geschichte* an. Er warf ein größeres Netz über die Photographie und erwarb die frühen Aufnahmen der U. S. Naval Academy von Fischer & Brothers, ein Jahrbuch aus Harvard von 1863 und ein kleines Album mit dem Titel *The Story of a Sunkist Orange*. Boyer erfaßte die photographische Praxis des 19. Jahrhunderts zwar internationaler als Cromer es getan hatte, aber er interessierte sich nur wenig für die Photographie des 20. Jahrhunderts. Erwerbungen aus dieser Zeit wurden von Newhall und vielen anderen Kuratoren des Eastman House getätigt.

Von Newhalls historischem Pfad abzuweichen und mit einer eklektischen und offenen Einstellung zur Photographie zu sammeln, ist am Eastman House stets eher die Regel als die Ausnahme gewesen. Dies wurde vor allem durch den Erwerb der Sipley/3M -Sammlung deutlich. Louis Walton Sipley leitete das American Museum of Photography von 1940 bis zu seinem Tod im Jahr 1968. Obwohl Sipley sich bereits als Jugendlicher für Photographie begeisterte und als Erwachsener ein berufliches Interesse an Bildern hatte, stolperte er sprichwörtlich über die photographische Geschichte, aus der sein Museum entstehen sollte. Im Zuge der Verwendung von Bildmaterial für Unterrichtszwecke, die in den 1920er Jahren aufkam, produzierte Sipley Filme für Schulen und Universitäten. Um Bilder für diese pädagogischen Projekte zu erwerben, kaufte Sipley 1930 eines der ältesten photographischen Unternehmen in Amerika, die Caspar W. Briggs Company. Neben 10.000 Archivnegativen religiöser und historischer Illustrationen erwarb er die Überreste des einst größten amerikanischen Diapositiv-Herstellers und sorgte damit für ein wachsendes Interesse an der photographischen Geschichte.

Ebenso wie sich Cromers Sammlung auf Frankreich konzentrierte, lag der Schwerpunkt von Sipleys Museum auf der amerikanischen Photographie und Philadelphia, dem Standort des Museums. Hier fand man, was nicht auf den Seiten bislang geschriebener Photographiegeschichten erschien: Arbeiten von George Schreiber and Sons, die sich auf Tierphotographie spezialisiert hatten, von Samuel Fisher Corlies, Mitglied der Photographic Society of Philadelphia, Elias Goldensky, dem russischen Emigranten, der zum führenden Portraitphotographen wurde, sowie Beispiele der kurzlebigen bikonvexen Stereophotographie »VitaVision«, Tausende von Diapositiven und viele photomechanischer Arbeiten aus dem 20. Jahrhundert.

Das Schicksal von Sipleys Sammlung nach dessen Tod hat auffallende Ähnlichkeiten mit dem der Sammlung von Gabriel Cromer. Auch Sipleys Witwe gelang es nicht, einen Aufbewahrungsort für die Sammlung ihres Mannes zu finden, die, ebenso wie Cromers, schließlich von einem großen amerikanischen Unternehmen gekauft wurde – in diesem Falle 3M –, das sie seiner historischen Sammlung hinzufügte. Nachdem 3M Pläne für ein eigenes Museum aufgegeben hatte, übergab das Unternehmen Sipleys Sammlung 1977 dem Eastman House.

Die Größe der Sammlung war atemberaubend – 61.000 Photographien und photomechanische Reproduktionen, von denen die Mehrzahl über den Rahmen der traditionellen Photographiegeschichte hinausging. Aber natürlich ging Sipleys Sammlung nicht über den Rahmen der von ihm selbst verfaßten Geschichte, *A Half Century of Color Photography* (1951) hinaus. Darin sind Frederic Ives, Lejaren à Hiller, Anton Bruehl und Fernand Bourges stark vertreten. Zwar besaß er auch Arbeiten von Robert Cornelius, F. Holland Day, William Henry Jackson, Gertrude Käsebier sowie William und Frederick Langenheim, aber in erster Linie behandelt sie Photographen wie William Jennings, Schreiber and Sons und Henry Troth.

Das Interesse des Museums an den vielen möglichen Formen der Photographie hat seit dem Erwerb der Sipley/3M-Sammlung nicht nachgelassen. Das Eastman House erhielt 1979 als Hinterlassenschaft von Joanna Steichen über 3.000 Photographien von Edward Steichen, überwiegend Portraits berühmter Persönlichkeiten aus seinen Jahren bei *Vanity Fair*. Andere kleinere, aber ebenso wertvolle Schenkungen kamen von Associated Press und der American Society of Magazine Photographers hinzu. Vor kurzen vermachte Donald Weber dem Museum seine Sammlung von Daguerreotypien, Ambrotypien und Tintypes sowie seine zahlreichen Stereophotographien und seine umfangreiche Sammlung von Viewmaster-Bildern.

Die Bandbreite der photographischen Sammlung des Eastman House kann in dieser Publikation nur angedeutet werden, und in manchen Fällen wird auf den Umfang bestimmter Bestände hingewiesen, um dem Leser einen Wegweiser durch die Sammlung an die Hand zu geben. Trotzdem bietet das Buch nur einen kleinen Einblick.

Auf jede der hier abgebildeten Photographien kommen 500, die nicht gezeigt werden. Selbst mit den 743 in diesem Buch enthaltenen Illustrationen ähnelt eine Beschreibung der Photosammlung des Eastman House der Geschichte der fünf blinden Männer, die versuchen, einen Elefanten zu beschreiben. Jeder der Männer stieß auf einen anderen Körperteil des Elefanten, ein Bein, ein Ohr oder den Rüssel, aber dieser Teil bestimmte seine Vorstellung des Elefanten. Jeder hatte mit seiner Interpretation sowohl Recht als auch Unrecht.

Vielleicht ist diese Sammlung leichter zu verstehen, wenn man zuerst ihre Intention statt ihre Photographien betrachtet. Die Intention verleiht einer Sammlung Charakter und Form. Da Cromer, Boyer und Sipley alle eine andere Intention hatten, unterscheidet sich auch der Inhalt ihrer Sammlungen. So wird auch die Sammlung eines Museums, nicht nur metaphorisch, durch ihre Intentionen geprägt.

Die physische Gestalt der Sammlung ist gegeben, ihre Erwerbungen, ihr Arrangement jedoch erwachsen aus ihrer Intention.

Der vorrangige Zweck dieser Sammlung ist es, Beispiele für das Wesen der photographischen Praxis zu bewahren, denn sie ist mehr als nur eine, nach Themen geordnete Bildersammlung mit Schubladen voller Photographien. Bestimmte Themen zu illustrieren, ist nicht ihr primäres Anliegen. Wenn dem so wäre, sähe die Sammlung vollkommen anders aus. Statt dessen konzentriert sich das Museum mehr auf das *Wie*, das *Warum* und das *Wer* der Photographie. Aufmerksamkeit für die Inhalte von Photographien entsteht aus diesen Interessen. Die Tatsache, daß das Museum Photographien vom heutigen Yellowstone National Park besitzt, ist weniger bedeutsam, als zu wissen, daß diese Photographien von William Henry Jackson im Rahmen einer Vermessungsexpedition aufgenommen wurden und daß Jacksons Photographien zu den visuellen Dokumenten gehörten, die den Kongress schließlich dazu bewogen, das Tal des Yellowstone zum Nationalpark zu erklären. Mit diesem Wissen wird die Aufmerksamkeit dann gezielt auf einen Albumindruck (Seite 208) gelenkt, der zeigt, daß Jacksons Negativ retuschiert und aus einer Tagesszene eine Nachtansicht mit Sternen gemacht wurde, damit der Yellowstone faszinierend und überirdisch erscheint.

Diese Faszination von der photographischen Praxis begründet sich darin, daß Photographien nicht nur als visuelle Protokolle der Welt betrachtet werden, sondern als Produkte einer Interaktion zwischen der Welt, dem photographischen Medium, Photographen und Betrachter. Photographien nur als Fenster zur Welt zu sehen und ihre weitreichende Geschichte außer acht zu lassen, hieße, der Sammlung einen schlechten Dienst erweisen. Diese Auffassung charakterisiert die Sammlung und macht das Eastman House zu einem photographischen Museum, statt zu einem Photoarchiv.

Für den Recherchetreibenden bietet die Sammlung katalogisierte Aufzeichnungen über die Inhalte von Photographien; wer beispielsweise nach Photographien von Flugzeugen sucht, erfährt sofort, ob diese in der Sammlung vorhanden sind. Ironischeweise verlangt diese Form des Zugangs, Photographien genau zu definieren, ein Umstand, der ihre Möglichkeiten einschränkt. Bilder durch die Verwendung von Worten in Schubladen zu stecken, kann einen größeren Einfluß auf sie haben, als das Bild selbst, da sie vielleicht nur noch als eine Ansammlung von Substantiven wahrgenommen werden statt einer Sammlung von Photographien.

Dies ist bedauerlich, da es in Photographien um mehr geht, als um ihren nominalen Inhalt, und ihre Bedeutung weitreichender ist, als es einfache Substantive je erfassen können. Durch persönliche Assoziationen, Nuancen der Präsentation und die Idiosynkrasien der Vision eines Photographen entsteht in jedem Ausschnitt eine Welt von Möglichkeiten. Eine Photographie gleicht eher einem Orakel als einer Bestandsliste und es geht ebenso um das, was impliziert ist, wie um das, was beschrieben wird. Dadurch bleiben Photographien lebendig, so daß eine Sammlung Teil der Gegenwart wird und nicht bloß ein Bericht über die Vergangenheit.

Wie in einem dicht gewebten Wandteppich gibt es auch in einer Photographie immer etwas zu entdecken, wenn man bereit ist zu schauen. Photographien stecken voller Verheißungen, aber sie sind dem Betrachter ausgeliefert. Ohne Verständnis betrachtet, werden sie nichtssagend. Wenn der Betrachter in alten Geschichten verhaftet ist, so sind es auch die Photographien. Photographien und photographische Sammlungen fordern uns auf, bessere Fragen zu stellen und alte Bilder auf neue Art zu betrachten. Der Lohn dafür ist ein neues Verständnis von uns selbst, unserer Welt und der transformativen Kraft der Photographie.

David Wooters
Photoarchivar und Mitherausgeber

Danksagung

Wir danken all jenen, die mit ihrem Talent, ihrer Zeit und Energie zu dieser Publikation beigetragen haben, insbesondere den Mitarbeitern der photographischen Sammlung, die mit ihrem unermüdlichem Einsatz dafür gesorgt haben, daß dieses komplexe Projekt erfolgreich durchgeführt werden konnte: Amelia Hugill-Fontanel, stellvertretende Kuratorin; Del Zogg, Leiter der Katalogabteilung; Janice Madhu, Archivarin und zuständig für Reproduktionsrechte; Joseph Struble, Archivar. Unser besonderer Dank gilt Barbara Puorro Galasso, Leiterin des photographischen Dienstes des Museums, für ihren Sachverstand bei der Herstellung der Reproduktionen für diese Publikation.

Zu großem Dank sind wir auch den Autoren dieses Buches, William S. Johnson, Mark Rice und Carla Williams, verpflichtet, die mit großer Hingabe und Kollegialität viele schwierige Aufgaben gemeistert haben. Ihr Wissen und ihre Sorgfalt führten zu neuen Forschungen und Einblicken.

Wir möchten auch Ann Stevens, der Lektorin dieser Publikation, danken, die das Projekt mit kritischem Blick für Details, großer Sachkenntnis und Sorgfalt koordiniert hat.

Viele professionelle Kollegen haben bei dem Entstehen dieses Buches mit Rat und Tat zur Seite gestanden. Unser Dank gilt Grant Romer, dem Direktor der Konservierungsabteilung des Museums, Amy Winward, Art Director, sowie den Photographiehistorikern Thomas Barrow, Eugenia Parry, Larry Schaaf und Roger Taylor.

Durch die Unterstützung des Publication Trust des Museums sowie des Benedikt Taschen Verlages konnte diese Publikation Wirklichkeit werden. Für ihre unschätzbare Hilfe und ihren kollegialen Geist danken wir besonders Simone Philippi und Susanne Uppenbrock vom Benedikt Taschen Verlag.

Schließlich möchten wir unseren Familien für ihre großzügige Hilfe danken, besonders Charlie Wooters, der viele Wochenenden opferte und fachmännischen Rat beisteuerte, sowie Jack und Margaret Mulligan, die das Projekt mit Ausdauer und Geduld unterstützt haben.

Therese Mulligan und David Wooters

Über dieses Buch

Die photographische Sammlung des George Eastman House verfügt über 400.000 Artefakte. Da kein einzelnes Buch eine Sammlung von solcher Größe und Vielfalt adäquat erfassen kann, ist es das Ziel dieser Publikation, einem breiten Publikum Überblick über Umfang und Qualität der Sammlung zu vermitteln. Einer thematischen und chronologischen Anordnung folgend, bietet die Sammlung sowohl mit vertrauten wie unbekannten Bildern einen Einblick in die Vielzahl von Sujets, Genres und Verfahrensweisen. Diese Bilder fügen sich zu der grenzenlosen Erzählung der Photographie und ihrer Geschichte von ihren vorphotographischen Anfängen bis zu ihren heutigen kulturellen, ästhetischen Manifestationen. Der begleitende Text vermittelt Aspekte dieser Erzählung und liefert gleichzeitig Informationen über die abgebildeten Arbeiten und ihre Urheber.

In vielen Fällen bietet der Text Informationen über bestimmte Sammlungsbestände, einschließlich Nummer und Inhalt. Wo es angemessen ist, wird im Text auf die Bibliothek sowie die Technologie- und Filmsammlung als Aufbewahrungsorte gezeigter Arbeiten und damit entsprechender Materialien hingewiesen.

Jede Abbildung ist von einer Unterschrift begleitet, die (wenn bekannt), den Photographen, seine Nationalität, Lebensdaten, Titel, Datum, Verfahren, Quelle und die Zugangsnummer des Museums als Referenz enthält. Oft gab der Photograph den hier gezeigten Photographien keinen Titel. Solche Photographien sind mit einem deskriptiven, kursiv gesetzten Titel versehen.

Aufgrund des beschränkten Platzes erscheinen die Originalquellen – Alben, Bücher und Portfolios – nicht in den Bildunterschriften. Diese Quellen sowie andere wichtige Informationen über bestimmte Bestände der photographischen Sammlung sind durch den Online-Katalog des Museums erhältlich: http://www.eastman.org. Die Adresse der photographischen Sammlung lautet: Photography Collection, George Eastman House, 900 East Avenue, Rochester, New York, 14607, U.S.A; Telefon: (716) 271-3316.

Photographien

Fast gleichzeitig wurde 1839 in Frankreich und England die Erfindung zweier verschiedener photographischer Verfahren verkündet. Dort die Daguerreotypie des Louis Jacques Mandé Daguerre, hier das Negativ-Positiv-Verfahren von William Henry Fox Talbot. Mit Daguerres Verfahren ließen sich nur Unikate anfertigen, sehr detaillierte Bilder auf einer versilberten Kupferplatte, während man mit Talbots Negativ-Positiv-Verfahren mehrere Abzüge von einem Papiernegativ herstellen konnte. Beide Arbeitsweisen beruhen aber auf einem chemischen und einem physikalischen Grundprinzip: auf der Reaktion bestimmter chemischer Verbindungen mit Licht, und auf der Erzeugung eines Bildes, fällt Licht durch die Öffnung in eine dunkle Kammer oder Schachtel.

Schon 1727 hatte der deutsche Naturphilosoph Johann Heinrich Schulze mit der Lichtempfindlichkeit bestimmter Chemikalien experimentiert. Versuche mit optischen Gesetzen reichen bis ins 4. Jahrhundert v. Chr. und auf die Schriften des Aristoteles zurück.

Lange vor der Erfindung der Photographie benutzten Künstler die »Camera obscura« (lat. dunkle Kammer) als Zeichenhilfe. Das durch ein kleines Loch in einen Kasten einfallende Licht wird an der Rückwand als umgedrehtes, seitenverkehrtes Bild der Szene außerhalb des Kastens zurückgeworfen und mit Hilfe eines Spiegels korrigiert. Der Kupferstich zu

Anonym
Frankreich?, aktiv um 1800

The Miraculous Mirror (Der geheimnisvolle Spiegel), um 1800

Radierung
72:0079:0088

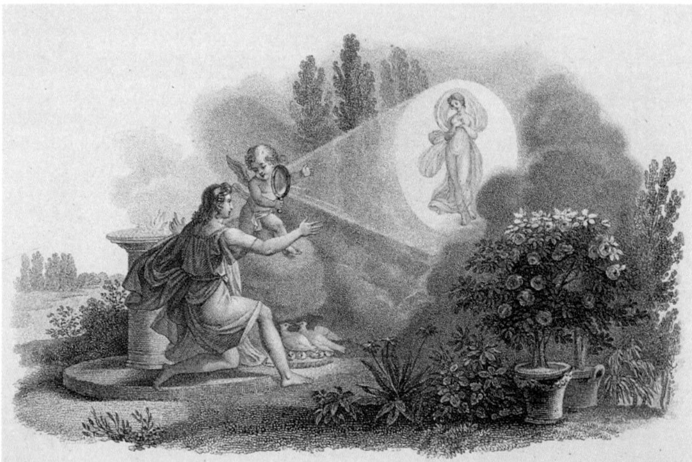

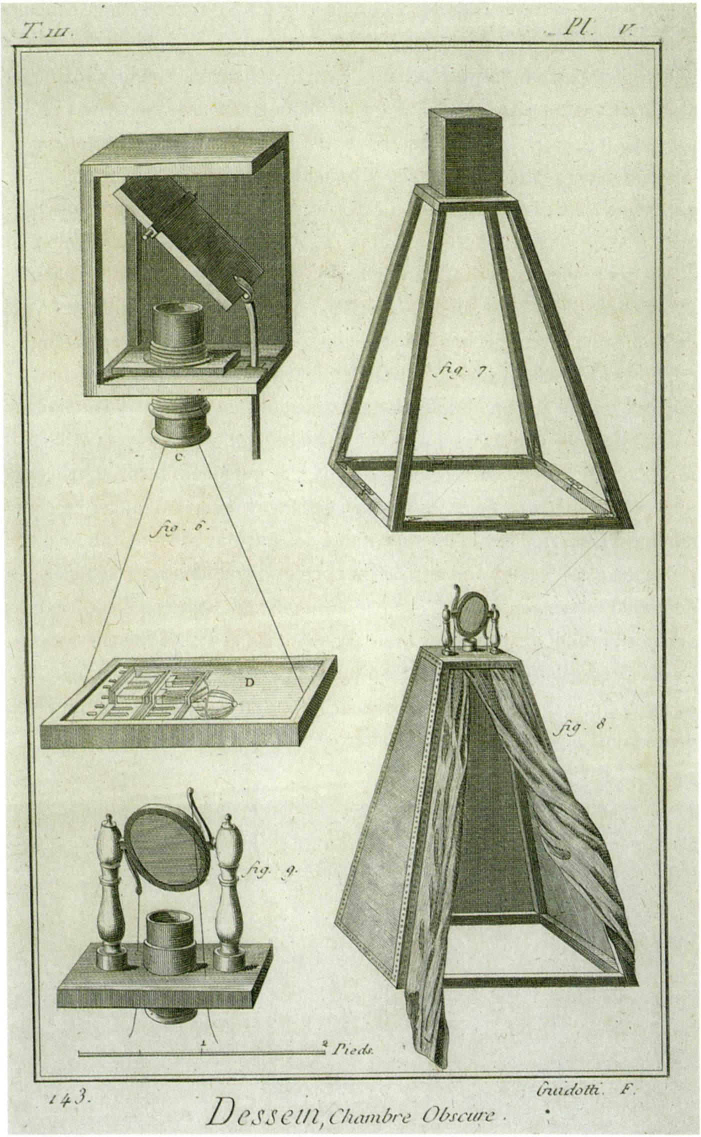

F. Guidott
Frankreich, aktiv 1700

Dessein, chambre obscure (Zeichnung einer Camera obscura), um 1751

Radierung
MUSEUMSANKAUF
84:0962:0002

einem Artikel in Denis Diderots *L'Encyclopédie* (ca. 1751) zeigt einige Modelle der Camera obscura und illustriert deren Funktion.

Beim Silhouetten-Portrait, benannt nach dem französischen Finanzminister und Schattenrißzeichner Etienne de Silhouette, wurde ein weiteres optisches Grundprinzip angewendet. Für eine Silhouette, wird die Lichtquelle vor ein Objekt gestellt und dessen Schatten auf ein dahinter gelegtes Papier gezeichnet, wie es *Das Experiment von Professor Charles,* ein Stich von 1874, zeigt.

Mit der Erfindung der sogenannten »Physionotrace« entwickelte Gilles-Louis Chrétien 1786 die Silhouette weiter. Hierzu »wurde das Profil des Modells mit einem beweglichen Visier nachgezeichnet, das über ein Gestänge mit einem Schreiber verbunden war, der in verkleinertem Maßstab jeden Zug mit Tusche auf eine Kupferplatte festhielt, die dann graviert wurde.«

Der englische Naturwissenschaftler William Hyde Wollaston entwickelte 1807 die »Camera lucida«, ein Glasprisma, das mit einem Messinghalter auf Augenhöhe über eine Zeichenunterlage gehängt wurde. »Wenn der Zeichner durch ein Guckloch genau über die Kante des Prismas schaute, sah er gleichzeitig das Objekt und das Zeichenpapier«, und übertrug das reflektierte Bild mit seinen Schatten und Nuancen darauf. Während diese Methoden noch immer die Hand des Menschen und ein gewisses zeichnerisches Geschick erforderten, sollte die Erfindung der Photographie schließlich Chemie und Optik verbinden, das Licht selbst das Bild zeichnen lassen und ein neues künstlerisches Medium schaffen.

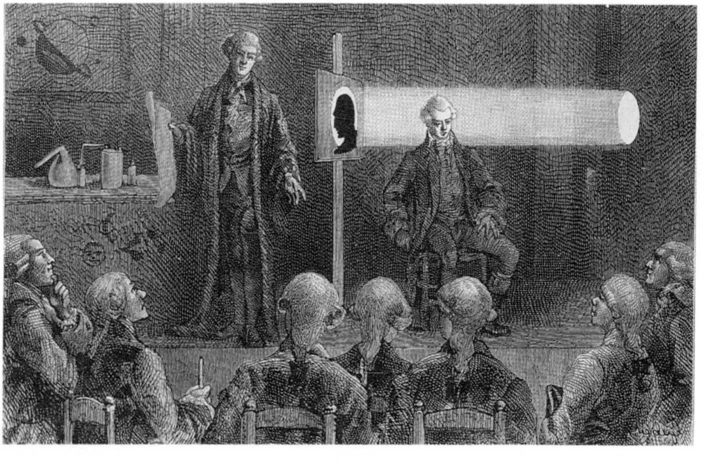

Anonym
Frankreich?
aktiv um 1870

Das Experiment des Professor Charles,
um 1874

Radierung
SCHENKUNG EASTMAN KODAK COMPANY, EHEMALIGE SAMMLUNG GABRIEL CROMER
72:0079:0089

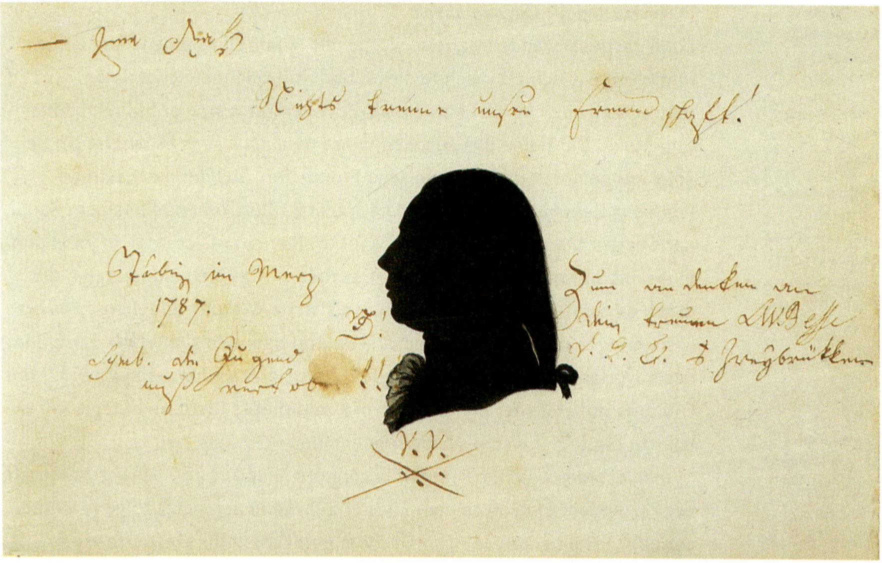

J. H. Schwartz
Deutschland,
aktiv um 1787

Silhouette-Portrait eines Mannes, um 1787

Silhouette
83:1610:0020

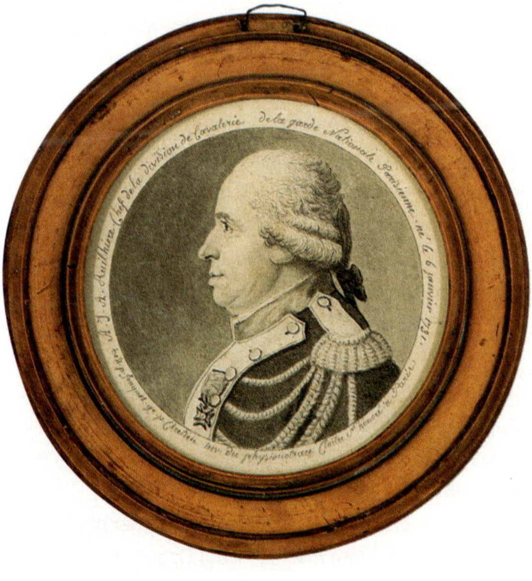

Jean Fouquet
Frankreich,
aktiv um 1790

A. J. A. Ruihiere chef de la division de cavalerie de la garde nationale parisienne né l [*sic*] 6 janvier 1731. Dess. P. Fouquet. Gr. P. Chrétien inv. du physionotrace cloître 3D honoré à Paris (A. J. A. Ruihiere Chef der Kavalerie-Division der Nationalgarde von Paris. Geboren am 6. Januar 1731. Zeichnung von Fouquet. Radierung von Chrétien, Erfinder der beiliegenden Physionotrace 3D. Geehrt in Paris), um 1790

Physionotrace-Zeichnung
72:0079:0074

Jean-Baptiste Sabatier-Blot
Frankreich, 1801–1881

Louis-Jacques-Mandé Daguerre, 1844

Daguerreotypie
SCHENKUNG EASTMAN KODAK COMPANY, EHEMALIGE SAMMLUNG GABRIEL CROMER
76:0168:0043

Louis-Jacques-Mandé Daguerre
Frankreich, 1787–1851

Promenade dans les pins (Spaziergang im Nadelwald), um 1830

Zeichnung
SCHENKUNG EASTMAN KODAK COMPANY, EHEMALIGE SAMMLUNG GABRIEL CROMER

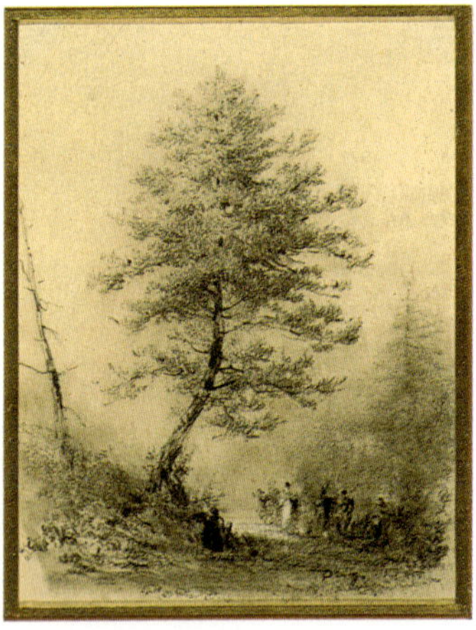

Daguerre und die Daguerreotypie

Louis-Jacques-Mandé Daguerre wurde mit 13 Jahren zu einem Architekten in die Lehre geschickt, nachdem er schon früh zeichnerisches Talent gezeigt hatte. Nach einer kurzen Karriere als Zollbeamter wurde er Bühnenbildner und Maler. Die kleine Bleistiftzeichnung *Promenade dans les pins* ist ein Beispiel aus seiner vorphotographische Produktion, aus der das Eastman House 13 Zeichnungen und Gemälde besitzt. Zusammen mit seinem Partner Charles Marie Bouton (1781–1853) besaß er ein »Diorama« in Paris und eines in London. In diesen Theatern wurden riesige Gemälde gezeigt, die durch wechselnde Beleuchtung illusionistische Wirkung erhielten. Etwa 60 Zeichnungen und fünf Aquarelle von Bouton befinden sich in der Sammlung des Eastman House. Daguerre malte die illusionistischen Leinwände für das Diorama mit Hilfe der Camera obscura, und dieses Instrument regte ihn bald zu photographischen Experimenten an.

1829 schloß er sich mit Joseph Nicéphore Niépce (1765–1833) zusammen, der 1826 oder 1827 von seinem Fenster aus die ersten beständigen Lichtbilder oder »Heliographien« von Dächern gemacht hatte. Daguerre experimentierte über zehn Jahre mit Niépce und dessen Sohn Isidore, und im Januar 1839 gab die französische Académie des Sciences die Erfindung des Daguerreotypieverfahrens bekannt. Die französische Regierung kaufte das Verfahren für den öffentlichen Gebrauch, und während sowohl Isidore Niépce als auch Daguerre eine lebenslange Staatsrente bezogen, erhielt die Erfindung schließlich Daguerres Namen. Im August gab die Akademie der Wissenschaften in einer gemeinsamen Sitzung mit der Akademie der Künste die technischen Anleitungen zur Herstellung von Daguerreotypien bekannt. Europa wurde von einer »Daguererotypomanie« erfaßt, und das Verfahren wurde weltweit zur führenden photographischen Methode.

Daguerre wurde zum Offizier der Ehrenlegion ernannt; das Band seines Ordens gehört zur Sammlung des Eastman House, ebenso wie eines der seltenen photographischen Portraits von Daguerre, eine 1844 von Jean-Baptiste Sabatier-Blot angefertigte Daguerreotypie. Daguerre scheint ungeduldig darauf zu warten, daß die Prozedur vorbei ist – und doch gelang Sabatier-Blot ein sympathisches Bild von ihm.

Von 1820 bis 1833, während er noch immer photographische Experimente machte, schuf Daguerre zehn

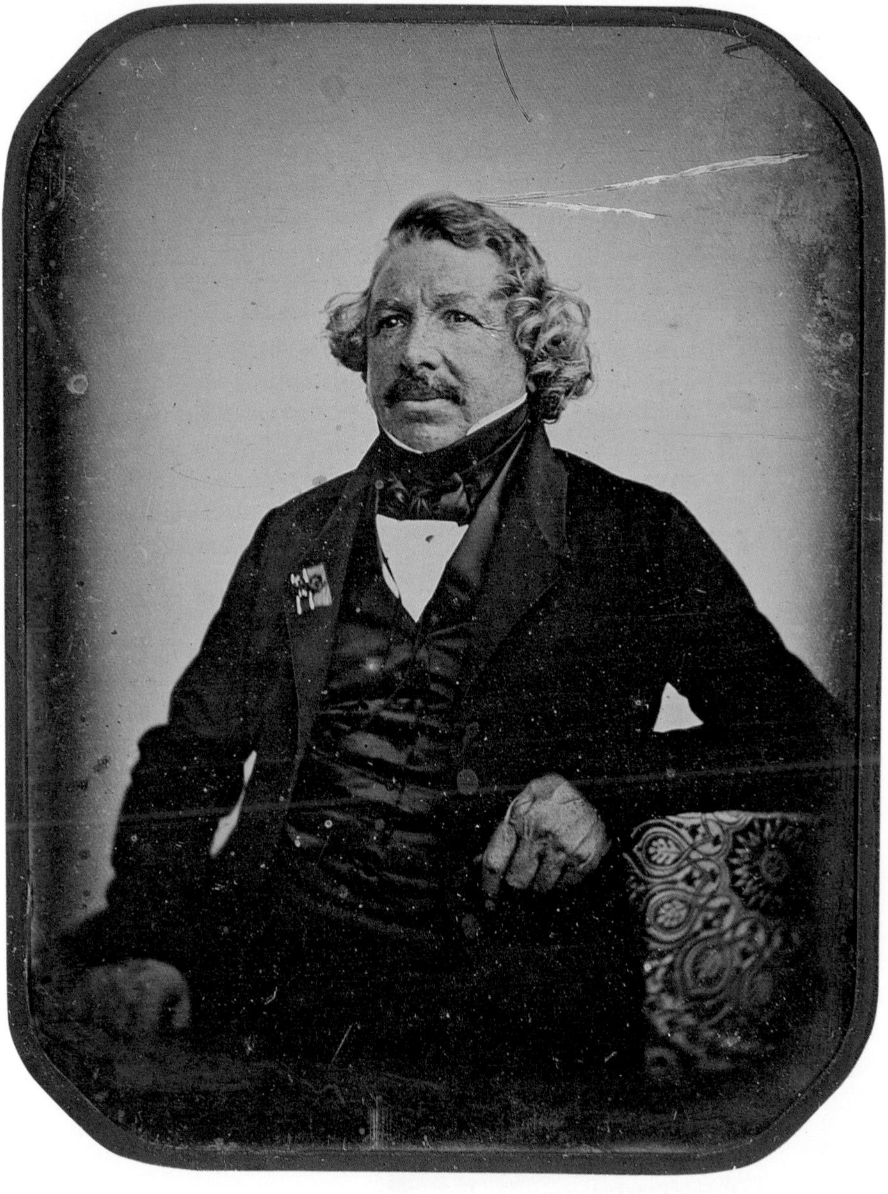

Louis-Jacques-Mandé Daguerre
Frankreich, 1787–1851

Ruines de l'abbaye de Jumièges. Côte du nord (Ruine der Abtei von Jumièges an der Nordküste), 1820

Lithographie
SCHENKUNG EASTMAN KODAK COMPANY, EHEMALIGE SAMMLUNG GABRIEL CROMER
84:0377:0001

Lithographien, welche die *Voyages pittoresques et romantiques dans l'ancienne France des Baron Ididore-Justin-Séverin Taylor* illustrieren.

Sämtliche Illustrationen Daguerres, darunter auch die 1820 entstandene Lithographie der *Ruine der Abtei von Jumièges an der Nordküste der Bretagne*, gehören zur Sammlung des Museums. Daguerres atmosphärische Darstellungen der Ruinen vor bedrohlichem Himmel rufen zwar das Dramatische seiner Diorama-Arbeit wach, aber hierbei handelt es sich um eine Photographie, die zu seinen bekanntesten Arbeiten zählt.

Obwohl die ersten Portrait-Daguerreotypien von 1839 Belichtungszeiten zwischen 15 und 20 Minuten im hellen Sonnenlicht erforderten, war die Zeit des Modellsitzens durch chemische Verbesserungen des Verfahrens auf einige Sekunden reduziert worden, als Daguerre 1843 sein *Portrait eines Künstlers* anfertigte. Es ist eines von drei noch erhaltenen Portraits von Daguerre und das einzige in einer amerikanischen Sammlung. Der Künstler, vermutlich Charles Arrowsmith oder Hippolyte Sebron, posiert vor dem Hintergrund einer wohl von Daguerre gemalten Landschaft. Gekleidet in Malerkittel und mit Palette und Pinsel in der Hand, verkörpert er das romantische Ideal des Künstlers.

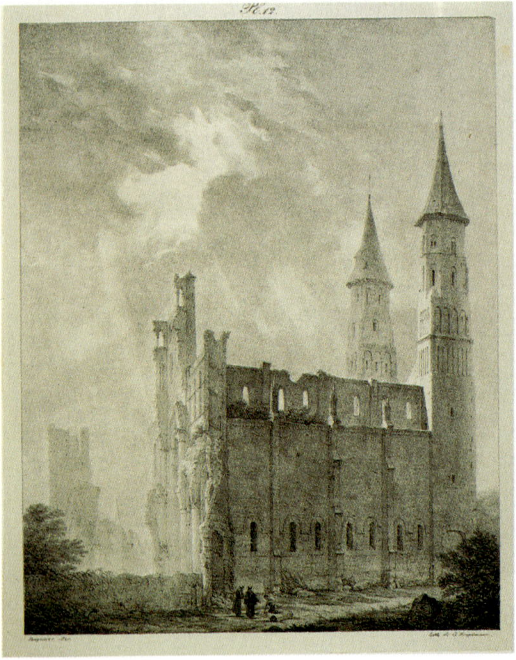

Zu den schönsten Daguerreotypien gehört das *Portrait eines jungen Mädchens* von Sabatier-Blot (Seite 44). Ein Dutzend der Photographien von Sabatier-Blot in der Sammlung zeigen Frau und Toch-

Louis-Jacques-Mandé Daguerre
Frankreich, 1787–1851

Portrait des Künstlers, um 1843

Daguerreotypie
SCHENKUNG EASTMAN KODAK COMPANY, EHEMALIGE SAMMLUNG GABRIEL CROMER
76:0168:0151

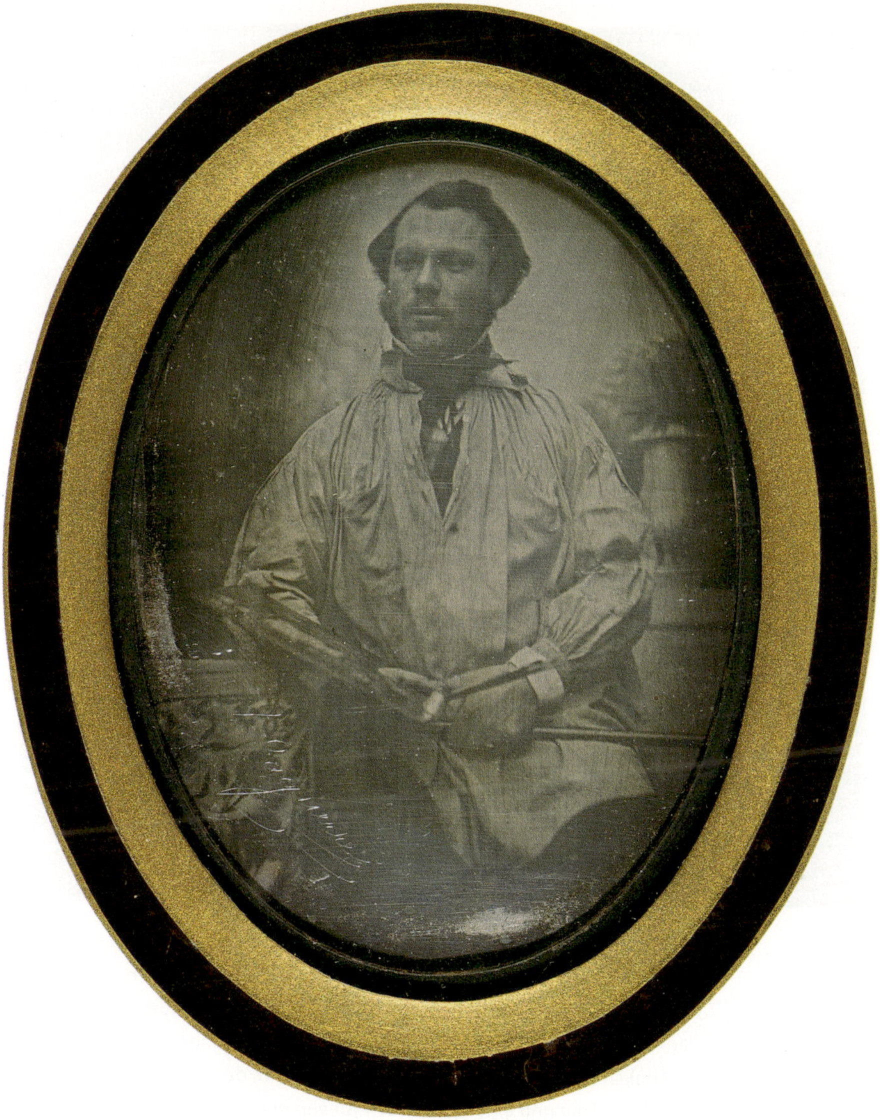

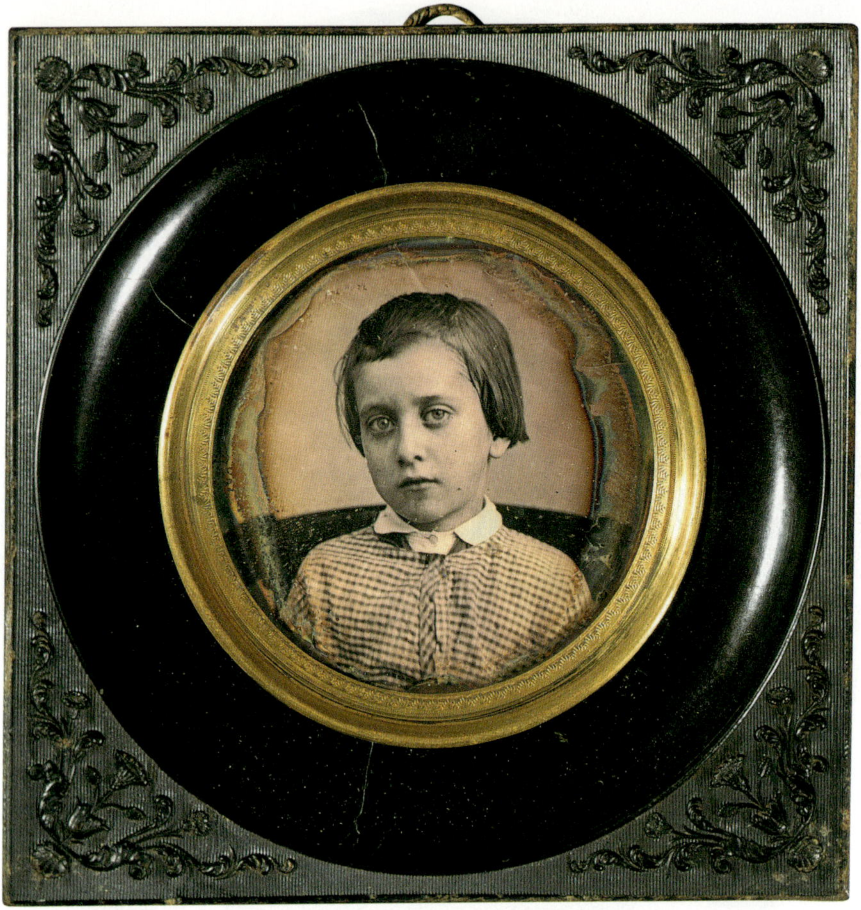

Jean Baptiste Sabatier-Blot
Frankreich, 1801–1881
Portrait eines jungen Mädchens (Sabatier-Blots Tochter?), 1852
Daguerreotypie
SCHENKUNG EASTMAN KODAK COMPANY, EHEMALIGE SAMMLUNG GABRIEL CROMER
76:0168:0022

ter des Künstlers und sind persönliche Familienportraits. Das runde Format rahmt das Gesicht des unbefangen in die Kamera schauenden Kindes und lenkt die Aufmerksamkeit auf seine großen Augen mit ihrem intensiven Blick.

Ähnlich betont Legendre durch die ovale Form des Doppelportraits einer sitzenden Frau und eines stehenden Jungen mit Horn, die Interaktion zwischen den Modellen und vermeidet eine Ablenkung durch den leeren Raum hinter ihnen. Dieses Format empfindet zudem die Form ihrer offenen, ovalen Gesichter nach, die verraten, daß sie es als durchaus feierliche Angelegenheit betrachteten, für eine Daguerreotypie Modell zu sitzen. Ihre sorg-

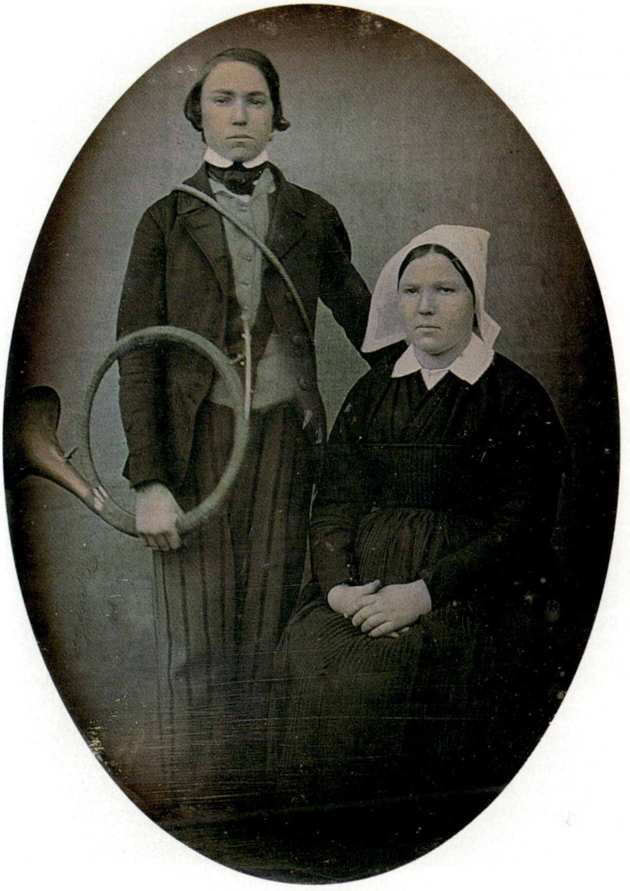

Legendre
Frankreich,
aktiv um 1850

Portrait eines Jungen und einer Frau, 1853

Daguerreotypie
SCHENKUNG EASTMAN KODAK COMPANY, EHEMALIGE SAMMLUNG GABRIEL CROMER
76:0168:0009

same Kleidung unterstreicht die Tatsache, welchen Luxus es bedeutete, ein Portrait von sich anfertigen zu lassen. Obwohl die Daguerreotypie am häufigsten für Portraits Anwendung fand, konnten, als die Belichtungszeiten kürzer wurden, auch andere Genres mit Hilfe des jungen Mediums erfolgreich erforscht werden.

Mit seinem Bild *Stilleben mit Schädel* (Seite 46) schuf Louis Jules Duboscq-Soleil ein photographisches Memento mori, in dem er die traditionelle Ikonographie eines Totenschädels und eines Stundenglases als Erinnerung an die Sterblichkeit des Menschen verwendete. Das Kruzifix spricht eindeutig

Louis Jules Duboscq-Soleil
Frankreich,
1817–1886

Stilleben mit Schädel,
um 1850

Daguerreotypie
SCHENKUNG EASTMAN KODAK COMPANY, EHEMALIGE SAMMLUNG GABRIEL CROMER
70:0001:0187

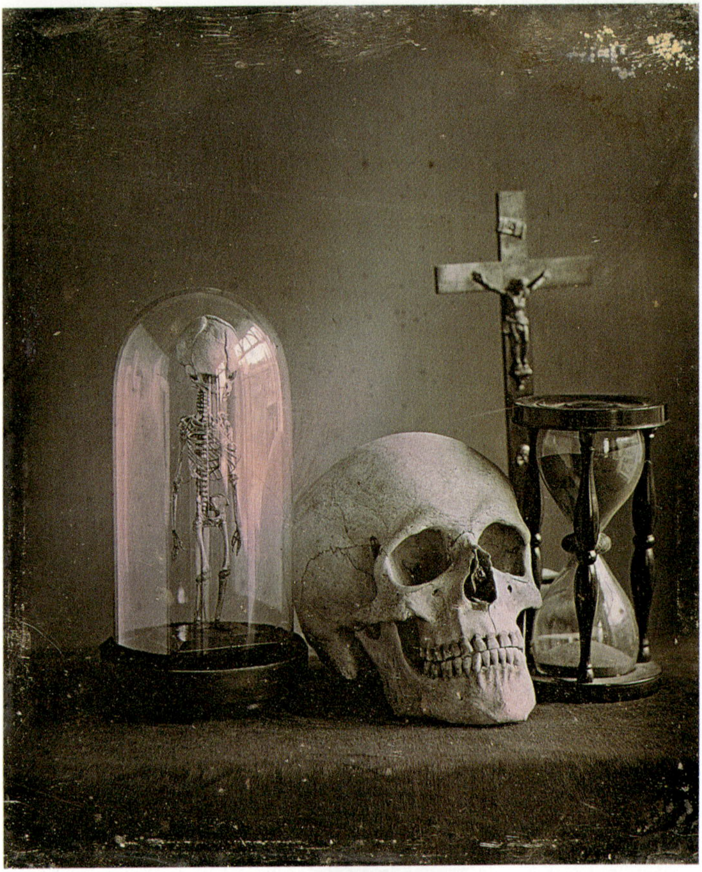

ein christliches Thema an, während das winzige Skelett in der Glasvitrine als Hinweis auf die Naturwissenschaften, die Mitte des 19. Jahrhunderts populär wurden, und die entstehende Debatte um Schöpfung und Evolution zu verstehen ist. Im Gegensatz dazu bietet die Aktstudie einer Frau auf dem Diwan mit Spitzenüberwurf zugleich eine Verherrlichung der fleischlichen Freuden des Lebens und eine Studie zu Form und Gestalt. Künstler anderer Medien benutzten solche photographischen Darstellungen als Vorlage bei der Gestaltung weiblicher Figuren.

Gelegentlich erforschten Daguerreotypisten den weiblichen Körper auch expliziter. Man stelle sich vor, wie dieses schamlos drapierte – wenn auch etwas gelangweilt blickende – Aktmodell (Seite 49) zum Leben erwacht,

Anonym
Frankreich?,
aktiv um 1840

Odaliske, um 1840

Daguerreotypie
70:0001:0184

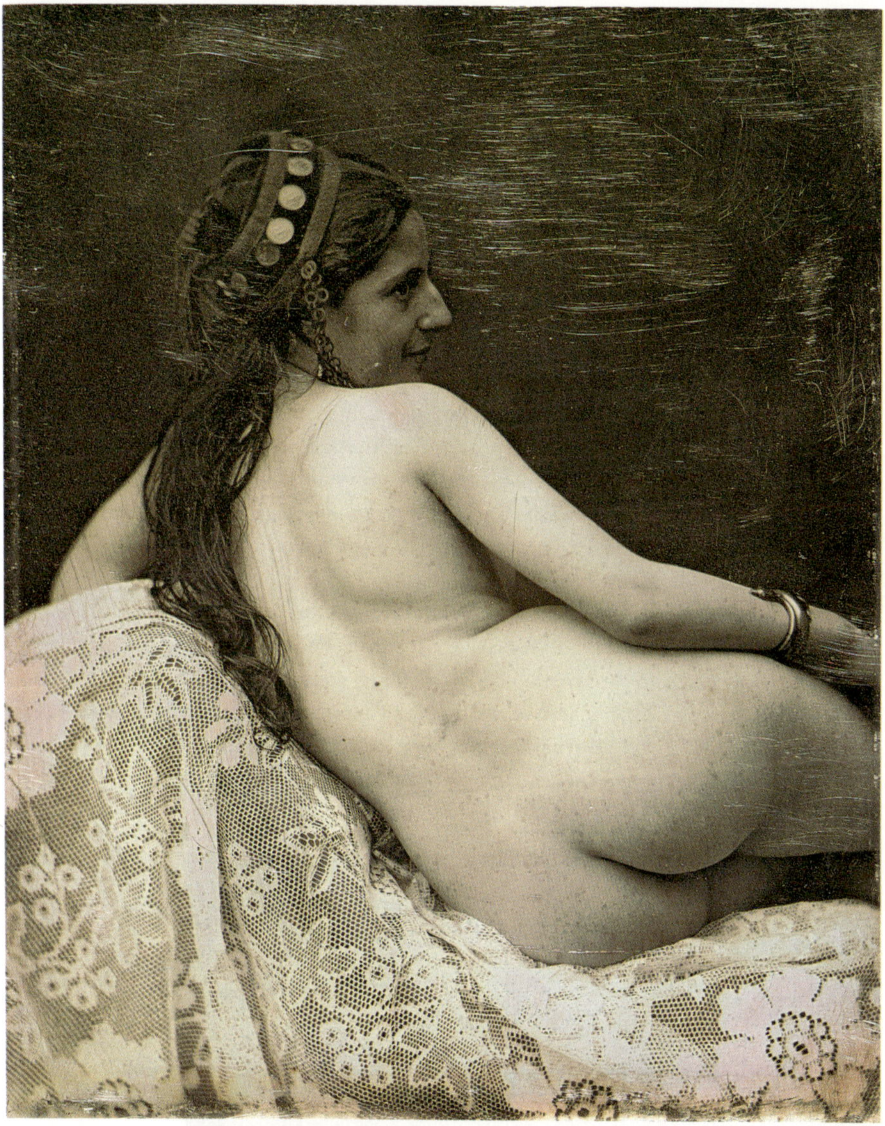

Anonym
Frankreich?,
aktiv 1850er

Weiblicher Akt,
um 1858

Kolorierte Stereo-Daguerreotypie
SCHENKUNG EASTMAN KODAK COMPANY, EHEMALIGE SAMMLUNG GABRIEL CROMER
76:0168:0137

Louchet
Frankreich?
aktiv 1850er

Frau in exotischem Kostüm, um 1855

Kolorierte Stereo-Daguerreotypie
SCHENKUNG EASTMAN KODAK COMPANY, EHEMALIGE SAMMLUNG GABRIEL CROMER
76:0168:0103

wenn man es durch ein Stereoskop betrachtet, ihre Haut von Hand koloriert, um eine genauere Darstellung des natürlichen Teints zu erhalten.

Die zu Beginn der 1850er Jahre allgemein verbreiteten Stereophotographien bestand aus zwei fast identischen Bildern, die aus leicht verschiedenen Winkeln aufgenommen wurden, um das zweiäugige Sehen nachzuempfinden. Durch ein Stereoskop betrachtet erscheint die Photographie dreidimensional. Die sittsamere Aufnahme einer *Frau in exotischem Kostüm* von Louchet erhält ihren verführerischen Reiz durch den exotisch anmutenden Stoff und die das Modell umgebenden Gegenstände. Die entblößte Schulter war bei nicht-europäischer Kleidung akzeptabel (auch wenn das Modell wahrscheinlich Europäerin war) und eine Provokation für den vornehmen, aber neugierigen Betrachter des 19. Jahrhunderts. Aber die weibliche Form war nicht das einzige Interesse des Photographen.

Antoine Claudets Portrait seines muskulösen Sohnes Francis George Claudet zeigt diesen bis zur Taille nackt und eine Seilrolle haltend. Dieses Bild, gleichermaßen eine Studie gespannter Muskulatur, wie eine Art fiktiven Arbeiterportraits, bildete die eine Hälfte einer Stereophotographie und diente der diskreten Betrachtung.

Mindestens so verführerisch wie die Erforschung des menschlichen Körpers war die Möglichkeit der detailgetreuen Darstellung einer Stadtlandschaft, die zuvor nur durch den Pinsel des Malers oder den Stift des Zeichners interpretiert worden war. Die Pariser Ansicht des Kupferstechers Friedrich von Martens ist eine panoramische Daguerreotypie, die er mit einer selbstentwickelten speziellen Panoramakamera anfertigte.

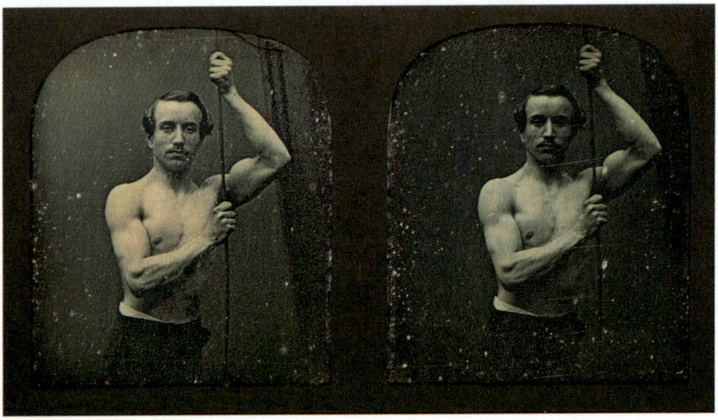

Antoine Claudet
England, geb. Frankreich,
1797–1867

Francis George Claudet als Model,
um 1855

Stereo-Daguerreotypie
AUSTAUSCH-SCHENKUNG MRS. NORMAN GILCHRIST
76:0168:0117

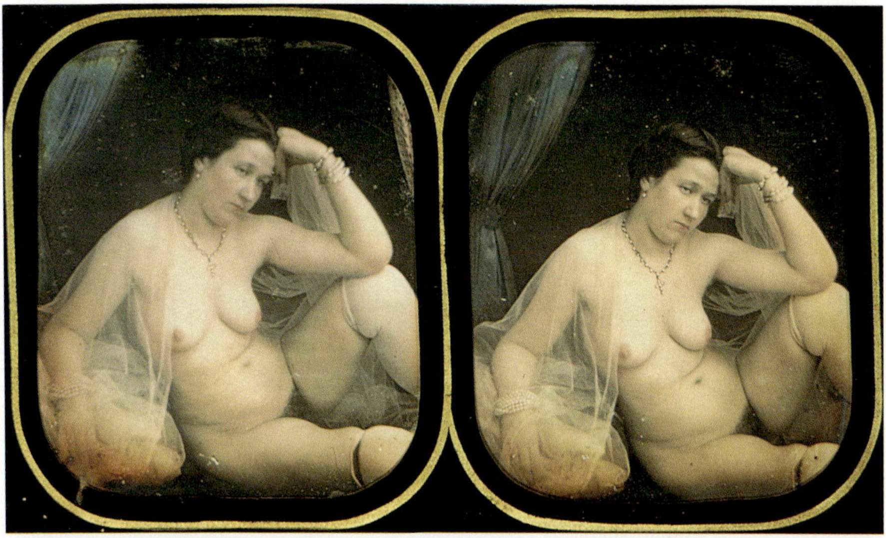

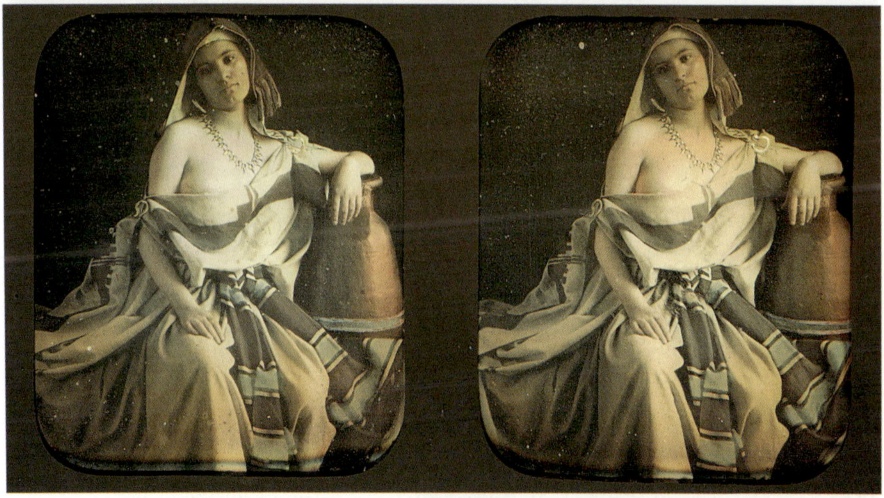

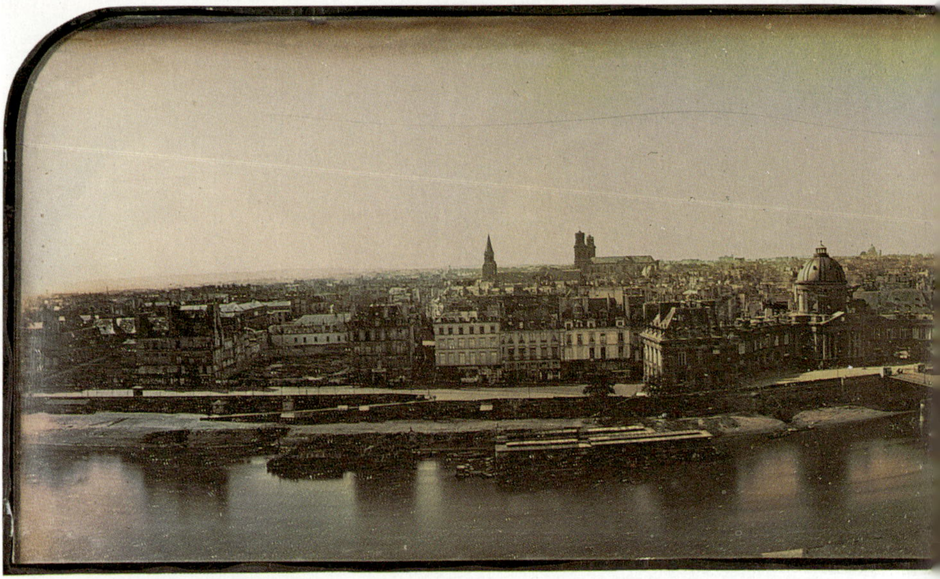

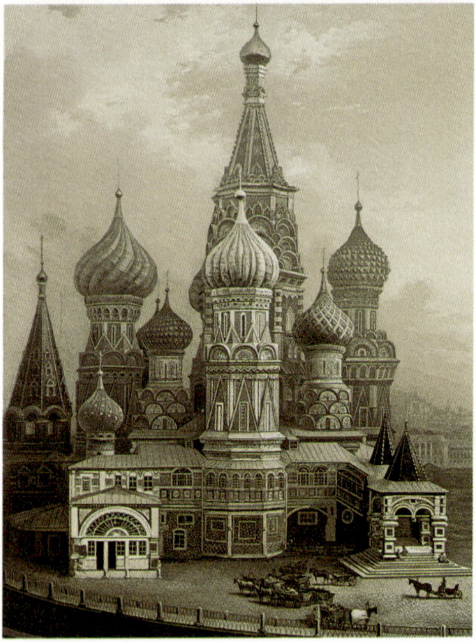

Nöel-Marie-Paymal Lerebours
Frankreich, 1807–1873

Rußland. Basilius-Kathedrale in Moskau, 1842

Radierung nach einer Daguerreotypie
SCHENKUNG ALDEN SCOTT BOYER LIBRARY COLLECTION

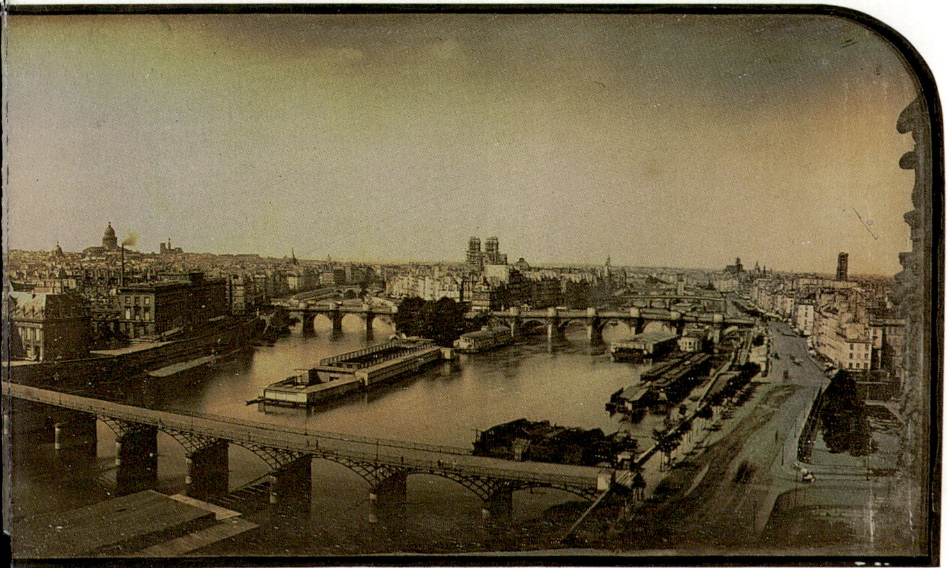

Mit dieser Kamera konnte er ein breites Bild auf eine einzige Daguerreotypie-Platte bringen. Für diese Aufnahme stellte Martens seine Kamera auf einen der Pavillons des Louvre. Die Stadtlandschaft breitet sich in lebhaften Details vor dem Betrachter aus; rechts in der Ferne sind klar die Pont Neuf und die Kathedrale von Notre Dame zu erkennen, die von einem Baugerüst umhüllt ist. Die Wahrhaftigkeit der photographischen Darstellung ordnet jedes Wahrzeichen der Stadt in exakter Relation zum nächsten an. So war es auch für Reisende ungeheuer reizvoll, Ansichten festzuhalten, die zuvor nur durch das geschriebene Wort vermittelt werden konnten.

Da es von einer Daguerreotypie stets nur ein Exemplar gab, wurde von dieser Ansicht der *Basilius-Kathedrale in Moskau* ein Stich angefertigt und in Lerebours Buch *Excursions Daguerriennes* veröffentlicht, einem frühen photographischen Reisebericht mit Stichen nach Daguerreotypien vieler entlegener, »exotischer« Schauplätze.

Cromers Amateur ist ein nicht identifizierter Daguerreotypist, benannt nach dem Sammler Gabriel Cromer. Zur Sammlung des Eastman House gehören etwa 100 Daguerreotypie-Platten, die dieser außergewöhnlich begabte, wenn auch unbekannte Amateurphotograph zwischen 1845 und 1851 anfertigte. Insgesamt bietet die Sammlung einen seltenen, persönlichen Blick

Friedrich von Martens
Frankreich, geb. Deutschland, 1809–1875

La Seine, la rive gauche et l'île de la cité (Die Seine, das linke Ufer und L'île de la Cité), um 1845

Panorama-Daguerreotypie
SCHENKUNG EASTMAN KODAK COMPANY, EHEMALIGE SAMMLUNG GABRIEL CROMER
76:0168:0136

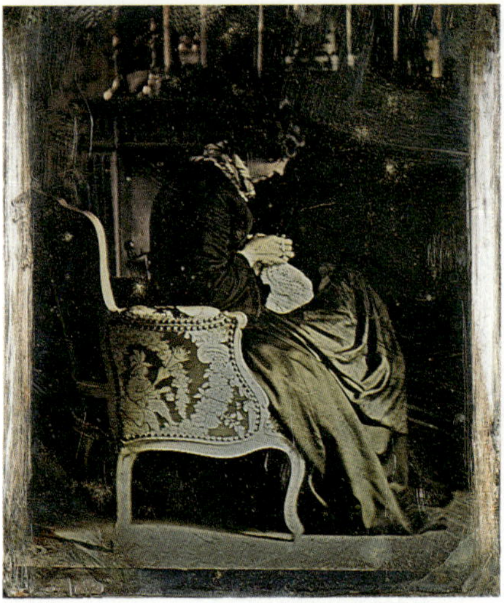

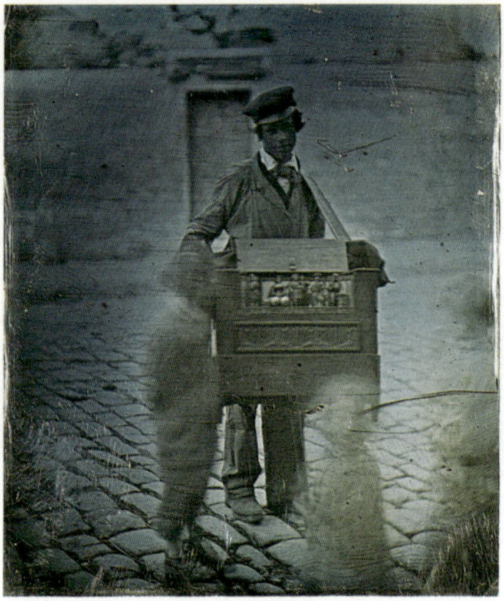

Cromer's Amateur
Frankreich, aktiv
1840er–1850er

Interieur mit nähender Frau,
um 1850

Daguerreotypie
SCHENKUNG EASTMAN KODAK COMPANY, EHEMALIGE SAMMLUNG GABRIEL CROMER
76:0168:0079

Cromer's Amateur

Orgelspieler auf der Straße mit Kindern,
1850

Daguerreotypie
SCHENKUNG EASTMAN KODAK COMPANY, EHEMALIGE SAMMLUNG GABRIEL CROMER
76:0168:0050

in das Leben in Paris Mitte des 19. Jahrhunderts und umfaßt Genreszenen, Landschaften, Portraits (einschließlich vieler eventueller Selbstportraits) und Stilleben. Gemessen an den langen Belichtungszeiten früher Daguerreotypien ist dieses *Interieur mit nähender Frau* sehr außergewöhnlich. Die subtile, fein abgestimmte Beleuchtung zeigt die Tiefe des Raums und läßt die Details des Kaminsimses, des silbernen Kerzenleuchters und der verzierten Kaminuhr im Hintergrund erkennen. Gleichzeitig wird ein Schlaglicht auf die luxuriöse Polsterung des Sessels geworfen, in dem die Frau sitzt. Dieses Bild bietet einen privilegierten Einblick in die private, wohlhabende Welt, die sehr wahrscheinlich die des Photographen selbst war, denn es erforderte viel Zeit und Geld, Daguerreotypien herzustellen.

Cromers Amateur trat aus seinem persönlichen Reich hinaus und richtete seine Aufmerksamkeit auf die Straße, um in diesem Portrait eines Orgelspielers bei der Arbeit eine spontane Alltagsszene einzufangen; vorbeilaufende Kinder lösen sich zwischen den Pflastersteinen während der langen Belichtungszeit in geisterhafte Schleier auf.

Eine weitere der zahlreichen Kompositionen von Cromers Amateur ist das *Stilleben einer Vase mit Blumen,* in dem sich das eklektische Bouquet in einen Turm kaskadenartig herabstürzender Sonnenblumen, Margeriten und sanft welkender Rosen verwandelt. In ihrer verblüffenden Einfachheit vor einem gefleckten, verschwimmenden Hintergrund demonstriert diese Daguerreoty-

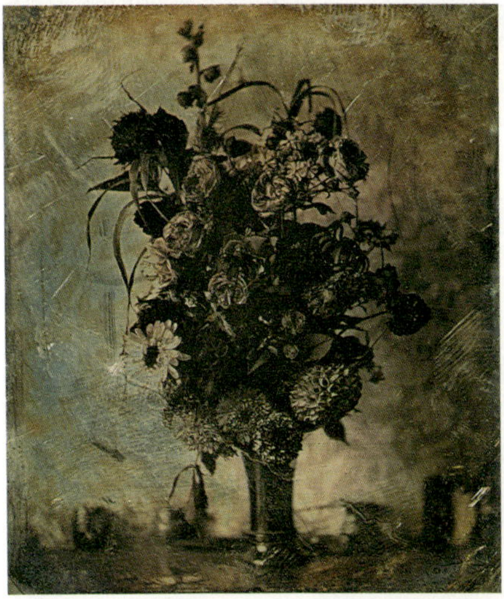

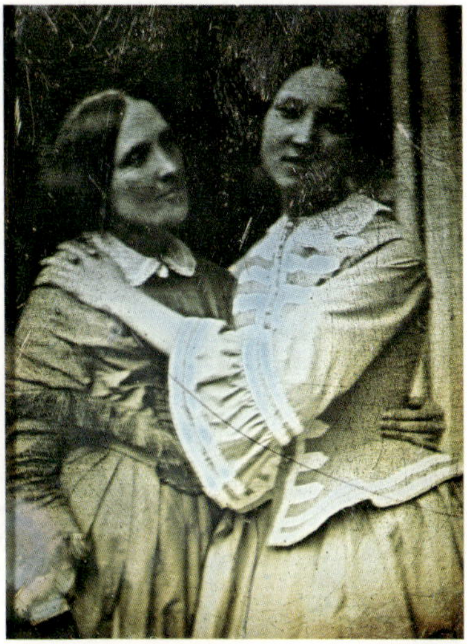

pie eine fast moderne Aufmerksamkeit für Form und Struktur. Eines der eindrucksvollsten Portraits dieser Gruppe zeigt zwei einander umarmende Frauen, vermutlich Mutter und Tochter und wahrscheinlich aus der Familie des Photographen. Den Arm fest um die Taille ihrer Gefährtin gelegt, schaut die ältere Frau das junge Mädchen liebevoll an, während dieses sich dem Photographen mit einem vertrauten Lächeln zuwendet. Die beiden Frauen erscheinen auch auf einigen anderen Daguerreotypien in Gruppierungen von Frauen und Kindern, die ebenfalls einen familiären Kontext suggerieren. Diese Aufnahmen bilden eine der größten noch existierenden, zusammenhängenden Gruppen nicht professioneller Daguerreotypien; in ihrer scheinbaren Beiläufigkeit erinnern sie an »Schnappschüsse« und zeugen von der Begeisterung, die verschiedensten Aspekte des Alltags festzuhalten, die sich vor dem Auge der Kamera abspielen.

Zur Zeit des aufkeimenden Interesses für Naturwissenschaften Mitte des 19. Jahrhunderts reiste der Photograph E. Thiesson nach Sofala in Mosambik, einer portugiesischen Kolonie in Südafrika, um die einheimische Bevölkerung zu photographieren. Dort machte er dieses Profilportrait einer sitzenden Sofala-Frau, deren kurzgeschnittenes Haar im Alter von 30 Jahren bereits ergraut war (Seite 54). Das Profil wurde zum Standard in der ethnographischen Photographie, die Körpertypen aus jedem Winkel zeigen wollte, um Unterschiede zu verdeutlichen. Aus ihrem kulturellen Kontext isoliert,

Cromer's Amateur

Stilleben einer Vase mit Blumen, um 1850

Daguerreotypie
SCHENKUNG EASTMAN KODAK COMPANY, EHEMALIGE SAMMLUNG GABRIEL CROMER
76:0168:0068

Cromer's Amateur

Portrait zweier Frauen, um 1850

Daguerreotypie
SCHENKUNG EASTMAN KODAK COMPANY, EHEMALIGE SAMMLUNG GABRIEL CROMER
76:0168:0069

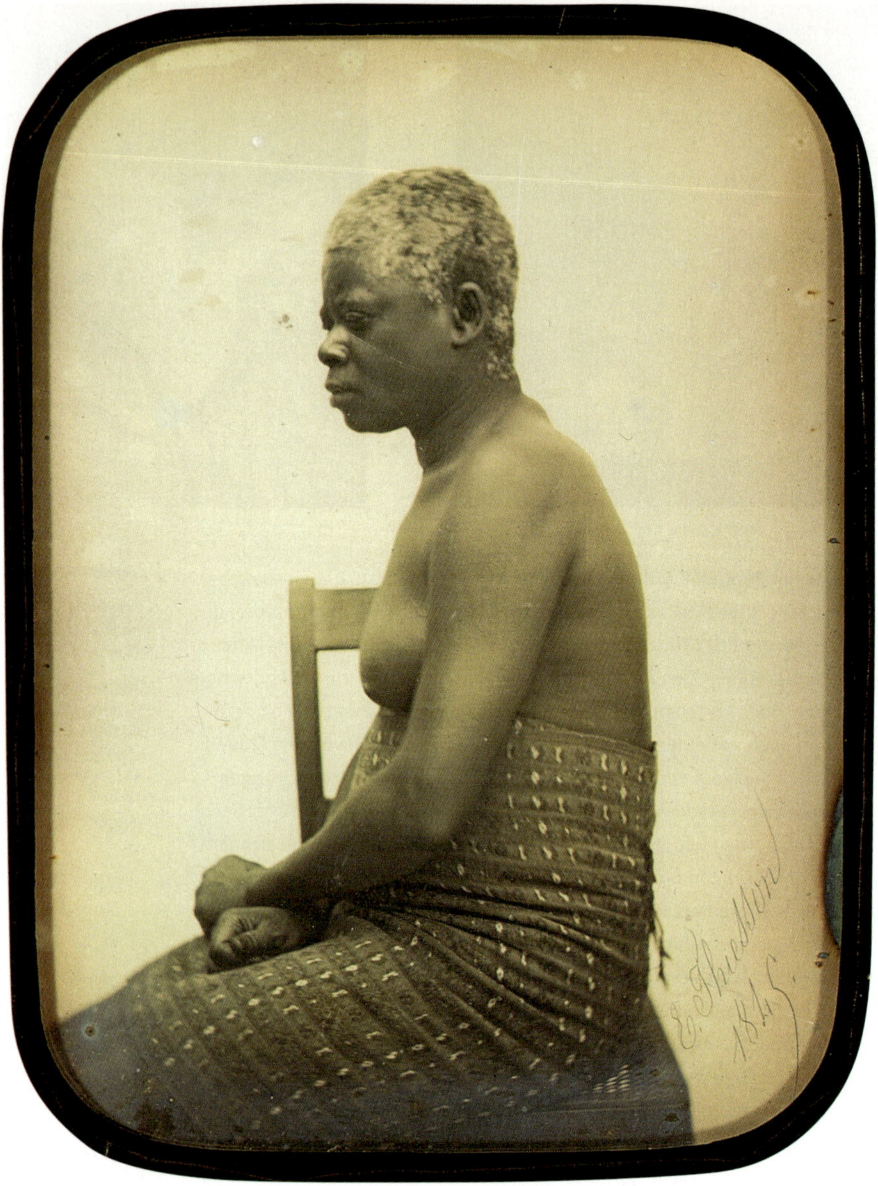
E. Thiesson
1845

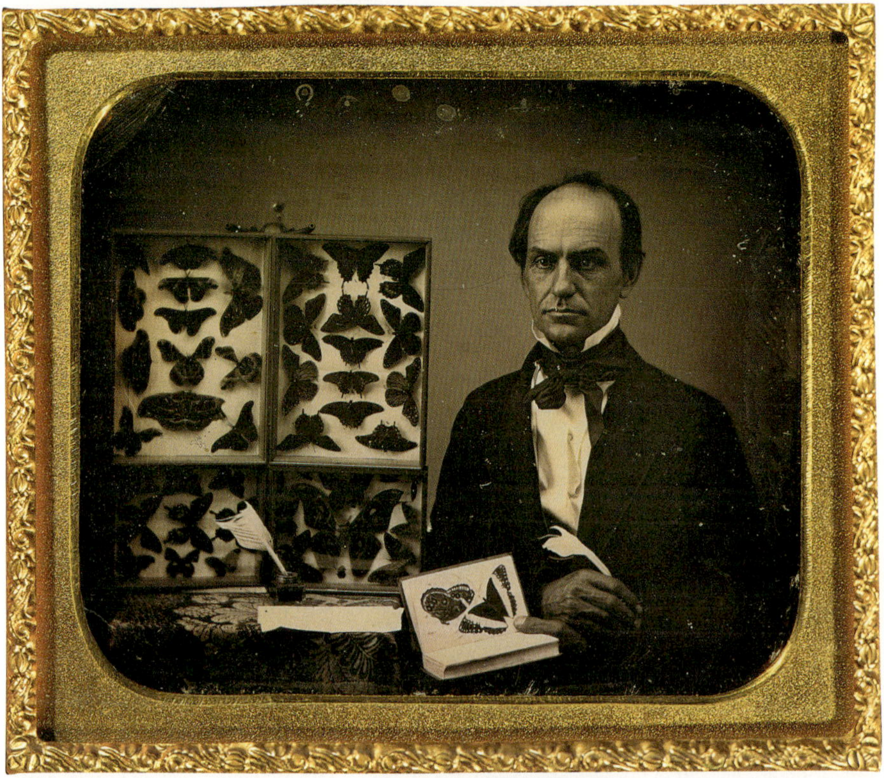

E. Thiesson
Frankreich, aktiv um 1840

Eingeborene von Sofala (Mozambique), 30 Jahre alt mit weißen Haaren, 1845

Daguerreotypie
SCHENKUNG EASTMAN KODAK COMPANY, EHEMALIGE SAMMLUNG GABRIEL CROMER
69:0265:0140

Anonym
Amerika, aktiv 1850er

Schmetterlingssammler, um 1850

Daguerreotypie
79:3292:0001

Anonym
Amerika, aktiv 1840er

Dr. Macbeth in the Costume in Which He Crossed the Plains, Fleeing from the Cholerea [sic] of Which He Died (Dr. Macbeth in dem Aufzug, in dem er die Prärie durchquerte auf der Flucht vor der Cholerea [sic], an der er starb), um 1849

Kolorierte Daguerreotypie
SCHENKUNG
DR. JOHN RECHT
78:1706:0013

sitzt die Frau in einem europäisch anmutenden Rohrstuhl und ist vor einfachem Hintergrund photographiert, der einen Kontrast zu ihrem nackten Oberkörper und der einheimischen Kleidung bildet. Ein ähnliches Beispiel für die Photographie als Mittel zur Bestandsaufnahme ist das Bild eines Mannes neben seiner Schmetterlingssammlung (Seite 55). Er hält ein mit Bildern von Schmetterlingen illustriertes Buch und eine Feder in der Hand und weist damit auf seine Position als Wissenschaftler oder Student der Wissenschaften hin. Beide Bilder sind Beispiele für die frühe Verwendung der Photographie als Mittel der Katalogisierung.

In Amerika, einer jungen Demokratie, die sich selbst auf der versilberten Kupferplatte verewigt sehen wollte, erfreute sich die Daguerreotypie in den 1850er Jahren ihrer größten Beliebtheit. Der ungebrochene Glaube an die photographische »Wahrheit« war ein mächtiges Instrument, das sich Photographen mühelos zunutze machen konnten. Manchmal wurden fiktive »Dokumente« als nachträgliche Aufzeichnungen oder zu illustrativen Zwecken hergestellt. In dem Bild *Dr. Macbeth in the Costume in Which He Crossed the Plains, Fleeing from the Cholera [sic] of Which He Died* präsentiert sich Dr. Macbeth im Studio in der Kleidung und der Ikonographie des Wildwest-Abenteurers. Eine Spitzhacke steht neben ihm auf einem weißen Sockel, einer üblichen Requisite in Photostudios, die in diesem Kontext jedoch völlig unpassend ist. Der Photograph war darauf bedacht, Symbole aus dem Leben seines Modells festzuhalten.

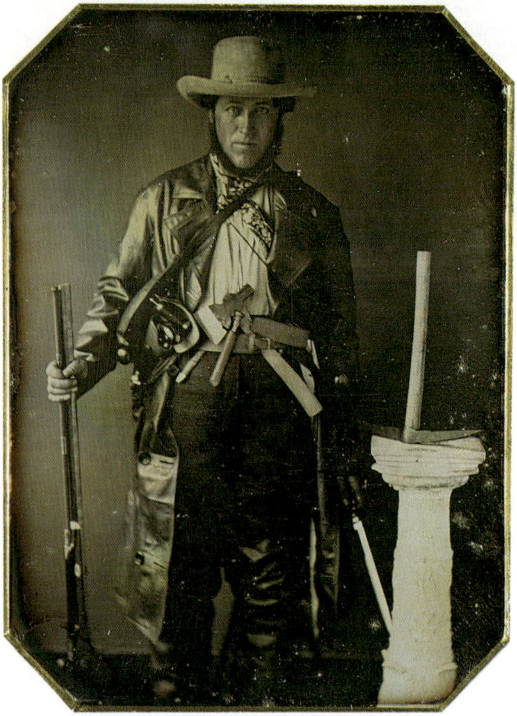

In Einklang mit dem im 19. Jahrhundert weit verbreiteten Interesse an allem Wissenschaftlichen machte auch Robert Cornelius sein unkonventionelles *Selbstportrait*. Die Hand des Photographen verdeckt fast sein Gesicht, denn es kam ihm auf die dargestellte Betätigung und nicht auf die Erkennbarkeit des Mo-

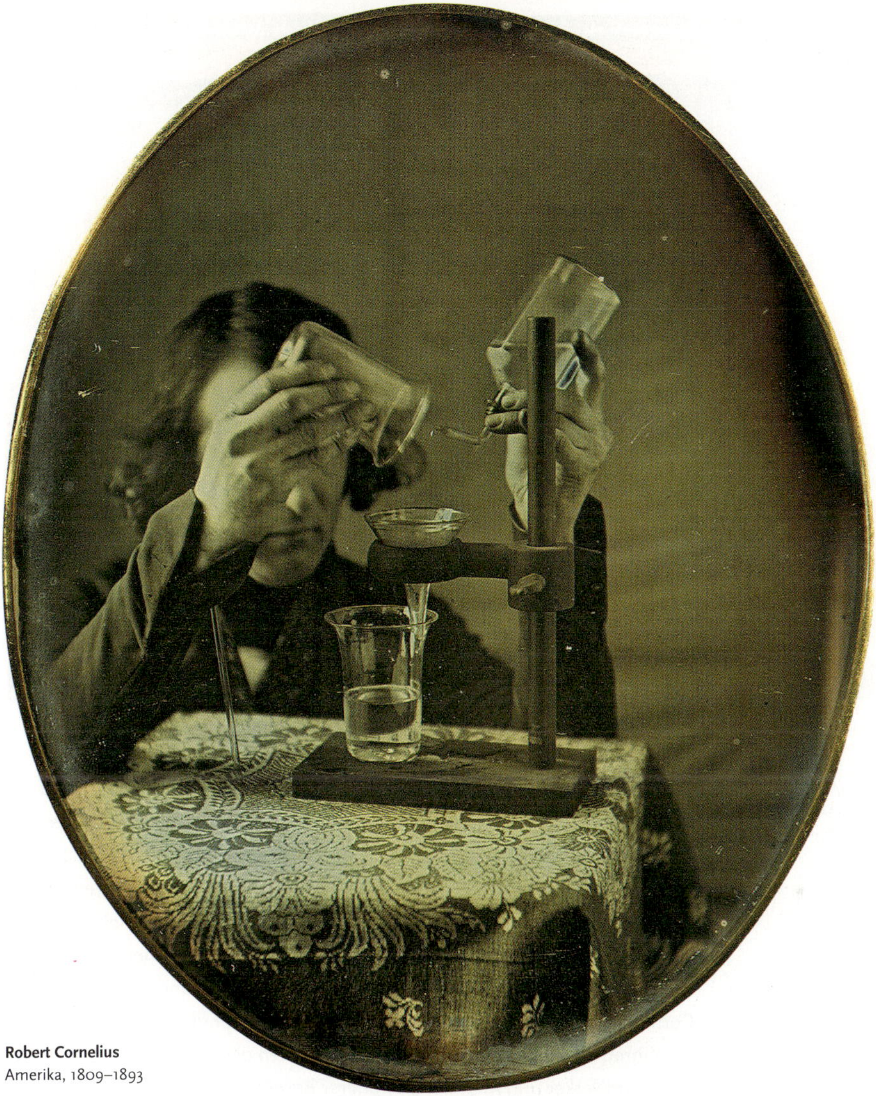

Robert Cornelius
Amerika, 1809–1893

Selbstportrait mit Laborinstrumenten, 1843

Daguerreotypie
SCHENKUNG 3M COMPANY,
EHEMALIGE SAMMLUNG
LOUIS WALTON SIPLEY
77:0242:0003

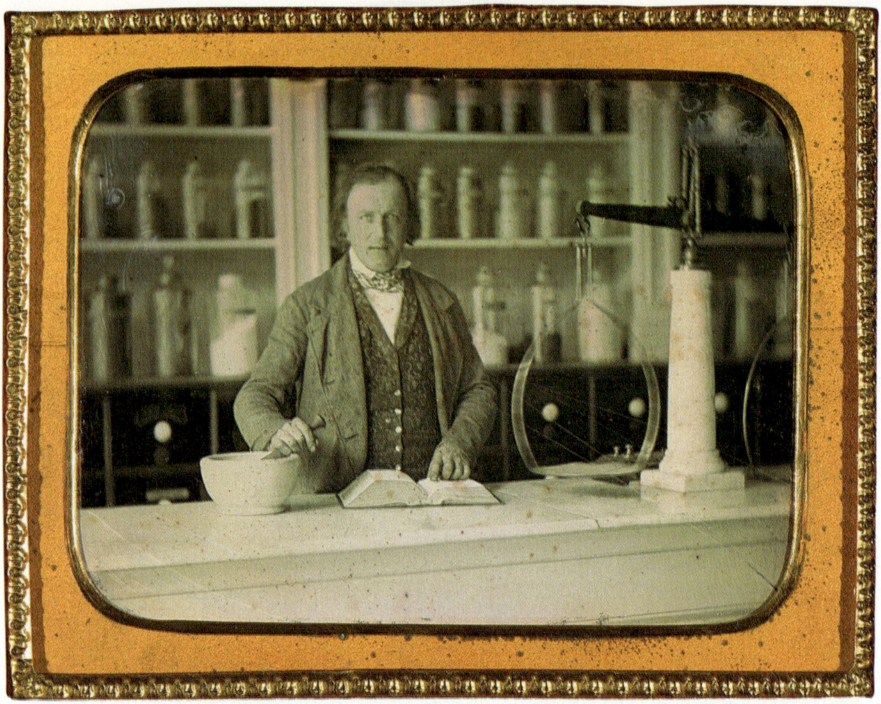

Anonym
Amerika,
aktiv 1850er

Apotheke, Innenansicht mit Apotheker, um 1852

Daguerreotypie
SCHENKUNG
GREG FRENCH
97:0856:0001

dells an. Obwohl er kein wirklicher Wissenschaftler war, hält Cornelius hier in jeder Hand ein Becherglas und gießt eine chemische Substanz in den Trichter. In dieser offensichtlich gestellten Szene achtet er nicht auf das kunstvoll bestickte Damasttuch auf dem Tisch, das bei einem echten Experiment wohl nicht dort gelegen hätte. Das Bild wurde wahrscheinlich als Gravurvorlage für die Illustration eines Artikels in der *Encyclopedia of Chemistry* von Hans Martin Boye verwendet, einem Chemiker und Kollegen von Cornelius, der bei derselben Sitzung auch von ihm photographiert wurde.

In ihren eigenen Werkstätten oder Geschäften dargestellte Kunsthandwerker, Handwerker und Angehörige höherer Berufsstände waren ein beliebtes Genre der Portraitphotographie. Oft wurde ein solches Portrait in Auftrag gegeben, um bestimmter Leistungen zu gedenken oder mit einer besonderen Fähigkeit zu werben. Die Innenansicht einer Apotheke zeigt ihren Inhaber an seinem Tisch. Mit der rechten Hand umfaßt er den im Mörser liegenden Stößel, während die linke Hand auf der Seite eines aufgeschlagenen Buchs

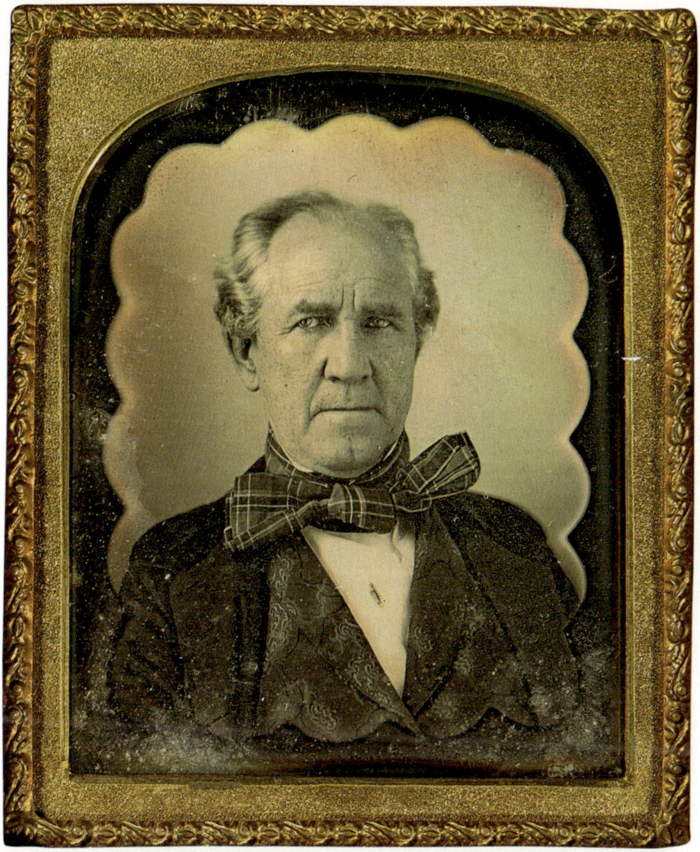

Anonym
Amerika,
aktiv 1850er

Sam Houston,
um 1850–1855

Daguerreotypie
SCHENKUNG ALDEN
SCOTT BOYER
78:0758:0001

liegt. Flaschen und Gläser mit Chemikalien, den Werkzeugen seines Berufs, stehen in den Regalen und rahmen den Apotheker in seiner Umgebung ein, statt ihn vor dem nichtssagenden Hintergrund eines Studios zu zeigen.

Wenn der Portraitierte eine Figur des öffentlichen Lebens war, wurden Reproduktionen seines Bildes von der Öffentlichkeit meist geschätzt und als Embleme der Leistungen dieser Person gesammelt. Samuel Houston (1793–1863), Rechtsanwalt und Politiker, führte die Schlacht bei San Jacinto an, mit der Texas seine Unabhängigkeit von Mexiko sicherte. Houston wurde zum Präsident der Republik Texas gewählt, und als Texas 1845 in die Union aufgenommen wurde, wurde er zu einem der ersten beiden Senato-

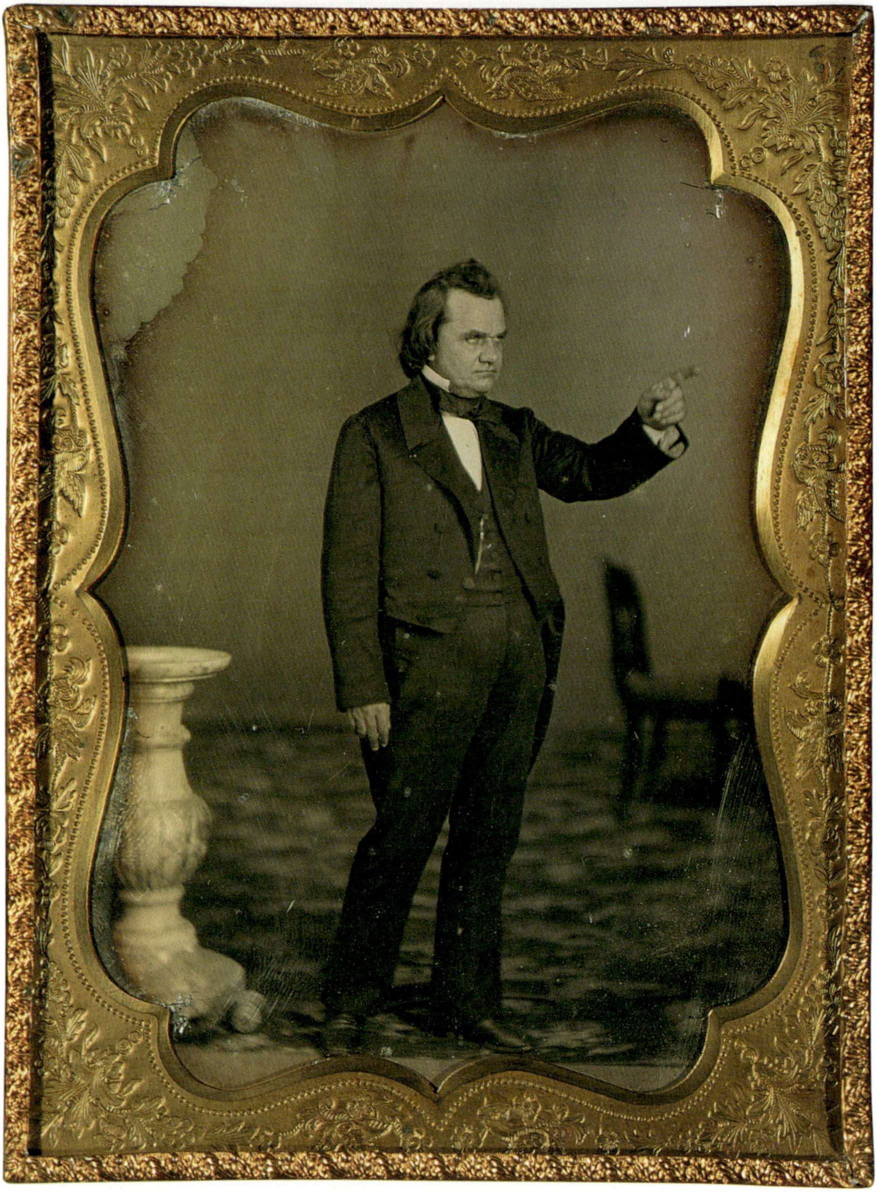

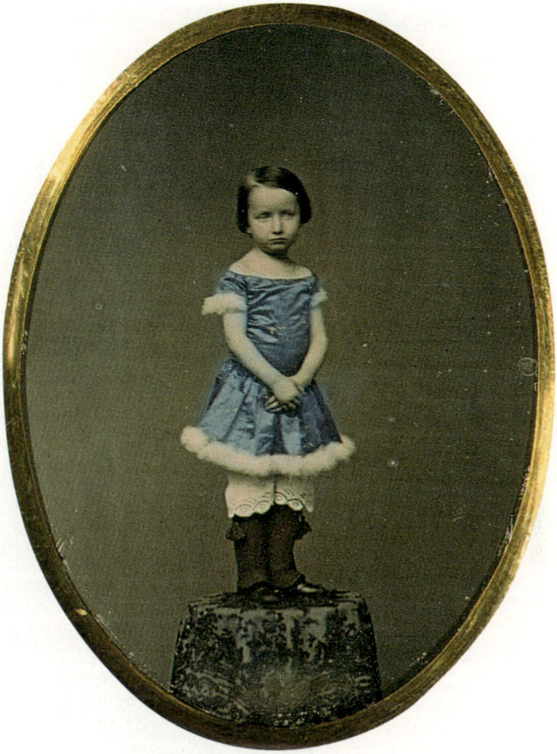

Marcus Aurelius Root
Amerika, 1808–1888

Kleines Mädchen auf dem Tisch stehend, um 1850

Kolorierte Daguerreotypie
SCHENKUNG MRS. J. LESLIE CROWELL
79:3144:0001

ren des Staates ernannt. Diese Daguerreotypie, etwa zehn Jahre nach Beendigung seiner Amtszeit als Senator aufgenommen, ist das eindrucksvolle Portrait eines Mannes, der das Geschick einer Nation beeinflußt hat.

Stephen Arnold Douglas (1813–1861) war ein begabter Redner und Senator von Illinois, der im Rennen um die Präsidentschaft von Abraham Lincoln geschlagen wurde. Der untersetzte Douglas wurde von seinen Zeitgenossen auch der »Kleine Riese« genannt, und dieses Bild zeigt ihn in der dynamischen Pose, für die er bekannt war. Obwohl die Säule am rechten Bildrand einen Hinweis auf seine geringe Körpergröße gibt, betonen sein fester Blick und der ausgestreckte linke Zeigefinger die eindringliche Kraft seiner Rede.

Am anderen Ende des Portraitspektrums zeigt Marcus Aurelus Roots mit der Aufnahme eines kleinen Mädchens die Darstellung seines süßen, aber traurigen jungen Modells. Sie steht mit schulterfreiem, pelzbesetzten Kleidchen und Spitzenpantalons auf einem Tisch und wirkt eher wie eine winzige

Anonym
Amerika, aktiv 1840er

Stephen A. Douglas, um 1845

Daguerreotypie
MUSEUMANKAUF, EHEMALIGE SAMMLUNG ZELDA P. MACKAY
69:0201:0037

Anonym
Amerika,
aktiv um 1850

Mädchen mit Blumenhut, am Tisch lehnend, um 1850

Daguerreotypie
79:3273:0012

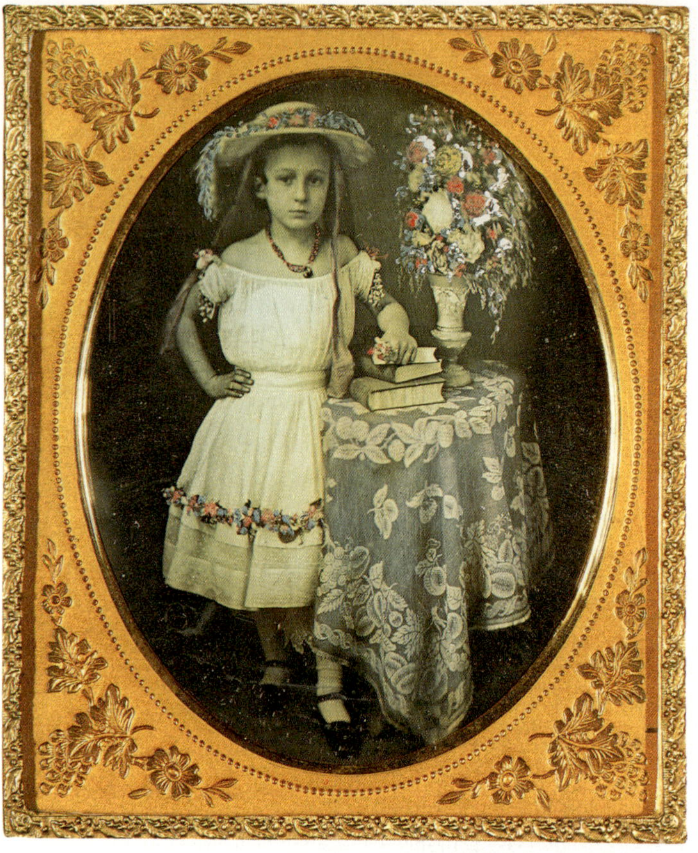

Charles Evans
Amerika, aktiv
1854–1856

Mädchen mit Puppe, die Hand der Mutter haltend, um
1854–1856

Daguerreotypie
SCHENKUNG 3M COMPANY, EHEMALIGE SAMMLUNG LOUIS WALTON SIPLEY
77:0240:0024

Zirkusartistin, die vor leerem Hintergrund verloren auf ihrer Bühne steht. Das Portrait eines *Mädchens mit Blumenhut* hingegen ist ein Beispiel für eine saloppere Art, Kinder zu photographieren. Sie lehnt an einem Tisch und hat den Arm auf einen Stapel Bücher gestützt, der vielleicht auf ihre Belesenheit hindeuten könnte, ihr jedoch wahrscheinlicher während der langen Belichtungszeit als Stützte diente. Die rechte Hand an der Hüfte, den linken Fuß nach vorne gestreckt, scheint sie sich vor der Kamera wohl zu fühlen.

Charles Evans' Portrait eines *Mädchens mit Puppe* deutet durch eine einfache Geste dessen familiäre Beziehung an. Die Mutter wollte ihrem Kind die Unannehmlichkeit einer Kopfzwinge oder anderer seltsamer Vorrichtung ersparen und hielt während der Sitzung beruhigend seine Hand.

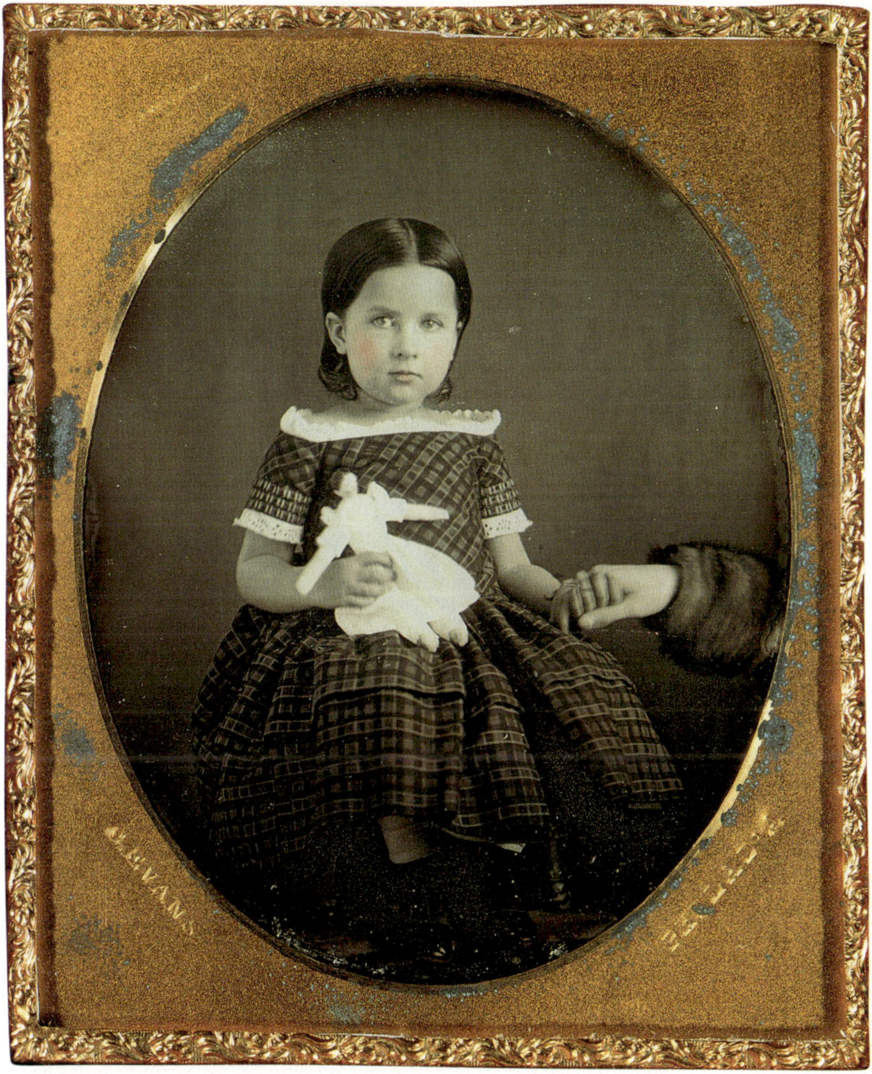

Samuel Leon Walker
Amerika, 1802–1874

Die Tochter des Photographen, vermutlich Josephine Walker, um 1847–1854

Daguerreotypie
MUSEUMSANKAUF
78:0150:0004

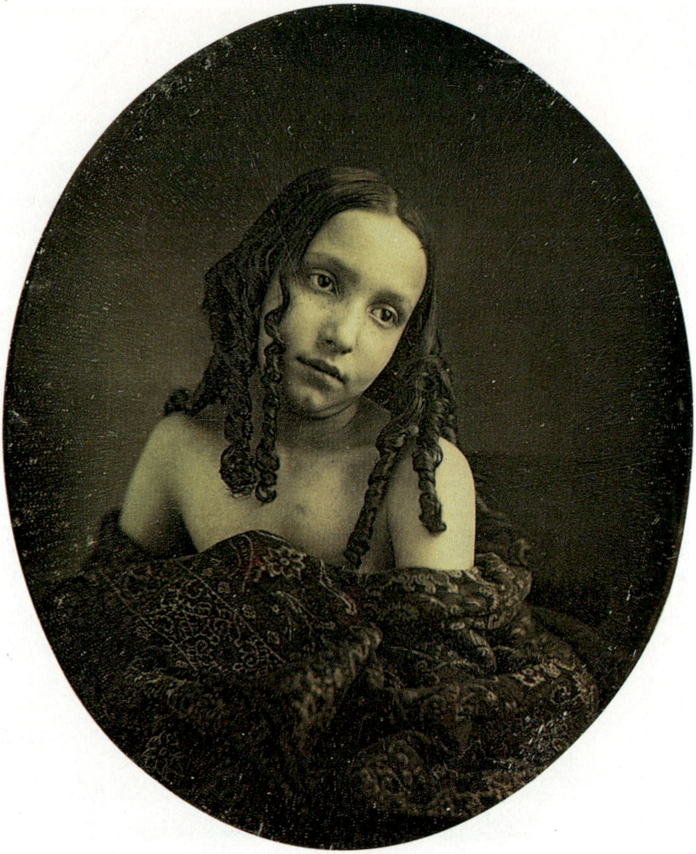

Anonym
Amerika, aktiv um 1850

Portrait eines blinden Mannes mit Katze, um 1850

Daguerreotypie
MUSEUMSANKAUF, EHEMALIGE SAMMLUNG ZELDA P. MACKAY
69:0201:0012

Familienangehörige wie Ehemänner, Ehefrauen, Töchter und Söhne zu portraitieren, besaß einen unwiderstehlichen Reiz für die frühen Photographen. Samuel Leon Walkers Portrait einer seiner Töchter, wahrscheinlich Josephine, zeigt die Entspanntheit und das Vertrauen gegenüber dem Vater.

Vertrauen war mit Sicherheit auch ein Faktor bei der Sitzung für das bemerkenswerte Portrait eines blinden Mannes mit Katze. Das Modell konnte die Magie der Daguerreotypie zwar nicht selbst erleben, erkannte aber trotzdem, was es bedeutete, sich photographieren zu lassen, und vertraute dem Photographen vollkommen, daß er ein wahrheitsgetreues und sympathisches Portrait von ihm machen werde.

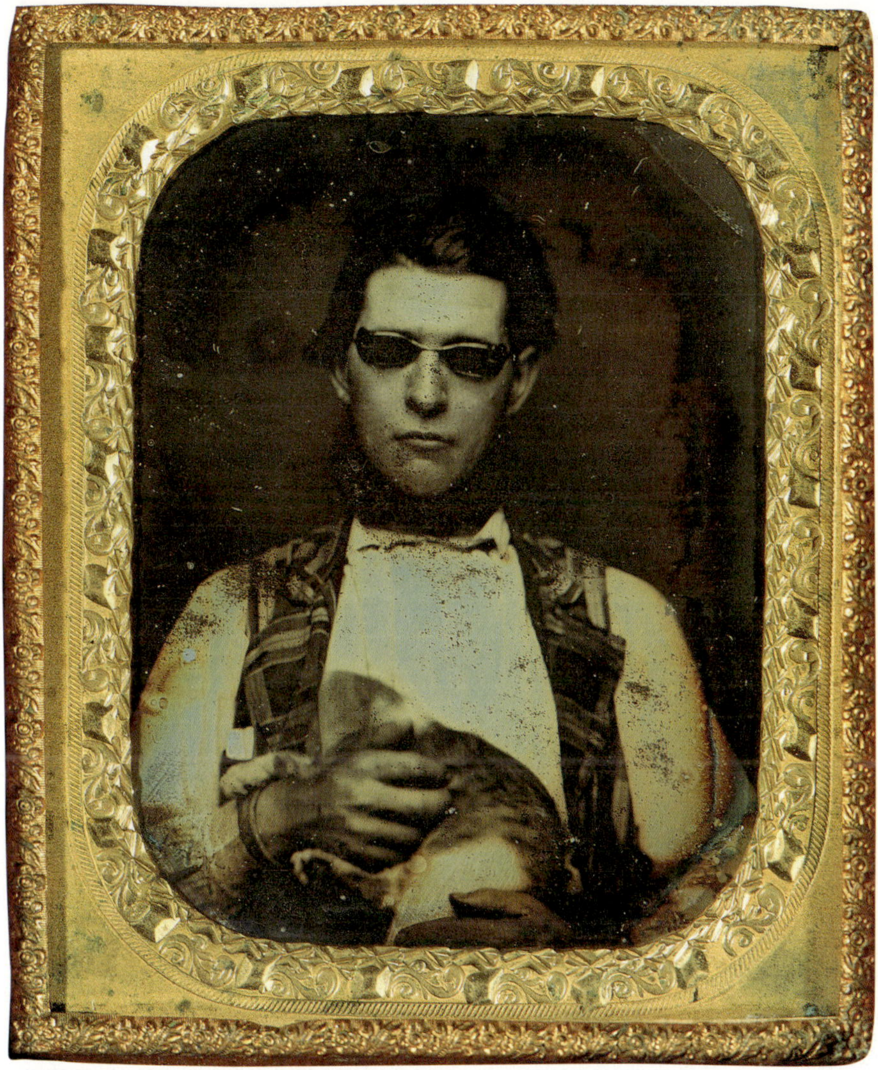

Anonym
Amerika,
aktiv um 1850

Postmortales Portrait, Frau mit Kind, um 1855

Kolorierte Daguerreotypie
SCHENKUNG
DONALD WEBER
94:1436:0001

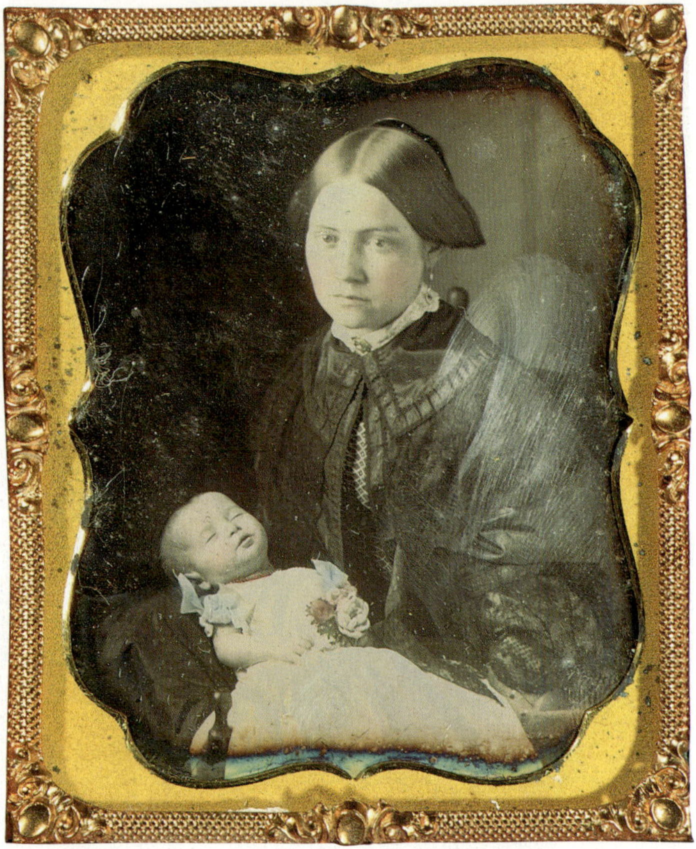

Zuweilen wurden auch jene neuen Mitglieder portraitiert, die kaum ihren Platz in der Familie eingenommen hatten, bevor sie einer der Krankheiten erlagen, die im 19. Jahrhundert das Leben vieler Kinder forderten. Dieses post mortem aufgenommene Portrait, zeigt eine Mutter mit abwesendem Blick, die ihr verstorbenes Kind auf dem Schoß hält, als würde es schlafen; zärtlich stellt sie eine Szene aus jenem Leben nach, um das beide vorzeitig gebracht wurden.

In dem Portrait eines Paares von Luther Holman Hale werden geschlechtliche Konventionen auf den Kopf gestellt: Der Mann sitzt, während die Frau neben ihm steht.

(rechts)
Luther Holman Hale
Amerika, 1823–1885

Portrait eines Mannes und einer Frau, um 1860

Daguerreotypie
MUSEUMSANKAUF
70:0078:0001

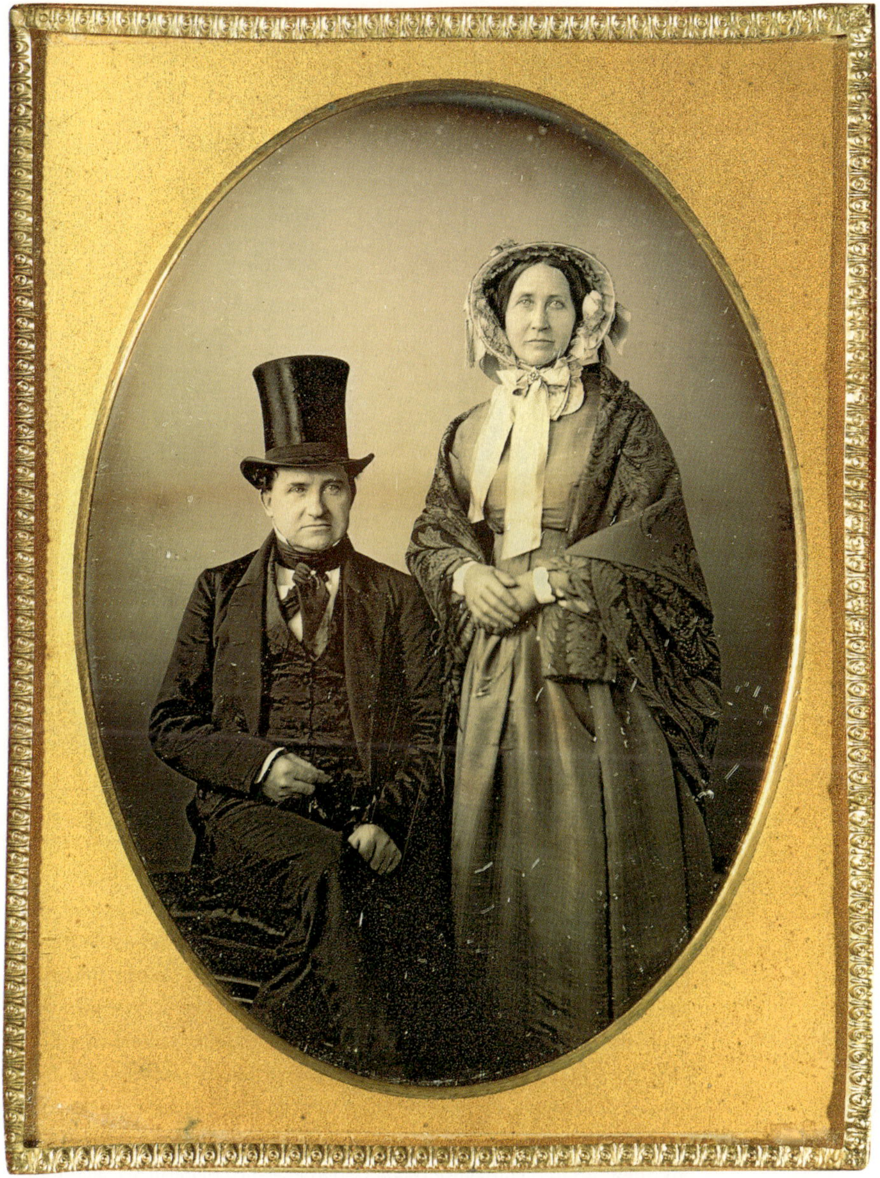

Anonym
Amerika,
aktiv um 1850

Portrait einer unbekannten schwarzen Frau,
um 1850

Kolorierte Daguerreotypie
MUSEUMSANKAUF, EHEMALIGE SAMMLUNG ZELDA P. MACKAY
69:0201:0020

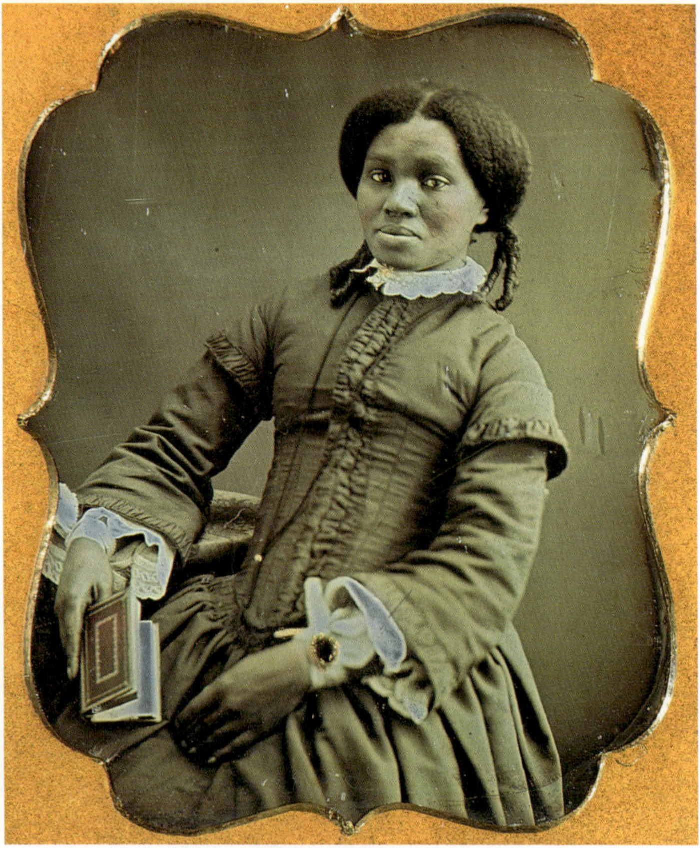

Das Portrait einer schwarzen Frau, etwa 13 Jahre vor Aufhebung der Sklaverei aufgenommen, verrät durch das hübsche Kleid und das gepflegte Äußere des Modells, daß sie vermutlich eine freie Frau war. Zudem deutet das kleine offene Buch in ihrer rechten Hand darauf hin, daß sie lesen konnte, eine Seltenheit unter den Schwarzen des 19. Jahrhunderts, denen der Zugang zur Bildung systematisch verwehrt wurde. Sie präsentiert sich selbstbewußt der Kamera, ihr fester Blick verlangt vom Betrachter Respekt und Aufmerksamkeit und vermittelt die Intensität und Stärke ihres Charakters. Als Soloportrait diente diese Daguerreotypie wahrscheinlich als seltenes Andenken für Verwandte, die des Wohlergehens und Wohlstandes der vermutlich im Norden lebenden Frau versichert sein konnten.

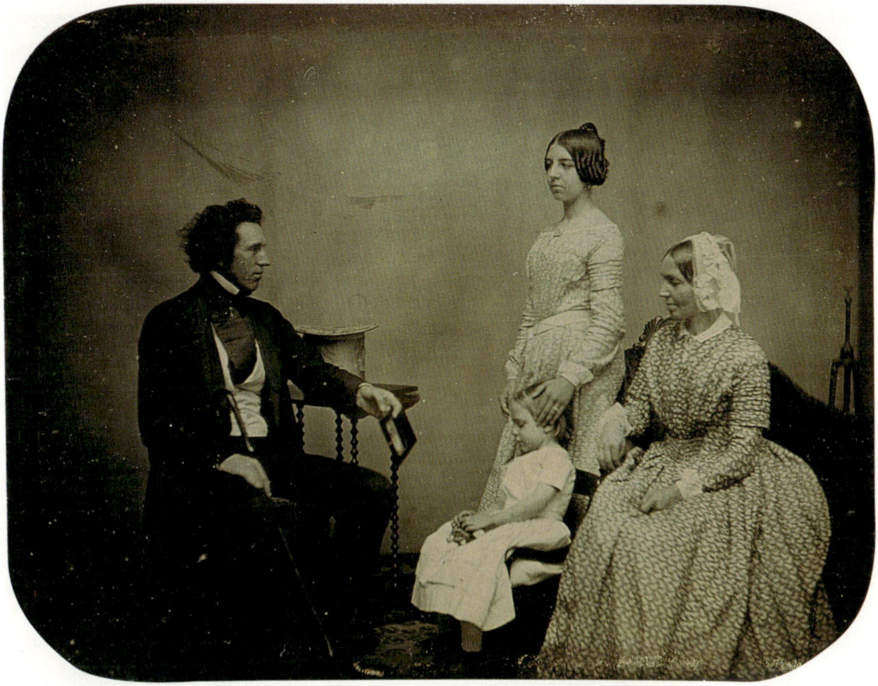

Das Gruppenportrait der Familie Webb zeigt das sitzende Familienoberhaupt, George James Webb, der eine Daguerreotypie in der Hand hält und seine Frau und seine beiden Töchter ansieht. Er macht seine Präsenz eindringlich deutlich und hat den Arm auf einen Tisch gelehnt, während die älteste Tochter vorsichtig den Kopf ihrer Schwester festhält. Sie alle versuchen so angestrengt, während der Belichtungszeit still zu halten, daß sie nur wenig Interaktion zeigen oder Gefühle füreinander verraten.

Aber es gab auch noch andere originelle Möglichkeiten, Familienportraits zu machen, selbst wenn nicht jedes Familienmitglied bei der Sitzung anwesend sein konnte. Die Frau in dem Portrait auf Seite 70 hält vermutlich die Daguerreotypie ihres Ehemannes in der Hand. Ob er verstorben oder einfach für diese Sitzung nicht verfügbar war, das Bild bewahrt eine Erinnerung an ihre Beziehung sowie ihrer beider Bildnis auf einer einzigen Platte.

Auch wenn Familienmitglieder für den Daguerreotypisten posierten, war die wirklichkeitsgetreue Darstellung des Modells nicht immer dessen Ziel. Der Schauspieler und Maler Gabriel Harrison, genannt »Der Poet der Da-

Anonym
Amerika,
aktiv 1840er

Mr. George James Webb, Mrs. Webb, Mary Isabella Webb, Caroline Elizabeth Webb, um 1845

Daguerreotypie
MUSEUMSANKAUF
79:3297:0001

Anonym
Amerika,
aktiv um 1850

Sitzende Frau mit Daguerreotypie, um 1850

Daguerreotypie
SCHENKUNG UEDA L. BURKER
79:3300:0001

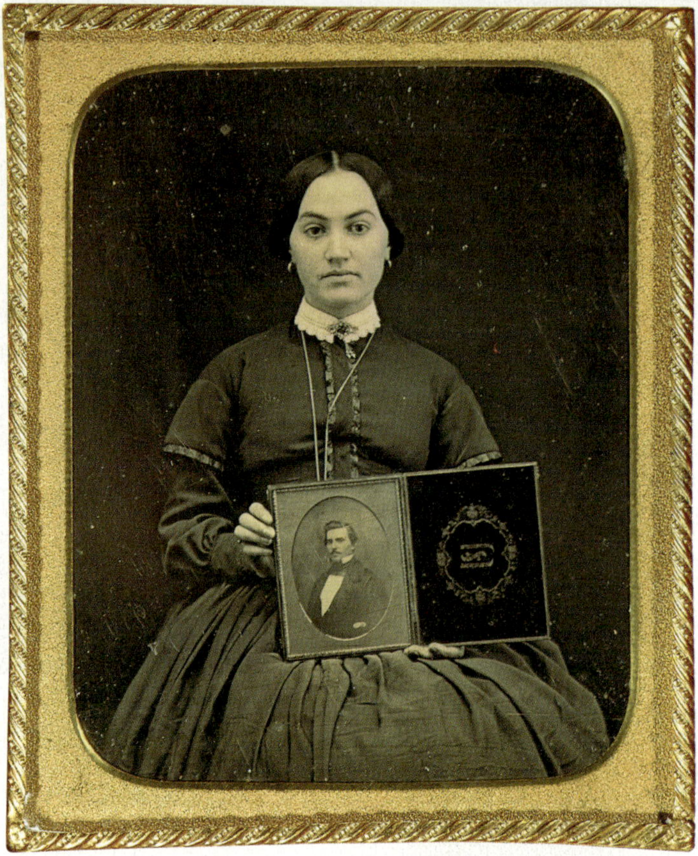

guerreotypie«, machte eine Daguerreotypie mit dem Titel *The Infant Saviour Bearing the Cross* (Seite 71).

Gabriel Harrison
Amerika, 1818–1902

The Infant Saviour Bearing the Cross (Der kindliche Erlöser das Kreuz tragend), um 1850

Daguerreotypie
SCHENKUNG CLARA L. HARRISON
81:1660:0001

Dieses fiktive Portrait von Jesus Christus strapaziert die Gutgläubigkeit des Betrachters, denn der abgebildete Junge, Harrisons Sohns George Washington, ist eindeutig kein Kind mehr. Bekannt für seine allegorische Metaphorik, deutet Harrison durch das Tuch die Windel des Jesuskinds in der Krippe an und verdichtet durch das Kreuz, das emblematisch für das Leiden und den Tod Christi ist, den zeitlichen Rahmen seines Lebens in einer photographischen Ikone des Christentums. Damit evoziert dieses Bild ein vertrautes Thema, während es in seiner Ausführung jedoch dichterische Freiheit erkennen läßt.

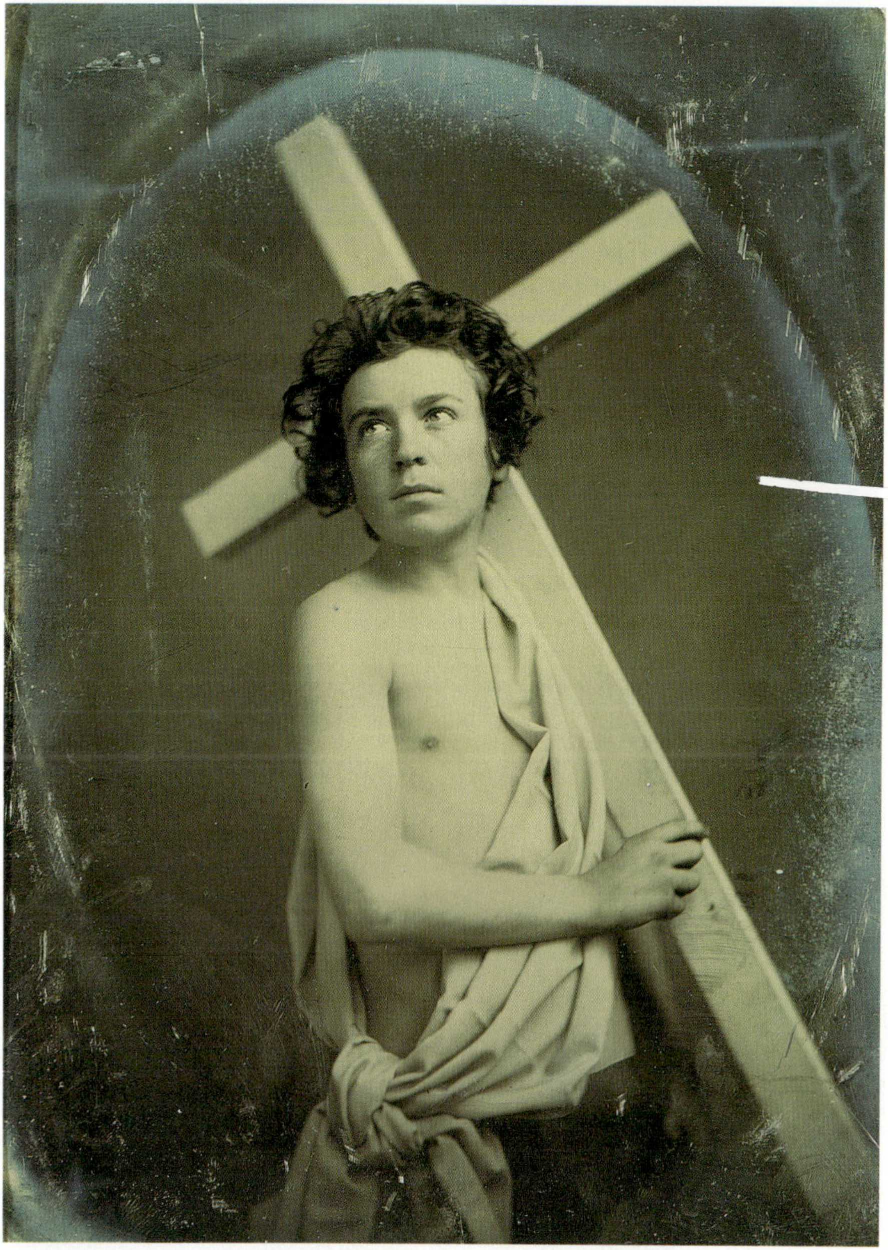

Während ein Bild wie das von Harrison eher eine Idee darzustellen versucht, als eine wahrheitsgetreue Abbildung zu schaffen, zeigt das Portrait einer *Familie vor einer Blockhütte* eine Gruppe von Menschen in direkter Beziehung zu ihren Lebensbedingungen. Die Photographie ordnet sie einer bestimmten Zeit und einem bestimmten Ort zu und sollte vermutlich den Stolz der Menschen auf ihren Besitz dokumentieren. Wie ein geschätztes Familienmitglied verstärkt das Haus das Band zwischen den Männern, Frauen und Kindern, die sich vor der Tür für die Kamera versammelt haben. Zudem illustriert dieses Bild den Status der Familie: das Haus repräsentiert das Ergebnis ihrer harten Arbeit und Entschlossenheit, sich ihre Rechte im unerforschten Westen zu sichern.

Dieses wertvolle Dokument einiger früher Siedler legt wegen des Schauplatzes die Vermutung nahe, daß es sich um die Arbeit eines umherziehenden Daguerreotypisten handelt, der das Land mit einem ambulanten Studio auf der Suche nach Kunden bereiste.

Harte Arbeit und Pioniergeist sind fast synonym mit den robusten Männern und Frauen, die sich nach Westen wagten, um zur Zeit des Goldrauschs in Kalifornien ihr Glück zu machen. Diese Gruppe von *Goldsuchern an der Schürfstelle* bietet Einblick in eine oftmals rauhe Welt, die scheinbar

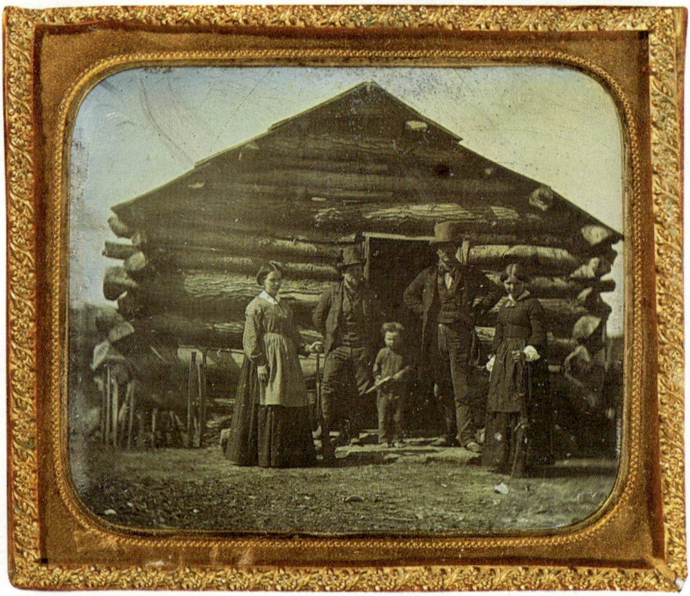

Anonym
Amerika,
aktiv um 1850

Familie vor einer Blockhütte, um 1850

Daguerreotypie
MUSEUMSANKAUF
68:0134:0003

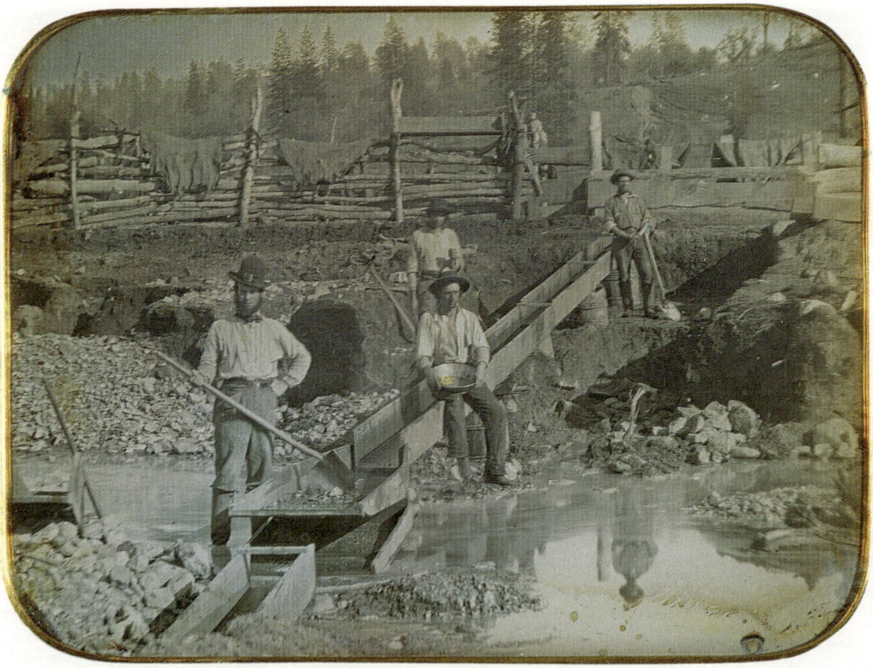

über Nacht entstand, als ein Zimmermann 1848 bei Sutter's Mill in der Nähe von San Francisco Gold entdeckte. Bis 1853 waren mehr als eine Viertelmillion Menschen nach Kalifornien gekommen, um reich zu werden.

Unter ihnen war auch Albert Sands Southworth, dessen beachtliche photographische Leistungen auf Seite 78 vorgestellt werden. Aber die meisten von ihnen fanden ihr Glück nie.

Diese, auf dem Höhepunkt des Goldrauschs entstandene Daguerreotypie zeigt die primitiven Bedingungen, die auf den Claims herrschten, und es ist um so bemerkenswerter, daß ein unerschrockener Photograph mit der schweren und sperrigen Ausrüstung, die man zur Anfertigung von Daguerreotypien brauchte, vor Ort war, um eine solche Aufnahme zu machen. Sie ist Zeugnis für das Verlangen, das Medium zu Dokumentationszwecken zu nutzen und verewigt die frühen amerikanischen Abenteurer und Opportunisten, deren unersättliche Gier nach dem Edelmetall im Wert von fast zwei Milliarden Dollar, das schließlich aus den Bergen gefördert wurde, die Geographie der Region für immer veränderte.

Anonym
Amerika,
aktiv um 1850

Goldsucher an der Schürfstelle, um 1850

Daguerreotypie
MUSEUMSANKAUF
79:3157:0001

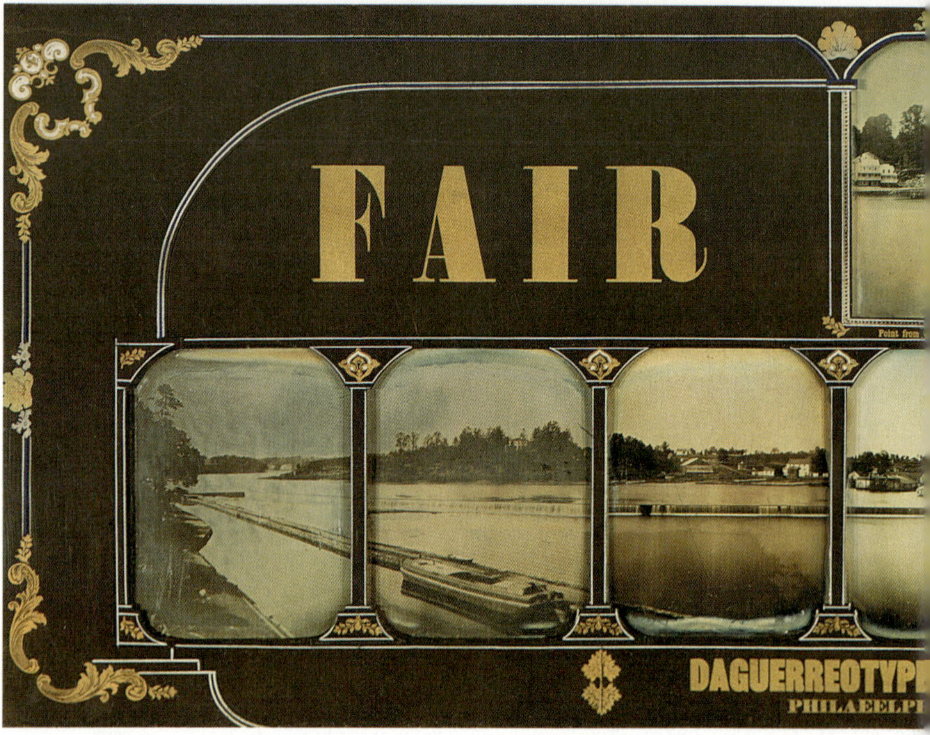

William Southgate Porter
Amerika, 1822–1889

Fairmount Waterworks (Wasserwerk bei Fairmont), 1848

Daguerreotypien, 8 ganze Platten
SCHENKUNG 3M COMPANY, EHEMALIGE SAMMLUNG LOUIS WALTON SIPLEY
77:0503:0001

Die Besiedlung Amerikas durch die Europäer ist stets von Eingriffen des Menschen in die Natur gekennzeichnet gewesen. Als man Ende des 18. Jahrhunderts feststellte, daß Wasserkraft wirtschaftlicher ist als Dampf, wurden große Wasserflächen im ganzen Land nutzbar gemacht, um die schnell wachsenden amerikanischen Städte mit Energie zu versorgen. William Southgate Porters Bild *Wasserwerk bei Fairmount*, aufgenommen in Fairmount Park in Philadelphia, Pennsylvania, ist eine aufwendige, aus acht Platten bestehende Panorama-Daguerreotypie, die das Wasserwerk, eine 1815 am Schuylkill River gebaute Pumpstation, zeigt. Im Jahr 1828 kaufte die Stadt dort 24 Morgen Land und schuf ein pittoreskes Erholungsgebiet für die Bevölkerung. Der Park wurde zum beliebten Ausflugsziel und in Bildern auf Porzellan und in Stichen verewigt, doch boten Klarheit und Detailtreue der Daguerreotypie ein weitaus lebendigeres Bild.

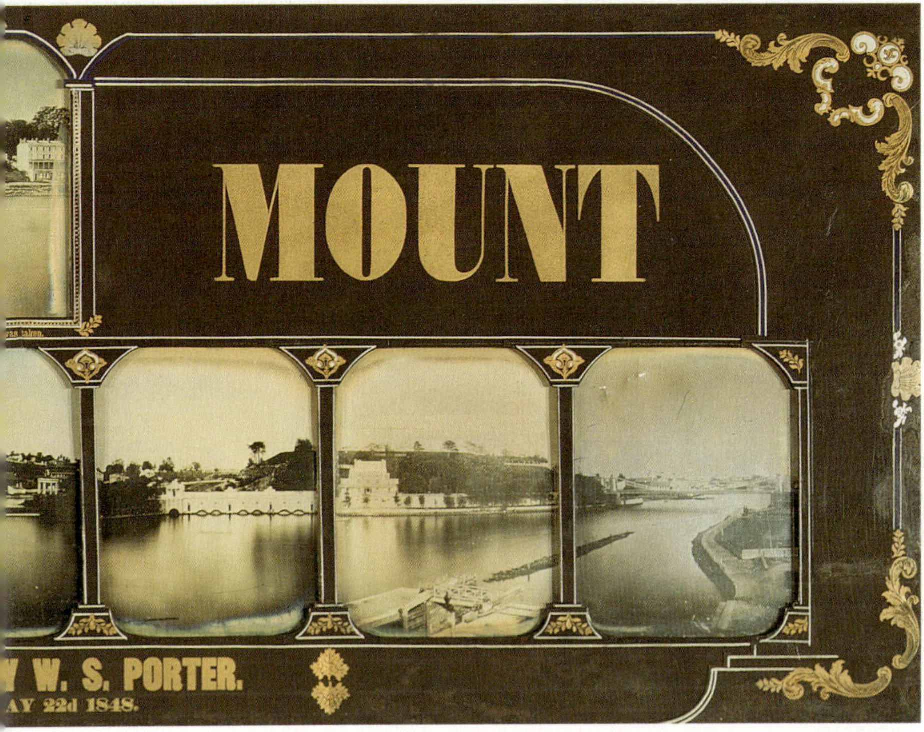

Als Zeugnis der außerordentlichen Weite, die Porter festhielt, überspannt der Damm vier Platten, während die neoklassizistische Pumpstation weitere zwei ausfüllt. In einer Geste der Authentizität brachte Porter über dem Panorama eine Daguerreotypie von dem »Punkt [an], von dem aus diese Aufnahme gemacht wurde«, und weitete die panoramische Ansicht auf über 180° aus. Die vergoldeten Säulen des aufwendigen Rahmens verdeckten geschickt die Nahtstellen zwischen den Platten, so daß die Kontinuität der Szene erhalten bleibt. Die zusätzlichen Verzierungen des eindrucksvollen Rahmens runden die Großartigkeit des photographischen Spektakels ab und bieten eine angemessene Präsentation für dieses Meisterwerk. Zusammen mit seinem Partner Charles Fontayne wiederholte Porter später im gleichen Jahr diesen Erfolg mit einer preisgekrönten Daguerreotypie des Hafenpanoramas von Cincinnati.

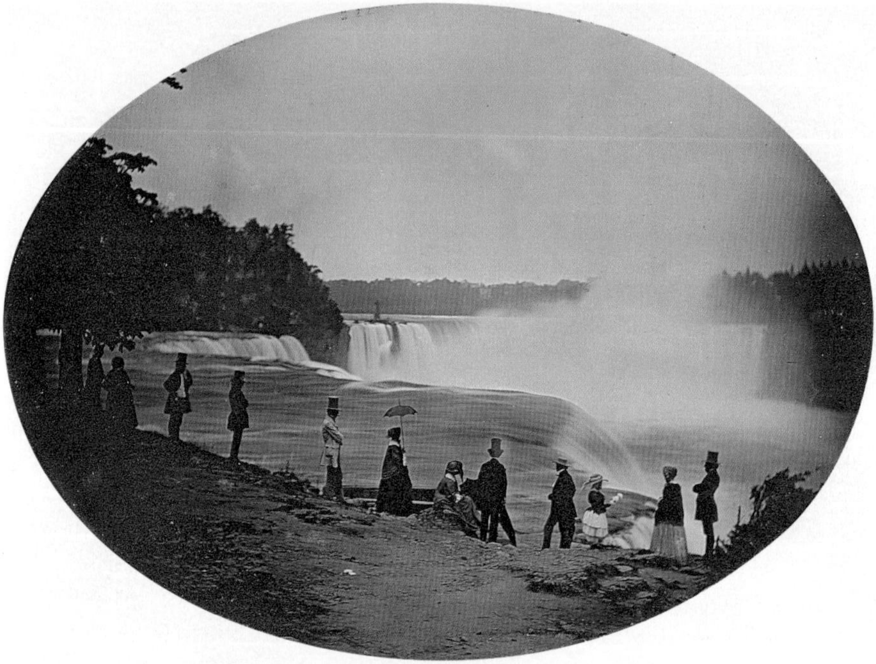

Platt D. Babbitt
Amerika, gest. 1879

Tourists Viewing Niagara Falls from Prospect Point (Touristen betrachten die Niagara Fälle vom Prospect Point aus), um 1855

Kolorierte Daguerreotypie
SCHENKUNG EASTMAN KODAK COMPANY, EHEMALIGE SAMMLUNG GABRIEL CROMER
78:0608:0001

Weiter im Norden fing Platt D. Babbit das Spektakel der natürlichen Wasserkraft in Bildern ein, die er von der amerikanischen Seite der Niagarafälle aus machte. Obwohl die Industrie die Landschaft in der Umgebung des Wasserfalls Mitte der 1850er Jahre bereits stark verändert hatte, gelang es Babbit, die Unberührtheit des natürlichen Schauplatzes festzuhalten, zu dem nur eine Handvoll abenteuerlustiger Touristen vordrangen und sich gefährlich nah an den Rand stellten. So scheint sich in dieser Daguerreotypie, einer der vier in der Sammlung des Eastman House, die Babbit an den Wasserfällen machte, ein junges Mädchen (dritte Figur von rechts) tatsächlich ins Wasser gewagt zu haben. Obwohl zahllose Photographen im Laufe der Jahre die Niagarafälle besuchten, war Babbit der erste, der sich auf der amerikanischen Seite der Fälle niederließ. Dieser zielstrebige Geschäftsmann kontrollierte den lukrativen Pavillon bei Point View. An diesem Aussichtspunkt stellte er seine Kamera auf, um die Touristen vor dem Hintergrund des Naturspektakels zu photographieren und ihnen die Daguerreotypien mit der phantastischen Urlaubserinnerung zu verkaufen.

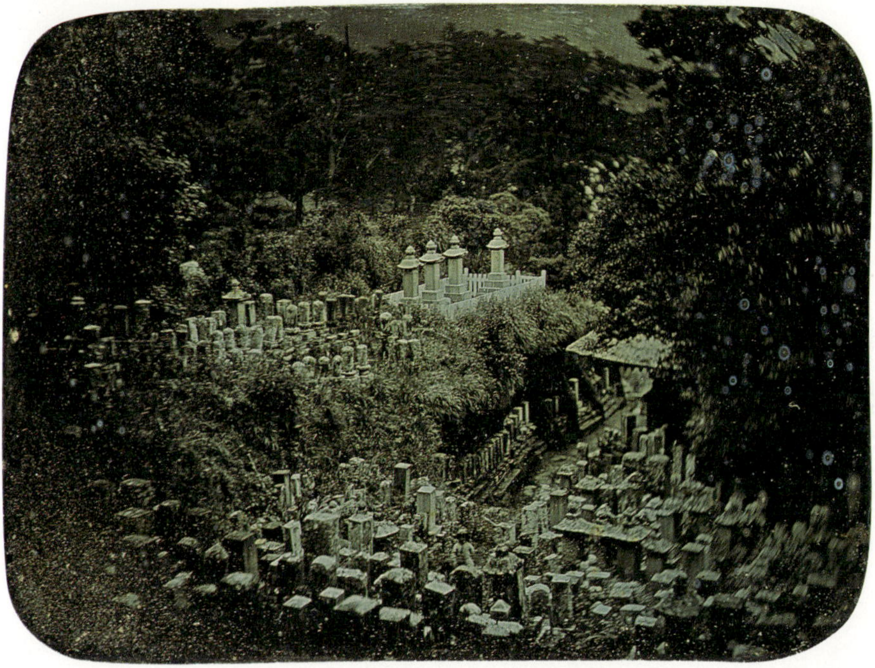

Durch die Entwicklung der Kamera zur Blütezeit des Tourismus im 19. Jahrhundert wurde die Möglichkeit, Bilder von Orten festzuhalten, welche die meisten Menschen niemals mit eigenen Augen sehen würden, weiter verbessert. Atemberaubende Aufnahmen entlegener Schauplätze gelangten nach Hause in die Salons und Wohnzimmer. Von 1853 bis 1854 begleitete der Daguerreotypist und Künstler Edward Meyer Kern eine Forschungsreise an Bord der Vincennes bei Vermessungsarbeiten im Chinesischen Meer und in der Beringstraße. Seine Daguerreotypie des amerikanischen Friedhofs beim Tempel von Gyokusen-Ji enstand wahrscheinlich während dieser Zeit, als die Japaner ihr erstes Abkommen mit einer westlichen Nation unterzeichneten. Der Vertrag von Kanagawa kam auf Drängen des amerikanischen Admirals Matthew C. Perry zustande, der in die Bucht von Tokio segelte und von den Japanern verlangte, ihre Häfen für amerikanische Schiffe zu öffnen und Handelsbeziehungen aufzunehmen. Der Vertrag von 1854 markierte das Ende der japanischen Isolation und setzte einen amerikanischen Konsul in der Hafenstadt Shimoda ein, wo diese Aufnahme entstand.

Edward Mayer Kern zugeschrieben
Amerika, 1823–1863

Amerikanischer Friedhof, Gyokusen-Ji Tempel, Shimoda, Japan, um 1853–1854

Daguerreotypie
MUSEUMSANKAUF, EHEMALIGE SAMMLUNG ZELDA P. MACKAY
69:0201:0057

Southworth und Hawes

»Mit unserer Profession suchen wir Künstler und all jene zu erfreuen, die einen kultivierten und verfeinerten Sinn für die schönen Künste haben«, so lautete Mitte der 1850er Jahre der Text einer Anzeige des Studios von Southworth und Hawes. Albert Sands Southworth und Josiah Johnson Hawes sind fraglos die besten amerikanischen Portraitphotographen des 19. Jahrhunderts, und die Sammlung des Eastman House ist im Besitz von etwa 1.200 Daguerreotypien der Partner. Beide erlernten das Daguerreotypie-Verfahren in einer Reihe von Vorträgen, die Daguerres Schüler François Gouraud 1840 in Boston hielt. Sie wurden 1843 Geschäftspartner und hatten ihr Atelier bis 1861 in der Tremont Row im Herzen von Bostons künstlerischer und literarischer Gemeinde. Anders als viele der großen Studios stellten sie kein Personal zum Bedienen der Kamera ein, sondern machten die meisten der Atelierbilder selbst. In Hawes' Modellbuch von 1864 findet man Albuminpapierabzüge seiner Arbeiten, die auf einen großen Kundenstamm hinweisen, auch wenn viele der dort katalogisierten, damals prominenten Gesichter heute vergessen sind. Glücklicherweise überdauerten die Gesichter von Southworth und Hawes, da sie bisweilen die Kamera aufeinander richteten. Dieses ungewöhnliche Portrait von Southworth, das einzige vignettierte männliche Portrait der beiden Partner in der Eastman-Sammlung, ist wegen der frühen Darstellung des nackten Oberkörpers nahezu radikal.

Josiah Johnson Hawes
Amerika, 1808–1901

Seiten aus dem Modelbuch, um 1864

Albuminpapierabzüge
LIBRARY COLLECTION

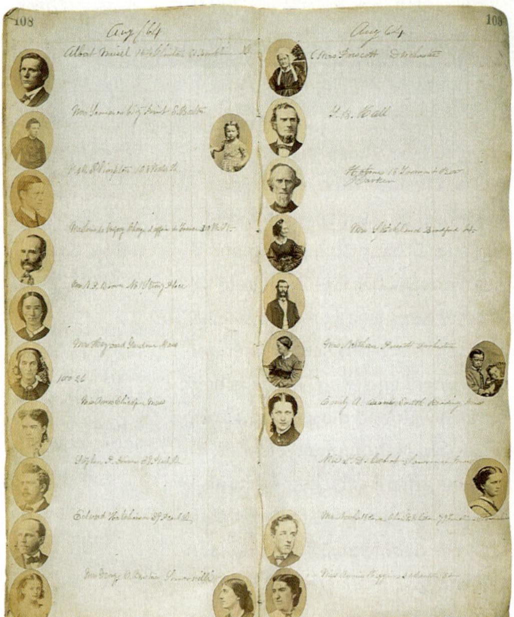

Albert Sands Southworth & Josiah Johnson Hawes
Amerika, 1811–1894 & Amerika, 1808–1901

Albert Sands Southworth, um 1848

Daguerreotypie
74:0193:1129

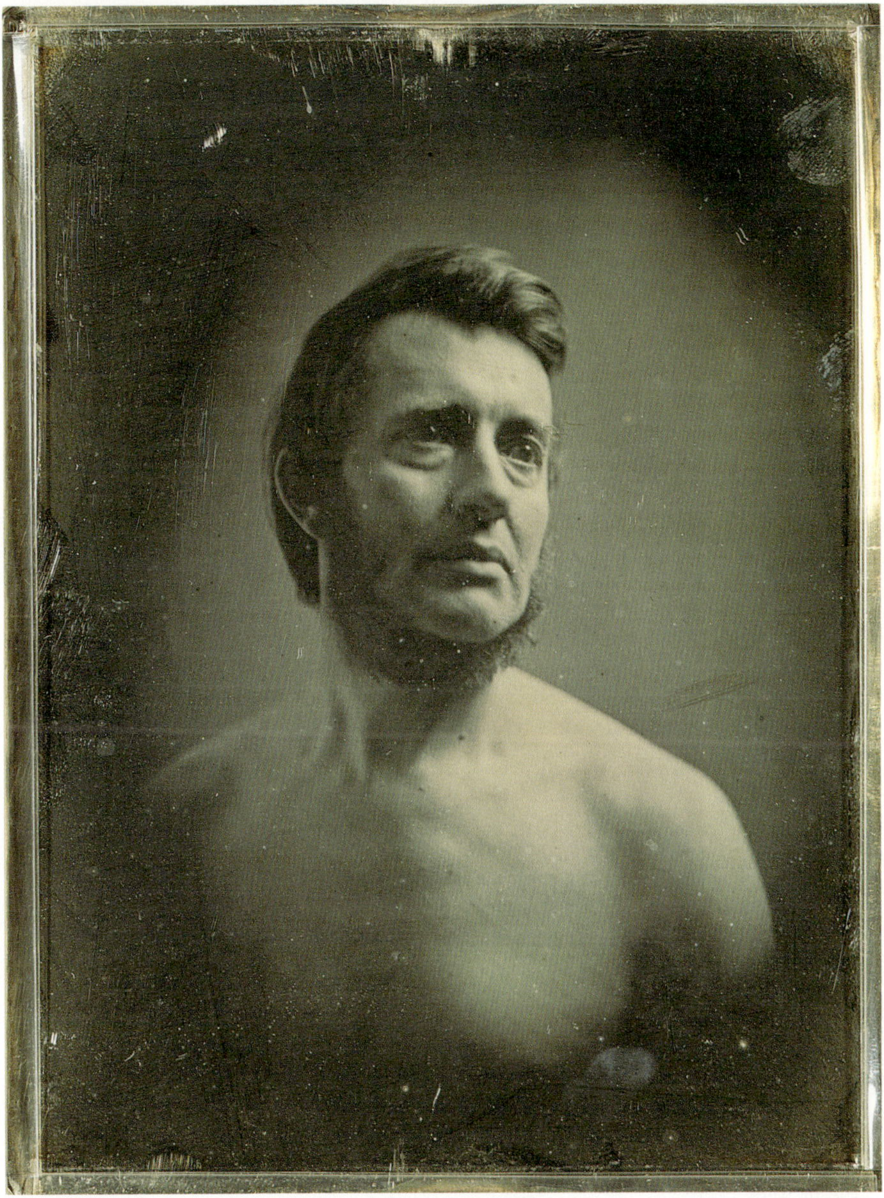

Albert Sands Southworth & Josiah Johnson Hawes
Amerika, 1811–1894 & Amerika, 1808–1901

Unbekannte Frau, um 1850

Daguerreotypie
74:0193:0400

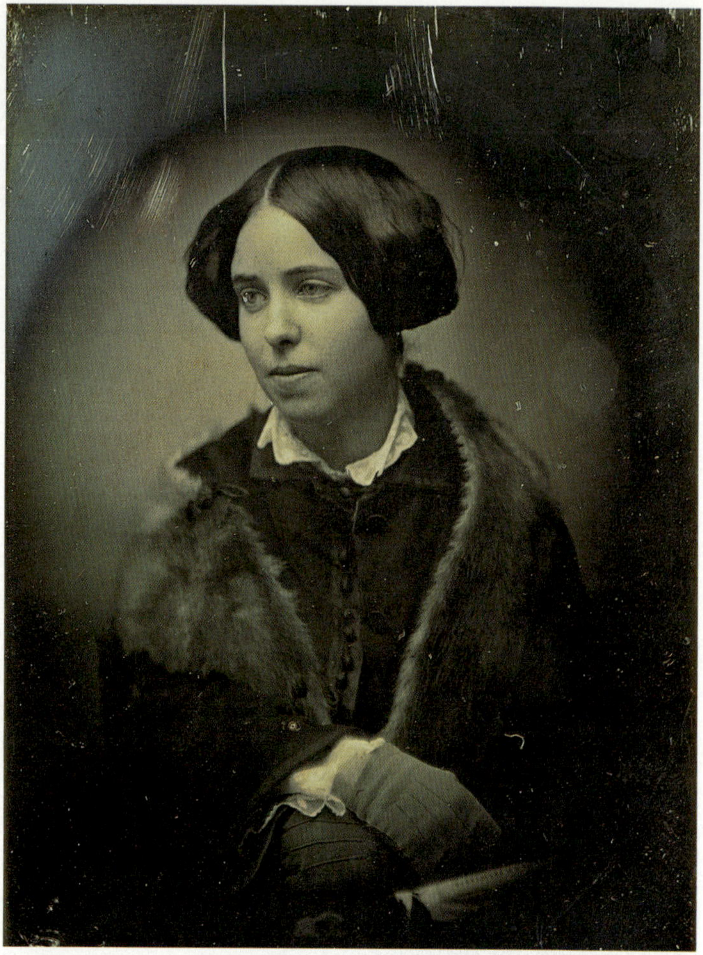

Albert Sands Southworth & Josiah Johnson Hawes

Rollin Heber Neal, um 1850

Daguerreotypie
SCHENKUNG ALDEN SCOTT BOYER
74:0193:0141

Die meisten ihrer Portraits zeigen die vornehmen Bürger Bostons, etwa diese unbekannte, in eine Pelzstola gehüllte junge Frau, oder prominente öffentliche Persönlichkeiten wie Rollin Heber Neal, Pfarrer der ersten Baptistenkirche in Boston. Gemäß ihrer Überzeugung, die Daguerreotypie sei eine Kunstform, war die Sitzung für ein Portrait bei Southworth und Hawes eine wohl durchdachte, etwas formelle Erfahrung. Nachdem man das Studio betreten hatte, wurde man zuerst für die Sitzung zurechtgemacht. Den weiblichen Kunden halfen (wie einer Rechnung von Southworth und Hawes zu

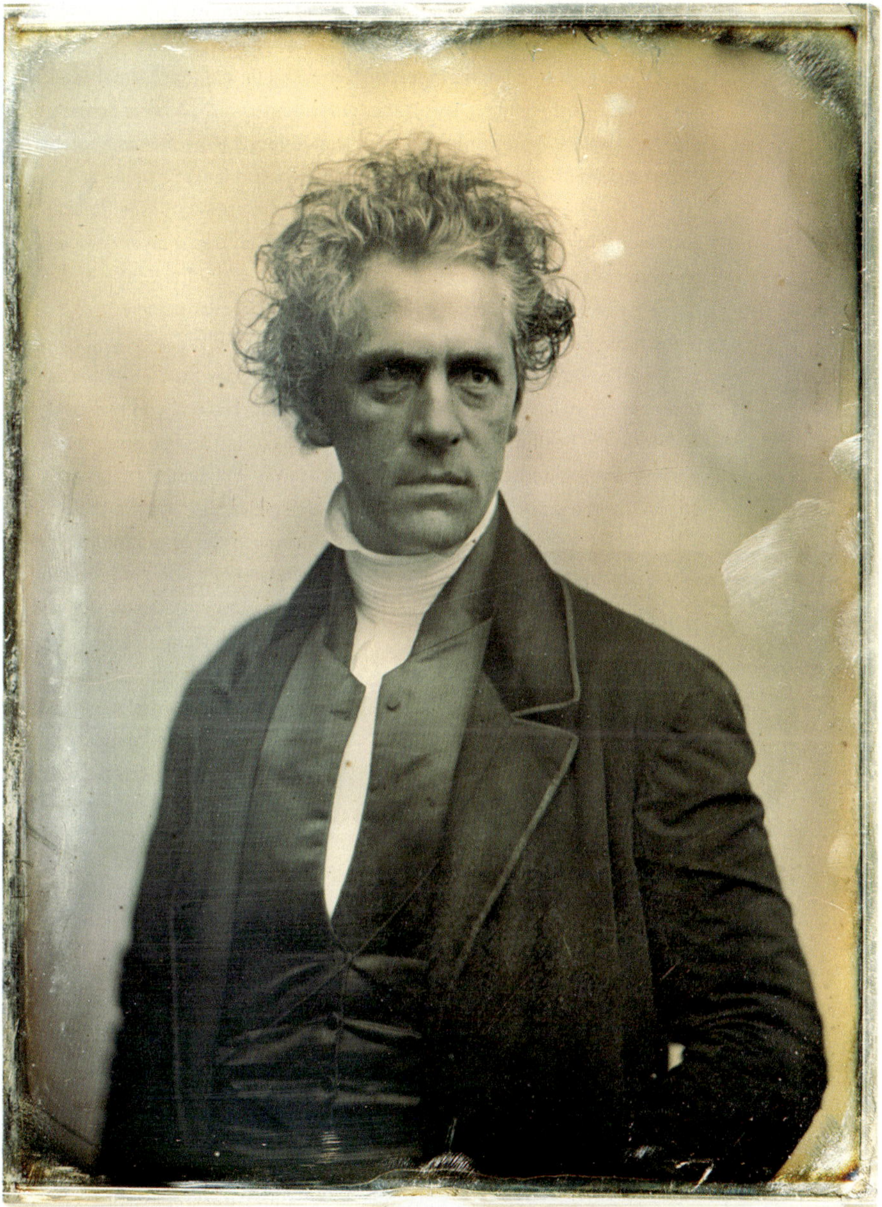

entnehmen ist) »zwei Damen ..., Kleider und Umhänge zu richten, und beraten Sie über die Farben, die für die Aufnahme der Daguerreotypie am besten geeignet und am harmonischsten sind.« Eine dieser Damen, welche die Modelle vorbereiteten, war Nancy Niles Southworth, Alberts Schwester, die 1849 Hawes' Frau wurde und auch Daguerreotypien von Hand kolorierte.

Um sicherzustellen, daß sie eine gehobenen Kundenkreis behielten, verlangten Southworth und Hawes für eine ganze Platte wie dieses Portrait einer hübsch gekleideten jungen Frau 15 Dollar, während man anderswo für eine normale 1/6-Platte durchschnittlich zwei Dollar zahlte. Große Platten, die seltener verwendet wurden, konnten bis zu 50 Dollar kosten.

Albert Sands Southworth & Josiah Johnson Hawes
Amerika, 1811–1894 & Amerika, 1808–1901

Unbekannte Frau, um 1850

Daguerreotypie
74:0193:0028

Auch die Familienangehörigen von Southworth und Hawes waren häufige Modelle. Da ihre Kinder zum lebenden Inventar des Studios gehörten, machten sie viele Portraits von ihnen, darunter auch die 12 von Hawes' Töchtern, die Bestandteil der Sammlung des Eastman House sind. Dieses Portrait der Tochter von Josiah und Nancy Hawes, entweder Marion Augusta oder Alice Mary, gehört zu den schönsten Beispielen für die besondere Einfühlsamkeit der Photographen bei der Darstellung von Kindern. Obwohl das junge Mädchen sicher genau wußte, wie wichtig es war, während der Belichtungszeit still zu sitzen, ist ihr kontemplativer Ausdruck sehr subtil und prägnant, ohne jedoch dramatisch zu wirken.

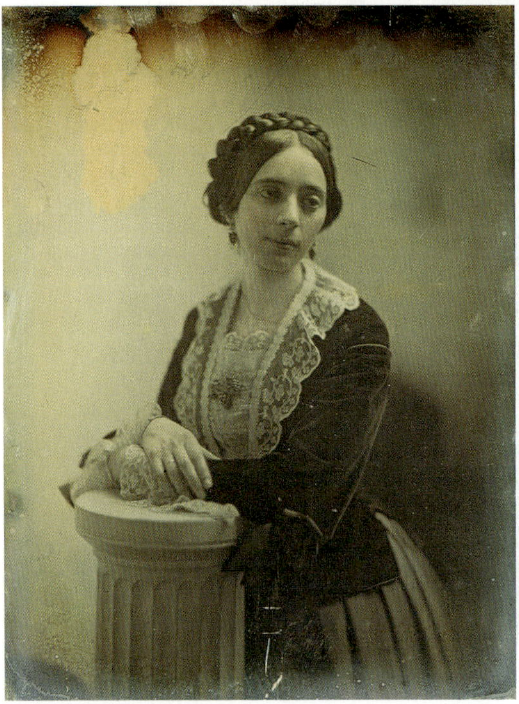

Albert Sands Southworth & Josiah Johnson Hawes

Marion Augusta Hawes oder Alice Mary Hawes, um 1852

Daguerreotypie
SCHENKUNG ALDEN SCOTT BOYER
74:0193:0823

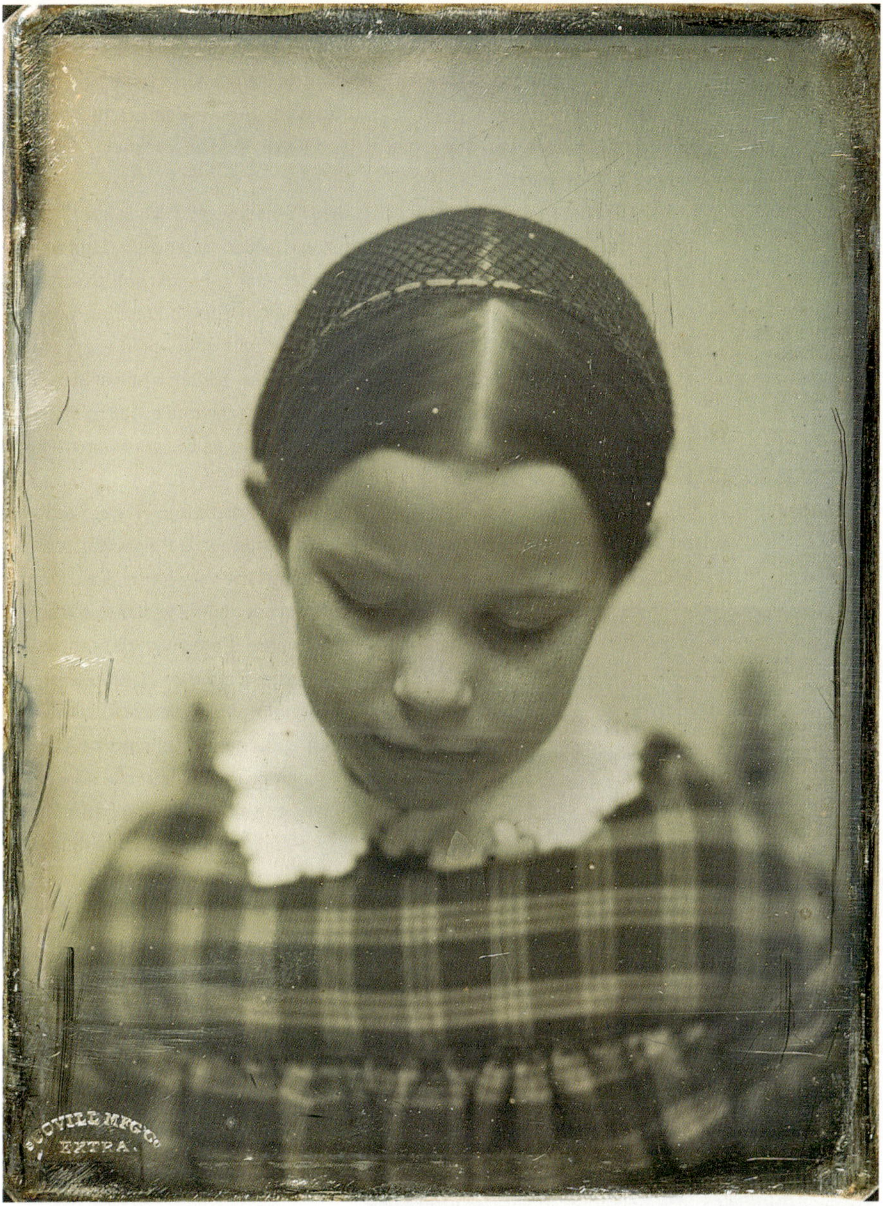
SCOVILL MFG Co
EXTRA

Southworth und Hawes verstanden sich ebenso gut darauf, den süßen und spontanen Charme sehr kleiner Kinder einzufangen. In dieser Aufnahme wurde die Kamera zurückgezogen, um ein kleines Kind zu zeigen, das von einzelnen Sonnenstrahlen beleuchtet wird. Ihre winzige Erscheinung wird dadurch hervorgehoben, daß sie von einem großen, nicht erkennbaren Raum eingerahmt ist.

»Du findest kein Bild, lieblicher als dies / Schaue sanft – atme sanft – und halte inne / Dann verhülle die zarte Figur, wie Isis aus alter Zeit, / Und halte das junge Herz bei dem Schwur, den es getan«, dichtete ein enthusiastischer Poet, nachdem er das Portrait einer Braut im Studio von Southworth und Hawes gesehen hatte. Brautphotographien, wie etwa von dieser jungen Frau in ihrem prächtigen Hochzeitskleid, waren lange Zeit eine wichtige Einnahmequelle kommerzieller Photographen. Durch die noble Ganzplatten-Aufnahme wird die Erinnerung an dieses denkwürdige Ereignis angemessen bewahrt.

Zu den weniger bekannten Arbeiten von Southworth und Hawes' gehören ihre Landschaftsaufnahmen, Seestücke und Interieurs. Der Friedhof von Mount Auburn war die bevorzugte letzte Ruhestätte vornehmer Bostoner Bürger. In einer logischen Ausweitung ihrer Portraitarbeit mag diese Daguerreotypie von Grabmälern am Mount Auburn (Seite 86) als kostbare Erinnerung an geliebte Menschen gedient haben, die dort begraben sind. Durch die Betonung der üppig begrünten Umgebung verkörpert diese Aufnahme eine beruhigende Szene der ewigen Ruhe.

Albert Sands Southworth & Josiah Johnson Hawes
Amerika, 1811–1894 & Amerika, 1808–1901

Portrait eines kleinen Mädchens, um 1852

Daguerreotypie
SCHENKUNG ALDEN SCOTT BOYER
74:0193:1122

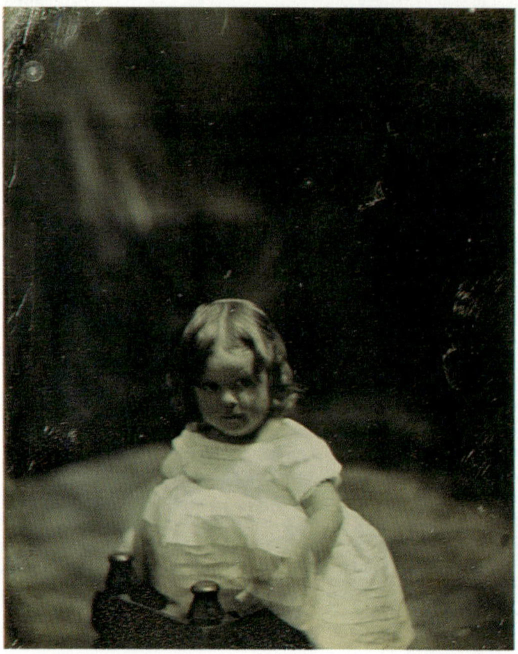

Albert Sands Southworth & Josiah Johnson Hawes

Unbekannte Frau im Hochzeitskleid, um 1850

Daguerreotypie
74:0193:0006

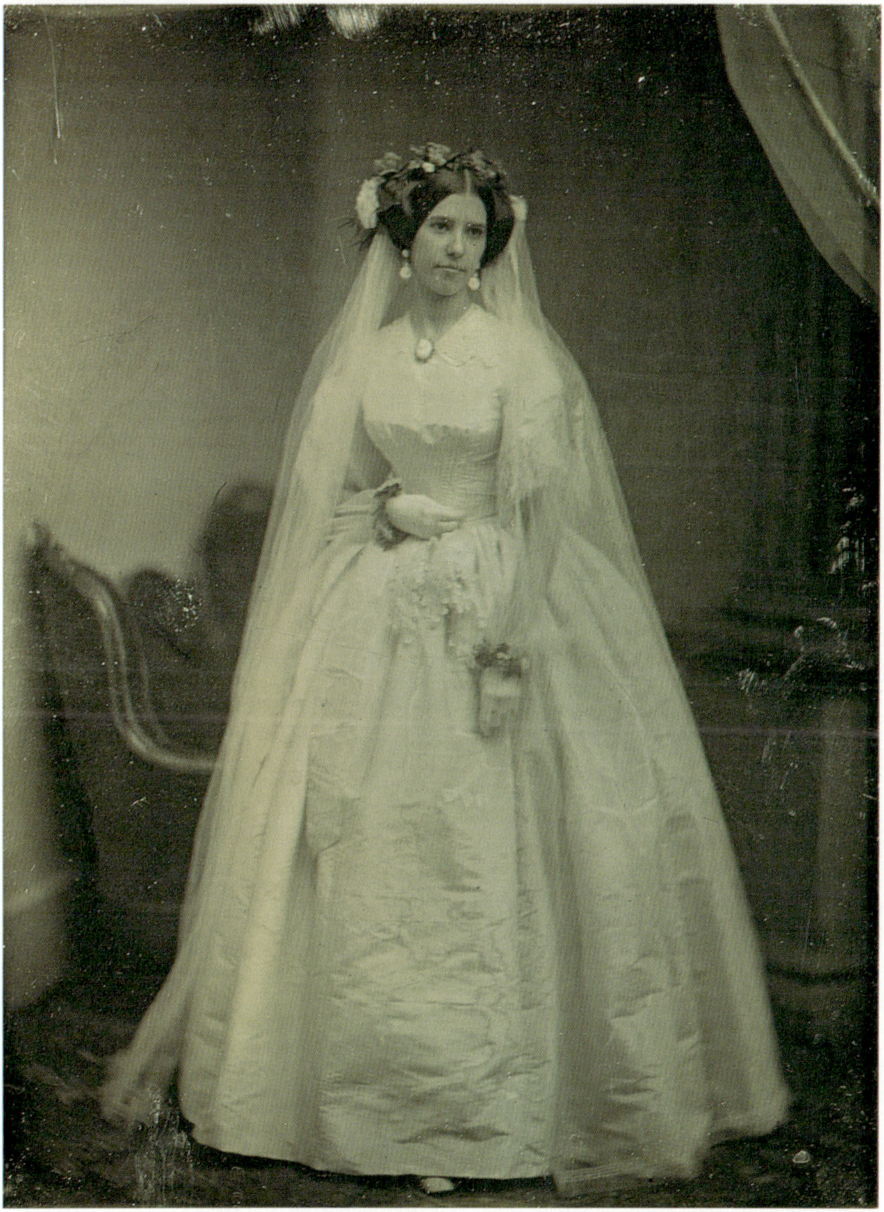

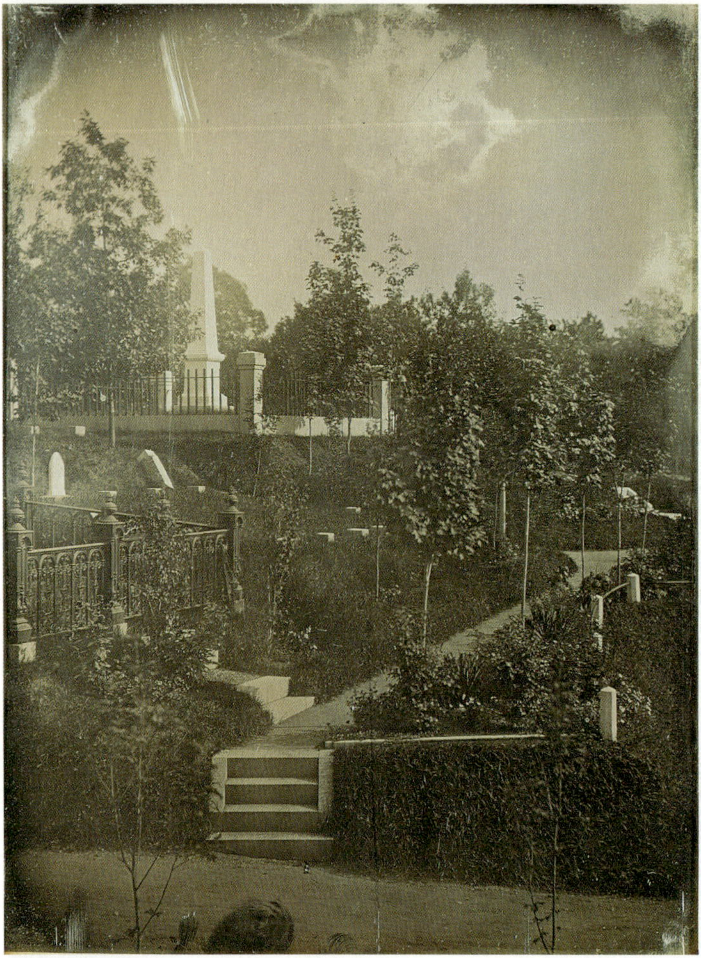

Albert Sands Southworth & Josiah Johnson Hawes
Amerika, 1811–1894 & Amerika, 1808–1901

Mount Auburn Friedhof, um 1850

Daguerreotypie
SCHENKUNG ALDEN SCOTT BOYER
74:0193:0107

Die Ansicht des Lesesaals im zweiten Stock des Bostoner Athenaeums ist eine Hälfte einer Stereo-Daguerreotypie; natürliches Licht erhellt die an den Lesetischen sitzenden Männer.

In der Technologie-Sammlung des Eastman House befindet sich das Grand Parlor Stereoskop aus dem Studio von Southworth & Hawes, eines von insgesamt drei, die je gebaut wurden und das dem Studio große Populariät einbrachte. Die Partner ließen ihr Gerät 1885 patentieren, dessen Preis sich auf die astronomische Summe von 1.160 Dollar belief.

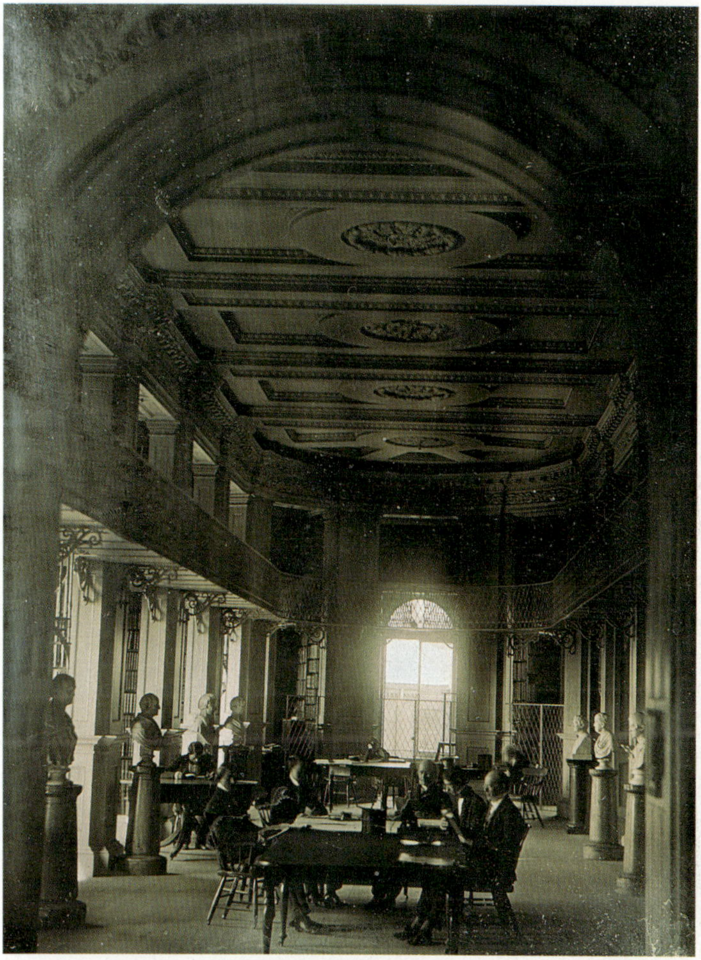

Albert Sands Southworth & Josiah Johnson Hawes

Boston Athenaeum, Interior View (Innenansicht), um 1855

Daguerreotypie
MUSEUMSANKAUF
74:0193:1116

Southworth & Hawes hielten auch den Fortschritt des 19. Jahrhunderts fest. Das Bild eines Kanonenbootes auf dem Trockendock im Marinehafen von Boston (Seite 88) ist Portrait des Docks – ein technisches Meisterwerk – wie des Segelschiffs. Die 1855 fertiggestellte Hängebrücke über den Niagara River (Seite 89) taucht wie ein Fanal des Fortschritts aus der winterlichen Landschaft auf. Neben den Daguerreotypien besitzt das Eastman House jetzt auch 2.310 Artikel aus den photographischen Tagebüchern von Southworth & Hawes in der Manuskriptsammlung der Menschel Library.

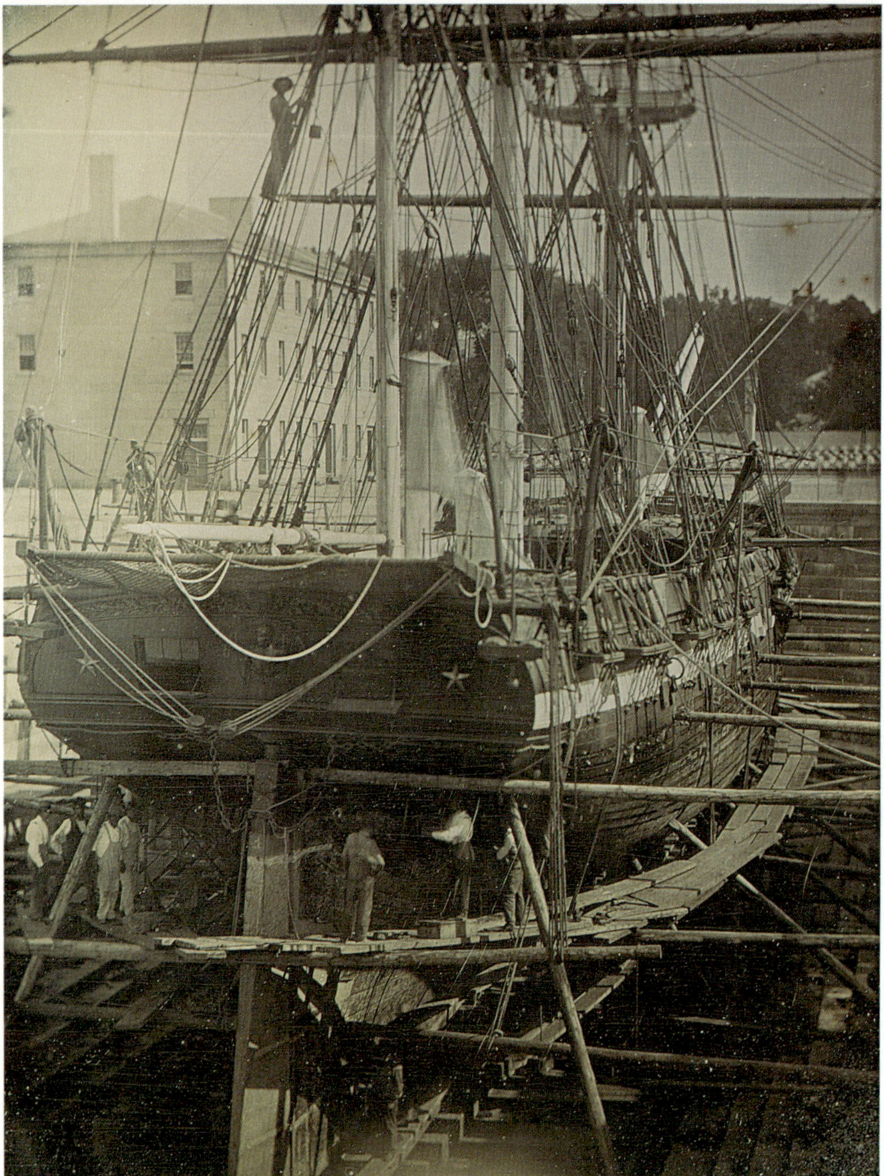

(links)
Albert Sands Southworth & Josiah Johnson Hawes
Amerika, 1811–1894 & Amerika, 1808–1901

Sloop-of-War in Boston Dry Dock (Kanonenboot im Bostoner Trockendock), um 1852

Daguerreotypie
MUSEUMSANKAUF
74:0193:1128

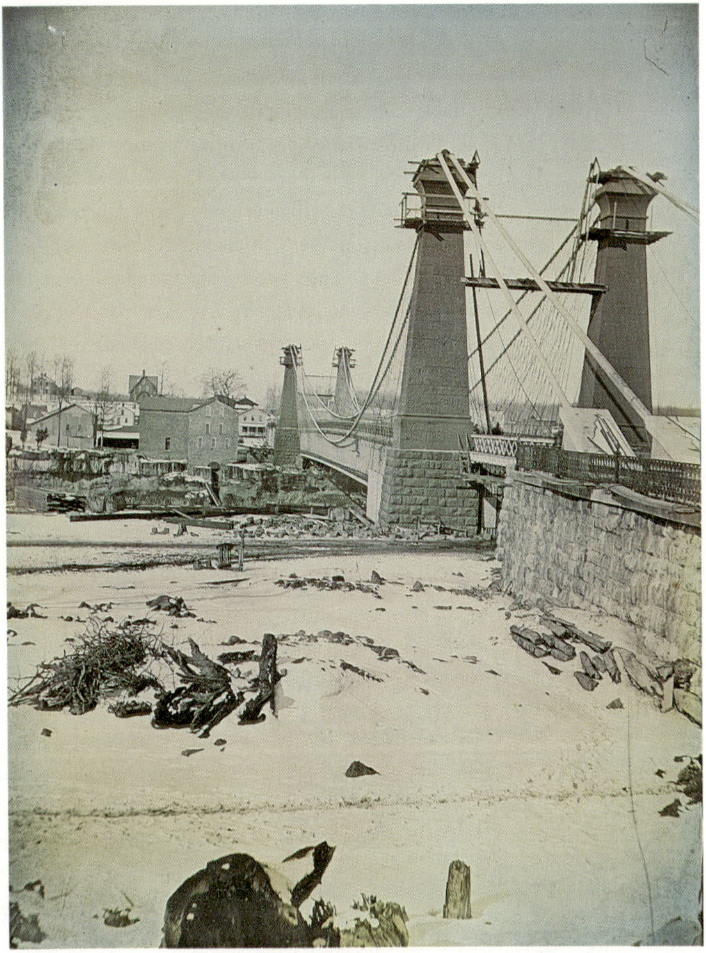

Albert Sands Southworth & Josiah Johnson Hawes

Die Niagara-Hängebrücke, 8. März, 1855

Daguerreotypie
SCHENKUNG ALDEN SCOTT BOYER
74:0193:0180

Talbot und das Papiernegativ

Obwohl die Daguerreotypie von Beginn an sofort sehr beliebt war und das Verfahren ohne Patentbeschränkungen angewendet werden konnte, war sie nicht das einzige photographische Medium, dessen Erfindung 1839 bekannt gemacht wurde. Der englische Privatgelehrte William Henry Fox Talbot hatte mit seinem Freund und Kollegen, dem Wissenschaftler Sir John Herschel (1792–1871), über die gemeinsamen Entdeckungen bei der Arbeit mit der Camera obscura und der Camera lucida sowie über ihre Experimente mit lichtempfindlichen Substanzen korrespondiert. Durch die Verkündung von Daguerres Erfindung im Januar 1839 zum Handeln getrieben, gab Talbot die Entwicklung seiner »photogenischen Zeichnungen« bekannt, mit denen er bereits 1835 erste Erfolge erzielt hatte. Diese frühen Experimente präsentierte er am 25. Januar 1839 in der Royal Institution. Einen Monat später veröffentlichte er die vollständigen Instruktionen für sein Verfahren. Weil photogenische Zeichnungen anfänglich lange Belichtungszeiten erforderten, versuchte Talbot, den Prozeß zu verkürzen und die Lichtempfindlichkeit zu erhöhen. Dieses verbesserte Verfahren nannte er zwei Jahre später »Kalotypie«(nach dem griechischen *kalos* für schön und *typos* für Druck). Talbot ließ sein Kalotypie-Verfahren 1841 patentieren und verlangte hohe Lizenzgebühren, womit er dessen potentielle Popularität nachhaltig einschränkte. Anders als bei der Daguerreotypie konnten mit seinem Verfahren von einem einzigen Negativbild mehrere Positivabzüge gemacht werden. Dieser Prozeß sollte zur Grundlage der heute praktizierten Photographie werden. Für manche war die weiche, samtige Qualität der Kalotypie-Papierabzüge jedoch kein Vergleich zu der frischen Klarheit der Daguerreotypie, die schimmernd auf der Oberfläche einer polierten Metallplatte lag.

1844 veröffentlichte Talbot *The Pencil of Nature*, das erste größere,

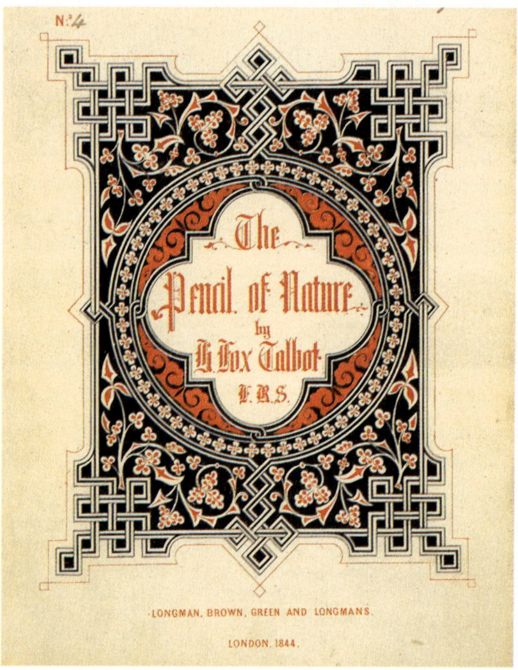

William Henry Fox Talbot
England, 1800–1877

Umschlag von *The Pencil of Nature*, 1844

Lithographie
MUSEUMSANKAUF, EHEMALIGE SAMMLUNG ALDEN SCOTT BOYER LIBRARY COLLECTION

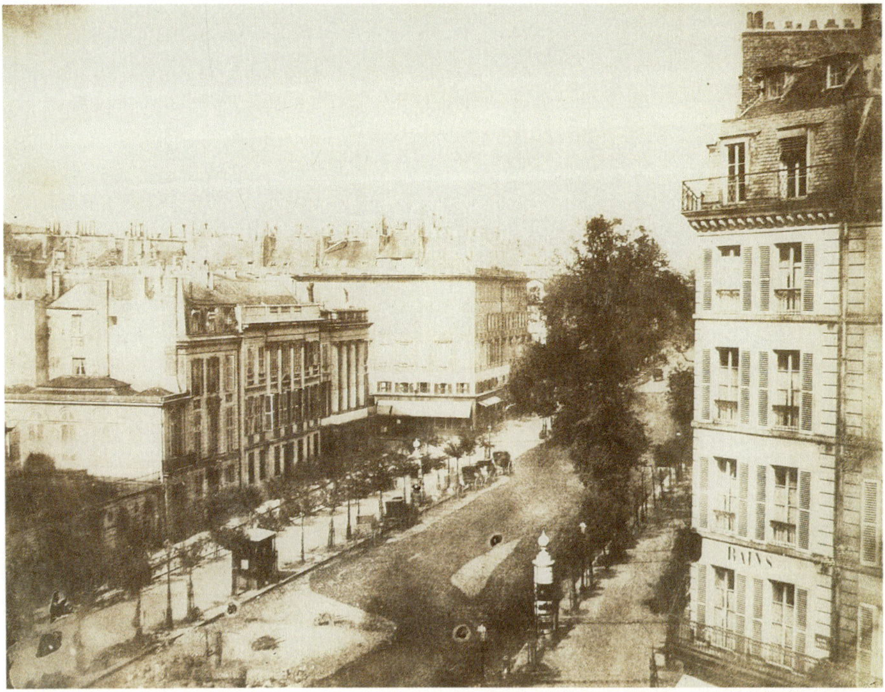

William Henry Fox Talbot

View of the Boulevards at Paris (Ansicht der Boulevards in Paris), um 1844

Salzpapierabzug
SCHENKUNG ALDEN SCOTT BOYER LIBRARY COLLECTION 81:2835:0002

mit Originalphotographien illustrierte Buch. Die Publikation mit insgesamt 24 Kalotypien erschien zwischen Juni 1844 und April 1846 in sechs Einzellieferungen, von denen die Menschel Library im Eastman House zwei Kopien besitzt.

Um die zahlreichen Abzüge für die Publikationen anzufertigen, richtete Talbot 1843 im englischen Reading eine Druckerei ein, die er »Reading Establishment« nannte. Sie wurde von seinem Assistenten Nicholas Henneman (1813–1898) geleitet.

Platte II in dem Buch war Talbots *View of the Boulevards of Paris*, die er vom Fenster seines Hotelzimmers aufgenommen hatte. Es war kein Zufall, daß Talbot in Daguerres Heimatland nach seinem eigenen Verfahren photographierte – er war zusammen mit Henneman nach Frankreich gereist, um die Kalotypie dort vorzustellen. Seine photographischen Errungenschaften in Paris nahmen es mit den besten Daguerreotypien auf. Kutschen säumen den ansonsten leeren Boulevard in der Mitte des Bildes, und jede Dachspitze und jeder Fensterpfosten wird in diesem äußerst detaillierten Bild vom

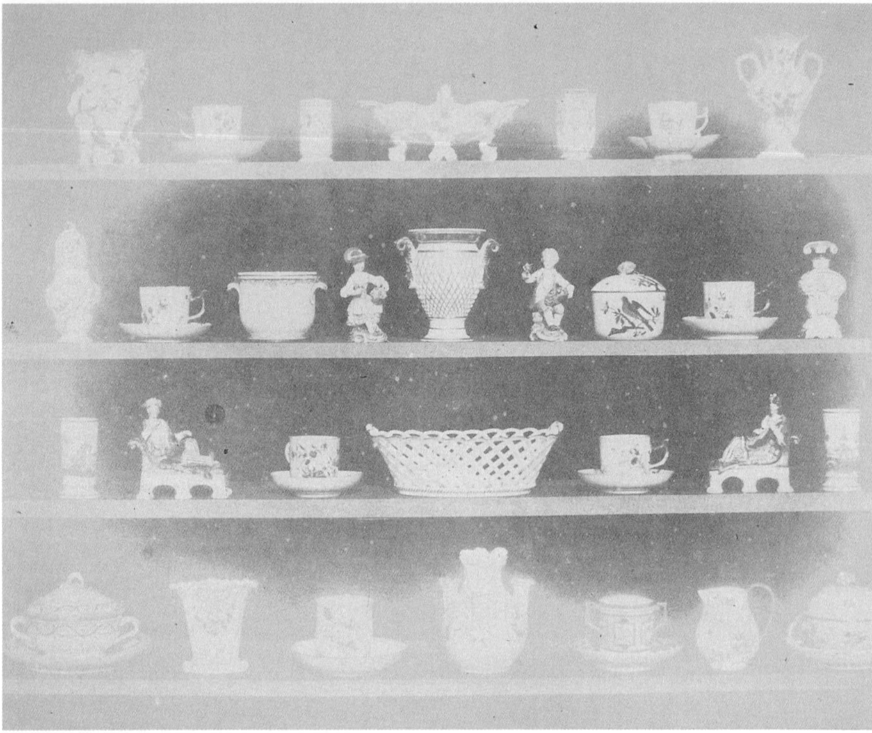

William Henry Fox Talbot
England, 1800–1877

Articles of China (Porzellanstücke), vor 1844

Salzpapierabzug
MUSEUMSANKAUF
LIBRARY COLLECTION
74:0043:0003

Licht gezeichnet. In seinem Begleittext schrieb Talbot: »Der Betrachter schaut nach Nordosten. Die Zeit ist der Nachmittag. Die Sonne verläßt gerade die Reihe der mit Säulen verzierten Gebäude; ihre Fassade liegt bereits im Schatten, aber ein einzelner, offener Fensterladen ragt so weit vor, daß er noch einen Sonnenstrahl auffängt. Das Wetter ist heiß und staubig; man hat gerade die Straße gesprengt.« Egal wie lebendig, reicht eine Beschreibung der Szene mit Worten doch nicht an die durch diese neue Erfindung sichtbar gemachten Details heran.

Articles of China, eine Anordnung von Talbots Teetassen und Statuen, war Platte III in *The Pencil of Nature*. In seinem Begleittext pries Talbot das Vermögen der Photographie, die gesamte Porzellansammlung »in wenig mehr Zeit auf Papier [zu erfassen], als es dauern würde ... eine schriftliche Bestandsliste zu machen.« Talbot erkannte sofort die Beweiskraft des Mediums, »falls ein Dieb Wertgegenstände später veruntreut«, und sah so ihren zukünftigen Einsatz bei polizeilichen Ermittlungen voraus. Zudem demon-

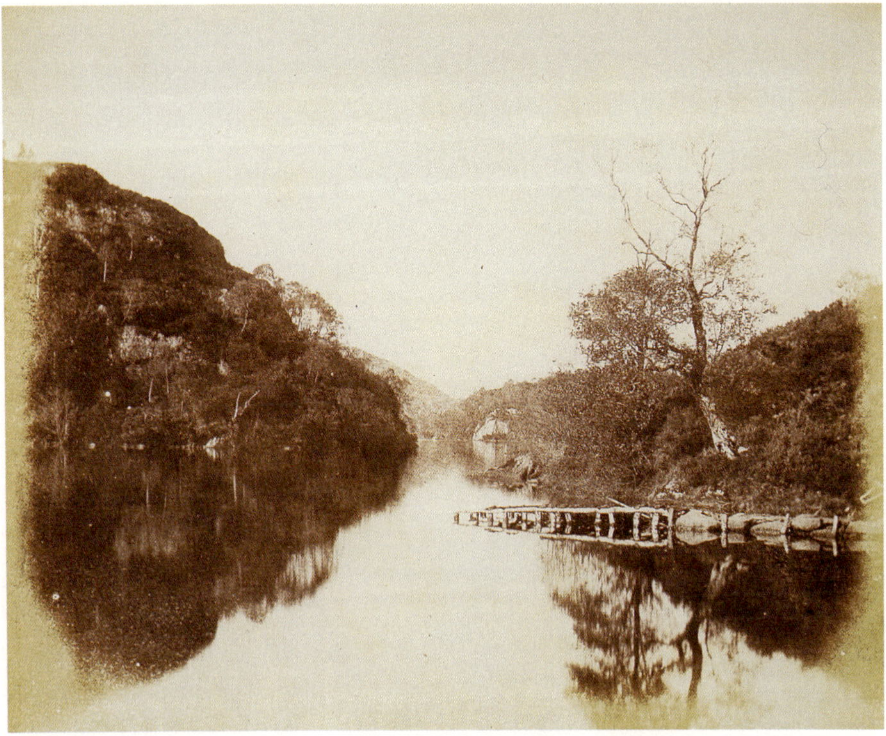

William Henry Fox Talbot

Loch Katrine, 1844

Salzpapierabzug
SCHENKUNG ALDEN SCOTT BOYER LIBRARY COLLECTION
74:0044:0011

strierte er, daß die Photographie die Besonderheiten des Porzellans selbst zu zeigen vermochte, denn die Einzigartigkeit jedes Stückes wird auf dem Bild deutlich. Und was das potentielle Interesse von Sammlern an diesem neuen Medium betraf, schrieb Talbot: »Je seltsamer und phantastischer die Formen alter Teekannen sind, desto vorteilhafter ist es, Bilder, statt Beschreibungen von ihnen zu haben.« Zu diesem Zweck nahm Talbot auch Kalotypien von Regalen mit Glaswaren und Büchern als separate Platten in sein Buch auf.

Bevor er die letzte Lieferung von *The Pencil of Nature* fertigstellte, beschloß Talbot, wie er schrieb, »Szenen [zu photographieren], die in Zusammenhang mit dem Leben und den Werken des romantischen Autors Sir Walter Scott stehen«, von dem er stark beeinflußt war. Talbot unternahm im Oktober 1844 eine Reise nach Schottland, um Scotts Haus in Abbotsford und andere Orte zu photographieren, die in dessen Schriften erwähnt sind. Talbot schuf ein neues Buch mit 23, wie er sie nannte, »Sonnenbildern« von Orten in Schottland. Anders als *The Pencil of Nature* enthielt *Sun Pictures in Scotland*

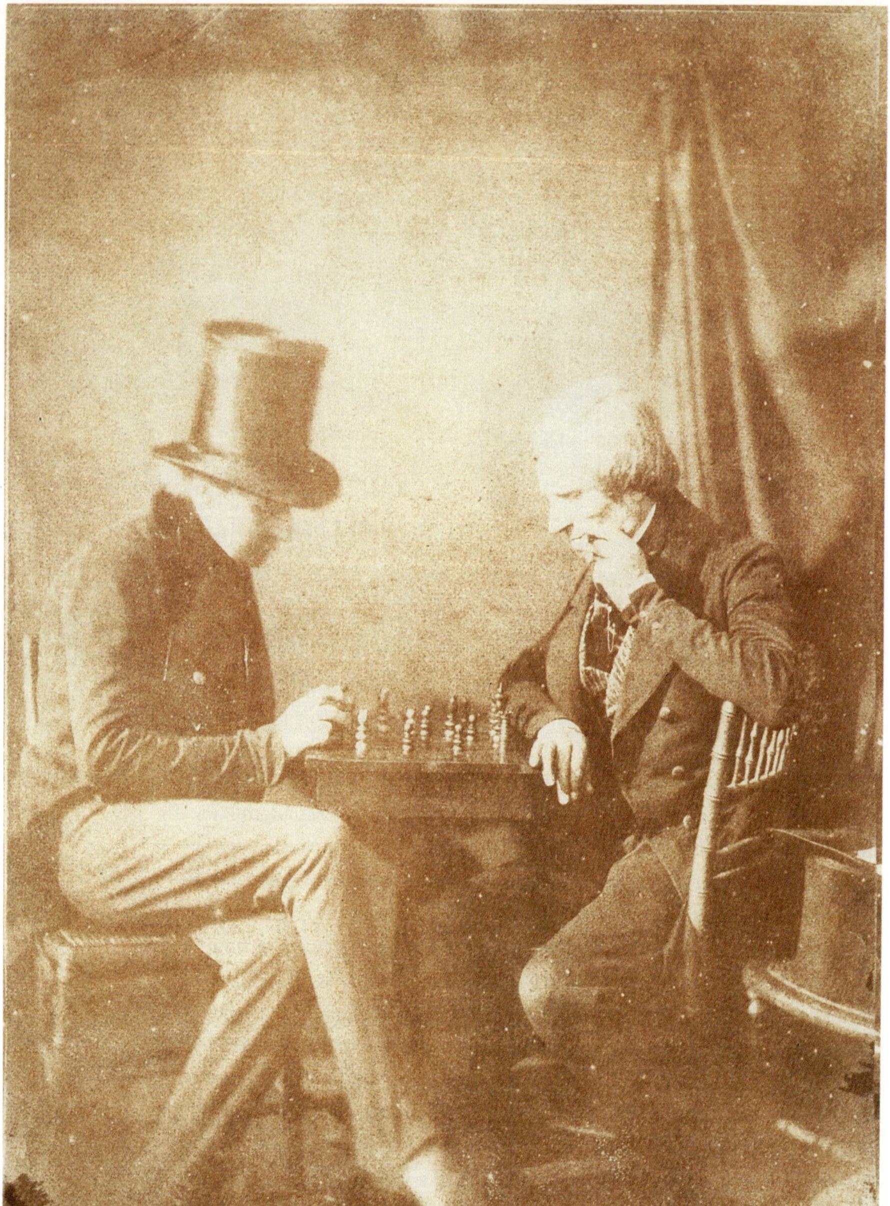

Attributed to Antoine Claudet
England, geb. Frankreich, 1797–1867

The Chessplayers (Die Schachspieler), um 1843

Salzpapierabzug
SCHENKUNG MISS M.T. TALBOT
81:2847:0007

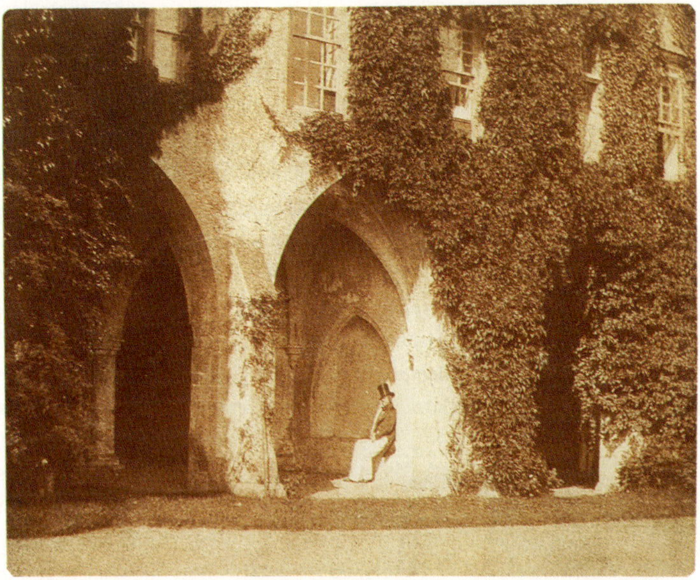

ausschließlich Bilder und war das zweite Buch, das von Reading Establishment gedruckt wurde. In seiner Ansicht von *Loch Katrine* fängt Tabot die gläserne Stille des Sees und die pittoreske Landschaft ein, die sich in dessen glatter Oberfläche spiegelt. Königin Victoria gehörte zu den 103 Subskribenten der Publikation, aber Reading Establishment erwies sich letztlich als schlechtes Geschäftsunternehmen. Das Problem der verblassenden Abzüge blieb bestehen, und nach nur drei weiteren Publikationen schloß Henneman 1846 die Druckerei und zog nach London.

Ein weiterer Abonnent der *Sun Pictures* war Reverend Calvert Richard Jones, Sohn eines walisischen Grundbesitzers, der Seemaler, Zeichner und Daguerreotypist war, bevor er sich der Kalotypie zuwandte. Das Bild *The Chessplayers*, das links Antoine Claudet und rechts vermutlich Jones zeigt, wird Talbot zugeschrieben, obwohl veränderte Abzüge derselben Sitzung auch Claudet oder einem anderen Photographen aus Talbots Kreis zugeordnet worden sind. Trotz der eindeutigen Pose ist das Bild heiter entspannt und weist auf die Beziehung der beiden Gentlemen hin. Es suggeriert die Interaktion zwischen diesen beiden frühen Amateuren, die frei Ideen und Bilder austauschten. Im September 1845 besuchte Jones Talbot auf dem Anwesen seiner Vorfahren in Lacock Abbey, wo Talbot ein Portrait von ihm vor

William Henry Fox Talbot
England, 1800–1877

The Cloisters at Lacock (Der Kreuzgang von Lacock), 1844

Salzpapierabzug
SCHENKUNG DR. WALTER CLARK
81:2836:0002

der alten Sakristei machte. »Um auf einem photographischen Abbild eine gute Figur zu machen, bedarf es beträchtlicher Charakterfestigkeit, aber nur für den Bruchteil einer Minute. Diese wertvolle Eigenschaft sowie viele andere, deren Aufzählung zu lange dauern würde, besitzt mein Freund in hohem Maße«, schrieb Talbot über seine Sitzung mit Jones in einem Text, der das Bild in einer geplanten, aber nicht mehr realisierten Ausgabe von *The Pencil of Nature* begleiten sollte.

Anonym, Platte von William Henry Fox Talbot
England, 1800–1877

Maßwerk eines Fensters und Detail des Arc de Triomphe, um 1858–1860

Photoglyphische Radierung
SCHENKUNG THE SMITHSONIAN INSTITUTION
67:0048:0009

Einfache Objekte und genaue Beobachtungen waren häufige Themen von Talbots frühen Photographien, als er in zahllosen Experimenten versuchte, das widerspenstige Medium zu verbessern, Belichtungszeiten zu verkürzen und die Haltbarkeit der Kalotypien zu verlängern. *Maßwerk und Detail des Arc de Triomphe* ist eine photoglyphische Gravur aus den späten 1850er Jahren. Architektonische Details und Skulpturen waren für Talbot bevorzugte Sujets, so auch dieses Detail der unteren Hälfte des Triumphbogens in Paris. Der Ausschnitt von Bogen und Fenster darunter ist ebenfalls deutlich gezeichnet.

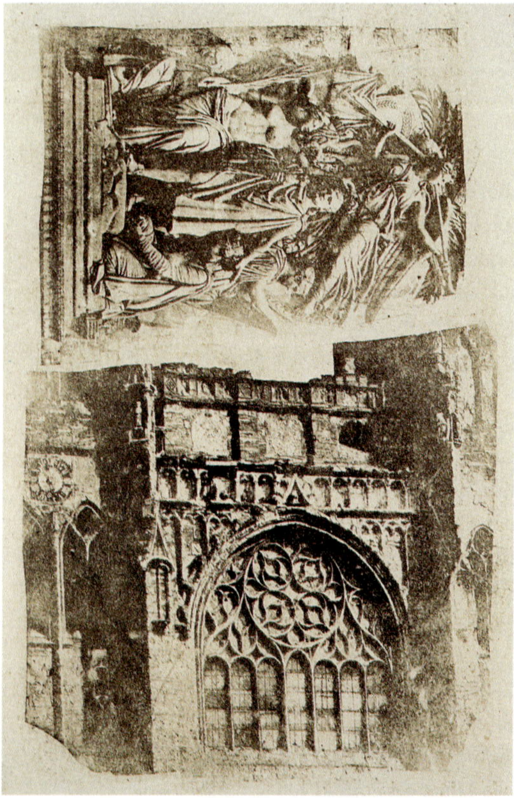

Auch das filigrane Gefüge von Spitzen erwies sich als perfektes Sujet, da jeder Stich unter dem scharfen Auge der Kamera seine Struktur verrät. Dieser Positivabzug wurde von einem Negativ-Photogramm ohne Verwendung einer Kamera hergestellt. Dazu legte Talbot die Spitze auf sensibilisiertes Papier und setzte es dem Licht aus, so daß ihr Muster im Verhältnis zu den dichten Bereichen des Gewebes auf das Photopapier übertragen wurde. In dem Original-Photogramm erschien die Spitze weiß vor einem schwarzen Hintergrund. Beides war für Talbot als fertiges Bild akzeptabel. Er schrieb: »Das Bild ... ist nur eine Aufeinanderfolge oder Spielart stärkeren Lichts, das auf einen Teil des Papiers

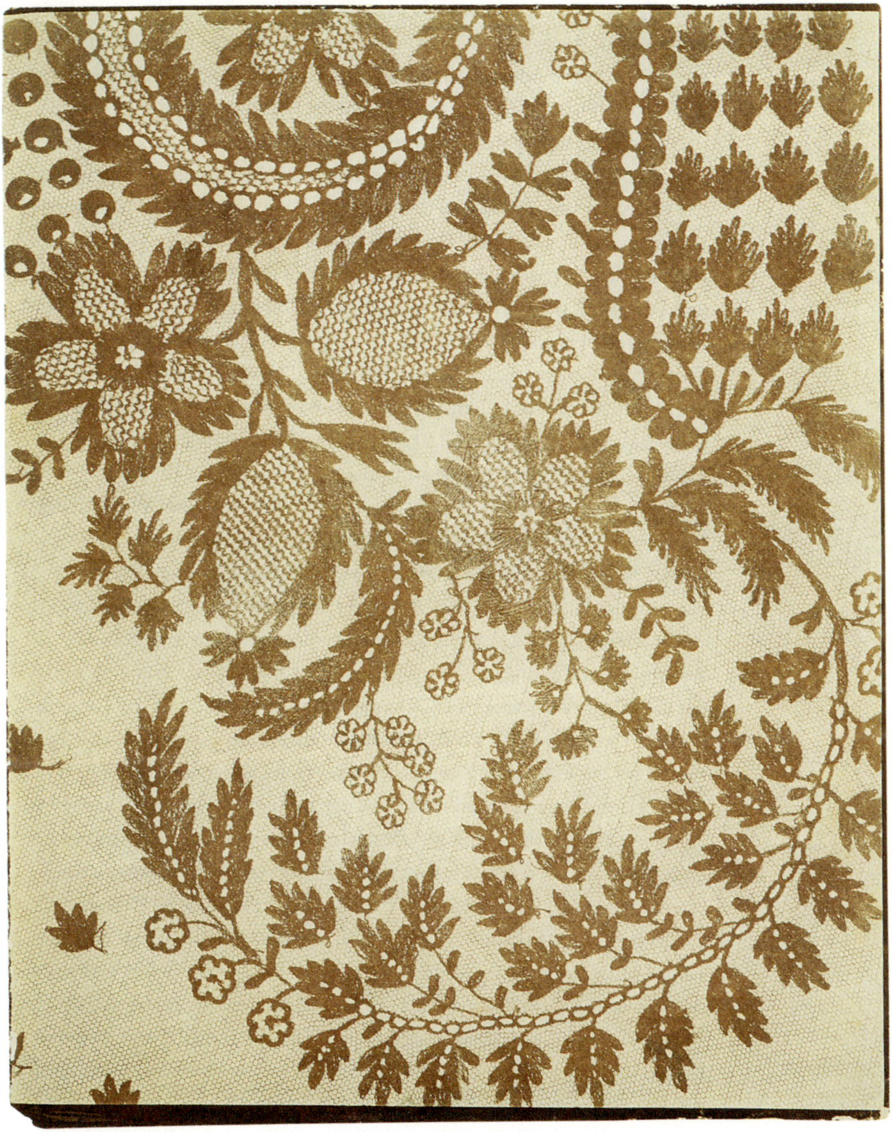

William Henry Fox Talbot

Lace (Spitze), frühe 1840er

Salzpapierabzug

SCHENKUNG DR. WALTER CLARK

81:2836:0001

geworfen wird, und übereinander geworfener Schatten. Dann kann das Licht, wo es auftritt, einen Prozeß in Gang setzen.« Durch Kopieren des Papiernegativs reproduzierte Talbot die ursprüngliche Erscheinung des Objekts genauer, während er die Details seiner netzartigen Konstruktion bewahrte.

Da die Anfertigung von Kalotypien durch Talbots Patent eingeschränkt war, wurde das Verfahren in den Vereinigten Staaten nur selten angewendet. Die Gebrüder William und Frederick Langenheim aus Philadelphia wandten sich in einem Brief an Talbot, nachdem sie eine Ausgabe von *The Pencil of Nature* gesehen hatten. Sie wollten in den USA als Talbots Agenten arbeiten und dort das Kalotypie-Verfahren verbreiten. William reiste nach London, um mit Talbot zu verhandeln, und die Langenheims kauften 1849 die amerikanischen Exklusivrechte für das Verfahren. Die Brüder hatten ihre photographische Partnerschaft 1843 begonnen und führten ein erfolgreiches Daguerreotypie-Studio an der Warenbörse in Philadelphia. *Merchant's Exchange, Philadelphia* ist eine Kalotypie des Gebäudes, in dem sich ihr Studio befand. Die Langenheims nannten ihre Kopie »Talbotypie nach der Natur« und schickten sie Talbot als Beispiel ihrer Arbeit nach seinem Verfahren. Tabot behielt diese Arbeit Zeit seines Lebens, denn er war zweifellos ermutigt vom ästhetischen Erfolg der Langenheims.

Das Potential der Kalotypie erkennend, informierte ein Artikel in der Washingtoner Zeitung, daß »... Daguerre und Talbot unabhängig voneinander die Kunst entdeckten, das Licht der Sonne auf Metall und auf Papier zu fixieren. Der erste hatte schneller Erfolg, aber letzerer hat vielleicht die bessere Form der Entdeckung gemacht.« Aber leider waren die Langenheims ihrer Zeit voraus und sahen nicht, daß die große Popularität der Daguerreotypie aufgrund ihrer außergewöhnlichen Detailtreue 1849 in den Vereinigten Staaten noch ungebrochen war. Da sie in sechs Monaten nur fünf Lizenzen verkauft hatten, baten sie Talbot, ihnen die restliche Zahlung von 6.000 Dollar für den Kauf des Patents zu stunden. Da Talbot jedoch offenbar nie auf diese Bitte antwortete, mußten die Langenheims Konkurs anmelden. Sie waren nicht allein. Selbst in England konnten die Ateliers auf Dauer kein profitables Geschäft mit Kalotypien machen. Dennoch benutzten die Brüder Langenheim das Verfahren weiter und zeigten ihre Kalotypien 1851 bei der Weltausstellung im Kristallpalast in London.

Das Studio schloß 1874 nach dem Tod von William. Die Sammlung des Eastman House enthält eine Vielzahl von Arbeiten der Langenheims, darunter ihre eigene Erfindung, die »Hyalotypie«, eine Abwandlung des Albumin-auf-Glas-Verfahrens.

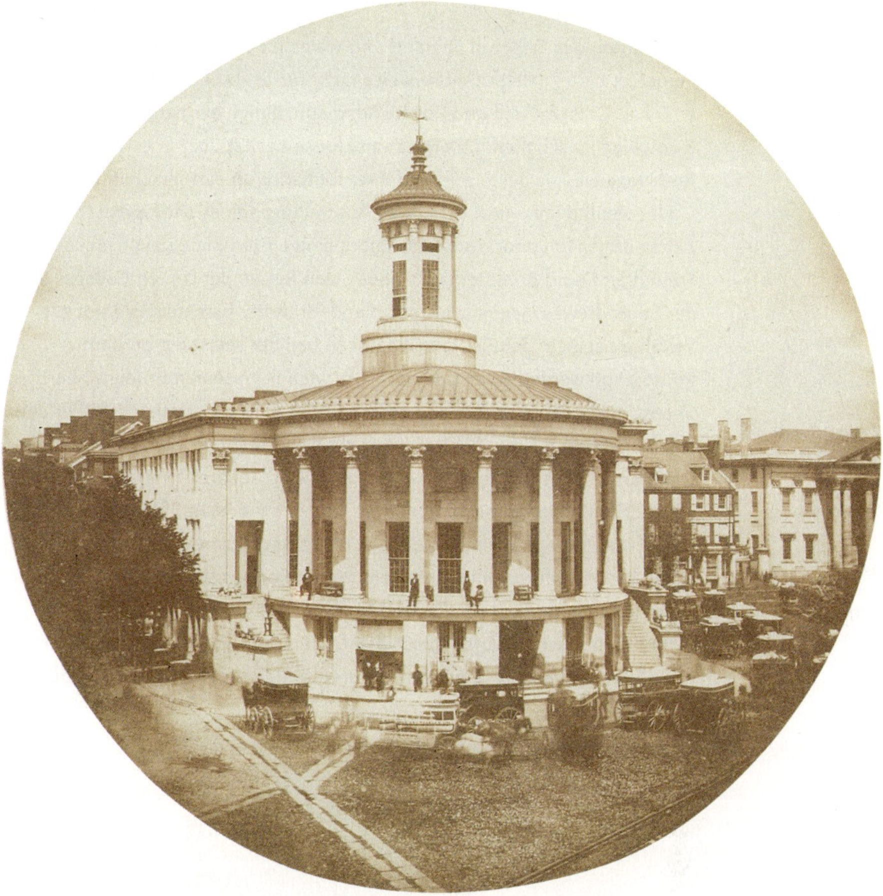

William & Frederick Langenheim
Amerika, geb. Deutschland, 1807–1874 &
Amerika, geb. Deutschland, 1809–1879

Merchant's Exchange, Philadelphia
(Warenbörse, Philadelphia), um 1849

Salzpapierabzug
SCHENKUNG HAROLD WHITE
81:2914:0001

Hill und Adamson

Das Patent, das Talbot in England und Wales für das Kalotypie-Verfahren angemeldet hatte, galt glücklicherweise nicht für Schottland. Dies ermöglichte es David Octavius Hill und Robert Adamson, einige der herausragendsten Kalotypien zu schaffen. Das Eastman House besitzt über 400 Kopien und fünf Negative, die beide während ihrer fünfjährigen Partnerschaft machten.

Nur wenige Tage nach der ersten Ausstellung seiner photogenischen Zeichnungen in London schickte Talbot einige Exemplare davon an seinen Freund Sir David Brewster (1781–1868), den Rektor der United Colleges an der St. Andrews University in Schottland. Brewster brachte das Kalotypie-Verfahren seinem Schüler John Adamson bei, der selbst ein berühmter Photograph werden sollte und der darin wiederum seinen Bruder Robert unterwies. Robert zog 1843 zog nach Edinburgh und richtete ein Atelier ein. Der fast 20 Jahre ältere D.O. Hill war ein bekannter Landschaftsmaler und Sekretär der Scottish Academy of Painting. Das Aquarell einer Ansicht von St. Andrews in der Ferne demonstriert das zeichnerische Talent, das er später auf die Photographien anwendete, die er und Adamson von der schottischen Landschaft machten. In einem frühen Portrait sieht man Hill an einer Haustür stehen.

Ihre Partnerschaft wurde durch den frühen Tod von Adamson im Alter von 26 Jahren beendet. Obwohl man aufgrund ihrer jeweiligen Ausbildung

David Octavius Hill
Schottland,
1802–1870

St. Andrews,
um 1850

Aquarell
MUSEUMSANKAUF,
EHEMALIGE
SAMMLUNG PETER
POLLACK
66:0029:0001

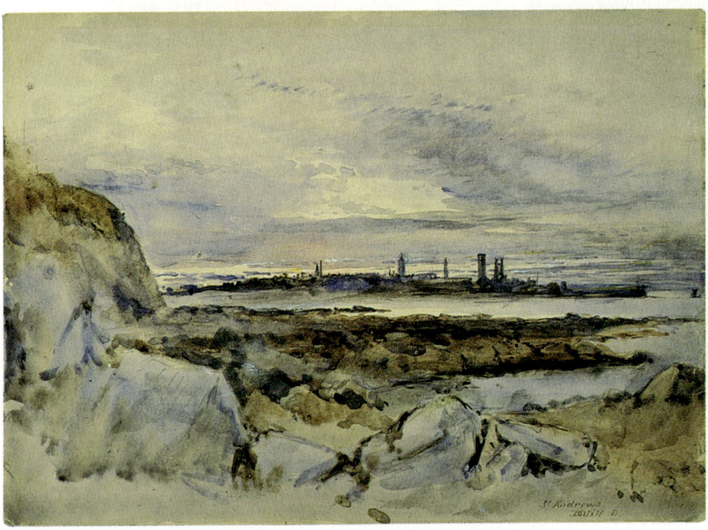

David Octavius Hill & Robert Adamson
Schottland,
1802–1870 &
Schottland,
1821–1848

D.O. Hill, um 1843

Salzpapierabzug
SCHENKUNG ALDEN
SCOTT BOYER
81:2398:0002

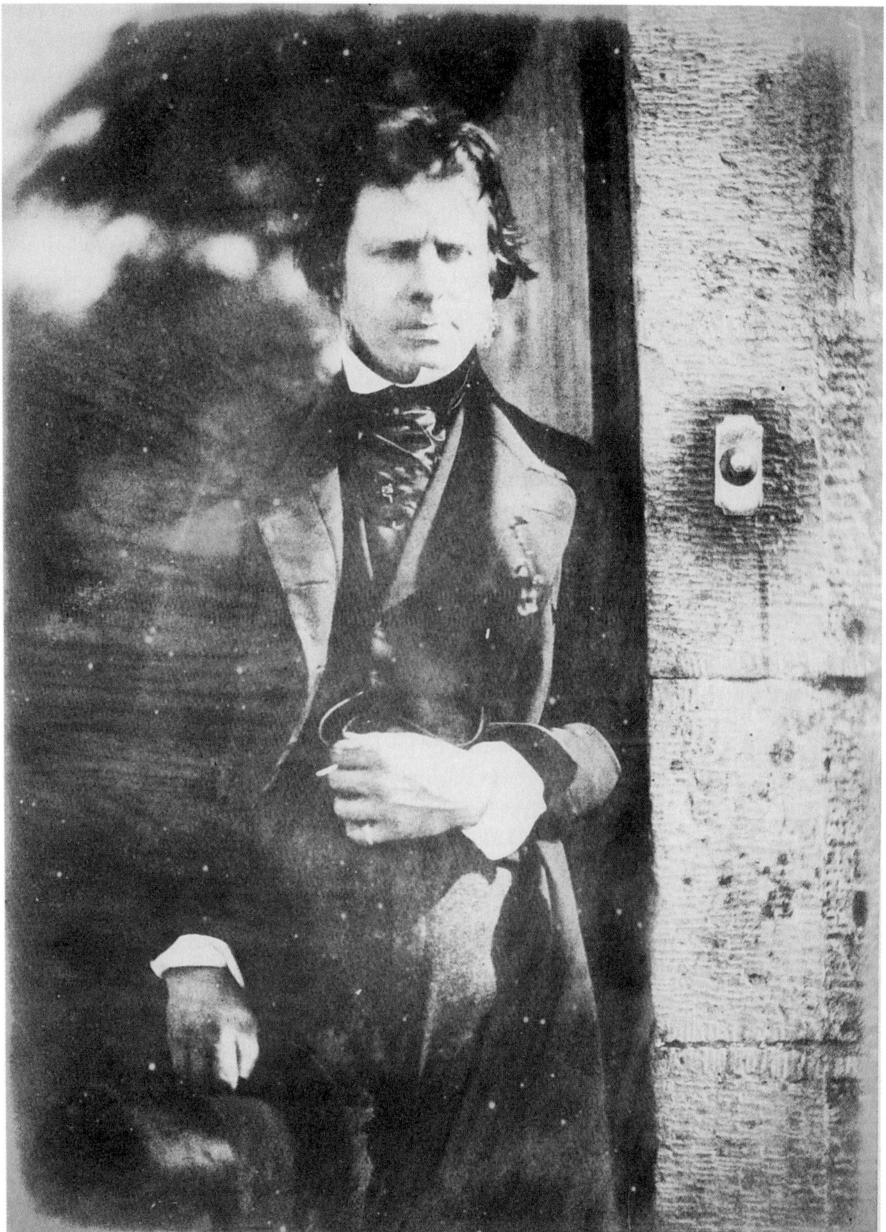

David Octavius Hill & Robert Adamson
Schottland, 1802–1870 & Schottland, 1821–1848

Rev. A. Capadose of The Hague (Reverend A. Capadose aus Den Haag), um 1843

Salzpapierabzug
SCHENKUNG ALDEN SCOTT BOYER
81:2398:0001

anfänglich annahm, der ehemalige Maschinenbaustudent Adamson sei für die technischen Aspekte des Kalotypie-Verfahrens zuständig gewesen und Hill habe das ästhetische Können beigesteuert, erkennt man bei genauem Studium ihrer Arbeit, daß sie in Komposition und Form gleichwertige Partner waren.

Am 18. Mai 1843 nahm Hill an einer Synode der Kirche von Schottland teil, bei der sich 155 Geistliche abspalteten, um die Freie Kirche von Schottland zu gründen. Tief bewegt von den Ereignissen, beschloß Hill, ein großformatiges Gemälde zum Gedenken an die Unterzeichnung der Demissionsurkunde anzufertigen. Um die 457 anwesenden Pfarrer und Angehörigen der Edinburgher Gesellschaft festzuhalten, schlug ihm Brewster das Kalotypie-Verfahren vor und machte Hill mit Adamson bekannt. Dies war der Beginn der fruchtbaren Partnerschaft. Das Portrait des kalvinistischen Arztes und Schriftstellers *Abraham Capadose aus Den Haag,* ist eine der ersten Portraitstudien der Partner. Die Aufnahme, die Hills Hintergrund als Maler reflektiert und von einem durchdachten Umgang mit Licht und Schatten zeugt, bedient sich der klassischen Bildkonvention des Dreiviertelportraits und der Ikonographie eines Buches als Hinweis darauf, daß das Modell ein gelehrter Mann war. Hill vollendete sein auf Photographien basierendes Gemälde erst 20 Jahre später, aber diese Portraitstudie ist wahrheitsgetreuer und nuancierter als die gemalte Version, in der Capadoses winziger Kopf aus einem Meer von Gesichtern hervorschaut. Hill fügte auch ein Selbstportrait sowie ein posthumes Portrait von Adamson an seiner Kamera in das Gemälde ein.

Die Portraitarbeit von Hill und Adamson erstreckte sich auf viele Mitglieder Edinburgher Gesellschaft sowie auf die Arbeiter des Fischerdorfes Newhaven. *Lady Mary Hamilton (Campbell) Ruthven* (Seite 104) hat der Kamera den Rücken zugewandt, eine Pose, die den Illustrationen in zeitgenössischen Modemagazinen für Frauen entlehnt war. Statt Ruthvens Gesicht zu zeigen, demonstriert dieses Portrait sowohl ihre modische Eleganz als auch ihre Zugehörigkeit zur Oberklasse. Die Photographie auf der gegenüberliegenden Seite zeigt die sitzende *Mrs. Elizabeth Johnstone Hall,* eine Fischersfrau aus Newhaven, mit ihrem Korb. Hill untertitelte diese Aufnahme manchmal mit »Eine Schönheit aus Newhaven« und suggerierte damit, daß seine Affinitäten, zumindest ästhetisch, nicht durch Klassenzugehörigkeit beeinflußt wurden.

Traditionelle Portraitaufnahmen waren nicht der einzige Gegenstand der Arbeit von Hill und Adamson. Ihr Gesamtwerk umfaßt Landschaften und Genreszenen, und alle Kunden aus allen gesellschaftlichen Schichten ließen

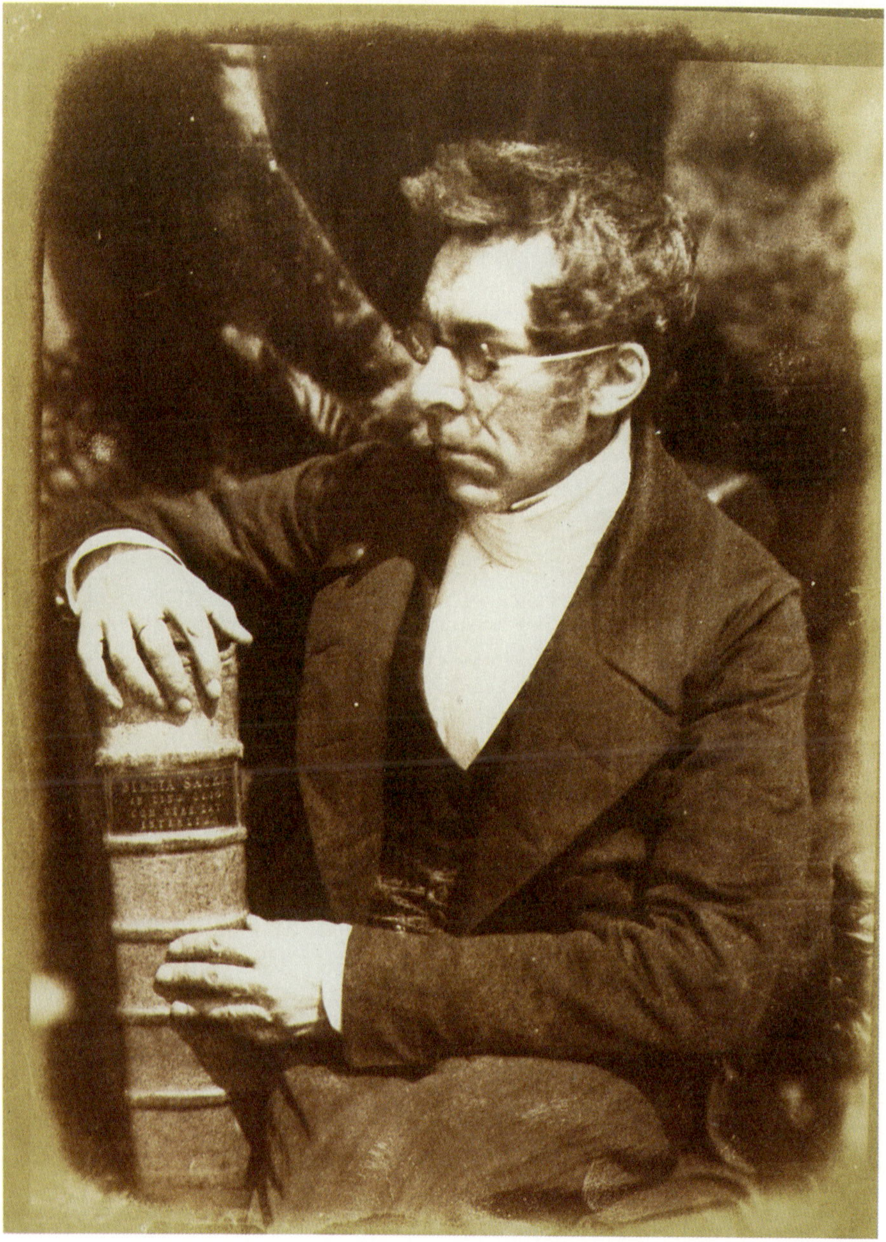

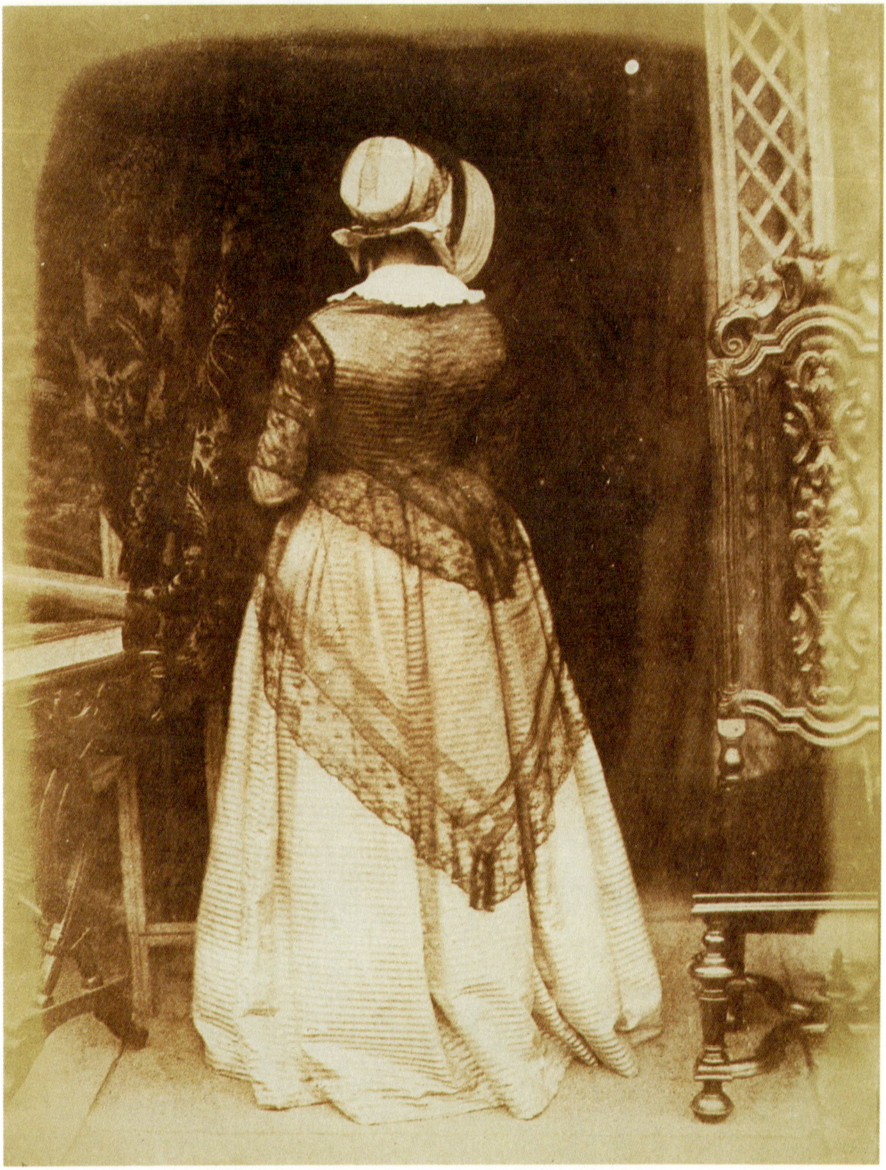

David Octavius Hill
& Robert Adamson
Schottland,
1802–1870 &
Schottland,
1821–1848

Lady (Mary
Campbell) Ruthven,
um 1843–1847

Salzpapierabzug
SCHENKUNG ALDEN
SCOTT BOYER
81:2398:0042

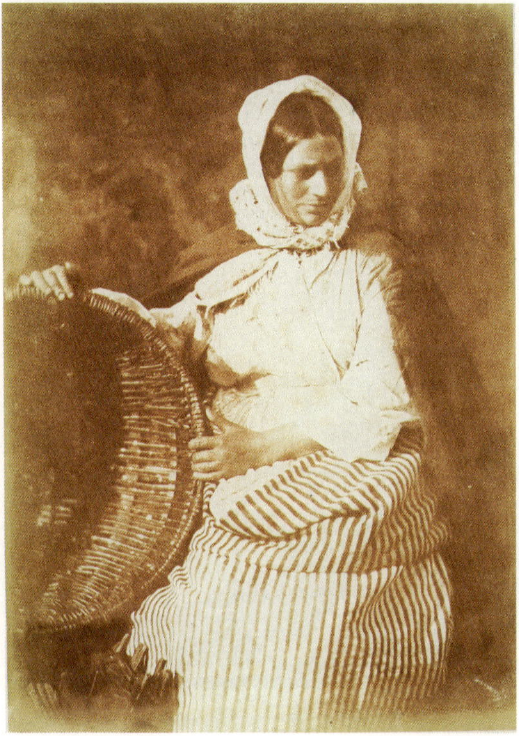

David Octavius Hill
& Robert Adamson

Mrs. Elizabeth
Johnstone Hall,
um 1845

Salzpapierabzug
SCHENKUNG ALDEN
SCOTT BOYER
81:2389:0005

sich in ihrem Freilichtatelier in Rock House, Calton Hill, photographieren. In der populären viktorianischen Tradition der *tableaux vivants* schufen die Partner diese *Mittelalter-Gruppe* (Seite 106), in der rechts Hill mit einer Lyra zu sehen ist. Die Aufmerksamkeit, die auf Kostümdetails und Inszenierung verwendet wurde, wird auch in *The Porthole, Edinburgh Castle* (Seite 107) deutlich, wo Wachen in der königlichen Residenz neben einer Kanone posieren. In einer anderen Aufnahme sieht man die Finlay-Kinder – Arthur, John Hope und Sophia –, wie sie friedlich an einem Forellenteich fischen (Seite 108). Ihre Aufmerksamkeit gilt einzig dem, was sich unter ihnen abspielt.

Das Bild der Gedenksteine auf dem *Friedhof von Greyfriars* (Seite 109) zeigt einen stehenden Hill und eine sitzende Frau vor einem Grabmal, als besuchten sie die letzte Ruhestätte eines geliebten Menschen. Wie Talbot erlagen auch Hill und Adamson dem Reiz romantischer Themen und machten zahlreiche Aufnahmen in Greyfriars. Mehr als ein Dutzend davon befinden sich in der Sammlung des Eastman House.

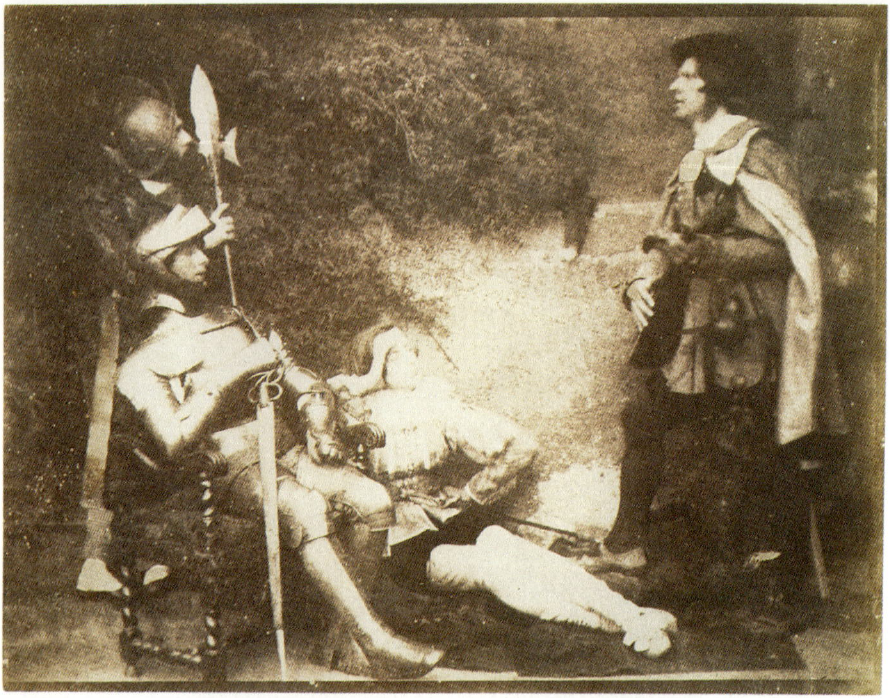

David Octavius Hill
& Robert Adamson
Schottland,
1802–1870 &
Schottland,
1821–1848

A Medieval Group
(Eine Mittelalter-
Gruppe), um
1843–1847

Salzpapierabzug
SCHENKUNG ALDEN
SCOTT BOYER
81:2396:0032

David Octavius Hill
& Robert Adamson

The Porthole
(Schießloch),
Edinburgh Castle,
9. April, 1846

Salzpapierabzug
SCHENKUNG 3M
COMPANY,
EHEMALIGE
SAMMLUNG LOUIS
WALTON SIPLEY
77:0502:0002

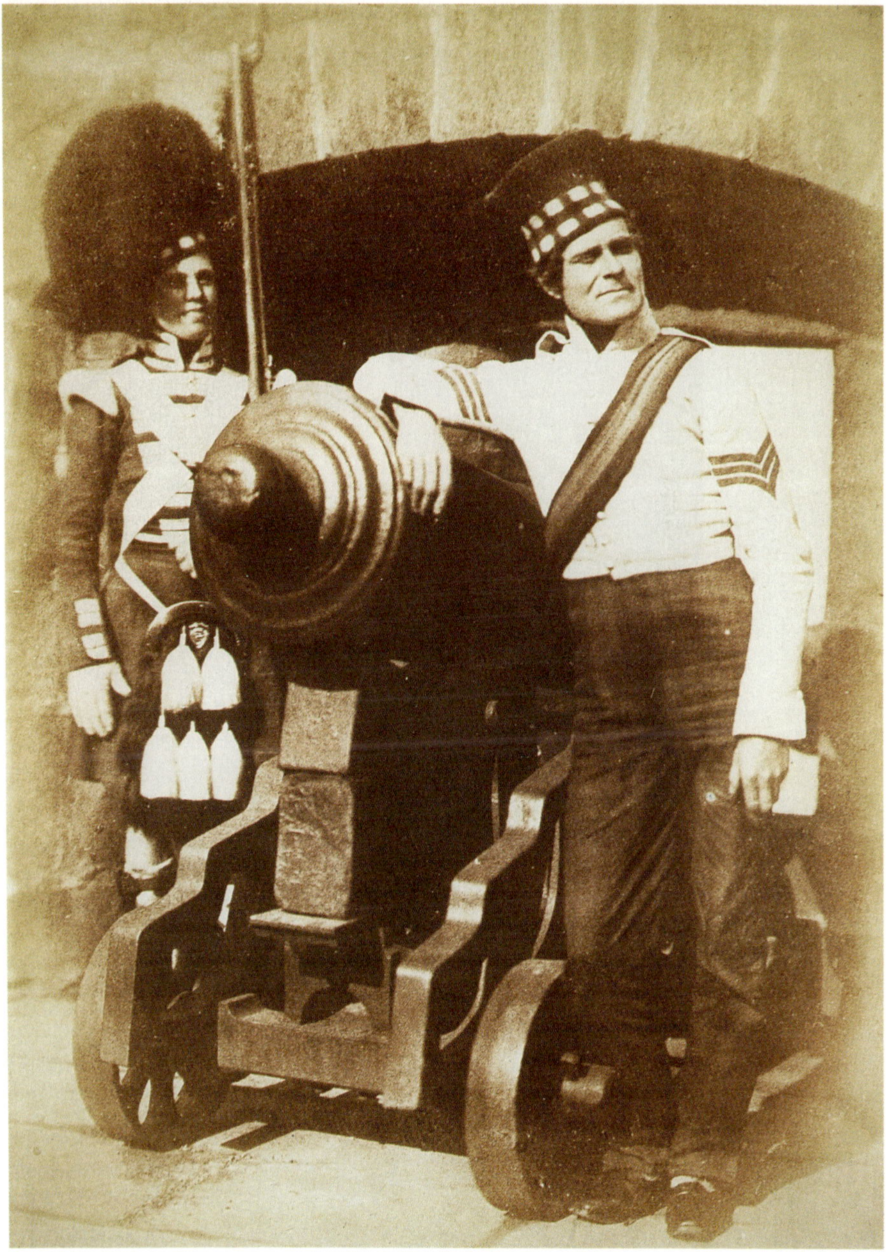

David Octavius Hill & Robert Adamson
Schottland, 1802–1870 & Schottland, 1821–1848

Finlay Children (Kinder der Familie Finlay), um 1845

Salzpapierabzug
SCHENKUNG ALDEN SCOTT BOYER
81:2396:0014

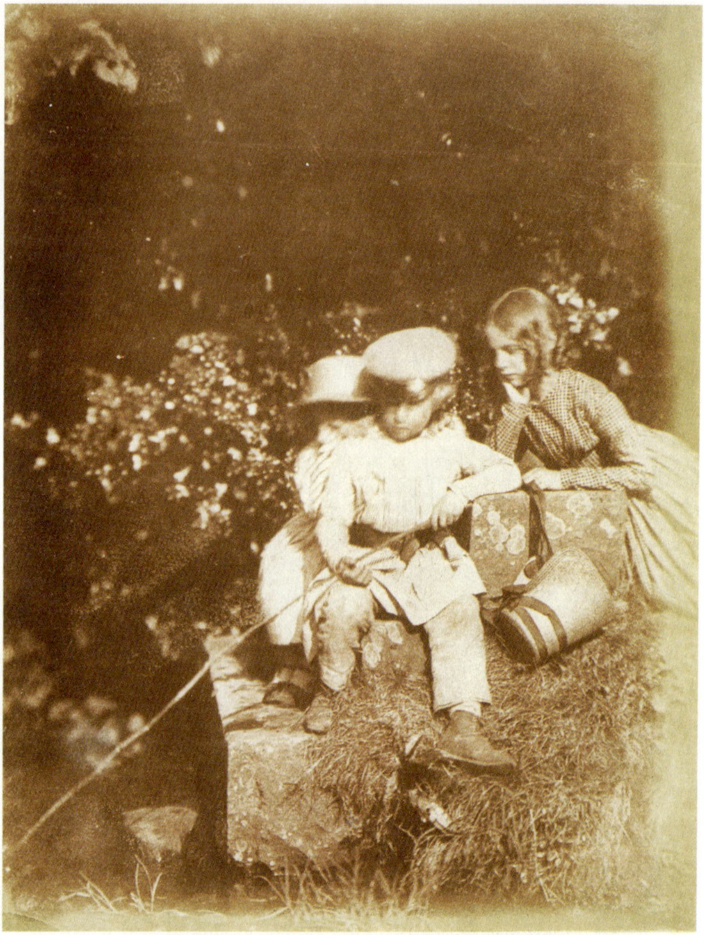

David Octavius Hill & Robert Adamson

Greyfriars' Churchyard, the Martyrs' Memorial & the McCulloch Monument, um 1844

Salzpapierabzug
SCHENKUNG ALVIN LANGDON COBURN
67:0083:0004

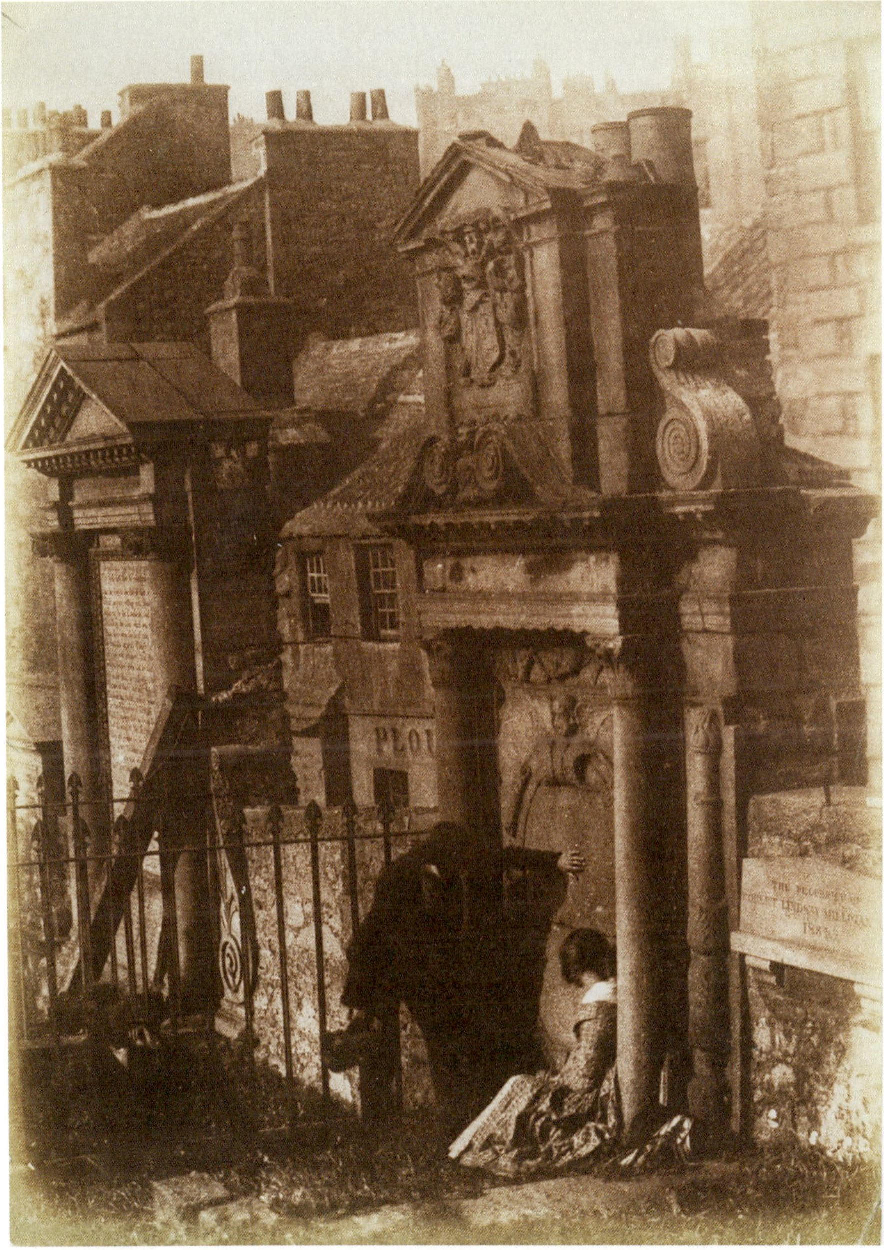

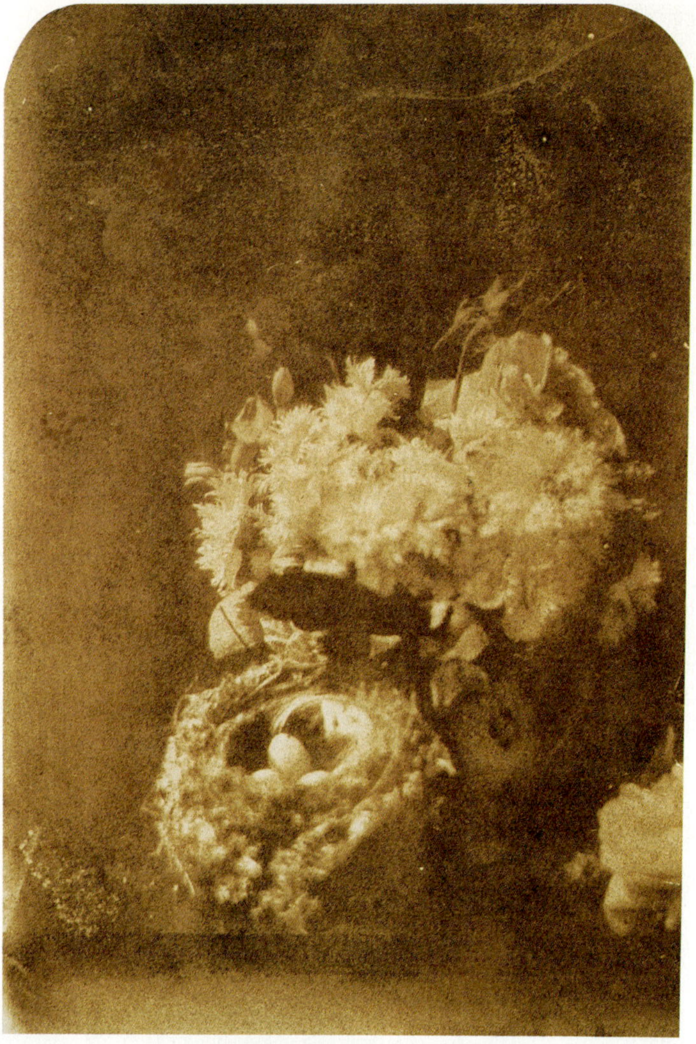

Anonym
England, aktiv 1850er

Blumenarrangement in einer Vase und Vogelnest, um 1851

Salzpapierabzug
MUSEUMSANKAUF
81:1304:0010

Auch Amateurphotographen bedienten sich mit Begeisterung und Erfolg des Kalotypie-Verfahrens und hielten ihre Umwelt mit großer Einfühlsamkeit und Perfektion fest. Dieses *Blumenarrangement in einer Vase,* an der ein mit Eiern gefüllte Vogelnest lehnt, ist ein bemerkenswertes Stilleben der Natur. Auch Szenen der Muße und Entspannung wurden naturalistisch

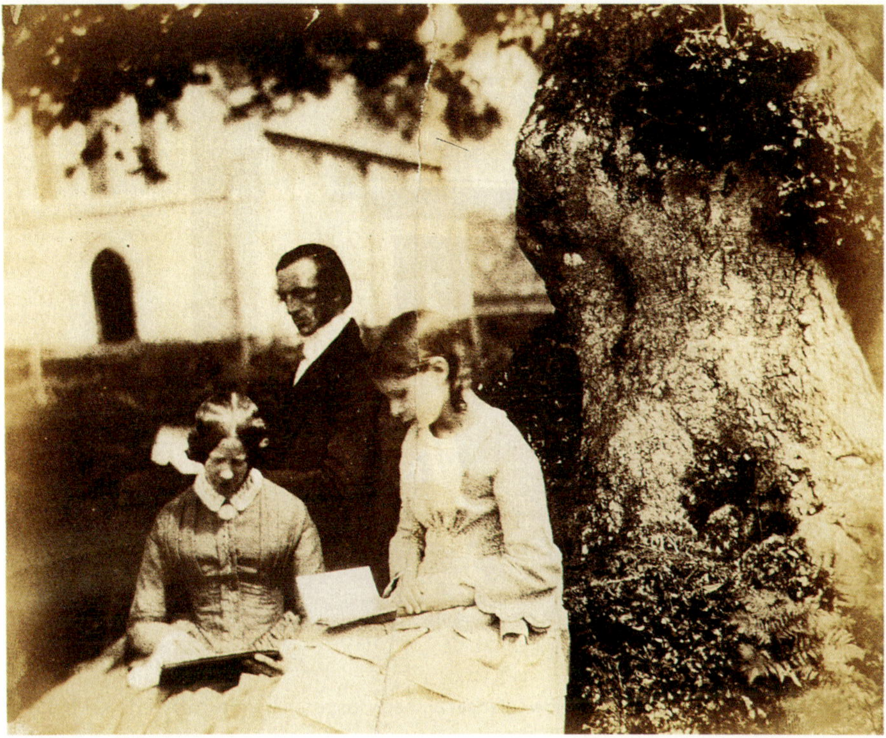

dargestellt; dieser unbekannte Photograph richtete seine Kamera auf den *Reverend J., Mrs. Arrowsmith und Susan Bridges,* die im Schatten eines Baumes lesen. Im Hintergrund erkennt man eine Kirche, vermutlich die der Arrowsmith'. Die Personen haben zwar für die Kamera posiert, doch wirkt das Bild vollkommen natürlich. Sie scheinen ganz in ihre Lektüre versunken, als sei der Photograph zufällig auf diese Szene stiller Einkehr gestoßen.

Der Chirurg und Gynäkologe Dr. Thomas Keith aus Edinburgh war ein begabter Amateurphotograph, der das Kalotypie-Verfahren vermutlich von seinem Freund D. O. Hill lernte. Keith spezialisierte sich zu Beginn der 1850er Jahre auf Architektur- und Landchaftsansichten in und um Edingburgh. Wegen beruflicher Verpflichtungen konnte er nur vor sieben Uhr morgens und nach vier Uhr nachmittags photographieren und tat dies vor allem während einiger Wochen im Hochsommer, denn »dann ist das Licht viel weicher, die Schatten sind länger, und die Kontraste im Bild sind schär-

Anonym
England, aktiv 1850er

Revd. J & Mrs. Arrowsmith und Susan Bridges, um 1851

Salzpapierabzug
MUSEUMSANKAUF
81:1304:0032

Dr. Thomas Keith
Schottland,
1827–1895

Frau in der Tür,
um 1855

Druck von Alvin Langdon Coburn, um 1915
Platindruck von Papiernegativ
SCHENKUNG GALVIN LANGDON COBURN
67:0086:0049

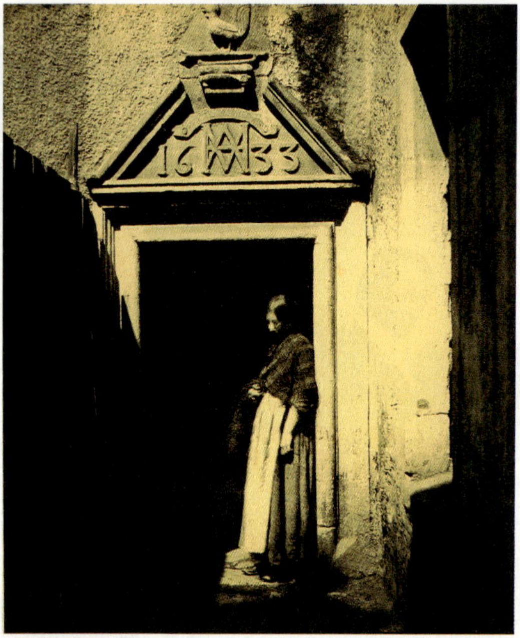

Dr. Thomas Keith

Alter Torbogen,
um 1855

Druck von Alvin Langdon Coburn, um 1915
Platindruck von Papiernegativ
SCHENKUNG ALVIN LANGDON COBURN
67:0086:0009

fer und die Stimmung angenehmer.« Insgesamt photographierte Keith nur etwa drei Jahre, da seine medizinischen Aufgaben Vorrang hatten.

Frau in der Tür zeigt ein kunstvoll gemeißeltes Portal von 1633, in dem eine von der Sonne beschienene Frau steht und der architektonischen Studie ein menschliches Element und Maßstab verleiht. Die Detailaufnahme eines alten Bogengangs zeigt ebenfalls dunkle Schatten und beschwört das Geheimnis um das herauf, was sich im Inneren des Gebäudes verbirgt. Beide Aufnahmen sind Platindrucke, die Alvin Langdon Coburn um 1915 anfertigte, indem er Kopien von zehn der zwölf Wachspapier-Negative von Keith machte, die zur Sammlung des Eastman House gehören.

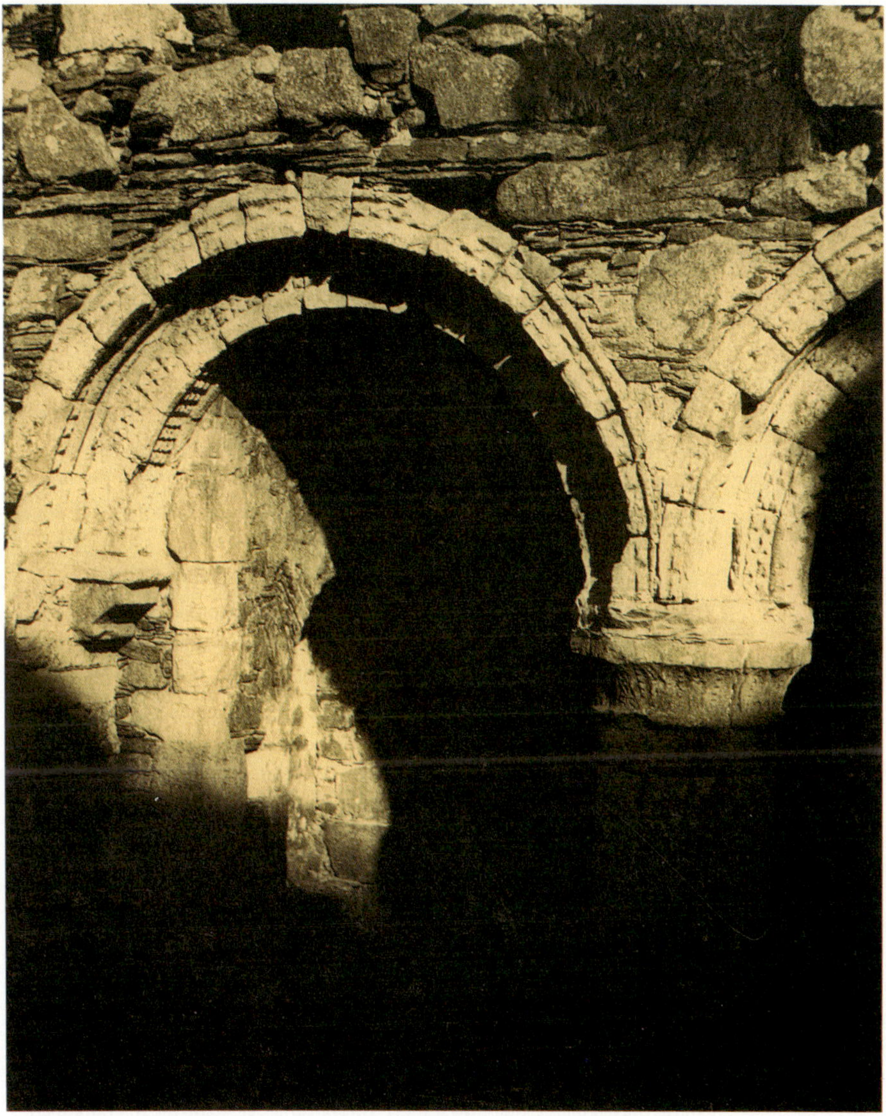

Die Kalotypie in Frankreich

Nirgendwo wurde die Kalotypie begeisterter aufgenommen als in Frankreich, auch wenn es, strenggenommen, nicht Talbots Verfahren war, das zur Anwendung kam. Talbot war zwar 1843 nach Paris gereist, um Unterstützung für seine Methode zu finden, aber 1844 wurde in Frankreich nur eine Lizenz verkauft. Dennoch gab es zahlreiche Experimentatoren, die eigene Variationen des Papiernegativ-Verfahrens entwickelten. 1847 umging Louis-Desiré Blanquart-Evrard, ein Tuchhändler aus Lille, die Patentrestriktionen, indem er Talbots Verfahren – sehr zu dessen Bestürzung – abänderte und damit dem Papiernegativ zum Durchbruch verhalf. Als er Talbots Sensibilisierungsprozeß umkehrte, entdeckte Blanquart-Evrard eine Möglichkeit, das Papier so zu beschichten, daß Halbtöne und Detailgenauigkeit erhöht wurden und die Belichtungszeit um etwa 75 Prozent verkürzt wurde. Aber die Negative mußten im nassen Zustand belichtet werden, was die Verwendung von Chemikalien und einer Dunkelkammer unmittelbar vor der Belichtung erforderte. Drei Jahre später entwickelte Blanquart-Evrard ein trockenes Negativpapier, das im voraus präpariert werden konnte.

Neben seinen frühen Experimenten, welche die Technologie des Papiernegativs revolutionierten, erlangte Blanquart-Evrard vor allem wegen der Drucke seiner eigenen Bilder und der anderer Photographen Berühmtheit. Wie bereits Talbot in England mit dem Reading Establishment, gründete Blanquart-Evrard 1851 im französischen Loos-les-Lille eine Druckerei, die Imprimerie Photographique, um große Mengen photographischer Drucke für Publikationen zu produzieren. Bis zu deren Schließung 1855 stellte er dort 24 Bände mit Aufnahmen der berühmtesten französischen Photographen der damaligen Zeit her, darunter Maxime Du Camp, Auguste Salzmann, Charles Marville, Henri Le Secq und J. F. Michiels. Die Eastman-Sammlung besitzt mehrere Exemplare von Blanquard-Evrards Publikationen.

Wegen seiner poetischen Ausdrucksmöglichkeiten wurde das Papiernegativ vor allem von Künstlern favorisiert. Der Maler und Photograph Gustave Le Gray führte um 1850 das »gewachste« Papiernegativ ein. Dieses mit Wachs überzogene Papier konnte erst nach etwa zwei Wochen belichtet und durfte erst einige Tage nach der Belichtung entwickelt werden. Le Gray hatte maßgeblichen Einfluß auf die Verbreitung der Kalotypie in Frankreich und unterwies jeden in dem Verfahren, der den Weg zu dem ländlichen Atelier in seinem Haus bei Clichy fand. Es ist nicht ohne Ironie, daß britische Photographen stark von den in Frankreich gemachten Fortschritten beeinflußt wurden, nachdem französische Kalotypien 1851 bei der Weltausstel-

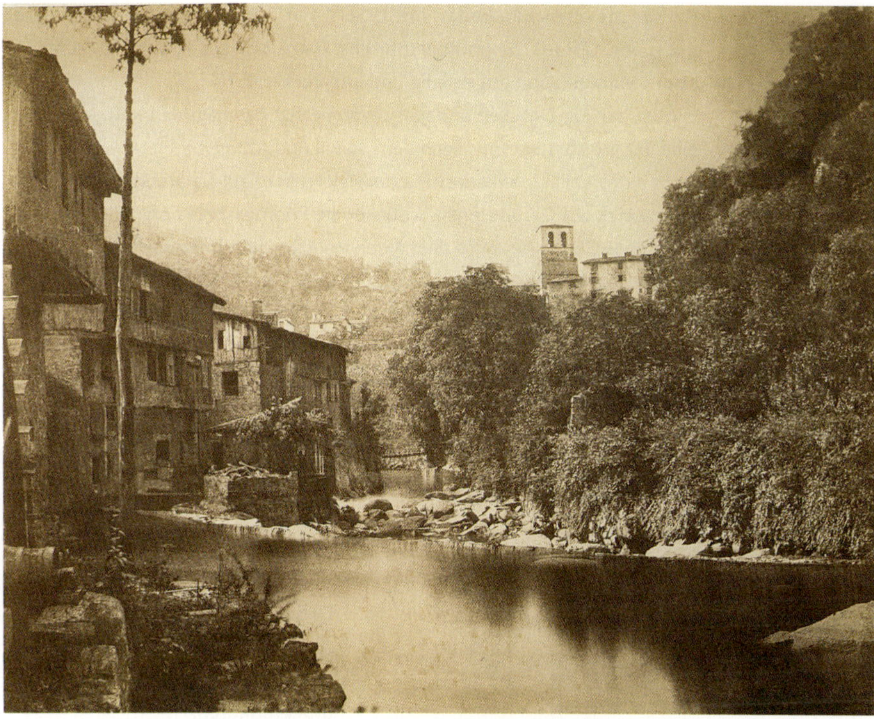

lung im Londoner Kristallpalast gezeigt wurden. Obwohl Talbots Erfindung zu dieser Zeit bereits breite Anwendung fand, galt die Anerkennung für die Perfektionierung der Technik den französischen Erneuerern.

André Giroux war ein Maler, dessen Vater Alphonse in den 1840er Jahren Daguerres Ausrüstung anfertigte. Zwei der von Giroux gebauten Kameras besitzt die Technologie-Sammung des Eastman House.

Als André Giroux begann, mit Kollodium beschichtete Glasplatten als Negative zu verwenden, zeichnete er häufig direkt auf seine Papiernegative, um zarte atmosphärische Effekte zu erzielen und behandelte so das Negativ fast wie eine Druckplatte. Sein manipulierender Stil war in der französischen Photographie des 19. Jahrhunderts eine Seltenheit. Giroux war in der pittoresken, romantischen Landschaftstradition geschult, die sich gut für seine Sujets eignete. Er wollte die mechanische Hand in der Photographie ausschalten und antizipierte damit den piktorialen Stil, der zur Zeit der Jahrhundert- wende populär wurde. Die Landschaftsszene eines Flusses, der durch

André Giroux
Frankreich,
1801–1879

Landschaft, um 1855

Salzpapierabzug
MUSEUMSANKAUF
76:0020:0062

ein französisches Bauerndorf fließt (Seite 115), ist beispielhaft für pittoreske Bilder von Giroux. Die photographische Klarheit dieses Abzugs ist trotz seiner Manipulation augenfällig und ansprechend.

Mit über 100 Drucken und Negativen besitzt das Eastman House weltweit eine der größten Sammlungen des Malers und Antiquars Henri Le Secq. Der Sohn eines Lokalpolitikers studierte Malerei bei Paul Delaroche und spezialisierte sich auf Genreszenen, wobei er die Photographie anfänglich als vorbereitende Skizze für seine Gemälde einsetzte. Sein Interesse galt jedoch bald der Architektur, und er wurde zum selbsternannten Bewahrer der historischen Bauwerke von Paris, der es sich zur Aufgabe machte, die verfallende Altstadt photographisch zu dokumentieren. 1851 wurde er als einer von fünf Photographen von der 1837 gegründeten »Commission des Monuments Historiques« angestellt, um einen photographischen Bericht über historisch bedeutende Gebäude in Frankreich zu erstellen. Le Secq wurden die Regionen Elsaß, Lorraine und Champagne zugewiesen. Zu seinem Œuvre gehören architektonische Studien, »Académies«, Landschaften, Stilleben, Portraits, Dokumentationen und Reproduktionen von Kunstwerken sowie Experimente mit Edeldruckverfahren.

Henri Le Secq
Frankreich,
1818–1882

Rosheim, 1851

Salzpapierabzug
MUSEUMSANKAUF
81:1465:0026

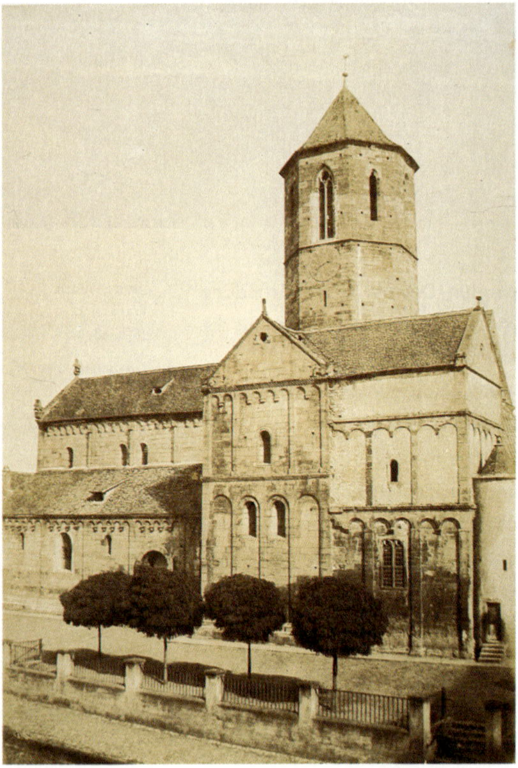

Rosheim, die Aufnahme einer Pfarrkirche im Elsaß, gehört zu den Bildern, die Le Secq für die Kommission anfertigte. Architektonische Details waren seine Spezialität, was einen Kritiker zu der Bemerkung veranlaßte, Le Secqs Photographie lasse sich besser studieren als das tatsächliche Bauwerk. Dieses Detail der aus dem 12. Jahrhundert stammenden gotischen Pilasterfiguren an der Kathedrale von Chartres bestätigt eine solche Behauptung, da Le Secqs Kamera Einzelheiten einfing, die der Betrachter mit bloßem Auge nicht erkennt. Der

Henri Le Secq

Kathedrale von Chartres, Detail, Pilasterfiguren, 1852

Photolithographie
MUSEUMSANKAUF
79:2634:0002

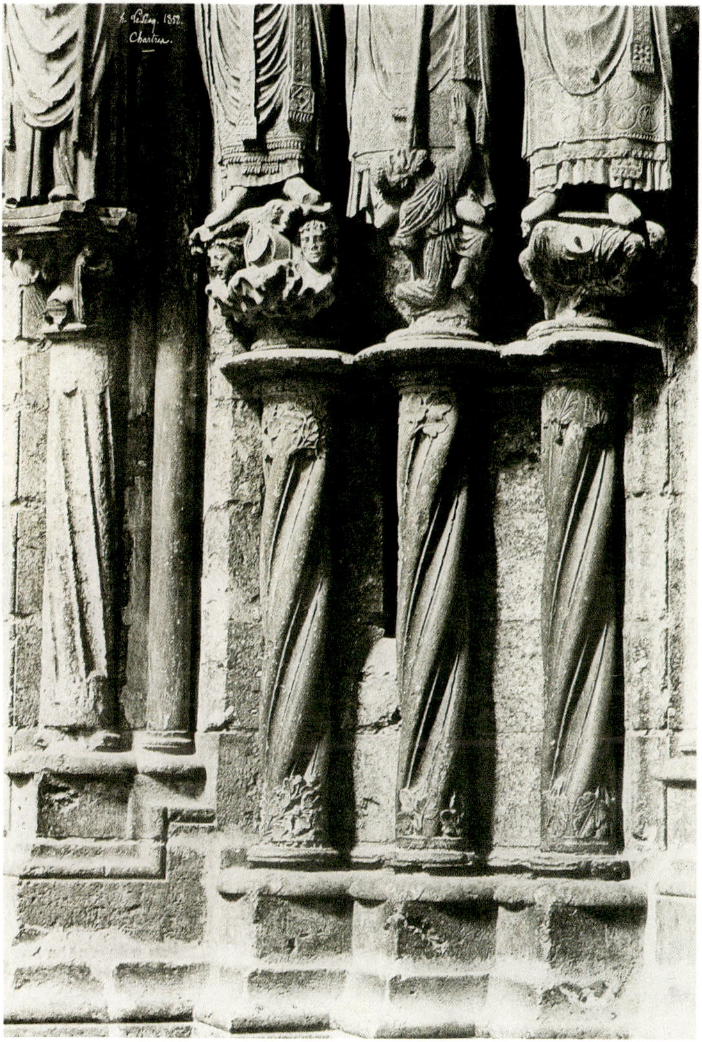

Henri Le Secq
Frankreich,
1818–1882

Fantaisies
(*Stilleben*), um 1855

Abzug von Gabriel Cromer, um 1930
Silbergelatine-Abzug vom Papiernegativ
SCHENKUNG EASTMAN KODAK COMPANY, EHEMALIGE SAMMLUNG GABRIEL CROMER
81:1481:0004

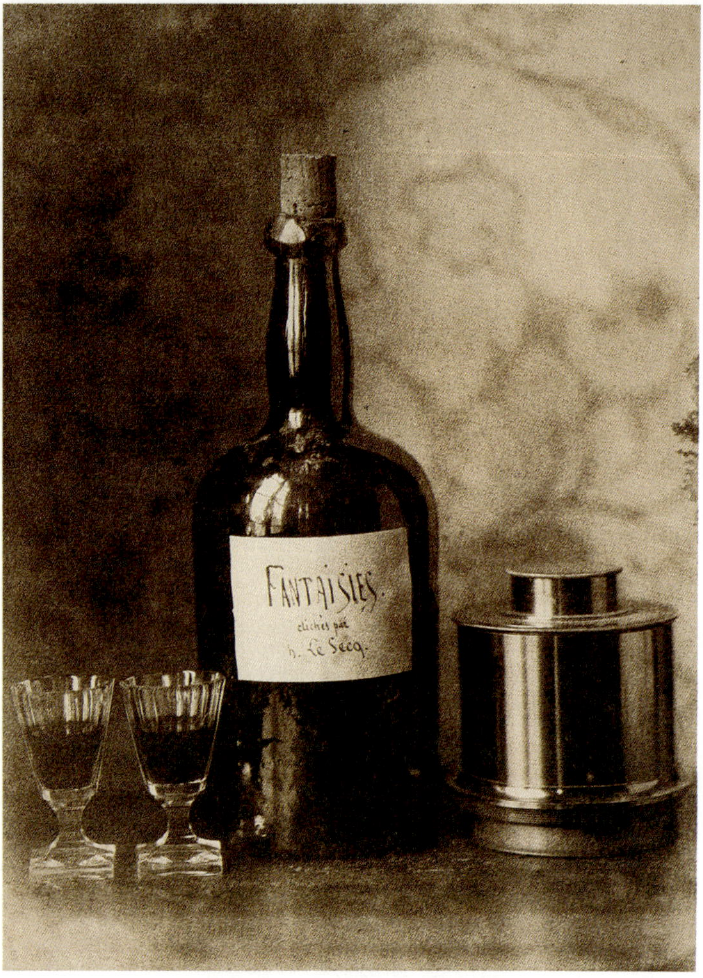

Druck stammt aus dem seltenen Portfolio, *Fragments: Architecture et sculptures de la Cathédrale de Chartres,* in der Sammlung des Eastman House; es enthält 25 nach dem von Thiel Aine und Co. in Paris entwickelten Encregrass-Verfahren hergestellte Photographien. Die Commission des Monuments Historiques veröffentlichte diese einzigartige Sammlung der Bilder, obwohl sie sonst keine der von ihr in Auftrag gegebenen Photographien publizierte.

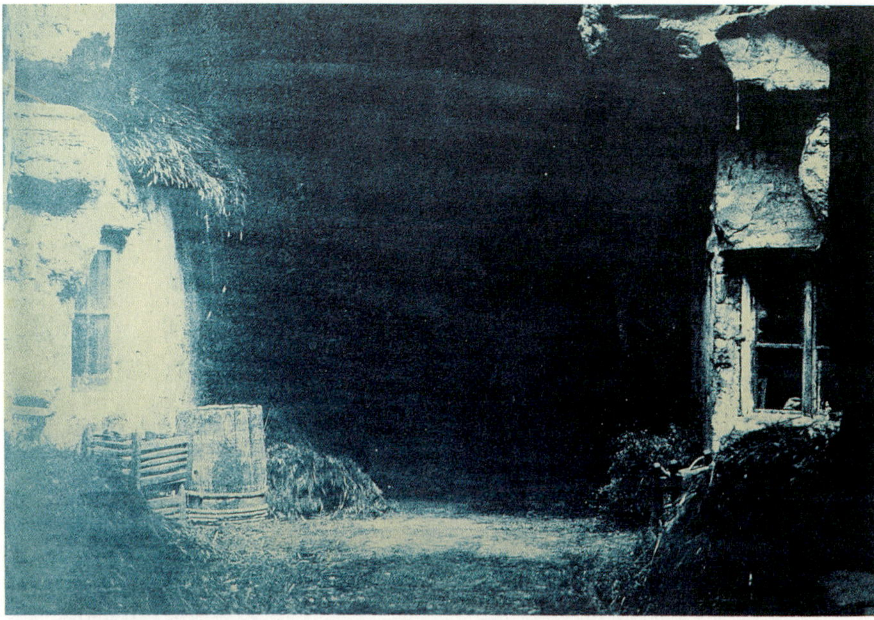

Le Secq schuf auch eine Reihe von Stilleben-Kompositionen. Dieses Frontispiz einer Mappe mit seinen Stilleben ist wohl teils Selbstportrait, teils Symbol seines geliebten Heimatlandes Frankreich. Die Linse einer Kamera, eine Weinflasche und zwei gefüllte Weingläser wirken einladend und gleichzeitig ein wenig geheimnisvoll. Der Aufdruck »Fantaisies/clichés par/H. Le Secq« auf dem Etikett der Flasche läßt keinen Zweifel über die Identität des Künstlers. Gabriel Cromer, in dessen Sammlung sich 15 Papiernegative von Le Secq befanden, machte um 1930 diese Kopie von dem Originalnegativ.

Le Secqs Cyanotypie einer Bauernhof-Szene in der Nähe von St.-Leu-d'Esserent nördlich von Paris ist eine von fünf in der Sammlung des Museums. Die Cyanotypie, ein um 1848 von Sir John Herschel erfundenes Verfahren, ist relativ leicht herzustellen, da nur zwei chemische Verbindungen dafür benötigt werden: Ammoniumeisenzitrat und Kaliumferricyanid oder rotes Blutlaugensalz. Durch den charakteristischen blauen Farbton der Cyanotypie erhält diese pittoreske ländliche Szene etwas Geisterhaftes. Das von einem großen zentralen Schatten dominierte Bild demonstriert die »Gewohnheit [des Photographen], Aufzeichnungen der Formen von Schatten zu machen ... gänzlich ohne deren Ursprung zu zeigen.« Von

Henri Le Secq

Bauernhof-Szene, nahe St.-Leu-d'Esserent, um 1852

Cyanotypie
MUSEUMSANKAUF
81:1465:0007

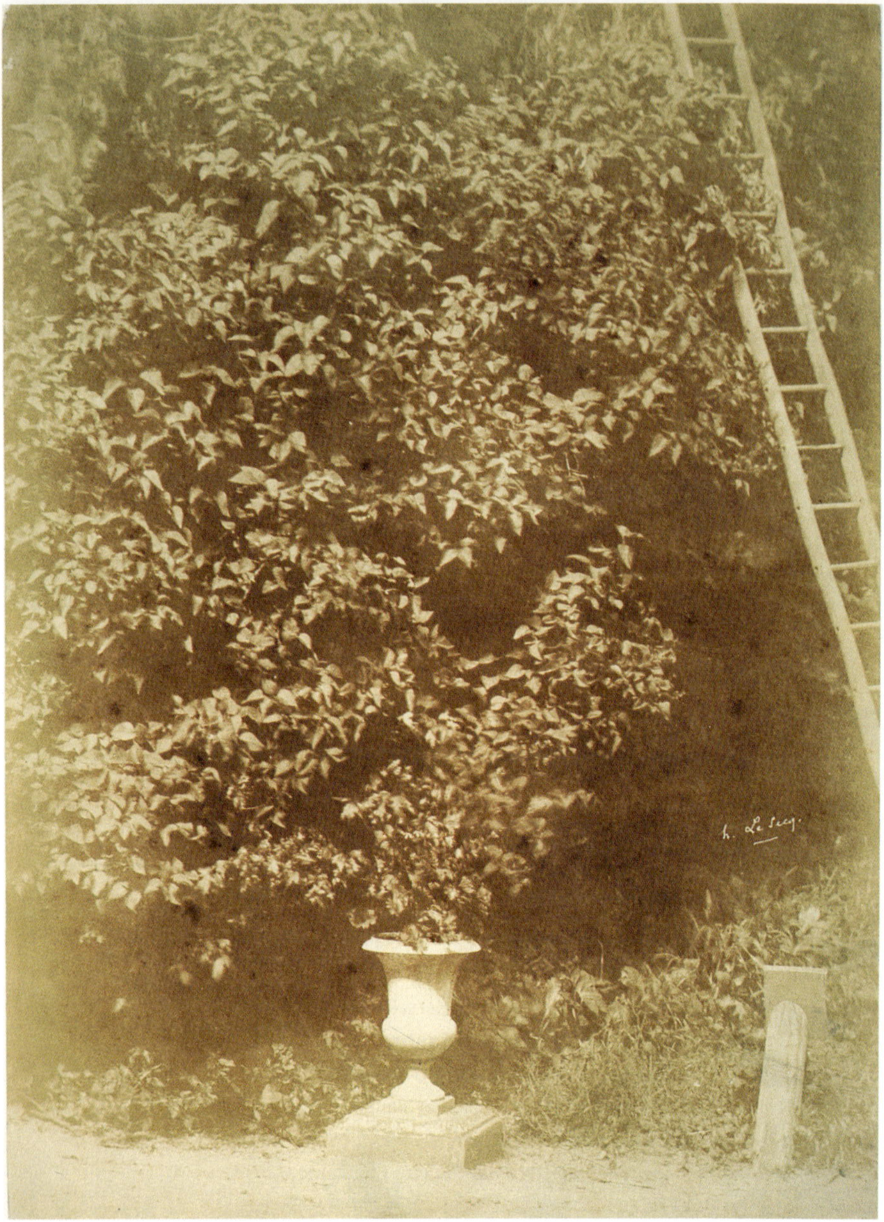

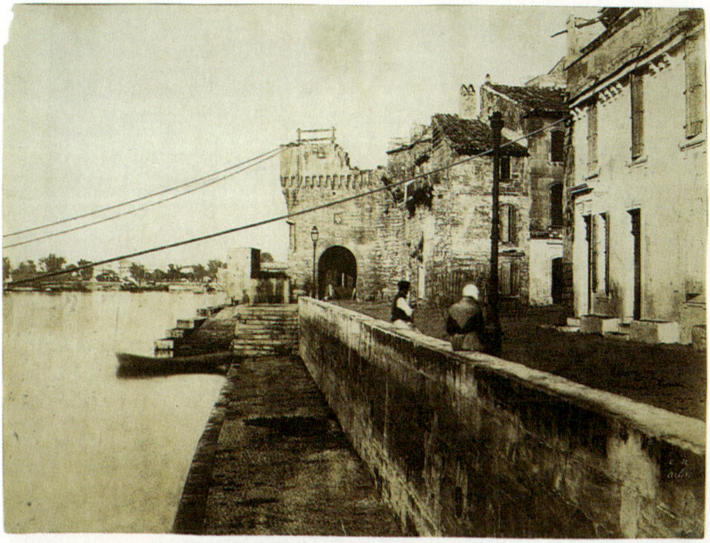

Charles Nègre
Frankreich,
1820–1880

Arles: Porte des Châtaignes, 1852

Salzpapierabzug
SCHENKUNG EASTMAN KODAK COMPANY, EHEMALIGE SAMMLUNG GABRIEL CROMER
80:0521:0001

beiden Seiten dringt zaghaft Licht ein und zeigt seine Präsenz, indem es die Fenster und das Stroh auf Dächern und Boden skizziert.

Le Secqs Gartenszene mit einer Urne auf dem Sockel, die in der unteren Bildmitte für ein Gleichgewicht sorgt, ist eine Variation der Stillebenkomposition mit »vorgefundenen Objekten«. Die willkürliche Anordnung von Formen in der Natur läßt vermuten, daß Le Secq zufällig auf diese Szene stieß und sie mit der Kamera festhielt. Am rechten Rand schiebt sich eine Leiter ins Bild und verschwindet im Blätterwerk; ein Schild wurde offenbar vom Weg weggedreht, den es weisen soll. Die Blätter fallen über den Rand der Urne, als würde der massive Baum, dessen Wurzeln nicht zu sehen sind, aus diesem kleinen Topf herauswachsen. Le Secq, der ausschließlich mit Papiernegativen arbeitete, gab die Photographie nach 1856 praktisch auf, als kollodiumbeschichtete Glasplatten zum bevorzugten Medium wurden.

Wie Le Secq hatte auch Charles Nègre bei Delaroche Malerei studiert und sich der Photographie als Ergänzung seiner Malerei zugewandt. Die beiden hatten sogar in Chartres zusammen photographiert; eines der berühmtesten Bilder von Nègre zeigt Le Secq auf dem Turm der Kathedrale. Der Tradition der Genremalerei verpflichtet, bediente sich Nègre anfänglich des Daguerreotypie-Verfahrens und wurde durch seine Genrebilder bekannt, die er in den Straßen von Paris aufnahm. Er sollte sich jedoch später einen Namen als Architekturphotograph machen. Jeden Sommer photographierte er seine

(links)
Henri Le Secq
Frankreich,
1818–1882

Gartenszene, um 1855

Salzpapierabzug
MUSEUMSANKAUF
81:1465:0008

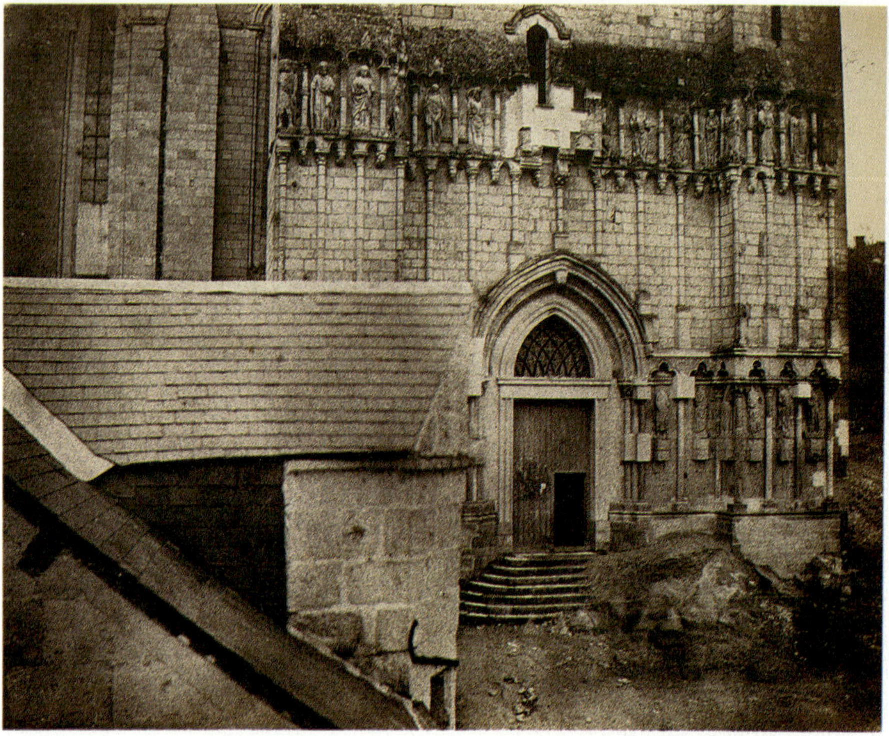

Anonym
Frankreich, aktiv 1850er

Kirche von Saint Martin, Candes, um 1851–1855

Salzpapierabzug
SCHENKUNG EASTMAN KODAK COMPANY, VINCENNES, ÜBER DIE FRANZÖSISCHE GESELLSCHAFT FÜR PHOTOGRAPHIE, EHEMALIGE SAMMLUNG HENRI FONTAN
81:1115:0019

Heimatregion, den Midi, wo er hunderte von Negativen machte, die er schließlich als *Le Midi de la France, sites et monuments historiques photographiques* herausbrachte. Im Gegensatz zu Le Secq ging es Nègre weniger um die Bewahrung zerfallender Bauwerke, als um die intensive Atmosphäre von Lebensräumen.

Seine Stadtansicht mit der Porte des Châtaignes in Arles wird durch die Präsenz von zwei Dorfbewohnern auf der Mauer und eine andere, kaum erkennbare Figur am oberen Ende des Pfades akzentuiert. Statt sich auf die zerfallende Architektur des Tores zu konzentrieren, verbindet Nègre Vergangenheit und Gegenwart, indem er die Kamera zurückzieht und so einen, trotz der sichtbaren Spuren der Zeit, noch immer aktiven Hafen zeigt.

Einige der schönsten Kalotypien aus dieser Zeit können leider niemandem zugeordnet werden. In der Sammlung des Eastman House befinden sich 123 Papiernegative und 90 Salz- und Albuminpapierabzüge architektonischer Ansichten und Studien der Normandie und anderer Regionen Frank-

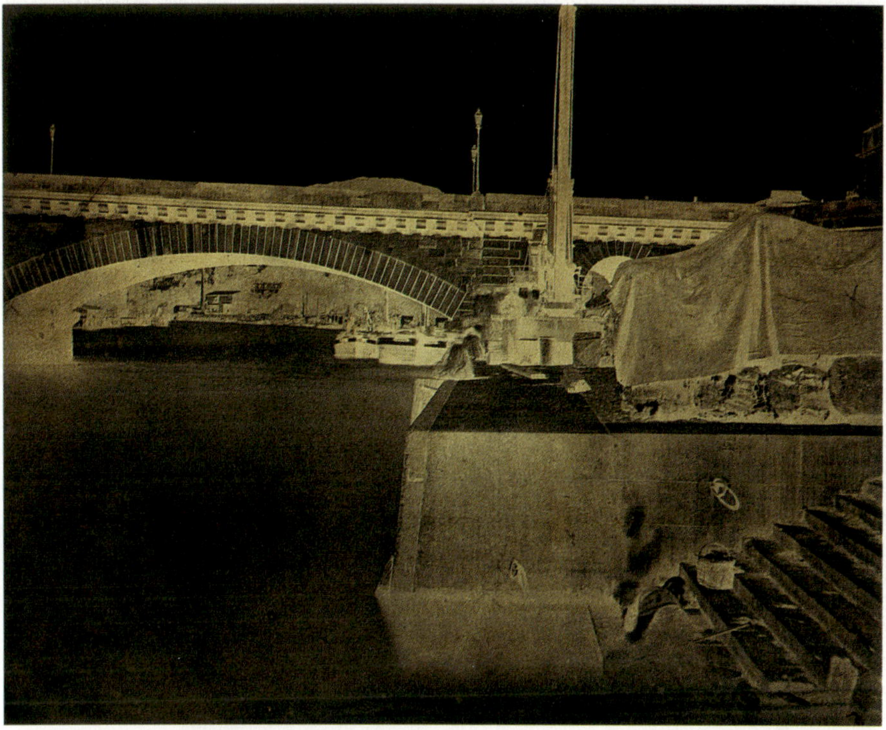

reichs sowie einiger Szenen in Belgien, von denen man annimmt, daß sie entweder von einem einzelnen oder einer Gruppe von Photographen aufgenommen wurden. Dazu gehören auch diese beiden Bilder, welche die Kirche von Saint Martin in Candes und *Rouen. Ein Bogen der Steinbrücke, die 1829 der Öffentlichkeit übergeben wurde* zeigen. Die Aufnahme der Kirche ist fast vollständig von der Fassade beherrscht, denn der Himmel wurde zugunsten besonderer architektonischer Details des Hauptgebäudes und der angrenzenden Bauten ausgespart. Anders als die Szene von Nègre ist diese nicht bevölkert und überläßt es dem Betrachter, über Gegenwart und Zukunft dieser Pfarrkirche zu spekulieren. Den entgegengesetzten visuellen Ansatz demonstriert der Ausschnitt einer Steinbrücke in Rouen, die den Fluß überspannt. Die 1812 gebaute Brücke wurde 1829 erneuert, um Platz für den Bau der Eisenbahn zu schaffen, die das moderne Reisen erleichtern würde. Ein weiterer Beweis für die Modernisierung ist der mit einer Plane verhüllte Stapel am rechten Bildrand.

Anonym
Frankreich, aktiv 1850er

Rouen. Une des arcades du pont de pierre livre au public en 1829, um 1851–1855

Kalotypie-Negativ
SCHENKUNG EASTMAN KODAK COMPANY, VINCENNES, ÜBER DIE FRANZÖSISCHE GESELLSCHAFT FÜR PHOTOGRAPHIE, EHEMALIGE SAMMLUNG HENRI FONTAN
81:3198:0008

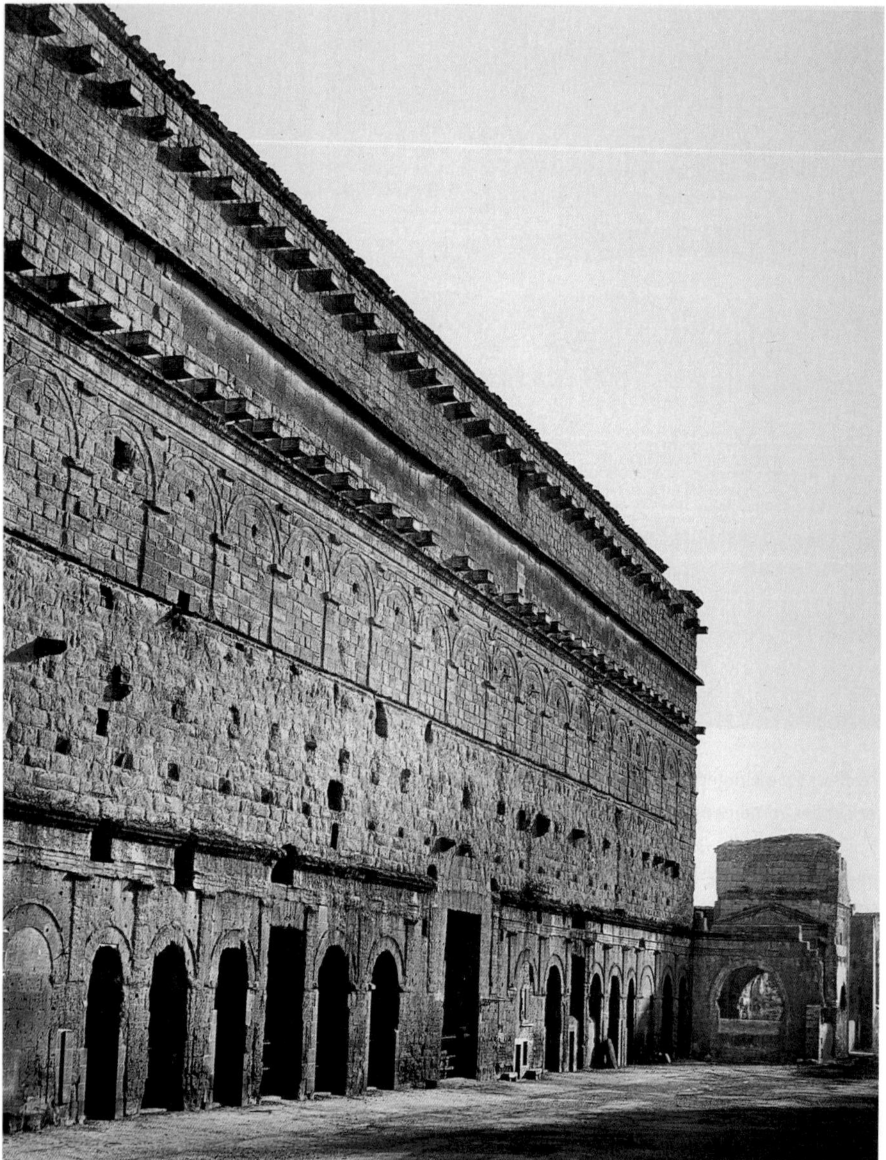

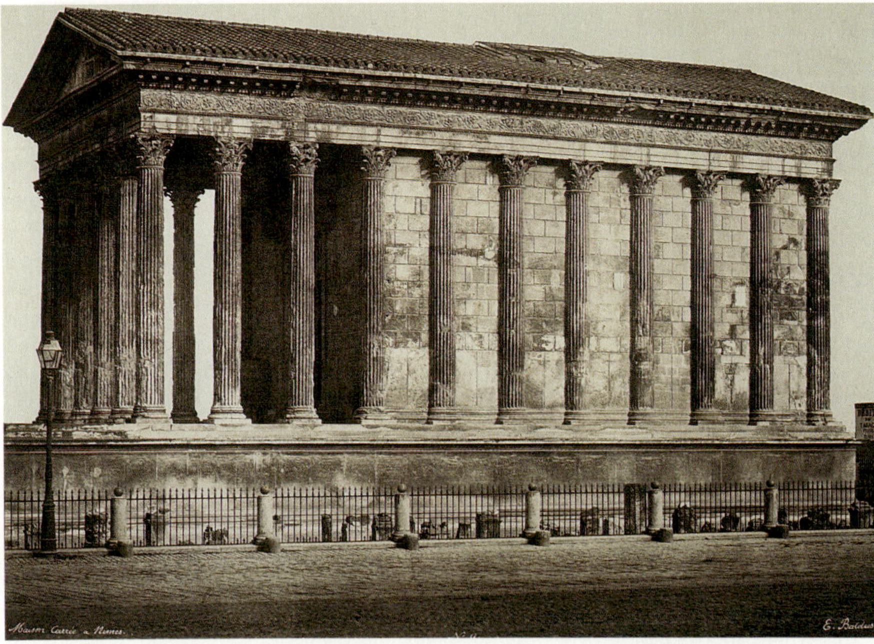

Édouard-Denis Baldus
Frankreich, geb. Deutschland, 1813–1889

Maison Carrée in Nîmes, um 1855

Salzpapierabzug
SCHENKUNG EASTMAN KODAK COMPANY, EHEMALIGE SAMMLUNG GABRIEL CROMER
74:0050:0017

(links)
Édouard-Denis Baldus

Orange. Théâtre antique, um 1861

Albuminpapierabzug
MUSEUMSANKAUF
74:0055:0023

Das photographische Werk von Édouard-Denis Baldus drehte sich unter anderem um den Ausbau der Eisenbahn in Frankreich, denn er hatte den Auftrag erhalten, das Streckennetz zu dokumentieren. Der in Preußen geborene Baldus hatte Malerei studiert und begann 1849 seine Karriere als Photograph, im selben Jahr, in dem er auch französischer Staatsbürger wurde und Papiernegative gerade populär wurden. Auf dem Höhepunkt seiner Karriere war Baldus der erfolgreichste Photograph Frankreichs und hatte sich auf Ansichten von Denkmälern und Landschaften spezialisiert. Das Eastman House besitzt über 200 Photographien und 140 Photogravüren dieses Meisters. Wie Le Secq erhielt auch er von der Commission des Monuments Historiques den Auftrag, Heliographien anzufertigen. Baldus wurde das größte Gebiet zugeteilt, das von Paris nach Fontainebleau, Burgund, das Rhônetal, Arles und Nîmes reichte.

1861 beauftragte der Verwaltungsrat der südfranzösischen Eisenbahngesellschaft Baldus mit der Erstellung einer Sammlung photographischer Ansichten der Eisenbahnstrecke von Lyon nach Marseille und Toulon. Eine Kopie seines Albums *Chemins de fer de Paris à Lyon et à la Méditerranée* be-

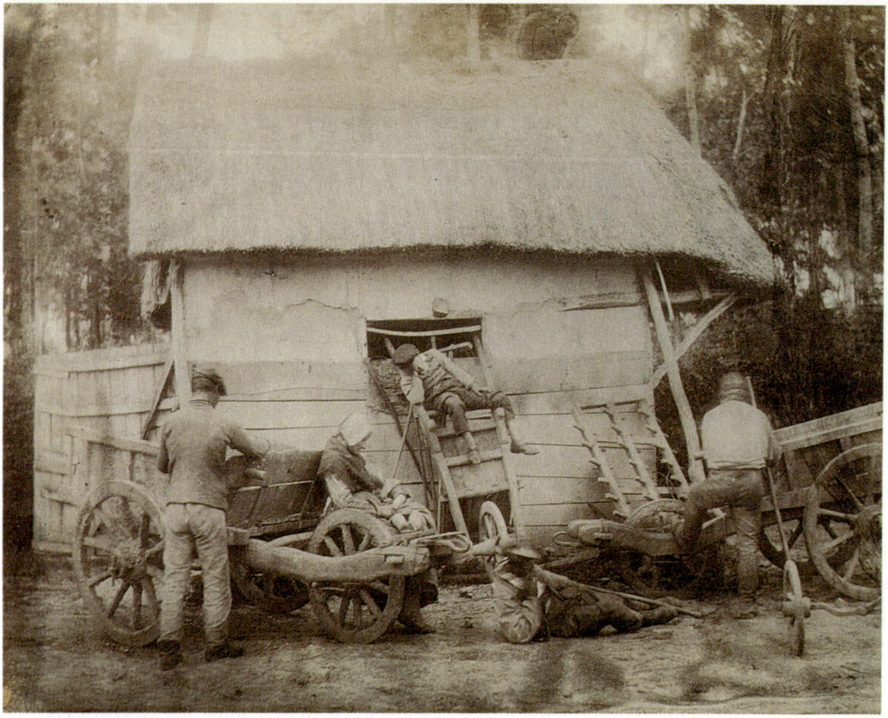

Louis-Desire Blanquart-Evrard zugeschrieben
Frankreich, 1802–1872

Bauernfamilie bei der Rast vor strohgedecktem Schuppen, 1853

Salzpapierabzug
SCHENKUNG ALDEN SCOTT BOYER
81:1100:0003

findet sich heute in der Eastman-Sammlung. Dazu gehört auch diese Außenansicht des Amphitheaters in Orange (Seite 124). Aus einem extrem spitzen Winkel aufgenommen, um die gesamte Fassade zu erfassen, erhält das Bauwerk in Baldus' Komposition etwas Kraftvolles und erzeugt das Gefühl einer Bewegung entlang seiner Vorderfront. Bereits zehn Jahre zuvor hatte er in Nîmes eine ähnliche Präzision des Ausschnitts demonstriert, als er die Maison Carrée so aufnahm, daß sie sowohl von vorne als auch seitlich zu sehen war. In einer älteren, nicht retuschierten Ansicht waren die Gebäude in der Ferne klar zu erkennen, aber Baldus bearbeitete das Negativ später, um das Gebäude von seiner Umgebung zu isolieren und es in eine monumentale öffentliche Skulptur zu verwandeln (Seite 125).

Bauernfamilie bei der Rast vor strohgedecktem Schuppen ein Blanquart-Evrard zugeschriebenes Bild, stammt aus dessen 1853 erschienenen Band *Etudes photographiques*. Einige der Personen ruhen sich aus, aber nicht alle sind untätig; die beiden Männer, die zu beiden Seiten des Gerüsts mit dem

Rücken zur Kamera stehen, scheinen sich auf ihre momentane Arbeit zu konzentrieren. Diese detailreiche Szene ländlichen Lebens ist poetisch für die Kamera komponiert.

Charles Marville war als Landschafts- und Architekturphotograph bekannt, als ihm die Stadt Paris Ende der 1850er Jahre den Auftrag erteilte, die schnell verfallenden alten Viertel der Metropole photographisch zu dokumentieren. 1862 wurde er zum offiziellen Paris-Photographen ernannt. Das Bild *Cabane des moutons au Jardin des Plantes à Paris* wird Marville zugeschrieben und wurde in *Mélanges photographiques, complément des nouvelles instructions sur l'usage du daguerréotype,* einem anderen Band von Blanquart-Evrard, veröffentlicht.

Diese Photographie ist charakteristisch für Marvilles Ansatz, die Komposition an einer starken vertikalen Linie in der Mitte auszurichten und die Gebäude an den Rändern des Ausschnitts zu plazieren.

Charles Marville zugeschrieben
Frankreich, 1816–1879

Cabane des moutons au Jardin des Plantes à Paris (Schafhütte am Jardin des Plantes, Paris), um 1851

Salzpapierabzug
SCHENKUNG ALDEN SCOTT BOYER
81:1108:0006

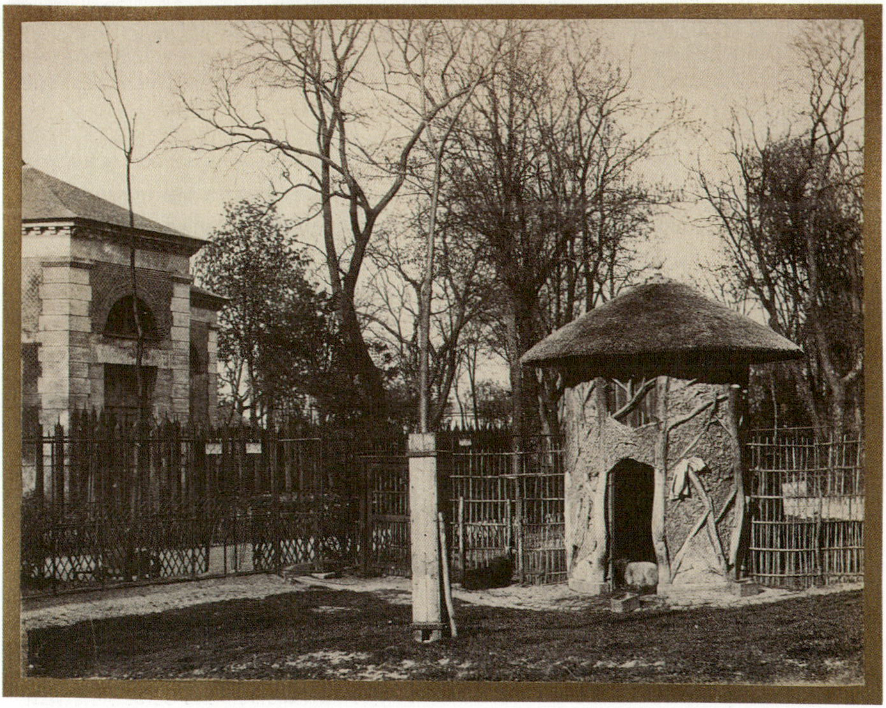

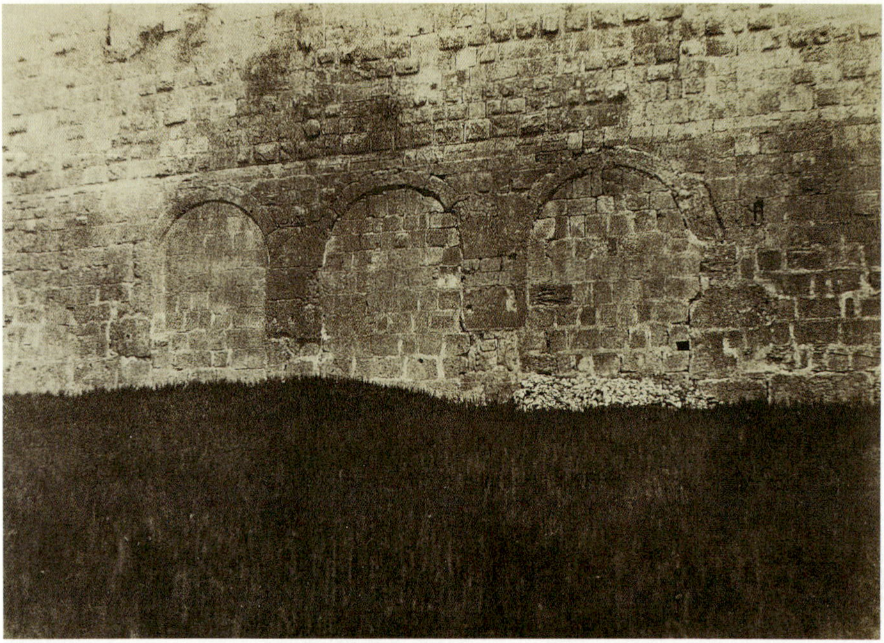

Auguste Salzmann
Frankreich,
1824–1872

Temple Wall: Triple Roman Portal (Tempelwand: Dreiflügliges römisches Portal), 1854

Salzpapierabzug
MUSEUMSANKAUF
79:2893:0001

Der Maler Auguste Salzmann reiste nach Jerusalem, um dort Aufnahmen der griechischen und jüdischen Architektur zu machen. Das französische Kultusministerium hatte ihm den Auftrag erteilt, Bauten und archäologische Stätten im Heiligen Land zu photographieren. Salzman produzierte über 200 Negative, mit denen er arabische, türkische, byzantinische, römische und christliche Einflüsse dokumentierte. 1854 veröffentlichte Blanquart-Evrard 72 dieser Bilder in dem Album *Jerusalem, époques judaique, romaine, chrétienne, arabe, explorations photographiques par A. Salzmann,* darunter auch *Tempelwand: Dreiflügliges römisches Portal.* Die Nahaufnahme zeigt eine horizontale Trennung zwischen Boden und Mauerwerk und verzichtet zugunsten eines graphischen Ansatzes auf jeden Hinweis auf die tatsächliche Größe des Bauwerks.

Marvilles Photographie zeigt ein Detail der Fassade von Chartres, das auch von Le Secq und Nègre dokumentiert wurde. Die beiden Figuren auf den reichverzierten Säulen stehen in Kontrast zu der einfachen Backsteinkonstruktion und dem Holzzaun im Hintergrund. Damit stellt Marville die expressive Schönheit der Vergangenheit der praktischen

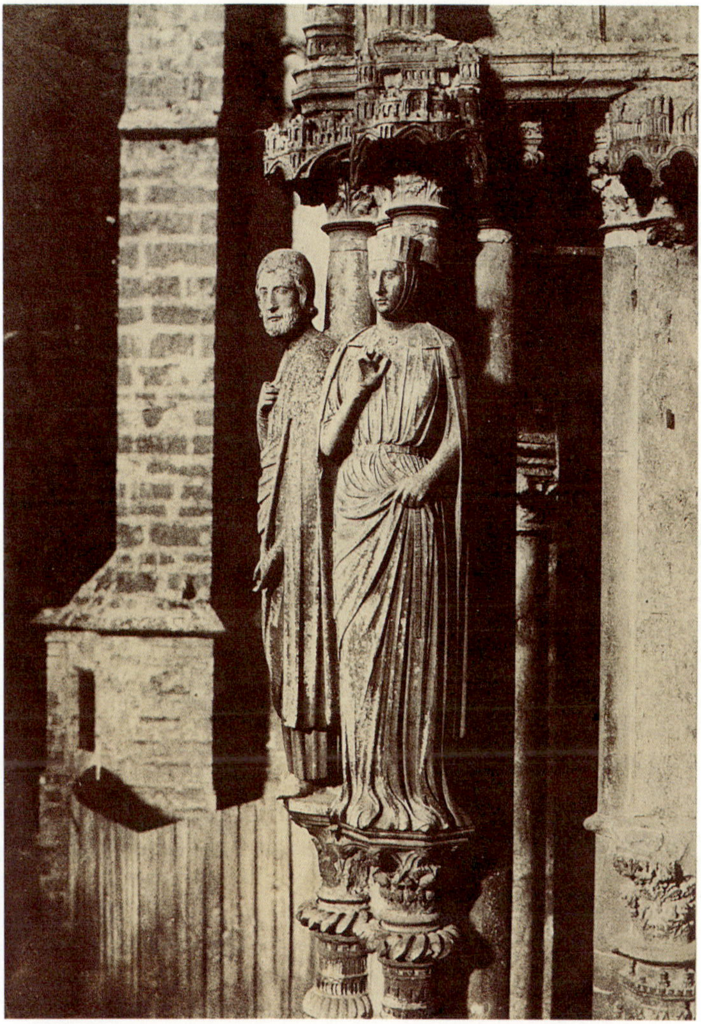

Charles Marville
French, 1816–1879

Cathédral de Chartres, Grandes figures des pilastres du portail septentrional (Kathedrale von Chartres, große Pilasterfiguren am Nordportal), um 1853–1855

Salzpapierabzug
SCHENKUNG EASTMAN KODAK COMPANY, EHEMALIGE SAMMLUNG GABRIEL CROMER
81:1530:0008

Funktionalität der Gegenwart gegenüber. Auch dieses Bild erschien in einer Publikation von Blanquart-Evrard: *L'Art religieux. Architecture, Sculpture, Peinture.*

Inspiriert von den großen Erfolgen, die mit dem Kalotypie-Verfahren in Frankreich erzielt wurden, machten sich viele Photographen aus anderen europäischen Ländern auf, um dort zu arbeiten.

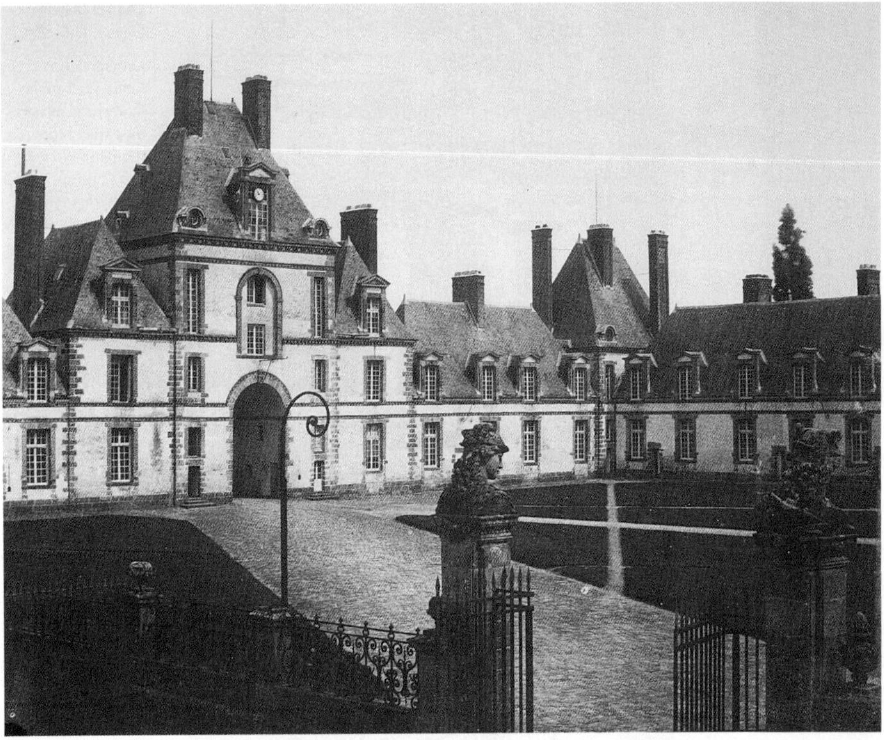

Ladislas Schodzkiewitsch
Polen, aktiv um 1850

Fontainebleau: la Cour de Chasse, 1853

Salzpapierabzug
SCHENKUNG EASTMAN KODAK COMPANY, EHEMALIGE SAMMLULNG GABRIEL CROMER
81:2935:0001

Vierzehn Abzüge und neun Negative von Ladislas Schodzkiewitsch gehören zur Sammlung des Eastman House, der einzigen öffentlichen Sammlung mit Werken dieses wenig bekannten Photographen.

Vermutlich war er ein wohlhabender Amateur, der Zeit und Geld hatte, zu reisen und Aufnahmen von der französischen Landschaft zu machen. 1851 spendete er 20 Francs für ein Denkmal zu Ehren von Niépce und Daguerre und zeigte damit, daß er sich der Wichtigkeit bewußt war, die Geschichte der Photographie zu bewahren, auch wenn sie damals noch nicht lange existierte. Er war auch Abonnent von *La lumière,* ursprünglich die Wochenzeitschrift der Société Héliographique, jedoch kein Mitglied der Organisation. Auf die Präsentation seiner aufgezogenen und mit eingravierten Titeln versehenen 13 Ansichten des Schlosses von Fontainebleau wurde große Sorgfalt verwendet.

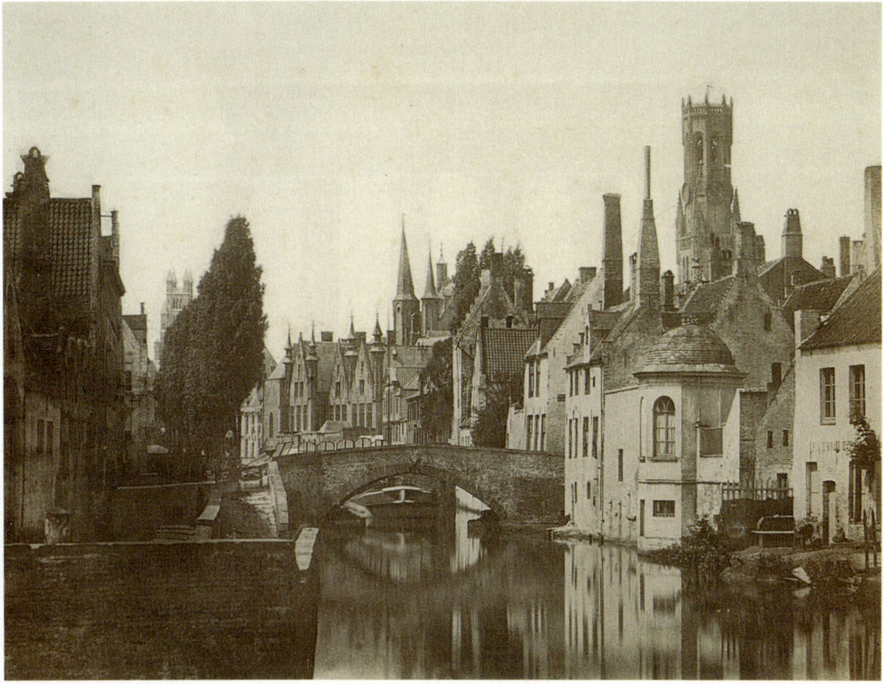

Die Tatsache, daß auch Kalotypisten, die anderswo in Europa arbeiteten, Bilder zu Blanquard-Evrards Publikationen beisteuerten, weist auf die geographische Ausdehnung der damaligen kleinen Gemeinde professioneller Photographen hin. Johann Franz Michiels war ein deutscher Photograph, der sich auf architektonische Ansichten spezialisiert hatte. *Seitenansicht des Franc de Bruges* stammt aus Blanquard-Evrards Publikation *Variétés photographiques.* Der Blick über den Fluß auf die Pont du Moulin im belgischen Brügge enthüllt den mittelalterlichen Charme der Stadt, die in minutiösen Details vor einem wolkenlosen Himmel erscheint.

Das französische Kultusministerium sandte den Schriftsteller und Kritiker Maxime Du Camp in Begleitung von Gustave Flaubert von 1849 bis 1851 ins Heilige Land und nach Ägypten, um archäologische Stätten zu photographieren. Du Camp, der auch Maler und Fürsprecher alles Modernen war, sagte über die Photographie: »Mein einziger Herr ist das Licht des Tages ... Ich brauche nur die kompliziertesten Konturen und eigenwilligsten Zeich-

J. F. Michiels
Deutschland,
geb. Belgien,
1823–1887

Lateral View of the Franc de Bruges Taken from the Pont du Moulin (Seitenansicht des Franc de Bruges, von der Pont du Moulin her), um 1853

Salzpapierabzug
SCHENKUNG EASTMAN KODAK COMPANY, EHEMALIGE SAMMLUNG GABRIEL CROMER
81:1640:0001

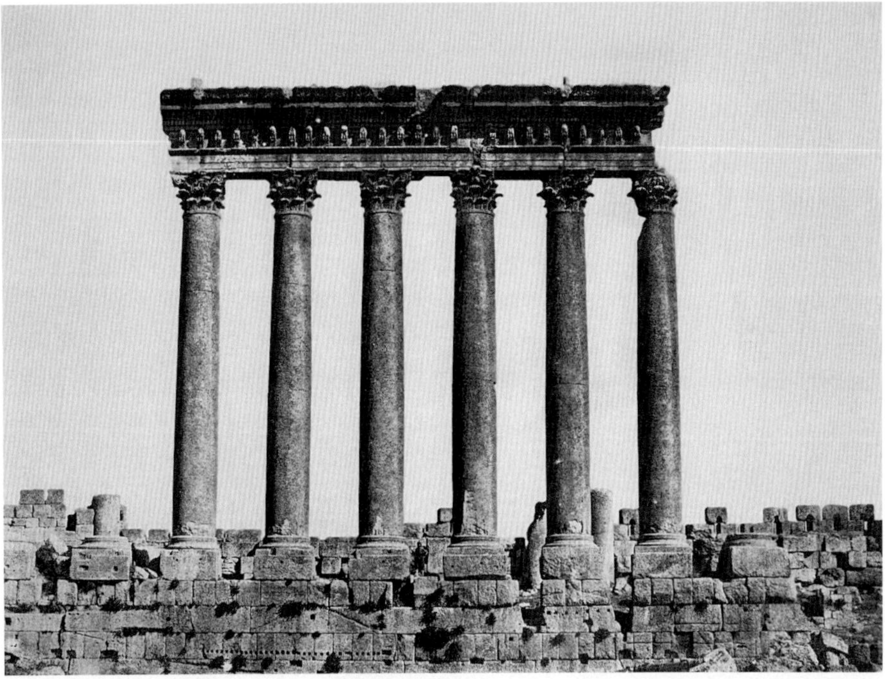

Maxime Du Camp
Frankreich,
1822–1894

Syrie. Baalbeck [*sic*] (Héliopolis) Colonnade du Temple di Soleil (Syrien. Baalbeck (Heliopolis), Kolonnade des Sonnentempels), 1849–1851

Salzpapierabzug
SCHENKUNG EASTMAN KODAK COMPANY, EHEMALIGE SAMMLUNG GABRIEL CROMER LIBRARY COLLECTION
79:0031:0054

nungen anzuschauen ... Maler der Straße, ich erfasse die Natur und lege sie in Eure Hände!« Daher ist es ein wenig ironisch, daß dieser Moderne vor allem für seine leidenschaftlich detaillierten Photographien dieser alten Ruinen bekannt ist.

Du Camps frühe Reputation gründete sich auf die Reisen, die er unternahm, nachdem er bei Le Gray das Photographieren gelernt hatte. Die Ausrüstung zur Herstellung von Kalotypien war leichter und besser zu transportieren als die für das Daguerreotypie-Verfahren und eignete sich daher gut für die Expeditionsphotographie. Anfänglich stieß Du Camp bei seinen Versuchen auf technische Schwierigkeiten, bis ein Mitreisender ihm Blanquart-Evrards verbessertes Kalotypie-Verfahren nahebrachte, mit dem er weitaus gelungenere Resultate erzielte. Blanquart-Evrard veröffentlichte 1852 *Du Camps Egypte, Nubie, Palestine et Syrie; dessins photographiques recueilles pendant les années 1849, 1850 et 1851, accompagnés d'un texte explicatif et précédés d'une Maxime Du Camp* ... mit 125 Photographien des Photographen. Diese Bilder, *Syrie, Baalbek (Heliopolis), Colonade du Temple du Soleil*

Maxime Du Camp

Thèbes. Palais de Karnak. Piliers devant le Sanctuaire de Granit (Theben. Karnak-Palast. Säulen vor dem Granit-Sanktuarium), 1849–1851

Salzpapierabzug
SCHENKUNG EASTMAN KODAK COMPANY, EHEMALIGE SAMMLUNG GABRIEL CROMER LIBRARY COLLECTION
79:0030:0038

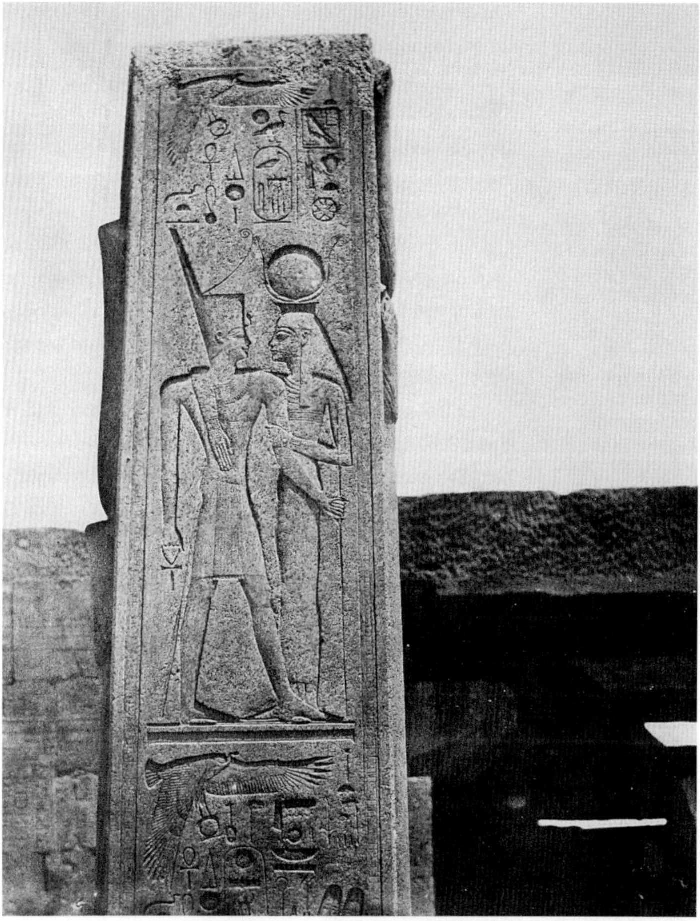

und *Thèbes. Palais de Karnak. Piliers devant le Sanctuaire de Granit* erschienen in Band eins bzw. Band zwei der Publikation, die sich heute in der Menschel Library befindet. Die während dieser Reisen gemachten Aufnahmen waren Du Camps einziger Ausflug in die Photographie.

Genevieve-Elisabeth Disdéri, geborene Francart, war die Frau von André-Adlophe-Eugène Disdéri, dem Erfinder der sogenannten *Carte-de-visite,* der Photographie im Visitenkartenformat. Die beiden heirateten 1843, und die Familie zog 1848 in die Küstenstadt Brest, wo A. A.-E. Disdéri sein erstes

Genevieve-Elisabeth Disdéri
Frankreich, um 1817–1878

Cimetière de Plougastel, groupe de paysans (Friedhof von Plougastel, Gruppe von Bauern), 1856

Albuminpapierabzug
SCHENKUNG EASTMAN KODAK COMPANY, EHEMALIGE SAMMLUNG GABRIEL CROMER
80:0256:0020

Atelier einrichtete. Madame Disdéri arbeitete bei Portraitsitzungen mit ihrem Mann zusammen. Als er Brest 1852 verließ, führte sie bis Ende der 1860er Jahre ihr eigenes Studio und fertigte mit Unterstützung von Angestellten und anderen Familienmitgliedern Cartes-de-visite. Sie ist eine der wenigen bekannten französischen Photographinnen, deren Werk überlebt hat, und das Eastman House ist mit 28 Bildern die einzige öffentliche Sammlung, die Arbeiten von ihr besitzt.

Zum Beweis ihres beachtlichen Talents veröffentlichte Madame Disdéri 1856 die beiden Bilder, *Cimetière de Plougastel, groupe de paysans* und *Innenansicht von St. Mathieu* in dem Portfolio *Brest et ses environs.* 1872 zog sie nach Paris und eröffnete in Konkurrenz zu ihrem Mann ein Atelier, das sie bis zu ihrem Tod im Jahr 1878 führte.

Der italienische Künstler Giacomo Caneva zog 1838 von Venedig nach Rom. Anfänglich bediente er sich des Daguerreotypie-Verfahrens und fand um 1850 erste Anerkennung für seine Photographien. Caneva gehörte zu einer Gruppe von Amateurphotographen, zu der auch Graf Frederic A. Flacheron und Eugène Constant zählten und die sich im Caffe Greco an der Piazza di Spagna traf, um Ideen und Informationen über Photographie auszutauschen. Caneva wurde später Berufsphotograph und verkaufte seine Aufnahmen von Rom und Umgebung, die er 1855 veröffentlichte. Er brachte auch eine

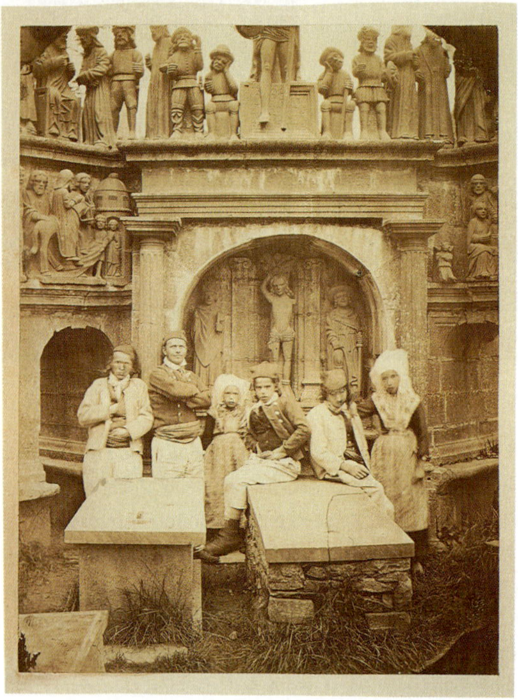

Genevieve-Elisabeth Disdéri

Interior of St. Mathieu (Innenansicht von St. Mathieu), um 1856

Albuminpapierabzug
SCHENKUNG EASTMAN KODAK COMPANY, EHEMALIGE SAMMLUNG GABRIEL CROMER
80:0256:0018

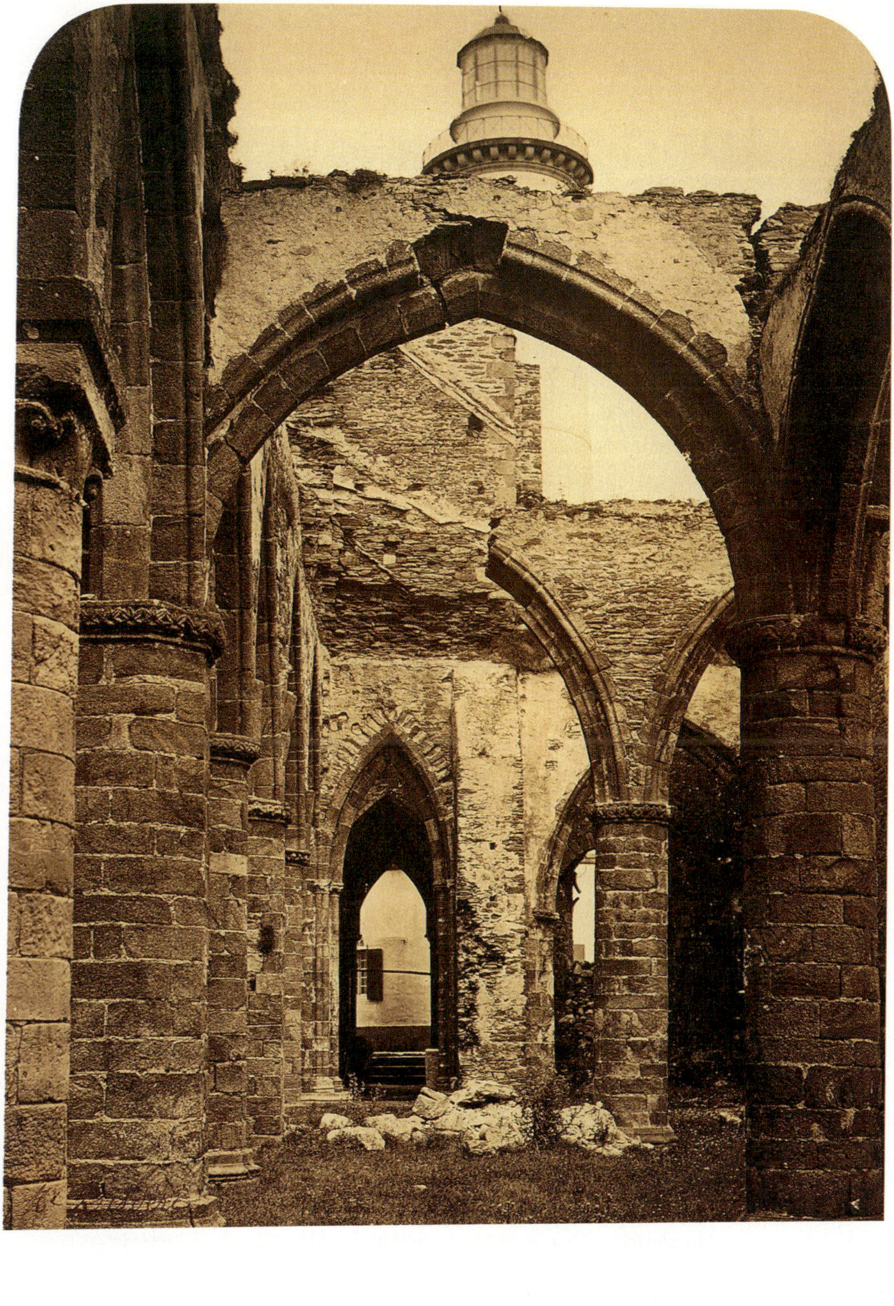

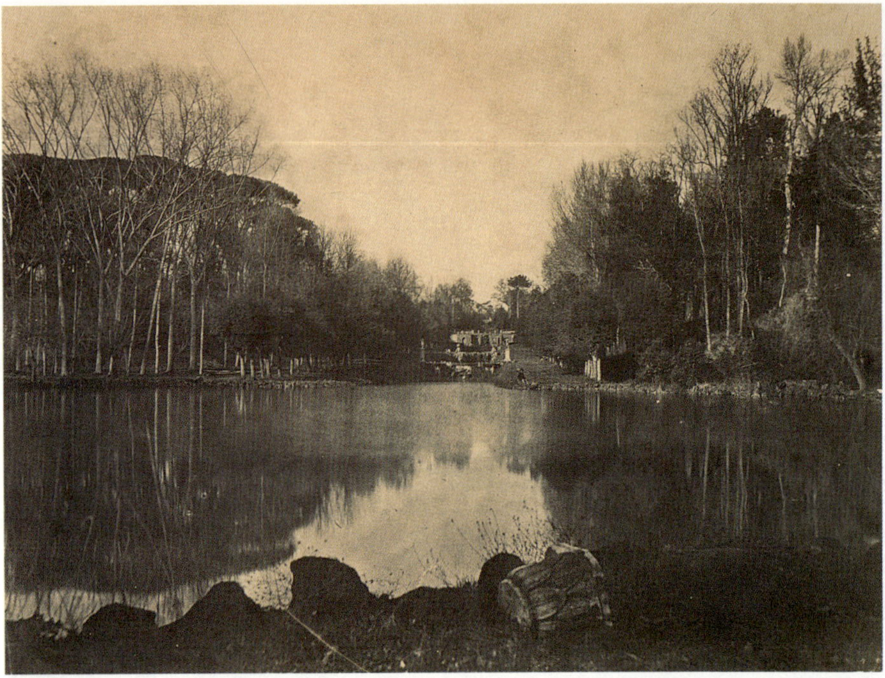

Giacomo Caneva
Italien, 1810–1890

Landschaft, um 1855

Salzpapierabzug
79:1998:0003

praktische Abhandlung über photographische Verfahren heraus und stellte nach Tommaso Cuccionis Tod einen Katalog seiner Aufnahmen zusammen. Zehn Kalotypien italienischer Ansichten von Caneva sind Teil der Sammlung des Eastman House, darunter auch die hier abgebildete eines stillen Sees in winterlicher Landschaft, die in der romantischen Tradition malerischer Landschaften steht.

Wegen ihrer präzisen Klarheit ersetzten kollodiumbeschichtete Naßplatten-Negative Mitte der 1850er Jahre allmählich die langsameren, nuancierteren Papiernegative der Kalotypie. Dies vor allem nach der Weltausstellung 1855, wo die Bisson Frères einen ersten Preis für ihre Albuminpapierabzüge von Glasnegativen erhielten. Der kommerzielle Geschmack verlangte nach Glasnegativen, und Photographen bemühten sich, dieser Nachfrage gerecht zu werden. Kurz darauf folgten Albuminpapierabzüge und ersetzten Silbersalzdrucke als bevorzugtes Medium.

Der belgische Photograph Edouard Fierlants, auch bekannt als Edmond hatte sich auf topographische und architektonische Ansichten spezialisiert.

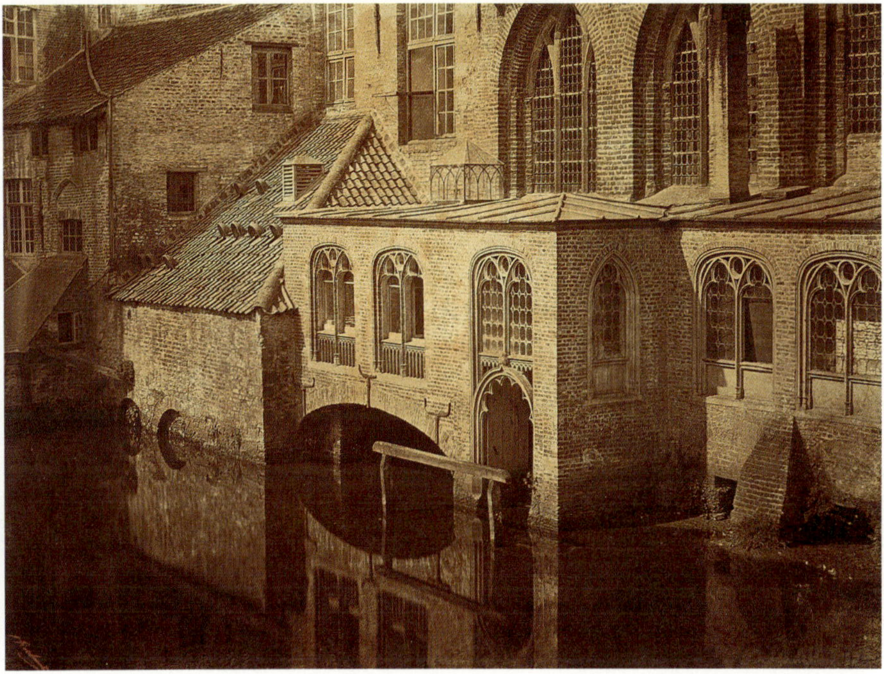

Die Sammlung des Eastman House enthält 17 dieser Arbeiten von Fierlants, vornehmlich Szenen in Brüssel, und über 100 Reproduktionen von Kunstwerken. Fierlants war in Belgien der erste, der Gemälde photographisch reproduzierte, und er gründete um 1861 die »Société Royale Belge de Photographie«. Seine Aufnahme vom Hôpital St. Jean in Brügge zeigt die Kapelle des im Mittelalter erbauten Hospitals, gespiegelt im Kanal, umspült von dessen angestiegenem Wasser. Charles Beaudelaire nannte Brügge eine »Phantomstadt, eine mumifizierte Stadt«, und dieses unheimliche Bild bekräftigt die Beschreibung des Dichters.

Bisson Frères waren Lois-Auguste und Auguste-Rosalie Bisson. Der Architekt Louis-Auguste hatte das Daguerreotypie-Verfahren von Daguerre selbst gelernt und kurz darauf eines der ersten professionellen Studios gegründet, Bisson Père et Fils in Paris. Während der 1850er Jahre arbeitete er nach dem Daguerreotypie-Verfahren, ging jedoch 1853 direkt zu großformatigen Glasnegativen über, ohne je Papiernegative verwendet zu haben. 1858 und 1860 versuchten die Brüder vergeblich, den Mont Blanc zu besteigen (mit 4.808 m

Édouard Fierlants
Belgien, 1819–1869

Hôpital St. Jean, Bruges (Brügge), um 1860–1862

Albuminpapierabzug, mit Gelatineüberzug
SCHENKUNG EASTMAN KODAK COMPANY, EHEMALIGE SAMMLUNG GABRIEL CROMER
70:0049:0021

der höchste Berg der Alpen), um seinen Gipfel zu photographieren und eine spektakuläre Welt zu zeigen, die nur wenige Menschen jemals mit eigenen Augen erblicken würden.

Dennoch machten sie während ihrer zweiten Expedition Aufnahmen, darunter *Pyramide de l'Impératrice, Mer de Glace,* die sie in dem *Album Haute-Savoie, Le Mont Blanc et ses glaciers, souvenir du voyage de LL. M. M. L'Empereur et L'Impératrice* veröffentlichten. Eine Kopie dieses Albums mit 24 Photographien zur Erinnerung an den Besuch von Kaiser Napoleon III. und Kaiserin Eugenie 1860 in der Schweiz, befand sich einst in der Bibliothek im Palast des Kaisers und der Kaiserin in Campeigne und gehört heute zur Eastman-Sammlung.

Auguste-Rosalie Bisson machte *Aufstieg auf den Mont Blanc* während seines ersten erfolgreichen Aufstiegs, bei dem er von einem Bergführer und 25 Trägern begleitet wurde, die seine photographische Ausrüstung sowie eine tragbare Dunkelkammer transportierten. Wegen der trügerischen Wetterverhältnisse in der Bergwelt machte er nur drei Aufnahmen auf dem Gipfel. Die Brüder verkauften ihr Studio im Jahr 1864; Louis-Auguste setzte sich zur Ruhe, und Auguste-Rosalie arbeitete für andere Photographen.

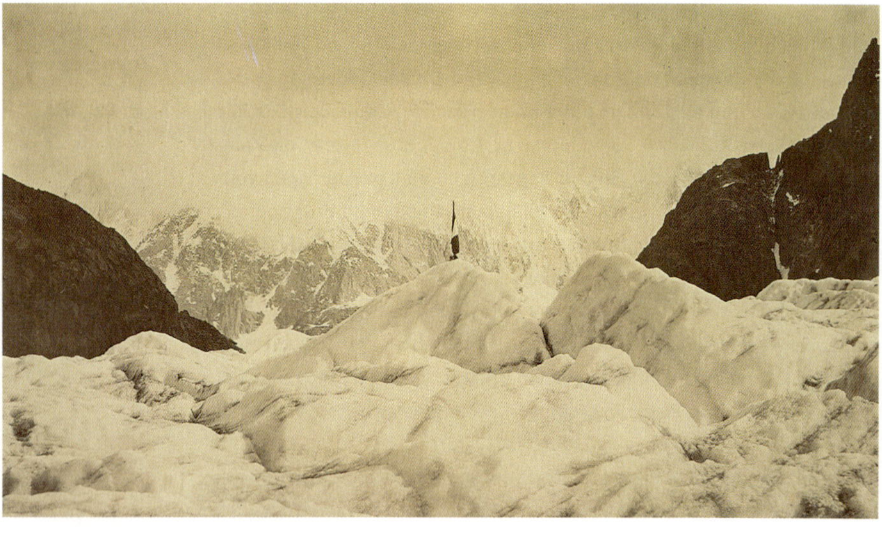

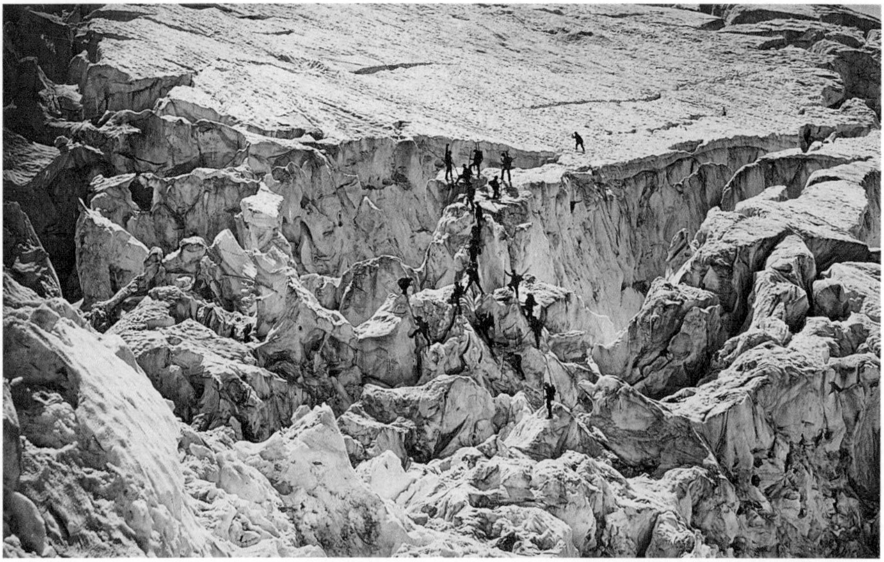

Bisson Frères

Ascension au Mont-Blanc (Aufstieg auf den Mont Blanc), 1860

Albuminpapierabzug
SCHENKUNG EASTMAN KODAK COMPANY, EHEMALIGE SAMMLUNG GABRIEL CROMER
81:1014:0016

Bisson Frères
Frankreich, aktiv 1841–1864

Pyramide de l'Impératrice, Mer de Glace (Die Pyramide der Königin, Eismeer), 1860

Albuminpapierabzug
SCHENKUNG EASTMAN KODAK COMPANY, EHEMALIGE SAMMLUNG GABRIEL CROMER
81:1014:0015

Italien – Rom

Das Motiv dieser beiden Aufnahmen, das Forum Romanun, befand sich einst im Herzen des Römischen Reichs. Etwa 2.000 Jahre später war Rom aufgrund seiner historischen Bedeutung das Zentrum einer großen Tourismusindustrie geworden. Als kultureller Magnet für Wissenschaftler, Künstler und Touristen konnten zwischen 1840 und 1915 fast 750 Photographen zumindest einen Teil ihres Lebensunterhalts mit dem Verkauf von Ansichten der Stadt an den nie versiegenden Strom von Touristen bestreiten. Die Eastman-Sammlung besitzt über 1.000 Photographien von Rom, die in dieser Zeit aufgenommen wurden, von Daguerreotypien und Papiernegativen bis zu Diapositiven und Schnappschüssen. Die Konkurrenz war groß, und zuweilen scheint es, als hätten Ansichtsphotographen ihre Stative in die Löcher ihrer Vorgänger gestellt, denn ein großer Teil dieser Bilder hat fast den Charakter eines Genres.

James Anderson
Italien, geb. England, 1813–1877

Foro romano (Forum Romanum), um 1860

Albuminpapierabzug
MUSEUMSANKAUF, EHEMALIGE SAMMLUNG WADSWORTH LIBRARY
76:0336:0032

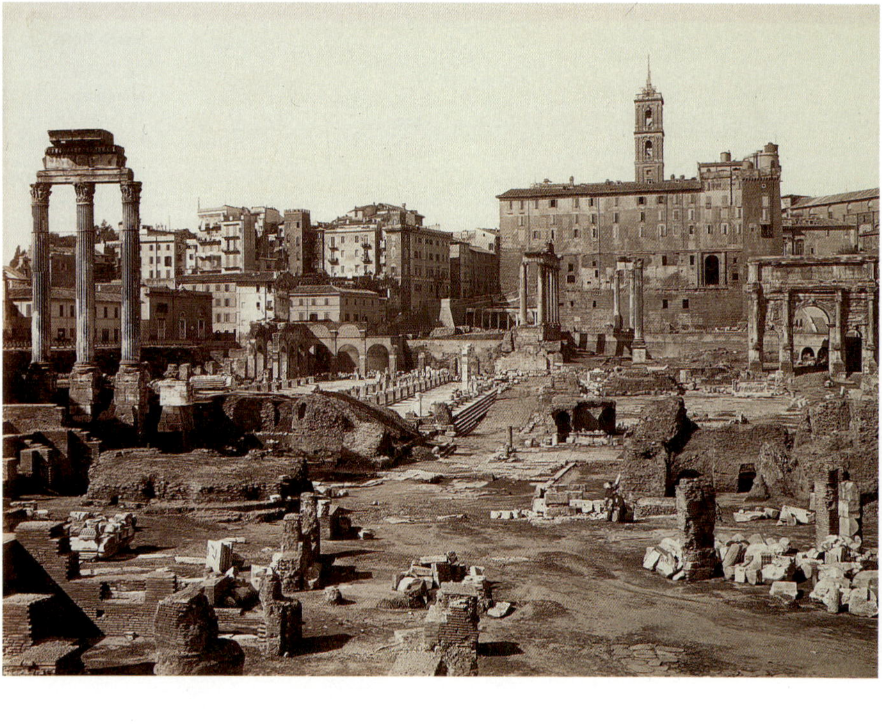

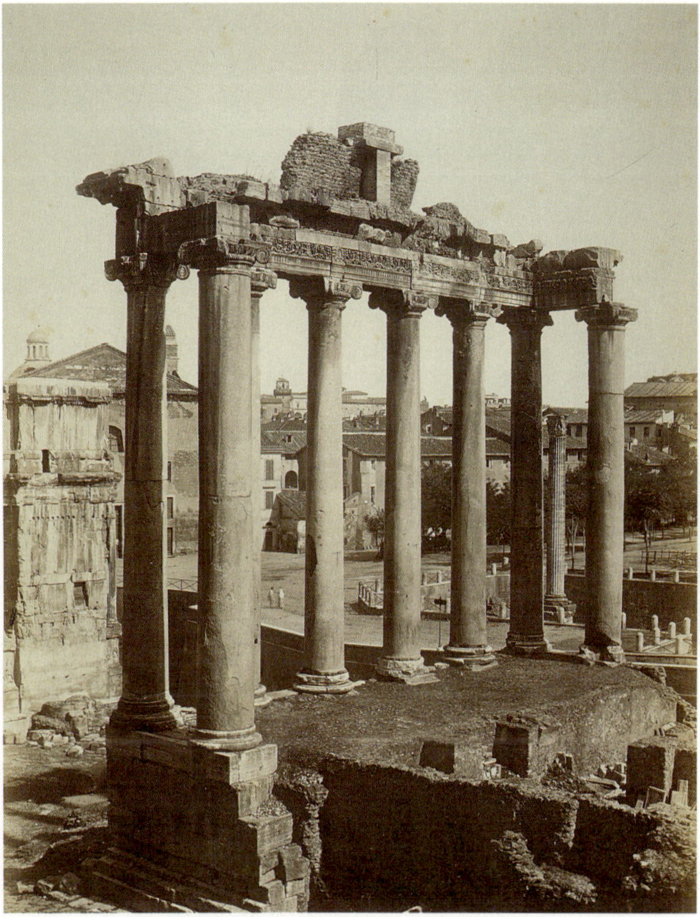

Anonym
Frankreich?,
aktiv um 1880er

Temple de la Fortune (Tempel der Fortuna), um 1880

Albuminpapierabzug
SCHENKUNG EASTMAN KODAK COMPANY, EHEMALIGE SAMMLUNG GABRIEL CROMER
73:0208:0006

James Anderson studierte Malerei, bevor er nach Rom ging, um Miniaturbronzen von Skulpturen der Stadt anzufertigen. 1853 eröffnete er ein Atelier und machte photographische Reproduktionen der vielen Kunstwerke Roms sowie Photographien der Bauwerke. Dies tat er bis zum Ende des Jahrhunderts mit Talent und Hingabe.

Die pittoreske Aufnahme einer Menschengruppe inmitten der Ruinen der Caracalla-Thermen (Seite 142) verrät die künstlerische Ausbildung von Gioacchino Altobelli und Pompeo Molins. Beide hatten Malerei studiert, bevor sie sich der Photographie zuwandten und eine Geschäftspartnerschaft

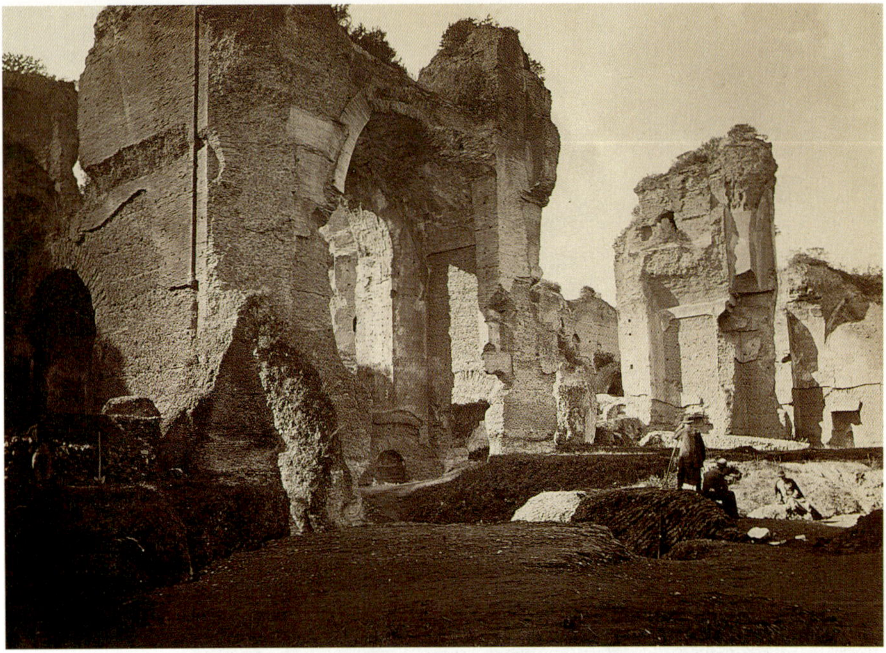

Gioacchino Altobelli & Pompeo Molins zugeschrieben
Italien, 1825–1878 & Italien, 1827–um 1893

Ruinen der Caracalla-Thermen, um 1865

Albuminpapierabzug
MUSEUMSANKAUF, EHEMALIGE SAMMLUNG WADSWORTH LIBRARY
76:0020:0005

eingingen, die von 1858 bis 1865 andauerte. Ihre, an Piranesi erinnernden Kompositionen und der dramatische Umgang mit Licht und Schatten zeugen von einer künstlerischen Qualität, die über topographische Beschreibungen hinausweist. Altobelli und Molins verliehen ihren Darstellungen der Ruinen Roms einen romantischen Hauch verblichener Größe, eine Stimmung, die viele Besucher der Stadt faszinierte.

Aufnahmen der Ruinen der klassischen Vergangenheit waren bei den Touristen gefragt und hatten daher bei kommerziellen Photographen Vorrang. Ebenfalls populär waren Ansichten von Kirchen und Bauten der Renaissance sowie Kopien der vielen Kunstwerke in der Stadt. Erst viel später entstanden auch Aufnahmen des modernen Rom, die jedoch nur einen geringfügigen Teil der Gesamtheit des topographischen Genres ausmachten.

Diese wunderbare Ansicht eines kleinen Ladens, der versteckt in einer Ecke weitaus imposanterer architektonischer Überbleibsel des Marcellus-Theaters liegt, wurde 1858 von Robert MacPherson aufgenommen, etwa sieben Jahre nachdem er mit dem Gewerbe begonnen hatte, das er später zu einer Kunst machen und die zu seinem Lebensinhalt werden sollte.

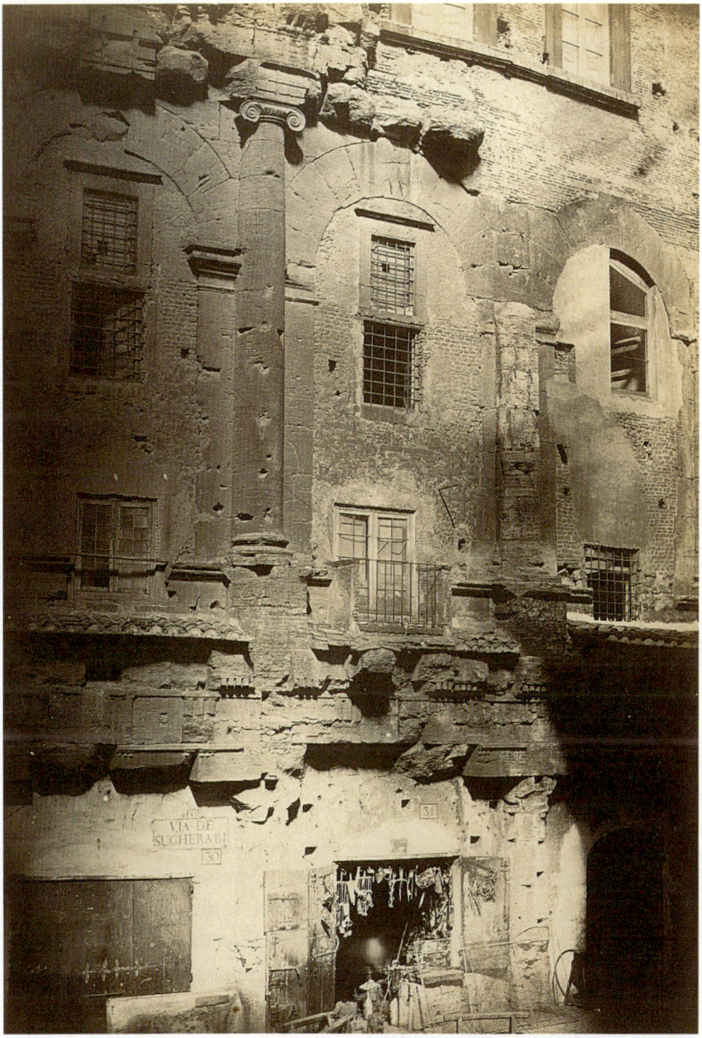

Robert MacPherson
Schottland,
1811–1872

Das Marcellus-Theater, von der Piazza Montanara her, um 1858

Albuminpapierabzug
MUSEUMSANKAUF, EHEMALIGE SAMMLUNG WADSWORTH LIBRARY
76:0020:0038

MacPherson studierte in seiner Heimat Schottland zuerst Medizin und dann Malerei, bevor er 1840 Rom besuchte und sich in die Stadt verliebte. Er ließ sich dort nieder, trat zum Katholizismus über und wurde aktives Mitglied der dortigen Künstlergemeinde. Nach seiner Hochzeit im Jahr 1851 lernte MacPherson das neue System der Photographie auf Glas, um »sich finanziell zu verbessern.« Er etablierte sich bald als einer der führenden

Robert MacPherson
Schottland, 1811–1872

Grotto of the Sibyl at Tivoli (Sibyllengrotte in Tivoli), um 1863

Albuminpapierabzug
MUSEUMSANKAUF, EHEMALIGE SAMMLUNG WADSWORTH LIBRARY
76:0020:0036

Robert MacPherson

Temple of the Sibyl at Tivoli (Tempel der Sibylle in Tivoli), um 1858

Albuminpapierabzug
MUSEUMSANKAUF, EHEMALIGE SAMMLUNG WADSWORTH LIBRARY
76:0020:0051

Photographen römischer Antiquitäten und italienischer Landschaften. Im Laufe des folgenden Jahrzehnts baute MacPherson eine Sammlung von Aufnahmen von Rom und Umgebung auf. Diese dramatische Aufnahme des *Sibyllentempels* und das geheimnisvolle Bild der *Sibyllengrotte* gehören zu den 61 Photographien von MacPherson, die sich im Besitz des Museums befinden. Seine Bilder verliehen den Überresten der klassischen Vergangenheit etwas Erhabenes und wurden daher von jenen begeistert aufgenommen, die in einer romantischen ästhetischen Sensibilität geschult waren. Seine Arbeit erlangte unter den anspruchsvolleren Touristen Roms internationales Ansehen und wurde Mitte des Jahrhunderts stets als dem Durchschnitt überlegen betrachtet: »... die mit Geschmack gewählten Objekte und die mit Geschick und Feingefühl hergestellten Bilder ... Mr. MacPhersons Name allein garantiert ihre hohe künstlerische Qualität.«

Anders als die wachsende Zahl der Photographen, die topographische Ansichten in Rom anfertigten und von denen viele in den 1860er und 1870er Jahren große kommerzielle Unternehmen gründeten, blieb MacPherson sehr individuell, ja fast persönlich. Weder veröffentlichte er seine Negative oder verkaufte sie an Händler, noch beteiligte er sich an anderen Formen der massenhaften Vermarktung und des Vertriebs, die sich in den 1860er Jahren immer stärker ausbreiteten und die photographische Praxis kommerzialisierten. MacPherson erlebte in den 1860er Jahre eine blühende Karriere und sein Haus war das lebendige Zentrum eines konstanten Stroms von Künstlern und Mäzenen sowie ausländischen und italienischen Besuchern. Aber gegen Ende des Jahrzehnts verließ ihn das Glück. Er scheint häufig krank gewesen zu sein und brauchte Geld. 1872 starb er, »... ohne seiner Frau und seiner Familie etwas zu hinterlassen«, aber viele seiner Photographien gehören noch immer zu den besten, die je von der Ewigen Stadt gemacht wurden.

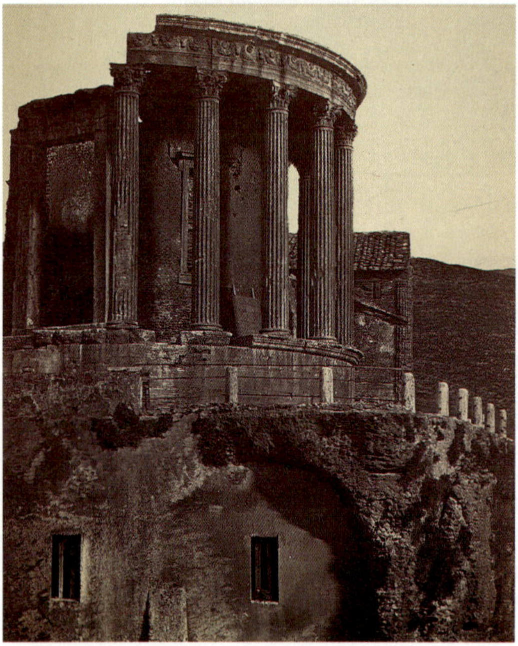

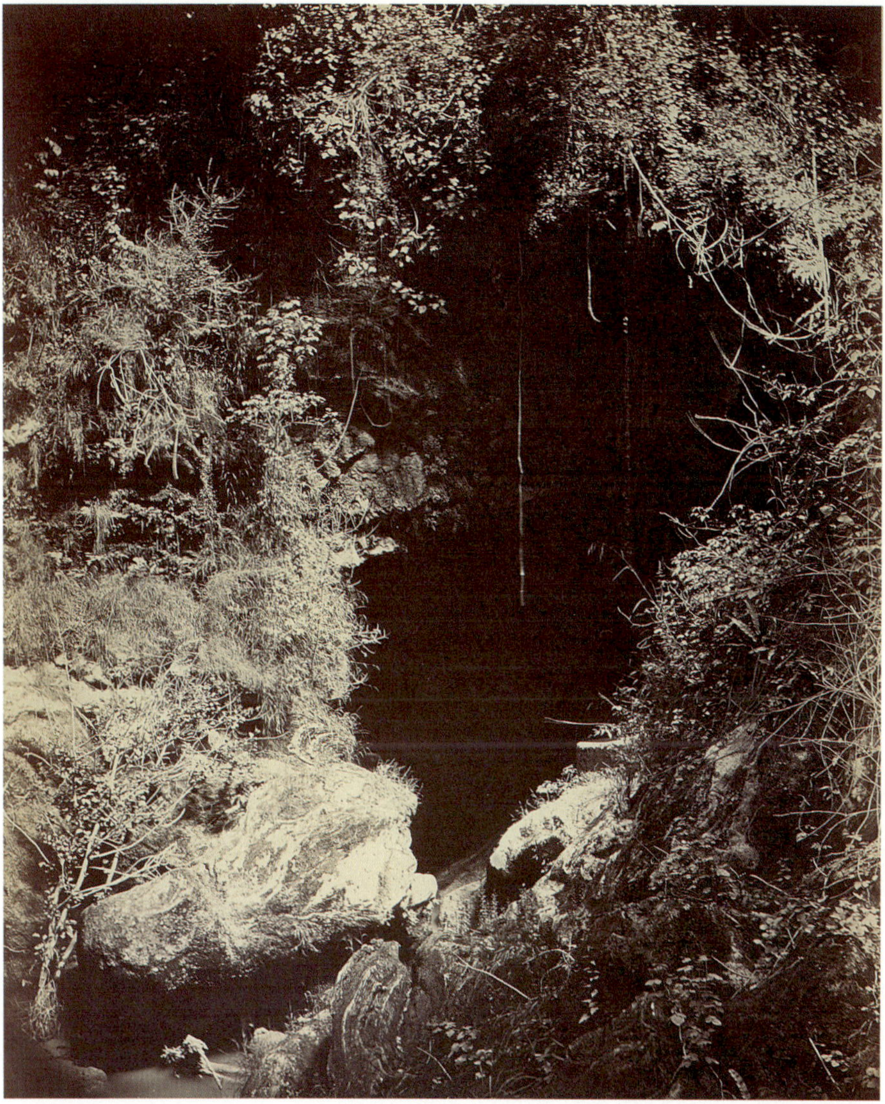

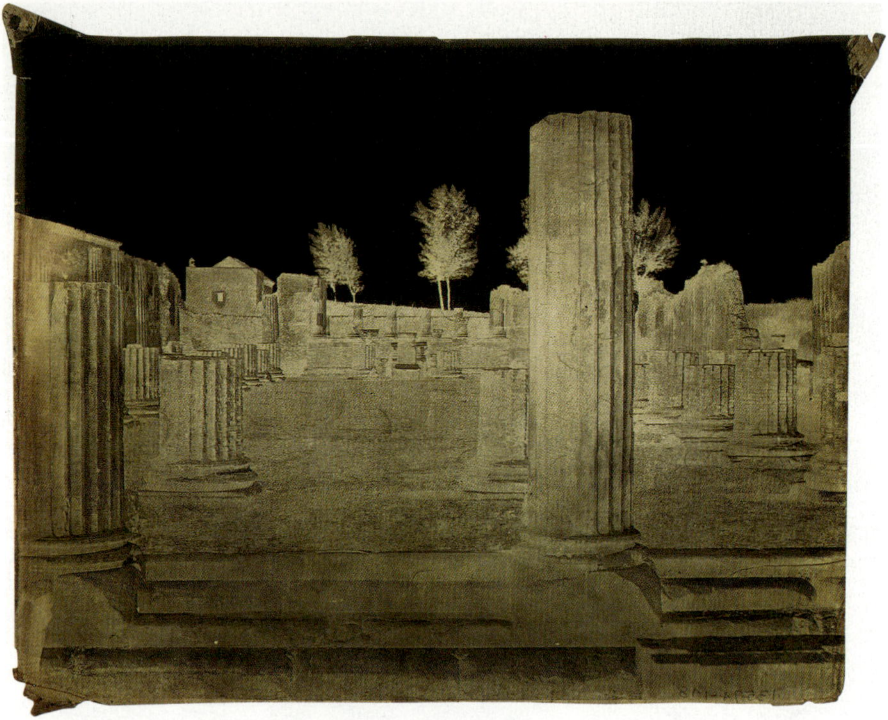

John Shaw Smith
Irland, 1811–1873

Basilika-Ruinen,
September 1851

Kalotypie-Negativ
SCHENKUNG ALDEN
SCOTT BOYER
81:1683:0148

Italien – Pompeji

Im 19. Jahrhundert zog Pompeji reiche ausländische Besucher an, die sich auf der *Grand Tour,* der »Großen Tour« befanden, einer ausgedehnte Reise zu Monumenten und Schauplätzen, die als die größten Errungenschaften der westlichen Zivilisation galten. Daher waren Photographen bemüht, diesen Touristen eine Fülle von Aufnahmen zu bieten, die sie mit nach Hause nehmen konnten. Die hier abgebildeten Photographien vermitteln etwas von den Attraktionen, die Pompeji zu bieten hatte.

John Shaw Smith war ein wohlhabender irischer Grundbesitzer, dessen amateurhafte Beschäftigung mit der Photographie offenbar nicht bis zum Ende der 1850er Jahre andauerte. Über 300 der etwa 370 Bilder von Smith entstanden zu Beginn der 1850er Jahre während seiner zweijährigen Reise, die ihn entlang der italienischen Küste, durch die Mittelmeerregion, nach Ägypten und schließlich ins Heilige Land führte. Das Museum besitzt 22 Kalotypie-Negative, die er bei seinem Besuch in Pompeji 1851 anfertigte.

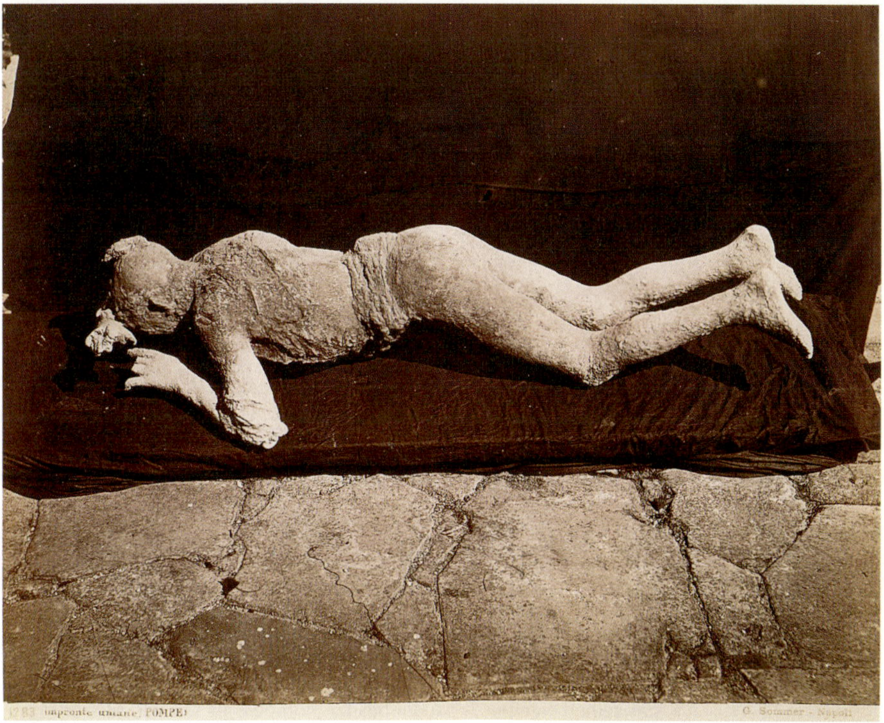

Diese Aufnahme zeigt eine Reihe eleganter Säulen, die Idee und Autorität der klassischen Vergangenheit verkörpern – Geschichte, die rechtzeitig ausgegraben und wiederentdeckt wurde, um die Ambitionen und Ideale der wichtigsten Industrienationen Westeuropas zu definieren und zu untermauern, von denen viele danach strebten, eine Weltmacht zu werden.

Die zweite Photographie wurde von dem hoch angesehenen deutschen Photographen Giorgio Sommer gemacht, der 1857 in Neapel sein Atelier eröffnete. Er und seine Angestellten bereisten während der folgenden 50 Jahre Italien, Malta, Tunesien, die Schweiz und Österreich und machten Tausende von Aufnahmen. Das Museum besitzt 100 dieser Aufnahmen von Sommer, die zu seiner Sammlung von insgesamt 350 Arbeiten in Form von Albuminpapierabzügen, Stereophotographien, Kabinettkarten und Diapositiven zählen.

In den 1880er Jahren ermöglichten Dampfschiffe und die Eisenbahn auch Angehörigen breiterer gesellschaftlicher Schichten das Reisen. Für diese

Giorgio Sommer
Italien, geb. Deutschland, 1834–1914

Impronte umane. Pompei (Menschlicher Abguß, Pompeji), um 1880er

Albuminpapierabzug
SCHENKUNG MRS. V. NEUSCHELER
87:0344:0002

Giorgio Sommer
Italien, geb. Deutschland, 1834–1914

Loggia dei Lanzi, Florenz, um 1880

Albuminpapierabzug
SCHENKUNG 3M COMPANY, EHEMALIGE SAMMLUNG LOUIS WALTON SIPLEY
77:0194:0001

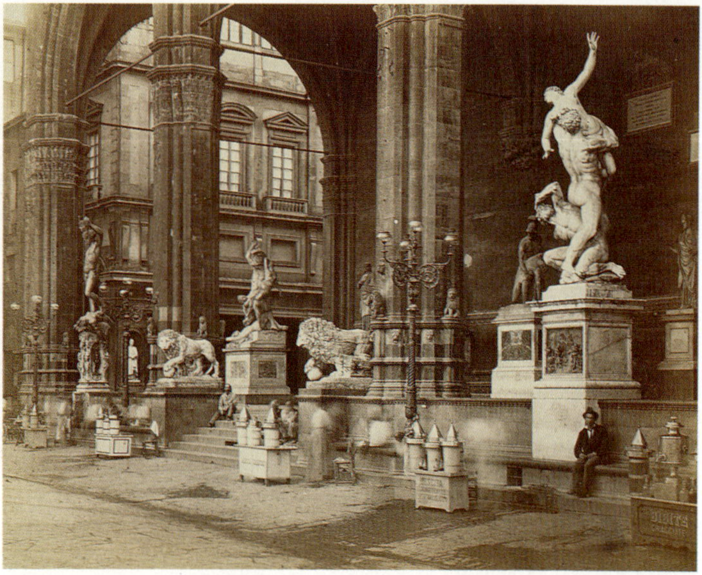

Touristen mit weniger fürstlichen Ansprüchen gab es Sommers gespenstisch schwebende Figur, ein bizarres Beispiel archäologischer Abgußtechnik, das seinen eigenen Schauder besitzt. Pompeji, als Ort der Zerstörung und des Todes bereits 79 n. Chr. historisch berühmt, ließ Touristen, die dunkleren Randzonen einer romantischen Sensibilität zu erleben.

Italien – Florenz

Diese Aufnahme einer Sammlung klassischer Skulpturen ist ein weiteres Beispiel für jene Art von Photographie, die dem Atelier von Giorgio Sommer finanziellen und künstlerischen Erfolg einbrachte.

In den 1880er Jahren waren die vorhandenen photographischen Verfahren so weit verbessert worden, daß es möglich war, alle Grautöne und Strukturen sowie die meisten sich bewegenden Figuren in einem komplexen, vielschichtigen Bild einzufangen und mit täuschender Einfachheit zu präsentieren. Zu dieser Zeit gab es so viele konkurrierende Aufnahmen der verschiedenen Bauten und Monumente italienischer Städte, daß Sommer sich entschloß, das hier gezeigte Motiv aus einem interessanten Blickwinkel aufzunehmen, auch wenn sein Studio bereits sehr viele »Informationsphotos« von dieser Gegend, ihren Bauten und ihren Skulpturen im Angebot hatte.

Fratelli Alinari
Italien, aktiv um 1854

Il portico degli Uffizi e il Palazzo Vecchio (Portal der Uffizien und Palazzo Vecchio), um 1860

Albuminpapierabzug
MUSEUMSANKAUF, EHEMALIGE SAMMLUNG WADSWORTH LIBRARY
76:0020:0023

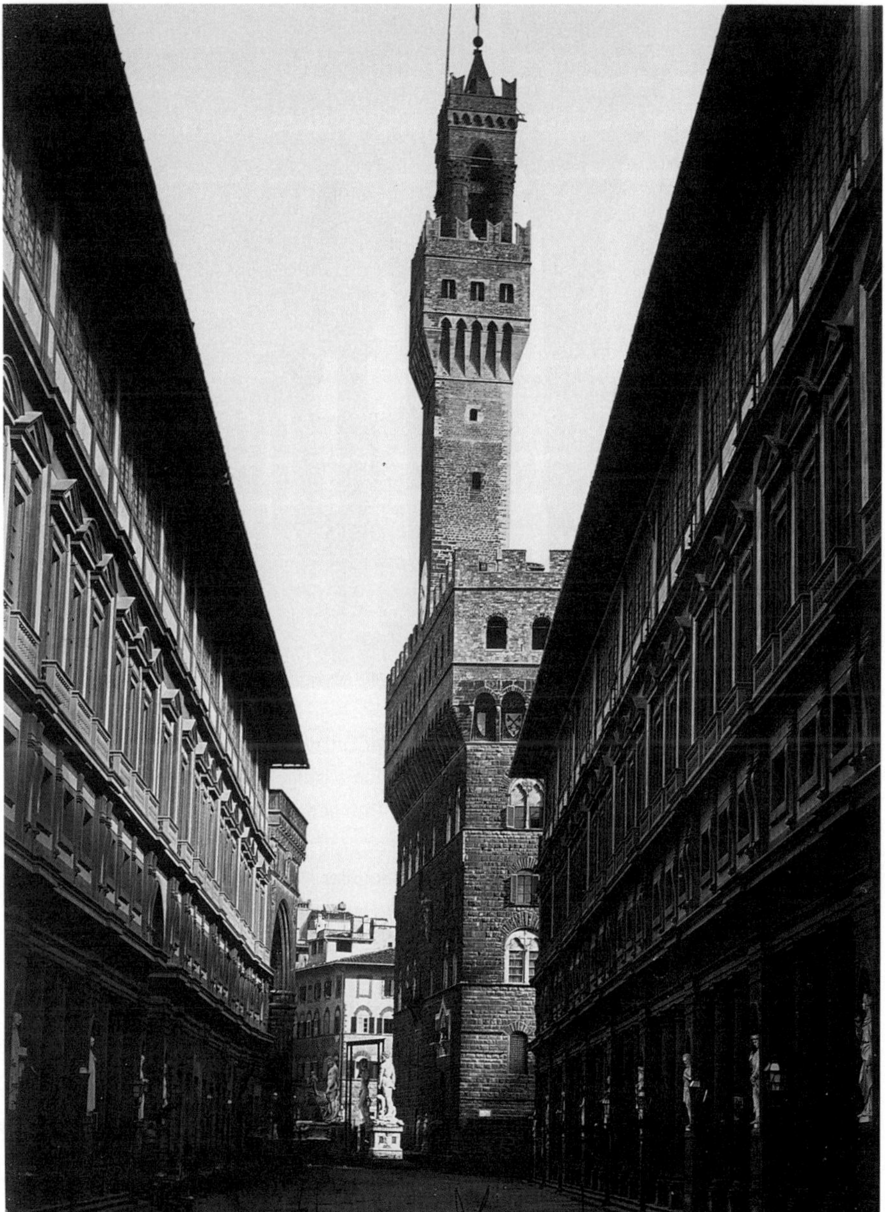
14.

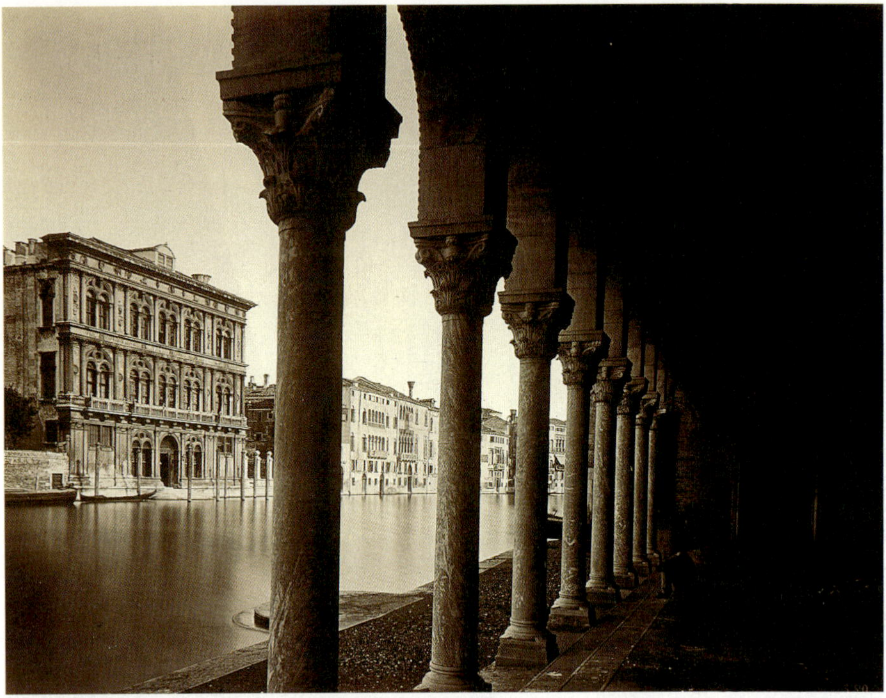

Carlo Naya
Italien, 1816–1882

Venedig. Portico Fondaco dei turchi und Palazzo Vendramin am Canal Grande, 1875

Albuminpapierabzug
78:0662:0013

Die Photographie des Portikus der Uffizien (Seite 149) ist eine von 500 Kopien in der Sammlung des Museums, aufgenommen von den Fratelli Alinar – drei Brüder, deren Söhne, Familienangehörige und Angestellte –, die 1852 ein kleines Atelier in Florenz eröffneten und es zu einem großen Familienbetrieb ausbauten, der 1880 über 100 Personen beschäftigte. Das Unternehmen wurde zu einem der Hauptproduzenten und -vertreiber topographischer Ansichten und photographischer Reproduktionen von Kunst und Architektur in Italien. Fast 400 der Bilder der Fratelli Alinari in der Sammlung des Museums sind Reproduktionen von Kunstobjekten. Viele wurden als Teil der Sammlung von Alvin Langdon Coburn erworben.

Italien – Venedig

Venedig war eine der wichtigsten Städte auf der Großen Tour und zog bereits seit dem 18. Jahrhundert einen konstanten Strom von Touristen an. Generationen von Künstlern hatten ihren Lebensunterhalt mit dem Verkauf selbstgeschaffener Ansichten der Stadt verdient. Mitte der 1850er Jahre ver-

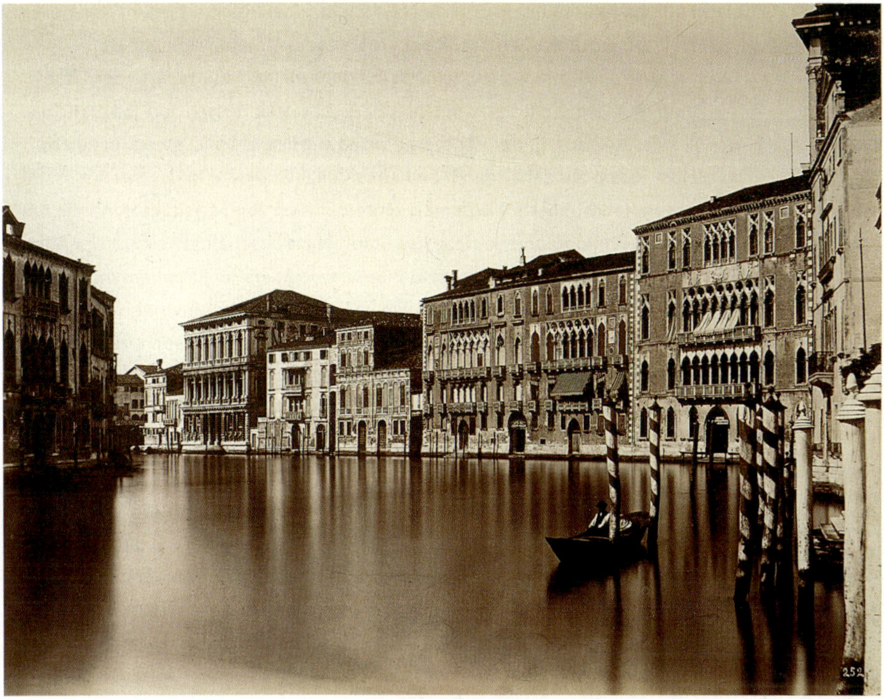

Carlo Naya

Venedig. Palazzi Foscari, Giustinian und Rezzonico, am Canal Grande, 1875

Albuminpapierabzug
78:0662:0010

drängten die einfacher und billiger zu produzierenden Photographien allmählich die früheren Drucktechniken der Radierung und der Lithographie. Größtenteils wurden bereits existierende Motive, Ansichten und Interpretationen so gut wie möglich mit dem neuen Medium wiederholt.

Diese beiden Aufnahmen von Venedig stammen aus dem Album *Ricordo di Venezia,* das 1875 von Carlo Naya herausgegeben wurde. Die 20 Photographien in diesem Album ergänzen die 150 anderen Bilder von Carlo Naya in der Eastman-Sammlung. Carlo Naya, Sohn eines reichen Grundbesitzers, absolvierte 1840 das Studium der Jurisprudenz an der Universität Pisa und reiste dann mit seinem Bruder 15 Jahre lang durch Europa, Asien und Afrika. Nach dem Tod seines Bruders 1857 zog er im Alter von 40 Jahren nach Venedig. Während dieser Reisen hatte Naya als Amateur photographiert und beschloß nach seiner Niederlassung in Venedig, Berufsphotograph zu werden. Für kurze Zeit veröffentlichte und vertrieb er seine Ansichten von Vendig über das etablierte Studio von Carlo Ponti. Aber dieses geschäftliche Vereinbarung währte nicht lange und endete mit einem Zerwürfnis; beide

Parteien führten bis zum Tode Nayas 1882 einen Rechtsstreit. In Konkurrenz zu Ponti eröffnete Naya 1868 ein größeres Studio am Markusplatz.

Edward Wilson, wahrscheinlich der kenntnisreichste Experte der Photographie dieser Zeit, beschrieb Nayas Atelier nach dessen Tod 1882 kurz als »... das größte [...], der Photographie gewidmete Etablissement in einem alten Palast auf der anderen Seite des Canal Grande«. In der zweiten Hälfte des 19. Jahrhunderts wurden die Unternehmen von Naya und Ponti die führenden Photographiebetriebe der Stadt. Naya beschäftigte zahlreiche Angestellte, darunter auch Tommaso Filippi, seinen ersten Kameramann, der zu Beginn der 1870er Jahre vermutlich viele der Venedigaufnahmen machte, während Naya weiterhin durch Italien reiste und photographierte.

Carlo Ponti zugeschrieben
Italien, geb. Schweiz, um 1823–1893

Detail des Dogenpalastes, Venedig, um 1862

Albuminpapierabzug
MUSEUMSANKAUF
76:0020:0078

Die Photographien auf dieser und den folgenden Seiten gehören zu den 85 Carlo Ponti zugeschriebenen in der photographischen Sammlung des Museums. Sie vermitteln etwas von der Bandbreite der Arbeiten Pontis, die wohl auch zeitgenössischen Betrachtern groß erschien, die die verschiedenen »Kategorien« der Landschaftschaftsphotographie kannten. *Detail des Dogenpalastes* und *Seufzerbrücke* (Seite 155) wurden als architektonische Ansichten gelesen und galten fast als technische Studien, während *Veduta del molo e palazzo ducale con la gondola* als pittoreske Landschaft und die Aufnahmen vom Markusplatz bei Tag und bei Nacht (Seite 154) als Unterhaltung für Touristen betrachtet wurde.

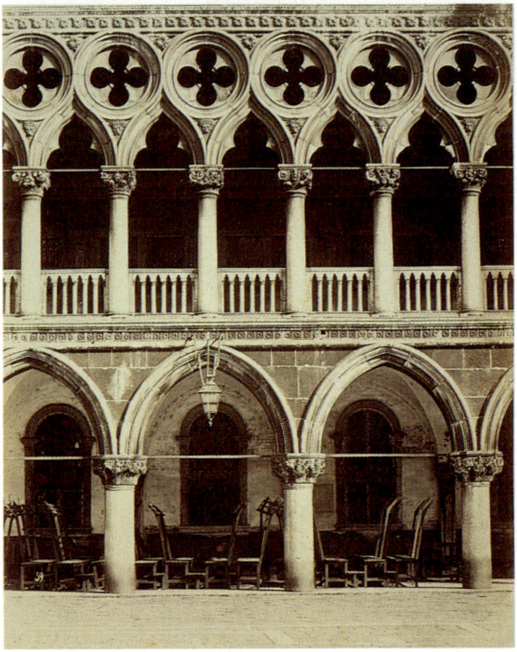

Carlo Ponti kam zu Beginn der 1850er Jahre aus der Schweiz nach Venedig, um optische und photographische Geräte zu verkaufen, die er zum Teil selbst entwickelt hatte. Er war auch der erste große Händler photographischer Ansichtskarten von Venedig. Wie der berühmtere Mathew Brady hat vermutlich auch Ponti nur wenige der Photographien selbst gemacht, die unter seinem Namen veröffentlich wurden. Statt dessen organisierte er ein großes und effizientes Druck-, Vertriebs-,

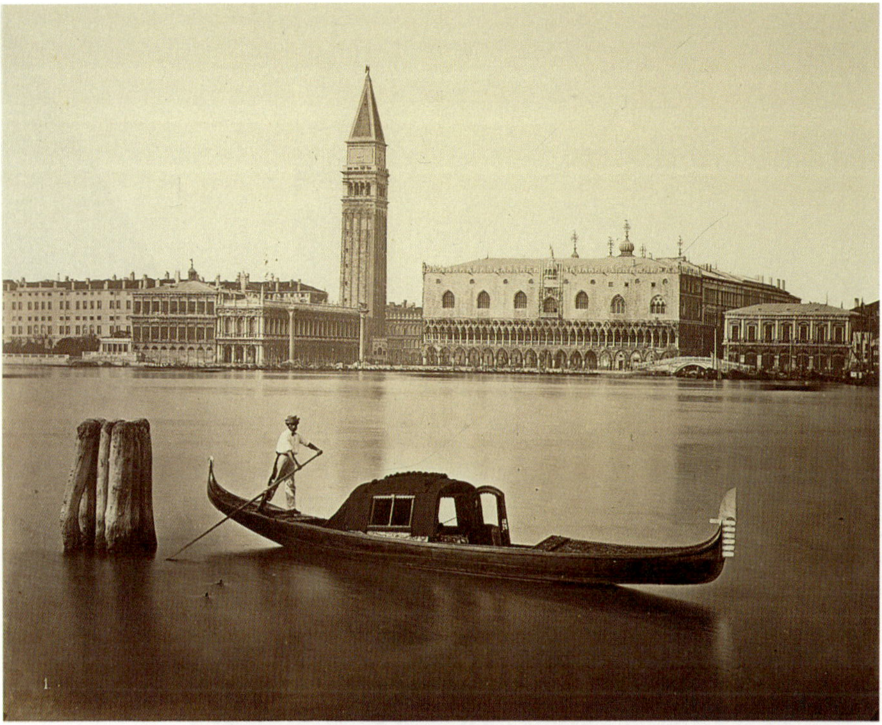

und Verkaufssystem für photographische Bilder und mietete oder kaufte häufig Negative von anderen Photographen, die er dann unter seinem eigenen Namen vertrieb – damals eine verbreitete Praxis. Die heute weitgehend unbekannten venezianischen Photographen Giuseppe Bresolin, Giovanni Brusa und Paolo Salviati gehörten zu den tatsächlichen Produzenten jener photographischen Ansichten, die dem Studio von Carlo Ponti schon früh internationalen Ruhm eintrugen.

Carlo Ponti entwickelte und verkaufte verschiedene Apparate zum Betrachten von Photographien, die so klangvolle Namen wie Alethoskop, Graphoskop oder Megalethoskop trugen. Das Megalethoskop, mit dem er 1862 bei der Weltausstellung in London eine Goldmedaille gewann, war ein Gerät zur Betrachtung von Photographien, die zuerst durch reflektiertes Licht und dann durch von hinten einfallendes Licht beleuchtet wurden (siehe Seite 154). Die 28 x 35,5 cm großen Albuminpapierabzüge waren auf einen Holzrahmen aufgezogen und bestimmte Stellen auf der Rückseite des

Carlo Ponti zugeschrieben

Veduta del molo e palazzo ducale con la gondola (Blick auf die Mole und den Palazzo Ducale von der Gondel aus), um 1870

Albuminpapierabzug

MUSEUMSANKAUF, EHEMALIGE SAMMLUNG WADSWORTH LIBRARY

82:2007:0004

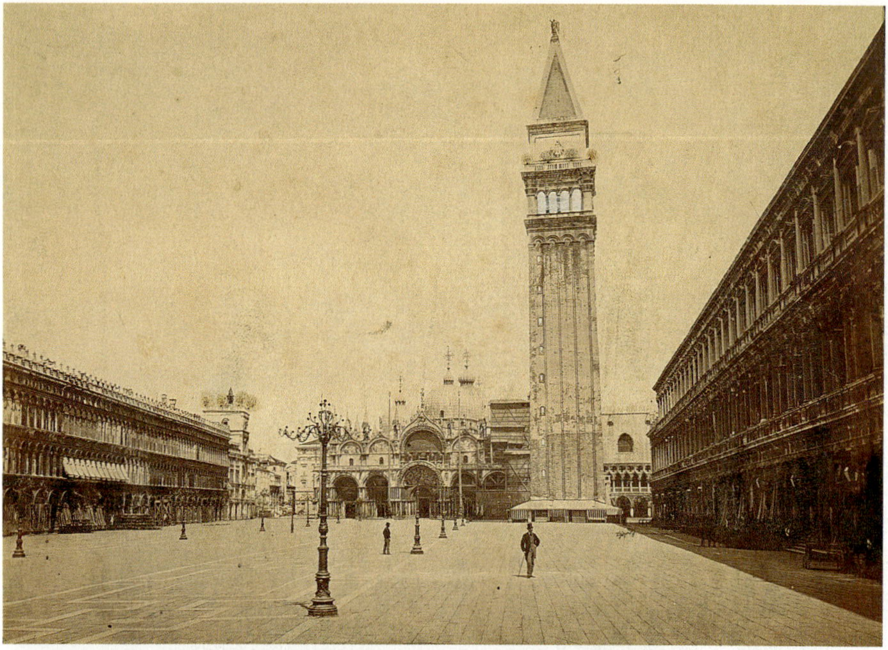

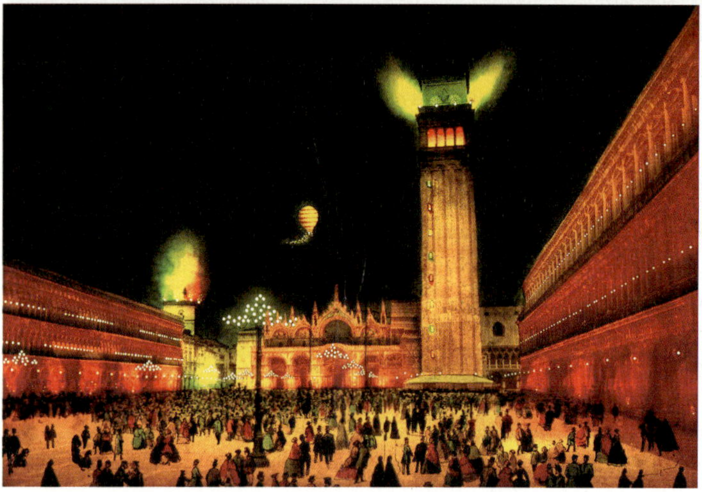

(oben und links)
Carlo Ponti zugeschrieben
Italien, geb. Schweiz, um 1823–1893

Place St. Marc avec l'église. Venise (Platz und Kirche von Sankt Markus, Venedig), um 1875

Kolorierter Albuminpapierabzug (Megalethoskop-Dia)
84:0852:0013

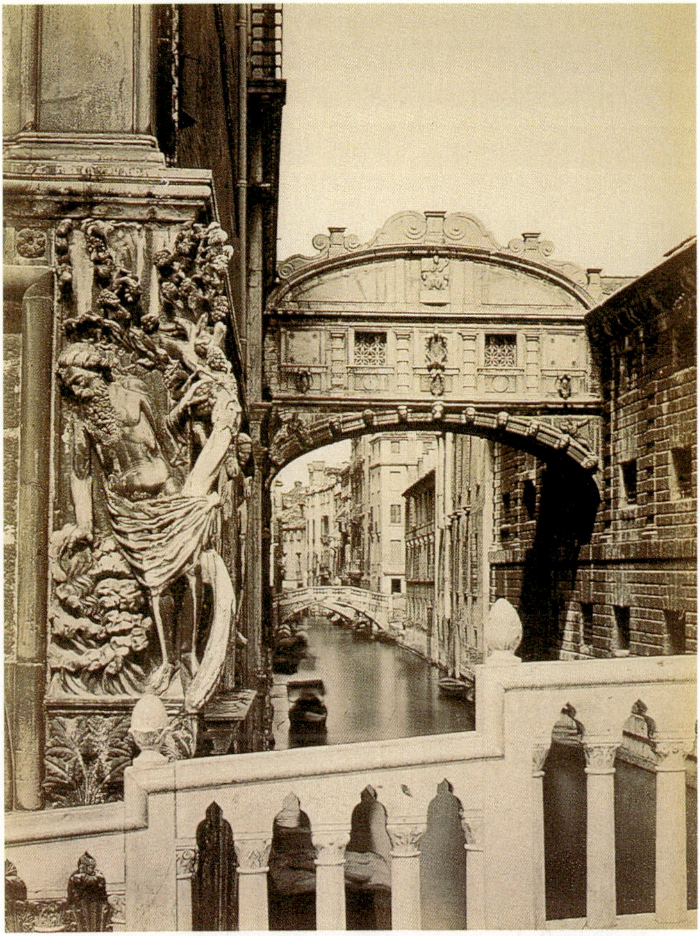

Carlo Ponti zugeschrieben

Die Seufzerbücke am Canal Canonica, 1864

Albuminpapierabzug
SCHENKUNG EASTMAN KODAK COMPANY, EHEMALIGE SAMMLUNG GABRIEL CROMER
81:0944:0017

Drucks von Hand koloriert oder zeichnerisch bearbeitet. Betrachtete man das Bild von vorne, konnte man die Kolorierung nicht sehen. Durch Verstärkung des Lichts hinter dem Bild schienen Farbe und Zeichnung durch und erzeugten eine visuelle Veränderung, die die Illusion verstreichender Zeit erzeugte, die Daguerre bereits in seinen Dioramen simuliert hatte. Wie bei der hier gezeigten Ansicht einer nächtlichen Festszene, die zu dieser Zeit noch immer nicht photographisch festgehalten werden konnte, wirkten diese Bilder äußerst lebendig.

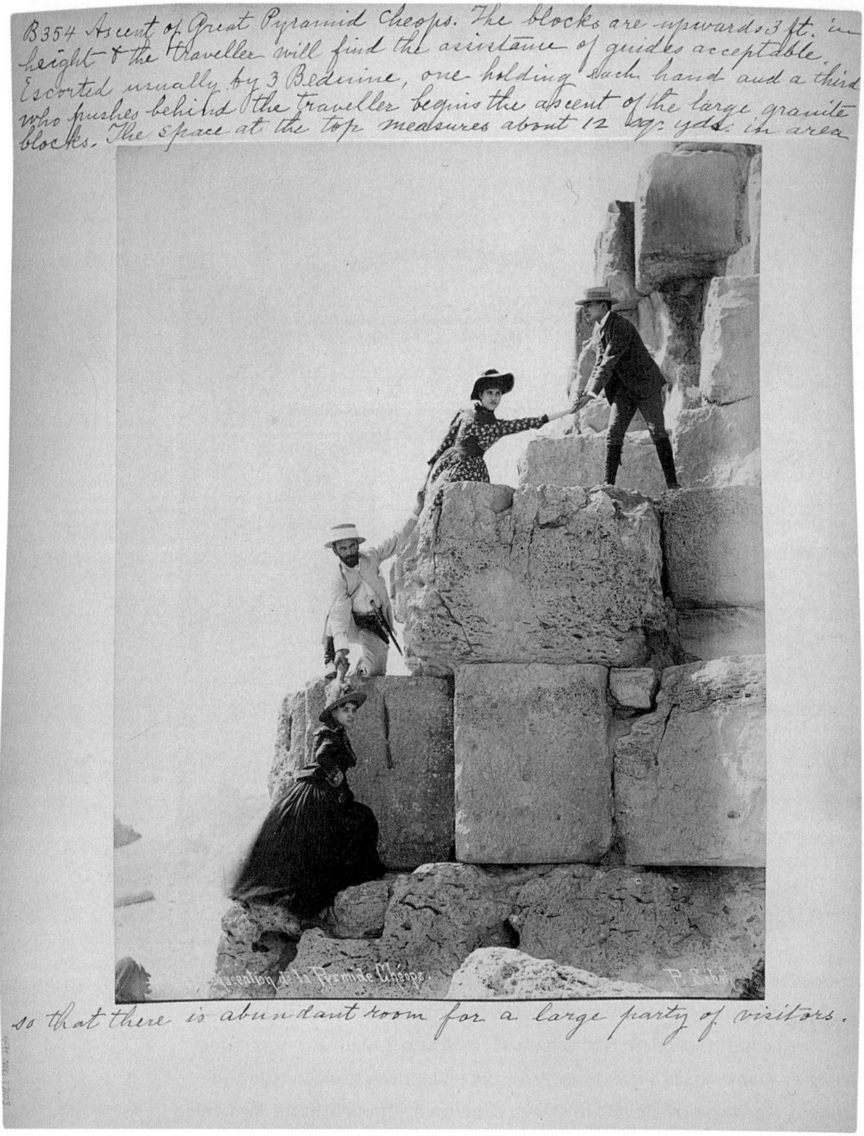
B354 Ascent of Great Pyramid Cheops. The blocks are upwards 3 ft. in height & the traveller will find the assistance of guides acceptable. Escorted usually by 3 Bedouins, one holding each hand and a third who pushes behind the traveller begins the ascent of the large granite blocks. The space at the top measures about 12 sq. yds. in area
Ascention de la Pyramide Chéops.
P. Sebah
so that there is abundant room for a large party of visitors.

Der Mittlere Osten – Ägypten

Jeder gebildete Europäer oder Amerikaner glaubte, die Grundlagen seiner Kultur basierten auf den Ideen des klassischen Griechenland und Rom sowie auf den Idealen der christlichen Religion, die ihren Ursprung aus den steinernen Wüsten jenseits der Küsten des Mittelmeers hatte. Im 19. Jahrhunderts beherrschte die Macht des religiösen Glaubens die Denkstruktur gebildeter Menschen auf eine Art, die heute schwer nachzuvollziehen ist. Es gab Reiseliteratur für die »Heiligen Länder«, und Touristen überwanden tapfer alle Schwierigkeiten, um an diese bedeutenden Orte zu gelangen.

Eine Flut von Photographen durchströmte in der zweiten Hälfte des 19. Jahrhunderts den Mittleren und Nahen Osten, und mehr als 250 von ihnen hatten bereits vor 1885 dort photographiert. In den 1850er Jahren waren die ersten Photographen entweder meist wohlhabende Amateure, wie John B. Greene, Leawitt Hunt und John Shaw Smith, die es sich leiten konnten zu reisen und zu photographieren, oder Individuen wie Louis De Clercq und Maxime Du Camp, die offizielle oder halboffizielle Unterstützung von verschiedenen staatlichen oder wissenschaftlichen Stellen erhielten.

In den 60er und 70er Jahren des 19. Jahrhunderts eröffneten einheimische Berufsphotographen wie J. Pascal Sébah Studios in Städten, die zu wichtigen Touristenzentren geworden waren. Diese Aufnahme Sébahs von Touristen, die die Cheopspyramide hinauf geschoben und gezogen wurden, stammt aus einer Gruppe von vier Alben mit dem Titel *Berlin to Cairo.* Sie wurden von einem Touristen zusammengestellt, der seine Reise mit Photographien dokumentieren wollte, die er in jeder Stadt auf seiner Route gekauft hatte. Da der Erfolg dieser professionellen Studios von Quantität und Vielfalt ihrer Bilderkataloge abhing, erweiterten die besten dieser Unternehmen ihre Auswahl beständig.

J. Pascal Sébah besaß von den 1870er bis in die 1890er Jahre eines der größten Studios in Konstantinopel und schickte regelmäßig Photographen zu ägyptischen Sehenswürdigkeiten oder kaufte in Ägypten gefertigte Negative, bis seine Auswahl sich auf mehr als 400 Bilder belief. Die fortgesetzte Präsenz der von Einheimischen geführten Ateliers, die aufgrund ihrer Vertrautheit mit den Bräuchen und Sprachen des Landes Zugang zu Orten hatten, der herumreisenden Touristen und Photographen nicht gewährt war, vergrößerte den Bestand an Bildern aus diesen Regionen. Einige dieser Ateliers, wie das J. Pascal Sébah Studio und das Abdullah Frères Studio in Konstantinopel, oder das Bonfils Studio in Beirut, wurden zu angesehenen internationalen Unternehmen, die oft bis ins 20. Jahrhundert hinein florierten.

J. Pascal Sébah
Türkei, 1838–1890

Ascention de la Pyramide Cheops (Aufstieg auf die Cheops-Pyramide), um 1885

Albuminpapierabzug
SCHENKUNG MRS. PHIL PORTER
86:0309:0094

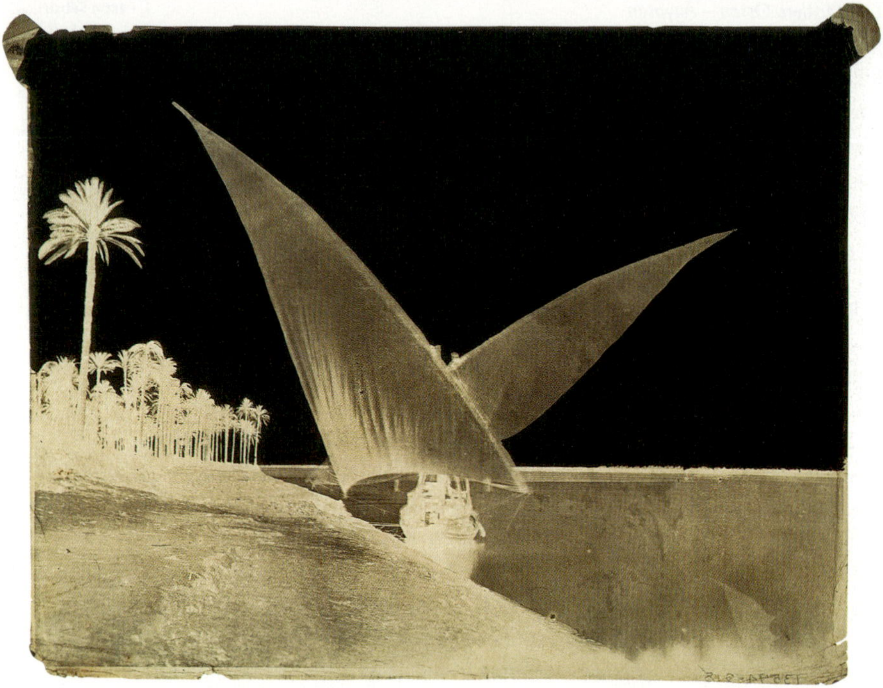

John Shaw Smith
Irland, 1811–1873

Nile (Nil), um 1851–1852

Kalotypie-Negativ
SCHENKUNG ALDEN SCOTT BOYER
81:1683:0218

Zu Beginn der 1850er Jahre, als Abwandlungen und Verbesserungen des Talbotschen Kalotypie-Verfahrens und, später, die Entwicklung eines komplizierten nassen Kollodiumverfahrens weitaus mehr Photographen für das Medium begeisterten, erlebte die photographische Praxis eine enorme Verbreitung. Im Gegensatz zur Daguerreotypie-Platte, hatten diese verschiedenen Verfahren den unübertroffenen Vorzug, daß sie die Herstellung eines Negativs ermöglichten, von dem multiple Positivkopien gemacht und verkauft werden konnten und die Landschaftsphotographie zu einem potentiell lebensfähigen Geschäft machten.

Die Eastman-Sammlung enthält etwa 600 Papiernegative, die zu Beginn der 1850er Jahre von verschiedenen Photographen angefertigt wurden. Über 260 dieser Negative sowie fast 100 dazugehörige Silbersalz- oder Albumindrucke stammen von John Shaw Smith und wurden überwiegend auf seiner Reise durch Italien und den Mittelmeerraum von Dezember 1850 bis Mai 1852 aufgenommen.

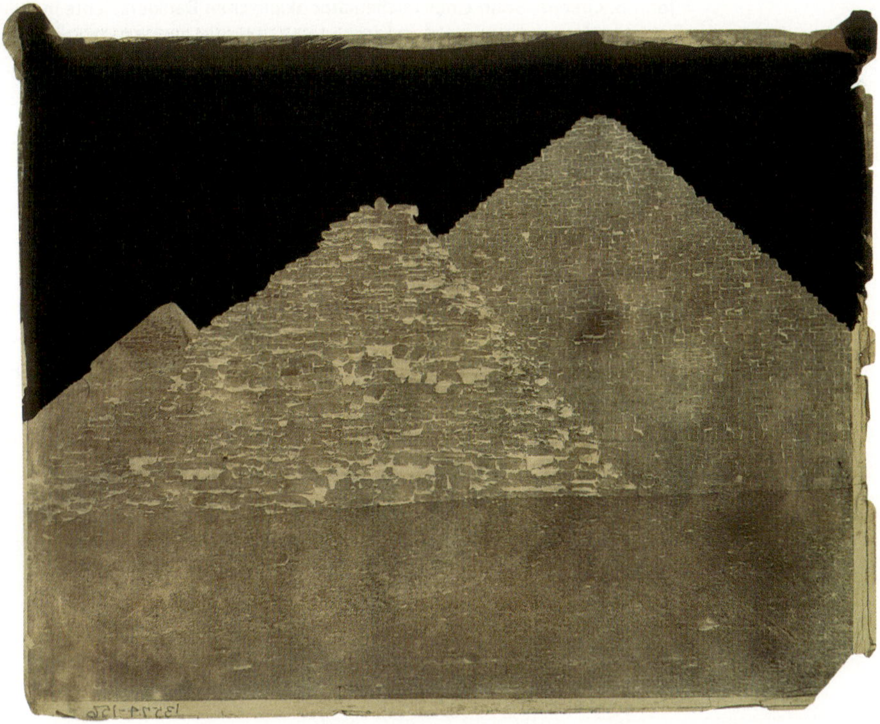

Als wohlhabender Amateur konnte Smith photographieren, wann immer er wollte, doch benutzte er seine Kamera fast ausschließlich, um verfallene Bauten des Altertums zu dokumentieren. Es gibt nur drei oder vier Landschaften ohne Bauwerke, und auch nur drei oder vier Aufnahmen mit Menschen. Smith machte seine Bilder auf sehr methodische Art, zeigte zuerst das Gebäude in seiner Umgebung und ging dann näher heran, um Details zu zeigen. Ihn faszinierten starke, einfache Formen, die er meisterlich im Zentrum und an den Rändern seiner Ausschnitte plazierte, um eine eindringlichere und häufig elegantere Perspektive zu bieten, als die in gewöhnlichen topographischen Ansichten. Das dynamische Nebeneinander der Silhouette der Segel vor dem Himmel, des Ufers und des Wassers ist ein komplexes Gebilde sich berührender Dreiecke. Das Gefühl einer unwahrscheinlichen und gefährlichen Balance, das diese Bild vermittelt, hat vielleicht auch Smith bei seiner Fahrt auf dem Nil in einem solchen Segelboot empfunden.

John Shaw Smith

Two Small Pyramids, Pyramid of Ekphrenes in Distance (Zwei kleine Pyramiden, Pyramide von Ekphrenes dahinter), Februar 1852

Kalotypie-Negativ
SCHENKUNG ALDEN SCOTT BOYER
81:1683:0156

John B. Greene, Sohn eines reichen amerikanischen Bankiers, lebte in Paris und besaß ein leidenschaftliches Interesse für Ägyptologie. 1853 brach er zu seiner ersten von insgesamt drei selbst finanzierten Expeditionen nach Ägypten und Syrien auf, um »aufschlußreiche archäologische, historische und geographische Informationen« zu sammeln. Auf diesen Reisen bediente sich Greene des von Gustave Le Gray entwickelten Wachspapier-Verfahrens, um einige Hundert Papierphotographien, die er in die Kategorien Bauwerke und Landschaften aufteilte, anzufertigen. Green starb 1856 während seiner dritten Reise nach Ägypten im Alter von nur 24 Jahren.

Greene war entweder ein sehr schlechter oder ein sehr guter Photograph. Zum ersten Mal mit dem Problem konfrontiert, eine große Szene aufzunehmen, plazieren die meisten Anfänger das zentrale Objekt des Bildes so weit entfernt und von so viel leerem Raum umgeben, daß die emotionale Wirkung verlorengeht. Jeder gute Photograph überwindet dieses Problem, indem er beispielsweise näher herangeht und den Winkel zugunsten einer dramatischeren Perspektive verändert. Greene akzeptierte in seinen Photographien den weiten, wolkenlosen Himmel, den leeren Horizont, die verlassenen Ruinen, eingehüllt in den Flugsand der Wüste, vergängliche Werke der Menschen, die Zeit und Schicksal unter sich begraben haben. Die wei-

John B. Greene
Amerika, geb. Frankreich, 1832–1856

Bords du Nil à Tèbes [*sic*] (Die Ufer des Nil in Theben), 1854

Salzpapierabzug
MUSEUMSANKAUF, CHARINA FOUNDATION ANKAUFSFOND
92:0384:0001

Leawitt Hunt
Amerika, aktiv
1851–1852

Convent of Mt. Sinai (Das Kloster am Berge Sinai), um 1850

Salzpapierabzug
MUSEUMSANKAUF
76:0020:0064

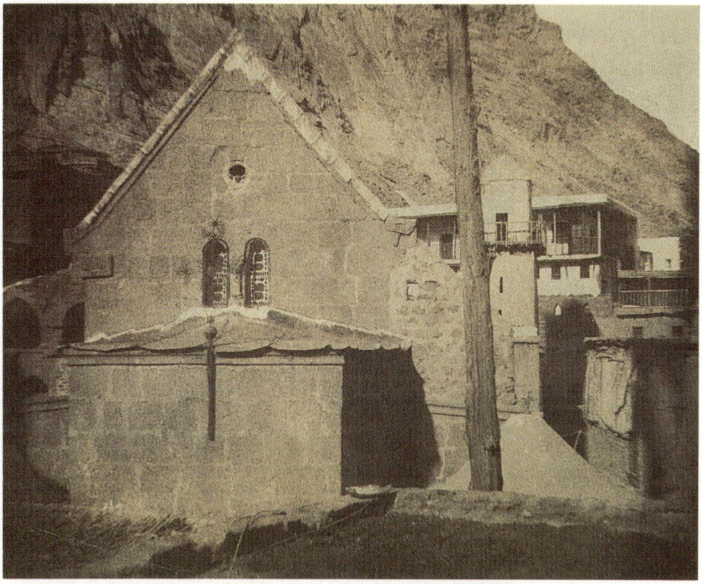

che, grobkörnige und verblassende Qualität seines Salzpapierabzugs vermittelt ein Gefühl vom Verlauf der Zeit. Sind diese romantischen und ausdrucksvollen Bilder einer toten Zivilisation Ergebnis mangelhafter Technik und glücklichen Zufalls, oder das überzeugende Werk eines außergewöhnlichen jungen Mannes mit der Vision, all die falschen Dinge zu tun, um richtige Bilder zu machen?

Leawitt Hunt war das jüngste von fünf Kindern, die von ihrer wohlhabenden Mutter in den 1840er Jahren nach Europa mitgenommen wurden. Ein Zeitgenosse beschrieb Mrs. Hunt als »... eine Frau von seltener Geisteskraft und Charakterstärke«. Zehn Jahre bereiste die Familie Italien, Frankreich, England, die Schweiz und Deutschland. Im Winter 1851 war der gebildete und kultivierte Leawitt Hunt 21 Jahre alt und trat nach seinem an der Universität Heidelberg bestandenen Juraexamen eine Reise an. Er überquerte das Mittelmeer nach Ägypten und reiste dann weiter nach Syrien, in den Libanon, nach Israel und schließlich nach Damaskus. Hunt nahm seine Kamera mit und war der erste Amerikaner, der in Ägypten photographierte. Leawitts älterer Bruder, Richard Morris Hunt, der einer der führenden amerikanischen Architekten des 19. Jahrhunderts werden sollte, folgte ein Jahr später seiner Route und photographierte ebenfalls die antiken Stätten.

Francis Frith
England, 1822–1898

Interior Hall of Columns (Innere Säulenhalle), Karnac, um 1857

Albuminpapierabzug
SCHENKUNG MRS. ALDEN SCOTT BOYER LIBRARY COLLECTION
81:1338:0037

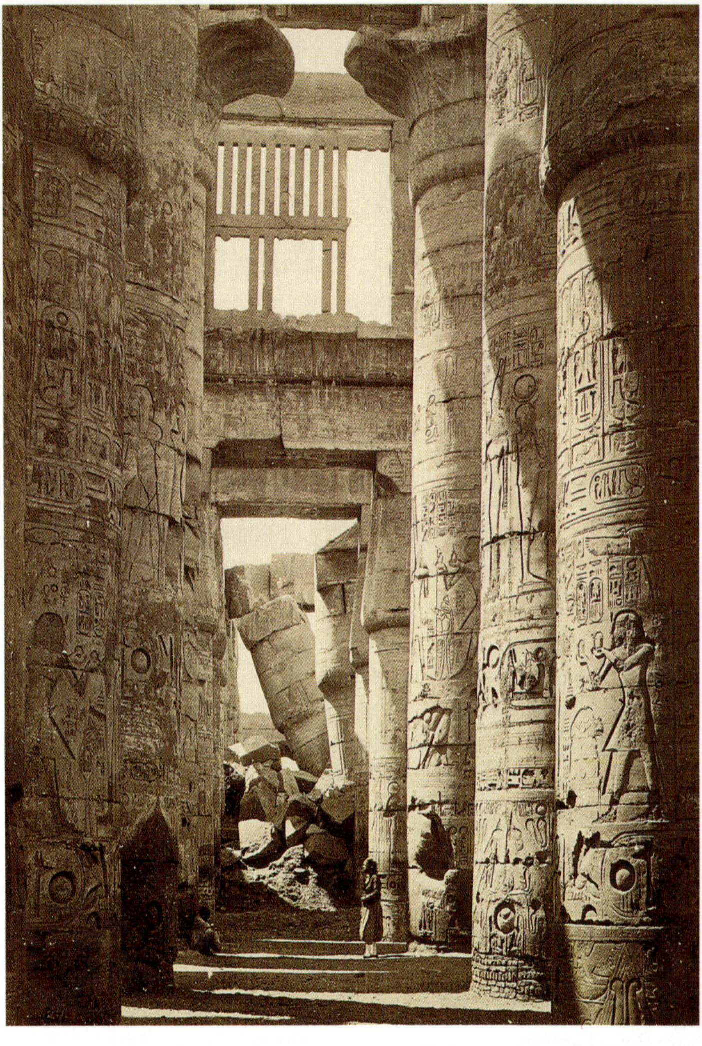

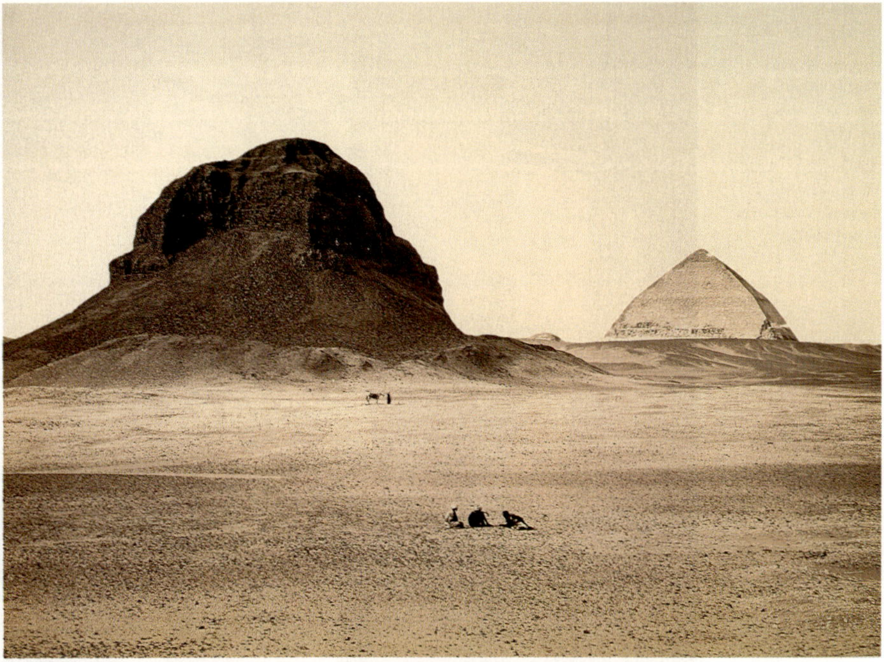

Francis Frith

The Pyramids of Dahshoor, from the East (Die Pyramiden von Dahshoor, von Osten), um 1858

Albuminpapierabzug
MUSEUMSANKAUF, EHEMALIGE SAMMLUNG HELMUT GERNSHEIM LIBRARY COLLECTION
79:0068:0005

Francis Frith begann mit 16 als kaufmännischer Lehrling in Liverpool und erwies sich als ausgezeichneter Geschäftsmann, der verschiedene Unternehmen gründete und dann mit Gewinn verkaufte, so daß er sich 1856, im Alter von 34 Jahren, als wohlhabender Mann aus dem Geschäft zurückziehen konnte. Ohne sich um seine Firmen kümmern zu müssen und finanziell in der Lage, seinem neuen Hobby nachzugehen, beschloß Frith, Ägypten und den Mittleren Osten zu bereisen, um dort zu photographieren. »Ich möchte mit meiner Arbeit in den zwei interessantesten Ländern des Globus beginnen – ÄGYPTEN und PALÄSTINA.« Für die anstrengende Reise, die vor ihm lag, kaufte Frith eine Yacht und beschaffte sich eine aufwendige photographische Ausrüstung – Unmengen zerbrechlicher Glasplatten, Objektive, Flaschen mit Chemikalien und alle anderen Apparate, die notwendig waren, um Hunderte von Meilen von jeglicher Versorungsquelle entfernt, photographieren zu können. So verbrachte er fast zwei Jahre auf Reisen und photographierte unter oft schwierigen Bedingungen.

Friths photographische Unternehmungen erwiesen sich als eine weitere, außerordentlich kluge geschäftliche Entscheidung. Die Aufnahmen von sei-

Francis Frith
England, 1822–1898

Egyptian Idol at Thebes (Ägyptische Figur in Theben), um 1857

Albuminpapierabzug
MUSEUMSANKAUF
LIBRARY COLLECTION
75:0037:0016

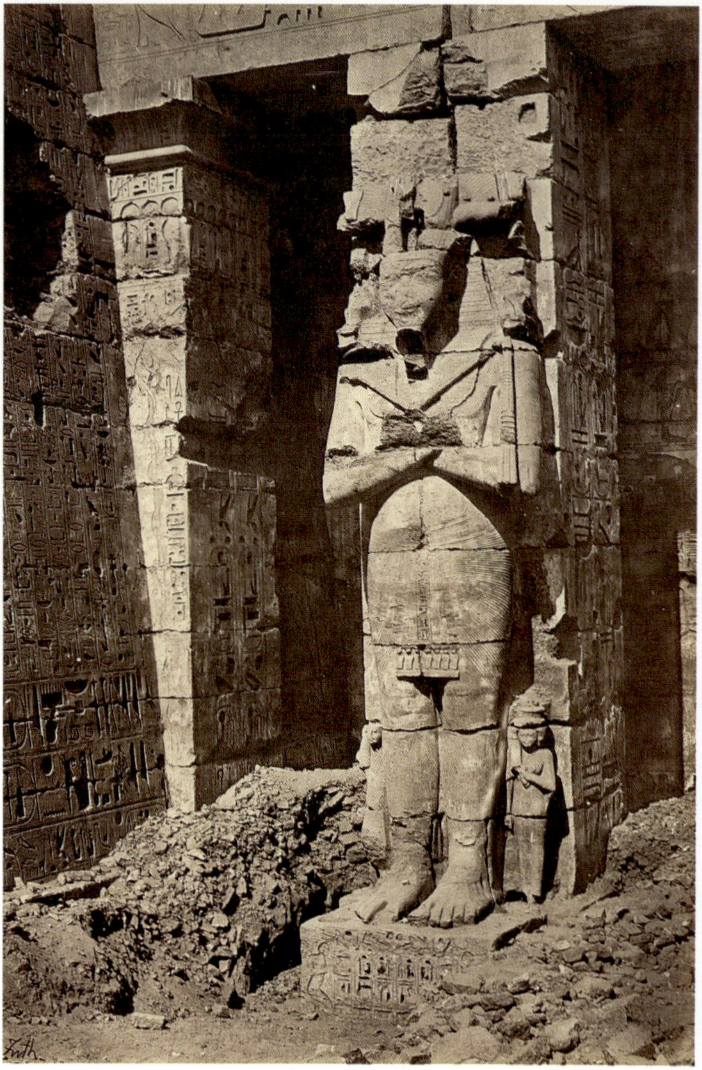

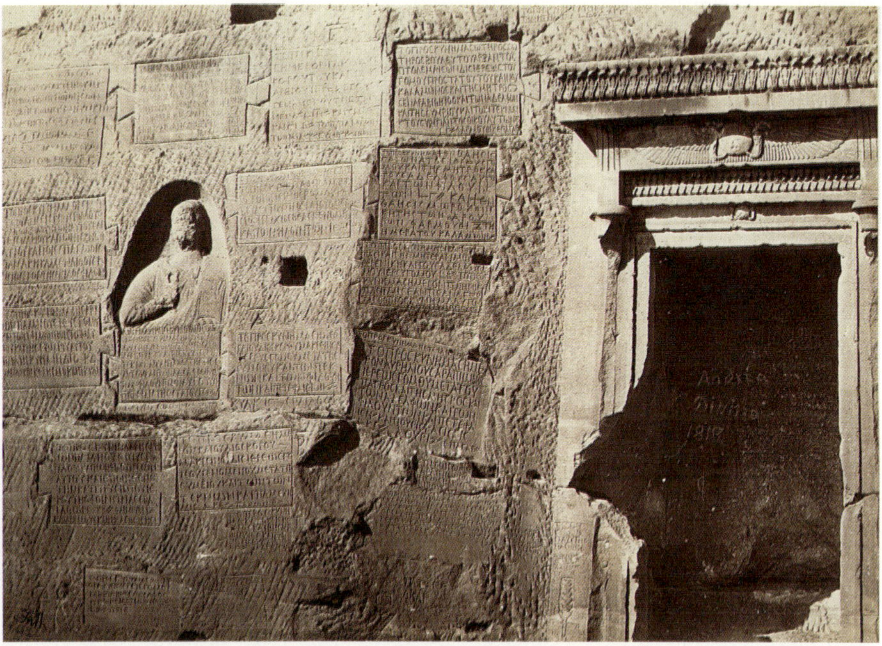

ner ersten Ägyptenreise von 1856 bis 1857, erregten große Aufmerksamkeit und trugen ihm viele positive Kritiken ein. Sie wurden als Stereobilder vertrieben und dann in einem, mit den Originalkopien illustrierten Buch publiziert. *Egypt and Palestine, Photographed and Described by Francis Frith* legte den Grundstein zu einer ungewöhnlichen Verlagstätigkeit und einer äußerst erfolgreichen photographischen Karriere, die bis zum Ende des Jahrhunderts andauerte. Frith kehrte vor 1860 zwei Mal in den Mittleren Osten zurück und machte Aufnahmen in Palästina, Syrien und Ägypten, die er in neun weiteren Büchern veröffentlichte. Das George Eastman House besitzt acht Publikationen von Frith über seine Reisen in den Mittleren Osten, die zusammen mehr als 450 Photographien enthalten.

Frith galt als einer der führenden Landschaftsphotographen seiner Zeit und gründete die Firma Francis Frith & Co., die zu einem der größten Photographie-Unternehmen des Jahrhunderts wurde. 1870 hatten er und andere für das Unternehmen arbeitende Photographen über eine Million Aufnahmen auf den britischen Inseln und dem europäischen Kontinent gemacht, die als Stereokarten oder -drucke vertrieben und einzeln, in Alben oder illustrierten Büchern verkauft und später als Postkarten reproduziert wurden.

Francis Frith

Greek Tablets at Wady Kardassy – Nubia (Griechische Platten in Wady Kardassy – Nubien), um 1857

Albuminpapierabzug
SCHENKUNG MRS. ALDEN SCOTT BOYER LIBRARY COLLECTION
93:0648:0022

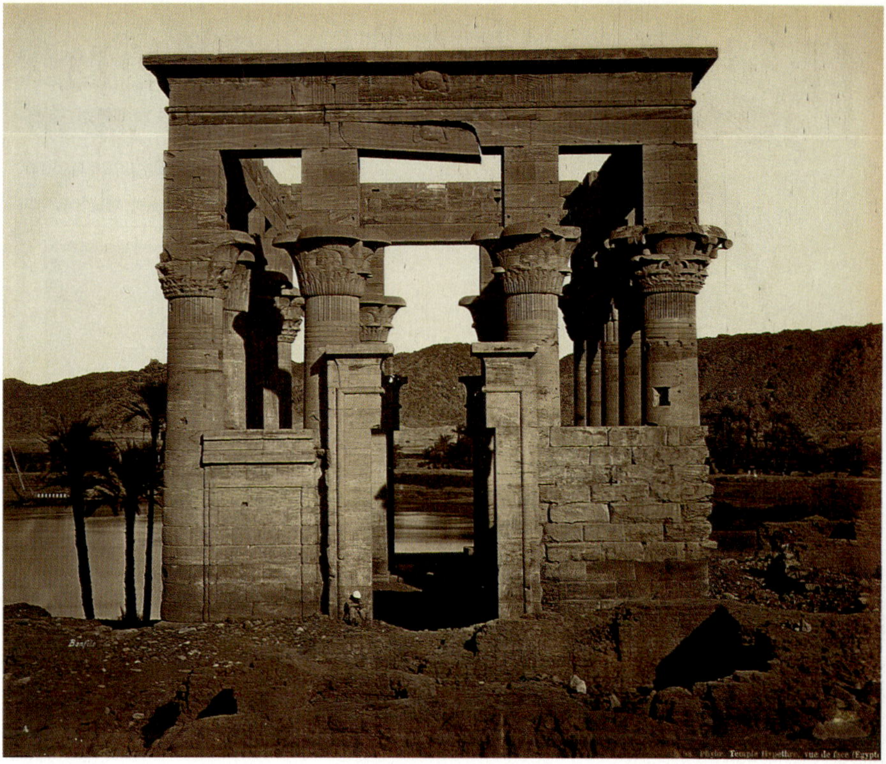

Félix Bonfils
Frankreich,
1831–1885

Phyle, Temple Hypère, vue de face (Egypte) (Phyle, Hyperiontempel, Vorderansicht, Ägypten), 1877–1878

Albuminpapierabzug
MUSEUMSANKAUF
73:0074:0043

Félix Bonfils wurde 1831 im französischen Saint Hippolyte du Fort geboren. Auch sein Sohn Adrien kam 1860 dort zur Welt. Félix hatte 1860, zur Zeit der Besetzung des Libanons, in der französischen Armee gedient und wanderte später dorthin aus. Die Familie Bonfils zog 1867 nach Beirut und eröffnete ein Photostudio. Félix reiste oft nach Ägypten, Palästina, Syrien, Griechenland und Jerusalem, um dort zu photographieren, und 1871 verfügte das Atelier über einen Bestand von 15.000 Kopien und 9.000 Stereoaufnahmen von fast 600 Negativen. Das Maison Bonfils wuchs zu einem großen, aktiven und finanziell erfolgreichen Unternehmen mit Filialen in Alexandria, Kairo und sogar in Frankreich. Wie viele solcher Unternehmen, schickten auch die Bonfils ihre Aufnahmen in den 1870er und 1880er Jahren zu internationalen Ausstellungen in Paris, Brüssel und anderen Orten, wo sie Auszeichnungen erhielten. Darüber hinaus veröffentlichten sie Kataloge und vertrieben ihre Arbeiten durch Einzelhändler in den großen Städten

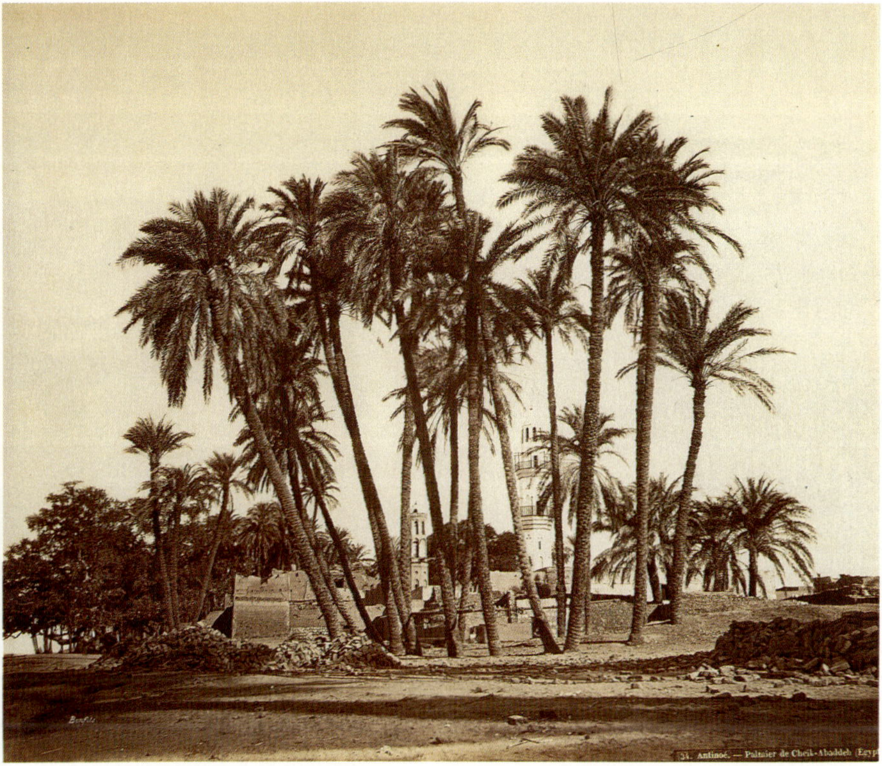

Europas und Amerikas, so daß westliche Betrachter den Namen Bonfils häufig mit Aufnahmen aus dem Mittleren Osten assoziierten.

Im Alter von 17 Jahren übernahm Adrien 1878 die photographische Leitung des Ateliers seiner Eltern, das wie alle größeren Unternehmen natürlich auch andere Photographen beschäftigte. Und so ist auch hier zu beobachten, daß die späteren Aufnahmen, die den Namen Bonfils tragen, in ihrer technischen Ausführung professioneller, aber als Bilder weniger interessant sind. Die früheren, von Félix gemachten Photographien hingegen scheinen, ebenso wie die ersten von Francis Frith oder Francis Bedford (auch wenn sie alle das gleiche Motiv haben) von einem gewissen Entdekkungsgeist, von Energie oder einfach von der Liebe zu dem Medium durchdrungen zu sein, die sich in den späteren Arbeiten aus ihren Studios nicht mehr so häufig finden läßt.

Félix Bonfils

Antinoe. Sheikh Abaddeh's Palm Tree. (Egypt) (Scheich Abaddehs Palmen, Ägypten), um 1867–1876

Albuminpapierabzug
MUSEUMSANKAUF
73:0074:0021

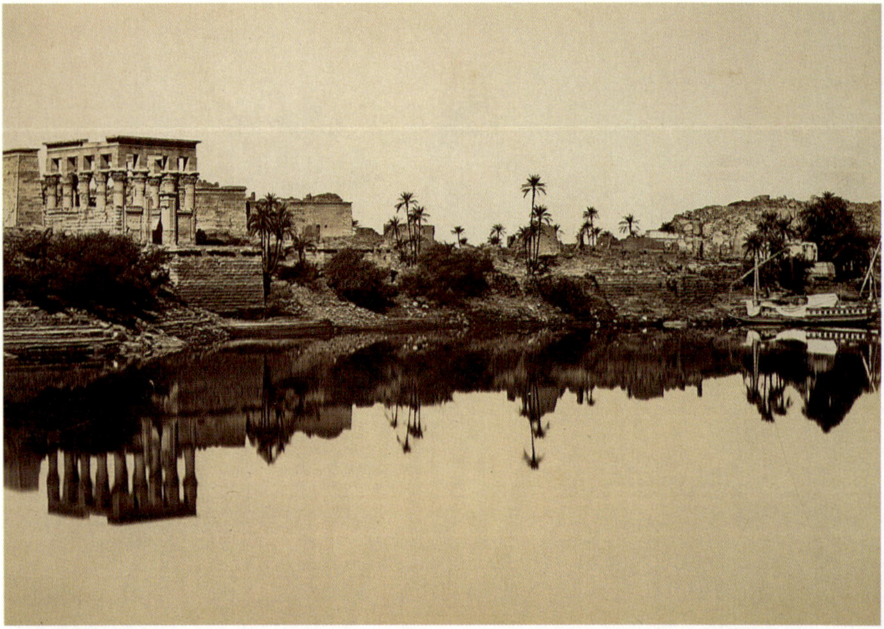

Antoine Beato
Italien,
um 1825–1903

Island of Philae
(Philae-Insel),
um 1870

Albuminpapierabzug
MUSEUMSANKAUF,
EHEMALIGE
SAMMLUNG
A. E. MARSHALL
79:0067:0017

Der Mittlere Osten – Palästina und Syrien, Baalbek, Palmyra, Jerusalem

Diese ruhige, wunderschöne Aufnahme der ägyptischen Tempel auf der Insel Philae in der Ferne stammt von Antoine (Antonio) Beato. Antonio war der jüngere Bruder von Felice Beato und der Schwager von James Robertson, beides geachtete Photographen, die eine Partnerschaft gründeten und von 1851 bis 1857 in Konstantinopel, Athen, auf der Krim, Malta und im Heiligen Land photographierten.

Wahrscheinlich trat Antonio gegen Ende der 1850er Jahre der Partnerschaft bei, folgte seinem Bruder 1858 nach Kalkutta und richtete dort ein Atelier ein, während Felice im Gefolge der britischen Armee durch Indien reiste und photographierte. Antonio kehrte 1860 nach Kairo zurück, um ein Atelier zu eröffnen, und zog 1862 nach Luxor, wo sich eine Reihe bedeutender archäologischer Ausgrabungsstätten befand. Antonios Atelier in Luxor florierte bis zu seinem Tod um 1905. Er war einer der bekanntesten und respektiertesten Photographen des Mittleren Ostens, der über einen Bestand von 1.500 Negativen verfügte, mit Archäologen zusammenarbeitete, um Ausgrabungsorte und neue Funde zu dokumentieren, und auch Aufnahmen für Touristen machte.

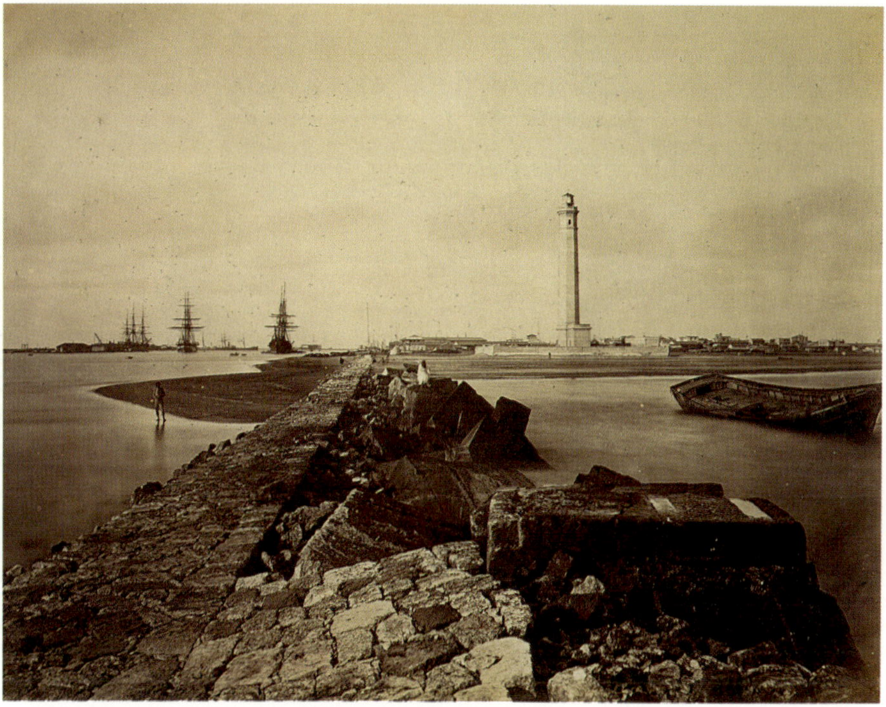

Hippolyte Arnoux etablierte sich Mitte der 1860er Jahre im ägyptischen Port Said als Berufsphotograph und arbeitete dort zumindest bis in die 70er Jahre des 19. Jahrhunderts. Mit Aufnahmen wie dieser, aber auch mit Bildern alltäglicherer Szenen des Hafens und mit Architekturaufnahmen der moslemischen Moscheen und anderer Gebäude, schuf sich Arnoux eine eigene Nische als Photograph von Ansichten. Port Said am oberen Lauf des Suezkanals befand sich zu dieser Zeit noch im Bau. Die Errichtung des Suezkanals war eine Meisterleistung moderner Ingenieurskunst, für die expandierende Welt des Handels ebenso bedeutend wie der Bau der Union Pacific Railway in den Vereinigten Staaten.

Arnoux machte aus einem Boot eine schwimmende Dunkelkammer und dokumentierte von dort aus regelmäßig den Bau des Kanals bis zu seiner Fertigstellung im Jahr 1869. Das Ausmaß des Projekts machte den Kanal selbst zu einer Touristenattraktion, und Arnoux' Photographien dieses Wunderwerks moderner Bautechnik konnten in gewisser Hinsicht mit den traditionelleren Aufnahmen der alten Ruinen konkurrieren, denen damals das

Hippolyte Arnoux
Frankreich, aktiv 1860–1880er

Phare de Port-Said (Leuchtturm von Port-Said), um 1869

Albuminpapierabzug
MUSEUMSANKAUF, EHEMALIGE SAMMLUNG A. E. MARSHALL
79:0056:0006

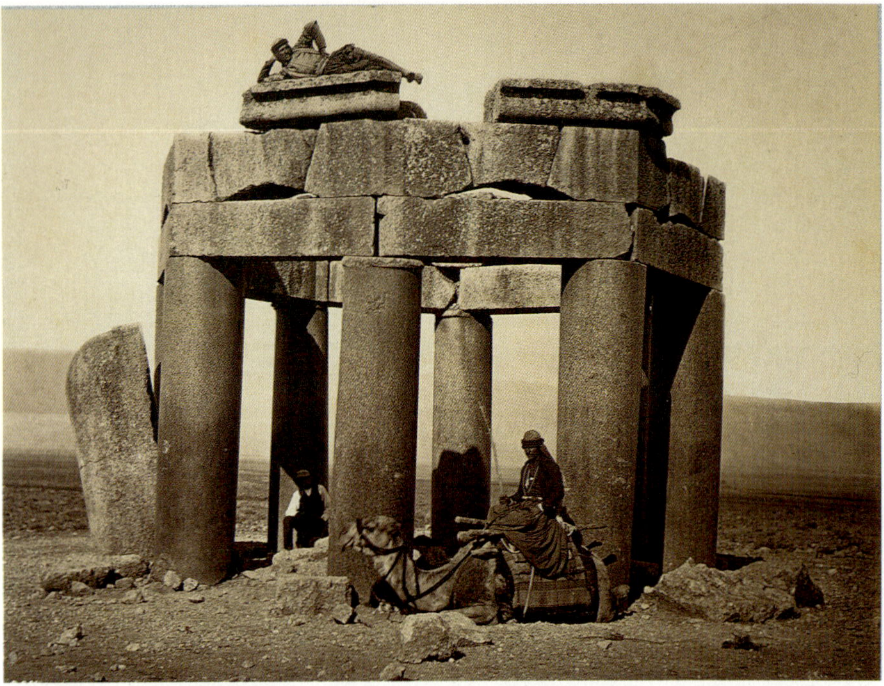

Félix Bonfils
Frankreich,
1831–1885

Baalbek. Chapel of Douris (Douris-Tempel), um 1861–1871

Albuminpapierabzug
MUSEUMSAMMLUNG DURCH AUSTAUSCH
74:0196:0073

Hauptinteresse der Touristen galt. Das von Arnoux herausgegebene *Album du Canal, Port Said,* gehört zur Sammlung des Museums.

Generationen von Touristen, die es nach Syrien und Palästina zog, schienen eine ähnliche Reaktion zu zeigen – Entsetzen über die Zustände in diesen Ländern, gemischt mit Ehrfurcht vor ihrer reichen und bewegten Vergangenheit. »Das Land ist verfallen, seine Wirtschaft am Boden und seine Industrien und Hochkulturen existieren nicht mehr ...«. Aber die Touristen kamen trotzdem: »als Land der Bibel, der Propheten, Patriarchen und Könige, das Land, in dem unser Heiland geboren wurde, wird Palästina immer ein Objekt des ehrfürchtigen Interesses bleiben ...«

Neben 500 Photographien aus dem Bonfils Studio besitzt das Museum das 1878 veröffentlichte Album *Souvenirs d'Orient. Album pittoresque ... Photographie par Félix Bonfils,* in dessen Vorwort zu lesen ist: »Der Orient, mit den prächtigsten Ruinen der Welt, ... wird hier in seiner ganzen Herrlichkeit gezeigt. Grandiose Schöpfungen der Pharaonen, Orte, die durch die Propheten, Christus und seine Aposteln Berühmtheit erlangt haben, die kolossalen

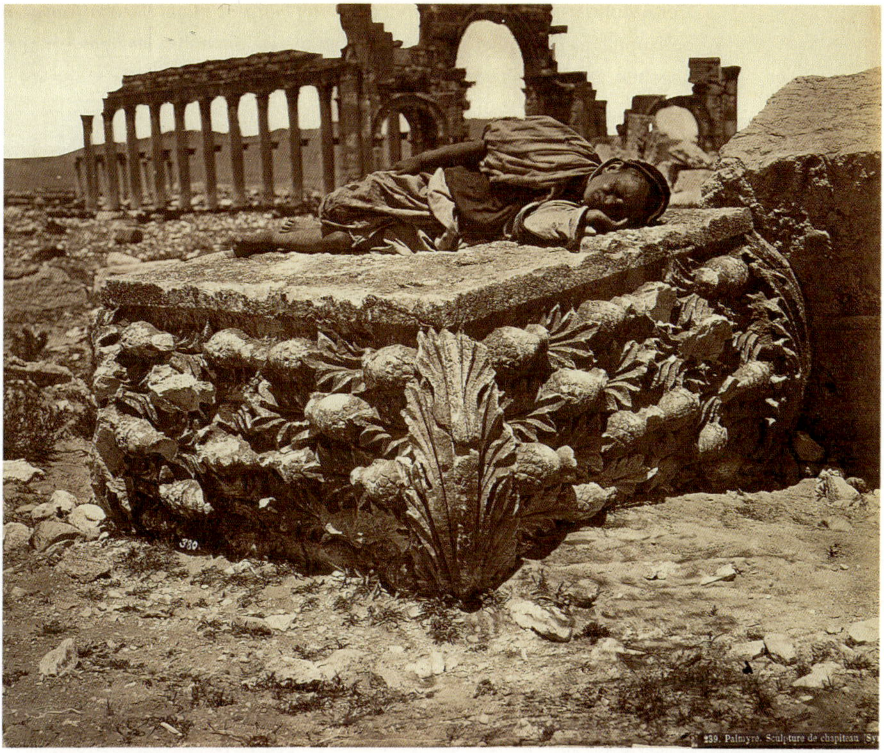

Bauten von Baalbek, die weiten Horizonte von Palmyra bilden das immense Feld, auf das der Reproduzent so vieler Wunder unseren Blick lenkt. ...« Zwar klingt die Sprache übertrieben, doch ist die Auflistung der Wunder alles andere als umfassend und erwähnt lange nicht alle Objekte, die man damals photographieren konnte.

Baalbek, Douristempel, eine von 81 Aufnahmen aus dem Album *Palestine and Syria,* das sich in Museumsbesitz befindet, und *Palmyra: Eine in Stein gehauene Hauptstadt, Syrien* sind ausgezeichnet konstruierte – sogar neuartige – Photographien von Motiven, die bereits eingehend bekannt und häufig dargestellt worden waren. Von den »... unermeßlichen, weltberühmten Ruinen von Baalbek ...« erfuhren die Europäer erstmals im 17. Jahrhundert. Ein Buch über Palmyra wurde 1696 in London veröffentlicht, und zwischen 1819 und 1877 erschienen mindestens fünf wissenschaftliche Bücher, die sich ausschließlich mit diesem historischen Schauplatz beschäftigten.

Félix Bonfils

Palmyra: A Sculptured Capital, Syria (Palmyra: Eine in Stein gehauene Hauptstadt, Syrien), um 1867–1876

Albuminpapierabzug
MUSEUMSANKAUF
73:0074:0006

Der Autor der 1874 erschienen Ausgabe von *Harper's Hand Book for Travellers* behauptet, es habe über 200 Bücher über die sogenannten Heiligen Länder gegeben. Das Thema von Bonfils' Photographien war also schon lange vor seiner Geburt festgelegt worden.

Bonfils – und jeder andere Landschaftsphotograph, der im Geschäft bleiben wollte – mußte photographieren, was seine Kunden, die Touristen, zu kaufen wünschten. Und die Touristen wollten die bekannten Orte besichtigen und von diesen Photographien kaufen. Zudem interessierten sie sich nicht für Bilder, die diese Orte auf allzu kreative Art interpretierten. Allzu kreative Photographien interessierten sie nicht, denn sie wollten ihre persönliche Erinnerung wiederfinden und nicht die Reaktion einer anderen Person auf diese Szene. Der Kundengeschmack verlangte klar erfaßte Bilder oder eine Darstellung der Objekte, deren Besuch sie soviel Zeit, Geld und Energie gekostet hatte.

Wenn also Inhalt (das Motiv) und Form der Darstellung (Stil) der Photographien durch Kriterien definiert waren, die außerhalb der Kontrolle des Photographen lagen, wie konnte dann ein Berufsphotograph mit seiner Arbeit herausragen? Zunächst mußt er die Tugenden eines jeden guten

Félix Bonfils
Frankreich,
1831–1885

Jerusalem.
Damascus Gate
(Damaskus-Tor),
um 1870

Albuminpapierabzug
MUSEUMSAMMLUNG
DURCH AUSTAUSCH
74:0196:0020

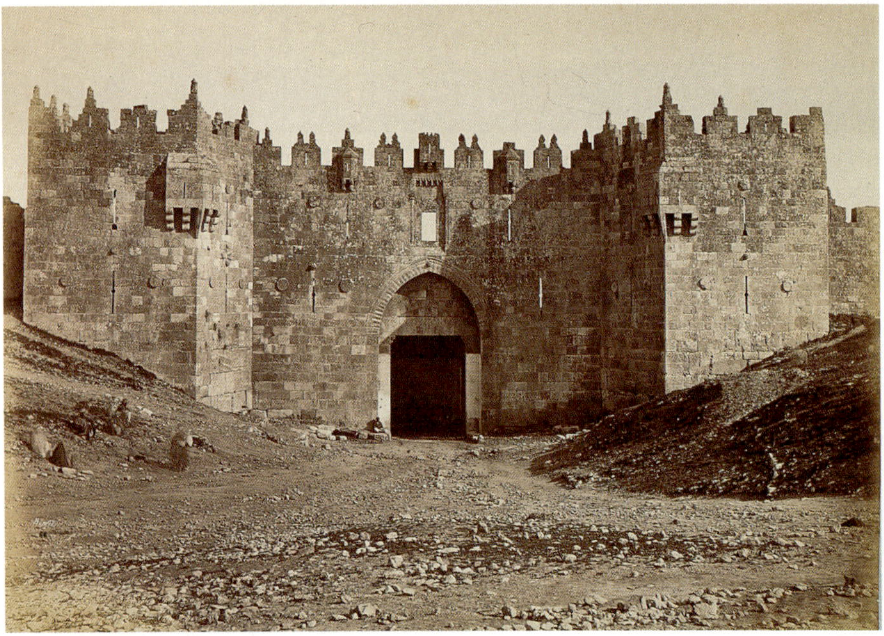

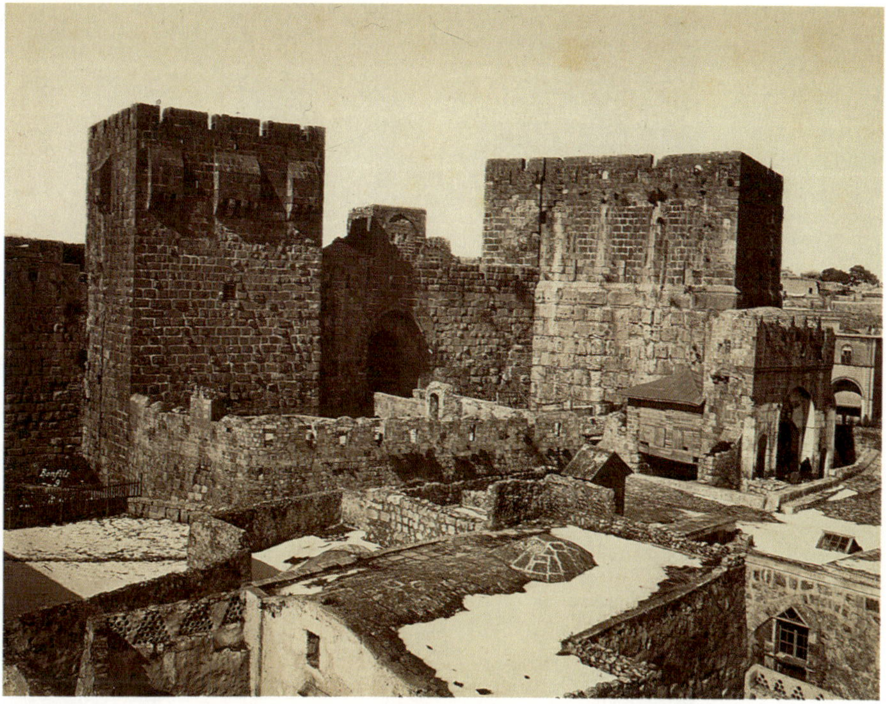

Geschäftsmannes besitzen und ein gutes, solides und preiswertes Produkt am richtigen Ort zur richtigen Zeit anbieten. Alle wirklich erfolgreichen Ateliers lagen in den großen Städten, in der Nähe der Hotels und Geschäfte, die von Touristen frequentiert wurden, und hatten zudem außerordentlich gut organisierte Postversandsysteme eingerichtet. Sie mußten eine große Auswahl auf Lager haben und mehr und bessere Ansichten für verschiedene Vorlieben und Stimmungen bereithalten. Aber neben diesen gesunden Geschäftspraktiken mußte ein guter topographischer Photographen auch ein gewisser Maß an Zurückhaltung üben und seine persönliche Interpretation eines Motivs zugunsten eines transparenten Stils oder einer allgemeinen Form der Darstellung zurückstellen. Seine Bilder dienten dazu, eine Erfahrung zu beschreiben und die Erinnerung an diese Erfahrung aufrechtzuerhalten. Die besten Photographen erreichten dies, indem sie das Bild selbst interessant gestalteten und so komponierten, daß es dem Betrachter eine deutlichere und zusammenhängendere Erinnerung an das ermöglichte, was er erlebt oder zu erleben gehofft hatte.

Félix Bonfils

Jerusalem. Tower of David (David-Turm), um 1870

Albuminpapierabzug
MUSEUMSSAMMLUNG DURCH AUSTAUSCH
74:0196:0007

Abdullah Frères
Türkei, aktiv
1850–1890er

Bain Turc (Vieux Serail) (Türkisches Bad [Alter Harem]), um 1869

Albuminpapierabzug
MUSEUMSANKAUF
77:0005:0081

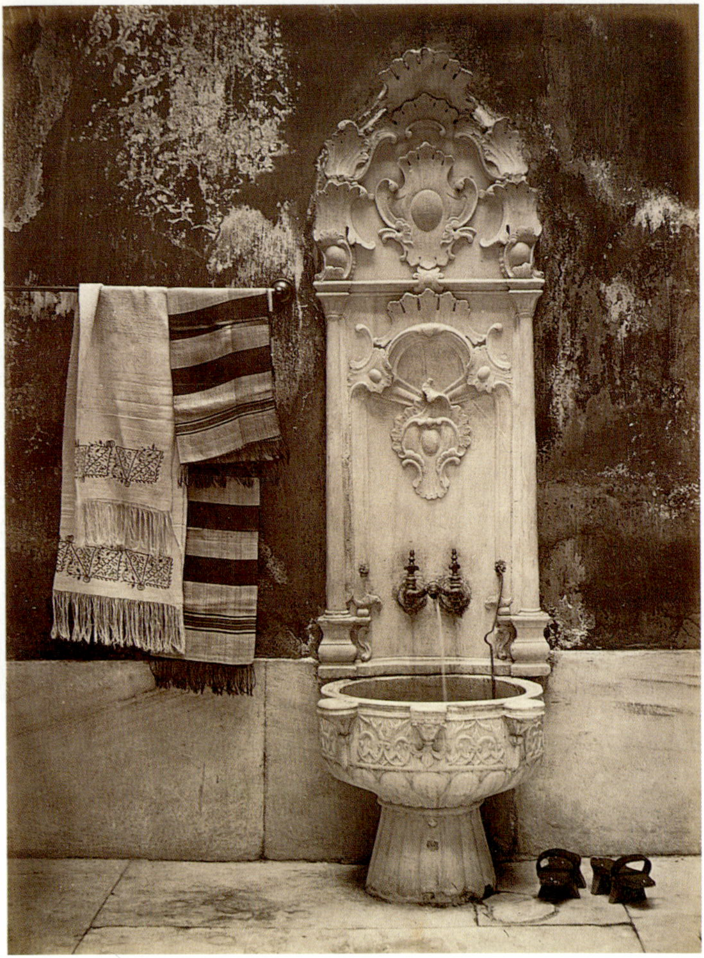

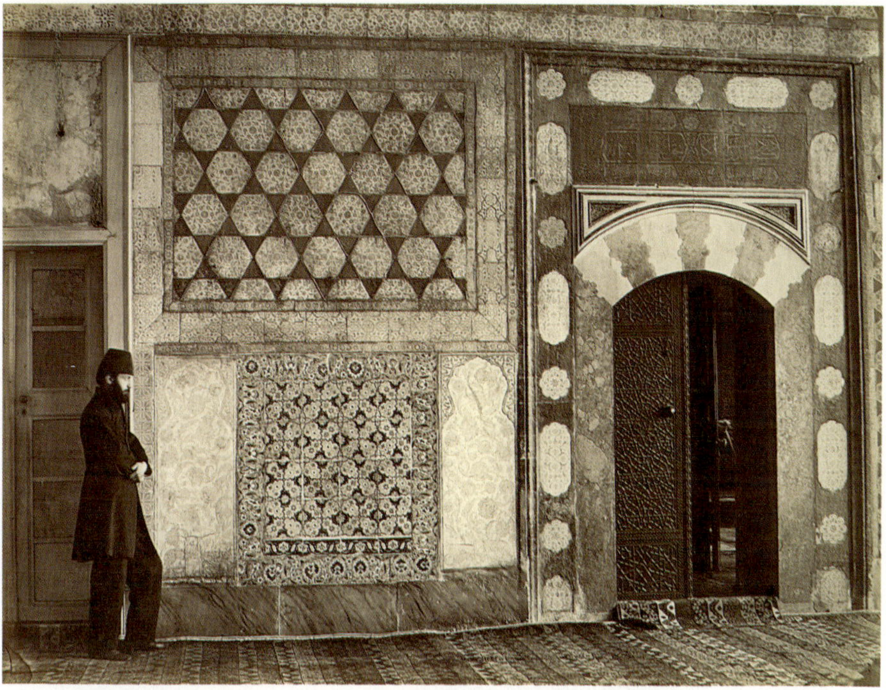

Der Mittlere Osten – Türkei

Die Gebrüder Biraderler, aus Armenien stammende Christen, eröffneten 1858 in Konstantinopel ein Atelier. Kurz darauf traten sie zum Islam über und nannten sich Abdullah Frères, nachdem sie 1862 zu Hofphotographen des Sultan Abdul Aziz ernannt worden waren. Das Abdullah-Studio spezialisierte sich zuerst auf Portraitaufnahmen, aber auch architektonische Ansichten für Touristen machten einen Teil ihres Einkommens aus. Diese beiden Bilder architektonischer, komplex gemusterter Details entstammen ihrem, 96 Photographien umfassenden *Album Constantinople ancienne et moderne.* Die Abdullah Frères und Hippolyte Arnoux betrieben auch eine andere Form der »topographischen« Photographie. Diese »Typen und Trachten«-Photographien bildeten eine zweite Gruppe gängiger Bilder und stellten eine wichtige Einnahmequelle des Ateliers. Für diese Genreportraits wurden verfügbare »Modelle« in das Atelier des Photographen gebracht und in verschiedene Kleider gesteckt, um sie bei ihren »repäsentativen« Aktivitäten zu zeigen.

Abdullah Frères

Corridor aboutifsant [*sic*] à Kherkhai-Sherif (Vieux Serail) (Angrenzender Korridor in Kherkhai-Sherif [Alter Harem]), um 1869

Albuminpapierabzug

MUSEUMSANKAUF
77:0005:0084

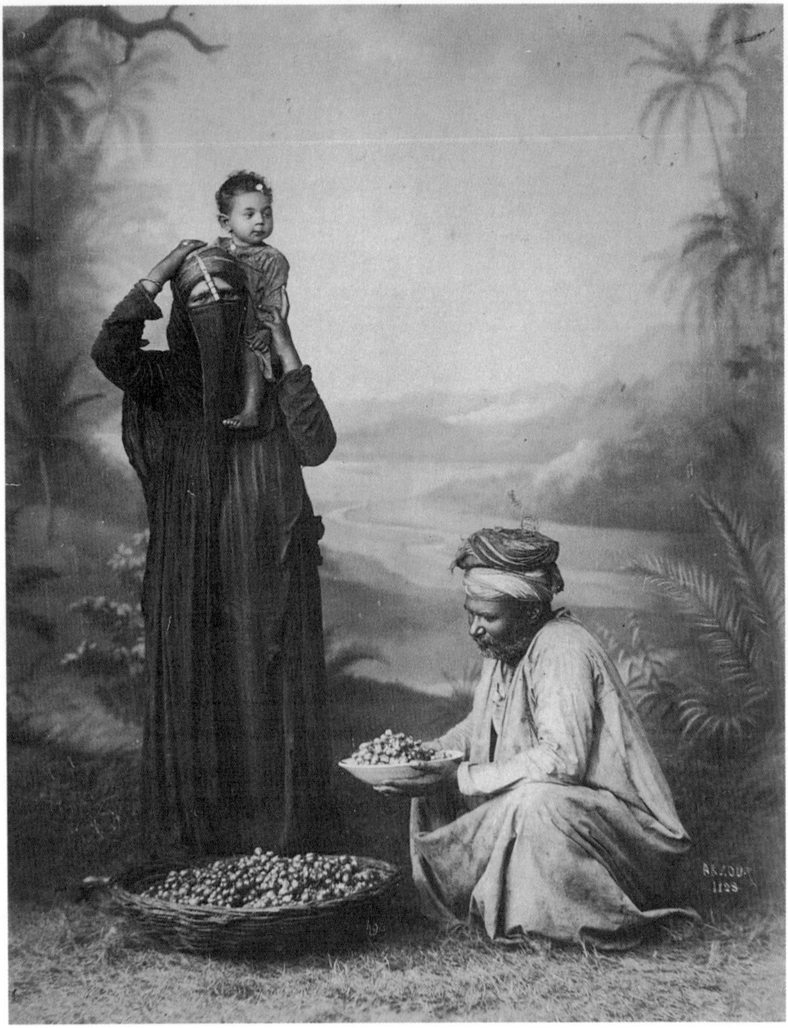

Hippolyte Arnoux
Frankreich, aktiv 1860–1880er

Dattelpflücker und Familie, um 1875

Albuminpapierabzug
MUSEUMSANKAUF, EHEMALIGE SAMMLUNG FRED S. LIGHTFOOT
80:0112:0002

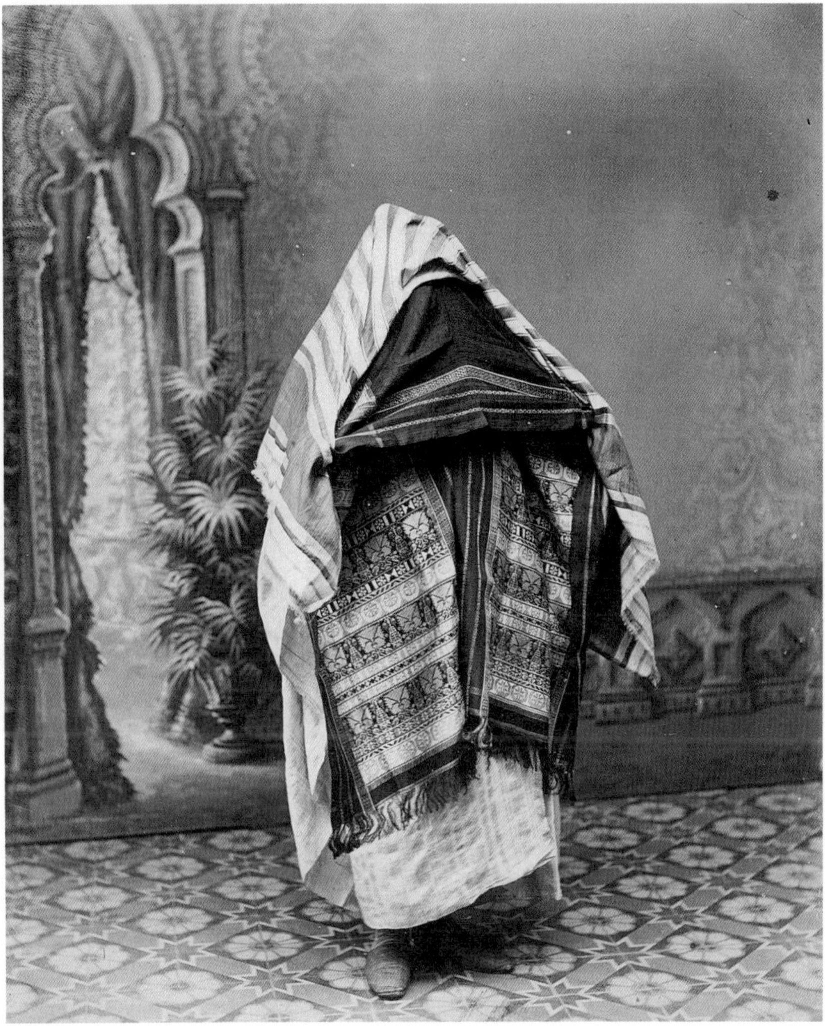

Anonym
Frankreich?, aktiv 1880er

Nordafrikaner (?) im Kostüm,
um 1880

Albuminpapierabzug
SCHENKUNG ALDEN SCOTT
BOYER
83:1367:0001

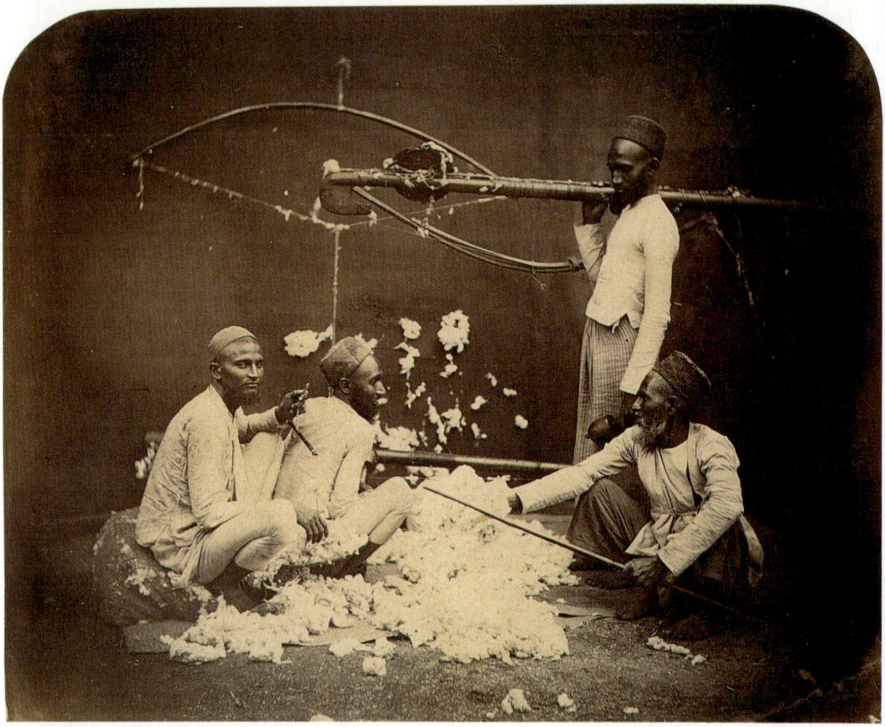

Johnson & Henderson
England?,
aktiv 1850er

Costumes and Characters of Western India: Group of Pinjaras, or Cotton-Carders (Kostüme und Figuren der Westindischen Pinjaras oder Baumwollkämmer), um 1857

Albuminpapierabzug
MUSEUMSANKAUF, EHEMALIGE SAMMLUNG A. E. MARSHALL
79:0065:0012

Indien

Diese Gruppe von Pinjaras oder Baumwollkämmern in Bombay demonstrierte etwa Mitte der 1850er Jahre ihr Handwerk vor der Kamera des photographischen Teams von Johnson & Henderson. Zu dieser Zeit befand sich Indien unter britischer Herrschaft, und so waren die ersten Photographen meist britische Verwaltungsbeamte oder Militäroffiziere, die das Medium als Hobby oder als Werkzeug bei ihren ethnologischen und archäologischen Forschungen einsetzten.

Zu ihnen gehörte auch William J. Johnson, Staatsbeamter in Bombay und dort Gründungsmitglied der Photographic Society (1854). Zusammen mit W. Henderson war er auch Herausgeber des *Indian Amateurs Photographic Album,* das von 1856 bis 1868 monatlich in Heftform erschien. Jedes Heft enthielt drei Originalkopien verschiedener Photographen. Das George Eastman House besitzt ein, aus mehreren Heften bestehendes, gebundenes Album dieser Publikation mit 73 Photographien von 12 Photographen.

Der außerordentlich begabte Lala Deen Dayal wurde 1844 als Sohn einer Familie von bescheidenem Reichtum und Stand geboren und avancierte zum angesehensten indischen Photographen des 19. Jahrhunderts. Mitte der 1860er Jahre besuchte er Thompson's Civil Engineering College, schloß das fünfjährige Bauingenieurstudium bereits nach drei Jahren erfolgreich ab und erhielt aufgrund seiner Fähigkeiten eine Stellung als Vermesser und Konstruktionszeicher bei der von den Briten verwalteten Baubehörde im Fürstenstaat Indore in Zentralindien. 1874 brachte er sich selbst das Photographieren bei und erhielt mit Unterstützung hoher britischer Beamter die Erlaubnis, britische Würdenträgern zu porträtieren, darunter der indische Vizekönig sowie der Prince of Wales, der 1875 und 1876 das Land besuchte. Diese Photographien brachten ihm nationales Ansehen und die Unterstützung der britischen und indischen Oberklasse. Dayal weitete seine photographischen Aktivitäten aus und machte auch eine Reihe von Landschaftsaufnahmen sowie Ansichten indischer Tempel. Dank seines Erfolges konnte er eine zweijährige Beurlaubung erwirken, um archäologische Stätten und Bauwerke in ganz Indien zu photographieren. Diese Arbeit wurde von vielen gesehen und genutzt, so auch von der Archäologischen Gesellschaft in Indien. Kopien seiner Aufnahmen wurden in verschiedenen wissenschaft-

Lala Deen Dayal
Indien, 1844–1910

Kalka Temple (Kalka-Tempel), um 1890

Albuminpapierabzug
SCHENKUNG THE UNIVERSITY OF ROCHESTER LIBRARY
82:2736:0111

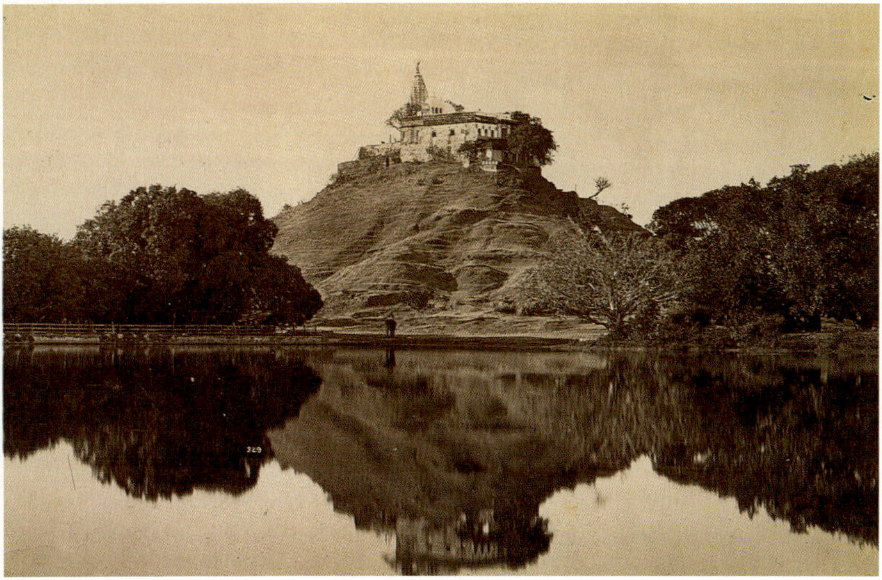

Lala Deen Dayal
Indian, 1844–1910

Rock Cut Kailas Temple (Aus dem Stein geschlagener Kailas Tempel), Ellora, 1893

Albuminpapierabzug
SCHENKUNG THE UNIVERSITY OF ROCHESTER LIBRARY
82:2730:0110

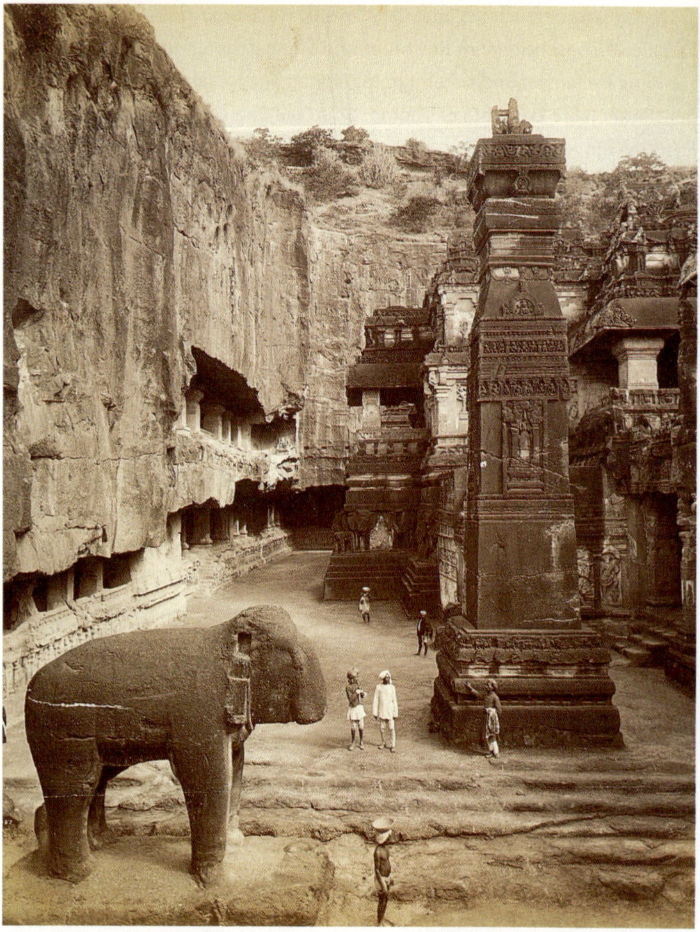

lichen Büchern sowie in zahlreichen Alben veröffentlicht, darunter auch in *Ancient Indian Architecture by Lala Deen Dayal, Photographer to H. H. Nizam, Hyderabad, Deccan 1893*, das 124 Aufnahmen enthält und zur Sammlung des George Eastman House gehört.

Dayal richtete 1878 sein erstes Atelier in Indore ein und eröffnete 1880 Läden in Hyderabad und Bombay. Aber in der anglo-indischen Gesellschaftsstruktur dieser Zeit wurde er vor allem von verschiedenen hochrangigen Würdenträgern der britischen Regierung berufen, an den Hof des Maharadscha von Indore, und 1884 schließlich an den Hof des Nizam von Hydera-

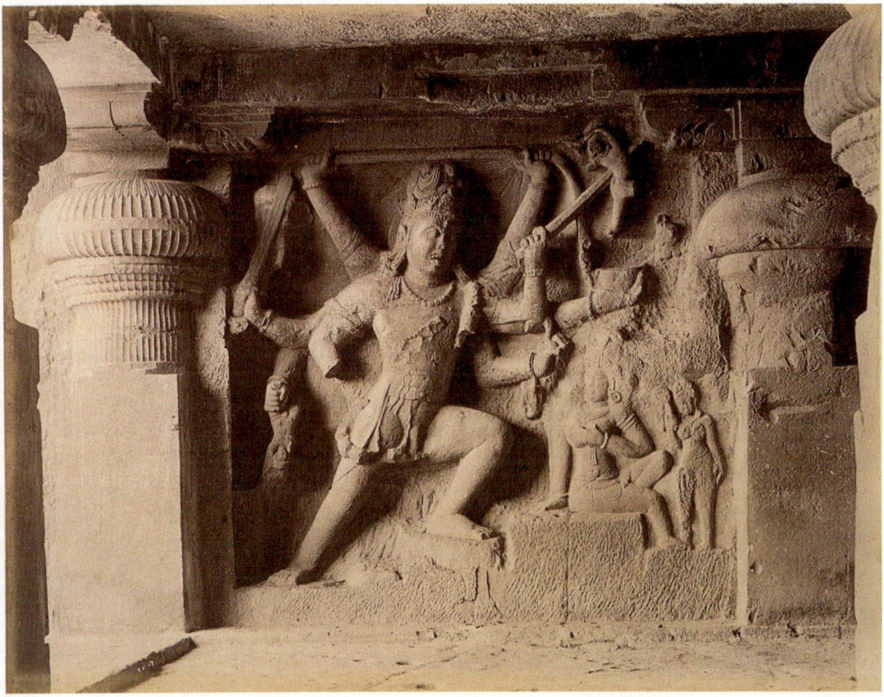

bad – der reichste und mächtigste Prinz Indiens. In seiner Stellung als Hofphotograph produzierte Dayal eine große Auswahl an Photographien, darunter Portraits, Aufnahmen offizieller Anlässen sowie eine umfangreiche Dokumentation militärischer Manöver, des Baus der Eisenbahn und Hilfsmaßnahmen der Regierung in Zeiten der Hungersnot. 1894 verlieh ihm der Nizam den Titel des Raja Bahadur Mussavir Jung, und 1896 eröffnete Dayal ein großes Studio in Bombay. Auf dem Höhepunkt seiner Karriere beschäftigte er 16 Kameraoperateure, vor allem seine Söhne Gyan Chand und Dharam Chand, sowie 35 Angestellte in seinen verschiedenen Studios.

Die beiden Bilder auf den Seiten 182 und 183 gehören zu den 354 Drucken des großartigen Albums *Indian Photographs* in der Museumssammlung. Dieses Album bietet einen faszinierenden Einblick in die verschiedenen Interessensgebiete und Aktivitäten der englischen Oberschicht im Indien des 19. Jahrhunderts und wurde vermutlich Mitte der 1870er Jahre mit Aufnahmen verschiedener Photographien zusammengestellt, darunter der Amateurphotograph Lieutenant W. W. Hooper von der Madras Light Cavalry

Lala Deen Dayal

Seeta Cave (Seeta-Höhle), Ellora, 1893

Albuminpapierabzug
SCHENKUNG THE UNIVERSITY OF ROCHESTER LIBRARY
82:2730:0095

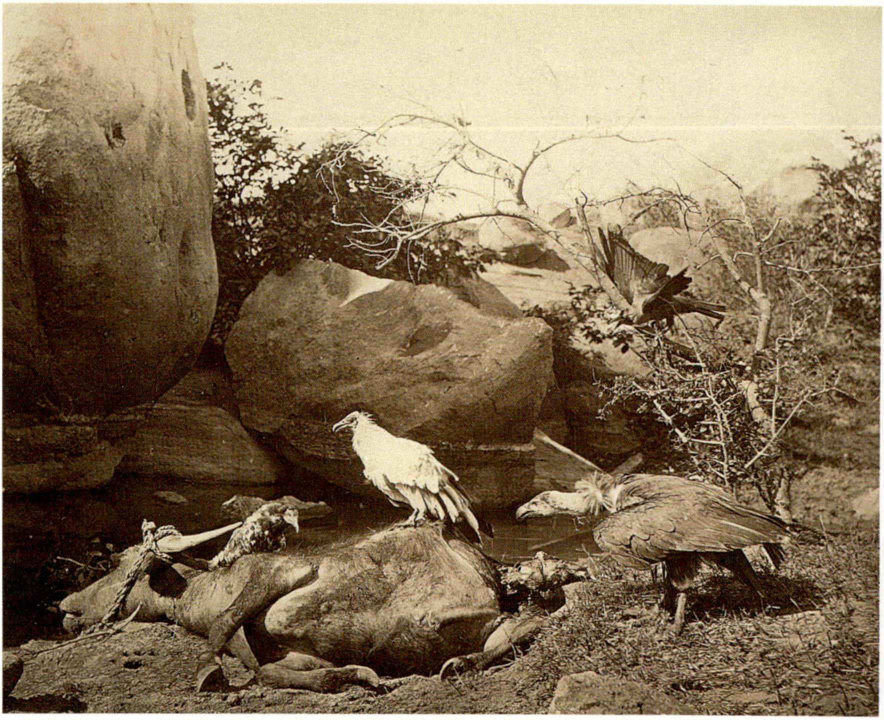

W. W. Hooper
England, aktiv
um 1870er

Tiger Hunting –
No. 5. Buffaloe [*sic*]
Killed by Tiger.
(Kites, Vulture and
Crow, Feeding on
Carcass) (Tiger-
jagd – Nr. 5. Büffel
von Tiger gerissen.
Falken, Geier und
Krähe beim Aas-
fressen), um 1872

Albuminpapierabzug
MUSEUMSANKAUF
79:0032:0072

und der Berufsphotograph Samuel Bourne. *Tigerjagd – Nr. 5, Büffel [sic] von Tiger gerissen* ... gehört zu einer ungewöhnlichen narrativen Sequenz, in der eine Tigerjagd in 12 Szenen nachgestellt ist. Die ganz auf ihre Mahlzeit konzentrierten Vögel verweilten gerade lange genug im hellen Sonnenlicht, daß der Photograph diesen faszinierenden Moment der Natur festhalten konnte. Das Bild von *Col. Michael* ..., der mit dem Fossil einer ausgestorbenen Spezies posiert, ist auf seine Art nicht minder faszinierend, denn es illustriert den Paradigmenwechsel vom Glauben an die göttliche Offenbarung zur Beobachtung der Natur.

Die Photographie verfallener Gebäude in Lucknow, Indien (Seite 184), wurde 1858 von Felice Beato aufgenommen. Eastman House besitzt 49 ähnliche Photographien, die er unmittelbar nach den Aufständen 1858 in Indien machte. Beato hielt sich gerade im Mittleren Osten auf, als er von den Unruhen hörte, und reiste sofort nach Kalkutta. Bei seiner Ankunft hörte er überall in der Stadt Gerüchte von Zwischenfällen und Massakern

Anonym
England?, aktiv
um 1870er

Col. Michael,
Military Secretary
to Government, with
Bones of the Leg
of the Australian
Dinornis (Col. Michael, Militärsekretär
der Regierung mit
den Beinknochen
eines australischen
Dinornis), um 1872

Albuminpapierabzug
MUSEUMSANKAUF
79:0032:0052

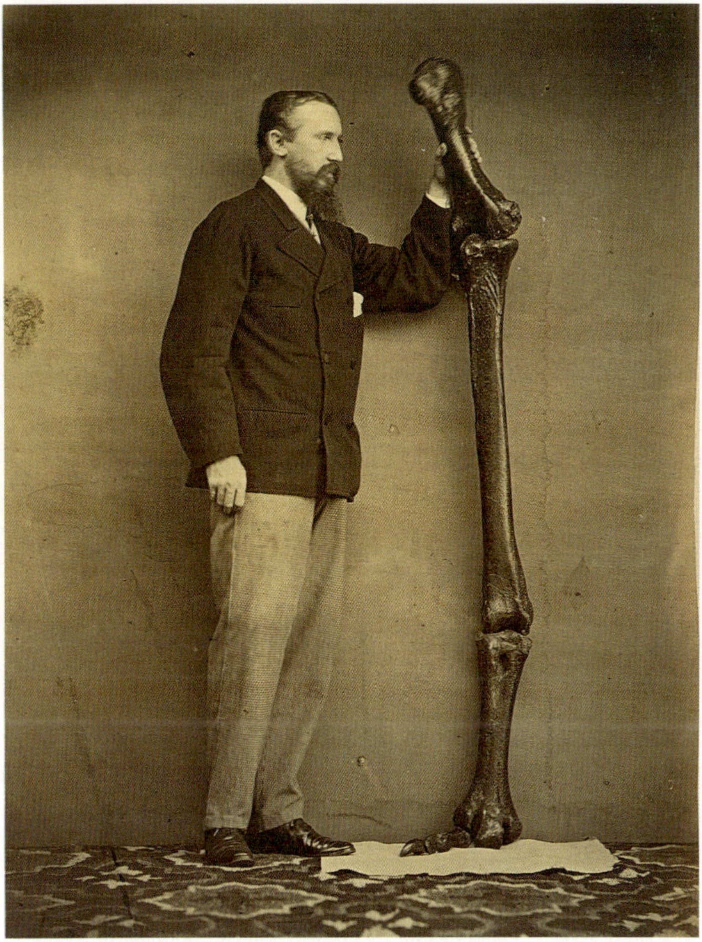

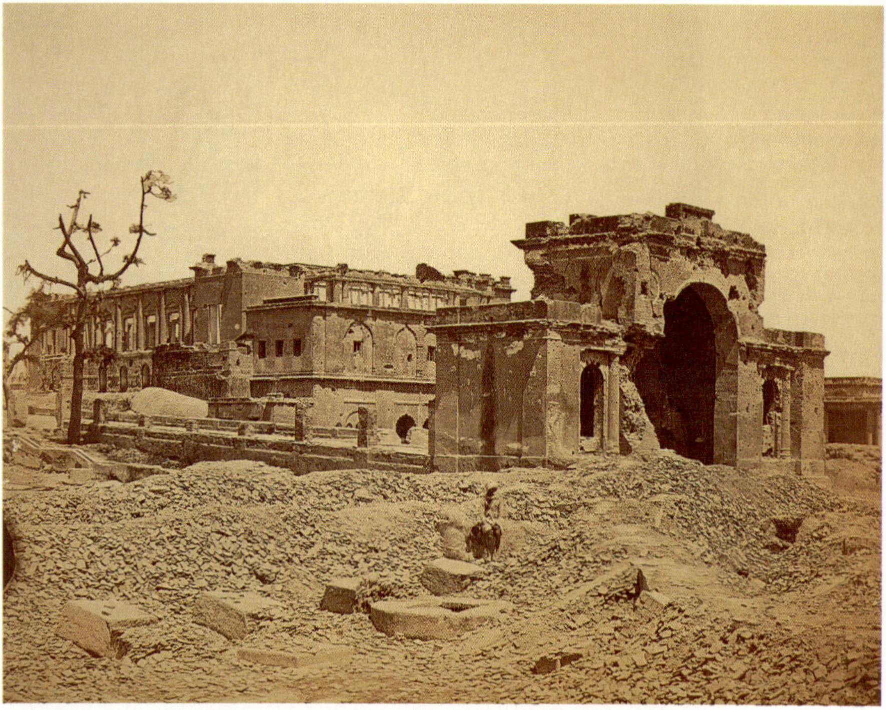

Felice Beato
England, geb. Italien, um 1830–um 1906

The Baillie Guard Gateway and Banquetting Room (Wachtor und Festsaal von Baillie), 1858

Albuminpapierabzug
SCHENKUNG ALDEN SCOTT BOYER
81:2937:0039

im Landesinneren, wo bewaffnete Aufständische noch immer um die territoriale Überlegenheit kämpften. Beato schloß sich sofort den britischen Truppen an und verfolgte die Kämpfe von Cawnpore nach Lucknow und erneut in Cawnpore. Er photographierte britische und loyale indische Militäreinheiten, die indischen Gefangenen sowie die Schauplätze früherer Kämpfe und praktizierte damit eine frühe Form des Photojournalismus. Die letzte militärische Kampagne endete im Dezember 1858, und Beato kehrte im März 1859 nach Kalkutta zurück. Das folgende Jahr reiste er durch Indien und photographierte in Agra, Simla und Lahore, bevor im Februar 1860 der alliierten englisch-französische Militärexpedition anschloß, die von Kalkutta aus nach Nordchina in den Zweiten Opiumkrieg aufbrach.

Diese friedliche Landschaftsszene (rechts) wurde 1864 von Samuel Bourne in Kaschmir aufgenommen und stammt aus seinem Album *Indian Photographs,* das 41 Drucke enthält, aufgeteilt nach Landschaften und Portraits verschiedener ethnischer Gruppen in Nordindien. In einer Vielzahl von

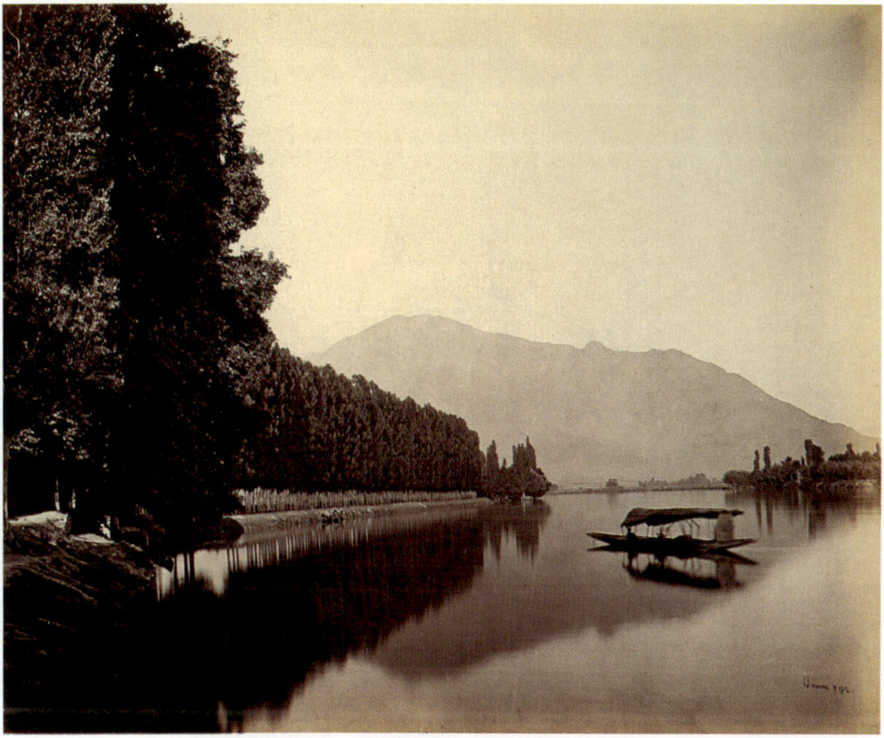

Alben, die zur Sammlung des Museums gehören, erscheinen mehr als 100 Photographien von Bourne. *Kaschmir. Up the Jhelum*, ... ist die gelungene Aufnahme einer pittoresken Landschaft, die an den Lake District in England erinnert. Sie wurde 1864 während einer zehnmonatigen Expedition in das Gebiet um das Kaschmirtal gemacht, bei der Bourne fast 500 Negative anfertigte. Besonders anregend fand er die Region um Srinagar, da das dortige Klima und die Landschaft ihn an seine Heimat erinnerten. Bourne gab seine Stellung als Bankangestellter in Nottingham 1863 auf und schiffte sich nach Indien ein, um als professioneller Landschaftsphotograph zu arbeiten. Er bereiste das Land und photographierte fast ohne Unterbrechung bis er 1869 nach England zurückkehrte und die Photographie aufgab.

Samuel Bourne
England, 1834–1912

Kashmir. Up the Jhelum, from below the Island (Kaschmir, den Jhelum hinauf, von unterhalb der Insel) 1864

Albuminpapierabzug
SCHENKUNG EASTMAN KODAK COMPANY, EHEMALIGE SAMMLUNG GABRIEL CROMER
79:0004:0035

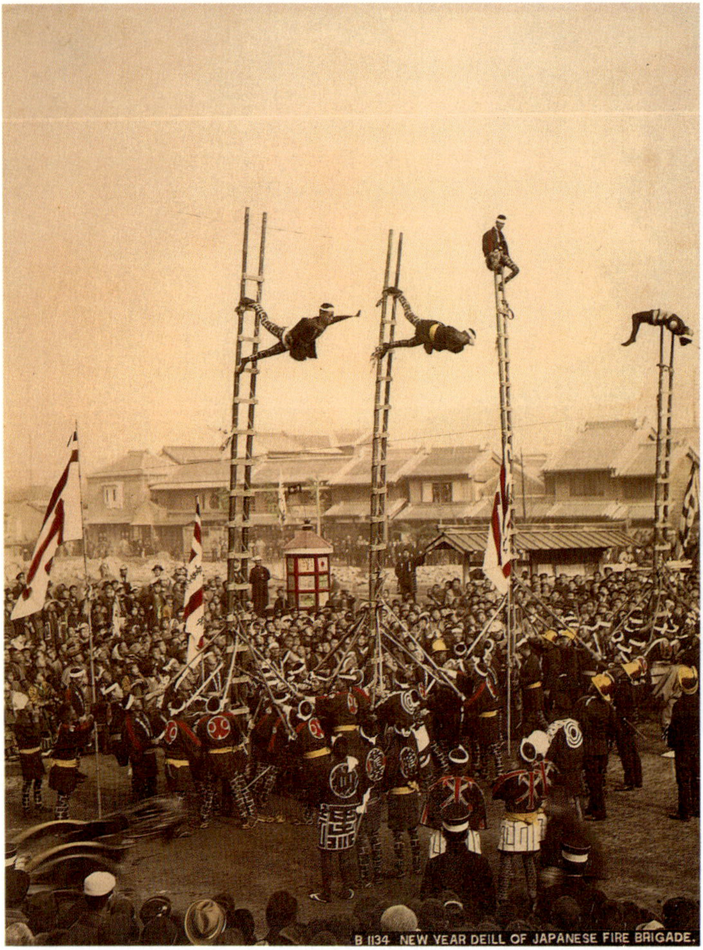

Kusakabe Kimbei zugeschrieben
Japan, aktiv 1890er

New Year Deill [*sic*] of Japanese Fire Brigade (Neujahrsdrill der japanischen Feuerwehr), um 1890

Kolorierter Albuminpapierabzug
MUSEUMSAMMLUNG DURCH AUSTAUSCH
74:0034:0016

Der Ferne Osten – Japan

In der Sammlung des George Eastman House befinden sich über 500 handkolorierte Aufnahmen aus Japan. Sie sind nur schwer exakt zu datieren, weil frühere Negative häufig von späteren Photographen erworben und neu aufgelegt wurden. Sowohl das photographische Genre der »Landschaft« als auch das der sogenannten »Typen und Trachten«-Portraits blieben stilistisch über mehrere Generation unverändert, und Wissenschaftler untersuchen

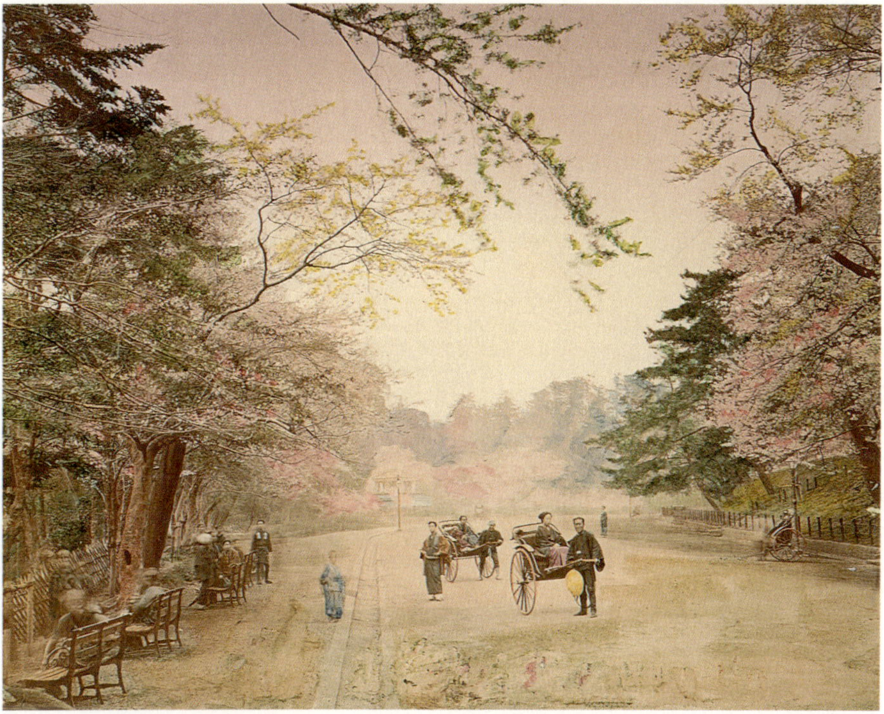

noch immer die Chronologien japanischer Photographen. Felice Beato eröffnete 1863 die erste Photogalerie in Japan und spezialisierte sich darauf, »die berühmten Orte, Landschaften und Trachten Japans darzustellen.« Zwar wurden viele seiner Negative 1866 bei einem Feuer zerstört, aber 1868 konnte er noch immer zwei Bände mit Aufnahmen aus Yokohama veröffentlichen. Im Jahr 1870 eröffnete er als F. Beato & Co. das von John Goddard, H. Woolett und verschiedenen japanischen Photographen während Beatos häufigen Reisen betriebene Atelier neu, um es 1877 inklusive Archiv wieder zu verkaufen. Das Museum besitzt ein Album mit 51 Aufnahmen von Beato, darunter auch *Öffentlicher Park von Uyeno – Tokyo.*

Kusakabe Kimbei arbeitete vermutlich in den 1860er Jahren für Beato und in den 1870er Jahren für dessen Nachfolger, bevor er in den 1880er Jahren sein eigenes Atelier in Yokohama eröffnete. Seine Photographie eines Neujahrsdrills der japanischen Feuerwehr (Seite 186) ist nicht nur gut komponiert und technisch gelungen, sondern setzt auch eine lange Tradition der

Felice Beato & Co. zugeschrieben
Italien, 1870–1877

Public Gardens at Uyeno – Tokyo (Öffentlicher Park in Uyeno –Tokio), um 1875

Kolorierter Albuminpapierabzug
MUSEUMSANKAUF
79:0059:0036

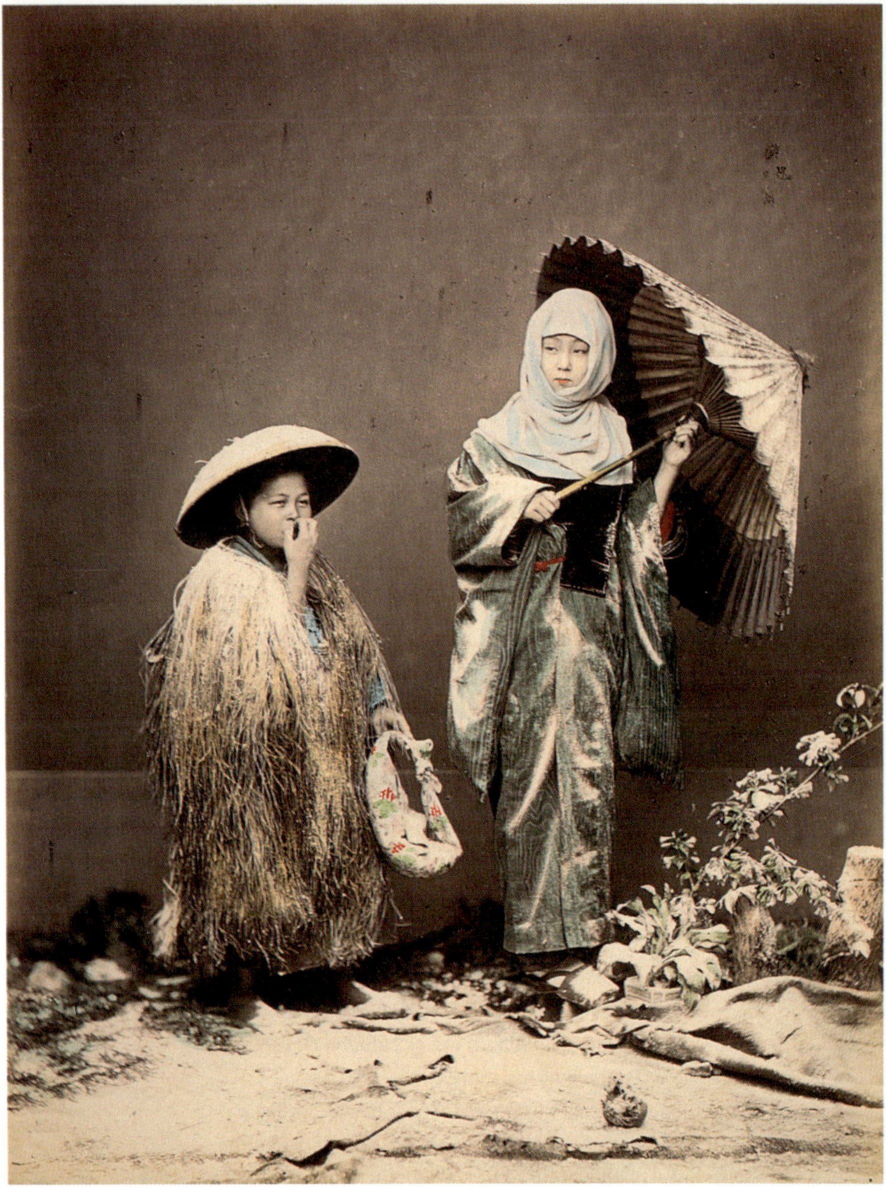

Anonym
Japan?,
aktiv 1880er

Japanischer Akt,
um 1880

Kolorierter Albuminpapierabzug
SCHENKUNG EASTMAN KODAK COMPANY, EHEMALIGE SAMMLUNG GABRIEL CROMER
73:0218:0022

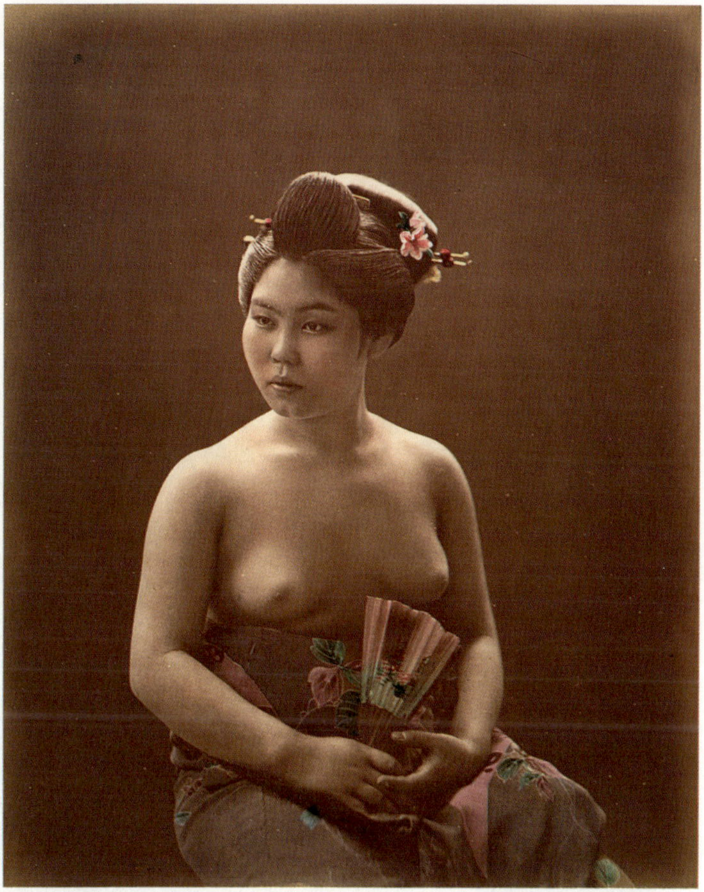

(links)
Anonym
Nationalität unbekannt, aktiv um 1890er

Frau und Kind, um 1890

Kolorierter Albuminpapierabzug
MUSEUMSANKAUF, EHEMALIGE SAMMLUNG WADSWORTH LIBRARY
76:0202:0087

visuellen Dokumentation solcher Paraden durch den Holzschnittkünstler Hokusai fort. Trachtenportraits verschiedener »Typen«, darunter Geishas und Schauspielerinnen, gehörten ebenfalls zur japanischen Holzschnitt-Tradition. Photographen integrierten das bildnerische japanische Erbe geschickt in ihre Bilder, die sie einfühlsam von Hand kolorierten.

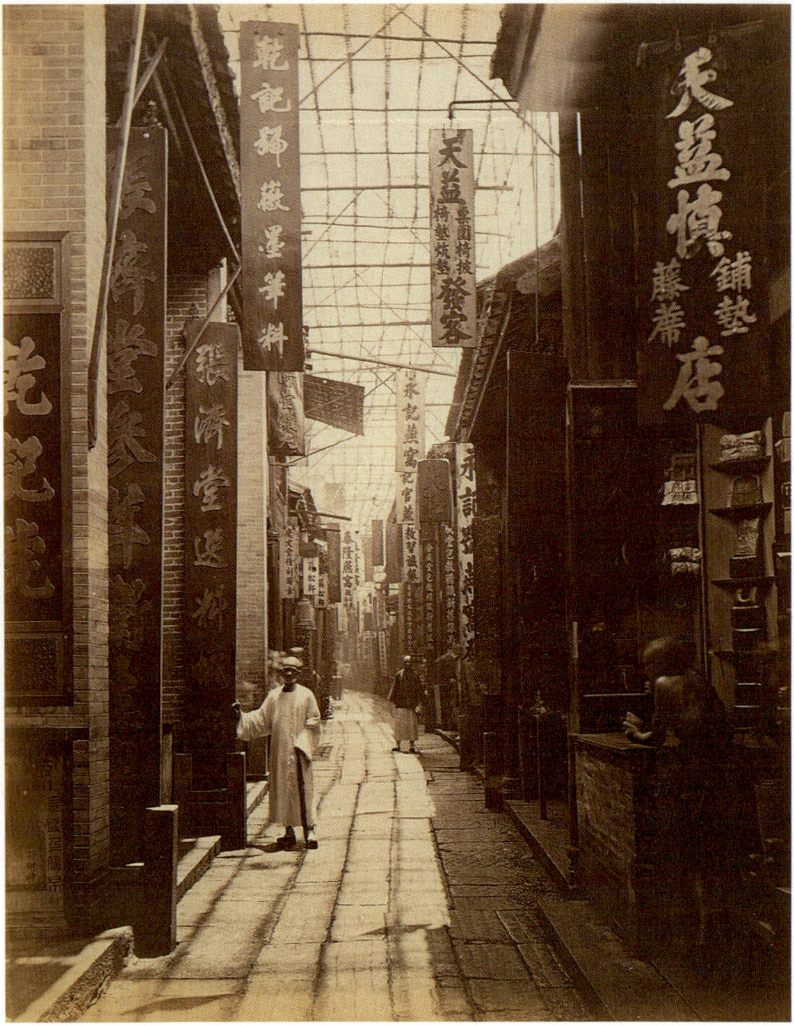

John Thomson
Schottland, 1837–1921

Physic Street, Canton (Straße der Heilkräuter, Kanton), um 1869

Albuminpapierabzug
SCHENKUNG ALDEN SCOTT BOYER
73:0219:0091

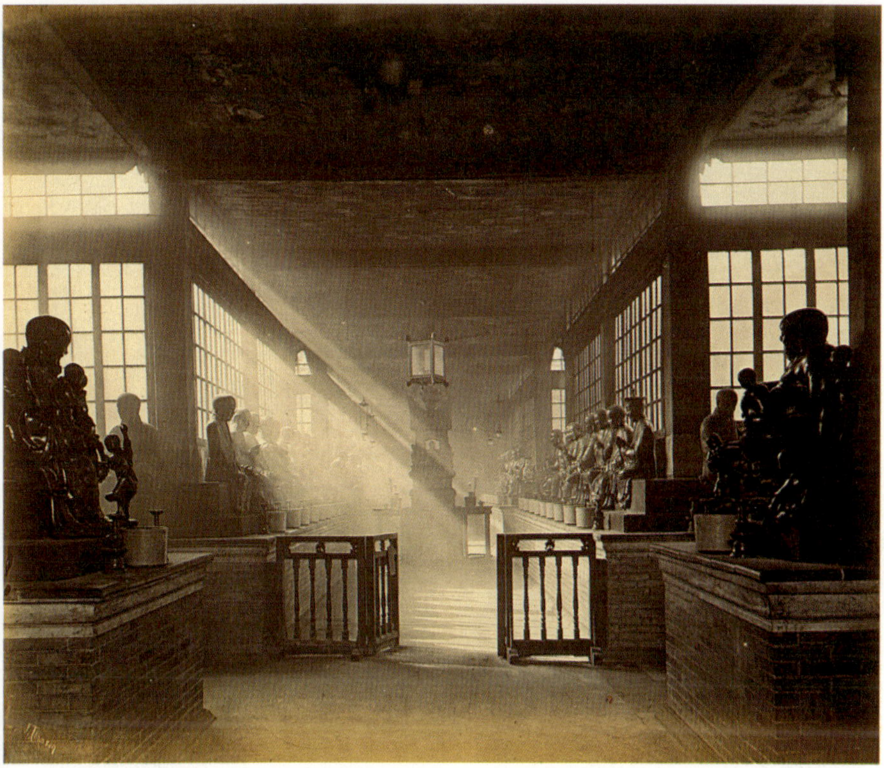

Der Ferne Osten – China

John Thomson brach 1865 von Schottland aus in den Fernen Osten auf, um ein Jahrzehnt Malaysia, Indochina, Kambodscha und China zu bereisen und zu photographieren. Er veröffentlichte zahlreiche Alben und Bücher, darunter *The Antiquities of Cambodia* und *Illustrations of China and its People*, die sich beide in der Menschel Library befinden. Seine in China entstandenen Arbeiten zeichnen sich durch eine äußerst breite Spanne kultureller Interessen sowie ihre Sensibilität für das Exotische aus und sind eine außergewöhnliche Dokumentation dieser Kultur. Diese beiden Photographien demonstrieren Thomsons meisterlichen Umgang mit dem Licht und seine ausgewogene Komposition eleganter Bilder. Das hineinströmende Licht beleuchtet hier die berühmte Halle der Heiligen der Hua-lin-szu (Wah Lum Chu) in Kanton, auch der Prächtige Waldtempel genannt, in dem sich 500 Statuen buddhistischer Heiliger befinden.

John Thomson

Wah Lum Chu, Canton (Wah Lum Chu, Kanton), um 1869

Albuminpapierabzug

SCHENKUNG ALDEN SCOTT BOYER

73:0219:0066

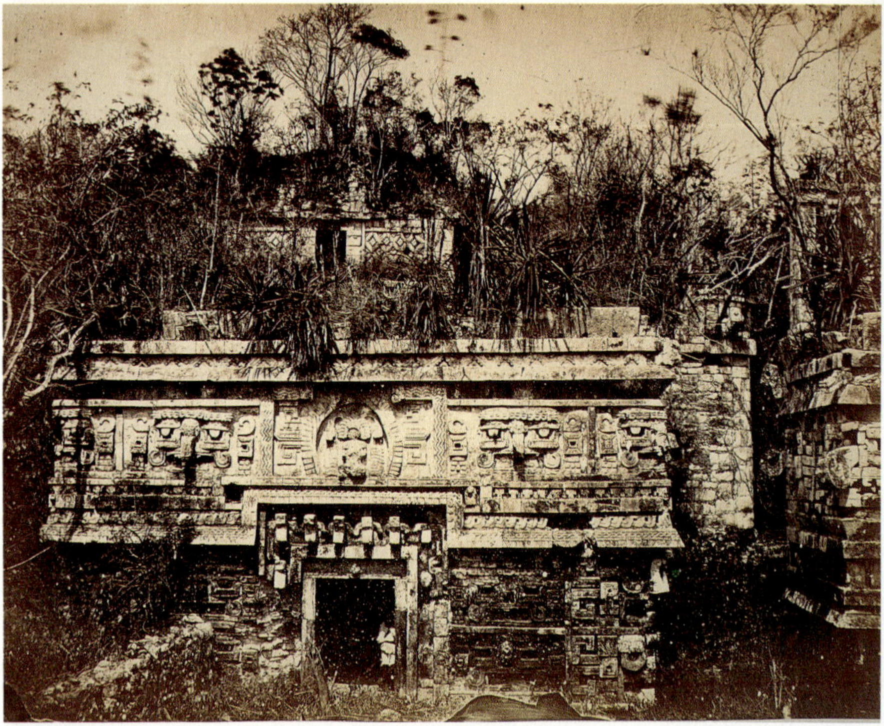

Désiré Charnay
Frankreich,
1828–1915

Main Facade of the Nunnery of Chichen-Itza (Hauptfassade des Nonnenklosters von Chichen-Itza), um 1857–1861

Albuminpapierabzug
SCHENKUNG EASTMAN KODAK COMPANY, EHEMALIGE SAMMLUNG GABRIEL CROMER
73:0199:0014

Mittel- und Südamerika

Diese beiden Tempel in Chichen-Itza auf der mexikanischen Halbinsel Yucatan repräsentieren eine alte und mächtige Kultur, die, ebenso wie es die ägyptischen Bauwerke seit Generationen getan hatten, die Aufmerksamkeit der Archäologen auf sich zogen. Da diese Kultur jedoch von der europäischen weiter entfernt war und und sie auch nicht so stark beeinflußt hatte, zeigten sich weniger Menschen an ihr interessiert. Berichte über die ersten Entdeckungen und Erforschungen des Landes wurden von Zeichnungen begleitet, die unangemessen und verwirrend schienen, da die visuelle Syntax der mittelamerikanischen Kultur von den bekannten europäischen Formen so verschieden war.

Désiré Charnay, geboren und aufgewachsen in Frankreich, arbeitete 1850 als Lehrer an einer Schule in New Orleans, als er John Lloyd Stevens' populären Bericht über seine Reise durch Zentralamerika las. Fasziniert von dieser Lektüre, segelte Charnay nach Frankreich, wo er das Photographieren

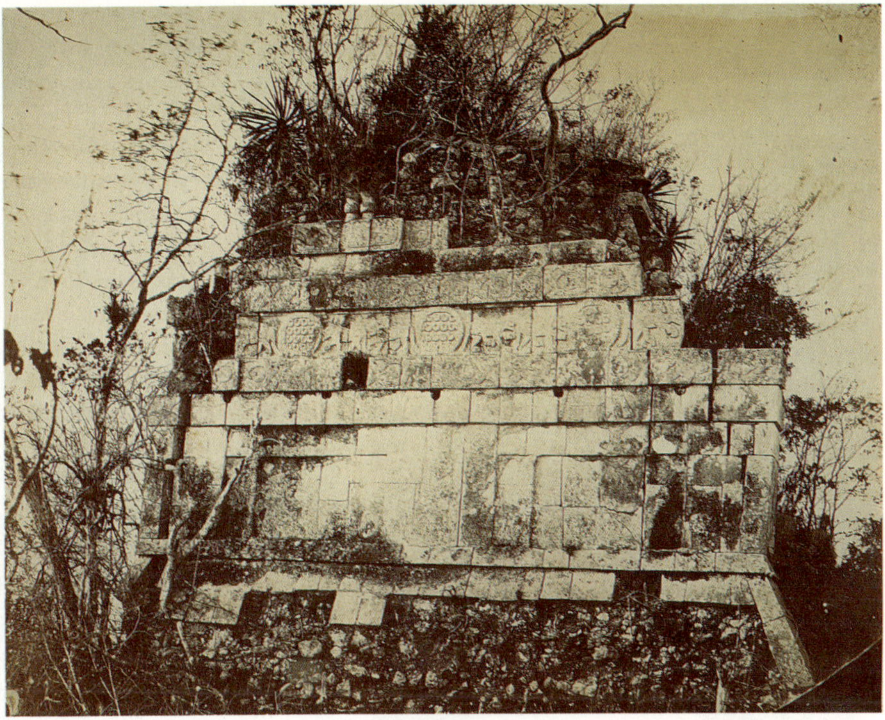

lernte und die Unterstützung des französischen Kultusministeriums für eine Reise nach Yucatan erhielt. 1857 reiste er zunächst acht Monate durch die Vereinigten Staaten, bevor er nach Mexiko aufbrechen konnte, weil dort ein Bürgerkrieg tobte. Charnay hielt sich zehn Monate in Mexiko City auf, bevor er sein lang ersehntes Ziel, Yucatan, erreichte, wo er 1858 und 1860 die präkolumbianischen Ruinen photographierte. 1861 kehrte er nach Frankreich zurück und veröffentlich ein Portfolio mit dem Titel *Cités et ruines américaines, Mitla, Palenque, Izamal, Chiche-Itza, Uxmal*. Das George Eastman House besitzt ein Exemplar dieses Werks mit 31 Ansichten.

Getrieben von seiner Leidenschaft für wenig erforschte, kulturell interessante Orte verbrachte Charnay den Rest seines Lebens damit, entlegene Länder zu besuchen. Mitte der 1860er Jahre kehrte er nach Mexiko zurück und lebte dort bis zum Zusammenbruch der Maximilianischen Regierung 1867. Von 1880 bis 1882 hielt er sich erneut in Yucatan auf, um präkolumbianische Ruinen auszugraben und zu photographieren.

Désiré Charnay

Tiger's Bas-Relief on a Portion of Ball Court of Chichen-Itza (Basrelief des Tigers auf einer Mauer des Ballplatzes von Chichen-Itza, um 1857–1861

Albuminpapierabzug
SCHENKUNG EASTMAN KODAK COMPANY, EHEMALIGE SAMMLUNG GABRIEL CROMER
73:0199:0002

Ricardo Villalba gilt als einer der kreativsten Photographen, die im 19. Jahrhundert in Peru aktiv waren. Er stellte ein ausgezeichnetes Album von Aufnahmen der Southern Railroad zusammen, deren Schienennetz sich von den Küstenebenen bis zu den Hochländern Perus erstreckte. Man nimmt an, daß er Mitte der 1870er Jahre eine Portrait-Galerie im peruanischen Arequipa besaß. Er machte auch mehrere hundert Portraits von Menschen der Arbeiterklasse – Träger, Diener, Soldaten usw. – die er als »Typen« im beliebten Format der Cartes-de-visite verkaufte und in Peru und in der ganzen Welt sammelte. In den 1870er Jahren fertigte er ein außergewöhnliches Album von Einheimischen, das sich heute im Besitz des George Eastman House befindet. Dieses Album, das nur anhand einer Bleistiftnotiz als *Indianer aus Peru & Bolivien – Typen & Kostüme* zu identifizieren ist, besteht aus 192, jeweils auf gegenüberliegenden Seiten abgebildeten Photographien im Visitenkartenformat. Diese Portraits scheinen alle in einem Studio aufgenommen worden zu sein, entweder vor einem gemalten oder einem einfachen Hintergrund, inmitten von verschiedener Studiomöbeln und -requisiten, darunter auch eine Nackenstütze. Bei näherer Betrachtung erkennt man jedoch, daß einige Aufnahmen zu verschiedenen Tageszeiten in den Straßen südperuanischer und bolivianischer Städte gemacht wurden.

Ricardo Villalba zugeschrieben
Peru?,
aktiv 1870er

Mann blickt in den Spiegel, um 1875

Albuminpapierabzug
MUSEUMSANKAUF
71:0010:0086

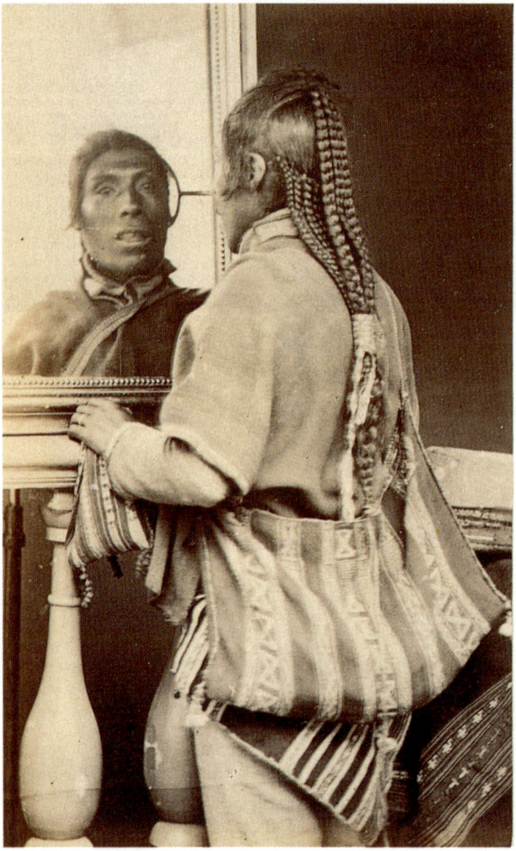

Die Aufnahme eines Indios, der sich im Spiegel sieht, demonstriert Villalbas enthnographisches Interesse. Um die geflochtenen Zöpfe, die Webtaschen und die charakteristischen Attribute zeigen zu können, auf die es ihm bei diesem »Typ« ankam, mußte er sein Modell von hinten photographieren. Da er auch

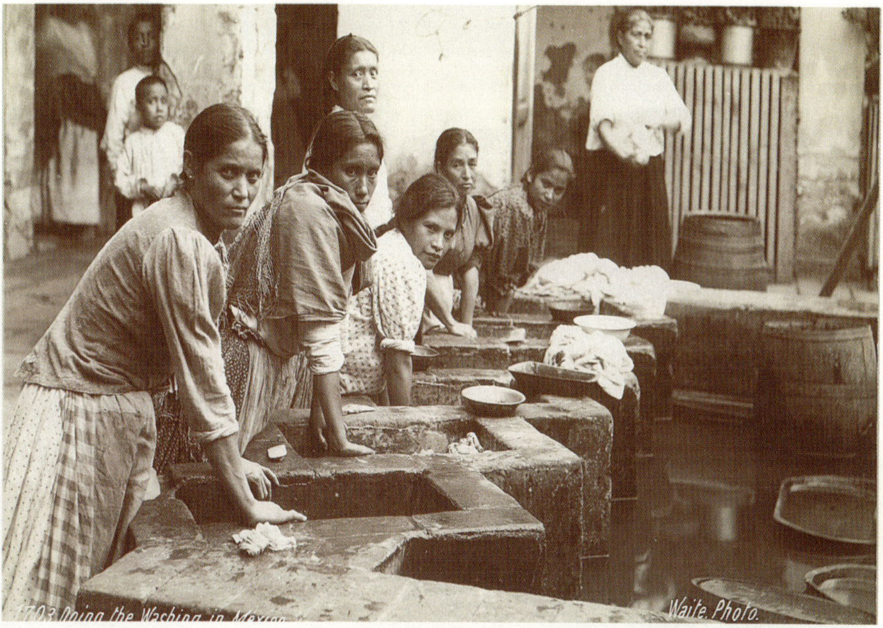

ein interessantes Portrait machen wollte, begegnen wir dem erstaunte Blick des Mannes im Spiegel. Der vorsichtig auf die Brüstung gelegte Arm vermittelt ein Gefühl von Bewegung, wurde aber eigentlich gebraucht, um sich während der langen Belichtungszeiten abzustützen.

Wäschewaschen in Mexiko von Charles B. Waite, einem Berufsphotographen, der Mitte der 1890er Jahre in Los Angeles arbeitete, vermittelt sowohl ein Gefühl für den Ort als auch für die dargestellte Aktivität, was es dem Betrachter ermöglicht, die Szene und ihre Stimmung nachzuempfinden. Der Unterschied besteht darin, daß Waite, der Reisen durch den amerikanischen Südwesten und Mexiko auf der Suche nach pittoresken Szenen unternahm, mit einer photographischen Technologie arbeitete, die flexibler als die Villalbas war. Waites verbesserte Objektive und Glasplatten erlaubten es ihm, im Freien zu photographieren und Menschengruppen aufzunehmen, ohne befürchten zu müssen, daß sich der eine oder andere bewegen und das Bild verzerren würde. Die Raumtiefe, die er in diesem Bild erzielte, ist weitaus größer als die der meisten Portraits aus den 1870er Jahren. In dieser ethnographischen Photographie für Touristen nutzte er alle technischen Vorteile, um kulturelle Unterschiede und das »Exotische« wirkungsvoll darzustellen.

Charles B. Waite
Amerika, aktiv
1890er–1900er

Doing the Washing
in Mexico (Wäsche
waschen in Mexiko),
um 1900

Albuminpapierabzug
SCHENKUNG JOHN
SEARS WRIGHT
83:1296:0017

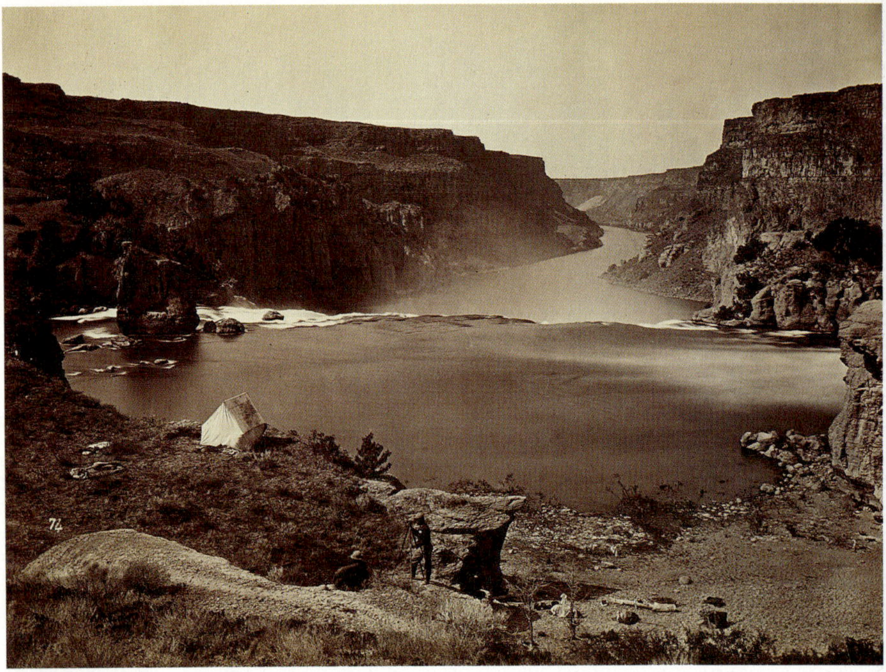

Timothy H. O'Sullivan
Amerika, geb. Irland, 1840–1882

Shoshone Falls, Looking over Southern Half of Falls, September (Shoshone-Wasserfälle, die Südhälfte überblickend), 1868

Albuminpapierabzug
SCHENKUNG HARVARD UNIVERSITY
81:1887:0055

Der Amerikanische Westen
Diese Aufnahme der Shoshone Falls in Idaho machte Timothy O'Sullivan im September 1868, nachdem er sich der geologischen Expedition von Clarence King zur Erforschung des 40. Breitengrads angeschlossen hatte, eine der ersten von zahlreichen wissenschaftlichen Landvermessungsexpeditionen in den amerikanischen Westen, die von der Bundesregierung gefördert wurden. O'Sullivan wurde damit beauftragt, diese Arbeiten zu dokumentieren und photographierte zwei Mal an den Shoshone Falls, wo er etwa 50 Glasplatten-Negative aufnahm. Dieses Bild verrät, warum O'Sullivan diesen Ort liebte. Die vier unterschiedlichen visuellen Ebenen der Aufnahme verlaufen von unten nach oben und von nah zu fern: Im Vordergrund erkennt man auf einem abfallenden Felsen das Haus eines Menschen, der auf das gestaute Wasser blickt, bevor es über einen steilen Abgrund dramatisch in die Tiefe stürzt und Energie freisetzt; dann schlängelt sich der Fluß malerisch durch die Felsen zur letzten Ebene, dem wolkenlosen Himmel in der Ferne. Es ist die visuelle Verkörperung der Vorstellung einer Ruhepause vor einer anstrengenden Reise, eine friedliche Stille, gefolgt von gefährlicher Bewegung, und schließlich die klassische Erkundungsreise aus dem Alltäglichen, Bekannten in eine unbekannte Weite.

Die amerikanische Wildnis, die als ein unbeflecktes Eden mit einer berauschenden Mischung aus Freiheit, Möglichkeit und Gefahr galt, war seit jeher der Inbegriff des amerikanischen Ethos. Im 19. Jahrhundert war diese Wildnis zur Westgrenze Amerikas geworden und schob sich beständig in Landschaften von unermeßlicher Weite vor, die bei den amerikanischen Bürgern das Gefühl einer besonderen Gunst und großen Stolzes weckten. Im Verlauf des Jahrhunderts wurden diese Gebiete von Dutzenden von Vermessungsexpeditionen erforscht, die sowohl von der Regierung als auch mit privatem Kapital unterstützt wurden. Beginnend mit der Expedition von Lewis und Clark 1803 bis in die 1880er Jahre waren die bewaffneten Männer einer solchen Unternehmung monatelang auf sich gestellt, bevor sie wieder in irgendeine abgelegene »Zivilisation« zurückkehrten. So weit von jeder möglichen Hilfe entfernt, konnte sich eine Fehleinschätzung oder ein Unfall als fatal erweisen und tat es auch oft genug, denn viele Entdecker starben bei ihren Vorstößen in die Wildnis an Hunger, Krankheit oder durch feindliche Angriffe. Trotzdem waren viele Künstler und Photographen von der Landschaft des Westens so fasziniert, daß sie beträchtliche Mühen und Gefahren auf sich nahmen, um diese erstaunliche Welt für ihre Zeitgenossen festzuhalten.

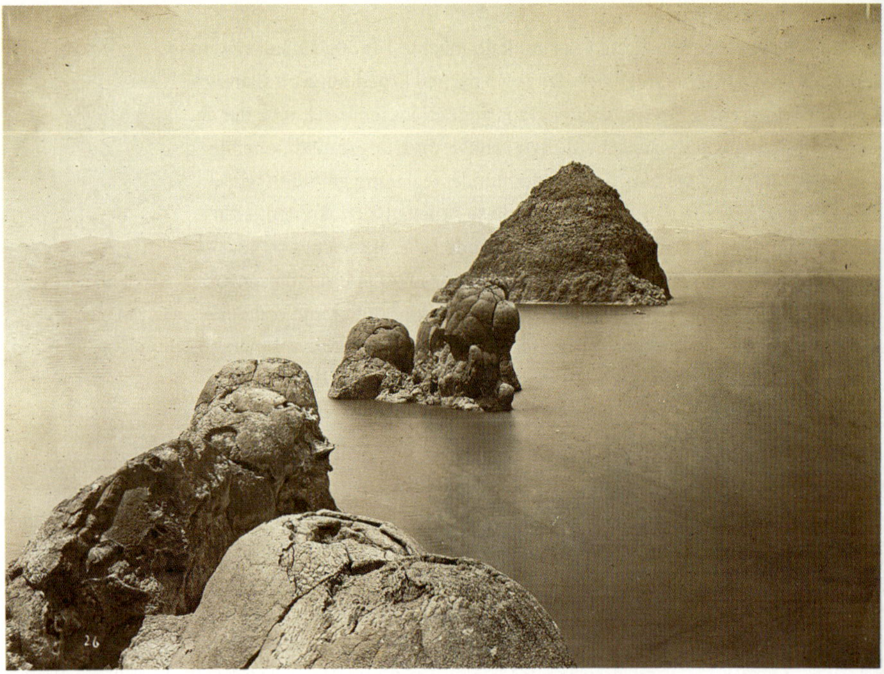

Timothy H. O'Sullivan
Amerika, geb. Irland, 1840–1882

»Pyramid«, Pyramid Lake, Nevada, 1868

Albuminpapierabzug
SCHENKUNG HARVARD UNIVERSITY
81:1887:0015

Die amerikanische Regierung hatte sich der dokumentarischen Möglichkeiten der Photographie bereits im Sommer 1840 bedient, als Edward Anthony mehrere Daguerreotypien in Maine machte, um eine Grenzstreitigkeit mit Kanada zu schlichten. Auch andere Expeditionen beschäftigten Daguerreotypisten, beispielsweise Eliphalet Brown Junior, der Admiral Perry von 1852 bis 1854 bei seiner Expedition ins Chinesische Meer und nach Japan begleitete. Aber erst nach der Verbreitung des nassen Kollodium-Verfahrens in der zweiten Hälfte des 19. Jahrhunderts wurden in den Vereinigten Staaten nennenswerte Landschaftsphotographien gemacht, und erst nach dem Ende des amerikanischen Bürgerkriegs gehörten Photographen zur Standardbesetzung staatlich geförderter Vermessungsexpeditionen. Die geologischen und geographischen Expeditionen nach dem Krieg glichen Laboratorien, in denen erstmals genaue wissenschaftliche Meßinstrumente und Interpretationen der physischen Welt Anwendung fanden, und die dadurch gewonnenen neuen wissenschaftlichen Erkenntnisse und Methoden wurden in umfangreichen Dokumentationen für die Öffentlichkeit festgehalten. Als die photographische Technologie sich so weit entwickelt hatte, daß die Feld-

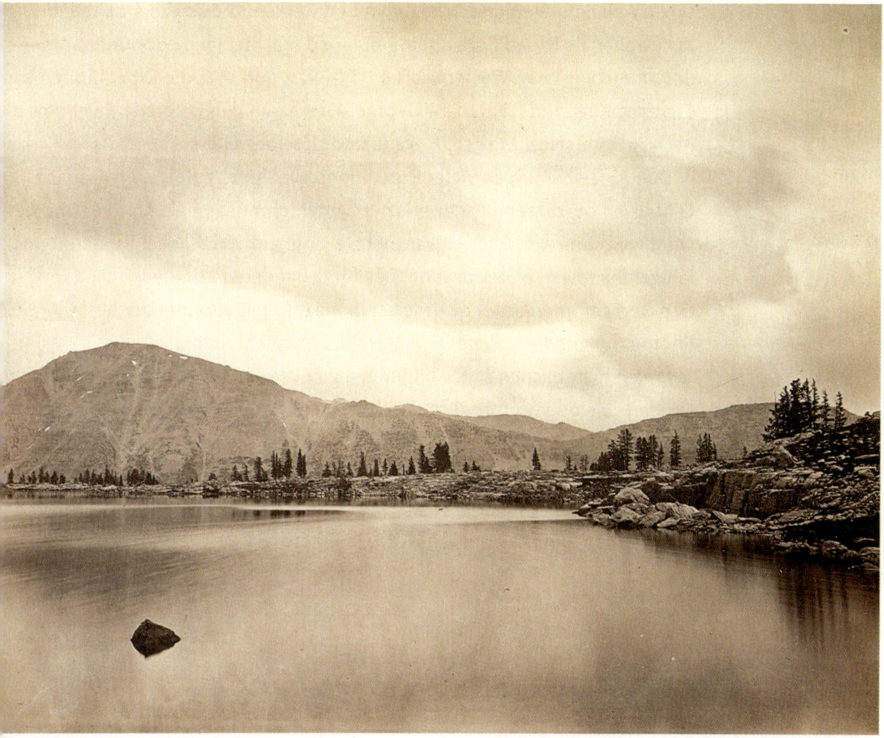

photographie zwar möglich, wenn auch nach heutigen Standards außerordentlich schwierig war, arbeiteten viele dieser Expeditionen regelmäßig mit Photographen, die Teil der immer rigoroseren wissenschaftlichen Strukturen solcher Unternehmungen wurden.

Timothy O'Sullivan war während des Bürgerkriegs ein aktiver Feldphotograph und avancierte nach dessen Beendigung zu einem der erfahrensten Expeditionsphotographen des Landes. 1867 schloß er sich der Expedition von Clarence King an und photographierte in den folgenden zwei Jahren in Nevada, im Osten Kaliforniens, in Idaho, Utah und im Süden von Wyoming. 1872 stieß er erneut zu der Expedition von King und machte Aufnahmen in Nevada und Utah, dem damaligen Gebiet des Green River in Wyoming und Colorado. Das Museum besitzt über 130 Photographien der King-Expeditionen, von weiten Landschaften bis hin zu detaillierten Ansichten bisweilen verblüffender geologischer Formationen sowie Aufnahmen von minerali-

Timothy H. O'Sullivan

Uintah Mountains (Uintah Berge), 1869

Albuminpapierabzug

SCHENKUNG HARVARD UNIVERSITY

81:1888:0027

schen Ablagerungen und Arbeiten in Bergwerken. O'Sullivan arbeitete bis 1874 weiter als Expeditionsphotograph und machte über 1.000 Aufnahmen des amerikanischen Westens, als er 1871, 1873 und 1874 die Expeditionen von Clarence King und Lieutenant George Wheeler an den Colorado River sowie nach Arziona, New Mexico, Nevada und Utah begleitete.

Den Aufzeichnungen vieler Expeditionsteilnehmer zufolge, erwies sich O'Sullivan bei diesen beschwerlichen Unternehmungen als tapferer und beständiger Kamerad. Aber er war mehr, als nur ein verläßlicher Kamerad und fähiger Handwerker, auch wenn dies für die anderen Mitglieder der Expedition weniger interessant gewesen sein mag. Er gilt als einer der besten Photographen, die je die amerikanische Landschaft interpretierten.

In den historischen Aufzeichnungen gibt es keine Hinweise, die erklären würden, wie oder warum dies geschah. O'Sullivan tat während seiner gesamten Karriere einfach seine Arbeit. Daß er ein Künstler war, bewies O'Sullivan nur innerhalb der tatsächlichen Grenzen seiner Photographien, indem er intuitiv ein Gleichgewicht zwischen Motiv und Form herstellte, die seinen

Timothy H. O'Sullivan
Amerika, geb. Irland, 1840–1882

Gould and Curry Mill (Gould and Curry-Werke), Virginia City, 1867

Albuminpapierabzug
SCHENKUNG HARVARD UNIVERSITY
81:1886:0026

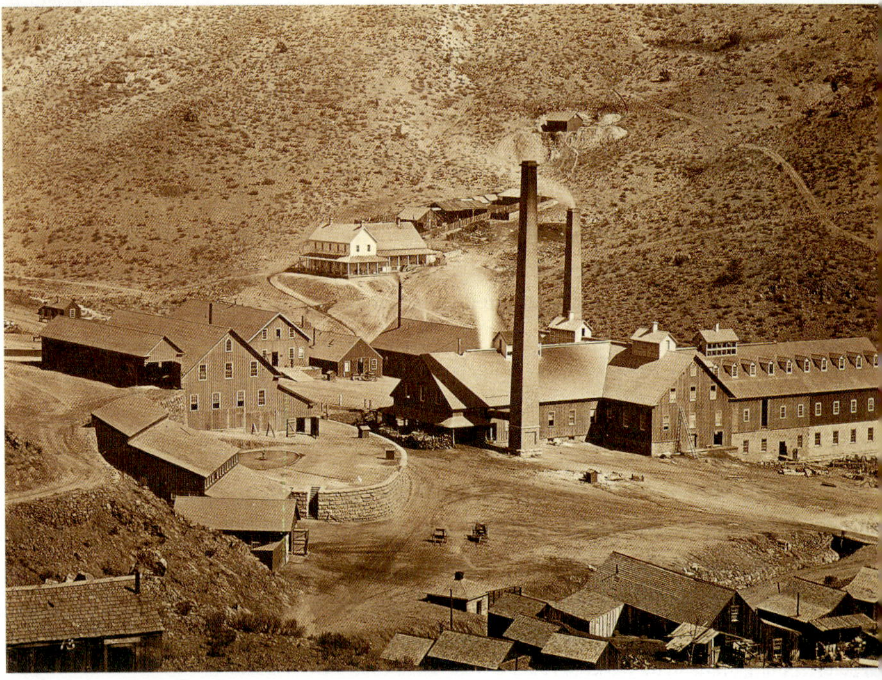

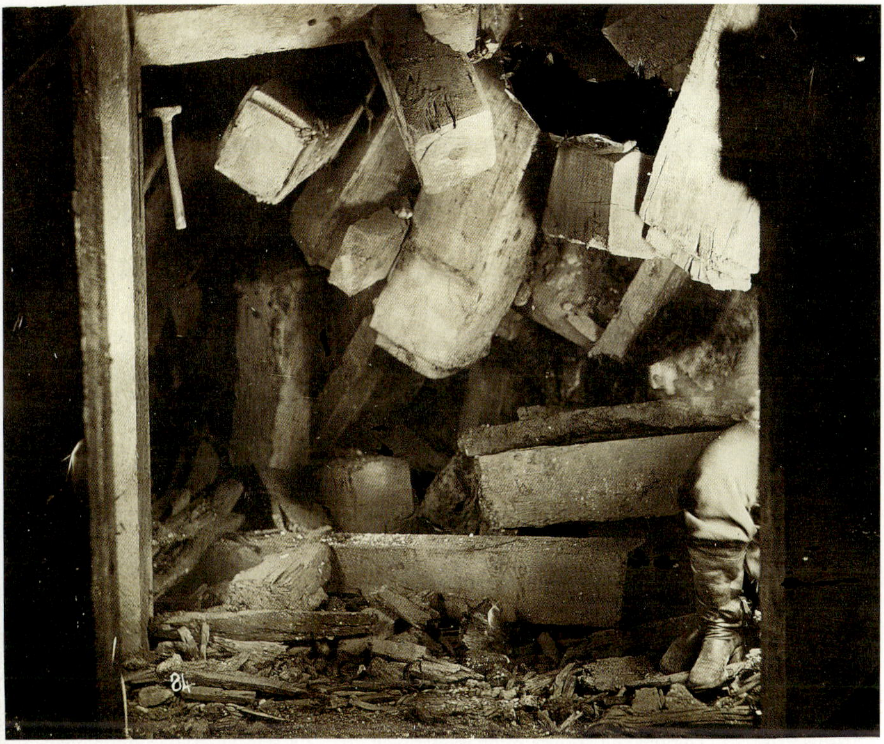

Bildern etwas Emotionales und die Möglichkeit einer zusätzlichen Bedeutung verleiht. Jeder fähige Stereophotograph kannte den Trick, die Kamera so zu plazieren, daß sich sowohl im Vordergrund als auch im Hintergrund der Komposition ein interessantes Objekt oder eine Form befand, und gestaltete das Bild mit einem relativ offenen und klaren Mittelgrund oder, noch besser, mit einer Struktur oder Form, die eine starke zurückweichende diagonale Linie zwischen Vordergrund und Hintergrund bildete. Durch ein Stereoskop betrachtet, entsteht in einer solchen Aufnahme der Eindruck von Weite und Tiefe. O'Sullivan benutzte solche Tricks wie jeder andere Landschaftsphotograph, aber da es ihm gelang, diese Konventionen der Komposition und des Ausschnitts kraftvoll zu durchdringen, besitzen seine Photographien eine Präsenz, welche die einfache Beschreibung ihres Sujets transzendiert.

Die moderne Forschung bestätigt, daß O'Sullivan bewußt mit diesen, ihm zur Verfügung stehenden Werkzeugen arbeitete, und er war dafür bekannt,

Timothy H. O'Sullivan

Crushed Timbers, Gould and Curry Mine (Zermalmtes Holz, Gould and Curry-Werke), January–February, 1868

Albuminpapierabzug
SCHENKUNG HARVARD UNIVERSITY
81:1887:0001

daß er stets, oft stundenlang, auf das beste Licht wartete. Meist machte er leicht abgewandelte Aufnahmen desselben Motivs aus verschiedenen Blickwinkeln (keine leichte Aufgabe mit dem aufwendigen nassen Kollodium-Verfahren), um das Bild zu machen, das am besten »funktionierte« und das die verschiedenen Landschaftselemente in der stärksten Komposition vereinte. Dies konnte bedeuten, daß er die Kamera kippen mußte, um die Horizontlinie zu verändern und die Objekte in eine, zwar weniger genaue, aber dramatischere visuelle Beziehung zueinander zu bringen.

Alle modernen Photographen wandten diese Methode an, die in der photographischen Literatur zur Zeit O'Sullivans normalerweise nicht behandelt wurden. Hätte O'Sullivan jemals über seine Form der photographischen Praxis geschrieben, hätten die meisten seiner Zeitgenossen nicht verstanden, worum es ihm ging. Die in der *Gould and Curry Mine in Virginia City, Nevada,* aufgenommenen Photographien verdeutlichen seine Vorgehensweise. Die Ansicht der Mine ist so komponiert, daß keine Horizontlinie existiert; die Gebäude auf der abgeflachten Oberfläche des Bildes werden vor allem durch ihre Beziehung zueinander und zu den Bildkanten gefestigt. So erscheint die formale Beziehung gleichwertig mit jeder inhaltlichen.

In den Jahren 1871, 1873 und 1874 begleitete O'Sullivan die geologisch-geographische Landvermessungsexpeditionen westlich des 100. Meridians von Lieutenant George Wheeler und verpaßte die Expedition von 1872, weil er in diesem Jahr für King arbeitete. Das George Eastman House besitzt ein Album mit 50 Albuminpapierkopien, das 1875 zur Illustration des siebenbändigen Abschlußberichtes der Wheeler-Expedition zusammengestellt wurde. Darin befinden sich Aufnahmen von allen Expeditionen der Jahre

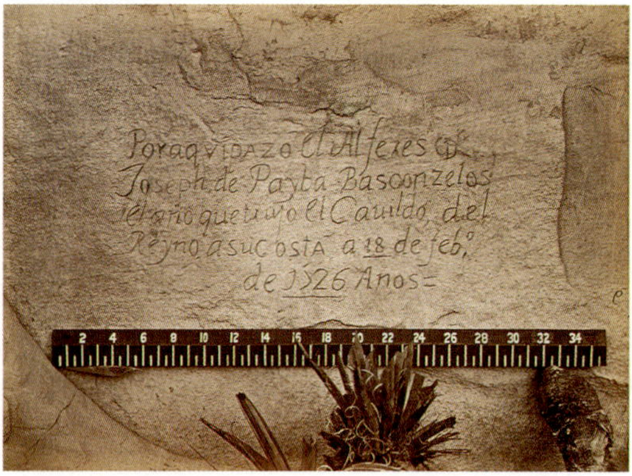

Timothy H. O'Sullivan
Amerika, geb. Irland, 1840–1882

Historic Spanish Record of the Conquest. South Side of Inscription Rock, N. M., (Historischer Bericht der spanischen Eroberung. Südseite des beschrifteten Felsens), 1873

Albuminpapierabzug
MUSEUMSANKAUF, EHEMALIGE SAMMLUNG PHILIP MEDICUS
79:0014:0040

Timothy H. O'Sullivan

Ancient Ruins in the Cañon de Chelle [*sic*], N. M. in a Niche 50 Feet above Present Cañon Bed (Alte Ruinen im Cañon de Chelle, New Mexico, in einer Felsnische, 15 Meter über dem heutigen Bett des Canyons), 1873

Albuminpapierabzug
MUSEUMSANKAUF, EHEMALIGE SAMMLUNG PHILIP MEDICUS
79:0014:0041

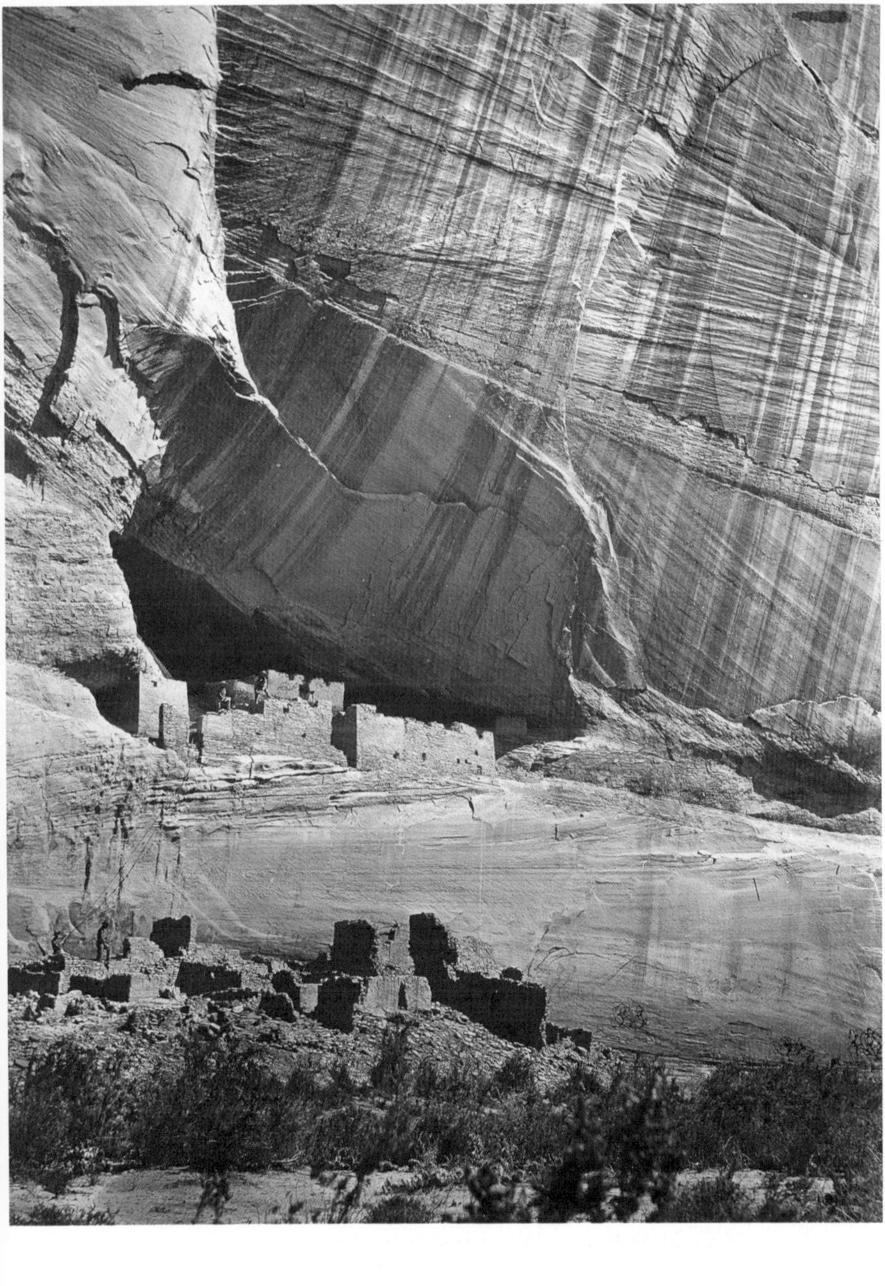

William Bell
Amerika, geb. England, 1830–1910

Perched Rock (Findling), Rocker Creek, Arizona, 1872

Albuminpapierabzug
MUSEUMSANKAUF, EHEMALIGE SAMMLUNG PHILIP MEDICUS
79:0014:0030

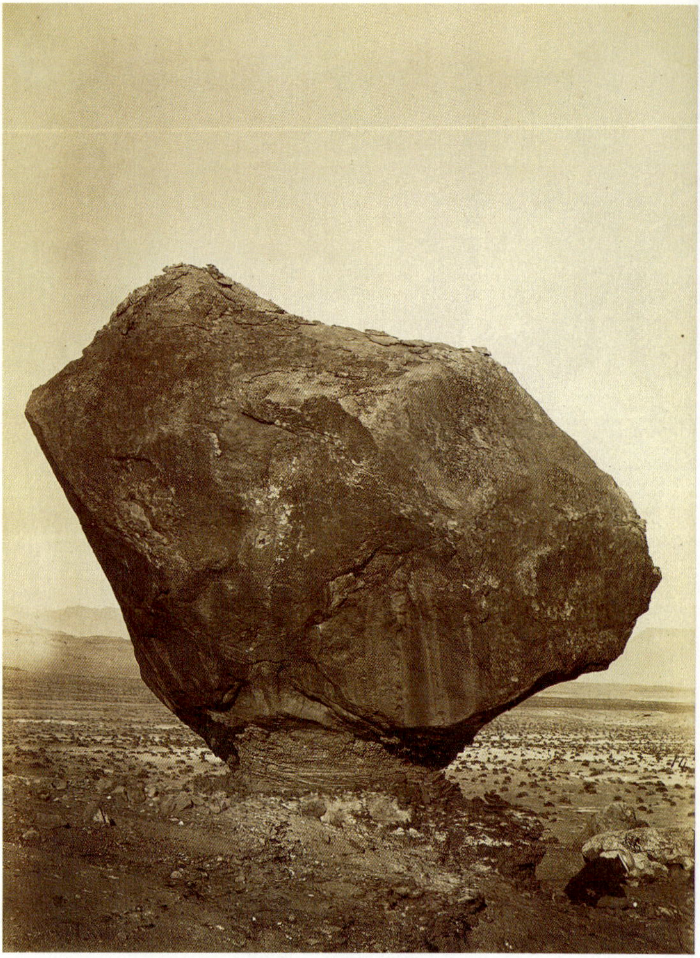

1871, 1872 und 1873, darunter auch 15 Photographien von William Bell. Die beiden Aufnahmen von O'Sullivan auf den Seiten 202 und 203 entstanden während der Expedition von 1873, als die Mannschaft den Norden Arizonas und New Mexico erkundete. Bei diesem Unternehmen richtete der Photograph seine Kamera auf ethnographische Motive und machte Bilder von den Apachen in den Sierra Blanca Mountains in Arizona, den Navajo und Zini in New Mexico, den historischen Überresten der spanischen Eroberer und den noch älteren Ruinen von Anasazi im Canyon de Chelly.

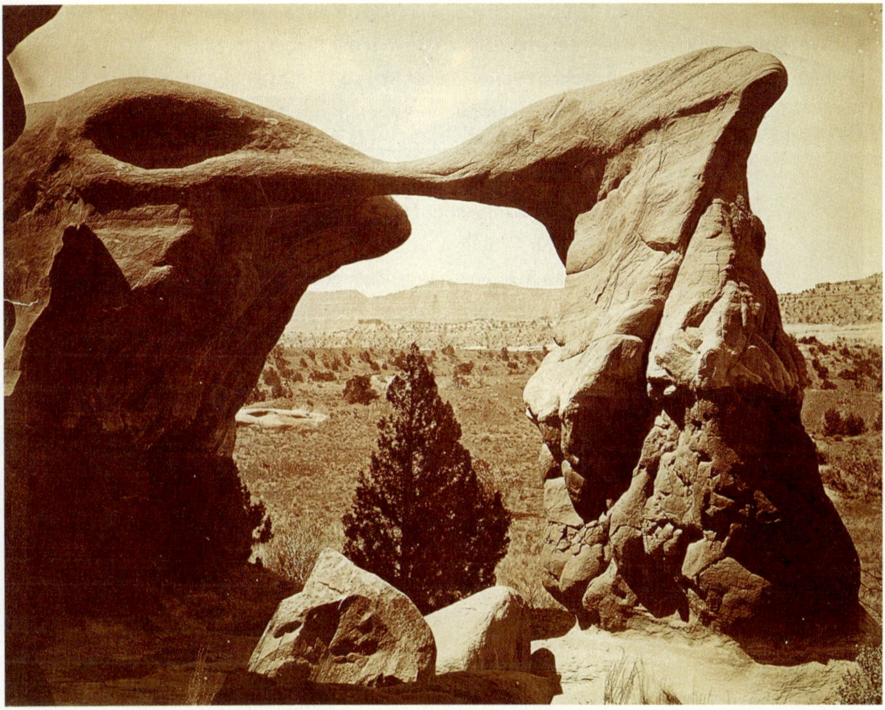

John K. Hillers
Amerika,
geb. Deutschland,
1843–1925

Goblin's Archway,
um 1875

Albuminpapierabzug
78:0768:0001

O'Sullivan photographierte ebenso gut nahe Objekte wie weite Landschaften. Der *Historische Bericht der spanischen Eroberung* ... hat die formale Qualität eines Stillebens. Indem er Alltagsobjekte mit visueller Klarheit und Kohärenz darstellte, verlieh er seinen Photographien eine Anziehungskraft, die über das bloße Interesse an dem gezeigten Motiv hinausgeht. Diese Begabung wandte O'Sullivan auch auf größer angelegte Versuche an. So machten er selbst und andere Kollegen informative Bilder der Ruinen im Canyon de Chelly, wo das Licht die Strukturen deutlich hervorhob und die Ruinen in ihrem Verhältnis zum umliegenden Terrain gezeigt werden konnten. Indem er eine vertikale Komposition wählte, die Kamera so plazierte, daß die Ruinen in den Felsen ein Echo in den Ruinen im Bett des Canyons finden, und den Ausschnitt so wählte, daß die elegant geschwungenen Gesteinsschichten der Felswand das Auge nach oben lenken, schuf O'Sullivan ein erstaunliches Bild. Er verwandelte diese Bilder von Dokumentationen in kreative Aussagen und machte nüchterne Protokolle zu Kunst.

William Bell aus Philadelphia wird oft mit einem anderen William Bell verwechselt, der ebenfalls zu Beginn der 1870er Jahre im amerikanischen Westen photographierte. Dieser Bell aus Philadelphia diente in der Armee der Unionsstaaten, kämpfte in Antietam und Gettysburg und war von 1865 bis 1869 leitender Photograph des Army Medical Museum in Washington, D.C. Er nahm nur an einer Expedition in den Westen teil und begleitete 1872 Lieutenant Wheeler auf seiner Fahrt durch den »Grand Gulch« des Colorado River als Ersatz für O'Sullivan, der zu dieser Zeit für Clarence King photographierte. Dies gab Bell die Chance, sich mit seinen Bildern der spektakulären Natur dieser Region Arizonas einen Platz in der Geschichte des amerikanischen Westens (und der Photographie) zu sichern. Bell verwandte eine 25,4 x 30,4 cm große Kamera und eine Linse, die den Raum seiner Bilder abflachte. Für seine wirkungsvollen Landschaftsaufnahmen wählte er häufig das damals ungewöhnliche Hochformat, und verlieh ihnen damit Intensität.

John K. (Jack) Hillers wurde 1871 von John Wesley Powell bei dessen zweiter Expedition zum Green River und zum Colorado River als Ersatz für einen Ruderer angestellt. Hillers, geboren in Deutschland, aber aufgewachsen in den Vereinigten Staaten, hatte in den Schlachten von Petersburg, Cold Harbor und Richmond für die Unionisten gekämpft, sich nach dem Krieg wieder bei der Armee verpflichtet und hatte bis 1870 im Grenzland gedient. 1871

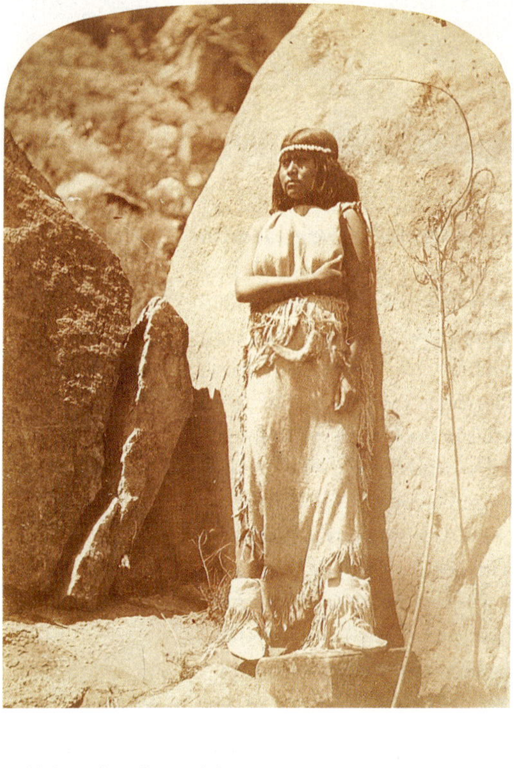

John K. Hillers
Amerika,
geb. Deutschland,
1843–1925

Kaibah Paiute.
»Ku-ra-tu«, um 1875

Albuminpapierabzug
MUSEUMSANKAUF, EHEMALIGE SAMMLUNG FRED S. LIGHTFOOT
81:0967:0116

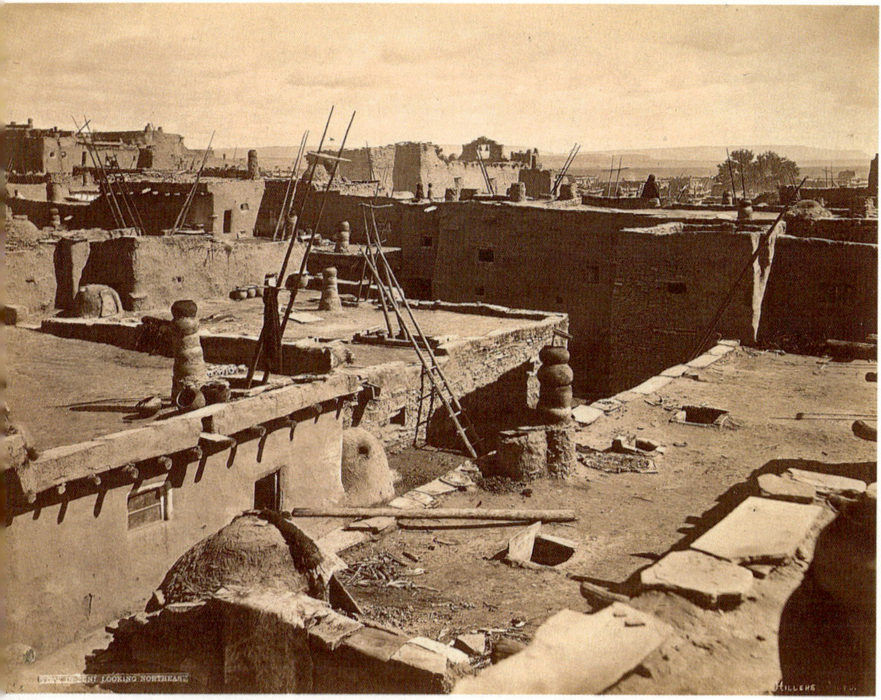

arbeitete er als Fuhrmann in Salt Lake City, als er Powell, einen anderen Armeeveteranen kennenlernte, mit dem ihn bis an sein Lebensende eine enge Freundschaft verband. Während der Canyon-Reise 1871 assistierte Hillers dem Expeditionsphotographen E. O. Beaman, danach half er dessen Nachfolger James Fennemore, der ihn während der Arbeit im Feld ausbildete. Als Fennemore 1872 erkrankte und die Expedition verlassen mußte, übernahm Hillers alle photographischen Aufgaben. Er photographierte auch bei allen späteren Vermessungsexpeditionen von Powell bis zu deren Ende im Jahr 1879. J. W. Powell wurde 1881 zum Leiter der neu gegründeten United States Geological Survey und Hillers zu deren Chefphotographen ernannt, eine Position, die er bis zu seiner Pensionierung im Jahr 1900 innehatte. Trotz gelegentlicher Reisen in den Westen, arbeitete Hillers die letzten Jahre überwiegend in den photographischen Studios der Regierung in Washington.

Hillers war der erste, der den Grand Canyon photographierte und nahm an ethnographischen Untersuchungen der amerikanischen Indianerstämme im Südwesten Amerikas teil. In den Aufnahmen der Pueblos wird Hillers

John K. Hillers

View in Zuni, Looking Northeast, (Ansicht in Zuni, Blick nach Nordosten) um 1875

Albuminpapierabzug

MUSEUMSANKAUF

70:0148:0007

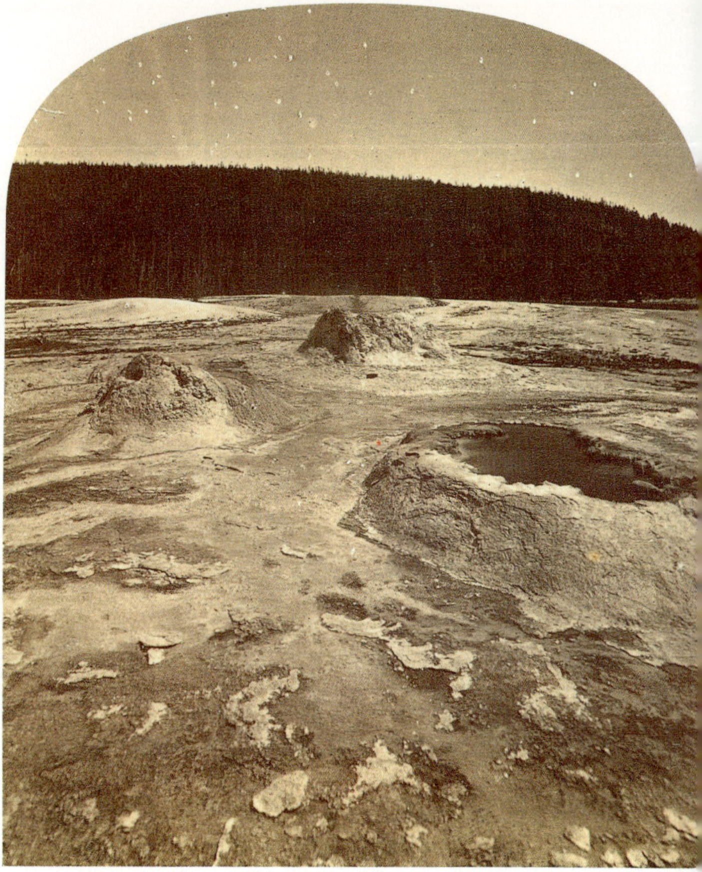

William Henry Jackson
Amerika, 1843–1942

Hot Spring Basin, Upper Fire Hole (Heiße Quellen, Oberes Feuerloch), 1872

Albuminpapierabzug
MUSEUMSANKAUF
74:0041:0337

Photographie zu einer ausgereiften Vision, wenn es ihm gelingt, die komplexen Schatten und Formen der Indianerbehausungen in dynamischen Bildern zusammenzubringen. Seine Portraits von Angehörigen des Stammes der Ute und Paiute in Utah sind auf naive Art einfach und erscheinen dem modernen Auge gekünstelt – Powell brachte Kleidungsstücke aus der Sammlung eines ethnologischen Museums mit nach Utah, die die Indianer für die Aufnahmen anziehen mußten. Das George Eastman House besitzt etwa 130 Stereoaufnahmen und 48 photographische Drucke von Hillers.

William Henry Jackson galt während seiner professionellen Laufbahn von den 1870er Jahren bis zur Jahrhundertwende bei vielen als der beste Landschaftsphotograph des amerikanischen Westens. Diesen Ruf erwarb er

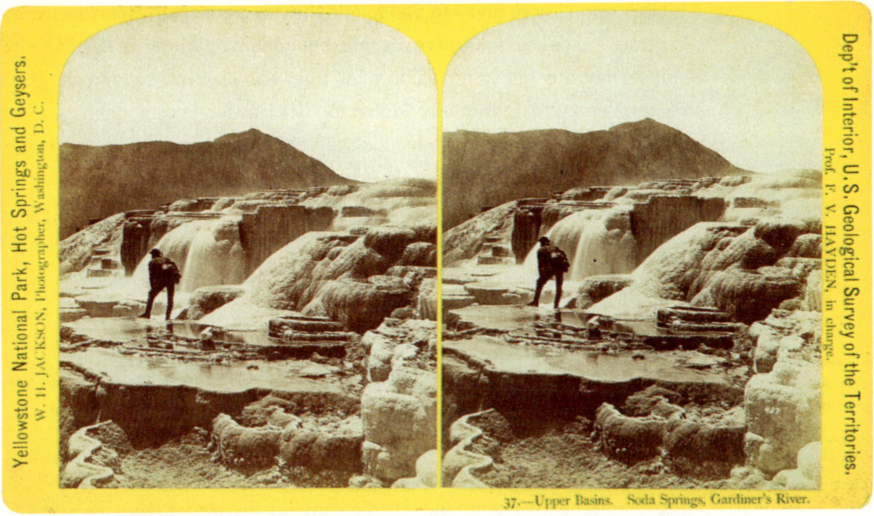

William Henry Jackson

Upper Basins (Obere Wasserbecken). Soda Springs. Gardiner's River, 1871

Albuminpapierabzug Stereophotographie
82:1582:0001

durch Einfallsreichtum, Talent, Glück, Fleiß sowie durch seine Langlebigkeit und sein Geschick als Photograph und Geschäftsmann. Jackson machte viele prächtige, großformatige Bilder von der Landschaft des Westens, welche die Ideale von Amerikas »Manifest Destiny« verkörperte, die Überzeugung der Amerikaner, es sei die ihnen von der Vorsehung übertragene Bestimmung, sich auf dem gesamten nordamerikanischen Kontinent auszubreiten. In seinen Aufnahmen waren die Bergketten länger und höher, die Ausblicke erstreckten sich weiter und die Landschaften waren wilder und stärker von einem Gefühl des Wunderbaren erfüllt, als in konventionellen topographischen Ansichten. Sie zeigten eine Wildnis, die darauf wartete, gezähmt und von den amerikanischen Bürgern besiedelt zu werden.

Ferdinand Hayden, von 1870 bis 1878 Direktor der United States Geological Survey stellte Jackson jedes Jahr an, um die großen Expeditionen in noch unerforschte Gebiete des amerikanischen Westens zu dokumentieren. Die berühmteste Expedition zur Erforschung und Vermessung der westlichen Territorien führte 1871 in das Gebiet des Yellowstone, dessen Landschaft das Interesse der Medien weckte. Viele Artikel in Zeitschriften und Zeitungen verschafften Hayden und sogar Jackson eine gewisse Berühmtheit. Ihre Reisen nach Colorado, New Mexico und Ariziona in den Jahren 1875 und 1877 führten zu Berichten über die alten verlassenen Felsensiedlungen, die erneut ein reges Interesse an den Expeditionen und den Photographien weckten.

Über 900 Drucke und 220 Stereoaufnahmen, die William Henry Jackson in dieser Phase seiner Karriere machte, befinden sich im Besitz des Eastman House, darunter ein Sammelalbum mit über 400 kleinen Abzügen, die einst Henry Gannet, Astronom und Topograph der Hayden-Expeditionen, gehörten. Das Museum besitzt auch ein elegantes Präsentationsalbum mit 37 Photographien, *Photographs of the Yellowstone National Park and Views in Montana and Wyoming Territory*, 1873 vom Government Printing Office gedruckt. Legenden zufolge trug dieses Album dazu bei, die Kongreßabgeordneten von der Einrichtung des Nationalpark-Systems zu überzeugen.

Jackson war ein Meister publikumswirksamer Photographien, wie in der *Ansicht von Mystic Lake* deutlich wird, aber er machte auch persönlichere, ungezwungenere Bilder als die meisten Photographen des 19. Jahrhunderts. Sein Bild *John, the Cook, Baking Slapjacks* aus dem *Gannett-Album* zieht den Betrachter in die alltäglichen Aktivitäten einer Gruppe von Männern in einem Zeltlager hinein, die ebenfalls Teil der historischen Entwicklung des amerikanischen Westens sind. Da die Kameras der 1870er Jahre die schnelle Bewegung des in die Luft geworfenen Pfannkuchens noch nicht einfangen konnten, geschweige denn das poetische Licht des »sternenbedecken« Himmels über dem Yellowstone-Geysir in dem Bild *Hot Spring Basin, Upper Fire Hole* (Seite 208), mußte Jackson nachhelfen und diese Dinge von Hand in die Negative einfügen. Er bearbeitete und manipulierte auch Negative für einen panoramischen Abzug, um die Größe und Weite einer Aussicht zu zeigen, oder zeichnete den Umriß eines Vogels oder eines Touristen ein, um der Komposition ein Gleichgewicht zuverleihen. So änderte er später sogar die Topographie des berühmten *Mountain of the Holy Cross*, indem er mehrere Negative für einen Abzug zusammensetzte. Aber er tat dies mit der Autorität einer Person, die als Zeuge dort gewesen war. Jackson wurde fast 100 Jahre alt. Seine Karriere – oder besser,

William Henry Jackson
Amerika, 1843–1942

John, the Cook, Baking Slapjacks (John, der Koch, bäckt Pfannkuchen), 1874

Albuminpapierabzug
MUSEUMSANKAUF
74:0041:0212

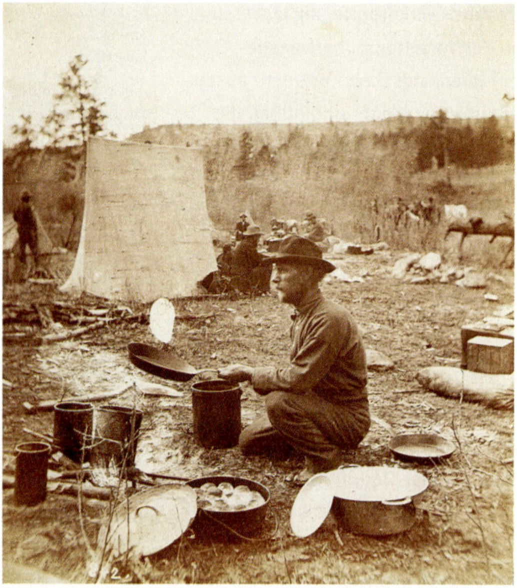

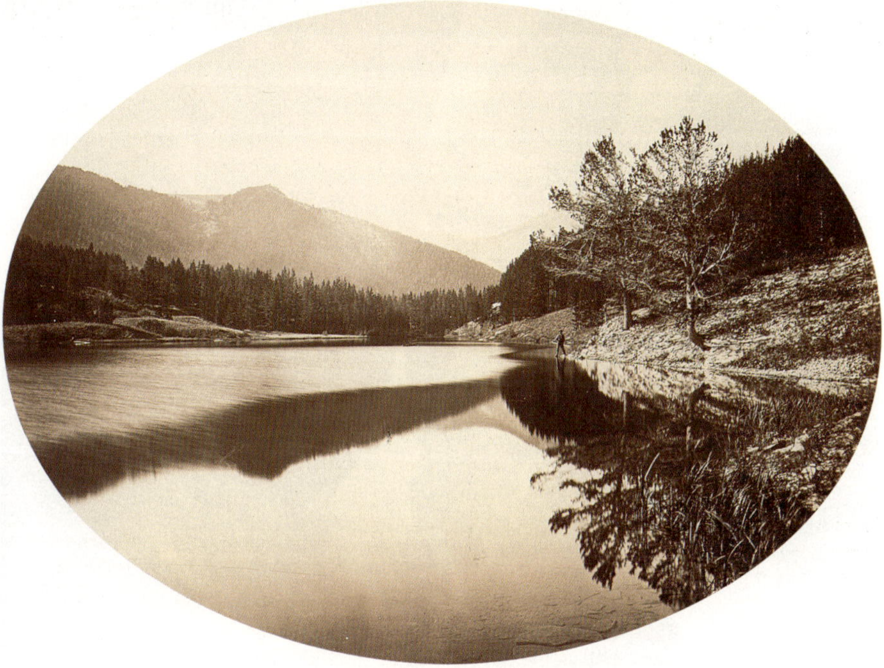

seine Karrieren – könnte man als Paradigma für die damalige kommerzielle Landschaftsphotographie und damit für amerikanische Landschaftsphotographie von den 1860er Jahren bis nach der Jahrhundertwende betrachten. In den 1870er Jahren arbeitete Jackson acht Jahre als Mitglied verschiedener staatlich geförderter Vermessungsteams und war teilweise bevollmächtigt, mit öffentlicher Stimme zu sprechen und ungewöhnliche Aspekte der amerikanischen Landschaft festzuhalten. Als diese Regierungsaufträge am Ende des Jahrzehnts ausliefen, kehrte er zum privaten Unternehmertum zurück. Er zog nach Denver in Colorado, verkaufte Photographien an Touristen und machte Werbephotos für die Eisenbahngesellschaften. Er verkaufte auch Aufnahmen aus seinem Archiv auf dem neuen Markt illustrierter Bücher und Zeitschriften, die nach den Verbesserungen in der Photogravur-Technik in den 1880er Jahren massenhaft publiziert wurden und preiswerte Halbtonrasterkopien mit Text auf einer Seite abbilden konnten.

Die Photographie *High Bridge in the Loop. Near Georgetown* (Seite 214) ist ein dramatisches Bild einer aufregenden Zugfahrt, die abenteuerlustige Rei-

William Henry Jackson

Mystic Lake
(Mystischer See),
1872

Albuminpapierabzug
SCHENKUNG
GEORGE H. CANNAN
81:2245:0022

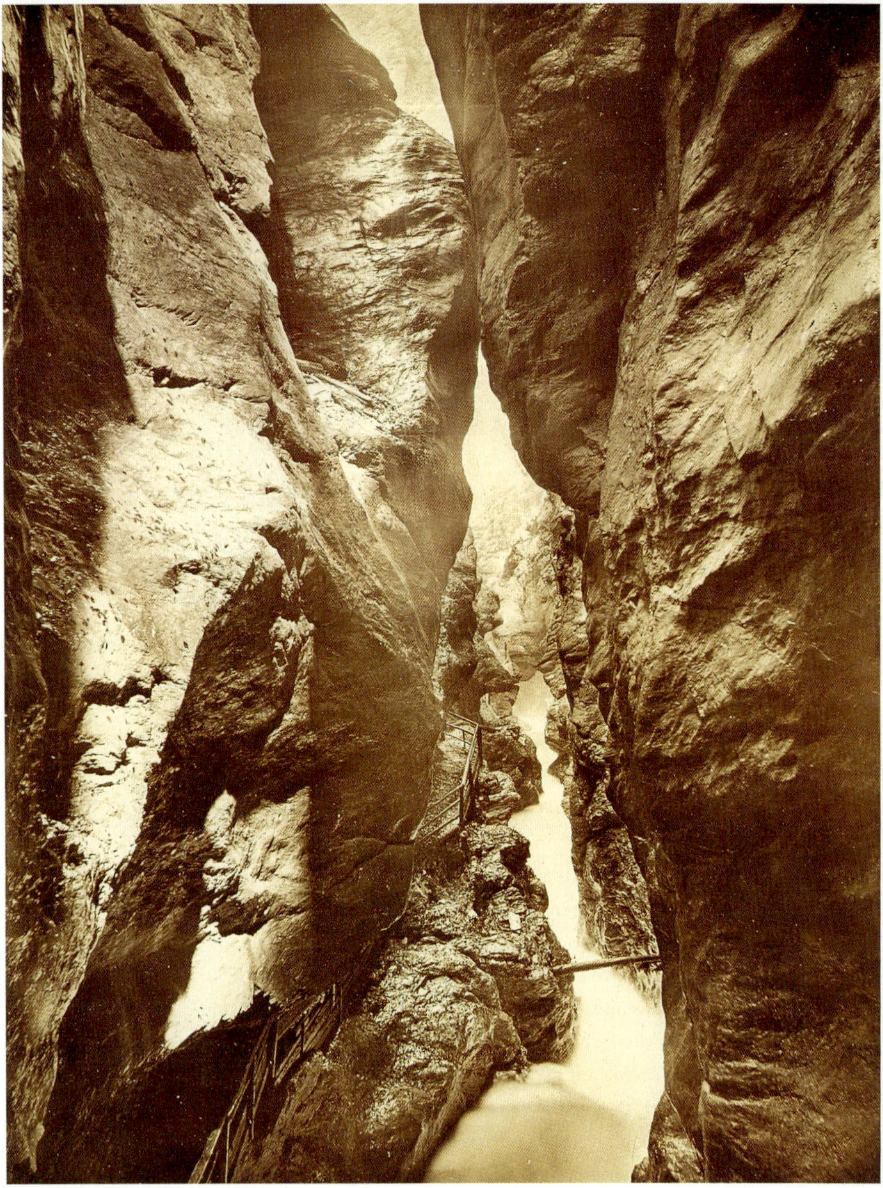

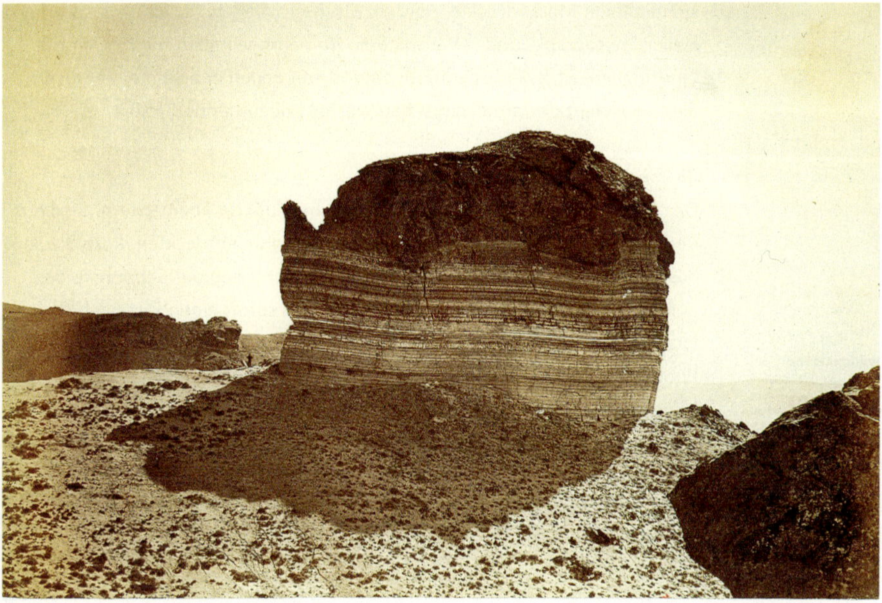

sende damals in Colorado unternehmen konnten. Im Jahr 1885 hatte vermutlich jeder zweite Photograph in Colorado und auch solche, die nur auf der Durchreise waren, diese Aufnahme gemacht, und die meisten von ihnen waren bereit, einen Abzug für weniger als das zu verkaufen, was Jackson verlangte. Um zu überleben und profitabel zu sein, mußte Jacksons Studio zu einer Bildagentur werden, die ständig große Mengen von Ansichten der verschiedensten Orte sammelte. Jackson stellte Photographen wie William H. Rau an und kaufte Negative von anderen Photographen, darunter auch von Adam Clark Vroman und Ben Whittick. Damit folgte er einem etablierten Muster. Er selbst reiste regelmäßig über das wachsende Eisenbahnnetz durch die Vereinigten Staaten, fuhr nach Mexiko und an die Ostküste. Die Eisenbahngesellschaften beauftragten ihn, Photographien der Landschaften entlang ihrer Routen aufzunehmen und verschafften ihm Zugang zu spektakulären Aussichtspunkten, weil sie hofften, damit Touristen anzulocken. Jacksons Studio litt 1893 beträchtlich unter der herrschenden finanziellen Panik. Er reiste noch immer sehr viel und begleitete 1895/96 sogar die Transportkommission des Columbian Museum auf ihrer Weltreise. Sein Geschäft ging 1898 in der Detroit Publishing Company auf, einer Firma die Postkarten und preiswerte Photolithographien für einen immer größeren und unüber-

William Henry Jackson
Amerika, 1843–1942

»Tea Pot« Rock,
1870

Albuminpapierabzug
MUSEUMSANKAUF
74:0041:0087

William Henry Jackson

Waterfall Gorge,
um 1890

Albuminpapierabzug
SCHENKUNG
3M COMPANY,
EHEMALIGE SAMMLUNG LOUIS
WALTON SIPLEY
77:0533:0011

sichtlicheren Markt druckte. Aber inzwischen arbeitete Jackson als kommerzieller Photograph, und seine späteren Aufnahmen haben nicht mehr die Eindringlichkeit jener Expeditionsphotos, mit denen er als einer der ersten die Landschaft des amerikanischen Westens dokumentiert hatte.

Kalifornien und der »Ferne Westen«

Der Goldrausch 1849 in Kalifornien zog eine Flut von Abenteurern, Siedlern und auch Photographen an. Mitte der 1850er Jahre entdeckten diese Siedler das Yosemite Valley, das im amerikanischen Pantheon der Schönheit, des Reichtums und der Verheißung dieses Landes sofort einen Platz neben den Niagarafällen einnahm. Ein ständiger Strom von Touristen, Künstlern und Photographen wie Charles L. Weed, Carleton E. Watkins und Eadweard Muybridge besuchte das Tal. Charles Weed brachte 1859 erstmals eine Stereokamera samt Ausrüstung dorthin. Watkins folgte 1861, und Muybridge versuchte gegen Ende des Jahrzehnts, in großformatigen Bildern sowohl der räumlichen Ausdehnung als auch der emotionalen Dimension des Ortes gerecht zu werden.

Thomas Houseworth & Co. war eine große und florierende kommerzielle Galerie im San Francisco der 1860er und 1870er Jahre. Ihr Schwerpunkt

William Henry Jackson
Amerika , 1843–1942

High Bridge in the Loop. Near Georgetown (Hochbrücke bei Georgetown), um 1885

Albuminpapierabzug
74:0013:0316

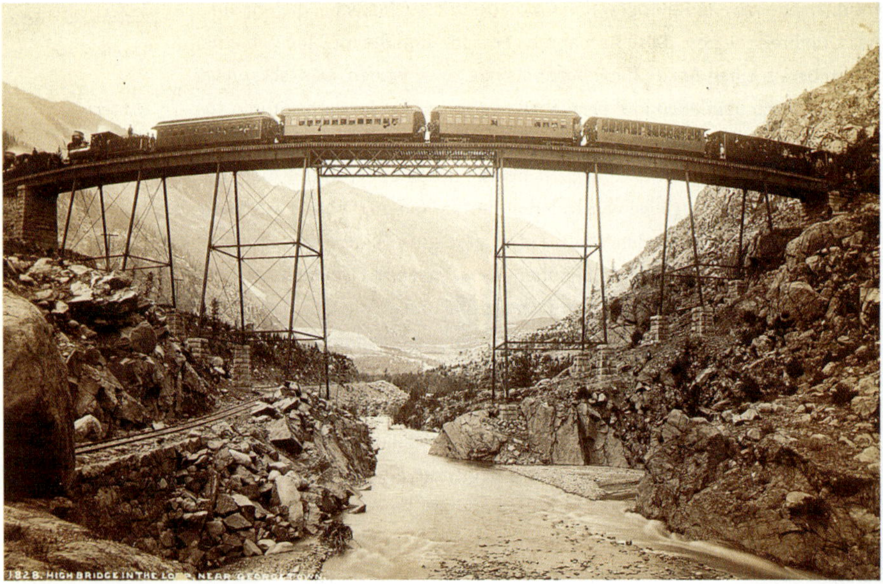

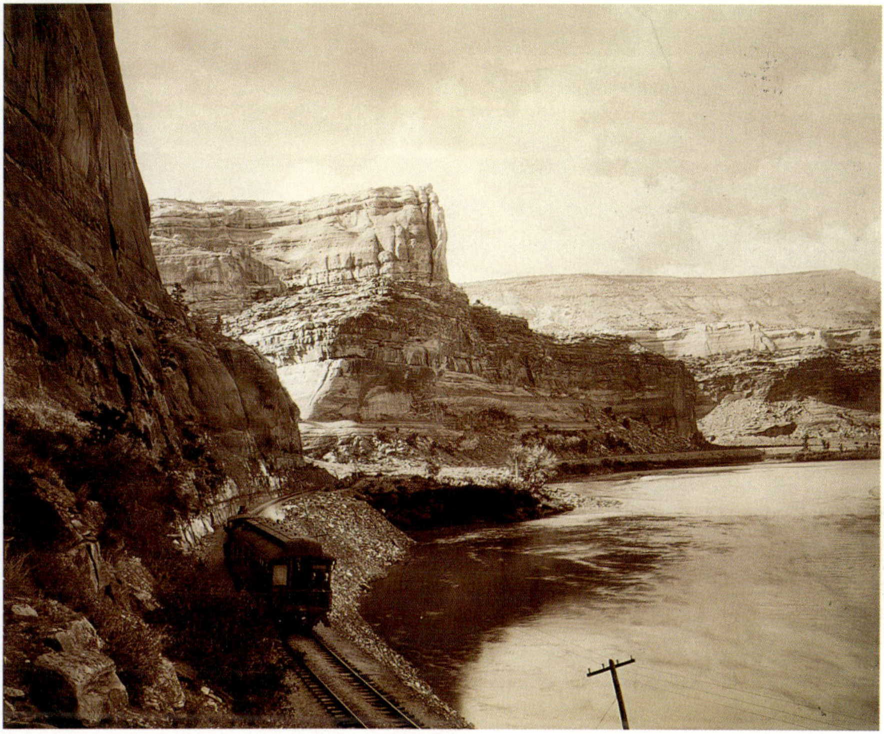

waren Portraits, aber sie publizierte und vertrieb auch Stereoaufnahmen und kaufte Negative von anderen Photographen, um sie zu drucken. Zu den angebotenen Photographien gehörten auch die von Charles L. Weed, die er Anfang der 1860er Jahre im Yosemite Valley machte. Zur Sammlung des Museums gehören sechs Mammutaufnahmen von Yosemite sowie über 140 Stereophotographien, 68 Landschaftsansichten im Visitenkartenformat und sechs Portraits aus dem Houseworth Studio.

Der begabte Isaiah West Taber eröffnete 1871 eines der führenden photographischen Ateliers in San Francisco, in dem er viele Kameraoperateure beschäftigte, und kaufte auch Negative von anderen Photographen. Die Eastman-Sammlung besitzt 300 Kopien aus dem Taber-Studio. Bei einer Zwangsversteigerung kaufte Taber 1874 die Galerie von Carleton E. Watkins mitsamt der photographischen Ausstattung und den in über 15 Jahren gesammelten Negativen von Landschaftsaufnahmen, die er in den 1880er Jahren unter seinem Namen herausbrachte. Auch wenn Tabers Name aufge-

William Henry Jackson

Cañon of Grand River (Canyon des Grand River). Utah, um 1885

Albuminpapierabzug
SCHENKUNG HARVARD UNIVERSITY
81:2248:0038

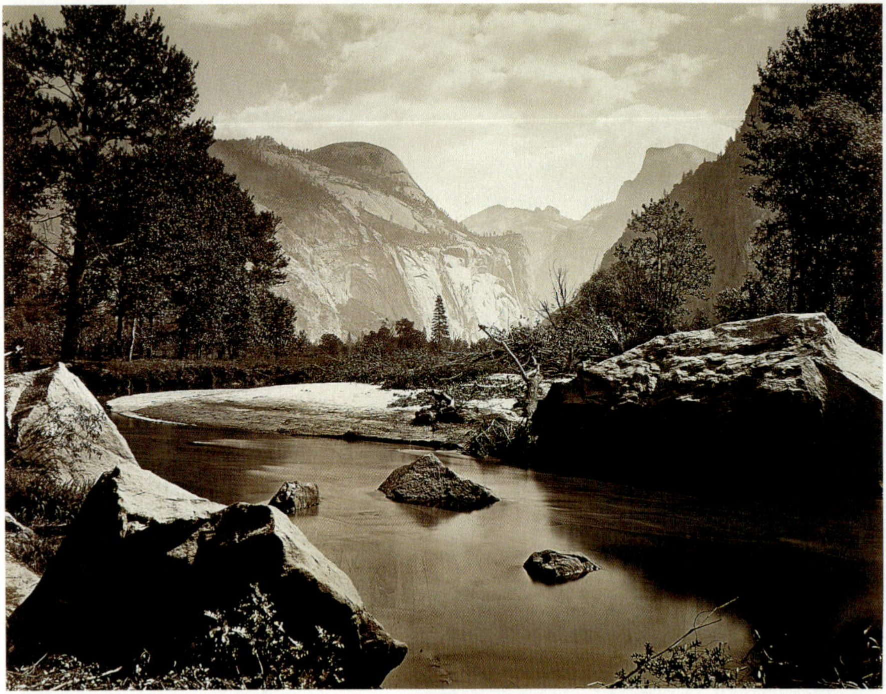

Thomas Houseworth & Co.
Amerika , aktiv 1866–1874

The Domes from Merced River (The Domes, vom Merced River aus), Yo-Semite Valley, um 1874

Albuminpapierabzug
SCHENKUNG HARVARD UNIVERSITY 81:1353:0004

druckt ist, stammt das Bild *The Vernal Fall* ... wahrscheinlich von einem Negativ, das Watkins in den 1860er Jahren aufgenommen hatte.

Carleton E. Watkins begann seine lange Karriere als Photograph im Jahr 1854 mit Daguerreotypie- und Ambotypie-Portraits. In Kalifornien experimentierten Photographen 1856 mit dem neuen, nassen Kollodium-Verfahren, mit dem sich Landschaftsaufnahmen weitaus einfacher und schneller anfertigten ließen. Watkins eignete sich dieses neue Verfahren an und benutzte es 1858, um sich einen Ruf als Feldphotograph zu machen. Einige seiner frühen und besten Arbeiten entstanden im Yosemite Valley, das er zum ersten Mal 1861 und in den folgenden 20 Jahren immer wieder besuchte, um häufig die gleiche Szene vom gleichen Punkt aus zu photographieren. Zu den über 150 Photographien und mehr als 300 Stereoaufnahmen in der Sammlung des Museums gehören auch 25 große Yosemite-Bilder von Watkins.

Eadweard Muybridge begann 1867 in Kalifornien als Landschaftsphotograph und schuf dramatische Landschaften von opernhafter Pracht, die den Aussichten entsprachen, die er durch das Objektiv seiner Kamera sah.

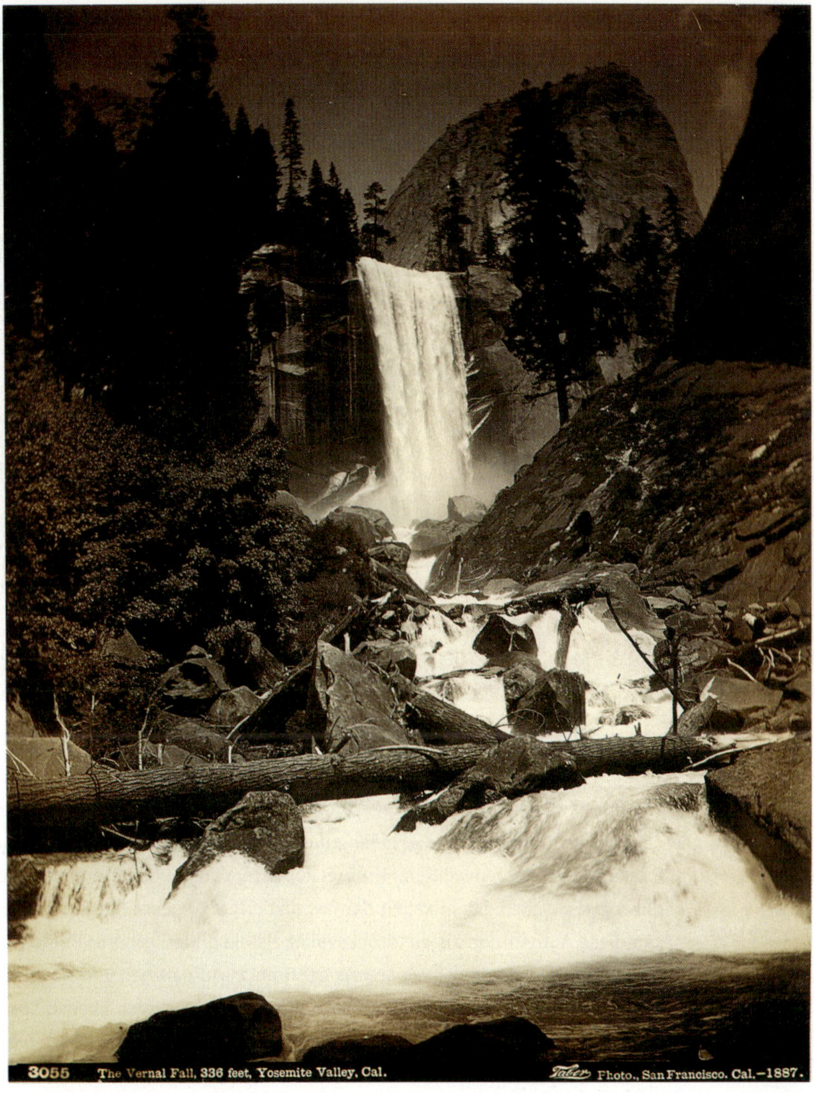

Isaiah West Taber (?)
Amerika, 1830–1912

The Vernal Fall (Der Vernal-Fall) 336 Feet, Yosemite Valley, Cal., um 1885

Albuminpapierabzug
SCHENKUNG ALDEN SCOTT BOYER
81:2265:0015

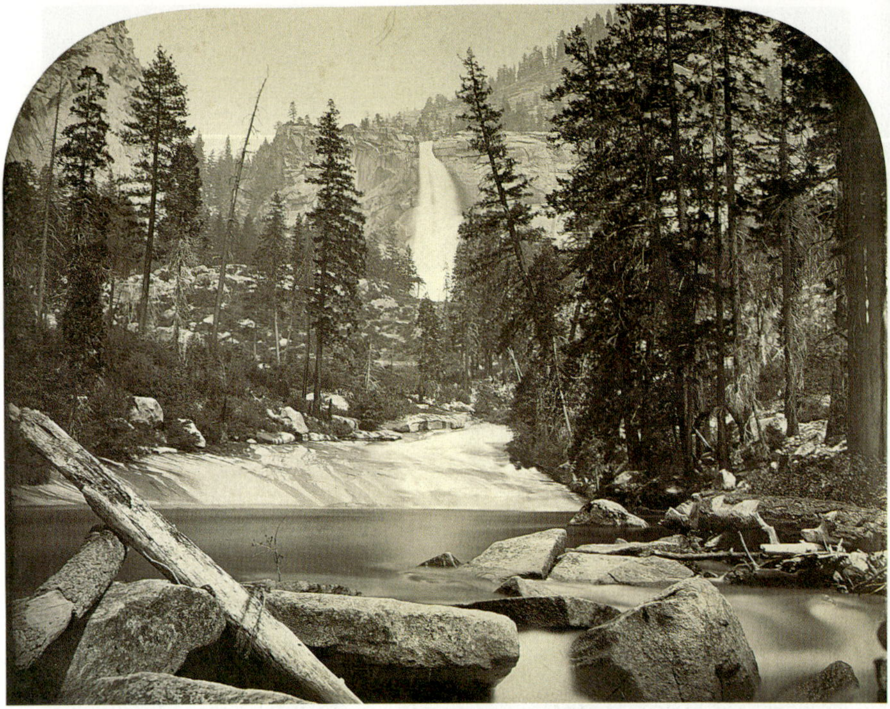

Carleton E. Watkins
Amerika, 1829–1916

Yo-Wi-Ye or Nevada Falls (Yo-Wi-Ye oder Nevada-Fälle), 1861

Albuminpapierabzug
SCHENKUNG ALDEN SCOTT BOYER
81:2899:0024

Im Mittelpunkt seiner Photographien stand das Spiel des Lichts auf Flüssen und Wolken. Diese flüchtigen Momente waren mit der Kamera schwer einzufangen, und Muybridge gelang dieses häufig, indem er Negative von Wolken in den leeren weißen Himmel kopierte, den die blau-empfindlichen photographischen Chemikalien damals diktierten. Angesehene Kritiker priesen diese Aufnahmen als ausdrucksvoller als die Bilder früherer Photographen. Zur Sammlung des Museums gehören 25 Aufnahmen von Muybridge.

Die spektakuläre Landschaft Nordkaliforniens schien zwar ebenso spektakuläre Mammutaufnahmen zu fordern, aber es sollte nicht vergessen werden, daß die meisten Landschaftsansichten als Stereophotographien oder auch im Format der Cartes-de-visite verkauft wurden. Diese Bilder waren zwar kleiner und besaßen daher weniger Kraft, waren jedoch meist hervorragende Photographien. *Bridge at the Second Crossing of the Truckee River ...* ist so komponiert, als würde sie jeden Winkel des verfügbaren Raums ausnutzen. Dem Photographen ist es gelungen, ein unwahrscheinliches Gleich-

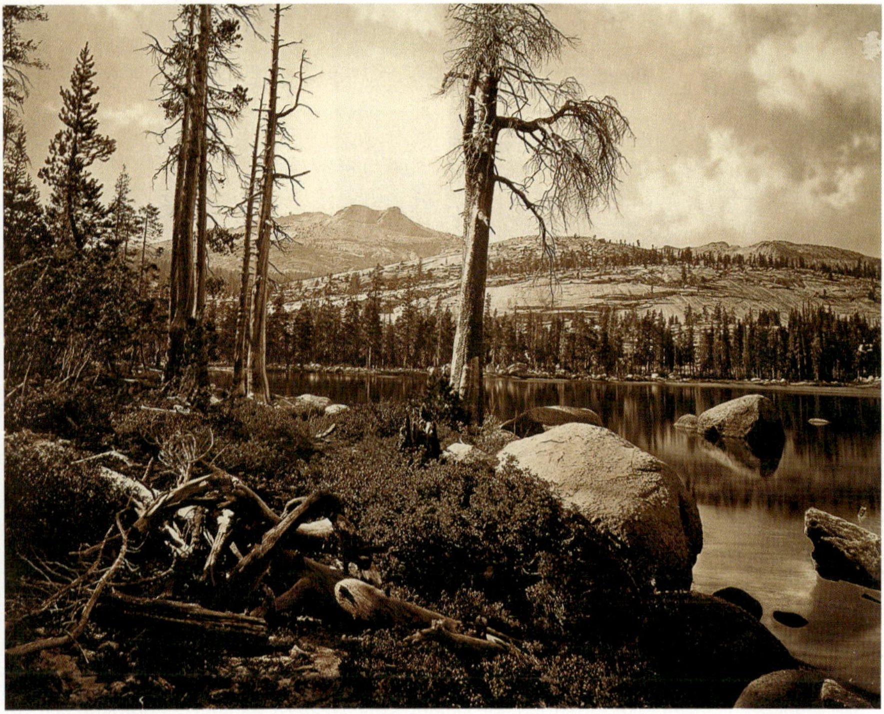

gewicht zwischen der starren und dichten Linearität der Brückenkonstruktion und dem natürlichen Verlauf des Flusses herzustellen. Das Museum besitzt 68 Landschaftsaufnahmen im Visitenkartenformat, herausgegeben von Thomas Houseworth & Co. Diese Arbeit stammt vermutlich von Charles L. Weed, der seit 1854 in Kalifornien photographierte und der erste Photograph im Yosemite Valley war. Er ging 1864 eine geschäftliche Verbindung mit Lawrence & Houseworth ein und photographierte Yosemite Valley noch einmal mit Stereo- und Mammutplatten-Kameras. In den 1870er Jahren setzte er seine Zusammenarbeit mit dem Houseworth Studio fort und bereiste den amerikanischen Westen, Hawaii, Hongkong und Japan, um dort zu photographieren.

Die Stereophotographie von Jungen, die auf der Brücke in *First Crossing of the Truckee River* angeln (Seite 221), hat einige charmante Merkmale. In der rechten unteren Ecke erkennt man den Schatten des Photographen, und der kleine weiße Hund verleiht dem Bild das Gefühl von Spontaneität

Eadweard J. Muybridge
Amerika,
geb. England,
1830–1904

Mount Hoffman, Sierra Nevada Mountains, from Lake Tenaya (Mount Hoffman in den Bergen der Sierra Nevada, vom Lake Tenaya aus),
um 1870

Albuminpapierabzug
SCHENKUNG HARVARD UNIVERSITY
81:2377:0011

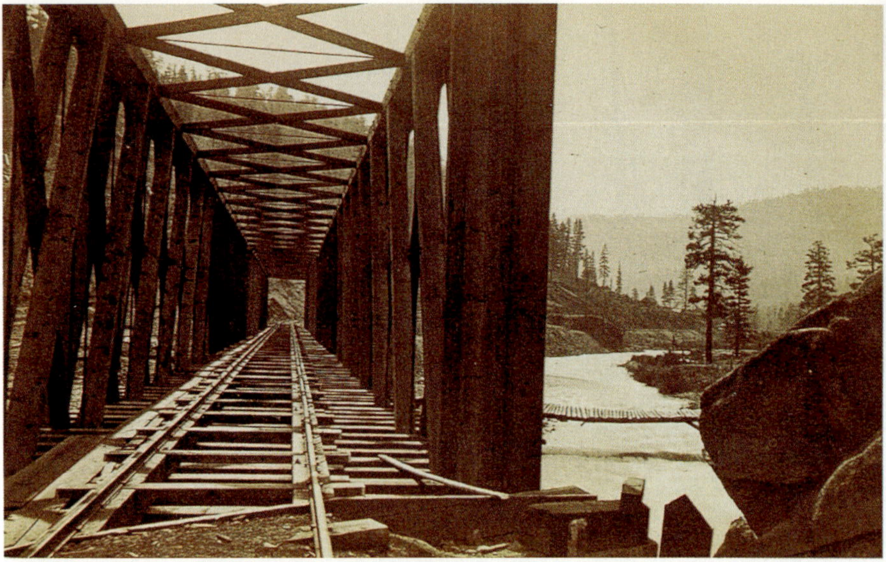

Charles Leander Weed zugeschrieben
Amerika, 1824–1903

Bridge at the Second Crossing of the Truckee River (Brücke bei der zweiten Überquerung des Truckee River), Nevada, Central Pacific Railroad, um 1865

Albuminpapierabzug
Carte-de-visite
MUSEUMSANKAUF
81:3822:0068

und Präsenz. Forschungen haben ergeben, daß sowohl der Hund als auch der Schatten zu dem Photographen Alfred A. Hart gehörten, obwohl dieses Photo unter dem Namen von Carleton Watkins veröffentlicht wurde. Watkins kannte das frustrierende Gefühl, seine Negative an andere Photographen zu verlieren, die sie dann druckten und unter ihrem eigenen Namen verkauften. Aber Watkins hatte dies auch getan. Ende der 1860er Jahre wurde er anscheinend durch pure Günstlingswirtschaft als Nachfolger von Alfred A. Hart zum offiziellen Photographen der Central Pacific Railroad ernannt. Seit Januar 1866 hatte Hart den Bau der Central Pacific Railroad durch die Berge der Sierra Nevada bis zu ihrer berühmten Kreuzung mit der Union Pacific Railroad bei Promontory Point in Utah 1869 dokumentiert. Diese Stereonegative wurden Watkins übergeben, als er Hart ersetzte. Watkins verkaufte die Kopien dieser Bilder bis zum Beginn der 1870er Jahre unter seinem eigenen Namen. Die Museumssammlung besitzt über 25 Stereoaufnahmen aus dieser Serie. Alfred A. Hart beschäftigte sich mit vielen Dingen. Er malte Portraits, Landschaften und religiöse Szenen, fertigte Panoramen, Daguerreotypien, handelte mit Bilderrahmen, Gravuren und photographischer Ausrüstung, und war Autor und Publizist für die Eisenbahn. Irgendwann gab er die Photographie auf und widmete sich für den Rest seines Lebens wieder der Malerei.

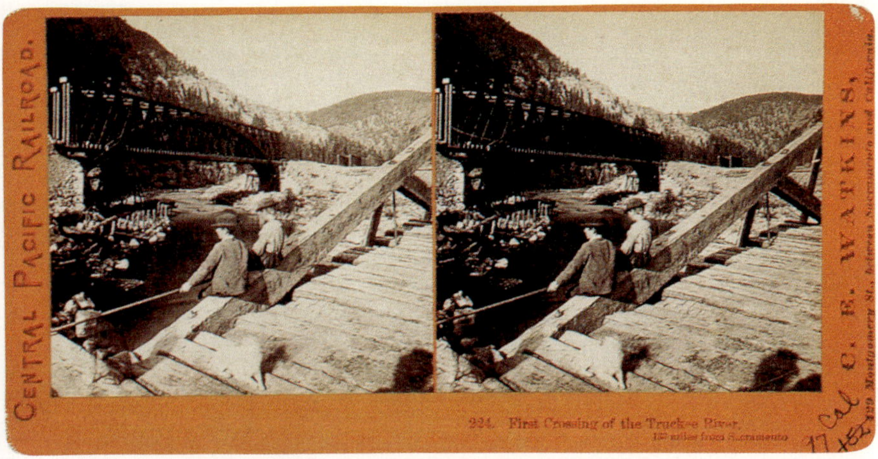

Alfred A. Hart
Amerika, 1816–1908

First Crossing of the Truckee River (Erste Überquerung des Truckee River), um 1869

Albuminpapierabzug
Stereophotographie
MUSEUMSANKAUF, EHEMALIGE SAMMLUNG RICHMOND W. STRONG
81:6003:0002

Frank Kay Haynes machte die Aufnahme vom Cap of Liberty und dem Mommoth Springs Hotel im Yellowstone Park (Seite 222) vermutlich keine 15 Jahre nachdem William Henry Jackson mit seinen ersten Photographien von Yellowstone internationale Aufmerksamkeit auf diese zuvor unbekannte und rätselhafte Gegend gelenkt hatte. Das Museum besitzt 175 Photographien, 220 Stereoaufnahmen und 50 Diapositive von Haynes. Er eröffnete sein erstes photographisches Atelier 1876 in Minnesota und photographierte erstmals 1881 im Gebiet des Yellowstone. Inzwischen war das Tal zum Nationalpark erklärt worden und hatte sich zum Zentrum einer wachsenden Tourismusbranche entwickelt, die durch die Fertigstellung der Northern Pacific Railroad 1883 zusätzlichen Auftrieb erhielt. Haynes wurde der maßgebliche Photograph des Parks und richtete sogar ein Atelier beim Geysir Old Faithful ein, wo er bis zu seiner Pensionierung im Jahr 1916 arbeitete. Diese Photographie vermittelt dem Betrachter eine komplexe Botschaft. Im Vordergrund der außergewöhnlichen Szenerie des Yellowstone Parks zeigt Haynes den riesigen kegelförmigen Felsen, der sich über die zwei winzigen Figuren in seinem Schatten erhebt. Aber indem er das sicher in den umgebenden Bergen gelegene Hotel in den visuellen Mittelpunkt des Bildes rückt, so daß das horizontale Gewicht des Gebäudes den vertikalen Drang des Felsen ausgleicht, übermittelt Haynes die Botschaft, daß jeder Tourist inmitten der spektakulären Szenerie höchsten Komfort genießen kann.

Die drei Photographien auf den Seiten 223 und 225 stammen aus dem Album *North Amerika Indians* mit 26 Aufnahmen der Indianerstämme im

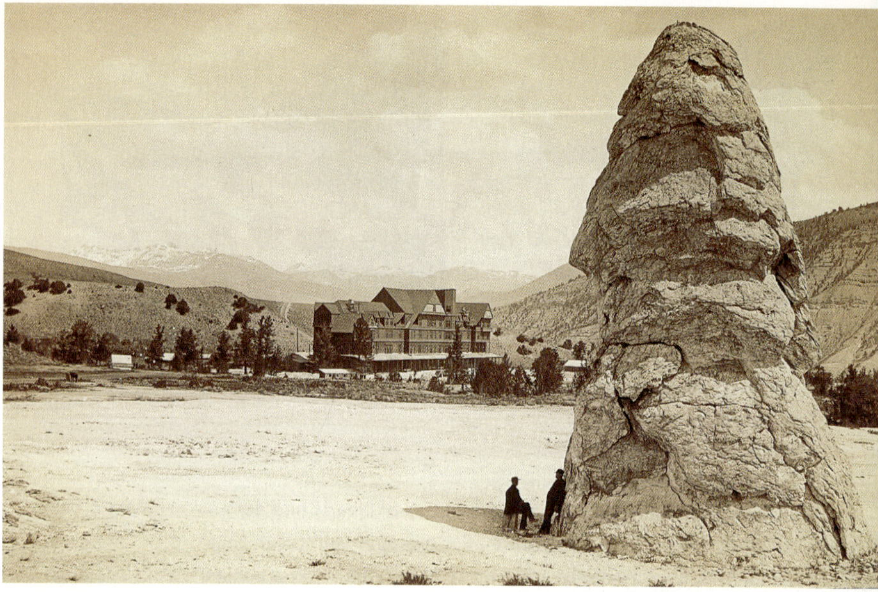

Frank Jay Haynes
Amerika, 1853–1921

Cap of Liberty and Mammoth Springs Hotel, um 1885–1916

Albuminpapierabzug
MUSEUMSANKAUF
70:0181:0004

Westen Kanadas, die in den 1880er und 1890er Jahren entstanden sind. Neun der Photographien der Blackfeet- und Cree-Indianer wurden von einem Photographen des Notman-Studio aufgenommen. Vierzehn Portraits der Sarcee-Indianer in Calgary, North West Territory (heute Alberta) stammen von Boorne & May. Im Jahr 1886 richtete W. Hanson Boorne, ein Immigrant aus England mit seinem Cousin Ernest May ein Atelier in Calgary ein, das in einem 1892 erschienenen Artikel so beschrieben wird: »[Boorne & May besitzen] ein großes Gebäude für die Produktion von Archivbildern und zahlreichen Spezialartikeln, Souveniralben, Diapositiven etc. Außerdem betreiben sie ein Portraitstudio und ein Kunstlager ...[das] für Touristen und andere Reisende einen Besuch lohnt, ... gut ausgestattet mit Stichen, Bildern und Kunstgegenständen aller Art, darunter auch zahlreiche photographische Aufnahmen von Szenen aus der Viehzucht, der Prärie und den Bergen ... sowie eine große Auswahl von Wildlederartikeln und Perlenstickereien, hergestellt von den einheimischen Indianern. ...«

Acht von Boornes Photographien der »einheimischen Indianer« zeigen Angehörige des Stammes der Sarcee in einer Mischung aus eigener und europäischer Kleidung mit ihren Wigwams und Hunden in der Prärie bei Calgary. Aber sieben der Photographien des Albums wurden an einem Tag

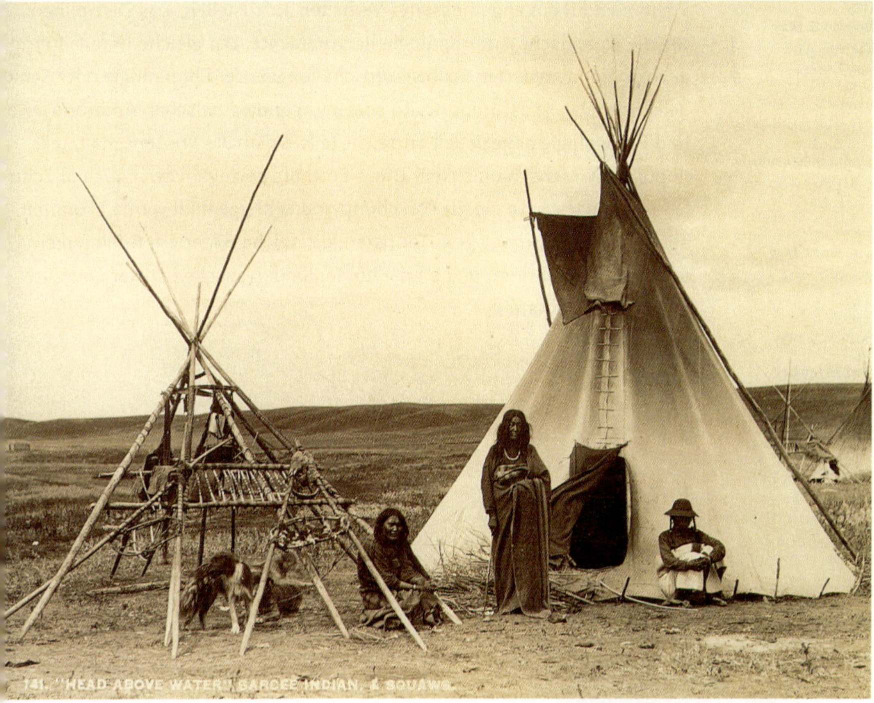

n Boornes Studio aufgenommen. Hierbei handelt es sich um »Trachtenpor-raits« einer kleinen Gruppe junger Männer, die auf mehreren Bildern steif or gemaltem Studiohintergrund posieren. Selbst die »Wildlederartikel und Perlenstickereien«, die sie tragen, wurden wahrscheinlich von Boorne gelie-ert. Ein Portrait zeigt zwei Männer, die kameradschaftlich nebeneinander itzen, während sie in dem hier abgebildeten in einer eindeutig gestellten, nelodramatischen Kampfszene zu sehen sind. Boornes Indianerportraits vurden nicht für das Modell gemacht, sondern für »Touristen und andere Reisende«. So werden individuelle Modelle zu Stereotypen, und die Pho-ographie verwandelt sich vom Portrait (wo es um die Darstellung des indi-viduellen Charakters geht) zum Trachtengenre (wo mit bestimmten Attribu-en oder Rollen das allgemeine Wesen der Kultur definiert werden soll).

Im 19. Jahrhundert verfolgte man eine solche Typologisierung mit großem Eifer: alles wurde kategorisiert und klassifiziert – von Steinen und Schmet-erlingen bis zu Gruppen von Menschen. Aus diesen vereinheitlichten Ka-egorien versuchte man dann, wissenschaftliche Daten zu gewinnen, um

Boorne & May
Kanada, aktiv
1880–1890er

»Head above
Water«, Sarcee
Indian & Squaws
(Sarcee-Indianer &
Squaws), um 1889

Albuminpapierabzug
MUSEUMSANKAUF,
EHEMALIGE
SAMMLUNG
A. E. MARSHALL
75:0087:0008

(rechts)
Boorne & May
Kanada, aktiv
1880–1890er

Sarcee Indians
(Sarcee-Indianer), 1891

Albuminpapierabzug
MUSEUMSANKAUF,
EHEMALIGE
SAMMLUNG
A. E. MARSHALL
75:0087:0014

Boorne & May

Sarcee Indian
(Sarcee-Indianer), 1891

Albuminpapierabzug
MUSEUMSANKAUF,
EHEMALIGE
SAMMLUNG
A. E. MARSHALL
75:0087:0009

Richtlinien für ein angemessenes Verhalten aufzustellen, was Disziplinen wie die biologische Anthropologie hervorbrachte. Der gleiche Impuls führte auch zu popularisierten Halbwissenschaften wie der Phrenologie oder Schädelkunde. Das »Kostümportrait« scheint irgendwo zwischen Anthropologie und Phrenologie angesiedelt zu sein – teils ernsthafte Wissenschaft, teils populäre Wissenschaftlichkeit. Diese Portraits gelangten zwar auch in Schulen und Museen, wo sie für Forschung und Lehre genutzt werden konnten, aber Hauptabnehmer waren Touristen, die solche Bilder wie Briefmarken sammelten, als Erinnerung an die bunten und exotischen Völker und Orte, die sie besucht hatten.

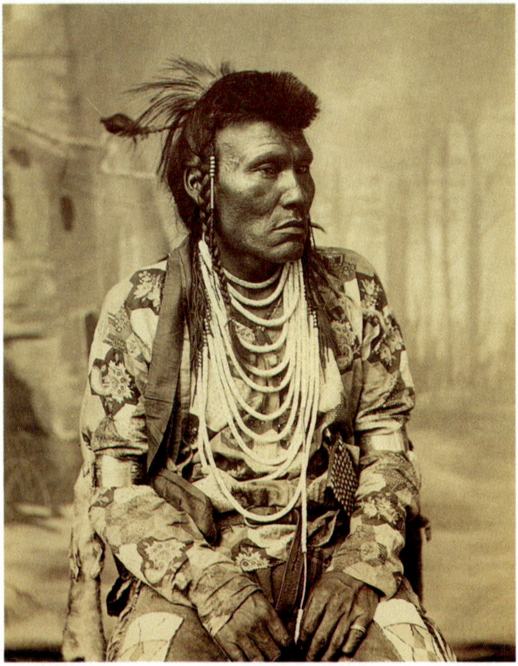

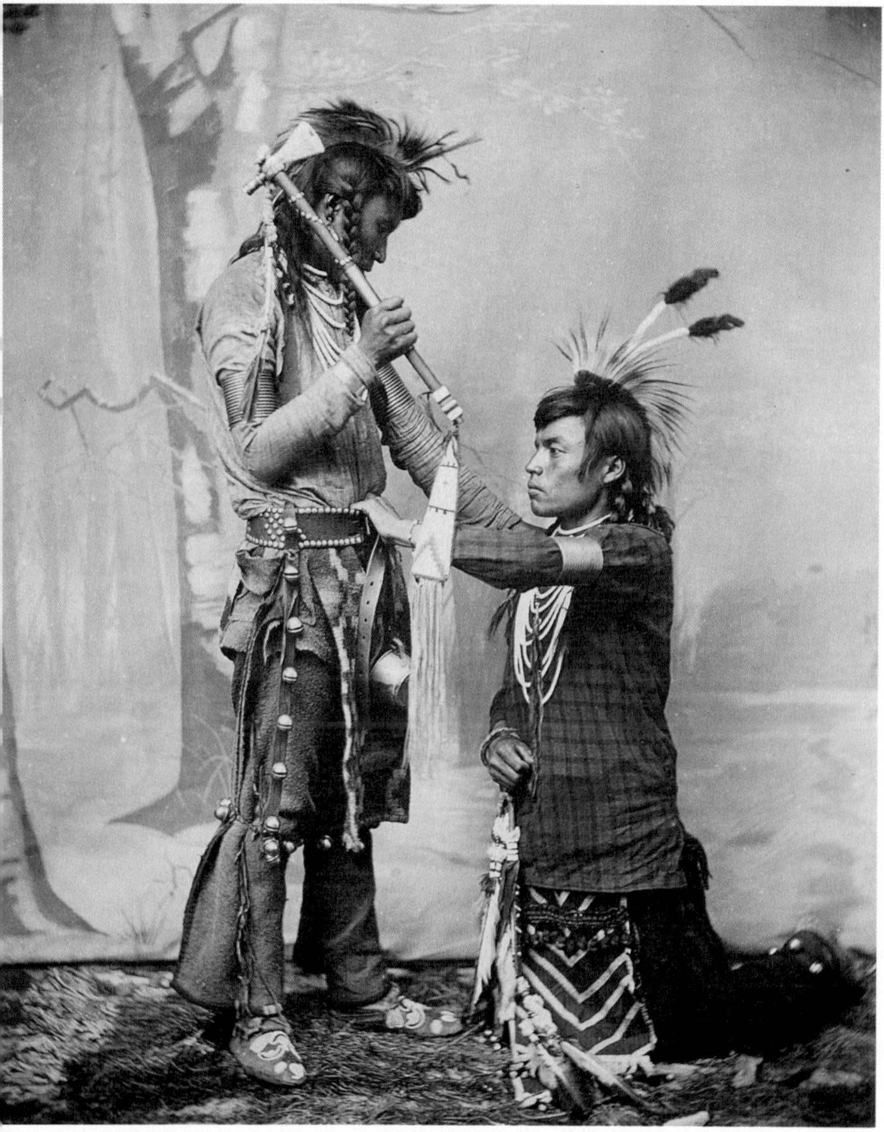

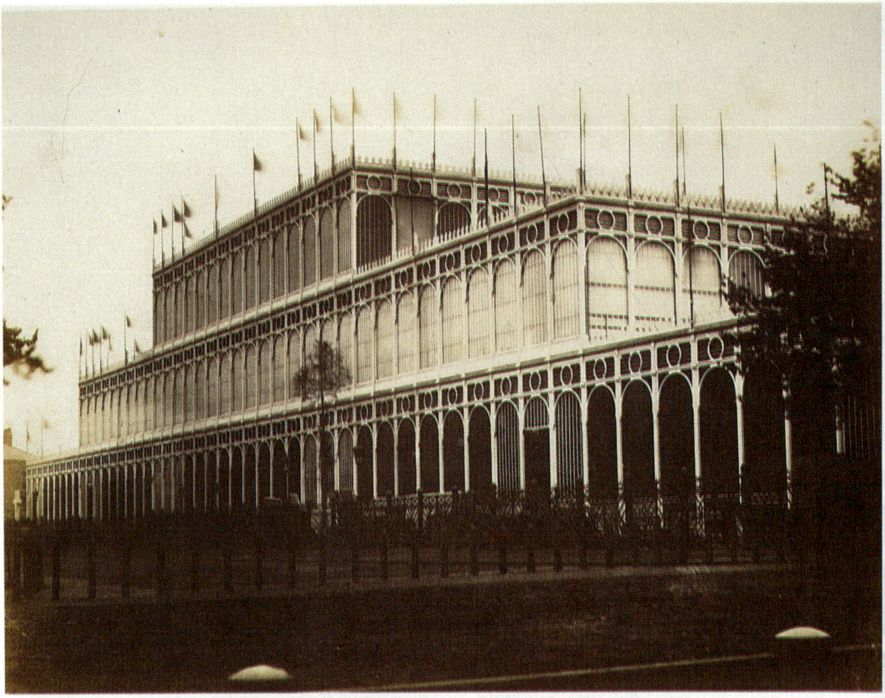

Technologie und Krieg

Claude-Marie Ferrier oder Friedrich von Martens zugeschrieben
Frankreich, 1811–1889 &
Frankreich, geb. Deutschland, 1809–1875

View of East End of Building (Ansicht der Ostseite des Gebäudes)
Crystal Palace, 1851

Salzpapierabzug
MUSEUMSANKAUF
LIBRARY COLLECTION
90:0667:0044

Technologie

Philosophische Instrumente (rechts) oder die Vakuumpumpe und die verschiedenen metallischen Barometer auf den nächsten Seiten wurden 1851 bei der Weltausstellung in London gezeigt. Die als »Crystal Palace Exhibition« bekannte Ausstellung dauerte 140 Tage und versammelte zahllose Industriegüter, von Kunstwerken bis zu Tapeten, die von fast 14.000 Ausstellern angefertigt und von weit über 6 Millionen Besuchern gesehen wurden. Die Ausstellung wurde zu einem Schlüsselereignis und definierte zumindest einen Aspekt der Erscheinungsform des modernen Lebens, während sie gleichzeitig die Position Großbritanniens als führende Industrienation festigte. Ihr fiel eine kulturelle, gesellschaftliche und sogar politische Bedeutung zu, die über ihren angeblichen Zweck weit hinausging. Es war die erste internationale Handelsmesse, die Kunst, Erziehung und Ausbildung sowie industrielle Produktion vereinte und damit ein Konzeptionsmuster für inter-

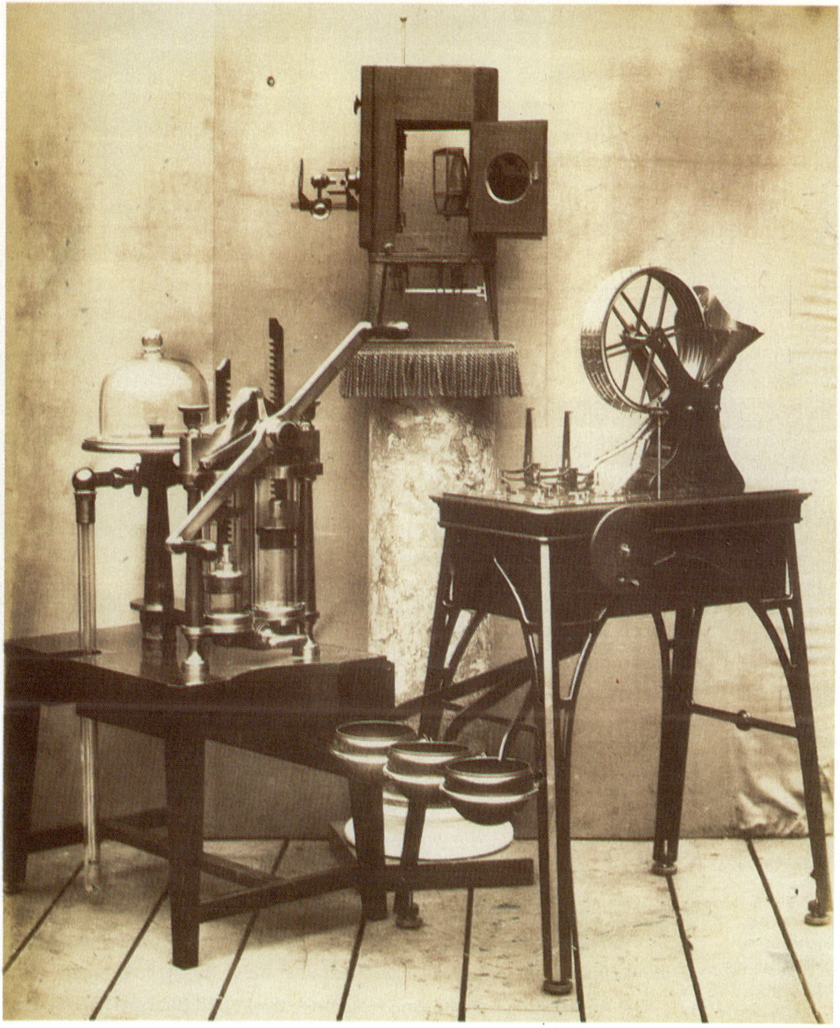

Claude-Marie Ferrier zugeschrieben
Frankreich, 1811–1889

Philosophical Instruments
(Philosophische Instrumente), 1851

Salzpapierabzug
MUSEUMSANKAUF LIBRARY COLLECTION
90:0667:0032

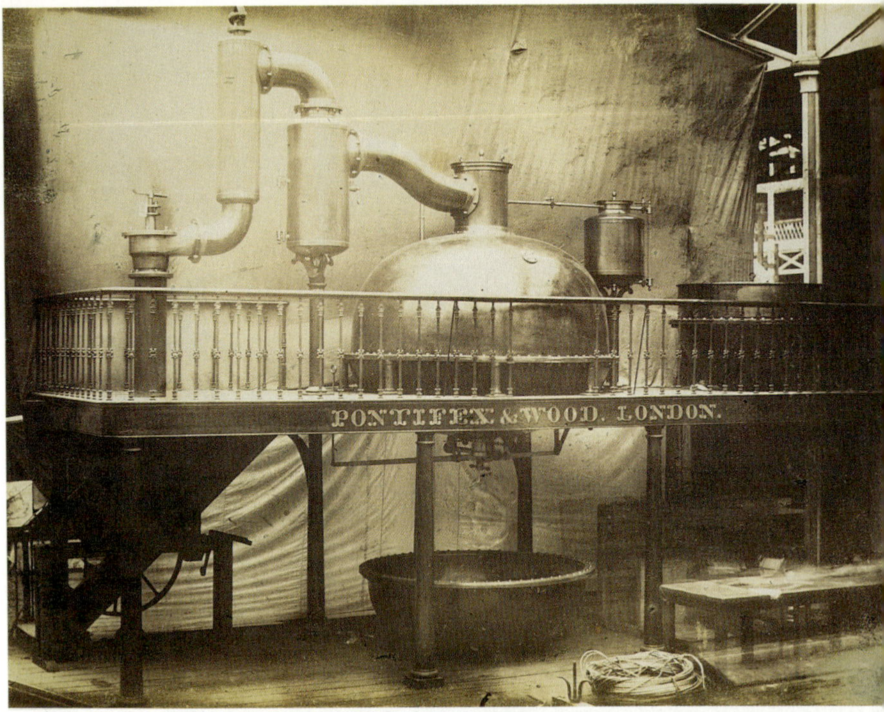

Claude-Marie Ferrier zugschrieben
Frankreich,
1811–1899

Vacuum Apparatus (Vakuum-Apparat),
1851

Salzpapierabzug
MUSEUMSANKAUF
LIBRARY COLLECTION
90:0667:0019

nationale Ausstellungen und Messen vorgab, das bis zum heutigen Tag Anwendung findet. Der große Erfolg der Ausstellung läßt fast übersehen, daß sie auch ein Schlüsselereignis in der soziokulturellen Ideolgie des viktorianischen Zeitalters war; sie wurde zu einer Ikone der liberalen Reformargumente, auch die arbeitende Klasse habe ein Recht auf Kunst und Bildung. Der umkämpfte Beginn des Projekts, der nur durch Entschlossenheit und Einsatz des populistischen Prinz Albert und seiner Minister überwunden werden konnten, bleibt in vielen Berichten über diese Ausstellung unerwähnt.

Die Ausstellung brachte eine Flut von Artikeln und Büchern hervor, von denen viele mit hunderten von »Druckplatten der ausgestellten Arbeiten« illustriert waren. Auf »Anregung des Throns« wurde 1852 sogar eine mit den Photographien der gezeigten Objekte illustrierte Denkschrift herausgegeben um sie »in jedes Land zu verschicken, das an der Weltausstellung teilgenommen hat«. In der Menschel Library des Museums befindet sich eine Kopie des mit 150 Salzpapier-Drucken illustrierten, vierbändigen Werks *Exhibition of the Works of Industry of All Nations, 1851. Reports by the Juries on the Subject:*

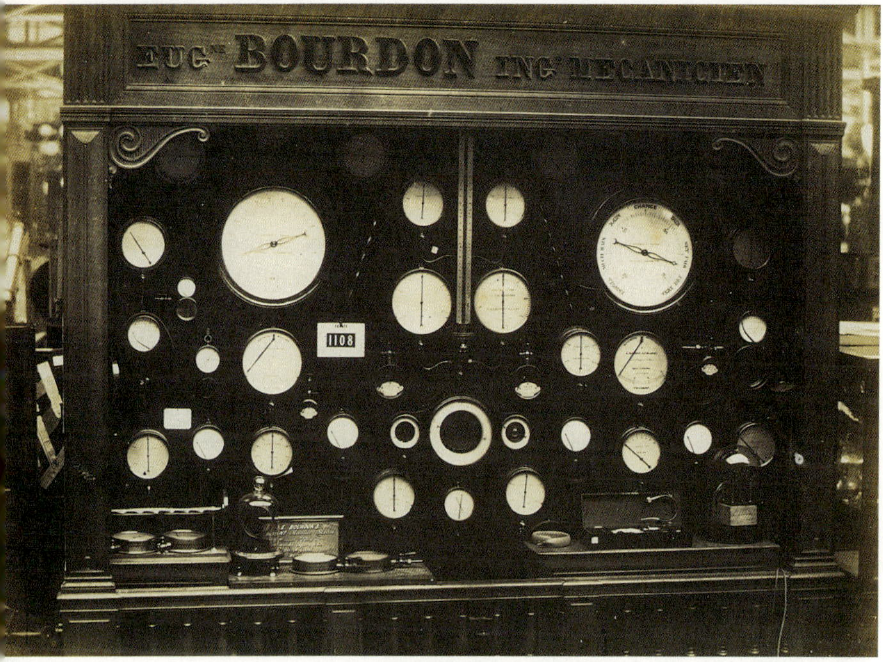

in the Thirty Classes into Which the Exhibition was Divided.* Vermutlich waren vier oder fünf Photographen an dem Projekt beteiligt, aber die meisten Negative stammen von dem Briten Hugh Owen, der sich des Kalotypie-Verfahrens bediente, und von dem Franzosen Claude-Marie Ferrier, der mit albuminbeschichteten Glasplatten arbeitete. Etwa 140 Drucke der aufwendig illustrierten Denkschrift wurden als Andenken produziert und vertrieben.

Das Museum besitzt 79 Albumindrucke, die zwischen 1855 und 1857 entstanden sind und den Bau des Ozeandampfers *Great Eastern* dokumentieren, der auch als *Leviathan* bekannt ist. Diese Abzüge stammen aus einem Album gleichen Titels und wurden von der Photographic Institution, einem großen Londoner Unternehmen angefertigt, das die Publikation photographisch illustrierter Bücher förderte und den Partnern Joseph Cundall und Robert Howlett gehörte. Die früheren Bilder in diesem Album stammen von Cundall und die späteren, bildnerisch interessanteren Photographien von dem jüngeren Partner Howlett. Die Leviathan war ein massives Schiff von 32.000 Verdrängungstonnen, fast zehn Mal so viel wie das Volumen anderer zeitgenössischer Schiffe, und sorgte in der britischen Öffentlichkeit für gro-

Claude-Marie Ferrier zugeschrieben

Metallic Barometers (Metallbarometer), 1851

Salzpapierabzug

MUSEUMSANKAUF

LIBRARY COLLECTION

90:0667:0038

ßes Interesse, Spekulationen und patriotischen Stolz. Die Presse berichtete begeistert über den Bau des Schiffes, und sowohl die *Illustrated London News* als auch die *Illustrated Times* brachten viele Artikel, die mit Holzschnitten, häufig nach Photographien von Cundall und Howlett illustriert waren. Howletts photographisches Talent wird in den Bildern auf diesen Seiten anschaulich demonstriert. Beide Aufnahmen gehen über eine einfache Dokumentation oder Reportage hinaus. Indem er den Konstrukteur und Erbauer des Schiffes, Isambard Brunel, vor den riesigen Ankerketten aufnahm, wählte Howlett einen Hintergrund mit zugleich visueller und symbolischer Funktion, der die konnotative und emotionale Ebene des Bildes erweitert. Brunel hatte mit großen Schwierigkeiten und gegen viele Zweifler zu kämpfen, bis er das Schiff bauen konnte, und das Portrait zeigt seine stolze Entschlossenheit und seinen unerschütterlichen Willen.

Howlett war ein typischer Vertreter der ersten Generation britischer Photographen. Wie Roger Fenton und Philip H. Delamotte stammte auch er aus der oberen Mittelklasse und war in Wissenschaft und Kunst sehr bewandert. Er betrieb die Photographie in den 1850er Jahren zunächst als Hobby, nutzte sie jedoch bald, um damit seinen Lebensunterhalt zu verdienen, denn zu dieser Zeit galt das Medium noch immer als eine aufregende neue Kunst/Wissenschaft und Profession, die eines Gentleman würdig war. Howlett bevorzugte stets das Photographieren im Freien und

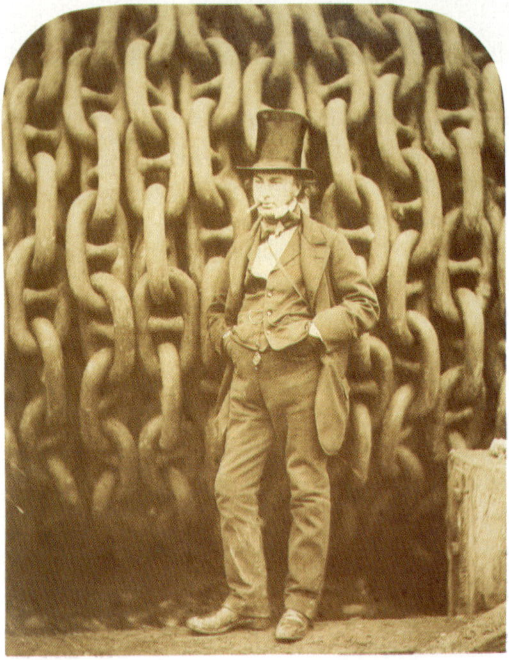

Robert Howlett
England, 1831–1858

Isambard Kingdom Brunel, Builder of the Great Eastern, the Largest Steamship (I. K. B., Reeder der »Great Eastern«, des größten Dampfschiffes), um 1855

Albuminpapierabzug
MUSEUMSANKAUF
81:1647:0079

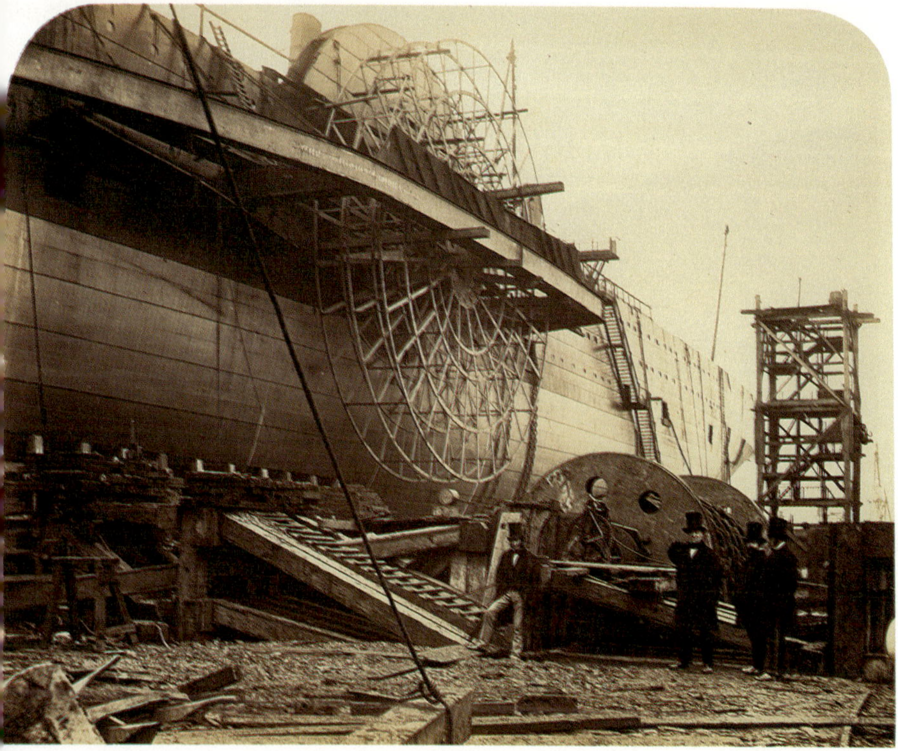

war Mitte der 1850er Jahre ein anerkannter Spezialist für »Momentaufnahmen«, der die verbesserten photographischen Materialien einsetzte, um spontanere Bilder einzufangen. Neben den Aufnahmen der im Bau befindlichen Great Eastern besitzt das Museum zehn weitere Landschafts- und Architekturphotographien von Howlett. Der britische Maler William Frith machte sich 1856 Howletts Sachverstand zunutze und beauftragte ihn, die Zuschauer beim Pferderennen am »Derby Day« zu photographieren. Der Maler verwendete diese Photographien später als Studien für sein großes Gemälde gleichen Titels. Cundall und Howlett veröffentlichten 1856 die Serie *Crimean Heroes and Trophies,* die nicht im Studio, sondern im Militärkrankenhaus von Woolwich entstand.

Howlett starb 1859 im Alter von 27 Jahren; einige seiner Freunde glaubten, sein früher Tod sei auf Überarbeitung und seine fortgesetzte Arbeit mit photographischen Chemikalien zurückzuführen.

Robert Howlett

Construction of the »Great Eastern« at John Scott Russell's Yard (Bau der »Great Eastern« in der Werft von John Scott Russell), Milwall, 1855

Albuminpapierabzug
MUSEUMSANKAUF
81:1647:0055

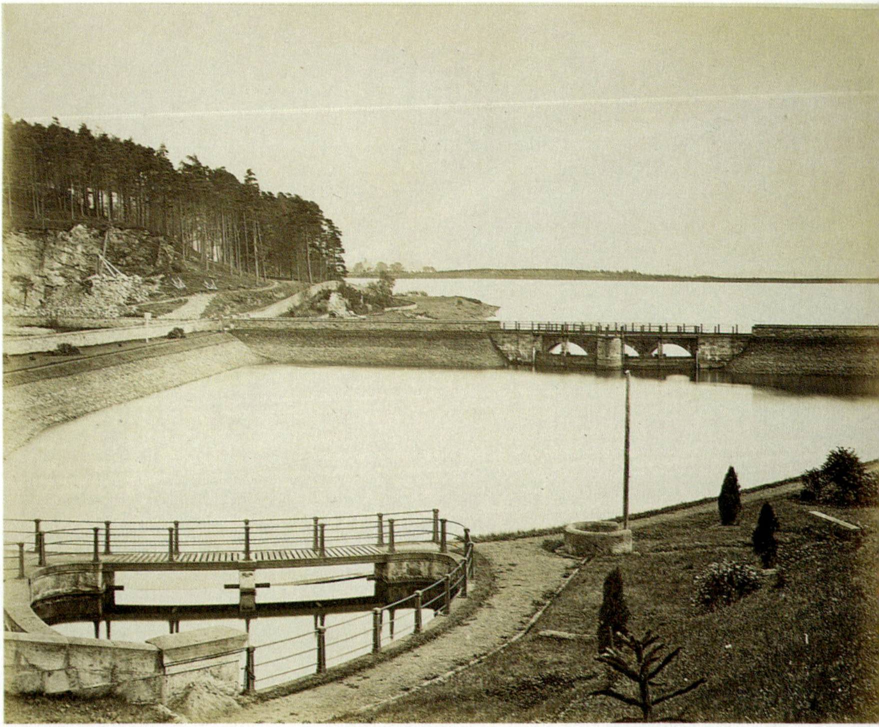

Thomas Annan
Schottland,
1829–1887

Mugdock Reservoir, Looking towards Glasgow (Mugdock-Stausee mit Blick auf Glasgow), um 1877

Albuminpapierabzug
MUSEUMSANKAUF
LIBRARY COLLECTION

Thomas Annans Photoatelier in Glasgow war von den frühen 1860er Jahren bis nach 1910 ein bedeutender Herausgeber photographisch illustrierter Bücher und Alben. Viele dieser Publikationen waren Gedenkalben für kulturelle oder historische Organisationen in Glasgow. Das George Eastman House besitzt fünf dieser Alben mit insgesamt über 220 Photographien. *Close, No. 193, High Street* stammt aus einer umfangreichen Dokumentation für den Glasgow City Improvement Trust, der Annan 1868 damit beauftragte, »aus historischer Sicht« bedeutende Gebäude in den Slums der Stadt zu photographieren, bevor sie abgerissen wurden. Annans Studio veröffentlichte 1878 und 1879 ein Album mit 40 Kohledrucken unter dem Titel *Photographs of Old Closes and streets of Glasgow Taken 1868–1877.*

Aufträge von öffentlichen Institutionen und Organisationen sowie von nationalen und internationalen Unternehmen boten für viele Berufsphotographen der 1850er und 1860er Jahre zusätzliche Einnahmequellen. Neben Portraits und Landschaftsaufnahmen konzentrierten sie sich auch auf kom-

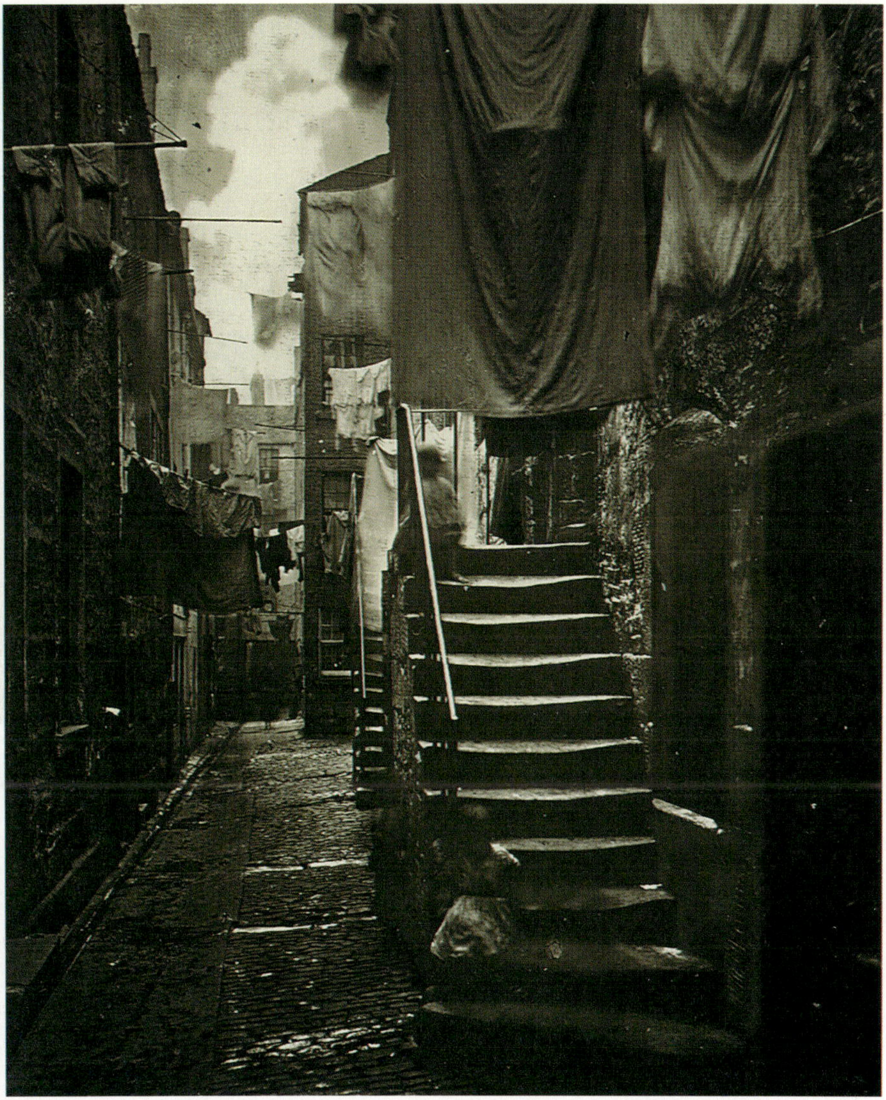

Thomas Annan

Close, No. 193 High Street (Hinterhof, High Street Nr. 193), um 1868–1877

Kohledruck
MUSEUMSANKAUF
75:0054:0009

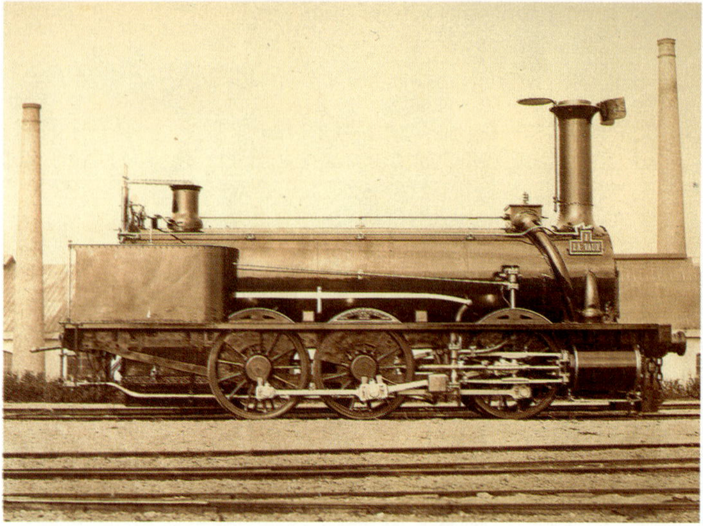

Bisson Frères
Frankreich, aktiv 1841–1864

The Locomotive (Die Lokomotive), »La Vaux«, um 1854–1858

Albuminpapierabzug
SCHENKUNG EASTMAN KODAK COMPANY, EHEMALIGE SAMMLUNG GABRIEL CROMER
81:1009:0003

merziell ausgerichtete Themen wie Architektur- und Industriephotographie. Howletts Photographien der Great Eastern priesen Großbritanniens Schiffsbauindustrie, das Rückgrat der Seemacht, während Photographen in Frankreich und Amerika die Eisenbahn als deutlichstes Beispiel für neue Produktionstechnik und Handelsverkehr in diesen Ländern dokumentierten. Zu diesem neuen Typ der photographischen Praxis zählt auch die Aufnahme der eleganten, stromlinienförmigen und absolut »modernen« Lokomotive *La Vaux* von den Bisson Frères, einem führenden professionellen Atelier in Paris. Diese neuen Entwicklungen erforderten auch einen neuen Ansatz, der durch einen moderneren photographischen Stil vermittelt werden mußte. Die sanften, pittoreskeren Landschaften wichen allmählich Photographien mit kontrastreicheren Kompositionen und genaueren Darstellungen des Raumes, die wegen ihrer Exaktheit als dem modernen Zeitalter angemessener betrachtet wurden. Am Ende des Jahrhunderts war das stilistische Kennzeichen eines professionellen Photographen – sowohl bei Portraits als auch bei Landschaftsaufnahmen – das detaillierte, scharfe Bild.

Landschaft beim Viadukt von Chantilly präsentiert dem Betrachter die Schönheit von Frankreichs neuer industrieller Landschaft. Diese Brücke ist gleichzeitig elegant und dramatisch, so funktional und modern wie das Morgen und beschwört dennoch die sagenumwobene Geschichte Frankreichs, denn ihre Bögen gleichen denen der antiken römischen Aquädukte,

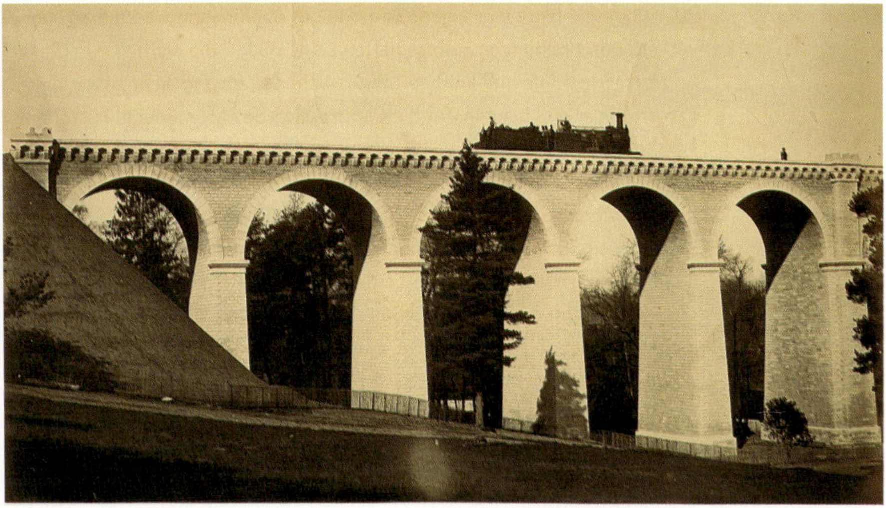

die man in Südfrankreich noch immer sehen konnte. Die Photographie stammt aus *Chemin de fer du Nord: Ligne de Paris à Boulogne,* einem von fünf Alben in der Sammlung des George Eastman House, welche die Ausdehnung der Eisenbahn in Frankreich während des Zweiten Kaiserreichs zeigen. *Chemin de fer du Nord* ist ein elegantes Album mit bedruckter Titelseite und Hochdruck-Bildunterschriften für 50 sehr schöne, große Photographien. Lange Zeit nahm man an, es sei ausschließlich das Werk von Edouard-Denis Baldus. Aber neueste Forschungen haben ergeben, daß zwar viele der Aufnahmen von Bahnhöfen und Städten entlang der Bahnlinie von Baldus stammen, andere jedoch von Auguste Collard gemacht wurden. Collard, der sich selbst Photographe des Ponts et Chaussées (Photograph der Brücken und Straßen) nannte, hatte sich Mitte des 19. Jahrhunderts auf topographische Ansichten der vielen, im Bau befindlichen Brücken und Straßen in und um Paris spezialisiert. Er eröffnete 1856 ein Atelier und dokumentierte die überall in der Stadt entstehenden neuen Bauten. Das französische Ministerium für Landwirtschaft, Handel und öffentliche Bauten wurde zu einem seiner wichtigsten Auftraggeber, und in den folgenden 20 Jahren produzierte das Atelier Collards Tausende Bilder von Brücken, Viadukten sowie des wachsenden Eisenbahnnetzes in Frankreich.

Edouard-Denis Baldus galt Mitte des vorigen Jahrhunderts als einer der besten Photographen Frankreichs. Er lernte das Photographieren um 1848

Hippolyte-Auguste Collard
Frankreich, vor 1840–nach 1887

Paysage près du Viaduc de Chantilly (Landschaft beim Viadukt von Chantilly), 1858–1859

Albuminpapierabzug
SCHENKUNG EASTMAN KODAK COMPANY, EHEMALIGE SAMMLUNG GABRIEL CROMER
74:0051:0018

oder 1849 und hatte eine eigene Variante des Papiernegativ-Verfahrens entwickelt. Beschreibungen zufolge hatten seine Bilder»die Klarheit von Glas« und besaßen »tiefe und kräftige Töne«, Attribute, die ihm sehr zustatten kamen, als er 1851 begann, für die Commission des Monuments Historiques zu photographieren.

Von 1855 bis 1857 dokumentierte Baldus den Bau des neuen Louvre und die Renovierung der Tuilerien. Dies war das größte Bauprojekt des Zweiten Kaisserreichs im Herzen einer Stadt, die unter der Leitung von Baron Georges-Eugène Haussmann einer massiven Erneuerung unterzogen wurde, um die modernste Stadt der Welt zu werden. Baldus arbeitete mehrere Jahre an diesem Projekt und machte insgesamt über 2.000 Photographien von allen Bauphasen des Louvre. Das Museum besitzt acht Albumindrucke aus dieser Serie sowie zwei Alben mit insgesamt 67 Ansichten von Paris. Als er mit der Arbeit an der Louvre-Serie begann, verwendete Baldus keine Papiernegative mehr, sondern Glasnegative, die es ihm ermöglichten, noch größere, äußerst detaillierte und spektakuläre Architekturaufnahmen zu machen. Diese beeindruckten seine Zeitgenossen tief und verschafften ihm noch größeres Ansehen. Nach 1865 wurden die staatlichen und privaten Aufträge jedoch immer seltener. Die großen, prächtigen und teuren Photographien, auf die sich Baldus spezialisiert hatte, wurden durch kleinere und preiswertere Stereoaufnahmen, Cartes-de-visite und kleinere Abzüge ersetzt, die in die Alben der Touristen oder die Bildersammlungen von Schulen und Bibliotheken paßten.

Von den 1860er Jahren bis zu Beginn der 1880er Jahre investierte Baldus sehr viel Zeit, Energie und Geld in die Perfektionierung eines Druckverfah-

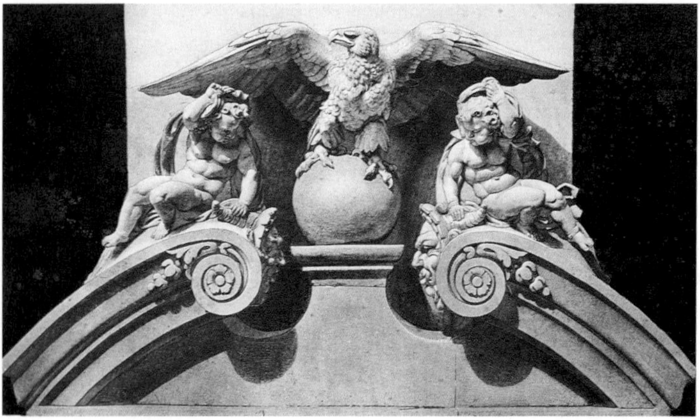

Édouard-Denis Baldus
Frankreich, geb. Deutschland, 1813–1889

Pavillion de Flore, um 1871

Photogravüre
MUSEUMSANKAUF
LIBRARY COLLECTION
76:0036:0039

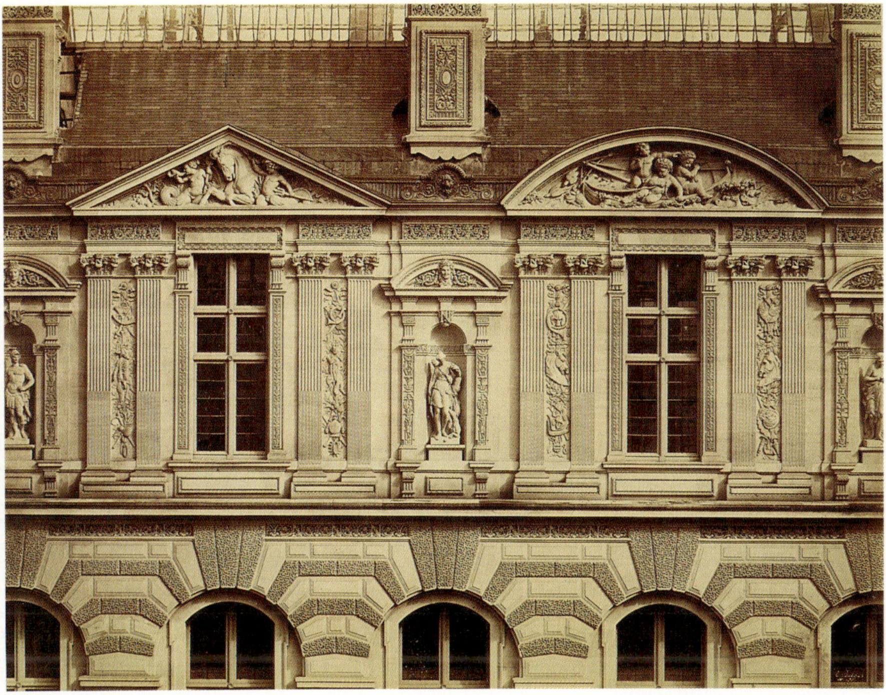

rens für Photogravuren, um seine Arbeiten für ein größeres Publikum vervielfältigen zu können. Er produzierte mehrere mit Photogravur-Drucken illustrierte Bände, darunter zwei seiner drei Portfolios, die heute zur Sammlung des Museums gehören; *Palais du Louvre et des Tuileries,...* wurde 1871 veröffentlicht und enthält 140 »Heliogravures«. Aber diese Arbeiten waren kein finanzieller Erfolg. Baldus mußte 1887 Konkurs anmelden und hatte bereits den größten Teil seiner Abzüge und Druckplatten an seinen Schwiegersohn übergeben. Er starb im Dezember 1889 im Alter von 76 Jahren in einem Pariser Vorort. Weder die photographische noch die nationale Presse berichtete über seinen Tod; seine großartigen Errungenschaften der 1850er und 1860er Jahre gerieten sogar innerhalb der photographischen Gemeinschaft in Vergessenheit, die er durch seine Vision einst so sehr beeindruckt und beeinflußt hatte.

Trotz des weitverbreiteten Glaubens (der mindestens soweit wie Gaston Leroux' Roman von 1910 zurückreicht), die Pariser Oper sei von Phantomen bewohnt, ist die geisterhafte Erscheinung in der rechten unteren Ecke dieser

Édouard-Denis Baldus

Der Louvre, Detail, Fenster im Obergeschoß, um 1855

Albuminpapierabzug
SCHENKUNG EASTMAN KODAK COMPANY, EHEMALIGE SAMMLUNG GABRIEL CROMER
74:0050:0001

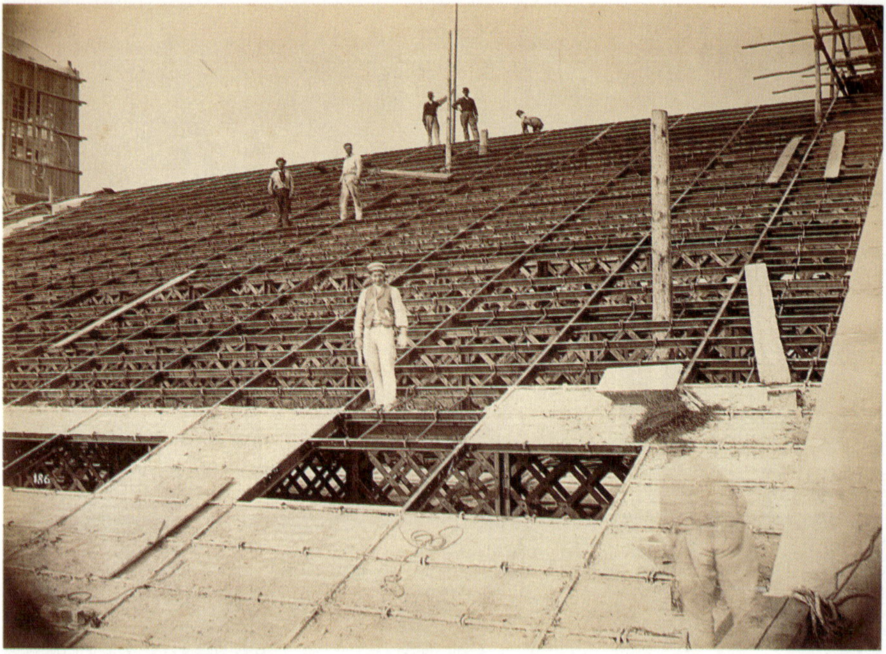

Delmaet & Durandelle
Frankreich,
aktiv 1862–1890

Bau der Pariser Oper,
um 1866–1870

Albuminpapierabzug
SCHENKUNG EASTMAN KODAK COMPANY, EHEMALIGE SAMMLUNG GABRIEL CROMER
80:0099:0017

Photographie nur ein Arbeiter, der sich ein wenig zu schnell bewegt und daher mit den langsamen photographischen Chemikalien der 1860er Jahre nicht exakt dargestellt werden konnte. Aber der in die Kamera schauende junge Mann in der Bildmitte und die anderen, über die Eisenträger des neuen Dachs der Pariser Oper verteilten Arbeiter haben lange genug still gehalten, um für die Nachwelt deutlich im Bild festgehalten zu werden.

Charles Garniers Pariser Oper ist ein bedeutendes Monument der europäischen Architektur. Louis-Émile Durandelle von dem Pariser Unternehmen Delmaet & Durandelle begann 1862 damit, die wichtigsten Bauphasen photographisch zu dokumentieren. Diese Dokumentation wurde 1865 um eine umfassende und anspruchsvolle Darstellung der vielen architektonischen Ornamente und Skulpturen erweitert, die das Gebäude verzieren sollten. Dies geschah offenbar auf Wunsch des Architekten, der glaubte, diese dekorativen Details würden schwer zu erkennen und zu studieren sein, sobald sie einmal an den Fassaden und Decken angebracht waren.

Durandelle setzte seine Dokumentation etwa 12 Jahre fort und machte während dieser Zeit fast 2.000 Photographien, von denen sich 50 in der

Delmaet & Durandelle

Bau der Pariser Oper, Detail der Säulenkapitelle, um 1866–1870

Albuminpapierabzug
SCHENKUNG EASTMAN KODAK COMPANY, EHEMALIGE SAMMLUNG GABRIEL CROMER
80:0099:0020

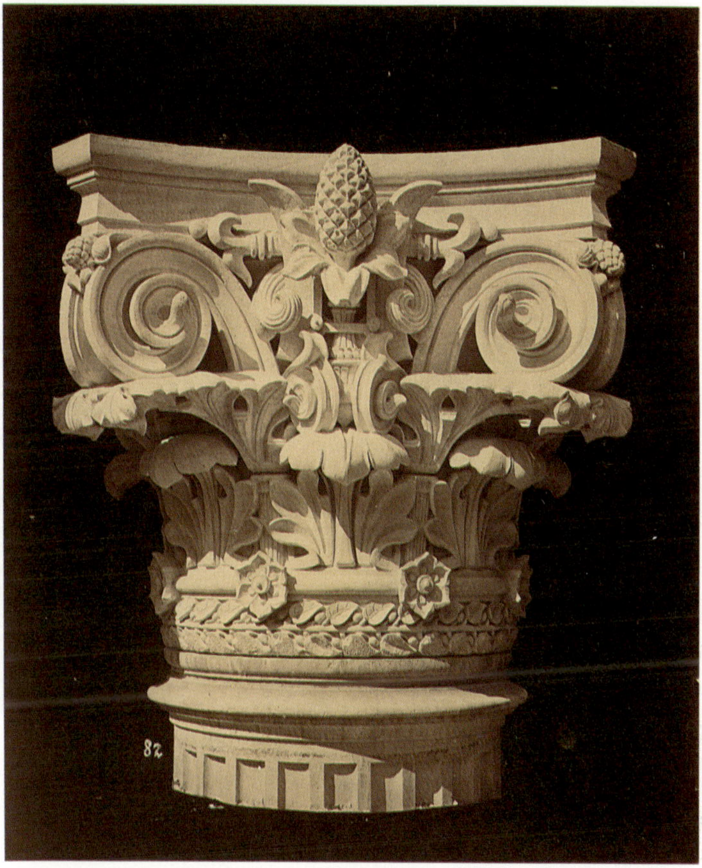

Sammlung des Museums befinden. Der Architekt Garnier verfaßte schließlich das Werk *Le Nouvel Opéra de Paris,* das zwischen 1871 und 1881 in acht Bänden erschien. Es bestand aus zwei Textbänden, zwei gravierten und lithographierten Bildatlanten und vier Bänden mit 115 von Durandelles Albumindrucken der Dekorationen. Sein Atelier stellte viele ähnliche Dokumente von neuen öffentlichen und privaten Bauprojekten her, bis sich Durandelle in den 1890er Jahren zur Ruhe setzte.

Die beiden Bilder auf Seite 240 und 241 gehören zu einer Gruppe von Photographien, die das Atelier Louis-Émile Durandelle 1882 für Eschager Ghewquire & Co., eine Industriegießerei im Norden Frankreichs aufnahm. George Eastman House besitzt sieben dieser Albumindrucke, die alle etwa

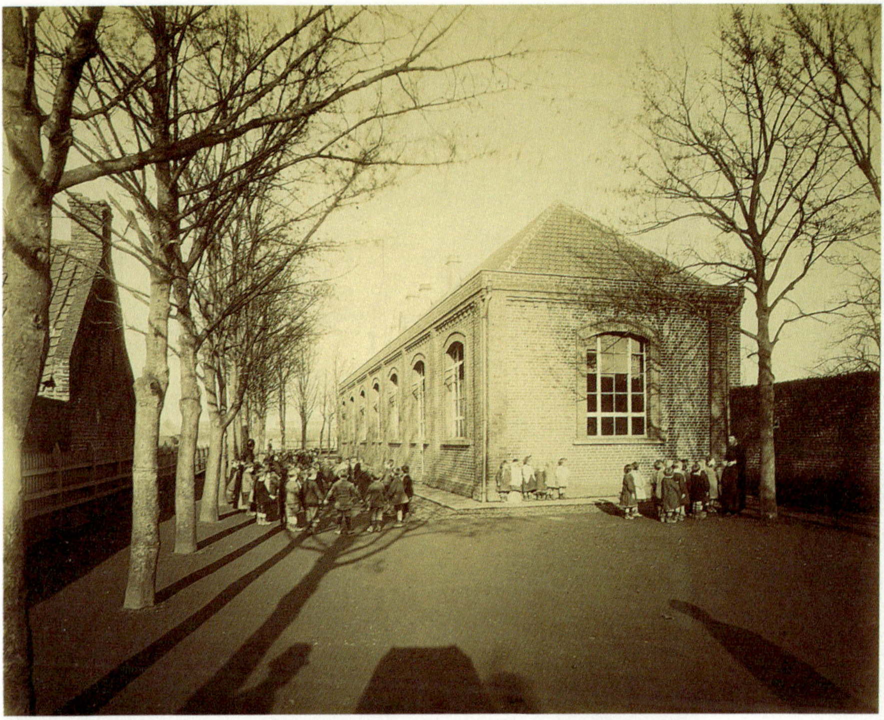

Louis-Émile Durandelle
Frankreich, 1839–1917

School for Infants (Schule), um 1885

Albuminpapierabzug
MUSEUMSANKAUF
78:0693:0006

43 x 53 cm groß sind und auf identische, 61 x 71 cm große Tafeln mit deskriptiven Hochdruck-Titeln aufgezogen sind. Der Serientitel der Gruppe lautet *Fonderies et Laminoirs de Biache St. Vaast.* Das große Format, die Texte und die einheitliche Präsentation der Bilder weisen darauf hin, daß diese Arbeit öffentlich ausgestellt werden sollte, entweder in den Büros der Fabrik oder auf einer der großen internationalen Industrieausstellungen, die im letzten Jahrhundert in regelmäßigen Abständen in Frankreich und anderen großen Industrienationen stattfanden.

Fünf der Drucke in der Sammlung des Museums sind Innen- bzw. Außenaufnahmen der Produktionsgebäude des Unternehmens, während die anderen beiden Wohnungen für Arbeiter und die hier abgebildete Schule zeigen. In der letzten Hälfte des 19. Jahrhunderts entstanden im Zuge der Industrialisierung viele soziale und politische Probleme, und in dem Versuch, einige dieser Mißstände zu beseitigen oder zu lindern, wurde sowohl der öffentliche als auch der private Sektor ins Spiel gebracht. Politische Parteien wur-

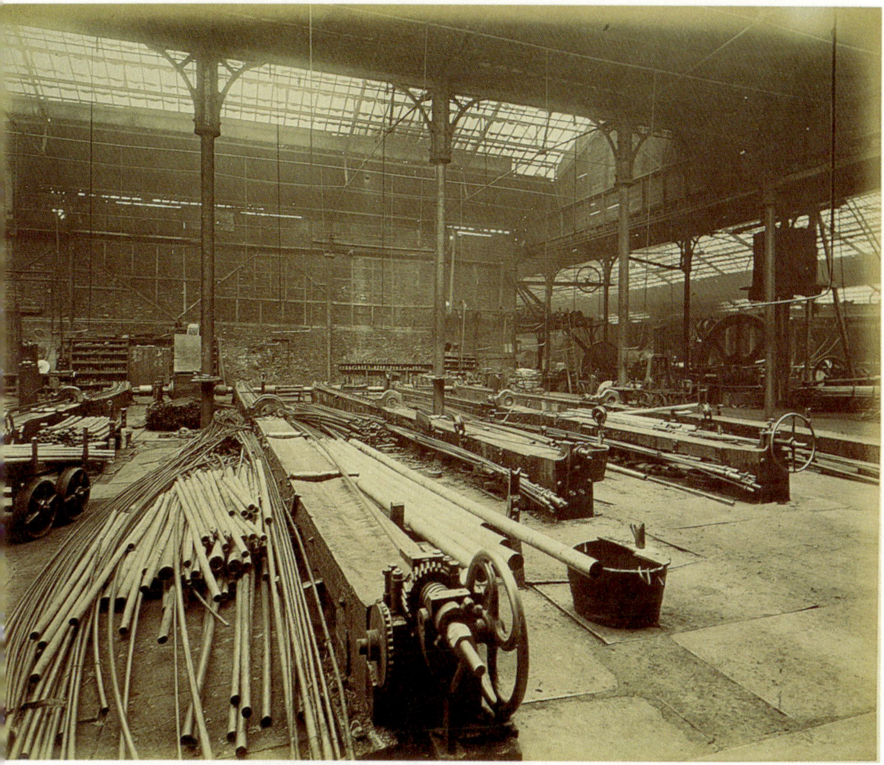

den gegründet, soziale Reformbewegungen ins Leben gerufen und Organisationen und Institutionen geschaffen, um Gesetze gegen Kinderarbeit zu erwirken und für bessere Ausbildung, ärztliche Versorgung und angemessene Unterkunft der Arbeiter zu sorgen.

In ganz Europa und in Amerika versuchten einige progressive Unternehmen, diesen Problemen zu begegnen. Eschager Chesquiere & Co. war vermutlich ein solches Unternehmen, das zudem selbstbewußt genug war, einen Photographen anzustellen, um seine sozialen Bemühungen dokumentieren zu lassen.

Das Bild des Mannes an einer Hotchkiss-Schnellfeuerkanone und ein Esel, der mit einem Gebirgsgewehr der Firma Hotchkiss bepackt ist (Seite 242), stammen aus einem Album mit 25 Photographien der Fabrikgebäude und Produkten des Rüstungsunternehmens Hotchkiss in Paris. Die Aufnahme des Gas- und Dampfwerks gehört zu einer Gruppe von 15 Photographien

Louis-Émile Durandelle

Bancs à étirer (Strangpresse), um 1885

Albuminpapierabzug
MUSEUMSANKAUF
78:0693:0001

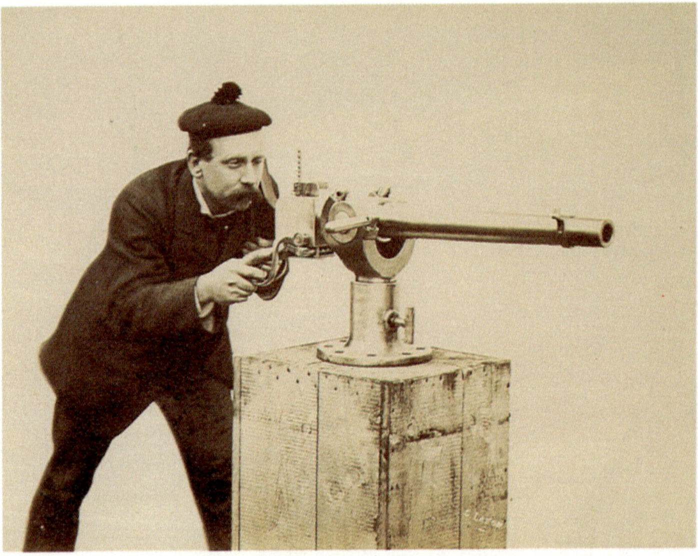

L. Lafon
Frankreich, aktiv um 1870er

Canon Hotchkiss à tir rapide de 37 m/m (Hotchkiss-Schnellfeuerkanone 37mm), 1879

Albuminpapierabzug
MUSEUMSANKAUF, EHEMALIGE SAMMLUNG PHILIP MEDICUS
81:1191:0001

L. Lafon

Matériel de montagne, système Hotchkiss (Militärausrüstung für die Berge, Hotchkiss-System), 1879

Albuminpapierabzug
MUSEUMSANKAUF, EHEMALIGE SAMMLUNG PHILIP MEDICUS
81:1191:0019

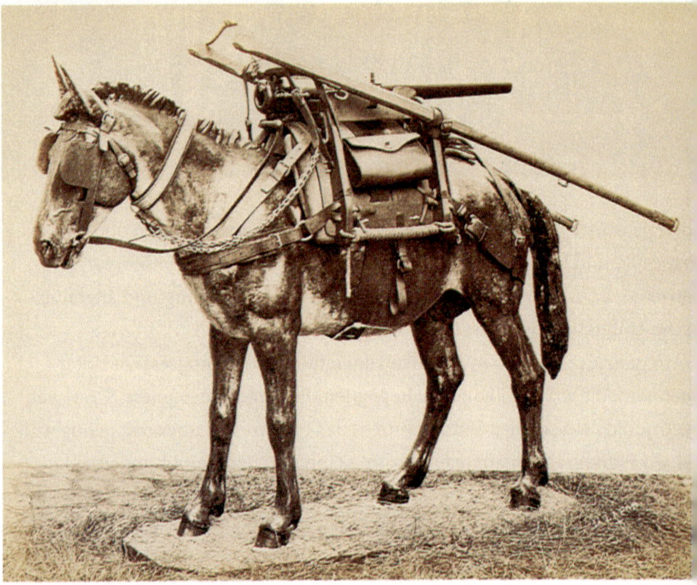

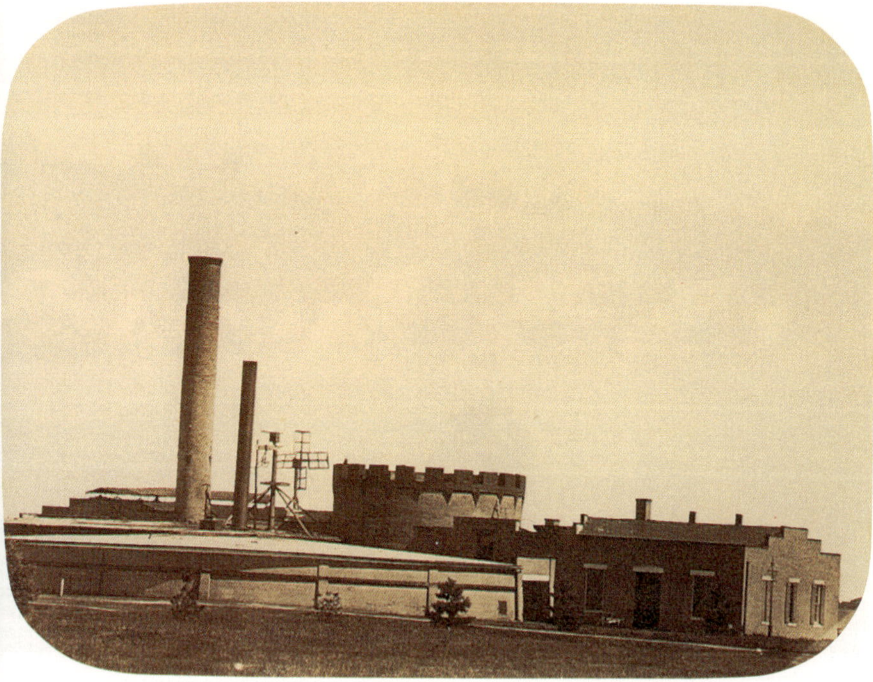

des Gebäudekomplexes der amerikanischen Marineakademie. Diese eindrucksvollen Drucke repräsentieren die Entwicklung der kommerziellen Photographie seit ihren dokumentarischen Anfängen und benutzen Photographien zu Werbezwecken.

In der Zeit, in der ein Zeichner eine oder zwei Ansichten schaffte, konnten 20 bis 30 verschiedene Photographien eines Motivs gemacht werden, die zudem den Vorzug hatten, vollständigere und genauere Informationen zu enthalten, als jeder Künstler festzuhalten hoffen konnte. Unternehmer begannen, Gruppen von Photographien zu Alben zusammenzustellen, um überzeugender von dem zu berichten, was sie verkaufen wollten. Diese Praxis, die anfänglich in die Zuständigkeit von Regierungen oder internationalen Industrien fiel, ging bald in die Hände lokaler Photographen über, die für einen lokalen Geschäftsmann arbeiteten.

Dieser in Wildleder gekleidete junge Mann, der sich auf sein neues Karabinergewehr stützt, kniet in Russel's Tank, Arizona, genau 1.271 Meilen

Fischer & Brothers
Amerika, aktiv 1850er–1860er

Gas and Steam Works (Gas- und Dampfwerk), U. S. Naval Academy, um 1860

Salzpapierabzug
SCHENKUNG ALDEN SCOTT BOYER
80:0273:0003

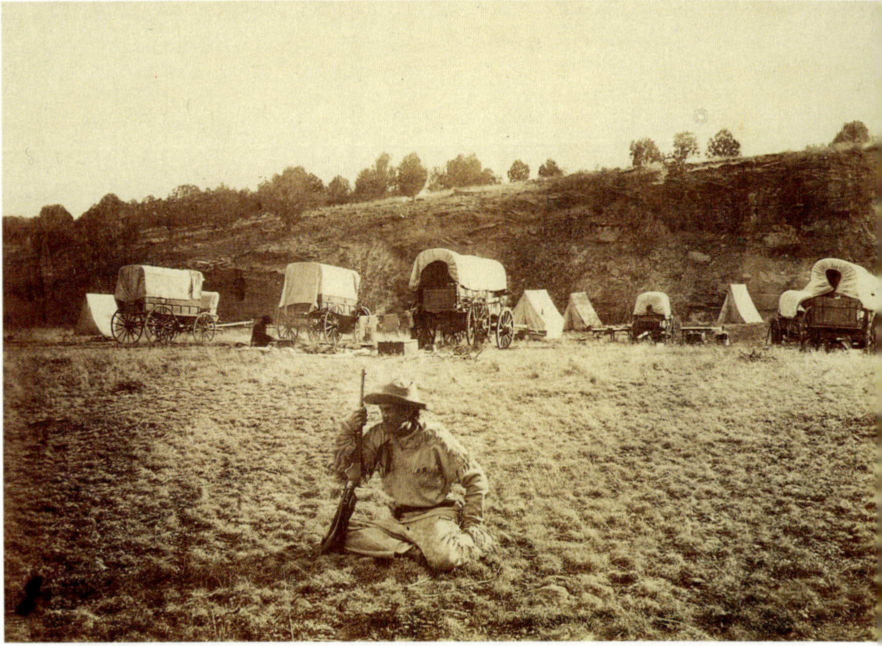

Dr. William A. Bell
England, 1839–1915

Camp of Surveying Party at Russel's Tank (Lager des Vermessungstrupps bei Russel's Tank, Arizona), Arizona, um 1867–1868

Albuminpapierabzug
MUSEUMSANKAUF
70:0075:0032

westlich des Missouri River. Die Menschen in dem Zug auf einer Brücke über das Marschland in der Nähe von Fort Harker, Kansas, befinden sich 246 Meilen westlich des Missouri River. Und die Brücke auf Seite 246 überspannt Muddy Creek, Kansas, 162 Meilen westlich des Missouri River. Diese detaillierten Informationen, wo genau die einzelnen Photographien gemacht wurden, erhält man aus dem Text auf dem Rahmen der Photographien, die Alexander Gardner 1868 in einer Reihe unter dem Titel *Across the Continent on the Kansas Pacific Road* herausgab. Das Museum besitzt 39 Photographien aus dieser Reihe, die insgesamt etwa 127 Bilder umfaßt haben mag.

Alexander Gardner wurde 1867 angestellt, um den Bau des östlichen Abschnitts der Union Pacific Rail Way zu dokumentieren, die dann in Kansas Pacific Railroad und schließlich in Union Pacific Railroad umbenannt wurde. Gardner, sein Sohn Lawrence und sein Freund, der Photograph William Pywell, brachen im September 1867 von Washington nach Kansas auf, wo sie entlang der Eisenbahnstrecke mit Stereo- oder Großbildkameras bis Mitte Oktober photographierten, bevor sie nach Washington zurückkehrten. Ihre Bilder zeigten die Eisenbahn, neue Goldgräberstädte wie »Hays City,

Kansas, Aged Four Weeks«, die Viehhöfe von Abilene und Zeichen der ›Zivilisation‹ wie *St. Mary's Mission, Kansas, Pottawatamie Indian School* sowie die Landschaften der offenen Prärie, die sie auf ihrem Weg durchquerten.

Etwa zur gleichen Zeit hatte sich der britische Arzt Dr. William A. Bell, der von einem anderen Offiziellen der Eisenbahn angestellt worden war, dem Trupp von Vermessungsingenieuren angeschlossen, der die beste Route für eine transkontinentale Eisenbahn entlang einer südlichen Strecke von Kansas nach Kalifornien ermitteln sollte.

Bell photographierte auf der Reise nach Westen entlang des 32. Breitengrades von Kansas nach New Mexico und dann durch Arizona nach Kalifornien. Nach der üblichen Praxis wurden Bells Photos an Gardner weitergegeben, der als Chefphotograph der Eisenbahn beide Werkgruppen als eine einzige Sequenz von Ansichten unter seinem eigenen Namen veröffentlichte.

O. C. R. R., Loop Showing Three Trestles ... (Seite 247) ist eine von fast 300 Photographien aus dem Isaiah West Taber Studio, die sich heute im George

Alexander Gardner
Amerika, geb. Schottland, 1821–1882

View Near (Ansicht in der Nähe von) Fort Harker, Kansas, 216 Miles West of Missouri River, um 1867–1868

Albuminpapierabzug
MUSEUMSANKAUF
70:0075:0019

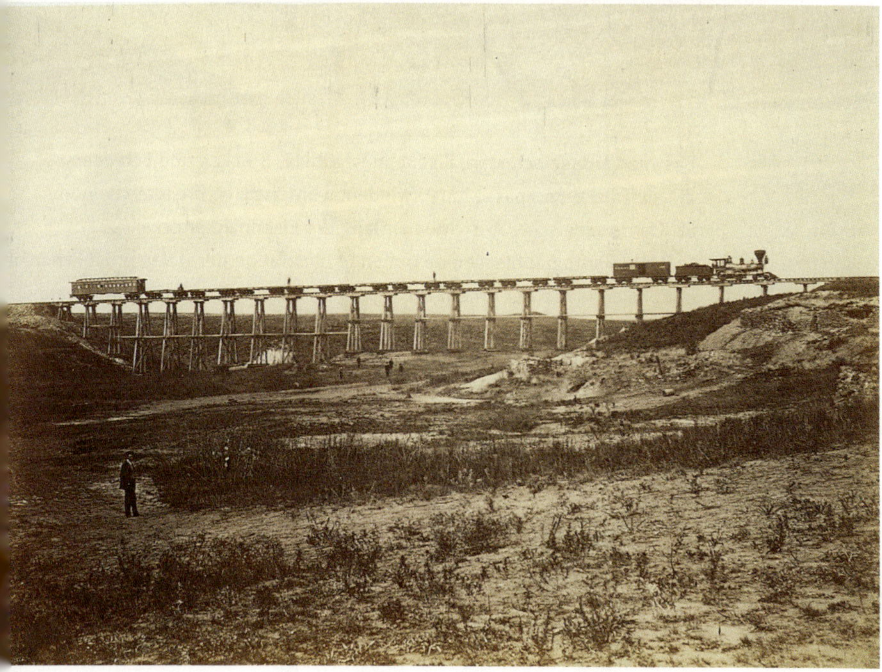

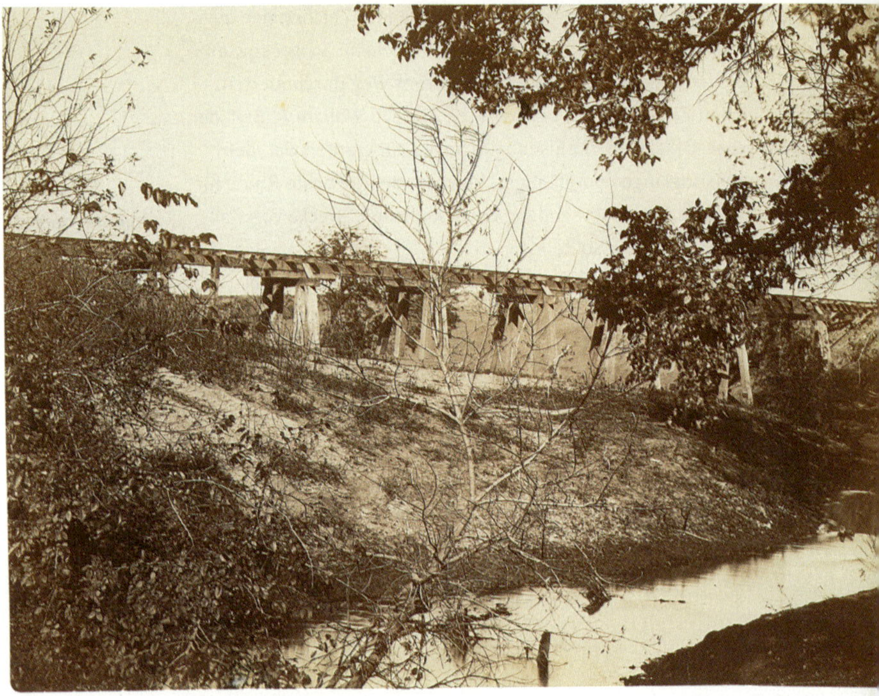

Alexander Gardner
Amerika, geb. Schottland, 1821–1882

Muddy Creek, Kansas, 162 Miles West of Missouri River, um 1867–1868

Albuminpapierabzug
MUSEUMSANKAUF
70:0075:0015

Eastman House befinden. Eisenbahnviadukte, Brücken und Schienen, die sich steile Bergpässe hinaufwinden, wurden zu verbreiteten Ikonen im Genre szenischer Ansichten entlang der Eisenbahnstrecke.

Diese Photographie ist eine treffende Illustration der widersprüchlichen nationalen Ideale der Amerikaner des 19. Jahrhunderts, die in einem Land lebten, das sich durch die Verbreitung von Industrie und Technologie täglich veränderte. Die Berge, die sich in dieser Aufnahme bis zum Horizont erstrecken, erinnerten gewiß jeden Zeitgenossen Tabers an die spektakuläre Schönheit der Natur ihres Landes.

Auch dieser bildliche Beweis der amerikanischen Ingenieurkunst und des nationalen Strebens, die wildesten Gebiete zu zähmen und sie in den Dienst der Menschheit zu stellen, hat vermutlich viele mit großem Stolz erfüllt. Die Eisenbahn wurde zu einem der stärksten Symbole für die Macht der modernen Technologie. Ebenso wie die Ideologie, die sie hervorbrachte, hält diese hier gezeigte Photographie geschickt diese beiden potentiell unvereinbaren Ideale in einem feinen Gleichgewicht.

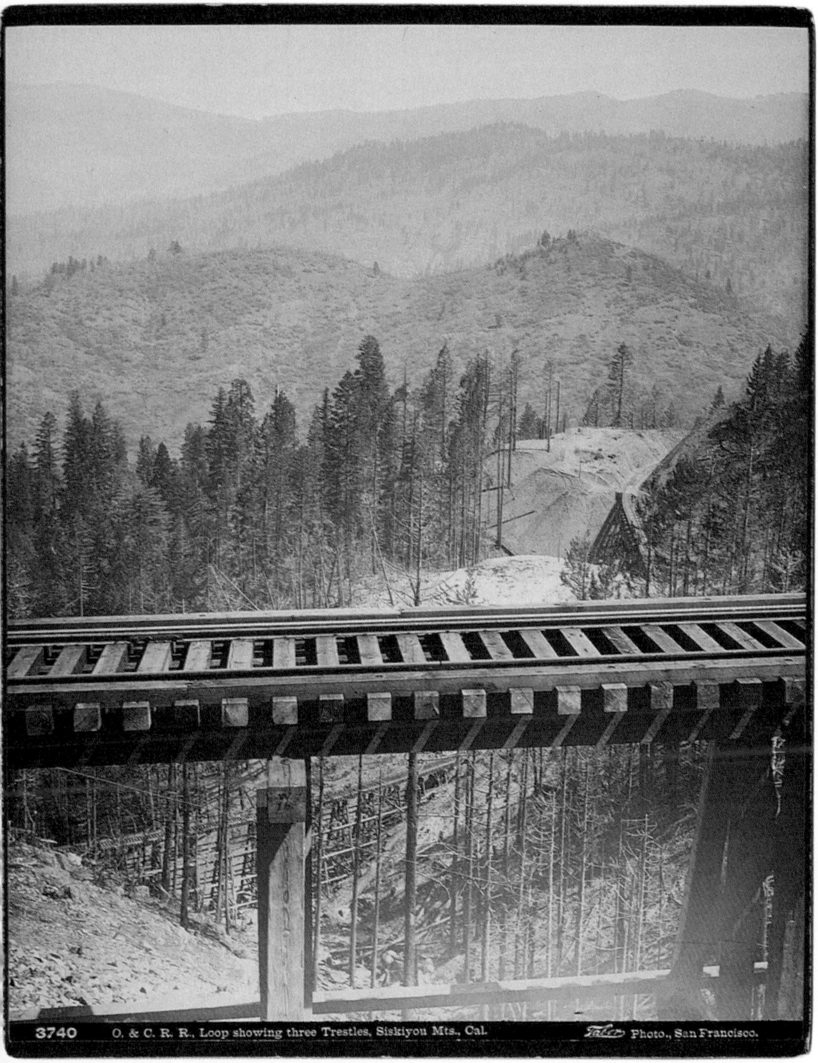

Isaiah West Taber
Amerika, 1830–1912

O. & C. R. R., Loop Showing Three Trestles,
Siskiyou Mts., Cal., um 1885

Albuminpapierabzug
SCHENKUNG ALDEN SCOTT BOYER
81:2266:0002

William H. Rau
Amerika, 1855–1920

Broad Street Bahnhof, Pennsylvania Railroad, Philadelphia, Pennsylvania, um 1892

Silbergelatine-Abzug (Modern Print) von originalem Gelatinetrockenplatte-Negativ, 1978
SCHENKUNG 3M COMPANY, EHEMALIGE SAMMLUNG LOUIS WALTON SIPLEY
78:1267:0003MP

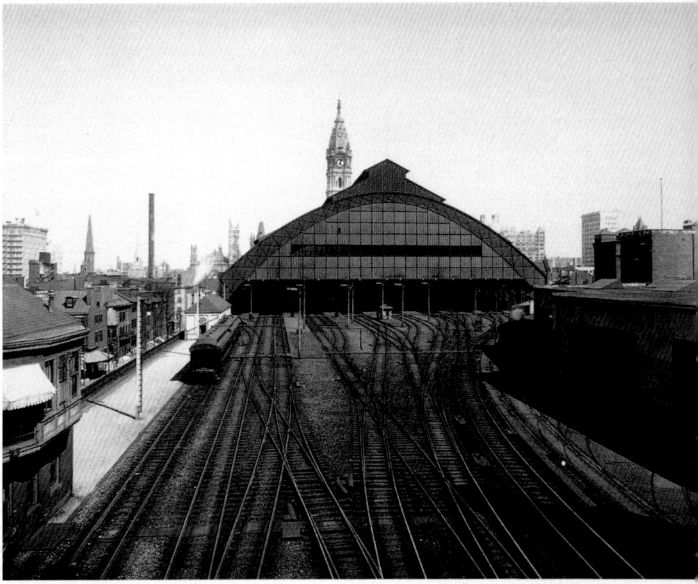

Diese beiden Photographien sind moderne Abzüge von einem etwa 46 x 56 cm großen Glasplatten- oder »Mammut«-Negativ, das William H. Rau etwa 1891 im Rahmen seiner Dokumentation der Pennsylvania Railroad machte. Das Museum besitzt elf verschieden große Glasplatten-Negative Raus mit Eisenbahnansichten aus den 1890er Jahren. Die bedrohliche schwarze »Wolke« am Himmel des Bildes auf Seite 249 erinnert an das traurige Schicksal, das viele der fragilen Glasplatten erlitten. Von den 650 Platten, die Rau für dieses Projekt machte, existieren nur noch elf.

Rau wurde 1891 Chefphotograph der Pennsylvania Railroad und erhielt den Auftrag, »Die größte Straße in den Westen« zu dokumentieren. Dazu gehörten auch die umliegende Landschaft, angrenzende Städte und Großstädte, Fabriken und Betriebe sowie das rollende Material und die Bahnhöfe. Diese Arbeit wurde erstmals 1893 auf der »World's Columbian Exhibition« gezeigt. Die Eisenbahn stellte Rau einen eigenen Zug mit einem speziell angefertigten Photographie-Wagen zur Verfügung, der Wohn- und Arbeitsbereich, eine Dunkelkammer (mit einem Wassertank) und einen Lagerraum für Glasplatten, große Kameras und andere Ausrüstungsgegenstände bot, die er auf diesen Reisen brauchte. Auf dem Dach von Raus Wagen wurde eine große Plattform montiert, um den Radius der Aussicht zu erweitern.

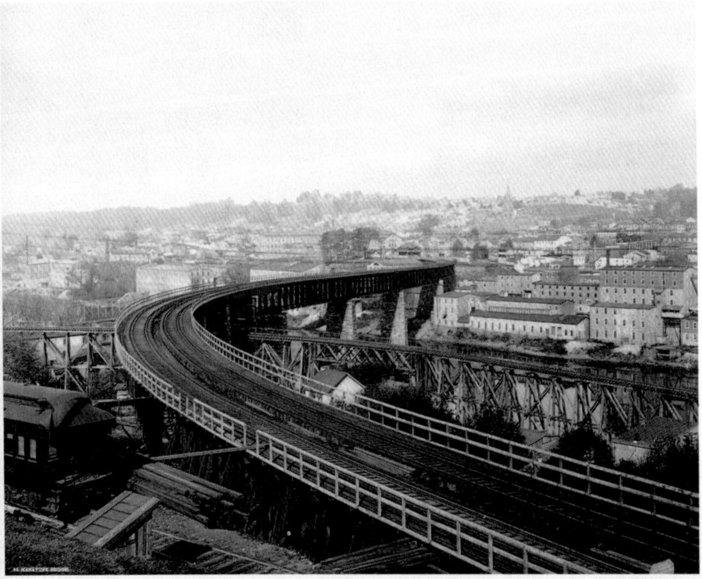

William H. Rau

Manayunk Bridge
Pennsylvania Railroad, um 1892

Silbergelatine-Abzug (Modern Print) von originalem Gelatine-trockenplatte-Negativ, 1978
SCHENKUNG 3M COMPANY, EHEMALIGE SAMMLUNG LOUIS WALTON SIPLEY
78:1267:0002MP

Rau begann mit 13 Jahren als William Bells Assistent in Philadelphia mit der Photographie und lernte sie so gründlich, daß er 1874, mit nur 19 Jahren, die United States Scientific Expedition nach Chatham Island im Südpazifik vor der Küste Neuseelands begleitete, um dort den Transit der Venus über die Sonne zu photographieren. Dieses Expedition dauerte über ein Jahr, und da die Photographen mit nassen Platten arbeiteten, benötigten sie »Tonnen von Material«. Rau photographierte 1876 bei der großen Ausstellung in Philadelphia für Edward Wilsons Centennial Photographic Company und dann für verschiedene Ateliers in Philadelphia, bevor er 1881 nach Colorado ging, um für William Henry Jackson zu arbeiten und Landschaften in Colorado und New Mexico zu photographieren. In den Jahren 1881 und 1882 begleitete er Edward L. Wilson auf einer photographischen Reise in den Mittleren Osten, auf der, wie er später sagte, »... das Gewicht der Glasplatten und der Ausrüstung für 1.800 Negative etwa 2.000 Pfund betrug. ...« Mit seiner großen photographischen Erfahrung hatte sich Rau 1887 als einer der führenden Berufsphotographen in Philadelphia etabliert und wurde sehr häufig beauftragt, verschiedene Eisenbahnlinien und internationale Ausstellungen zu photographieren. Seine produktive Karriere dauerte bis in die ersten Jahrzehnte des 20. Jahrhunderts an.

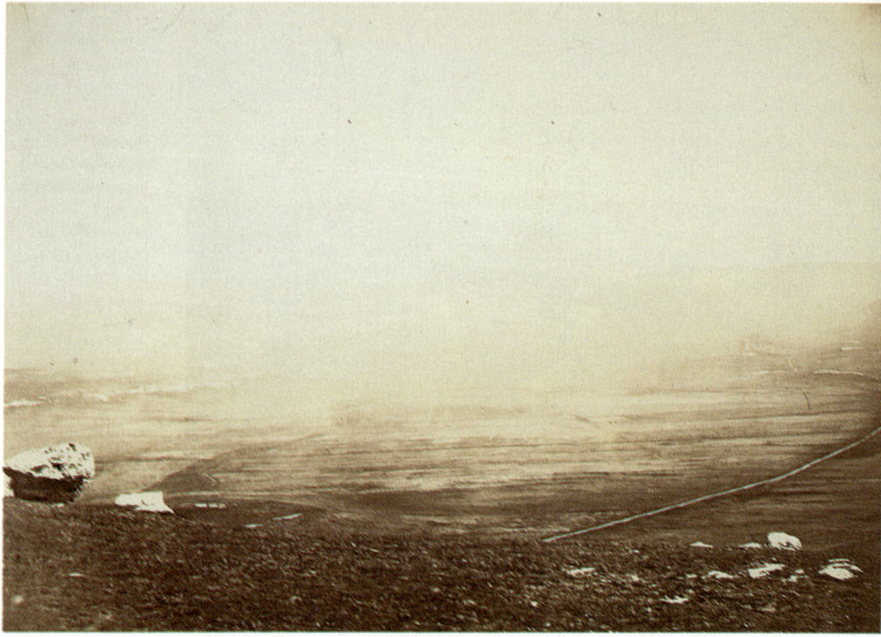

Roger Fenton
England, 1819–1869

Plains of Balaklava (Die Ebene von Balaklava), 1855

Salzpapierabzug
MUSEUMSANKAUF, EHEMALIGE SAMMLUNG ALDEN SCOTT BOYER
81:1238:0001

Die Krim

Diese Aufnahme der einsamen, weiten Ebenen von Balaklava ist einer von 91 Salzpapier-Drucken in der Eastman-Sammlung, die Roger Fenton 1855 auf der Krim machte.

Die Krim war das größte Schlachtfeld im Krieg zwischen Rußland und den alliierten Streitkräften England, Frankreich und Türkei. Der Krieg begann im Frühjahr 1854, als die Russen die Donau überquerten, in das Osmanische Reich eindrangen und England und Frankreich in den Konflikt hineinzogen, die das Gleichgewicht der Kräfte auf dem Balkan aufrechtzuerhalten suchten. In »einer der gigantischsten militärischen Aktionen, die je unternommen wurden«, starteten die alliierten Armeen mit 57.000 Truppen auf 600 Schiffen im September 1854 eine Invasion auf der Krim. Die Truppen nahmen den Hafen von Balaklava ein, und nach einer Reihe ergebnisloser Schlachten wurde das Patt eines Belagerungkrieges erreicht, der im Winter 1884/85 von erbitterten und blutigen Gefechten unterbrochen wurde. Die britische Öffentlichkeit, die von diesen Problemen durch die ersten Kriegsberichterstatter informiert wurde, begann, an der Taktik und den Führungsqualitäten des Militärs und der Regierung zu zweifeln.

Die britische Regierung hatte bereits Versuche unternommen, die Krimexpedition von einem Photographie-Korps dokumentieren zu lassen. Das erste scheiterte, als das Schiff mit voller Besatzung in einem Sturm sank, und das zweite, weil die eilig ausgebildeten Armeeoffiziere den außergewöhnlichen technischen Schwierigkeiten, die angesichts der widrigen Bedingungen entstanden, nicht gewachsen waren. Schließlich wandte sich die Armee an die neu gegründete Photographic Society in London um Hilfe, und Roger Fenton, eine führende Persönlichkeit in der britischen Photographie dieser Zeit, erklärte sich bereit, auf die Krim zu reisen. Er erhielt finanzielle Unterstützung von Thomas Agnew & Son, einem Verleger illustrierter Schriften über aktuelle Ereignisse, und offizielle Unterstützung sowohl von der Krone als auch vom Kriegsminister. Fenton ließ sich einen Lastwagen für photographische Zwecke umbauen, heuerte einen Assistenten und einen Koch an, stattete seine Expedition mit 36 großen Kisten mit Ausrüstung und Material für das nasse Kollodium-Verfahren aus, und segelte im Februar 1855 als einer der ersten Kriegsphotographen nach Balaklava.

Fenton mußte auf der Krim extreme Schwierigkeiten überwinden. Er konnte beispielsweise nur im Morgengrauen photographieren, da die Entwicklerflüssigkeit tagsüber in der sengenden Hitze kochte, und mußte des öfteren dem Beschuß der russischen Artillerie ausweichen, die von seinem auffälligen und mysteriösen Photowagen angezogen wurde. Zudem fand er in einer chaotischen Armee, der es an Pferden mangelte, keine Transportmittel für seinen sperrigen Laster und seine Ausrüstung, und wurde ständig von britischen Soldaten belagert, die sich von diesem neuen und seltsamen Phänomen in ihrer Mitte porträtieren lassen wollten. Fenton photographierte von März bis Ende Juni die alliierten Streitkräfte, bevor er nach England zurückkehrte. Geschwächt von der Cholera, die bereits das Leben vieler britischer Soldaten gefordert hatte, war Fenton gezwungen, die Krim-Halbinsel vor der entscheidenden Schlacht um Sewastopol zu verlassen. Bei seiner Rückkehr nach England wurde er als Berühmtheit gefeiert. Als er der Queen vorgestellt wurde, gestattete man ihm wegen seiner Krankheit, während des königlichen Interviews auf einer Couch zu liegen. Seine Photographien wurden in zahlreichen Ausstellungen gezeigt und von Kritikern und der Öffentlichkeit hoch gelobt. Thomas Agnew & Son gaben von November 1855 bis April 1856 wöchentlich Sets mit Originaldrucken heraus, die auf Tafeln aufgezogen und mit Bildunterschriften versehen waren. Noch größere öffentliche Aufmerksamkeit erregten die Photographien, als sie als Holzdrucke in illustrierten Wochenzeitschriften in England und Amerika erschienen.

Die Sammlung des Museums bietet Gelegenheit, einen Teil der umfangreichen Arbeit Fentons auf der Krim zu sehen. Zu den dort entstandenen Bildern gehören auch Serien formeller oder halbformeller Portraits der militärischen und politischen Führung der alliierten Streitkräfte.

Fenton vermochte den Charakter des Modells herauszustellen, und seine Portraits brauchen den Vergleich mit Studioportraits dieser Zeit nicht zu scheuen. Sie zeigen auch die Sorgfalt des Photographen, die verschiedenen Streitkräfte, die in der kargen Krim zusammengekommen waren, ausführlich zu illustrieren. Dieser zweite Typ von Portraits wirkt spontaner, da sie im Freien aufgenommen wurden. Vor der umgebenden Szenerie der Zelte und Steinhütten in der brennenden Sonne lassen die Modelle eine Andeutung des Posierens oder Rollenspiels erkennen. In dem Versuch, einen umfassenderen Bericht des Krieges zu bieten, schuf Fenton Tableaus tapferer Generäle und Soldaten, zeigte Kameradschaft des Lagers während der Mahlzeiten und ermüdender Wachen, wie in *A Quiet Day in the Mortar Battery*.

Roger Fenton
England, 1819–1869

General Bosquet, 1855

Salzpapierabzug
MUSEUMSANKAUF, EHEMALIGE SAMMLUNG ALDEN SCOTT BOYER
81:1238:0041

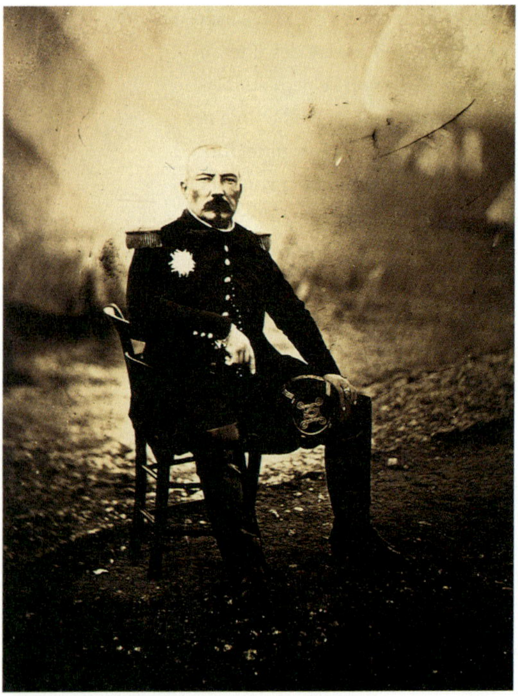

Fentons Landschaften der Krim-Halbinsel lassen sich ebenfalls in mehrere, miteinander verwandte Kategorien unterteilen. Zur ersten gehören Ansichten des besetzten Hafens sowie der Zeltlager der verschiedenen Truppen und britische Befestigungen – gewissermaßen Nachrichtenbilder, um das starke Interesse der Öffentlichkeit an Szenen und Ereignissen zu befriedigen, von denen sie in den Kriegsberichten der Zeitungen gelesen hatte. Fenton machte auch einige Aufnahmen aus großer Entfernung von der belagerten Stadt Sewastopol und dem umliegenden Terrain. Diese Bilder zeigen den »Schauplatz« des Konflikts und sind mit Fentons Geschick als Landschaftsphotograph aufgenommen. Er fing die Weite dieses kargen Landes und seines rauhen Himmels mit stiller Dramatik ein. So konnte er dem britischen Publikum zu

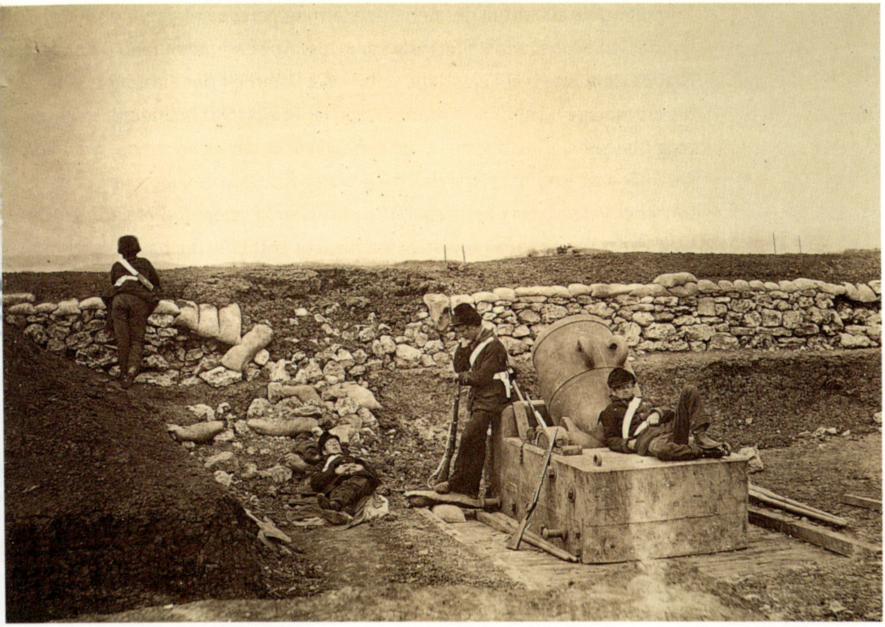

Roger Fenton

A Quiet Day in the Mortar Battery (Ein ruhiger Tag am Mörsergeschütz), 1855

Salzpapierabzug
MUSEUMSANKAUF, EHEMALIGE SAMMLUNG ALDEN SCOTT BOYER
81:1238:0052

Hause in der grünen Landschaft der britischen Inseln etwas von den unwirtlichen Bedingungen in diesem fremden Land und dem gewaltigen Konflikt zeigen, der so viele britische Soldaten das Leben gekostet hatte.

Fenton machte weder Aufnahmen von toten, sterbenden oder verwundeten Soldaten auf dem Schlachtfeld noch von Feldlazaretten oder kranken Soldaten. Sein Bericht über diesen Krieg ist unblutig. Es stellt sich die Frage, ob dies aus einer viktorianischen Vorsicht für das geschah, was man in einem öffentlichen Medium zeigen sollte, das Frauen und Kinder sehen würden, oder ob Fenton als ein Mitstreiter der britischen Regierung arbeitete.

Aus allen Quellen wird deutlich, daß es Fentons Absicht war, mit seiner beschränkten photographischen Technologie möglichst viele visuelle Dokumente der Menschen, Orte und Ereignisse des Krieges zu liefern. Sein Bericht sollte die Menschen zu Hause über das informieren, was mit ihren Vätern und Söhnen in einem weit entfernten Land geschah, und die öffentliche Meinung beeinflussen. In diesem Sinne nahm Fenton die Rolle eines »öffentlichen Zeugen« an, der über Ereignisse nicht so berichtet, wie er selbst sie wahrnimmt, sondern als Beobachter, als Vertreter der allgemeinen politischen Ordnung fungiert. Fenton arbeitete in einer Zeit, da die Rolle der

Photographie als Mittel der Berichterstattung gerade entstand, und in der nationalen Propaganda eine ihrer frühesten Anwendungen fand. Der starke Glaube der Öffentlichkeit an die »objektive Wahrheit der Photographie« war die Grundlage dieser Form journalistischer Praxis. Der heutige Betrachter mag übersehen, was für das Publikum dieser Bilder vielleicht die wichtigste Qualität war, ein Publikum, das die meisten Kriegsnachrichten in Form rhetorischer Prosa oder übertrieben dramatischer Skizzen und Holzdrucke erhielt. Trotz ihrer propagandistischen Absicht enthüllte die banale und rauhe Ehrlichkeit von Fentons Ansichten letztlich doch die Realität des Krieges.

Diese beiden Photographien zeigen die Folgen des Krieges, auch wenn sie lange nach den Schlachten aufgenommen wurden. Während *The Battlefield of Tchernaya* versucht, durch seinen Titel dem Betrachter die emotionale Tragweite zu vermitteln, die diese trügerisch sanfte Landschaft vermitteln könnte, besteht kein Zweifel, daß die umgekippte Kanone und die verstreuten Objekte in der Aufnahme *The Barracks Battery* von Grauenvollem künden. Diese Aufnahmen des Konfliktes von dem britischen Photographen James Robertson gehören zu einer Gruppe von 59 Salzpapier-Drucken aus zwei Alben in der Eastman-Sammlung, beide ursprünglich im Besitz von britischen Militärangehörigen, die auf der Krim gekämpft hatten. Kurz nach-

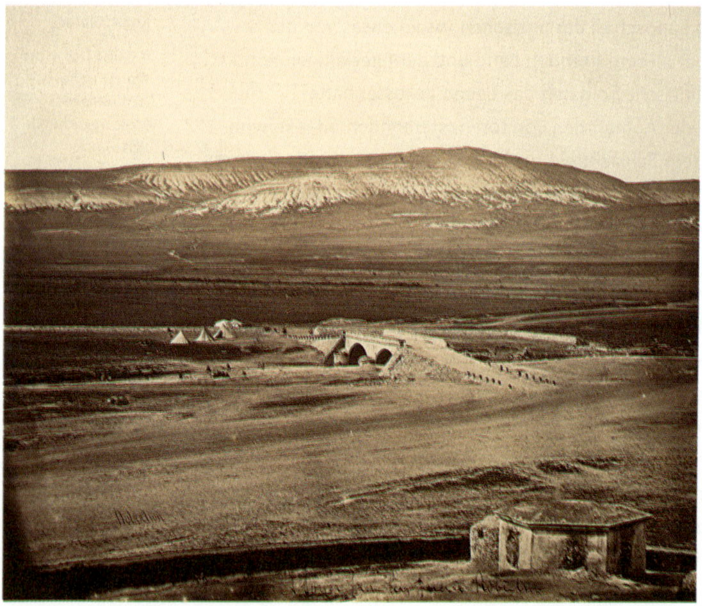

James Robertson
England, 1813–1888

The Battlefield of Tchernaya (Das Schlachtfeld von Tchernaya), um 1855

Salzpapierabzug
SCHENKUNG EASTMAN KODAK COMPANY, EHEMALIGE SAMMLUNG GABRIEL CROMER
79:0001:0037

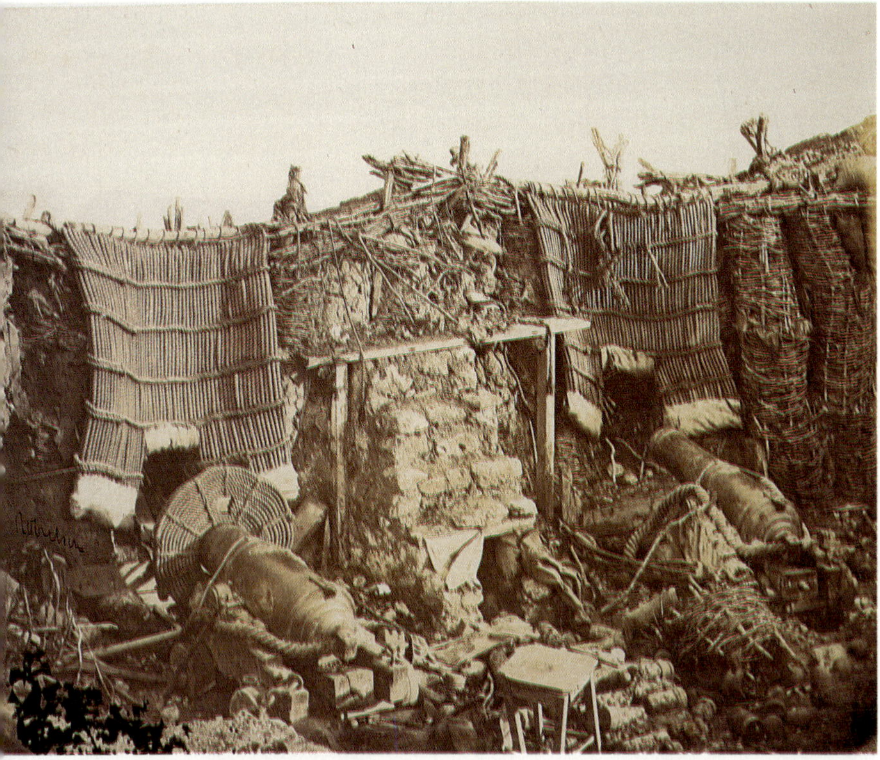

dem Roger Fenton im September 1855 erkrankt und nach England zurückgekehrt war, endete die lange Pattsituation des Krieges, und Sewastopol wurde von den alliierten Truppen eingenommen. James Robertson war in diesem Sommer zu seinem Partner Felice Beaton auf die Krim gereist. Zuvor hatte er im Sammellager der alliierten Streitkräfte in Konstantinopel Truppen vor dem Aufbruch auf die Krim gezeichnet und photographiert. Als sich der »Russische Krieg« 1856 allmählich seinem ergebnislosen Ende näherte, gelang es Robertson, die eingenommenen russischen Stellungen um Sewastopol und den Abzug der Armeen aus der Region zu photographieren. Einige der Aufnahmen Robertsons von Sebastopol wurden zusammen mit denen von Roger Fenton 1856 in London ausgestellt. Robertsons Arbeiten illustrieren verschiedene Bücher über den Krieg, darunter Henry Tyrrells *The History of the War with Russia und Colonel Richard Delafields Report on the Art of War in Europe in 1854, 1855, and 1856.*

James Robertson

The Barracks Battery (Kasernengeschütze), 1855

Salzpapierabzug

SCHENKUNG EASTMAN KODAK COMPANY, EHEMALIGE SAMMLUNG GABRIEL CROMER 79:0001:0045

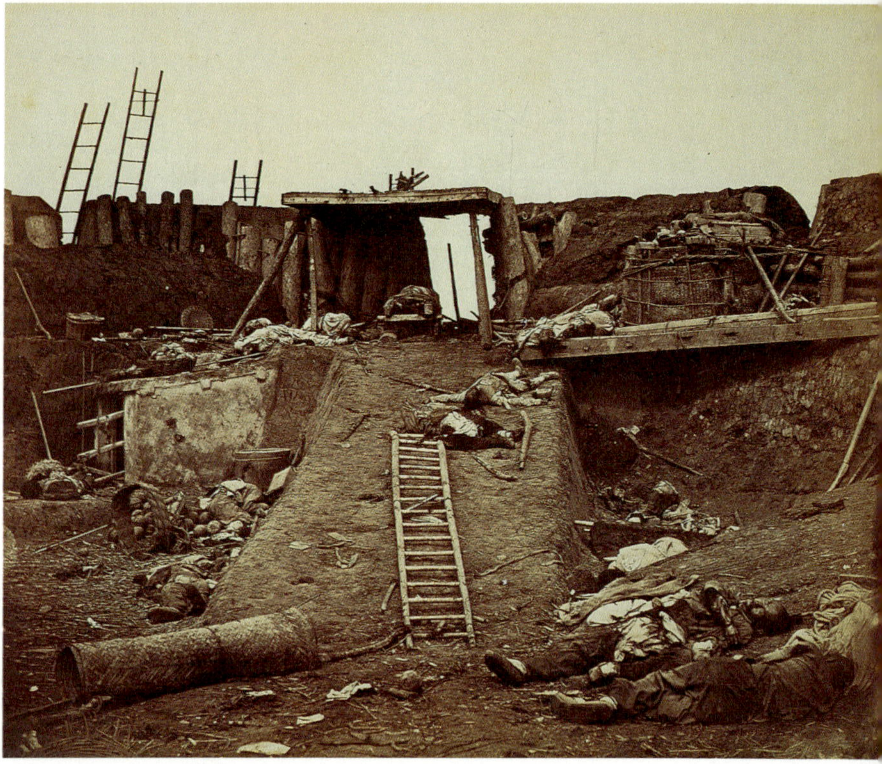

Felice A. Beato
England, geb. Italien
um 1830–um 1906

Auf der Innenseite des englischen Eingangs. – Taku, 1860

Albuminpapierabzug
MUSEUMSANKAUF
76:0134:0005

Der Opiumkrieg

Im März 1860 segelte Felice Beato mit General Sir Hope Grant, Kommandant der britischen Streitkräfte, von Kalkutta nach Hongkong, um sich den englischen und französischen Truppen bei ihrem Einmarsch in China anzuschließen. Diese militärische Invasion der alliierten Truppen mit Kriegs- und Transportschiffen wurde Ende Juli gegen das Fort Pei-tang (Beitang) gestartet, das am 1. August fiel. Dann marschierten die Invasoren ins Landesinnere, nahmen Mitte August T'ang-ku (Tangu) ein und rückten gegen die Forts bei Taku (Dagu) vor, die die Hauptverteidigungslinie um die chinesische Hauptstadt Peking (Beijing) bildeten. Am 21. August wurden die Taku-Forts angegriffen; unter dem massiven Artilleriefeuer explodierte ein Munitionslager im Nordteil des Forts, die Mauern stürzten ein, und die Festung wurde eingenommen. Ein Zeitgenosse schrieb, daß britische Truppen beim Eindringen in das Fort »... ein furchtbares Blutbad [vorfanden]... und Tote und

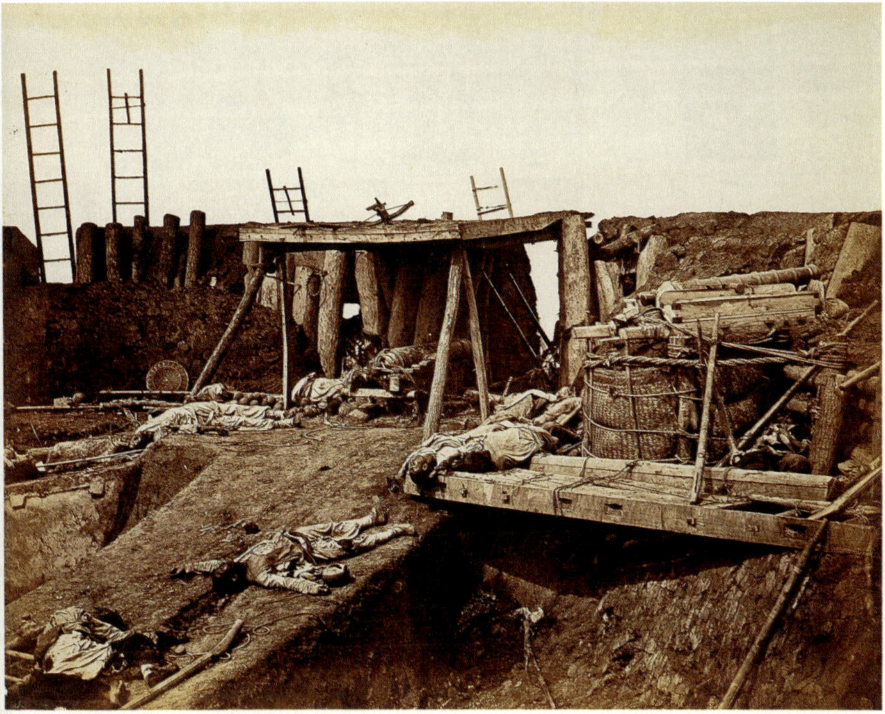

Sterbende erblickten, wohin sie auch sahen. ...« Dieser schreckliche Anblick bot sich auch Beato, als er diese beiden Aufnahmen machte. Sie gehören zu den sieben Photographien dieser Kampfhandlungen, die sich neben vier anderen Bildern der Expedition in China im Besitz des Museums befinden. Die alliierten Truppen kämpften weiter, nahmen den Sommerpalast des Kaisers vor Peking ein und brannten ihn nieder, bevor die chinesischen Truppen aufgaben. Beato machte während und nach den Vertragsverhandlungen Aufnahmen von alliierten und chinesischen Würdenträgern und photographierte die Umgebung von Peking, bevor er Mitte November nach Hongkong zurückkehrte. Er dokumentierte die englisch-französische Militärallianz, die den Zweiten Opiumkrieg oder Arrow-Krieg beendete, mit etwa 95 Photographien. Darüber hinaus machte er etwa 200 Stereoaufnahmen in Kanton, die in England von dem stereoskopischen Unternehmen Negretti & Zambra verkauft wurden.

Felice A. Beato

Das Innere von Fort Taku kurz nach der Eroberung, 1860

Albuminpapierabzug
MUSEUMSANKAUF
75:0034:0004

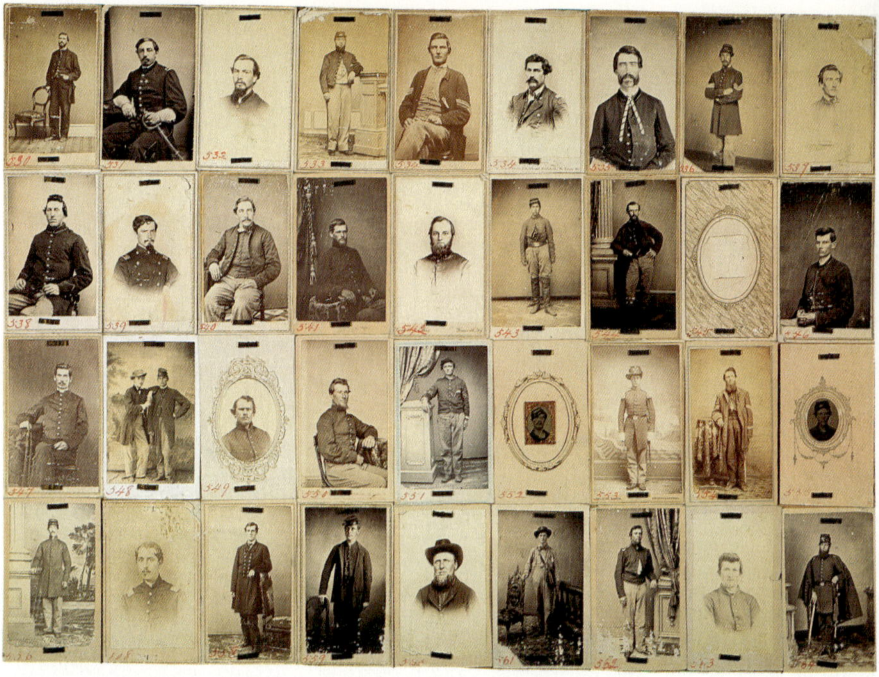

Verschiedene Photographen
Amerika, aktiv 1860er

Tafel mit Karten und Ferrotypien, Abteilung für unzustellbare Briefe der amerikanischen Post, 1861–1865

Albuminpapierabzug und Ferrotypie
MUSEUMSANKAUF, EHEMALIGE SAMMLUNG PHILIP MEDICUS
85:1103:0001–35

Der Amerikanische Bürgerkrieg

Während des amerikanischen Bürgerkrieges waren Massen von Photographen aktiv, die meisten von ihnen in provisorischen Ateliers in Militärlagern, wo sie preiswerte Blechplatten- oder Kartenportraits von Soldaten machten und an sie verkauften. Die Soldaten schickten ihre Portraits an ihre Lieben und Freunde zu Hause und warteten auf ähnliche Portraits von ihren Frauen und Kindern in der Rückpost. Dies war die häufigste Anwendung der Photographie während des Krieges.

Die Tafel mit Portraits im Visitenkartenformat und sogenannten »Tintypes« oder Ferrotypien, die in der Abteilung für unzustellbare Briefe der amerikanischen Post landeten, ist eine berdückende Botschaft gescheiterter Kommunikation und verlorener Hoffnung. In einer Zeit der hohen Säuglingssterblichkeit, unheilbarer Krankheiten und des frühen Todes, in der zudem ein ungewisser und blutiger Krieg herrschte, gab jeder dieser Männer, wenn auch noch so rituell, in einer Mischung aus Tapferkeit und Fatalismus zu verstehen: »Ich war hier. Denk an mich, wenn ich nicht mehr bin.« Die

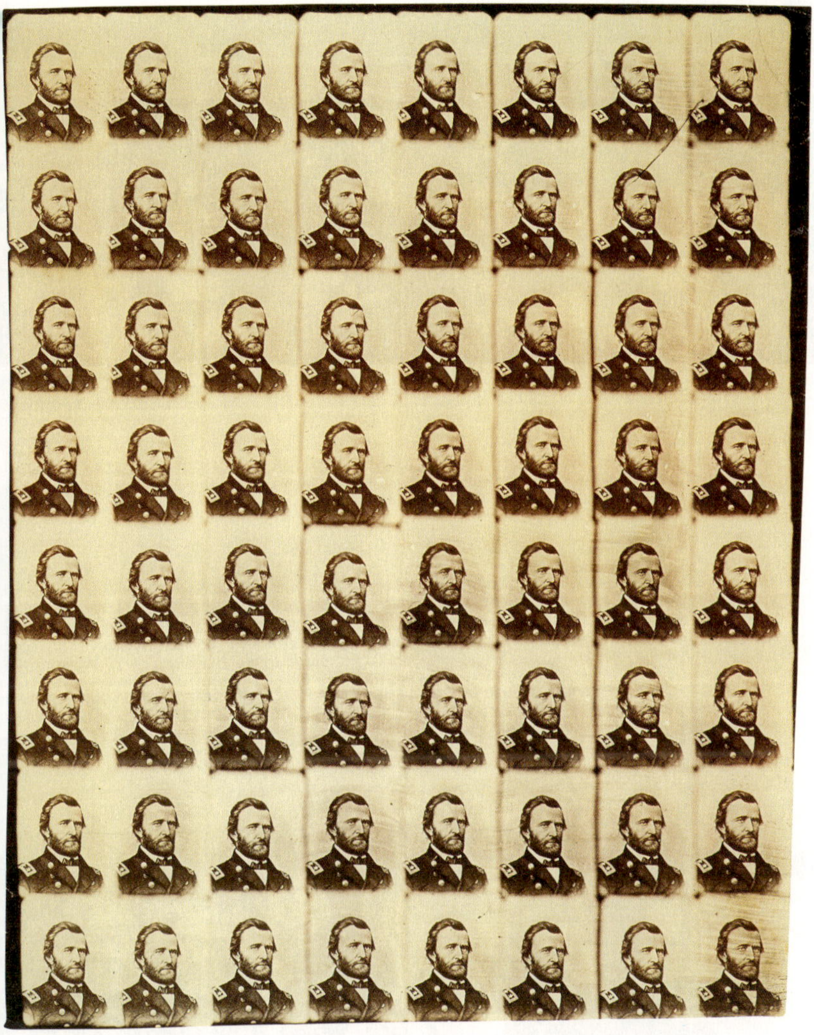

Anonym
Amerika, aktiv 1860er

U. S. Grant, um 1862

Albuminpapierabzug
MUSEUMSANKAUF, EHEMALIGE
SAMMLUNG CHESTER A. PHILLIPS
85:1081:0001

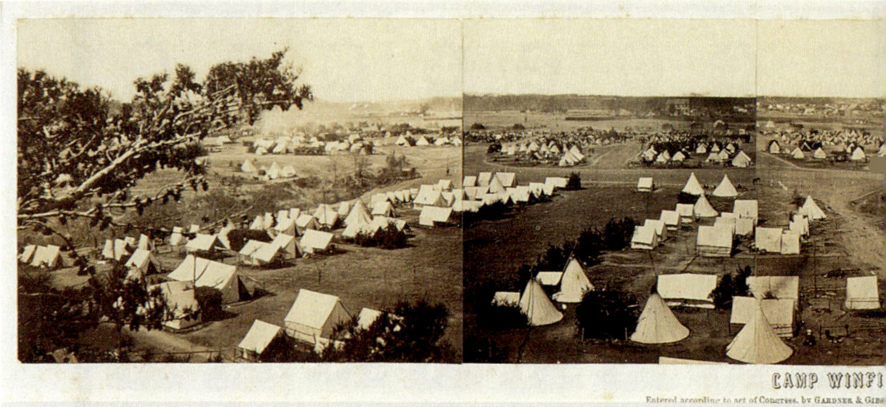
CAMP WINFI
Entered according to act of Congress, by GARDNER & GIBS

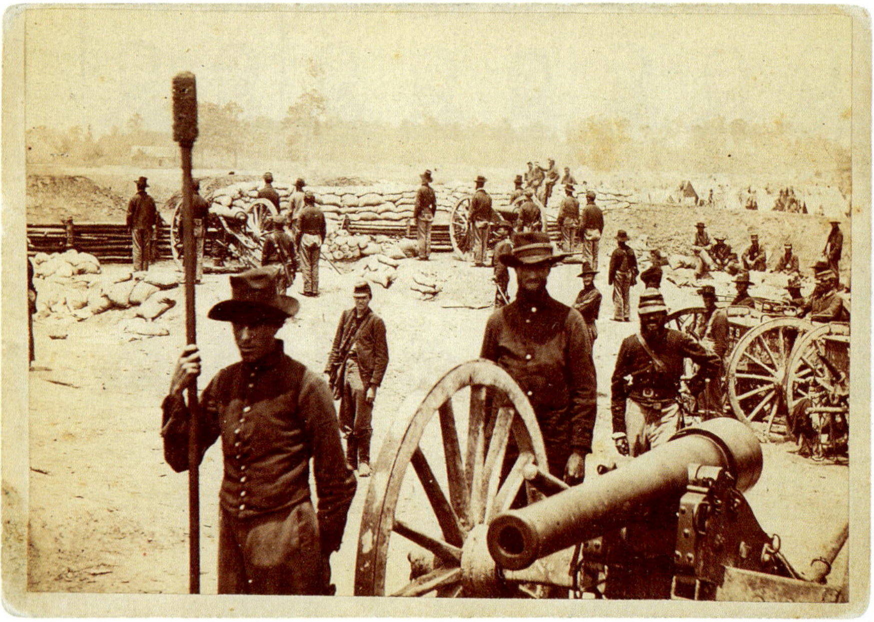

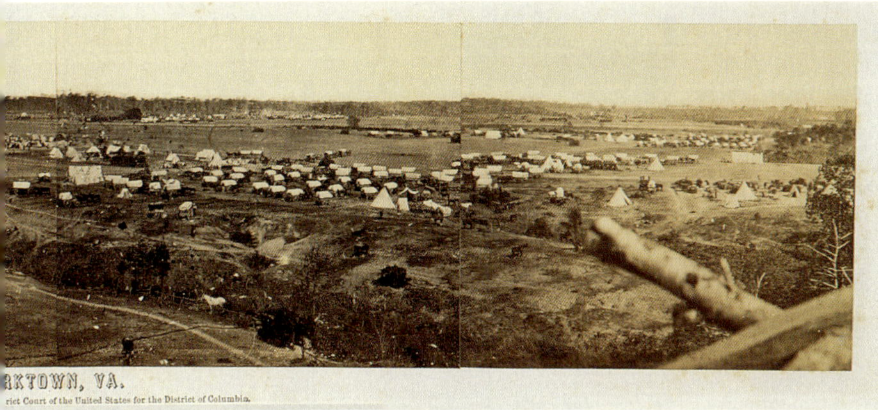

Literatur dieser Zeit macht deutlich, wie sehr die Photographie in ihrer Erinnerungsfunktion in Anspruch genommen wurde, um der Gegenwart eines geliebten Menschen zu gedenken.

Obwohl Hunderte von Photographen die Aspekte des Bürgerkriegs im Bild festhielten, lag die Mehrzahl der photographischen Dokumentation der Armeen auf dem Schlachtfeld in den Händen von ein paar Dutzend Männern. Aber die wenigsten hatten die Begabung und Möglichkeit, das, was sich zwischen den feindlichen Armeen ereignete, auch tatsächlich zu photographieren. Die Verfahren waren zu langsam und die Ausrüstung zu unhandlich, um das Kampfgeschehen festzuhalten, also konzentrierte man sich auf Szenen, die sich vor oder nach einer Schlacht abgespielt hatten. Ein paar Photographen fanden jedoch Mittel und Wege, ein breiteres Spektrum der Ereignisse des Bürgerkrieges mit der Kamera einzufangen.

Alexander Gardner, James Gibson und George Barnard gehörten zu den ersten und fähigsten dieser Photographen. Die panoramische Ansicht von Camp Winfield besteht aus fünf einzelnen Negativen, die Gibson im Mai 1862 während General McClellans erfolgloser Peninsula Campaign, dem Feldzug gegen Richmond, machte. Um die Ausmaße des Militärlagers festzuhalten, stellte er seine Kamera auf einen Hügels und machte eine Serie sich überschneidender Aufnahmen von dem Lager zu seinen Füßen. Gardner machte dann Abzüge von diesen Negativen, brachte sie in Reihenfolge und schnitt sie zurecht, um ein fast nahtloses Panorama von McClellans biwakierenden Truppen anzufertigen.

Obwohl Portraits von Soldaten mit ihren Gewehren während des Krieges sehr verbreitet waren, ist George Barnards Photographie eindrucksvoller als

Alexander Gardner & James F. Gibson
Amerika, geb. Schottland, 1821–1882 &
Amerika, geb. Schottland, 1828/29

Camp Winfield Scott, Yorktown, Va., Mai 1862

Albuminpapierabzug
Panorama
MUSEUMSANKAUF, MILLER-PLUMMER FUND
86:0564:0001

George N. Barnard
Amerika, 1819–1902

Fort Richardson, at Quarleshouse, near Fair Oaks, Juni 1864

Albuminpapierabzug
Carte-de-visite
MUSEUMSANKAUF, EHEMALIGE SAMMLUNG PHILIP MEDICUS
82:0561:0012

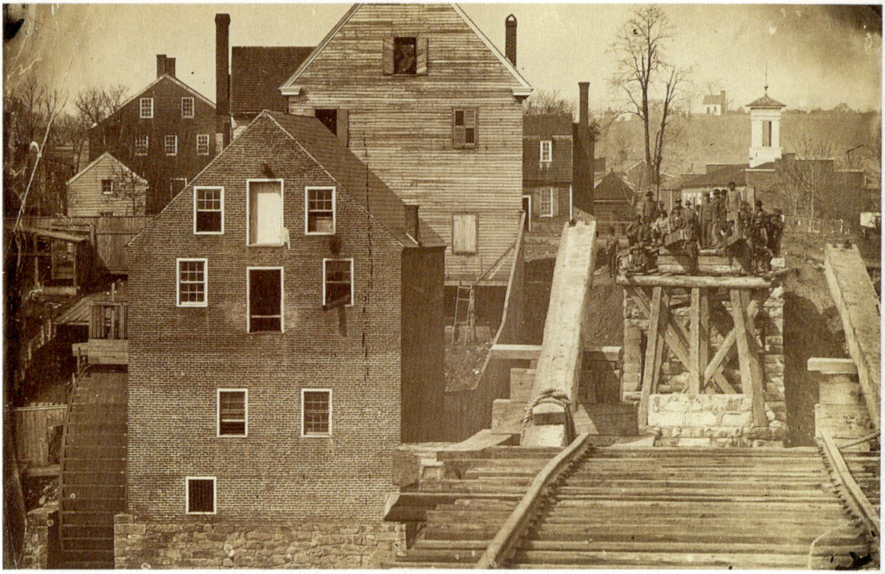

Andrew J. Russell zugeschrieben
Amerika, 1830–1902

Fredericksburg
End of Bridge (Ende der Brücke), 13. Dezember 1862

Albuminpapierabzug
MUSEUMSSAMMLUNG DURCH AUSTAUSCH, EHEMALIGE SAMMLUNG A. HYATT MAYOR
81:1081:0001

die meisten. Indem er sich diagonal zu den Soldaten stellte, die Kanone im Vordergrund am Rand des Ausschnitts plazierte und ein Gleichgewicht zwischen dem Soldaten mit Ladestock und den anderen, über das Bild verteilten herstellte, schuf Barnard eine Szene, die eine kurz bevorstehende Kampfhandlung andeutet – eine Photographie dessen, was sein würde.

Fast alle der besten Photographen des Bürgerkriegs waren Zivilisten. Captain Andrew J. Russell war eine Ausnahme. Im Jahr 1862 meldete er sich als Freiwilliger und wurde dem U.S. Military Railroad Construction Corps zugeteilt. Hier dokumentierte Russell Brückenbauarbeiten, Techniken des Eisenbahnbaus sowie die Truppen, Schlachtfelder und das Blutbad des Krieges. Mit technischem Können und künstlerischer Sensibilität erstellte er einige der eindringlichsten visuellen Dokumente des Krieges, darunter viele beeindruckende Photographien der neuen Transporttechnologien. Russell photographierte bei Marye's Heights während der Schlacht von Fredericksburg, bei Petersburg, Alexandria sowie den Fall von Richmond. Diese Aufnahme wurde während einer Pause in der Belagerung von Fredericksburg gemacht. Russell betonte das Vorrücken der Armeen, indem er seine Kamera am abrupten Ende einer zerstörten Brücke aufstellte und die Stadt und die feindlichen Truppen einfing, wenige Augenblicke vor dem Angriff der Unionisten.

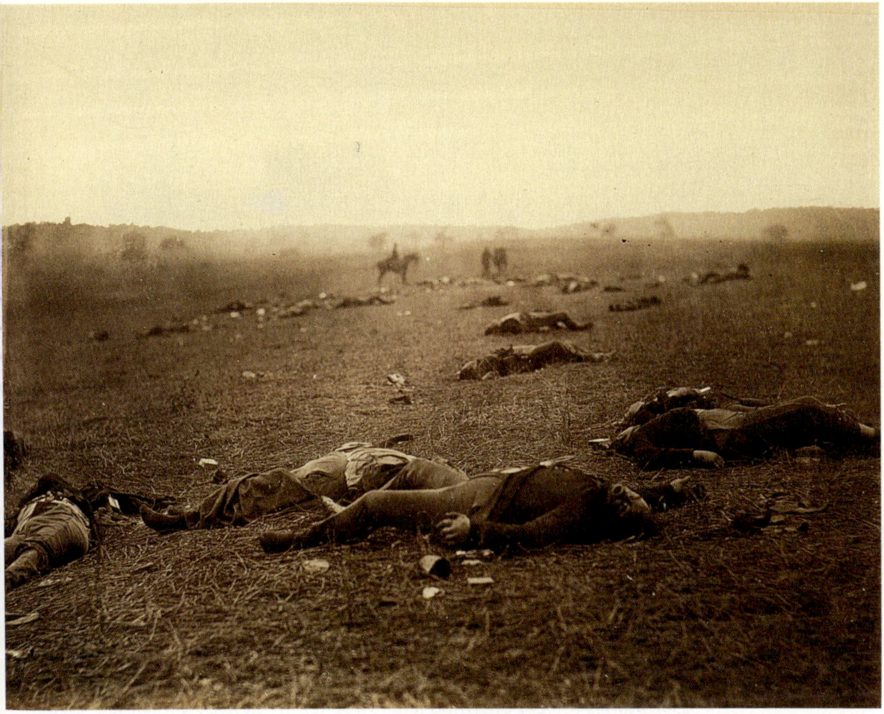

Durch die abgetrennte Brücke und die wie eine Trittleiter angeordneten Häuser und Fenster im Hintergrund wird der Raum der Komposition abgeflacht, die Spannung der bevorstehenden Schlacht akzentuiert.

Die toten Soldaten auf diesem Feld sind das erschreckende Ergebnis des »Sturms der Konföderation« bei Gettysburg. Für Genral Robert E. Lees Armee von Virginia bedeuteten sie, daß es keine Aussicht auf einen Offensivkrieg mehr gab und markierten damit auch das Ende jeglicher Hoffnung auf einen Sieg der Konföderierten. Der Krieg sollte noch fast zwei Jahre andauern und viele weitere junge Männer töten, aber sein Ausgang wurde während der drei Tage im Juli 1863 auf diesem Schlachtfeld besiegelt.

Es war ungewöhnlich, daß sich Alexander Gardner und seine Mitarbeiter Timothy O'Sullivan und James Gibson während der Gefechte in der Nähe aufhielten, denn dieser Krieg richtete sich nicht nach den Wünschen der Photographen. Gardner hatte erfahren, daß nahe der Schule, die sein Sohn besuchte, eine große Schlacht bevorstand. Er eilte nach Gettysburg, um sein

Timothy H. O'Sullivan
Amerika, geb. Irland, 1840–1882

A Harvest of Death (Ernte des Todes), Gettysburg, Pennsylvania, Juli 1863

Albuminpapierabzug
MUSEUMSANKAUF
81:0004:0036

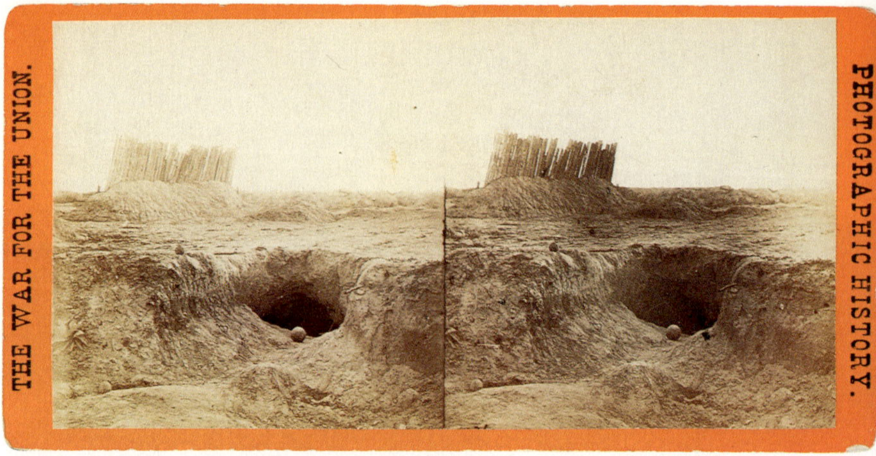

Thomas C. Roche zugeschrieben
Amerika, 1826/7–1895

Fortifications and Bomb-Proofs, in Front of Petersburgh, Va. (Befestigungsanlagen und Bunker vor St. Petersburg, Virginia), 1865

Albuminpapierabzug
Stereophotographie
81:6547:0002

Kind zu retten, und wartete dann auf das Ende der Kämpfe. Sein Team photographierte das Schlachtfeld unmittelbar nach dem Sieg der Unionisten, bevor die Toten begraben und die Trümmer der Schlacht beseitigt wurden. Dies war das zweite Mal, daß Gardner nach einer Schlacht photographierte, und die Aufnahmen zeigen die Tragödie des Krieges.

Thomas C. Roche wurde 1912 in dem Buch *Photographic History of the Civil War* als »... ein unermüdlicher Arbeiter im Gefolge der Armee ...« beschrieben, aber sonst erfährt man wenig über ihn. Captain Andrew J. Russel erinnerte sich in einem kurzen Artikel, den er 1882 über seine Kriegserinnerungen schrieb, voller Zuneigung an Roche. Viel mehr ist über diesen bedeutenden Kriegsphotographen nicht geschrieben worden, obwohl ihm seine Kollegen zu Lebzeiten stets großen Respekt entgegenbrachten. Roche arbeitete bei Kriegsbeginn für E. H. T. Anthony & Co. und dann zusammen mit Brady und Alexander Gardner, möglicherweise als Berater bei Vertragsverhandlungen über den Druck von Visitenkartenphotographien zwischen der Anthony Company und dem Atelier von Brady. Aber bald photographierte Roche unter General Meigs im Quartermaster Corps und arbeitete später im Krieg möglicherweise mit Captain Andrew J. Russell zusammen. Es ist bekannt, daß Roche die Schlacht von Dutch Gap Canal während des Kanonenfeuers photographierte und beeindruckende Bilder von den toten Soldaten der Konföderierten in den Schützengräben bei Petersburg machte, als es im April 1865 an die Unionisten fiel. Die Anthony Company druckte während des Krieges diese und andere Stereophotographien von Roche.

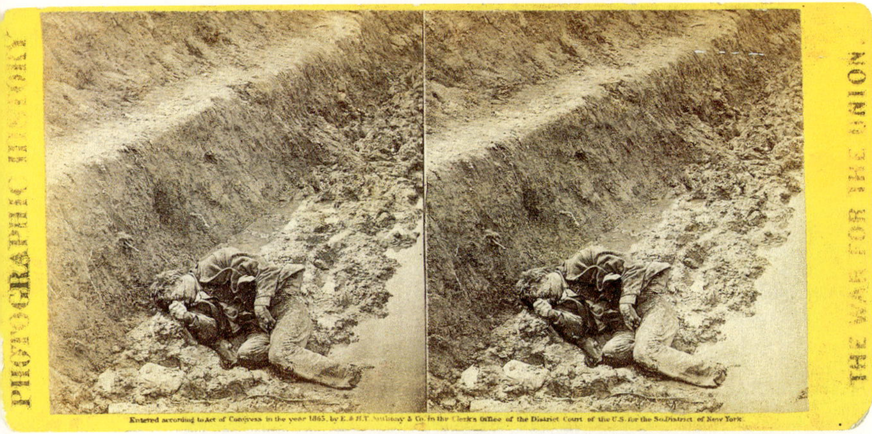

Die beiden oben gezeigten Stereokarten aus der Reihe *The War for the Union* sind zwei von etwa 120 solcher Kriegsbilder, die sich im Besitz des Museums befinden. Sie zeugen von der Qualität der Photographie, das wirkliche, ungeschminkte Gesicht des Krieges zeigen, eine Qualität, die Roches Zeitgenossen am stärksten beeindruckte, wenn sie Bilder von den Schlachtfeldern sahen. Kritiker waren beeindruckt von der nüchternen Sachlichkeit photographischer Aufnahmen und nach deren Betrachtung stets sehr erschüttert. Aus vielen der damaligen Dokumente scheint klar hervorzugehen, daß der amerikanische Durchschnittsbürger kaum eine Vorstellung davon hatte, daß der Bürgerkrieg so lange dauern und so schwierig und so verheerend sein würde. Die meisten Amerikaner wußten nicht, was Krieg tatsächlich bedeutet, und während des Konfliktes veränderte sich ihre Einstellung zu diesem Krieg. An die Stelle der patriotischen Rhetorik und der romantischen Gefühle angesichts der Ehre, für sein Land kämpfen und seine Ideale verteidigen zu dürfen, trat während des langen Konflikts eine aufgeklärte, ernüchterte Haltung. Das wachsende Verlangen der amerikanischen Bürger nach genauen und wahrheitsgetreuen Beschreibungen der Kampfhandlungen führte gegen Kriegsende dazu, daß die illustrierte Presse verstärkt Photographien verwendete, auch wenn diese zuerst in Holz geschnitten werden mußten, bevor sie gedruckt werden konnten. Dieses Verlangen, die grausame Realität der Kriegsereignisse besser zu verstehen, förderte die Popularität von Stereokarten, Cartes-de-visite und Alben.

Thomas C. Roche zugeschrieben

A Dead Rebel Soldier, As He Lay in the Trenches of Fort Mohone (Ein toter Soldat der Rebellen, in den Gräben von Fort Mohone), 1865

Albuminpapierabzug
Stereophotographie
SCHENKUNG 3M COMPANY, EHEMALIGE SAMMLUNG LOUIS WALTON SIPLEY
79:1484:0046

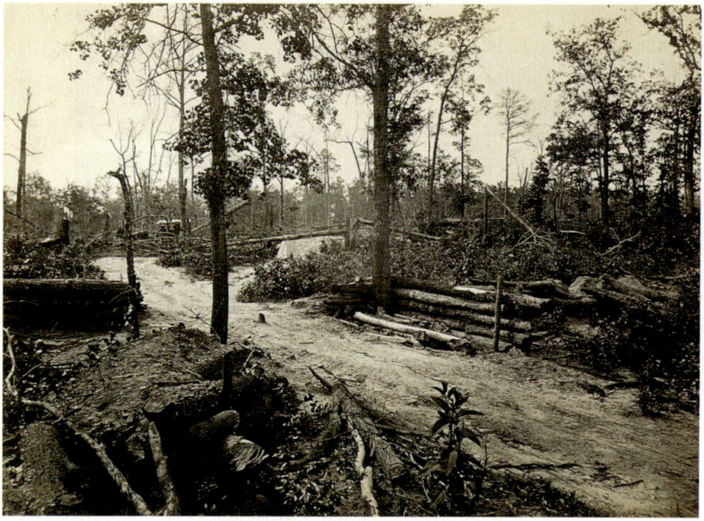

George N. Barnard
Amerika, 1819–1902

Battle Field of (Schlachtfeld von) New Hope Church, Georgia, 1866

Albumindruck
MUSEUMSANKAUF, EHEMALIGE SAMMLUNG PHILIP MEDICUS
81:0001:0025

George N. Barnard

Rebel Works in Front of (Befestigung der Rebellen von) Atlanta, Georgia, 1864

Albuminpapierabzug
MUSEUMSANKAUF, EHEMALIGE SAMMLUNG PHILIP MEDICUS
81:0001:0041

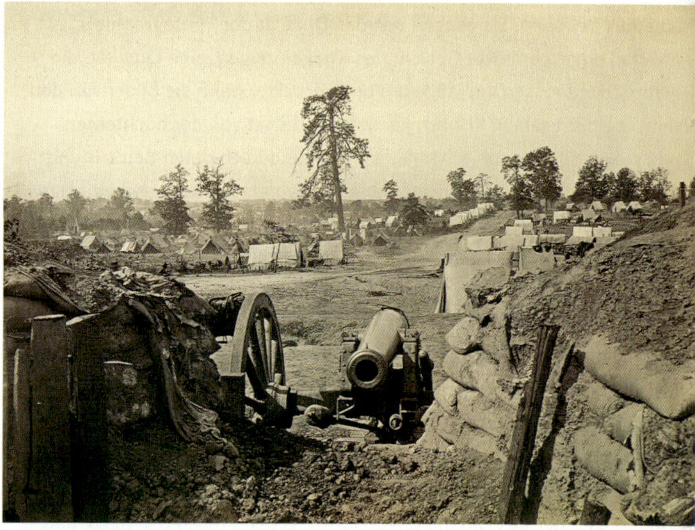

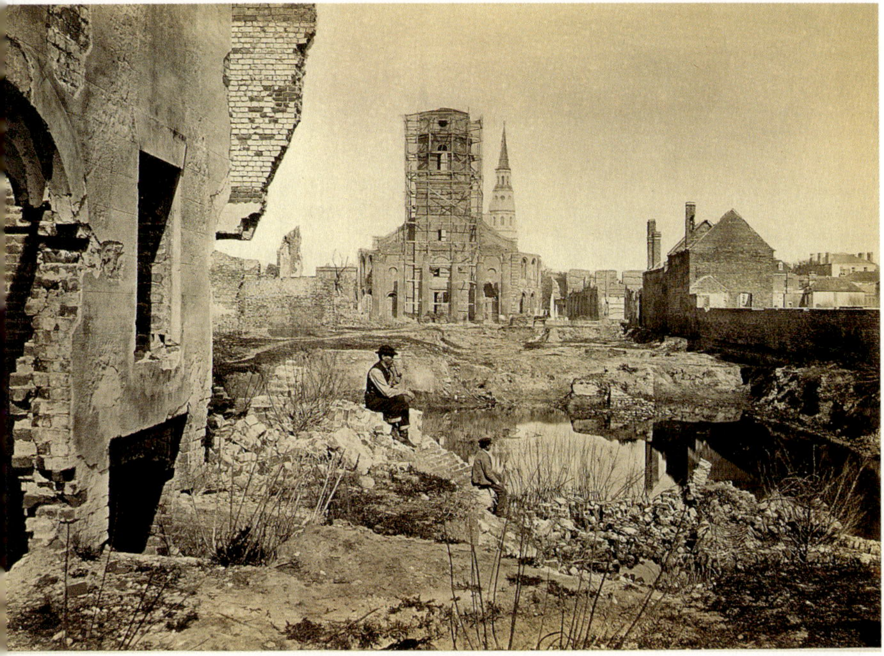

Diese drei Aufnahmen stammen aus einem Buch, das George Barnard 1866 zum Gedenken an General William T. Shermans berühmten Marsch an die Küste veröffentlichte. Barnard wurde 1864 dem Befehl Shermans unterstellt und photographierte den Fall von Atlanta, bevor er dessen Truppen nach Georgia folgte, die sich in Savannah mit anderen Unionstruppen zusammenschließen sollten. Die Bewegung der Truppen war zu schnell für Barnards Kamera, aber er kombinierte einige seiner bereits existierenden Aufnahmen mit anderen, die er nach dem Krieg auf der Rückreise entlang derselben Route machte. Barnard und sein Assistent James W. Campbell photographierten im Sommer 1866 die Schauplätze der Gefechte und Schlachten, die er zuvor nicht hatte aufnehmen können. Diese elegante Publikation enthält 61 große, sehr schön bearbeitete Drucke – einige mit sorgfältig in den leeren Himmel kopierten Wolken –und ist so angelegt, daß sie den Weg der Army von Nashville, Tennessee, nach Atlanta, Georgia, verfolgt, der symbolisch bei Fort Sumter endet, wo der Krieg auch begonnen hatte.

Leben und Tod des amerikanischen Präsidenten Abraham Lincoln wurden für die amerikanische Öffentlichkeit in verschiedenen Genres wie mechani-

George N. Barnard

Ruins of Charleston, S.C. (Ruinen von Charleston, South Carolina), um 1865

Albuminpapierabzug

MUSEUMSANKAUF, EHEMALIGE SAMMLUNG PHILIP MEDICUS

81:0001:0060

C. W. Briggs Company
Amerika,
aktiv 1868–1930

Assassination of Lincoln (Ermordung Lincolns), um 1890

Koloriertes Diapositiv, Gelatineplatte (mechanisches Laterna-Magica-Diapositiv)
SCHENKUNG 3M COMPANY, EHEMALIGE SAMMLUNG LOUIS WALTON SIPLEY
78:0468:0032

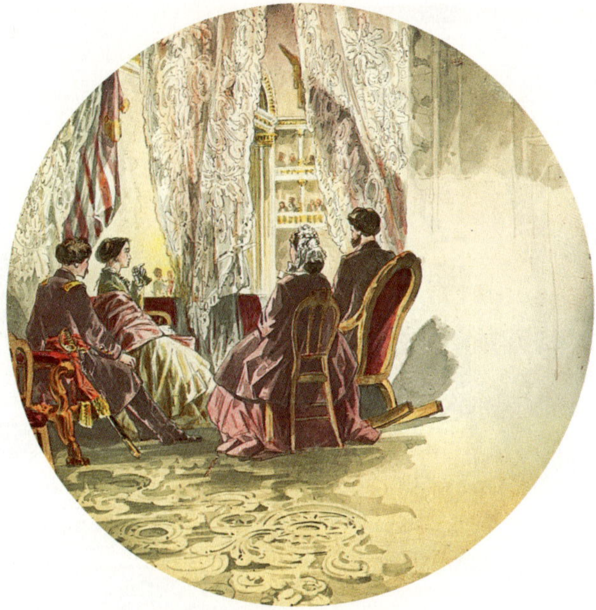

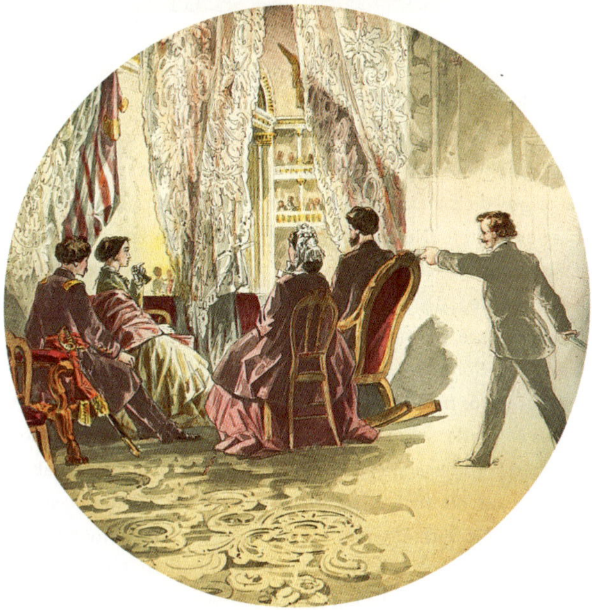

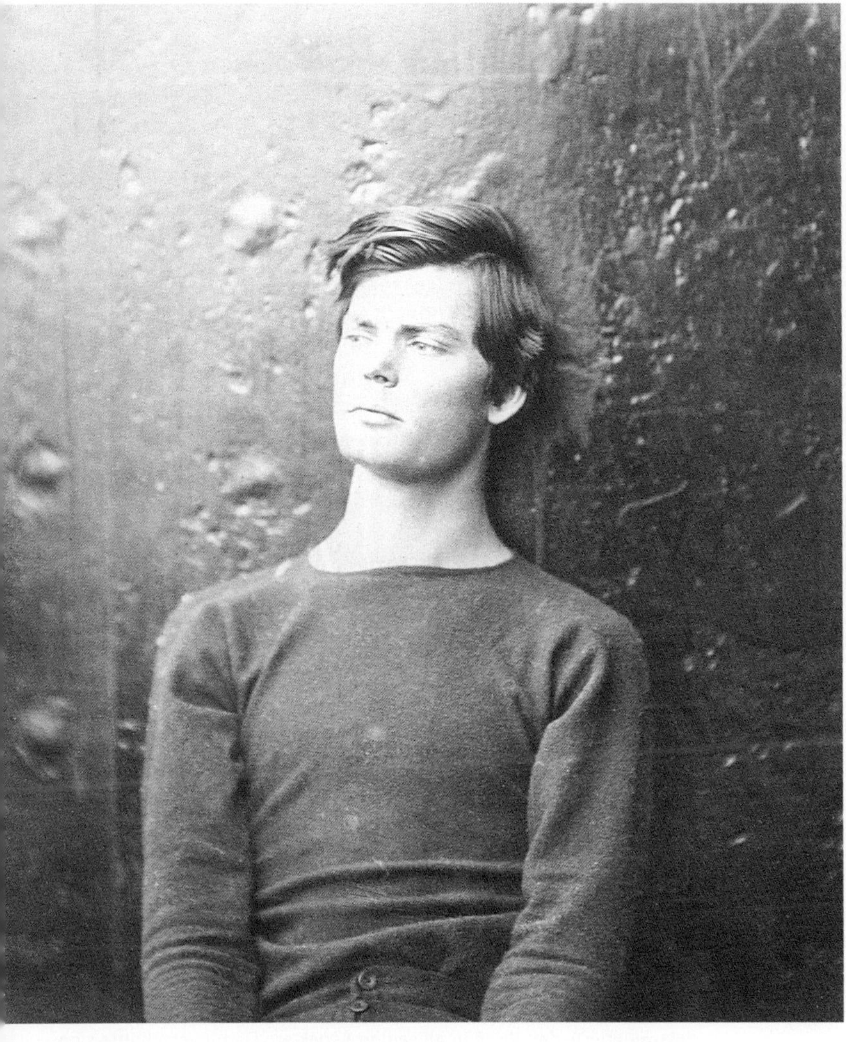

Alexander Gardner
Amerika, geb. Schottland, 1821–1882

Lewis Payne [*sic*], One of the Lincoln Conspirators before His Execution
(Einer der Lincoln-Verschwörer vor seiner Hinrichtung), 1865

Albuminpapierabzug
MUSEUMSANKAUF
72:0033:0032

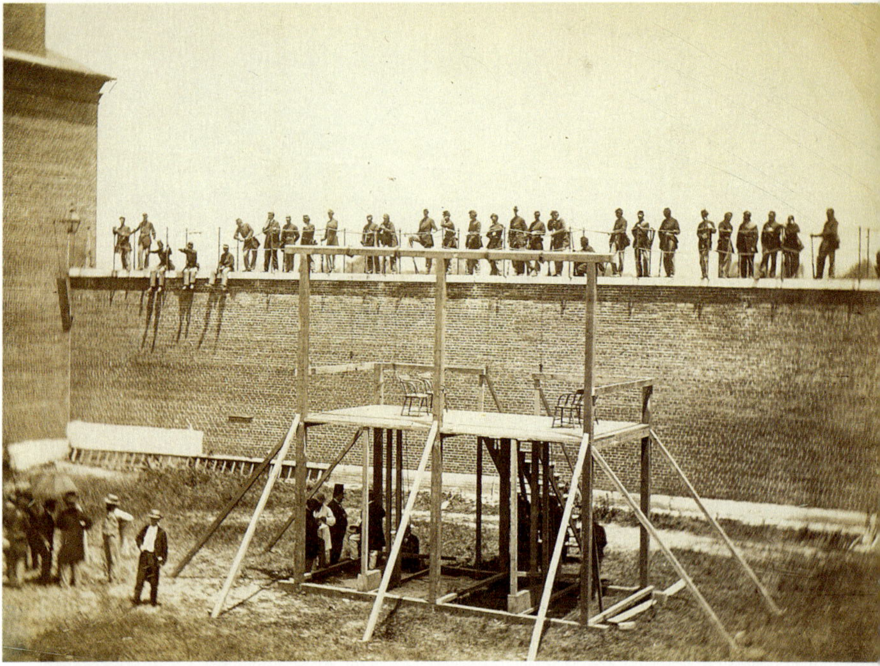

Alexander Gardner
Amerika, geb. Schottland, 1821–1882

Execution of the Lincoln Assassination Conspirators. The Scaffold (Hinrichtung der Lincoln-Verschwörer. Das Schafott), 1865

Albuminpapierabzug
MUSEUMSANKAUF
72:0033:0023

schen Diapositiven (Seite 268) oder photographischen Alben dokumentiert. *The Lincoln Conspiracy*, ein von Colonel Arnold Rand vom Vierten Kavallerieregiment aus Massachussetts nach seiner Pensionierung zusammengestelltes Album, enthält Holzdrucke und Lithographien zu Lincolns Ermordung und der Verhandlung und Hinrichtung der Verschwörer. Bemerkenswert ist eine Gruppe von 25 Photographien von Alexander Gardner und seinen Assistenten, die während der Zeit kurz nach Lincolns Tod entstanden.

Im Verlauf des Krieges verließ Alexander Gardner das Unternehmen von Mathew Brady, um sein eigenes Atelier in Washington, D.C. zu eröffnen. Er versammelte eine kleine Gruppe der besten Photographen um sich und dokumentierte den Krieg in all seinen Aspekten. Damit verschaffte sich Gardner unter seinen Kollegen und bei der politischen und militärischen Führung in Washington einen ausgezeichneten Ruf und wurde von Colonel Lafayette Baker, dem Leiter des Secret Service, beauftragt, die komplexen Ereignisse nach der Ermordung Lincolns zu dokumentieren.

Das Portrait des Verschwörers Lewis Payne [sic Paine] (Seite 269) wurde an Bord des Panzerschiffes U.S.S. *Saugus* aufgenommen, auf dem er nach

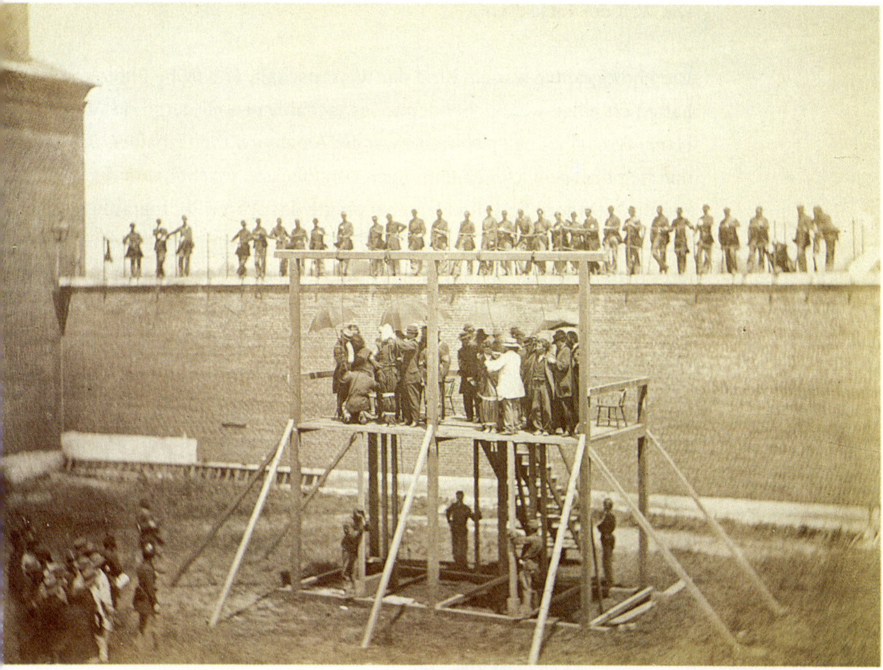

seiner Festnahme durch die Föderalisten im April 1865 gefangen gehalten wurde. Es ist eines von vier Portraits, die Gardner von Payne in ähnlicher Pose machte. Insgesamt befinden sich in dem Album 19 Portraits der acht mutmaßlichen Verschwörer, darunter auch die von Payne. Die beiden Photographien der Galgen sind die erste und die fünfte in einer Sequenz von mindestens acht Aufnahmen, die Gardner unter Mitwirkung von Timothy O'Sullivan von der Hinrichtung der Verschwörer am 7. Juli 1865 machte. In einer technischen Meisterleistung dokumentierten die Photographen die Hinrichtung in sequentieller Form – eine für die damalige Zeit ungewöhnliche Präsentation – und lieferten einen schonungslosen Bericht über die letzten Augenblicke der Verschwörer.

Während des Krieges hatte Gardner häufig für *Harper's Weekly* gearbeitet, eine der populärsten illustrierten Zeitschriften des Landes. Seine Kriegsphotographien, und später die Portraits der Verschwörer, wurden für die Zeitschrift auf Holzdrucke übertragen.

Alexander Gardner

Execution of Lincoln Assassination Conspirators. Adjusting the Ropes (Hinrichtung der Lincoln-Verschwörer. Anlegen der Schlingen), 1865

Albuminpapierabzug
MUSEUMSANKAUF
72:0033:0035

Die Welt der Tatsachen

Die Photographie war ein Kind der Wissenschaft, und frühe Photographen hatten oft einen weitreichenden wissenschaftlichen Hintergrund. William Henry Fox Talbot beispielsweise war ein Amateurwissenschaftler, der sogenannte photogenische Zeichnungen von Pflanzen machte, und der anerkannte Astronom Sir John Herschel prägte das Wort »Photographie«. Die technische Komplexität der frühen Photographien versagte es vielen anderen Amateuren, das Medium mit Erfolg zu verwenden. Es waren die frühen Anwender der Photographie, die sich eingehend mit der Verbesserung des Mediums beschäftigten: Photographen mit der Experimentierlust des Forschers arbeiteten daran, dem fertigen Bild optimale Detailgenauigkeit und Dauerhaftigkeit zu verleihen. Der Glaube der Öffentlichkeit an die Photographie als Mittel zur exakten Aufzeichnung der Natur machte aus ihr mehr als nur ein weiteres Werkzeug der Wissenschaft. Ihre vermeintliche Authentizität verlieh ihr den Nimbus eines wissenschaftlichen Beweises.

Frederick Gutekunst
Amerika, 1831–1917

Leaves and Flowers of (Blätter und Blüten des) Cundurango de Tumbo Grande, um 1873

Albuminpapierabzug
MUSEUMSANKAUF
LIBRARY COLLECTION

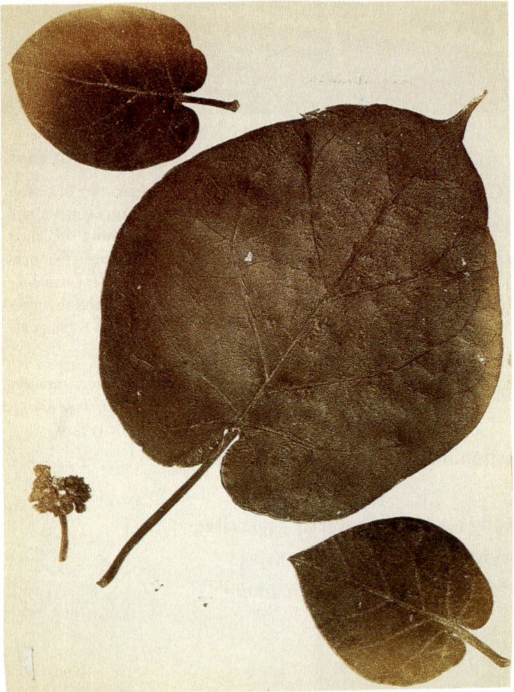

Anna Atkins
England, 1799–1871

Carix (Amerika), um 1850

Cyanotypie
MUSEUMSANKAUF, FORD MOTOR COMPANY & MORRIS FOUNDATION FUNDS
95:2633:0001

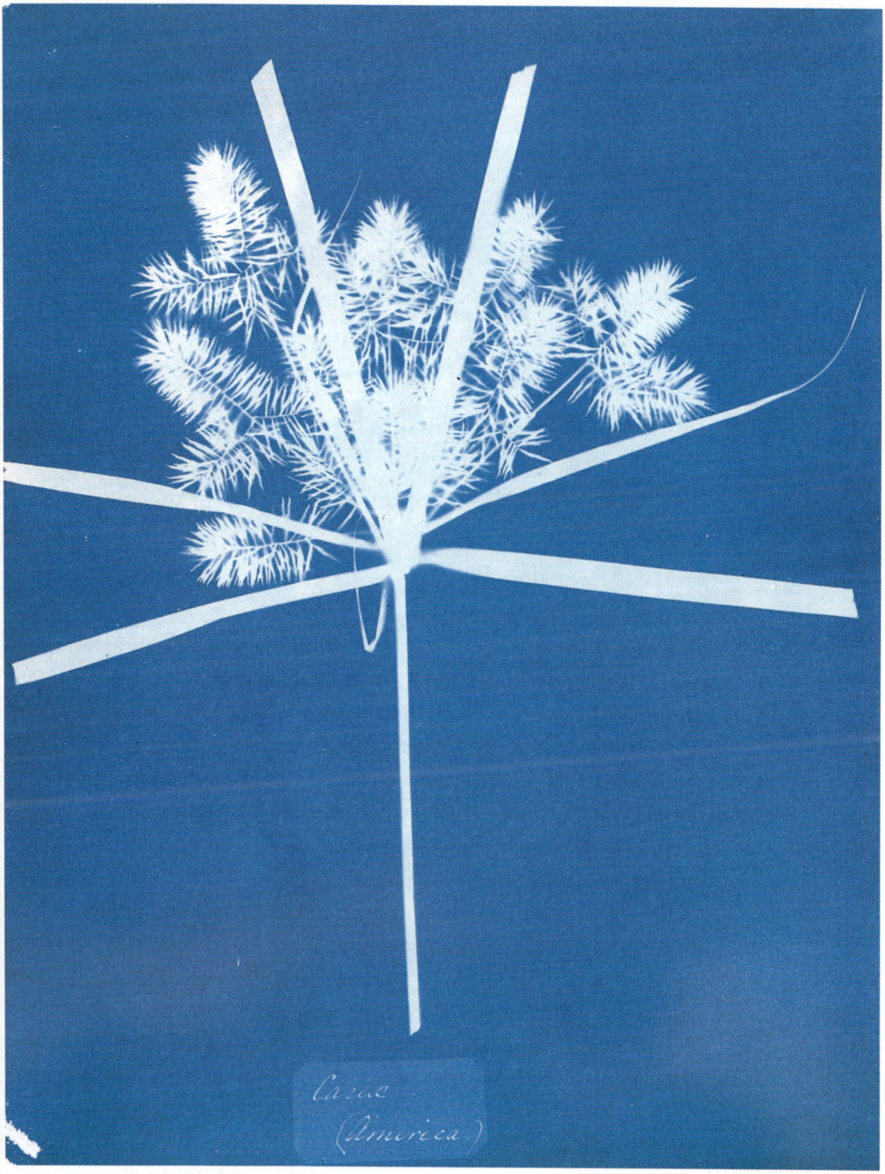
Carex
(America)

Henry Troth
Amerika, 1863–1948

Lady Fern
(Weiblicher Streifenfarm), um 1900

Silbergelatine-Abzug
SCHENKUNG
ADELHEID Z. LACY
73:0252:0025

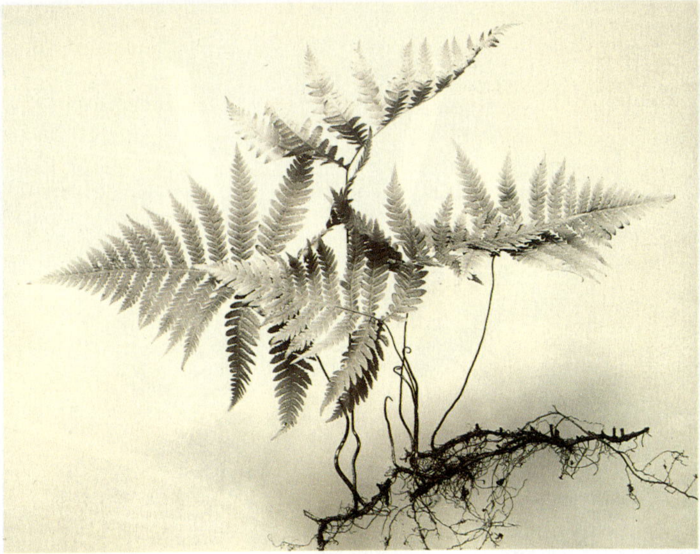

Frederick Gutekunst, ein Photograph aus Philadelphia, avancierte zu einem Meister der photomechanischen Reproduktion. In der zweiten Hälfte des 19. Jahrhunderts leitete Gutekunst ein photographisches Reproduktionsunternehmen und verkaufte Portraits berühmter Amerikaner. Er machte auch Aufnahmen für die Illustration eines medizinischen Textes über die Heilpflanze Cundurango, darunter ein Bild ihrer Blätter und Blüten, das wegen der direkten Präsentation der Grundform der Pflanze für ein Photogramm gehalten werden könnte (Seite 272).

Die englische Botanikerin Anna Atkins erfuhr von der Erfindung der Photographie durch ihre Korrespondenz mit Talbot. Sie bediente sich des Mediums, um botanische Präparate für ein wissenschaftliches Nachschlagewerk abzubilden. *British Algae: Cyanotype Impressions* war eines der ersten Bücher, das mit photographischen Bildern illustriert wurde. Der handgeschriebene Text und die Illustrationen des Werkes wurden ohne Kamera als Photogramme nach dem Cyanotypie-Verfahrens hergestellt. 1843 druckte und veröffentlichte Atkins einen Teil von *British Algae* und etablierte damit die Photographie als ein adäquates Medium für genaue wissenschaftliche Illustrationen.

Henry Troth wurde in eine Chemikerfamilie von Quäkern in Philadelphia geboren. Er spezialisierte sich auf Landschaften und botanische Studien und

(rechts)
Henry Troth

Tulip Poplar Blossoms (Blüten des Tulpenbaums), um 1900

Silbergelatine-Abzug
SCHENKUNG 3M COMPANY, EHEMALIGE SAMMLUNG LOUIS WALTON SIPLEY
77:0205:0021

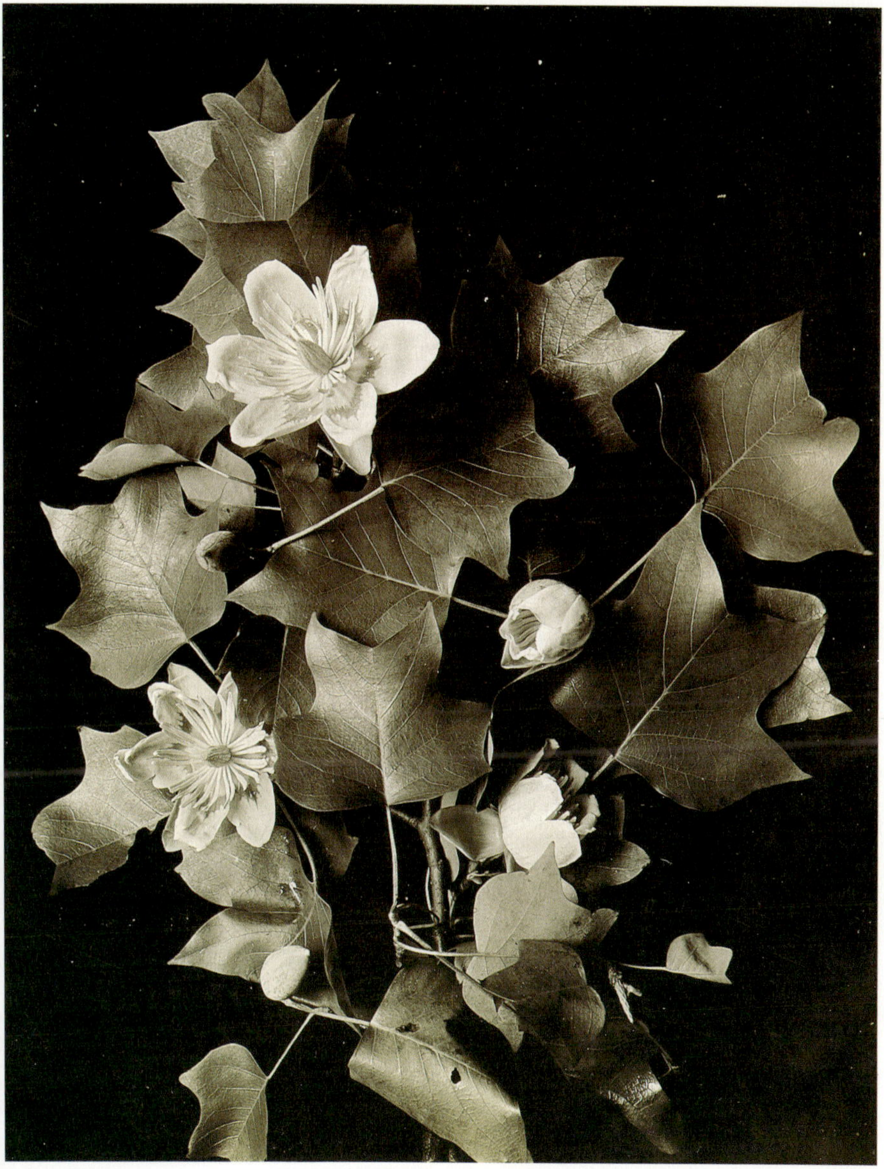

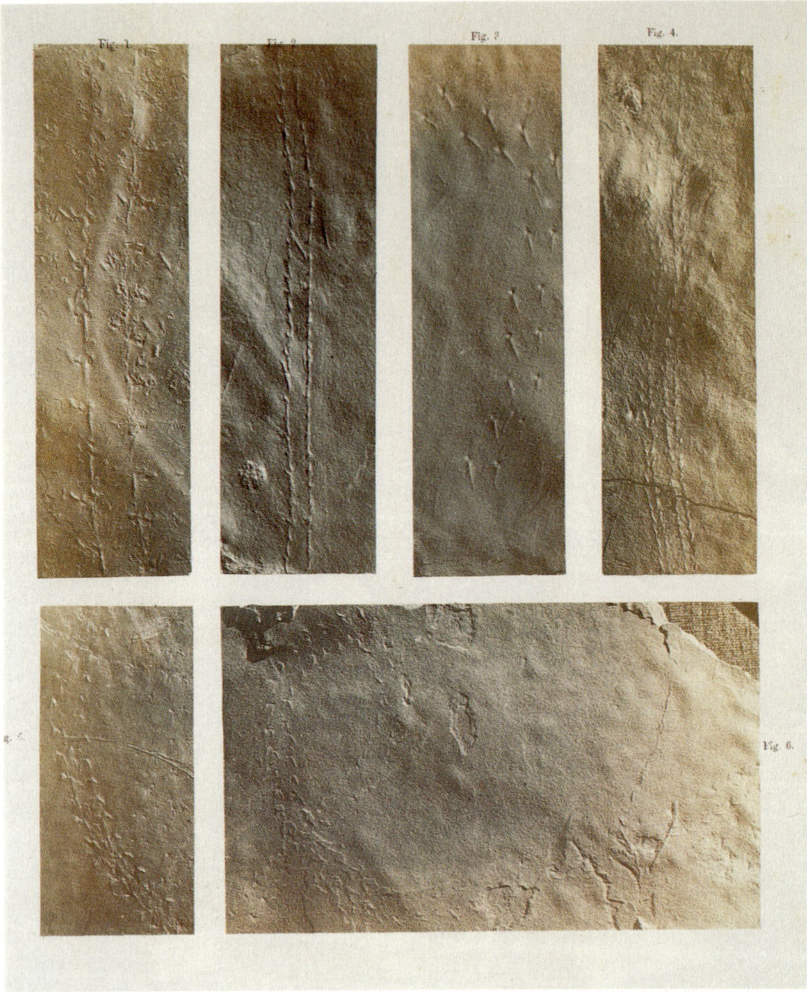

(oben)
Dr. James Deane
Amerika, 1801–1858

Fußabdrücke, 1861

Salzpapierabzug
SCHENKUNG ALDEN
SCOTT BOYER
LIBRARY COLLECTION

(rechts)
Lewis M. Rutherford
Amerika, 1816–1892

Moon (Mond), 4. März, 1865

Albuminpapierabzug
MUSEUMSANKAUF, MARGARET T.
MORRIS FOUNDATION FUND IN MEMORY
OF DR. WESLEY T. »BUNNY« HANSEN
89:0403:0001

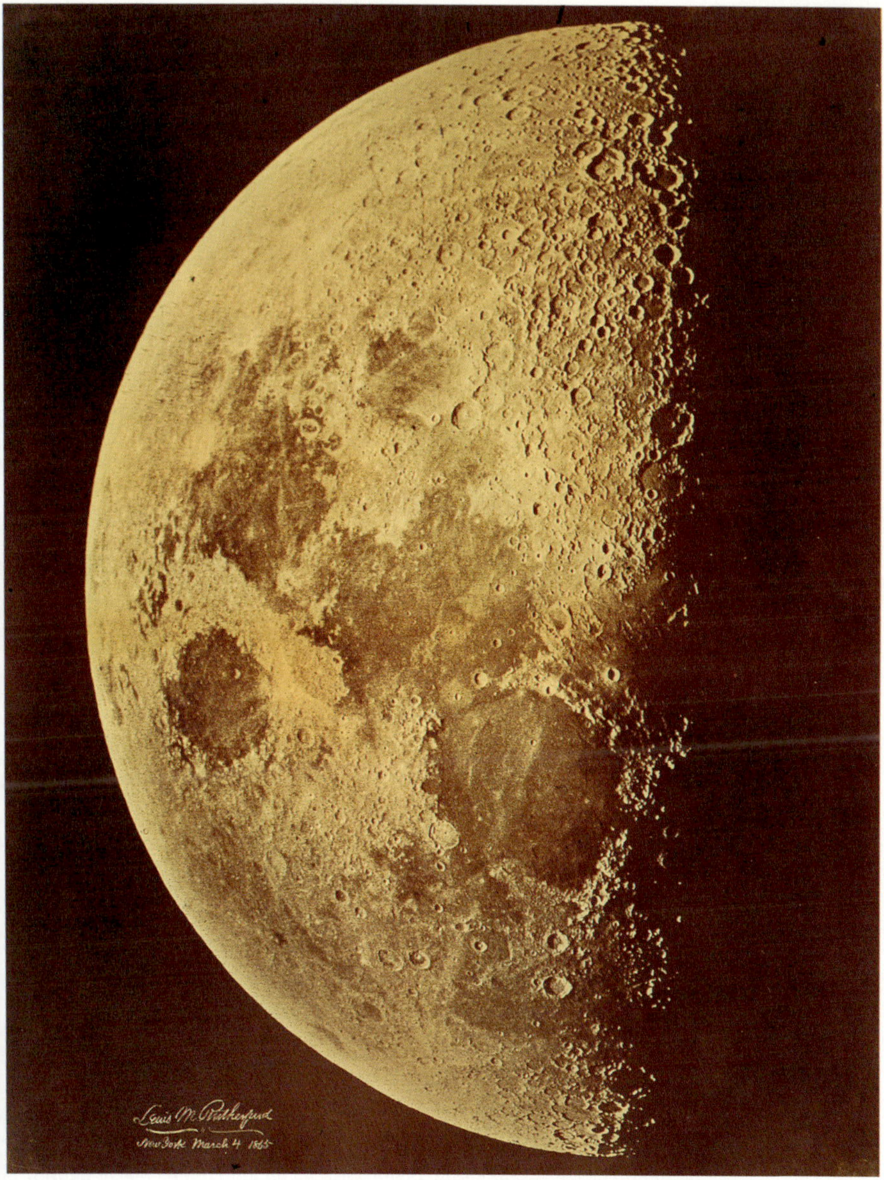
Lewis M. Rutherfurd
New York March 4 1865

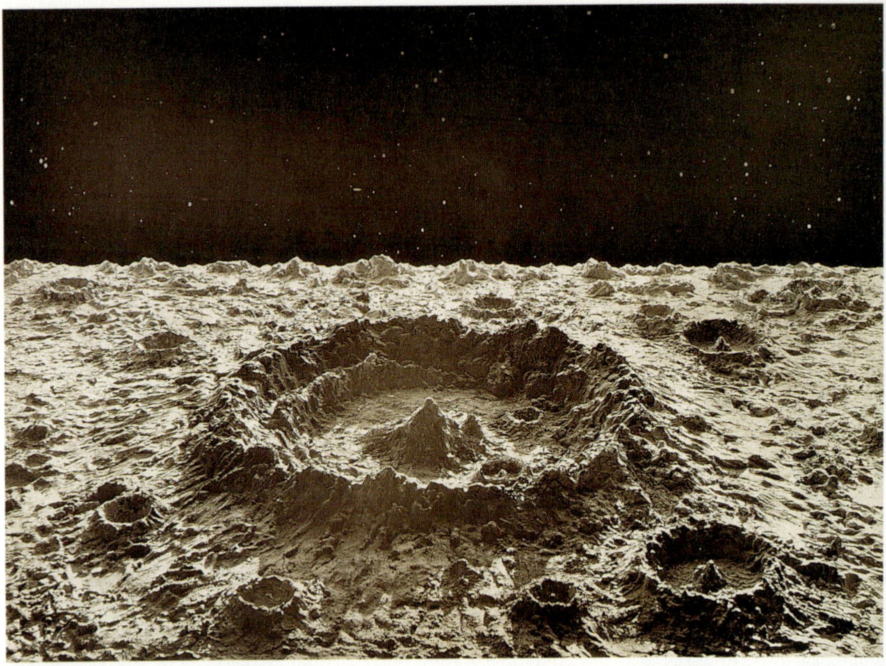

James Hall Nasmyth
English, 1808–1890

Normal Lunar Crater (Normaler Mondkrater), *Modell*, 1874

Woodburytypie
MUSEUMSANKAUF
LIBRARY COLLECTION

stellte seine Photographien erstmals um die Jahrhundertwende aus; sowohl Alfred Stieglitz als auch F. Holland Day zeigten seine Arbeiten. Als Berufsphotograph machte er Architekturaufnahmen und Bilder von Freiluftszenen, die in populären Magazinen erschienen. Seine Photographien illustrierten Bücher mit Gedichten oder Essays über die Natur und die Academy of Natural Science verwendete Aufnahmen in Berichten über Pflanzenstudien wie *Phytogeographic Survey of North America.* Den entwurzelten weiblichen Streifenfarn (der Gattung Athyrium filix-femina, Seite 274), ein großer Zierfarn, photographierte Troth so, als würde er in der Luft schweben. *Tulip Poplar Blossoms* (Seite 275) zeigt ein Arrangement zarter Blüten, die aus einem Schwarm spitzer Blätter herausragen, und demonstriert, daß Photographie gleichzeitig Informationen festhalten und Schönheit darstellen kann.

Dr. James Deane aus Greenfield, Massachusetts, machte Zeichnungen und Photographien von Fußspur-Fossilien in den Sandsteinschichten des Steinbruchs bei Turner's Falls (Seite 276). Seine Aufnahmen dieser »kuriosen Abdrücke« wurden posthum in *Ichnographs from the Sandstone of Connecticut River* veröffentlicht. In der Einleitung des Buches schrieb Augustus

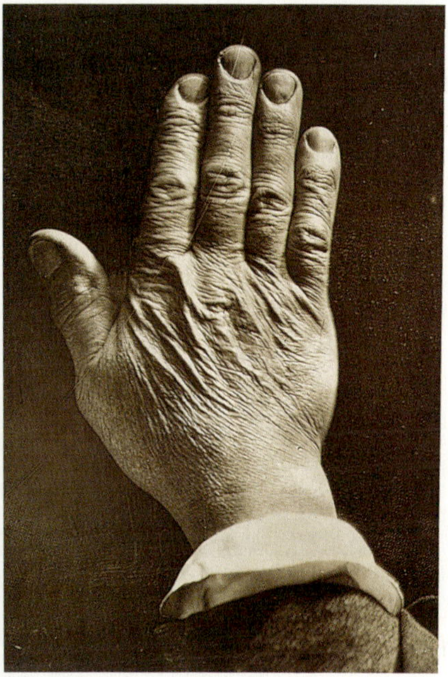

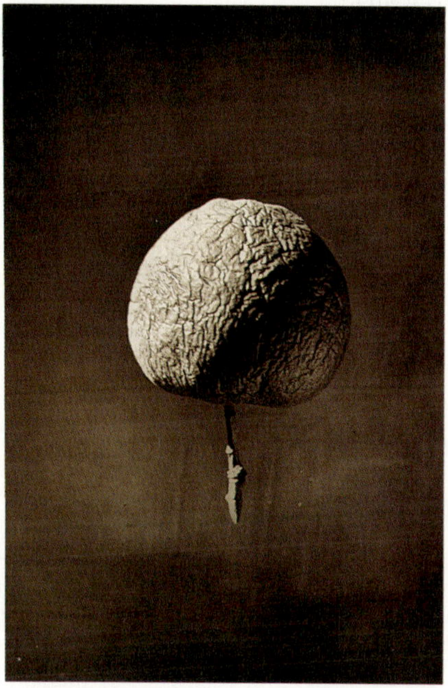

A. Gould: »Wir sind der Ansicht, ... daß dieses Kopien, die den echten Exemplaren in nichts nachstehen [sic], wirklich nützlich für alle sind, die ähnliche wissenschaftliche Untersuchungen betreiben; zumindest bieten sie ein hübsches Buch, das beim Volk ein Interesse für die Wunder der Natur weckt.«

Andere Photographen und Wissenschaftler richteten ihre Kamera in die entgegengesetzte Richtung, hinauf zum Himmel. Lewis Morris Rutherford war von Beruf Rechtsanwalt, aber sein Interesse für Astrophysik und astronomische Photographie führte dazu, daß er diese Tätigkeit 1849 aufgab. Er wurde für seine Photographien des Mondes bekannt (Seite 277), besonders für die Stereoaufnahmen, die von verschiedenen Verlegern verkauft wurden. Zu seinen Erfindungen gehörte ein Mikrometer zur Messung astronomischen Photographie. Rutherford war 1858 einer der Gründer und späterer Vizepräsident der Amerika Photographical Society, einer Organisation von Amateurphotographen mit wissenschaftlicher Neigung.

Der schottische Ingenieur James Hall Nasmyth gehörte zu den Gründungsmitgliedern der Manchester Photographic Society. James Carpenter, Astronom am Royal Observatory im englischen Greenwich, erstellte 1874

James Hall Nasmyth

The Back of Hand and Wrinkled Apple (Handrücken und runzliger Apfel), 1874

Woodburytypie
MUSEUMSANKAUF
LIBRARY COLLECTION

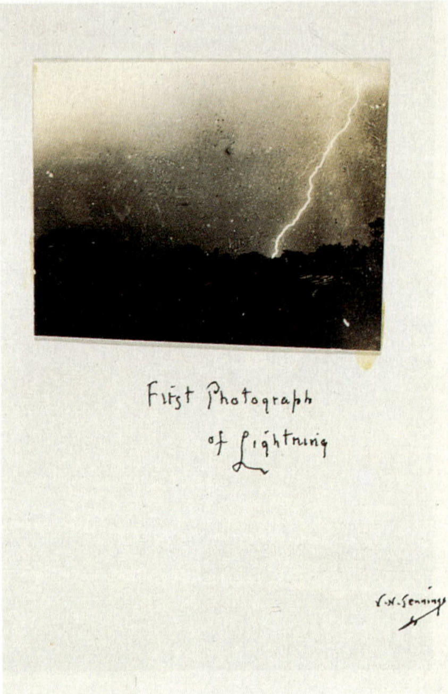

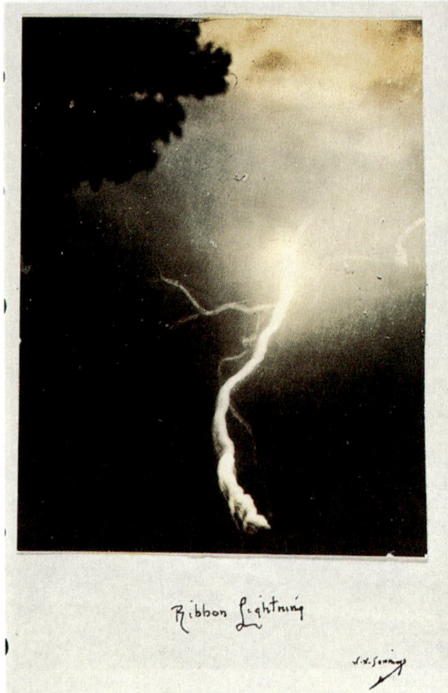

William N. Jennings
Amerika, geb.
England, 1860–1946

First Photograph
of Lightning, 1882

Silbergelatine-Abzug
SCHENKUNG 3M
COMPANY, EHE-
MALIGE SAMMLUNG
LOUIS WALTON
SIPLEY
83:0679:0003

William N. Jennings

Ribbon Lightning,
um 1885

Silbergelatine-Abzug
SCHENKUNG 3M
COMPANY, EHE-
MALIGE SAMMLUNG
LOUIS WALTON
SIPLEY
83:0679:0006

zusammen mit Nasmyth die Publikation *The Moon: Considered as a Planet, a World*, and a Satellite, die über 40 Jahre der Mondbeobachtung, illustriert mit Woodburytypien, zusammenfaßt. *Normal Lunar Crater* (Seite 279) ist die Photographie eines Gipsmodells des Mondes. Nasmyth und Carpenter wollten Informationen über die Mondoberfläche in all »ihren phantastischen [sic] Details in allen verschiedenen Phasen [zeigen], in der Hoffnung, sowohl sein Wesen als auch die Ursachen besser zu verstehen, die zu seinem Entstehen geführt haben.« Die detaillierten Modelle rückten den weit entfernten Mond näher ins Blickfeld. In dem Versuch, dem Betrachter ein besseres Verständnis dieses Planeten zu ermöglichen, zeigten Nasmyth und Carpenter auch analoge Photographien vertrauterer Motive, beispielsweise eine faltige Hand oder einen verfaulten Apfel (Seite 279), deren strukturreiche, gealterte Oberfläche der des Mondes vergleichbar war.

William Nicholson Jennings, ein Amateurphotograph aus Philadelphia, photographierte 1882 als erster den Blitz. Er dokumentierte die Bewegung von Blitzen am Himmel und bewies eindeutig, daß Zickzack-Formen, die Künstler lange Zeit verwendet hatten, nicht der Realität entsprachen. In

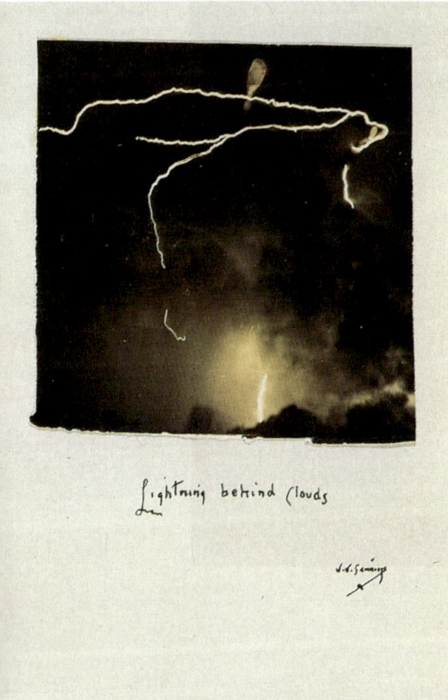

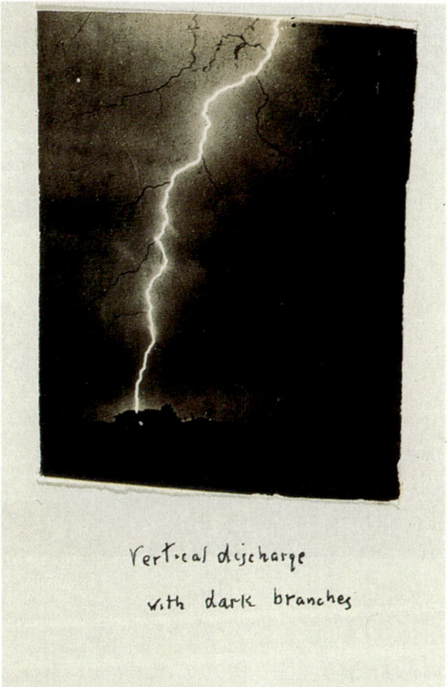

einer Reihe von Aufnahmen, die er zwischen 1885 und 1890 machte, zeigte Jennings das Erscheinen unterschiedlicher Blitzverläufe am Himmel: Streifenblitze, Blitze hinter Wolken oder vertikale Entladungen. Die gewaltigen Ausbrüche von Elektrizität und Licht lassen die Umrisse von Bäumen, Ästen und Dächern erkennen und verleihen den Aufnahmen etwas überaus Reales. Jennings experimentierte schon früh mit der Farbphotographie und machte auch später Aufnahmen mit künstlich erzeugten Blitzen, Experimente, die zur Entwicklung der »Blitzlicht«-Photographie führten. Er war es auch, der in den 1890er Jahren unwissentlich die erste Röntgenaufnahme machte.

Mikrophotographie eines Flohs (Seite 282) von dem Belgier Adolphe Neyt wurde unter einem Mikroskop aufgenommen. Mit den klaren Linien, die jedes einzelne Haar und jedes Gelenk der Beine beschreiben, und der Abstufung der Schatten, ähnelt das Bild einer sorgfältigen Bleistift- und Kohlezeichnung, trägt aber den Stempel photographischer Genauigkeit. Das Verfahren der *Mikrophotographie* fand bereits 1840 Anwendung, es wurde zwischen 1850 und 1870 immer beliebter, weil damit photographisch festgehalten werden konnte, was für das bloße Auge nicht erkennbar war.

William N. Jennings

Lightning behind Clouds, um 1885

Silbergelatine-Abzug
SCHENKUNG 3M COMPANY, EHEMALIGE SAMMLUNG LOUIS WALTON SIPLEY
83:0679:0004

William N. Jennings

Vertical Discharge with Dark Branches, 1890

Silbergelatine-Abzug
SCHENKUNG 3M COMPANY, EHEMALIGE SAMMLUNG LOUIS WALTON SIPLEY
83:0679:0005

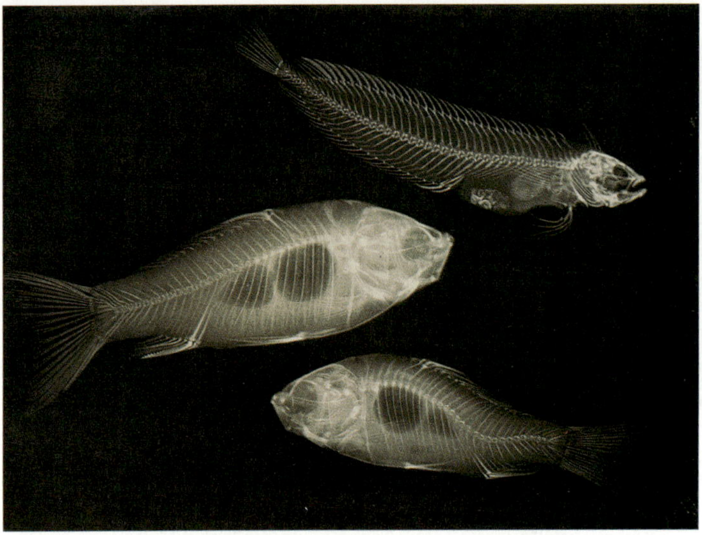

Josef Maria Eder & Edward Valenta
Österreich, 1855–1944 & Österreich, 1857–1937

Zwei Goldfische und ein Seefisch (Christiceps Argentatus), 1896

Photogravüre
SCHENKUNG EASTMAN KODAK COMPANY, EHEMALIGE SAMMLUNG JOSEF MARIA EDER
79:3352:0001

Adolphe Neyt
Belgien, 1830–1893

Mikrophotographie eines Flohs, um 1865

Albuminpapierabzug
SCHENKUNG 3M COMPANY, EHEMALIGE SAMMLUNG LOUIS WALTON, SIPLEY
77:0638:0015

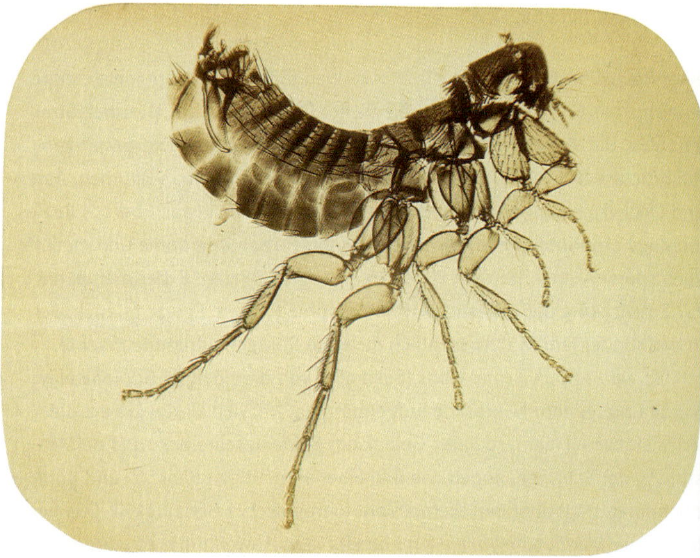

)r. Guillaume
)uchenne de
3oulogne
rankreich,
306–1875

'aradisation du
nuscle frontal
Faradisation des
stirnmuskels), 1862

\lbuminpapierabzug
MUSEUMSANKAUF,
ORD MOTOR
COMPANY FUND
96:0598:0001

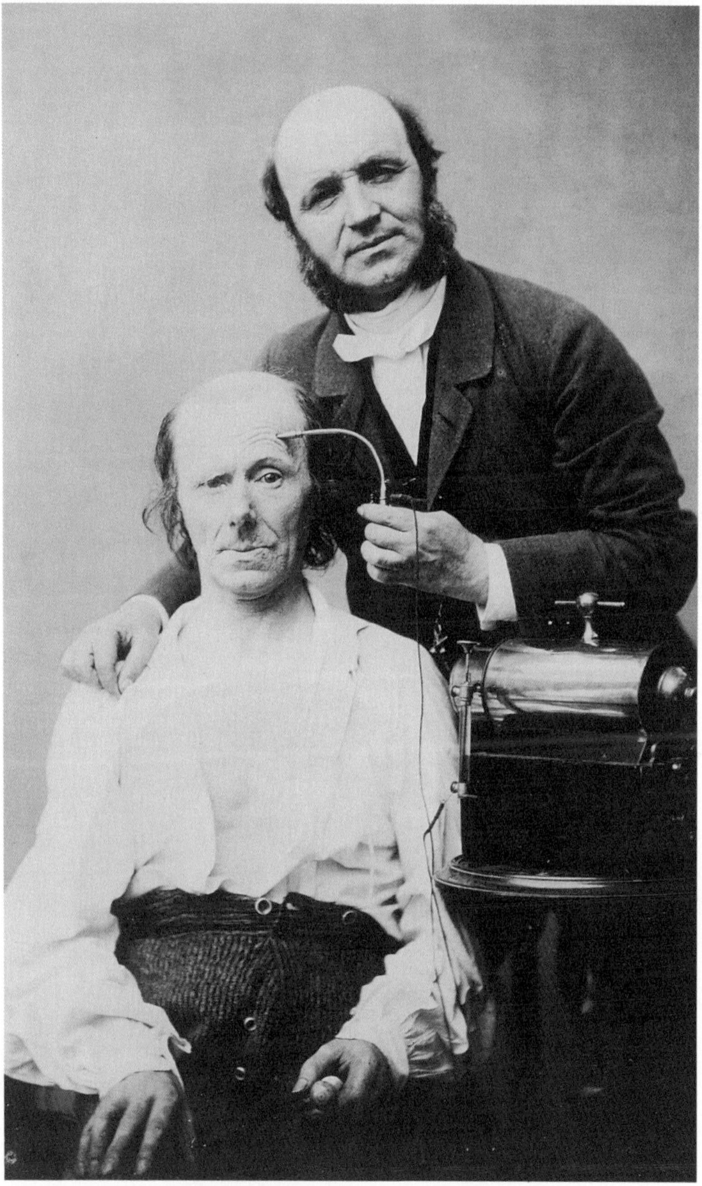

(oben)
Oscar Gustav Rejlander
England, geb. Schweden 1813–1875

(unten)
Dr. Guillaume-Benjamin Duchenne de Boulogne
Frankreich, 1806–1875

Illustrationen aus Darwins »The Expression of the Emotions in Man and Animals«, um 1862

Kalotypie
LIBRARY COLLECTION

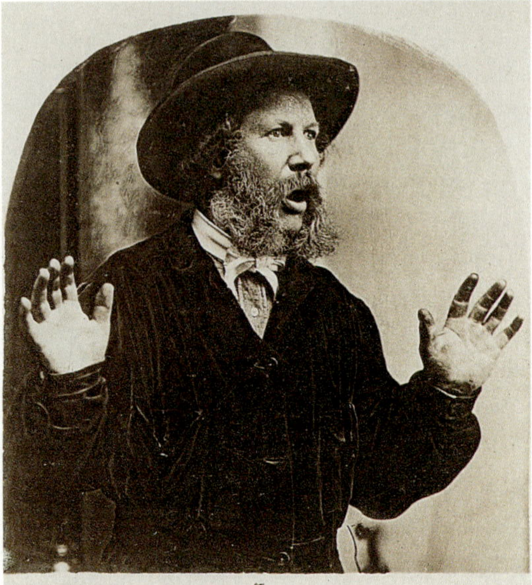

1

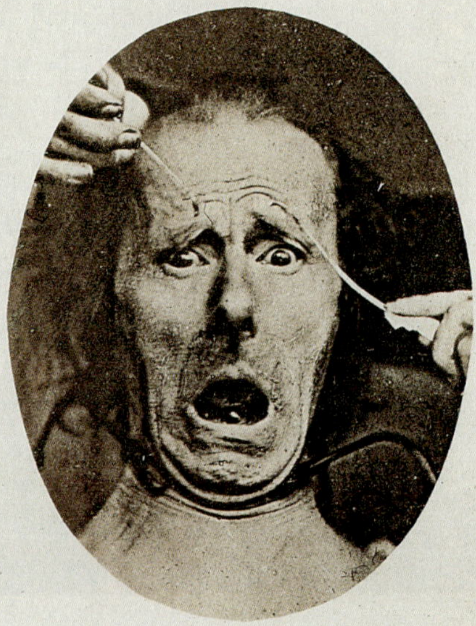

2

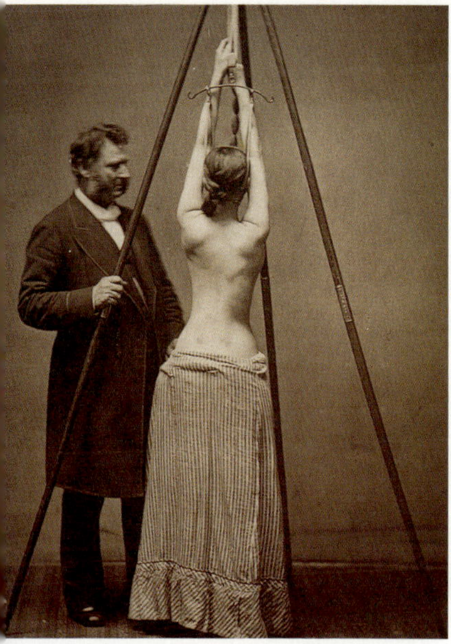

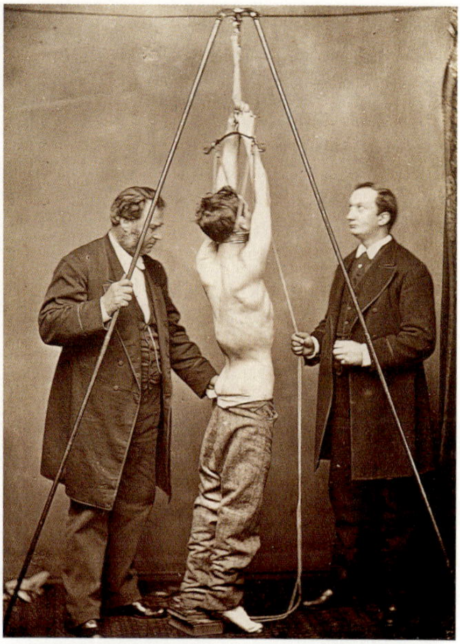

John Jabez Edwin Mayall zugeschrieben
England, 1813–1901

Behandlung der Rückgratverkrümmung, um 1877

Woodburytypien
LIBRARY COLLECTION

Die aus Wien stammenden Chemiker Josef Maria Eder und Edward Valenta hatten sich auf photographische Chemie spezialisiert; Eder war zudem führend auf dem Gebiet der photographischen Technologie. Um die komplexe Schönheit des inneren Aufbaus eines einfachen Goldfischs zu zeigen, machten Eder und Valenta eine X-Strahl- oder Röntgen-Photographie, wie sie nach ihrem Erfinder, Wilhelm Röntgen, genannt wurde, von drei Fischen, deren zarter Knochenaufbau mit photographischer Präzision dargestellt ist (Seite 282). 1896 brachten sie ein Portfolio mit 15 Photogravuren nach Röntgenbildern heraus: *Versuche über Photographie mittelst der Röntgen'schen Strahlen.* Solche photographischen Abbildungen lieferten Wissenschaftlern wertvolle Informationen, mit denen sie die grundlegenden Kenntnisse auf ihrem jeweiligen Gebiet verbessern konnten. Auch späteren Photographen boten sie künstlerische Inspiration; in den 1940er Jahren sagte der ungarische Künstler Lázló Moholy-Nagy über Röntgenbilder: »... Struktur erhält Transparenz und Transparenz manifestiert Struktur.«

Wissenschaftliche Photographie wurde in vielen Bereichen der frühen Medizin angewandt. Der Arzt Guillaume-Benjamin Duchenne de Boulogne hatte sich auf Elektrotherapie spezialisiert. Er begann 1856, im Pariser Salpêtrière Hospital, Geisteskranke zu photographieren. Adrien Tournachon,

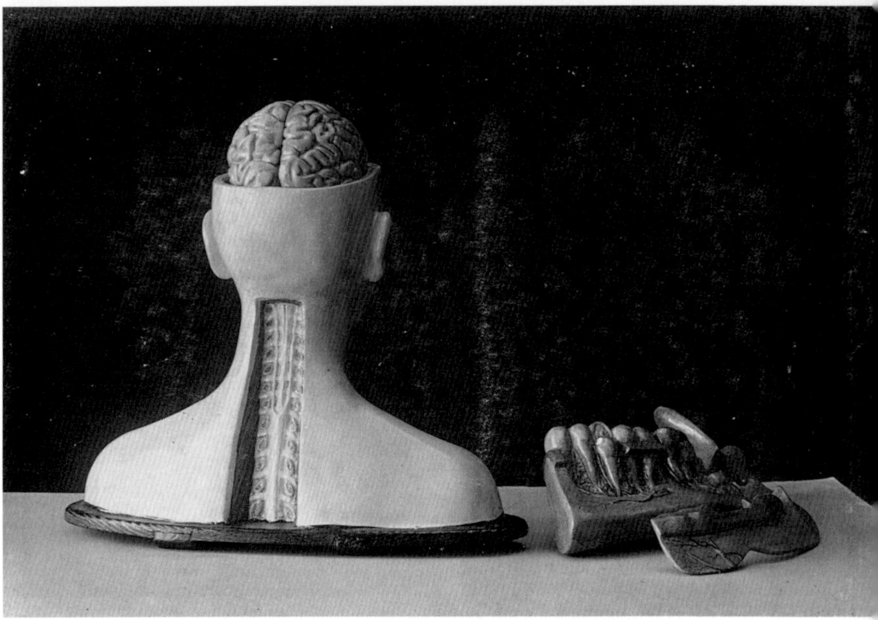

Luis Soler Pujol zugeschrieben
Spanien, aktiv um 1920er

Stilleben anatomischer Modelle, um 1920er

Silbergelatine-Abzug
MUSEUMSANKAUF
76:0089:0009

Nadars Bruder, assistierte ihm bei den Aufnahmen, die häufig einen hageren älteren Mann als Modell zeigen. Die Photographien von Duchenne de Boulogne wurden in zahlreichen Büchern veröffentlicht; die Aufnahme *Faradisation des Stirnmuskels* (Seite 283), die zeigt, wie einem Patienten Elektroden angelegt werden, erschien ursprünglich 1862 in *Album de photographies pathologiques complementaire du livre intitulé de l'electrisation localisée.* Charles Darwin verwendete eine Auswahl der Photographien von Duchenne de Boulogne und von Oscar Gustave Rejlander zur Illustration seines 1872 erschienenen Buches *The Expression of the Emotions in Man and Animals.* Rejlander selbst erscheint in dem oberen Bild auf Seite 284 und drückt Erstaunen auf eine Art aus, die dem modernen Betrachter übertrieben vorkommt, die jedoch damals für eine anschauliche Gefühlsdarstellung gehalten wurde Im dem unteren Bild von Duchenne de Boulogne wird der ältere Patient einer qualvollen Behandlung unterzogen: zwei Elektroden sind an seiner Augenbraue befestigt und sein verzerrtes Gesicht wird von der Kamera mit schockierender Präzision festgehalten.

Der Arzt Lewis Sayre veröffentlichte 1877 den diagnostischen medizinischen Text *Spinal Disease and Spinal Curvature: Their Treatment by Suspension*

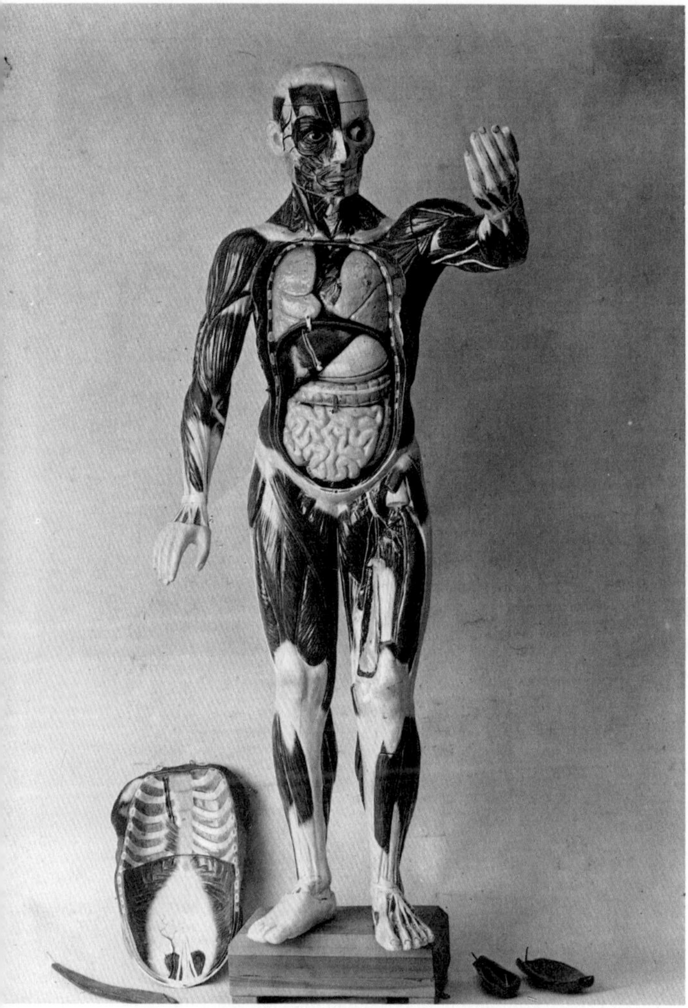

Luis Soler Pujol zugeschrieben

Anatomisches Modell, um 1920er

Silbergelatine-Abzug
MUSEUMSANKAUF
76:0089:0006

nd the Use of the Plaster of Paris Bandage. Diese, hauptsächlich mit Stichen llustrierte Abhandlung, enthielt auch die auf Seite 285 abgebildeten Aufahmen, die dem Photographen John Jabez Edwin Mayall zugeschrieben verden. Auf einfache und direkte Art zeigen sie eine Frau und einen Mann, leren nach oben gestreckte Arme an einem Dreifuß festgebunden sind; lie Kleidung der Patienten ist bis zur Taille heruntergezogen, um ihre

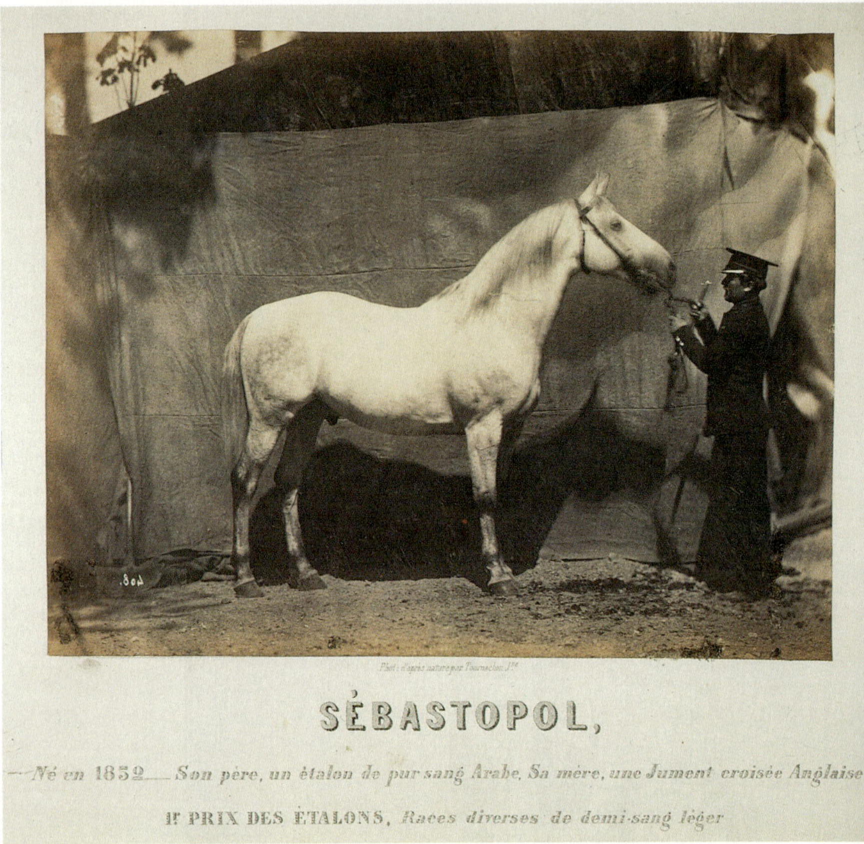

Adrien Tournachon
Frankreich,
1825–1903

Sébastopol,
um 1855–1860

Salzpapierabzug
SCHENKUNG
EASTMAN KODAK
COMPANY,
EHEMALIGE SAMM-
LUNG GABRIEL
CROMER
79:0002:0033

Rückgratverkrümmung zu demonstrieren, aber ihr Schamgefühl nicht zu verletzen.

Anatomische Studien waren seit Hunderten von Jahren Gegenstand künstlerischer Darstellung, und die begabtesten Zeichner wurden damit betraut, den menschlichen Körper für Wissenschaftler und Ärzte so exakt wie möglich darzustellen. Besonders überzeugend jedoch waren die dreidimensionalen, naturgetreuen Darstellungen von Modelleuren.

Der Tierpräparator und Hersteller anatomischer Modelle Louis Soler Pujol machte in den 1920er Jahren Photographien seiner Arbeiten, um sie in einer illustrierten Preisliste zu zeigen, deren Umschlag die Aufschrift »Luis Soler Pujol, Naturalista – Preparador, Barcelona« trug. Unter jedem Bild ist

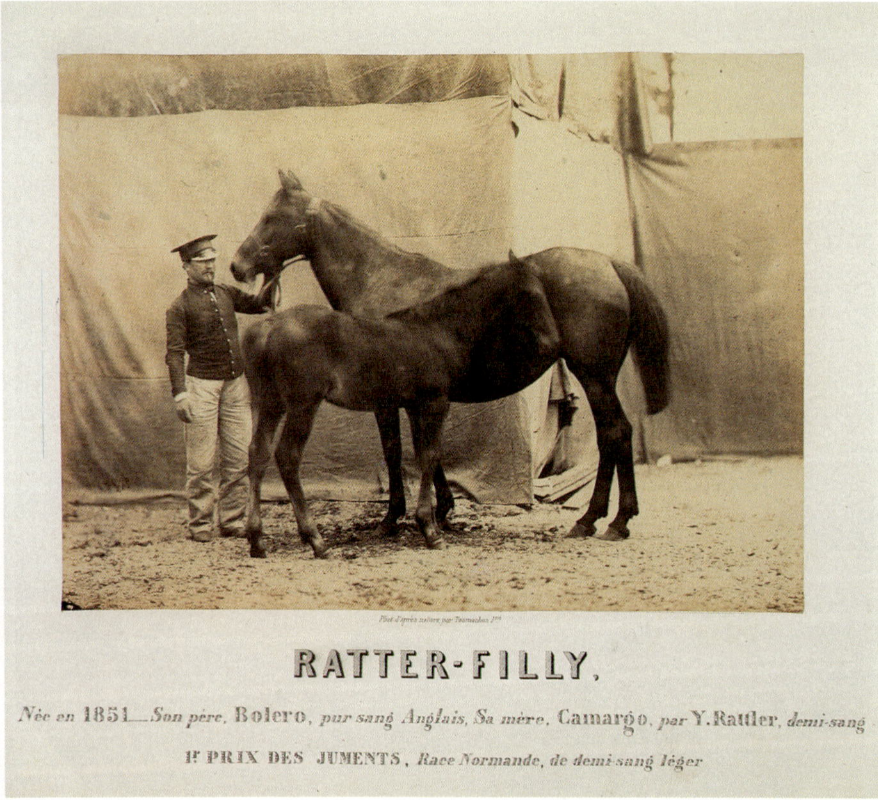

der Preis des Modells angegeben. Die von der Kamera abgewandte Büste auf Seite 286 zeigt die Sehnen und Muskeln unter dem entfernten Fleisch des Nackens, und auch die Schädeldecke wurde abgetrennt, um das Gehirn freizulegen. Dem Bild, das die praktische wissenschaftliche Anwendung der Photographie und die sorgfältige Kontrolle des künstlerischen Auges verbindet, haftet etwa Beunruhigendes an. Nicht weniger schockierend ist das anatomisches Modell eines stehenden Mannes mit abgezogener Haut (Seite 287), dessen lebendige Körperhaltung in scharfem Kontrast zu dem entfernten Brustkorb und Unterleib auf dem Tisch neben ihm steht.

Wissenschaftliche Photographien waren jedoch nicht immer schauerliche Darstellungen des Innenlebens und standen auch nicht ausschließlich im Dienste der Naturwissenschaften. Sie wurden häufig eingesetzt, um »Typen«

Adrien Tournachon

Ratter-Filly,
um 1855–1860

Salzpapierabzug
SCHENKUNG EASTMAN KODAK COMPANY, EHEMALIGE SAMMLUNG GABRIEL CROMER
79:0002:0025

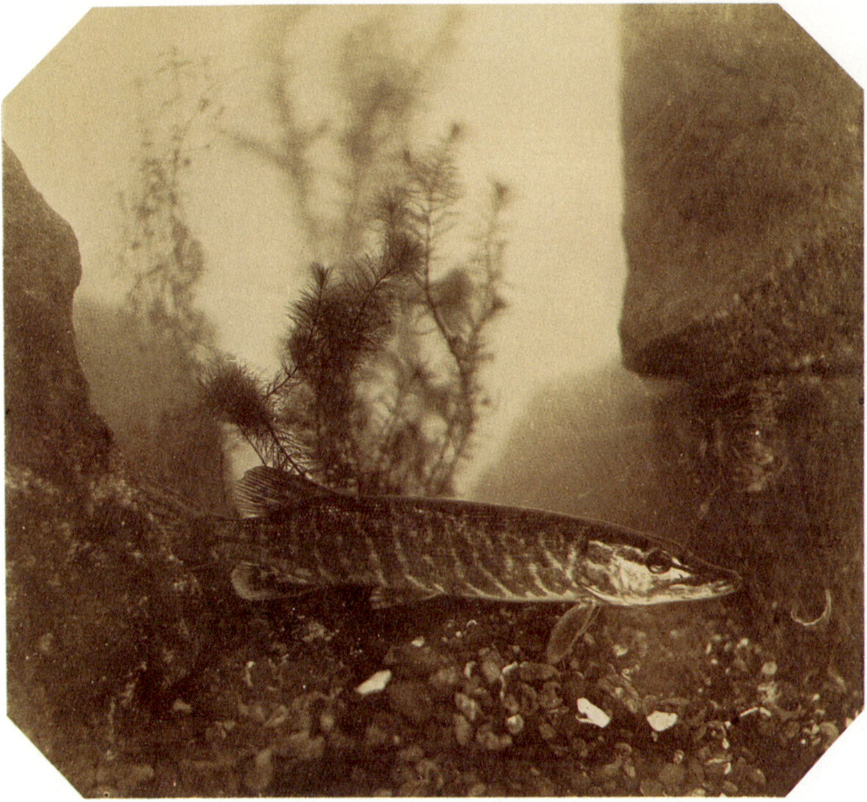

Compte de Montizon (Juan Carlos María Isidro De Borbón)
Spanien, 1822–1887

Fisch, um 1855

Albuminpapierabzug
SCHENKUNG MR. H.H. CLAUDET AND MRS. NORMAN GILCHRIST
77:0742:0003

von Menschen oder Tieren zu dokumentieren und Unterschiede innerhalb einer Art hervorzuheben. Adrien Tournachon photographierte Pferde für sein Album *Races Chevaline et Asine, Primés à l'Exposition de 1855, Photographies* (Seite 288 und 289). In den Bildunterschriften waren Name, Geburtsdatum und Abstammung des Tieres sowie die Geschichte seiner Rasse aufgeführt, während die Photographie selbst den überzeugenden »Beweis« einer guten Zucht lieferte. Von anonymen Pflegern festgehalten, wurden die Tiere vor einfachem Hintergrund im Profil gezeigt, um ihren wohlgeformten Körper hervorzuheben.

Auch einfachere Tierarten weckten das Interesse des Photographen. Compte de Montizon machte zahlreiche Aufnahmen von Tieren in Zoos und Parks, welche die zuvor unzugänglichen Kreaturen so lebensnah darstellten, daß man sie als echte »Portraits« bezeichnen kann. Seit Beginn des 19. Jahr-

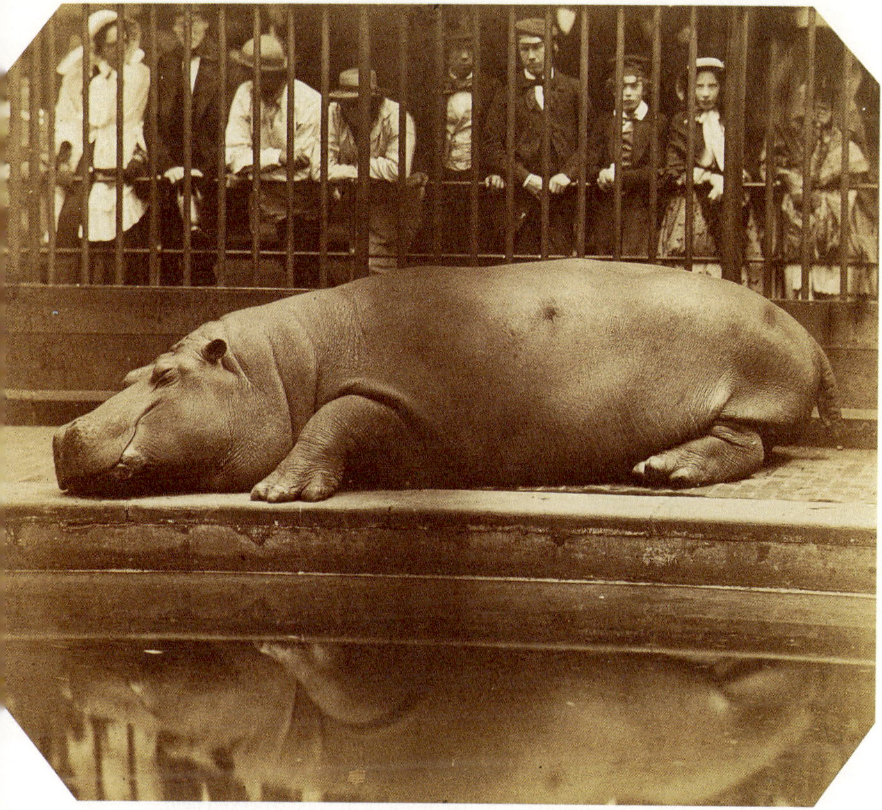

Compte de Montizon (Juan Carlos María Isidro De Borbón)

The Hippopotamus at the Zoological Gardens (Das Nilpferd im Zoologischen Garten), Regent's Park, 1852

Albuminpapierabzug
SCHENKUNG MR. H. H. CLAUDET AND MRS. NORMAN GILCHRIST
77:0742:0004

ıunderts boten zoologische Parks und Gärten der Öffentlichkeit die Möglichkeit, Tiere aus der ganzen Welt zu sehen. Daß der Hecht in einem Aquarium schwimmt, ist nur anhand der Schatten der Pflanzen an der rückwärtigen Wand zu erkennen; er könnte ebenso gut ein entfernter Verwandter des Hais sein, der mit seinem schlanken Körper vollkommen still im Wasser verharrt und sein nächstes Opfer belauert. Um den Fisch, dessen Streifen und Flossen ihn als Hecht identifizieren, in seinem Lebensraum aus der Nähe zeigen zu können, wurden Hinweise auf einen Maßstab geopfert. Compte de Montizon photographierte auch ein schlafendes Nilpferd im Zoologischen Garten des Londoner Regent Park. Das behäbige Tier scheint zufrieden zu grinsen, während die Zuschauer das friedliche Spektakel – und den Photographen – durch die Eisenstäbe des Geheges anschauen. Aus der Perspektive des Photographen werden die Menschen zu eingesperrten Kreatu-

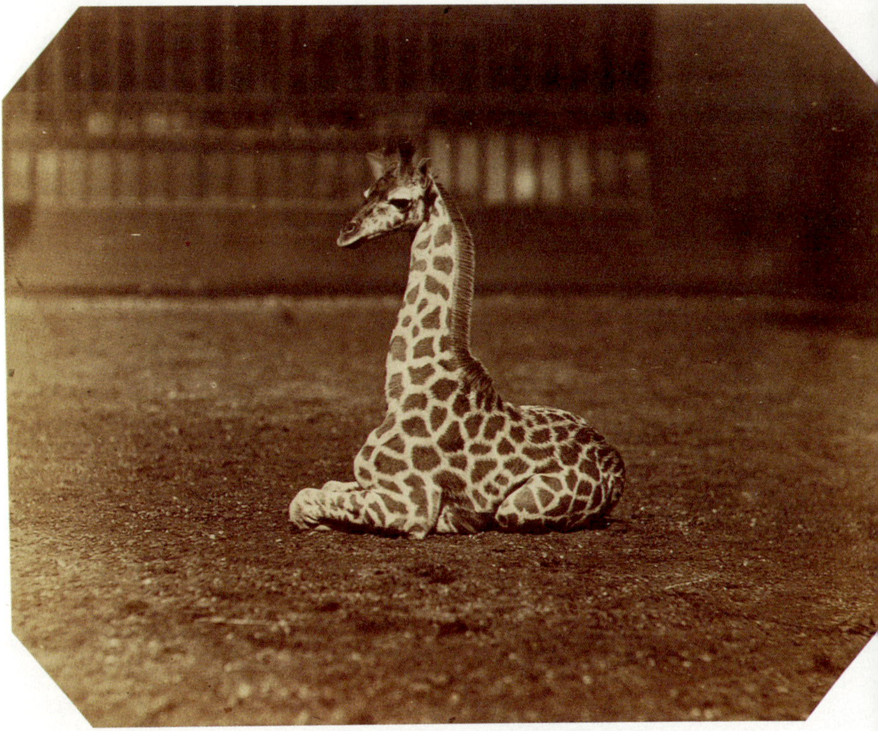

Compte de Montizon (Juan Carlos María Isidro De Borbón)
Spanien, 1822–1887

Giraffe, um 1854

Albuminpapierabzug
SCHENKUNG MR. H. H. CLAUDET AND MRS. NORMAN GILCHRIST
77:0742:0005

ren, während das sorglose Nilpferd (ein Geschenk des Pascha von Ägypten an Queen Victoria) entspannt vor dem Wasserbecken liegt.

Compte de Montizons Photographie einer sitzenden Giraffe ist ebenso elegant wie einfach. Die charakteristischen langen, dünnen Beine sorgsam unter sich verstaut, sieht sie aus wie ein gefleckter Schwan auf einem Meer aus Gras. Trotz der anmutigen Haltung des Tieres erinnert das Gitter des Geheges im Hintergrund daran, daß es gefangen ist.

De Montizons Bilder sind nicht nur nützliche Dokumente, sie sind auch lyrische Portraits einzelner Tiere und transzendieren die Umstände ihres Lebensraumes, da sie etwas von deren autonomem Charakter bewahren.

Der in Deutschland geborene Francis George Schreiber war der Gründer von Schreiber and Sons, dem ältesten photographischen Unternehmen Amerikas, das sich auf Tierphotographie spezialisiert hatte. Bevor er sein eigenes Atelier eröffnete war Schreiber Partner des Unternehmens Langenheim Bros. in Philadelphia, dessen Leitung er übernahm, als sich die Langen-

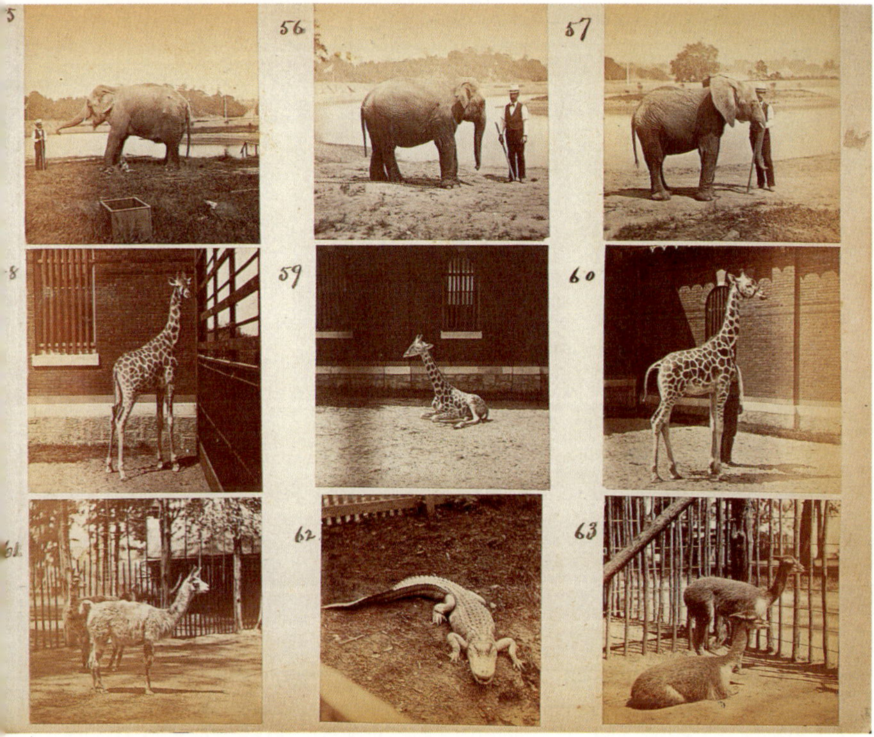

ieims zur Ruhe setzten. Er ist vor allem für seine Photographien von Haus-ieren bekannt, photographierte aber auch die exotischen Bewohner des ört-chen Zoos. Neun Photographien dieser Tiere erscheinen auf einer Seite in inem Album mit über 200 Tieraufnahmen. Die numerierten Bilder ergeben leine Erzählungen innerhalb der einzelnen Gruppen. Die oberen drei Bilder eigen einen kurzohrigen Elefanten in verschiedenen Posen mit seinem Pfle-ger in der Nähe einer Wasserstelle. Zuerst sieht man das nach links gewand-e Tier in der Ferne, wie es vermutlich gerade gefüttert wird; in der Mitte ist lie Kamera näher herangekommen und der Elefant hat sich nach rechts ge-dreht, während er im rechten Bild seinen Pfleger halb verdeckt. In der ersten der nächsten drei Photographien sieht man eine Giraffe in ihrem Gehege.)ann sitzt sie in einer Pose, die an die von de Montizon dargestellte erin-iert, während sie im dritten Bild wieder steht und aus geringerer Entfernung nit ihrem Pfleger aufgenommen ist. Das letzte und vielleicht interessanteste 'rio präsentiert ein Raubtier zwischen einem Lama und zwei Hirschen und

Francis George Schreiber
Amerika,
geb. Deutschland,
1803–1892

Photographien verschiedener Tiere,
um 1890

Albuminpapierabzüge
SCHENKUNG 3M COMPANY, EHEMALIGE SAMMLUNG LOUIS WALTON SIPLEY
77:0250:0055–63

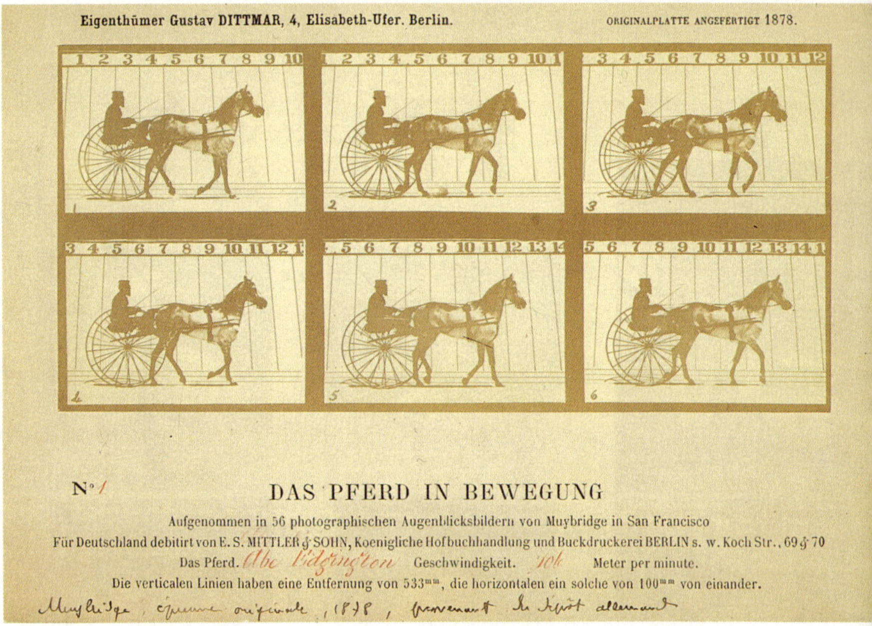

Eadweard J. Muybridge
Amerika, geb. England, 1830–1904

Das Pferd in Bewegung, »Abe Edgington«, 1878

Albuminpapierabzug
MUSEUMSANKAUF
73:0136:0002

weitet die narrative Struktur über die Sequenz hinaus in eine Handlung um. Solche Zusammenstellungen mögen zwar einfach wirken, aber die Reihenfolge und Nebeneinanderstellung bietet eine Möglichkeit, die Aktivität der Tiere lebendig zu machen und Beziehungen zwischen Ausschnitten herzustellen, um eine Geschichte oder Bewegung zu konstruieren.

Kein Photograph war jedoch maßgeblicher daran beteiligt, statischen Bildern Bewegung zu verleihen, als Eadweard J. Muybridge. Geboren in Kingston-on-Thames in England ging er zu Beginn der 1850er Jahre in die Vereinigten Staaten, um dort sein Glück zu machen. Obwohl er sich zuerst einen Ruf als Photograph der Landschaft des Westens machte, ist er vor allem für seine bemerkenswerten Bewegungsstudien bekannt, die als Ergebnis einer legendären Wette des Eisenbahnmagnaten und ehemaligen Gouverneurs von Kalifornien Leland Stanford entstanden waren. Stanford behauptete, daß sich alle vier Hufe eines Pferdes in einem bestimmten Moment des Galopps in der Luft befänden. Étienne Jules Marey, ein französischer Physiologe und Professor für Naturgeschichte, hatte Studien durchgeführt, die diese Phänomen bei einem galoppierenden Pferd andeuteten, und Stanford wurde 1873 auf Mareys Arbeit durch eine Ausgabe von dessen

Buch *Animal Mechanism, a Treatise on Terrestrial and Aerial Locomotion* aufmerksam. Muybridge arbeitete in den 1870er Jahren mit Standford zusammen und verbesserte dessen sequentielle Präsentation von Bewegung. Mit 2 Kameras, jede mit einem schnellen Verschluß ausgerüstet, der über einen elektronischen Mechanismus ausgelöst wurde, photographierte Muybridge Stanfords reinrassiges Pferd »Abe Edgington« in Palo Alto. Beim Galopp des Pferdes kamen die Räder des Sulkys mit über die Bahn gespannten Drähten in Kontakt, die einen elektrischen Kreislauf schlossen und in Sequenzen die Verschlüsse der Kameras öffneten. Das Pferd photographierte sich also im Grunde selbst. Der Hintergrund war eine weiße Leinwand mit aufgemalten vertikalen Streifen zur Messung der Geschwindigkeit. Marey war begeistert von Muybridges Triumph und »voller Bewunderung«. Die deutschen Bildunterschriften zu dieser Sequenz von sechs Aufnahmen zeu-

Eadweard J. Muybridge

Two Models, 8 Drinking from Water-Jar on the Shoulder of 1 (Zwei Modelle, 8 trinkt aus einem Wasserbecher auf der Schulter von 1), 20. Juli, 1885

Silbergelatine-Abzug von Papierdruck
81:2379:0042

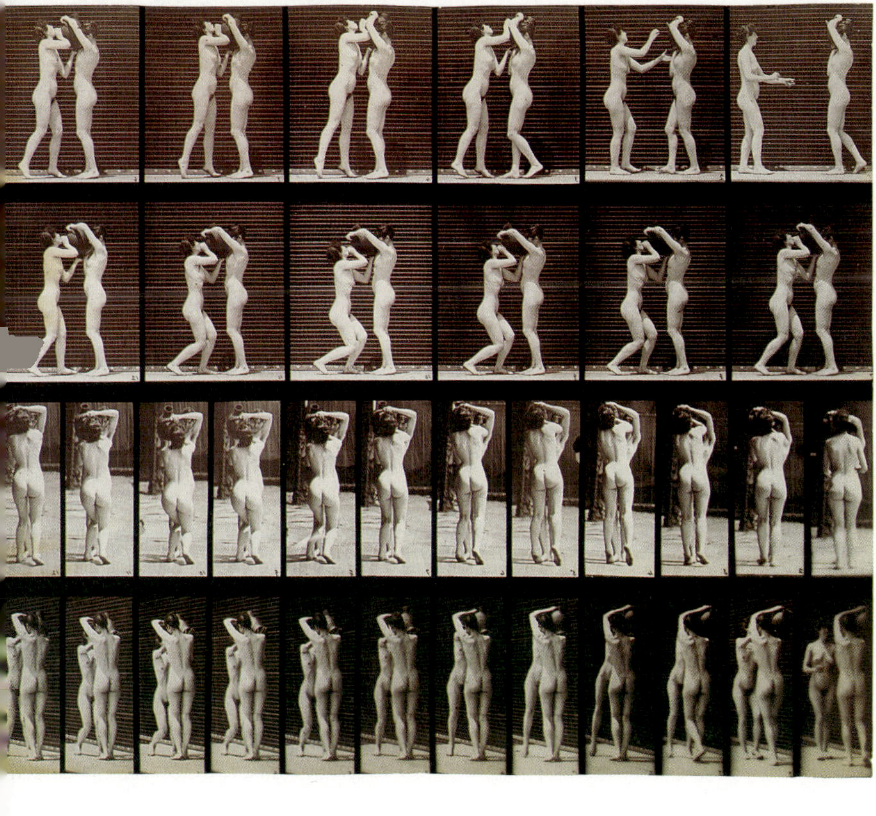

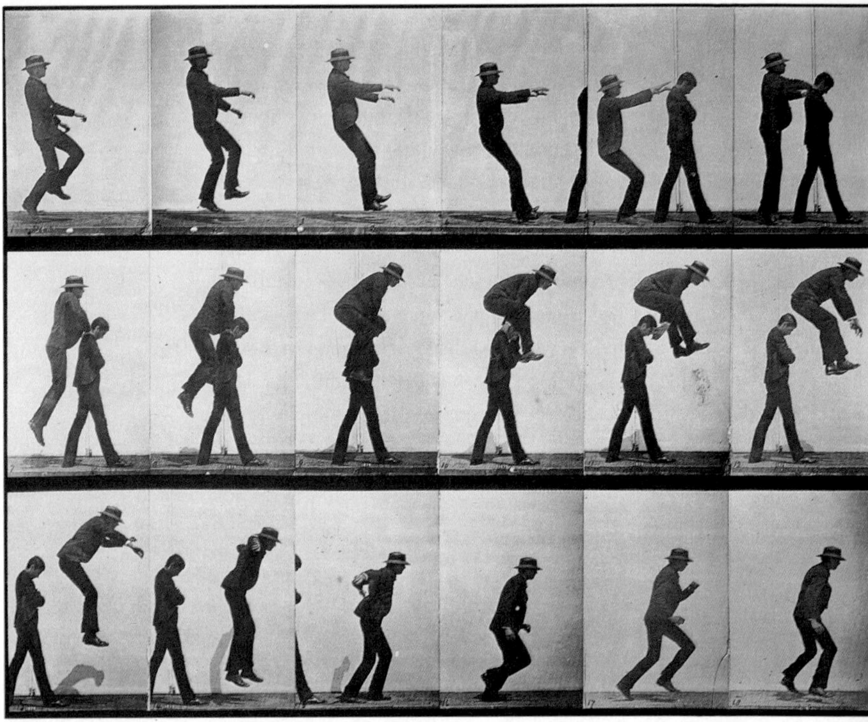

Eadweard J. Muybridge
Amerika, b. England, 1830–1904

Jumping; Over Boy's Back (Leap-Frog) (Springen; Über die Schulter des Jungen [Froschsprung]), um 1884–1887

Collotypie
MUSEUMSSAMMLUNG DURCH AUSTAUSCH, EHEMALIGE SAMMLUNG LOU MARCUS
78:0802:0169

gen von der internationalen Aufmerksamkeit, die Muybridges bahnbrechende Arbeit erregte.

Nach seinem Erfolg mit Rennpferden experimentierte Muybridge mit der Darstellung von Bewegung bei anderen Tieren und Menschen. Im Jahr 1884 beauftragte ihn die University of Pennsylvania, weitere Bewegungsstudien durchzuführen, passenderweise in der Stadt, die bereits frühere wissenschaftliche photographische Untersuchungen gefördert hatte.

Unter Mitwirkung von Studenten und professionellen Athleten als Modellen vollendete Muybridge 1887 seine Studien von Bewegungsabläufen, für die er über 20.000 Einzelaufnahmen machte. Er veröffentlichte 781 Bewegungssequenzen in der Serie *Animal Locomotion*, von denen die Eastman-Sammlung 683 besitzt. Die Handlungen der Modelle sind zwar einfach, aber instruktiv: eine nackte Frau trinkt aus einem Wasserkrug, den eine andere, ebenfalls nackte Frau auf der Schulter trägt; das Beugen und Strecken der einzelnen Muskeln ist deutlich zu erkennen. Die Dokumentation war perfek

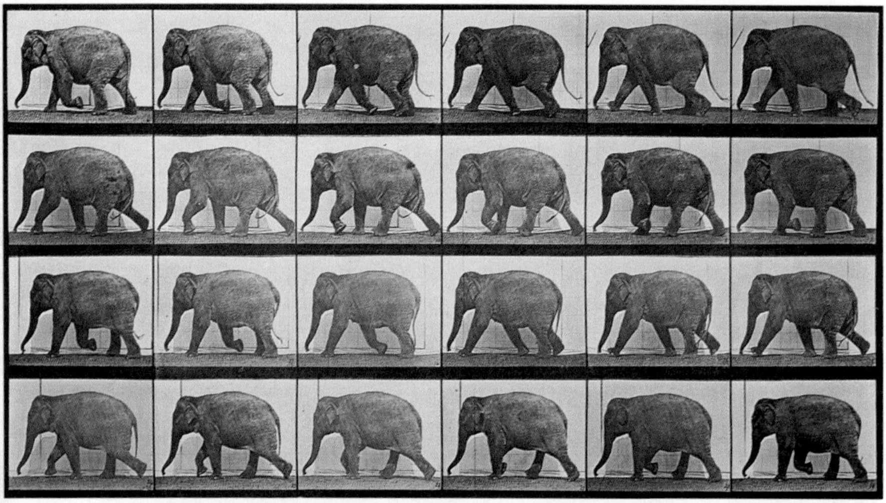

Eadweard J. Muybridge

Elephant; Walking (Gehender Elefant), um 1884–1887

Collotypie
MUSEUMS-SAMMLUNG DURCH AUSTAUSCH, EHEMALIGE SAMMLUNG LOU MARCUS
78:0802:0733

– die Handlung wurde aus zwei Winkeln photographiert, so daß die Modelle von der Seite und von hinten zu sehen sind. In einer anderen Bilderfolge trottet ein Elefant gleichmäßigen Schrittes daher – jeder seiner Schritte ist methodisch von der Kamera festgehalten und abgemessen worden. Die kaum erkennbare Veränderung in seinen Bewegungen steht in starkem Kontrast zu dem Bild zweier Jungen, die, wie Silhouetten in dunklen Anzügen und Hüten, für die Kamera Bocksprünge vollführen und ihre ausgelassene Aktivität in den Dienst wissenschaftlicher Untersuchung stellen.

1878 wurden einige von Muybridges Photosequenzen in der Zeitschrift *Scientific American* veröffentlicht. Der Leser wurde aufgefordert, die Bilder auszuschneiden und sie hintereinander in einen stroboskopischen Zylinder zu stecken, um so die Illusion von Bewegung zu erzeugen. Das »Rad des Lebens«, wie der stroboskopische Zylinder auch genannt wurde, war eine oben offene, sich drehende Trommel mit 12 oder 13 gleich großen Schlitzen, ein beliebter Zeitvertreib in den Salons des 19. Jahrhunderts. Eine entsprechende Anzahl sequentieller Bilder wurde an der Innenwand befestigt, und wenn die Trommel sich drehte, verschmolzen die Bilder und erzeugten die Illusion von Bewegung. Muybridge projizierte 1880 bei der San Francisco Art Association mit Hilfe einer Drehscheibe und eines selbst entwickelten Diaprojektors in schneller Abfolge Bewegungsstudien eines Pferdes und schuf damit den ersten Film.

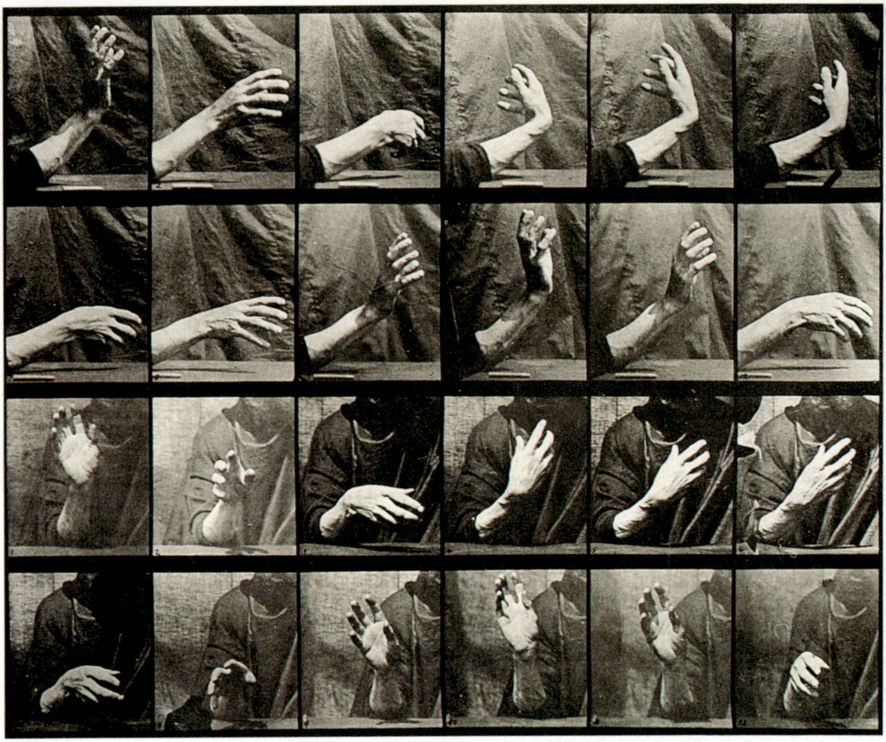

Eadweard J. Muybridge
Amerika, geb. England, 1830–1904

Movement of the Hand; Beating Time (Bewegung der Hand; Taktzeit), um 1884–1887

Collotypie
SCHENKUNG ANSCO
78:0802:0535

»Alle notwendigen Forschungen über die Fortbewegung von Tieren können nur durch Menschen angestellt werden, die besonders an diesen Untersuchungen interessiert sind und sich in der günstigen Lage befinden, sie zu verstehen«, schrieb Etienne Jules Marey in *Animal Mechanism*. Marey, mit dessen Forschungen die zweite Phase von Muybridges Karriere begann, erfand die Chronophotographie, mit der eine vollständige Bewegungssequenz auf einer einzigen Bildplatte abgebildet werden konnte. Zwar überschneiden sich die Einzelsequenzen bei dieser Methode leicht, aber sie stellen deutlich das Kontinuum eines bestimmten Bewegungsablaufs, wie etwa beim Stabhochsprung, dar. Um die Bewegung fliegender Vögel zu studieren, erfand Marey das photographische Gewehr. Diese Kamera hatte tatsächlich die Form eines Gewehrs und »schoß« 12 (später bis zu 30) Photographien pro Sekunde, viel schneller, als es Muybridge mit seinem Apparat gelungen war. Wie Muybridge projizierte auch Marey diese Bilder in Sequenzen und verwendete schließlich statt der sperrigen und fragilen Glasplatten zuerst einen

Eadweard J. Muybridge

A, Striking a Blow; B, Throwing Disc; C, Heaving a 75-lb. Stone; D, Throwing a Ball; E, Throwing Disc; F, Heaving 75-lb. Stone, um 1884–1887

Collotypie
MUSEUMS-SAMMLUNG DURCH AUSTAUSCH, EHEMALIGE SAMMLUNG GEORGE NITZSCHE
78:0802:0523

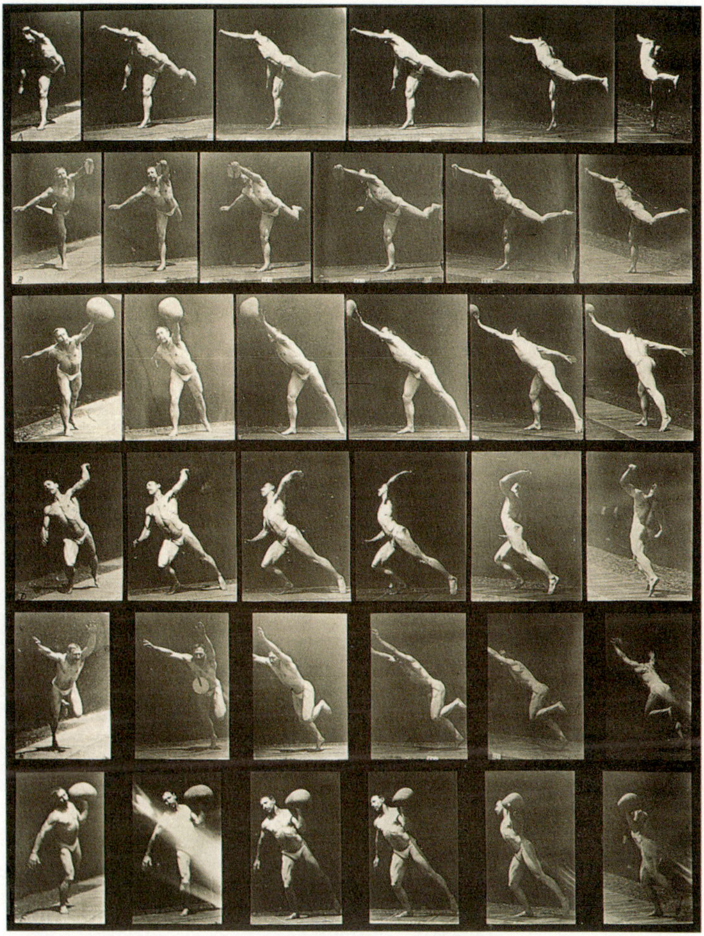

Papierfilmstreifen und später den flexiblen Rollfilm von Kodak, den George Eastman für seine Boxkamera benutzte. Aber weder Muybridge noch Marey ging es darum, die kontinuierliche Bewegung zu rekonstruieren, wie es in späteren »Filmen« der Fall war; sondern sie wollten sie Bild für Bild einfrieren, um sichtbar zu machen, was das bloße Auge niemals sehen könnte.

Während sich Muybridge und Marey die besonderen Eigenschaften der Photographie für ihre Versuche, Bewegung mit der größtmöglichen Genauigkeit festzuhalten und zu analysieren, zunutze machten, suchten anderswo wissenschaftlich orientierte Photographen nach Möglichkeiten, mit dem

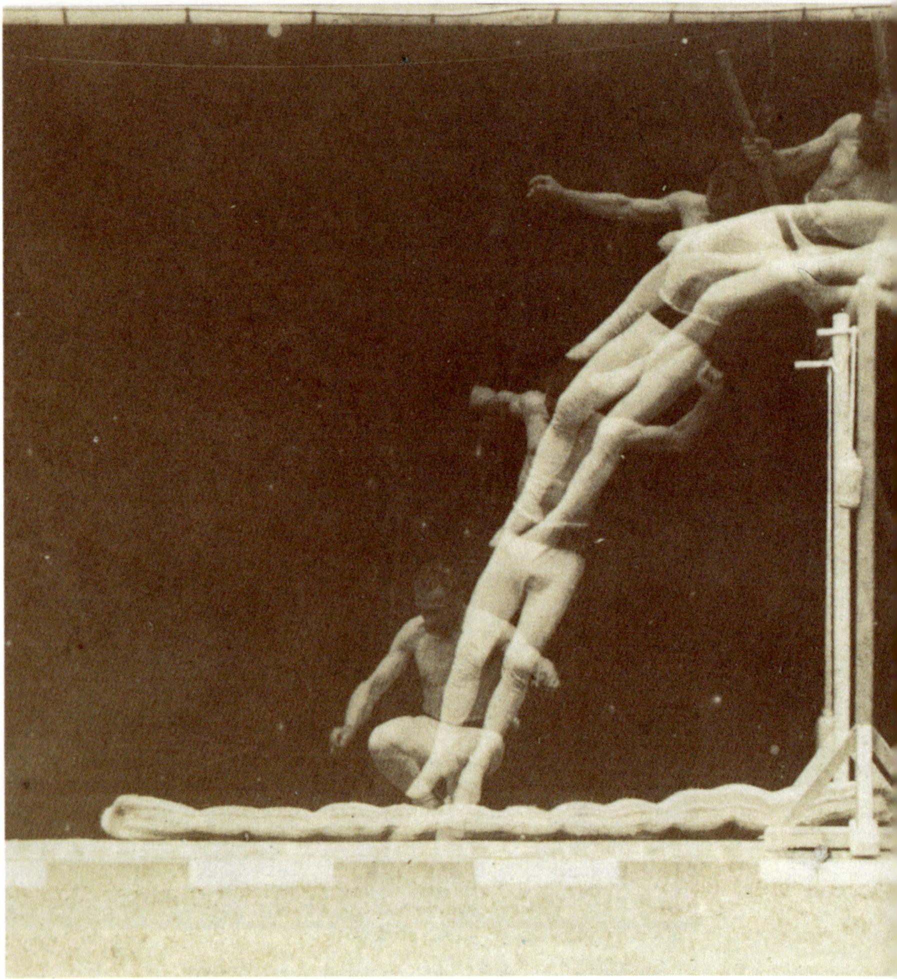

Étienne Jules Marey
Frankreich,
1830–1904

Chronophotographische Studie eines Mannes beim Stabhochsprung, 1890–1891

Albuminpapierabzug
MUSEUMSSAMMLUNG
88:0795:0001

noch immer monochromen Medium endlich die wirkliche, farbenprächtige Welt wiederzugeben.

Louis Ducos du Hauron beschrieb 1862 in einem Brief an einen Freund mehrere verschiedene Methoden zur Herstellung von Farbphotographien, die folgendes beinhalteten: »Wenn ich ein Bild mache, das uns die Natur schenkt und das einfach erscheint, aber in Wirklichkeit hinsichtlich seiner Farben dreifach ist, und es in drei unterschiedliche Bilder aufteile – ein rotes

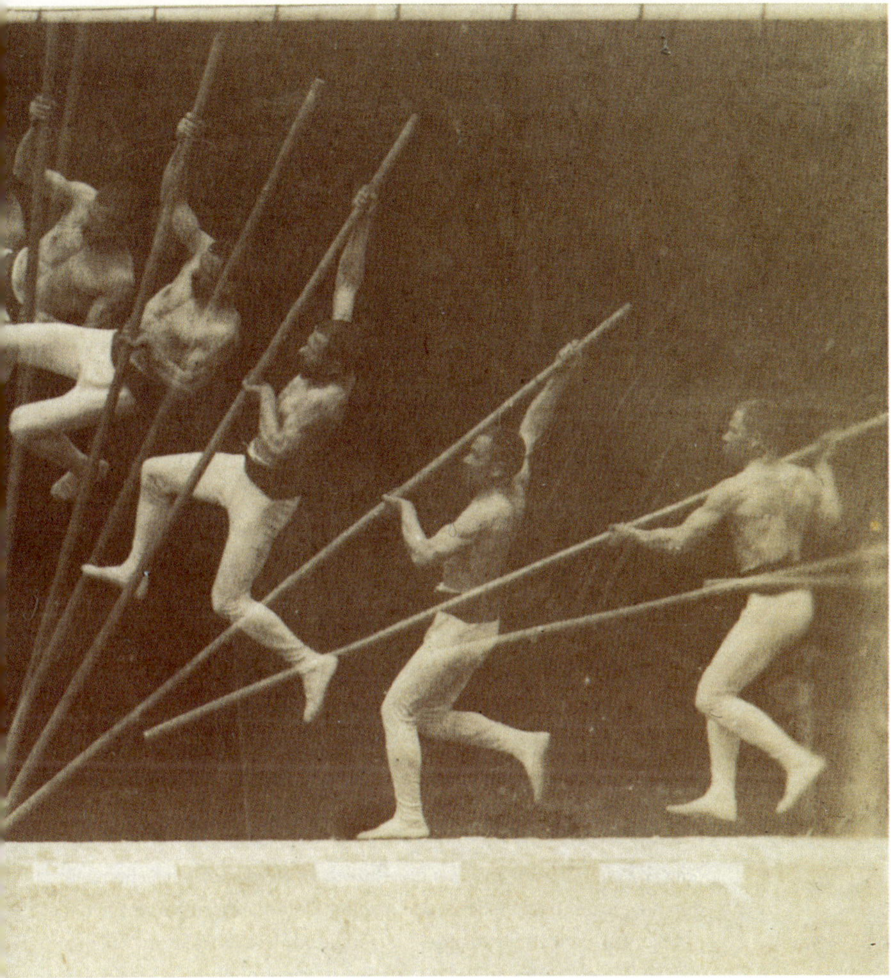

ein gelbes und ein blaues – und wenn ich ein separates photographisches Abbild von jedem dieser drei Bilder erhalte, die jeweils ihre bestimmte Farbe reproduzieren, dann genügt es, die drei so entstandenen Bilder zu einem einzigen Bild zusammenzufügen, um eine exakte Wiedergabe des Wesens, der Farbe und der Form zu erhalten.« Mit Hilfe übereinandergelegter Transparentbilder rot, blau oder gelb aufgenommener Negative ließ sich also ein Farbbild herstellen. Während Ducos Du Haurons Arbeit die Grundlage

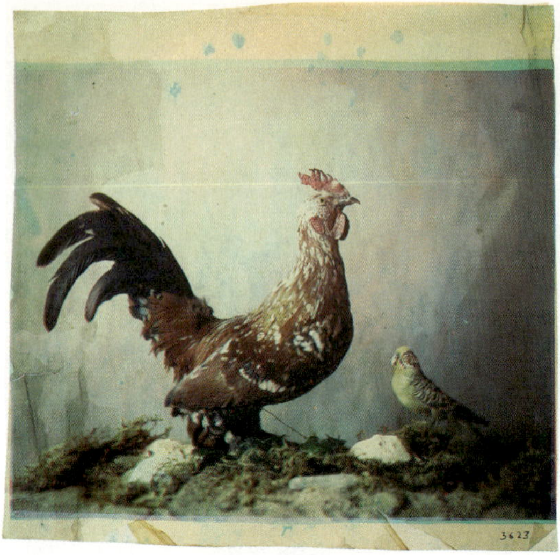

Louis Ducos Du Hauron
Frankreich, 1837–1920

Stilleben mit Hahn,
um 1869–1879

Druck um 1982, von Eastman Kodak Company. Dreifarbiges Karbontransparent
MUSEUMSANKAUF
82:1568:0001

der Farbphotographie darstellt, gelang es H. W. Vogel erst 1873, photographische Emulsionen herzustellen, welche die Platten auch für andere Farben als Blau empfindlich machten. Trotzdem schuf Du Hauron noch vor 1879 *Stilleben mit Hahn*, einen Dreifarben-Kohledruck eines braunen, ausgestopften Hahns mit blauen Schwanzfedern und einem erdbeerroten Kamm neben einem zitronengelben Sittich in einer künstlichen Landschaft. Trotz der lebensechten Farben ist die Szene äußerst unwirklich, denn die Vögel stehen einander gegenüber, als würden sie sich unterhalten.

Noch bizarrer sind Ducos Du Haurons Serien deformierter Selbstportraits oder »Transformationen«. Bei dieser Technik wurden die Gesichtszüge durch eine geschlitzte Blende wie in einem Jahrmarktspiegel verzerrt; in der hier gezeigten Selbstdarstellung ist die vordere Hälfte des Kopfes bizarr verlängert, während der hintere Teil relativ proportioniert bleibt.

»Der Unterschied zu allen anderen Hochgeschwindigkeits-Geschichten wie Muybridges Arbeit besteht darin, daß wir das Licht bewegen«, sagte Harold E. Edgerton 1994 über seine Arbeit im Gegensatz zu der früherer Photographen von Bewegungsabläufen. Das Eastman House stellte Edgertons photographisches Werk 1994 in einer Ausstellung und einem Katalog mit dem Titel *Seeing the Unseen: Dr. Harold E. Edgerton and the Wonders of Strobe Alley* vor. Die Eastman-Sammlung besitzt über 300 Drucke von Edgerton. Strobe Alley – ein etwa 90 Meter langer Korridor am Massachusetts

Institute of Technology (M.I.T.), wo Edgerton seine Doktorwürde erlangte und 41 Jahre lang lehrte – wurde so genannt, weil Edgerton dort als Student 1931 das Stroboskop erfand. Ein Stroboskop oder Röhrenblitz ist eine Serie von Lichtimpulsen, mit der Bewegung in Zeiten von bis zu 1/1.000.000 Sekunde festgehalten werden kann. In Strobe Alley stellte Edgerton Dutzende seiner Photographien aus, die er mit dem Stroboskop gemacht hatte. »Hochgeschwindigkeits«-Photographie ist, so die Definition Edgertons »eine Anordnung von Einzelbelichtungs-Kameras, die Photographien mit einer Belichtungszeit von weniger als 1/10.000 Sekunde aufnehmen«, und beide hier gezeigten Aufnahmen wurden mit einer Belichtungsgeschwindigkeit von 1/1.000.000 Sekunde gemacht. Edgerton hielt bei seiner Arbeit mit dem Röhrenblitz Bewegungselemente auf bisher unvorstellbare Weise fest und lieferte den unumstößlichen Beweis für die Reaktionen einer Vielzahl von Substanzen unter der Einwirkung von Kraft.

Zu der berühmten, 1934 aufgenommenen Photographie eines Mannes, der einen Fußball tritt, erklärte Edgerton: »Eines Tages stellte ich fest, daß ich kein Photo besitze, auf dem jemand einen Fußball tritt, und dachte, es sei interessant zu sehen, was passiert. Wir verschwenden beim M.I.T. keine Zeit mit Fußball, und deshalb rief ich oben in Harvard an – eine Schule ein

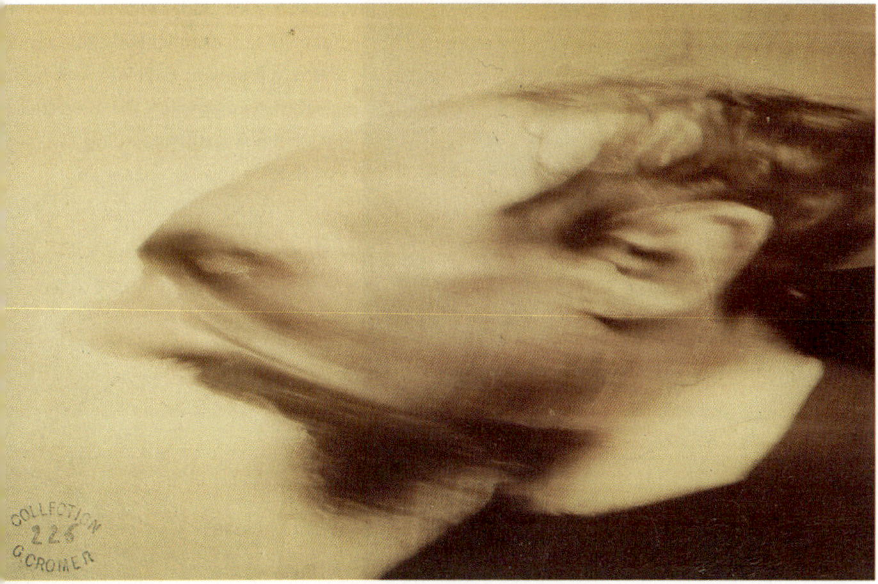

Louis Ducos Du Hauron

Selbstportrait-Deformation, um 1888

Albuminpapierabzug
SCHENKUNG EASTMAN KODAK COMPANY, EHEMALIGE SAMMLUNG GABRIEL CROMER
81:2913:0001

Stück den Fluß hinauf. ... Ich fuhr also hin, und wir gingen in eine Dunkelkammer. Dort machte ich drei Bilder – bang, bang, bang. Zwei verdarb ich beim Entwickeln, aber eins wurde gut. Der Ball beschleunigte so schnell, daß der Staub in der Luft stehen blieb.« Der Fußball selbst machte das Bild. Als er getreten wurde, drückte er zwei elektrische Drähte gegeneinander, die einen Kreislauf schlossen und so den Röhrenblitz auslösten.

Bei einem Vortrag mit dem Titel »Wie man am M. I. T. Apfelmus macht«, zeigte Edgerton zuerst die Photographie einer Kugel vom Kaliber 0,30, die einen Apfel durchbohrt. Hier wurde der Röhrenblitz durch die Schallwelle der Kugel ausgelöst. Eintritt und Austritt der Kugel erscheinen überraschenderweise als nach außen gerichtete Explosion; unmittelbar nach dem Durchschuß fiel der Apfel vollständig in sich zusammen. Wie Edgerton später berichtete, brauchte er nur einen einzigen Apfel, um dieses bemerkenswerte Bild aufzunehmen. Der bescheidene Edgerton achtete nicht auf die technischen Unterschiede zwischen Röhrenblitzen und normalen elektronischen Blitzen und sagte: »Es gibt noch immer Puristen, die sagen, man darf das Wort »stroboskopisch« nur auf besondere Art verwenden. Aber für mich gilt das nicht. Alle sagen ›Röhrenblitz‹, also sage ich auch ›Röhrenblitz‹.« Durch seine Worte, aber vor allem durch seine Bilder machte Edgerton die wissenschaftliche Photographie einem breiteren Publikum mit Aufnahmen zugänglich, die gleichzeitig ästhetisch ansprechend und wissenschaftlich revolutionär waren.

Harold E. Edgerton
Amerika, 1903–1990

Wesley E. Fesler tritt einen Fußball, 1934

Silbergelatine-Abzug
SCHENKUNG THE PHOTOGRAPHER
76:0111:0007

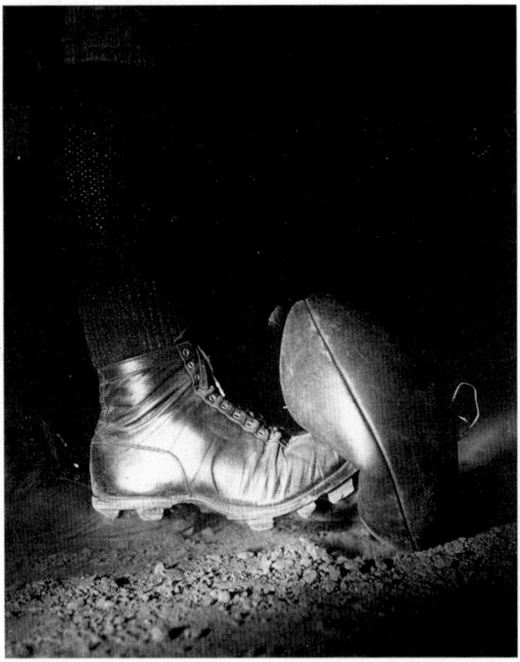

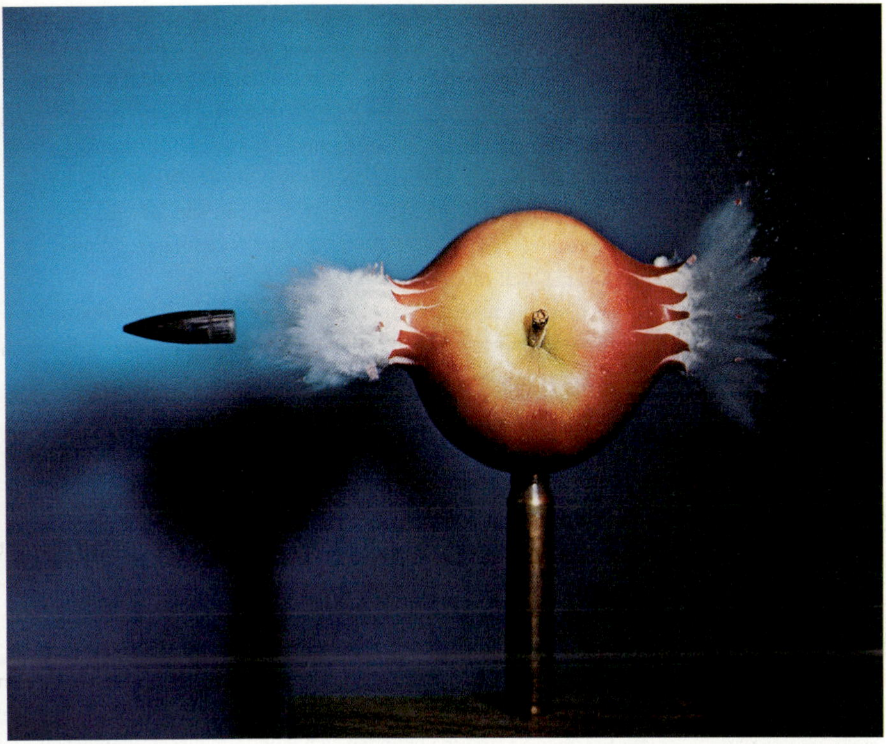

Harold E. Edgerton

.30 Bullet Piercing an Apple, 1964. A Microsecond Exposure of a Bullet Travelling 2800 Feet per Second. 1964; Druck um 1984–1990, durch Boris Color Lab, Boston (Kugel vom Kaliber 0,30, einen Apfel durchschlagend, 1964. Mit einer Mikrosekunde Belichtungszeit aufgenommene Kugel, die sich 2800 Fuß pro Sekunde bewegt.)

Farbabzug, Dye transfer process
SCHENKUNG THE HAROLD AND ESTHER EDGERTON FAMILY FOUNDATION
96:0347:0007

Photographie im öffentlichen und im privaten Leben

Durch Photographien wurde die Welt visuell erfaßbar, und im 19. Jahrhundert sammelte man die Abbildungen dieser Welt am liebsten in photographischen Alben. Von professionellen Photographen wie Baldus bis zu unbekannten Amateuren stellten die Menschen aus verschiedensten Gründen Photoalben zusammen: um besonderer Ereignisse oder Reisen zu gedenken, um die gesellschaftliche Stellung hervorzuheben oder um visuelle Stammbäume anzulegen und Familienmitglieder zusammenzubringen, die überall in der Welt verstreut waren.

Familien konstruierten ihre Geschichte durch die Auswahl und Präsentation von Bildern. Manchmal dokumentierten diese Photographien gesellschaftliche Initiationsriten oder weniger bedeutsame Ereignisse, besonders, als Photographien leichter erhältlich und Portraitsitzungen weniger förmlich und kostspielig wurden. Durch die Anordnung von Photographien in einem Album wurden Beziehungen zwischen Bildern hergestellt, die kollektive Erinnerungen bewahrten und zeigten, wer man war und wie man sich selbst gerne sehen wollte. Oft wurde durch Photoalben eine Fiktion geschaffen, denn sie bewahrten eine idealisierte Erinnerung der dargestellten Menschen und zeigten jeden und alles von seiner besten Seite. Aber solche Alben verraten auch etwas über die intimen Sehnsüchte und Interessen der Person, die es zusammenstellt, und reflektieren den Wunsch, durch das Arrangement der Photos eine Ordnung im Leben herzustellen.

In der Eastman-Sammlung befinden sich Hunderte dieser öffentlichen und privaten Geschichten, darunter ein seltener Band, der als Victor Hugo-Album bekannt ist. Weil der romantische französische Dichter und Schriftsteller Victor Hugo Napoleon III. öffentlich angeprangert hatte, mußten er und seine Familie von 1851 bis 1870 auf der Insel Jersey im Exil leben. Hugo und seine Frau Adele stellten 1854 ein Album mit 41, zwischen 1852 und 1854 aufgenommenen Photographien als Geschenk für Mademoiselle Euphémie Barbier zusammen, der Tochter von Hausgästen, die sie beherbergt hatten.

Ihr Album wurde in einem weinroten Ledereinband mit goldenen Verzierungen präsentiert. Auf der ersten Seite findet man eine handgeschriebene Widmung von Hugo und eine getrocknete Alge von der Insel Jersey in einem Pergaminumschlag, welche die Empfängerin an die geistige Verwandtschaft und die gemeinsam verbrachte Zeit erinnern sollte. Die Modelle signierten viele der Bilder selbst, und einige zusätzliche Bildunterschriften identifizieren Menschen und Orte, die man für bedeutend genug hielt, um sie photographisch zu bewahren, die heute jedoch vergessen sind.

Charles Hugo und Auguste Vacquerie zugeschrieben
Frankreich, 1826–1871 & Frankreich, 1819–1895

Victor and Charles Hugo Leaning out Two Windows of Hugo House (Victor und Charles Hugo, aus zwei Fenstern des Hugo-Hauses lehnend), um 1853

Salzpapierabzug
SCHENKUNG EASTMAN KODAK COMPANY, EHEMALIGE SAMMLUNG GABRIEL CROMER
79:0023:0004

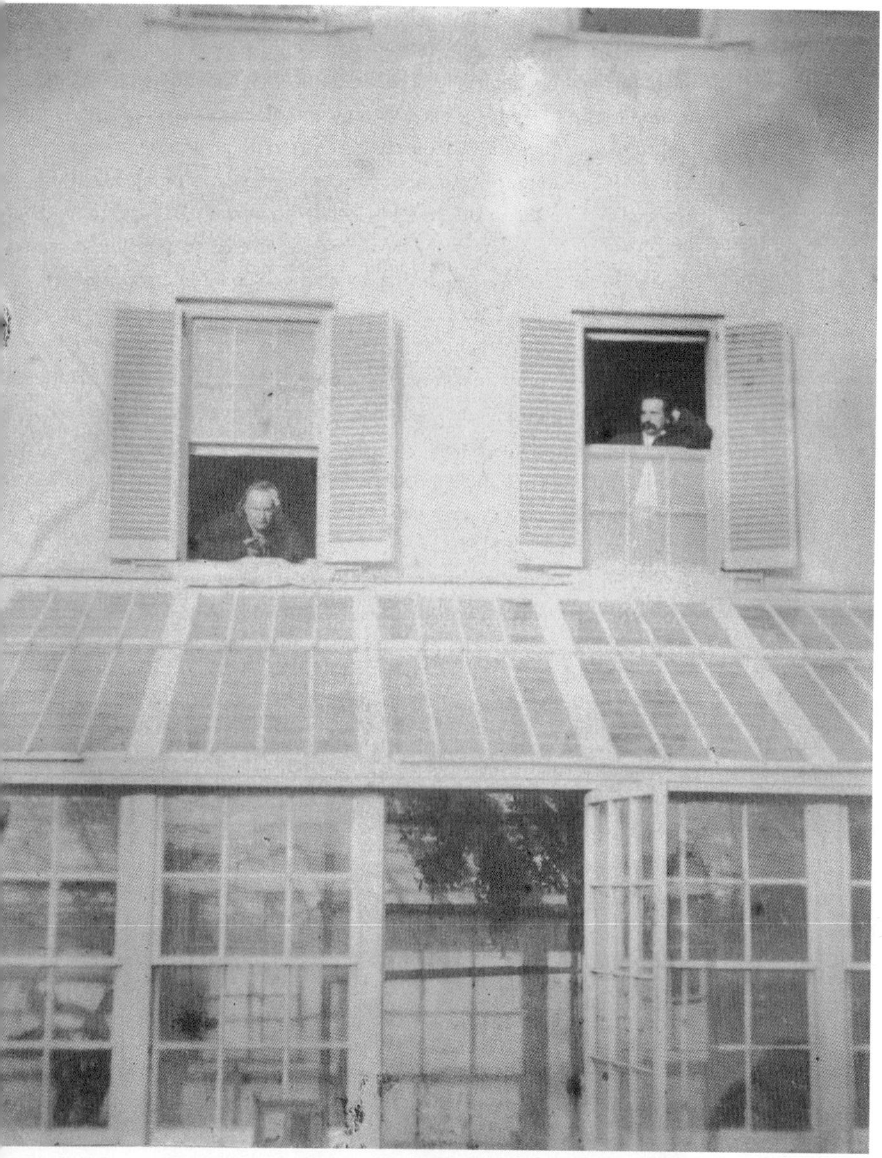

(rechts)
Charles Hugo und Auguste Vacquerie zugeschrieben
Frankreich, 1826–1871 & Frankreich, 1819–1895

Enfant de Flô (Kind aus Flô), um 1850–1854

Salzpapierabzug
SCHENKUNG EASTMAN KODAK COMPANY, EHEMALIGE SAMMLUNG GABRIEL CROMER
79:0023:0008

Ein Bild des Dichters und seines ältesten Sohns Charles, die aus den Fenstern im ersten Stock ihres Hauses hinausschauen (Seite 307), hält einen privaten Augenblick fest; die beiden blicken auf das Gewächshaus, in dem Madame Hugo sich zur Mittagsruhe zurückzuziehen pflegte.

Charles war für zwei Wochen nach Caen gereist, um photographische Verfahren zu erlernen, und er und Vacquerie bedienten sich des Mediums, um sich in ihren Tagen auf Jersey die Zeit zu vertreiben. Die malerische Qualität ihrer intimen Photographien war eine perfekte Ergänzung ihrer romantischen künstlerischen Vision. Vacquerie schrieb über seinen Mitarbeiter: »Charles hat die Gabe, zu tun, was er will. Photographie ist wunderbar, es ist eine Maschine, die Rembrandt die Stirn bietet, eine Wissenschaft, die Kunst herstellt ... Die Sonne schafft die Form, aber Charles gibt ihr einen Rahmen.«

Victor schlug Posen und Gruppenarrangements vor, und Charles und Vacquerie photographierten ihre Umgebung und die Nachbarn auf der Insel Familie, Freunde und Bedienstete sind eingeschlossen in Hugos sorgfältig orchestrierter Konstruktion des Familienideals vor dem Hintergrund des politischen und künstlerischen Exils. Ihr romantisches Empfinden wird in dem Portrait eines Mädchens von der Insel deutlich, *Kind aus Flô*. Vorsichtig hält sie ihr dunkles Gewand vor der Brust zusammen und wendet den Blick gedankenverloren von der Kamera ab. Diese Aufnahme des vor einem einfa-

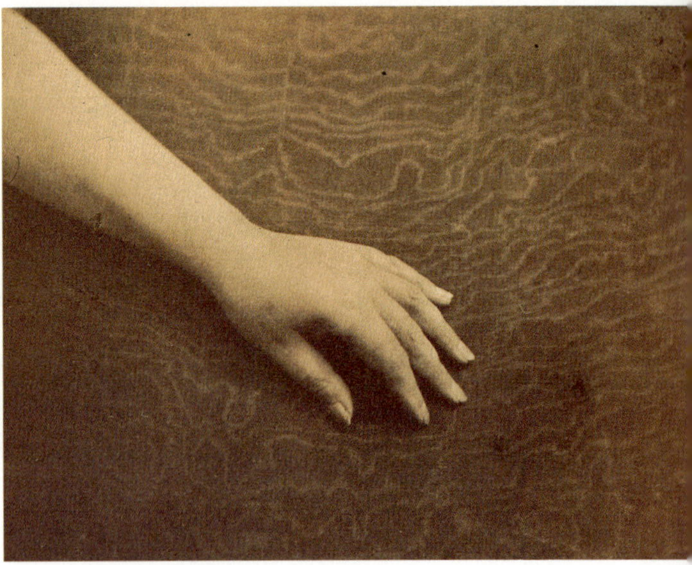

Charles Hugo und Auguste Vacquerie zugeschrieben

The Hand of Madame Hugo (Die Hand von Madame Hugo), um 1850–1854

Salzpapierabzug
SCHENKUNG EASTMAN KODAK COMPANY, EHEMALIGE SAMMLUNG GABRIEL CROMER
79:0023:0010

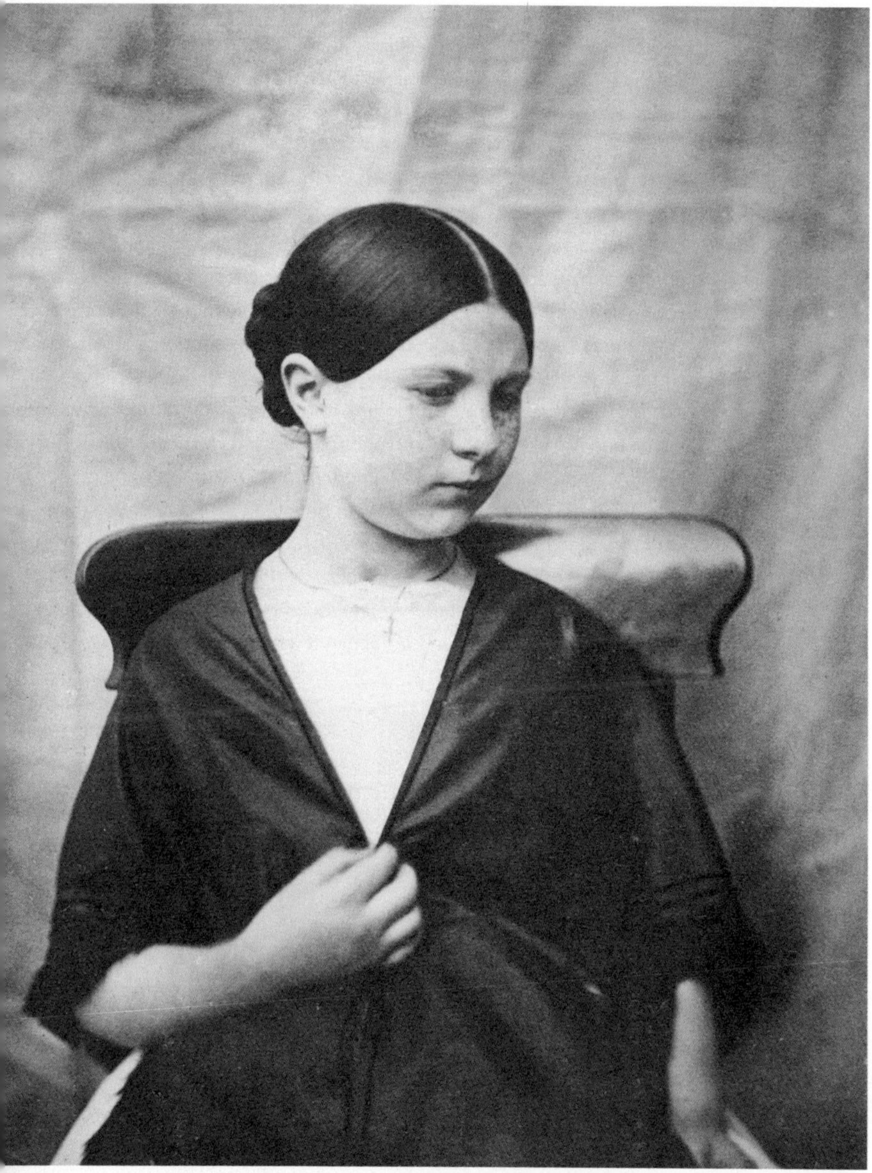

chen Hintergrund sitzenden Kindes ist eine Hell-Dunkel-Studie. Aber haupt-sächlich photographierten die Hugos ihr Haus und sich selbst: Victor erscheint in dem Album in zahlreichen Portraitstudien, aber seltsamerweise findet sich darin kein Bild von Madame Barbier. Intime Details wie Madame Hugos Hand finden wegen ihrer schlichten Schönheit Gefallen.

Hugo war sich seiner öffentlichen Persona und der Wichtigkeit, diese schwere Zeit seines Lebens zu dokumentieren, äußerst bewußt: Victor, Charles und Vacquerie hatten eine Publikation mit Versen, Zeichnungen und Photographien aus dieser Periode geplant, die jedoch nie zustande kam.

Es gab auch Photoalben, die aus ganz anderen Gründen zusammengestellt wurden. Thomas Mackinlay arbeitete für eine Londoner Firma, die Noten verkaufte und Klaviere baute. Sein Interesse an der Photographie wurde geweckt, als er eine Sammlung mit Briefen und Portraits von Komponisten und Musikern sah. Als Amateurphotograph versuchte Mackinlay sich in den 1840er Jahren zuerst an Daguerreotypien, allerdings ohne großen Erfolg. Als aktives Mitglied der Society of Antiquaries machte er Bekanntschaft mit führenden Photographen wie Dr. Hugh Diamond, und 1853 gehörte er wie dieser zu den Gründungsmitgliedern der Photographic Society in London, einer Gruppe begeisterter Amateure und Professioneller, die später in Royal Photographic Society umbenannt wurde.

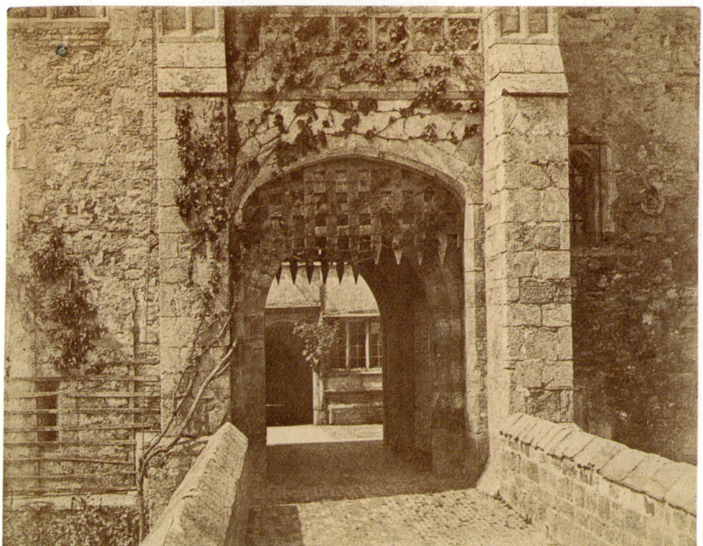

Thomas Mackinlay
England, 1809–1865

Durchgang, um 1855

Albuminpapierabzug
MUSEUMSANKAUF
68:0087:0021

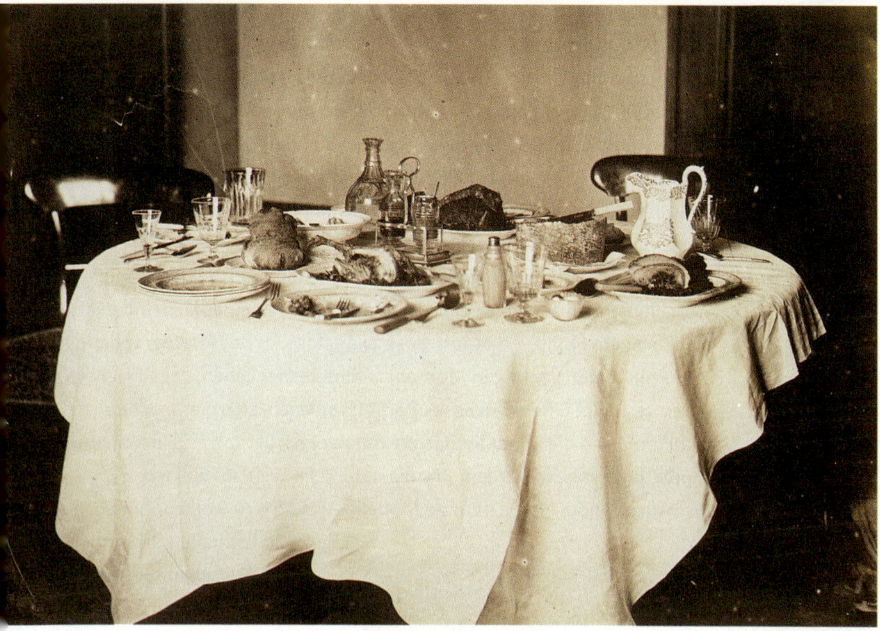

Henry A. R. Pollock
England, 1826–1889

After Luncheon
(Nach dem Essen),
um 1856

Salzpapierabzug
MUSEUMSANKAUF
68:0088:0038

Als Mitglied einer anderen Amateurvereinigung, des Photograpic Exchange Club, nahm Mackinlay an zwei Photographie-Börsen teil. Angehörige solcher Organisationen machten zahlreiche Kopien von ihren Negativen und reichten sie ein, um sie ihren Kollegen vorzustellen und etwas über deren Aktivitäten zu erfahren. Sie tauschten Bilder aus und stellten sie zu Alben wie *Pictures of the Photographic Exchange Club* zusammen, das auch Mackinlays um 1855 aufgenommenes Bild eines Torwegs enthält.

Henry Alexander Radclyffe Pollocks Aufnahme eines Tisches mit den Überresten einer Mahlzeit stammt aus einem weiteren Album des Clubs, das 1856 herausgegeben wurde. Pollock, wissenschaftlicher Experimentator und Photograph war der Sohn des britischen Schatzkanzlers Sir Jonathan Frederick Pollock, der ebenfalls photographierte und dessen Werk in der Sammlung des Museums enthalten ist. Henry hielt die Aktivitäten seines Vaters fest und bewahrte viele dieser Bilder in einem Familienalbum, tauschte aber auch einige mit seinen Freunden vom Photographic Exchange Club aus, die sicherlich von der photographischen Arbeit von Pollock Senior wußten. *Nach dem Essen* zeigt einen Tisch, an dem sein Vater »auf der Rundreise« gegessen hatte. Ebenso ein Dokument, das eine gesellschaftliche Klasse und ihre Aktivitäten darstellt, wie ein Portrait seines abwesenden Vaters, deutet das Bild die menschliche Präsenz eher nur an. Als Dokument erinnert die Photographie an einige von Talbots frühen visuellen Bestandsaufnahmen aus *The Pencil of Nature*, wie beispielsweise *Articles of China* (Seite 92).

Haustiere gehörten in vielen Heimen zur Familie und wurden auch so behandelt, wenn es um das Photographieren ging. »Je mehr [der Hund] geliebt wurde, desto mehr betrachteten ihn Künstler ... seit Beginn des Mittelalters al ein interessantes Sujet«, schrieb ein Historiker. Die Popularität der Photographie im 19. Jahrhundert fiel auch mit dem Phänomen der fürsorglichen Liebe zu Haustieren zusammen. Das anonyme Portrait eines lächelnden Mädchens mit seinem Hund verkörpert diese zwanglose Art des Photographierens und bewahrt einen flüchtigen Moment in ihrer beider Leben, der so nicht wiederkehrte. In der Offenheit dieses Portraits spiegeln sich die Unschuld, der Optimismus und die Spontaneität, die mit der Photographie assoziiert und sofort nutzbar gemacht wurden, um die natürliche Welt abzubilden.

Anonym
England, aktiv 1850er

Mädchen mit Hund, um 1853

Salzpapierabzug
SCHENKUNG ALDEN SCOTT BOYER
81:1263:0037

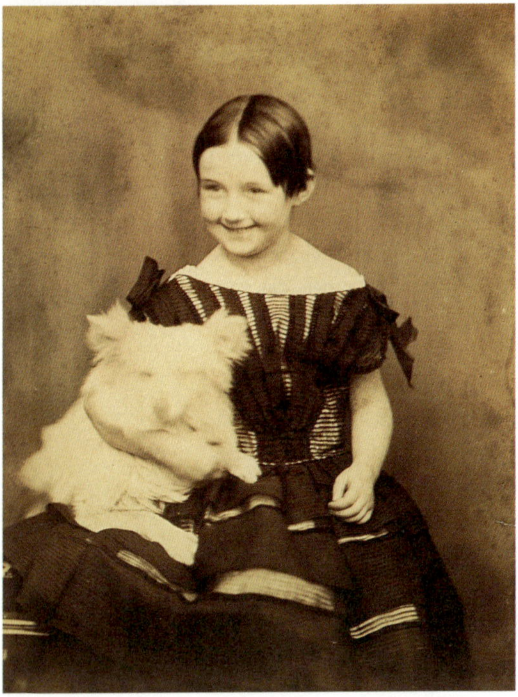

Auch Kinder waren häufige Modelle. Viele Eltern wollten ihre Sprößlinge im Bild festhalten, besonders, da sich ihr Aussehen, während sie heranwuchsen, so schnell veränderte; ohne Photographien wären diese visuellen Erinnerungen für immer verloren gewesen. Die Familie Walter aus Rochester, New York, stellte um 1889 ein Album mit Portraits ihrer Angehörigen zusammen, darunter auch dieses auf der rechten Seite abgebildete. Der Berufsphotograph James P. Walter besaß ein Atelier direkt neben seinem Haus und photographierte seine Kinder vor kunstvoll gemalten Hintergründen und Requisiten in fiktiven Szenen. Solche Hilfsmittel, die in den 1870er Jahren sehr beliebt waren, wurden von Berufs- wie Amateurphotographen eingesetzt, um ein Portrait zu »erzählen«. Diese beiden Aufnahmen zeigen Walters Tochter Floren-

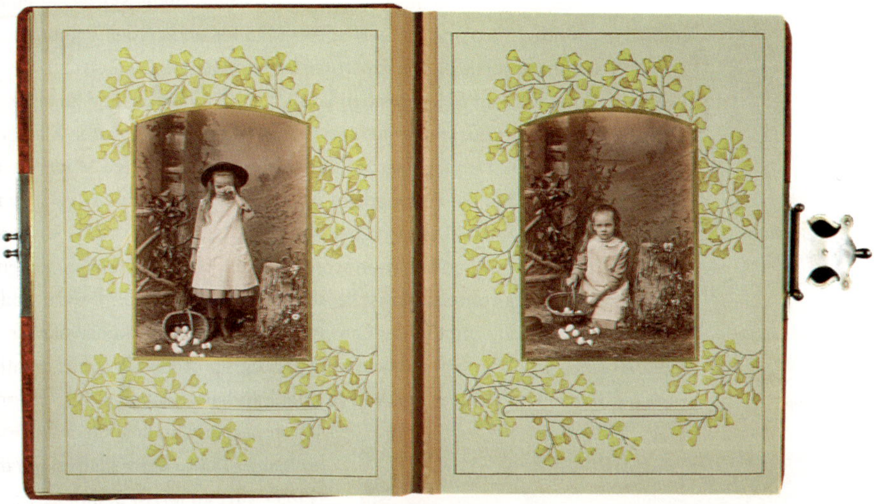

ce mit einem heruntergefallenen Korb voller Eier. Im ersten Bild wischt sie sich in gespielter Verzweiflung über dieses Unglück die Tränen ab, und im zweiten kniet sie auf dem Boden, um die Eier wieder einzusammeln; entschlossen, über ihr kleines Mißgeschick zu triumphieren, schaut sie direkt in die Kamera. Mit nur zwei Bildern konstruierte Walter eine Geschichte und verwandelte eine Portraitsitzung in eine kleine Fabel. Er verstand sich auch darauf, ausgewogenen Kompositionen zu schaffen: Die weiße Schürze von Florence und die Eier bilden einen visuellen Kontrast zu dem waldartigen Hintergrund. Walter präsentierte die Photographien im Kabinettformat – etwa 14 x 10 cm groß – in einem Album, dessen Seiten er mit einem dekorativen, vergoldeten Rahmen und aufgedruckten grünen Blättern gestaltete. Dem damals populären Stil entsprechend, wurden die Bilder von unten eingeschoben und von den verzierten Seitenrändern eingerahmt. Um die elegante Präsentation zu vollenden und den Familienphotographien einen festen Platz zu geben, wurde das Album mit rotem Samt bezogen und mit einer Metallschnalle verschlossen.

Im viktorianischen England waren es meist Frauen, die Photoalben zusammenstellten. Indem sie die Geschichte ihrer Familie visuell gestalteten, konnten die Damen der Oberklasse ihre künstlerischen Neigungen ausleben. Solche Alben wurden häufig an Familienangehörige verschenkt und von

James P. Walter
Amerika, aktiv
1880er–1890er

Florence Walter mit gefallenem Eierkorb (links), um 1889

Florence Walter legt Eier in den Korb (rechts), um 1889

Albuminpapierabzug Kabinettkarten
SCHENKUNG EDNA L. TICHENOR
85:0972:0006
85:0972:0007

einer Generation an die nächste weitergegeben. Julia Leicester schuf eine Photomontage, die das Idyll des Landlebens illustriert. Bilder stattlicher Herrenhäuser, Wälder, Seen und gut gekleideter Männer und Frauen in ihrer Frei zeit sind die Bestandteile dieser konstruierten Landschaft. Die Portraits des Grafen Lumley, des Earl of Scarbrough und Mr. G. Thomspon sind zu einer lustigen Kutschszene zusammengefügt, bei der es auf einen exakten Maßstab nicht ankommt. Dennoch wird die Beziehung zwischen den Modellen deutlich gemacht, und die Szene erhält durch die Verschmelzung von Photographie und Aquarell etwas Lebendiges.

Julia Leicester
England?,
aktiv 1870er

Englische Portrait- und Landschafts-Photomontage,
um 1870

Albuminpapierabzug Photomontage
MUSEUMSANKAUF
78:0805:0096

Da die frühen Photographien monochrom waren, boten Aquarellfarben eine Möglichkeit, das photographische Abbild in die Welt der Farben zu integrieren. Im Familienalbum der Campbells findet man das kunstvolle Aquarell eines Wohnzimmers, das um die photographischen Portraits der Familienmitglieder arrangiert ist. Wie aus der handgeschriebenen Bildunterschrift hervorgeht, liest Clara Wellesley beim »Licht« des Fensters, Sarah Napier sitzt an ihrem Spinnrad, Annabel O'Grady trinkt Tee am Kamin, während Cuckoo Gordon einschenkt, Nancy Swetenham schaut aus dem Rahmen über dem Kaminsims herab und »Jack«, der geliebte Hund, schläft friedlich zu ihren Füßen. Die meisten Alben waren nicht so kunstvoll gestaltet wie dieses Exemplar, das zu den schönsten seiner Art gehört und sowohl das künstlerische Talent als auch das Spielerische zeigt, was für viele Photoalben charakteristisch ist.

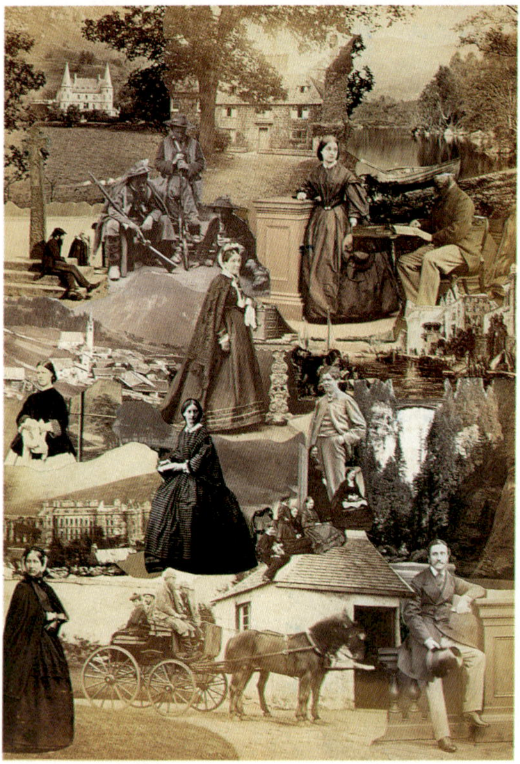

Künstlerisch ambitioniertere Photographen bevorzugten Photographien auf Papier, aber die Allgemeinheit verlangte noch immer eingefaßte, aber trotzdem erschwingliche, Portraits. Als die Popularität der Daguerreotypie in den 1850er Jahren schwand, wurden neuere und

Constance Sackville West
England, aktiv 1860er

Viscount Lumley; Earl of Scarbrough; Mr. G. Thompson, 1867

Albuminpapierabzug Photomontage mit Aquarellfarbe
MUSEUMSANKAUF
76:0151:0026

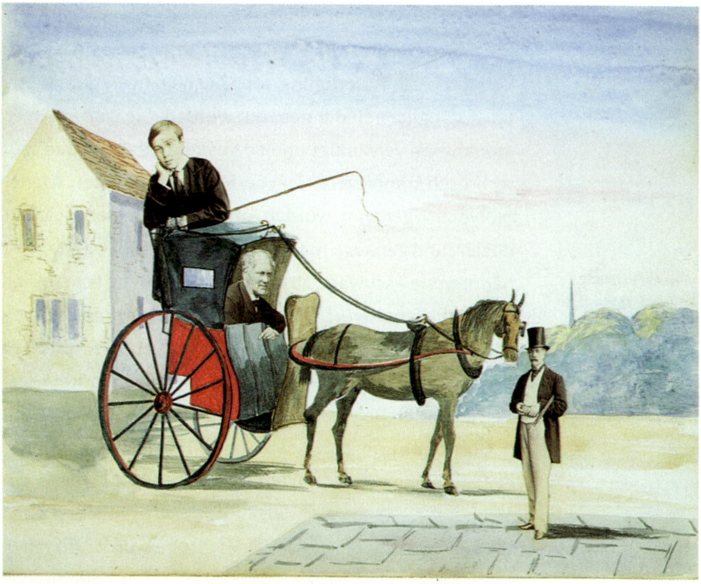

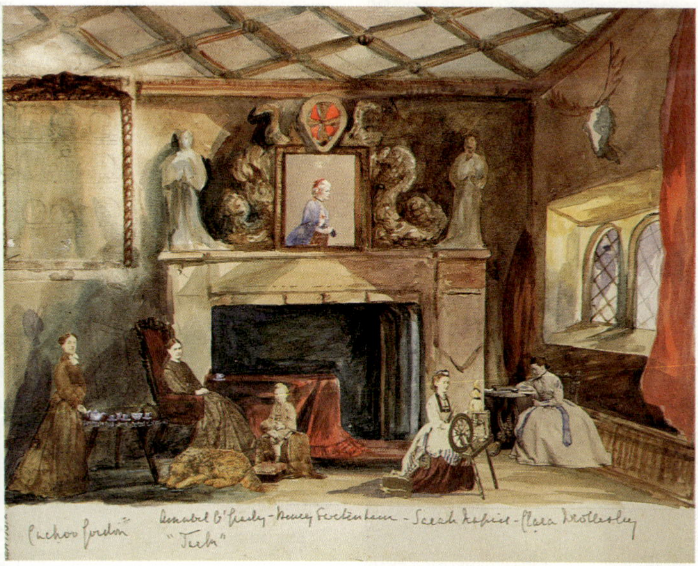

Anonym
England?, aktiv um 1870er

Cuckoo Gordon, Annabel O'Grady, Nancy Swetenham, Sarah Napier, Clara Wellesley, und »Jack«, um 1870er

Albuminpapierabzug Photomontage mit Aquarellfarbe
MUSEUMSANKAUF
72:0043:0093

preiswertere Medien entwickelt, um die Nachfrage nach Photographien zu befriedigen. Der Bostoner Wissenschaftler James A. Cutting ließ sich 1854 drei Verfahren zur Anfertigung von Glasnegativen patentieren, die Ambrotypien o unvergängliche Bilder genannt wurden. Sie wurden in erster Linie für Portraitaufnahmen verwendet und so gestaltet, daß sie den teureren, intimeren und technisch komplexeren Daguerreotypien ähnelten. Manchmal auch »Glas-Dag reotypien« genannt, wurden Ambrotypien in den gleichen Standardgrößen pro duziert und genauso mattiert, formatiert und eingefaßt. Kritiker der Ambrotypie nannten sie »schwarz, abstoßend, schmutzig, schrecklich, gespenstisch, tot, le los, flach, Schatten von Schatten« und verhöhnten sie wegen ihrer Tendenz, »al Farben (außer der natürlichen) zerplatzen und zerbrechen zu lassen und zu ver dern ...« Aber dieser Widerstand tat ihrer Popularität keinen Abbruch und, wie d Zeit an diesen Beispielen gezeigt hat, war eine solche Kritik nicht immer berecht

Mathew B. Brady
Amerika, 1823–1896

Portrait eines anonymen Paares, um 1860

Kolorierte Ambrotypie
SCHENKUNG FLORENCE MAHON
81:2522:0001

Cuttings »Erfindung« war weiter nichts, als ein Kollodium-Negativ auf Gla das auf einen schwarzen Hintergrund geklebt wurde, eine Praxis, die bereits in England und Frankreich angewenc wurde. Im reflektierten Licht betrach hat Kollodium einen hellgrauen Farb vor einem schwarzen Hintergrund er scheint das Bild als Positiv, wenn au mit eingeschränkten Tonwerten. Die in der Mitte geteilte Doppelportrait v Mathew B. Brady demonstriert die D lität von Negativ und Positiv der Am typie mit und ohne schwarzen Hinte grund. Die Eastman-Sammlung besi etwa 150 Arbeiten dieses Meisters au dem 19. Jahrhundert, darunter auch acht Ambrotypien. Kollodium konnte auch auf andere Materialien wie Lede Schiefer, Silberglimmer und Papier a getragen werden, und das Eastman House besitzt Exemplare in allen die Materialien.

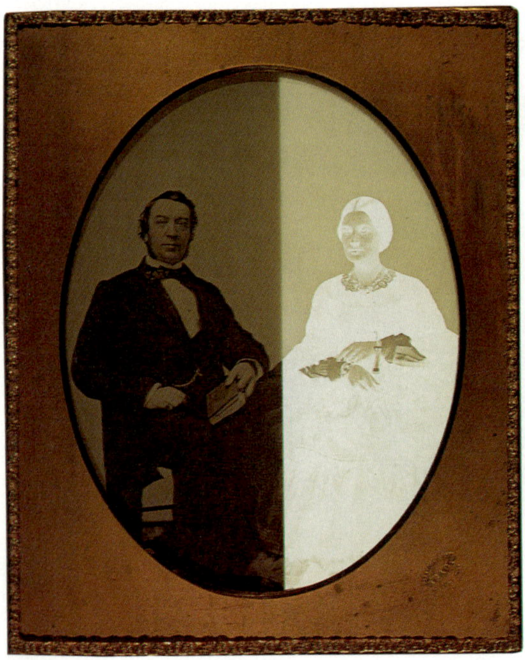

Zur Sammlung des Museums gehören über 1.300 Ambrotypien. Dabe handelt es sich zwar überwiegend un Portraits von professionellen Photog

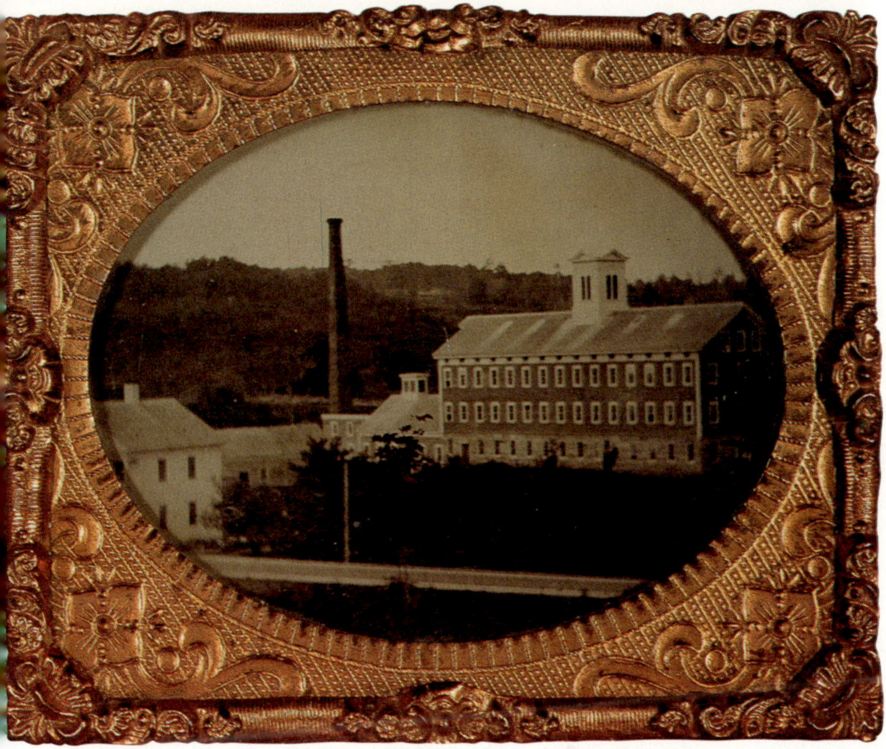

phen, aber man findet auch eine seltene Ambrotypie des Genesee River in Rochester, die George Eastman machte, als er 1877 bei George Monroe das Photographieren lernte. Ambrotypien wurden verwendet, um über Orte und Ereignisse zu berichten. Die Aufnahme einer Baumwollspinnerei in Connecticut zeigt die beeindruckende Detailgenauigkeit des Mediums, das einen Vergleich mit der Daguerreotypie nicht zu scheuen brauchte. Der kunstvoll vergoldete Rahmen verstärkt die Bedeutung des Bildes, das vermutlich von dem Besitzer der Spinnerei in Auftrag gegeben wurde.

Aber am meisten regte zweifellos das Portrait die Phantasie der Amerikaner an, als die junge Nation danach verlangte, ihr kollektives Abbild durch die Photographie zu bewahren. Preiswert und leicht erhältlich, konnte praktisch jedermann photographische Portraits mit geliebten Menschen teilen oder für sich alleine die Fähigkeit des jungen Mediums bestaunen, die eigene Erscheinung so treffend wiederzugeben. Ein beliebtes Genre war das soge-

Anonym
Amerika,
aktiv 1860er

Ansicht einer Baumwollmühle, Rockville, CT, um 1860

Ambrotypie
SCHENKUNG
DONALD WEBER
95:2641:0001

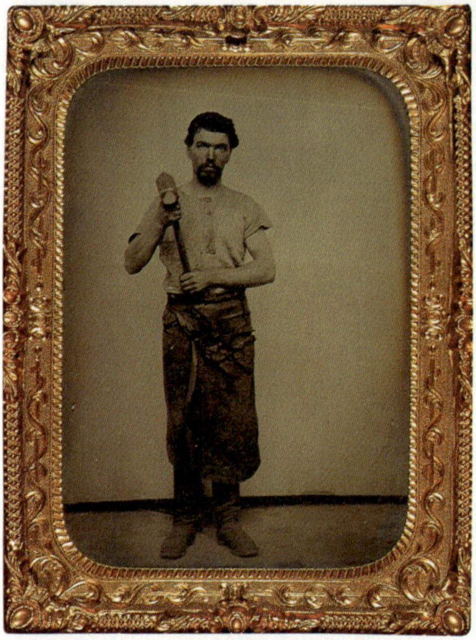

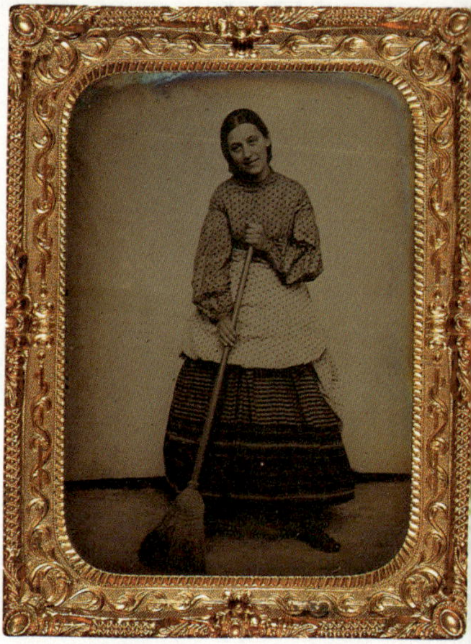

(links)
Anonym
Amerika,
aktiv 1860er

Mann mit Hammer,
um 1865

Ferrotypie
SCHENKUNG
DONALD WEBER
94:1464:0001

(rechts)
Anonym
Amerika aktiv,
1860er

Frau mit Besen,
um 1865

Ferrotypie
SCHENKUNG
DONALD WEBER
94:1464:0002

nannte Berufsportrait, mit dem das stolze Modell, meist unter Einbeziehung von Werkzeugen seiner jeweiligen Arbeit, seine Fähigkeiten darstellen konnte. Das Portrait eines Mannes mit Hammer repräsentiert seine Fertigkeiten als Schmied, ohne ihn bei der Arbeit zu zeigen, während das Portrait einer Frau mit Besen auf ihre Stellung als Hausangestellte hinweist. Hier bilden Hammer und Besen die moderne Ikonographie dieser anonymen Personen.

Der Maler und Photograph Isaac Rehn schuf mit dieser Aufnahme von einer Mutter mit ihren beiden Töchtern und ihrem Sohn ein harmonisches Familienportrait. Die Abwesenheit des Vaters läßt vermuten, daß es sich vielleicht um die Familie des Photographen handelt.

Die Dynamik des häuslichen Lebens schloß auch Personen ein, die nicht zur Familie gehörten, und auch solche Beziehungen wurden porträtiert. Das Bild einer jungen Schwarzen, die ein weißes Kind auf dem Schoß hält, verrät ihre Rolle als Dienstmädchen, vermutlich eine Sklavin. Da sie direkt in die Kamera schaut, ist ihre Präsenz zwar stark und unbestreitbar, aber das hübsch angezogene Kind steht eindeutig im Mittelpunkt der Aufnahme.

In einer anderen Art des »Familien«-Portraits liegt ein kleiner weißer Hund auf einer Decke mit Farnmuster (Seite 320). Das geliebte Haustier posiert für die Kamera, als sei es mit der photographischen Etikette wohl vertraut.

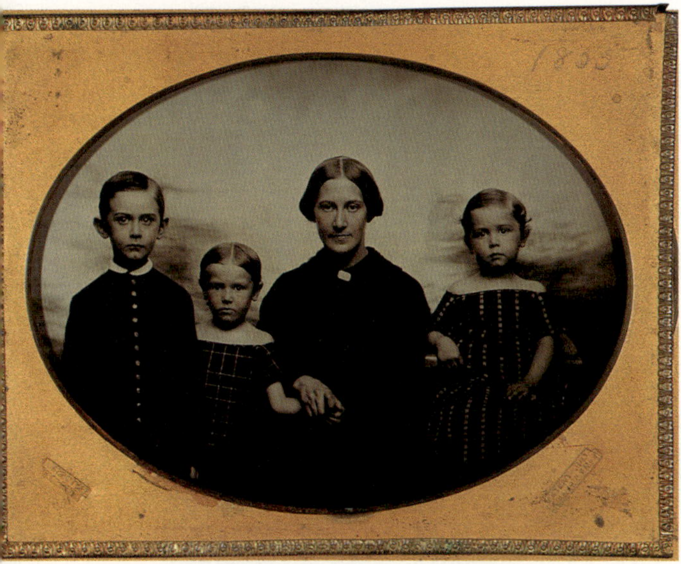

Isaac A. Rehn
Amerika, aktiv
1840er–1870er

Familiengruppe, 1855

Ambrotypie
SCHENKUNG 3M COMPANY, EHEMALIGE SAMMLUNG LOUIS WALTON SIPLEY
77:0267:0019

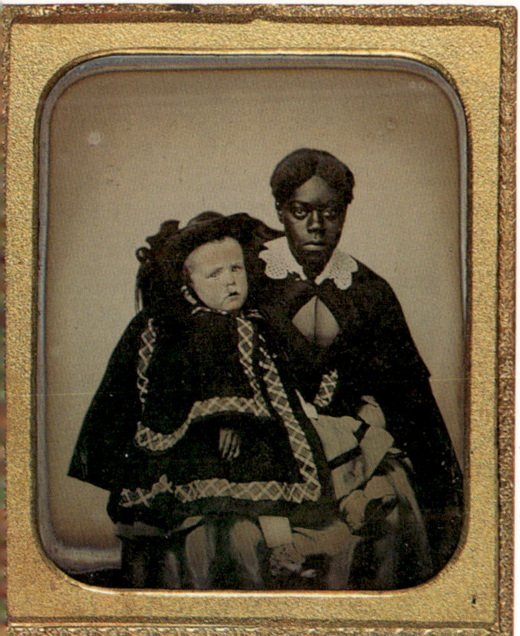

Anonym
Amerika, aktiv 1860er

Portrait einer schwarzen Frau mit weißem Kind, um 1860

Ambrotypie
SCHENKUNG DONALD WEBER
95:2687:0001

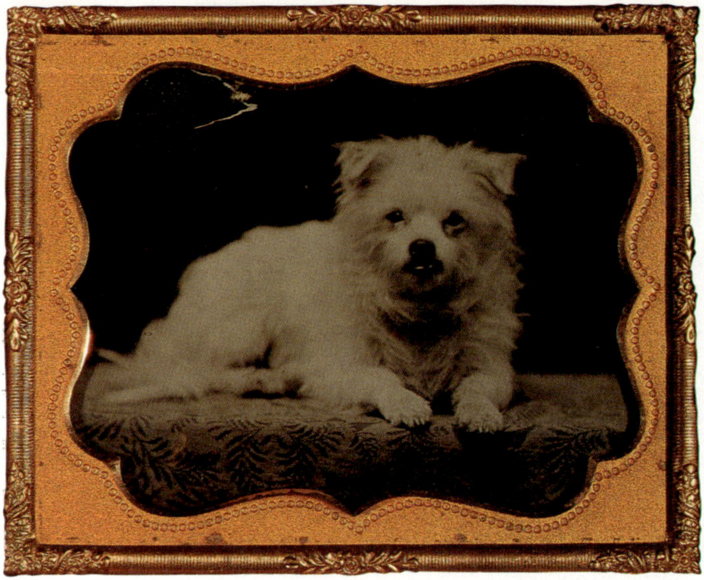

Anonym
Amerika,
aktiv 1850er

Kleiner weißer Hu
um 1858

Ambrotypie
MUSEUMSANKAU
EHEMALIGE
SAMMLUNG ZELD
MACKAY
69:0205:0041

Für solch populäre Portraits wurden jetzt keine Daguerreotypien, sonde Ambrotypien verwendet, bis diese um 1861 ihrerseits von den preiswertere Cartes-de-visite und den Ferrotypien oder Melainotypien verdrängt wurden Diese Platten bestanden aus dünnem, schwarz lackierten Weißblech, das billig, reichlich vorhanden, leicht und haltbar war. In Amerika wurden sie »tintypes« genannt, ein Name, der komplizierteren Bezeichnungen wie Ferrotypie oder Malainotypie vorgezogen wurde. In ihrer gedämpften Tona lität glichen sie den Ambrotypien und waren ihr natürlicher Nachfolger.

Die Ferrotypie eines jungen schwarzen Hundes, der sich gegen die hoh Rückenlehne einer dunklen Couch schmiegt, ist ein weiteres Beispiel für di Beleibtheit von Haustieren als photographisches Motiv; solche Bilder besi zen für den zeitgenössischen Betrachter etwas Zeitloses und Unmittelbare

Zur Eastman-Sammlung gehören etwa 2.800 Ferrotypien, darunter zwei Portraits von George Eastman: eines im Alter von drei Jahren und ein anderes als Teenager. In der technischen Sammlung des Museum befinden sich zahlreiche verschiedene Apparate, die zur Herstellung dieser beliebte Bilder verwendet wurden. Die Überbleibsel eines Ferrotypie-Ateliers aus Wisconsin gelangten 1951 als Teil der Alden Scott Boyer Sammlung in den Besitz des Museums. Zum Inventar gehörten Kameras und Zubehör, Stu-

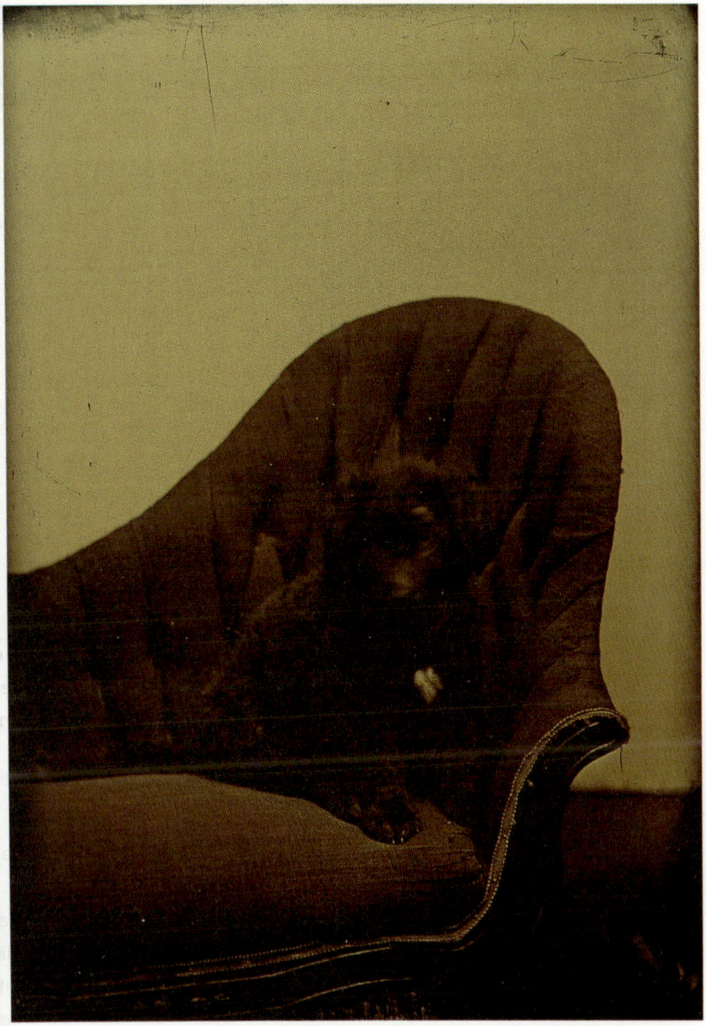

Anonym
Amerika,
aktiv 1870er

Hund auf Stuhl,
um 1870

Ferrotypie
SCHENKUNG ALDEN SCOTT BOYER
82:1523:0002

diorequisiten wie ein Stuhl mit Kopfstütze, ein gemalter Hintergrund und Platten, Wechselrahmen aus Pappe sowie photographische Chemikalien.

Die beliebtesten Ferrotypien waren mit etwa 6 x 9 cm etwa genauso groß wie die Cartes-de-visite. Die Aufnahme einer Frau, die sich vor ihrer eigenen »förmlichen« Sitzung in einem Atelier gerahmte Ferrotypie-Portraits ansieht (Seite 322), vermittelt einen Eindruck von der Größe der Bilder und ihrer

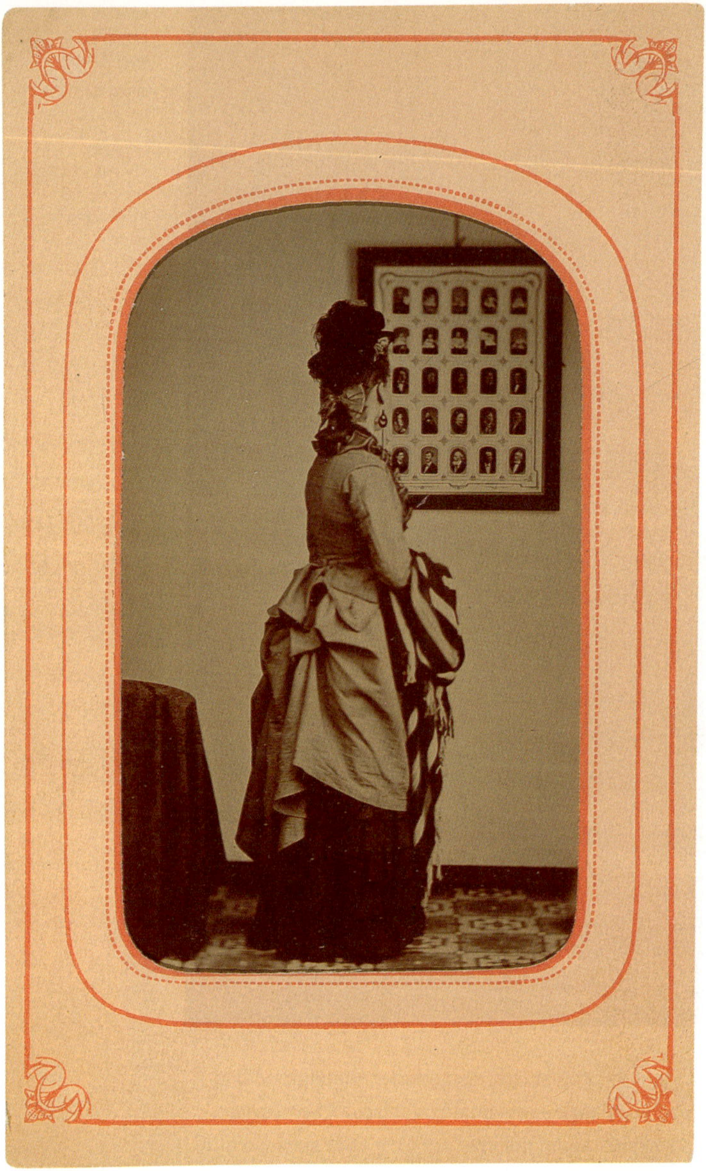

(rechts)
Anonym
Amerika,
aktiv 1880er

Zwei fechtende Frauen, um 1885

Ferrotypie
82:1414:0001

(links)
Anonym
Amerika,
aktiv 1870er

Frau betrachtet gerahmte Ferrotypie-Portraits, um 1870

Ferrotypie
72:0030:0001

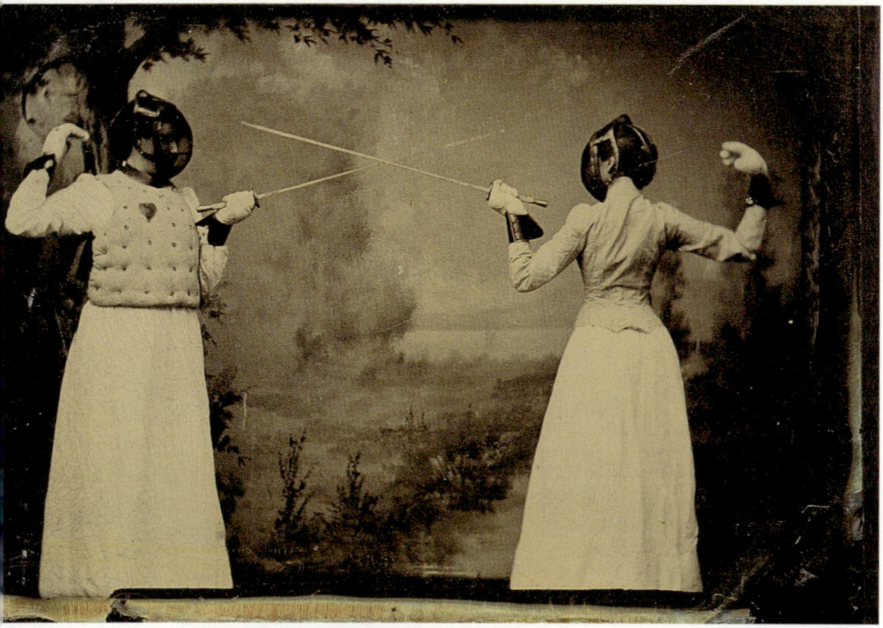

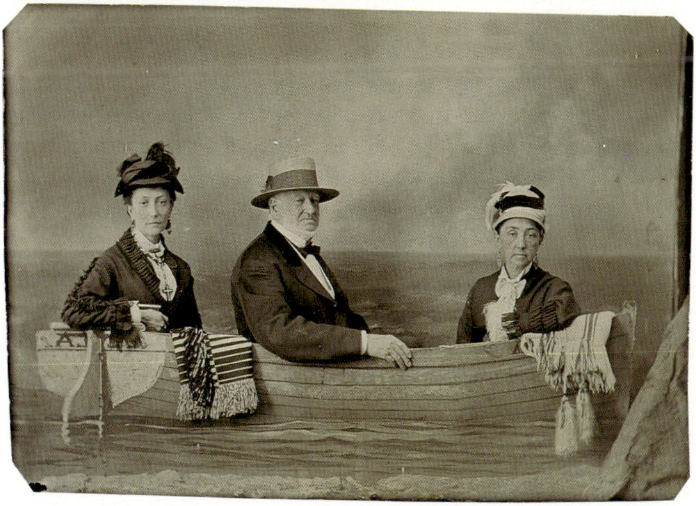

Anonym
Amerika,
aktiv 1870er

Zwei Frauen und ein Mann im Studio-Boot, um 1875

Ferrotypie
SCHENKUNG 3M COMPANY, EHEMALIGE SAMMLUNG LOUIS WALTON SIPLEY
77:0268:0025

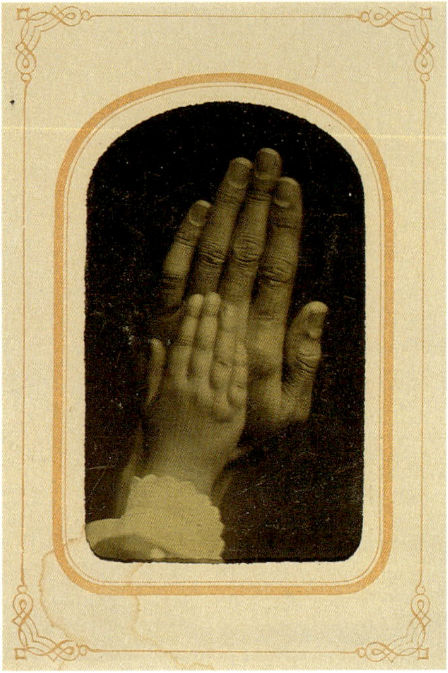

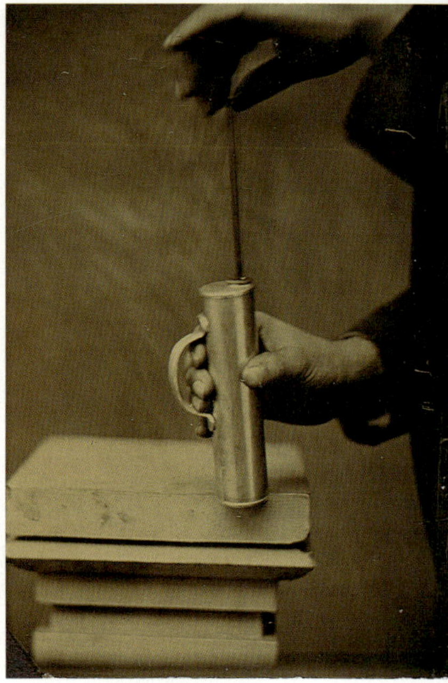

(links)
Anonym
Amerika?,
aktiv 1870er

Männer- und Kinderhand, um 1875

Ferrotypie
78:0829:0010

(rechts)
Anonym
Amerika?,
aktiv 1870er

Handbetriebenes Instrument, um 1870

Ferrotypie
MUSEUMSANKAUF, HORACE W. GOLDSMITH FOUNDATION FUND
83:0121:0001

möglichen Präsentation. Das Bild *Zwei fechtende Frauen* (Seite 323) zeigt ein inszeniertes Turnier zwischen zwei Gegenerinnen in langen Kleidern vor einer gemalten Landschaft. *Zwei Frauen und ein Mann im Studioboot* (Seite 323) ist ein Beispiel für die ungewöhnlichen Requisiten, die Photographen zuweilen in ihren Ateliers verwendeten, um komplexere Freizeitaktivitäten im Freien darzustellen. Die Künstlichkeit des Bildes ist zwar augenfällig, aber die Szenerie vermittelt doch den Eindruck eines entspannten Ausflugs – im Gegensatz zu den ernsten Gesichtern der Photographierten. Das Bild der Hand eines Mannes und der eines Kindes ist von einem verzierten Papprahmen eingefaßt, damals eine beliebte Präsentation von Ferrotypien, die im Gegensatz zu Ambrotypien und Daguerreotypien nicht in festen Etuis geschützt werden mußten. Die Photographie einer Handpumpe zeugt von wissenschaftlicher Anwendung, während das Portrait einer Frau, die in den Spiegel schaut auf den »spiegelnden« Aspekt der Photographie verweist.

Die ersten populären, auf Karton aufgezogenen Photographien waren Cartes-de-visite, kleine Bilder, die ursprünglich auf die Rückseite gedruckter Vi-

Anonym
Amerika,
aktiv 1870er

Frau schaut in den Spiegel, um 1870

Kolorierte Ferrotypie
78:0829:0013

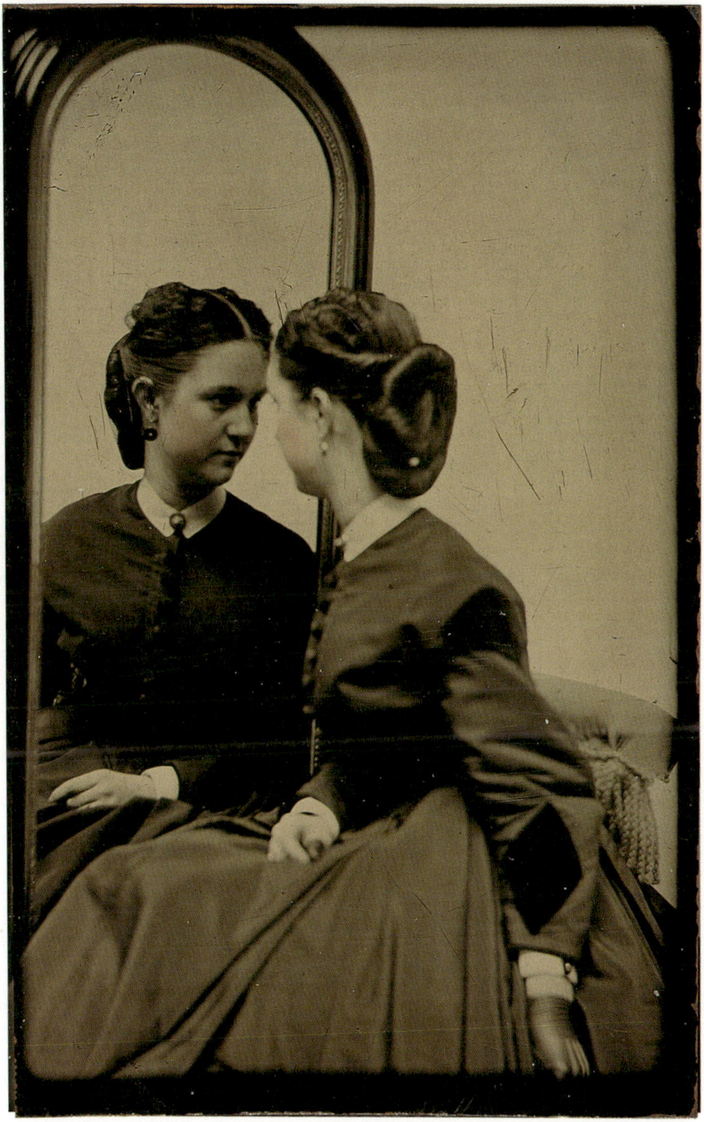

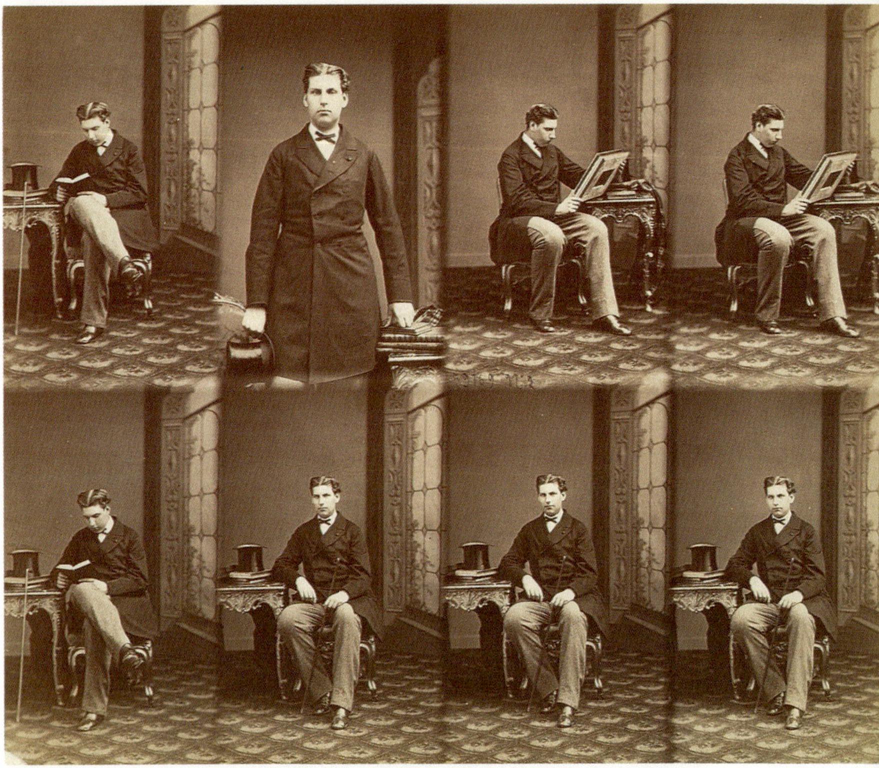

André-Adolphe-Eugène Disdéri
Frankreich,
1819–1889

Duc de Coimbe (?),
um 1860

Albuminpapierabzug, ungeschnittenes Carte-de-visite-Blatt
81:2326:0011

sitenkarten geklebt wurden. Der Pariser Photograph André-Adolphe-Eugène Disdéri meldete 1854 ein Patent auf seine Erfindung an, nach der man »mit einer Glasplatte, auf der zehn Negative Platz haben ... ein einziges Negativ macht, entweder von allen auf einmal oder Bild für Bild, und dieses Negativ dann dazu benutzt, um zehn Kopien auf einmal herzustellen.« Offenbar änderte Disdéri seine ursprüngliche Schätzung, denn die Cartes-de-visite wurden meist in Serien von acht pro Negativ produziert, wie an diesem Beispiel eines ungeschnittenen Bogens von Disdéri selbst zu sehen ist. Es wird vermutet, daß dieses Format schon früher üblich war, aber Disdéri beansprucht zu Recht den Verdienst für dessen Erfolg. Wie der gefeierte Portraitphotograph Nadar bemerkte: »... indem er unendlich mehr für unendlich weniger gab, machte [Disdéri] die Photographie definitiv populär.« Cartes-de-visite erfreuten sich bis in die 1860er Jahre großer Beliebtheit; sie lösten die »Kartomanie« oder »Photomanie« aus und revolutionierten die kommerzielle Photographie.

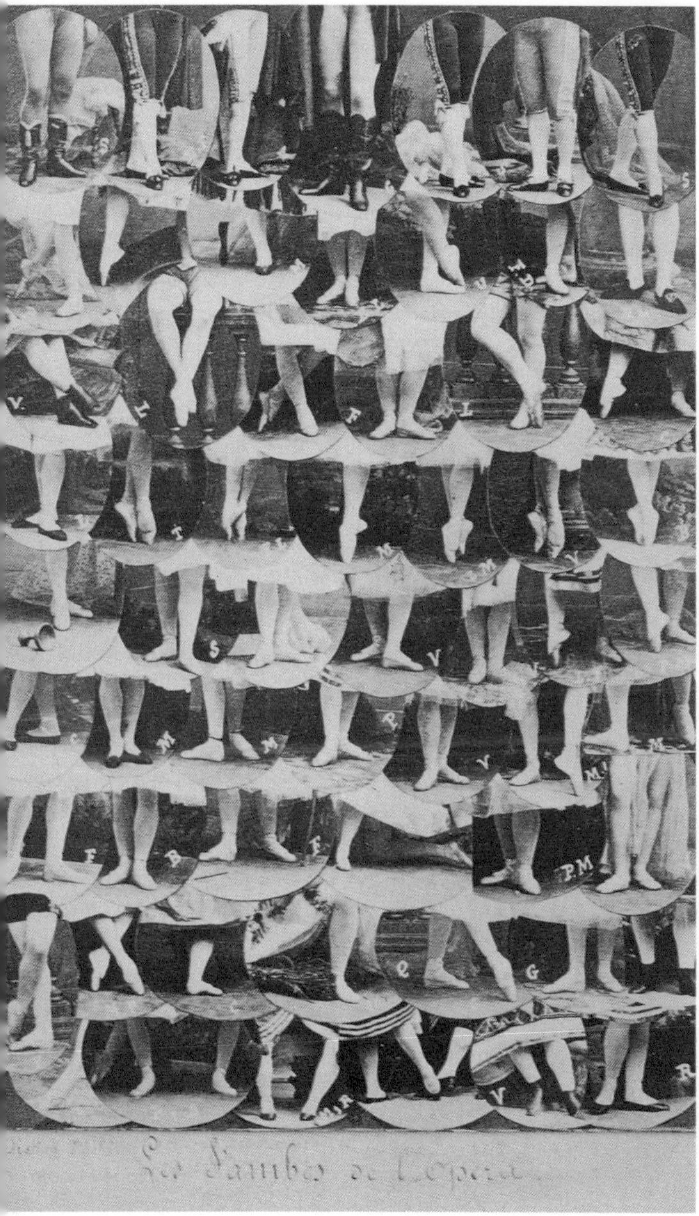

André-Adolphe-Eugène Disdéri

Les jambes de l'opéra (Die Beine der Oper), um 1870

Albuminpapierabzug
Carte-de-visite
SCHENKUNG EASTMAN KODAK COMPANY, EHEMALIGE SAMMLUNG GABRIEL CROMER
81:1226:0002

Buel's Gallery (Pittsfield, Massachusetts)
Amerika,
aktiv 1860er–1870er

Zylinderhut, um 1870

Albuminpapierabzug
Carte-de-visite
MUSEUMSANKAUF
69:0183:0156

Wenn man der Legende glauben darf, kam Napoleon III. auf seiner Reise nach Italien in Disdéris Pariser Atelier, um sich porträtieren zu lassen. Disdéri fertigte und verkaufte Tausende von Kopien des Portraits des Monarchen und besiegelte damit über Nacht den Erfolg des Visitenkartenphotos. Für viele Berufsphotographen waren Portraits von Mitgliedern des Königshauses im Visitenkartenformat eine sichere Einnahmequelle. Ihr Erfolg war verblüffend: in England wurden in der Woche nach dem Tod von Prinz Albert 1861 10.000 Portaits von ihm verkauft. Trotz dieser außerordentlichen Nachfrage in Europa verlagerte sich das Zentrum der Produktion von Visitenkartenportraits in die Vereinigten Staaten, wo man Erinnerungen an Soldaten, die in den Bürgerkrieg zogen, photographisch bewahren wollte.

Überall erhältlich, bequem zu handhaben, einfach auszustellen und vielfältig in der Auswahl der Sujets konnten die Visitenkarten als Band zwischen geliebten Menschen dienen, oder einfach nur wunderlich sein, wie dieses verspielte Bild eines in der Luft schwebenden Zylinders, aufgenommen in Buel's Gallery in Pittsfield, Massachusetts. Dieses Bild, vielleicht eine frühe Art der Werbung oder ein Symbol, das heute leer ist, gehört zu den 10.000 Visitenkartenphotograpien in der Sammlung des Museums.

»Geister«-Photographie war ein Phänomen, das 1861 in Boston begann. Es wurde behauptet, in diesen »Schattenbildern«, wie einige Photographen sie nannten, würden auf dem Negativ Geister erscheinen, die der Photograph erst beim Entwickeln des Negativs sehen könnte. Berühmtheiten wie die verwitwete Mary Todd Lincoln und der Schriftsteller Sir Arthur Conan Doyle waren Anhänger

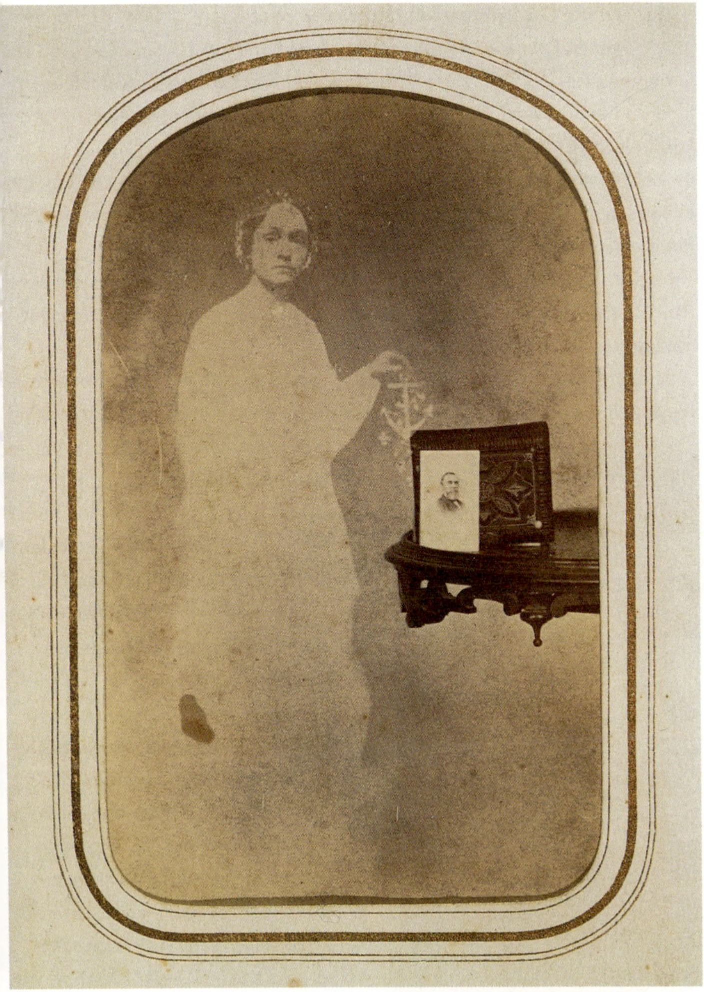

Anonym
Amerika,
aktiv 1860er

Geister-Photographie – der Geist einer Frau hinter dem Tisch mit Photographie, um 1865

Albuminpapierabzug
Carte-de-visite
MUSEUMSANKAUF, EHEMALIGE SAMMLUNG ROBERT A. SOBIESZEK
68:0325:0004

dieses Ablegers des »medialen Hellsehens«, das in der zweiten Hälfte des 19. Jahrhunderts viele Anhänger hatte. Die Photographie des »Geistes« einer Frau hinter einem Tisch, auf dem eine gerahmte Photographie steht, ist ein überzeugender Beweis für die Anwesenheit von »Geistern«. Tatsächlich legten viele Photographen einfach verschiedene Bilder übereinander, so auch in diesem Beispiel, um eine »unerwartete« Erscheinung unterzubringen.

Der Schotte G.W. Wilson führte 1862 den photographischen, auf Pappe aufgezogenen Druck im »Kabinettformat« ein, der etwa dreimal so groß war wie eine Carte-de-visite. Vier Jahre später hielt die Kabinettkarte auch in England und in den Vereinigten Staaten Einzug, denn mit dem größeren Format konnten Gesichter detaillierter dargestellt werden als mit den kleineren Visitenkarten. 1867 erschienen Alben, die für beide Formate geeignet waren. Obwohl es schließlich etwa 15 verschiedene Portraitformate gab, konnten sich nur die Visitenkarte und die Kabinettkarte durchsetzen.

Nadar hatte 1890 fast alle Verantwortung für sein Photoatelier seinem Sohn Paul übertragen, der dieses charmante Portrait einer kostümierten Tänzerin mit Eiern machte.

Auf der anderen Seite des Atlantiks ging auch der angesehene New Yorker Photograph Abraham Bogardus, der seine erste Daguerreotypie-Ausrüstung 1846 gekauft hatte, trotz anfänglicher Widerstände schließlich zum Kartenformat über. Bogardus handelte mit dem äußerst populären Genre der »Monster«-Photographie und machte unter anderem Portraits von Tom Thumb und seiner Frau. Als die Kunden sich beschwerten, sie würden auf seinen Portraits aussehen wie Teufel, entgegnete Bogardus, er sei »dem Teufel nie begegnet und [ich] kann nicht sagen, ob sie ihm ähneln [sic].« Über das Visitenkartenformat sagte er: »Zu klein: ein Mann, der vor einer kannelierten Säule steht, sein Gesicht zweimal so groß wie ein Stecknadelkopf. Ich lachte darüber und ahnte nicht, daß ich schon bald selbst davon tausend am Tag herstellen würde.« Bogardus brachte auf einer Kabinettkarte, mit der er für sein Atelier warb, 30 verschiedene Photographien unter, indem er sie auf einen Bruchteil des Visitenkartenformats reduzierte.

Paul Nadar
Frankreich,
1856–1939

Tänzerin im Kostüm hält Eier, um 1890

Albuminpapierabzug
Kabinettkarte
82:1228:0004

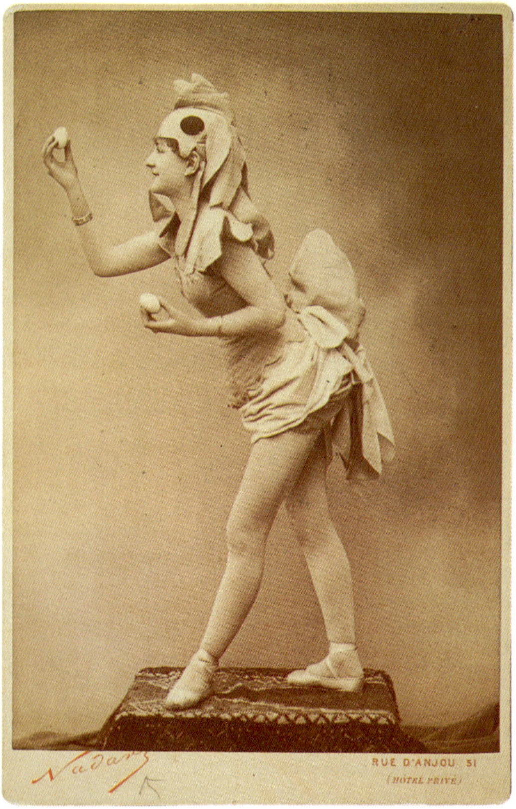

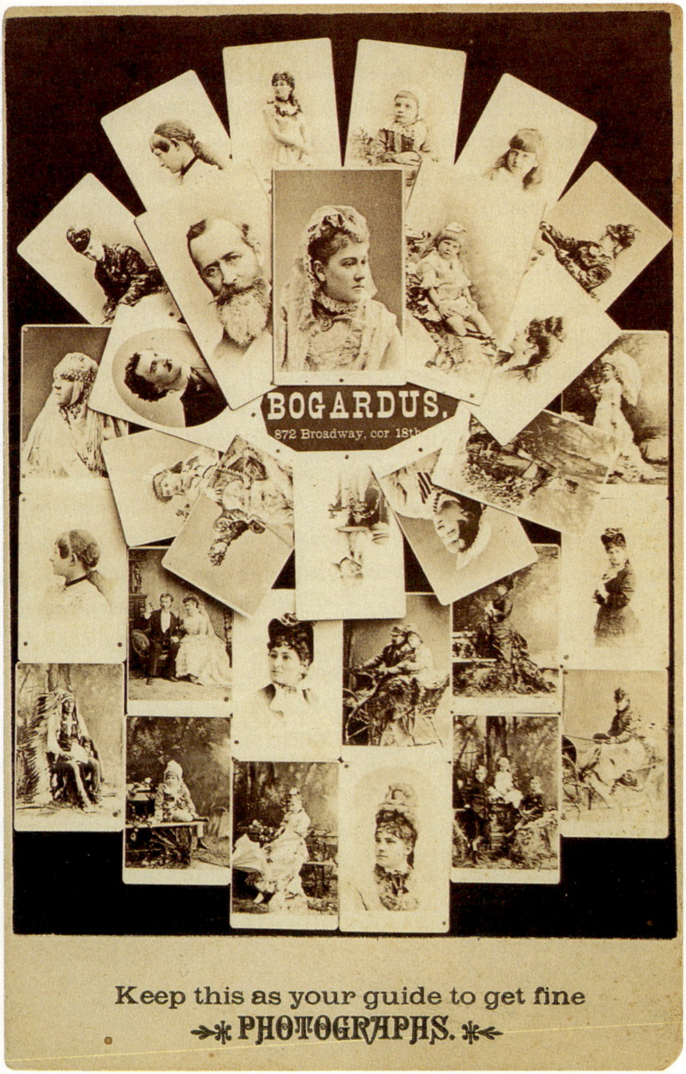

Abraham Bogardus
Amerika, 1822–1908

»Keep This as Your Guide to Get Fine Photographs« (Behalten sie dies als ihren Führer zu guten Photographien), um 1885

Albuminpapierabzug
Kabinettkarte
82:0679:0001

Die Verbreitung von illustrierten Zeitungen, Zeitschriften und Büchern markierte den Anfang vom Ende der Visitenkarte und der Kabinettkarte, denn durch diese veränderten Medien wurden photographische Bilder immer leichter zugänglich. Zwar ließen sich die Kunden der Photoateliers noch immer porträtieren, waren aber weniger geneigt, einzelne Photographien von berühmten Personen oder anderweitig interessanten Motiven zu sammeln. Photomechanische Verfahren machten solche Reproduktionen immer billiger und so leichter zugänglich als Kartenphotographien.

Künstler wie Honoré Daumier waren durch die lithographische Reproduktion ihrer Arbeiten in illustrierten Zeitungen und Zeitschriften bekannt geworden. Daumiers Karikatur von Nadar, wie er in gefährlicher Position von einem Fesselballon aus photographiert, profitierte sowohl von der internationalen Bekanntheit des exzentrischen Photographen, als auch von der Manie für das Medium selbst, repräsentiert durch eine Landschaft, die fast ausschließlich aus Photoateliers besteht. Nadar war fast so berühmt wie seine Modelle, und die Verbindung seines Namens mit dem ihren erwies sich für sein Atelier als sehr lukrativ. Nadars Portrait der berühmten Schriftstellerin Georges Sand ist eine Woodburytypie aus einer Publikation von 241 Metalldrucken, »Galerie contemporaine, littéraire, artistique«, die von dem Pariser Unternehmen Goupil et Cie. als Reihe vertrieben wurde.

Nadar photographierte auch die Stars der Bühne. Mademoiselle Delna, Mademoiselle Bonnefoy, Monsieur LaFarge und Mademoisel-

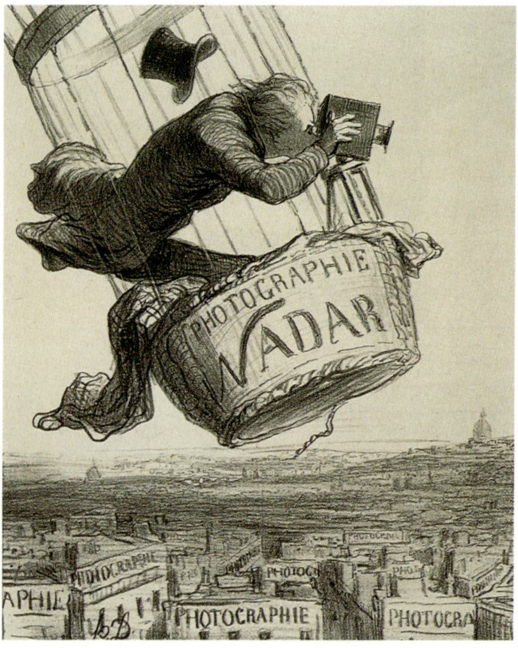

Honoré Daumier
Frankreich,
1808–1879

Nadar élevant la photographie à la hauteur de l'art (Nadar erhebt die Photographie zur Kunst), 25. Mai, 1862

Lithographie
SCHENKUNG EASTMAN KODAK COMPANY, EHEMALIGE SAMMLUNG GABRIEL CROMER
82:2383:0001

Nadar (Gaspard Félix Tournachon)
Frankreich,
1820–1910

Georges Sand,
um 1860

Druck um 1880 von Goupil et Cie
Woodburytypie
97:1957:0001

GALERIE CONTEMPORAINE

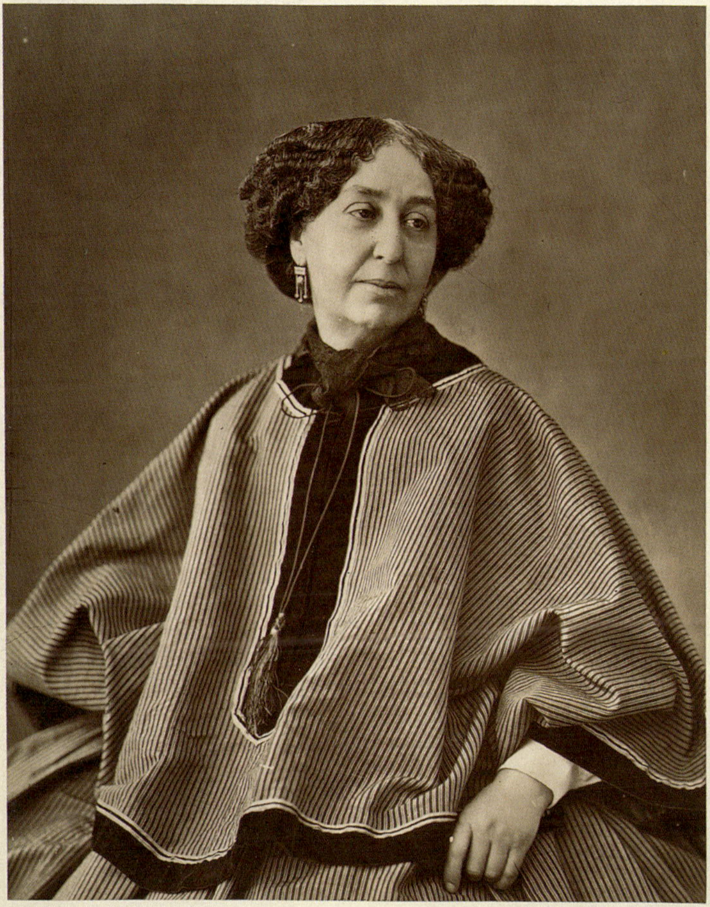

126, boul. Magenta. — Paris. *Phot. Goupil et Cie.* Cliché Nadar.

GEORGES SAND

Née à Paris, le 5 Juillet 1804, morte à Nohant, le 8 Juin 1876.

Nadar (Gaspard Félix Tournachon)
Frankreich, 1820–1910

Mademoiselle Delna, Mademoiselle Bonnefoy et Monsieur LaFarge, Mademoiselle Jeanne Harding, um 1860

Albuminpapierabzug
MUSEUMSANKAUF
70:0139:0002

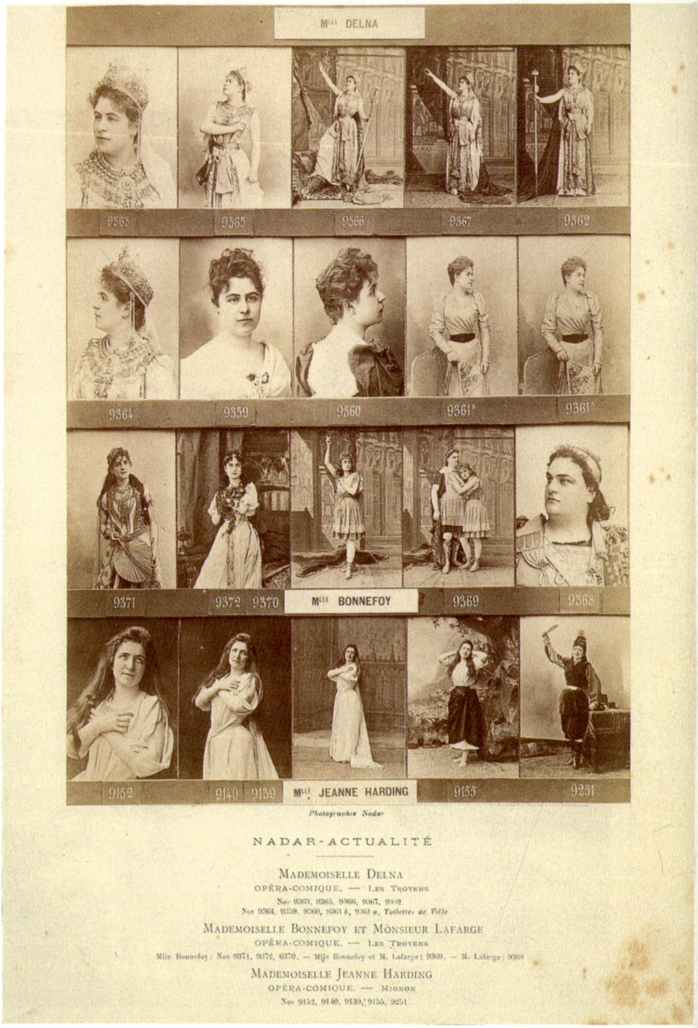

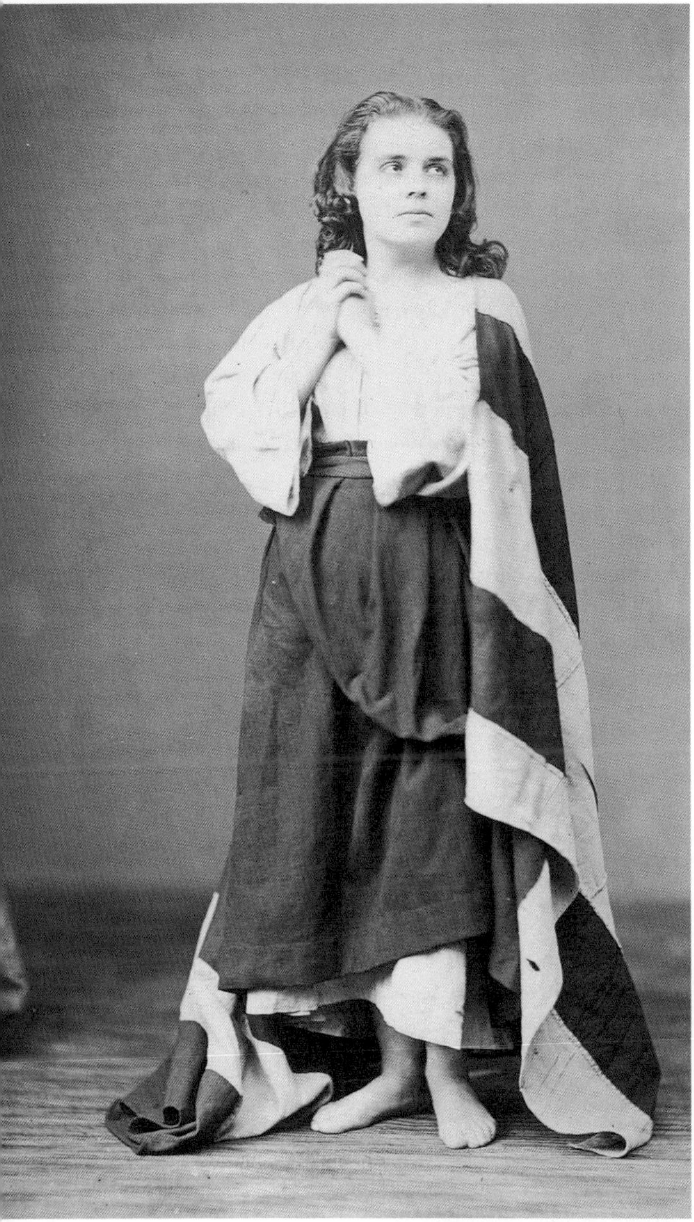

Nadar (Gaspard Félix Tournachon)

Frau im Kostüm, um 1855–1865

Albuminpapierabzug
78:0643:0001

le Jeanne Harding sind Namen, die dem modernen Betrachter wohl nichts mehr sagen, aber Zeitgenossen dienten die zahlreichen Bilder komödiantischer Schauspieler in verschiedenen Kostümen, die zu mehreren auf eine einzige numerierte Karte aufgeklebt waren, als Werbung. Nadars Portrait einer unbekannten jungen Frau in dramatischer, flehender Pose, war eine beliebte Darstellung der Schauspielerin in der Rolle des naiven Mädchens.

Durch die Beliebtheit der lithographischen Reproduktion wurden Photographien als themenbezogene Serien konzipiert und wie die damals populären Romane in wöchentlichen oder monatlichen Abständen veröffentlicht. Auch in zeitgenössischen Schriften nahm die Photographie einen prominenten Platz ein und war so verbreitet wie keine andere Kunstform. Edmond de Beaumont war der Lithograph und das Maison Martinet der Herausgeber der Serie *Dialogues Parisiens*. Der Text unter dieser kolorierten Lithographie ist der Dialog zwischen einer jungen Dame und ihrem älteren männlichen Begleiter; sie steht neben ihm und schaut durch ein Stereoskop. – »Comme c'est joli ..., mon ami, toutes ces vues ...; on croirait y être! ... – Wie hübsch ..., mein Lieber, all diese Bilder ...; man glaubt, man sei wirklich dort!... – Je suis de ton avis ..., aussi cet été, au lieu d'aller visiter la Suisse, comme tu m'avais demandé, je t'acheterai des vues de ce pays que tu t'amuseras a regarder au travers de ta lorgnette!... – Ich stimme dir zu ... und diesen Sommer, statt in die Schweiz zu reisen, wie es Dein Wunsch war, werde ich dir Bilder von diesem Land kaufen, damit du dich amüsieren kannst, wenn du durch dein Opernglas schaust!...« Photographie war etwas Alltägliches geworden, eine vertraute Erscheinung in der populären Bilderwelt, und hier wird die Annahme verspottet, Stereobilder könnten die Realität ersetzen.

Edmond de Beaumont
Frankreich, aktiv um 1850er

Dialogues Parisiens, um 1855

Kolorierte Lithographie
SCHENKUNG EASTMAN KODAK COMPANY, EHEMALIGE SAMMLUNG GABRIEL CROMER
82:2373:0004

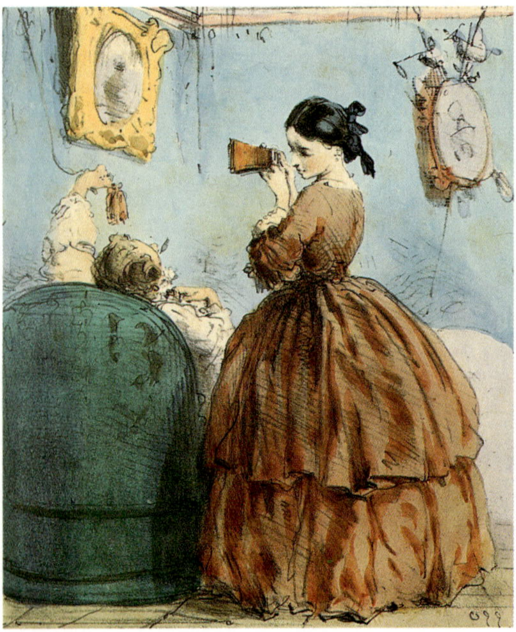

Mit der Einführung von Stereobildern erlebte die Photographie eine neue Welle der Popularität. Zwar gab es Stereobilder bereits seit den frühen Tagen der Photographie, aber

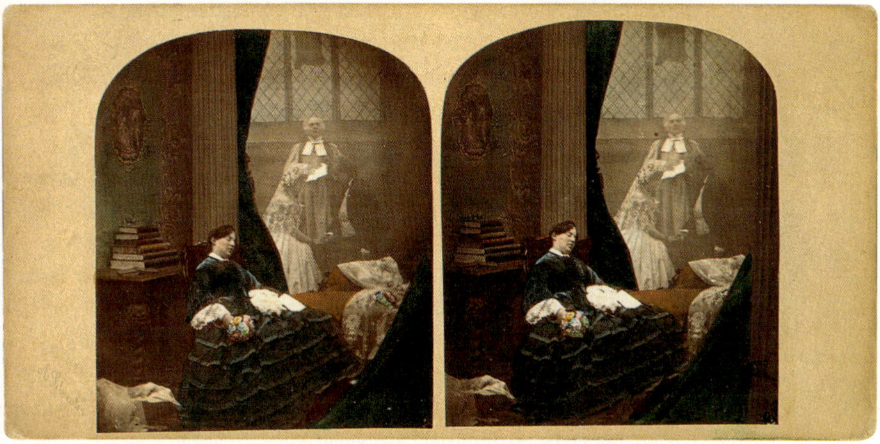

Alfred Silvester
England,
aktiv um 1850er

The Dream of the Wedding (Der Traum von der Hochzeit), um 1858

Kolorierter Albuminpapierabzug Stereographie
SCHENKUNG ALDEN SCOTT BOYER
84:1434:0001

sie wurden erst zu Beginn der 1850er Jahre in nennenswertem Umfang produziert. In den 1860er Jahren wetteiferten sie mit den Visitenkarten, aber Ende der 1930er Jahre waren weltweit Millionen von Stereophotographien verkauft worden. In den 1880er Jahren verkauften Studenten, die sich als Handelsreisende verdingten, Stereoskope – ähnlich wie Enzyklopädien – an der Haustür.

Stereoskope erreichten in den 1870er Jahren den Gipfel der Beliebtheit und waren ein gefragter Zeitvertreib in den eleganten viktorianischen Salons, denn die Vielfalt der Sujets bot Unterhaltung und Erbauung. Inhaltlich reflektierten sie zunehmend Moral, Sitten und Humor des viktorianischen Zeitalters. Alle erdenklichen Motive, von Gebäuden bis zum Zeppelin, wurden für die Betrachtung durch das Stereoskop aufbereitet und waren oft konstruierte Erzählungen, kleine Komödien oder Dramen, die sich entweder auf einer einzelnen Karte oder in einer Sequenz von Bildern abspielten.

Alfred Silvester war ein Meister des Kolorierens und hatte sich auf Genreszenen spezialisiert. Seine sensibel von Hand kolorierte Aufnahme einer Frau, die von ihrem Hochzeitstag träumt (Seite 337), ist ein schönes Beispiel für die ausgeprägte narrative Wirkung, die durch das photographische Abbild erzielt werden konnte. Direkt hinter dem zurückgezogenen schwarzen Vorhang erkennt man das hineinkopierte Bild des Pfarrers und des vor ihm knienden Brautpaars. Die Traumszene ist bewußt nicht farbig dargestellt, um zu betonen, daß es sich um eine Phantasie handelt, die sich von der farblich kodierten »Realität« der schlafenden Frau in ihrem Wohnzimmer unterscheidet. Silvesters Arbeit erinnert zwar an Geisterphotographien, hat aber die Zeit überdauert und ist in ihrer Manipulation des Mediums zum Zwecke der Erzählung noch immer äußerst überzeugend. Zur Museumssammlung gehören über 35.000 Stereophotographien.

Auch Landschaften waren ein beliebtes Motiv für Stereobilder. Wegen ihrer einzigartigen Dreidimensionalität waren Stereobilder vielleicht am besten für Szenen geeignet, in denen Perspektive dargestellt wurde. Charles Warren Woodward von der Woodward Stereoscopic Company aus Rochester, New York, war Verleger von Stereobildern und hatte sich auf Landschaften des amerikanischen Westens und des Staates New York spezialisiert. *Arnold Park* stammt aus der Serie *Rochester and Vicinity*, die 1876 für $1,50 pro Dutzend Bilder angeboten wurde. Beim Blick durch das Stereoskop wirkt die Allee unendlich, und die Bäume am Straßenrand scheinen fast zu tanzen. Die Nahaufnahme der dekorativen Vase am linken Bildrand unterstreicht die dramatische Tiefe dieses Bildes und macht es zu einem sehr gelungenen Exemplar dieses Formats.

Charles Warren Woodward
Amerika, 1836–1894

Arnold Park,
um 1876

Albuminpapierabzug
Stereophotographie
MUSEUMSANKAUF
81:8716:0024

Idyllische Ansichten wie *Arnold Park* fanden zwar sehr großen Anklang, aber man photographierte auch die Folgen von Naturkatastrophen wie Erdbeben, Vulkanausbrüchen, Überschwemmungen, Tornados, Flutwellen und Zyklonen. Stereoskope zeigten das Ausmaß solcher Tragödien in äußerst lebhaften Einzelheiten. George Barker war ein preisgekrönter kanadischer Landschaftsphotograph, berühmt für seine über 800 Aufnahmen der Niagarafälle. Barkers Bilder, die im Rahmen von Vermessungsarbeiten zum Zwe-

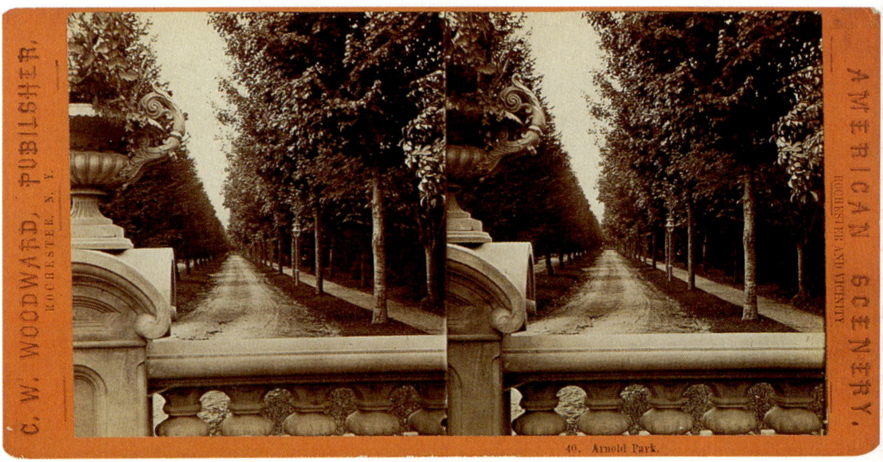

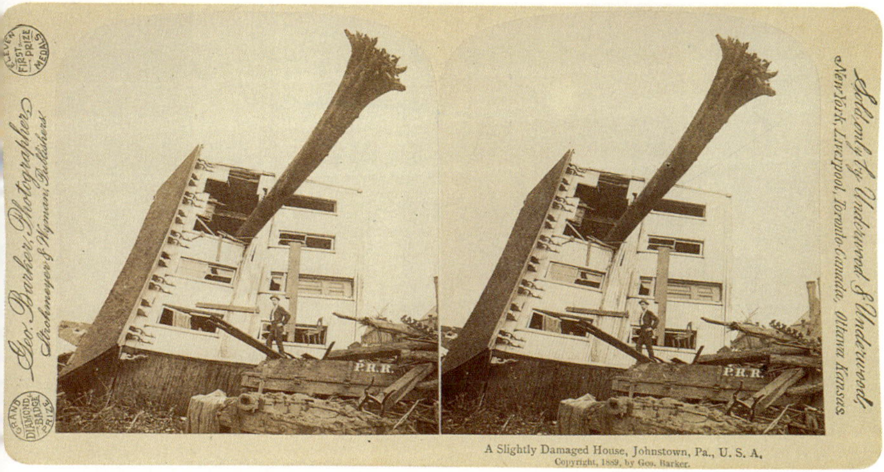

cke der kommerziellen und industriellen Erschließung entstanden, führten zur Schaffung von Parklandschaften zu beiden Seiten des Flusses. Er war ein sehr produktiver Photograph und war Besitzer der Firma Barker's Stereoskopic View Manufactory and Photograph Rooms über seinem Kleinkaufhaus, in dem er auch Souvenirs und Kuriosa verkaufte.

Barker reiste nach Georgia, Kentucky und Florida, um dort Photos von Landschaften und Katastrophen zu machen. Nach der berüchtigten Flut von Johnstown 1889 fuhr er nach Pennsylvania, um die Folgen des Desasters, das viele Menschenleben gefordert hatte, zu photographieren. Fast 20 Photographen machten Stereoaufnahmen in Pennsylvania. Unter Barkers Photographien befinden sich auch einige mit »gestellten« Opfern. *Ein leicht zerstörtes Haus* ... ist ein äußerst merkwürdiger Titel, mit dem vermutlich die makabere Faszination der Öffentlichkeit von Katastrophen angesprochen werden sollte.

Nicht jeder verließ sich auf kommerzielle Photographen, um sich mit photographischen Aufnahmen der Welt zu versorgen. In keinem anderen künstlerischen Medium haben Amateure einen solch bedeutenden Beitrag geleistet wie in der Photographie. Noch bevor die Einführung der Kodak-Kamera das Photographieren zu einer beliebten Freizeitbeschäftigung machten, besorgten sich Amateure photograpische Ausrüstungen und begannen, ihr Leben und ihre Umgebung mit dem gleichen Talent wie Berufsphotographen

George Barker
Amerika, geb. Kanada, 1844–1894

A Slightly Damaged House, (Ein leicht zerstörtes Haus) Johnstown , PA., U.S.A., 1889

Silbergelatine-Abzug
Stereophotographie
SCHENKUNG
HENRY OTT
81:5912:0003

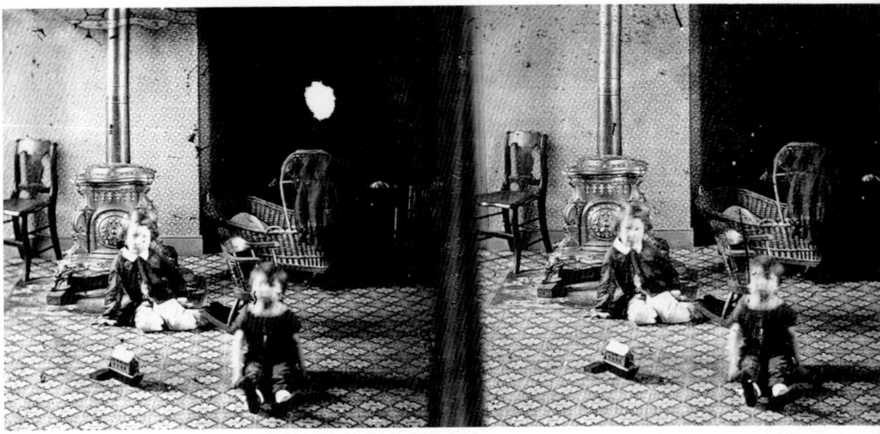

Edwin Emerson
Amerika, 1823–1908

Kinder am Holzofen, um 1861

Von Kollodiumplatte
SCHENKUNG EDITH EMERSON
80:0678:0027

festzuhalten. Amateure waren Gründungsmitglieder fast jeder frühen photographischen Gesellschaft und bildeten Foren, in denen sie Ideen, Methoden und Bilder mit Gleichgesinnten austauschen konnten.

Edwin Emerson war Professor für Rhetorik und Literatur an der Universität von Troy in New York. Sein Zimmergenosse am College, ein Amateurphotograph und Chemieprofessor, machte Emerson mit dem Medium bekannt. Einen Monat nach seiner Ankunft in Troy kaufte Emerson bei E. and H. T. Anthony and Company in New York eine Photoausrüstung und blieb bis an sein Lebensende ein begeisterter Photograph. Emerson war Mitglied des Amateur Photographic Exchange Club und der Photographic Society of Philadelphia. Über 100 Bilder und 80 Negative von Emerson wurden dem Museum von dessen Enkelin Edith geschenkt. Diese beiden Drucke nach Emersons stereoskopischen Negativen sind in Troy gemachte Familienphotographien, die eine große Sensibilität für Licht und Schatten verraten. Vor einem Ofen sitzen zwei Kinder auf dem Boden, beleuchtet von einem sanften Licht. In einem Portrait zweier Frauen am Fenster, wird die rechte Frau durch das helle Sonnenlicht in einen warmen Schimmer getaucht.

Nachdem er Troy 1862 verlassen hatte, reiste Emerson durch Europa und sammelte Arbeiten von Oscar Gustave Rejlander, einem bekannten künstlerischen Photographen, der aufwendige Kombinationsdrucke aus mehreren Negativen herstellte, darunter *The Two Ways of Life* und *Head of John the Baptist in a Charger* (siehe Seite 360).

Mit einem Auge für das Dramatische, wenn vielleicht auch nicht auf Rejlanders Niveau, photographierte John Coates Browne die Stars eines

Kinderstückes in ihren Kostümen (Seite 342). Browne war Amateurphotograph und Gründungsmitglied der Photographic Society of Philadelphia, wo er regelmäßig seine Arbeiten ausstellte. 1884 schrieb er eine *History of the Photographic Society of Philadelphia* und lieferte häufig Beiträge für die nationale Zeitschrift *Philadelphia Photographer.* Seine Photographie eines schlafenden Hundes auf der Veranda (Seite 342) greift das anhaltend beliebte Sujet des besten Freundes des Menschen auf. Über 100 Negative von Browne wurden 1975 erworben.

Samuel Fisher Corlies war ein weiteres frühes Mitglied der Photographic Society of Philadelphia, die 1862 gegründet wurde und bis heute existiert. Corlies nahm regelmäßig an den photographischen Exkursionen teil, welche die Gesellschaft für ihre Mitglieder ausrichtete. Seine 231 Glasplatten-Negative, von denen viele mit Anmerkungen über den Typ des verwendeten Kollodiums oder der Gelatine-Emulsion, Datum und Ort, an dem das Bild aufgenommen wurde, und häufig mit Informationen über die Belichtungszeit versehen sind, befinden sich heute im Besitz des Museums. Von einer frisch gefangenen Forelle bis zur Gruppe von Photographen bei einem Ausflug (Seite 343) dokumentierte Corlies die Ereignisse seines Lebens und ermöglichte so einen wertvollen photographischen Einblick in eine andere Zeit. Brownes und Corlies Bilder kündigten die informellen Aufnahmen alltäglicher Ereignisse mit der Schnappschuß-Kamera an, auch wenn sie noch die gleichen Materialien verwendeten wie professionelle Photographen.

Kurz nach dem Entstehen dieser Bilder wurde das Medium durch eine Erfindung revolutioniert. Der vermutlich größte Schlag für Karten-Photographie und für Atelierphotographen war die Einführung der Boxkamera.

Edwin Emerson

Zwei Frauen sitzen im Zimmer, um 1861

Von Kollodiumplatte
SCHENKUNG EDITH EMERSON
80:0678:0030

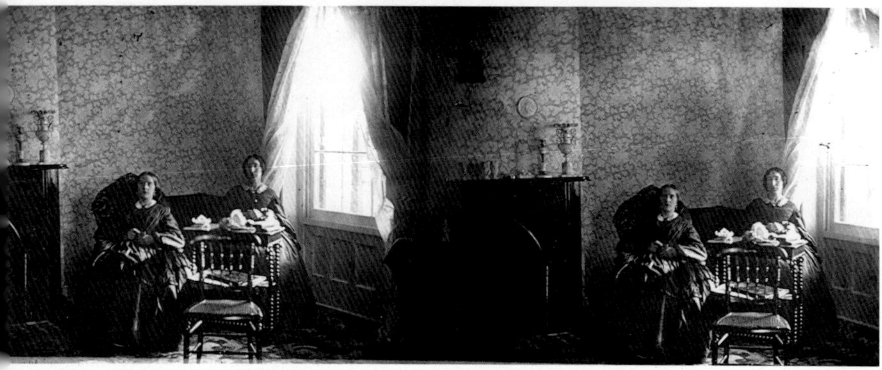

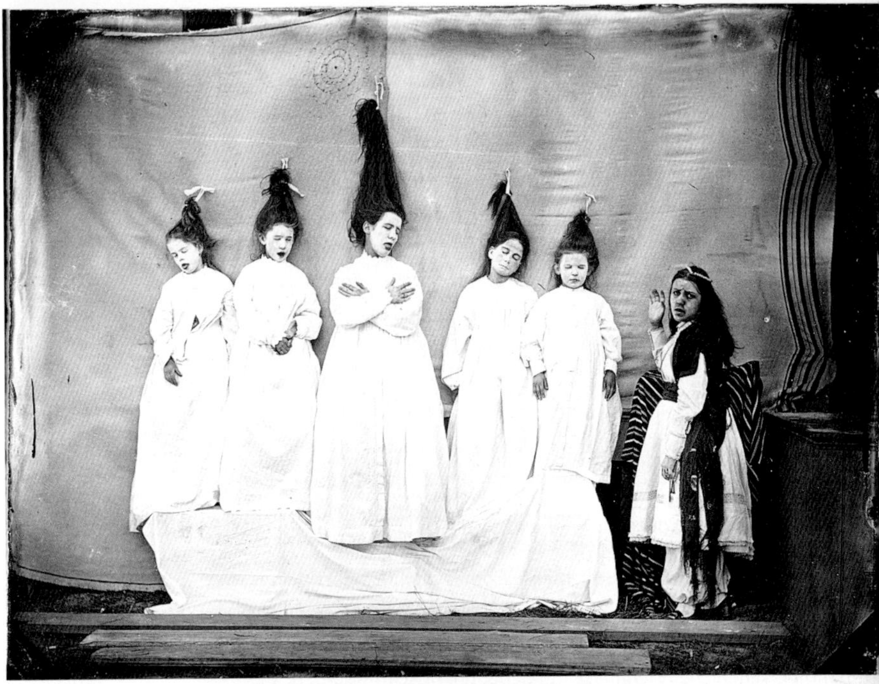

John C. Browne
Amerika, 1838–1918

Ein Kinderstück,
um 1866

Silbergelatine-Abzug (Modern Print) von Kollodiumplatte
MUSEUMSANKAUF
75:0130:0043MP

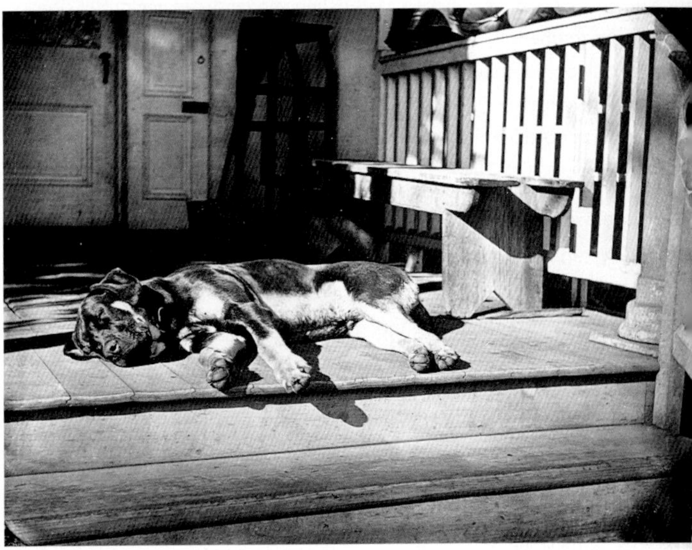

John C. Browne

Schlafender Hund,
um 1866

Silbergelatine-Abzug (Modern Print) von Kollodiumplatte
MUSEUMSANKAUF
75:0130:0044MP

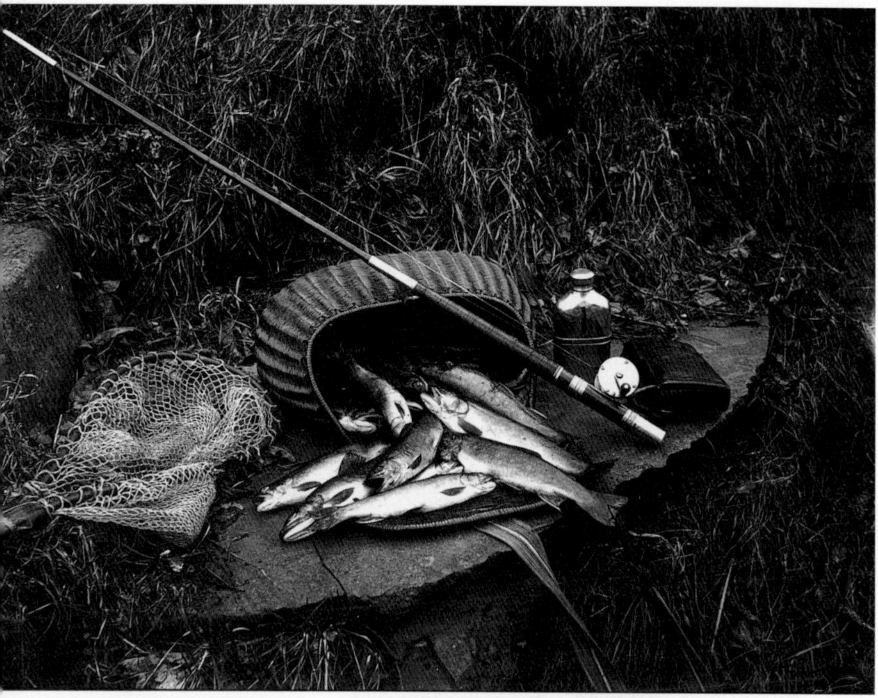

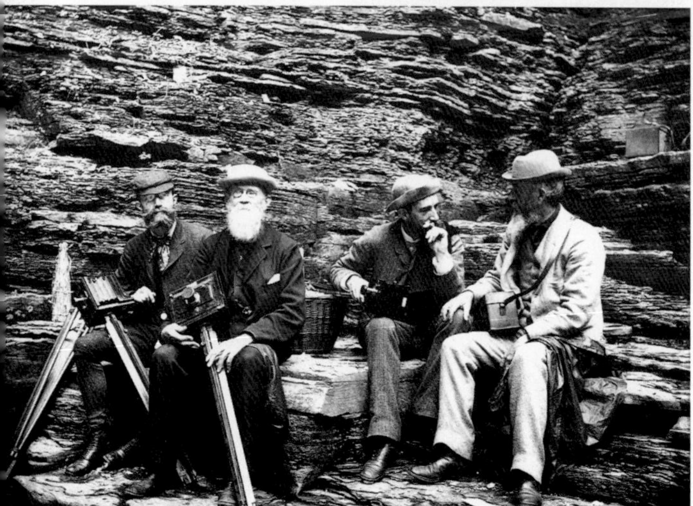

Samuel Fisher Corlies
Amerika, 1830–1888

Trout and Rod, 1880

Von Kollodiumplatte
SCHENKUNG THE 3M COMPANY, EHEMALIGE SAMMLUNG LOUIS WALTON SIPLEY
77:0703:0016

Four Photographers Group in Parlor at Enfield Glen, 1885

Von Kollodiumplatte
SCHENKUNG THE 3M COMPANY, EHEMALIGE SAMMLUNG LOUIS WALTON SIPLEY
77:0706:0001

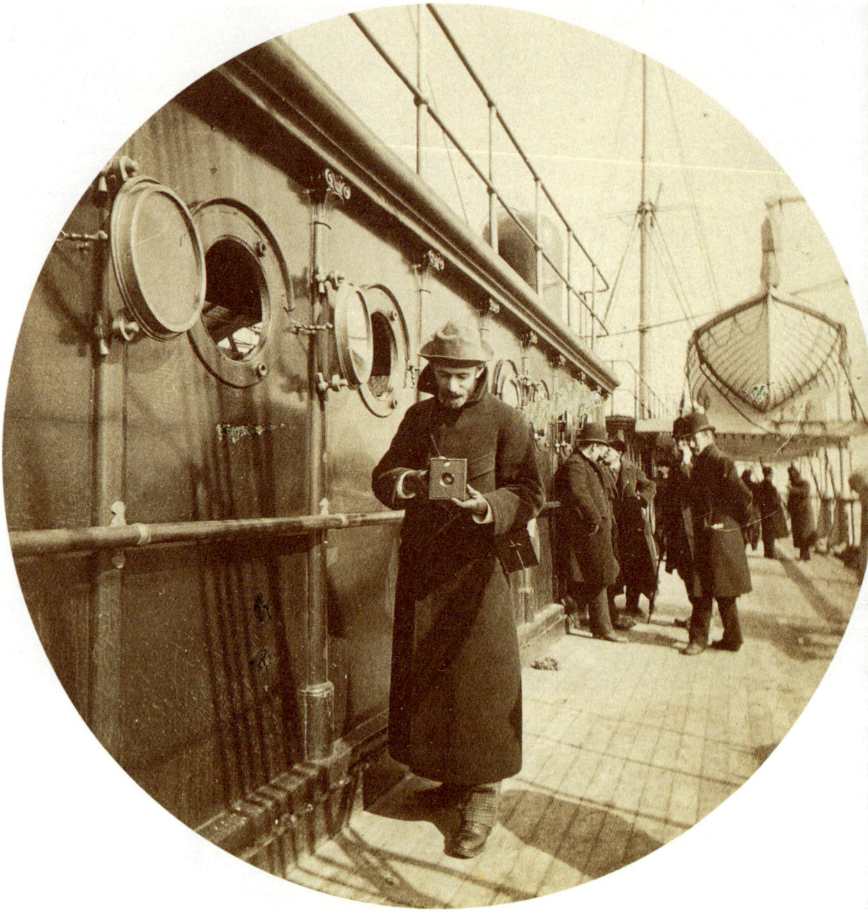

Frederick Church
Amerika, 1864–1925

George Eastman an Bord der S. S. Gallia,
Februar 1890

Albuminpapierabzug (Kodak Nr. 2 Schnappschuß)
SCHENKUNG
MARGARET WESTON
81:1159:0026

Auf einer Schiffsreise über den Atlantik photographierte Frederick Church den Erfinder und Gründer der Eastman Kodak Company, George Eastman, mit einer Nr. 2 Kodak Boxkamera, dem gleichen Model, das Eastman auf diesem Bild in der Hand hält. Eastman hatte Versicherungen verkauft und für eine Bank gearbeitet, bevor er sich der Photographie widmete und zunächst Trockenplatten vertrieb. 1892 wurde aus der Eastman Dry Plate and Film Company die Eastman Kodak Company. Der Name Kodak war laut Eastman »eine rein willkürliche Buchstabenkombination … ein Wort, das allen Anforderungen an ein Warenzeichen genügte … es mußte kurz und leicht zu buchstabieren sein, damit seine Identität nicht zerstört werden konnte, und es mußte über eine starke und unverwechselbare Persönlichkeit verfügen.«

»You press the button, we do the rest« war der 1888 erstmals veröffentlichte Werbeslogan von Kodak. Die Bedienung der Kamera hätte nicht einfacher sein können: 1) Spannen Sie die Schnur. 2) Drehen Sie den Verschluß. 3) Drücken Sie auf den Knopf. Die Kodak Nr. 1 war eine 8 x 9 x 16 cm große Boxkamera mit einem Rollfilm für 100 Negative, mit einem Durchmesser von 65 mm. Der anfängliche Preis für die Kamera betrug $25, und im ersten Jahr wurden etwa 13.000 Modelle verkauft. Nachdem der Film belichtet war, schickte der Kunde die Kamera an Kodak zurück, wo sie mit einem neuen Film für weitere 100 Bilder geladen und dann zusammen mit den 100 entwickelten, auf Karton geklebten Bildern wieder zurückgeschickt wurde. Zum ersten Mal in der Geschichte des Mediums konnte jeder Mann, jede Frau und jedes Kind eine Kamera bedienen.

Sir John Herschel prägte 1860 den Begriff »Schnappschuß«. Dieses aus England stammende Wort aus der Jagd, mit dem das Schießen aus der Hüfte ohne genaues Zielen beschrieben wurde, bezeichnete »die Möglichkeit … eine Photographie in einer Zehntel Sekunde festzuhalten.«

Richard K. Albrights Photographie *Vesuv-Abstieg* ist Beispiel eines Kodak-Schnappschusses, ebenso wie auch *Vesuv-Aufstieg* und *Vesuv,*

Richard K. Albright
Amerika,
aktiv 1880er

Descending Vesuvius (Vesuv-Abstieg), um 1888

Albuminpapierabzug (Kodak Nr. 1 Schnappschuß)
SCHENKUNG MRS. RAYMOND ALBRIGHT
74:0250:0048

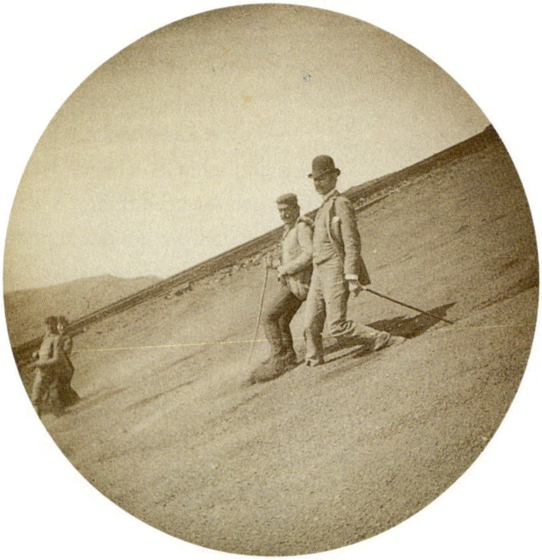

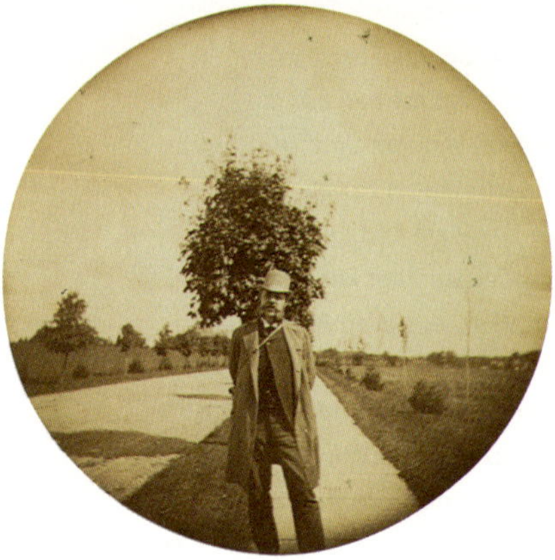

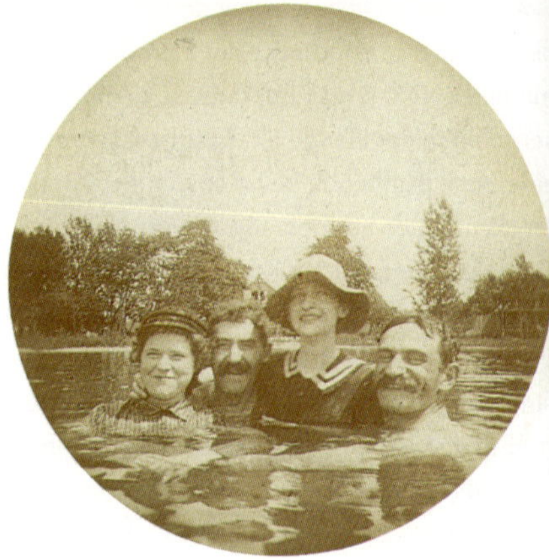

(links)
Anonym
Amerika,
aktiv 1890er

Samuel Castner, Jr.,
um 1890

Albuminpapierabzug (Kodak Nr. 1 Schnappschuß)
SCHENKUNG 3M COMPANY, EHEMALIGE SAMMLUNG LOUIS WALTON SIPLEY
82:1797:0009

(rechts)
Anonym
Amerika,
aktiv 1890er

Conesus Lake,
August 1893

Albuminpapierabzug (Kodak Nr. 1 Schnappschuß)
81:1294:0018

Raymond, aufgenommen auf dem Gipfel. Der Auslöser wurde vermutlich von einem Touristen oder von Albrights Frau betätigt, deren Schwiegertochter die Bildersammlung dem Eastman House vermachte.

Samuel Castner Jr., der hier in einer Linie mit Baum und Pfad in der Bildmitte zu sehen ist, war ebenfalls Motiv eines Schnappschusses. Der Photograph brauchte keine Dunkelkammer, kein Stativ oder andere Zusatzausrüstung mehr herumzutragen und konnte flüchtigere Momente festhalten, als es zuvor möglich gewesen war. Die Kamera konnte Bilder aus Blickwinkeln aufnehmen, die für größere Kameras unerreichbar waren. Zu solchen Aufnahmen gehört auch die der vier über der Wasseroberfläche auftauchenden Köpfe, die eine bleibende Erinnerung an den Sommer 1893 bot.

Frühe Kodak-Kameras hatten keine Bildsucher, so daß der Ausdruck »zielen und schießen« keine Übertreibung war. Die neuen Photographen mußten den Ausschnitt ihrer Bilder im wesentlichen erahnen, ein Umstand, der auch erklärt, warum der Kopf der hinter dem Kinderwagen stehenden Frau zur Hälfte abgeschnitten ist. Die ersten Kodak-Schnappschüsse hatten ein rundes Format. Weil die Bilder durch die preiswerte Weitwinkel-Linse an den äußeren Rändern verschwammen, stattete Eastman die ersten drei Modelle der Kamera mit einer kreisförmigen Maske aus, so erhielten die Bilder eine Art »Bullaugenästhetik«. Nach 1896 wurde die Kreisform durch die vertrauteren rechteckigen Formate ersetzt.

Bis dahin hatte es viel mehr männliche als weibliche Photographen gegeben, die aggressive Werbung für Kodak-Kameras richtete sich nun vor allem an Frauen. In der Technologie-Sammlung des Museums befinden sich

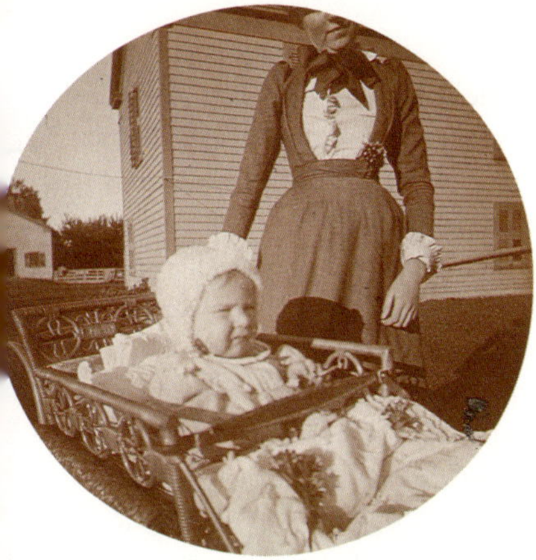

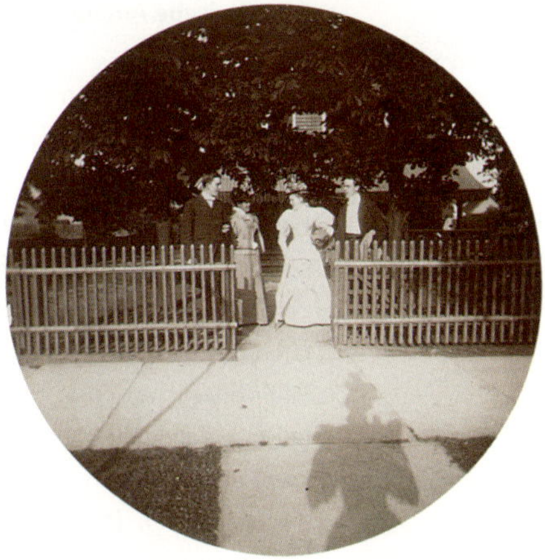

:xemplare dieser Kameras, die später manchmal mit passenden Lippenstif-en oder Puderdosen verkauft wurden. Das in den 1890er Jahren eingeführte »Kodak-Girl« war ein allgegenwärtiges Werbemittel: sportliche Frauen berei-ten mit der Kodak in der Hand die Welt. Der Schnappschuß von zwei Frau-n und zwei Männern am Tor eines Vorgartens wurde von einer Frau ge-nacht, wie man am Schatten der Puffärmeln im Vordergrund erkennt.

Im Jahr 1900 führte Eastman die Brownie-Kamera ein, benannt nach den beliebten Cartoonfiguren und ursprünglich für Kinder vorgesehen. Sie ko-tete nur einen Dollar, und im ersten Jahr wurden über 100.000 Exemplare erkauft. Für Eastman war die Kodak-Kamera ein »photographisches Notiz-buch«. Er sagte: »So wird die Photographie jedem Menschen zugänglich ge-nacht, der ein Bild von dem festhalten möchte, was er sieht. Ein solches photographisches Notizbuch enthält bleibende Dokumente von vielen Din-gen, die man nur einmal im Leben sieht, und ermöglicht es dem glücklichen Besitzer, beim Licht des heimischen Kamins zu Szenen zurückzukehren, die ansonsten in der Erinnerung verblassen und verlorengehen würden.«

(links)
Anonym
Amerika,
aktiv 1890er

Baby im Kinderwagen, um 1895

Silbergelatine-Abzug (Kodak Nr. 2 Schnappschuß)
81:2862:0093

(rechts)
Ellen Dryden
(zugeschrieben)
Amerika,
aktiv 1880s–1890er

Zwei Männer und zwei Frauen am Gartentor, um 1889

Silbergelatine-Abzug (Kodak Nr. 2 Schnappschuß)
SCHENKUNG GEORGE B. DRYDEN
81:2167:0056

Künstlerische Ambitionen

Seit der Erfindung der Photographie wurde eine fortgesetzte Debatte darüber geführt, ob dieses mechanische Medium Kunst hervorbringen könne oder nicht. In der großen Ära der Kalotypie in Frankreich wurde das Medium erstmals von Künstlern genutzt, die in ihm nicht nur einen Handlanger von Malerei und Zeichnung sahen. Der französische Kalotypie-Künstler Gustave Le Gray setzte sich in Theorie und Praxis dafür ein, die künstlerischen Qualitäten der Photographie zu erforschen. Ausgebildet als Maler im Atelier von Paul Delaroche, lehrte er Henri Le Secq, Charles Nègre, Adrien Tournachon (alle ausgebildete Maler) und andere das Photographieren. Obwohl seine Karriere nur 12 Jahre währte, war Le Gray einer der einflußreichsten Photographen des 19. Jahrhunderts. Er war Mitbegründer der Société Héliographique, der ersten photographischen Gesellschaft der Welt, und veröffentlichte *A Practical Treatise on Photography*, ein Handbuch für Künstler, das so gefragt war, daß es auch in England und in den Vereinigten Staaten erschien. Es enthielt Regeln für das Posieren von Modellen sowie Verfahrensbeschreibungen für technische Manipulationen. Seine Verachtung für die um sich greifende Kommerzialisierung und seine Verpflichtung gegenüber der Photographie als Kunstform erklärend, schrieb Le Gray: »Die Zukunft der Photographie liegt nicht in der Billigkeit, sondern in der Qualität eines Bildes. Wenn eine Photographie schön ist, vollständig und dauerhaft, erhält sie einen inneren Wert, angesichts dessen ihr Preis vollkommen unwichtig wird. Was mich betrifft, so ist es mein Wunsch, daß die Photographie, statt in die Domäne der Industrie oder des Handels zu fallen, in jener der Kunst verbleiben möge. Dies ist ihr einzig wahrer Platz, und ich werde stets darum bemüht sein, in diese Richtung fortzuschreiten.«

Um 1855 photographierte Le Gray im Mittelmeerhafen von Sète. Sein Seestück mit der über dem Wasser untergehenden Sonne ist eine spektakuläre Darstellung von Lichtreflexen und nuancierten Schatten. Zu dieser Zeit waren die in der Photographie verwendeten Emulsionen besonders empfindlich für blaues und ultraviolettes Licht, und um das Wasser natürlicher aussehen zu lassen, wurde der Himmel bei der Belichtung des Negativs als mattes Grau wiedergegeben. Um diesen Mißstand zu überwinden und Bilder wie *Die große Welle* machen zu können, kombinierte Le Gray zwei Negative; mit einem erfaßte er das Wasser und mit dem anderen den Himmel. Zuweilen verwendete er dieselben Negative mehrmals, so daß man die gleiche Wolkenformation in verschiedenen Bildern wiederfindet.

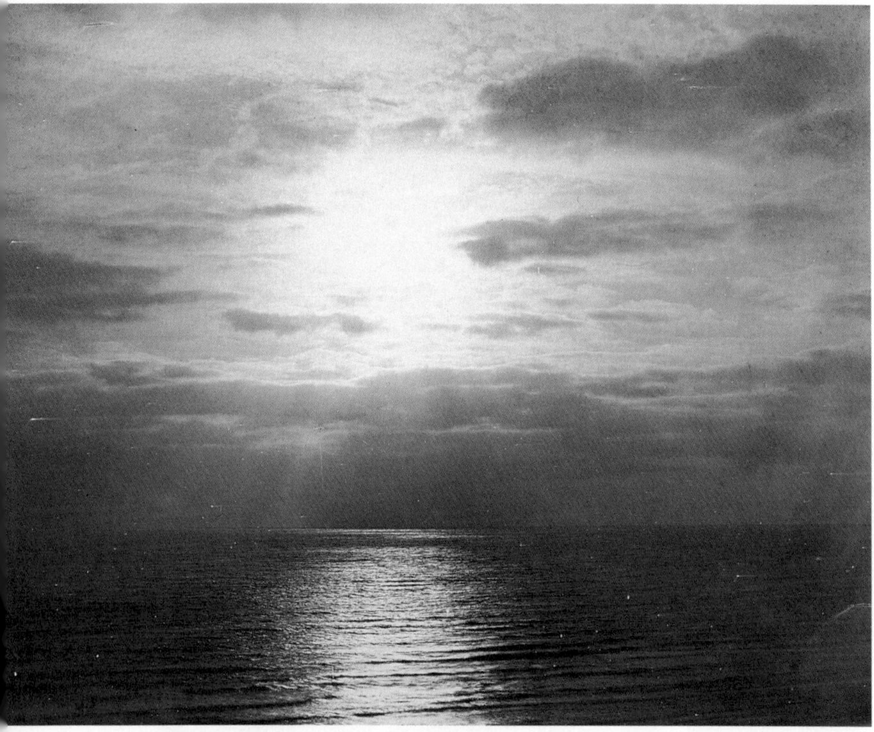

Gustave Le Gray
Frankreich,
1820–1882

Seestück, um 1855

Albuminpapierabzug
SCHENKUNG
EASTMAN KODAK
COMPANY, EHE-
MALIGE SAMMLUNG
GABRIEL CROMER
81:1442:0001

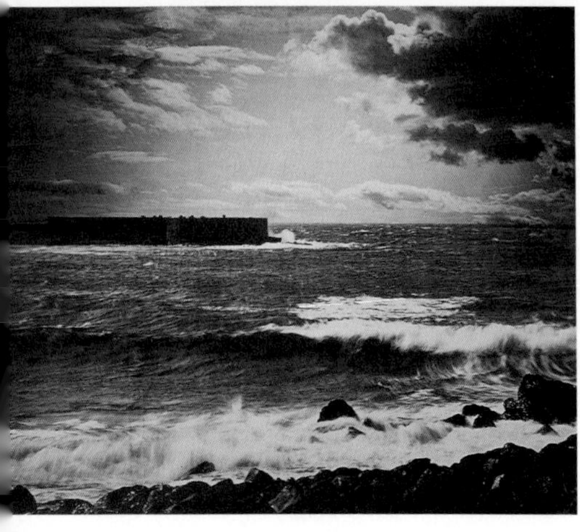

Gustave Le Gray

Die große Welle, Sète,
um 1857

Albuminpapierabzug
SCHENKUNG
EASTMAN KODAK
COMPANY, EHE-
MALIGE SAMMLUNG
GABRIEL CROMER
82:1589:0001

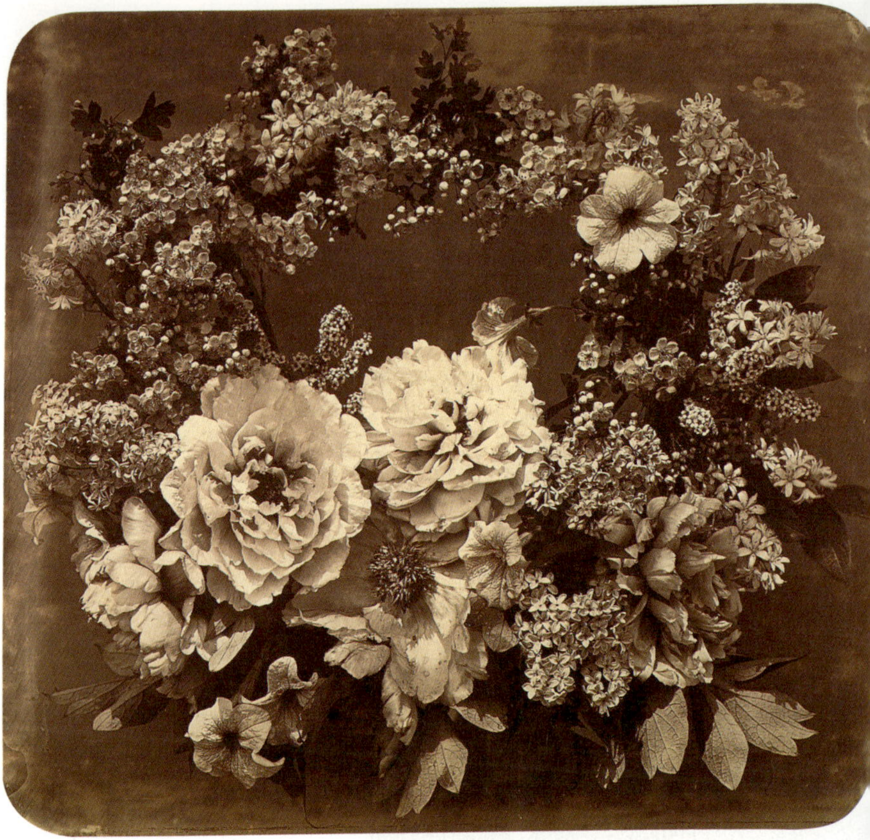

Adolphe Braun
Frankreich,
1812–1877

Camellias and Lilacs (Kamelien und Flieder), 1856

Albuminpapierabzug
SCHENKUNG EASTMAN KODAK COMPANY, EHEMALIGE SAMMLUNG GABRIEL CROMER
81:1005:0004

Adolphe Braun war kein Künstler in der akademischen Tradition und kam als Stoffdesigner zur Photographie. Er besaß eine Weberei und befaßte sich 1853 mit der Photographie, weil er eine »Sammlung von Studien für Künstler, die florale Motive verwenden« erstellen wollte. Später gründete er sein eigenes Designatelier und spezialisierte sich auf Stoffe und Tapeten, denn im Frankreich des Zweiten Kaiserreichs waren Blumenmuster äußerst beliebt. Zur Sammlung des Eastman House gehören etwa 60 dieser floralen Studien, die meisten von ihnen in einem Album mit 52 Albumindrucken, darunter auch dieses, in einem ovalem Rahmen präsentierte Stilleben. Das kranzartige Arrangement von *Kamelien und Flieder* verrät in der Anordnung der prächtigen Gaben der Natur eine ausgeprägte künstlerische Sensibilität.

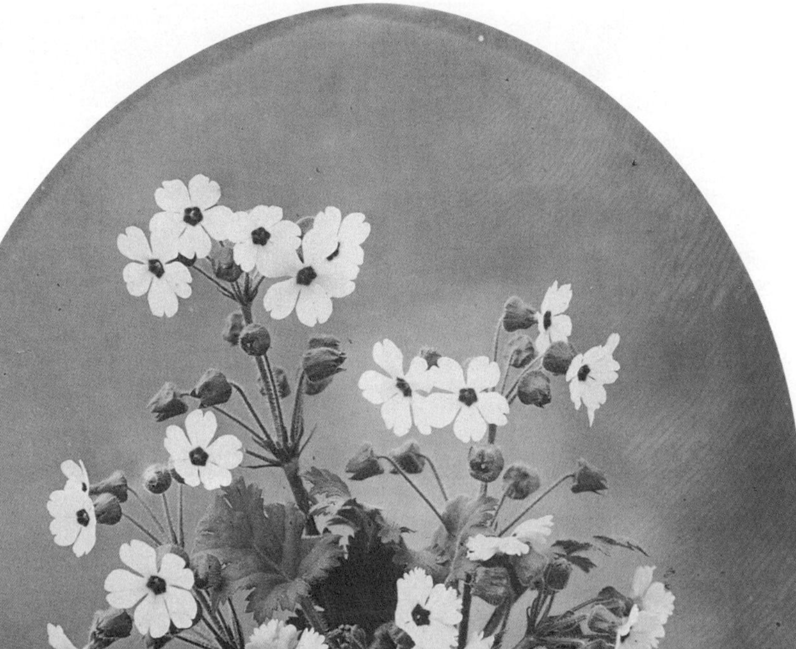

lolphe Braun

ımenstilleben,
n 1857

buminpapierabzug
JSEUMSANKAUF
:0045:0006

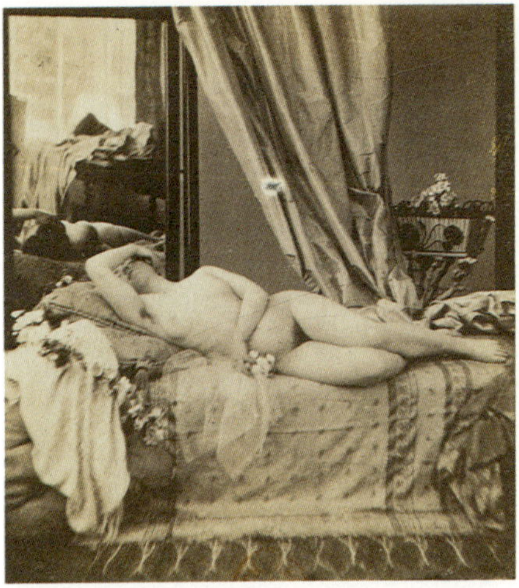

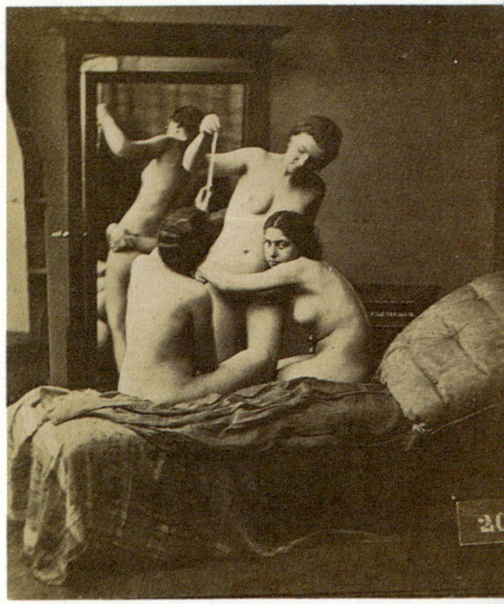

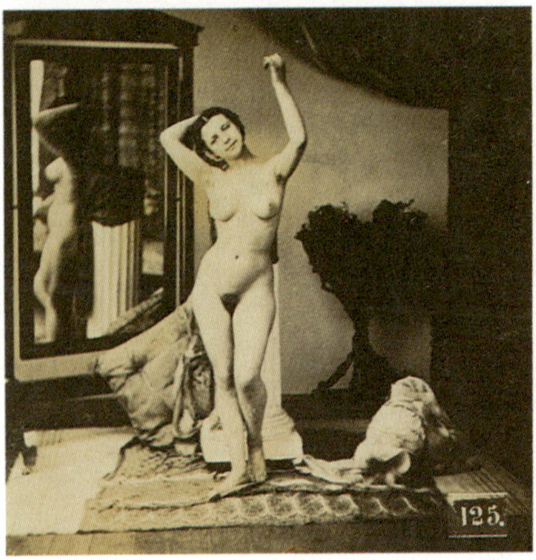

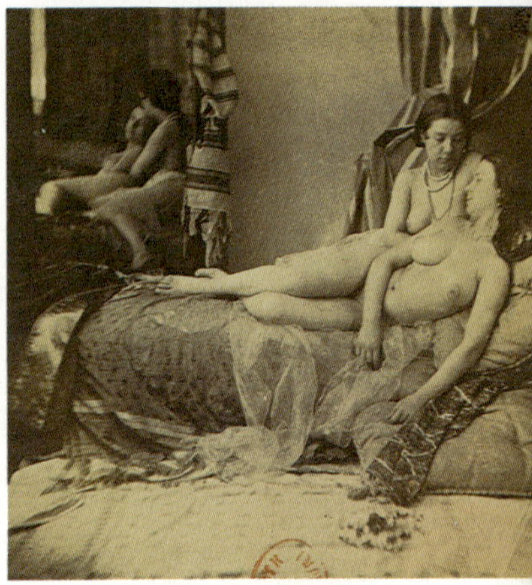

Louis-Camille d'Olivier
Frankreich, 1827–nach 1870

Composition avec nu
(Komposition mit Akt), 1853–1856

Salzpapierabzug
MUSEUMSSAMMLUNG DURCH AUSTAUSCH
85:1007:0024 (oben links)
85:1007:0027 (oben rechts)
85:1007:0005 (unten links)
85:1007:0014 (unten rechts)

(rechts)
Louis-Camille d'Olivier

Étude d'après nature
(Naturstudie), 1853–1855

Salzpapierabzug
MUSEUMSSAMMLUNG DURCH AUSTAUSCH
85:1009:0002

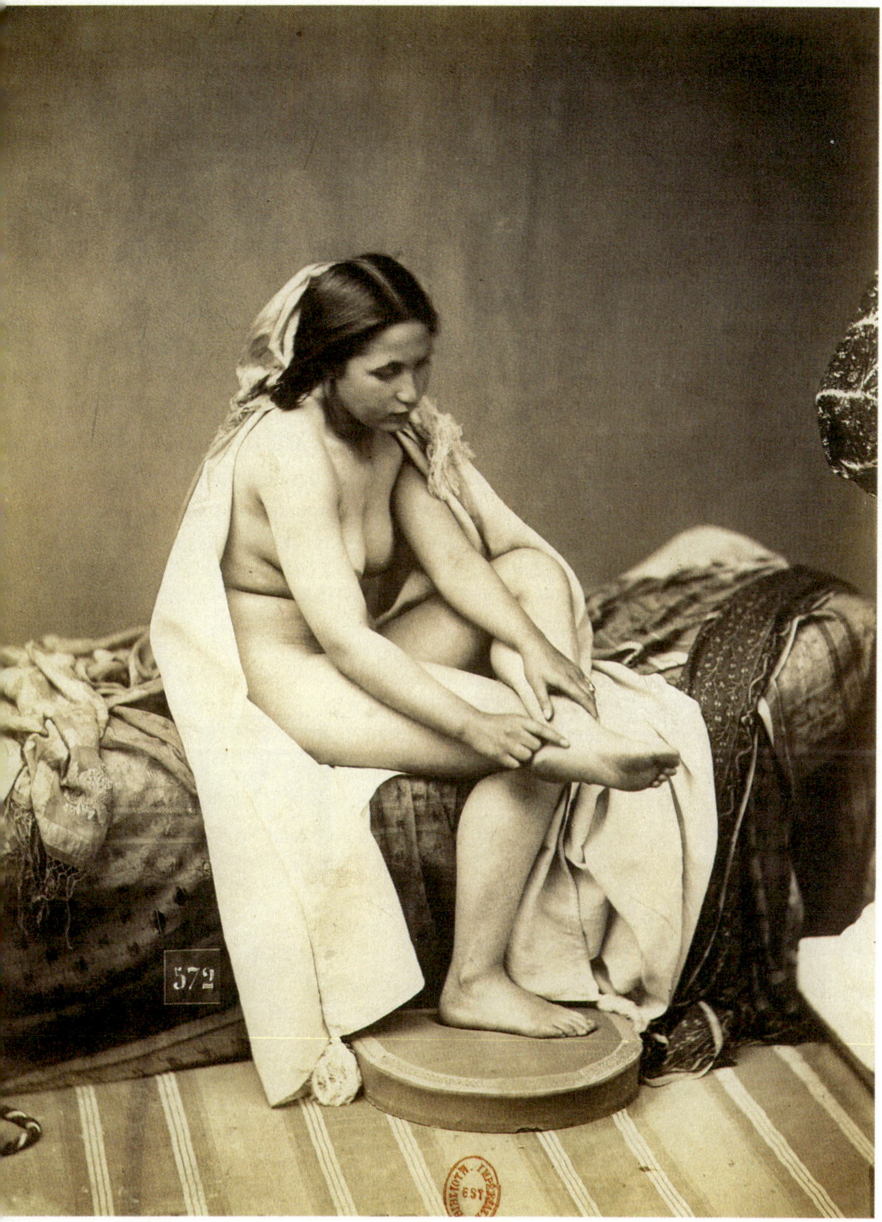
572

Eugène Durieu
Frankreich,
1800–1874

Weibliches Portrait (links), *Akt* (oben rechts), *Weibliches Portrait mit Vogel* (unten rechts), um 1855

Salzpapierabzug
SCHENKUNG EASTMAN KODAK COMPANY, EHEMALIGE SAMMLUNG GABRIEL CROMER
79:0079:0062 (links)
79:0079:0063 (oben rechts)
79:0079:0064 (unten rechts)

Zur Sammlung gehören auch fast 200 Bilder von Braun, darunter Kunstreproduktionen und Stereogramme, die seine künstlerischen und geschäftlichen Aktivitäten repräsentieren.

Ein anderes, bei Kalotypisten sehr beliebtes Genre war der weibliche Akt. Der Maler und Photograph Louis-Camille d'Olivier gründete mit der Société Photographique ein kommerzielles Unternehmen, das sich auf Aktstudien spezialisierte. Statt den weiblichen Körper nur als Akademie-Modell zu präsentieren, zeigte d'Olivier ihn häufig in Schlafzimmer- oder Toilettenszenen, entweder alleine oder in Gruppen. Der erotische Tenor seiner Arbeit wird an den lasziven, hingebungsvollen Posen der Modelle deutlich (Seite 352 und 353). Achsel- und Schamhaare sowie schmutzige nackte Füße zu zeigen, gal innerhalb des Genres der traditionellen Aktstudie als schockierend, d'Olivie hingegen fügte seinen Arbeiten damit ein realistisches Element hinzu.

Im Vergleich dazu sind Eugène Durieus Akte klassischer und züchtiger. Er war Anwalt und Verwaltungsbeamter bei der Regierung und begann um 184 zu photographieren, als er Baron Jean-Baptiste-Louis Gros bei der Anfertigung astronomischer Daguerreotypien assistierte. Zusammen mit Le Gray

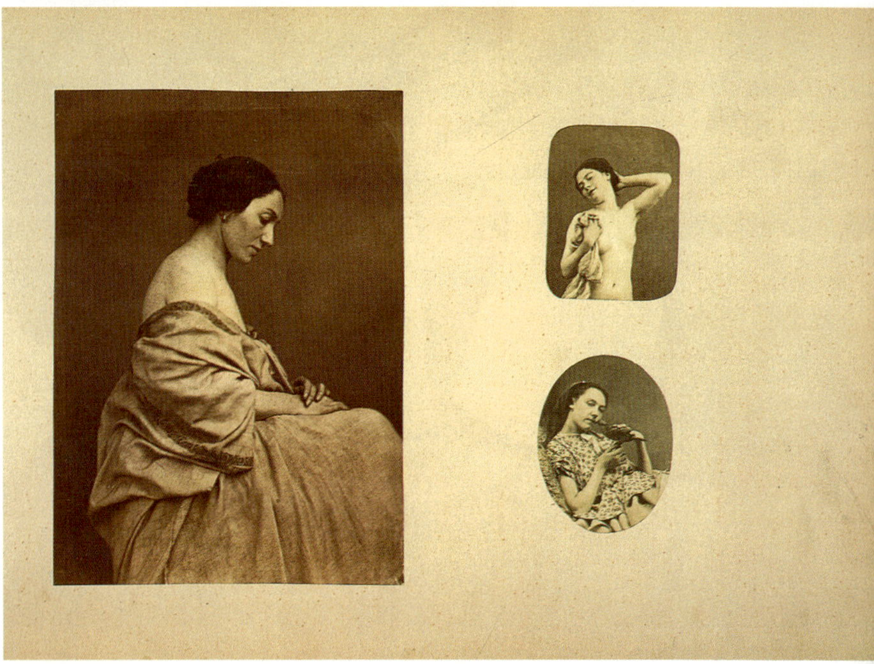

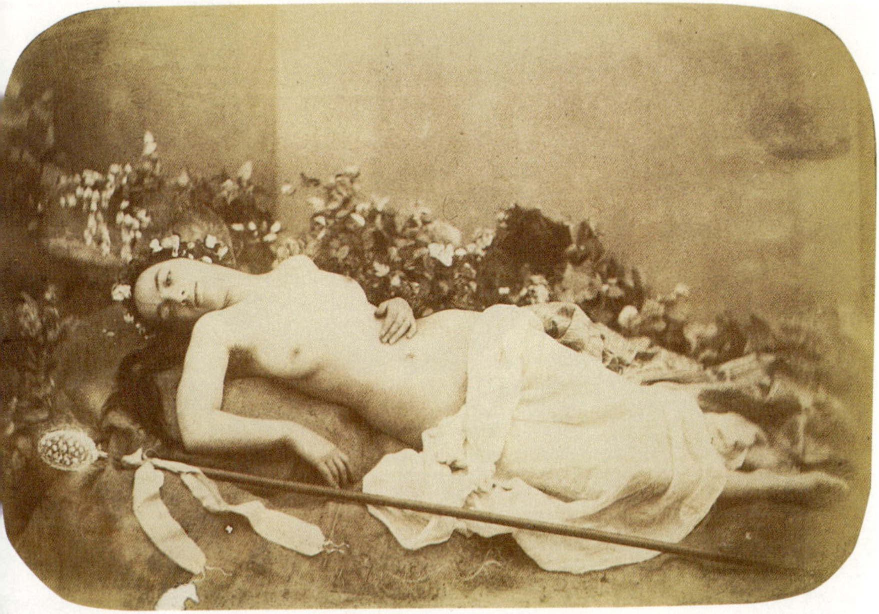

war Durieu Gründungsmitglied der Société Héliographique. Als Angehöriger der Commission des Monuments Historiques lernte er den praktischen Nutzen und den künstlerischen Wert der Kalotypie kennen und erklärte: »Die Zukunft der Photographie liegt im Papier.« Er ist vor allem für seine Akt- und Kostümstudien bekannt, die er für Künstler anfertigte. Angeblich hat der romantische Maler Eugène Delacroix, den Durieu um 1850 kennenlernte, nachdem er seine Position als Regierungsbeamter aufgegeben hatte, dieses Thema vorgeschlagen und die Posen vieler seiner Akte mit gestaltet.

Delacroix verwendete später Durieus Photographien, um sie abzuzeichnen. Eine Gruppe von Bildern aus *Photographie*, Durieus persönlichem Album mit 119 Aufnahmen, das sich heute in der Eastman-Sammlung befindet, läßt das Subtile seiner Kunst erkennen. Mit dem Profilportrait einer eleganten Frau mit bloßen Schultern neben dem Bild eines lächelnden Aktmodells mit gehobenem Arm und dem einer Frau mit einem Vogel auf der Hand, demonstriert Durieu seinen offenen und experimentellen Umgang sowohl mit dem Medium als auch mit dem Genre. In einer anderen Aufnahme dreht eine Odaliske, deren Unterleib verführerisch verhüllt ist, ihren Kopf zur Kamera. Sie zeigt sich dem Betrachter in selbstbewußter Pose, und ihr

Eugène Durieu

Liegender Akt mit Zepter, um 1855

Salzpapierabzug
SCHENKUNG EASTMAN KODAK COMPANY, EHEMALIGE SAMMLUNG GABRIEL CROMER
79:0079:0107

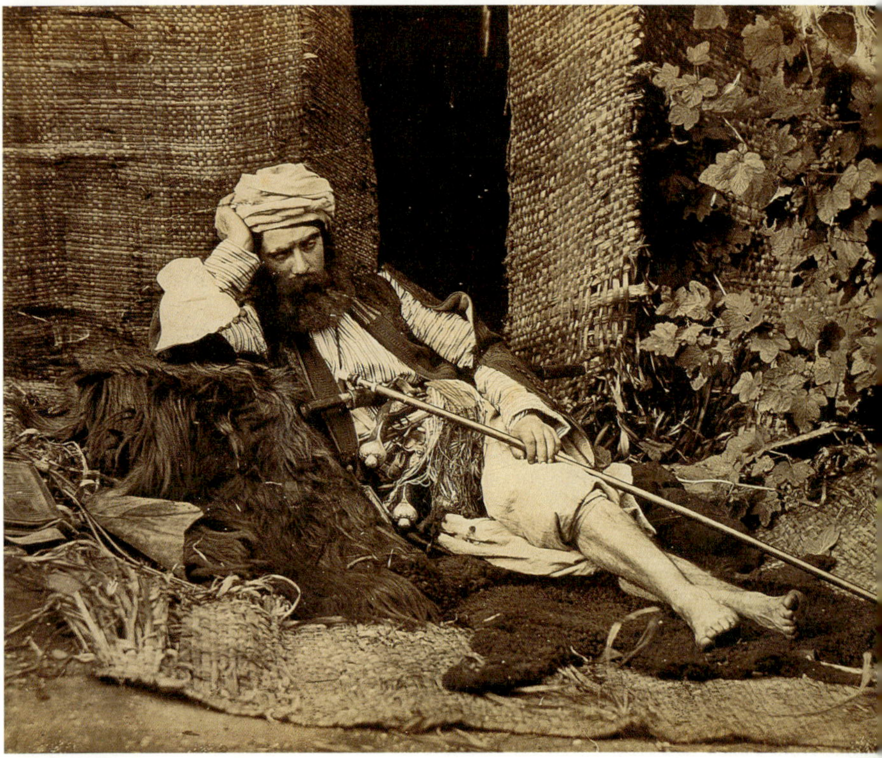

William M. Grundy
England, 1806–1859

Arab Reclining
(Liegender Araber),
1857

Albuminpapierabzug
SCHENKUNG G.C.
MONKHOUSE
76:0288:0045

direkter Blick läßt erkennen, daß sie sich voyeuristischen Phantasien ergibt. Ihre linke, auf dem Bauch liegende Hand ist ebenso provokant wie auf charmante Art natürlich.

Die liegende Pose war nicht nur weiblichen Modellen und französischen Photographen vorbehalten. Auch britische Amateure erforschten eifrig die künstlerischen Möglichkeiten des Mediums in den verschiedenen Sujets. William Morris Grundy war Mitglied der Royal Photographic Society und illustrierte 1861 das Buch *Sunshine in the Country: A Book of Rural Poetry*, heute in der Menschel Library. Wie viele britische Zeitgenossen bereiste und photographierte auch er Ägypten und stellte viele der dort entstandenen Bilder unter dem exotischen Titel »Türkische Szenen« aus. Grundys Portrait *Liegender Araber* zeigt keinen Araber, sondern ein Modell, das in einem arabischen Kostüm posiert. Die nackten Waden und Füße des Mannes sollten für Grundys viktorianisches Publikum eine Art sinnlicher Hingabe suggerieren.

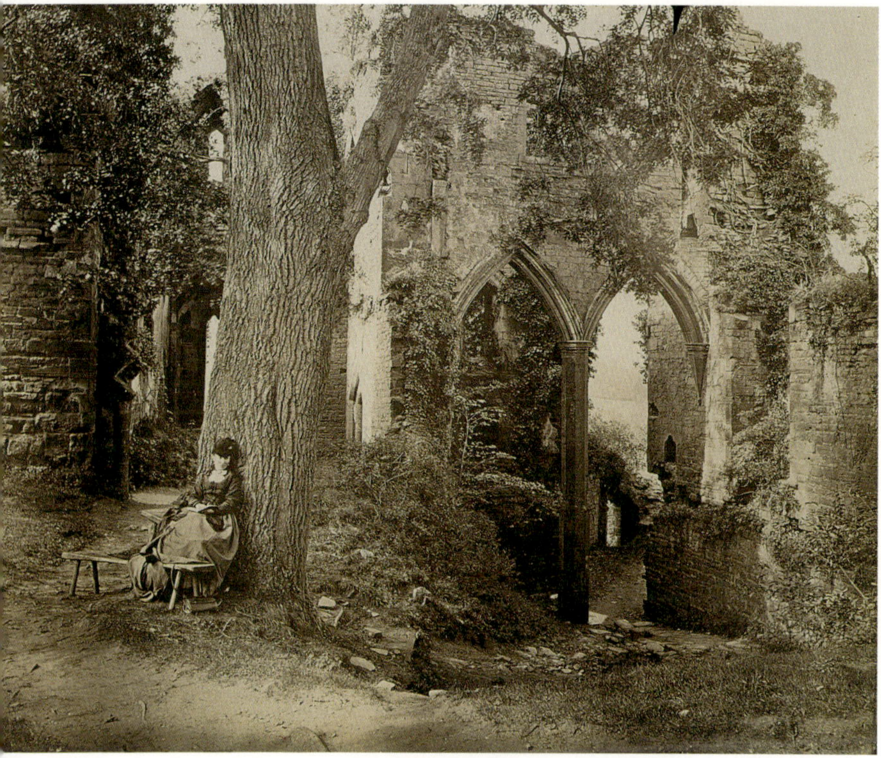

Captain George Bankhart war Gründungsmitglied der Leicester and Leicestershire Photographic Society und von 1887 bis 1889 deren Präsident. Seine Aufnahmen von Tintern Abbey und der Landschaft in der Umgebung seines Hauses gehören zur Sammlung des Museums. Bankharts schwindelerregend vollgestopfte Ansicht von *Goodrich Castel from inside the Ruins* wurde von der Amateur Photographic Association veröffentlicht. Blattwerk und Steine überlagern und verflechten sich, und hinter den intakten Bögen hat man differenziertere Aussichten. Links lehnt eine Frau an einem Baum, der über den oberen Bildrand hinauswächst. Sie hält ein offenes Buch in der Hand und erweckt die Assoziation eines stillen Ortes auf dem Land.

Photographen mit künstlerischen Ambitionen gaben sich häufig nicht damit zufrieden, Szenen, wie die Natur sie ihnen bot, festzuhalten. Statt dessen versuchten sie, die Natur zu perfektionieren, denn sie hielten es für die »zwingende Pflicht [des Photographen], das Gemeine, Kahle und Häß-

Captain George Bankhart
England, 1829–1916

Goodrich Castle from inside the Ruins (Goodrich Castle von den Ruinen her), um 1870

Albuminpapierabzug
MUSEUMSANKAUF, EHEMALIGE SAMMLUNG A. E. MARSHALL
82:2556:0001

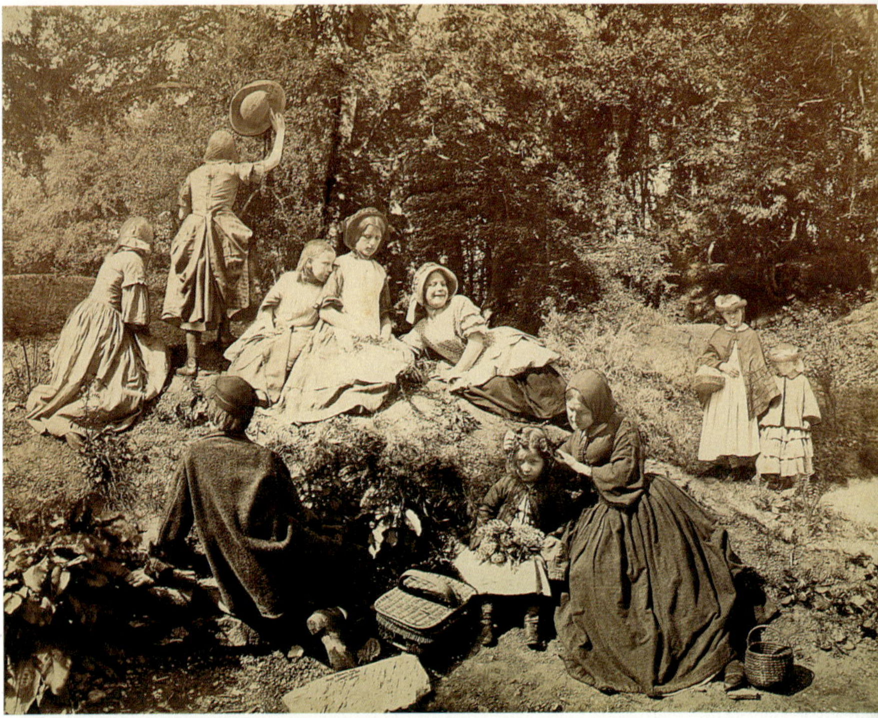

Henry Peach Robinson
England, 1830–1901

A Holiday in the Wood (Ein Ferientag im Wald), 1860

Albuminpapierabzug
Kombinationsdruck
SCHENKUNG ALDEN SCOTT BOYER
70:0192:0001

liche zu vermeiden und danach zu streben, sein Motiv zu erhöhen, plumpe Formen zu meiden und das Unansehnliche zu korrigieren«, wie Henry Peach Robinson 1869 schrieb. Er wurde zu einem der lautesten Verfechter der Photographie als schöne oder »hohe« Kunst, schrieb mehrere Abhandlungen zu diesem Thema und wandte seine Theorien auf einige der bemerkenswertesten manipulierten Bilder des 19. Jahrhunderts an.

A Holiday in the Wood ist ein Kombinationsdruck aus sechs verschiedenen Negativen. Robinson beschrieb die Schwierigkeit, sowohl mit dem Wetter als auch mit einem widerspenstigen Medium zu arbeiten: »Das Jahr 1860 war [...] eines der nassesten des Jahrhunderts ... *A Holiday in the Wood* ... entstand unter widrigen Bedingungen. Die Personen wurden an den zwei einzigen schönen Tagen im April aufgenommen. Danach wurde alles bereitgehalten, um am ersten schönen Tag, der sich erst am 12. September einstellen sollte, nach Kenilworth zu fahren und den Wald zu photographieren. Darauf mußte ich fünf Monate warten.«

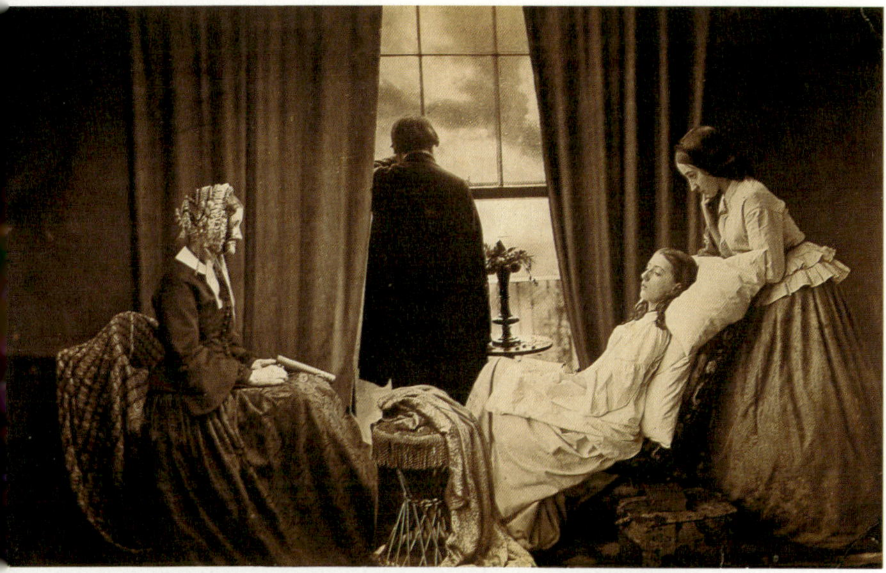

Henry Peach Robinson

Fading Away (Dahinwelken), 1858

Albuminpapierabzug Kombinationsdruck
SCHENKUNG ALDEN SCOTT BOYER
76:0116:0001

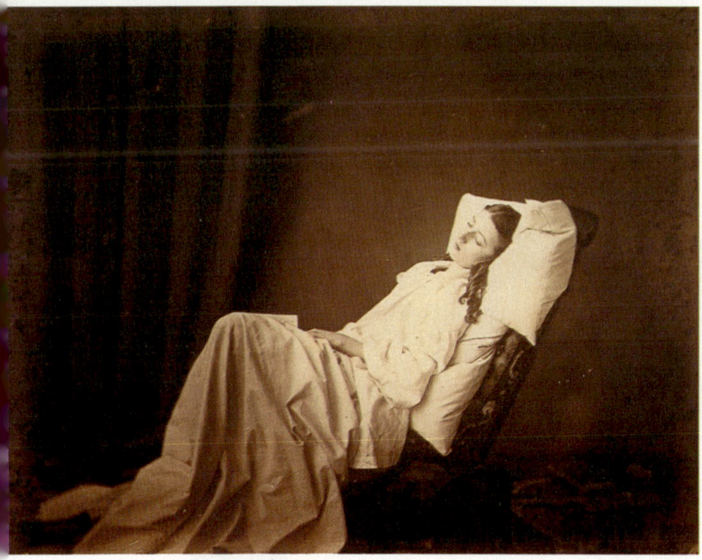

Henry Peach Robinson

She Never Told Her Love (Sie gestand nie ihre Liebe), um 1858

Albuminpapierabzug
MUSEUMSANKAUF
75:0091:0001

Dahinwelken, Robinsons berühmteste Photographie, die ein Kritiker »ein exquisites Bild eines schmerzlichen Themas« nannte (Seite 359), ist eine Kombinationsphotographie aus fünf Negativen, von der Robinsons Angestellte 200 Abzüge machten, bevor ein Assistent die Negative versehentlich ruinierte. Robinson fügte einen Vers aus Percy Bussshe Shelleys Gedicht *Queen Mab* hinzu. *She Never Told Her Love* ist eine Variante des Motivs des sterbenden Mädchens, hier in Gestalt von Miss Cundall, Robinsons Lieblingsmodell; der Titel stammt von Shakespeare: »She never told her love/ But let concealment, like a worm i' the bud,/Feed on her damask cheek.«

Oskar Rejlander war Robinsons Zeitgenosse, Freund und schließlich sein Rivale, besonders in der Debatte darüber, ob unverhohlene Manipulation in der Photographie ein akzeptables Mittel sei, um dem künstlerischen Zweck zu dienen. Rejlander, der in Rom Malerei studiert hatte, benutzte die Photographie ursprünglich als Hilfsmittel für seine Gemälde. Wie Robinson schrieb auch er häufig und eloquent über Photographie und pries sie als Medium der bildenden Kunst. Oft als »Vater der Kunstphotographie« bezeichnet, schuf Rejlander mit *The Two Ways of Life* den vielleicht bekanntesten Kombinationsdruck des 19. Jahrhunderts aus 30 Negativen. Im Jahr 1859 änderte sich seine Einstellung und er erklärte: »Ich bin der Photogra-

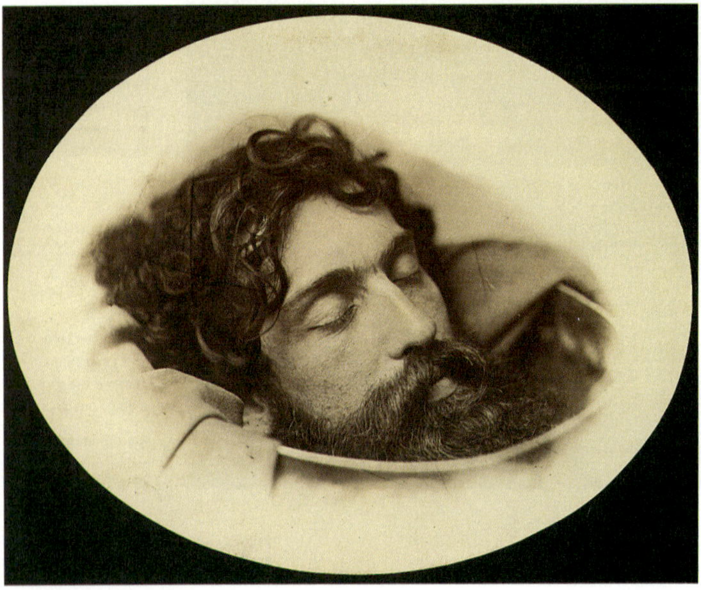

Oscar Gustav Rejlander
England, geb. Schweden, 1813–1875

Head of St. John the Baptist in a Charger (Kopf Johannes des Täufers auf einer Platte), um 1859

Albuminpapierabzug Kombinationsdruck
MUSEUMSANKAUF, EHEMALIGE SAMMLUNG A. E. MARSHALL
81:1791:0003

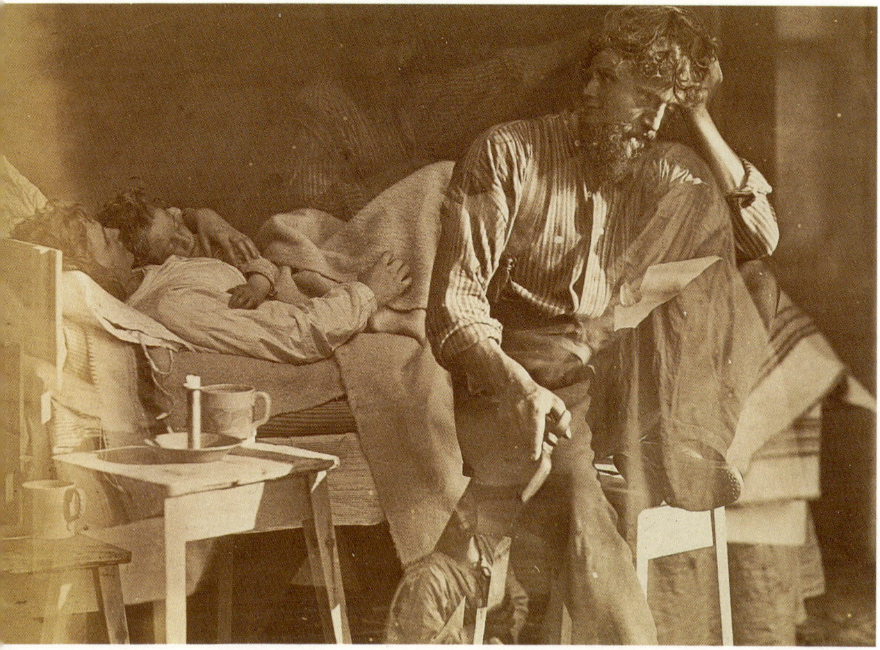

Oscar Gustav Rejlander

Hard Times (Harte Zeiten), um 1860

Albuminpapierabzug
MUSEUMSANKAUF, EHEMALIGE SAMMLUNG A. E. MARSHALL 72:0249:0042

phie für das Publikum müde, besonders der zusammengesetzten Photographie, denn mit ihr kann es keinen Gewinn und auch keine Ehre geben, nur Nörgelei und Verdrehung. Meine nächste Ausstellung wird nur aus Landschaften, efeubedeckten Ruinen und natürlich aus Portraits bestehen.« Aber eines seiner nächsten Bilder war *Head of St. John the Baptist in a Charger*, das aus zwei Negativen zusammengesetzt war. Trotz der schauerlichen Szene stellte Rejlander das Antlitz des Johannes auf fast ruhende Art dar und erklärte, er habe den Ausdruck des »heiligen Entsagens« porträtieren wollen, den Johannes seiner Ansicht nach trug. Robinson beschrieb Rejlanders hartnäckiges Bemühen, das Modell für den Heiligen zu verpflichten: »Rejlander sah seinen Kopf auf den Schultern eines Gentleman in der Stadt. ... Das Merkwürdige ist, daß er nicht so sehr den modernen Gentleman, als vielmehr stets das Bild sah, das der Kopf suggerierte. Es dauerte einige Monate, bis der Künstler es wagte, das Modell zu fragen, seinen Kopf zur Verfügung zu stellen ... und Jahre, bis er dessen Einwilligung erhielt.«

Hard Times erschien in mindestens zwei Versionen; in der hier gezeigten ist das Bild eines Zimmermanns, seiner Frau und seines Kindes über eine

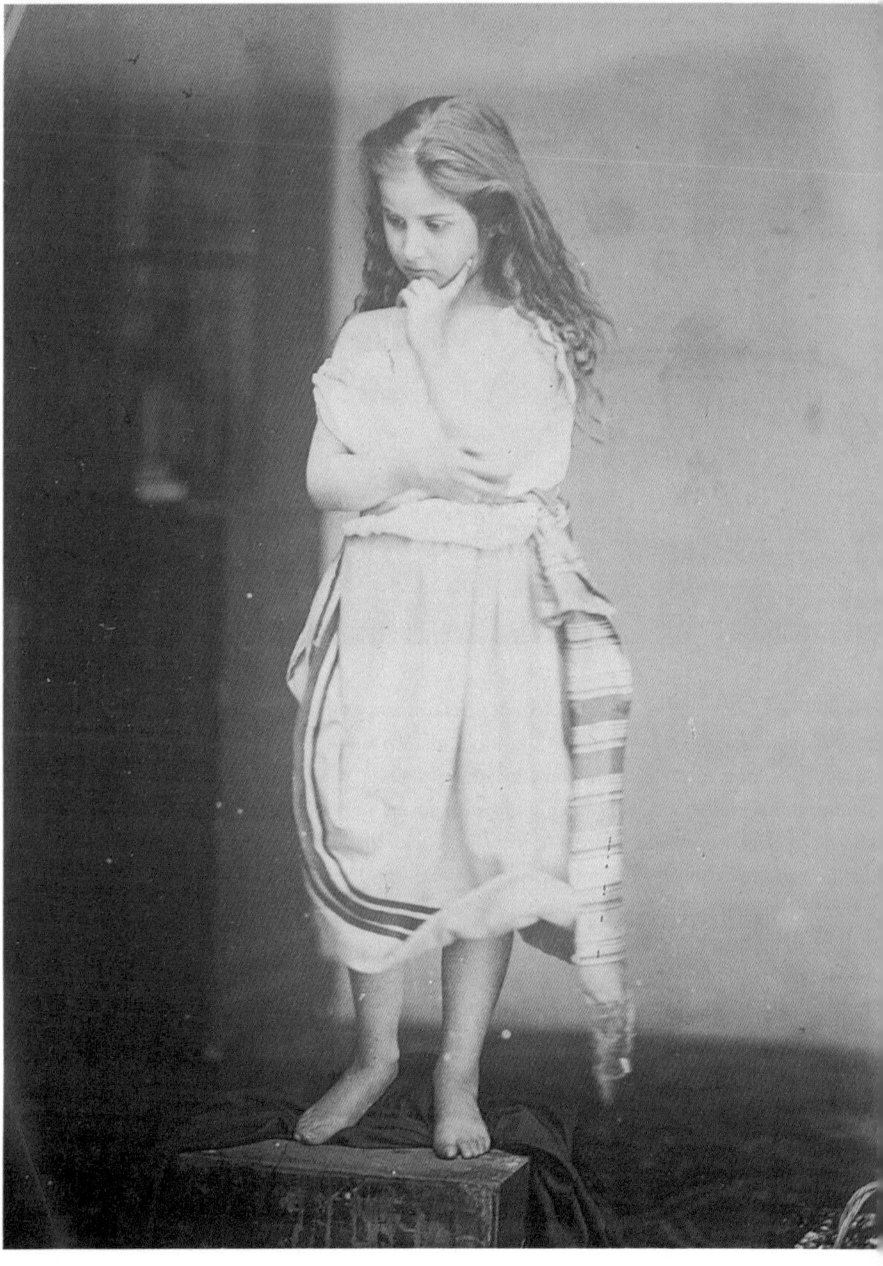

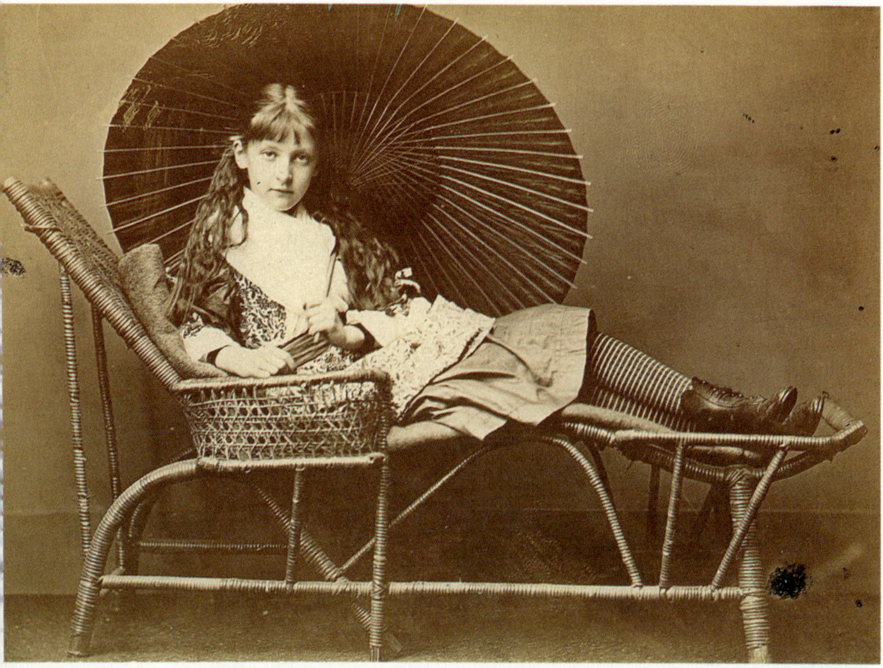

ähnliche Aufnahme gelegt und suggeriert die Verzweiflung des Mannes, der nicht in der Lage ist, für seine Familie zu sorgen. Rejlander machte auch dramatische Aufnahmen von Kindern, etwa diese Studie (links) eines nachdenklichen Mädchens, das auf einer Kiste steht.

Kein Photograph aber tat sich mehr mit Aufnahmen von Kindern, besonders von Mädchen hervor, als Lewis Carroll. Carroll, ein Pseudonym des Mathematikers und Schriftstellers Charles Lutwidge Dodgson, war der Autor von *Alice im Wunderland* und der Fortsetzung *Alice hinter den Spiegeln.* Er entdeckte die Photographie um 1856 für sich und war 25 Jahre lang ein begeisterter Praktiker.

Alexandra »Xie« Kitchin, die Tochter von Reverend George William Kitchin und das Patenkind von Queen Alexandra, war eines von Carrolls Lieblingsmodellen. Er erklärte, um eine vortreffliche Photographie zu machen, müsse man nur »eine Kamera nehmen und Xie davorstellen« und begann Ende der 1860er Jahre, sie zu photographieren. Viele von Carrolls Portraits zeigen Xie im Kostüm. Hier sieht man das selbstbewußte junge Mädchen auf einer Bambusliege, kokett einen Schirm über sich haltend.

Lewis Carroll (Rev. Charles Lutwidge Dodgson)
England, 1832–1898

Xie Kitchin with Umbrella, um 1875

Albuminpapierabzug
MUSEUMSANKAUF
83:1546:0002

(links)
Oscar Gustav Rejlander
England, geb. Schweden, 1813–1875

Nachdenkliches Mädchen auf einer Kiste, um 1860

Albuminpapierabzug
MUSEUMSANKAUF, EHEMALIGE SAMMLUNG A. E. MARSHALL
72:0249:0002

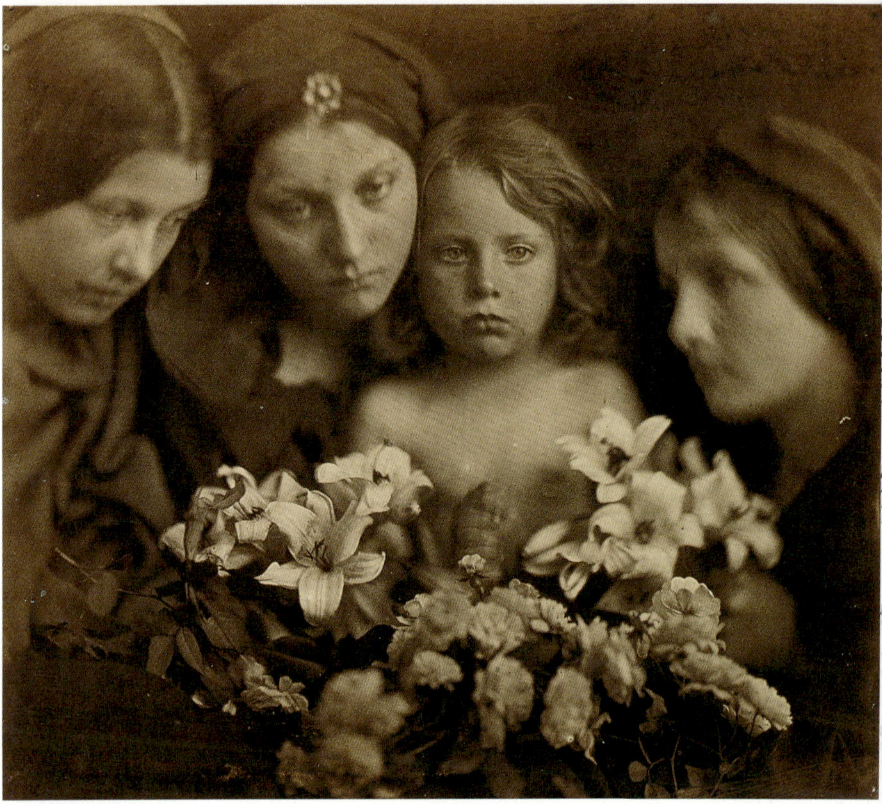

Julia Margaret Cameron
England, geb. Indien, 1815–1879

»Wist Ye Not That Your Father and I Sought Thee Sorrowing?« (»Wollt ihr nicht, daß euer Vater und ich euch trauern sehen?«), 1865

Albuminpapierabzug
SCHENKUNG EASTMAN KODAK COMPANY, EHEMALIGE SAMMLUNG GABRIEL CROMER
81:1121:0027

Die Gemeinde der künstlerischen Photographen in Großbritannien war klein; angeblich sollen Rejlander und Carroll die ersten Lehrer von Julia Margaret Cameron gewesen sein. Beide hatten Cameron, ihre Familie und ihr Haus »Dimbola« in Freshwater auf der Isle of Wight photographiert. Geboren in Indien und aufgewachsen in Frankreich und England kam Julia Margaret Cameron erst mit 49 Jahren zur Photographie. Ihre Arbeit war vor allem von Literatur, der Malerei der Renaissance und der Präraphaeliten sowie der Bibel beeinflußt. In einem Brief an Sir John Herschel verkündete sie ihre Absicht, die Photographie mit der Hochkunst-Bewegung zu verbinden: »Es ist mein Bestreben, die Photographie zu veredeln und ihr den Charakter und die Wirkung einer Hohen Kunst zu sichern, indem ich das Wirkliche und das Ideale verbinde und trotz aller Verehrung für Poesie und Schönheit nichts von der Wahrheit opfere.« Sir John Herschel war ein

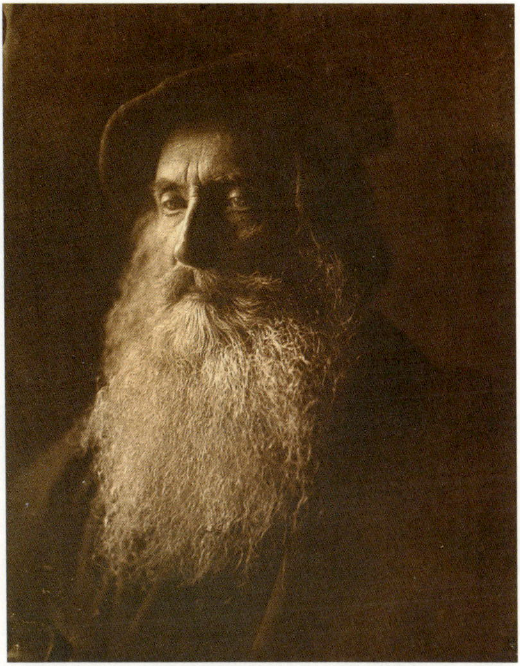

Julia Margaret Cameron

Henry Taylor, 1865

Albuminpapierabzug
SCHENKUNG EASTMAN KODAK COMPANY, EHEMALIGE SAMMLUNG GABRIEL CROMER
81:1119:0001

Freund der Familie und Camerons Mentor, der sie über die Entwicklungen in der Photographie auf dem laufenden hielt, lange bevor sie sich selbst aktiv damit beschäftigte.

Wist Ye Not That Your Father and I Sought Thee Sorrowing? (auch *The Return after Three Days* betitelt) basiert auf dem Bericht im Alten Testament über Christi Besuch im Tempel im Alter von 12 Jahren. Mit diesem eher evokativen als illustrativen Bild schuf Cameron eine metaphorische Darstellung der Spiritualität.

Der Dichter Sir Henry Taylor war eines von Camerons häufigsten männlichen Modellen; er posierte als King Lear, David, Ahasver und sogar als Rembrandt, dessen Gemälde Cameron manchmal nachahmte. Zehn Taylor-Portraits gehören zur Eastman-Sammlung. Hier sieht man den Poeten als Prospero, Herzog von Mailand, aus Shakespeares *Der Sturm;* der tief in Gedanken versunkene Gelehrte scheint keine Zeit auf solch triviale Belange wie Bartpflege verwendet zu haben.

Wie viele viktoranische Ladies stellte auch Cameron begeistert Photoalben zusammen, die sie an Freunde, Mentoren und Familienangehörige sandte.

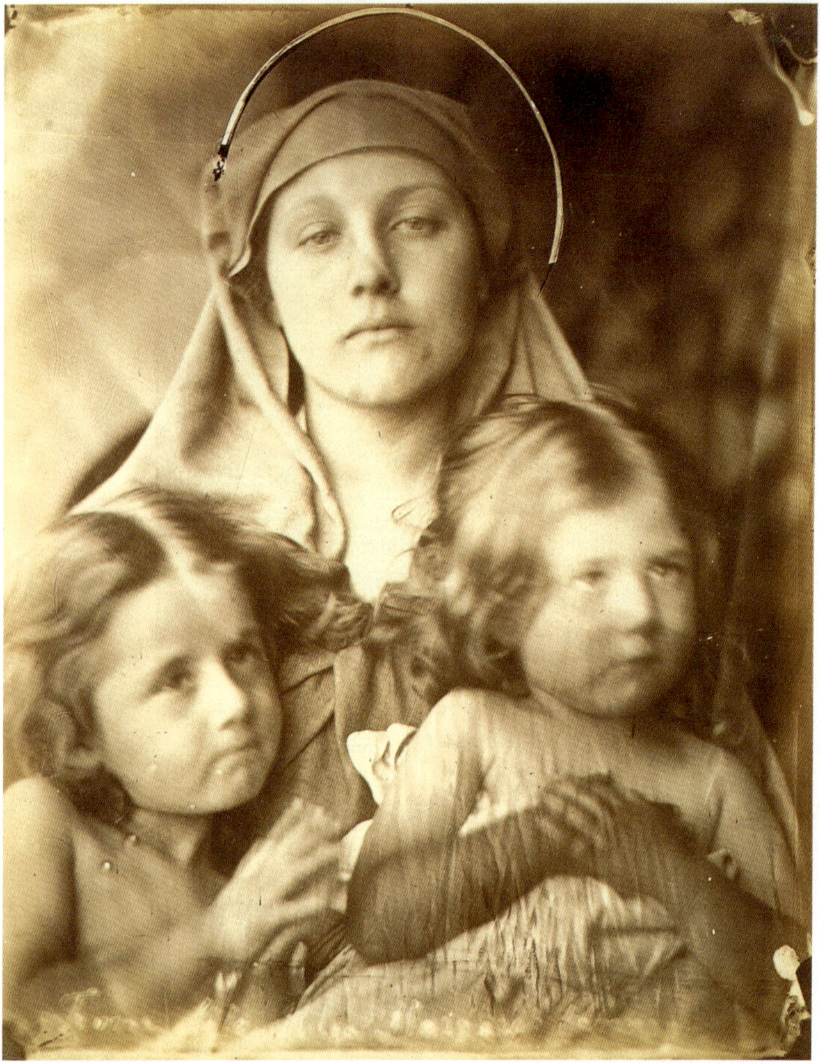

Julia Margaret Cameron
England, geb. Indien, 1815–1879

Mary Hillier, Elizabeth
und Kate Kuhn, 1864

Albuminpapierabzug
ANONYME SCHENKUNG
71:0109:0031

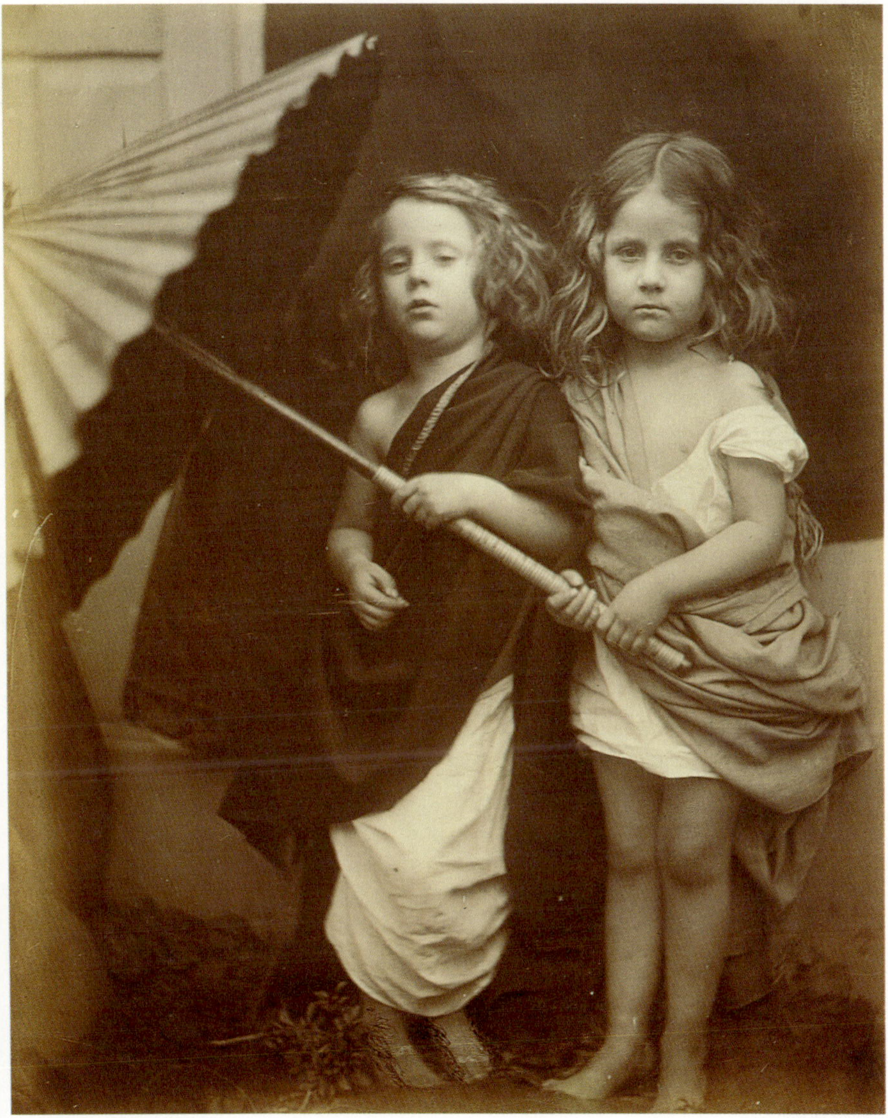

Julia Margaret Cameron
Paul und Virginia, 1864

Albuminpapierabzug
ANONYME SCHENKUNG
71:0109:0035

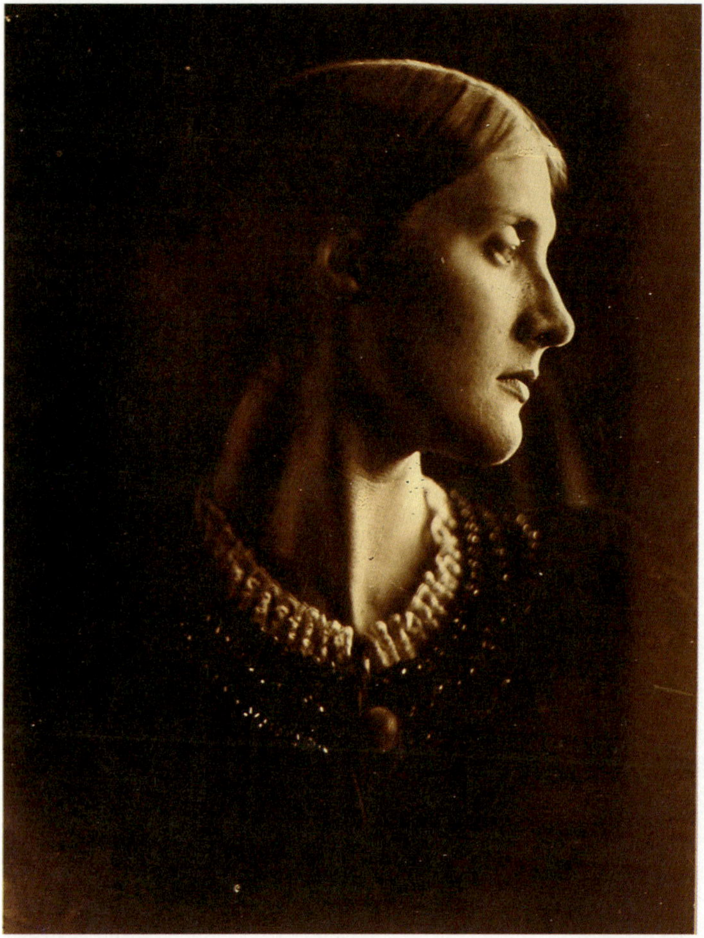

(rechts)
Julia Margaret Cameron

Vivien und Merlin, 1874

Albuminpapierabzug
MUSEUMSANKAUF
LIBRARY COLLECTION
74:0087:0005

Julia Margaret Cameron
England, geb. Indien, 1815–1879

Mrs. Herbert Duckworth als Julia Jackson, um 1865–1866

Albuminpapierabzug
SCHENKUNG ALDEN
SCOTT BOYER
81:1129:0003

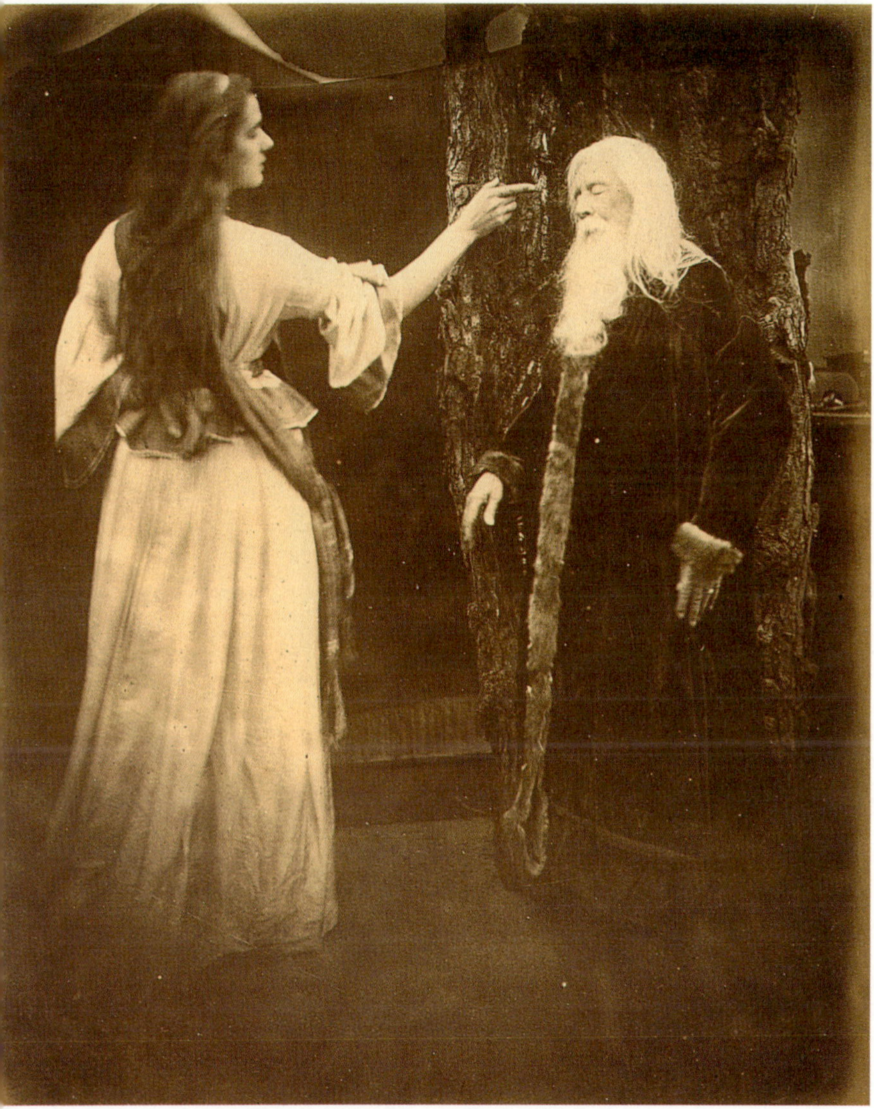

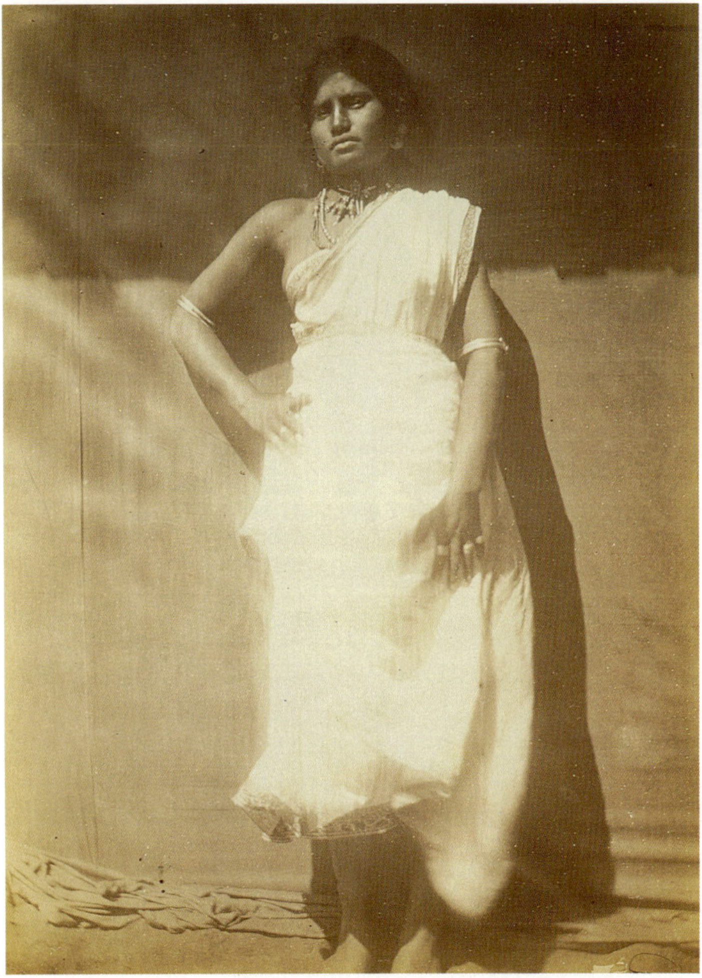

Julia Margaret Cameron
England, geb. Indien, 1815–1879

Sinhalese Woman (Singalesische Frau) um 1875–1879

Albuminpapierabzug
MUSEUMSANKAUF
71:0163:0001

Die Eastman-Sammlung besitzt über 150 Bilder von Cameron sowie eines ihrer frühesten bekannten Präsentationsalben, das sie ihrem Mentor, dem Maler George Frederick Watts schenkte. Mary Hillier, Camerons Hausmädchen, das sie »eines meiner schönsten und konstantesten Modelle« nannte, und Elizabeth und Kate Kuhn, die Töchter des Försters der Insel, erscheinen in einem Bild (Seite 366) als Madonna und Kinder. Cameron nahm dieses Photo in das Album für Watts auf. Sie malte den Heiligenschein um Hilliers Kopf direkt auf das Negativ, um der Szene etwas Sakrales zu verleihen.

Die Inspiration zu *Paul und Virginia* (Seite 367) mit den Modellen Freddie Gould, dem Sohn eines Fischers, und Elizabeth Kuhn, lieferte das romantische Sittenmärchen *Paul et Virginie* von Jacques-Henri Bernardin de Saint-Pierre aus dem Jahr 1787, das bei viktorianischen Lesern äußerst beliebt war. Die Schlüsselszene des Dramas ist der Untergang eines Schiffes vor der Küste der französischen Kolonie Mauritius, bei dem Virginie ums Leben kommt, weil sie sich in ihrer Schamhaftigkeit weigert, ihre Kleider auszuziehen, um gerettet werden zu können. Diese Photographie ist eine von Camerons wahrheitsgetreueren, wenn auch nicht ganz genauen Interpretationen, in welcher der orientalische Schirm und die auf dem Boden verstreuten Blumen den tropischen Schauplatz des Romans andeuten sollten.

Mrs. Herbert Duckworth als Julia Jackson (Seite 368) ist ein beeindruckendes Portrait von Camerons geliebter Nichte und ihrem häufigsten Motiv. Es entstand kurz vor Jacksons Vermählung mit dem Rechtsanwalt Herbert Duckworth. Jackson würde später die Mutter der Schriftstellerin Virginia Woolf und, aus zweiter Ehe, der Künstlerin Vanessa Bell werden. Die Bedeutung, die Cameron Jacksons bevorstehendem Status als Ehefrau beimißt, geht deutlich aus dem Titel hervor, der die Frau bereits in Beziehung zu ihrem Ehemann identifiziert.

Vivien und Merlin (Seite 369) mit Camerons Mann Charles in der Rolle des Merlin und Miss Agnes als Vivien, ist eine der Illustrationen zu Alfred Lord Tennysons epischem Gedicht *Idylls of the King*. Cameron hatte den Auftrag übernommen, das äußerst populäre Werk zu illustrieren, da ihr dies eine Einkommensquelle bot. Tennyson war ebenfalls ein Freund der Familie in Freshwater und saß Cameron oft Modell. Nach einer Wende des Schicksals kehrte ihre Familie 1875 nach Ceylon zurück, wo Cameron nur sporadisch photographierte. Zu den dort entstandenen Arbeiten gehört eine Serie von Portraits Einheimischer, meist Diener und Plantagenarbeiter, wie diese scheinbar ethnographische Studie einer singalesischen Frau vor einem einfachen Stoffhintergrund.

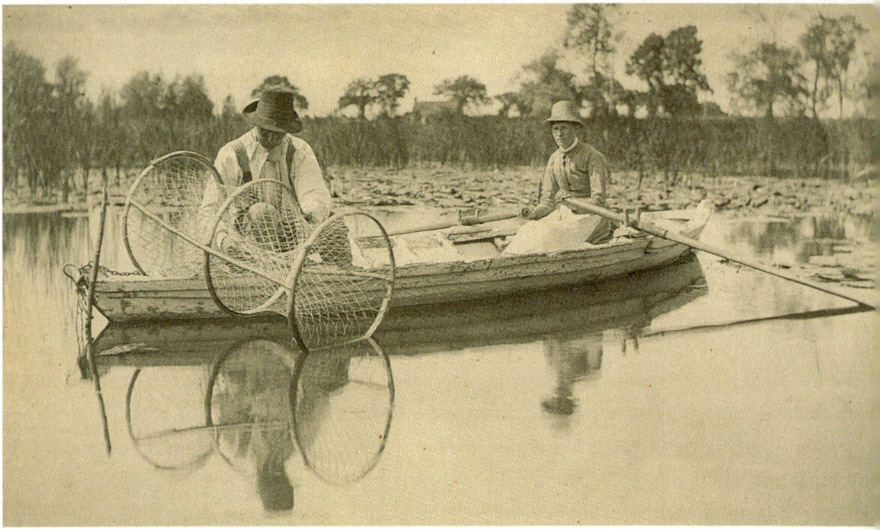

Peter Henry Emerson
England, geb. Kuba, 1856–1936

Setting the Bow-Net (Auswerfen der Reuse), um 1885

Platindruck
SCHENKUNG WILLIAM C. EMERSON
79:4338:0037

Peter Henry Emerson wurde in Kuba geboren, wuchs in den Vereinigten Staaten auf und ging mit 13 Jahren nach England, um dort die Schule zu besuchen. Der Gentleman-Photograph betrat die Szene als unverblümter Kritiker von Robinsons *Pictorial Effect in Photography,* Rejlanders ausgedachten Bildern und Camerons »verschwommenen« Aufnahmen. Seiner Ansicht nach war die Photographie eine eigenständige Kunstform, auch ohne die Malerei und malerische Effekte nachzuahmen, und er forderte, die inhärenten Stärken des Mediums in ihrem maximalen Potential zu nutzen. Die Sammlung des Eastman House enthält 340 Bilder von Emerson, dem zweifellos vehementesten Verfechter der Photographie als Kunstform des 19. Jahrhunderts. Zu seinen wichtigsten Grundsätzen gehörte eine differenzierte Schärfe, d. h. die Photographie sollte das menschliche Sehen nachempfinden. Eine Aufnahme sollte dort scharf sein, wo das Auge seine Aufmerksamkeit hinlenkt, und nach den Rändern hin eher verschwommen erscheinen, um den peripheren Blick zu simulieren. 1899 veröffentlichte er das Buch *Naturalistic Photography,* in dem er darlegte, daß Wahrheit und Realismus nur durch »reine« Photographie zu erreichen seien.

Die Norfolk Broads galten, so ein Historiker, »zumindest in den 1840er Jahren ... als ein primitives Paradies, angefüllt mit Wild und duftenden Blumen, die Heimat des letzten freien Mannes in England.« Zu der Zeit, als Emerson dort photographierte, waren die Broads zu einem beliebten

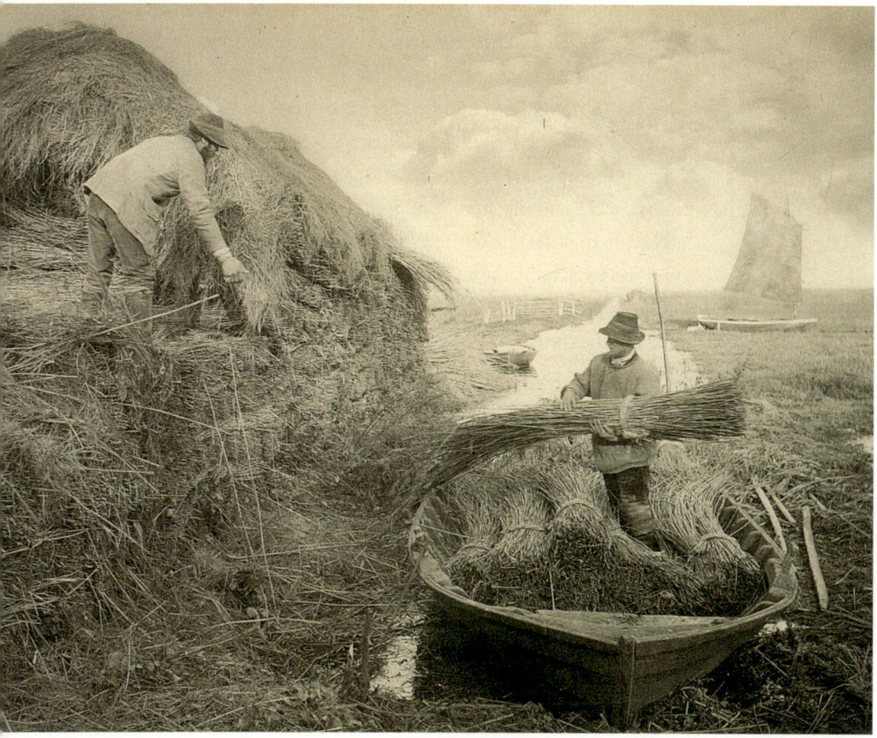

Peter Henry Emerson

Ricking the Reed (Bündeln des Rieds), um 1885

Platindruck

SCHENKUNG WILLIAM C. EMERSON

79:4338:0011

Erholungsgebiet für Touristen geworden. Sein 1887 erschienenes Buch *Life and Landscapes on the Norfolk Broads* war auch der Versuch, eine Lebensform festzuhalten, die durch zunehmende Urbanisierung bedroht war. Dieser aufwendig mit Platindrucken illustrierte Band war der erste von vielen, die er über das Leben in East Anglia zusammenstellte.

Als Mitglied einer, so Emerson, »anthropologischen Aristokratie«, richtete er seine Kamera auf die Einheimischen, die Fischer, Bauern und Landbesitzer der Region. Zwar behauptete er, authentische Lebensformen darzustellen, doch bat er seine Modelle, sich »umzuziehen und auf weniger prätentiöse Art zu kleiden«, wenn ihre Kleidung nicht seinen volkskundlichen Vorstellungen entsprach. Damit sie für ihn posierten, bot er seinen Modellen Bier oder Geld an. Sowohl *Setting the Bow Net*, das Bild eines Mannes und einer Frau, die ihre Reuse auswerfen, als auch *Ricking the Reed* zeigen die handwerkliche Arbeit der ländlichen Bevölkerung, die nichts von der Industrialisierung ahnen läßt, welche die Region so rapide veränderte.

The Clay Mill ist eine Szene aus *Pictures of East Anglian Life*, ein 1888 mit photographischen Illustrationen veröffentlichtes Buch. In diesen Photographien versuchte Emerson »[…] voller Sympathie verschiedene Phasen aus dem Leben der Bauern und Fischer sowie die Landschaft zum Ausdruck bringen, die [ihm] in der Natur wegen ihrer Stimmung und Poesie ins Auge stachen.« *East Coast Fishermen* ist das inszenierte Portrait dreier Seefahrer: robust, stolz und die Tradition ihrer Vorväter fortsetzend.

Nachdem er feststellen mußte, daß seine naturalistischen Aufnahmen einer wissenschaftlichen Grundlage entbehrten, zeigte sich Emerson im Januar 1891 von dem Medium enttäuscht. Er nahm seinen vorherigen künstlerischen Anspruch in einer öffentlichen Erklärung »An alle Photographen« zurück, die er später zu dem Pamphlet *The Death of Naturalistic Photography* ausweitete, um die Photographie eindeutig zu einer Wissenschaft, und nicht zu einer Kunstform zu erklären.

Emersons alter Rivale H. P. Robinson wurde 1892 Mitbegründer der »Linked Ring Brotherhood«, einer Gruppe von Photographen, die sich aufgrund ihres künstlerischen Anspruchs, der von Emersons dramatischem Meinungsumschwung profitierte, von der Royal Photographic Society lossagten und ihre eigene Koalition bildeten. Emersons frühe Schriften hatten die Ästhetik vieler Photographen stark beeinflußt, besonders die des Amerikaners Alfred Stieglitz, der 1902 die Photo-Secession in den Vereinigten Staaten ins Leben rief.

Peter Henry Emerson
England, geb. Kuba, 1856–1936

The Clay-Mill (Die Tonmühle), um 1886

Photogravüre
SCHENKUNG ALDEN SCOTT BOYER
81:1295:0026

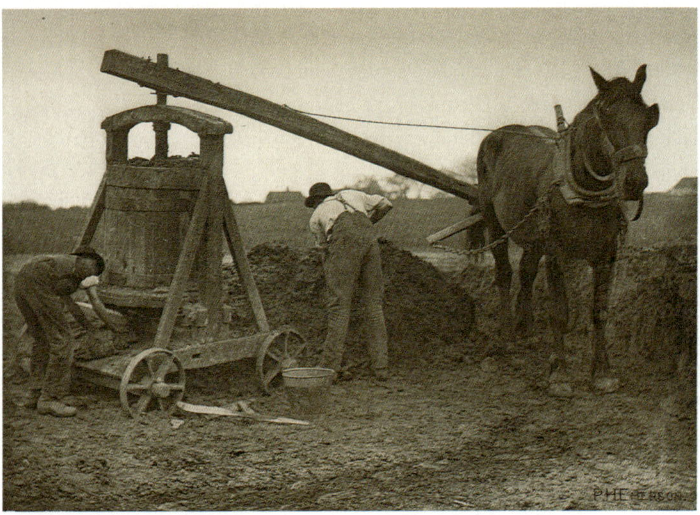

(rechts)
Peter Henry Emerson

East Coast Fishermen (Ostküsten-Fischer), um 1886

Platindruck
SCHENKUNG WILLIAM C. EMERSON
82:2532:0047

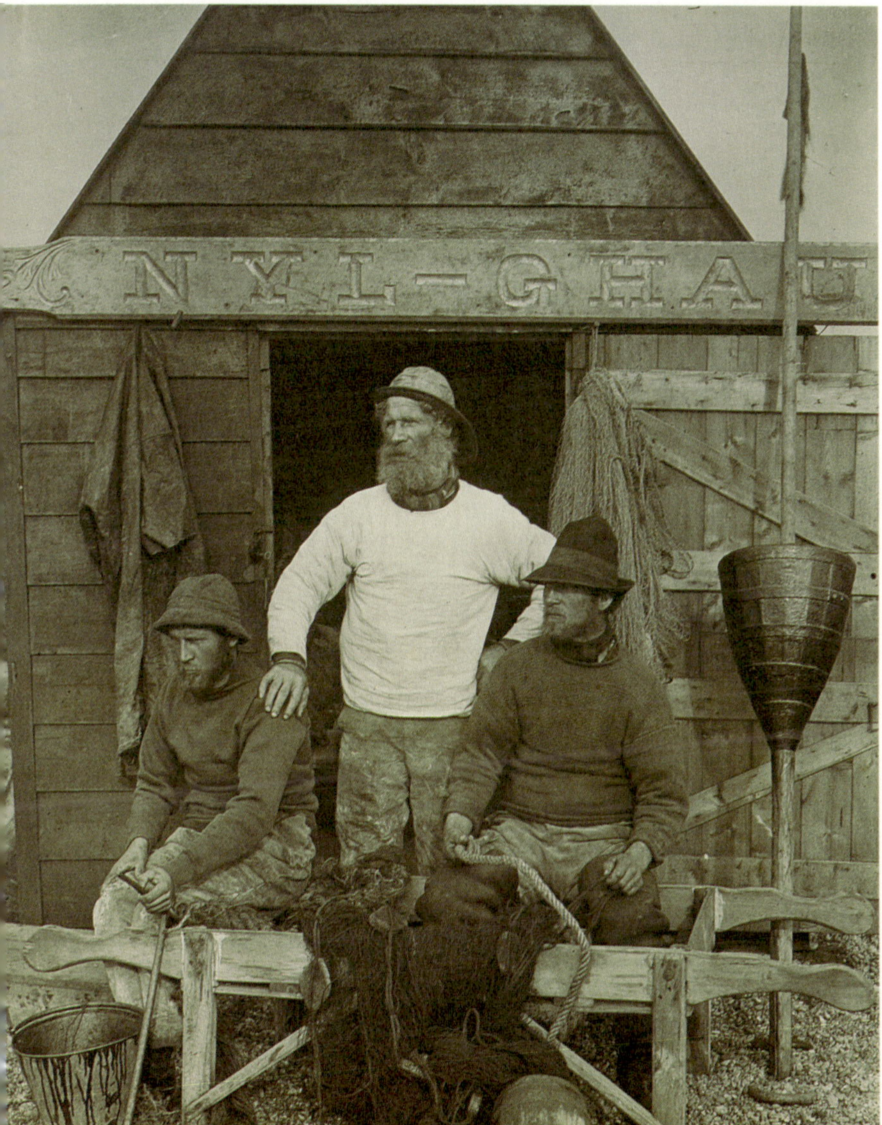
NYL-GHAU

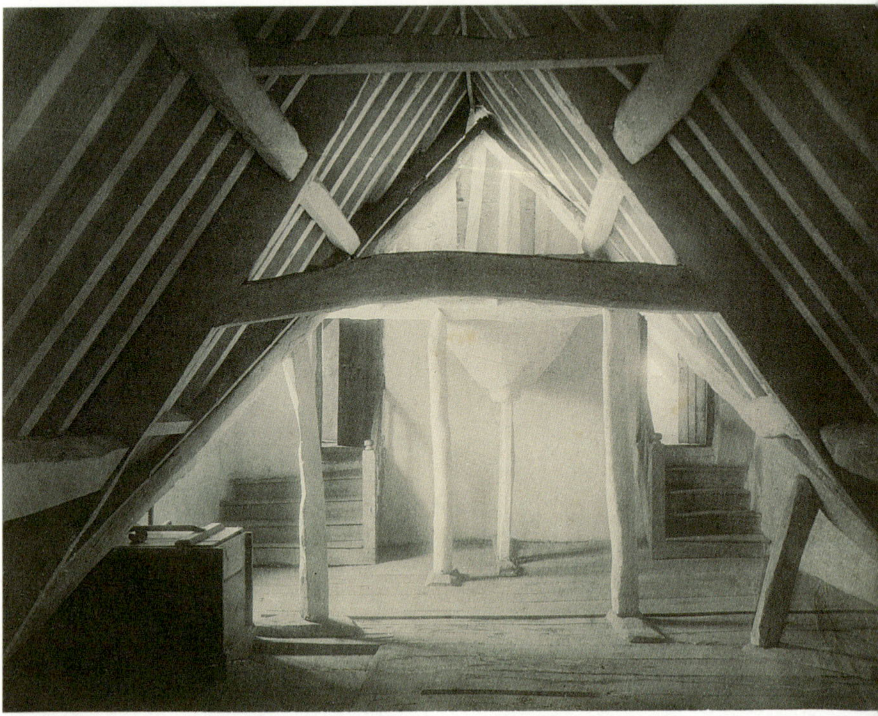

Frederick H. Evans
England, 1853–1943

Kelmscott Manor: Attics (Dachboden), um 1897

Platindruck
MUSEUMSANKAUF, EHEMALIGE SAMMLUNG GORDON CONN
81:1198:0005

(rechts)
Frederick H. Evans

Lincoln Cathedral from the Castle (Von der Burg her), 1898

Platindruck
MUSEUMSANKAUF, EHEMALIGE SAMMLUNG GORDON CONN
81:1198:0100

Frederick Evans, von Beruf Buchhändler, begann um 1882 zu photographieren. Der Verfechter der »reinen« Photographie und des Platindruckverfahrens erklärte bescheiden: »Ich bin bis jetzt noch nicht mutig genug gewesen, etwas anderes (wenn es etwas anderes gibt), als die Platinotypie [Platindruck] auszuprobieren ... es interessiert mich mehr, mit einfacher, direkter Photographie die Effekte von Licht und Schatten darzustellen, die mich so faszinieren. ...« Sein Hauptinteresse galt der Architektur. *Kelmscott Manor: Attic*, aufgenommen in William Morris' Geburtshaus kurz nach seinem Tod, ist eine Studie über Licht, Schatten und Perspektive.

Lincoln Cathedral from the Castle zeigt einen ganz anderen, äußerst bemerkenswerten Ansatz: Die in gedämpfter Tonalität wiedergegebene Kathedrale ragt nebelhaft über die konstrastreichen Häuser im Vordergrund auf wie ein überirdisches Bauwerk. Für solche Bilder war Evans berühmt. Im Jahr 1901 wurde er in den Linked Ring gewählt. In einem Essay in der britischen Zeitschrift *Amateur Photographer* gab Evans seinen Kollegen folgenden Rat: »... versuchen Sie lieber ein Gefühl festzuhalten, als ein Stück Topographie. War-

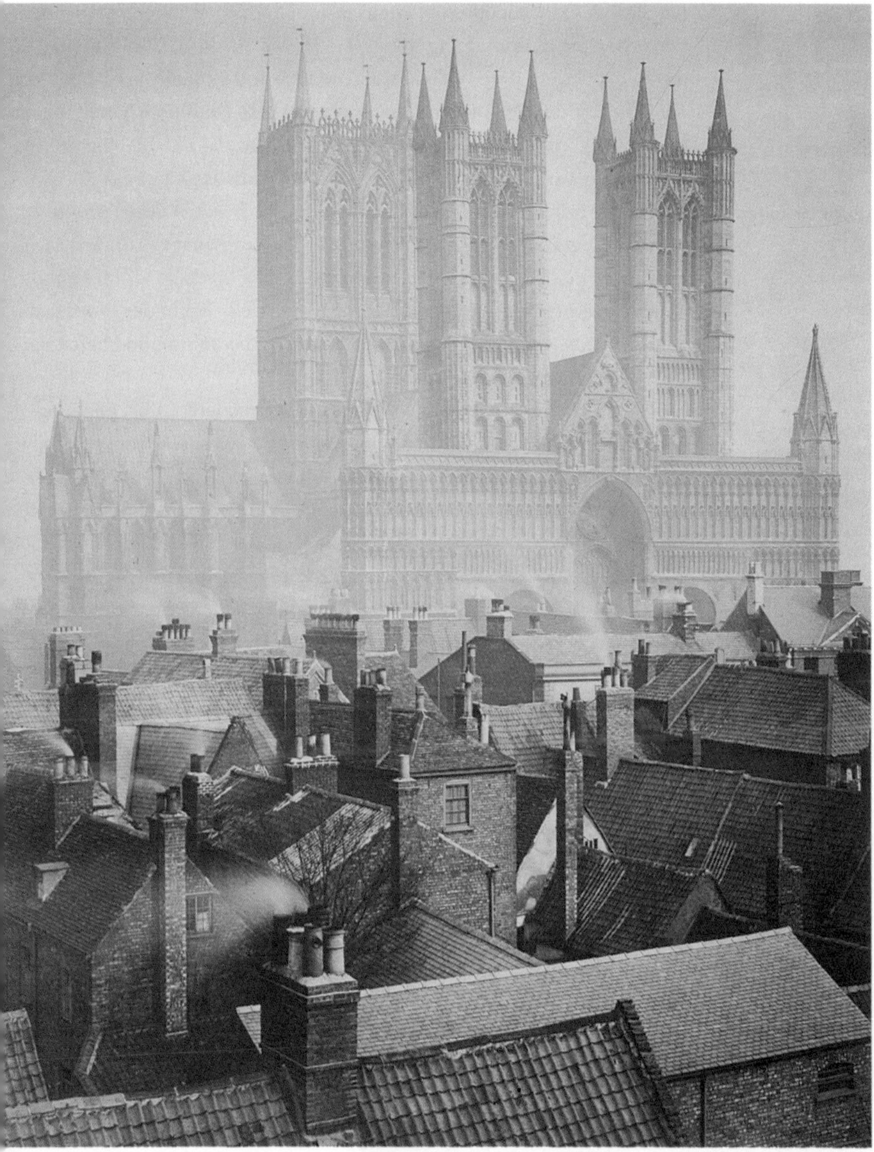

(rechts)
Frederick H. Evans
England, 1853–1943

Aubrey Beardsley, 1893

Photogravüre
MUSEUMSANKAUF, EHEMALIGE SAMMLUNG GORDON CONN
81:1198:0082

ten Sie, bis das Gebäude eine intensive Empfindung in Ihnen hervorruft. ... Versuchen Sie es immer und immer wieder, bis Sie das Gefühl haben, daß das Bild nicht nur Ihnen selbst, sondern auch anderen, die nicht diese intime Kenntnis des Originals haben, etwas von dem Gefühl vermittelt, das es ursprünglich in Ihnen hervorgerufen hat. ... Das ist »Kathedralen-Photographie«, etwas, das über bloße Photographie hinausgeht. ...«

Weniger bekannt, aber nicht weniger erfolgreich waren Evans' frühe Mikrophotographien wie etwa die 40fache Vergrößerung von *Tr. Sec. Spine o Echinus*. Mit dieser Aufnahme gewann er 1887 die Medaille für Mikrophotographie der Royal Photographic Society. Die perfekte Form des Präparats deutet bereits jene der Buntglasfenster einer Kathedrale an und bereitete vielleicht den Weg für Evans' spätere Arbeiten.

Evans betrieb seine Buchhandlung bist 1898 und lernte 1889 den jungen Aubrey Beardsley kennen. Mit der Illustration zu *Morte d'Arthur* von Mallory verschaffte er Beardsley dessen ersten Auftrag. Als Gegenleistung saß diese Evans Modell, der zwei gelungene Aufnahmen von ihm machte. Die Zeichnungen von Sartyren am Rand des Portraits sind von Beardsley.

Im November 1944, eineinhalb Jahre nach Evans' Tod, pries Alvin Langdon Coburn den Beitrag seines Vorgängers bei einem Symposium zu seinem Werk: »Evans kämpfte zu Beginn der malerischen Photographie um deren Anerkennung als persönliches Ausdrucksmittel. Der Kampf ist jetzt gewonnen, aber wann und wo auch immer die Geschichte erzählt wird ... der Name Evans wird als ein Verfechter der Reinheit der Photographie in Erinnerung bleiben der wesentlich zu ihrem Triumph beigetragen hat.«

Die Royal Photographic Society (RPS) und das Eastman House organisierten 1963 gemeinsam eine große Retrospektive von Evans' Werk; Kurator war der Direktor des Eastman House und Mitglied der RPS, Beaumont Newhall. Zur Sammlung gehören über 200 Arbeiten von Evans.

Frederick H. Evans

Tr. Sec. Spine of Echinus (Stachel eines Seeigels), x40, 1887

Silbergelatine-Abzug Mikrophotographie
MUSEUMSANKAUF, EHEMALIGE SAMMLUNG GORDON CONN
81:1198:0096

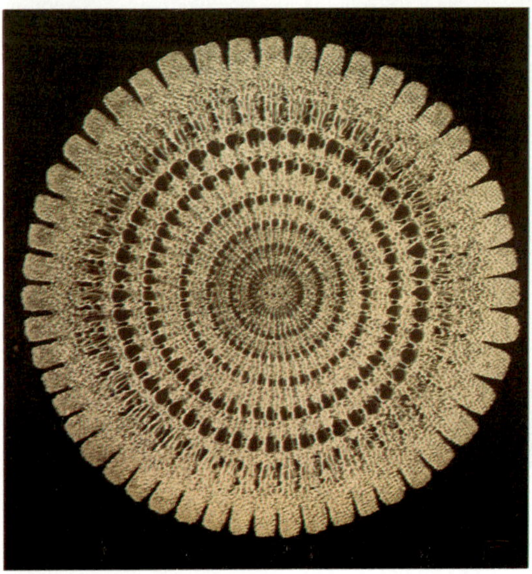

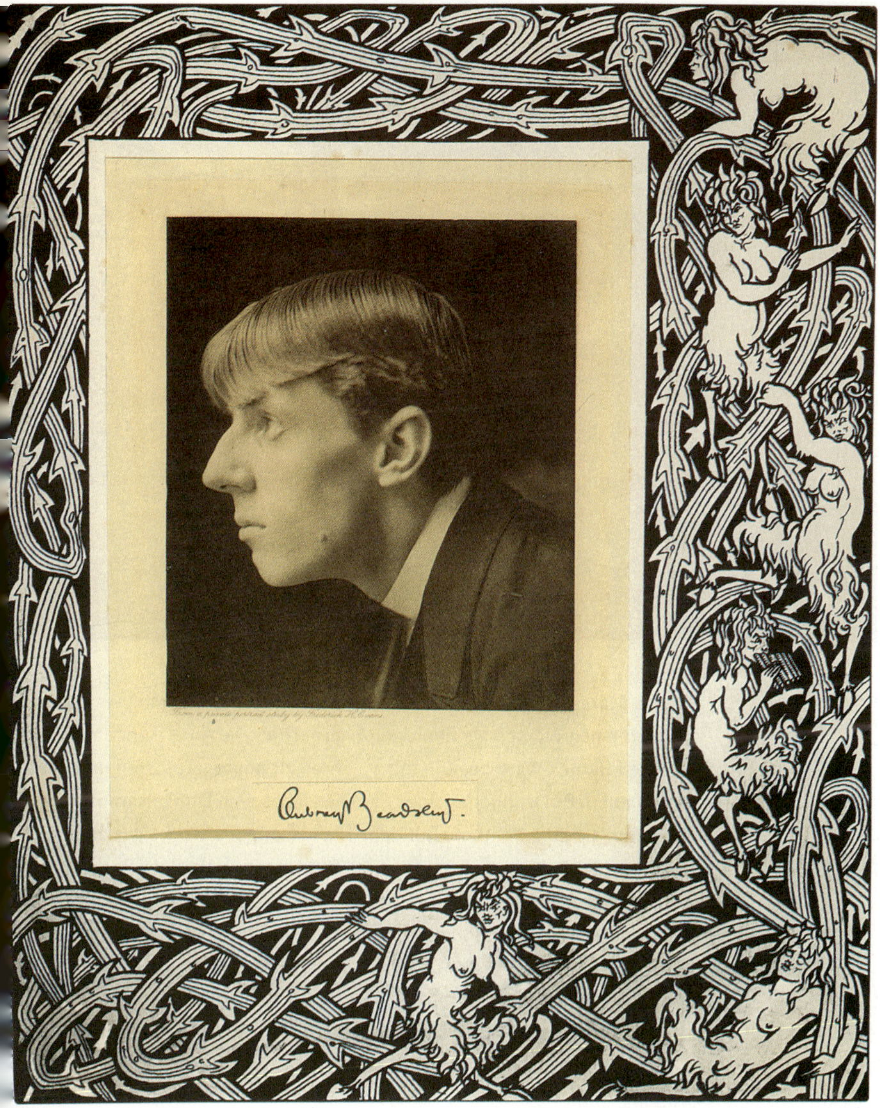
From a private portrait study by Frederick H. Evans
Aubrey Beardsley.

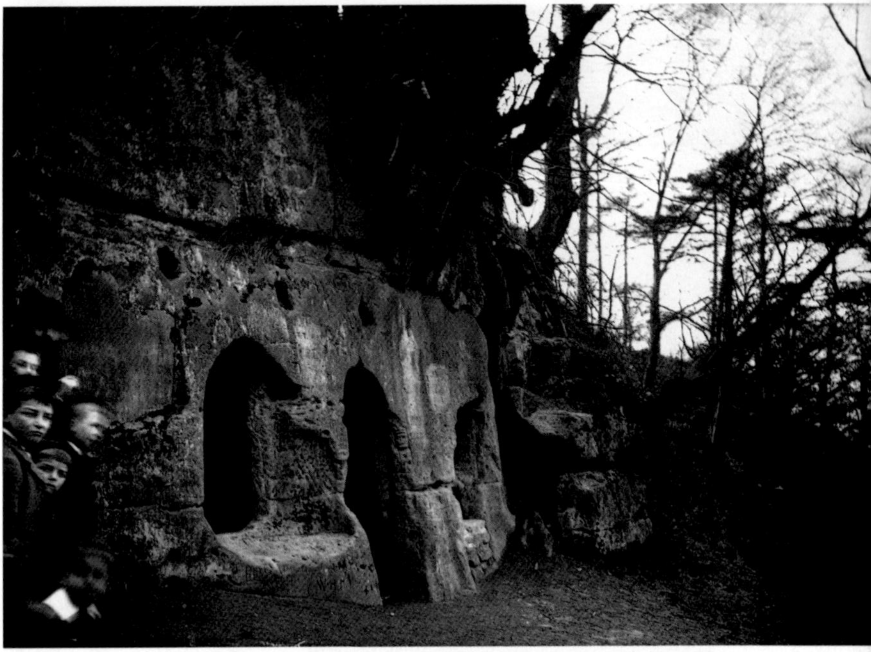

Catherine Weed Barnes Ward
Amerika, 1851–1913

Dale Abbey Hermitage, um 1891–1912

Von Gelatineplatte
SCHENKUNG MEMORIAL ART GALLERY
81:2291:1355

(rechts)
Catherine Weed Barnes Ward

Fox Talbot's Cameras Lacock Abbey, um 1891–1912

Von Gelatineplatte
SCHENKUNG MEMORIAL ART GALLERY
81:2291:1716

Julia Margaret Cameron war nicht die einzige Frau, die sich im 19. Jahrhundert einen Namen als Photographin machte. Die Amerikanerin Catherine Weed Barnes Ward begann mit 35 Jahren zu photographieren und richtete sich auf dem Dachboden ihres Familiensitzes eine Dunkelkammer ein. Nachdem sie eine Kolumne mit dem Titel »Women's Work« geschrieben hatte, wurde sie 1890 Redakteurin von *The American Amateur Photographer.* Als engagierte Fürsprecherin weiblicher Photographen nutzte Ward ihre Stellung als Redakteurin und erklärte: »Gute Arbeit ist gute Arbeit, ob von einem Mann oder einer Frau, und das gleiche gilt für schlechte Arbeit.« In den kommenden Jahrzehnten, als eine große Zahl von Frauen den Beruf der Photographin ergriff, sollte sich Wards Engagement auszahlen. Eastman House besitzt über 2.000 Negative und Diapositive dieser frühen Photographin.

Die meisten ihrer Photographien enstanden auf Reisen nach England und Schottland, so auch die wunderbare Aufnahem *Dale Abbey Hermitage.* Sie photographierte auch einige von Talbots Kameras vor Lacock Abbey, die wie Schauspieler in einem namenlosen Stück versammelt sind.

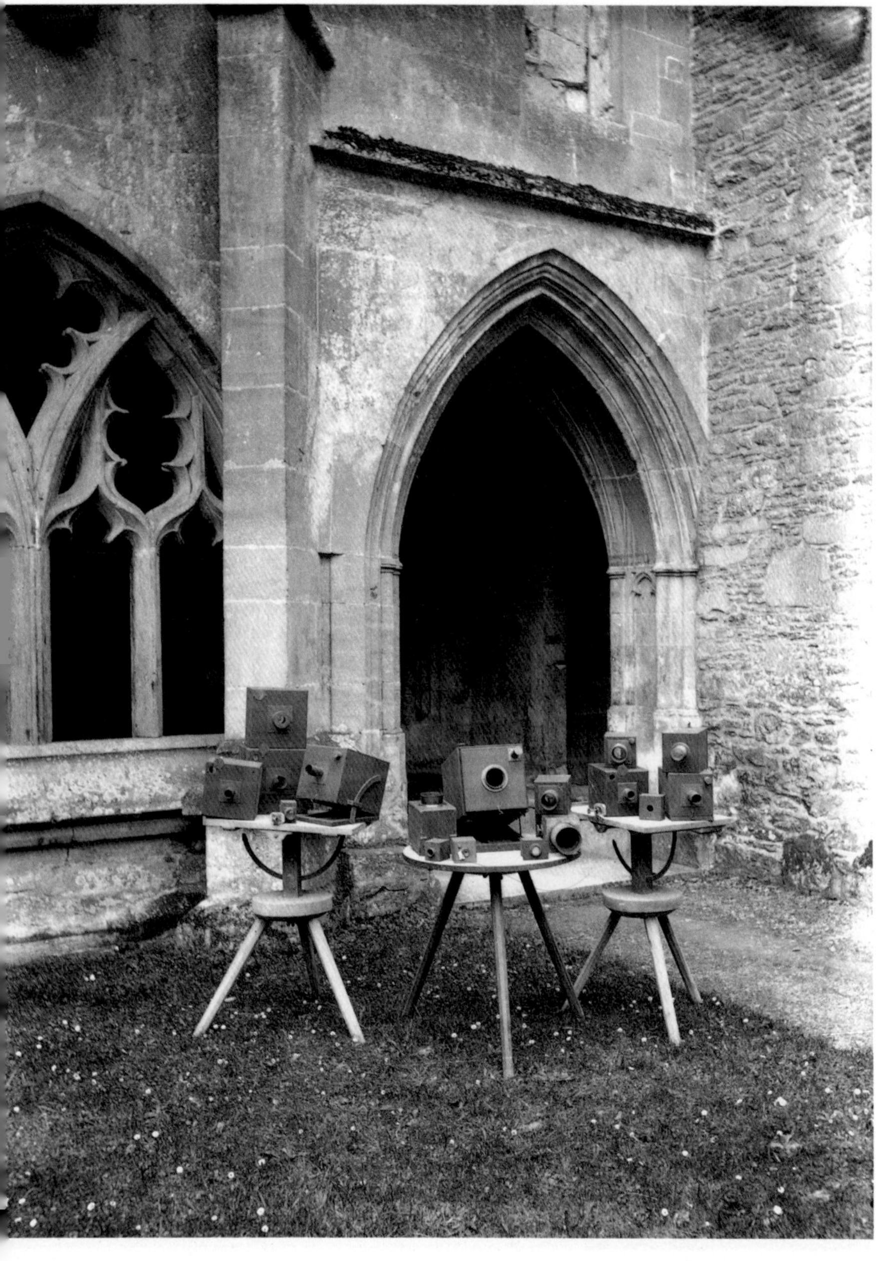

»Es ist dem Menschen nicht gegeben, auch dem f/64-Menschen nicht, das Unnatürliche der Nahtstellen in kombinierten Photographien und die allzu deutliche Salonstaffage der attraktiven Damen zu übersehen, die Heu machen oder Fischerfrauen spielen«, schrieb George Davison höhnisch über das Gekünstelte der malerischen Photographie. Davison war Gründungsmitglied des Londoner Camera Club und anfänglich ein begeisterter Anhänger von Emersons naturalistischer Philosophie. Aber er entwickelte bald seine eigenen Theorien. In einem Essay, den er der Royal Academie of Arts vorlegte, vertrat er die Ansicht, diffuse, weich gezeichnete und unscharfe Photographien seien das ideale Mittel, um impressionistische Effekte zu erzielen. Seine erste diffuse Photographie war *The Onionfield,* für die er eine Scheibe mit Nadelloch an seiner Kamera anbrachte, und die er 1890 bei der Jahresausstellung der Royal Photographic Society zeigte, wo sie mit einer Medaille ausgezeichnet wurde. Mit dieser Methode eliminierte Davison jede Scharfeinstellung im gesamten Bild, was Emerson entmutigte. Er lehnte Davisons These öffentlich ab und bezeichnete ihn abfällig als »Buchhalter«

George Davison
England, 1854–1930

The Onion Field
(Das Zwiebelfeld),
1889

Photogravüre
SCHENKUNG ALVIN
LANGDON COBURN
67:0080:0006

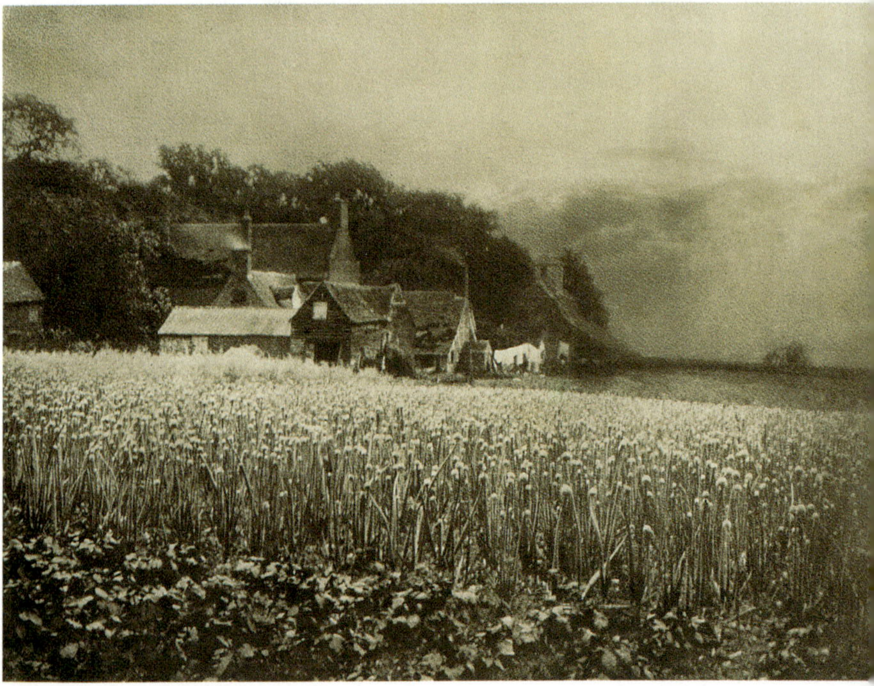

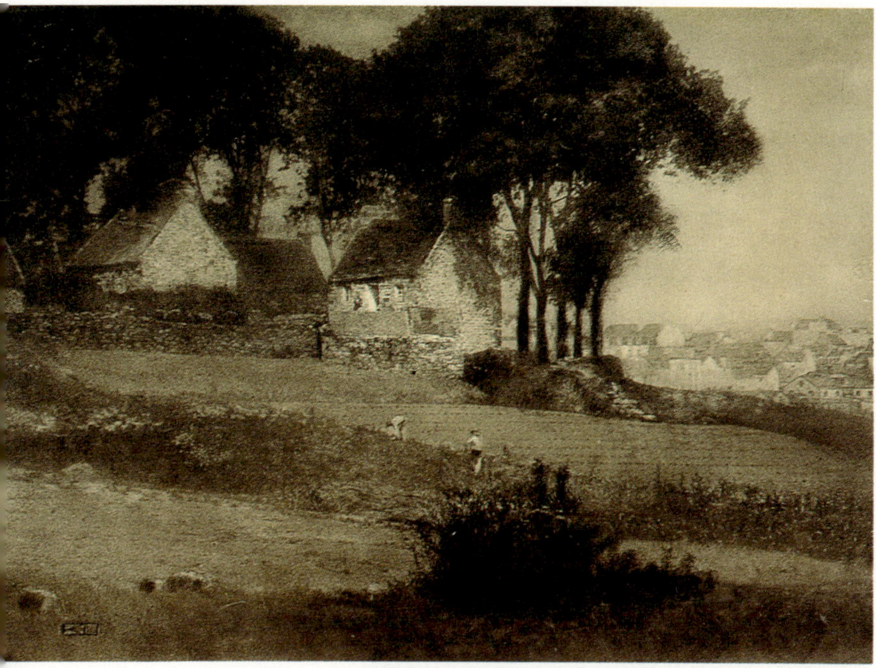

Robert Demachy
Frankreich,
1859–1936

In the Fields, Plumarch. A Breton Landscape (In den Feldern, Plumarch. Eine bretonische Landschaft), um 1910

Öldruck

SCHENKUNG
C. J. CRARY
81:1146:0001

ein Beruf, bevor er Photograph wurde. Gleichwohl gehörte Davison 1892 usammen mit Robinson zu den 15 Gründungsmitgliedern des Linked Ring.

Robert Demachy war ein wohlhabender französischer Bankier, der sich für Musik, Malerei, Autos und schließlich für Photographie begeisterte, die er 880 zu seiner Hauptbeschäftigung machte. Zwei Jahre, nachdem er sich der Société Française de photographie angeschlossen hatte, gründete er den Photo Club de Paris. Er wurde zum Mitglied des Linked Ring gewählt, zum Ehrenmitglied der Royal Photographic Society ernannt und trat später der Photo-Secession bei. Als Verfechter des Gummi-Bichromatverfahrens war er der führende künstlerische Photograph in Frankreich und Autor von *Pure Photography is Not an Art,* worin er Evans' Ansatz ablehnte: »Wir können nur die Effekte der Radierung und des Aquarells als Richtlinie nehmen, wo Frische, Stärke, Kühnheit und Zartheit kombiniert sind«. *In the Fields, Plumarch. A Breton Landscape* ist ein Öldruck, eine Technik, die Demachy um 910 aufgriff.

Heinrich Kühn war Student der Botanik und der Medizin, bevor er sich um 1888 der Photographie zuwandte und erste Versuche in der Mikrophoto-

(rechts)
Heinrich Kühn
Österreich, geb. Deutschland, 1866–1944

Tonwertstudie, 1929

Photogravüre
MUSEUMSANKAUF
78:0565:0003

graphie unternahm. Er arbeitete in Wien, wo er Portraits nach dem Gummidruck-Verfahren machte, mit dem er seinen malerischen Stil entwickelte. Später experimentiere er mit dem Gummi-Bichromatverfahren und verfaßte darüber zahlreiche Schriften. Mit mehreren seiner Kollegen vom Wiener Kamera Club gründete er 1897 Das Trifolium (das Kleeblatt), eine Gruppe, die sich auf Gummidrucke spezialisierte. Die Arbeit dieser Gruppe erregte die Aufmerksamkeit von Alfred Stieglitz, der ihre Bilder in *Camera Work* veröffentlichte und sich von Kühn photographieren ließ. Wie Demachy wurde auch Kühn in den Linked Ring gewählt.

Seine Themen blieben persönlich: *Tonwertstudie* (rechts) ist die Rückenansicht einer Frau, deren breitkrempiger Hut und gebauschtes Kleid in der Mitte der Komposition wie fließende Architektur vor einem schattigen Hintergrund erscheinen. Das Modell ist »Miss Mary« Warner, die englische Nanny seiner Kinder. In *Dame mit Pfingstrosen (Emma Kühn-Katsung)* (Seite 386), einer Portraitstudie seiner Frau, bezieht Kühn Elemente seiner photographischen Stilleben in eine subtile Komposition ein. Im Vergleich dazu ist der *Gummibaum* (Seite 386), der isoliert in einem warmen Lichtschacht erscheint, zwar ein formales, aber gleichzeitig geheimnisvolles und evokatives Stilleben, das eindeutig modernistische Bestrebungen erkennen läßt. In ihrer Einfachheit und Direktheit ist die bescheidene Topfpflanze ein Portrait stiller Häuslichkeit. Kühns Forderung, »der Apparat, die seelenlose Maschine muß der Persönlichkeit und ihren Anforderungen untergeordnet sein. Der Handwerker wird zum Künstler ...« zeugt von seinem Glauben an die Photographie als Kunstform.

In einer Beschreibung der subtilen Beleuchtung für seine Aufnahme *Gorgonenhaupt* (Seite 388) sagte Émile Joachim Constant Puyo: »Als Beispiel einer differenzierten Beleuchtung ...(der Kopf des Modells wurde durch ein Stück grobes Pa-

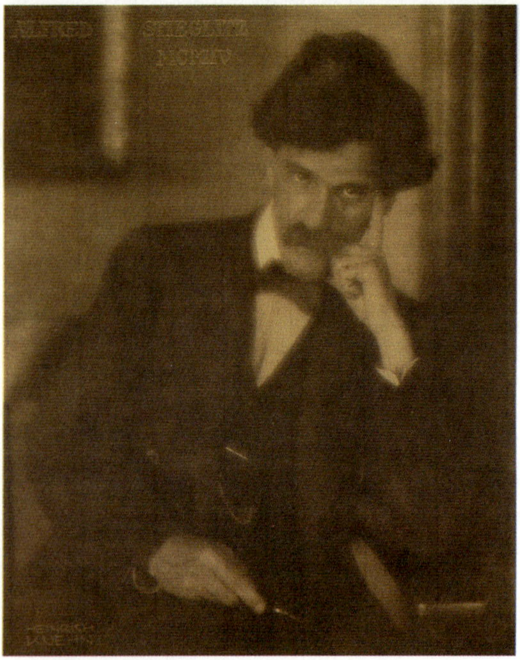

Heinrich Kühn

Alfred Stieglitz, MCMIV, 1904

Ölumdruck
MUSEUMSANKAUF
78:0565:0006

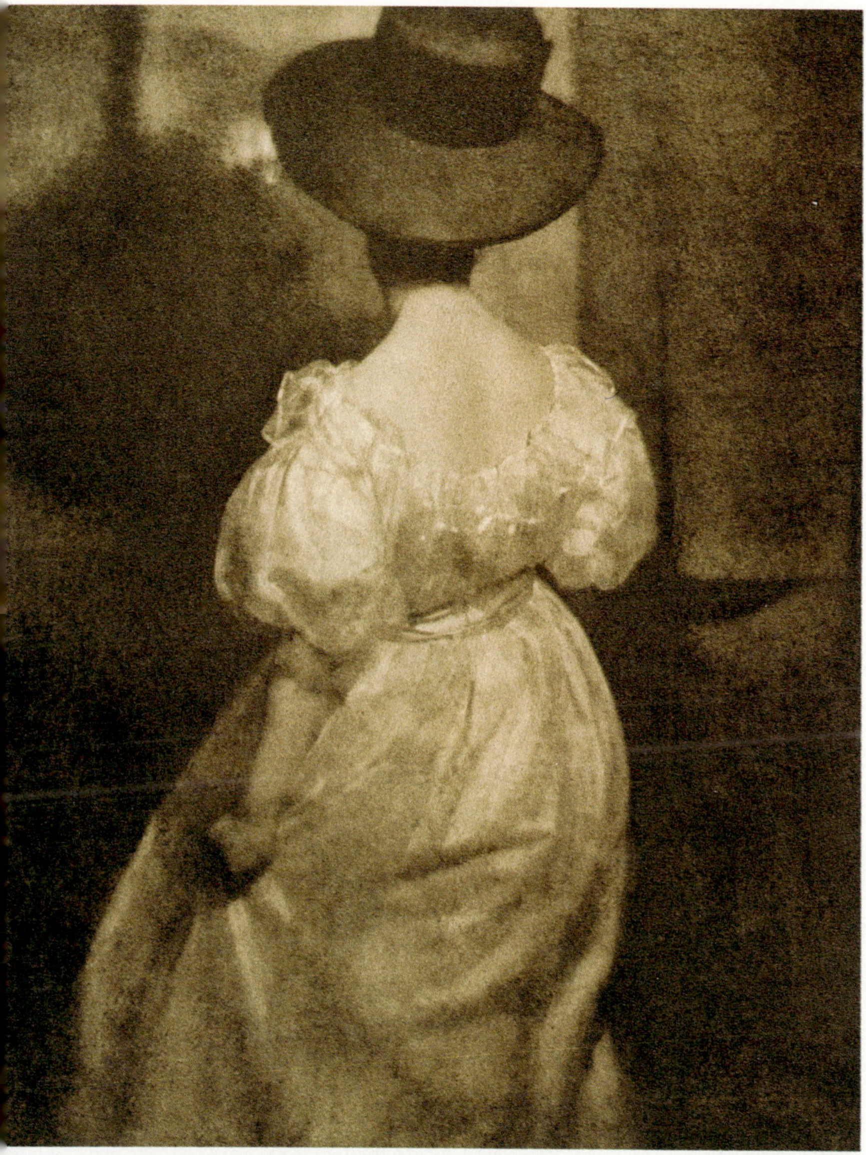

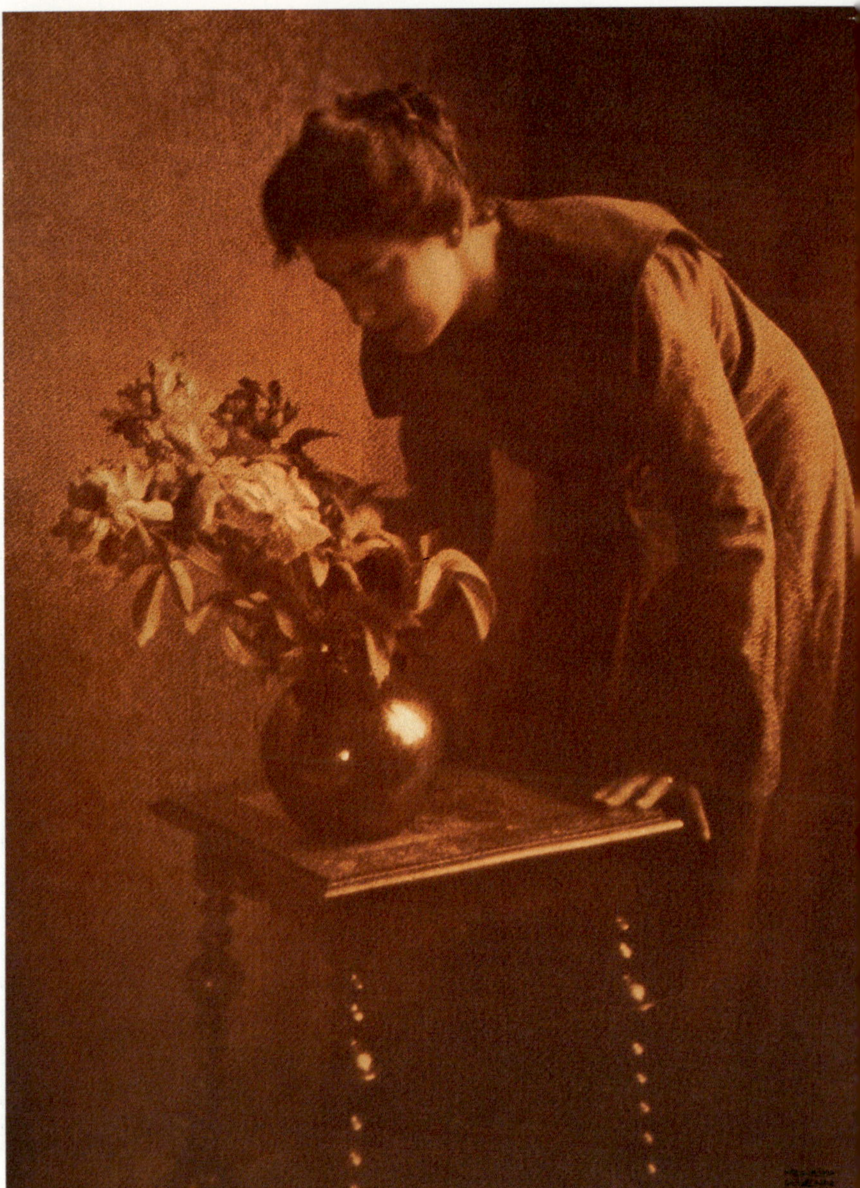

nks)
einrich Kühn
terreich, geb.
utschland,
66–1944

me mit Pfingst-
sen (Emma Kühn-
tsung), um 1900

ummi-
chromatdruck
USEUMSANKAUF
0061:0008

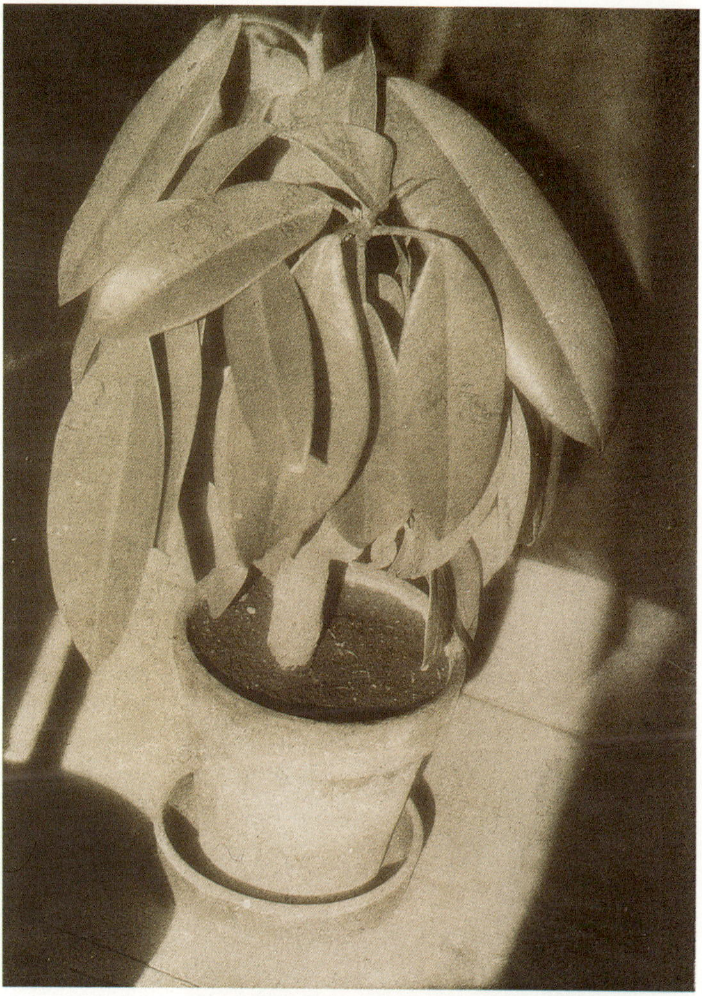

Heinrich Kühn

Gummibaum,
um 1910

Bromölumdruck
MUSEUMSANKAUF
78:0565:0002

pier gesteckt), wollte ich die Augenhöhlen in Schatten getaucht und Stirn und Nase sehr hell sehen und den knöchernen Rahmen durch ein starkes Licht herausragen lassen. Eine Lampe, die von einem Schirm eingefaßt wa und in einem Abstand von fünfzig Zentimetern über die Stirn gehalten wurde, bewirkte diesen Effekt: Die dominierenden Lichtquellen wurden auf den Stirnknochen und den Nasenrücken gerichtet. Versuchen Sie, den gleichen Effekt nur mit Tageslicht zu erzielen.« Seine Auswahl von Modelle war Teil der »dekadenten Vorstellungskraft«, die er mit anderen Künstlern der 1890er Jahre teilte. Puyo, ein Vertreter der malerischen Photographie, gründete zusammen mit Demachy den Photo-Club de Paris.

Baron Wilhelm von Gloeden, ein in Deutschland geborener Photograph, der überwiegend in Taormina auf Sizilien arbeitete, war ein Verehrer der klassischen Antike und des männlichen Akts. Er begann um 1890, männliche Akte zu photographieren und sorgte damit wie kein anderer für deren Akzeptanz. Seine ikonographische Anlehnung an eine altehrwürdige Tradition wurde als Mittel, den Erotizismus in der Kunst zu erforschen, geduldet, so daß von Gloeden mit seiner Arbeit auch großen finanziellen Erfolg hatte. *Zwei Knaben mit Rosenvase* deutet mit einem römisch anmutenden Gewand, gebräunter junger Haut und fast verwelkten Blumen eine sinnliche Hingabe an, welche an die Werke populärer Maler wie Sir Lawrence Alma-Tadema erinnert.

Émile Joachim Constant Puyo
Frankreich, 1857–1933

Tête de Gorgone (Gorgonenhaupt), um 1898

Gummi-Bichromatdruck
MUSEUMSANKAUF
83:2344:0001

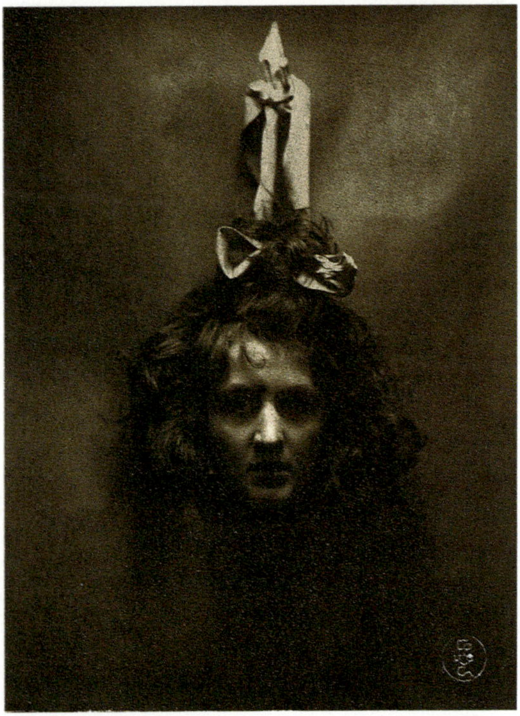

Baron Wilhelm von Gloeden
Deutschland, 1856–1931

Zwei Knaben mit Rosenvase, 1913

Albuminpapierabzu
SCHENKUNG J.J. CONMEY
67:0027:0001

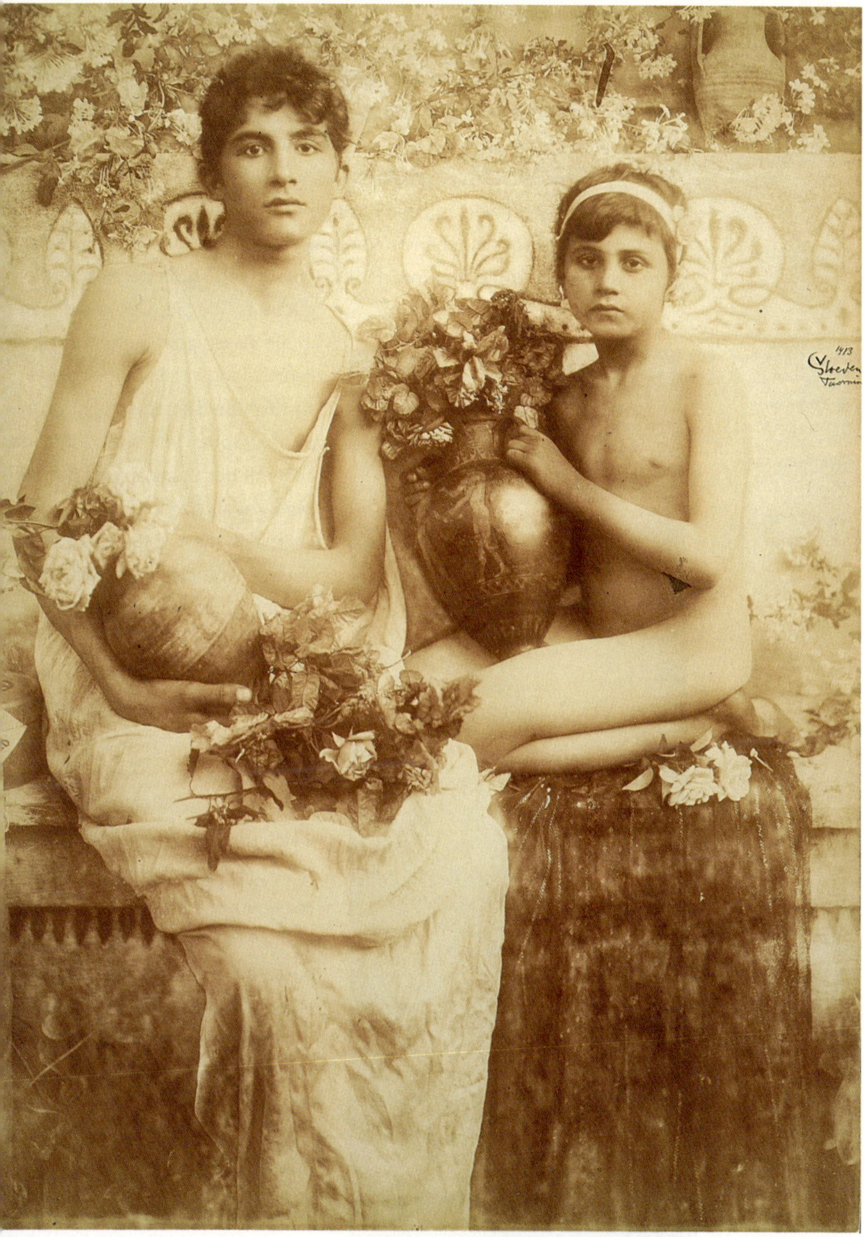
1413

Eine eigenständige Kunst

Trotz der Bemühungen von Le Gray, Cameron, Emerson und vielen andere war die Photographie in den 1890er Jahren noch immer nicht in dem Maß als Kunst akzeptiert wie die Malerei. Sie wurde von Museen weder regelmäßig gesammelt noch ausgestellt.

Emerson war 1887 der einzige Juror eines von der Zeitschrift *Amateur Photographer* ausgeschriebenen Wettbewerbs und verlieh den Preis an eine amerikanischen Photographen, der in Deutschland studierte: Alfred Stieglitz. Als Stieglitz drei Jahre später in die Vereinigten Staaten zurückkehrte, fand er zwar eine stetig wachsende Gemeinde von Amateu photographen vor, aber nichts, das sich mit der Begeisterung für das Medium als schöne Kunst vergleichen ließ, die er in Europa erlebt hatte. Er trat der Society of Amateu Photographers in New York bei, in deren Galerie er Photographien wie *The Terminal* (rechts) zeigte, aufgenommen mit einer Handkamera während eines Schneesturms in New York. Bis zu diesem Zeitpunkt war künstlerische Photographie mi weich gezeichneten, unscharfen Arbeiten assoziiert worden, die an Malerei und Zeichnung erinnerten. In ihrer innovativen Themenwahl boten die Bilder von Stieglitz jedoc einen alltäglicheren Realismus.

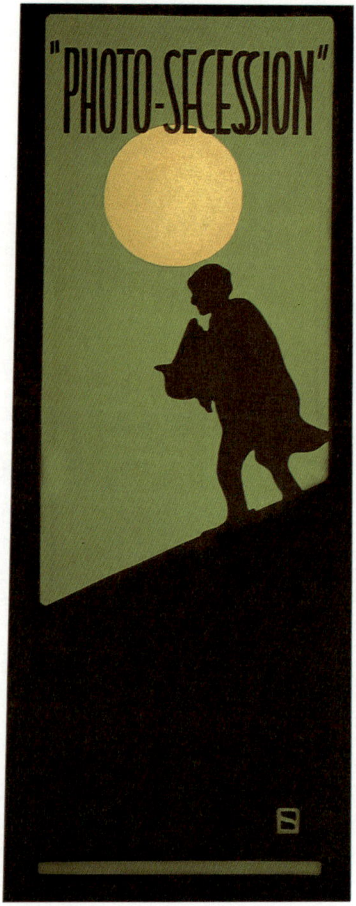

Edward J. Steichen
Amerika,
geb. Luxemburg,
1879–1973

»Photo-Secession«,
1905

Farbe auf Holz
80:0297:0001

Ab 1893 war Stieglitz Herausgeber der Zeitschrift *American Amate Photographer.* Nach der Zusammenlegung der Society of Amateur Photographers und des New Yorker Camera Club 1897 wurde er Vorsitzender des Ausschusses für Publi-

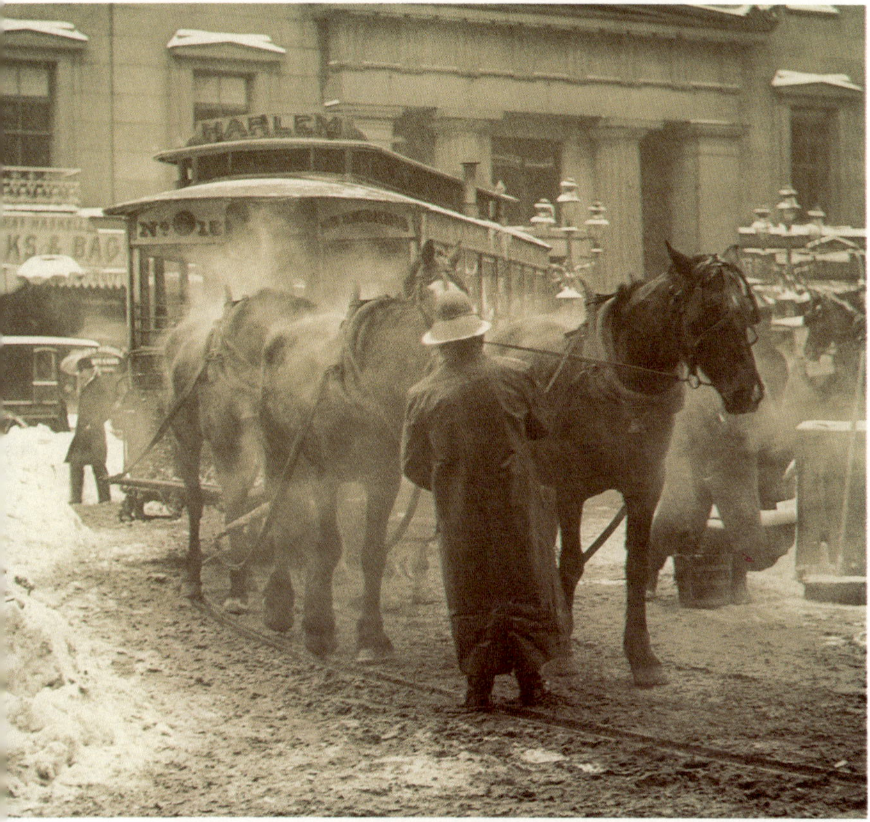

ationen und startete *Camera Work,* »das offizielle Organ des Camera Club f New York«, eine vierteljährlich erscheinende Zeitschrift, die mit handgertigten Photogravüren illustriert war.

Durch diese Zeitschrift kam Stieglitz mit den Photographen Gertrude äsebier, Edward Steichen, Eva Watson-Schütze und Clarence White in Konakt. Im März 1902 organisierte er eine Ausstellung für den »National Arts lub« in New York, die er American »Pictorial Photography, Arranged by The hoto-Secession« nannte. Mit der Bezeichnung »pictorial photography« malerische oder bildhafte Photographie) machte er deutlich, daß er sich on den zahlreichen Amateurgemeinschaften der Kamera-Clubs unterscheien und an kunstphotograpischen Splittergruppen wie dem britischen inked Ring orientieren wollte. So entstand die Bewegung der Photo-Sezes-

Alfred Stieglitz
Amerika, 1864–1946

The Terminal
(New York)
(Endstation), 1893

Diapositiv, Gelatineplatte (Laterna-Magica-Diapositiv)
TEILERWERBUNG UND TEILSCHENKUNG AN AMERICAN PLACE, EHEMALIGE SAMMLUNG GEORGIA O'KEEFFE
83:0660:0018

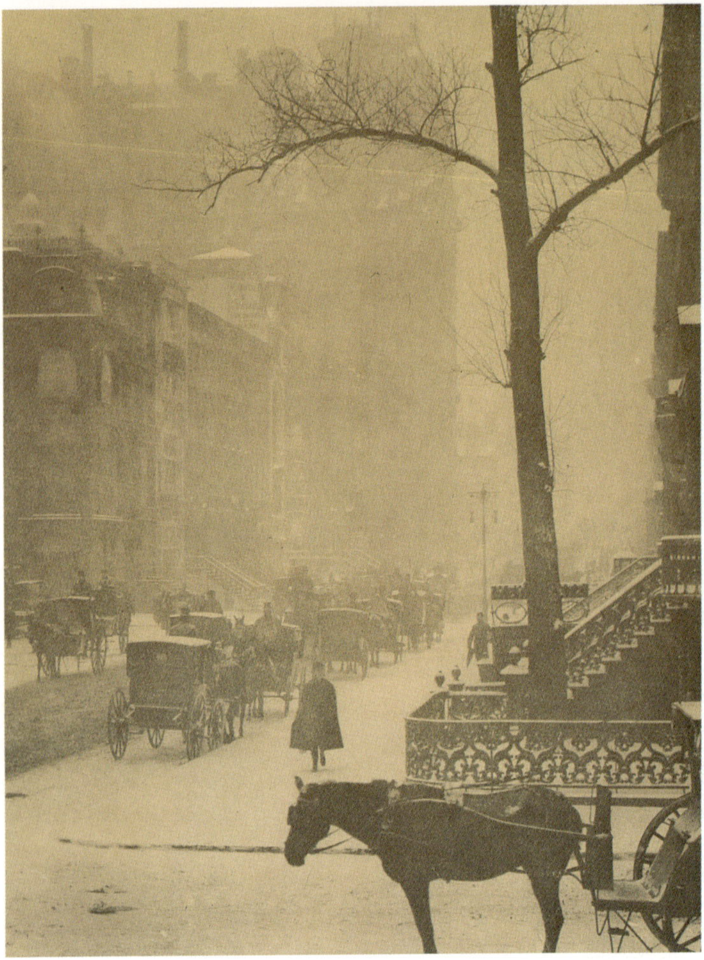

(rechts)
Alfred Stieglitz

The Steerage (Das Zwischendeck), 19

Photogravüre
MUSEUMSANKAUF, EHEMALIGE SAMMLUNG MUSEUM OF MODERN ART, NEW YORK
74:0052:0064

Alfred Stieglitz
Amerika, 1864–1946

The Street – Design for a Poster (Die Straße – Entwurf für ein Plakat), 1903

Photogravüre
MUSEUMSANKAUF, EHEMALIGE SAMMLUNG MUSEUM OF MODERN ART, NEW YORK
74:0052:0071

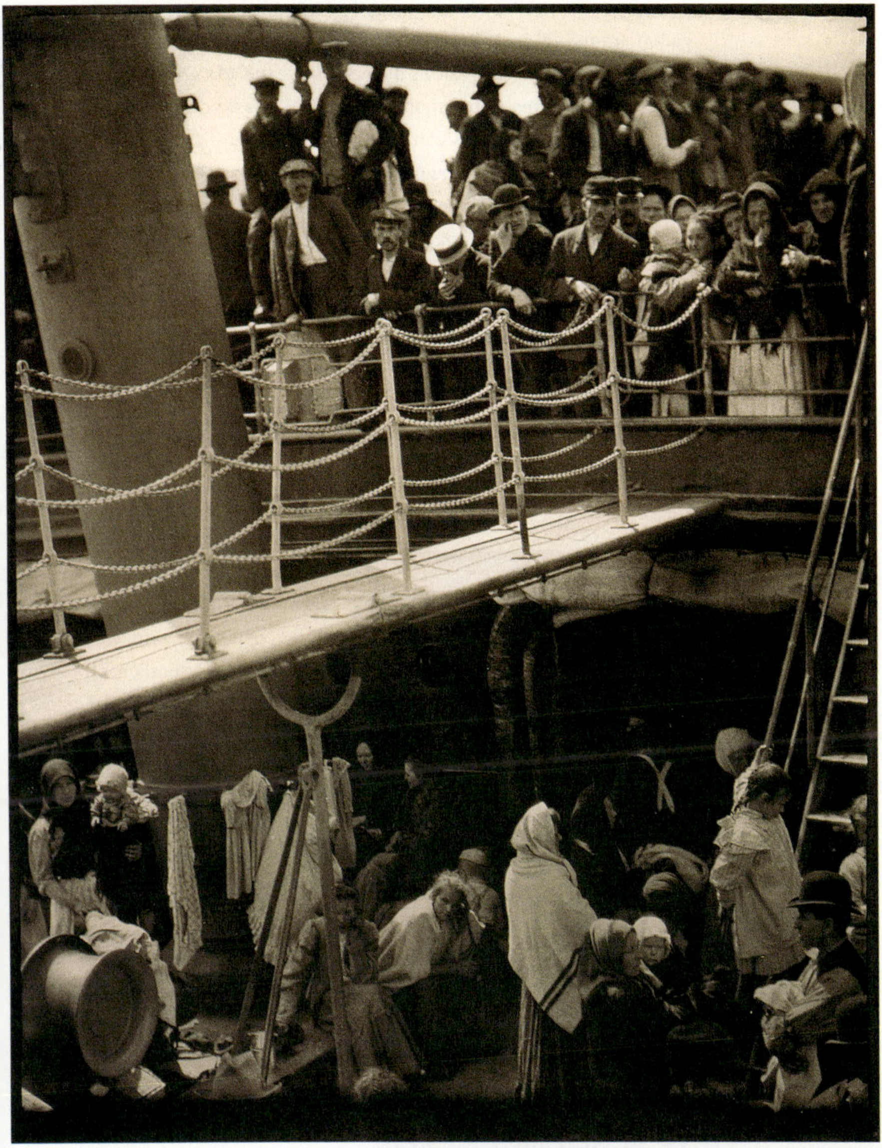

sion, als deren inoffizielle Richtlinie die frühen Schriften von Emerson galten. Im Juli 1902 stellte Stieglitz die *Camera Notes* ein und veröffentlichte im Dezember desselben Jahres die erste Ausgabe von *Camera Work,* eine der einflußreichsten Publikationen in der Geschichte der Photographie.

Fast 200 Photographien von Stieglitz gehören zur Sammlung des Eastman House. *The Street – Design for a Poster* (Seite 392), eine winterliche Szene, die durch den kahlen Baum am rechten Rand zusammengehalten wird, kündet bereits den späteren Einfluß japanischer Drucke auf seine Arbeit an. Sein berühmtestes Bild *The Steerage* (Seite 393), aufgenommen an Deck eines Dampfers auf der Fahrt von New York nach Europa, wurde sowohl in *Camera Work* als auch in *291* veröffentlicht. Er schrieb: »Die Szene faszinierte mich ... Ich sah Schatten, die sich aufeinander bezogen – ein Bild aus Schatten, und darunter eine neue Vision, die mich fesselte: einfache Menschen, das Gefühl von Schiff, Ozean, Himmel, eine Art Erleichterung, daß ich fort war von dem Mob, den man »reich« nennt. Ich dachte an Rembrandt und fragte mich, ob er wohl genauso empfunden hätte wie ich.«

Edward J. Steichen
Amerika,
geb. Luxemburg,
1879–1973

Selbstportrait, 1901

Photogravüre
LIBRARY COLLECTION

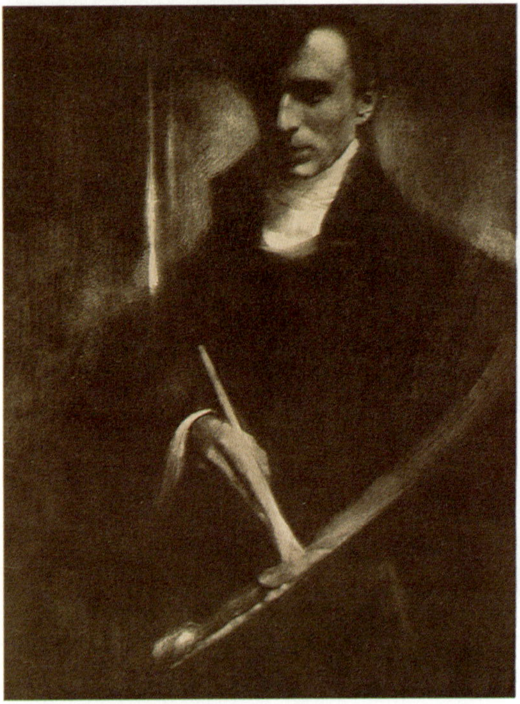

Edward Steichen, Maler und photographischer Autodidakt, der als »Bannerträger der Photo-Sezession« bezeichnet wird, war der am häufigsten veröffentlichte und besprochene Photograph in *Camera Work.* Auf sein Drängen hin eröffnete Stieglitz 1905 die »Little Galleries of the Photo-Secession« in der Fifth Avenue Nr. 219, schließlich einfach nur »219« genannt, als Forum für die Arbeiten der Photo-Sezessionisten. In diesen Räumen stellte Stie-

Edward J. Steichen

Eleanora Duse,
New York, 1903

Platindruck
MUSEUMSANKAUF,
MRS. EDWARD
STEICHEN
81:3030:0002

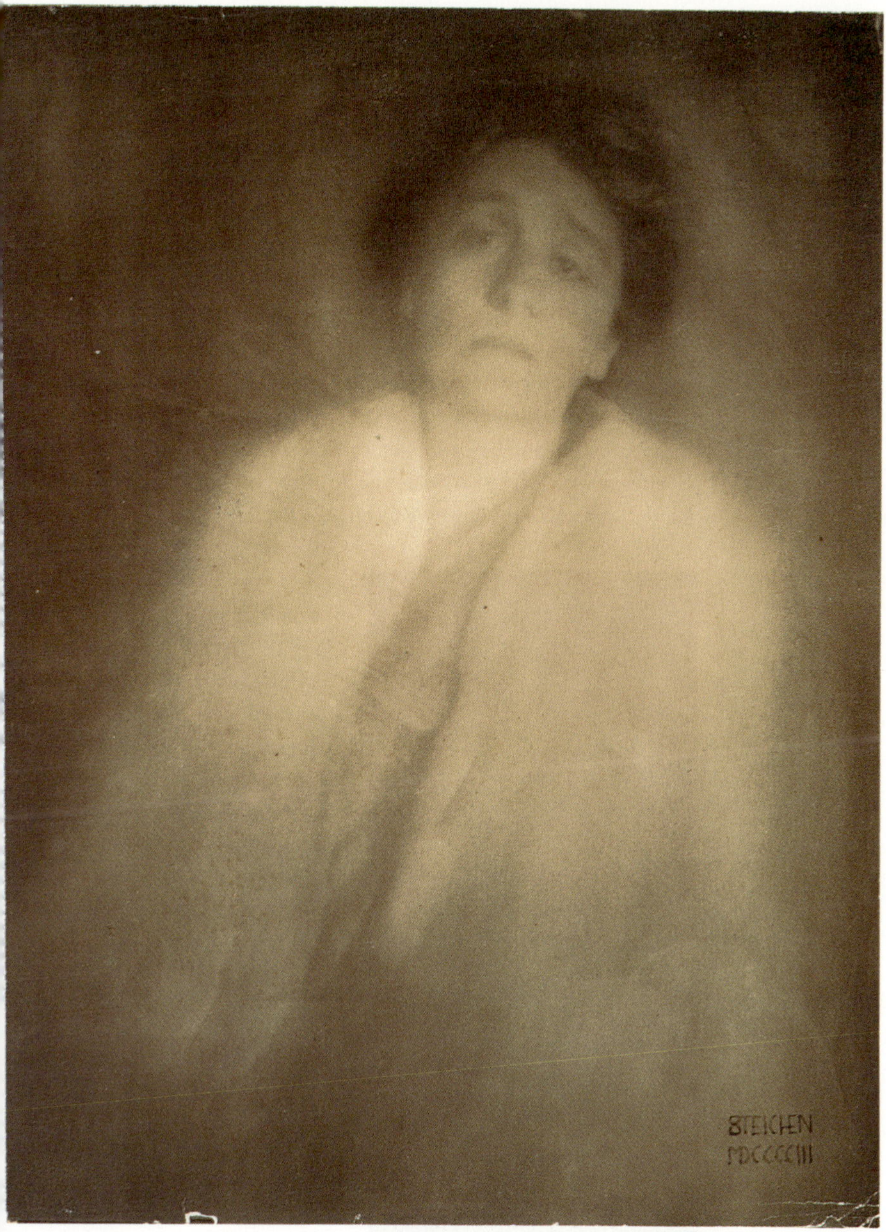
STEICHEN
MDCCCCIII

glitz auch moderne europäische Malerei, Graphik und Skulptur aus. Steichens Plakat *Photo-Secession* (Seite 390), das er für die Little Galleries von Stieglitz malte, zeigt diesen, wie er, seine Kamera vor sich haltend, dem Ruhm entgegengeht. Mit seinem Selbstportrait, in dem man Steichen in Malerkittel und mit Palette und Pinsel sieht, macht er deutlich, daß er seine Aufgabe darin sieht, die Tradition dieser hohen Kunst durch das neue Medium fortzusetzen. Sein Portrait der italienischen Schauspielerin Eleanora Duse (Seite 395) ist eine atmosphärische Darstellung von gedämpfter Tonalität, ein geflüstertes Abbild. Das Museum besitzt über 4.000 Photographien von Steichen, die seine gesamte Karriere überspannen, in erster Linie jedoch seine Arbeit für den Verleger Condé Nast repräsentieren.

Eines der am meisten geachteten und talentiertesten Mitglieder der Piktorialisten war der Publizist Frederick Holland Day aus Massachusetts. Sein Verlag Copeland and Day veröffentlichte die Bücher des berüchtigten irischen Schriftstellers Oscar Wilde sowie Arbeiten des britischen Künstlers Aubrey Beardsley. Als eifriger Verfechter der Photographie als Kunstform schrieb Day für *Camera Note, The Photogram* und *Amateur Photographer* und wurde 1895 in den Linked Ring gewählt.

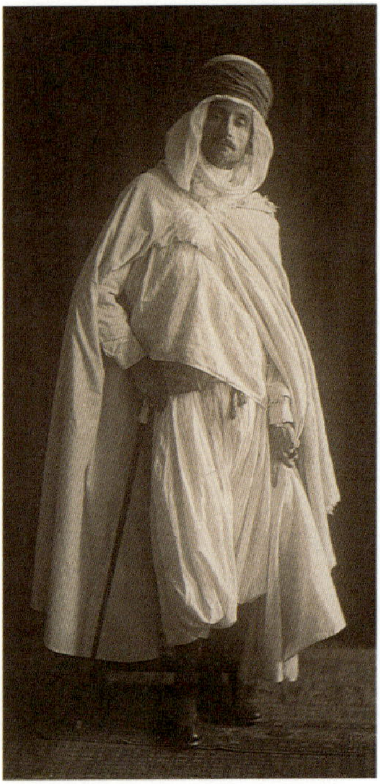

Frederick H. Evans
England, 1853–1943

F. Holland Day in Algerian Costume (in algerischem Kostüm), 1901

Platindruck
MUSEUMSANKAUF, EHEMALIGE SAMMLUNG GORDON CONN
81:1198:0083

Alvin Langdon Coburn erinnerte sich daran, wie Frederick Evans dazu kam, Day in der Kleidung eines Algeriers zu photographieren: »Holland Day war in Algier gewesen, um Photographien von Einheimischen zu machen und brachte von dieser Reise zahlreiche arabische Trachten mit. Eines Abends verkleideten wir uns damit und gingen zu Evans. ... Seine Haushälterin fiel fast in Ohnmacht, als sie die Tür öffnete und uns sah. Evans jedoch nutzte die Gelegenheit und tat das Naheliegende und einzig Richtige – er photographierte uns!«

Days *Nubischer Häuptling* 1897 in Stieglitz' *Camera Notes* mit dem

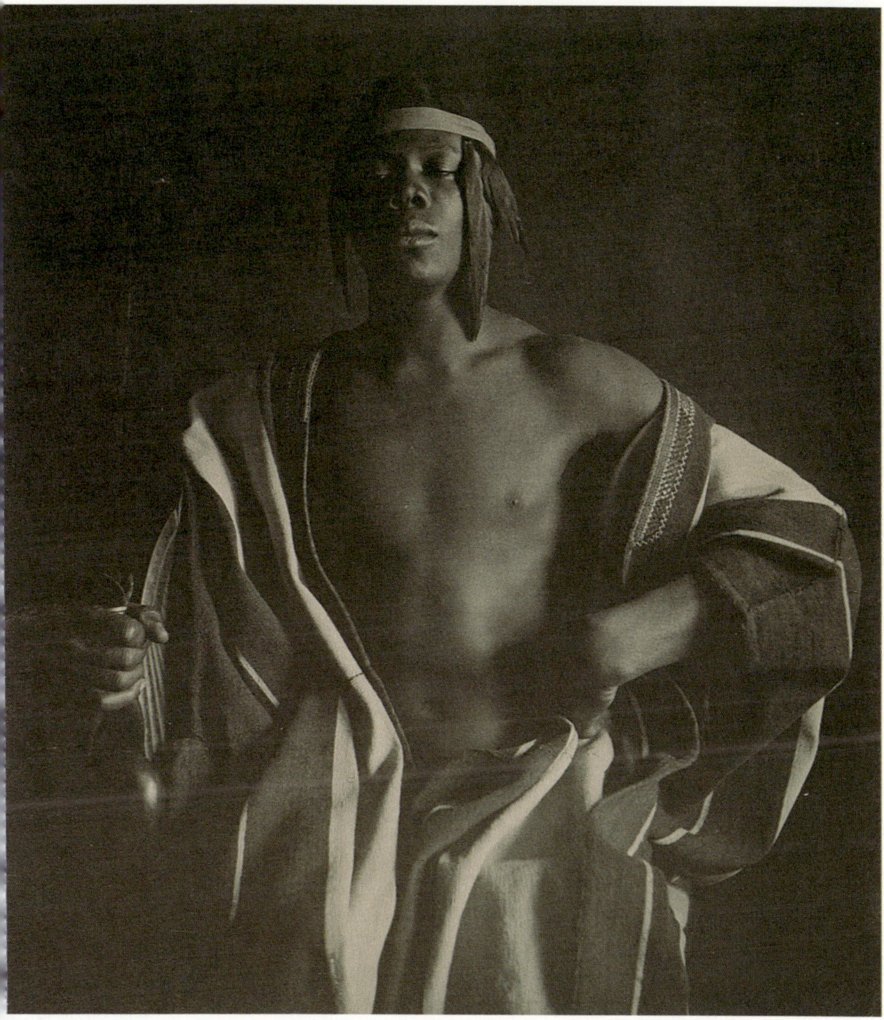

Frederick Holland Day
Amerika, 1864–1933

Nubian Chief (Nubischer Häuptling), 1897

Platindruck
SCHENKUNG 3M COMPANY, EHEMALIGE SAMMLUNG LOUIS WALTON SIPLEY
77:0211:0001

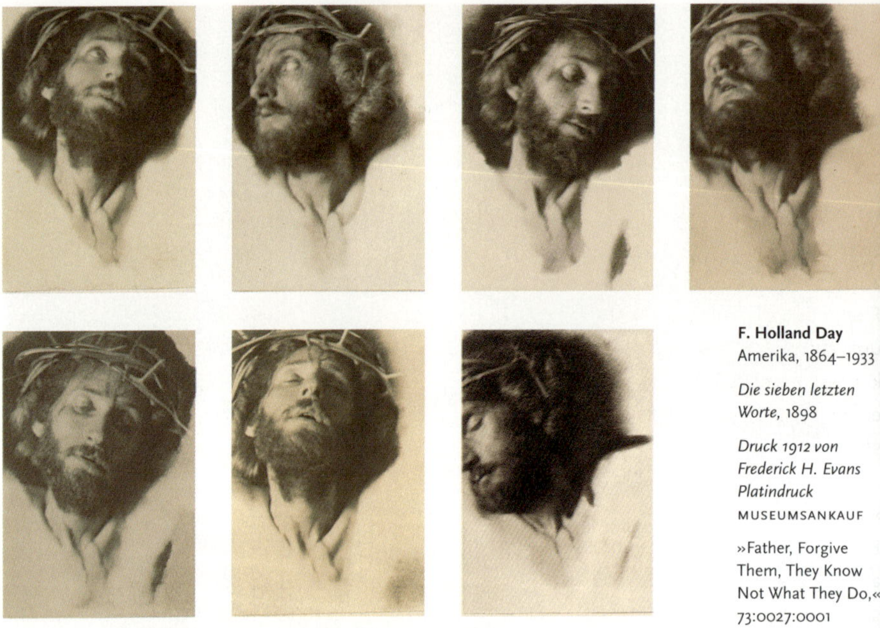

F. Holland Day
Amerika, 1864–1933

Die sieben letzten Worte, 1898

Druck 1912 von Frederick H. Evans Platindruck
MUSEUMSANKAUF

»Father, Forgive Them, They Know Not What They Do,«
73:0027:0001

»To-Day Shall Thou Be with Me in Paradise«
73:0027:0002

»Woman, Behold Thy Son; Son, Thy Mother«
73:0027:0003

»My God, My God, Why Hast Thou Forsaken Me?«
73:0027:0004

»I thirst«
73:0027:0005

»Into Thy Hands I Commend My Spirit«
73:0027:0006

»It Is Finished!«
73:0027:0007

Titel *An Ethiopian Chief* veröffentlicht, war keine seiner Photographien von algerischen »Einheimischen«, sondern gehörte zur Reihe der *Nubier*, die er einige Jahre zuvor von Schwarzen in Massachusetts gemacht hatte. Day interessierte sich für die kolonialen Konflikte in Äthiopien und Algerien, und in dieser Photographie wird die Sympathie für sein Modell deutlich. Der von unten photographierte Mann schaut den Betrachter gebieterisch an, verlangt Respekt und Aufmerksamkeit durch seine Haltung und durch Days eindrucksvolle Verwendung des Kostüms, auch wenn die gestreifte nordafrikanische Robe und der Kopfschmuck aus schwarzen Taubenfedern nicht authentisch waren.

Für seine zahlreichen Selbstportraits ließ sich Day von literarischen Quellen wie der Bibel inspirieren und nahm meist verschiedene Gestalten und Ethnizitäten an, statt einfach nur sich selbst darzustellen. Seine ambitionierteste und kontroverseste Arbeit war *The Seven Last Words*, in der er selbst als Jesus Christus am Kreuz in Erscheinung tritt. Während einer Europareise 1890 hatte er begonnen, Reproduktionen religiöser Kunstwerke zu sammeln; im Prado in Madrid fand er »die besten von Van Dycks Heiligenbildern ...

und von Rubens religiösen Stücken. Und Ribera und Murillo und Velázquez, bis einem das Auge vor Bewunderung tränte.« Er wollte in der Photographie das darstellen, was Künstler bereits lange zuvor in der Malerei erforscht hatten: religiöse Themen. Durch und durch ein Perfektionist, hungerte Day wochenlang, um so ausgezehrt auszusehen wie Christus in seinen letzten Tagen. Die nur auf das leidende, von der Dornenkrone umkränzte Gesicht konzentrierten Bilder sind eine emotionale und psychologische Annäherung an die letzte Prüfung Christi. Sie sind jeweils einem der letzten Worte Christi zugeteilt, die er zu Gottvater über sein bevorstehendes Schicksal sprach. Frederick Evans erklärte, Day habe »einen Spiegel an der Kamera befestigt, um während der Belichtungszeit seinen Gesichtsausdruck kontrollieren zu können; er machte die Aufnahmen alleine, denn das ganze Unterfangen war ein rein persönliches. ... Es war eine einzigartige Arbeit, inspiriert von äußerster Ehrerbietung und ausgeführt mit außerordentlichem Erfolg.«

Obwohl Day sich des potentiellen Problems, ein religiöses Thema mit »sterblichem Fleisch« darzustellen, bewußt war, zeigte er den Zyklus 1898 in Boston und später beim Philadelphia Salon. Sowohl in der Öffentlichkeit als auch bei seinen Kollegen stießen diese Bilder auf heftige Kritik, suggerierten sie doch sein eigenes »künstlerisches Martyrium«, sich in solche Tabubereiche vorzuwagen. Seinen Kritikern entgegnete er: »Es wird immer Kleingeister geben, die das Recht aller künstlerischen Medien auf die Darstellung religiöser Themen in Frage ziehen. Für sie gilt: je weniger man sagt, desto besser; aber jene, die nur das Recht der Photographie auf diese Themen kritisieren, möchte ich um Geduld bitten: wartet, bis wir unsere Zeit des Drills beendet haben und mit unserem neuen Thema sozusagen ins Mannesalter kommen, und fällt dann euer strenges Urteil.«

Stieglitz hatte Days Arbeit zwar anfänglich gefördert und veröffentlicht, aber als er sich weigerte, Day bei der Gründung einer »American Association of Pictorial Photographers« zu unterstützen, wurden die beiden zu erbitterten Gegnern. Als Reaktion darauf zeigte Day seine ursprünglich für Amerika geplante Ausstellung »New School of American Photography« in London und Paris, wo seine Arbeiten neben denen der führenden piktorialistischen Photographen der Zeit zu sehen waren.

Der Buchhalter Clarence H. White aus Ohio begann 1893 zu photographieren. Der absolute Autodidakt machte sich bald einen Namen, als seine Arbeiten beim ersten »Philadelphia Photographic Salon« (1898) ausgestellt wurden, wo er Day und Gertrude Käsebier kennenlernte. Er organisierte auch Ausstellungen im Kamera-Club seiner Heimatstadt Newark, wo er

Arbeiten von Steichen und Robert Demachy zeigte. Im Jahr 1900 wurde White in den Linked Ring gewählt und gehörte zwei Jahre später neben Stieglitz, Coburn und Käsebier zu den Gründungsmitgliedern der Photo-Secession. Die Erkennungszeichen seiner Bilder waren Licht und die Abwesenheit von Licht. Er erklärte: »Meine Photographien waren nicht so scharf wie die anderer, aber das lag wohl weniger an der Linse als an den Bedingungen unter denen sie gemacht wurden – niemals im Studio, immer zu Hause oder im Freien, und wenn im Freien, dann zu einer Tageszeit, die man eher selten zum Photographieren wählt.« Zwei Bilder, *Morning* und *Girl with Mirror*, tragen dieser Tatsache Rechnung.

Neben seiner photographischen Arbeit war die Lehrtätigkeit Whites größtes Vermächtnis. 1906 ging er nach New York und gab im darauffolgenden Jahr seine ersten Kurse in Photographie am Teachers College der Columbia University. 1912 eröffnete er eine Sommerschule für Photographie in Maine und gründet 1914 die Clarence H. White School of Photography in New York. Zu seinen Studenten dort gehörten Margaret Bourke-White, Paul Outerbridge, Ralph Steiner und Doris Ulmann. Zusammen mit Käsebier und Coburn gründete er 1916 die Pictorial Photographers of America.

Eva Watson, später Watson-Schütze, hatte zusammen mit Thomas Eakins an der Pennsylvania Academy of Fine Arts Kunst studiert, bevor sie ihr eigenes Atelier eröffnete und Berufsphotographin wurde.

Clarence H. White
Amerika, 1871–1925

Morning (Morgen), 1908

Photogravüre
78:0708:0003

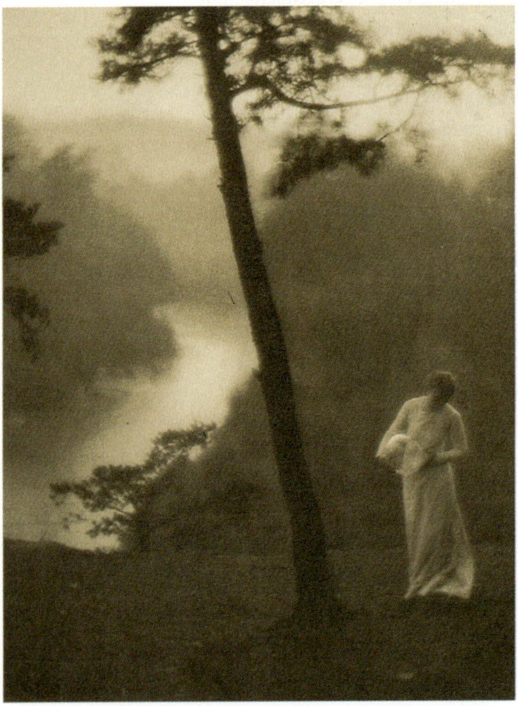

Clarence H. White

Girl with Mirror (Mädchen mit Spiegel), 1898

Lackierter Platindruck
79:4378:0001

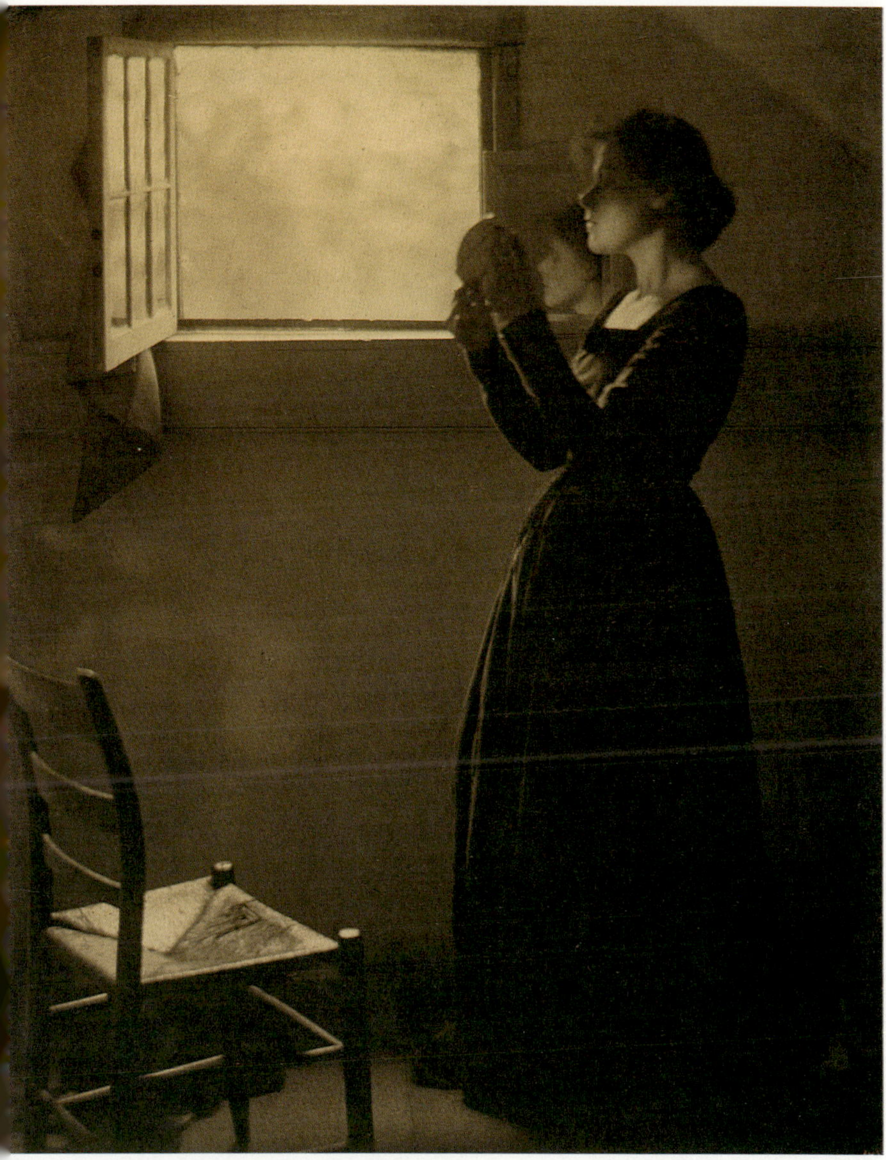

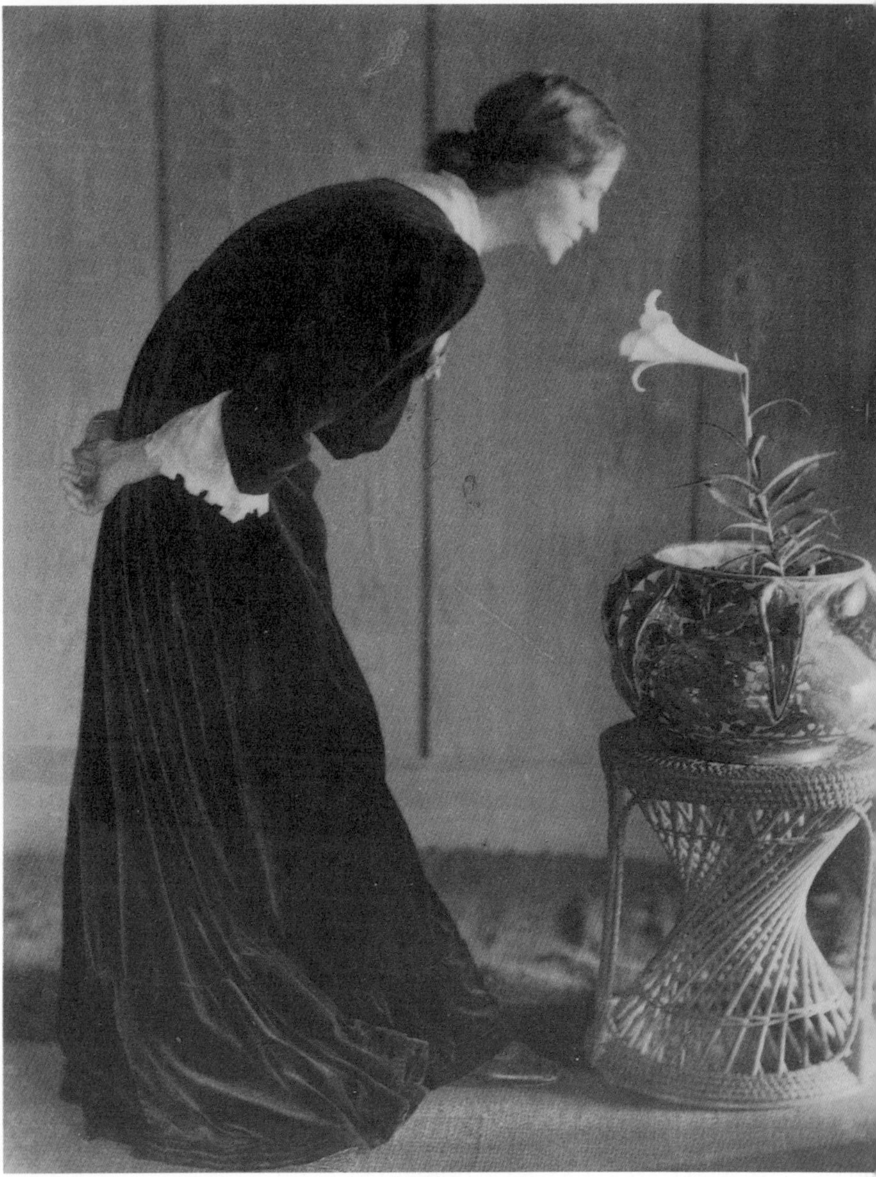

(links)
Eva Watson-Schütze
Amerika, 1867–1935

Woman with Lily
(Frau mit Lilie),
um 1903

Platindruck
SCHENKUNG FRIEDA
SCHÜTZE
81:1786:0046

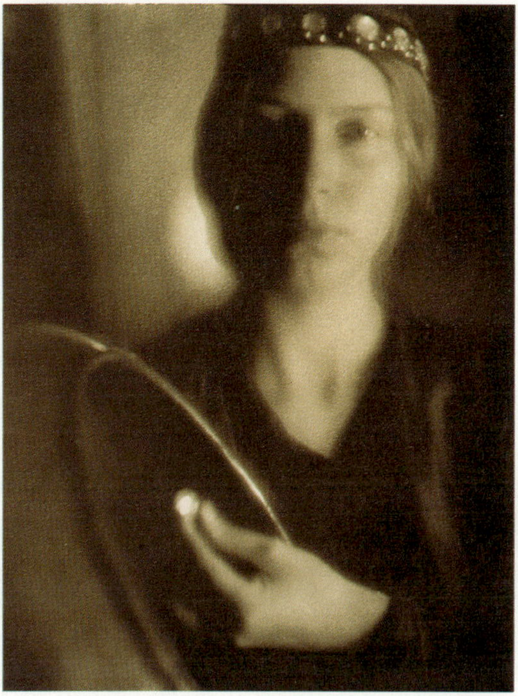

George H. Seeley
Amerika, 1880–1955

The Firefly (Das
Glühwürmchen),
um 1907

Photogravüre
78:0708:0008

Aber erst durch die sechs Photographien die sie 1898 beim Philadelphia Photographic Salon einreichte, machte sie Stieglitz auf sich aufmerksam; zwei Jahre später saß sie in der Jury. Auch sie wurde in den Linked Ring und die Photo-Secession gewählt. Die an Whites Arbeiten erinnernde Photographie *Woman with Lily* ist eine romantische Darstellung universeller Weiblichkeit und privater Häuslichkeit.

George H. Seely aus Stockbridge, Massachusetts, war sowohl von Day als auch von White inspiriert. Obwohl er beim ersten American Photographic Salon, der in Opposition zu Stieglitz und der Photo-Secession organisiert wurde, 14 Bilder ausstellte, erregte Seely die Aufmerksamkeit von Stieglitz. Er lud ihn ein, sich der Photo-Secession anzuschließen, veröffentlichte seine Bilder in Camera Work und stellte sie in der Galerie 291 aus. *The Firefly* ist eine seiner berühmtesten und zartesten Kompositionen. Die »International Exhibition of Pictorial Photography«, die 1910 in der Albright Art Gallery in Buffalo, New York, stattfand, wurde zum Triumph für die Ziele der Photo-Secession und zu einem Glanzpunkt in Seelys Karriere.

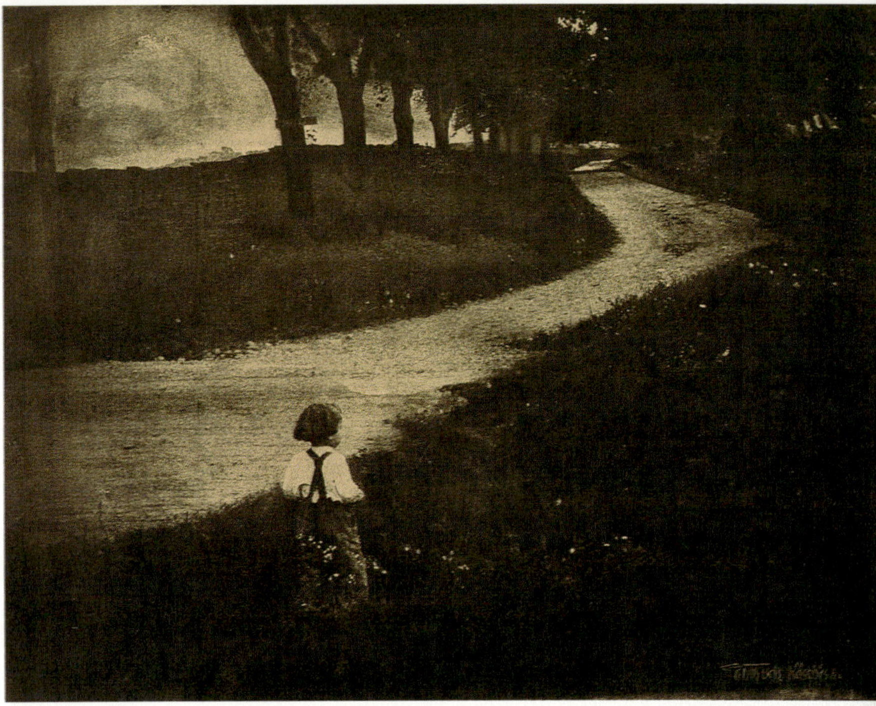

Gertrude Käsebier
Amerika, 1852–1934

Road to Rome (Straße nach Rom), 1903

Gummi-Bichromatdruck
SCHENKUNG MINA TURNER
70:0058:0016

Erst nachdem sie ihre drei Kinder großgezogen hatte, widmete sich Gertrude Käsebier dem Studium der Malerei und der Photographie in Brooklyn und eröffnete ein Portraitatelier in der Fifth Avenue in New York. Zu ihren Modellen gehörten Stieglitz, White und Evans. Im Jahr 1900 wurde sie als erste Frau in den Linked Ring gewählt und zwei Jahre später führte sie als Gründungsmitglied der Photo-Secession bei der Eröffnung der ersten Ausstellung dieser Vereinigung mit Stieglitz den oft zitierten Dialog: »Was ist diese Photo-Secession eigentlich? Bin ich eine Photo-Secessionistin?« Daraufhin fragte er: »Fühlen Sie sich wie eine?« – »Ja.« – »Gut, das genügt schon.« In der Ausstellung wurden 14 ihrer Bilder gezeigt.

Die erste Ausgabe von *Camera Work* war Käsebiers Arbeiten gewidmet, die jedoch auch in der populären Presse sehr häufig gedruckt wurden. *Road to Rome* mit ihrem Enkel Charles, entstand in Anlehnung an die Erzählung *The Roman Road* von Kenneth Graham, in der sich der Protagonist an eine Landstraße in einer englischen Stadt erinnert, über die er und die anderen Kinder oft gegangen waren: »›Alle Wege führen nach Rom‹, hatte ich einmal

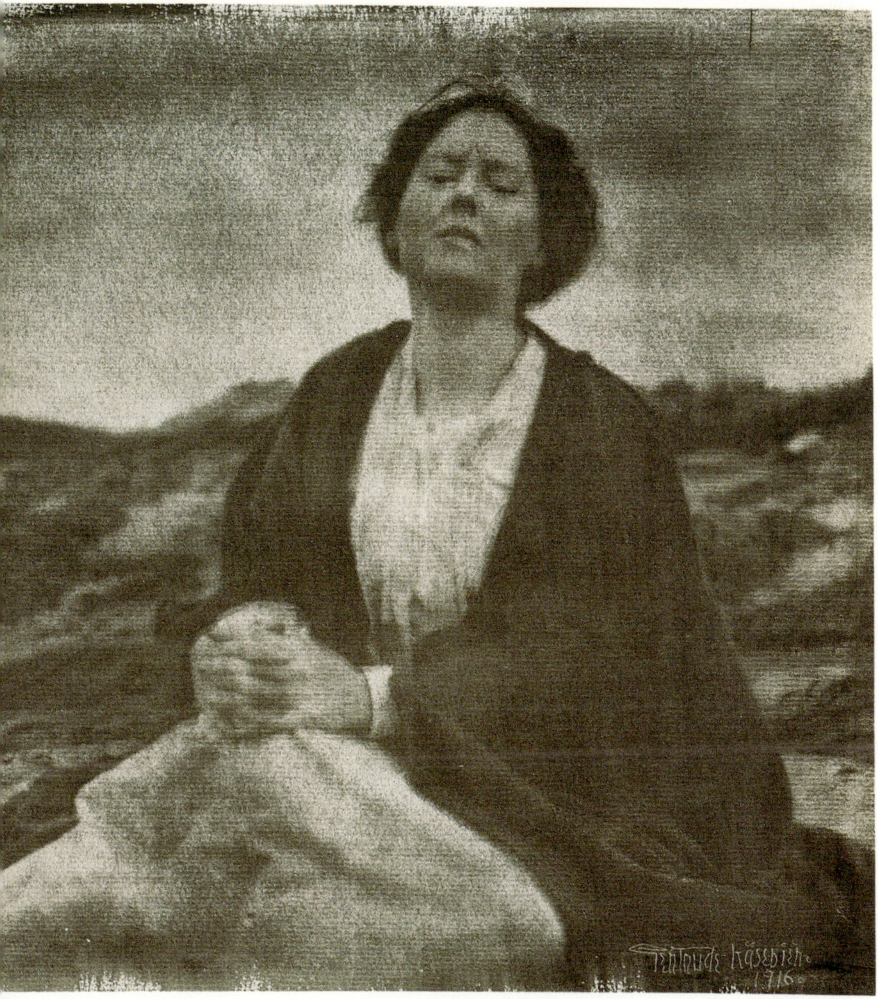

Gertrude Käsebier

The Heritage of Mother-
hood (Das Erbe der
Mutterschaft), um 1904/
gedruckt 1916

Gummi-Bichromatdruck
CHENKUNG HERMINE
TURNER
1:0042:0033

jemanden sagen hören, und ich hatte diese Bemerkung sehr ernst genommen und viele Tage darüber gegrübelt. Endlich kam ich zu dem Schluß, daß es ein Irrtum gewesen sein mußte; denn nur von einer Straße wußte ich intuitiv, daß es stimmen mußte.« Über die allegorische Bedeutung der Phantasien von Künstlern und Kindern sagte Käsebier einmal, der Junge in dem Bild sehe »eine wilde Rose. Da ist auch ein Lamm, das an einen Busch gebunden ist, und eine Ente treibt müßig auf dem Wasser.« Diese Interpretation einer symbolischen Bedeutung jenseits dessen, was im Bild sichtbar ist, sollte zur Essenz der Arbeit vieler Photographen dieser Zeit werden.

Gertrude Käsebier
Amerika, 1852–1934

Auguste Rodin, 1906

Platindruck
SCHENKUNG
HERMINE TURNER
71:0042:0063

Einen ihrer zahlreichen photographischen »Zyklen« widmete Gertrude Käsebier dem Thema Mutterschaft. Der Photograph Joseph Keiley nannte *The Heritage of Motherhood* (Seite 405) »eines der stärksten Bilder, aber auch eines der traurigsten und berührendsten Bilder, die ich je gesehen habe.« Dieses bei einem Besuch in Days Sommerhaus in Maine aufgenommene Bild portraitiert die Last der Verantwortung, die Käsebier zu dieser Zeit in ihrem persönlichen Leben zu tragen hatte. *Lollipops* (Seite 409), einige Jahre später aufgenommen, ist das emotionale Gegenstück.

Als Käsebier Auguste Rodin 1906 in seinem Atelier photographierte, war er mit Meisterwerken wie *Der Kuss* und *Der Denker* der berühmteste lebende Künstler. Später verriet sie: »Rodin war schrecklich, wenn es ans Photographieren ging. Wenn

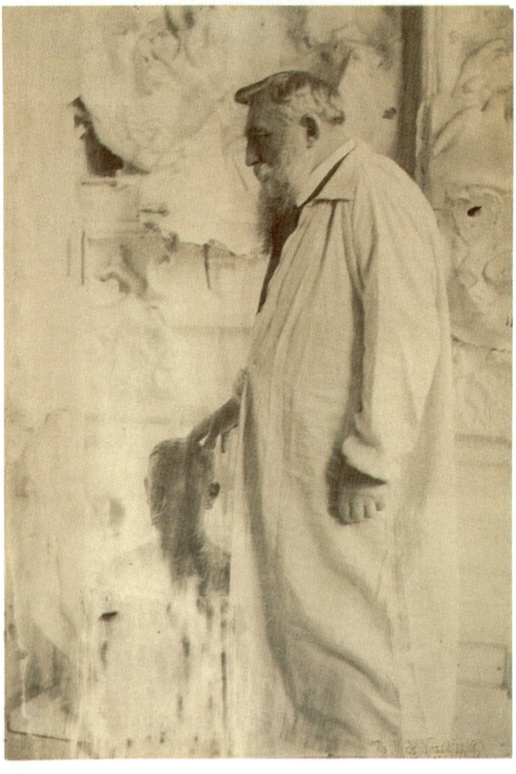

Gertrude Käsebier

Gargoyle in Latin Quarter (Wasserspeier im Quartier Latin), um 1910

Gummi-Bichromatdruck
SCHENKUNG
HERMINE TURNER
71:0042:0026

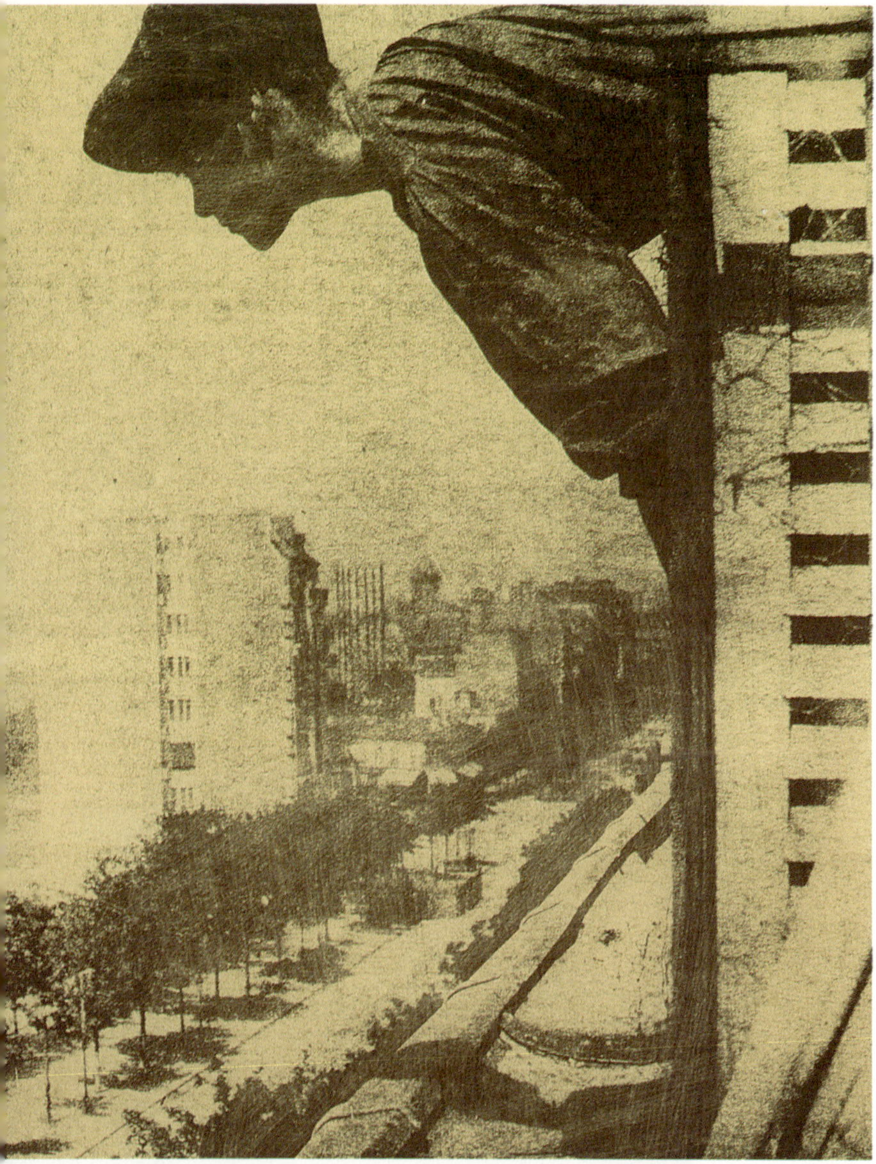

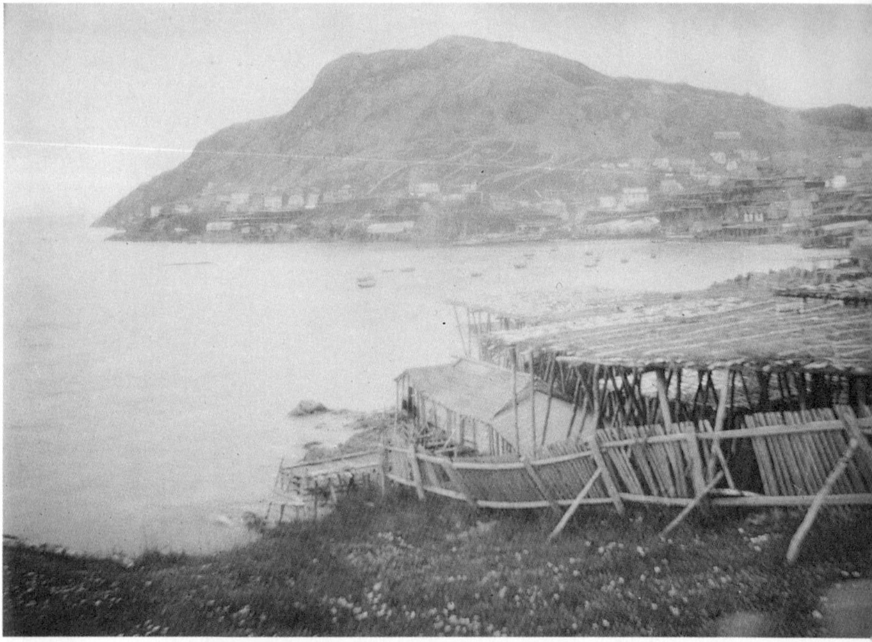

(oben)
Gertrude Käsebier
Amerika, 1852–1934

Newfoundland
(Neufundland), 1912

Platindruck
SCHENKUNG
HERMINE TURNER
74:0060:0017

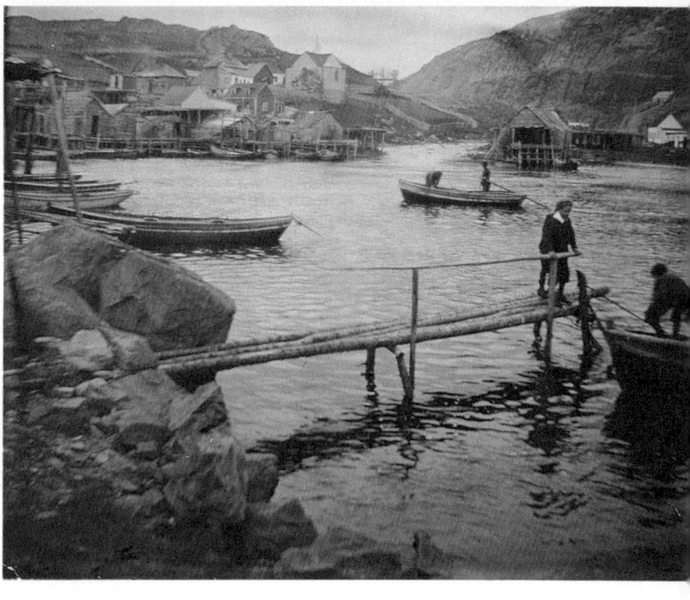

Gertrude Käsebier

Kind auf Steg, 1912

Platindruck
SCHENKUNG
HERMINE TURNER
74:0060:0010

Gertrude Käsebier

Lollipops, 1910

Silbergelatine-Abzug (Modern Print) von originaler Gelatine-trockenplatte

SCHENKUNG MINA TURNER

72:0019:0057MP

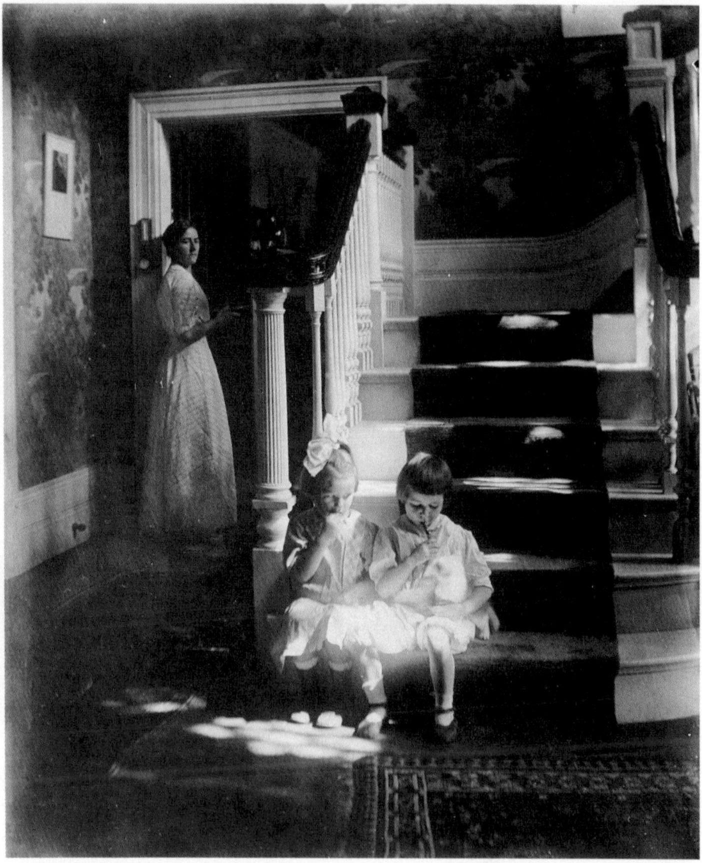

er wußte, daß er photographiert werden sollte, versteifte er sich zu den groteskesten und absurdesten Posen. ...[aber] ich erwischte ihn in einem Moment, als er entspannt war und nachdachte. Er merkte erst, daß ich ihn photographiert hatte, als alles vorbei war.« Coburn erinnerte sich, daß »das Quartier Latin zu dieser Zeit ein sehr romantischer Ort [war]. Man konnte in kleinen Restaurants dinieren, in denen später berühmte Künstler für ihr Essen mit ihrer Malerei bezahlten!« Käsebiers *Gargoyle in Latin Quarter* (Seite 407) ist das verspielte Bild einer Frau, die über eine Brüstung gelehnt, interessiert das Geschehen unter sich beobachtet. Zur Eastman-Sammlung gehören 124 Photographien und 75 Negative von Gertrude Käsebier, die überwiegend durch ihre Familie in den Besitz des Museums gelangten.

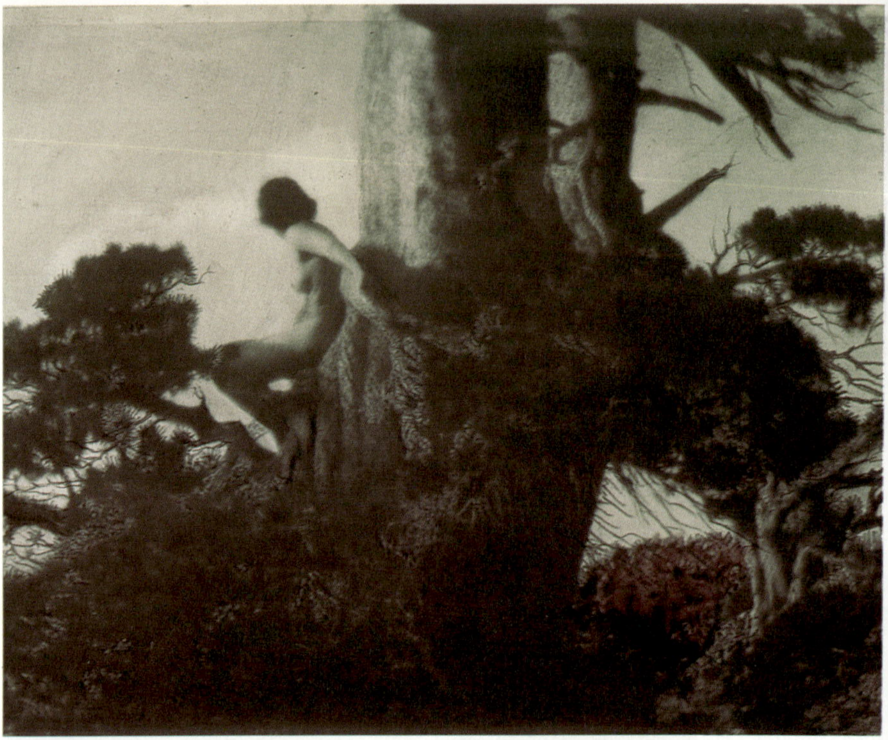

Anne Brigman
Amerika, geb.
Hawaii, 1869–1950

The Pine Sprite (Der Tannen-Geist), 1911

Gelatinesilber-Film-Interpositiv von früherem Negativ, um 1940
SCHENKUNG
WILLARD M. NOTT
76:0055:0008

Ann Brigman photographierte 1902 erst seit einem Jahr, als ihre Bilder bereits ausgestellt und veröffentlicht wurden. Nachdem sie die erste Ausgabe von *Camera Work* gelesen hatte, schrieb sie sofort an Stieglitz, um ihre Begeisterung auszudrücken; damit begann eine lebenslange Freundschaft zwischen den beiden. 1906 wurde sie als einzige Photographin westlich des Mississippi Mitglied der Photo-Secession, und ihre Arbeiten wurden regelmäßig in *Camera Work* gedruckt und in der Galerie 291 ausgestellt.

Während eines achtmonatigen Aufenthalts in New York nahm Brigman 1910 an Clarence Whites erstem Sommerkurs für Photographie in Maine teil, wo sie sich vor allem für Landschaftsphotographie interessierte. Nach ihrer Rückkehr in den Westen waren die Berge der Sierra Nevada ihr Atelier, wo sie sich selbst, ihre Familie und die Landschaft photographierte. Sie war die erste, die den weiblichen Akt in einer Landschaft zeigte und in ihren Bildern eine starke Beziehung zwischen Mensch und Natur vermittelte. Solche mystisch-symbolischen Bilder wie *The Pine Sprite* verkörperten Brigmans

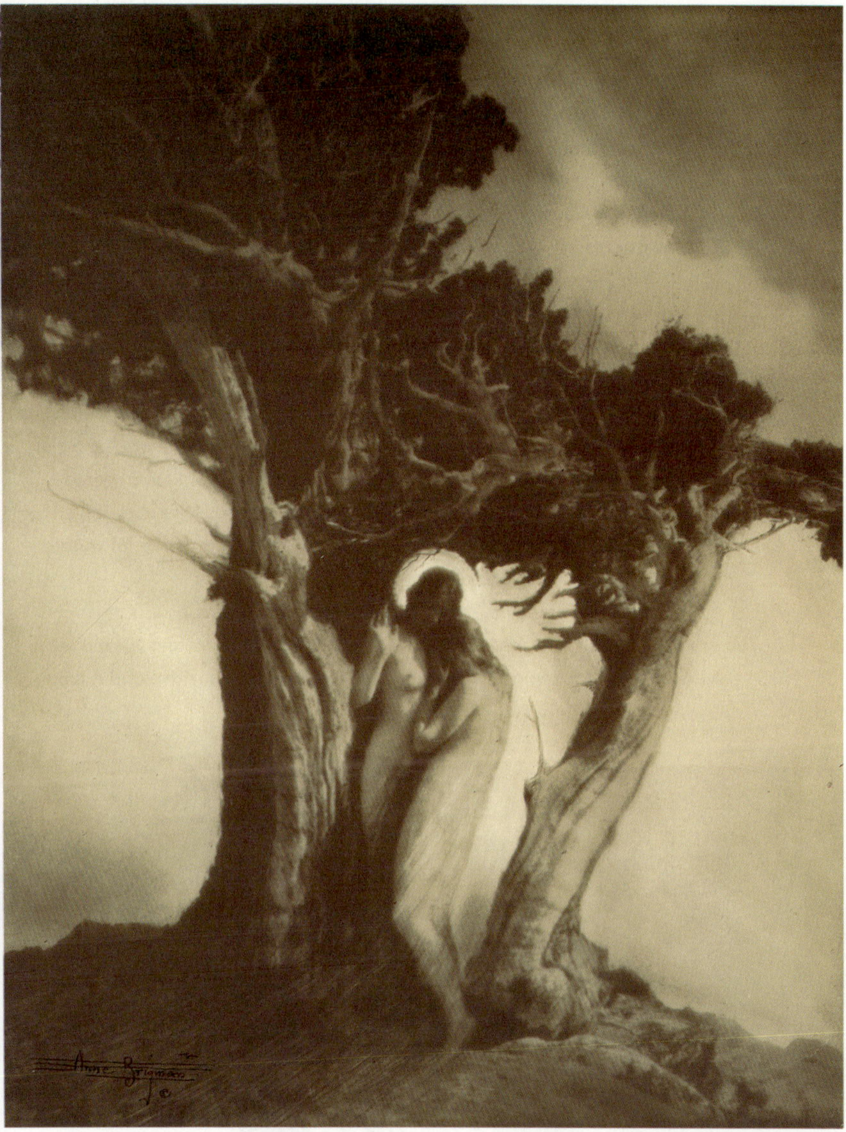

Anne Brigman

The Heart of the Storm (Im Herzen des Strums), 1902

Silbergelatine-Abzug

SCHENKUNG WILLARD M. NOTT

81:1013:0035

Ideal. Die zu Beginn ihrer Karriere entstandene Photograhie *The Heart of the Storm* (Seite 411) zeigt unter einer Föhrengruppe die weibliche Figur eines Schutzengels, der einer Frau Trost spendet. Brigman retuschierte das Negativ und versah die linke Figur mit einem Heiligenschein und die rechte mit zarten Strichen, um ein durchsichtiges, im Wind flatterndes Gewand anzudeuten. Dieses Bild ist vermutlich eine Metapher der persönlichen und beruflichen Herausforderungen Brigmans und suggeriert, daß eine innere Muse sie beschützt und leitet.

Ein in ihrem Atelier aufgenommenes Selbstportrait zeigt die Künstlerin in ihrem Element. Um die gewünschten Effekte zu erzielen, manipulierte Brigman das Medium und fertigte von ihren Originalnegativen sogenannte Interpositive, die sie von Hand bearbeitete. Von dem so entstandenen neuen Negativ machte sie dann Abzüge. »Meine Radiernadel ist einer meiner engsten Verbündeten. Damit wird alles Überflüssige entfernt«, entgegnete sie ihren puristischen Kritikern freimütig. »Ich habe mich weit vom geraden und engen Pfad der direkten Photographie entfernt. ... Ich habe einigen Hokuspokus veranstaltet, der Daguerres Schatten dazu veranlassen würde, mich als Ketzerin zu verfolgen.«

In *The Cleft of the Rock* tritt ein graziles junges Mädchen aus einer Felsspalte heraus und ihr weißer Körper erscheint vor dem Stein wie ein Lichtstrahl. Das Museumbesitzt über 900 Negative, Interpositive und Abzüge von Anne Brigman.

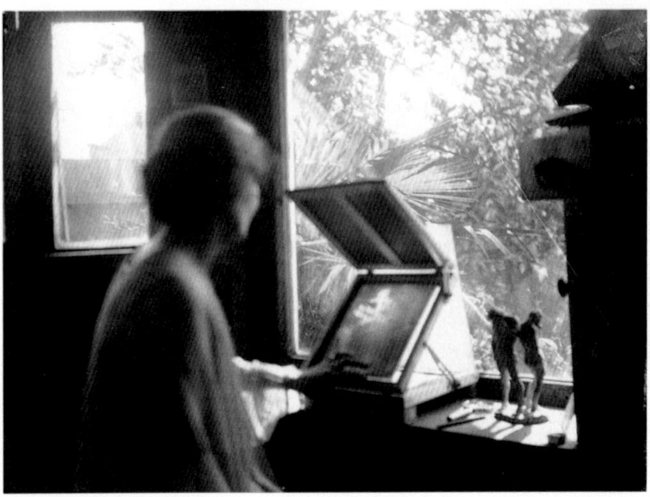

Anne Brigman
Amerika, geb. Hawaii, 1869–1950

A. B. in Studio, um 1915

Von Gelatine-Nitrozellulose-Planfilm-Negativ
SCHENKUNG WILLARD M. NOTT
76:0055:0213

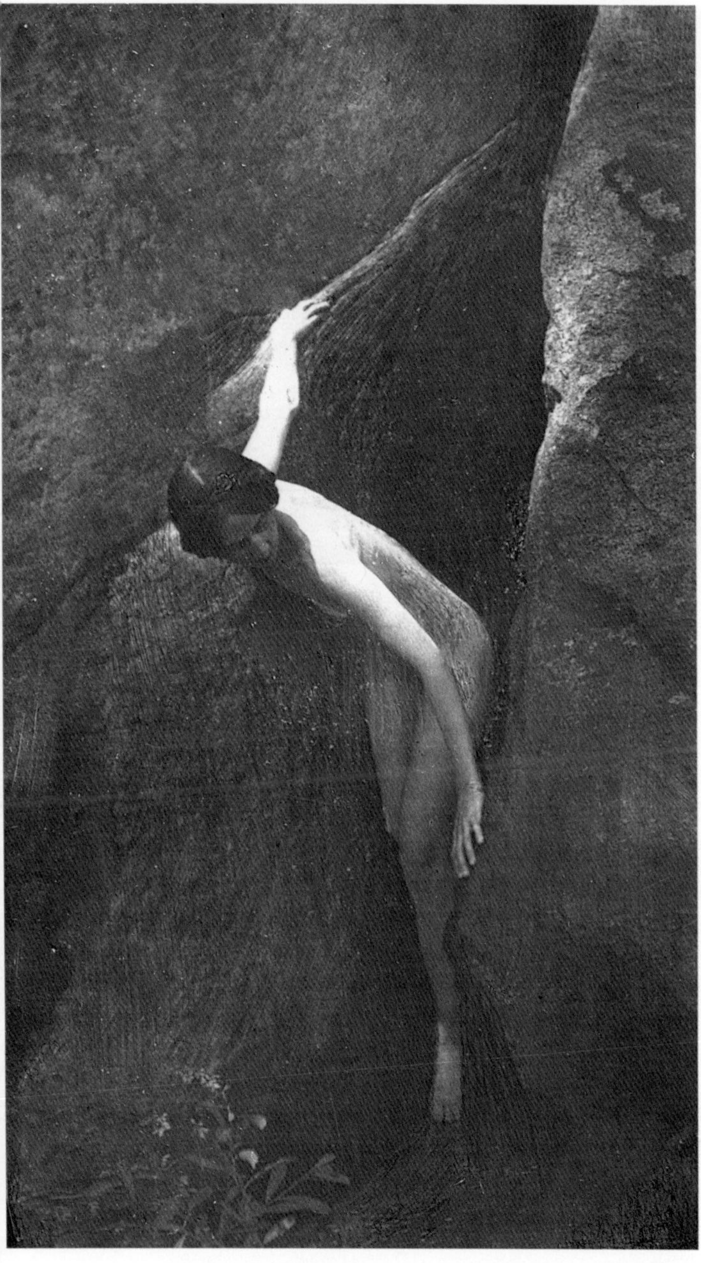

Anne Brigman

The Cleft of the Rock (Die Felsspalte) 1912

Gelatinesilber-Glas-Interpositiv von früherem Negativ, um 1940
SCHENKUNG WILLARD M. NOTT
76:0055:0032

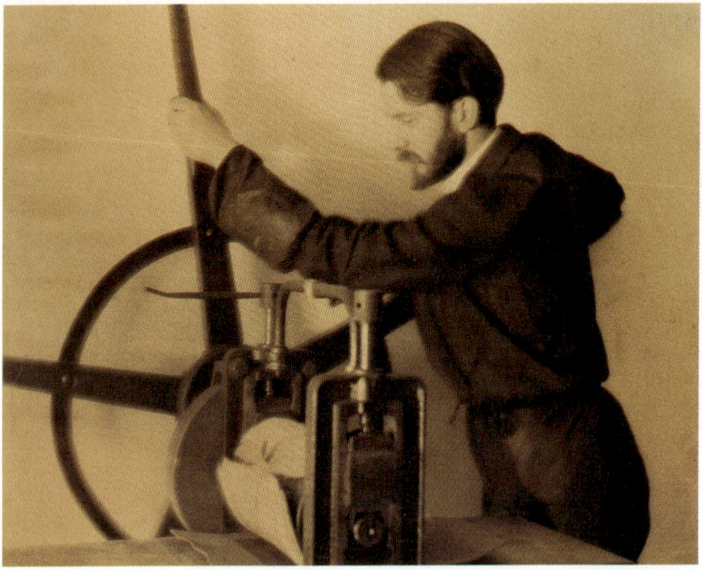

(rechts)
Alvin Langdon Coburn

Wapping, 1904

Gummiplatin-Druck
SCHENKUNG ALVIN LANGDON COBURN
67:0146:0183

Alvin Langdon Coburn
England, geb. Amerika, 1882–1966

The Copper Plate Press (Die Kupferplattenpresse), 1908

Gummiplatin-Druck
SCHENKUNG ALVIN LANGDON COBURN
67:0155:0092

Alvin Langdon Coburn traf 1898 mit seinem entfernten Cousin Frederick Holland Day zusammen, der ihn unterwies und ermutigte, eine photographische Karriere anzustreben. Coburn seinerseits brachte Day das Vergrößern bei und beschrieb später das »gedämpfte rote Leuchten in einer Dunkelkammer [als etwas], in dem Dante als ein wenig Lokalkolorit für sein bekanntestes Gedicht geschwelgt hätte ...« Trotz seiner boshaften Bemerkung über die Erfahrung in der Dunkelkammer fertigte Coburn sehr detailgenaue Platin- und Gummidrucke sowie Photogravüren an. Als Frontispiz für seine 1966 erschienene Autobiographie wählte er dieses Selbstportrait, das ihn an der Kupferplattenpresse zeigt und auf seine Meisterschaft im Herstellen von Photogravüren verweist.

Zusammen mit Steichen assistierte er Day bei der Organisation der Ausstellung »New School of Amerika Photography« 1900 in London und arbeitete später in Käsebiers Atelier. Nachdem er mit seinem einflußreichen Mentor gebrochen hatte, wurde Coburn 1902 das jüngste Gründungsmitglied der Photo-Secession. Die feinfühlig komponierte Photographie *Wapping*, die er in London aufnahm und 1909 in seinen Buch *London* veröffentlichte, verrät den Einfluß japanischer Malerei. »Eine der Bedingungen für Harmonie in der Architektur wie auch im Leben ist es, das Monotone der Regelmäßigkeit und der exzessiven Wiederholung zu vermeiden. Einer exakt ausgewogenen

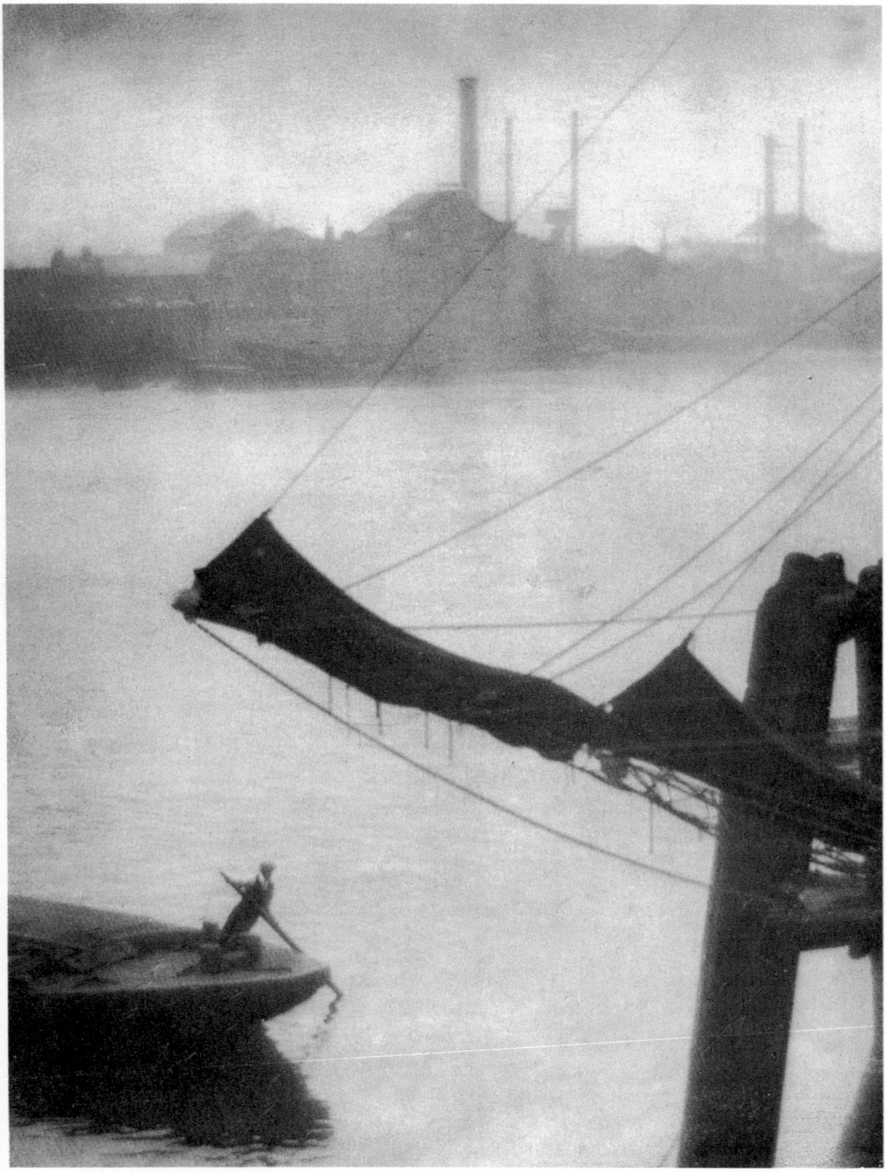

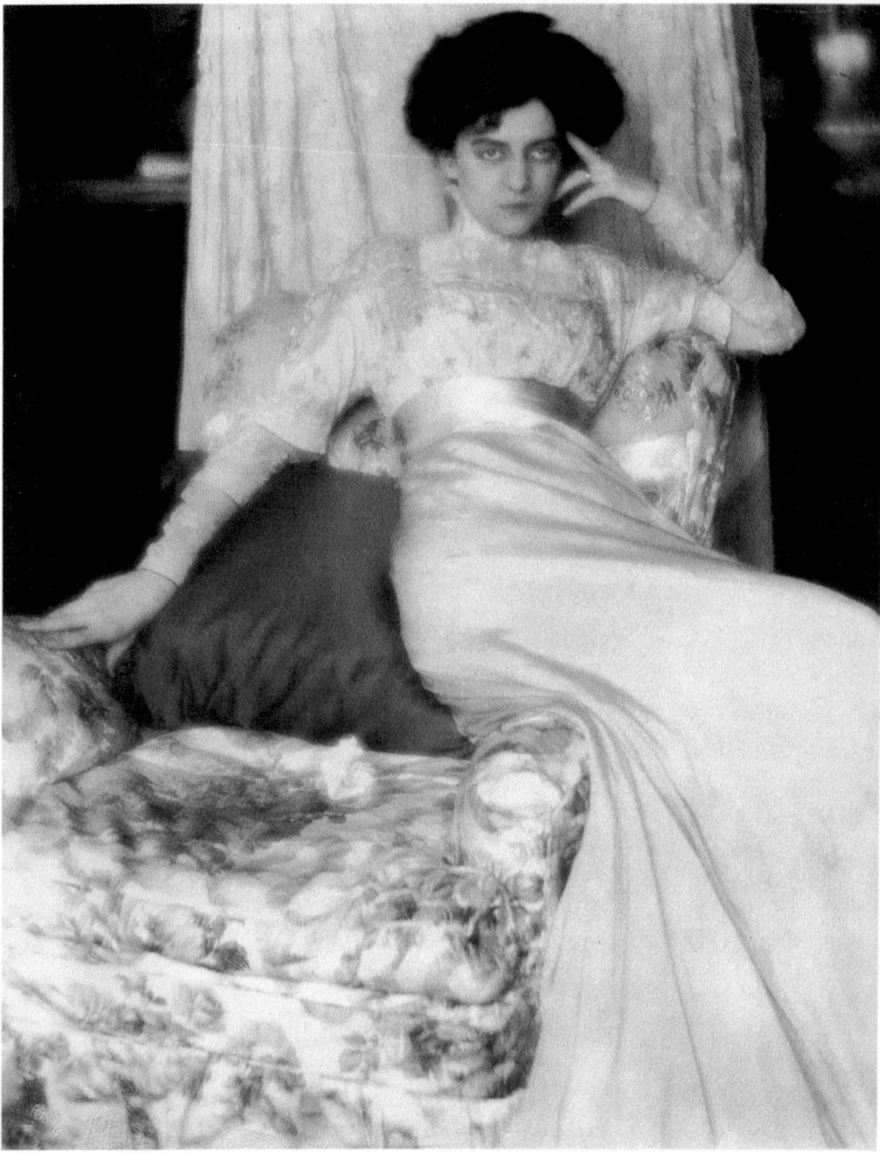

ıks)
vin Langdon
ɔburn
ıgland,
ːb. Amerika,
82–1966

ıss Anderson,
ı 1908

ımmiplatin-Druck
HENKUNG ALVIN
ıNGDON COBURN
7:0156:0020

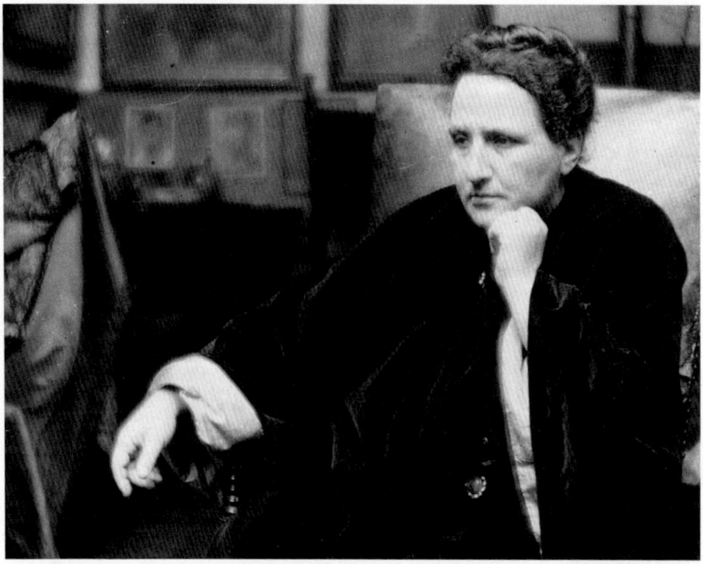

Alvin Langdon Coburn

Gertrude Stein, 1913

Von Gelatine-Nitrozellulose-Rollfilm-Negativ
SCHENKUNG ALVIN LANGDON COBURN
79:4010:0002

ufteilung mangelt es an Geheimnisvollem. Ein Rhythmus, der sich nicht ɔllständig ergründen läßt, eine Schönheit, die sich dem Zugriff des Geistes ntzieht und dennoch exquisite Proportionen aufweist, dies ist das Geheimis der wunderbaren Kraft der goldenen Mitte«, schrieb Coburn 1941.

Zu seinen vielfältigen Sujets gehören auch Portraits wie dieses Bild einer erführerisch posierenden Miss Anderson, die auf einer Sessellehne sitzt nd ihren rechten Arm einladend ausgestreckt hat. Auch die Schriftstellerin ertrude Stein saß Coburn 1913 Modell; verglichen mit früheren Arbeiten reektiert dieses Portrait einen reiferen Stil. Das Flat Iron Building, das wegen einer Beliebtheit bei Photographen auch »ein neuer Parthenon« genannt urde, wurde auch von Steichen und Stieglitz photographiert und Coburn ibt zu, daß er sie nachgeahmt hat. In seiner am späten Abend entstandeen Aufnahme (Seite 418) sind die Silhouetten der Menschen im Vorderrund von kahlen Bäumen gerahmt, und das Gebäude in der Ferne verleiht er Komposition ein Gegengewicht. *Grand Canyon* (Seite 419) zeigt eine ıystisch-dramatische Landschaft, die von göttlichem Licht durchdrungen cheint. Coburn photographierte 1911 und 1912 im amerikanischen Westen.

»Im Frühjahr 1904 führte ich ein denkwürdiges und fruchtbares Interview ıit Perriton Maxwell, dem Herausgeber des New Yorker *Metropolitan Magaine*. Ich war ein ehrgeiziger junger Mann kurz vor der zweiten Schiffsreise

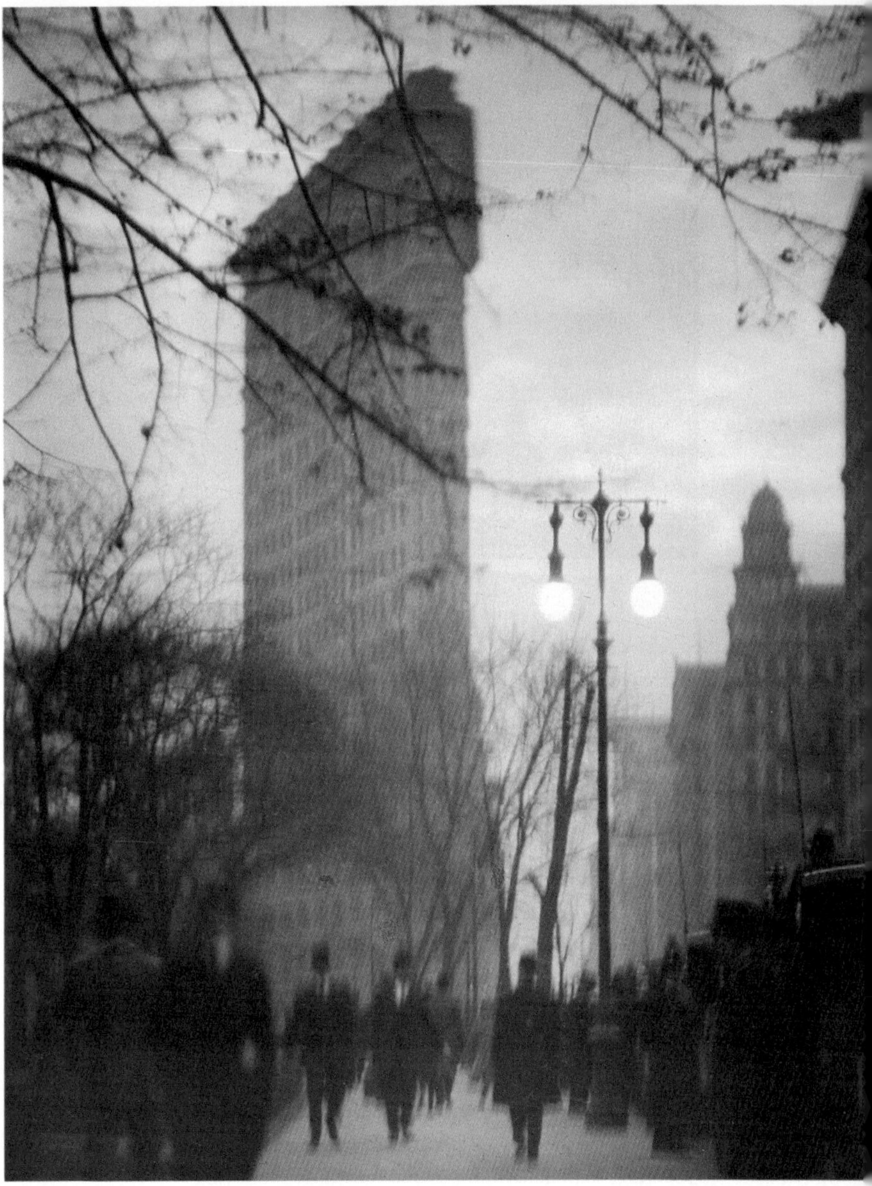

nks)
vin Langdon
burn
gland,
b. Amerika,
32–1966

e Flat Iron
ilding, Evening
as »Flat Iron
ilding« am
end), 1912

atindruck
HENKUNG ALVIN
NGDON COBURN
:0144:0303

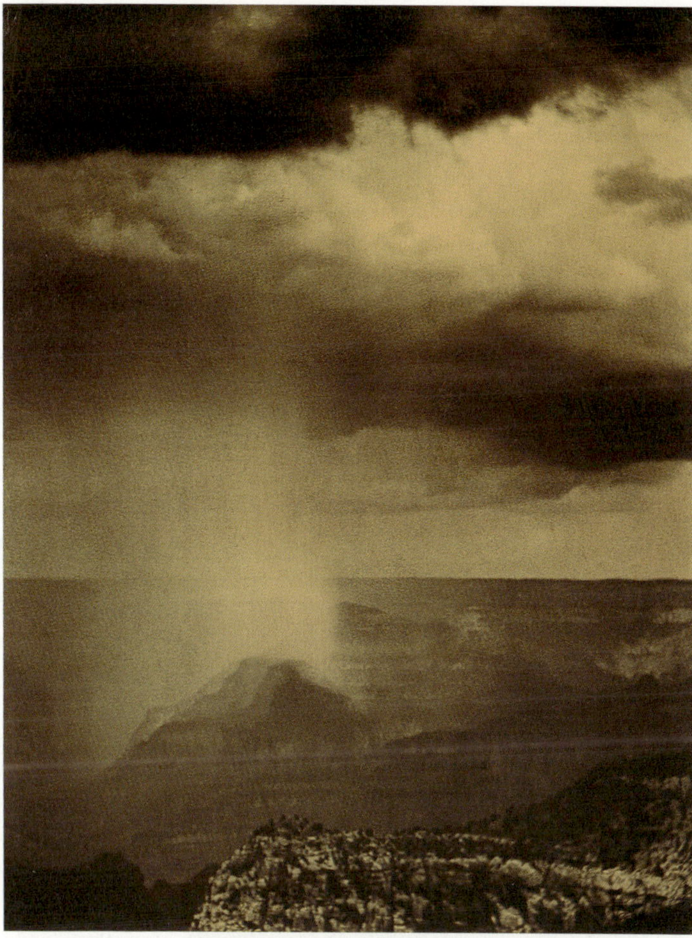

Alvin Langdon Coburn

Grand Canyon, um 1911

Gummiplatin-Druck
SCHENKUNG ALVIN LANGDON COBURN
67:0157:0025

(rechts)
Alvin Langdon Coburn
England, geb. Amerika, 1882–1966

Le Penseur (Der Denker), 1906

Gummiplatin-Druck
SCHENKUNG ALVIN LANGDON COBURN
67:0155:0032

nach London und bat Maxwell um eine Liste englischer Autoren und Künstler, die ich während meines Aufenthaltes in der phantastischsten Stadt der Welt photographieren wollte«, schrieb Coburn in seiner Autobiographie. George Bernard Shaw, der erste, den er photographierte, war das Modell für *Der Denker*, eine direkte Hommage an Auguste Rodins Skulptur gleichen Titels, die 1906 vollendet wurde. Es war ungewöhnlich, daß ein so berühmter Schriftsteller wie Shaw nackt posierte, auch wenn er selbst ein begeisterter Photograph und die Pose sein Vorschlag war. Das Bild gab Anlaß zu zahlreichen Kommentaren in der Presse, was den unbescheidenen Shaw n[…] zu der Bemerkung veranlaßte: »Es gibt Hunderte von Photographien von Dickens und Wagner, aber wir sehen nichts von ihnen, außer ihren Kleidern, aus denen ihre Köpfe herausschauen; wozu soll das gut sein?«

Der Romancier Henry James, ebenfalls ein im Ausland lebender Amerikaner, hatte großen Einfluß auf Coburn. Er machte ab 1905 zahlreiche Aufnahmen von James, darunter auch dieses Profilportrait, das er in seinem 1913 veröffentlichten Buch *Men of Mark* zeigte. Diesem folgte etwas später der zweite Band, *More Men of Mark*. Beide Bände waren thematisch an Camerons Serie *Famous Men* angelehnt, die wiederum von Thomas Carlyle inspiriert waren und der weitverbreiteten Faszination von berühmten Personen Rechnung trugen. Coburn gestaltete auch die Frontispize für die 24 Bände umfassende Gesamtausgabe von James' Werk.

Alvin Langdon Coburn

Henry James, 12. Juni, 1906

Photogravüre
SCHENKUNG ALVIN LANGDON COBURN
67:0153:0195

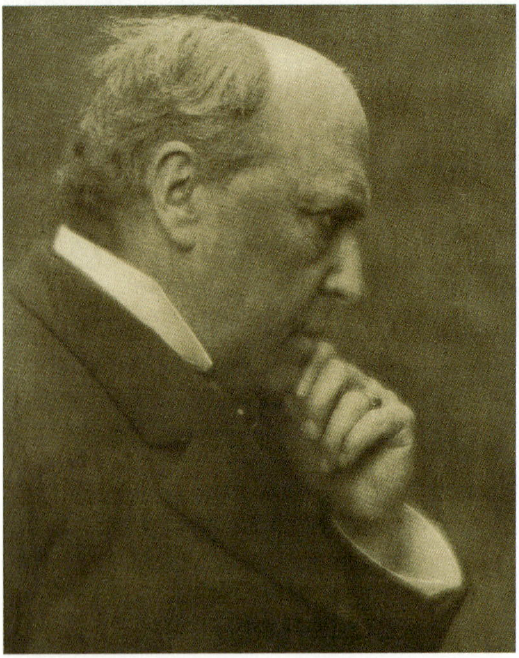

1912 übersiedelte Coburn nach England und wurde britischer Staatsbürger. Seine Arbeit wurde immer »direkter« und zeichnete sich durch unretuschierte, klare Bilder aus. 19[…] schrieb er: »Ich möchte nachdrücklich betonen, daß ich nicht an irgendeine Form der Handarbeit oder Manipulation auf einem photographischen Negativ oder Abzug glaube.« Wegen der Komplexität der sich überlagernden Schatten und Reflexionen könnte man *The Octo-*

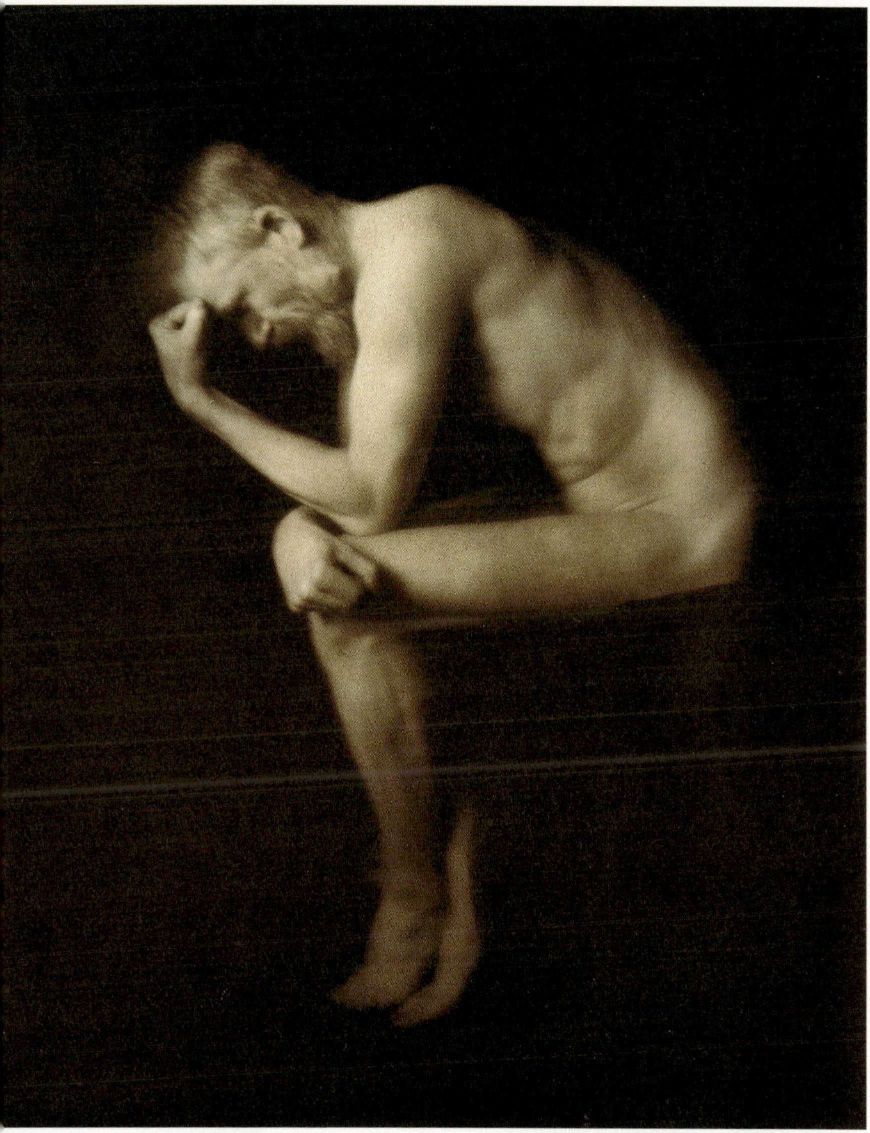

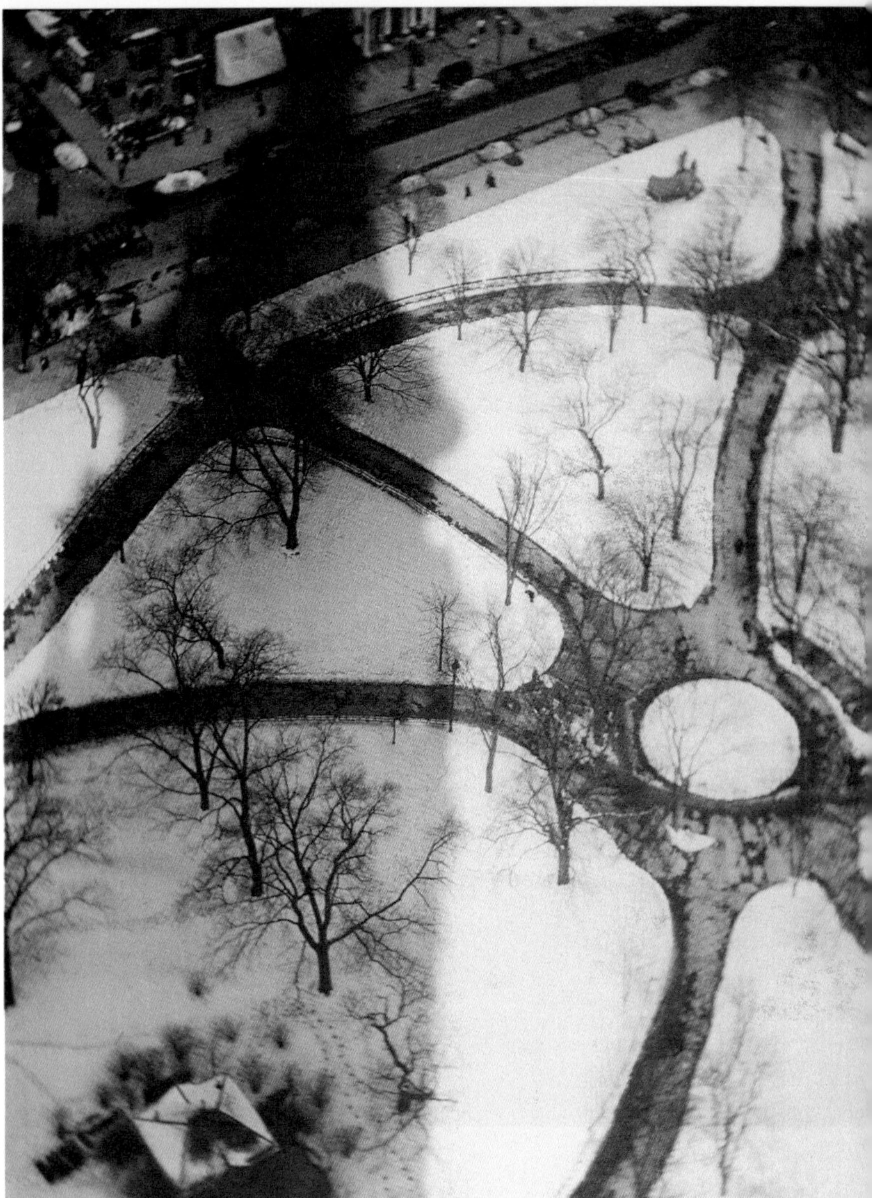

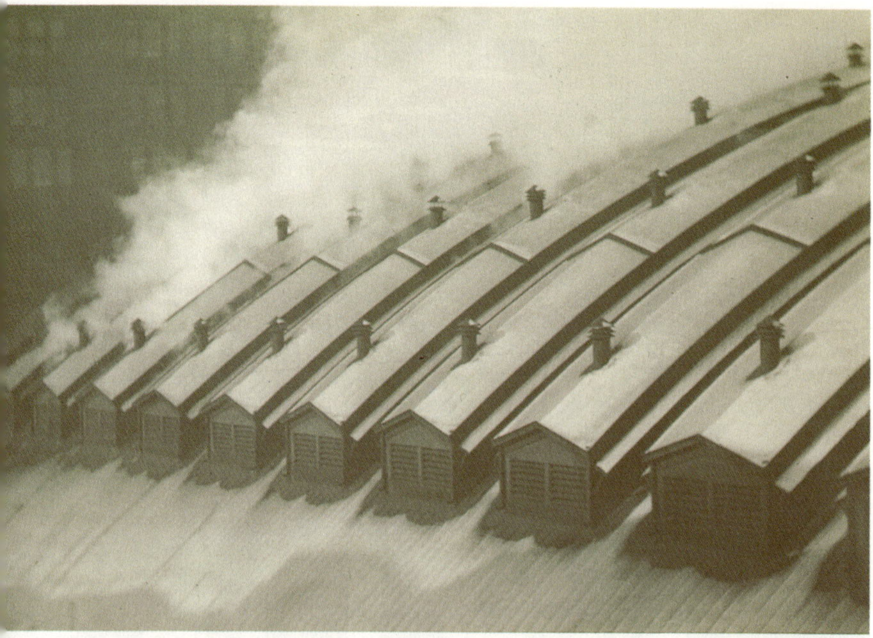

us, New York*, vielleicht Coburns berühmtestes Bild, irrtümlich für einem
ombinationsdruck halten. Seine Arbeit im Grand Canyon hatte ihn dazu
ngeregt, die Höhen der Wolkenkratzer von Manhattan zu erklimmen, um
iese Aussicht aufzunehmen. Stolz auf seine Leistung beschrieb Coburn
ie Arbeit als »eine Komposition oder Übung, einen rechteckigen Raum mit
urven und Flächen zu füllen. Da sie mehr vom Muster als vom Inhalt ab-
ängt, war diese Photographie 1912 revolutionär.«

Unter dem Einfluß der symbolistischen Bewegung wurden Coburns Arbei-
en zunehmend abstrakter. Er hatte auch Kontakt zu einer, als »Vortizisten«
ekannten Gruppe von Künstlern, deren Wortführer der amerikanische Dich-
er Ezra Pound war. Für *Vortograph of Ezra Pound* (Seite 425) plazierte er das
Objektiv zwischen drei einander zugekehrten Spiegeln. *Liverpool Cathedral
nder Construction* (Seite 424) ist eine komplexe Anordnung sich überschnei-
ender Winkel, deren Schwerpunkt auf der Struktur der Materialien und der
Dynamik des Blickpunktes liegt.

Coburn war einer der wenigen führenden Piktorialisten, die sich nach dem
Ende der Photo-Secession einem moderneren Ansatz zuwandten. Als Aufbe-
wahrungsort des Coburn-Archivs enthält die Sammlung des Eastman House

Alvin Langdon Coburn
England, geb. Amerika, 1882–1966

Station Roofs (Bahnhofsdächer), Pittsburgh, 1910

Silbergelatine-Abzug
SCHENKUNG ALVIN LANGDON COBURN
67:0147:0001

(links)
Alvin Langdon Coburn

The Octopus (Die Krake), New York, 1912

Platindruck
SCHENKUNG ALVIN LANGDON COBURN
67:0144:0289

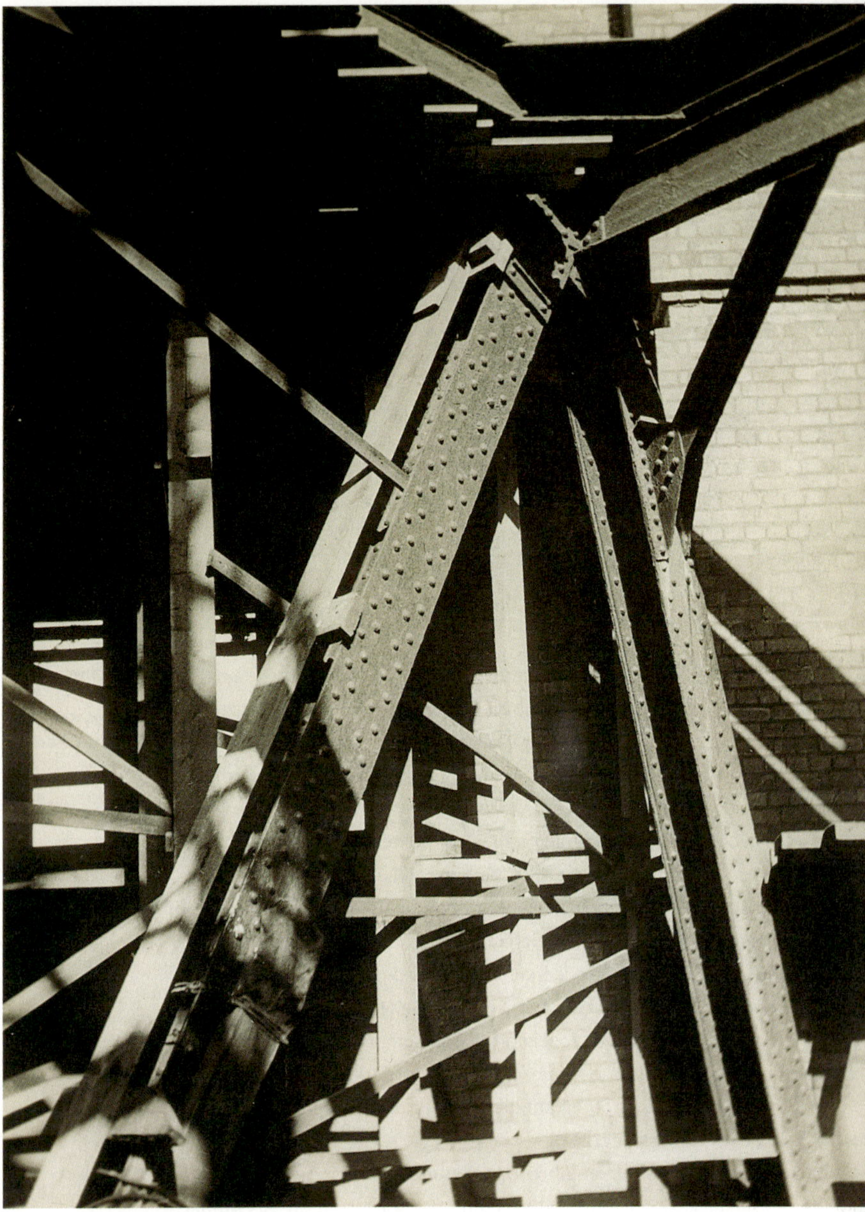

(links)
Alvin Langdon Coburn
England, geb. Amerika, 1882–1966

Liverpool Cathedral under Construction (Liverpool Kathedrale während des Baus), 1919

Silbergelatine-Abzug
SCHENKUNG ALVIN LANGDON COBURN
67:0160:0003

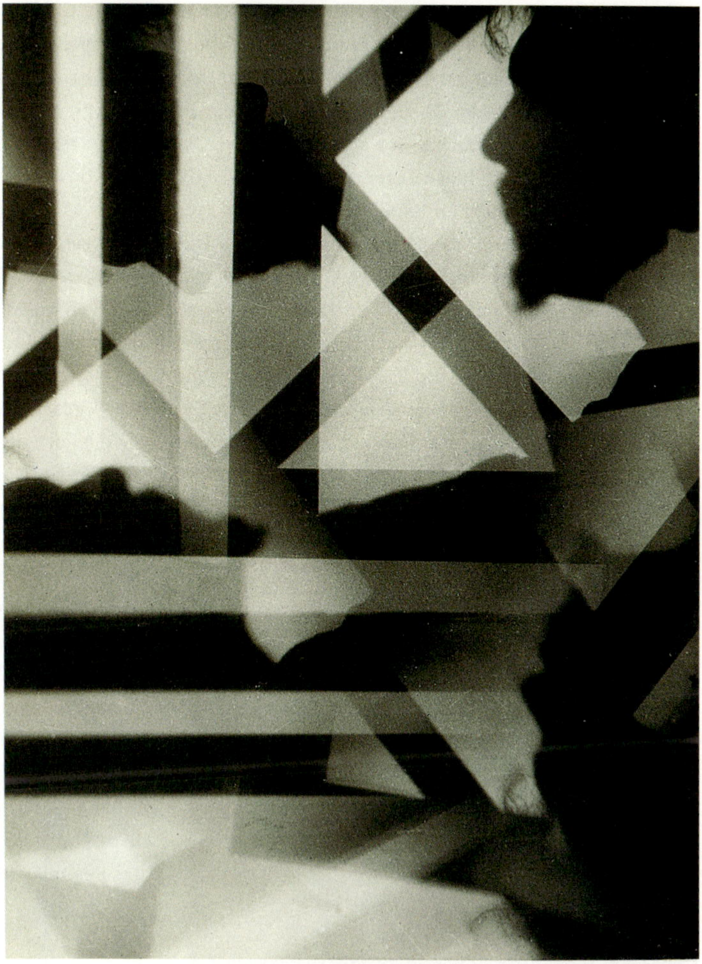

Alvin Langdon Coburn

Vortograph of Ezra Pound (Vortographie von Ezra Pound), 1917

Silbergelatine-Abzug
SCHENKUNG ALVIN LANGDON COBURN
67:0098:0021

über 1.000 seiner Photographien sowie 17.000 Negative, illustrierte Bücher und persönliche Unterlagen.

Elias Goldensky, ein in Rußland geborener Photograph, der sich 1891 mit seiner Familie in Philadelphia niederließ, erlernte das Medium im Atelier seines Vater in Rußland. Er arbeitete zuerst als Retuscheur in einem Photoatelier und nach einem Jahr als Retuscheur und Drucker für Frederick Gutekunst. Goldensky war auch Schauspieler und gründete eine russische Theatergesellschaft in Philadelphia, die bis mindestens 1905 existierte. Nachdem er ein eigenes Atelier eingerichtet hatte, machte Goldensky Photographien von berühmten Persönlichkeiten aus Philadelphia und solchen, die in der Stadt zu Gast waren, darunter auch dieses provokative Portrait des Autors Maxim Gorki, das ihm den Namen der »Photograph der Photographen« einbrachte. Er war in Berufsverbänden aktiv, wo er sich mit Kollegen treffen und Ideen austauschen konnte, und Mitglied von mindestens fünf Kamera-Clubs für Berufs- und Amateurphotographen, was ihn unter anderem mit Gertrude Käsebier in Kontakt brachte. Der Kritiker Sadakichi Hartmann verglich Goldenskys Arbeit in *Camera Notes* mit der von Day und Stieglitz, den beiden führenden Piktorialisten der Zeit. Sein *Männlicher Akt* ist die sinnliche Darstellung eines Körpers in gedämpften Brauntönen.

Elias Goldensky
Amerika, geb. Rußland, 1867–1943

Maxim Gorki, um 1910

Platindruck
SCHENKUNG 3M COMPANY, EHEMALIGE SAMMLUNG LOUIS WALTON SIPLEY
77:0116:0002

Der Ingenieur Paul Lewis Anderson begann 1907 zu photographieren, nachdem er einige Ausgaben von *Camera Work* gesehen hatte. Drei Jahre später gab er seinen Beruf auf und eröffnete ein Portraitatelier. Obwohl seine Photographien nie auf die Seiten von *Camera Work* gelangten, gehörte Anderson zu einer kleinen aktiven Bewegung, die die Tradition der Piktorialisten nach dem Ende der Photo-Secession fortsetzte.

Laut Anderson war es das Ziel der piktorialistischen Photographie, »die Augen des Durchschnittsmenschen für die Schönheit der Kunst zu öffnen – sie zu etwas Alltäglichem, statt zum Privileg der besonders Begünstigten zu machen –

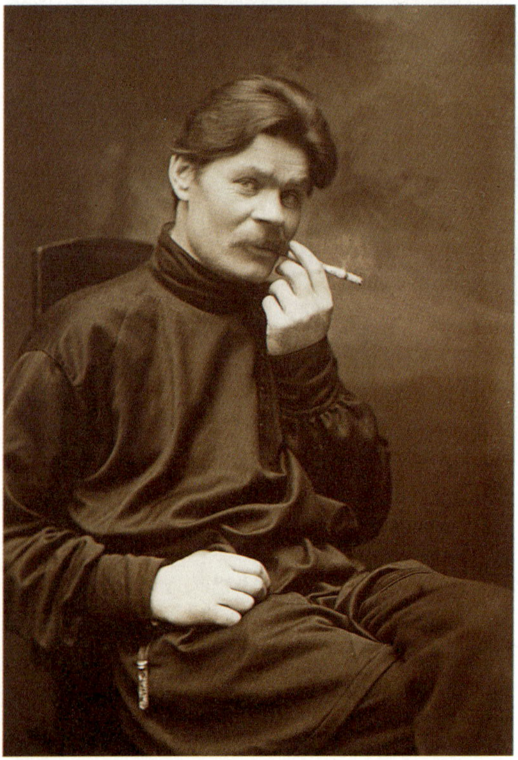

Elias Goldensky

Männlicher Akt, um 1915

Kohledruck
SCHENKUNG 3M COMPANY, EHEMALIGE SAMMLUNG LOUIS WALTON SIPLEY
77:0251:0062

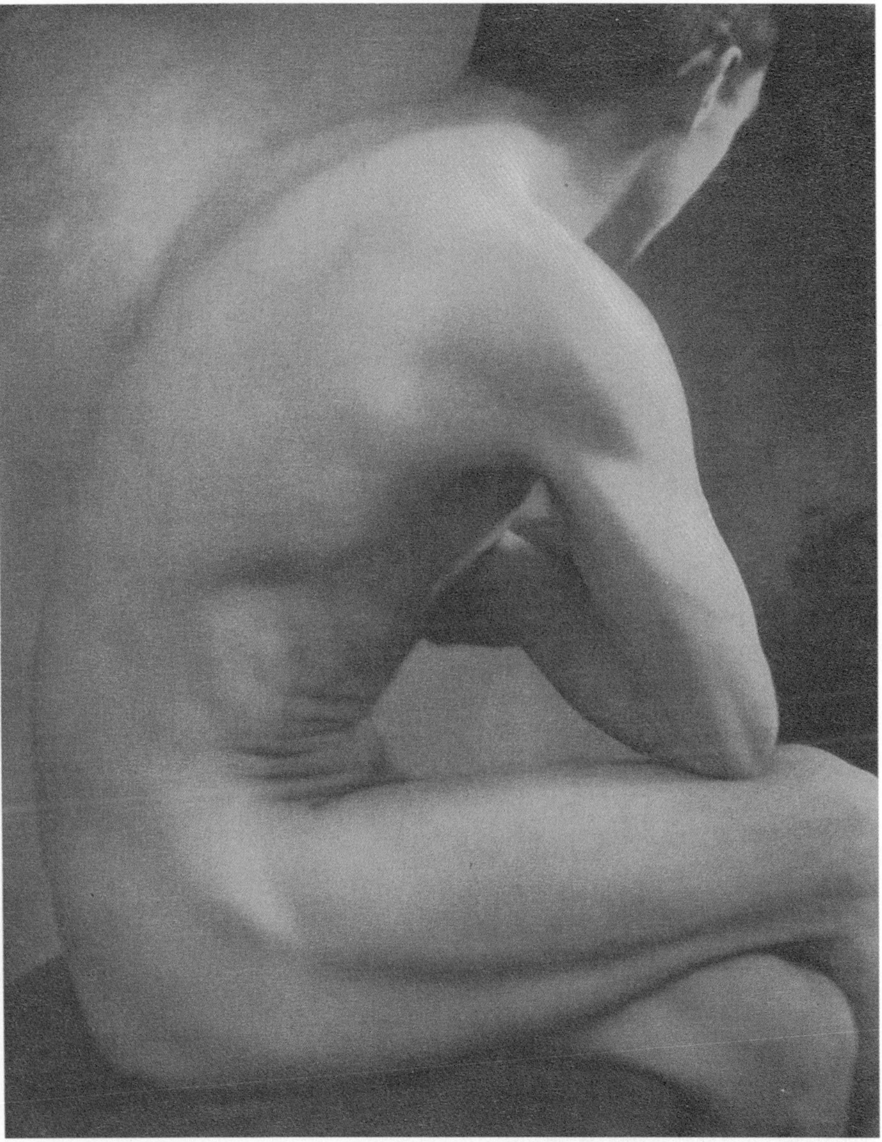

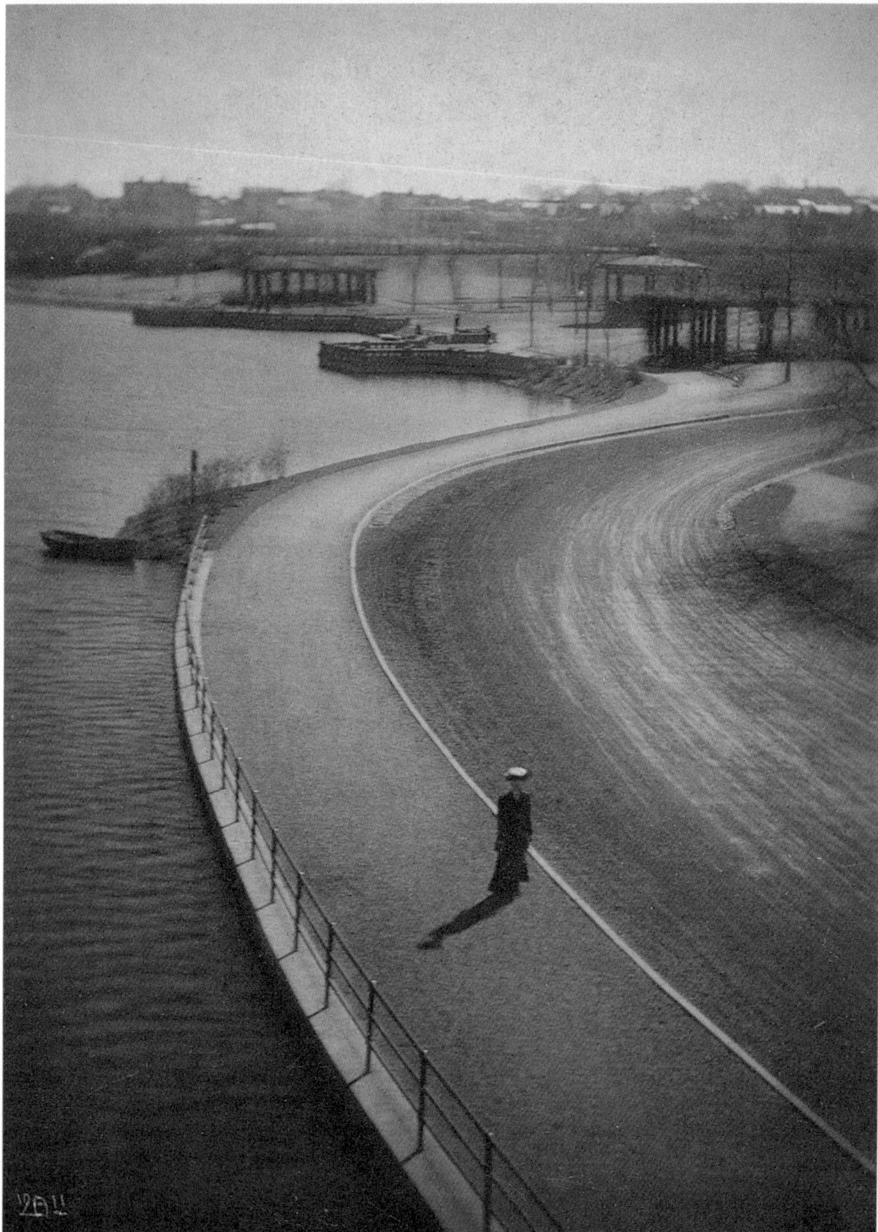

(links)
Paul Lewis Anderson
Amerika, 1880–1956

Branch Brook Park, 1911

Platindruck
SCHENKUNG
MRS. RAYMOND
C. COLLINS
76:0315:0070

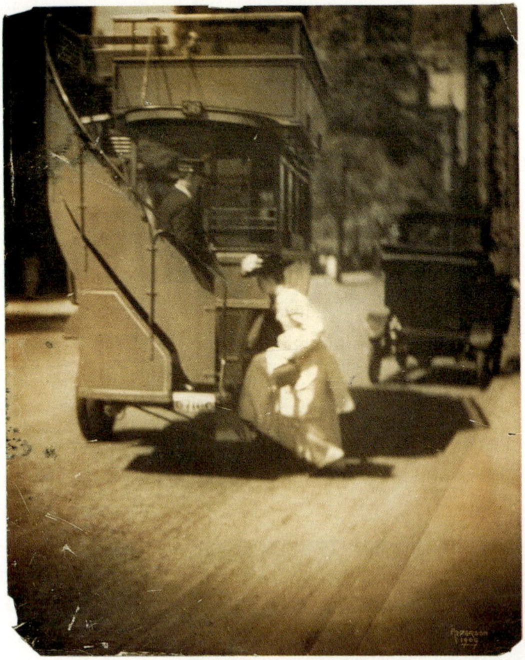

Paul Lewis Anderson

Frau besteigt Doppeldecker-Bus, 1909

Platindruck
SCHENKUNG
MRS. RAYMOND
C. COLLINS
76:0315:0049

und ein Interesse für die natürliche Schönheit sowie eine Sensibilität für Gestaltung und Tonwerte zu wecken, die gewiß zum intellektuellen und moralischen Fortschritt der Rasse beitragen wird.« Ab 1914 unterrichtete er in Clarence Whites School of Photography und verfaßte mehrere Bücher über Photographie. Die Museumssammlung enthält über 500 Photographien von diesem Meister des piktorialistischen Drucks. *Branch Brook Park* und *Frau besteigt Doppeldecker-Bus* sind zwei seiner von Einsamkeit und Stille durchdrungenen Arbeiten. Anderson soll behauptet haben, man könne ein gutes Bild daran erkennen, daß die Komposition noch genauso stark ist, wenn man es auf den Kopf stellt. Wendet man diesen einfachen Trick auf seine eigenen Bilder an, zeigen sie eine subtile Symmetrie, die man nicht erkennt, wenn man sie richtig herum betrachtet.

Die in New York City geborene Doris Ulmann studierte bei Lewis Hine an der Ethical Culture School Pädagogik und Photographie bei Clarence White an dessen Schule. Sie schloß sich den Pictorial Photographers of America an und richtete in New York ein Portraitatelier ein. Sie interessierte sich für die Volkskultur des amerikanischen Südens und photographierte vor allem in den Appalachian Mountains und den überwiegend von Schwarzen bewohnten Küstenstädten von Georgia und South Carolina im Südwesten, die auch als »Gullah« bekannt sind. *Group at Church Meeting* zeigt einen Gemeindechor in tiefem Gebet und enthüllt einen intimen Moment, der normalerweise nicht mit Außenstehenden geteilt wurde. *South Carolina*, das Portrait einer älteren schwarzen Frau in einem Fenster, ist ebenso ausdrucksvoll wie romantisch. Wie Ulman erklärte: »Ein Gesicht, das die Spuren eines intensiven Lebens trägt, das eine bestimmte dominante Qualität oder geistige Kraft ausdrückt, ist für mich ein interessantes Gesicht.«

Doris Ulmann
Amerika, 1882–1934

Group at Church Meeting (Gruppe beim Gottesdienst), um 1930

Platindruck
MUSEUMSANKAUF, EHEMALIGE SAMMLUNG JOHN JACOB NILES
70:0089:0010

Die besonderen Eigenschaften des Platindrucks, den Ulmann bevorzugte, waren eine sanfte Ergänzung ihrer Sujets. Zwar waren ihre Arbeiten von einer malerischen Atmosphäre gekennzeichnet, aber der Umgang mit ihren Sujets war dokumentarisch, so daß ihre Aufnahmen in der immer breiter werdenden Kluft zwischen Vergangenheit und Gegenwart, zwischen Piktorialismus und Moderne anzusiedeln sind. In der Sammlung befinden sich 147 Photographien von Ulmann.

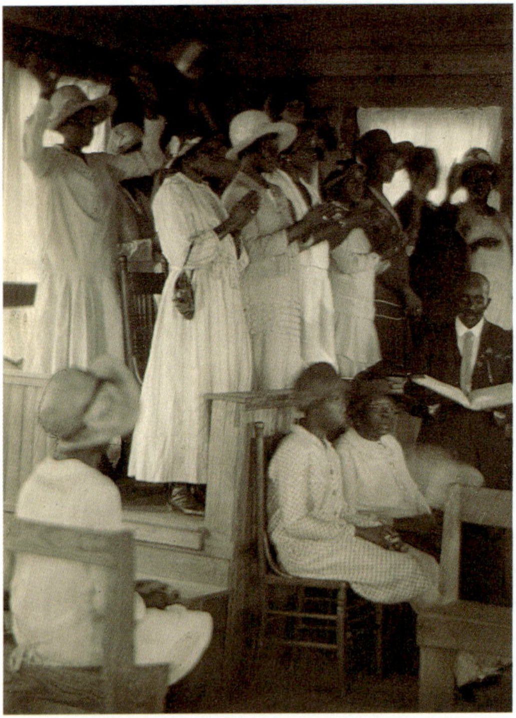

Ähnlich stehen Edward Curtis' Photographien dessen, was er »die verschwindenden Rassen« der nordamerikanischen Indianer nannte, wegen ihres malerischen, romantischen Stils durchaus in der Tradition des Piktorialismus und der Photo-Secession, aber sein Anliegen war weitgehend dokumentarisch. Curtis begann seine photo-

Doris Ulmann

South Carolina, um 1929–1930

Platindruck
SCHENKUNG 3M COMPANY, EHEMALIGE SAMMLUNG LOUIS WALTON SIPLEY
77:0215:0074

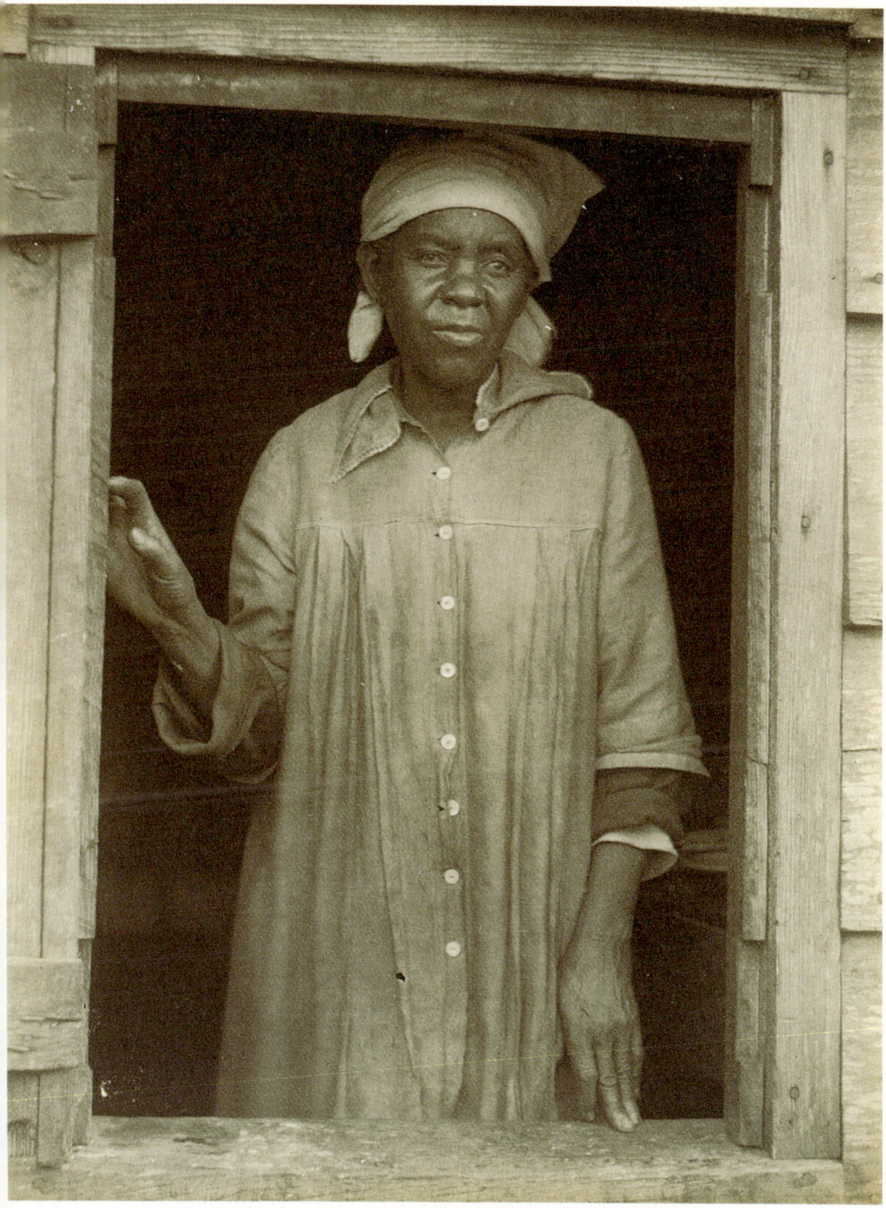

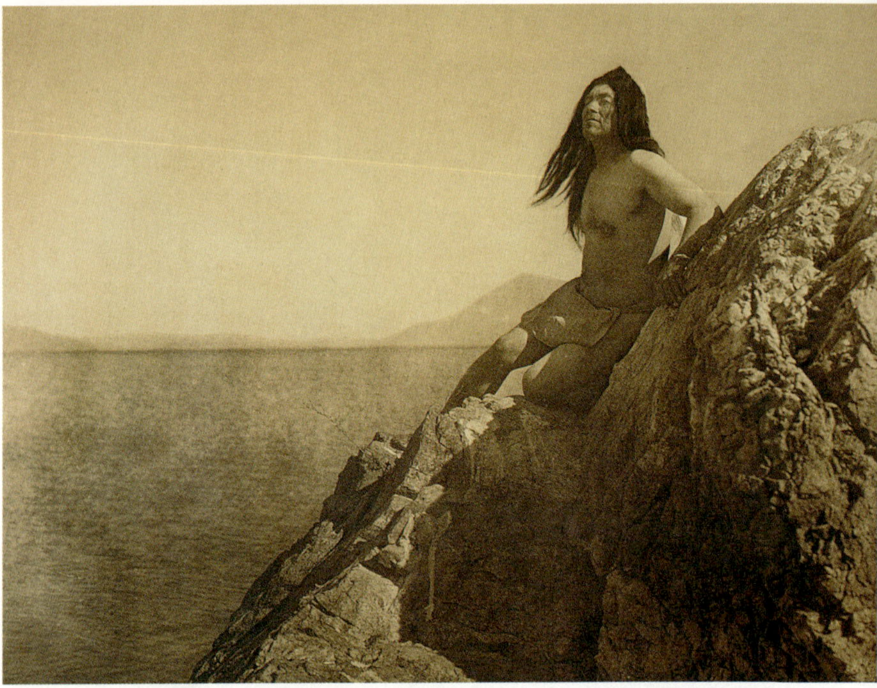

Edward S. Curtis
Amerika, 1868–1952

On the Shores of Clear Lake (Am Ufer des Clear Lake), um 1924

Photogravüre
MUSEUMSANKAUF
72:0001:0001

graphische Karriere in einem kommerziellen Atelier in Seattle, Washington. Sein Interesse an der Kultur der amerikanischen Indianer entstand um 1896, und bis 1927 bereiste er das Land und machte Aufnahmen für seine monumentale, 20 Bände umfassende Studie *The North American Indian*. Die 20 illustrierten Textbände wurden von 20 Bänden mit insgesamt 2.222 Photogravüren begleitet, von denen die Eastman-Sammlung fast 100 besitzt. Ein Bild wie *Washo Baskets* ist zwar ein nüchternes Stilleben außergewöhnlicher kunsthandwerklicher Gegenstände, dargestellt mit der modernistischen Detailgenauigkeit, die das Motiv verlangte, aber Curtis verließ sich nicht immer auf Authentizität, um eine Kultur zu portraitieren. *On the Shores of Clear Lake* und *Bow River – Blackfoot* sind inszenierte Bilder aus dem Leben amerikanischer Indianer, deren originäre Kultur größtenteils bereits nicht mehr existierte, als Curtis sich daran machte, sie zu photographieren. Trotzdem sind seine Bilder wunderschöne, wenn auch fiktive Portraits, die eine romantische Wiederbelebung von Amerikas Vergangenheit repräsentieren.

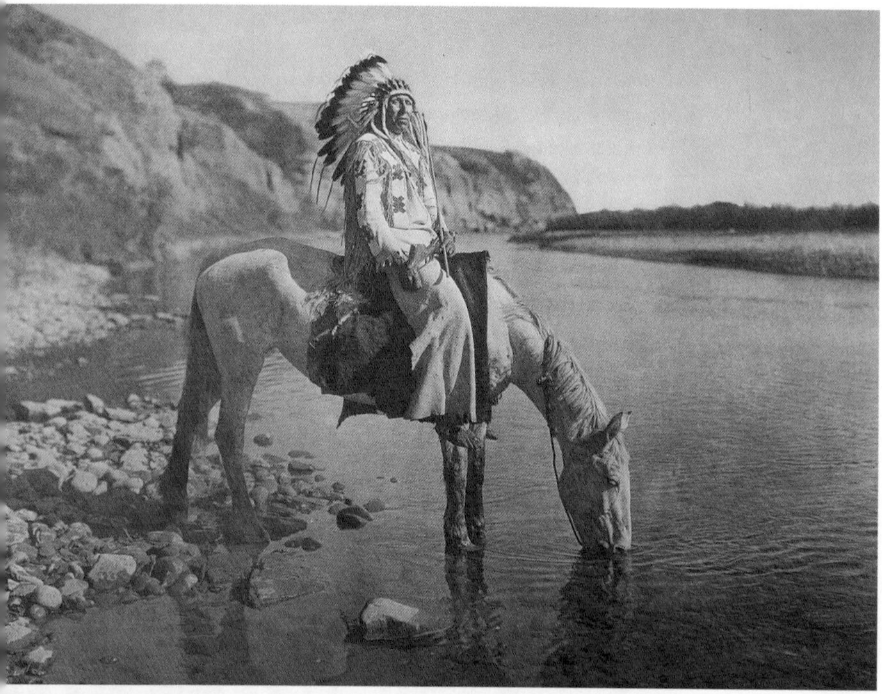

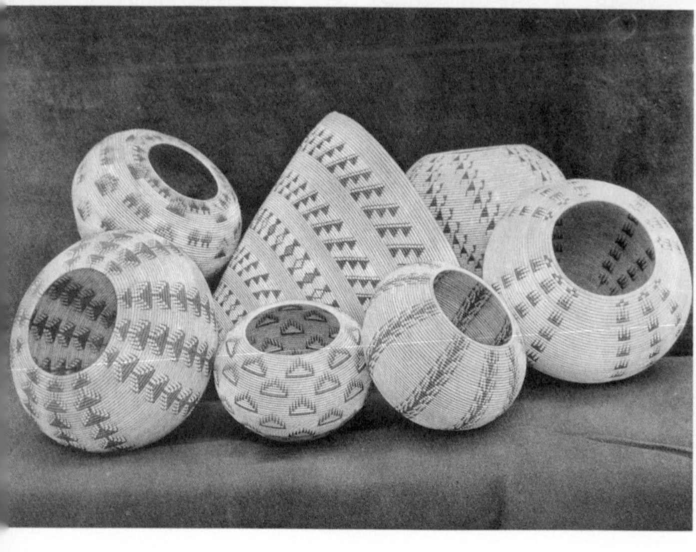

Edward S. Curtis

Bow River – Blackfoot, um 1926

Photogravüre
74:0033:0029

Edward S. Curtis

Washo Baskets (Washo-Körbe), um 1924

Photogravüre
MUSEUMSANKAUF
72:0001:0032

Die moderne Welt

In den 1890er Jahren war das Photographieren durch empfindlichere Filme, bessere Linsen, Handkameras und kommerzielle Vergrößerungs- und Druckmöglichkeiten wesentlich einfacher geworden, so daß ein größeres Spektrum der Ereignisse des täglichen Lebens in Bildern festgehalten werden konnte. All dies führte dazu, daß das Medium eine weitere explosionsartige Ausbreitung erlebte. Zum einen nahm die Zahl der Amateurphotographen deutlich zu, und zum anderen wurden Wesen und Praxis der professionellen Photographie unumkehrbar verändert und ausgeweitet. Eine unermeßliche, in Konzept und Form vollkommen neue Bilderwelt wurde zu einem untilgbaren Teil der visuellen Welt. Grenzen, die zuvor photographische Praktiken voneinander unterschieden hatten, verschwanden unter dieser überwältigenden Flut neuer Bilder einfach. Gleichzeitig trafen Photographen auf eine sich verändernde und häufig verblüffende Welt. Wolkenkratzer, Straßenbeleuchtung, Telephone, Automobile und Flugzeuge hatte es

William M. Van der Weyde
Amerika, 1871?–1929

Elaine Golding, Swimmer (Schwimmer), um 1900

Von Gelatine-Trockenplatte
SCHENKUNG NEW YORK PUBLIC LIBRARY
74:0056:1079

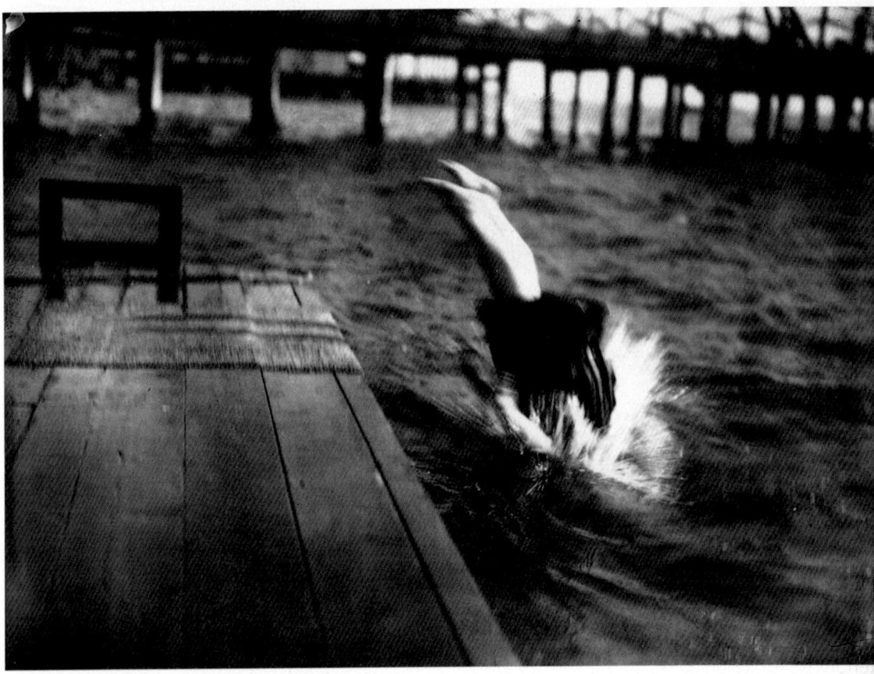

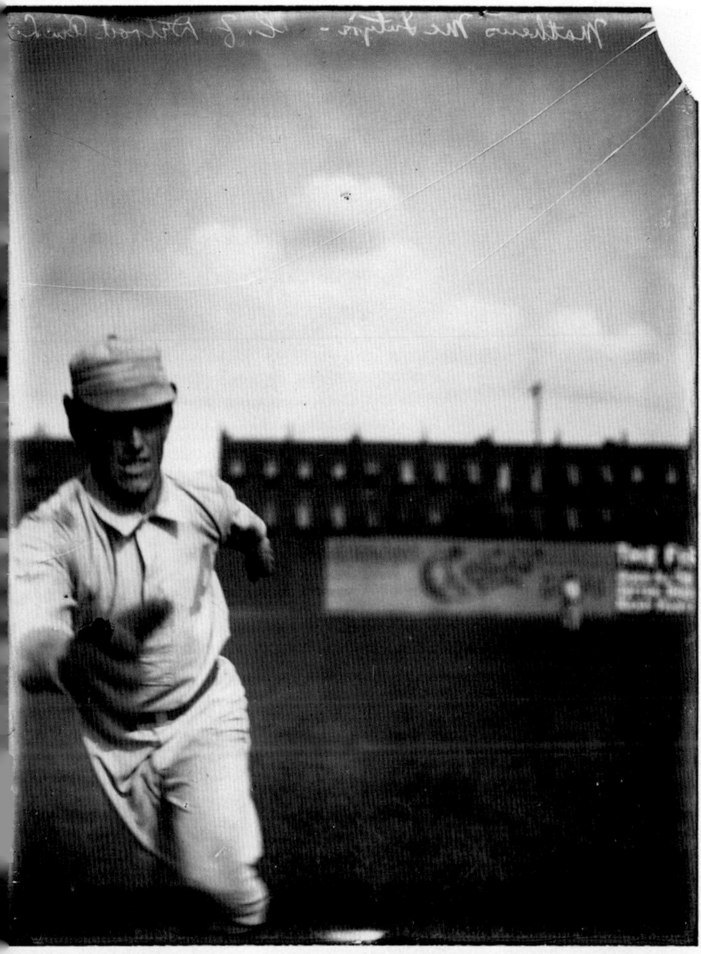

William M. Van der Weyde

Matty McIntyre, Baseball Player (Baseballspieler), 1904

Von Gelatine-Trockenplatte
SCHENKUNG NEW YORK PUBLIC LIBRARY
74:0056:0660

eine Generation zuvor noch nicht gegeben. Es war eine Welt, die eine radikale Transformation durchlief, gekennzeichnet durch Geschwindigkeit, Bewegung und Energie.

William Van der Weyde, der um die Jahrhundertwende als Berufsphotograph in New York arbeitete, machte Schlagzeilen mit seinen bahnbrechenden Experimenten im neuen Genre urbaner Nachtphotographie. Die Bilder auf den Seiten 434 bis 437 sind nur fünf von insgesamt 1.461 Gelatine-Trockenplatten in der Sammlung des Museums. Sie zeugen von der Bereitschaft,

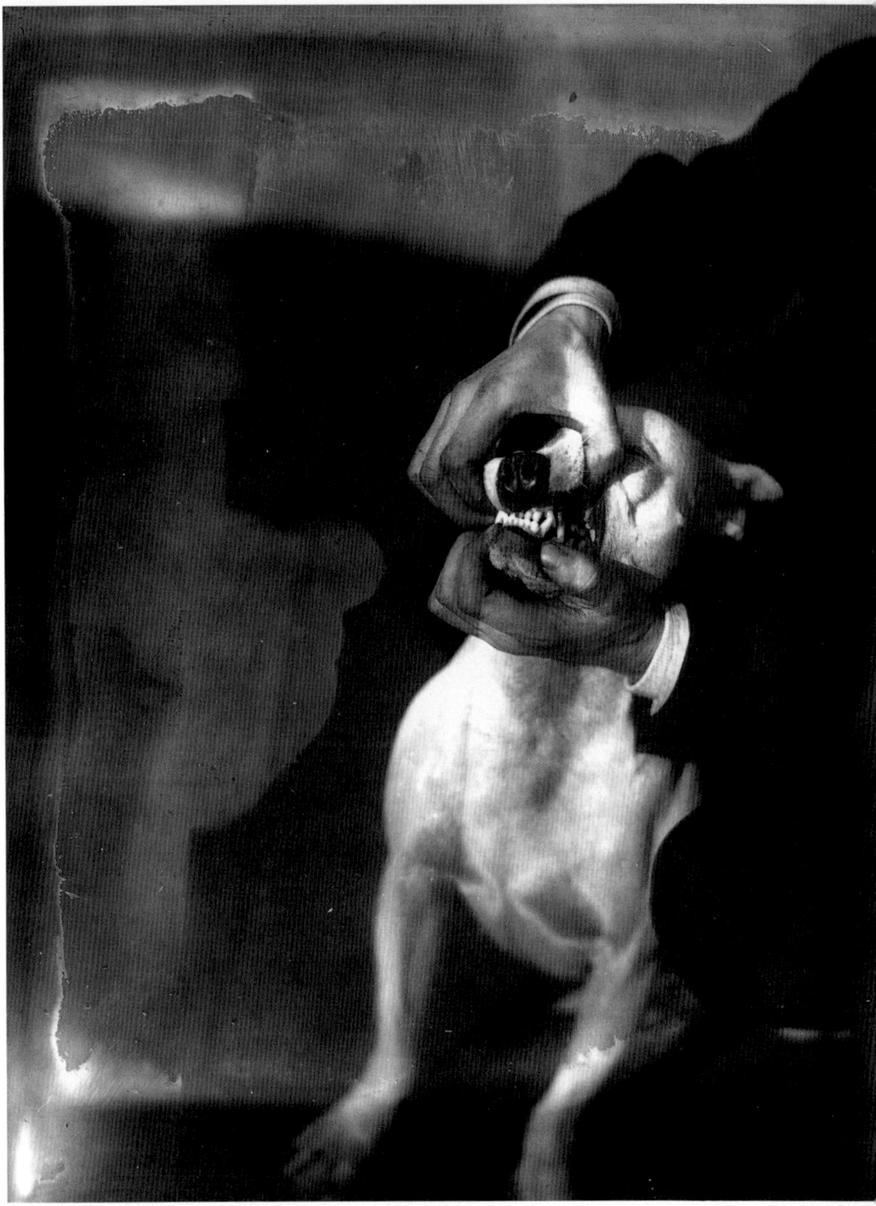

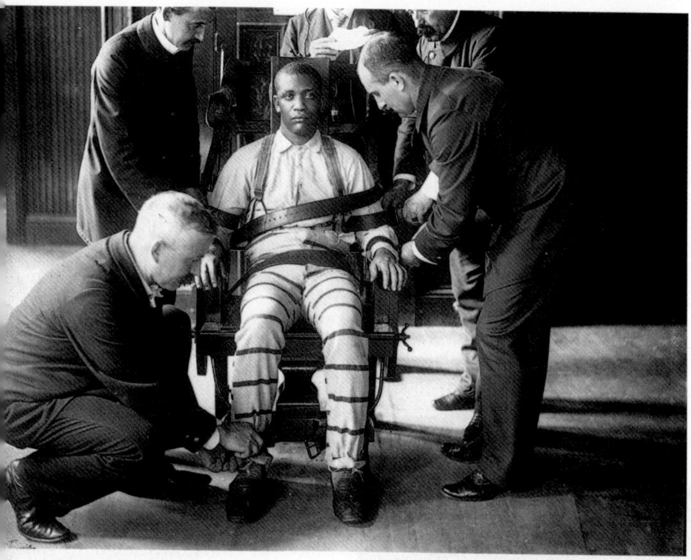

William M. Van der Weyde
Amerika, 1871?–1929

Electric Chair at Sing Sing (Elektrischer Stuhl), um 1900

Von Gelatine-Trockenplatte
SCHENKUNG NEW YORK PUBLIC LIBRARY
74:0056:0386

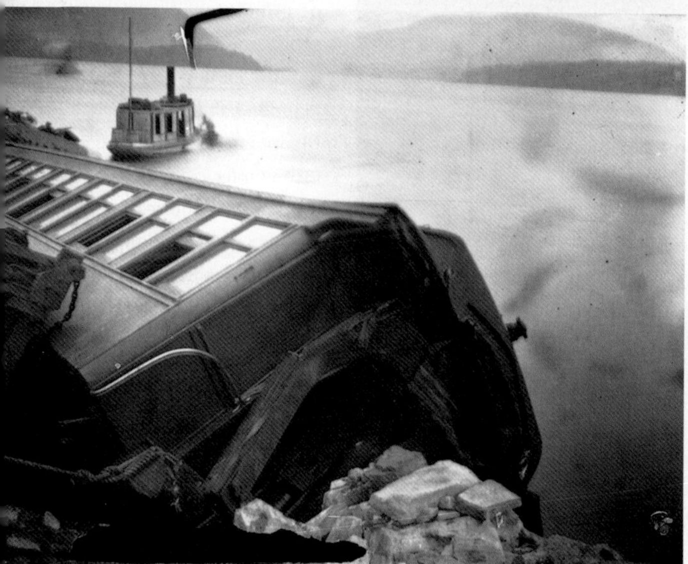

William M. Van der Weyde

Harrison NY, RR Wreck, um 1900

Von Gelatine-Trockenplatte
SCHENKUNG NEW YORK PUBLIC LIBRARY
74:0056:0086

(ganz links)
William M. Van der Weyde
Dog Training (Hundetraining), um 1900

Von Gelatine-Trockenplatte
SCHENKUNG NEW YORK PUBLIC LIBRARY
74:0056:0316

alles und jeden zu photographieren, vom Baseball-Spieler bis zur Hinrichtung, und auf traditionelle kompositorische, inhaltliche und stilistische Konzepte zu verzichten, um möglichst deskriptive Bilder zu erhalten, damit eines dieser Bilder in einem der illustrierten Magazine veröffentlicht werde.

Arnold Genthe
Amerika,
geb. Deutschland,
1869–1942

An Unsuspecting Victim (Ein ahnungsloses Opfer), um 1899

Silbergelatine-Abzug
MUSEUMSSAMMLUNG DURCH AUSSTAUSCH
72:0044:0013

Nach seiner Promotion in klassischer Philologie an der Universität Jena reiste Arnold Genthe 1895 als Privatlehrer des Sohnes einer reichen deutschen Familie, die in San Francisco Land besaß, nach Amerika. Genthe verliebte sich in die »... Energie [und] in die Freiheit des Denkens und Handeln ...«, die er in Amerika fand und entschloß sich, dort zu bleiben, als seine Arbeitgeber nach Deutschland zurückkehrten. Nach der Lektüre eines Führers über das chinesische Viertel Tangrenbu in San Francisco, fühlte sich Genthe von der geheimnisvollen Welt Chinatowns angezogen. Zuerst versuchte er, die Bewohner zu zeichnen, bediente sich dann aber der Photographie, um seine widerstrebenden Modelle im Bild festzuhalten. *An Unsuspecting Victim* ist eine romantische Photographie die Genthes Aktivitäten in Chinatown zeigt. Im Vordergrund steht die elegante Erscheinung Genthes, der von Licht umhüllt ist und seine Kamera in de Händen hält, während ein bärtiger Mann ihm zuschaut. Die »ahnungslosen Opfer« sind das chinesische Kind und der ältere Mann, die im dunklen und stimmungsvollen Hintergrund des Bildes verschwinden. In seiner Autobiographie berichtet Genthe, daß die zurückgezogen lebenden Einwohner von Chinatown sich davor fürchteten, photographiert zu werden, und er sich für di Aufnahmen mit einer Handkamera anschleichen mußte. Obwohl er ein regelmäßiger Besucher des Viertels war – er machte dort etwa 200 Aufnahmen – photographierte Genthe seine Modelle heimlich; mit einem voyeuristischen Auge für das Exoti-

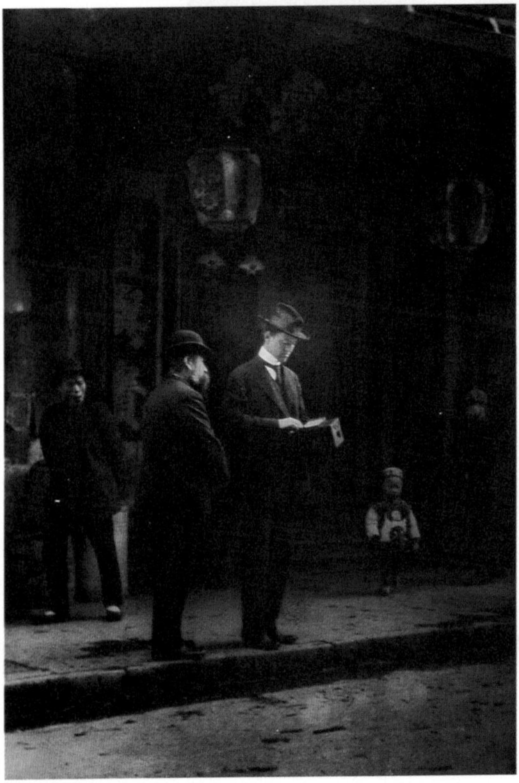

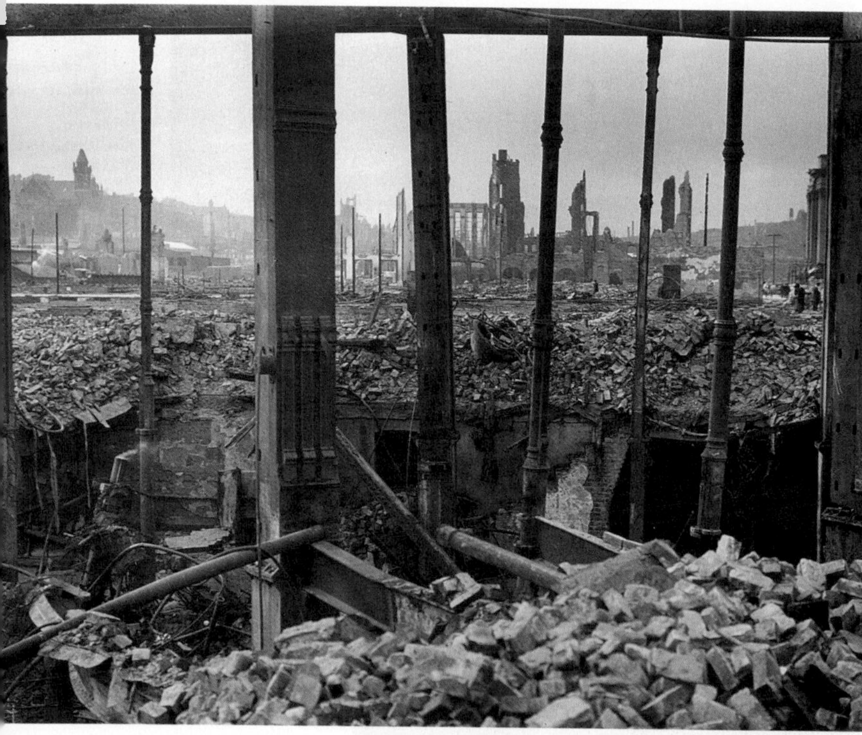

:he und Neuartige. Sein eleganter piktorialistischer Stil brachte ihm zahl- ·iche Auszeichnungen und Aufträge ein.

1906 machte Genthe einige der direktesten und dokumentarischen Photo- ·aphien seiner Laufbahn. Am 18. April jenes Jahres wurde San Francisco ɔn einem Erdbeben und Feuer heimgesucht, das die Stadt völlig zerstörte nd die Mehrzahl ihrer Einwohner obdachlos machte. Mit Ausnahme von ·enthes Negativen aus Chinatown, die er im Gewölbekeller einer Bank ver- :hlossen hatte, wurden sein Atelier, seine gesamte Ausrüstung und die ·rbeit von fünf Jahren bei dem Erdbeben vernichtet. Aber er beschaffte sich ·ne preiswerte Handkamera, schloß sich den Zeitungsphotographen und ·em halben Dutzend anderer Photographen an, die in den folgenden Tagen ·ufnahmen von der verwüsteten Stadt machten. Neben seiner Autobiogra- ·hie veröffentlichte Genthe mehrere illustrierte Bücher, darunter *Pictures of ·ld Chinatown* (1909). In der Sammlung befinden sich 29 Photographien nd fast ein Dutzend Bücher, die Genthe verfaßt oder illustriert hat.

Arnold Genthe

San Francisco Earthquake and Fire (Erdbeben und Feuer), 1906

Abzug Anselm Adams, 1956
Silbergelatine-Abzug
SCHENKUNG CALIFORNIA LEGION OF HONOR
73:0043:0001

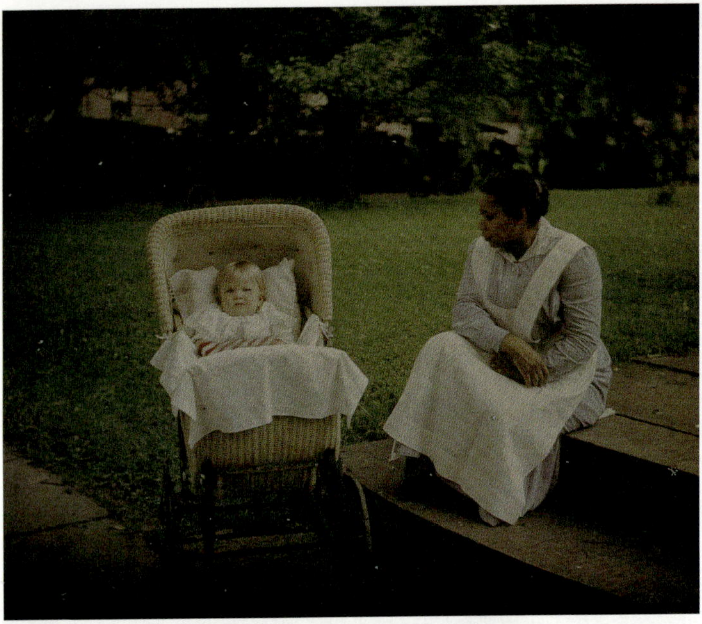

Charles C. Zoller
Amerika, 1854–193

Kind und Kranken-schwester, um 1920

Farbplatten, Autochromeverfahre
SCHENKUNG MR. &
MRS. LUCIUS A.
DICKERSON
82:2047:0072

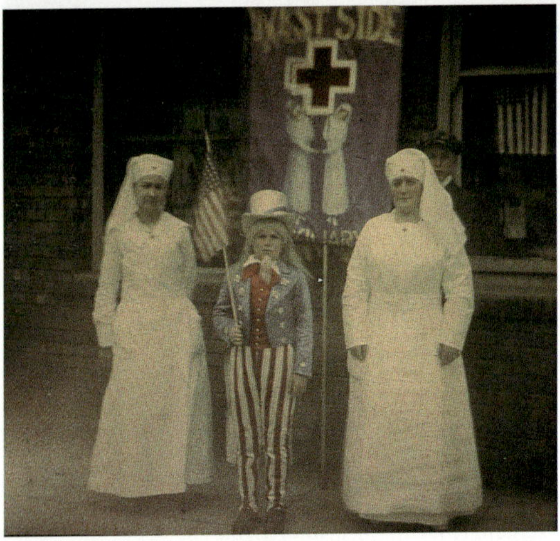

Charles C. Zoller

Erster Weltkrieg Unterstützungs-parade, um 1917

Farbplatten, Autochromeverfahren
SCHENKUNG
MR. & MRS. LUCIUS
A. DICKERSON
82:2033:0025

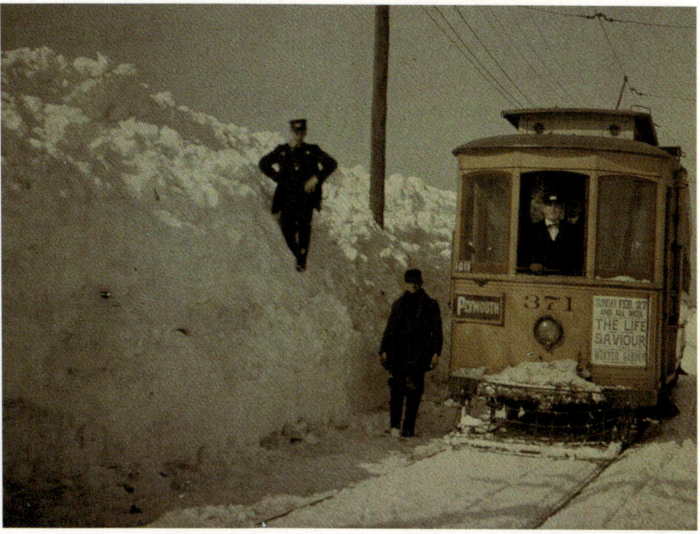

Charles C. Zoller

Straßenbahn im Winter, um 1931

Farbplatten, Autochromeverfahren
SCHENKUNG
MR. & MRS. LUCIUS A. DICKERSON
82:2059:0087

Die Farbaufnahme war eine weitere der vielen Verbesserungen, welche die Photographie zur Zeit der Jahrhundertwende erfuhr. Den wenigen professionellen Photographen und den ambitionierten Amateuren, die bereit waren, sich auf die zu erwartenden Schwierigkeiten einzulassen, standen verschiedene, gemessen an heutigen Standards jedoch umständliche und komplizierte Verfahren der Farbphotographie zur Verfügung. Das 1907 von den Gebrüdern Lumière in Frankreich entwickelte Autochromeverfahren erregte die Aufmerksamkeit von Profis und Amateuren. Heinrich Kühn und Jean Tournassoud in Europa und Arnold Genthe, Edward Steichen und Alfred Stieglitz in Amerika arbeiteten nach diesem Verfahren.

Charles Zoller, ein ehemaliger Möbelhändler, der dann Diapositive verkaufte, lernte das Autochromeverfahren um 1908 in Rochester, New York. 1915 begann er, Kurse in Photographie für private und professionelle Gruppen zu geben, in denen er viele seiner Autochromeplatten als Unterrichtsmaterial verwendete. Zu dieser Zeit erfreute sich der illustrierte Unterricht in Ausbildung und Unterhaltung großer Beliebtheit und brachte professionellen Lehrern einen guten Verdienst ein. Zoller photographierte auch die Aktivitäten und Feierlichkeiten der Stadt Rochester sowie die vielen Gärten der »Blumenstadt«. Das Museum besitzt fast 3.900 Autochromeplatten, 450 Diapositive und 4.000 Negative von Zoller.

Der Berufsphotograph Floyd W. Gunnison lebte und arbeitete von 1908 bis Mitte der 1920er Jahre in Canandaigua im Staat New York. Seine »... Spezialität waren Darstellungen privater Haushalte sowie Innen- und Außenaufnahmen von Geschäften.« Diese pragmatische Erweiterung der kommerziellen photographischen Praxis war allgemein üblich. Gunnisons Arbeit ähnelt der in kleineren Städten arbeitenden Photographen, denn auch er photographierte Feiern, zeremonielle Anlässe oder Hochzeiten und machte Portraitaufnahmen. In seinen Portraits wollte er möglichst viel vom Charakter des Modells mit möglichst wenig subjektiver Interpretation des Photographen zeigen. Seine Kompositionen sind direkt, atmosphärisch und ausgewogen. Meist stehen die Objekte im Mittelpunkt des Ausschnitts und sind von ausreichend Raum umgeben, so daß einfache Formen leicht zu erkennen und zuzuordnen sind. Bisweilen wich Gunnison von dieser Vorgehensweise ab, um eine interessantere Perspektive zu zeigen, wie man an dem spitzen Aufnahmewinkel in seinem Bild *Ladenfront* erkennen kann. Er betrieb eine Art konzentrierter Dokumentarphotographie, die klare und eindeutige Botschaften vermittelt. Wie andere Berufsphotographen in kleinen Städten, schuf auch er einen beispiellosen Katalog von Bildern des volkstümlichen Amerika, der wegen seines kulturellen und historischen Informationswerts heute von Fachleuten und der Öffentlichkeit gleichermaßen geschätzt wird. Doch diese Anerkennung ließ lange auf sich warten, und so wurde auch nur ein geringer Teil der Arbeit dieser damals unbeachteten Photographen gesammelt und bewahrt. Von Gunnison besitzt das Museum 124 Glasplatten-Negative, von denen moderne Gelatine-Silberabzüge gemacht wurden.

Floyd W. Gunnison
Amerika, 1882–1943

Badezimmer-Interieur, um 1915

Silbergelatine-Abzug (Modern Print) von originalem Gelatinetrockenplatten-Negativ
SCHENKUNG CHARLES CARRUTH
67:0126:0025MP

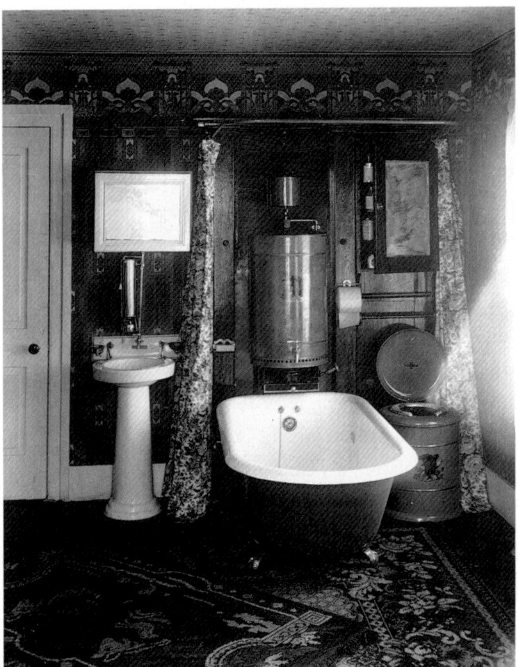

Um 1900 gab es in fast allen großen und kleinen Städten Bibliotheken, Museen, Heimat- und Bürgervereine, die alle ein Interesse daran

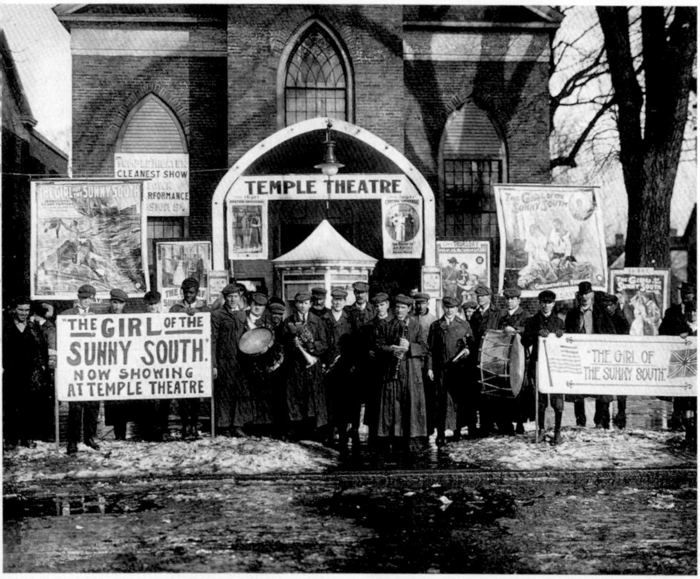

Floyd W. Gunnison

Band vor dem Temple Theater, um 1915

Silbergelatine-Abzug (Modern Print) von originalem Gelatine-trockenplatten-Negativ
SCHENKUNG
CHARLES CARRUTH
67:0126:0038MP

Floyd W. Gunnison

Ladenfront, um 1915

Silbergelatine-Abzug (Modern Print) von originalem Gelatine-trockenplatten-Negativ
SCHENKUNG
CHARLES CARRUTH
67:0126:0035MP

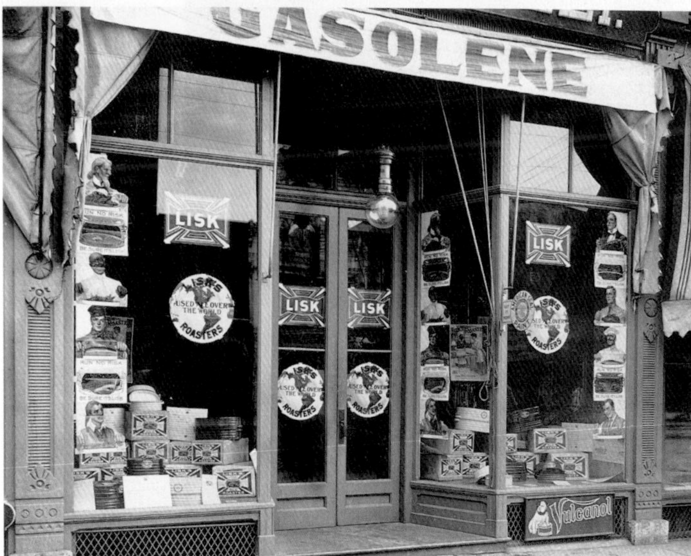

hatten, ein visuelles Archiv der wichtigen Ereignisse und historisch bedeutsamen Gebäude ihrer Gemeinde einzurichten. 1875 wurde in London die »Society for Photographing Relics of Old London« gegründet, eine Organisation, die es sich zur Aufgabe machte, gefährdete und architektonisch bedeutsame Gebäude Londons photographisch zu dokumentieren und diese Bilder zu veröffentlichen. Zwölf Jahre lang beschäftigte sie einen Photographen, der die Bauwerke aufnahm, und veröffentlichte dann pro Jahr sechs (später 12) der insgesamt 120 Kohledrucke von diesen Photographien für Abonnenten. In späteren Editionen waren die Photographien von sorgfältig recherchierten Bildunterschriften begleitet. Die Aufnahmen wurden zwischen 1875 und 1878 von den Partnern Alfred und John Boole und von 1879 bis 1886 von Henry Dixon und seinem Sohn Thomas gemacht. Dieses zweibändige Portfolio befindet sich im Besitz des Museums.

Henry Dixon
England, 1820–1893

Great Saint Helen's, London, 1882

Kohledruck
MUSEUMSANKAUF
76:0048:0111

Paris, die herrliche »Stadt der Lichter«, hatte eine lange und berühmte Tradition im Bereich der visuellen Dokumentation, und viele Publikationen sowie Organisationen und Institutionen schufen eine Lebensgrundlage für dieser Art der kommerziellen Photographie. Gut organisierte Bildagenturen wie Neurdien oder Albert Hautecoeur waren in den 1880er und 1890er Jahren in der Lage sowohl Touristen als auch privaten und öffentlichen Einrichtungen sehr professionelle und detaillierte topographische Ansichten fast aller be-

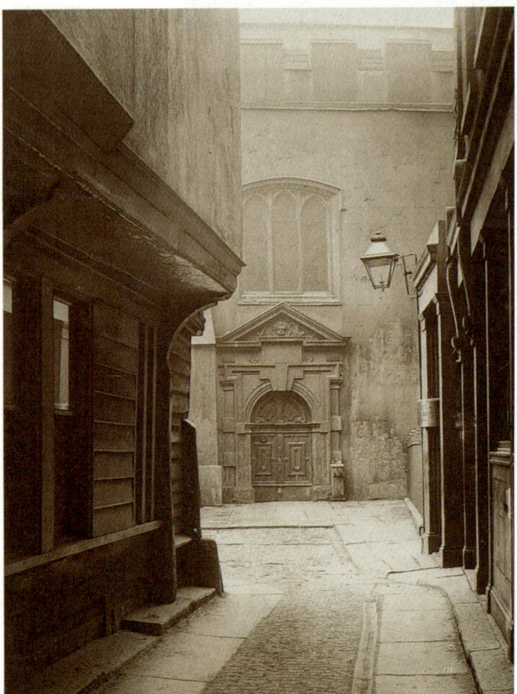

Eugène Atget
Frankreich, 1857–1927

Impasse des Bourdonnais (1e Arr), 1908

Albuminpapierabzug
MUSEUMSANKAUF
81:0951:0014

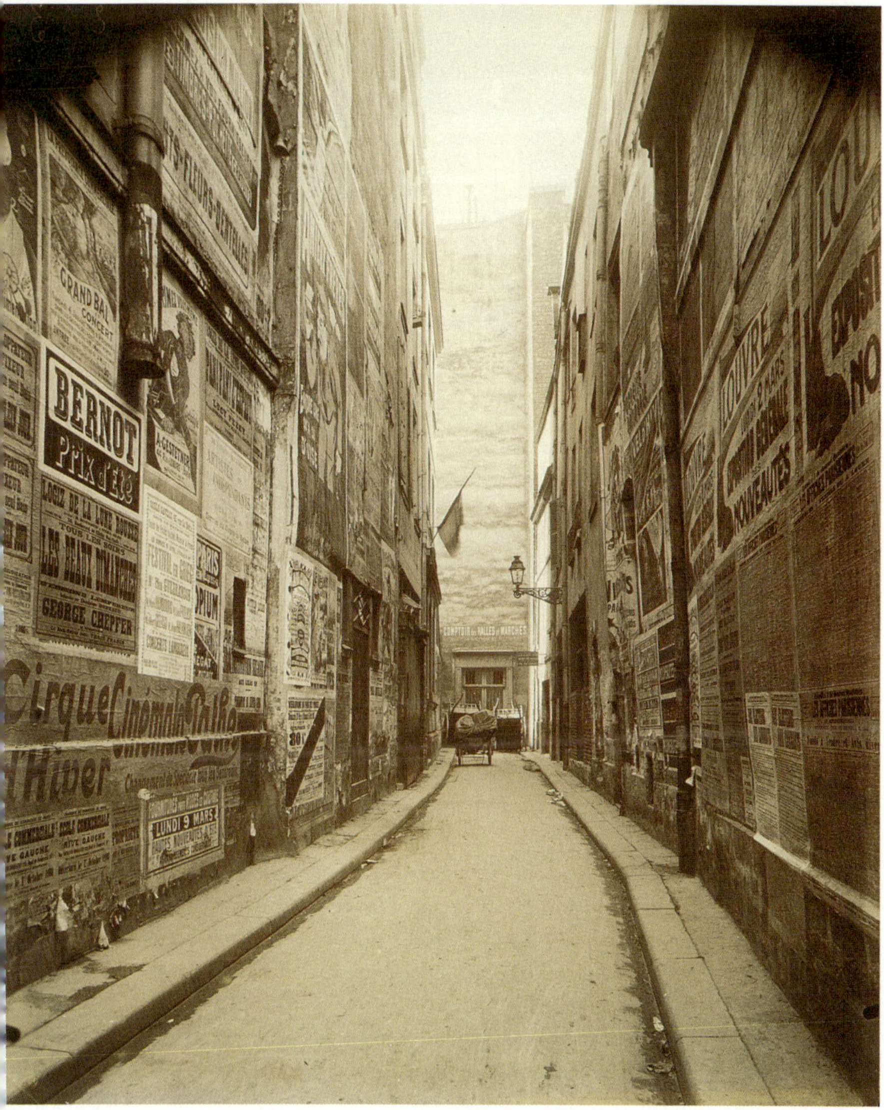
GRAND BAL
CONCERT
BERNOT
Prix d'Été
TOUS LES SOIRS
LES BEAUX DIMANCHES
GEORGE CHEPPER
PARIS
OPIUM
LUNDI 9 MARS
COMPTOIR DES HALLES ET MARCHÉS
LOUVRE
NOUVEAUTÉS

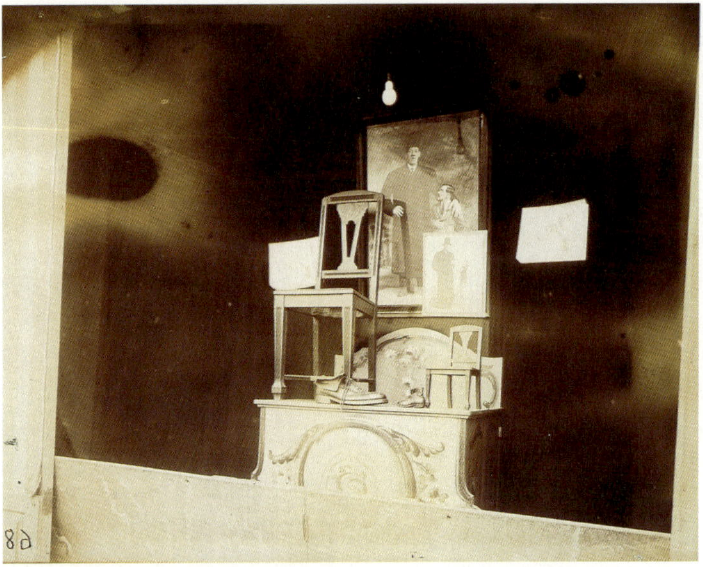

(rechts)
Eugène Atget

Avenue des gobelins, 1925

Auskopierpapier-Abzug
MUSEUMSANKAUF, EHEMALIGE SAMMLUNG MAN RAY
76:0118:0010

Eugène Atget
Frankreich, 1857–1927

Fête du trône – le géant (Festival des Throns – der Riese), 1925

Auskopierpapier-Abzug
MUSEUMSANKAUF, EHEMALIGE SAMMLUNG MAN RAY
76:0118:0007

kannten Gebäude der Stadt zu vernünftigen Preisen anzubieten. Einer der Photographen, die sich zur Zeit der Jahrhundertwende mit solchen Bildern ihren bescheidenen Lebensunterhalt verdienten, war der ehemalige Schauspieler Eugène Atget. Er arbeitete als freier Unternehmer und erhielt gelegentlich Auftrage von der Bibliothèque Nationale, den Archives Photographiques du Palais Royal, der Société d'Iconographie Parisienne und anderen Organisationen, die die Lücken in ihren Bildarchiven schließen wollten. Atget verkaufte auch Drucke an Dekorateure, Ladenbesitzer und Künstler, die solches Material benötigten. Seine Mittel waren beschränkt und seine Technik galt 1890, als er begann, bereits als antiquiert und umständlich. Inmitten der vielen professionell geführten Firmen topographischer Photographen, die von der Stadt unterstützt wurden, hatte Atget nur geringen finanziellen Erfolg.

Atget richtete seine Aufmerksamkeit auf die unspektakulären, übersehenen und vernachlässigten Aspekte des täglichen Lebens. Bis zu seinem Tod im Jahr 1927 photographierte er unablässig alle Winkel und Ecken von Paris. Er entwickelte eine eigene photographische Technik und einen eigenen Stil, der auf vorhandene dokumentarische und malerische Traditionen in der Photographie zurückging, und kombinierte die Merkmale dieser beiden Traditionen, um neue und einzigartige Bilder zu schaffen, durch die er die

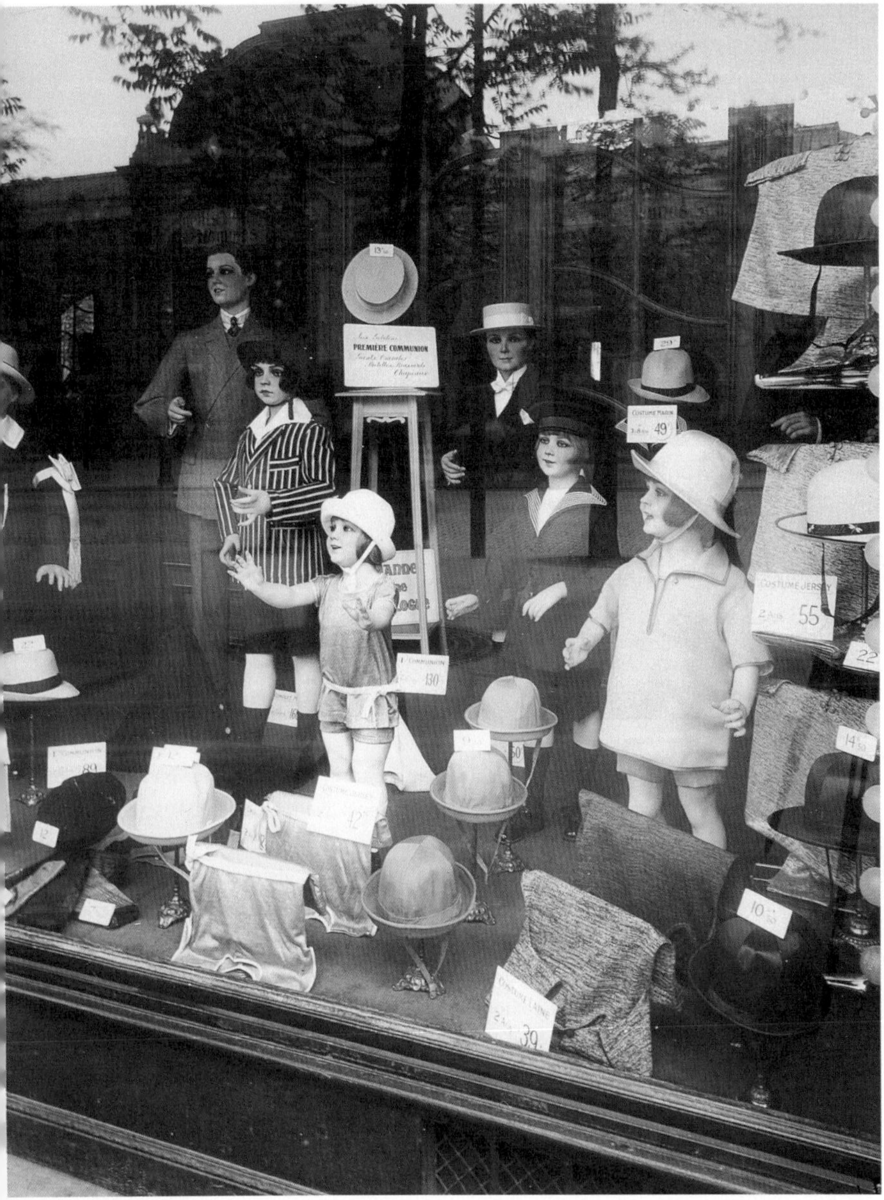
PREMIÈRE COMMUNION
COSTUME MARIN
49
COSTUME JERSEY
2 ANS 55
22
COSTUME LAINE
39

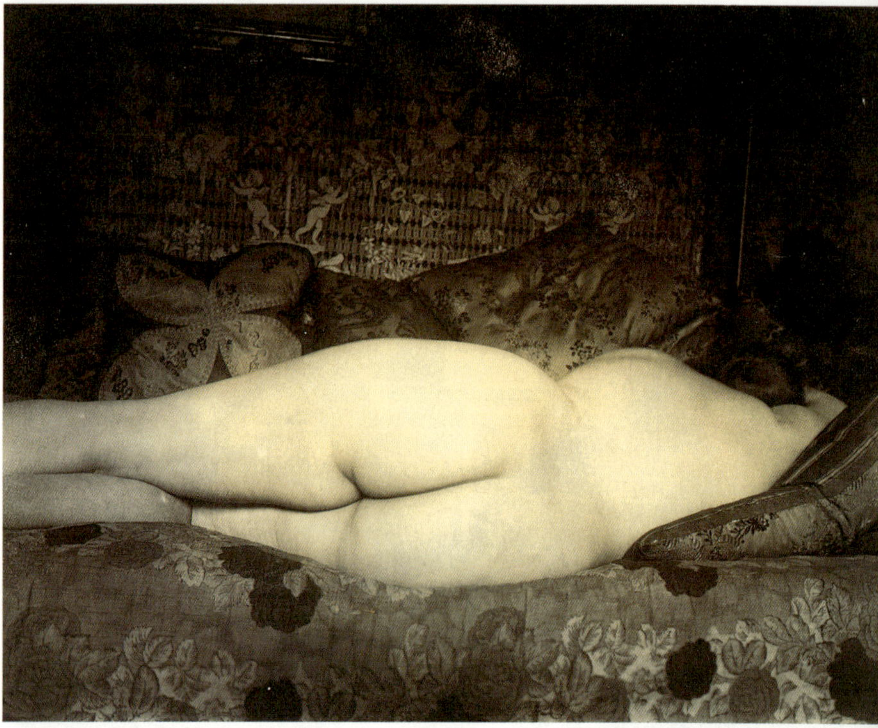

Eugène Atget
Frankreich, 1857–1927

Femme (Frau), 1925–1926

Matter Albuminpapierabzug
MUSEUMSANKAUF, EHEMALIGE SAMMLUNG MAN RAY
76:0118:0006

Versailles, Coin de parc (Ecke im Park), 1902

Albuminpapierabzug
MUSEUMSANKAUF, EHEMALIGE SAMMLUNG MME. LOUETTE, VIA KODAK PATHÉ
78:1628:0040

visuellen Ausdrucksmöglichkeiten ganzer Generationen von Photographen veränderte. Lichthöfe, verzerrte Perspektiven, blockierte Aussichten und sich überschneidende Objekte machen seine Bilder zu technisch mangelhaften topographischen Photographien und gleichzeitig zu transformativer, brillanter Kunst. Atget konnte seinen Aufnahmen der alten verfallenen Gärten eines entthronten Königs ebenso etwas Dramatisches und Geheimnisvolles verleihen wie einer Schaufensterdekoration, arrangiert zu Ehren eines Zirkusstars. Erst später entdeckte eine Nachkriegsgeneration von Künstlern und Schriftstellern, die sich für neue Erkenntnisse über das Unbewußte des Menschen interessierte, Atgets geheimnisvolle und eindringliche Bilder. Diese surrealistischen Künstler erkannten in seinen Arbeiten eine ungefilterte Wahrnehmung wieder, die ihrer eigenen ähnelte, und erklärten ihn zu ihrem Vorläufer. Das Museum besitzt etwa 500 Bilder von Atget.

Ein Album mit 148 Schnappschüssen, die der junge Franzose Jacques-Henri Lartigue um 1910 von Flugzeugen, Flugzeugwettbewerben und Ab-

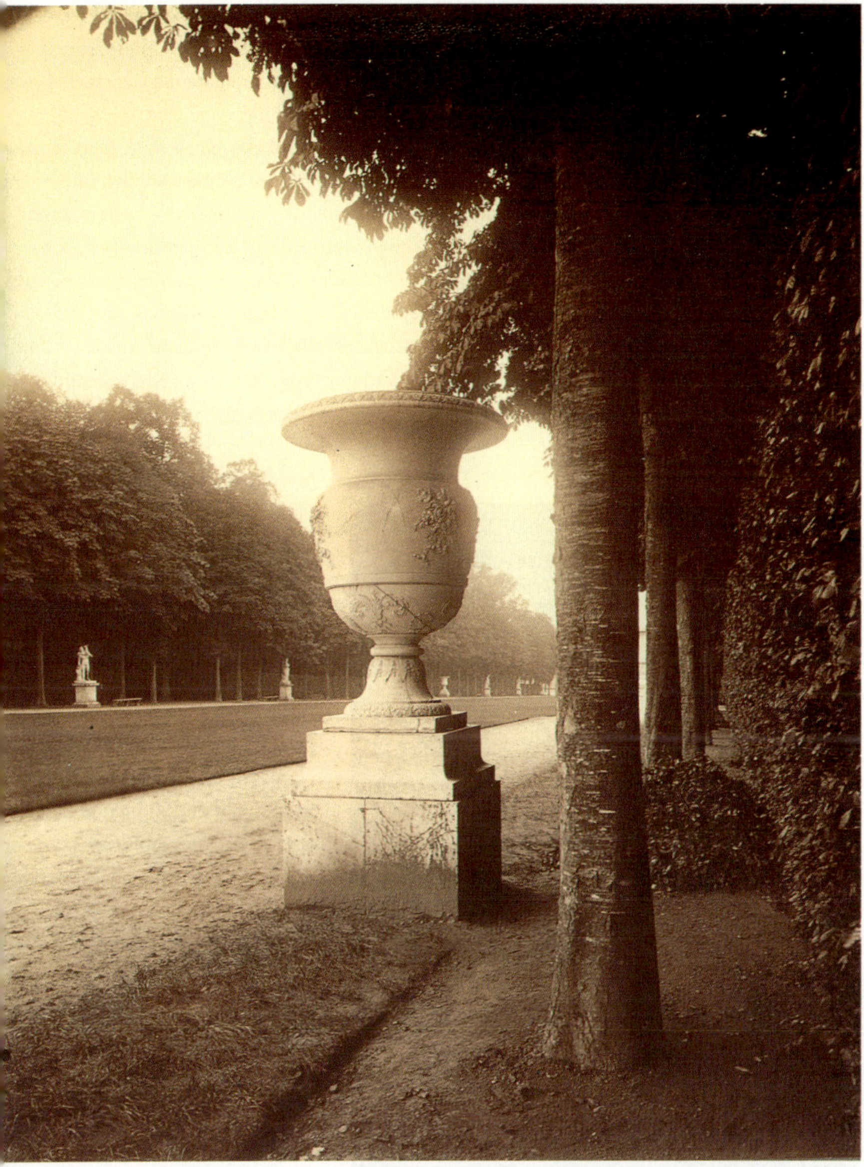

Jacques-Henri Lartigue
Frankreich, 1894–1986

Mon plus petit model (9 cm. envergure) Il a bien marché (Mein kleinstes Modell [9cm. Wingspan] Es funktionierte gut), 1910

Silbergelatine-Abzug
MUSEUMSANKAUF
76:0044:0105

stürzen sowie Modellflugzeugen machte, die er selbst baute und testete, gehört ebenfalls zur Sammlung des Museums. Lartigues Interessen spiegeln die Trends der Welt wider, in der er lebte. Er liebte die Geschwindigkeit und das Dramatische der neuen Autos und Flugzeuge, aber auch das ausgelassene, sorglose Leben seiner großen und aktiven Familie. All dies photographierte er mit großer Leidenschaft. Als Sohn eines wohlhabenden und nachsichtigen Bankiers, bekam Lartigue 1901, im Alter von sieben Jahren, eine Kamera geschenkt. Mit seiner jugendlichen Neugier und Begeisterung dafür, Aktivitäten um sich herum festzuhalten, und mit der Gleichgültigkeit eines Kindes gegenüber allen »akzeptierten« Normen der photographischen Praxis, machte Lartigue Aufnahmen, die banal, unverschämt, lustig und, häufiger als man erwarten würde, einfach wundervoll sind.

Als nun das Photographieren billig und einfach wurde und Tausende visuell und künstlerisch ungeschulter Menschen eine Kamera in die Hand bekamen, explodierten die Möglichkeiten des Mediums. Neben den unzähligen prosaischen Bildern, die zu dieser Zeit gemacht wurden, gibt es auch sehr viele interessante und außergewöhnliche Aufnahmen aller Arten von ausgefallenen und bizarren Objekten, Ereignissen und Aktivitäten, die man zuvor nicht der Mühe und der Kosten des Photographierens für wert erachtet hatte. Im Jahr 1910 konnte ein 16jähriger mit einer Kamera seine Modellflugzeuge zeigen, seine Liebe zum Fliegen demonstrieren und sogar seine Lust am Leben vermitteln. Es war ein weiterer und bedeutender Schritt für die Demokratisierung von Information und die Rolle der Photographie in der Kommunikation.

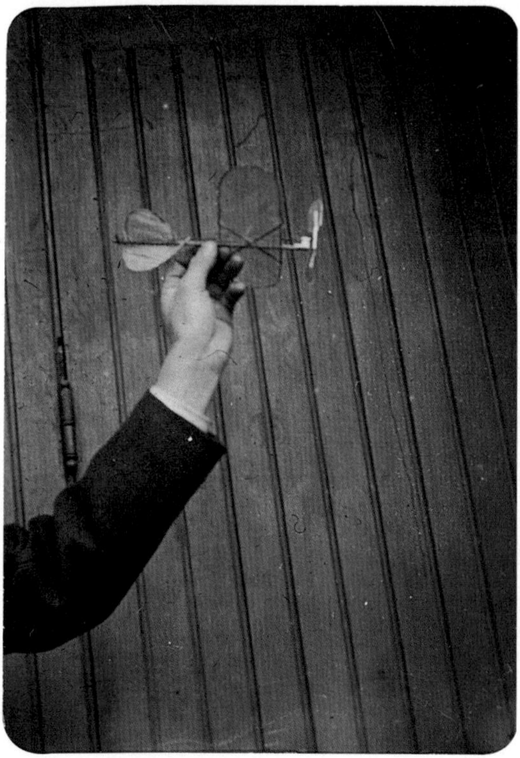

Zur Zeit der Jahrhundertwende war das Automobil die größte Neu

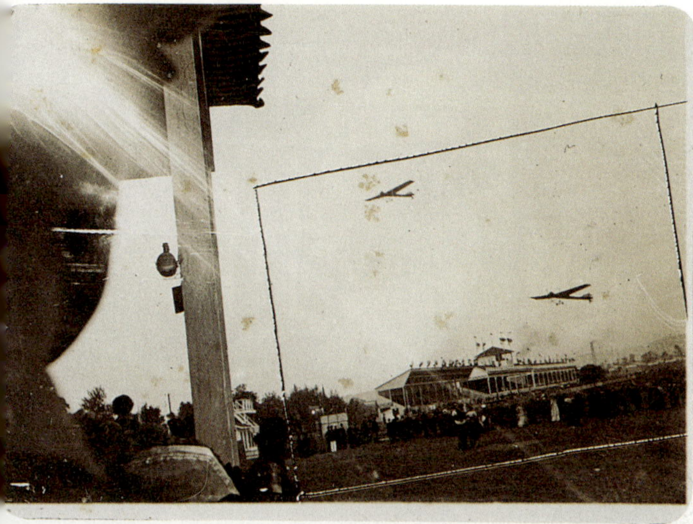

Jacques-Henri Lartigue

Lalihan et Vachlin sur Antoinelli (Lalihan und Vachlin auf Antoinelli), 1910

Silbergelatine-Abzug
MUSEUMSANKAUF
76:0044:0066

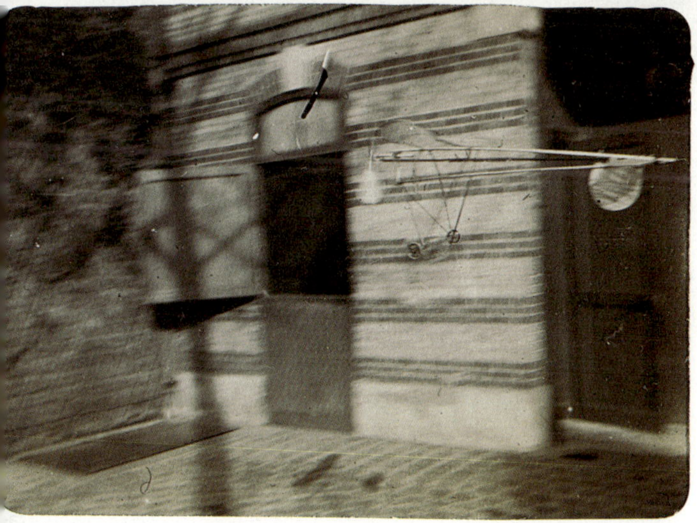

Jacques-Henri Lartigue

Vols
Modellflugzeug im Flug, 1910

Silbergelatine-Abzug
MUSEUMSANKAUF
76:0044:0102

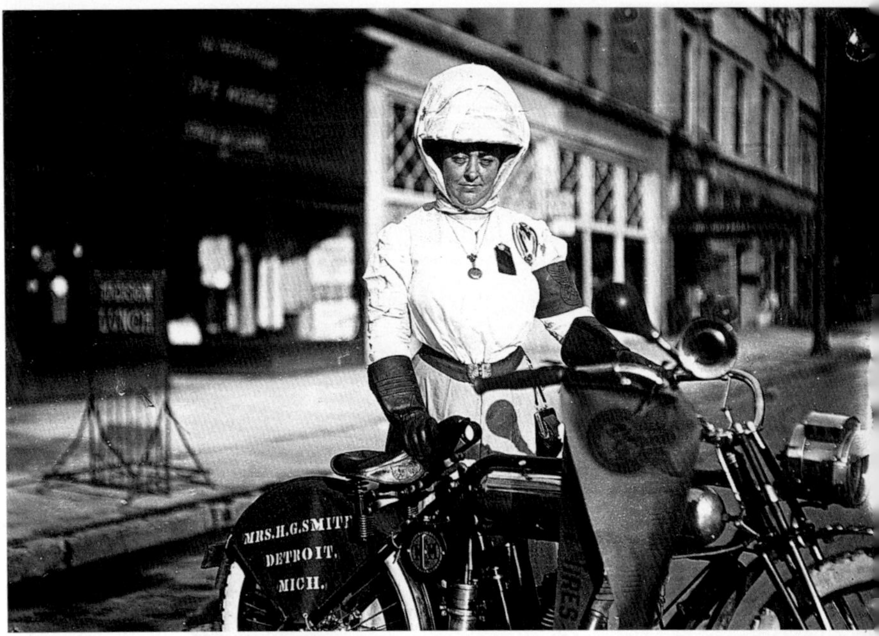

Nathan Lazarnick
Amerika, geb.
Rußland, 1879–1955

Mrs. H. G. Smith
Detroit, Mich.,
um 1916

Gelatine-Nitro-
zellulose-Planfilm-
Negativ
SCHENKUNG
GEORGE LAZARNICK
81:3051:0748

heit. Automessen, Marathonfahrten über Land und Geschwindigkeitsrennen wurden von den Massenmedien verfolgt und von Profis und Amateuren eifrig photographiert. Das George Eastman House besitzt über 1.800 Gelatine-Glasnegative aus dem Nachlaß von Nathan Lazarnick, von denen die meisten Automobile bei Rennen, Tests oder in Schaufenstern zeigen. Lazarnick arbeitete 1899 als Photojournalist. Es war das Zeitalter der Geschwindigkeit, und der Photojournalismus ein Beruf, der mit der Welt, über die er berichtete, Schritt halten mußte. Inhalt war wichtiger als Form.

Die Fähigkeit, ein Motiv festzuhalten, war wichtiger als kompositorische Begabung. Der traditionelle Kanon von Komposition, Stil und auch Druckqualität wurde durch die jeweiligen Maßgaben der photojournalistischen Praxis sowohl ausgeweitet als auch ignoriert. So entstanden neue Bilder, die verschwommene, stumpfe und abgeschnittene Formen kurz gesehener Dinge in grobkörnigen und schlecht gedruckten Photos zeigten. Das Aufregende und Dramatische dieser Ereignisse schien durch die neuen Formen der Darstellung jedoch noch gesteigert zu werden. Spätere Generationen von Photographen und Künstlern griffen diese innovativen photographischen Praktiken auf und nutzten sie für ihre Arbeit.

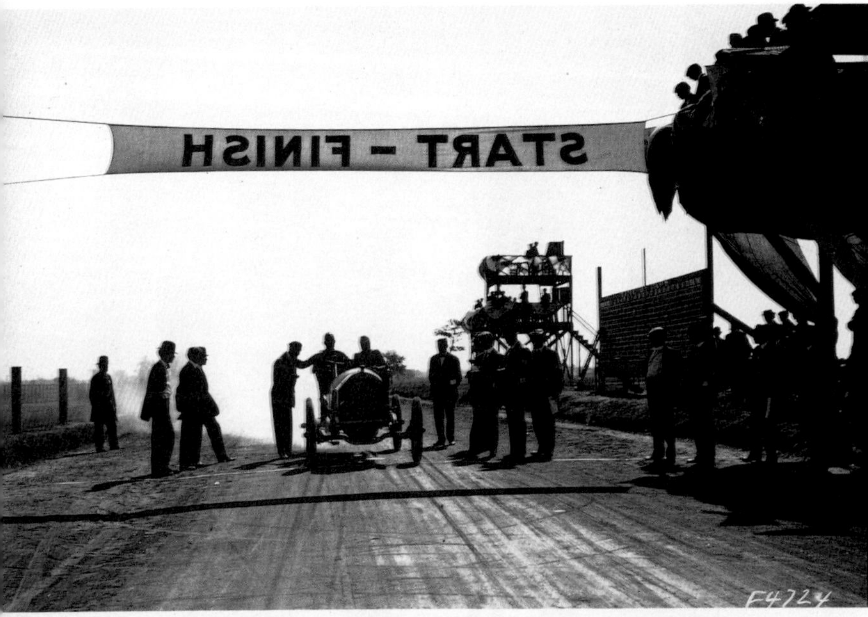

Nathan Lazarnick

Thomas Derhart und J. B. Lorimer, 1908

Gelatine-Nitrozellulose-Planfilm-Negativ
SCHENKUNG
GEORGE LAZARNICK
81:3051:0848

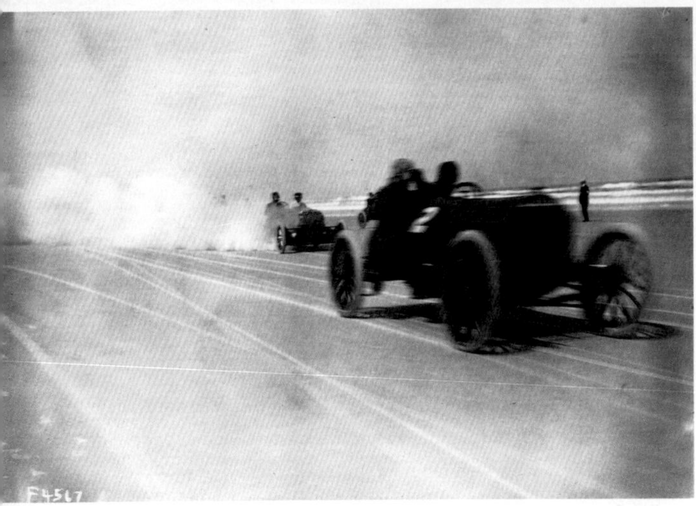

(links)
Nathan Lazarnick

Autorennen am Strand, um 1916

Gelatine-Nitrozellulose-Planfilm-Negativ
SCHENKUNG
GEORGE LAZARNICK
81:3051:0754

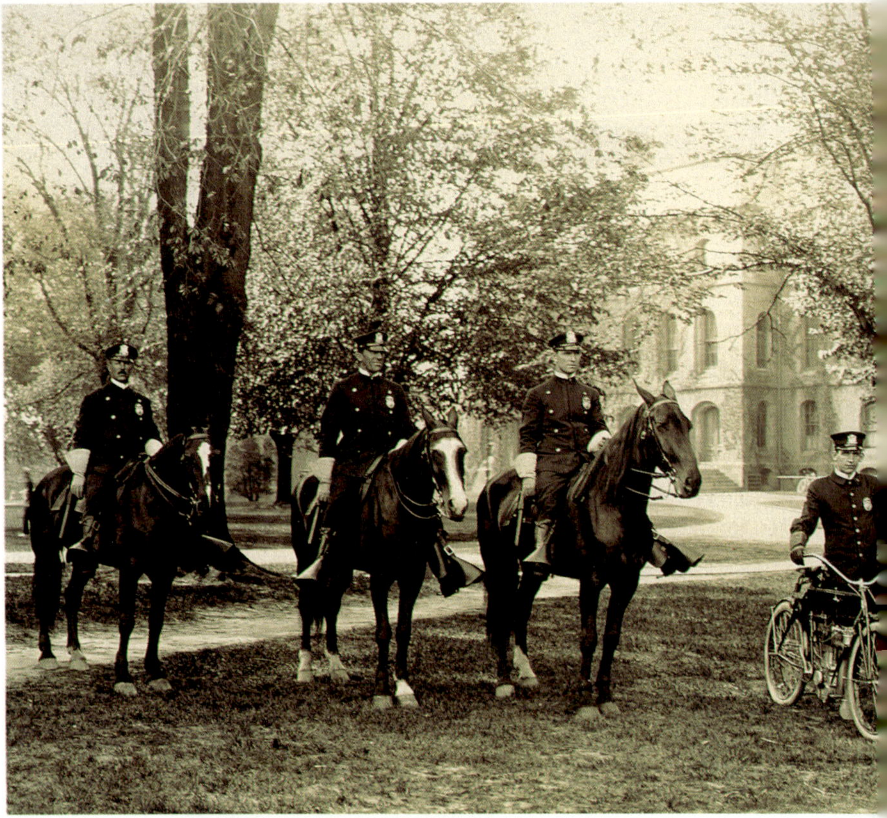

Frederick W. Brehm
Amerika,
1871/2–1950

Polizisten mit Pferden, Motorrädern und Polizeiwagen,
um 1915

Silbergelatine-Abzug
77:0619:0047

Dieser Fries von Polizisten, die ausgezeichnet dafür gerüstet sind, jeden potentiellen Gesetzesbrecher zu Pferd, Motorrad oder Automobil zur Strecke zu bringen, wurde von Frederick W. Brehm mit einer Cirkut-Panoramakamera aufgenommen. Brehm lernte in den 1890er Jahren das Handwerk des Kunsttischlers, begann 1892 zu photographieren und arbeitete 1900 als Konstrukteur für Kamerahersteller. In den folgenden Jahren spezialisierte sich Brehm auf die Entwicklung der Panoramakamera, insbesondere der Cirkut, der am häufigsten verwendeten Panoramakamera.

Brehm ging 1907 zur Eastman Kodak Company und arbeitete dort als Leiter verschiedener Abteilungen, bis er 1945 in den Ruhestand trat. Zudem war er ein Wegbereiter des Photographieunterrichts an verschiedenen Colleges im Staat New York. Zur Sammlung des Museums gehören 70 große Panora-

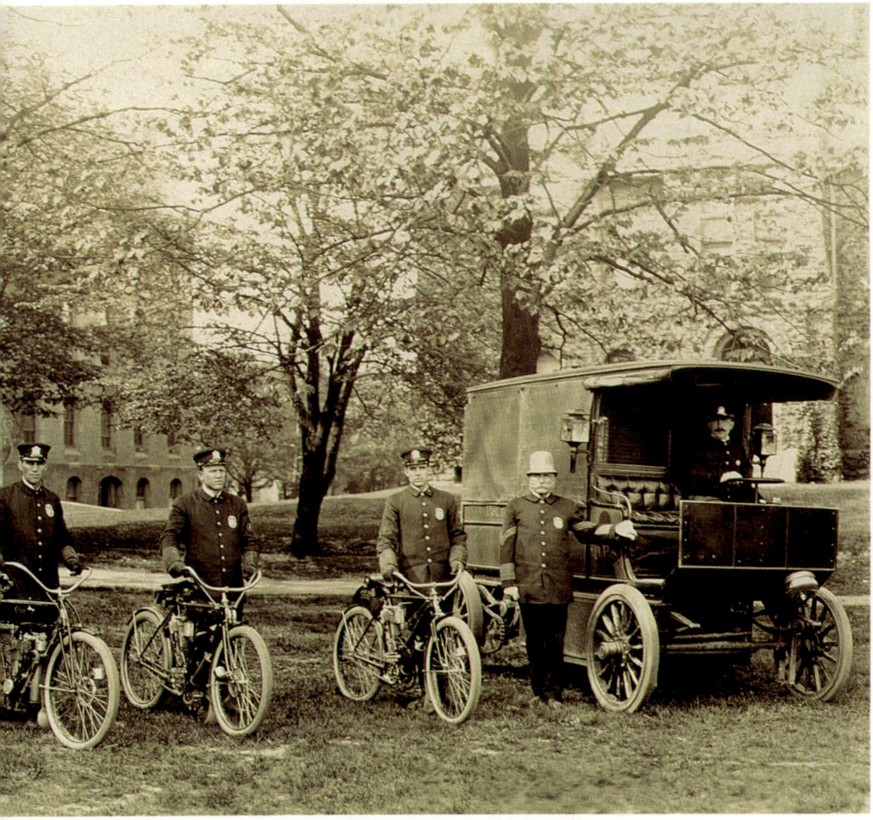

ˀnaaufnahmen von Brehm. Diese Drucke sind zwischen 70 cm und drei Meter lang und zeigen Ansichten des Genesee River, der Stadt Rochester sowie große Menschengruppen bei Betriebsausflügen oder geschäftlichen Zusammenkünften. Ein um 1910 aufgenommenes, knapp sechs Meter langes 360°-Panorama von Washington D. C. befindet sich ebenfalls im Besitz des Museums. Etwa 50 kleinere Panoramaaufnahmen (20 bis 30 cm lang), 40 andere handkolorierte, 1909 in Schottland aufgenommene Photographien, 60 Gelatine-Silberdrucke von Blumen und Gärten aus den 1930er Jahren sowie 600 Glasnegative und Positive komplettieren die Bestände von Brehms Arbeiten in der Sammlung. In der Technologie-Sammlung des Museums befinden sich zwei Cirkut-Kameras aus dieser Zeit sowie elf andere, die zwischen 1907 und dem Zweiten Weltkrieg gebaut wurden. Brehms

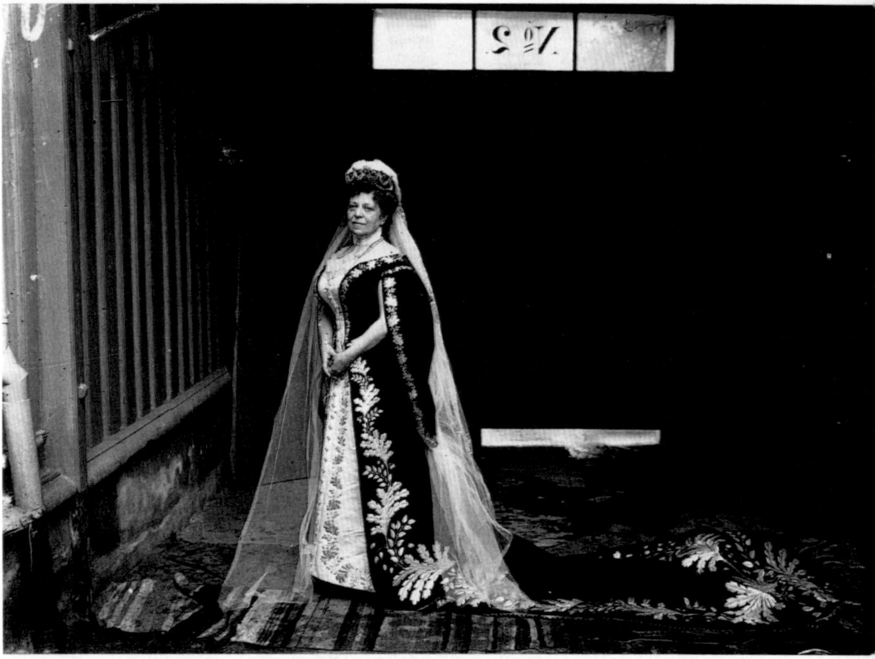

Ch. Chusseau-Flaviens
Frankreich?, aktiv 1890s–1910er

Russie celeb. Mme. Kropinsky (Russische Berühmtheit, Madam Kropinsky), um 1900–1919

Von Gelatinetrockenplatte-Negativ
SCHENKUNG KODAK PATHÉ
75:0112:1633

innovative Konstruktion war ein Wegbereiter für Systeme, die Jahrzehnte später in Luftbildkameras verwendet wurden.

Das George Eastman House verfügt über eine Sammlung von über 10.800 originalen Gelatine-Glasnegativen von Ch. Chusseau-Flaviens, die es von Kodak Pathé in Frankreich erhielt. Über diese umfangreiche Sammlung von Arbeiten ist zwar wenig bekannt, aber ihre Vielfalt läßt vermuten, daß es sich um eine Art Bilderkartei handelt, die aus Arbeiten von mehr als einem Photographen besteht. In den ersten Jahren des 20. Jahrhunderts legten neu entstandene Photoagenturen wie Underwood & Underwood oder Paul Thompson große Archive an, um die Nachfrage einer stetig wachsenden illustrierten Presse zu befriedigen. Amerika, Frankreich, England, Deutschland, Portugal, Ungarn und andere Länder verfügten über ein aktives und florierendes Zeitungswesen, das zahlreiche illustrierte Wochen- oder Monatszeitschriften verlegte. Fast alle diese Zeitschriften hatten einen bebilderten Teil, der meist einfach nur mit »Die Welt in Bildern« betitelt war und berühmte Persönlichkeiten aus Politik und Gesellschaft, festliche An-

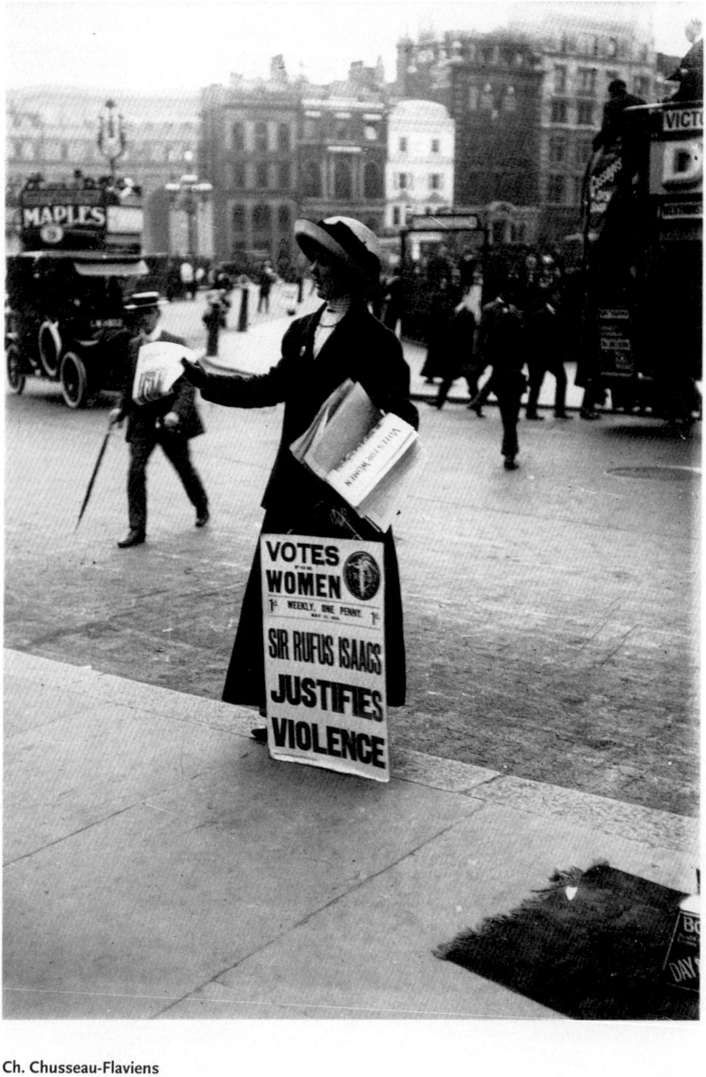

Ch. Chusseau-Flaviens

Angleterre suffragette (Englische Suffragette), um 1900–1919

Von Gelatinetrockenplatte-Negativ
SCHENKUNG KODAK PATHÉ
75:0112:2134

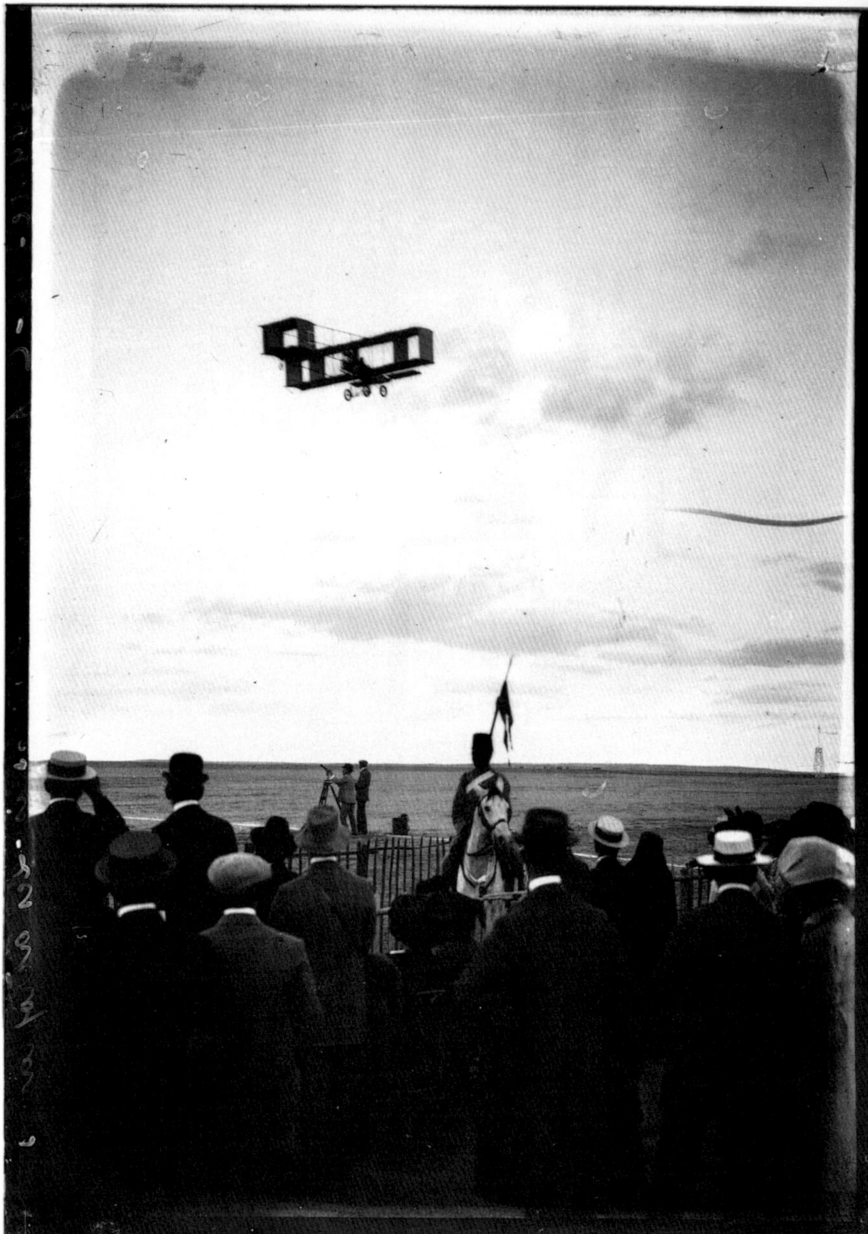

nks)
ı. Chusseau-
aviens
ankreich?, aktiv
ı90er–1910er

ȝypte Aviation
Héliopolis – les
éroplanes (Ägypti-
:he Aviation in
ıeliopolis – Die
'ugzeuge), um
ı00–1919

on Gelatinetrocken-
'atte-Negativ
CHENKUNG
ODAK PATHÉ
5:0111:4780

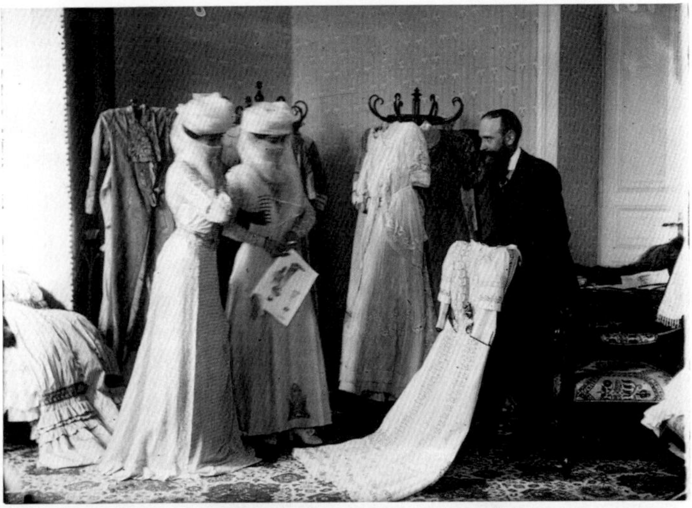

(oben)
Ch. Chusseau-
Flaviens

Égypte Dames de harem chez le couturier (Ägyptische Haremsdamen beim Schneider), um 1900–1919

Von Gelatinetrocken-platte-Negativ
SCHENKUNG
KODAK PATHÉ
75:0112:3756

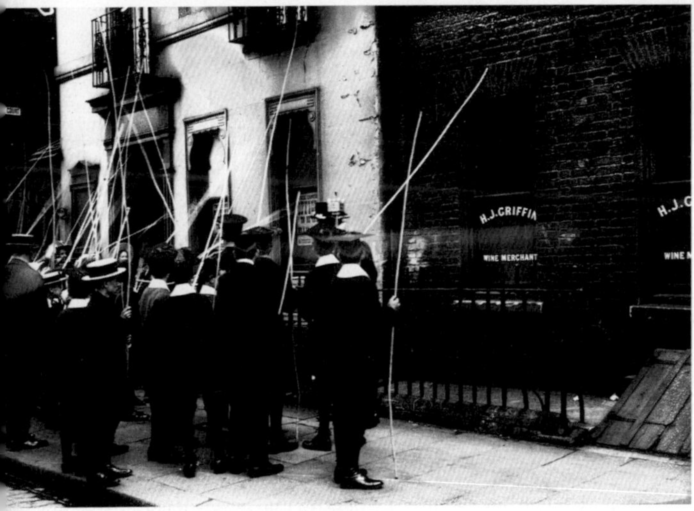

Ch. Chusseau-
Flaviens

Angleterre manifestation (Englische öffentliche Demonstration), um 1900–1919

Von Gelatinetrocken-platte-Negativ
SCHENKUNG
KODAK PATHÉ
75:0112:3984

ässe wie Galas, Bälle, Rennen oder ernsthaftere Neuigkeiten zeigte. Für diese Publikationen wurden Woche für Woche ungeheure Mengen an »Nachichten«-Photos gebraucht, und überall entstanden Bildagenturen, die eine große Auswahl an Photographien schnell liefern konnten. Die hier abgebildeten Photographien repräsentieren die Arbeit eines oder mehrerer Photo-

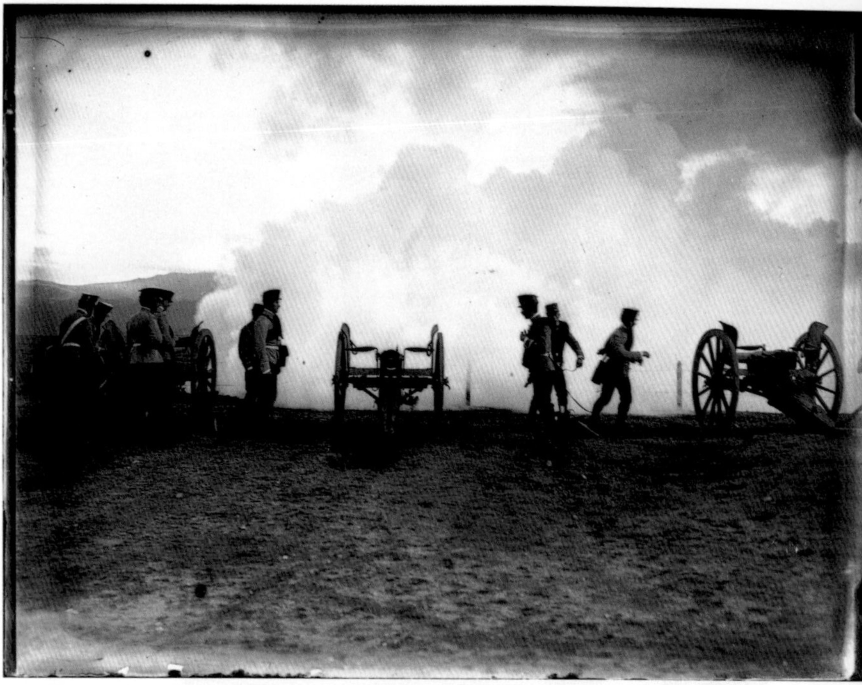

Ch. Chusseau-Flaviens
Frankreich?, aktiv 1890er–1910er

Espagne Artillerie (Spanische Artillerie), um 1900–1919

Von Gelatinetrockenplatte-Negativ
SCHENKUNG KODAK PATHÉ
75:0112:2511

journalisten, die von den 1890er Jahren bis kurz vor dem Ersten Weltkrieg aktiv waren, und zeigen Persönlichkeiten aus Gesellschaft und Politik sowie Ereignisse aus Europa und den Kolonialreichen im Nahen und Fernen Osten. Zu den Sujets gehörten Aktivitäten der begüterten Klassen oder der »Gesellschaft«, politische Unruhen in Spanien und England sowie die Aufrüstung der europäischen Streitkräfte vor dem Krieg. Da Ereignisse wie diese nicht mehr für den Photographen gestellt werden mußten, entstand die Vorstellung, daß die Kamera als unauffälliger Zeuge realer Geschehnisse fungieren könne. Dieses Vertrauen in die Kamera als Augenzeuge nahm in den folgenden Jahrzehnten immer mehr zu und prägte das Denken und die Praxis des entstehenden Photojournalismus und der Massenmedien.

Bereits seit 1846 hatten Photographen die Folgen kriegerischer Auseinandersetzungen dokumentiert, aber der Erste Weltkrieg war der erste Krieg, bei dem die Photographie eine bedeutende strategische Rolle spielte. Luftaufnahmen von Stützpunkten des Feindes wurden nun zur Erstellung von Schlachtplänen genutzt. Jenseits dieser wichtigen direkten Verwendung

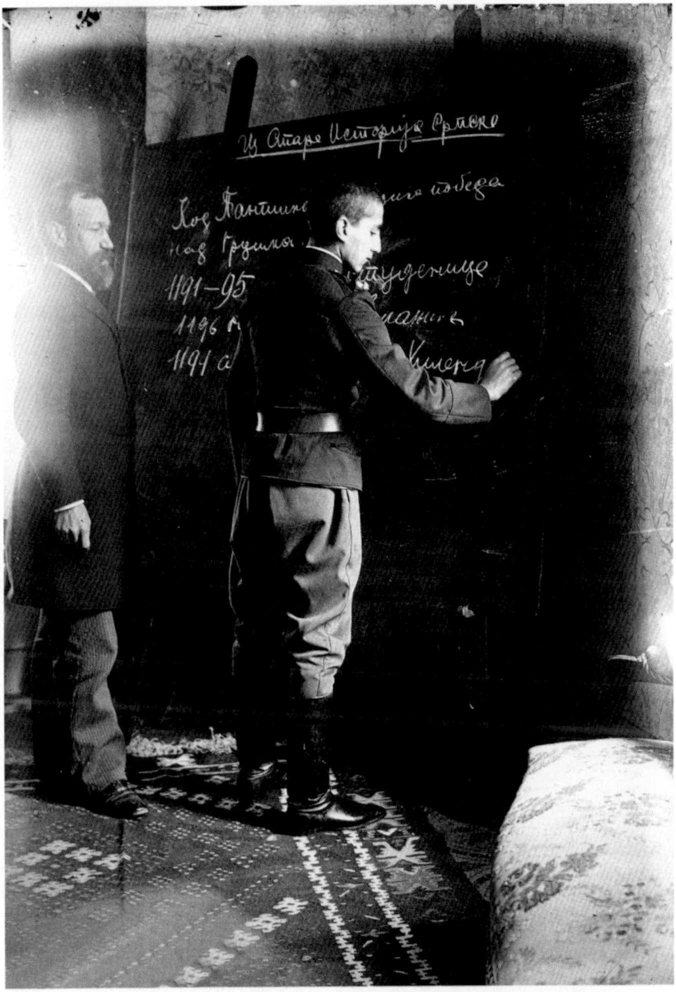

Ch. Chusseau-Flaviens

Serbie Prince son Professor/Serbie (Serbischer Prinz und sein Professor), um 1900–1919

Von Gelatinetrockenplatte-Negativ
SCHENKUNG KODAK PATHÉ
75:0112:0283

wurde wegen des beispiellosen Ausmaßes und der Dauer dieses Krieges größere Unterstützung seitens der Bevölkerung verlangt, und jede kriegführende Nation entwickelte einen Apparat zur Kontrolle öffentlicher Informationen über den Konflikt. Auch wenn diese, etwa 1915 entstandene, eklektische Darstellung des heroischen Angriffs eines kopflosen Offiziers in starkem Kontrast zu den Kriegsszenen von Rudolf Tauskey steht, erfüllen beide Bilder eine ähnliche Funktion. Der heldenhafte Kavallerist, auf den jeder beliebige, dem Anlaß entsprechende Kopf passen würde, soll den Stolz der Bürger auf die militärische Stärke ihrer Nation wecken. Ein modernes Flugzeug steht dem »ungenau« vorpreschenden Hengst des Offiziers gegenüber (Muybridges Studien in den 1870er Jahren hatten eindeutig bewiesen, daß Pferde so nicht laufen), während Tauskeys Bilder amerikanische Truppen unter Beschuß in den schlammigen Schützengräben an der Frontlinie zeigen. Diese zwei von insgesamt 17 Positivbildern auf Glas (20 x 25 cm groß) waren vermutlich dafür bestimmt, öffentlich gezeigt zu werden und um breite öffentliche Unterstützung für den Krieg zu werben.

Während des Ersten Weltkriegs wurde das Mittel der Propaganda mit nie gekannter Intensität und Gründlichkeit eingesetzt, und die Photographie spielte bei diesem Aufgebot an ideologisierter Information eine wichtige Rolle. Jedes Land verfügte über ein Korps »offizieller« Militärphotographen, und das Ausmaß der Berichterstattung war gigantisch. Obwohl amerikani-

Anonym
Frankreich?, aktiv um 1910er

Militärmontage,
um 1915

Kolorierter Silbergelatine-Abzug Kombinationsdruck
78:0842:0001

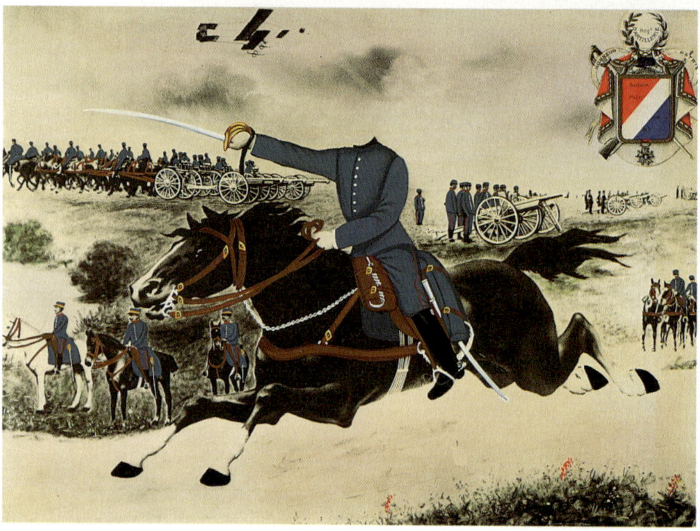

(rechts)
Rudolf Tauskey
Amerika?, aktiv 1910er

Soldaten im Schützengraben, 1. Weltkrieg, um 1916

Diapositiv, Gelatineplatte
SCHENKUNG MRS. RUDOLF TAUSKEY
89:0154:0011

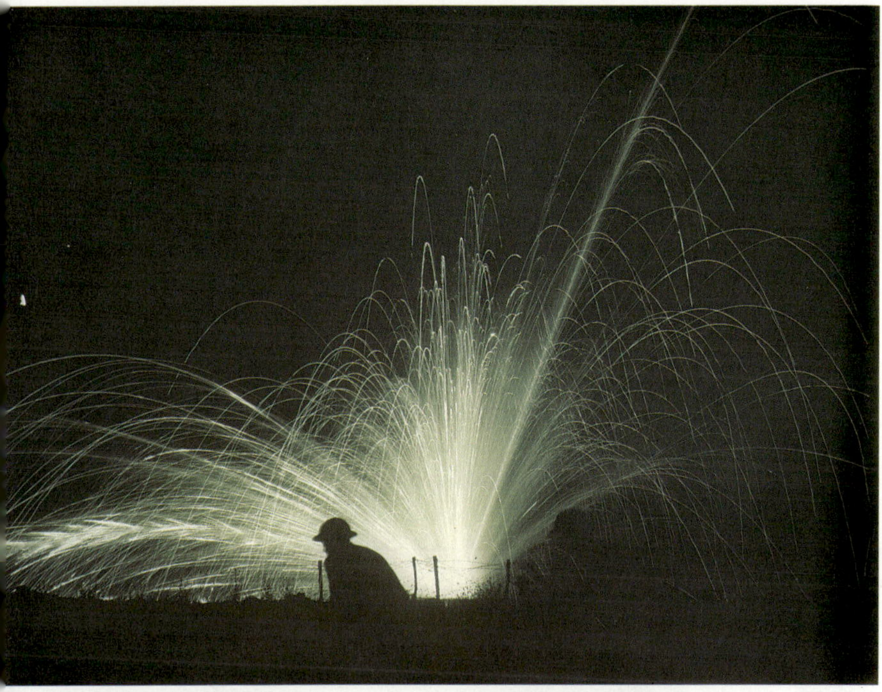

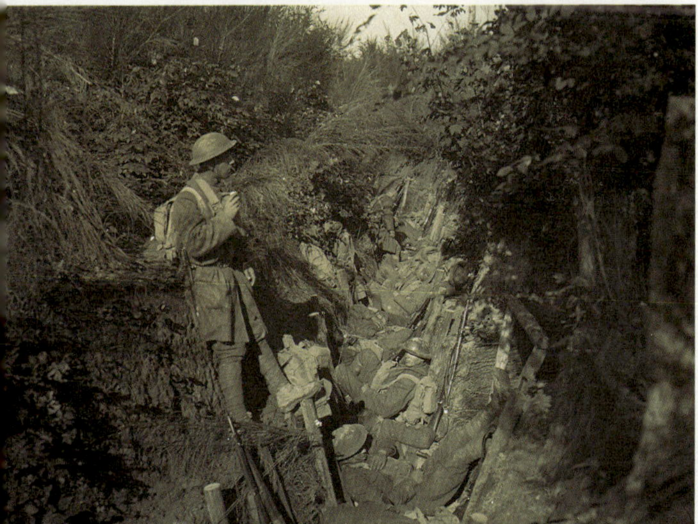

(oben)
Rudolf Tauskey

Explosion in der Nacht, 1. Weltkrieg, um 1916

Diapositiv, Gelatineplatte
SCHENKUNG MRS. RUDOLF TAUSKEY
89:0154:0016

sche Truppen erst sehr spät nach Frankreich kamen und nur geringen Anteil an dem Konflikt hatten, machte das United States Signal Corps über 75.000 Photographien und verschoß »Meilen von Film.« Es gab auch Dutzende von akkreditierten und nicht akkreditierten Photojournalisten, wie Jimmy Hare und Donald Thompson, denen es trotz strenger Zensur gelang zu photographieren. Alle etablierten Organe der Massenmedien waren darauf ausgerichtet, die »Kriegsanstrengungen« zu unterstützen. Hunderte sorgfältig ausgewählter Photographien erschienen in zahlreichen illustrierten Wochenzeitschriften, mehrbändige illustrierte Geschichten des Krieges wurden bereits publiziert, als er noch andauerte (oder gerade erst zu Ende war), und das neue Genre sowie die ältere Technik der Stereophotographie wurden für propagandistische Zwecke eingesetzt.

Das George Eastman House besitzt ein Album mit 65 Photographien von den Aktivitäten der U.S.A. School of Aerial Photography, die bei der Eastman Kodak Company in Rochester untergebracht war und zwischen März

Anonym
Amerika, aktiv 1910er

»Illustrated Lectures Are an Important Part of Instruction«, 1918

Silbergelatine-Abzug
SCHENKUNG
DWIGHT R. FURNESS
81:1702:0013

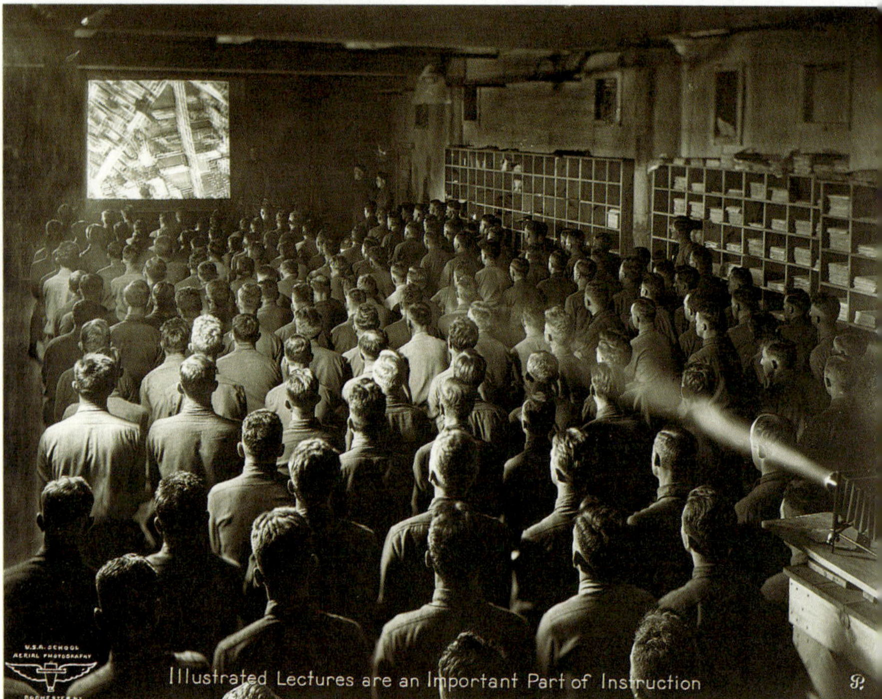

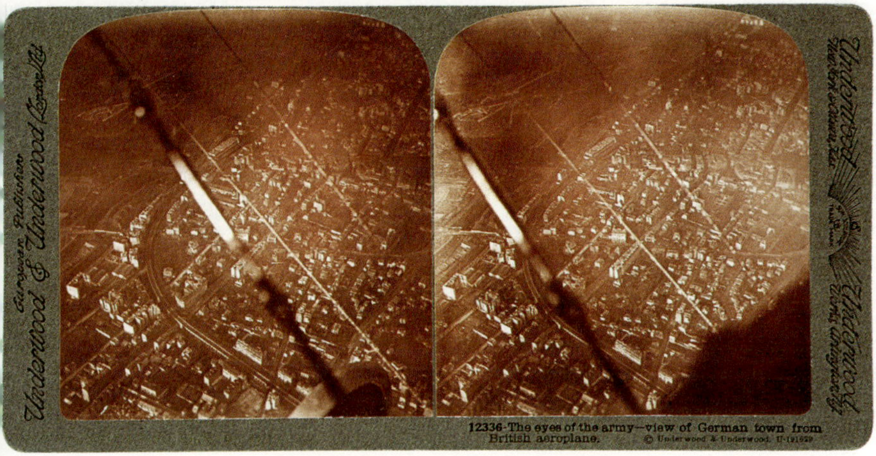

1918 und Kriegsende fast 2.000 Soldaten ausbildete. Darüber hinaus befinden sich etwa 800 Stereoaufnahmen von den Ereignissen des Ersten Weltkriegs in der Sammlung des Museums. Diese stammen aus verschiedenen Serien, die Titel wie *European War, War of the Nations* oder *World War* trugen und von Unterwood & Underwood und der Keystone View Company herausgegeben wurden.

Zu Beginn der 1880er Jahre galten Stereobilder als altmodisch und ihre Popularität war beträchtlich zurückgegangen. Elmer und Bert Underwood aus Ottawa, Kansas, beschäftigten Vertreter, die Stereobilder von Tür zu Tür verkauften. Damit hatten sie so großen Erfolg, daß ihre Firma 1894 zu einem riesigen internationalen Unternehmen mit vier Fabriken angewachsen war, in denen pro Jahr zehn Millionen Abzüge von ihrem großen Bestand an Negativen produziert wurden. Diese Bilder waren durch den Aufkauf der Archive früherer Stereophotographen erworben worden oder stammten von Photographen, die für das Unternehmen arbeiteten. Underwood & Underwood waren die ersten, die Photosets in Kartons zu bestimmten Themen und Ereignissen herausgaben, von denen manche bis zu 300 Bilder enthielten. Diese Sets boten gut geschriebene Informationen und Kommentare zu den Motiven der Stereobilder, und zu Beginn des 20. Jahrhunderts war die Stereoaufnahme ein wichtiges Lehrmittel in der Volksbildung geworden.

Oskar Weitzman diente im Ersten Weltkrieg in der österreichisch-ungarischen Armee. Das Museum besitzt 76 seiner Photographien, die eine Vielzahl militärischer Fluggeräte zeigen, darunter auch Zeppeline und Fesselballons.

Underwood & Underwood
Amerika, aktiv 1882–1923

The Eyes of the Army – View of German Town from British Aeroplane (Die Augen der Armee – Blick auf eine deutsche Stadt von einem englischen Flugzeug), um 1914

Silbergelatine-Abzug Stereophotographie
SCHENKUNG THE UNIVERSITY OF ROCHESTER
83:1795:0336

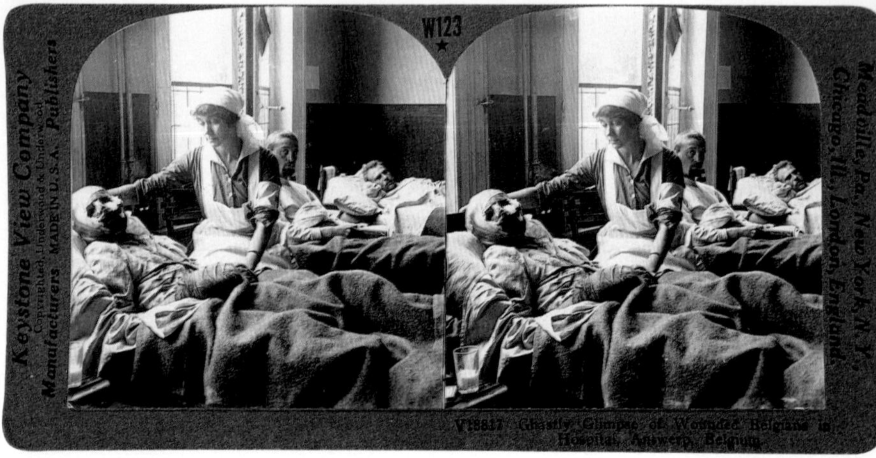

Keystone View Company
Amerika, aktiv 1892–1970

Ghastly Glimpse of Wounded Belgians in Hospital, Antwerp, Belgium (Unheimlicher Blick auf verwundete Belgier im Krankenhaus, Antwerpen, Belgien), um 1916

Silbergelatine-Abzug
Stereophotographie
76:0147:0123

(unten)
Keystone View Company

Repairing Field Telephone Lines during a Gas Attack at the Front (Reparatur von Feldtelephonkabeln während eines Gasangriffs an der Front), um 1916

Silbergelatine-Abzug
Stereophotographie
76:0147:0243

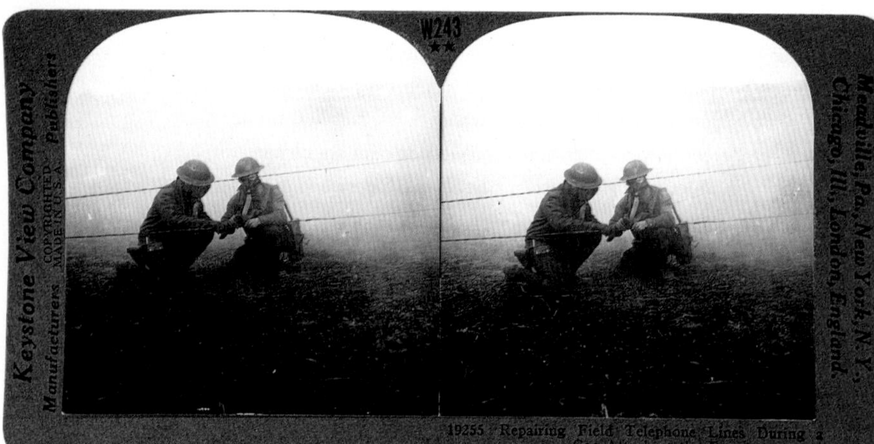

Oskar Weitzman
Österreich,
1898–1947

Fallschirmsprung/ Portrait eines Soldaten, um 1916

Silbergelatine-Abzug
Postkarte
SCHENKUNG
MRS. OWENS
83:1542:0061

Burden & Salisbury
Amerika, aktiv
1900er–1920er

Mabel Pays by Check
(Mabel zahlt mit
Scheck), 1923

Diapositiv,
Kolorierte Gelatine-
platte
97:1949:0015

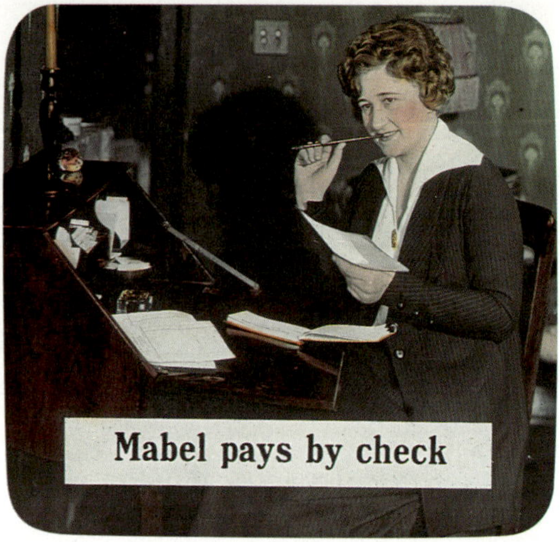

Burden & Salisburys Aufnahme *Mabel Pays by Check* (Seite 468) und Irving Underhills außergewöhnliche Bilder von Alltagsgegenständen sind Beispiele einer weiteren Permutation der kommerziellen photographischen Praxis: Werbephotos, die im Kontext der Explosion der Massenmedien entstanden. Dies war zwar keine vollkommen neue Idee, aber durch die stark wachsende Zahl und Verbreitung populärer illustrierter Zeitschriften, unterstützt durch Werbeeinnahmen, erhielt diese Art von Bildern ein neues und anderes Gewicht. Die Bürger von Rochester, New York, wurden über Mabels Zahlungspraktiken durch Diapositive in einer kleinen Serie mit 19 narrativen Episoden informiert. Einem Publikum, das inzwischen Erfahrung damit hatte, ins »Kino« zu gehen, waren solche, aus Text und Bild bestehenden Geschichten bereits wohl vertraut.

Für den heutigen Betrachter scheinen Irving Underhills Photographien auf hyperreale Weise Nachdruck auf das Faktische des Mediums zu legen und eine postmoderne Sensibilität für visuelle Inszenierung und widersinnige Nebeneinanderstellungen aufzuweisen. Doch dieser Effekt entstand eher zufällig. Underhill, der lange in einem kommerziellen New Yorker Atelier gearbeitet hatte, verkaufte Photographien zur Illustration von Leitartikeln an Zeitschriften wie z. B. *World's Work*, und machte auch Atelieraufnahmen für Anzeigen, die in solchen Zeitschriften erschienen. Um Platz für die Anzeigentexte zu schaffen, wurden Hintergründe und alle anderen »überflüssigen Informationen« in seinen Photographien von einem Retuscheur entfernt.

(rechts)
Irving S. Underhill
Amerika, 1872–1960

Accountants Hand-
book, um 1915

Silbergelatine-Abzug
(Modern Print) von
originaler Gelatine-
trockenplatte
SCHENKUNG
FRED LOWENFELS
79:1994:0217MP

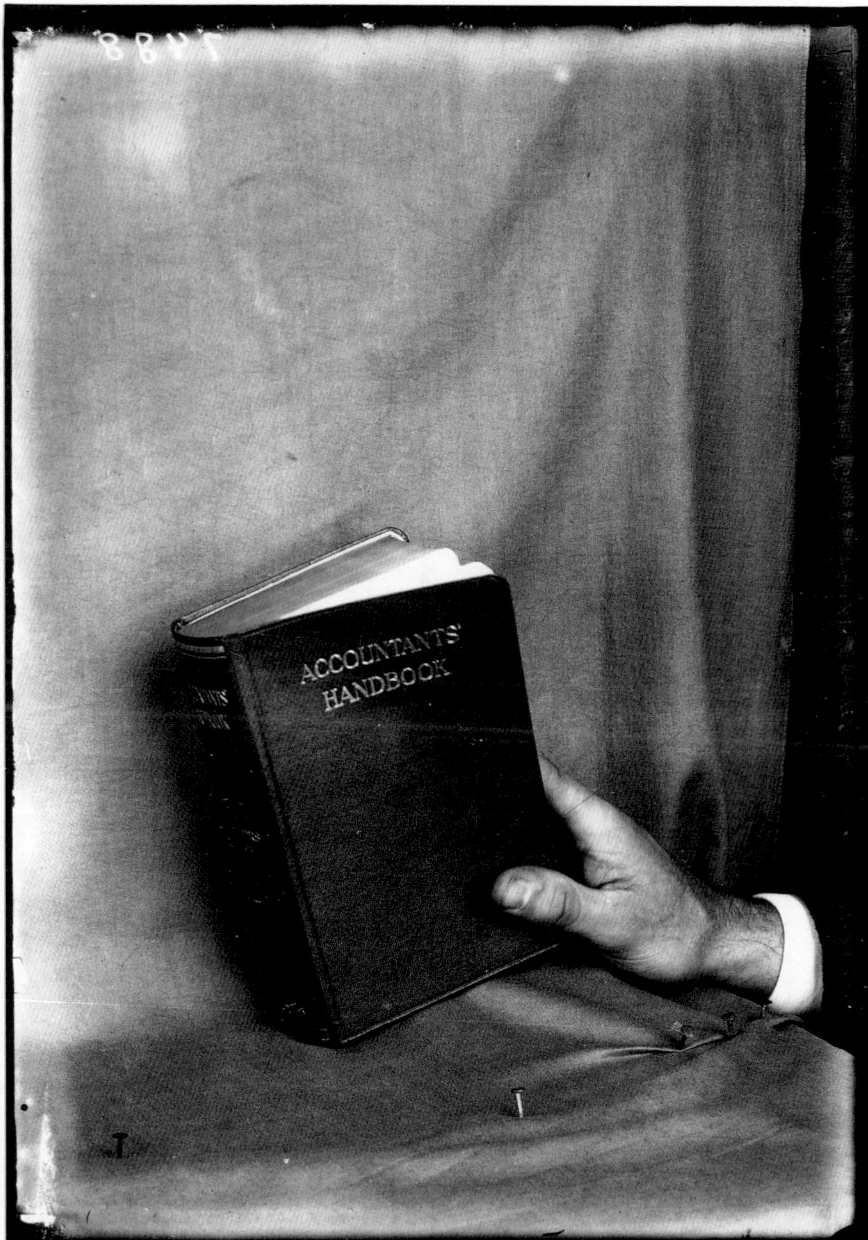
ACCOUNTANTS'
HANDBOOK

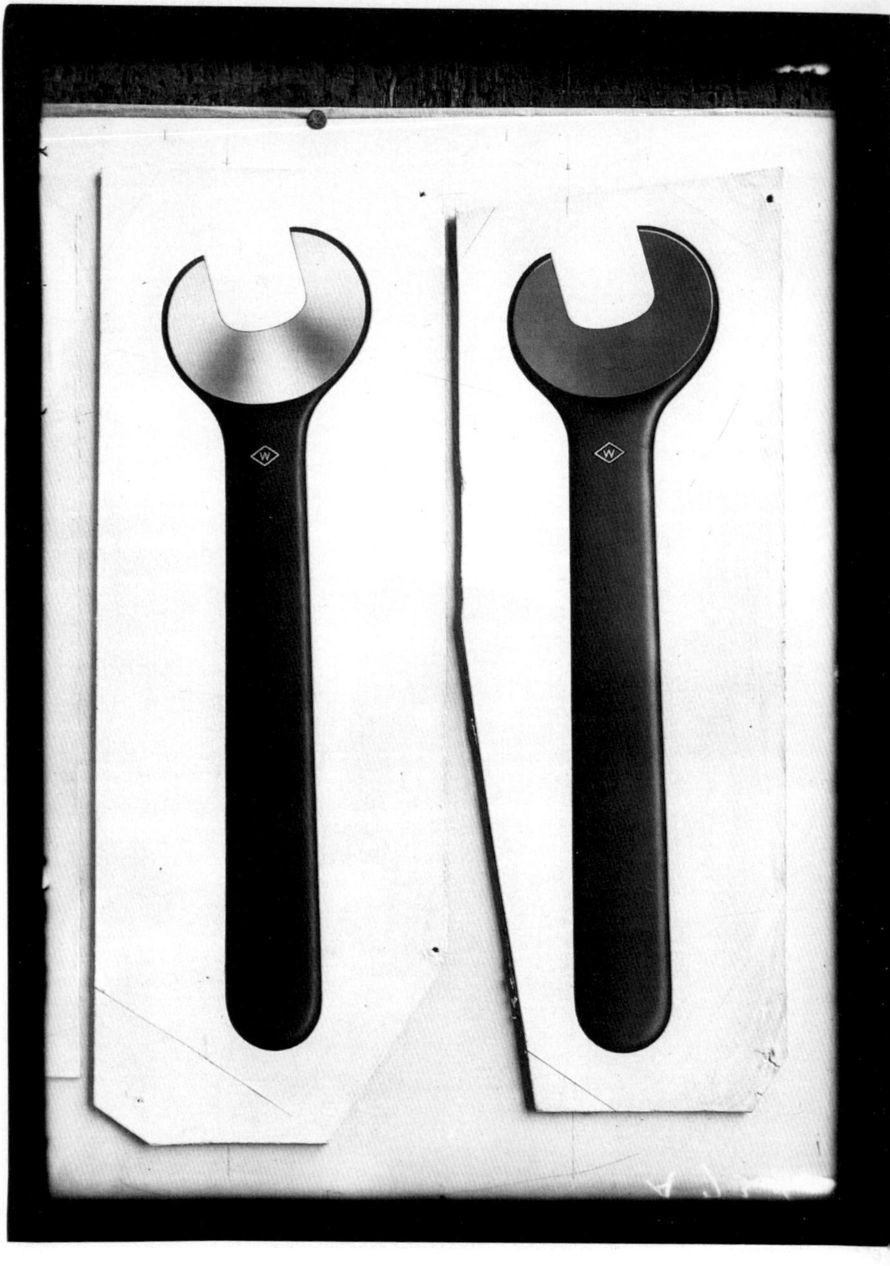

(links)
Irving S. Underhill
Amerika, 1872–1960
Schraubenschlüssel, um 1915
Silbergelatine-Abzug (Modern Print) von originaler Gelatinetrockenplatte
SCHENKUNG FRED LOWENFELS
79:1994:0313MP

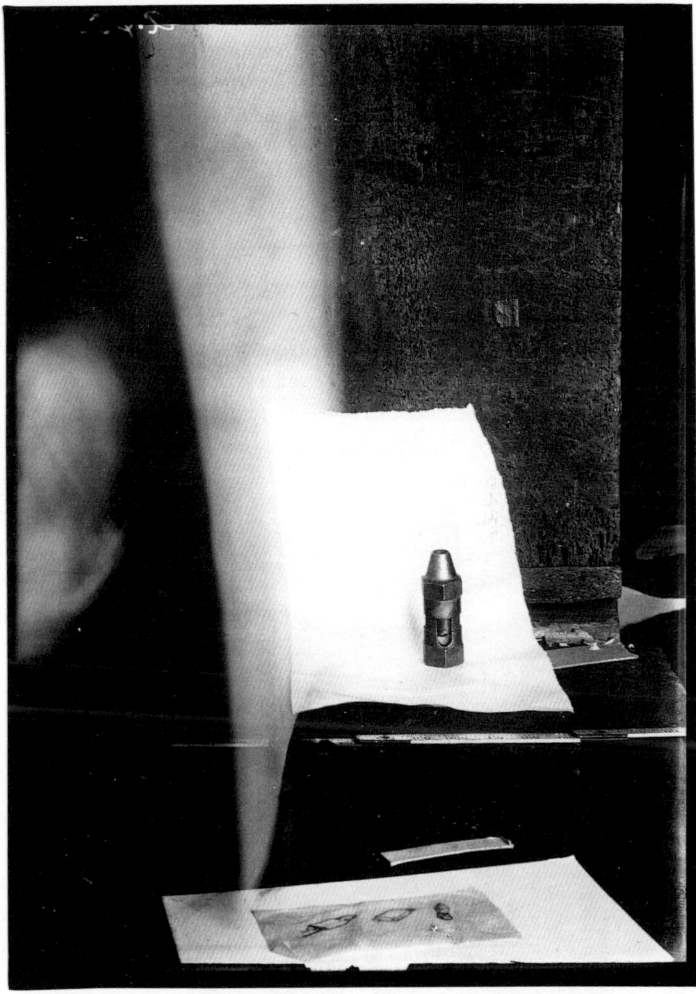

Irving S. Underhill
Metallobjekt – Maschinenteil, um 1915
Silbergelatine-Abzug (Modern Print) von originaler Gelatinetrockenplatte
SCHENKUNG FRED LOWENFELS
79:1994:0291MP

Refrigerator (Seite 472) zeigt ein offenbar freundliches, aber ausgesprochen merkwürdiges Aufeinandertreffen zweier Kulturen. Die junge Frau, die den anonymen Bewohnern Borneos eine Eiswürfelschale überreicht, ist Osa Leighty Johnson, eine Art Selfmade-Berühmtheit der 1920er und 1930er Jahre. Zum Gedenken an ihren Mann Martin, der 1937 bei einem Unfall ums Leben gekommen war, brachte sie 1940 den Film *I Married Adventure* heraus. Der

Film war im Wesentlichen eine Zusammenstellung von Szenen aus zehn Abenteuer- und Entdeckungsfilmen sowie zahllosen Lehrfilmen über die Reisen des Ehepaars in exotische Regionen der Welt, darunter *Among the Cannibals of the South Pacific* (1918) und *Trailing African Wild Animals* (1923). *I Married Adventure* war mehr als ein Filmtitel und stand für das Lebensmotto der Johnsons.

Zu den Funktionen einer berühmten Person gehört es, die außergewöhnlichen und interessanten Aspekte des Lebens als Surrogat für den Durchschnittsmenschen öffentlich zu erleben und zu teilen. Die drei hier gezeigten Bilder dieser engagierten jungen Frau, die ihre Arbeit so offensichtlich genießt und sich dem Blick der Kamera und dem des Publikums dahinter darbietet, erklärt vielleicht, warum die Johnsons von der amerikanischen Öffentlichkeit so bewundert wurden. Zu Beginn der 1920er Jahre reisten sie nach Ostafrika und organisierten Safaris, um wilde Tiere zu photographieren. 1924 besuchten sie George Eastman in Rochester und gewannen ihn für die Unterstützung einer große Photo- und Filmexpedition. Sie reisten mit einem Arsenal an Photo- und Filmkameras wieder nach Afrika und als sie drei Jahren später in die Vereinigte Staaten zurückkamen, veranstalteten sie eine sowohl populäre als auch profitable Reihe von Vorträgen und Filmvorführungen, mit denen sie über 100.000 Dollar verdienten. 1932 kauften die Johnsons zwei Privatflugzeuge, die ihnen noch größere Mobilität ermöglichten, um Tierfilme in Afrika zu drehen. Das Museum besitzt über 9.500 Glasnegative, die überwiegend diese Reisen dokumentieren. Eine Kopie des Films *Chronicles of an African Trip* (1927) über George Eastmans Besuch bei den Johnsons in Afrika, befindet sich in der Filmsammlung des Museums.

Osa & Martin Johnson
Amerika, aktiv 1917–1937

Refrigerator (Eisschrank), um 1920

Von Gelatinetrockenplatte-Negativ
85:1263:0053

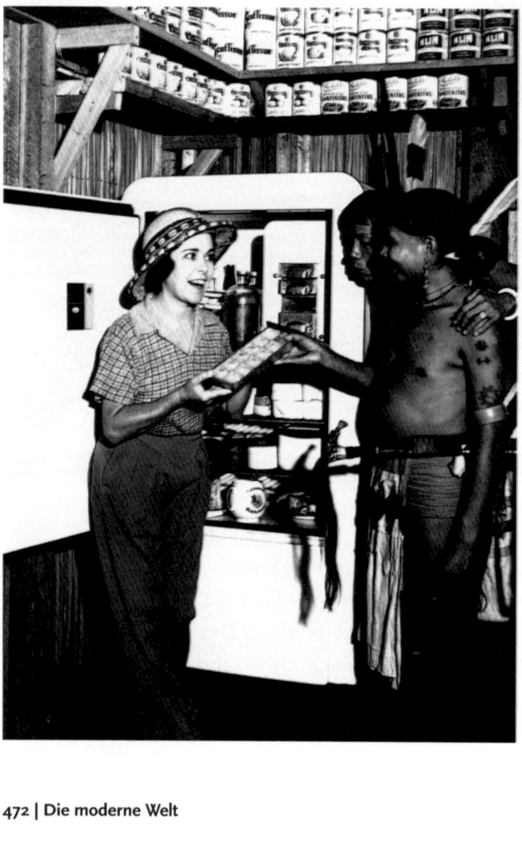

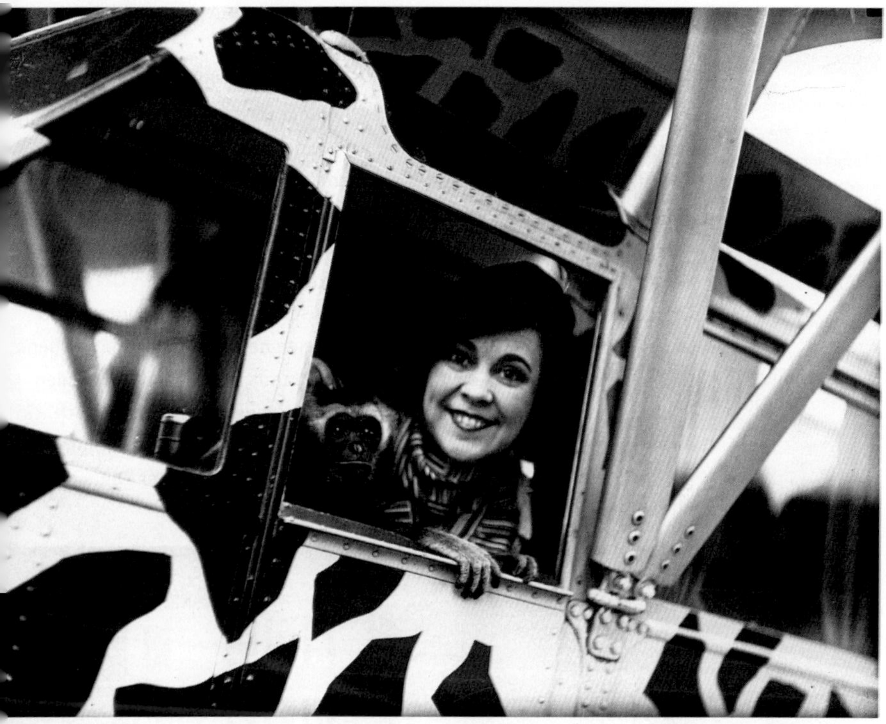

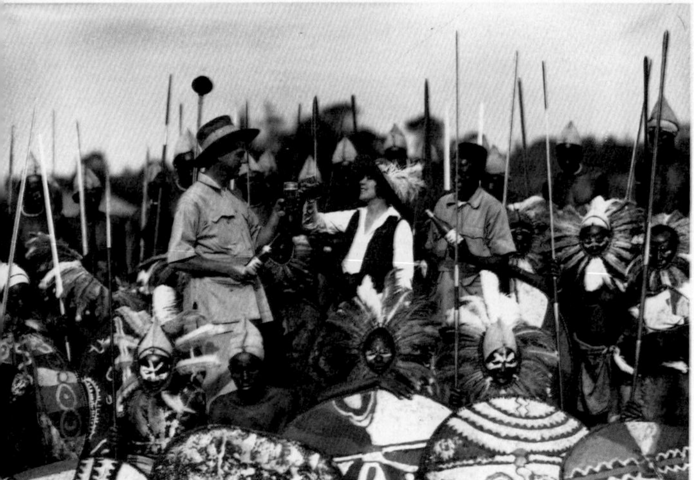

(oben)
Osa & Martin Johnson

Osa and Airplane (Osa und Flugzeug), um 1918–1936

Von Gelatinetrockenplatte-Negativ
85:1268:0010

Osa & Martin Johnson

Champagne, um 1921–1927

Von Gelatinetrockenplatte-Negativ
85:1262:0567

(rechts)
Paul Strand
Amerika, 1890–1976

The Lathe (Die Drehbank), 1923

Silbergelatine-Abzug
MUSEUMSANKAUF
81:2032:0012

Das photographierte Objekt

In den letzten beiden Ausgaben von *Camera Work* veröffentliche Alfred Stieglitz 17 Bilder des amerikanischen Photographen Paul Strand. *The White Fence, Port Kent, New York* entstand 1916, einem entscheidenden Jahr für Strand, in dem er den Übergang von dem, was er »Whistlering« nannte (nach dem Maler James Abbott McNeil Whistler) zu Moderne vollzog. Strands Photogravüre steht zwischen den zwei Traditionen; sie konzentriert sich auf die graphische Symmetrie des weißen Zauns vor dem dunklen Gras, dem sie spielerisch die andeutungsweise malerischen Häuser im Hintergrund entgegensetzt. Das Medium erhielt durch eine neue Art des Bildermachens eine neue Definition, Stieglitz' beschreibt Strands Arbeit als »ohne faulen Zauber, ohne Kniffe und ohne irgendwelche ›ismen‹; ohne den Versuch, ein unwissendes Publikum, die Photographen eingeschlossen, zu verblüffen. Diese Photographien sind der unmittelbare Ausdruck unserer Zeit.«

Paul Strand

The White Fence (Der weiße Zaun), Port Kent, New York, 1916

Photogravüre
81:2025:0001

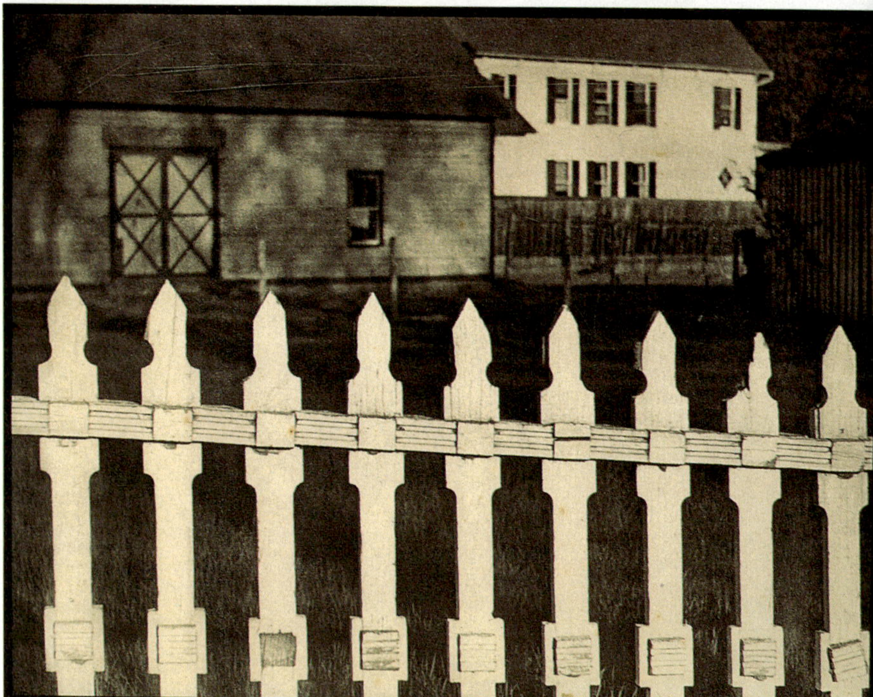

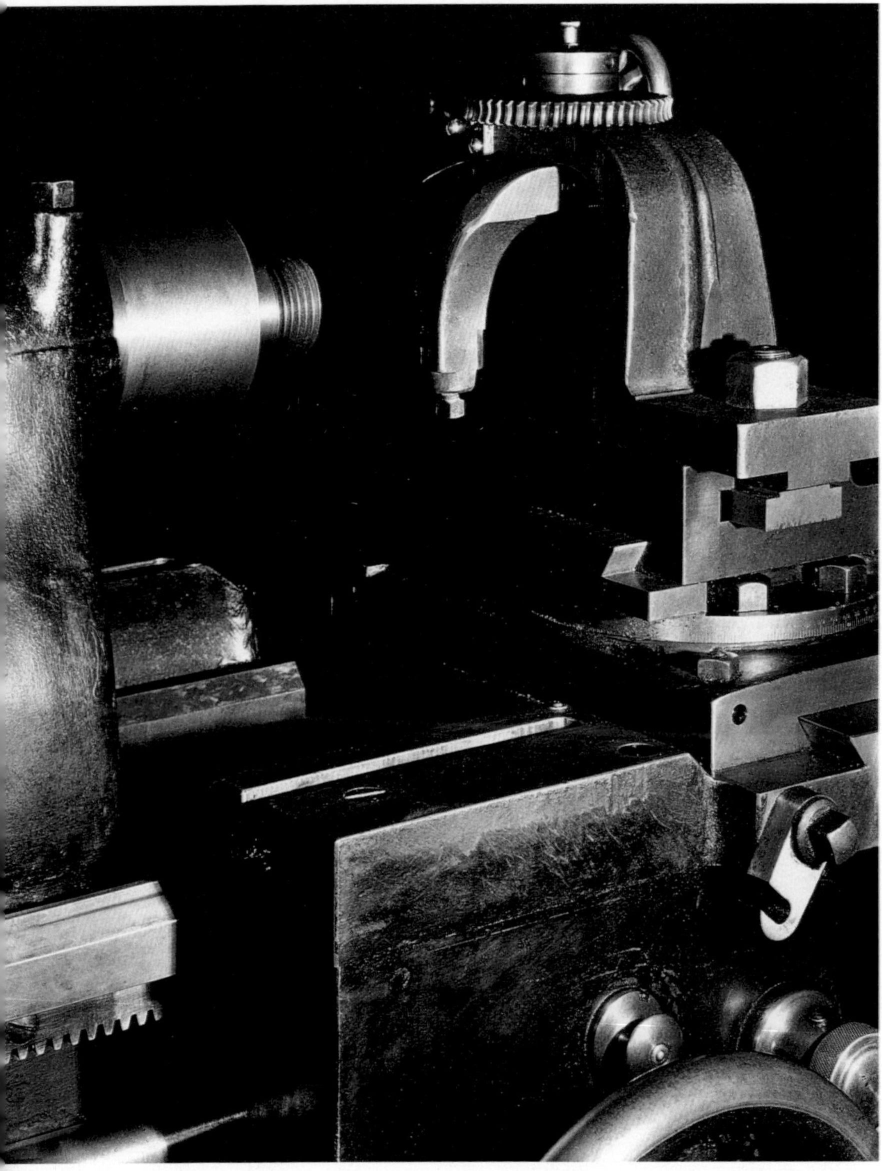

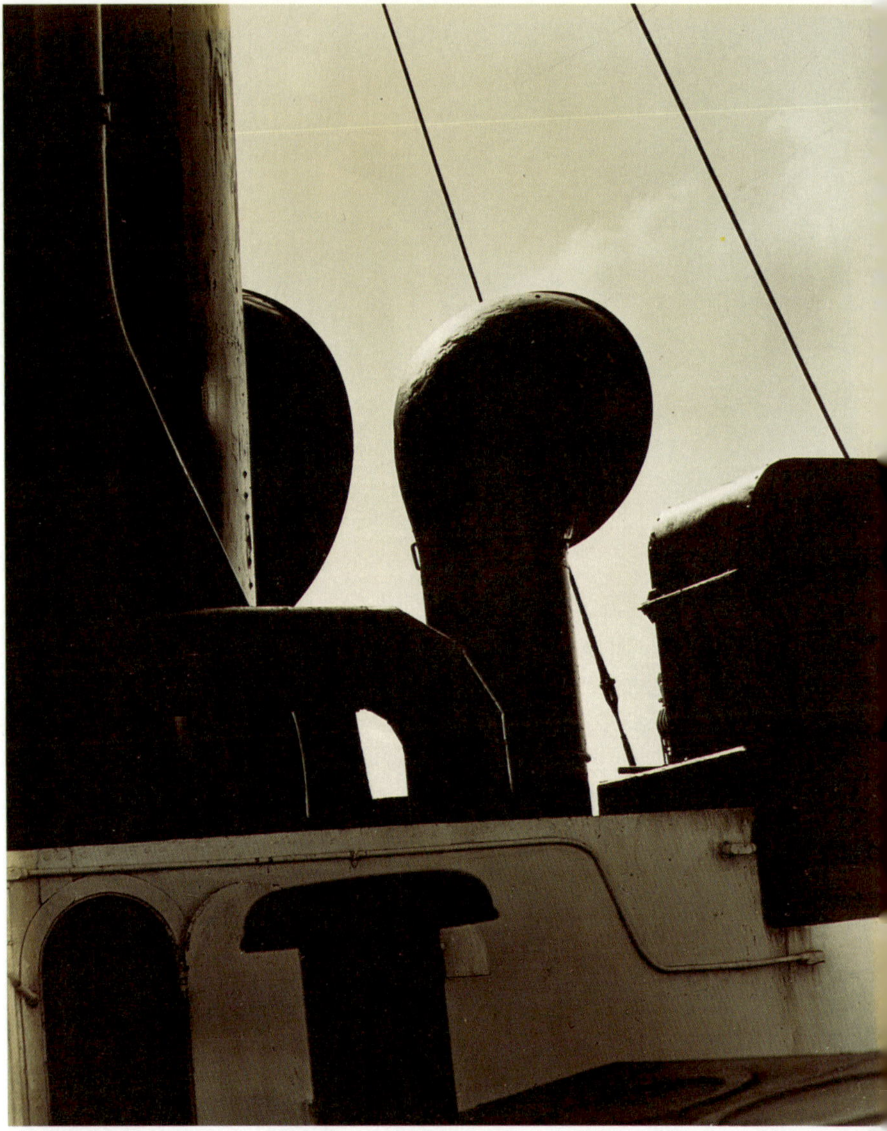

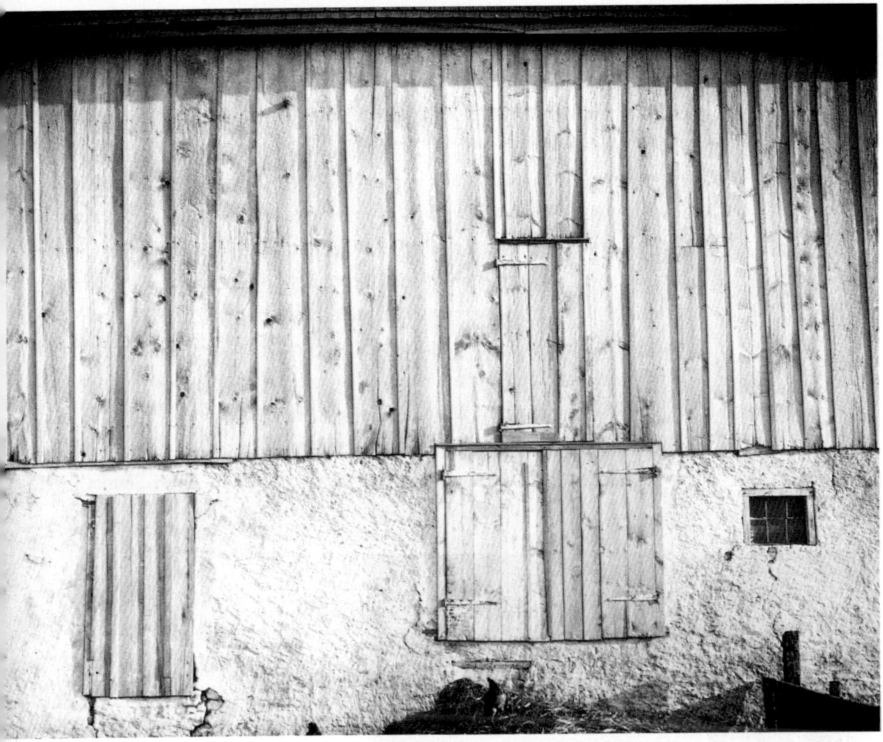

Charles Sheeler

Bucks County Barn (Scheune in Bucks County), um 1916

Silbergelatine-Abzug
MUSEUMSANKAUF
81:1758:0021

Charles Sheeler
Amerika, 1883–1965

Ship Funnel (Schiffsschornstein), 1927

Silbergelatine-Abzug
MUSEUMSANKAUF
81:1757:0002

Kurze Zeit nach der wegweisenden Ausstellung »International Exhibition of Pictorial Photography« in der Albright Art Gallery in Buffalo, New York, löste sich die Bewegung der Photo-Secessionisten auf. Dies lag zum Teil an zahlreichen Meinungsverschiedenheiten zwischen Stieglitz und anderen Photographen, aber in erster Linie daran, daß die malerische, romantische Bilderwelt des Piktorialismus von einer neuen, aggressiveren Ästhetik verdrängt wurde. Im Modernismus triumphierten klare Details über atmosphärische Darstellungen, ungeschminkte Wirklichkeit über Erdachtes. Strand, der bei Lewis Hine an der Ethical Culture School Photographie studiert hatte, war von der moderne Kunst beeinflußt worden, die Stieglitz immer häufiger in seiner Galerie 291 ausstellte. *The Lathe* (Seite 475), eine Nahaufnahme einer schweren Maschine, ist in ihrer Vernachlässigung des Maßstabs und ihrer Konzentration auf Form, Oberfläche und Licht fast abstrakt.

Der Maler Charles Sheeler arbeitete 1921 mit Strand an dem Film *Manhatta* zusammen. Er photographierte den Schornstein eines Schiffs (Seite

Alfred Stieglitz
Amerika, 1864–1946

Paula, Berlin, 1889

Silbergelatine-Abzug
TEILWERWERBUNG UND TEILSCHENKUNG AN AMERICAN PLACE, EHEMALIGE SAMMLUNG GEORGIA O'KEEFFE
74:0052:0040

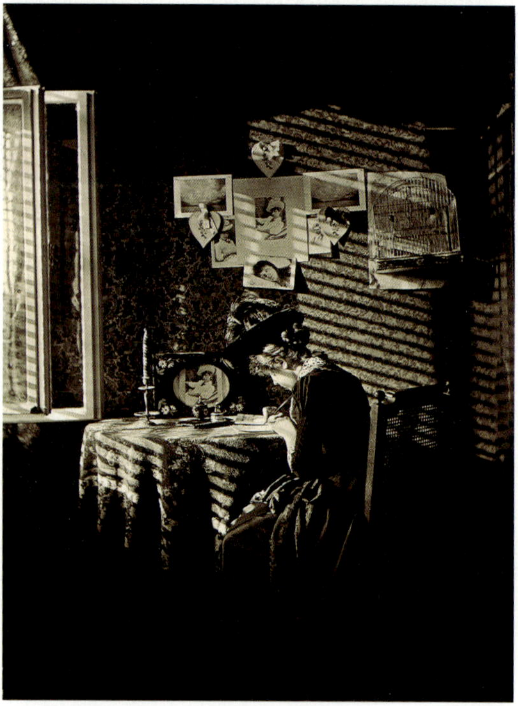

Alfred Stieglitz

Grape Leaves and House, Lake George (Weinblätter und Haus, George-See), 1934

Silbergelatine-Abzug
TEILWERWERBUNG UND TEILSCHENKUNG AN AMERICAN PLACE, EHEMALIGE SAMMLUNG GEORGIA O'KEEFFE
74:0052:0097

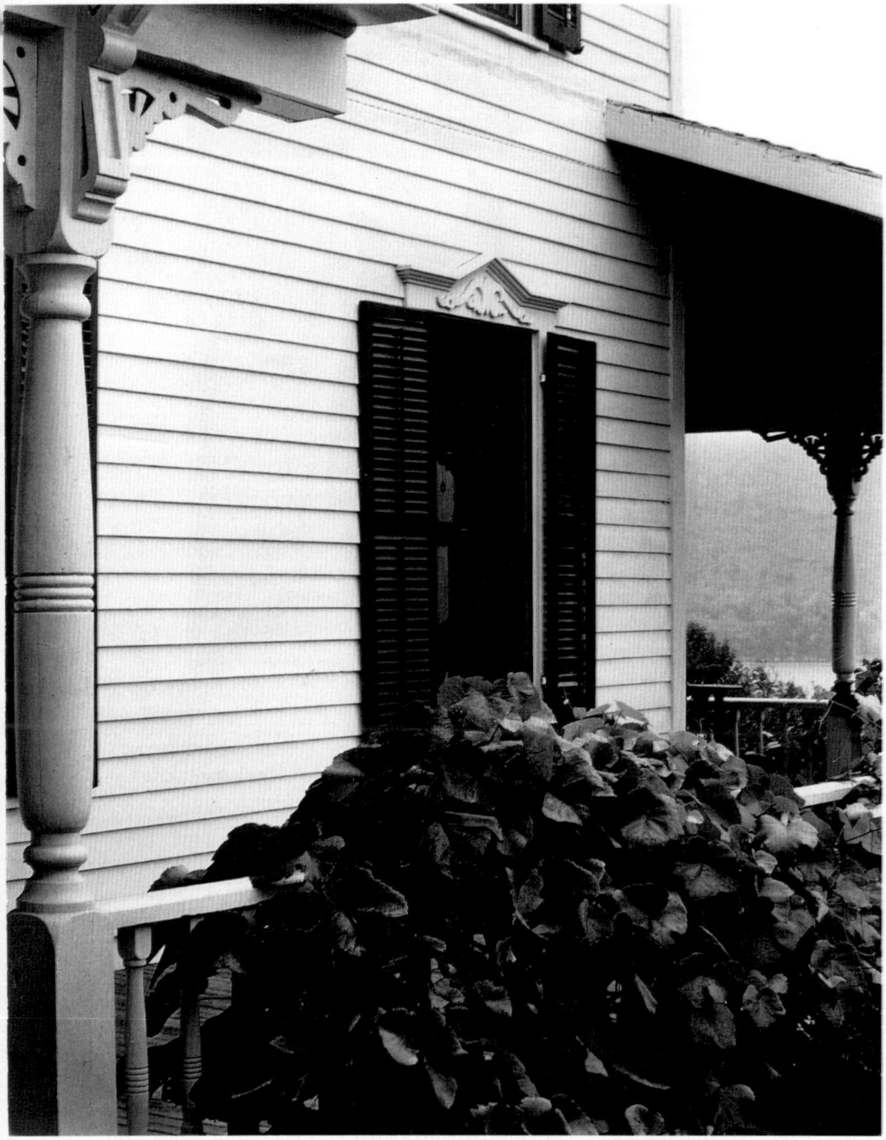

Alfred Stieglitz
Amerika, 1864–1946

Lake George
Ellen Koeniger, Lake George, 1916

Silbergelatine-Abzug
TEILWERWERBUNG UND TEILSCHENKUNG AN AMERICAN PLACE, EHEMALIGE SAMMLUNG GEORGIA O'KEEFFE
74:0052:0042

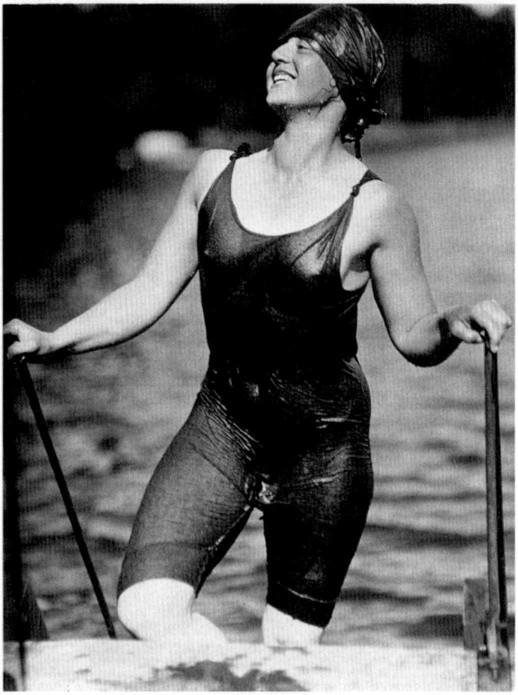

(rechts)
Alfred Stieglitz

New York Series, Spring (New York Serie, Frühling), 1935

Silbergelatine-Abzug
MUSEUMSANKAUF, EHEMALIGE SAMMLUNG GEORGIA O'KEEFFE
81:2162:0001

476) und verwandelte die Maschinenmechanik in kubistische Linien und Kreise. Ähnlich transzendiert sein Bild *Bucks County Barn* (Seite 477) das ländliche Motiv einer Scheune und wird zu einer formalen Studie über Struktur, Linien und die subtile Skala von Weißtönen, die mit Hilfe der Photographie wiedergegeben werden können.

Die Aufnahme *Paula, Berlin* (Seite 478) machte Alfred Stieglitz zu Beginn seiner Laufbahn, in dem Jahr, als er bei einer Jubiläumsausstellung in Wien erstmals Arbeiten von Luis-Jacques-Mandé Daguerre, William Henry Fox Talbot und Julia Margaret Cameron sah. Die parallelen Streifen aus Licht und Schatten, die das malerische Portrait durchdringen, deuten seinen späteren Stil, wie er in *Grape Leaves and House, Lake George* (Seite 479) zu erkennen ist. Die Holzverkleidung des Sommehauses ist ein Echo der horizontalen Streifen in *Paula*, während die gegenüberliegenden Verandapfosten die Komposition einrahmen und ihr eine Symmetrie verleihen, die nur durch die Präzision des photograpischen Instruments erzielt werden kann.

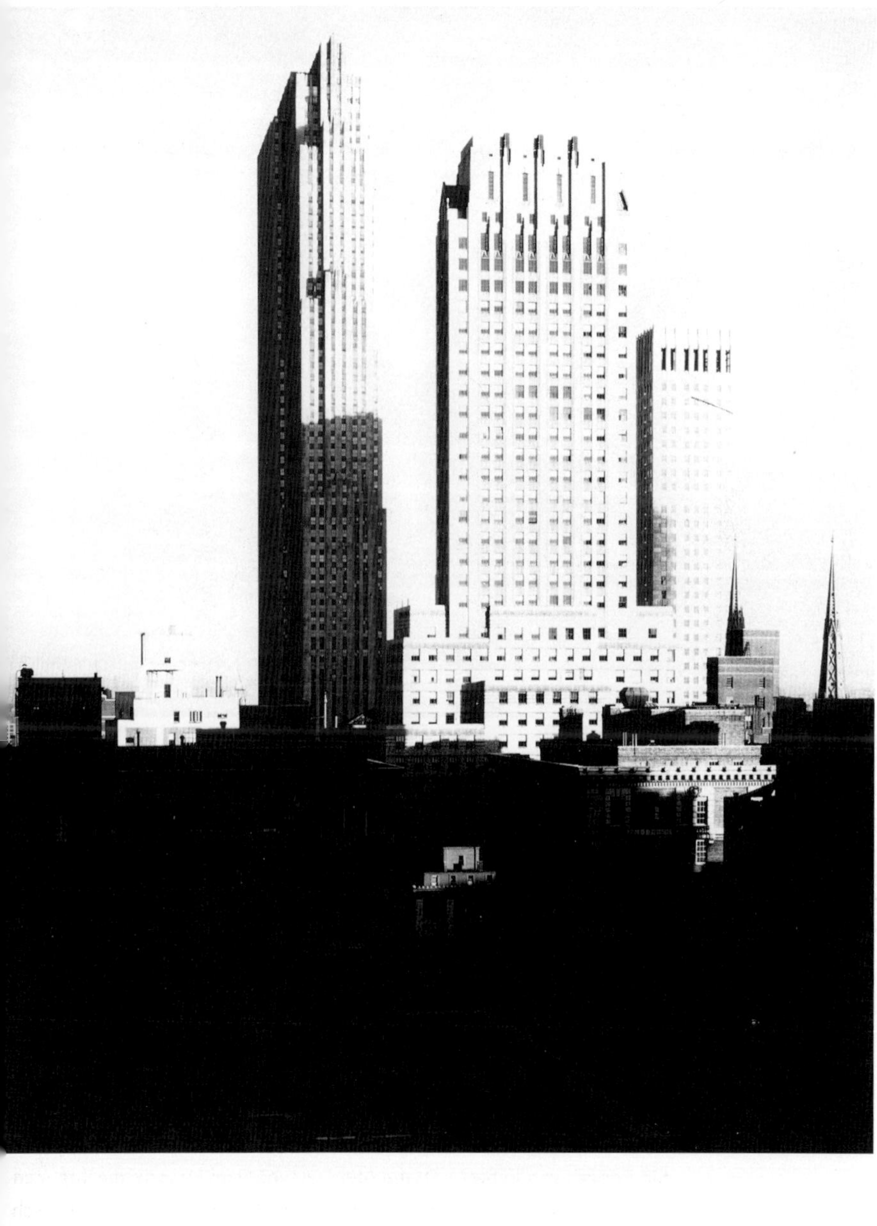

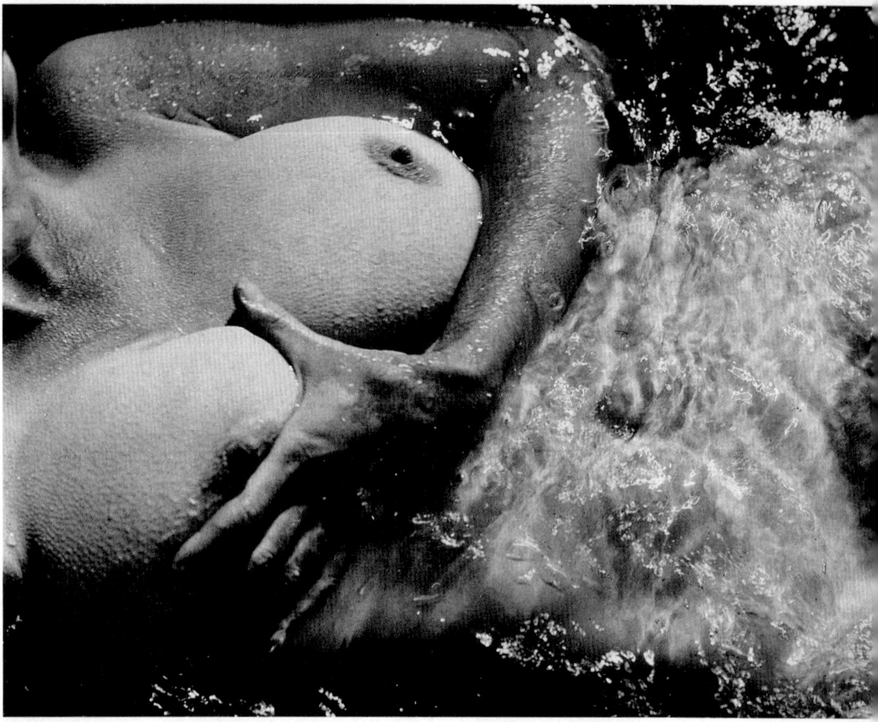

Alfred Stieglitz
Amerika, 1864–1946

Portrait of R.
Rebecca Strand, 1923

Silbergelatine-Abzug
TEILERWERBUNG UND TEILSCHENKUNG AN AMERICAN PLACE, EHEMALIGE SAMMLUNG GEORGIA O'KEEFFE
74:0052:0087

Während eines Besuchs in Oaklawn, dem Ferienhaus der Familie am Lake George, machte Stieglitz im Sommer 1916 eine Serie von Photographien von Ellen Koeniger, der Nichte des Photographen Frank Eugene (siehe Seite 480). In ihrem eng anliegenden, nassen Badeanzug wirkt sie wie eine athletische Muse. Das scharfe, bei strahlendem Sonnenschein aufgenommene Bild verbindet Wärme und Spontaneität mit formaler Untersuchung und erotischem Verlangen. In der Aufnahme *Spring* aus der Serie *New York* (Seite 481) teilte er einige Jahre später die Skyline von Manhattan sorgfältig in zwei Hälften. Die untere Hälfte der Komposition liegt im dunklen Schatten, und die vor klarem Himmel aufragenden Wolkenkratzer schaffen eine kraftvolle Balance und eine Energie, die fast das visuelle Gegenstück zu der aus dem Wasser steigenden Figur Koenigers darstellt.

Ein Portrait von Rebecca Strand (der Frau von Paul Strand), die ihre rechte Brust umfaßt, ist überaus reich an Strukturen. Die obere Hälfte des Körpers ist so fein gezeichnet, daß die Gänsehaut mit sinnlicher Präzision

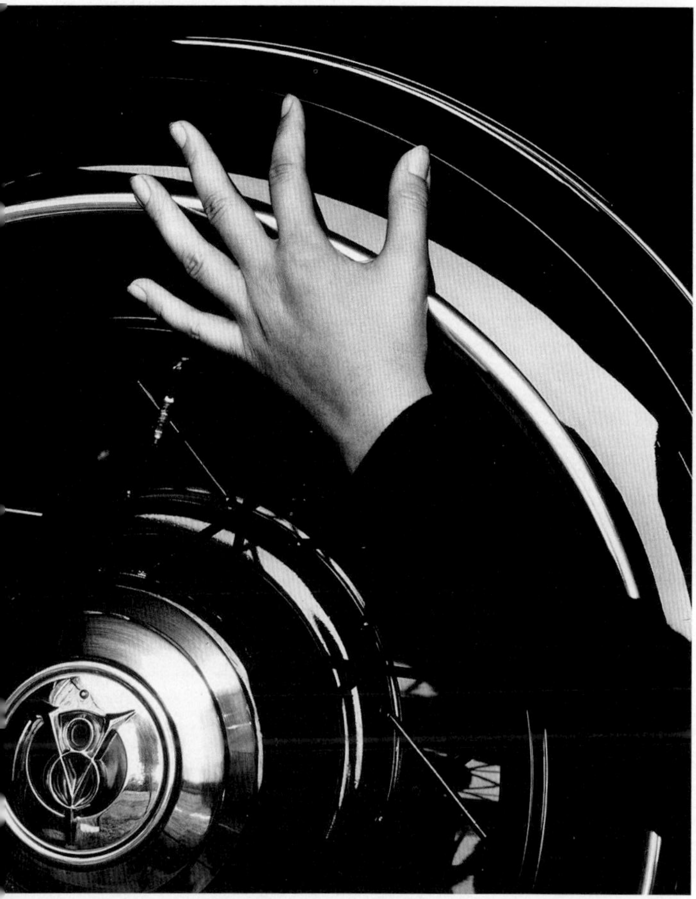

Alfred Stieglitz

Georgia O'Keeffe, 1933

Silbergelatine-Abzug
TEILERWERBUNG UND TEILSCHENKUNG AN AMERICAN PLACE, EHEMALIGE SAMMLUNG GEORGIA O'KEEFFE
74:0052:0065

viedergegeben wird, während sich die untere Hälfte in den abstrakteren Wellen des lichterfüllten Wassers aufzulösen scheint. Hier fehlt jede Spur der Verschwommenheit seiner früheren piktorialistischen Arbeiten.

Stieglitz' Portraits von Strand und Koeniger antizipieren die Photographien, die er von der Malerin Georgia O'Keeffe machte, seiner Frau und größten Muse. Stieglitz lernte sie 1916 in der Galerie 219 kennen und photographierte sie im darauffolgenden Jahr zum ersten Mal. O'Keeffes sehr ausdrucksstarke Hände deuten sowohl auf ihren Status als Künstlerin als auf ihre Leidenschaftlichkeit hin. Die Körperlichkeit dieser Frauen ist direkter

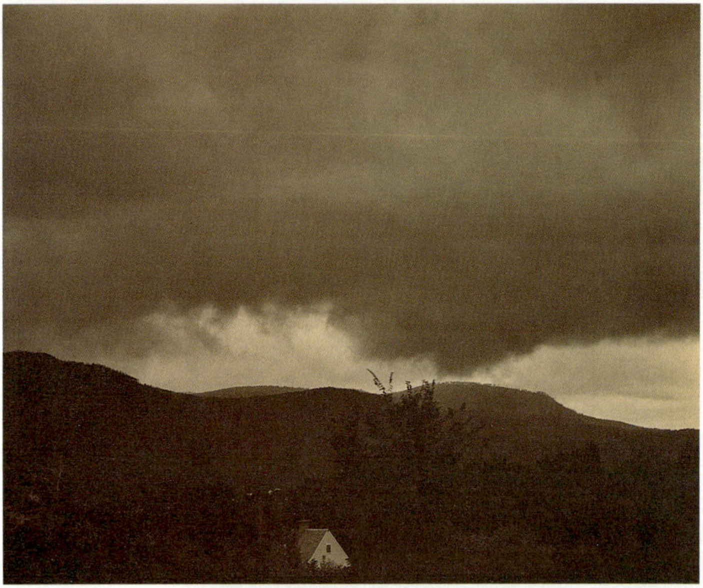

Alfred Stieglitz
Amerika, 1864–1946

Clouds, Music No. 1, Lake George (Wolken, Musik Nr. 1, Lake George), 1922

Palladium-Druck
TEILERWERBUNG UND TEILSCHENKUNG AN AMERICAN PLACE, EHEMALIGE SAMMLUNG GEORGIA O'KEEFFE
74:0052:0067

Alfred Stieglitz

Hedge and Grasses, Lake George (Hecken und Gräser, Lake George), 1933

Silbergelatine-Abzug
TEILERWERBUNG UND TEILSCHENKUNG AN AMERICAN PLACE, EHEMALIGE SAMMLUNG GEORGIA O'KEEFFE
74:0052:0095

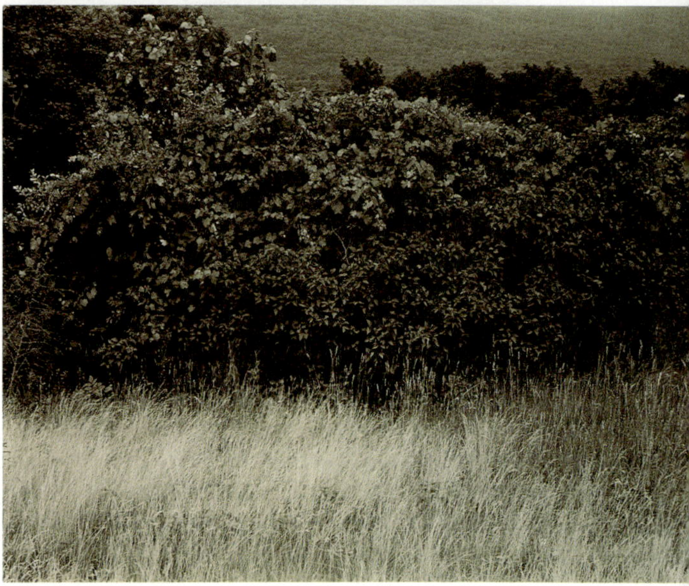

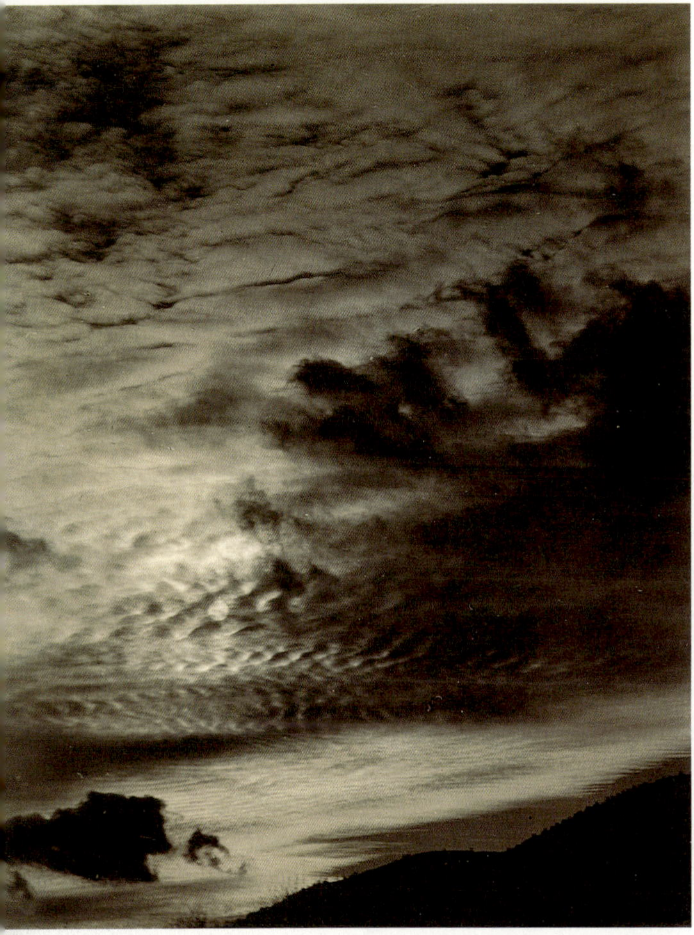

Alfred Stieglitz

Equivalent (Äquivalent), 1929

Silbergelatine-Abzug
TEILERWERBUNG UND TEILSCHENKUNG AN AMERICAN PLACE, EHEMALIGE SAMMLUNG GEORGIA O'KEEFFE
74:0052:0020

ınd stärker sexuell aufgeladen, als in seinen früheren Bildern. Um die Details über das Gesamtbild zu stellen, nahm er diese Portraits von Nahem auf, so daß sie eher eine Einzelansicht vermitteln als ein Abbild.

Stieglitz war der Überzeugung, das zu photographierende Objekt müsse zuerst verstanden werden, bevor man es erfolgreich darstellen könne, und begann 1923 eine Serie von Wolkenstudien, die er »Äquivalente« nannte. Er schrieb: »Ich hatte Miss O'Keeffe gesagt, ich wolle eine Serie von Photographien machen, bei deren Anblick [der Komponist] Ernst Bloch ausrufen würde: ›Musik! Musik! Das ist Musik!‹« Dieses Bild eines zerrissenen

Himmels setzt die wilden natürlichen Wolkenformationen mit dem emotionalen Zustand des Photographen gleich und transzendiert die abstrakte Formalität der Komposition. *Clouds, Music No. 1, Lake George* (Seite 484) ist Teil einer Serie von zehn Wolken-Photographien, die er als visuelle Musik bezeichnete. Die Landschaft *Hedge and Grasses, Lake George* (Seite 484) ist zwar nicht per se ein »Äquivalent«, läßt aber formale Übereinstimmungen mit diesen sehr persönlichen Arbeiten erkennen.

Johan Hagemeyer
Amerika,
geb. Holland,
1884–1962

Modern Amerika Lyric – (Gasoline Station) (Moderne amerikanische Lyrik [Tankstelle]), 1924

Silbergelatine-Abzug
SCHENKUNG DAVID HAGEMEYER
81:1301:0076

Johan Hagemeyer verließ Holland 1911 mit einem Abschluß in Pomologie (Obstbaukunde). In seiner Heimat hatte er mit Begeisterung Schnappschüsse gemacht und durch Ausgaben von *Camera Work*, die er in der Kongress-Bibliothek studierte, das künstlerische Potential der Photographie entdeckt. Daraufhin reiste er nach New York, um Stieglitz zu treffen. Dieser Besuch ermutigte ihn, sich ernsthaft der Photographie zu widmen, und 1917 zog er nach Los Angeles, wo er Edward Weston kennenlernte, mit dem ihn bald eine enge Freundschaft verband. Über Weston machte er Bekanntschaft mit einigen führenden Photokünstlern der Region. Hagemeyers frühe Arbeiten waren vom malerischen Stil der Piktorialisten geprägt, aber später entwickelte auch er einen modernen Ansatz. Er und Weston waren sich bewußt, daß sie das von Stieglitz etablierte künstlerische Vermächtnis fortsetzten. »Photographie hat gewisse inhärente Qualitäten, die nur ihr eigen sind. Dazu gehört die genaue Darstellung von Details ... warum sich auf das beschränken, was das Auge sieht, wenn man eine solche Möglichkeit hat, seinen Blick zu erweitern?« notierte Weston 1923 in seinem Tagebuch über eine Diskussion mit Hagemeyer, in der die beiden versucht hatten, eine Definition der Essenz und Richtung des Mediums zu finden.

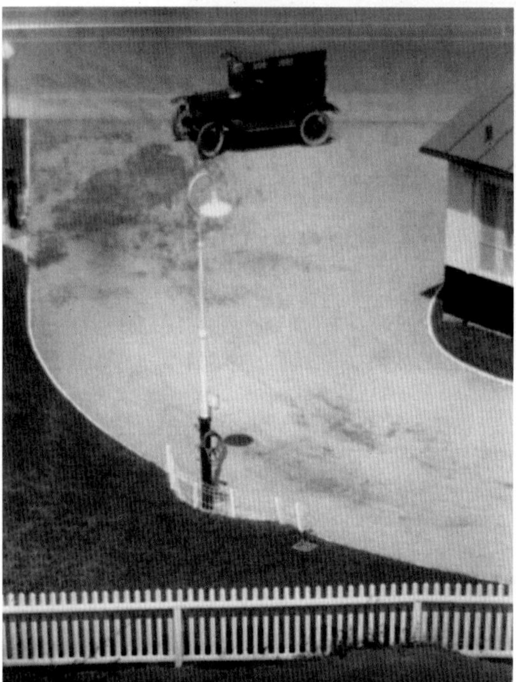

Hagemeyer, der ein Studio in Carmel-by-the-Sea in Nordkalifornien betrieb, hatte 1924 eindeutig

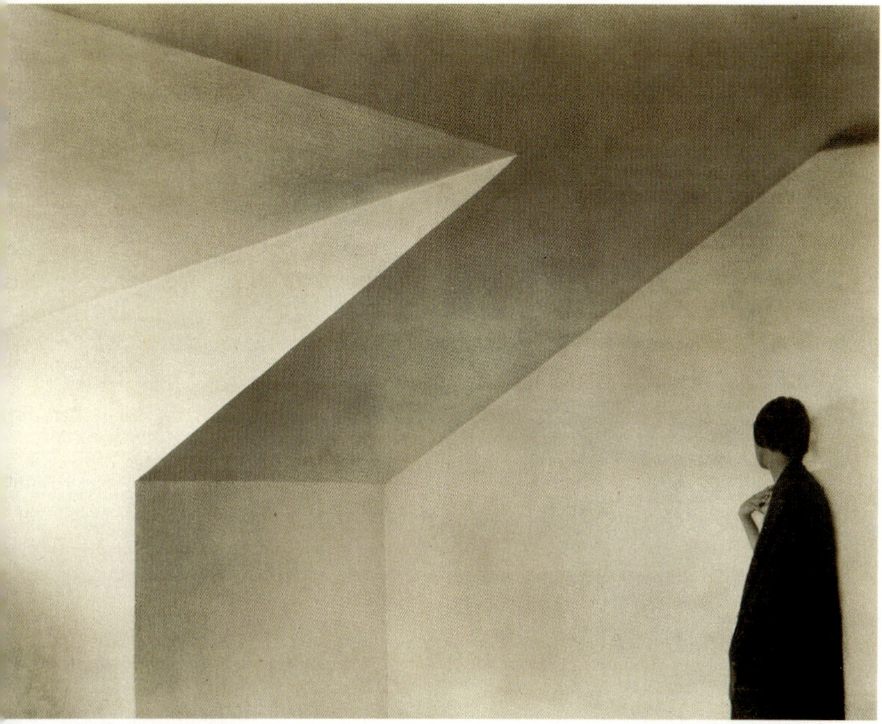

Edward Weston
Amerika, 1886–1958

Attic, Glendale, California (Dachboden, Glendale, Kalifornien), 1921

Platindruck
MUSEUMSANKAUF, EHEMALIGE SAMMLUNG BRETT WESTON
66:0070:0052

den von Weston ein Jahr zuvor vertretenen Standpunkt übernommen. In seinem Bild *Modern American Lyric – (Gasoline Station)*, aufgenommen aus einer verblüffenden Vogelperspektive, zeigt er weniger eine Tankstelle, als vielmehr einen schwungvollen grauen, schwarz abgesetzten Bogen, durchsetzt von der graphischen Reihe eines weißen Zauns und verwandelt ein gewöhnliches Objekt in ein außergewöhnliches Muster. »Mich interessiert alles Zeitgenössische, und ich meine, wir sollten in unserer eigenen Zeit leben– die Schönheit des Jetzt sehen, statt die Vergangenheit anzubeten.«

Weston hatte bereits 1921 begonnen, einen modernen Ansatz zu entwickeln; fünf Jahre zuvor hatte er seine Vorliebe für eine »direkte« Photographie deutlich gemacht: »Wenn Beleuchtung und Belichtungszeit von Beginn an korrekt sind, können Entwicklung und Druck [der Negative] praktisch automatisch geschehen.« Seine 1921 entstandene Aufnahme *Attic, Glendale, California* ist fast reine Geometrie und Tonalität, sie definiert den Raum allein durch Licht und Form. Auch die weibliche Figur bildet ein schwarzes Dreieck

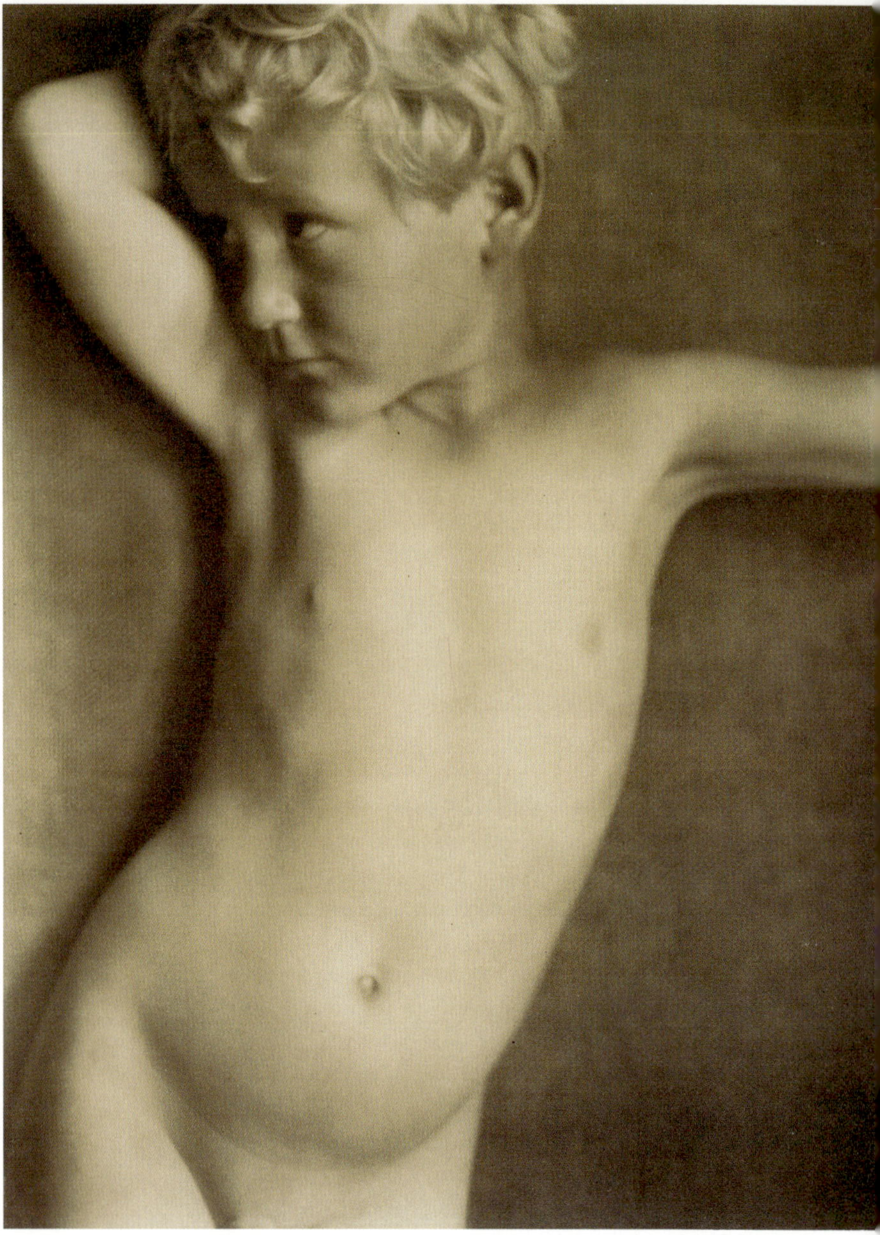

(links)
Edward Weston
Amerika, 1886–1958

Neil, 1922

Platindruck
74:0061:0003

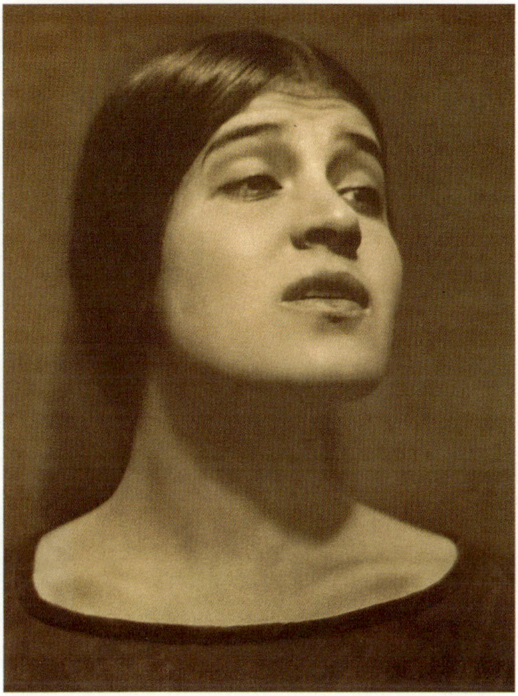

Edward Weston

Tina Modotti rezitiert Gedichte, 1924

Platindruck
MUSEUMSANKAUF, EHEMALIGE SAMMLUNG BRETT WESTON
74:0061:0011

vor der Wand, und ihre angewinkelte, an die Schulter gelegte Hand formt sich zu einem weiteren Dreieck vor ihrem Körper.

Weston wurde in Highland Park, Illinois, geboren und erhielt seine erste Kamera mit 16 Jahren von seinem Vater. Seit der ersten Filmrolle betrieb er die Photographie ernsthaft und veröffentlichte seine Arbeiten bereits mit 20 Jahren. Als er 1906 Ferien bei seiner Schwester in Kalifornien machte, entschloß er sich, dort zu bleiben und machte die Photographie zu seinem Beruf. Er eröffnete 1911 »The Little Studio« in Tropico (heute Glendale). 1922 machte er Aktaufnahmen von seinem Sohn Neil. Diese Bild zeigt nicht das unwiderstehliche, süße Kind, wie es für kommerzielle Arbeiten typisch war, sondern ist eher eine Formstudie, die an klassische Skulpturen erinnert. Obwohl er im November jenes Jahres Stieglitz in New York kennenlernte und sein Treffen mit ihm »einen wichtigen Kontakt zu einem wichtigen Zeitpunkt meines Lebens ...« nannte, scheint der bereits erfolgreiche Weston nicht direkt von dem etablierten Meister des Mediums beeinflußt worden zu sein.

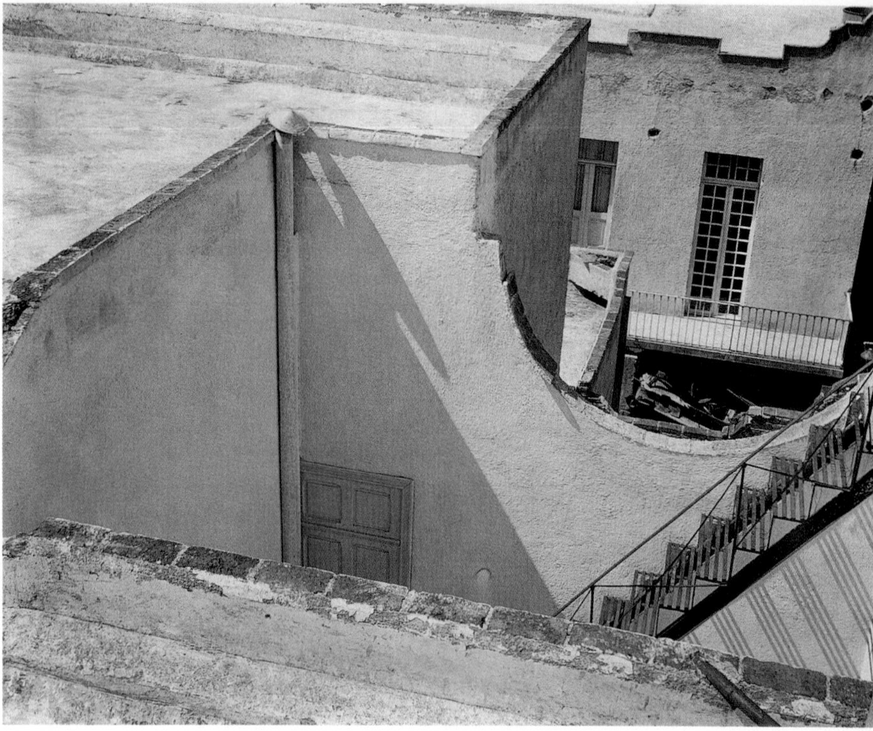

Edward Weston
Amerika, 1886–1958

Mexico, 1924

Platindruck
MUSEUMSANKAUF, EHEMALIGE SAMMLUNG BRETT WESTON
74:0061:0009

Tina Modotti war Westons Muse und Geliebte; sie begegneten sich Ende 1921, als sie in Los Angeles als Schauspielerin arbeitete und mit dem Künstler Roubaix de l'Abrie Richey (Robo) verheiratet war. Gemeinsam mit seinem ältesten Sohn Chandler und Tina startete Weston 1923 eine Seereise nach Mexiko; Robo war ein paar Monate zuvor an den Pocken gestorben. *Tina Modotti rezitiert Gedichte* (Seite 489), eine von drei Dutzend Photographien, die Weston von Modotti beim Rezitieren machte, betont die sinnliche Ausdruckskraft ihres leicht geöffneten Mundes und ihrer hochgezogenen Augenbrauen.

Mit Modotti in Mexiko erweiterte Weston seine Themen über das hinaus, was er zuvor erforscht hatte. In der hier gezeigten Architekturstudie der Dächer einer Stadt wird der Raum zur zweidimensionalen Fläche aus Licht und Textur. *Excusado* ist die Nahaufnahme einer Klosettschüssel. Indem Weston das Objekt den Bildraum dominieren läßt, monumentalisiert er das Banale, was er als »modernen Klassizismus« beschreibt. Zwar sind alle diese Bilder Platindrucke, das bevorzugte Medium der Piktorialisten, aber bei Weston

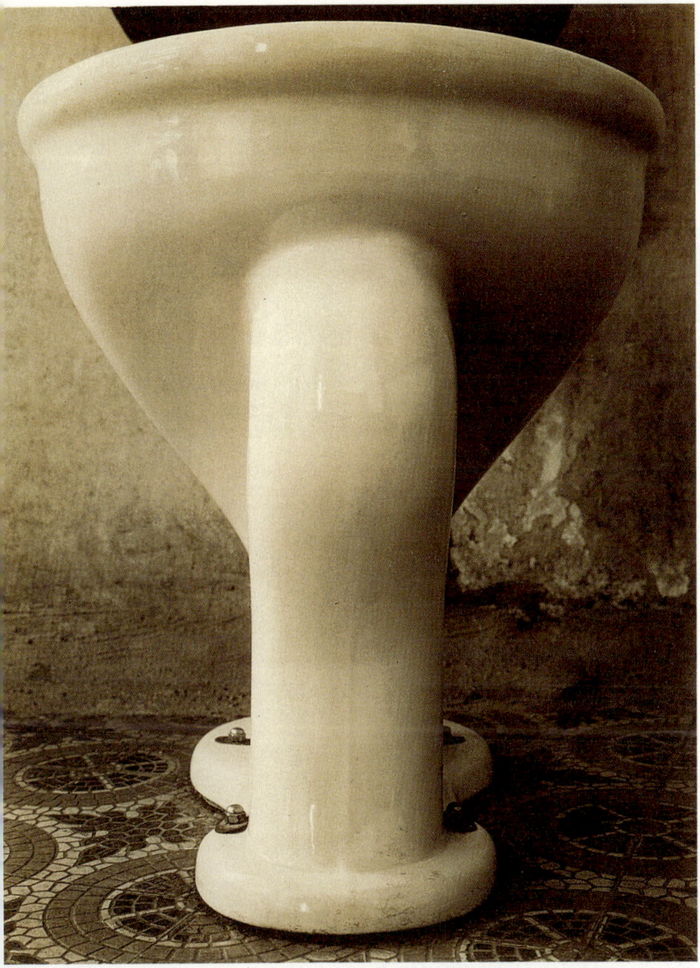

Edward Weston

Excusado, 1925

Platindruck
MUSEUMSANKAUF, EHEMALIGE SAMMLUNG BRETT WESTON
74:0061:0064

wird es wegen seiner Klarheit und seines breiteren Tonalitätsspektrums genutzt. In seinen Photographien von *Armco Steel* (siehe Seite 492) erkennt er deutlich das außerordentlich Moderne des industriellen Motivs an, das er mit dem Auge des modernen Betrachters darbietet, indem er die Architektur auf elementare Linien und Formen reduziert.

Ende 1929 begann Weston mit seiner berühmten Serie abstrakter Kompositionen von Auberginen, Kohlköpfen, Paprikaschoten und allem, was zuerst der Kunst und dann als Mahlzeit dienen konnte. *Pepper No. 30* (Seite 493)

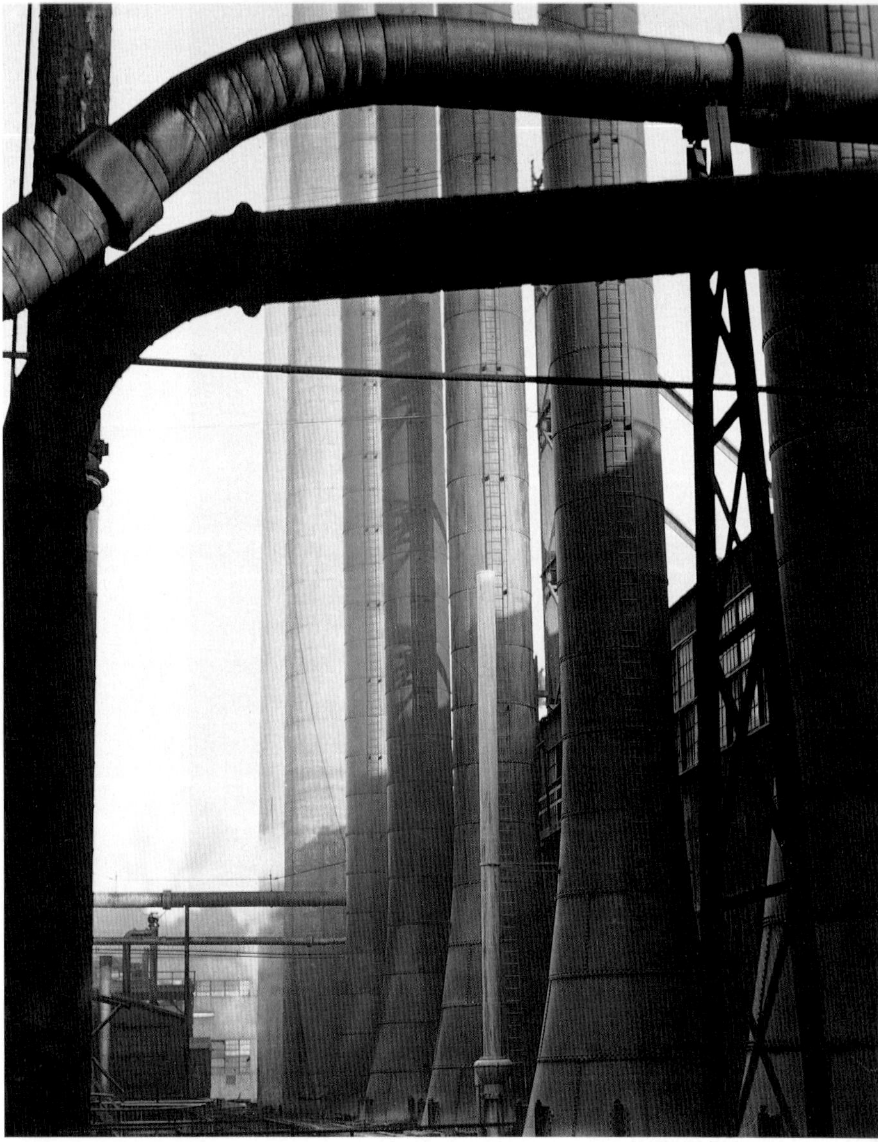

(links)
Edward Weston
Amerika, 1886–1958

Armco Steel, Ohio, 1922

Abzug von Brett Weston, 1953
Silbergelatine-Abzug
MUSEUMSANKAUF
74:0061:0065

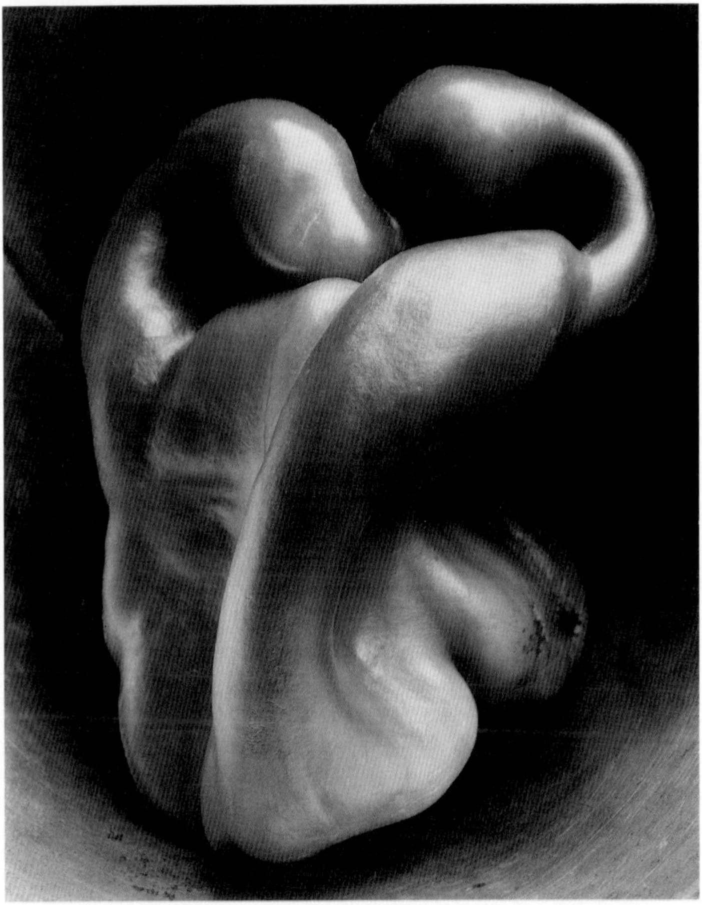

zeigt eine Paprikaschote, gefangen in einem Zinntrichter, den Weston als Hintergrund benutzte; die Spannung, die in der natürlichen Form zum Ausdruck kommt, wurde isoliert und durch Westons sorgfältige Gestaltung des Ausschnitts betont. In einem Zeitraum von vier Tagen machte er mindestens 30 Negative von den Paprikaschoten.

Nachdem Weston 1932 neun Photographien in der Ausstellung »Group f/64« im De Young Memorial Museum in San Francisco gezeigt hatte, wurde er zum Führer der Group f/64 gekrönt. Kontaktabzüge auf Hochglanzpapier von scharfen, mit einer Großformatkamera aufgenommenen Negativen sowie ein Optimum an Schattierungen und Details waren die ästhetischen

Edward Weston

Pepper No. 30 (Paprika Nr. 30), 1930

Silbergelatine-Abzug
MUSEUMSANKAUF
74:0061:0024

(rechts)
Edward Weston

Nude (Akt), 1936

Silbergelatine-Abzug
MUSEUMSANKAUF
74:0067:0005

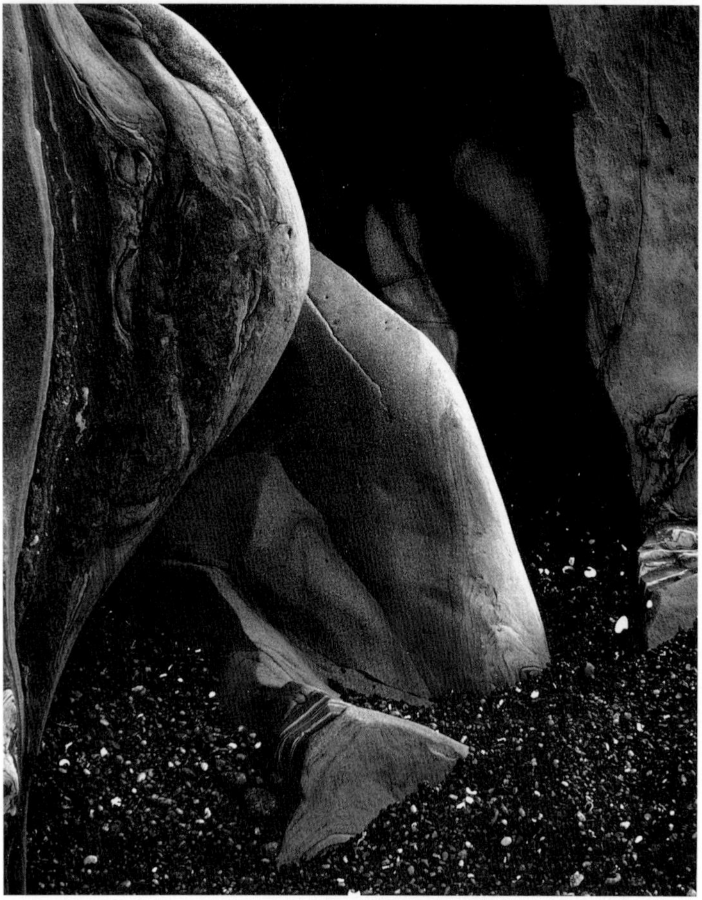

Edward Weston
Amerika, 1886–1958

Eroded Rock (Ausgewaschener Felsen), Point Lobos, 1930

Silbergelatine-Abzug
66:0070:0009

Maßstäbe der Photographen der Group f/64, zu denen Ansel Adams, Imogen Cunningham und Westons Sohn Brett gehörten. Der Name der Gruppe leitete sich von der kleinsten Blendenöffnung ab, die größte Schärfe und Detailgenauigkeit bewirkt.

Bei einem Konzert in Carmel lernte Weston 1934 Charis Wilson kennen, die 20 Jahre alte Tochter seines Nachbarn. »Vielleicht wird man sich an C als die größte Liebe meines Lebens erinnern. Schon jetzt habe ich Höhen erreicht wie mit keiner anderen Liebe zuvor«, schrieb Weston über Charis, die seine zweite Frau und sein häufigstes Motiv wurde. In ihren 1998 erschienenen Memoiren beschreibt sie, wie das inzwischen zur Ikone gewordene Bild

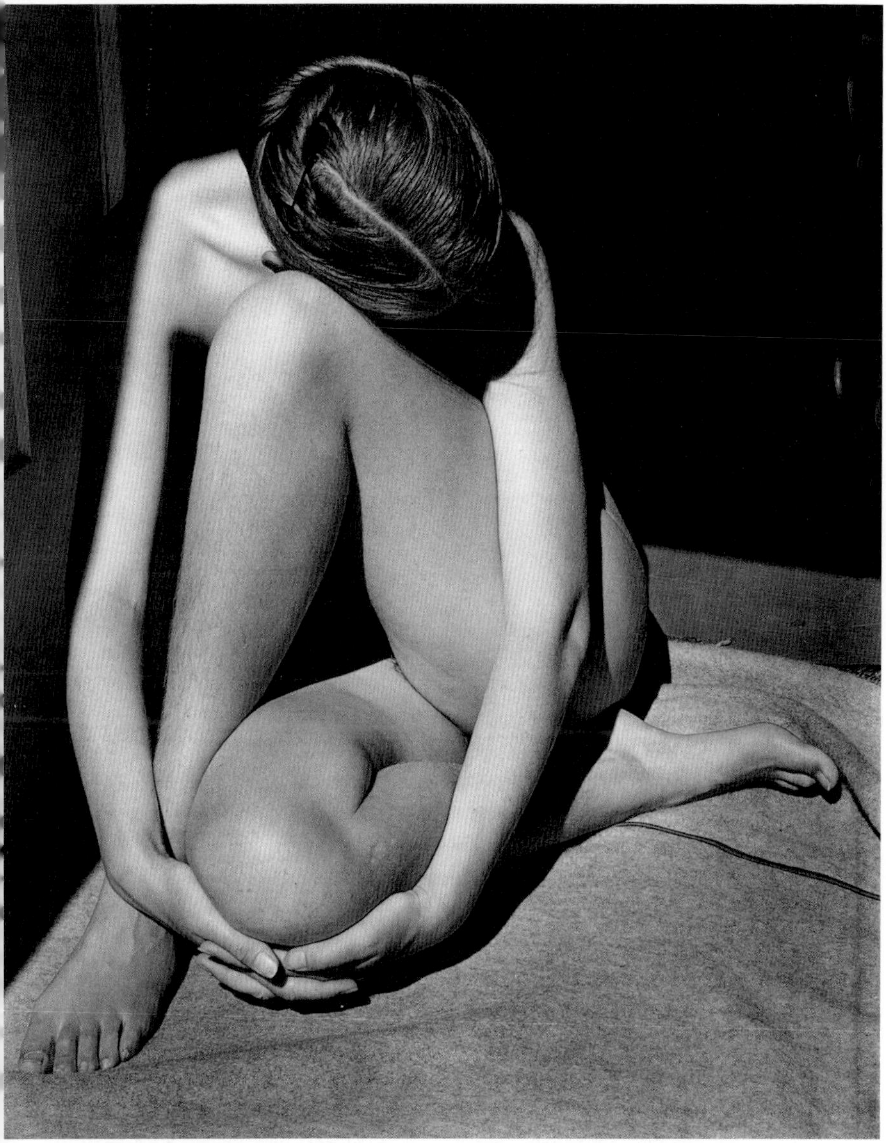

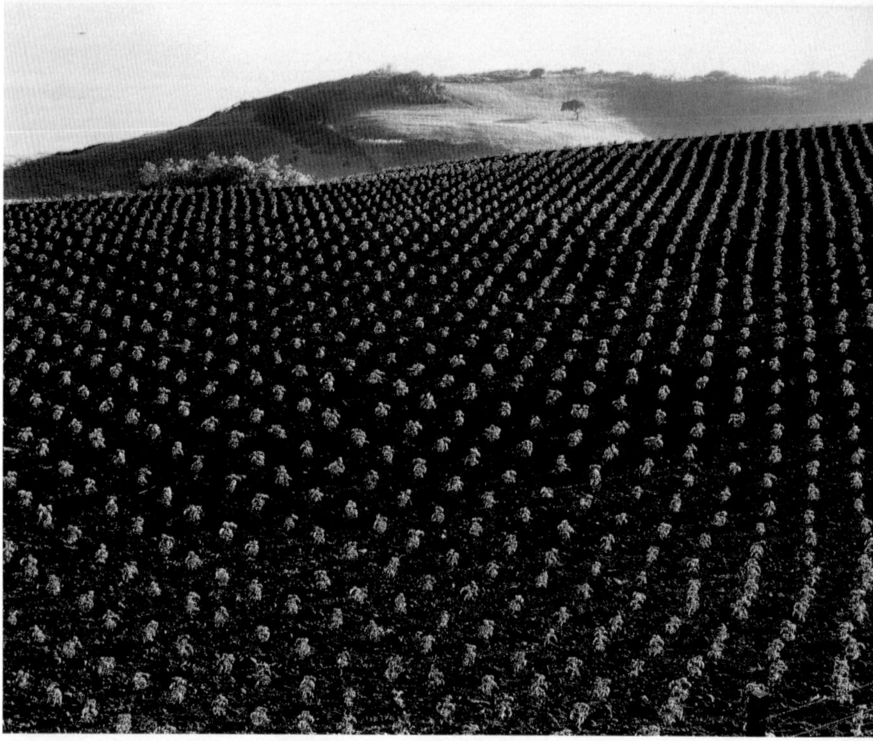

Edward Weston
Amerika, 1886–1958

Tomato Field
(Tomatenfeld), 1937

Abzug Brett Weston, 1953
Silbergelatine-Abzug
MUSEUMSANKAUF
74:0061:0072

(Seite 495) zustande kam, womit sie einen seltenen Einblick in die Perspektive auf der anderen Seite der Kamera gewährt und diesen Prozeß ein wenig entmystifiziert: »Ich glaube, es war Edwards Vorschlag, daß ich versuchen sollte, mich in den Türrahmen des Schlafzimmers zu setzen. Er war die alte graue Militärdecke wahrscheinlich leid, auf der ich immer in der Sonne liegen wollte. Er sah sofort, was er haben wollte, aber auf dem engen Raum des Sonnenbalkons vor der Tür war es schwer, mich mit einer Acht-mal-Zehn ganz auf das Bild zu bekommen und die Kamera gleichzeitig so zu plazieren, daß er sie bedienen konnte. Schließlich mußte er einen Kompromiß eingehen und sich mit dem Schatten auf meinem rechten Arm abfinden; entweder das, oder das Bild verlieren. Als ich den Kopf einzog, weil mich die Sonne blendete, sagte Eward, ›Bleib so!‹, und machte die Aufnahme.«

Weston war 1937 der erste Photograph, der ein John Simon Guggenheim Memorial Fellowship erhielt. Mit Hilfe dieses Stipendiums wollte er die »Anfertigung einer Reihe von Photographien des Westens« fortsetzen,

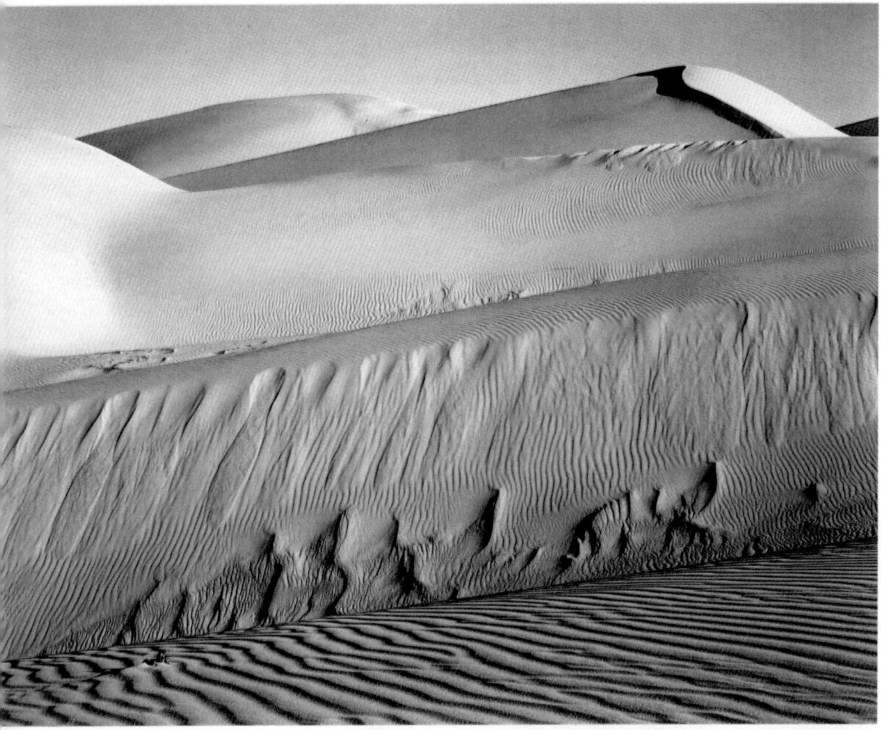

wie sein Projekt schließlich genannt wurde. »Es scheint so ungeheuer naiv, daß die Landschaft – nicht die der Schule der Piktorialisten – nicht von ›gesellschaftlichem Belang‹ sein soll, hat sie doch einen weitaus bedeutenderen Einfluß auf die Menschen eines bestimmten Ortes als die Wucherungen, die man Städte nennt. Mit Landschaft meine ich alle physischen Aspekte einer Region – Wetter, Boden, Wildblumen, Berggipfel – und ihre Wirkung auf die Psyche und die physische Erscheinung der Menschen«, schrieb Weston im darauffolgenden Jahr. Er besuchte das Tomatenfeld in Big Sur, Kalifornien, dreimal und wartete auf das richtige Licht, damit sich jede einzelne Pflanze deutlich von dem dunklen Boden abhob. *Tomato Field* war die schwierigste Aufnahme, die Weston in den zwei Jahren des Guggenheim-Stipendiums machte. Die Photographie der Sanddünen bei Oceano zeigt eine Palette von Strukturen, die von sanfter Stille in der Ferne bis zu den vielgestaltigen Spuren des Windes reichen, die sich in der zweidimensionalen Ebene überlagern. Das Museum besitzt über 250 Bilder von Weston.

Edward Weston

Dunes, Oceano (Dünen, Oceano), 1936

Silbergelatine-Abzug
MUSEUMSANKAUF
74:0061:0053

Auch 28 Aufnahmen von Westons Muse, Assistentin und zeitweiliger Mitarbeiterin Tina Modotti befinden sich in der Sammlung des Museums. Die eigenständige und begabte Photographin wurde in Italien geboren, wanderte aber 1913 mit ihrer Familie nach Amerika aus. Die Modottis ließen sich in San Francisco nieder, wo Tina in einer Stoffabrik als Schneiderin arbeitete, bevor sie Robo heiratete, der sie in die künstlerische Gemeinde der Stadt einführte. Modotti begegnete Weston 1921 und lernte von ihm das Photographieren; als die beiden 1923 in Mexiko lebten, entschloß sie sich, die Photographie ernsthaft zu betreiben. Durch Weston lernte sie Hagemeyer, Dorothea Lange, Imogen Cunningham und Roi Partridge (Cunnighams Mann) kennen. Modotti wurde zwar von diesen Künstlern beeinflußt, aber sie entwickelte einen Stil, der sich durch ein größeres soziales Engagement auszeichnete.

Tina Modotti
Amerika, geb. Italien, 1896–1942

Woman of Tehuantepec (Frau von Tehuantepec), um 1929

Silbergelatine-Abzug
74:0061:0159

Tina Modotti war politisch sehr aktiv, hatte Kontakte zur Mexikanischen Revolutionsarmee und war Mitglied der Kommunistischen Partei. Ihrer Sympathie für die Arbeiterklasse verlieh sie häufig Ausdruck in ihren Portraits von arbeitenden Männern und Frauen. Sie war sich auch des Potentials der Arbeit, das Individuum zu beherrschen, sehr bewußt, wie in ihrem Portrait von zwei Männern mit riesigen Bündeln auf dem Rücken deutlich wird. Ihre Gesichter sind nicht zu erkennen und ihre Last ist so schwer, daß sie sie herunterdrückt; die Bündel umhüllen die Männer nicht nur, sie dominieren auch den gesamten Ausschnitt. Durch Modottis Auge erhält die, leicht von unten aufgenommene Frau in *Woman from Tehuantepec* fast etwas Königliches, und die große Schale erinnert weniger an ein Transportgefäß als an eine kunstvoll gemusterte Krone.

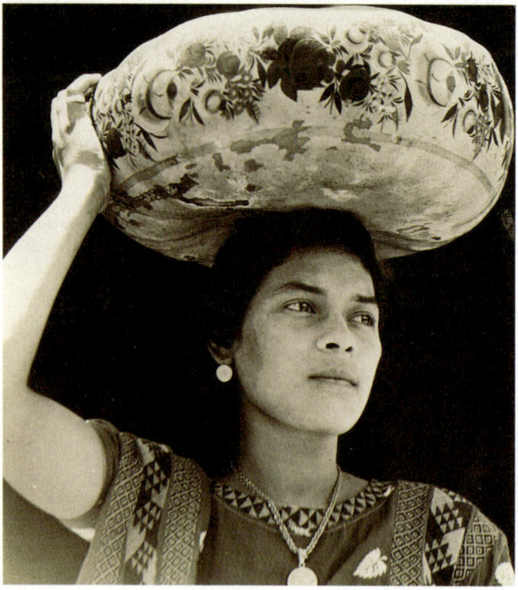

Tina Modotti

Two Men Carrying Large Loads on Backs (Zwei Männer tragen große Bündel), um 1927–1929

Silbergelatine-Abzug
74:0061:0164

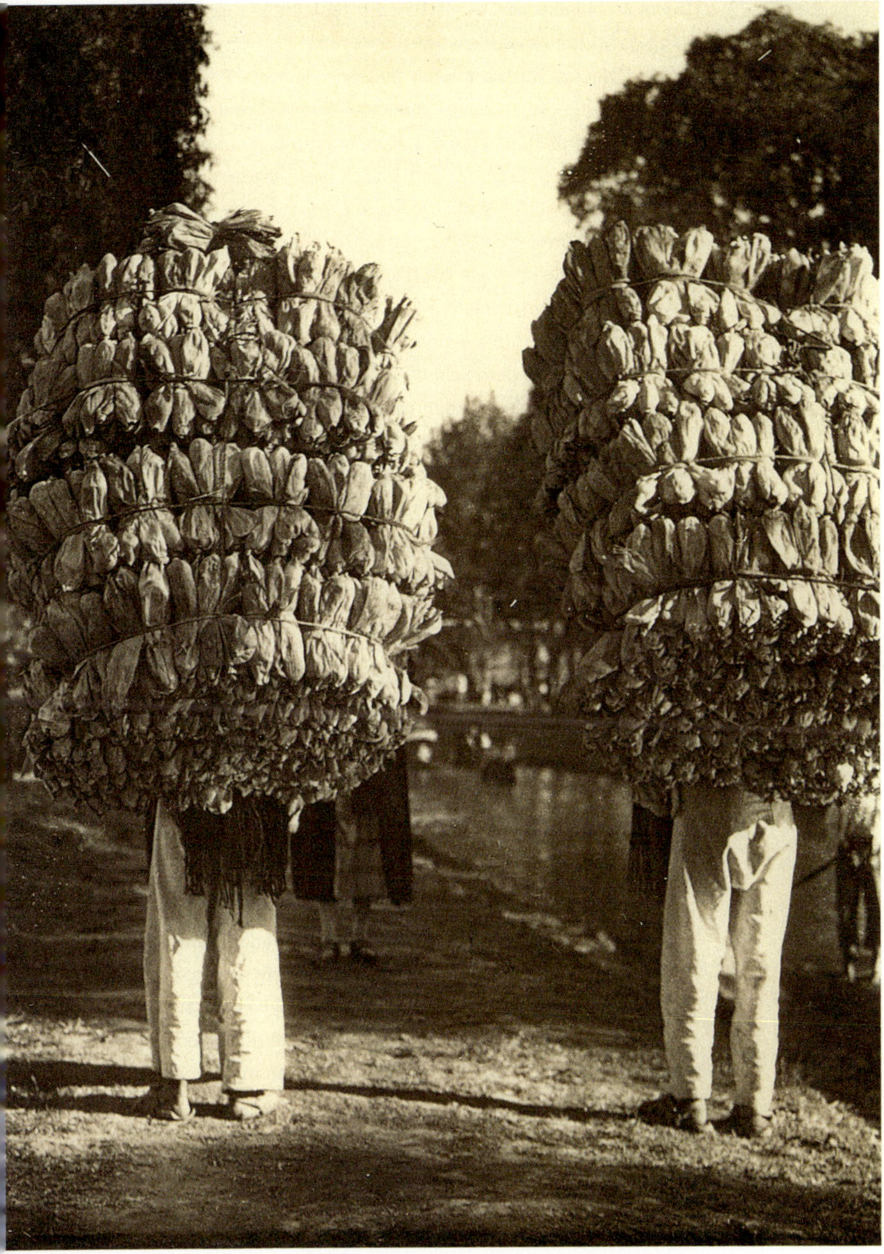

Die matriarchalische Gesellschaft der Tehuantepec ist für die äußerst unabhängige Modotti sicherlich besonders reizvoll gewesen. Die Aufnahmen, die sie dort machte, repräsentieren die letzte intensive Phase photographischer Energie in ihrer Karriere. »In meinem Fall heißt Leben, immer um die Herrschaft zu kämpfen, und die Kunst leidet natürlich darunter ... Ich bringe zuviel Kunst in mein Leben ... und folglich habe ich der Kunst nicht mehr viel zu geben«, schrieb Modotti an Weston.

Modottis Karriere als Photographin war kurz; nachdem sie wegen ihrer politischen Aktivitäten aus Mexiko ausgewiesen wurde, reiste sie zwischen 1931 und 1934 immer wieder nach Moskau und gab das Photographieren schließlich auf. In ihrer einzigen veröffentlichten Aussage über die Photographie kam sie zu dem Schluß: »Gerade weil die Photographie nur in der Gegenwart geschaffen werden kann und weil sie auf dem basiert, was objektiv vor der Kamera existiert, ist sie das adäquateste Medium, um das objektive Leben in all seinen Aspekten festzuhalten, und das macht ihren dokumentarischer Wert aus. Fügt man dem Sensibilität, Verständnis und, vor allem, eine klare Ausrichtung zu dem Platz, den es auf dem Gebiet der historischen Entwicklung haben soll, hinzu, dann hat das Ergebnis meiner Meinung nach einen Platz in der gesellschaftlichen Produktion verdient, zu der wir alle beitragen sollten.«

Imogen Cunningham
Amerika, 1883–1976

Designer and Design (Roi Partridge), 1915

Platindruck
MUSEUMSANKAUF
77:0760:0043

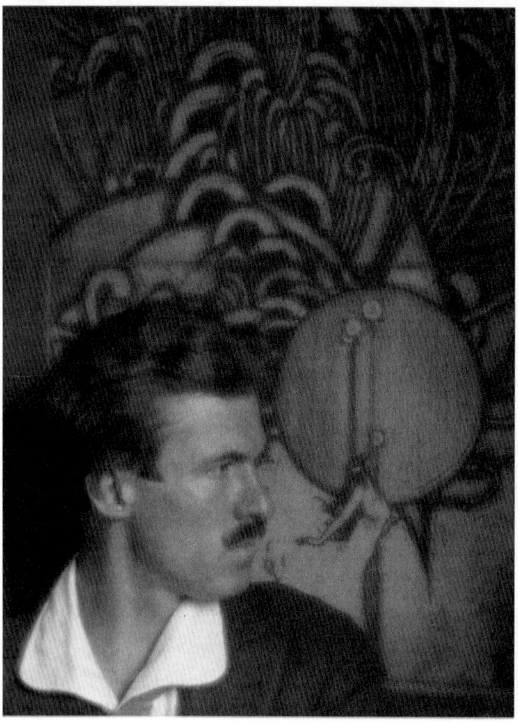

Imogen Cunningham, eine enge Freundin von Weston und Bekannte von Modotti, kaufte 1901 ihre erste Kamera auf Anregung von Getrude Käsebier, deren Arbeiten aus der Zeit der Photo-Secession sie stark beeinflußt hatten. Nach ihrer Promotion in Chemie und anschließender zweijähriger Arbeit als Druckerin im Studio von Edward Curtis in Seattle, richtete sie ihr eigenes Portraitatelier ein und spezialisierte sich auf romantische, malerische

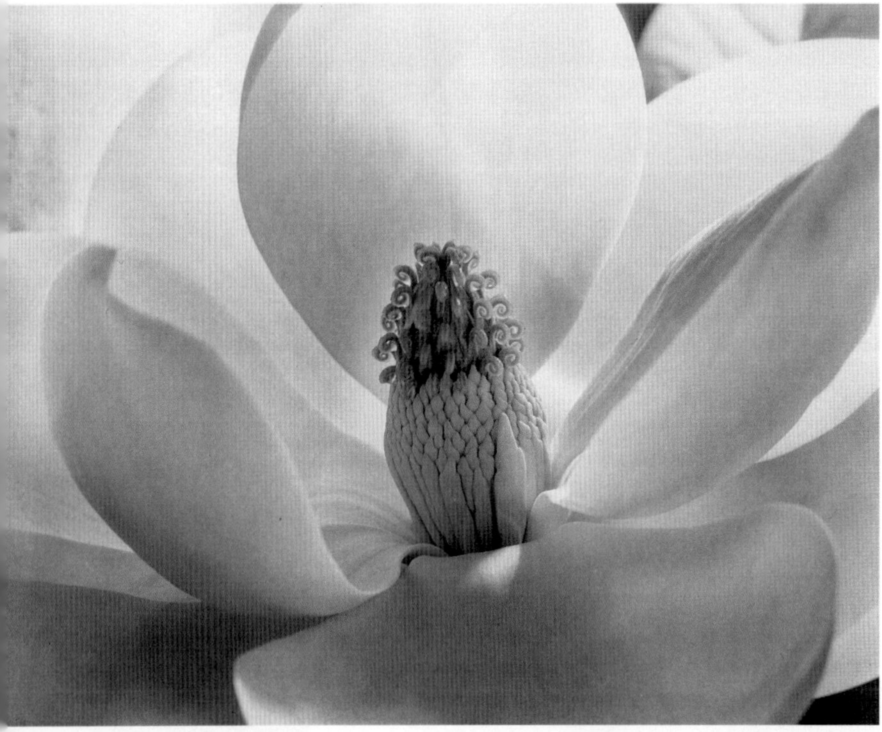

Portraits und Figurenstudien. Die Aktphotographien von ihrem Mann, dem Radierer Roi Partridge, gehörten zu den ersten Aufnahmen eines männlichen Aktes in einer Landschaft, die ihr Lob wie auch prüde Ablehnung einbrachten. *Designer and Design* ist ein frühes Portrait von Partridge, das ihn vor dem Hintergrund einer seiner Entwürfe zeigt, die von der »Arts and Crafts«-Bewegung beeinflußt waren.

Während ihrer gesamten Karriere verdiente Cunningham ihren Lebensunterhalt als Portraitphotographin. Zu ihren Modellen gehörten die Photographen Ansel Adams, August Sander, Alfred Stieglitz und Edward Weston. Zwar hatte sie sich 1923 einer Gruppe piktorialistischer Photographen angeschlossen, war aber 13 Jahre später Gründungsmitglied der Group f/64, deren scharfer und äußerst detaillierter Stil ihre Arbeit bestimmten. Zwischen 1922 und 1929 schuf die passionierte Gärtnerin eine Reihe von Pflanzen- und Blumenstudien. »Wenn man sich für das Medium Photographie entscheidet, warum dann versuchen, sich in das Reich der Vorstel-

Imogen Cunningham

Magnolia Blossom (Magnolienblüte), 1925

Silbergelatine-Abzug
MUSEUMSANKAUF
77:0760:0061

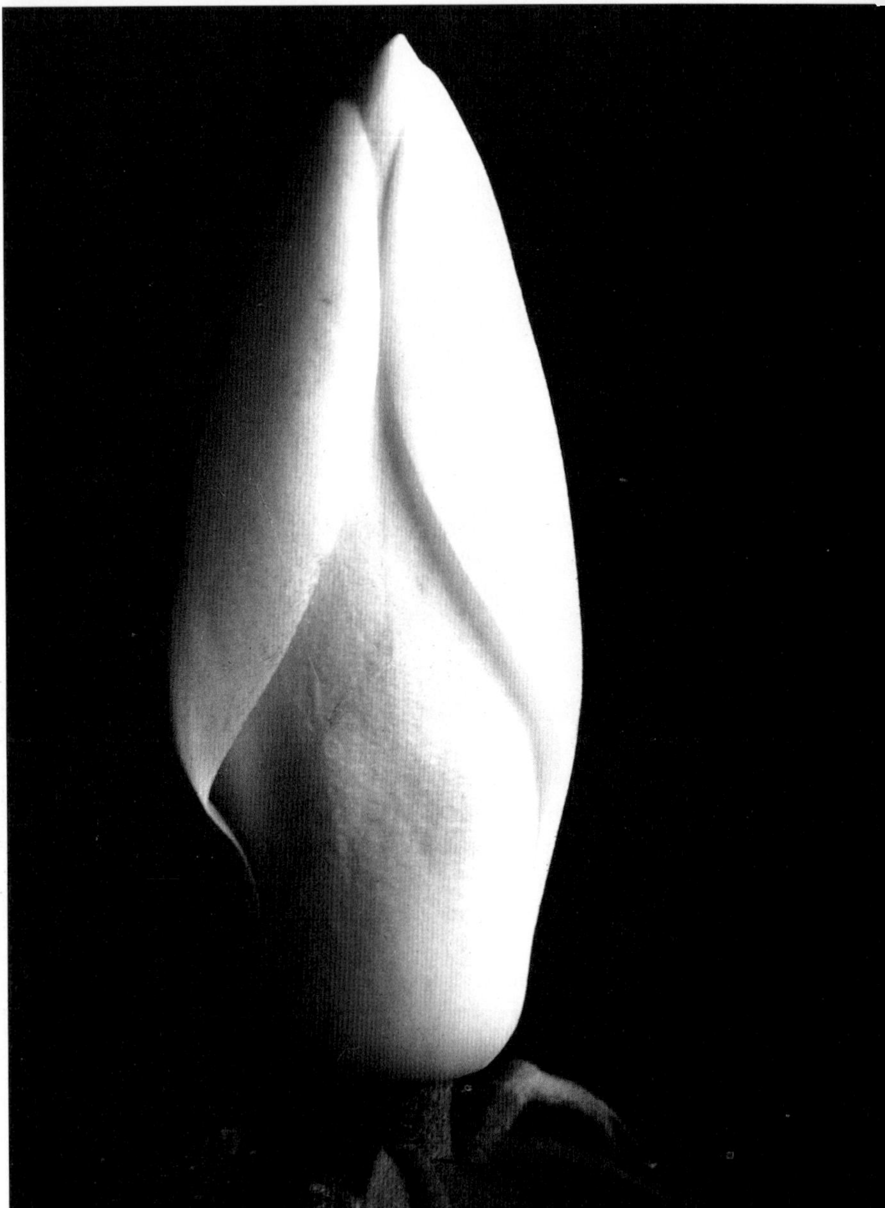

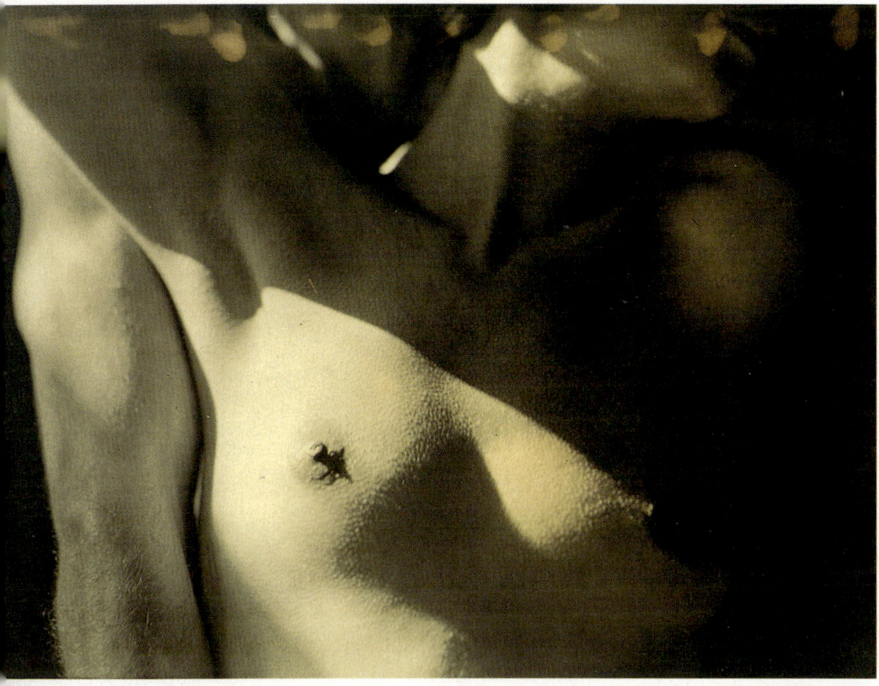

ungskraft aufzuschwingen? ... Es gibt viele der Feinheiten des Lebens direkt auf der Erde, die sanfter Interpretation bedürfen.« Die Magnolienblüte, so erinnert sich ihr Sohn, wurde nach Hause gebracht und stand drei Tage in einer Vase, bevor seine Mutter sie photographierte (Seite 501). Cunningham monumentalisiert die Blume und gibt keinen Hinweis auf ihren dekorativen Zweck in der Vase. Die Nahaufnahme *Magnolia Blossom* zeigt Merkmale der Blume, die bei flüchtiger Betrachtung nicht zu erkennen sind. Das Staubgefäß läßt an menschliche Anatomie denken, denn seine sinnlichen Löckchen ähneln Schamhaaren. Der Erotizismus und die sexuelle Metapher der Blumenbilder sind subtil aber evident. *Magnolia Bud* und *Figures No. 1* zeigen einen ähnlichen Umgang mit Form. In all diesen Bildern isoliert Cunningham die Form, um ihr Wesen herauszustellen. »Photographie begann für mich mit Menschen, und wieviel Aufmerksamkeit ich auch dem Pflanzenleben geschenkt haben mag, ich habe mich von der größeren Bedeutung des menschlichen Lebens nie ganz abgekehrt. Ich bin der Ansicht, daß die Photographie als Dokument des Persönlichen von keinem anderen graphischen Medium übertroffen wird«, schrieb Cunningham. »Die große Diskus-

Imogen Cunningham
Amerika, 1883–1976

Figures No. I
(Figuren Nr. 1), 1923

Silbergelatine-Abzug
MUSEUMSANKAUF
77:0760:0056

(links)
Imogen Cunningham

Magnolia Bud
(Magnolienknospe), 1929

Silbergelatine-Abzug
MUSEUMSANKAUF
77:0760:0021

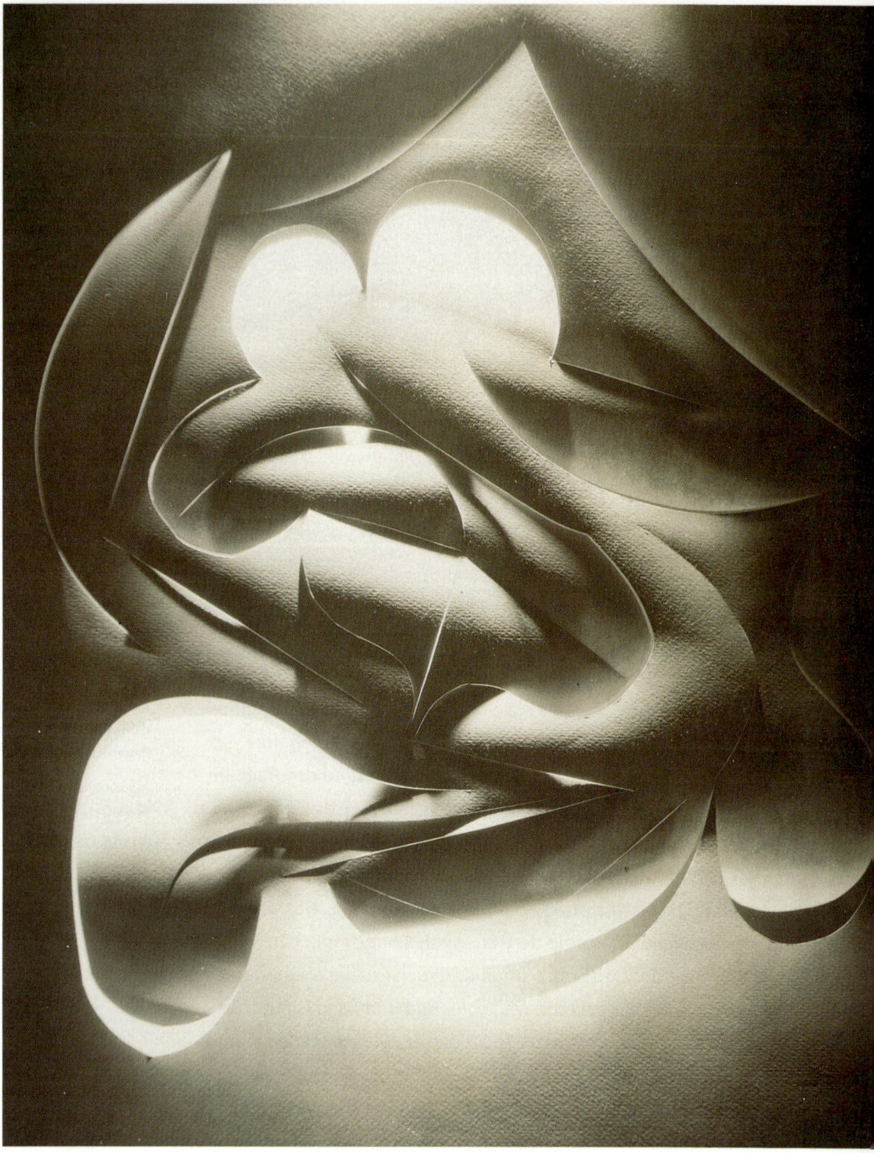

(links)
Francis Bruguière
Amerika, 1879–1945

Abstract Study # 7 (Abstrakte Studie Nr. 7), um 1930

Silbergelatine-Abzug
SCHENKUNG ROSALINDE FULLER
81:1089:0023

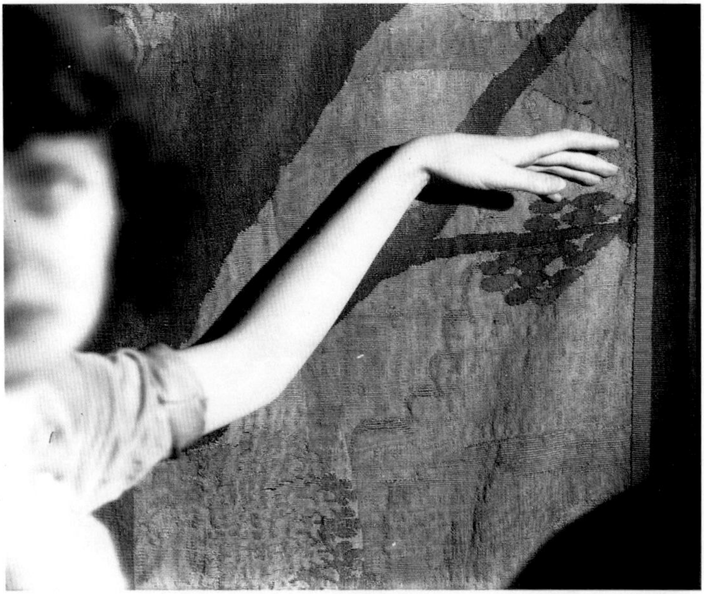

Francis Bruguière

Frau mit Arm an der Wand, um 1925

Silbergelatine-Abzug
81:1090:0020MP

sion darüber, ob Photographie Kunst ist oder nicht, war für mich schon vor zwanzig Jahren erledigt.« Von den fast 100 Photos in der Eastman-Sammlung wurden die meisten direkt von der Photographin erworben.

Nach der Geburt ihrer Zwillingssöhne arbeitete Cunningham kurze Zeit im Atelier von Francis Bruguière in San Francisco. Bruguière war Student der Musik, Malerei und Lyrik, als er um 1905 New York City besuchte, wo er Stieglitz kennenlernte und sich der Photographie widmete. Er wurde sehr bald Mitglied der Photo-Secession, aber durch Experimente mit Mehrfachbelichtung und Abstraktion zeigen seine Arbeiten eine zunehmend moderne Ausrichtung. Bruguière wurde offizieller Photograph der »Theater Guild«, eine Position, die seinen dramatischen, stimmungsvollen Einsatz von Licht stark beeinflußte. Um 1925 begann er mit Abstraktionen von ausgeschnittenem Papier zu experimentieren, die er dann photographierte. *Abstract Study # 7* schwelgt im Spiel von Licht und Bewegung, das durch die präzisen Schnitte im Papier entsteht. Während der Papierschnitt als Katalysator fungiert, ist der wirkliche Akteur des Bildes das Licht selbst, das über die Oberfläche tanzt und räumliche Beziehungen neu definiert. Das Bild einer Frau, die ihren Arm vor einer Wand ausstreckt ist radikal in seinem selekti-

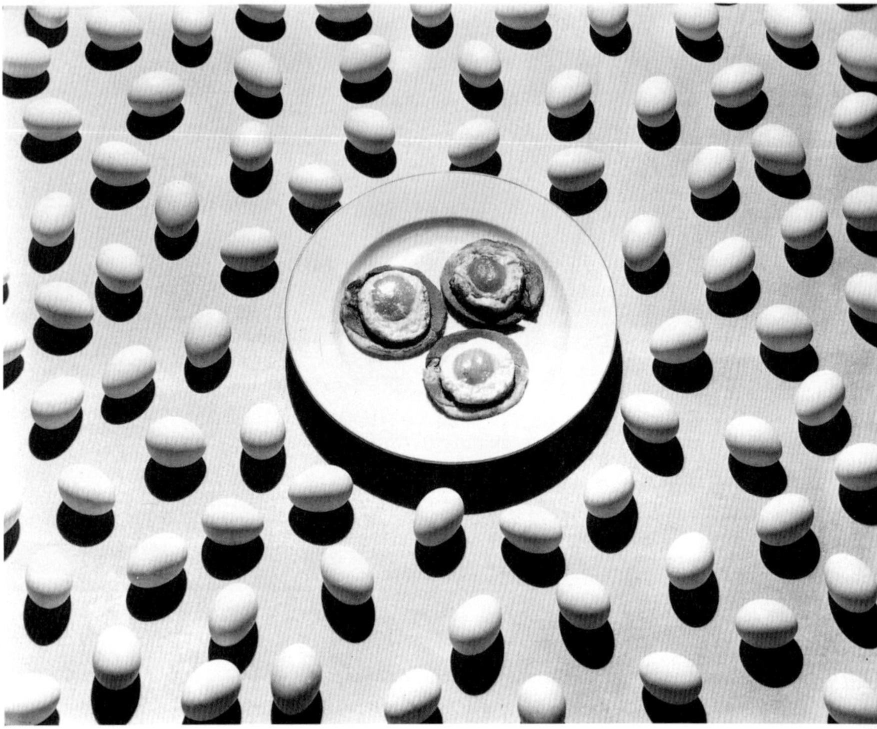

Ralph Steiner
Amerika, 1899–1986

Ham & Eggs
(Schinken & Eier),
1929

Silbergelatine-Abzug
MUSEUMSANKAUF,
CHARINA FOUNDATION PURCHASE
FUND
96:0760:0001

ven Fokus; während ihr Arm und der Hintergrund fein gezeichnet sind, gleicht das unscharfe Gesicht der Frau einer maskenartigen Verzerrung, die ihr Abbild in eine Abstraktion verwandelt. Die Eastman-Sammlung besitzt über 400 Drucke und Negative von Bruguière.

»Das Bild mit Spiegeleiern auf Schinken ist das Ergebnis meiner Revolte, als mir der Redakteur des Rezeptteils einer Frauenzeitschrift einen Teller mit zerfranstem Schinken und zwei zerlaufenden Eiern vor das Objektiv stellte. Ich lief los, um sechs Dutzend Eier zu kaufen, wies den Redakteur an, Schinken und Eier in perfekter euklidischer Form anzurichten, und machte meine Version dieses klassischen Gerichts«, erklärte Ralph Steiner zu dieser Photographie. Seine Aussage verrät nicht nur Originalität und spielerische Respektlosigkeit, sondern auch eine ungeheure Präzision, Symmetrie und Aufmerksamkeit für das Detail, mit der er sich des photographischen Mediums bediente. Steiner, ein Schüler der Clarence White School of Photography, verdiente seinen Lebensunterhalt mit Werbephotographie. Aber er

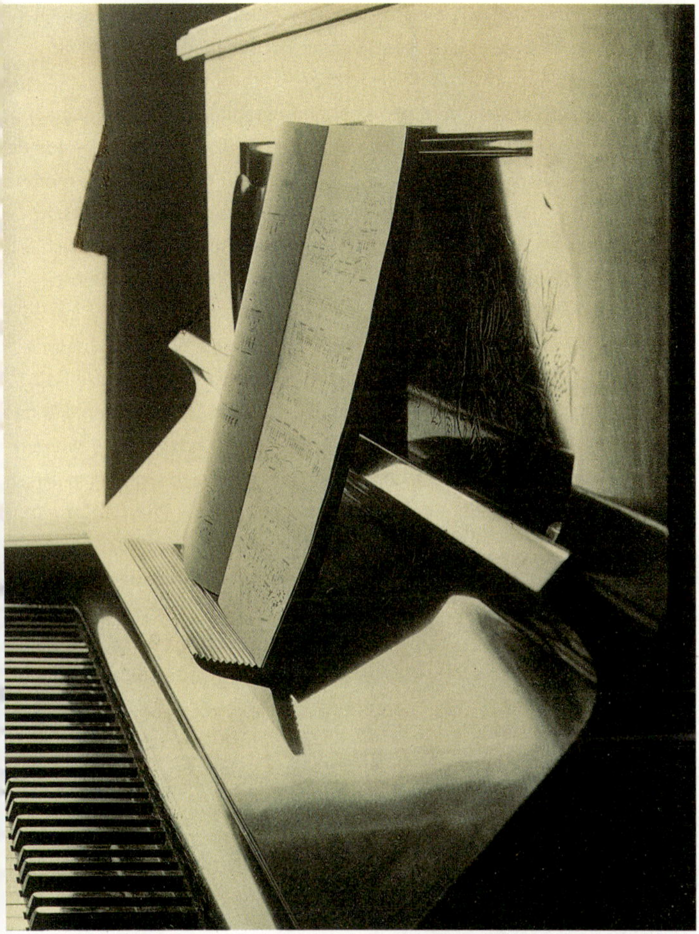

Paul Outerbridge
Amerika, 1896–1958

Piano (Klavier), 1924

Platindruck
SCHENKUNG THE PHOTOGRAPHER
70:0375:0001

wandte das rigorose graphische Design seiner kommerziellen Arbeiten auch auf seine Kunst an, so daß der Unterschied zwischen Auftragsarbeit und persönlicher Arbeit verschwand. Es ist interessant, daß diese serielle Ansicht der fragilen Perfektion des Eis für viele Künstler zu einem einflußreichen Bild wurde und beispielsweise auch Paul Outerbridge beeindruckte, der behauptete, über 4.000 Bilder von diesem Motiv gemacht zu haben.

Als Paul Outerbridge 1921 bei Clarence White studierte, beeinflußte seine Erfahrung als Maler und Designer auch seine Arbeit mit der Photographie. Das aus spitzem Winkel aufgenommene Klavier, auf dem er als Kind übte, wirkt zweidimensional, wie eine flache Ebene sich dynamisch überschneidender Dreiecke. In dem täuschend komplexen Stilleben (Seite 507) ist der Einfluß des Kubismus deutlich sichtbar.

Albert Renger-Patzsch, Vertreter einer photographischen Bewegung auf der anderen Seite des Atlantiks, den eine Generation – und Welten – von der malerischen Ästhetik der Piktorialisten trennten, war ein Pionier der modernen deutschen Photographie und wurde gelegentlich auch der »deutsche Weston« genannt. Renger-Patzsch war studierter Chemiker, wandte sich aber bald der Photographie zu. Seine Karriere als professioneller Photograph begann, als er gebeten wurde, Aufnahmen für den ersten der zwei Bände von *Die Welt der Pflanze* beizusteuern. *Echeoeria*, die Nahaufnahme einer Sukkulente, erinnert an Cunninghams Blumenstudien, und die Natur sollte auch das dominierende Thema seiner späteren Arbeit werden. Für das Buch *Das Chorgestühl von Kappenberg* machte Renger-Patzsch 1926 mehrere Photographien. Die organische Ornamentik der Kapelle in *Gewölbe in der Danziger Marienkirche* erinnert an seine Interpretation der Pflanzenform in *Echeoeria*. Renger-Patzsch wurde Deutschlands führender Photograph der 1920er Jahre, und sein Buch *Die Welt ist schön* war eine einflußreiche Abhandlung über die moderne photographische Praxis.

Albert Renger-Patzsch
Deutsch, 1897–1966

Gewölbe in der Danziger Marienkirche, um 1930

Silbergelatine-Abzug
MUSEUMSANKAUF
80:0546:0016

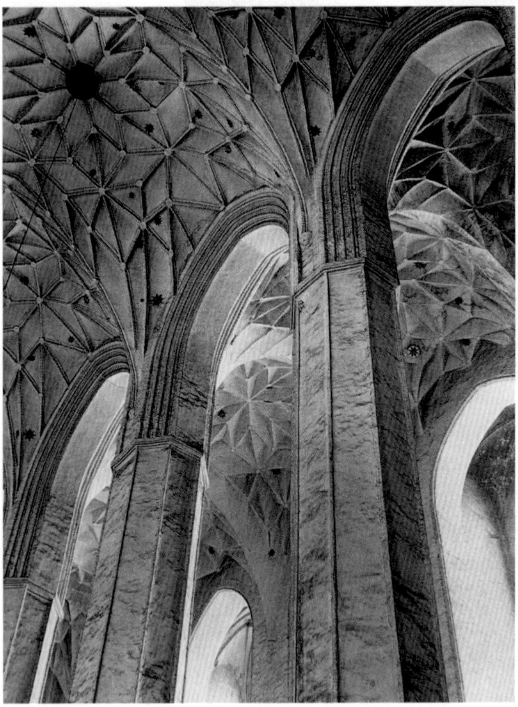

Albert Renger-Patzsch

Echeoeria, 1922

Silbergelatine-Abzug
MUSEUMSANKAUF
80:0546:0008

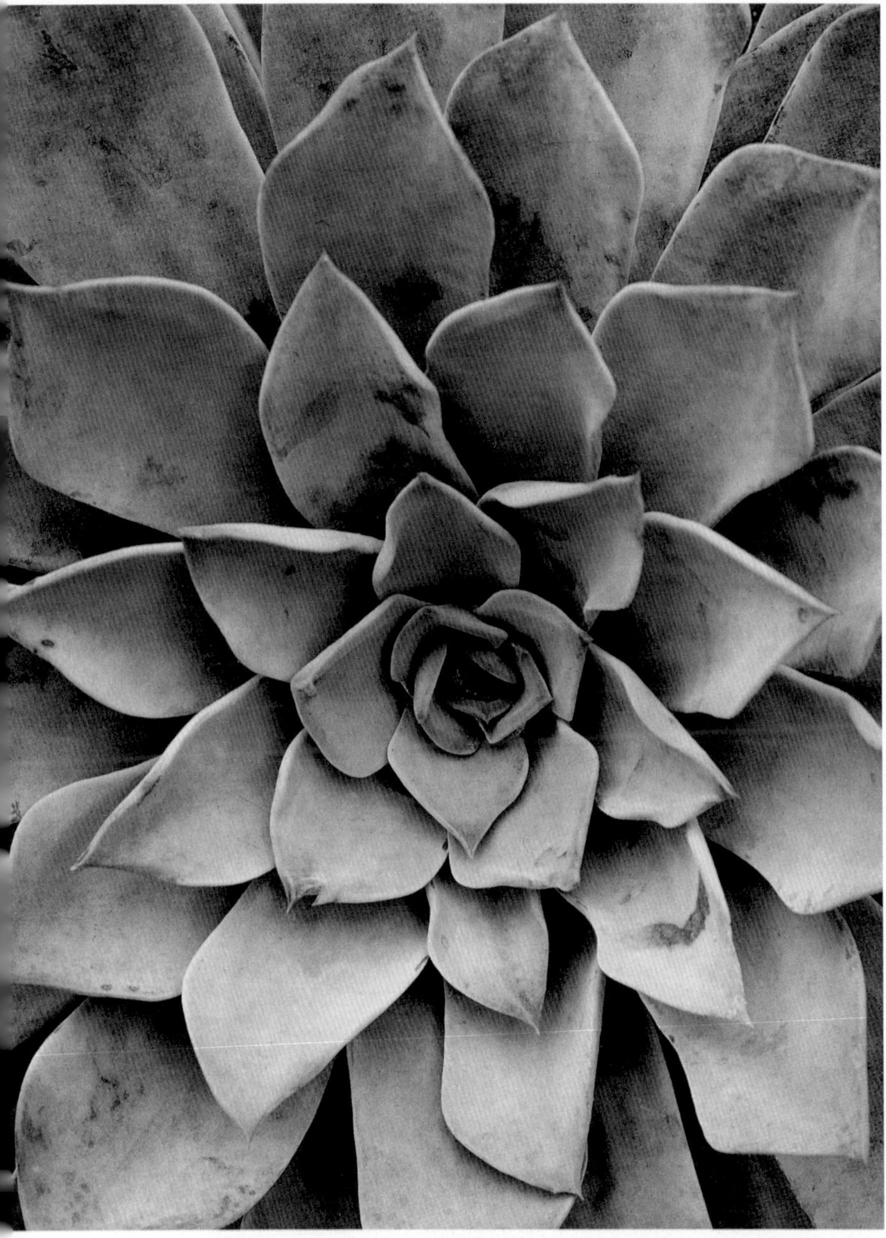

Schlachthaus von Ch. Chusseau-Flaviens, dessen Arbeit auf Seite 456 Erwähnung findet, verrät eine bemerkenswerte surreale Sensibilität in der Wahl des Sujets. Die Präsentation des Metzgers an seinem schaurigen Arbeitsplatz wird auf der einen Seite vom Tod und auf der anderen Seite von einer schattenhaften, mysteriösen Figur eingerahmt. Als Dokument der Arbeit antizipiert Chusseau-Flaviens Photographie die Bilder von August Sander, der es sich zur Aufgabe machte, das Leben der Menschen seiner Heimat zu dokumentieren.

Menschen des zwanzigsten Jahrhunderts war der Titel, den Sander seinem lebenslangen Photographie-Projekt gab. Er teilte die Menschen in 45 »Typen« ein und photographierte Angehörige aller sozialen Schichten, darunter *Jungbauern, Westerwald* (Seite 512). »Nichts schien mir angemessener, als ein absolut naturgetreues Abbild unserer Zeit mit Hilfe der Photographie zu projizieren. ... Lassen Sie mich in aller Aufrichtigkeit die Wahrheit über unsere Zeit und die Menschen unserer Zeit zeigen«, schrieb Sander. *Konditor* ist eine äußerst ehrliche Darstellung eines stolzen, arbeitenden Mannes, die ihn nicht verherrlicht, sondern mit Würde und Ehre ausstattet. Aber Sanders Arbeiten wurden von den Nazis verboten, da seine Sicht des deutschen Volkes nicht den arischen Vorstellungen entsprach. Die 41 Drucke von Sander in der Sammlung des Museums stammen aus diesem Projekt, das Sander bis an sein Lebensende verfolgte.

Ch. Chusseau-Flaviens
Frankreich?, aktiv 1890–1910er

Schlachthaus, um 1900–1919

Von Gelatinetrocken-platte-Negativ
SCHENKUNG KODAK PATHÉ
75:0111:0005

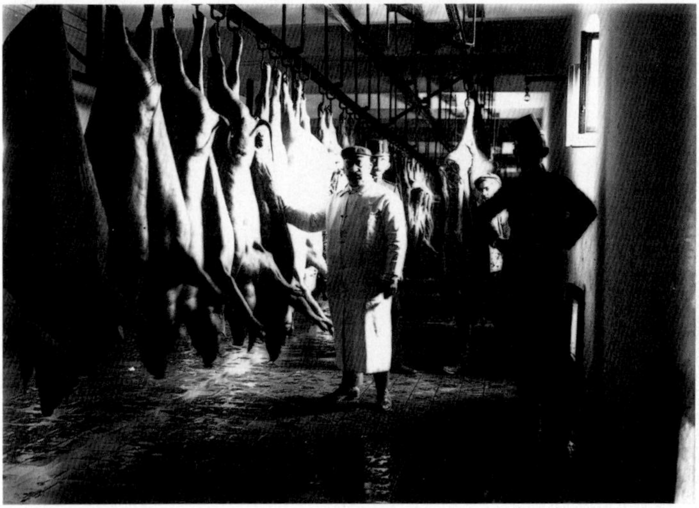

(rechts)
August Sander

Deutschland, 1876–1964

Konditor, Köln, 1928

Abzug Gunther Sander vom Originalnegativ, um 1971
Silbergelatine-Abzug
MUSEUMSANKAUF
71:0072:0005

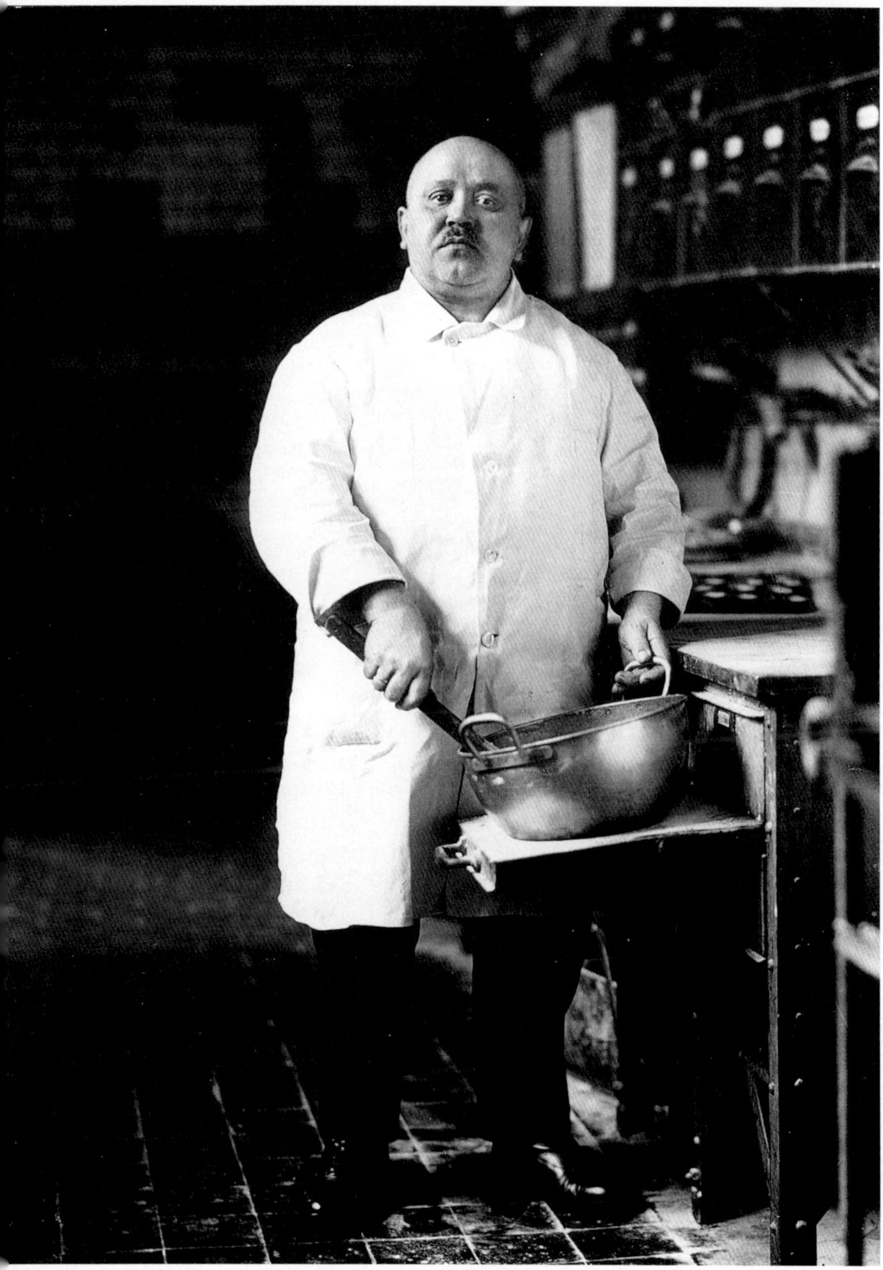

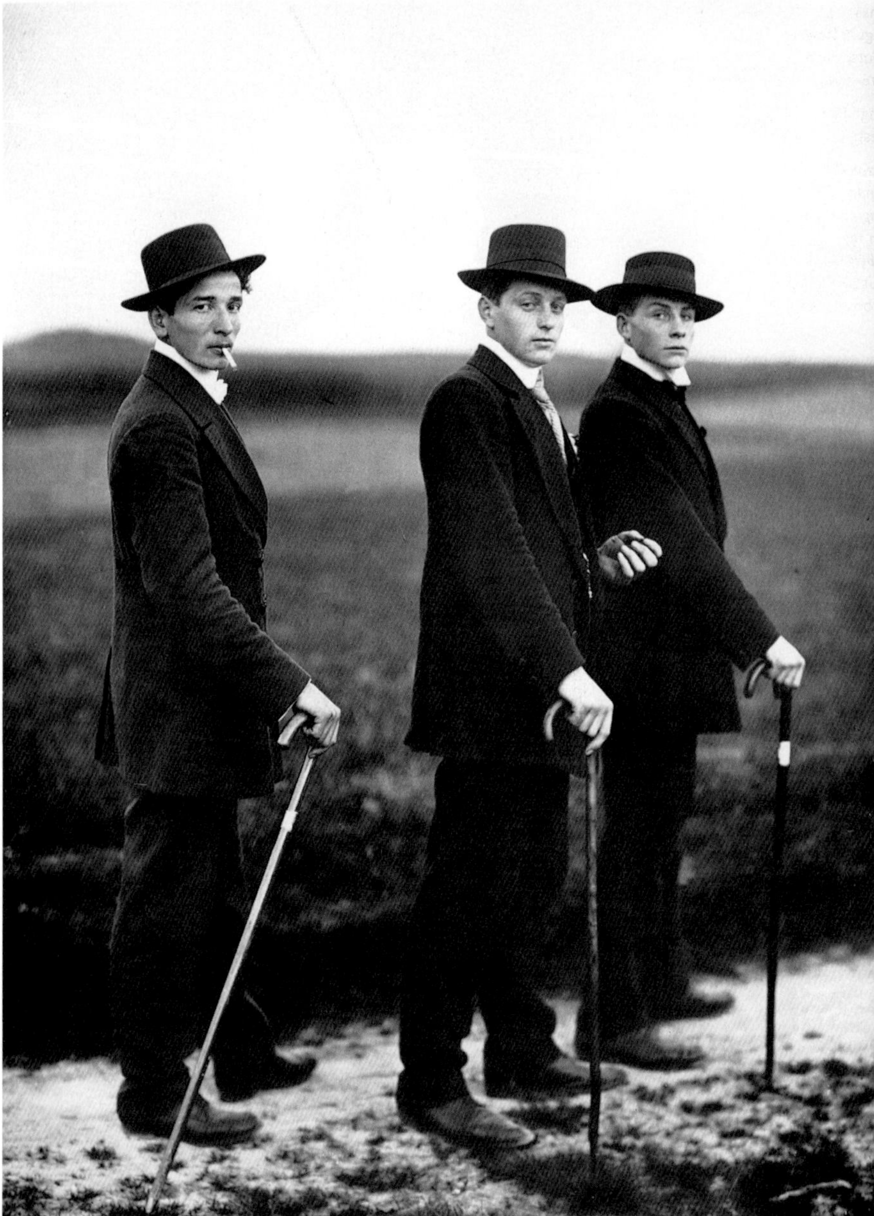

nks)
gust Sander
eutschland,
76–1964

ngbauern,
esterwald, 1913

ozug Gunther
ander vom
riginalnegativ,
n 1971
lbergelatine-Abzug
USEUMSANKAUF
:0072:0002

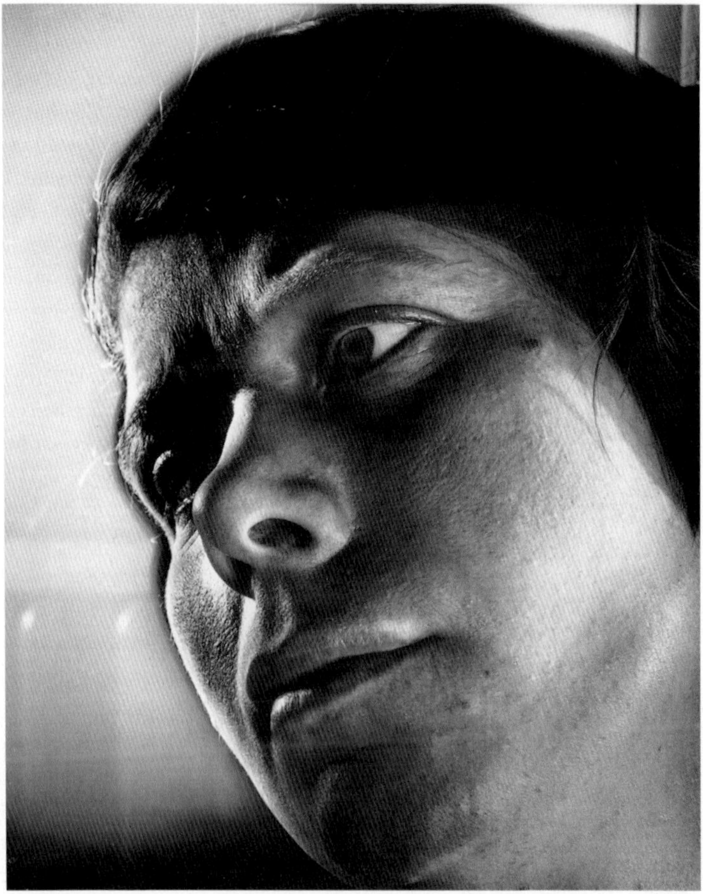

Helmar Lerski
(Israël Schmuklerski)
Schweiz, geb.
Frankreich,
1871–1956

Deutsche
Hausgehilfin,
um 1928–1931

Silbergelatine-Abzug
MUSEUMSANKAUF
81:1289:0003

Helmar Lerski war ein Schweizer Schauspieler, der sich erst mit 40 Jahren er Photographie zuwandte. Seine Frau war Photographin, und eines Tages enutzte er ihr Atelier, um die Mitglieder seiner Schauspieltruppe aufzunehmen. Seine Überzeugung, »der moderne Portraitphotograph sollte mit Hilfe eines eigenen Gefühls für Licht danach streben, sich auf vollkommen persönliche Art auszudrücken, seinen eigenen Stil zu schaffen und mit jedem ortrait seine Visitenkarte abzuliefern ... damit er in jedem seiner Bilder erannt werden kann«, ist in seinen monumentalisierten Portraitköpfen verörpert. Die dramatische Beleuchtung, scheint nicht von natürlichen Lichtuellen zu stammen sondern wie Hitze von dem Gesicht abzustrahlen.

Der russische Maler und Grafiker Alexander Rodtschenko wurde zu einem der führenden konstruktivistischen Künstler in Rußland. Anfänglich verwendete er Photographien für Photomontagen. Diese Illustration des epischen Gedichts *Pro Eto* (»Darüber«) von Wladimir Majakowski setzte er aus Photographien von Abram Stherenbert und Bildern aus Zeitschriften zusammen. Das befremdliche Zusammentreffen eines Dinosauriers, einer auf die Seite gekippten Stadtlandschaft, die einen Klangtrichter suggeriert, eines Mannes, der auf einem Stuhl sitzt und alles aufmerksam beobachtet, einer Hausfrau, einer Jupiterlampe und den mysteriösen Zahlen »67–10« ist eine disjunktive Erzählung. Kurze Zeit später begann Rodtschenko, seine eigenen Photographien zu machen, die sich, wie die hier gezeigte einer Moskauer Straße, durch ungewöhnliche Perspektiven auszeichneten.

Alexander Rodtschenko
Rußland, 1891–1956

Montage, um 1923

Photomechanische Reproduktion
MUSEUMSANKAUF
LIBRARY COLLECTION
77:0400:0001

Rodtschenkos Landsmann El Lissitzky war Architekt, Graphikdesigner und Photograph. Auch er gehörte der konstruktivistischen Bewegung an. Während eines längeren Aufenthalts in Berlin lernte er Künstler des Bauhauses kennen darunter auch Herbert Bayer. Lissitzkys Arbeit war ausgesprochen politisch, eine Neuerung in der kreativen Photographie. Gegen Ende seiner Karriere erhielt er den Auftrag, die stalinistische Propaganda visuell zu gestalten. Das Ergebnis war ein Buch für Parteimitglieder zum Gedenken an den Siebten Sowjetkongreß 1935, *Industrie des Sozialismus. Schwerindustrie für den Siebten Sowjetkongreß*. Ein Ausschnitt in einem Meer sowjetischer Arbeiter rahmt ein Portrait von Lenin und, wenn man die Seite umblättert, auch den Kopf von Stalin.

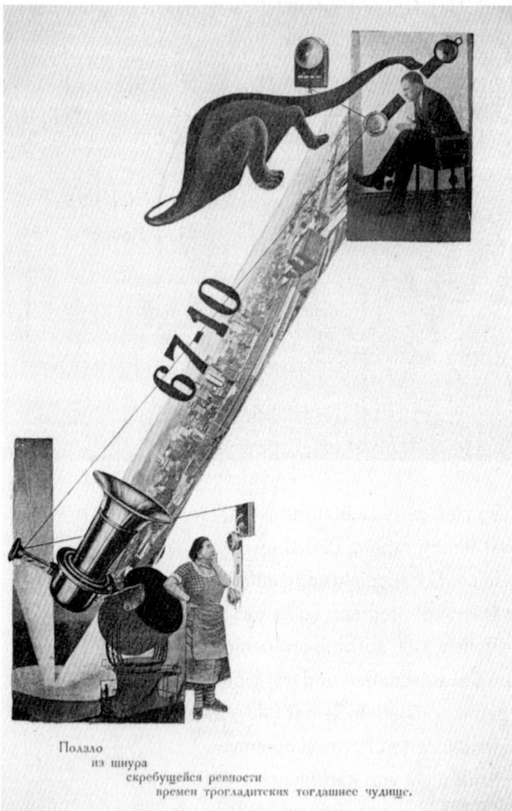

lexander
odtschenko

loskau, 1927

ilbergelatine-Abzug

USEUMSANKAUF

0:0087:0003

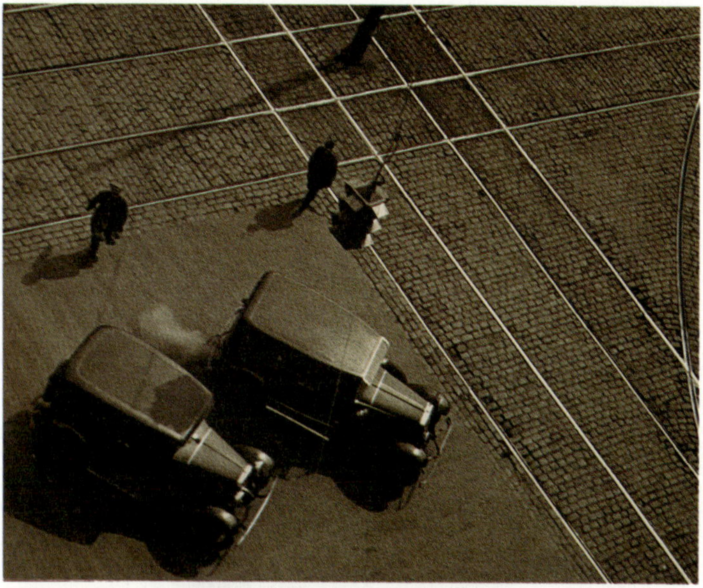

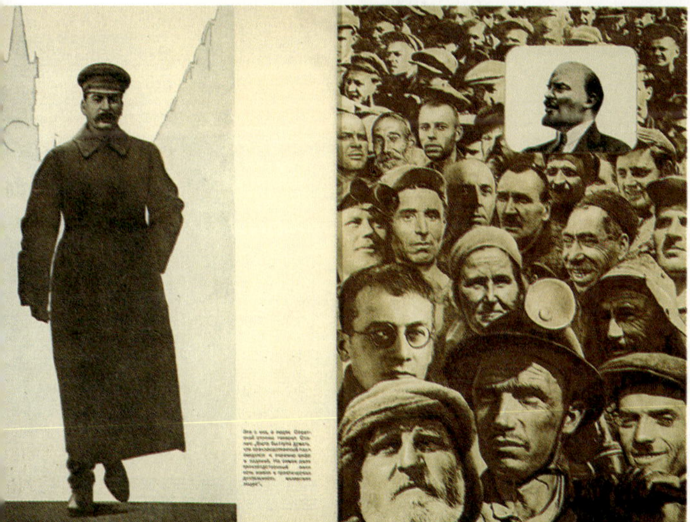

El Lissitzky
(Lazar Markovich
Lissitzky)

Rußland, 1890–1941

Stalin, Lenin, Arbeiter
Montage, 1935

Photomechanische
Reproduktion

MUSEUMSANKAUF

LIBRARY COLLECTION

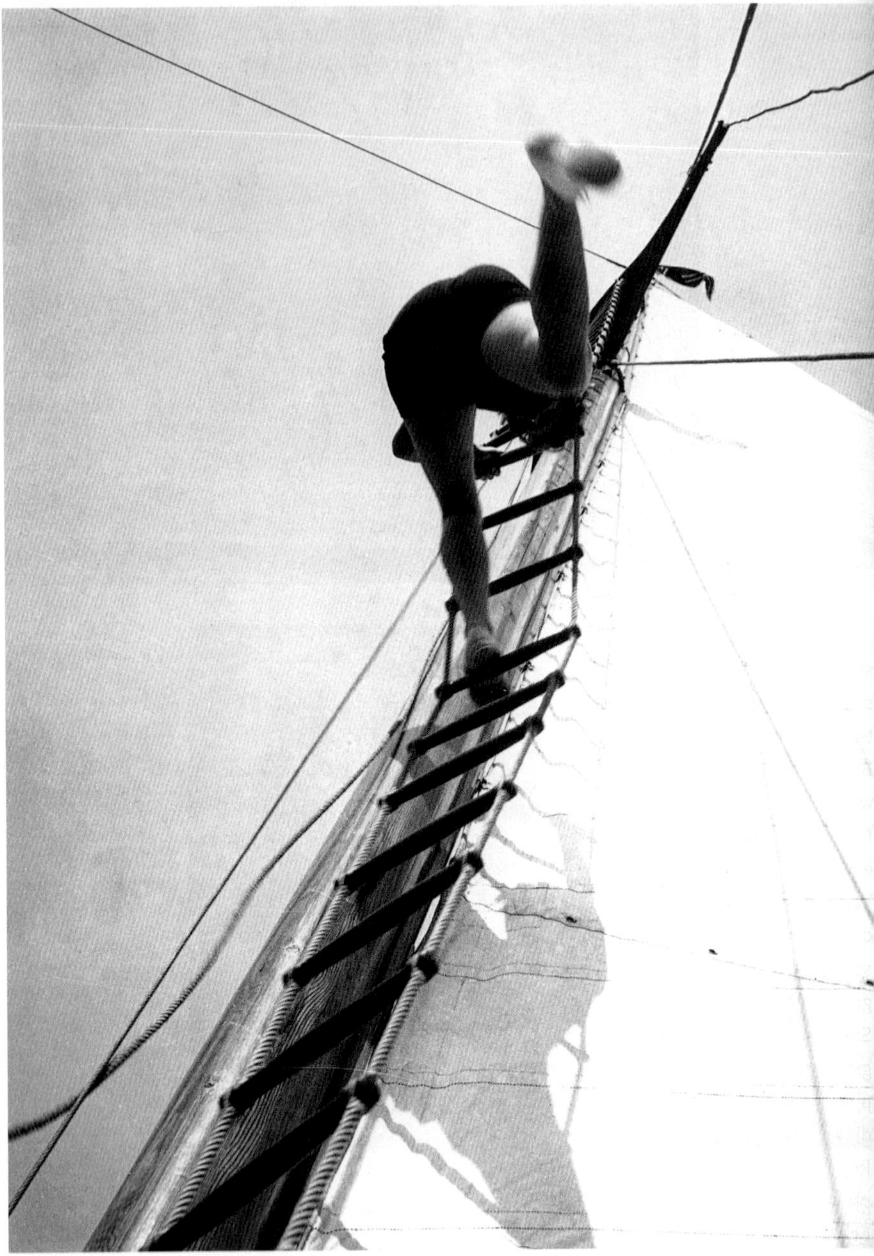

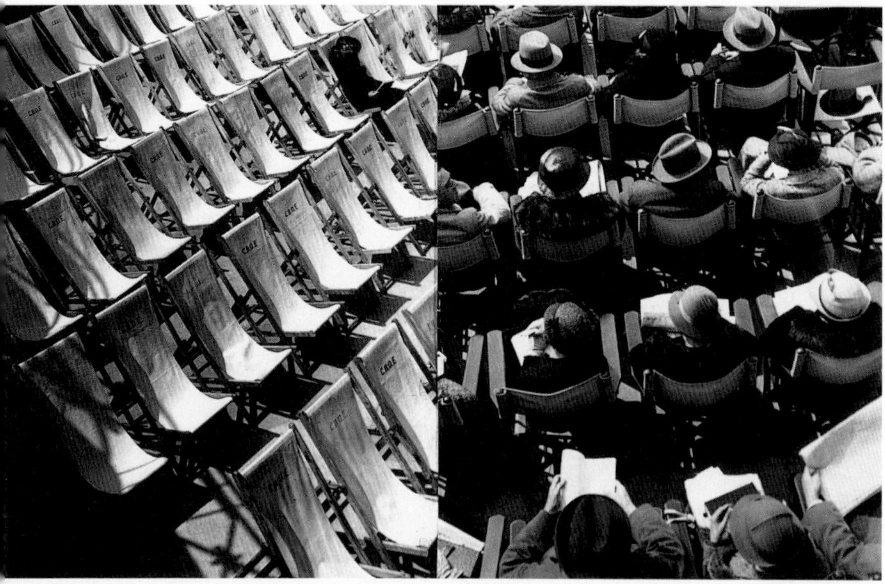

»Die Realität unseres Jahrhunderts ist Technologie: die Erfindung, Konstruktion und Wartung von Maschinen. Ein Benutzer von Maschinen zu sein, heißt, vom Geiste dieses Jahrhunderts sein. Maschinen haben den transzendentalen Spiritualismus vergangener Zeiten ersetzt.« Obwohl er Bildhauer, Maler, Grafikdesigner, Bühnenbildner, Schriftsteller und Lehrer war, konnte kein Medium die künstlerische Philosophie von László Moholy-Nagy, dem Autor dieser Zeilen, so gut definieren wie die Photographie. Beeinflußt von den russischen Konstruktivisten glaubte er nicht, die Kunst der Vergangenheit sei für die moderne Zeit relevant, sondern, daß der Mensch durch die Benutzung von Maschinen eine neue Sprache schaffen könne, um seine eigene Zeit darzustellen. Dennoch betrachtete er sich nie als Photograph sondern als Maler. In Berlin lernte er Lissitzky kennen und nahm eine Stellung als Lehrer am Bauhaus an, wo er Gründer und Direktor der photographischen Abteilung wurde. *Chairs at Margate* ist so humorvoll wie komplex und spielt mit negativen und positiven Räumen im Nebeneinander von diagonal aufgenommenen, leeren und besetzten Stühlen in horizontalen Reihen, die von oben photographiert sind. *Sailing* zeigt eine von unten photographierte Figur auf der Leiter eines Schiffsmasts, den rechten Fuß gefährlich ausgestreckt, als wolle sie ohne das Boot in See stechen.

László Moholy-Nagy
Amerika,
geb. Ungarn,
1895–1946

Chairs at Margate
(Stühle in Margate),
1935

Silbergelatine-Abzug
Diptychon
MUSEUMSANKAUF,
EHEMALIGE SAMMLUNG SYBIL
MOHOLY-NAGY
81:2163:0006

(links)
László Moholy-Nagy

Sailing (Segeln),
1926

Silbergelatine-Abzug
MUSEUMSANKAUF,
EHEMALIGE SAMMLUNG SYBIL
MOHOLY-NAGY
81:2163:0046

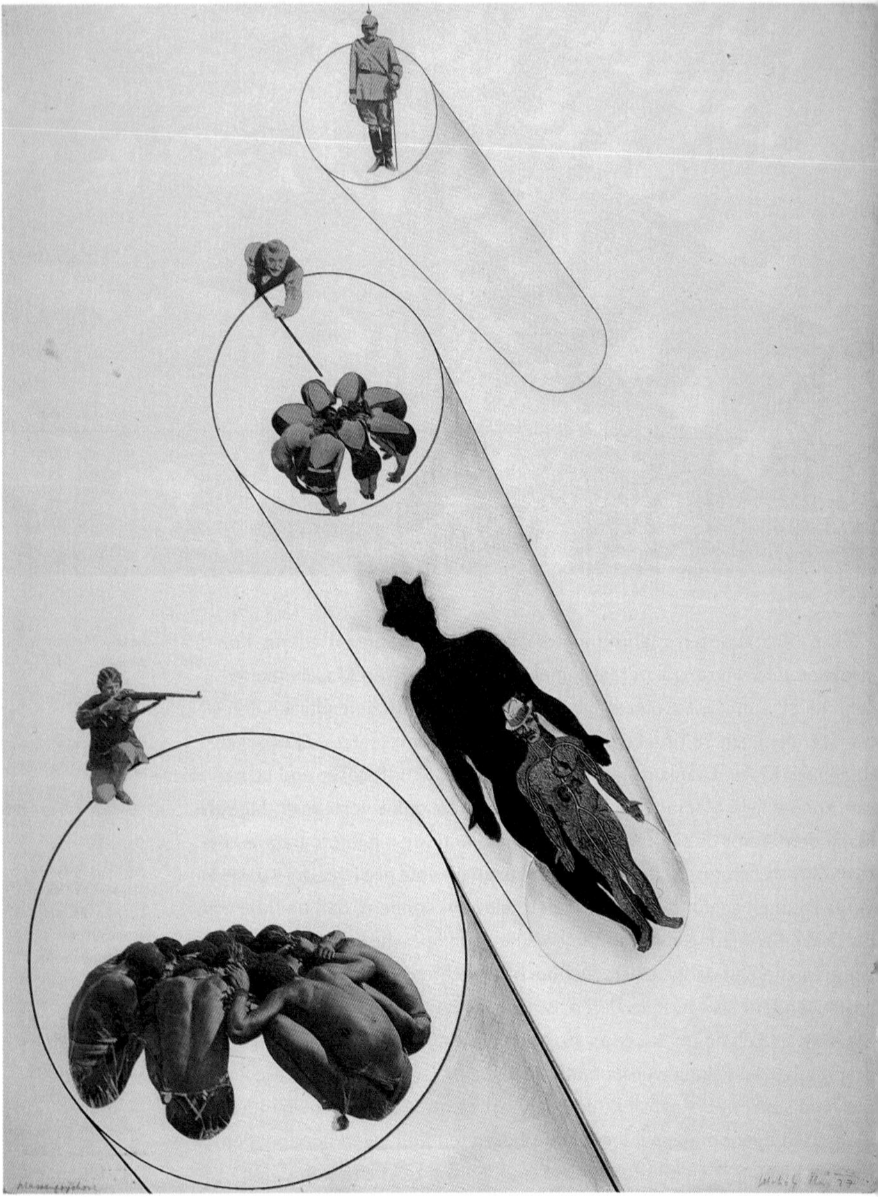

(links)
László Moholy-Nagy
Amerika,
geb. Ungarn,
1895–1946

Massenpsychose,
1927

Collage mit photo-mechanischen und gezeichneten Elementen
MUSEUMSANKAUF, EHEMALIGE SAMMLUNG SYBIL MOHOLY-NAGY
81:2163:0049

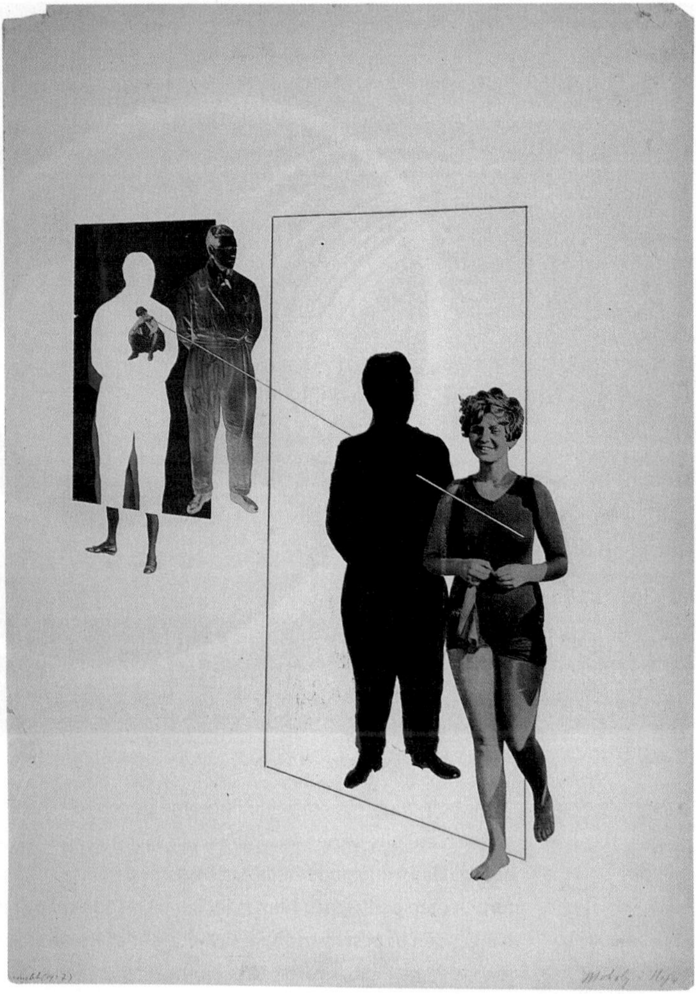

László Moholy-Nagy

Eifersucht, 1927

Collage mit photographischen/photo-mechanischen und gezeichneten Elementen
MUSEUMSANKAUF, EHEMALIGE SAMMLUNG SYBIL MOHOLY-NAGY
81:2163:0011

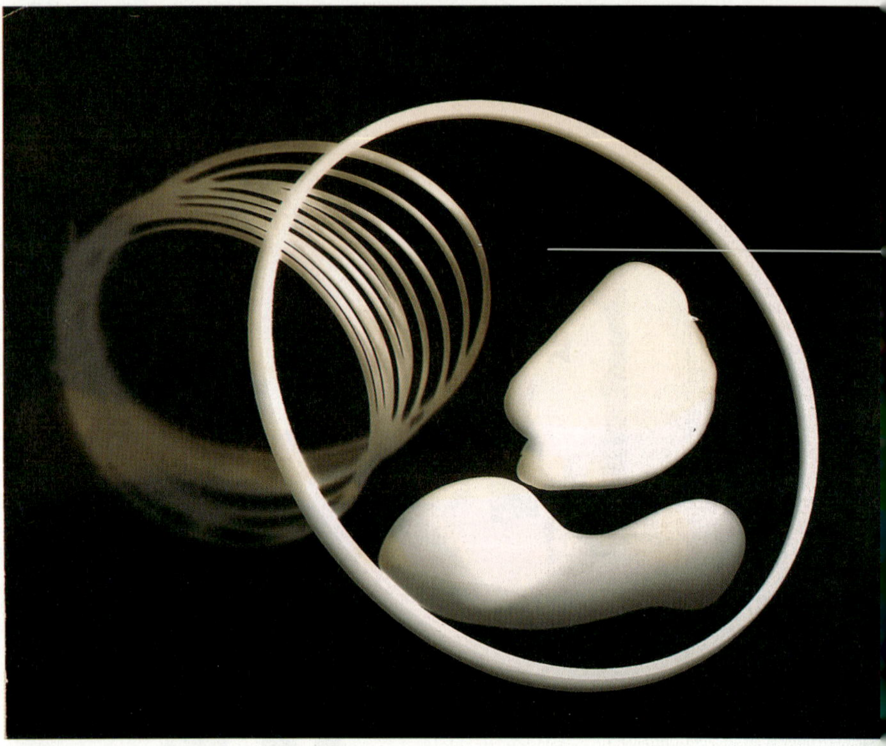

László Moholy-Nagy
Amerika,
geb. Ungarn,
1895–1946

Photogramm, 1939

Silbergelatine-Abzug
MUSEUMSANKAUF, EHEMALIGE SAMMLUNG SYBIL MOHOLY-NAGY
81:2163:0016

Moholy-Nagy nannte seine Photomontagen »Photoplastiken«, ein Begriff, der sich auf die, seiner Ansicht nach, geschmeidige Natur des Mediums bezog. Das irritierende Bild *Massenpsychose* (Seite 518) ist eine Reflexion des turbulenten politischen Klimas in Deutschland und des damit zusammenhängenden ungeschützten Status' des Künstlers. Man sieht eine gehäutete menschliche Figur, bedroht von ihrem eigenen Schatten und einer Frau, die mit einem Gewehr auf sie zielt; über ihrem Kopf zielt eine weitere Figur mit einem Billard-Queue auf eine Gruppe von Frauen, die auf ähnliche Weise zusammendrängt sind wie die Gruppe hockender Eingeborener am linken Bildrand. Ein uniformierter Soldat bewacht das Ganze.

Eifersucht (Seite 519) ist eine der berühmtesten Photoplastiken von Moholy-Nagy, in der eine lächelnde athletische Frau in einem Badeanzug vor dem Schatten des Künstlers steht. Die kleine Frauenfigur in der Silhouette des Künstlers durchschießt mit dem Gewehr die Herzen der beiden Figuren.

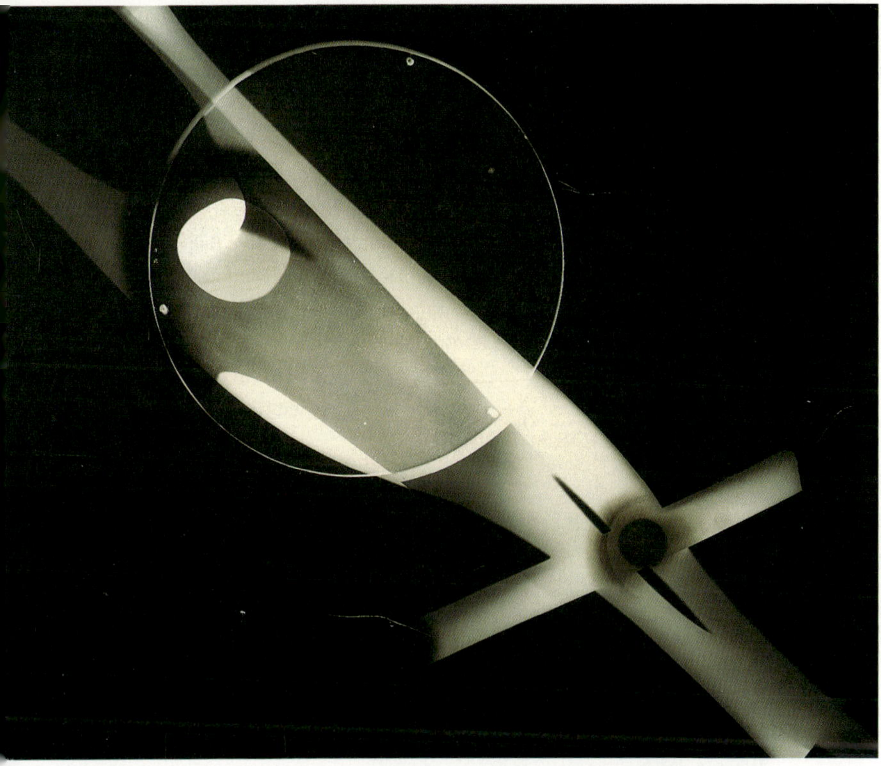

László Moholy-Nagy

Photogramm,
um 1924

Silbergelatine-Abzug
MUSEUMSANKAUF, EHEMALIGE SAMMLUNG SYBIL MOHOLY-NAGY
81:2163:0014

Der fröhliche Gesichtsausdruck der stehenden Frau widerspricht der unterschwelligen Bedrohung; durch die Wiederholung von Silhouetten und Figuren sowie in der Ökonomie der graphischen Gestaltung wird Moholy-Nagys mit einem eifersüchtigen Blick gekoppeltes Verlangen deutlich.

Obwohl das Grundprinzip des Photogramm-Verfahrens bereits von den frühestens Praktikern der Photographie, wie William Henry Fox Talbot und Anna Atkins angewendet wurde, hielten viele Moholy-Nagy, El Lissitzky und Man Ray für seine Erfinder. »Das Zusammenwirken von Licht- und Schatteneffekten erzeugt eine Bereicherung des Sehens«, schrieb Moholy-Nagy über eines seiner Photogramme. Auch wenn gewisse visuelle Elemente vertraut erscheinen, ist der Gesamteffekt dynamisch und vollkommen abstrakt. Für eine »Neue Vision« in der Photographie eintretend, formulierte Moholy-Nagy: »... es kann nicht deutlich genug gesagt werden, daß es ziemlich unwichtig ist, ob die Photographie ›Kunst‹ produziert oder nicht. Ihre eigenen

Grundgesetze, nicht die Meinungen der Kunstkritiker, liefern den einzig gültigen Maßstab für ihren zukünftigen Wert.« Die 80 Arbeiten Moholy-Nagys in der Eastman-Sammlung sind ein wertvoller Besitz; die meisten wurden von der zweiten Frau des Künstlers, Sybil Moholy-Nagy, erworben.

Herbert Bayer, ein Bauhaus-Kollege von Moholy-Nagy, interessierte sich anfänglich für Typographie und Graphikdesign. »Ebenso, wie Typographie menschliche Sprache in das übersetzt, was man lesen kann, ist Photographie die Übersetzung der Realität in ein lesbares Bild«, behauptete Bayer »Photographie ist vor allem ein Dokument. Es war falsch, die neuen Möglichkeiten zu übersehen. Wir müssen sie annehmen und einsetzen wie Pigmente und Pinsel. Die Kontrolle liegt nicht in der Manipulation des Pinsels, sondern in der vollständigen technischen Umsetzung dessen, was man sieht.« Bayer bediente sich der Photographie unter anderem, um die Geometrie natürlicher Formen zu untersuchen, die mit der Kamera aufgezeichnet werden konnten. Auch er experimentierte mit Photomontage und Collage. *Legs in Sand* und *Riding a Bicycle* nahm er während seiner Zeit am Bauhaus auf. In dem ersten Bild ist die Figur im Sand kurz unter der Taille radikal abgeschnitten; die sonnengebräunten Beine gleichen dem Skulpturenfund aus einer anderen Epoche. Fahrradlenker und die Lampe, von oben photographiert und dramatisch abgeschnitten, erwecken das Gefährt zum Leben, das fahrerlos über die Straße zu sausen scheint.

Germaine Krull studierte in Müchen Photographie, bevor sie in Berlin ein Portraitatelier eröffnete. Aber sie machte auch Architektur- und Industriephotographien und wählte Kräne, Schiffe, Maschinen

Herbert Bayer
Amerika,
geb. Österreich,
1900–1985

Legs in Sand (Beine im Sand), 1928

Silbergelatine-Abzug (Modern Print) von Originalnegativ
78:0071:0109MP

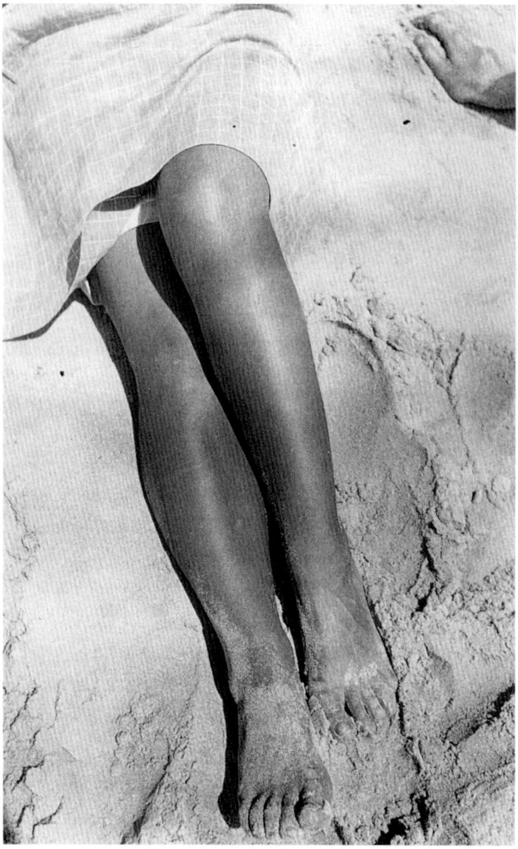

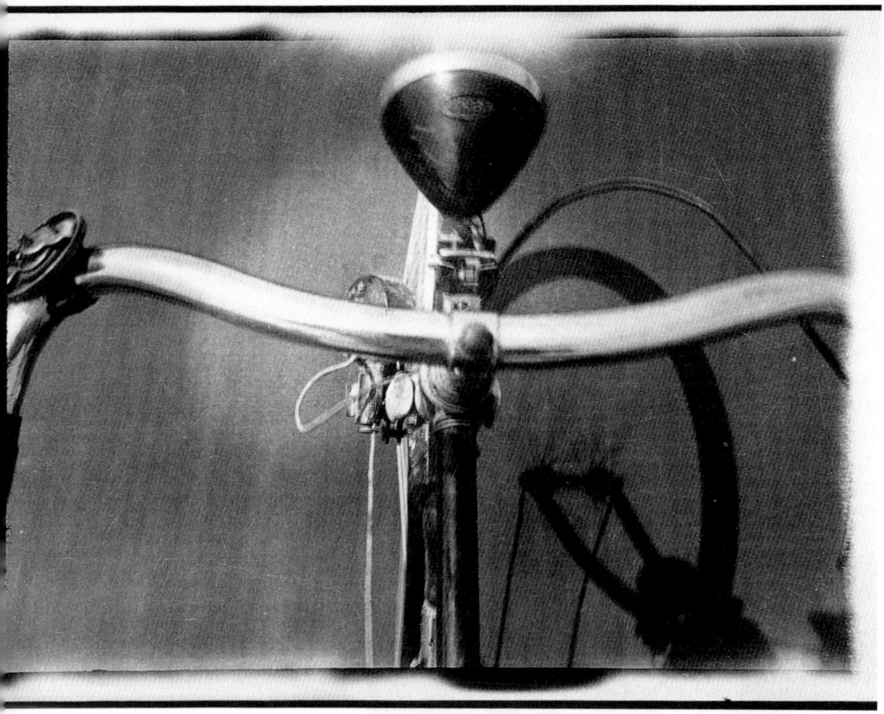

Herbert Bayer

Fahrradfahren,
um 1925

Silbergelatine-Abzug (Modern Print) von Originalnegativ
78:0071:0133MP

und vertikale Zugbrücken als Motive. Sie lernte André Kertész und Man Ray kennen, der zu ihr sagte: »Germaine, Du und ich, wir sind die größten Photographen unserer Zeit, ich im alten und du im modernen Sinne.« Krull war nach Paris gezogen wo sie, fasziniert von den Metallkonstruktionen, deren Kraft und Präzision sie darstellen wollte, im Autrag der Illustrierten *Vu* den Eiffelturm photographierte. Später veröffentlichte sie 64 dieser Bilder in ihrem Buch *Métal* (Seite 524). Sowohl die Photographie des Turms als auch die graphische Gestaltung des Umschlags von *Métal* evozieren die dynamische Bewegung von Stahl, der zu komplexer geometrischer Kunst geformt ist. Florent Fels schrieb im Vorwort des Buches: »Von oben scheint es, als könne man sich ein wenig von den irdischen Zwängen befreien. Man gleitet in Gedanken den Turm bis zu seiner Spitze hinauf, wo sein Schatten wie der Zeiger einer Sonnenuhr liegt«.

John Heartfield war Maler und Mitbegründer der subversiven Dada-Bewegung in Berlin, die kurz vor dem Ende des Ersten Weltkriegs aufkam. Geboren als Helmut Herzfeld nahm er den anglisierten Namen an, um gegen den fanatischen deutschen Nationalsozialismus und die Anglophobie zu pro-testieren, die sich nach Deutschlands Niederlage im Ersten Weltkrieg entwickelt hatte. Die Dadaisten waren eng mit dem revolutionären politischen Kampf verbunden und forderten: »Benutzt die Photographie als Waffe!« Die Photomontage, ein Begriff, der auf die Dadaisten zurückgeht, wurde das definitive Mittel zur Verbreitung ihrer Botschaften auf Plakaten, Buchumschlägen, in Illustrationen und propagandistischen Schriften. Heartfield brachte sich diese Technik selbst bei, schnitt Photographien zurecht und ordnete sie zu Bildern von brisantem politischem Inhalt. Nachdem er der Deutschen Kommunistischen Partei beigetreten war, wurde seine Bildersprache immer direkter. *Diagnose*, abgedruckt in der antifaschistischen Zeitschrift *AIZ* (*Arbeiter Illustrierte Zeitung*), ist eine beißende Attacke gegen die Nazis, die blind alle Befehle befolgten. Insgesamt veröffentlichte Heartfield zwischen 1930 und 1938 fast 240 schonungslos satirische Photomontagen in der *AIZ*.

Frantisek Drtikol wollte Maler werden, aber sein Vater wählte für ihn den Beruf des Photographen. Nachdem er in verschiedenen Ateliers in Europa

Germaine Krull
Frankreich,
1897–1985

Umschlag für *Métal*,
um 1929

Photomechanische Reproduktion
MUSEUMSANKAUF
LIBRARY COLLECTION

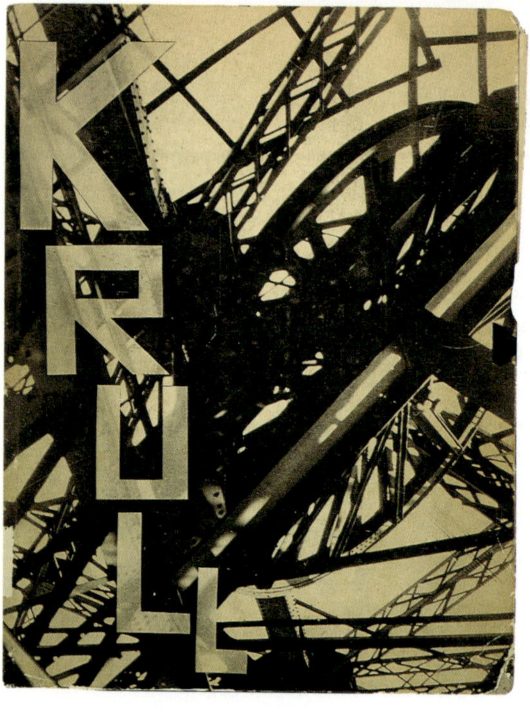

ohn Heartfield
(Helmut Herzfeld)
Deutschland,
1891–1968

Diagnose, um 1935

Rotogravüre
MUSEUMSANKAUF, EHEMALIGE SAMMLUNG BARBARA MORGAN
76:0076:0027

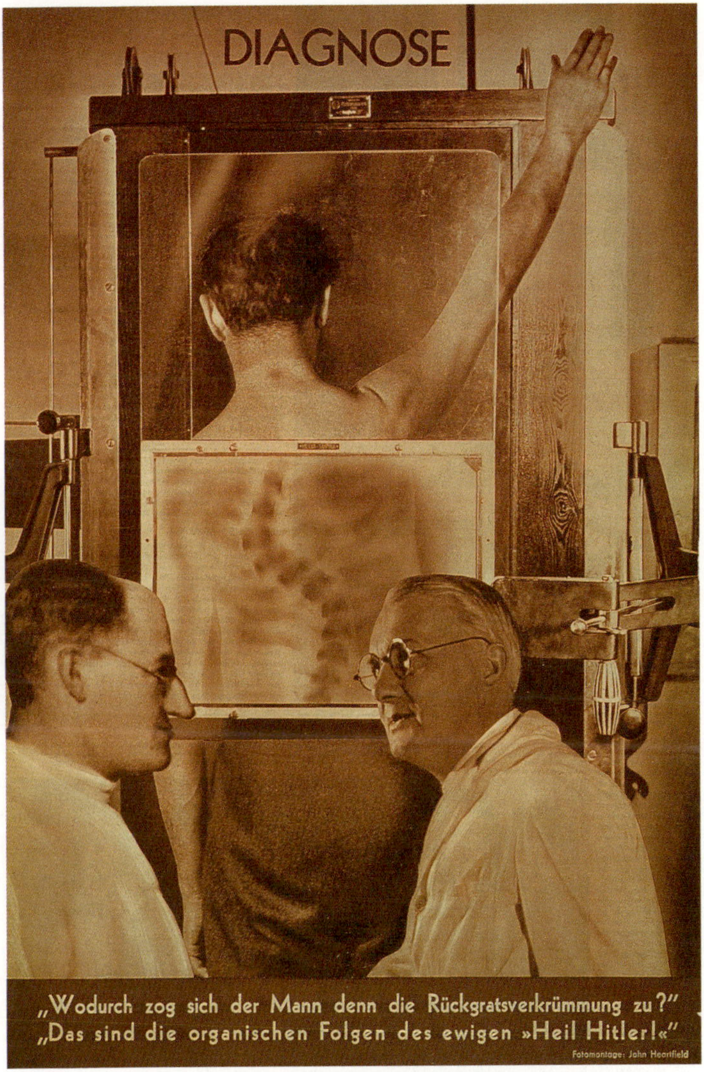

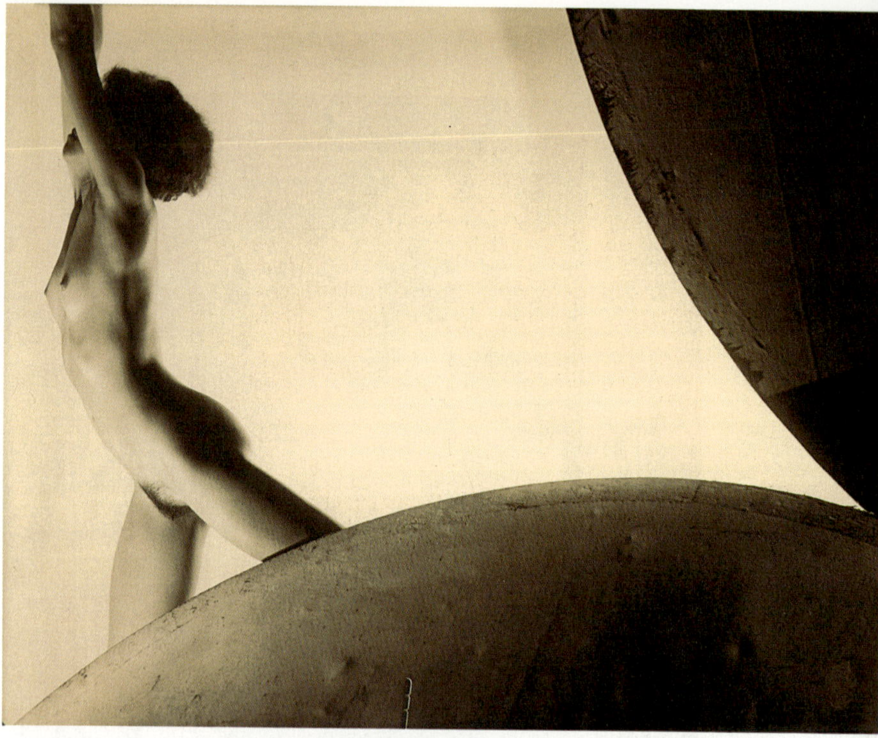

Frantisek Drtikol
Tschecheslowakei, geb. Böhmen, 1883–1961

Aktstudie, ca. 1929

Platindruck
MUSEUMSANKAUF
76:0136:0001

gearbeitet hatte, machte er sich 1907 selbständig und wurde ein erfolgreicher, von Symbolismus und Jugendstil beeinflußter Landschafts- und Portraitphotograph, der sich piktorialistischer Verfahren bediente. Um 1904 begann er als einer der ersten in Böhmen, Aktstudien zu machen und entwickelte einen dynamischen, zunehmend modernen Stil, der den weiblichen Körper vor rein geometrischen, von Licht und Schatten gezeichneten Formen zeigte. *Nude Study* setzt die Kurven des schlanken Frauenkörpers mit den beiden gebogenen Formen gleich, die in der rechten Bildhälfte ein kompositionelles Gleichgewicht herstellen. Die frühere Arbeit *The Bow* zeigt einen ausgestreckten weiblichen Körper, der sich der Form des Bogens anpaßt und mit ihm verschmilzt. *Composition* gehört zu den dynamischsten Arbeiten Drtikols; die weibliche Figur in ihrer Vorwärtsbewegung findet eine Korrespondenz in den schwungvollen Linien im Hintergrund.

Der in Ungarn geborene André Kértesz zog 1924 nach Paris. Dort lernte er 1926 Piet Mondrian kennen und begann Künstler in ihren Ateliers zu photo-

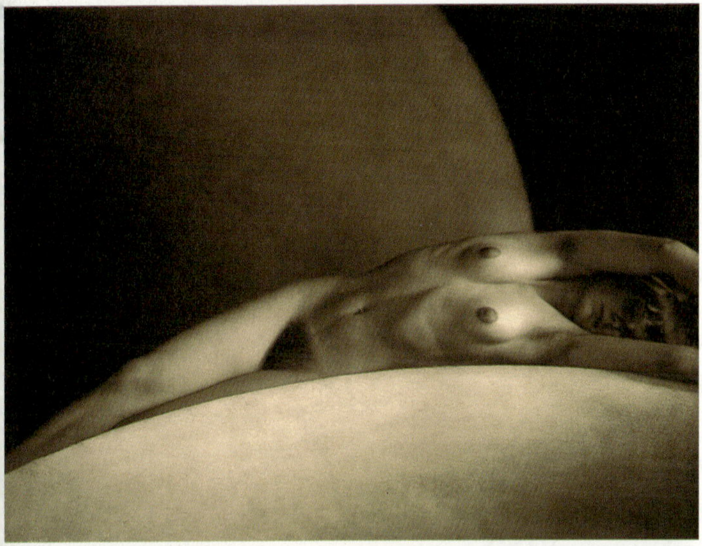

Frantisek Drtikol

The Bow (Der Bogen), 1921

Pigmentdruck
SCHENKUKNG
MRS. ALEXANDER
LEVENTON
83:2424:0004

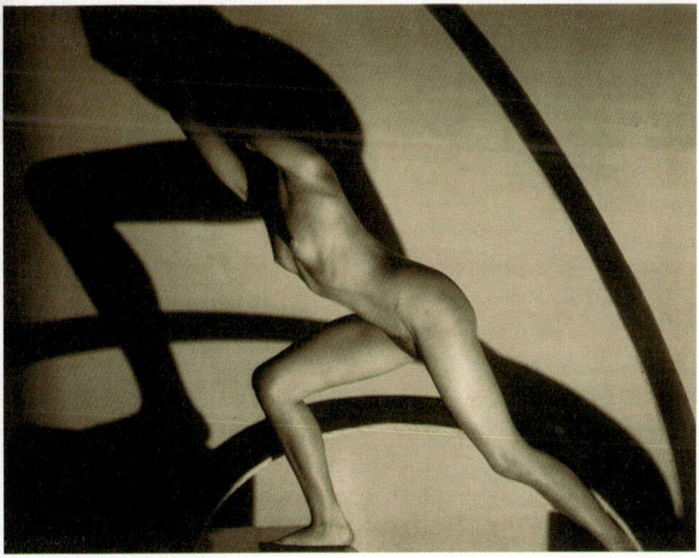

Frantisek Drtikol

Composition (Komposition), 1929

Pigmentdruck
SCHENKUNG
DR. E. P. WIGHTMAN
83:0454:0001

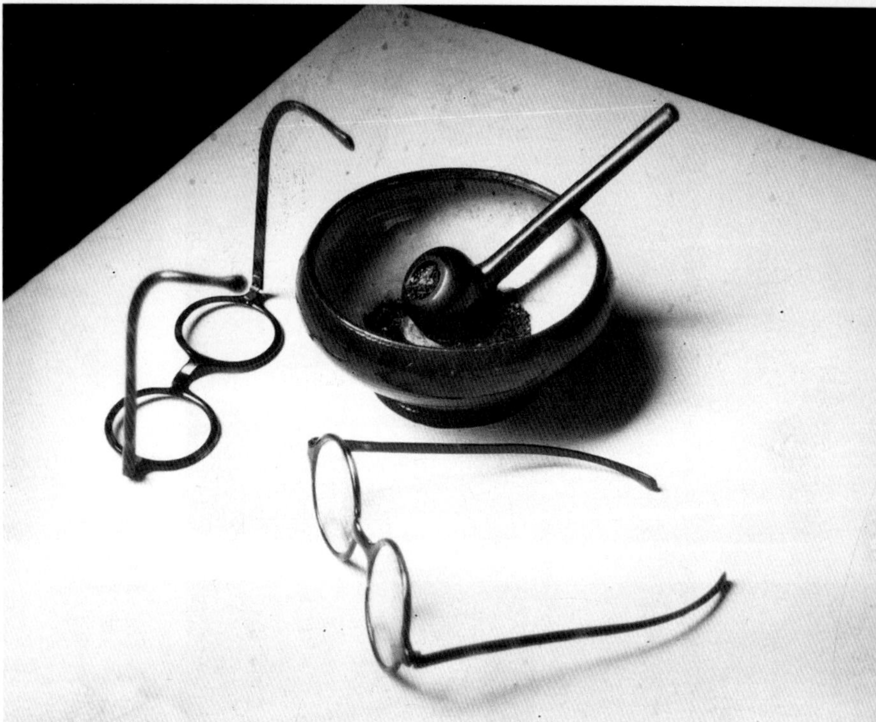

André Kertész
Amerika,
geb. Ungarn,
1894–1985

Mondrians Pfeife und Brillen, Paris, 1926

Silbergelatine-Abzug
MUSEUMSANKAUF
80:0805:0002

graphieren. »Ich versuchte in meinen Photographien, instinktiv den Geist seiner Gemälde einzufangen. Er vereinfachte, vereinfachte, vereinfachte«, erzählte Kértesz einem Freund. Er machte ein faszinierendes Portrait von Mondrian, als er dessen Pfeife und zwei seiner Brillen auf einem Tisch aufnahm. Kertész ging 1936 nach New York, wo er aus dem Fenster seines Appartements im zwölften Stock am Washington Square heraus photographierte. Solche hohen Aussichtspunkte hatte er bereits um 1913 oder 1914 in Ungarn bevorzugt. *July 9, 1978, No. 20* zeigt seinen Blick auf das Dach eines anderen Hauses. Die geometrisch dynamische Komposition wird von einer Frauenfigur unterbrochen, die auf dem unteren Dach in der Sonne liegt. Zwischen diesen beiden Aufnahmen liegen 50 Jahre, ein Beweis für Kértesz langes Leben und seine Fähigkeit, die Dinge immer wieder neu zu sehen.

Florence Henri studierte 1927 bei Moholy-Nagy am Bauhaus Photographie und schloß Freundschaft mit Bayer und seiner Frau, der Photographin

André Kertész

July 9, 1978. No. 20
(9. Juli 1978, Nr. 20)
1979

Silbergelatine-Abzug
MUSEUMSANKAUF
80:0806:0002

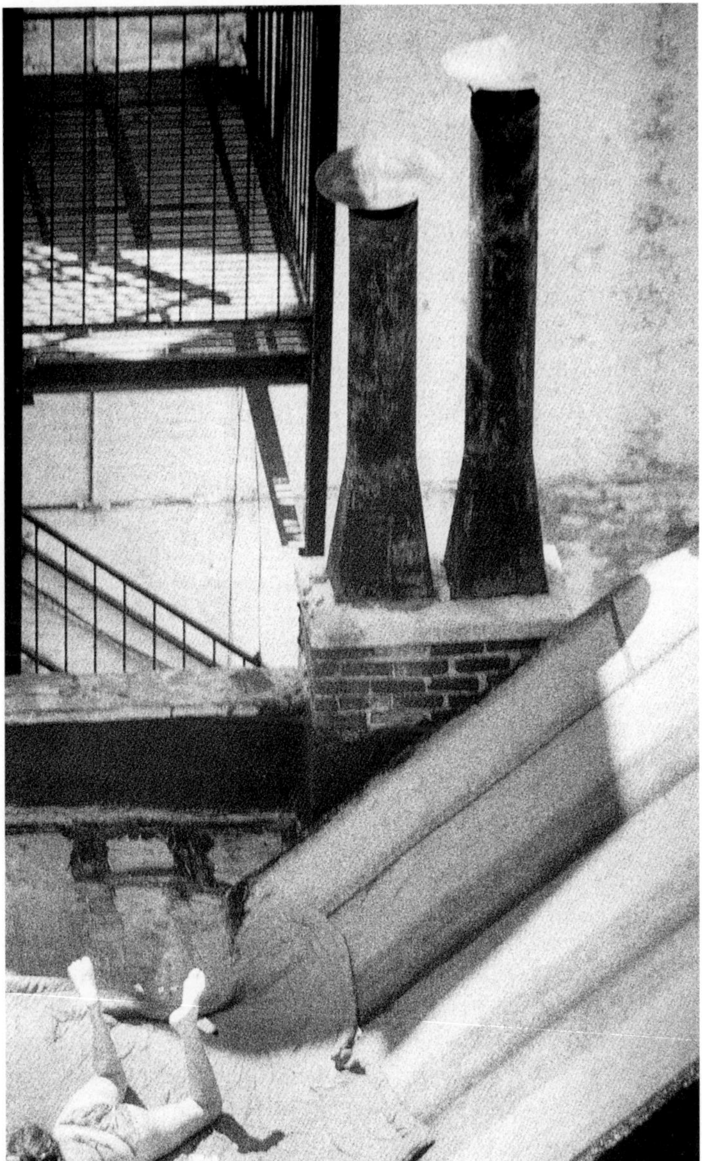

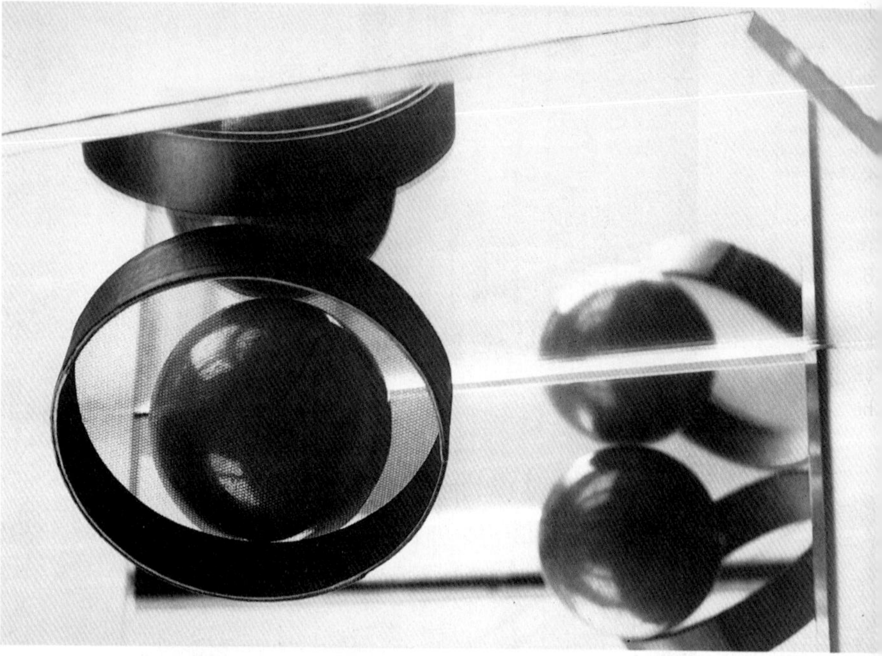

Florence Henri
Amerika, 1893–1982

Composition No. 10 (Komposition Nr. 10), 1928

Silbergelatine-Abzug
MUSEUMSANKAUF
73:0241:0001

Irene Bayer. Später richtete Henri ein Atelier in Paris ein. Ihre ausgesprochen formalistische Ästhetik erklärend, sagte sie: »Vor allem möchte ich in der Photographie Bilder wie in der Malerei komponieren. Volumen, Linien, Schatten und Licht müssen meinem Willen gehorchen und ausdrücken, was ich möchte.« Ihr Stilleben, *Composition No. 10* mit einem Spiegel, einem Ring und einer Kugel fasziniert wegen der Art und Weise, in der Formen verdoppelt und neu definiert werden, sich an Nahtstellen überschneiden und verbiegen. Spiegel wurden zu einem integralen Bestandteil in Henris Werk. In Erinnerung an die Vortographien von Alvin Langdon Coburn (siehe Seite 425) sagte sie: »Ich verwende Spiegel, um dasselbe Objekt in einer einzigen Photographie aus verschiedenen Perspektiven zu zeigen und einem Thema so eine Vielzahl von Perspektiven zu geben, die einander ergänzen und es besser veranschaulichen können, da sie aufeinander einwirken.«

Man Ray begann seine Karriere als kommerzieller Künstler und Maler in New York. Dort besuchte er die Galerie 291 von Stieglitz und kam in Kontakt mit der Avantgarde europäischer Kunst. Unter der Anleitung von Stieglitz lernte Ray das Photographieren und setzte sie zunächst ein, weil er niemand finden konnte, der befriedigende photographische Reproduktionen seiner Gemälde machte. Nachdem er Marcel Duchamp kennengelernt hatte, der sein Mitarbeiter und lebenslanger Freund wurde, zog er nach Paris, wo er sich den Dadaisten anschloß. Er richtete ein Portraitatelier ein und machte sich einen Namen als führender Portraitphotograph insbesondere von Künstlern und Intellektuellen, den treibenden Kräften des geistigen Lebens in Paris. Das Interesse Rays und seines Bekanntenkreises galt bald dem Surrealismus, seine Photographie *Typewriter* zeigt den surrealistischen Primat des Objekts an sich. »... Ich frage Sie, wie kann man sich jemals in dieser Frage der Schönheit einigen?... Der Künstler, selbst wenn er einen anderen kopiert, arbeitet unter der Illusion, er betrete Neuland und glaubt, niemand vor ihm habe es betreten. Dann entdeckt er zwangsläufig eine neue Schönheit, die zuerst nur er selbst zu schätzen weiß ... der Erfolg, mit dem der

Man Ray (Emmanuel Rudnitzky)
Amerika, 1890–1976

Typewriter (Schreibmaschine), um 1925

Silbergelatine-Abzug
MUSEUMSANKAUF MIT UNTERSTÜTZUNG NATIONAL ENDOWMENT FOR THE ARTS
74:0140:0001

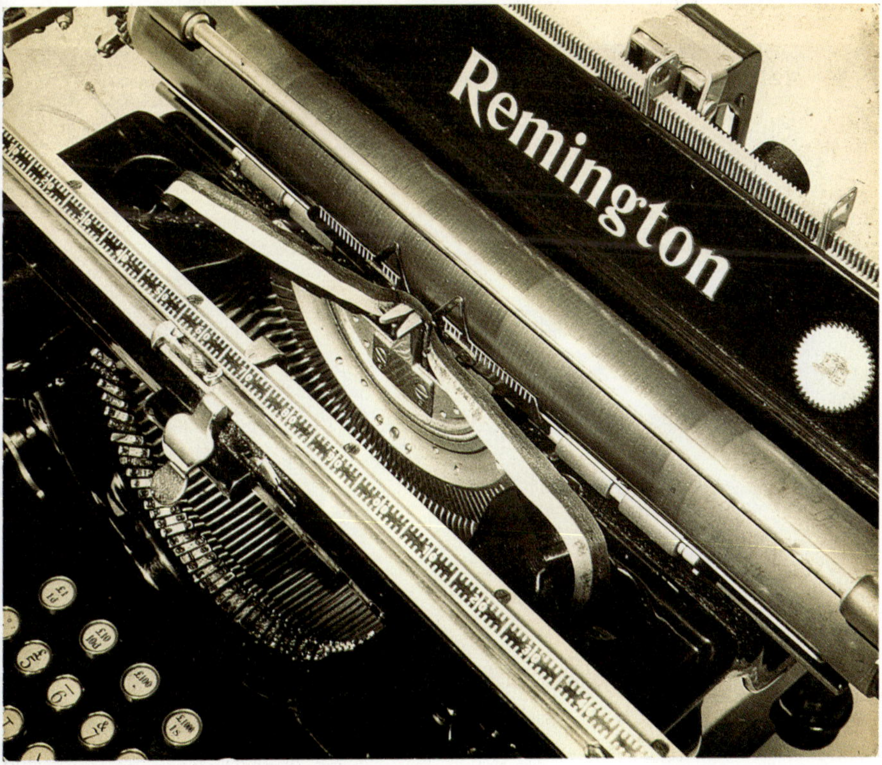

Künstler die Quelle seiner Information verbergen kann, ist das Maß seiner Originalität.« Die Schreibmaschine, ein Werkzeug der Sprache, war auch für Modotti und Steiner ein unwiderstehliches Motiv.

Nicht lange nach seinem Umzug nach Paris begann Man Ray mit Photogrammen zu experimentieren. In seiner Autobiographie erfährt man, daß er die Technik durch Zufall entdeckte, als er in der Dunkelkammer arbeitete. Der Dadaist Tristan Tzara, mit dem Ray häufig zusammenarbeitete, nannte sie »Rayographien«. Er schrieb: »Als alles, was wir Kunst nennen, durch und durch arthritisch geworden war, erfand ein Photograph ... eine Kraft, die alle Konstellationen, die unserem visuellen Vergnügen dienen sollen, an Bedeutung übertrifft. Ist es die Spirale des Wassers oder das tragische Glänzen eines Revolvers, eines Eis, ein glitzernder Bogen oder das Schleusentor der Vernunft, ein aufmerksam dem Zischen eines Minerals lauschendes Ohr oder eine Turbine algebraischer Formeln?« Während seiner gesamten Karriere machte Man Ray immer wieder Photogramme; dieses Beispiel (links) ent-

Man Ray (Emmanuel Rudnitzky)
Amerika, 1890–1976

Rayographie, 1950

Silbergelatine-Abzug Photogramm
MUSEUMSANKAUF
81:1662:0002

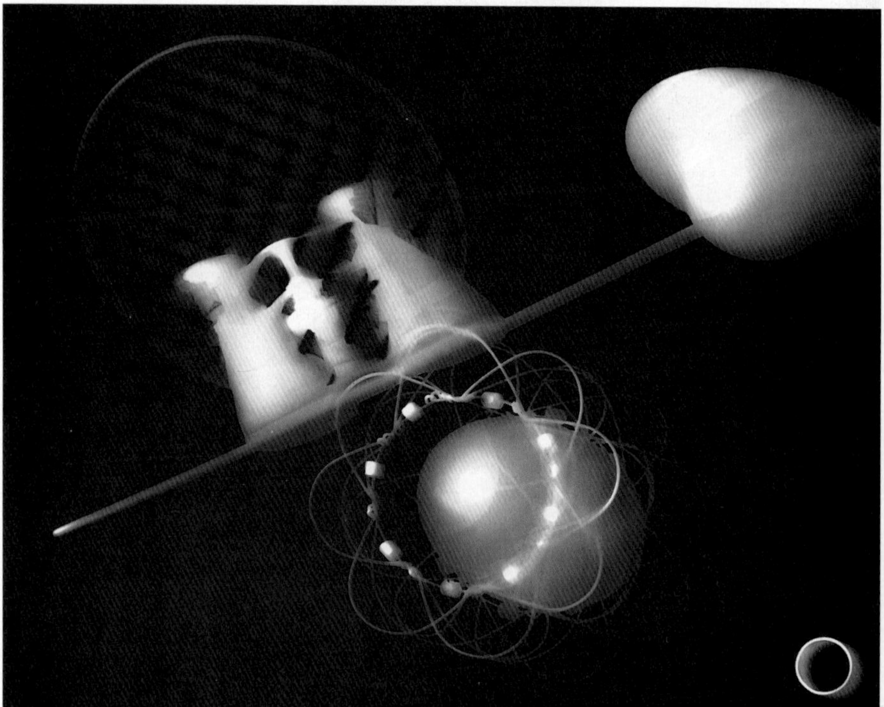

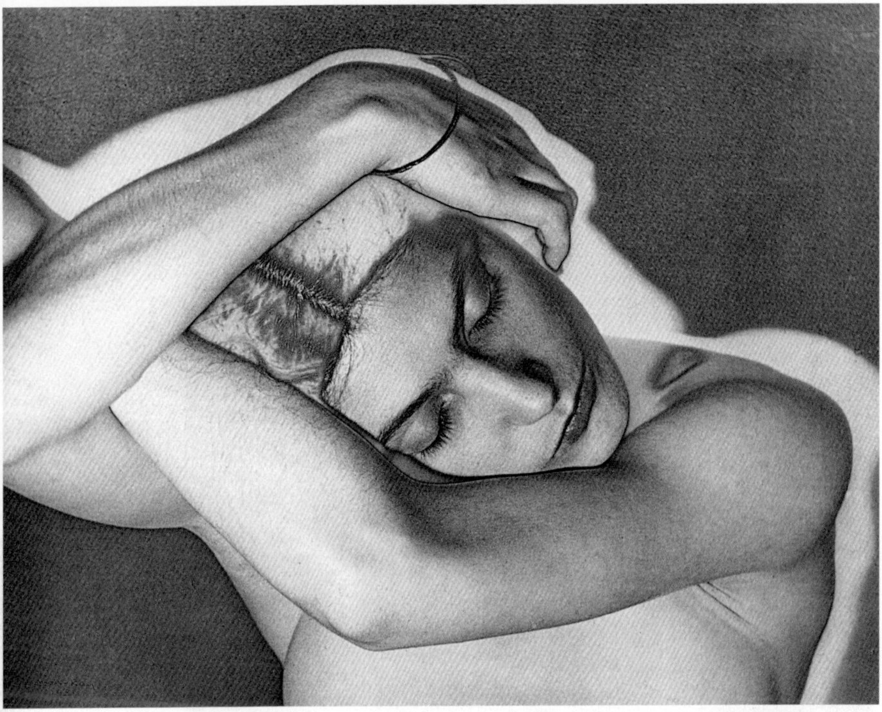

stand, als der Künstler in Los Angeles lebte. Ray glaubte zwar, die einzelnen Komponenten zur Herstellung eines Bildes seien irrelevant, aber die erkennbare Form eines Fernglases war gewiß als subtiler Verweis auf den Unterschied zwischen menschlichem und photographischem Blick gemeint.

Der Sabattier-Effekt, eine weitere photographische Technik, der sich Ray bediente, sollte zur Signatur seines Werkes werden. Der oft fälschlich als Solarisation bezeichnete Sabattier-Effekt tritt ein, wenn ein belichtetes Negativ oder Positiv während des Entwicklungsprozesses erneut dem Licht ausgesetzt wird. So entsteht eine teilweise Umkehrung der Tonwerte, besonders an den scharfen Konturen. Auch dies, so behauptete Ray, habe er zufällig in der Dunkelkammer entdeckt. Wendet man dieses Verfahren auf Portraitaufnahmen an, entsteht eine Art psychologischer Landschaft, und das Modell wird mit einer sichtbaren Aura versehen.

Brassaï, mit bürgerlichem Namen Gyula Halasz, begann um 1930 unter Anleitung von André Kertész zu photographieren. In dem 1976 erschienenen

Man Ray (Emmanuel Rudnitzky)

Solarisation, 1929

Solarisierter Silbergelatine-Abzug

MUSEUMSANKAUF, EHEMALIGE SAMMLUNG MAN RAY

81:1662:0001

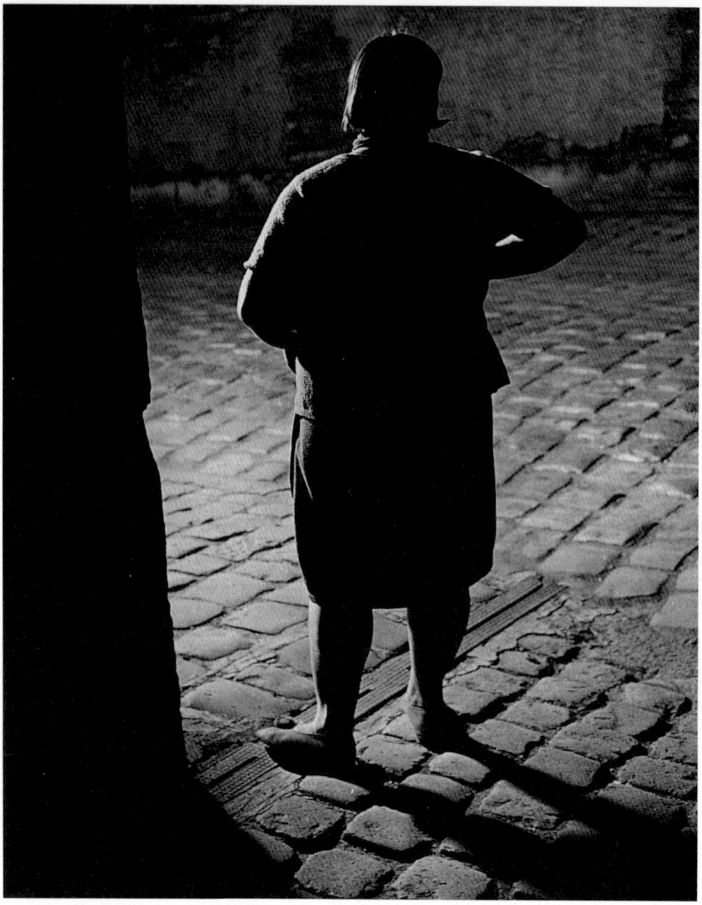

Brassaï (Gyula Halasz)
Frankreich, geb. Ungarn, 1899–1984

Streetwalker (Straßenmädchen), Place d'Italie, um 1932

Silbergelatine-Abzug
77:0749:0012

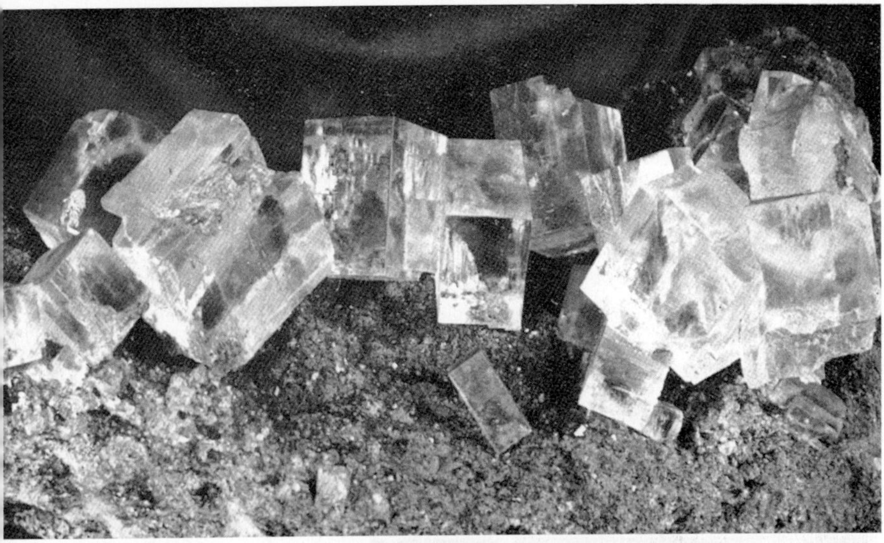

Buch *Das geheime Paris. Bilder der dreißiger Jahre* schrieb der ungarische Photograph, Maler und Schriftsteller, in dem Kapitel »Die Damen des Abends«: »In den dreißiger Jahren gab es in der Rue Quincampoix eine Besonderheit: sie war voll mit dicken Mädchen. ... Im Gegensatz zur allgemeinen Mobilität der Menschen auf der Straße warteten sie, unbeweglich und gelassen, entlang der Bürgersteige wie eine Reihe Karyatiden. ... Eines Tages nahm ich mir ein Zimmer in einem Hotel und beobachtete von meinem Fenster aus diese Odalisken und die Männer, die zehn Mal oder öfter vorbei schlenderten, bis sie vor dem Mädchen ihrer Wahl stehen blieben.« *Fille de joie Quartier les Halles* ist eines von zwei Bildern, die Brassaï mit diesem Text veröffentlichte. Die Aufnahme widerlegt die Vorstellung des koketten Freudenmädchens und zeigt die träge Banalität des Gewerbes, sie bestätigt auch seine spätere Aussage: »Ich erfinde nichts, ich denke alles aus. Ich habe niemals nach Motiven gesucht, die in sich exotisch oder sensationell sind. Meistens habe ich meine Bilder aus dem täglichen Leben um mich herum bezogen. Ich glaube, dies ist die aufrichtigste und bescheidenste Erfasssung der Wirklichkeit, durch die das alltäglichste Ereignis zum Außergewöhnlichen führt.« *La Maison que j'habite, ma vie ce que j'écris* wurde in André Bretons surrealistischem Roman *L'Amour Fou* von 1937 veröffentlicht.

Claude Cahun war Künstlerin, Schriftstellerin, Dichterin, linke Aktivistin und Mitglied der surrealistischen Bewegung in Paris. Ein großer Teil ihrer

Brassaï (Gyula Halasz)

La maison que j'habite, ma vie, ce que j'écris (Das Haus, in dem ich lebe, Mein Leben, das, was ich schreibe), 1937

Photomechanische Reproduktion

LIBRARY COLLECTION

photographischen Arbeiten sind Photocollagen. Sie photographierte sich häufig selbst und rekonstruierte ihr Abbild in der persönlichen und politischen Erforschung von Geschlecht und Identität. Über sie ist nur wenig bekannt, aber man findet ihre Arbeiten in zwei Publikationen, in *Aveux non avenus* (Uneingestandene Bekenntnisse) einem illustrierten literarischen Werk von 1930, und in *Le coeur de pic,* einem Gedichtband von Lise Deharme. Die beiden komplexen Aufnahmen hier aus *Aveux non avenus* haben eine beunruhigende und gebrochene Qualität.

Claude Cahun (Lucy Schwob)
Frankreich,
1894–1954

Karten, Schachbrett, Hände, 1930

Photogravüre
MUSEUMSANKAUF
LIBRARY COLLECTION
85:1406:0007

In *Karten, Schachbrett, Hände* deutet Calhun Geschlechterbeziehungen durch die Metapher von Spielen an. Kenner von Kartenspielen wissen, daß Pik, hier mit einer maskulin gekleideten Figur der Pallas (ein anderer Name für Athene, die Göttin der Weisheit), mehr zählt als Herz (ein Symbol der Liebe), hier mit einer androgynen weiblichen Figur versehen. Im Schatten einer Zigarre rauchenden Figur, vermutlich der »Spieler«, der über dem Geschehen thront, fällt der grinsende »König« des Schachspiels jedoch vom Brett, und eine weibliche Hand mit einem Ring am Finger hält die provozierend behandschuhte Hand fest, die versucht, die Karten auf dem Schachbrett aufzudecken. Diese Photographie von Calhoun besitzt einen starken symbolischen Subtext.

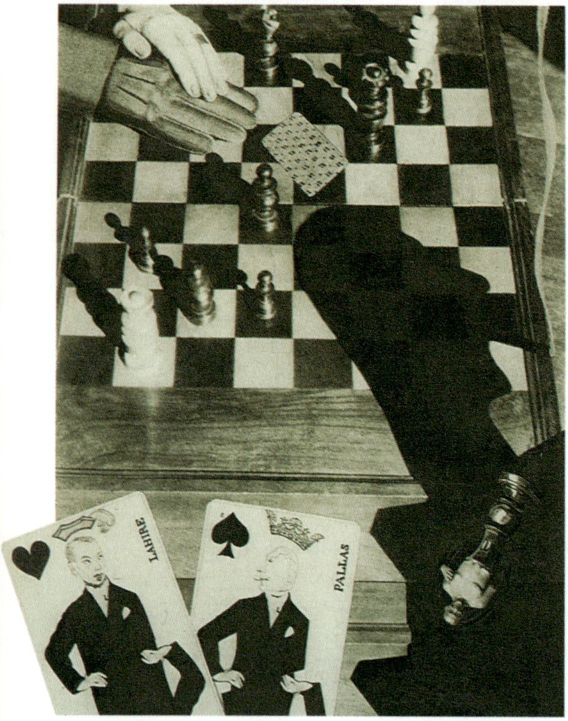

Die doppeldeutige Inschrift am oberen linken Rand von *Portrait de Mademoiselle X* lautet: »Hier gibt sich der Henker als Opfer. Aber man weiß, was man glauben soll. Claude.« Hier sind viele Bilder von Cahun selbst eingefügt, die zeigen, wie sie gewürgt wird, hinter Gefängnisgittern mit einem herzförmigen Schlüsselloch hervorschaut, oder wie ihre Lippen auf den Blütenblättern einer Pflanze erscheinen, die an das Spiel »Sie liebt mich – sie liebt mich nicht« erinnern. Die Collage enthält auch Bilder, welche die Ma-

Claude Cahun (Lucy Schwob)

Portrait de Mademoiselle X (Portrait von Mademoiselle X), 1930

Photogravüre

MUSEUMSANKAUF

LIBRARY COLLECTION

35:1406:0006

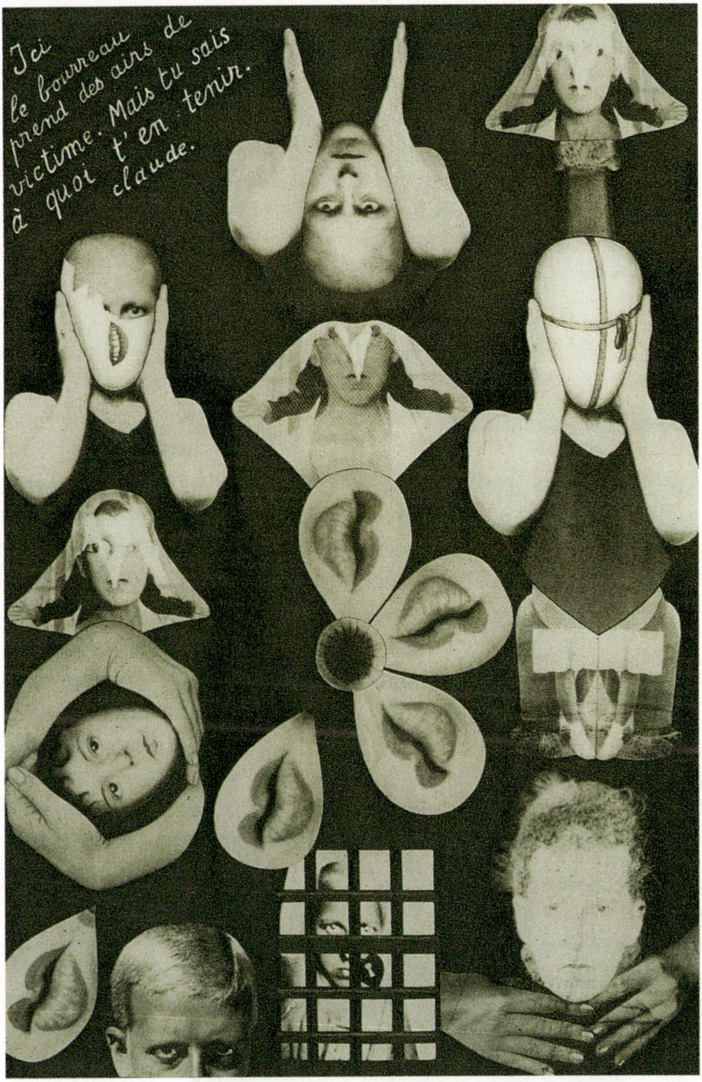

xime »Höre nichts Böses, sehe nichts Böses, rede nichts Böses« darstellen. Angesichts der Tatsache, daß die Nazis Calhun und ihre Freundin wegen »suberversiver« Handlungen verhafteten, macht es Sinn, diese Arbeit als Kommentar zu ihrer verfolgten lesbischen Beziehung zu lesen. Die Menschel Library besitzt eine Ausgabe ihrer beeindruckenden Publikation.

Calhuns provozierende Arbeiten stehen in Kontrast zu den frauenfeindlichen Anklängen in Hans Bellmers Bildern weiblicher Puppen. Der Zeichner und Typograph Bellmer war in der Photographie weitgehend Autodidakt. Er begann seine Puppen-Reihe um 1934 zum Teil als Skulpturen und fügte seinen Untersuchungen von Psychologie und Form durch die Photographie ein weiteres Element hinzu. 1947 brachte er das Buch *Les jeux de la poupée* mit 15 dieser Bilder und Gedichten von Paul Eluard heraus. Bellmer verwendete Puppen, die man auseinandernehmen und wieder zusammensetzen konnte: »Wie in einem Traum kann der Körper das Gravitationszentrum seines Abbilds verändern. Inspiriert von einem merkwürdigen Widerspruchsgeist kann er dem einen geben, was er dem anderen genommen hat; so kann er das Bein über den Arm legen, die Vulva in die Achselhöhle, um ›Kompressionen‹, ›Analogiebeweise‹, ›Ambiguitäten‹, ›Wortspiele‹, merkwürdige antatomische ›Wahrscheinlichkeits-Gleichungen‹ zu ergeben.« Die Photographien waren in blassen Grün- und Rosatönen von Hand koloriert. Da Puppen das Spielzeug kleiner Mädchen sind, erzeugt die Suggestion von Sexualität und Gewalt, die auf das Objekt gerichtet ist und von ihm ausgeht, eine Verwirrung, die in Bellmers Werk nie aufgelöst wird.

Hans Bellmer
Frankreich,
1902–1975

Die Puppe, um 1934

Kolorierter Silbergelatine-Abzug
MUSEUMSANKAUF, ALVIN LANGDON COBURN FUND
LIBRARY COLLECTION
82:1894:0006

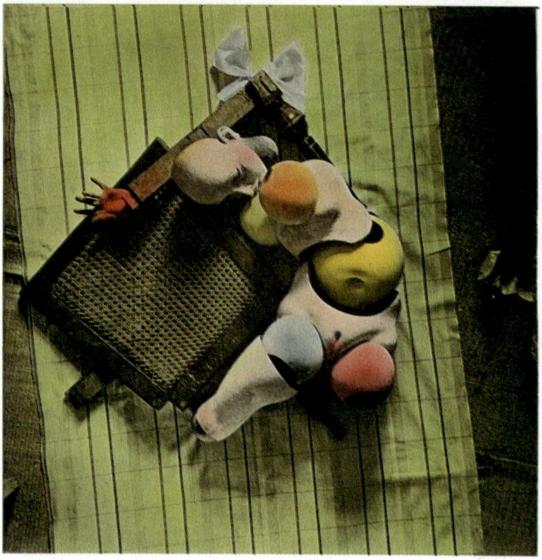

Eine merkwürdig zusammengesetzte Puppe schaut zum Betrachter; ihr zerzaustes blondes Haar hat etwas Laszives, ihr Gesicht wird fast von den riesigen, kugelförmigen Brüsten verdeckt, und der Torso ist durch die angeschwollenen Schamlippen zwischen den Beinen definiert. Sie hat keine Arme, das einzige erkennbare Auge ist durch ein schweres Lid angedeutet. Folgendes Gedicht von Elouard war neben

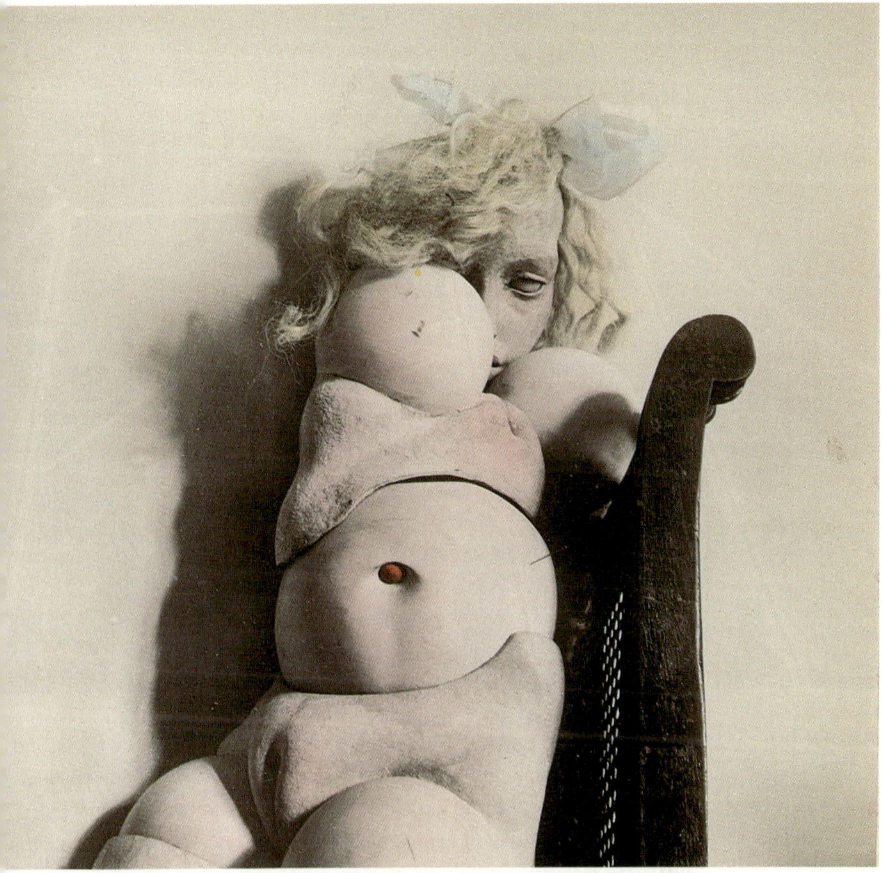

dem Bild abgedruckt: »Man hört sie nie vom Land reden, von ihren Eltern. Sie hat Angst vor einer ablehnenden Antwort, sie fürchtet den Kuss des stummen Mundes. Sanftes Mutter-Kind reißt sie flink und befreit die Wandbehänge nieder, die sie umgeben, und malt Tageslicht ihren eigenen Farben. Sie hat Angst vor Tieren und Kindern. Sie läßt Wangen blasser werden und verleiht dem Gras ein giftigeres Grün.« Text und Photographie implizieren, daß die Puppe Antagonistin einer Geschichte ist; Bellmer ist Humbert Humbert mit einer Kamera.

»Mit einem photographischen Gefühl geboren«, so beschrieb André Kértesz sich selbst, Käsebier, Stieglitz, White und Manuel Alvarez-Bravo. Letzterer wurde in Mexiko City als Enkel eines Photographen geboren. Er

Hans Bellmer

Die Puppe, um 1934

Kolorierter Silbergelatine-Abzug
MUSEUMSANKAUF, ALVIN LANGDON COBURN FUND
LIBRARY COLLECTION
82:1894:0005

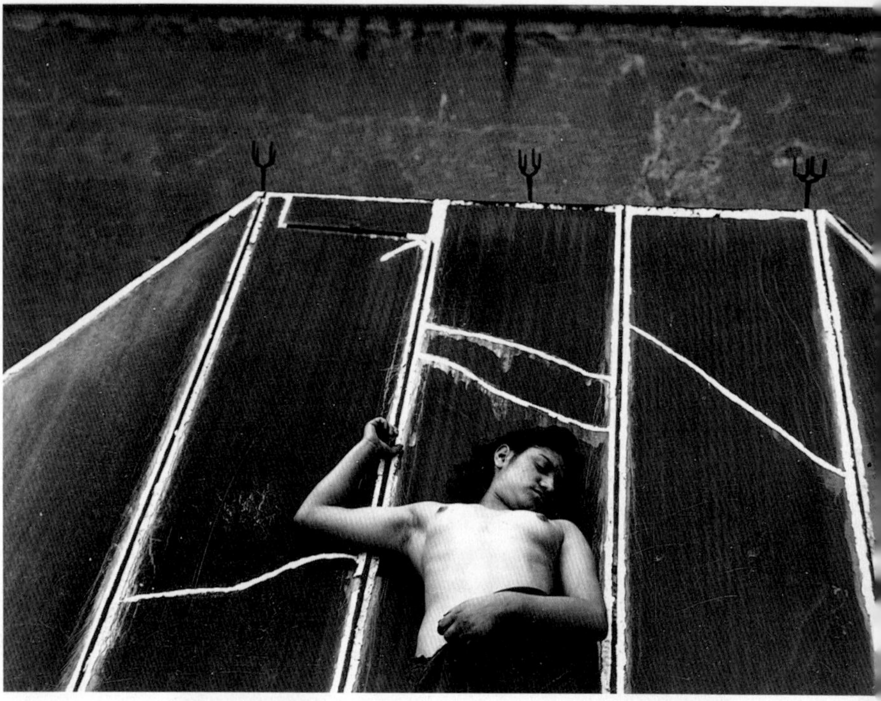

Manuel Alvarez-Bravo
Mexiko, geb. 1902

Gorrion, Claro (Heller Sperling), um 1938–1940

Silbergelatine-Abzug
SCHENKUNG FREDERICK MYERS
78:0637:0013

(right)
Manuel Alvarez-Bravo

El umbral (Die Schwelle), 1947

Silbergelatine-Abzug
SCHENKUNG FREDERICK MYERS
78:0637:0014

studierte Malerei und Musik, bevor er sich der Photographie zuwandte, und war mit Weston und Modotti befreundet. *Gorrion, Claro* ist das Bild eines halbnackten Mannes auf einem Dach, eingerahmt von ungleichmäßigen weißen Strichen. In *El umbral* hält Alvarez-Bravo die zögerlichen Füße einer Frau fest, die fast über Pfützen am Boden zu tanzen scheinen. Die tiefe und satte Tonalität des Abzugs verrät nicht, um welche Flüssigkeit es sich handelt; es könnte Wasser, Urin oder auch Blut sein. Diese Doppeldeutigkeit verleiht der Aufnahme etwas Rätselhaftes und ermutigt den Betrachter, eine eigene Bedeutung zu konstruieren. Beide Bilder sind wie ein Traumzustand und repräsentieren gleichzeitig das Vertraute und das Unerwartete. »Das Unsichtbare ist immer in einem Kunstwerk enthalten und präsent, das es neu schafft. Wenn das Unsichtbare darin nicht erkannt werden kann, dann existiert das Kunstwerk nicht«, erklärte er. Alvarez-Bravo ist der berühmteste lateinamerikanische Photograph in der Geschichte des Mediums, und seine Karriere überspannt mehr als 70 Jahre. Zur Eastman-Sammlung gehören 62 Drucke seiner bahnbrechenden Arbeiten.

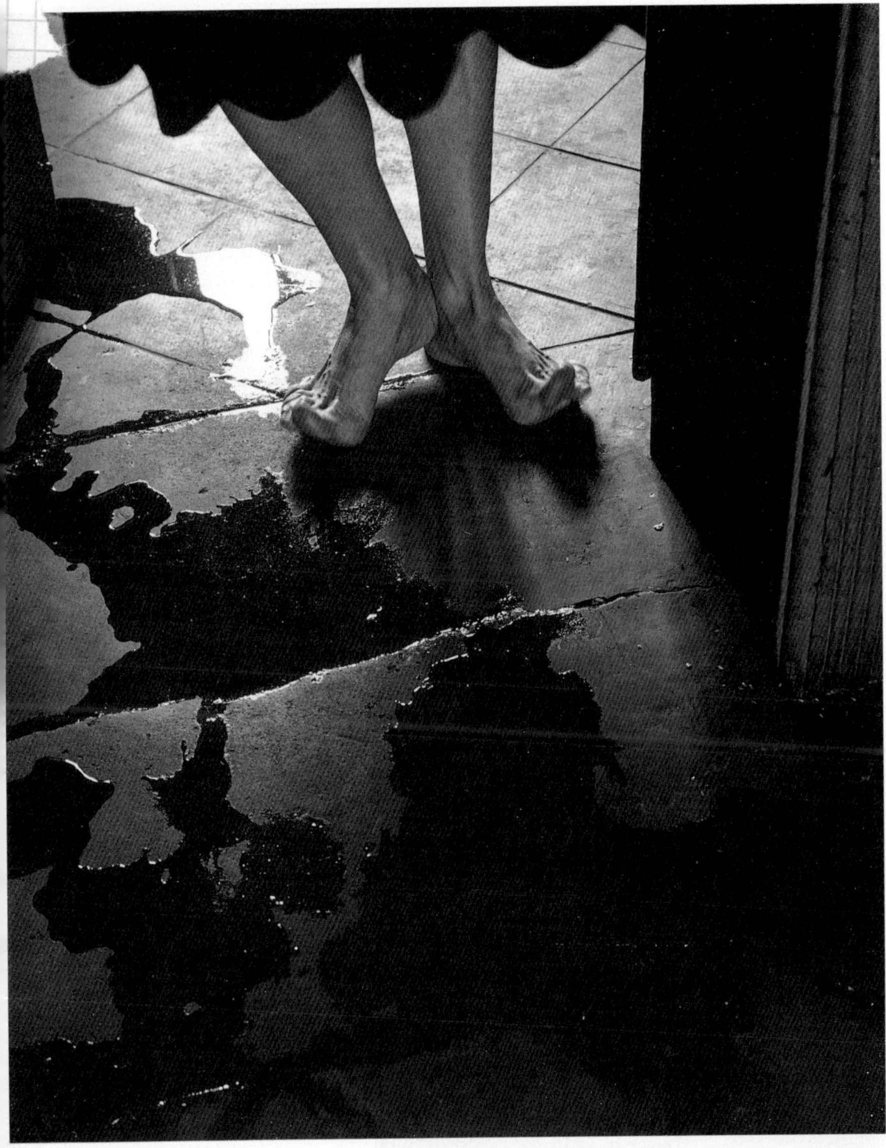

Photographie verkauft sich

Edward J. Steichen
Amerika, geb. Luxemburg, 1879–1973

Pears and an Apple (Birnen und Apfel), 1920

Silbergelatine-Abzug
NACHLASS EDWARD STEICHEN BY DIRECTION OF JOANNA T. STEICHEN
79:2024:0006

Erschüttert von den Schrecken des bewaffneten Konflikts kehrte Edward Steichen nach dem Ersten Weltkrieg in das zivile Leben zurück. Da er seine Kunst nicht mehr so betreiben wollte, wie er es vor dem Krieg getan hatte, suchte Steichen nach Möglichkeiten, in seinen Photographien das neue Zeitalter zum Ausdruck zu bringen. Von 1919 bis 1921 arbeitete er unermüdlich daran, seine Kenntnisse der physischen und konzeptuellen Eigenschaften des Mediums zu verbessern. Wie er in *A Life in Photography* sagte, wollte er »... eine Methode [finden], um Volumen, Größe und ein Gefühl von Gewicht darzustellen«, und machte Aufnahmen wie *Pears and an Appel*, die durch die direkte Präsentation der Objekte in das Reich der abstrakten Form erhoben wurden. Steichen weiter: »Wenn es möglich wäre, Objekte so zu photographieren, daß sie etwas ganz anderes suggerieren, wäre es vielleicht möglich, sehr prosaischen Photographien eine abstrakte Bedeutung zu verleihen.« So begann er, Bilder von einfachen Alltagsgegenständen zu machen, die als Symbole für abstrakte Konzepte wie Einsteins Relativitätstheorie fungierten, dargestellt in der hier gezeigten Photographie *Space-Time Continuum* machte. Steichen mußte zwar schließlich feststellen, daß er mit diesem Ansatz weniger erfolgreich war, aber er führte ihn zu einem genauen Studium natürlicher Wachstumsformen und -muster,

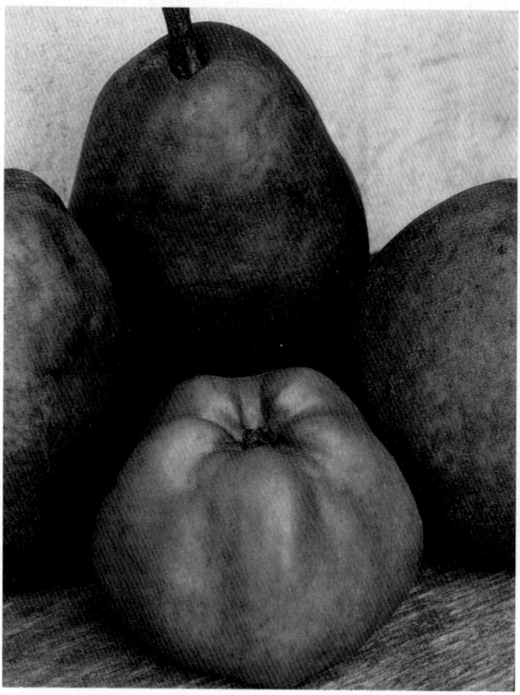

Edward J. Steichen

Space-Time Continuum (Raum-Zeit-Kontinuuma), 1920

Palladium- und Blaupausen-Druck
NACHLASS EDWARD STEICHEN BY DIRECTION OF JOANNA T. STEICHEN
79:2487:0002

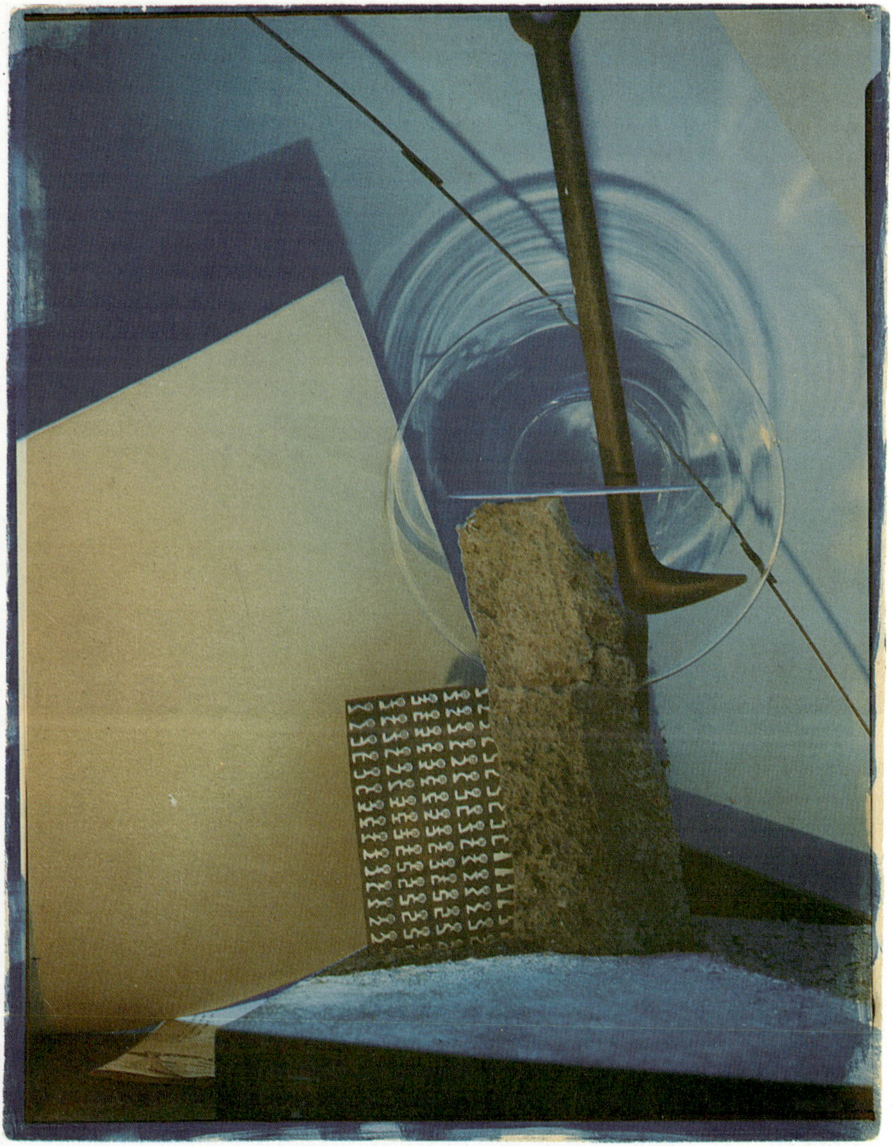

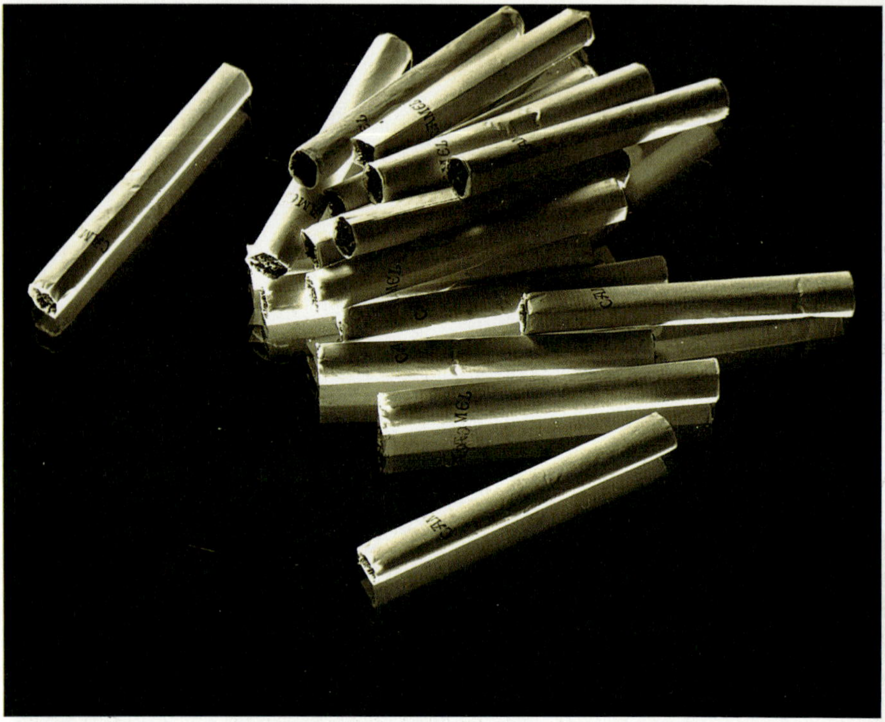

Edward J. Steichen
Amerika, geb.
Luxemburg,
1879–1973

Camel Cigarettes,
um 1927

Silbergelatine-Abzug
NACHLASS EDWARD
STEICHEN BY DIREC-
TION OF JOANNA
T. STEICHEN
79:2408:0001

dem er sich für den Rest seines Lebens widmen sollte. Viele Photographen, besonders in Europa (z. B. die Surrealisten), machten in den folgenden zwei Jahrzehnten ähnliche experimentelle Photographien.

Joanna Steichen, die Witwe von Edward Steichen, übergab 1980 eine Sammlung seiner Photographien dem Museum. Diese, von Steichen testamentarisch verfügte Schenkung umfaßte über 3.000 Bilder, die zu einer bereits bestehenden Sammlung sowie zu den 1.000 Aufnahmen hinzukam, die Steichen während des Zweiten Weltkriegs als Leiter eines photographischen Teams der U. S. Navy machte. In der Menschel Library befinden sich Ausgaben sämtlicher Bücher, die Steichen illustriert hat, darunter auch ein Original-Satz der Zeitschrift *Camera Work*, in dem viele hochwertige Photogravüre-Reproduktionen seiner frühen piktorialistischen Arbeit enthalten sind. Über 180 Drucke aus der Schenkung sind Werbephotographien.

Steichen kehrte 1925 aus Europa nach New York zurück und begann, als kommerzieller Photograph für den Verleger Condé Nast und für die Werbeagentur von J. Walter Thompson zu arbeiten, zu deren Kunden die Eastman Kodak Company und die Steinway Piano Manufacturing Company gehörten. In seinen kommerziellen Arbeiten entwickelte er, hauptsächlich auf der Grundlage zweier verwandter Strategien, einen unverwechselbaren Stil. Zunächst machte er schärfere Bilder, womit er seine Bildsprache jener der Modernen anglich und sich von den älteren, weich gezeichneten und malerischen Darstellungen abhob, welche die aktuelle Photographie zu dieser Zeit beherrschten. Darüber hinaus versuchte er, seinen Werbephotos etwas Natürliches zu verleihen, indem er Modelle und Situationen auswählte, die der realen Welt zu entstammen schienen. Aber seine starkes Interesse an formalen Grundsätzen setzte sich immer wieder durch, und es gibt nur sehr wenige Photographien von Steichen, in denen die kompositorische Beziehung zwischen Licht, Muster und Form nicht äußerst sorgfältig durchdacht wäre.

Im Jahr 1926 wurde Steichen gebeten, Entwürfe für Seidenstoffe zu machen. Als Motive für seine halbabstrakten Photographien dienten ihm gewöhnli-

Edward J. Steichen

Steinway and Sons Klavierwerbung, um 1936

Silbergelatine-Abzug
NACHLASS EDWARD STEICHEN BY DIRECTION OF JOANNA T. STEICHEN
79:2411:0002

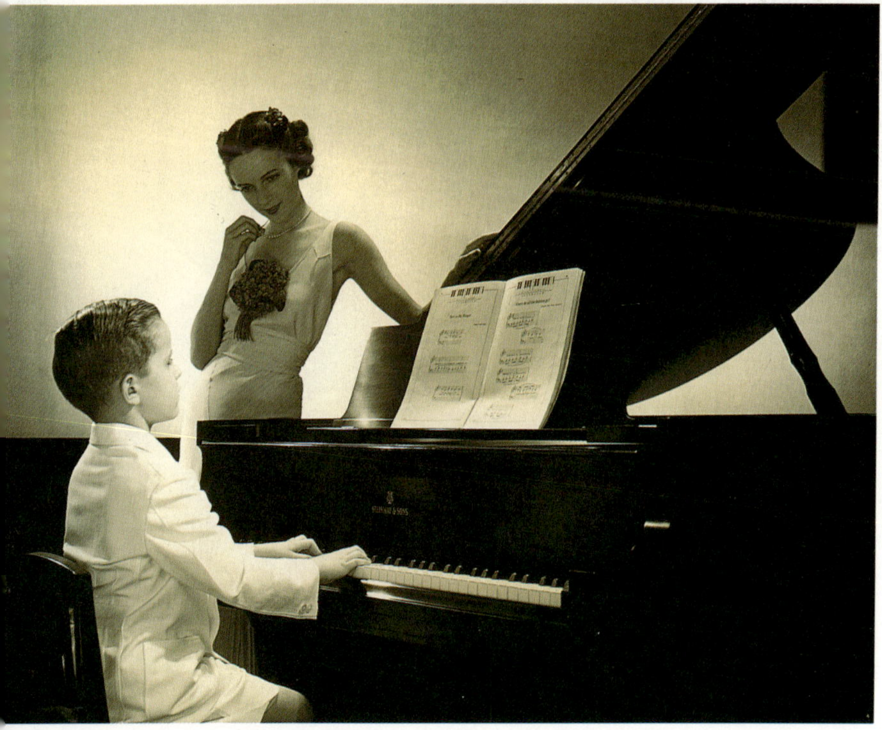

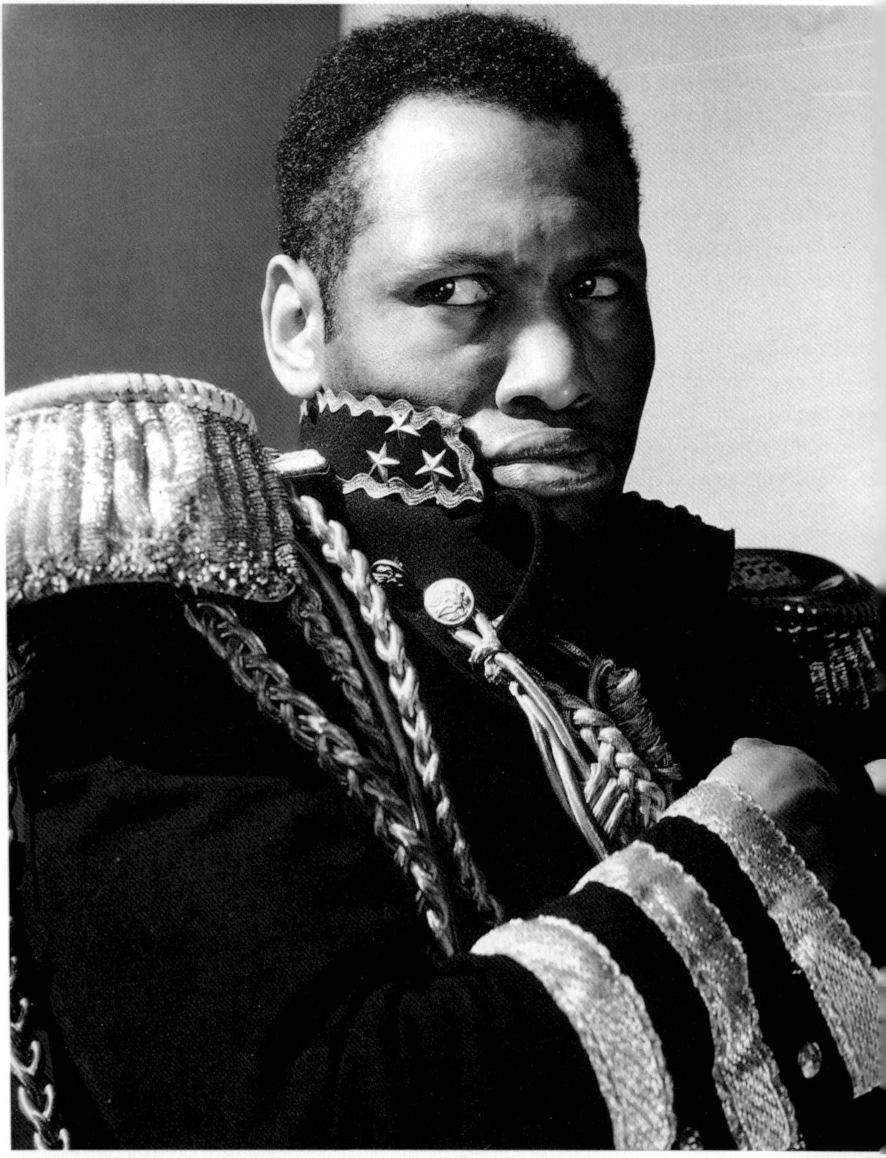

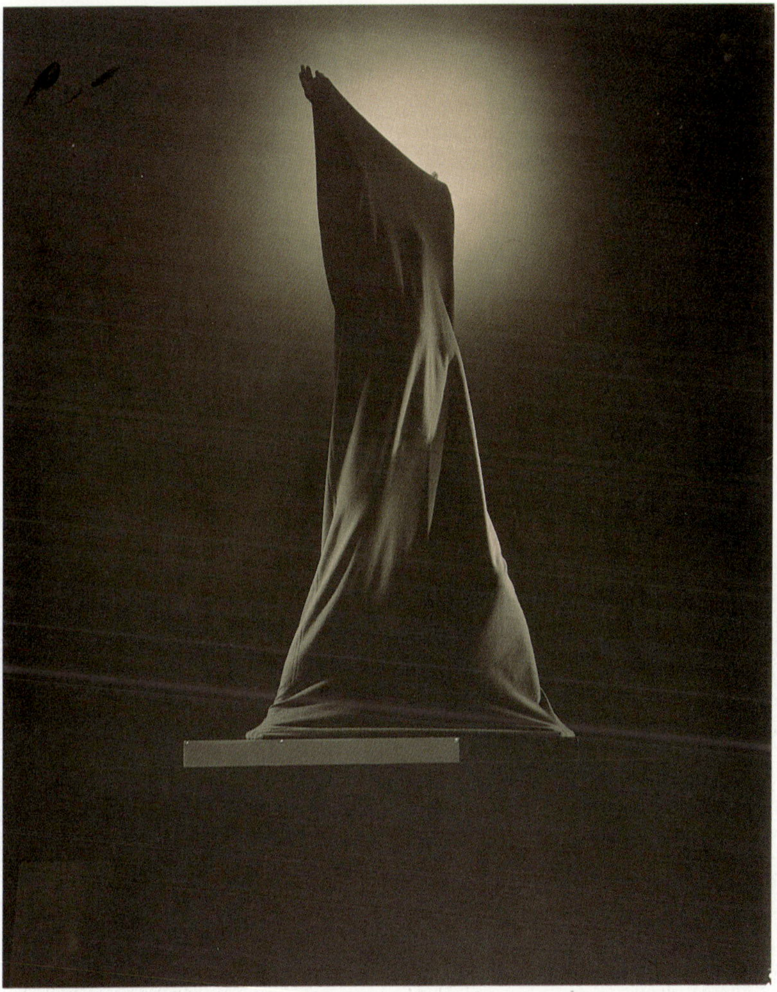

Edward J. Steichen
Amerika, geb. Luxemburg, 1879–1973

Paul Robeson in »The Emperor Jones«, 1933

Silbergelatine-Abzug
NACHLASS EDWARD STEICHEN BY DIRECTION OF JOANNA T. STEICHEN
79:2322:0001

(oben)
Edward J. Steichen

Martha Graham, 1931

Silbergelatine-Abzug
NACHLASS EDWARD STEICHEN BY DIRECTION OF JOANNA T. STEICHEN
79:2184:0003

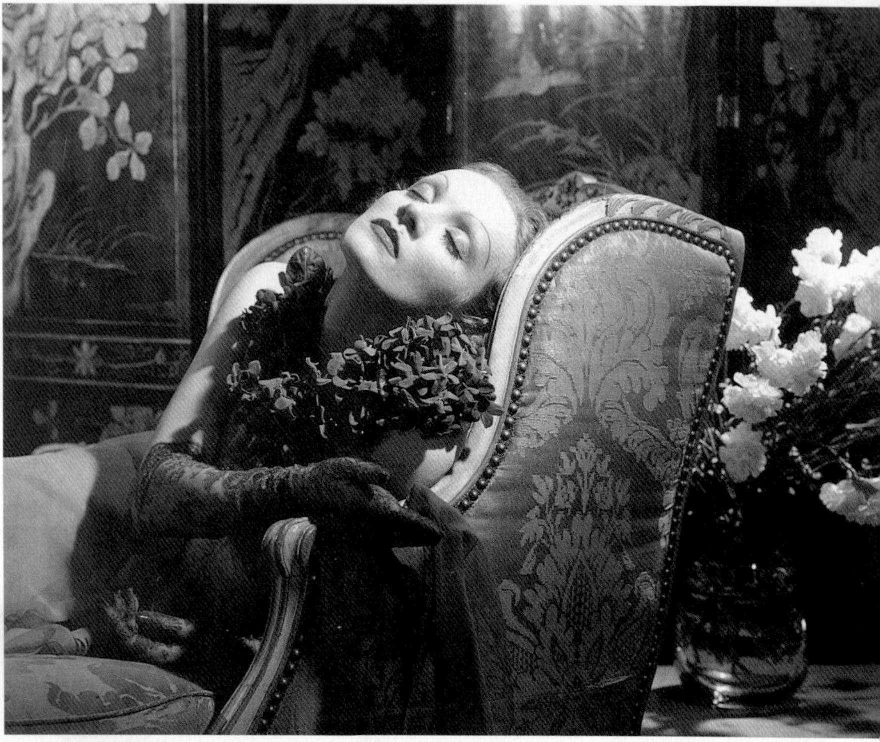

Edward J. Steichen
Amerika, geb. Luxemburg, 1879–1973

Marlene Dietrich, 1932

Silbergelatine-Abzug
NACHLASS EDWARD STEICHEN BY DIRECTION OF JOANNA T. STEICHEN
79:2143:0001

che Haushaltsartikel wie Heftzwecken und Streichhölzer (damals eine radikale Wahl). In der später entstandenen Reklamephotographie für *Camel Cigarettes* (Seite 544) bediente er sich der gleichen Strategie, und das Erscheinungsbild der Anzeige rief dem Betrachter Ende der 1920er Jahre »avantgardistische Eleganz« zu.

Von Condé Nast erhielt Steichen 1925 den Auftrag, Portraits berühmter Persönlichkeiten für das Magazin *Vanity Fair* und Modeaufnahmen für *Vogue* zu machen. Diese beiden Zeitschriften beherrschten von Beginn des Jahrhunderts bis zum Zweiten Weltkrieg die Welt der Mode und High Society. Personen des gesellschaftlichen Lebens, Theater- und Filmschauspieler, Schriftsteller, berühmte Künstler und sogar Politiker ließen sich von Steichen für diese Zeitschriften photographieren, bis er sein Atelier 1938 schloß.

1925 photographierte Steichen in seinem Atelier zum ersten Mal mit künstlicher Beleuchtung und entwickelte einen vom Theater inspirierten

Edward J. Steichen

Greta Garbo, 1928

Silbergelatine-Abzug
NACHLASS EDWARD STEICHEN BY DIRECTION OF JOANNA T. STEICHEN
79:2176:0001

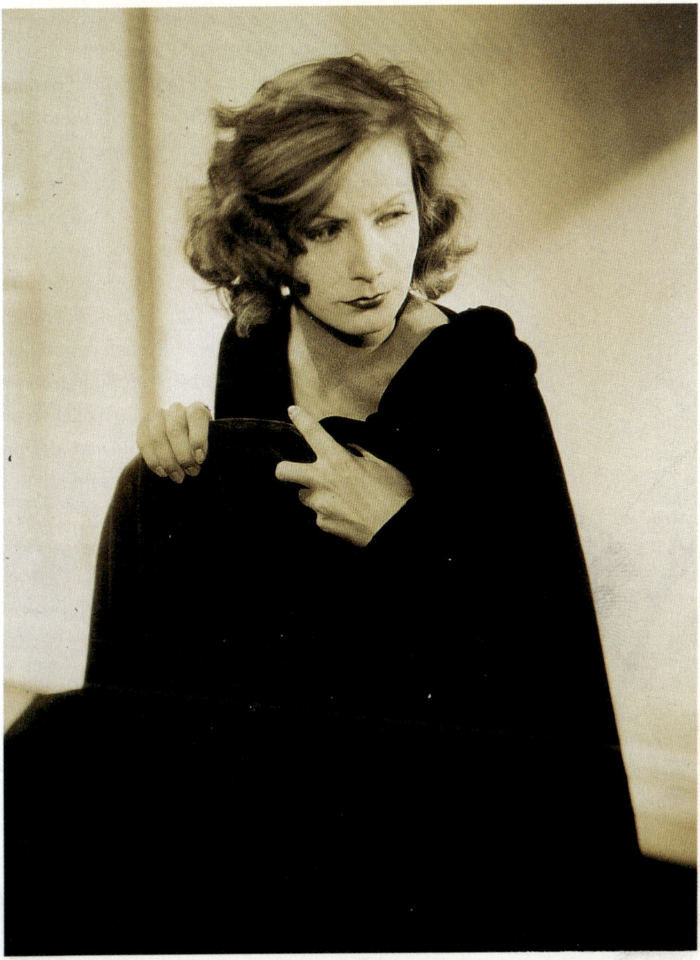

Ansatz. Wie sehr er sich von seiner »piktorialistischen« Vergangenheit entfernte, wird im Vergleich der kühnen Portraits der Schauspieler Paul Robeson und Martha Graham (Seite 546 und 547) mit den zurückhaltenden, weich gezeichneten Aufnahmen von sich selbst und Eleanora Duse (Seite 394 und 395) deutlich. Getrieben vom kommerziellen Diktat, zeitgemäß zu sein und »wirkungsvolle« Photographien zu machen (das Beiwort der Werbephotographie der 1920er Jahre), erhielten Steichens Arbeiten etwas Stilisiertes. In einigen seiner kommerziellen Arbeiten brachte er die progressiven Gestaltungsideale der wichtigsten künstlerischen Bewegungen der Zeit ein, darunter die geschwungenen Formen des Jugendstils und die geometrischen Konstruktionen der Kubisten. Steichen genoß bei seinen Zeitgenossen hohes Ansehen, denn seine Arbeit, die zahlreiche photographische Genres umfaßte, verliehen dem Medium ein Gütezeichen und hoben den Status der kommerziellen Photographie. In einem Land, das unter der Depression litt und in dem die Illusion von Berühmtheit und Stil ironischerweise eine

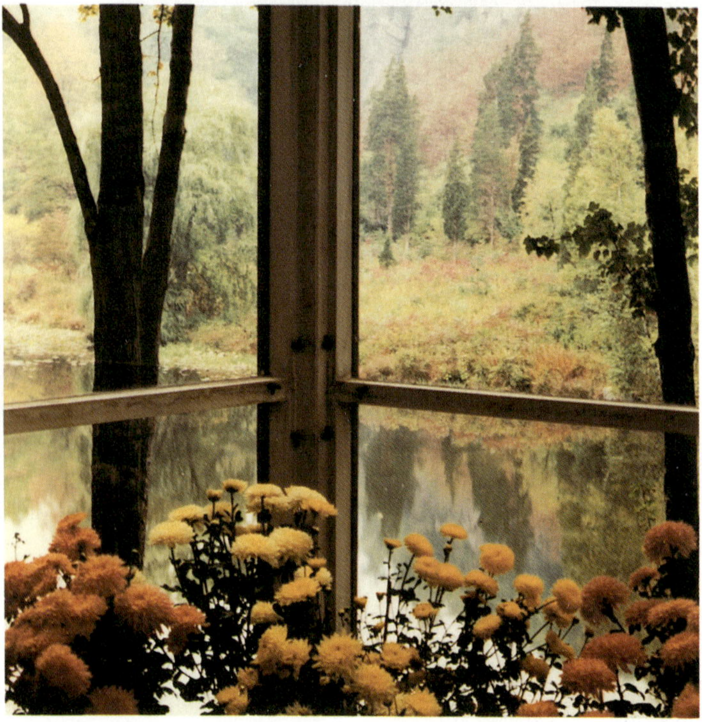

Edward J. Steichen
Amerika, geb. Luxemburg, 1879–1973

Steichens See von seinem Hausportal aus gesehen, 1957

Farbabzug, chromogenes Entwicklungsverfahren

NACHLASS EDWARD STEICHEN BY DIRECTION OF JOANNA T. STEICHEN
79:2497:0167

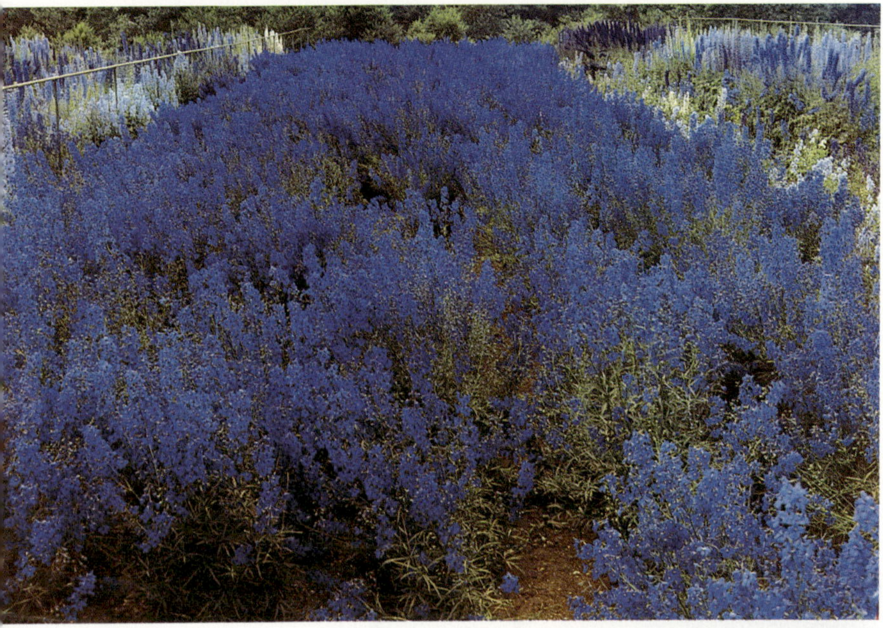

immer dominantere Rolle spielte, wurde der Ruf eines Photographen für dessen finanziellen Erfolg immer wichtiger.

Steichen begann 1910, auf seinem Anwesen in Connecticut, Rittersporn zu züchten. Dieses leidenschaftliche Interesse an Blumen hielt ihn »... in Kontakt mit der Natur, und [seine] Hände in Kontakt mit der Erde. ...« Er stellte seine Rittersporn-Hybriden 1936 im Museum of Modern Art aus. Während des Zweiten Weltkriegs festigte sich seine Verbindung zum Museum, als er mehrere Themenausstellungen dort organisierte. Nach dem Krieg wurde er mit 67 Jahren Direktor der photographischen Abteilung, eine Position, die er 15 Jahre lang ausfüllte.

Mitte der 1950er Jahre begann Steichen wieder zu photographieren und beschränkte sich auf das, was er von den Fenstern seines Hauses in Redding aus sehen konnte. Er photographierte eine Serie des selbst gepflanzten Elsbeerbaums, aus der sich wiederum ein Film entwickelte, der den Wechsel der Jahreszeiten, des Klimas und der Stimmungen dokumentiert, wie er an diesem kleinen Baum abgelesen werden konnte. Das Museum besitzt über 24 Farbdrucke seiner Rittersporne sowie über 350 Negative, Schnappschüsse und Drucke der Elsbeerbaum-Reihe.

Edward J. Steichen

Delphiniums (Rittersporn), 1940

Farbabzug, dye imbition process
NACHLASS EDWARD STEICHEN BY DIRECTION OF JOANNA T. STEICHEN
79:2474:0005

Cecil Beatons Bilder einer eleganten und verwöhnten Oberschicht entstanden in den 1930er Jahren, eine Zeit, in der die Welt unter den Wirren der wirtschaftlichen Depression litt und die Grenzen der britischen Gesellschaftsordnung radikal verschoben wurden. Sir Cecil Beaton, der aus einer Familie der englischen Mittelklasse stammte, lernte in Harrow Zeichnen und Malen und belegte am St. John's College in Cambridge Kurse in Photographie, bevor er die Hochschule ohne Abschluß 1925 verließ. Nach einigen fehlgeschlagenen Versuchen als Geschäftsmann schlug Beaton eine Laufbahn als Portraitist ein und wurde von Edith Sitwell »entdeckt«, die ihn in die High Society und Ende der 1920er Jahre in die Welt der Mode einführte.

Cecil Beaton
England, 1904–1980

Marlene Dietrich, um 1930

Silbergelatine-Abzug
80:0146:0002

Beaton wurde von der britischen *Vogue* zuerst als Karikaturist angestellt, photographierte aber ab 1928 auch für die amerikanische und französische Ausgabe des Magazins. Er mußte gegen lang etablierte Modephotographen wie Edward Steichen in New York und George Hoyningen-Huene in Paris antreten, entwickelte aber bald einen äußerst exzentrischen Präsentationsstil, mit dem er eine eigene photographische Identität etablierte. Beatons Photographien, die sofort den Einfluß von Man Ray und Francis Bruguière verraten, waren unruhig, überladen, äußerst abwechslungsreich, voller Ungereimtheiten und wiesen genügend visuelle Referenzen an den Surrealismus auf, um ihnen eine Aura künstlerischer Seriosität zu verleihen. Dieses grelle Pastiche schien der Zeit zu entsprechen; seine erfindungsreichen,

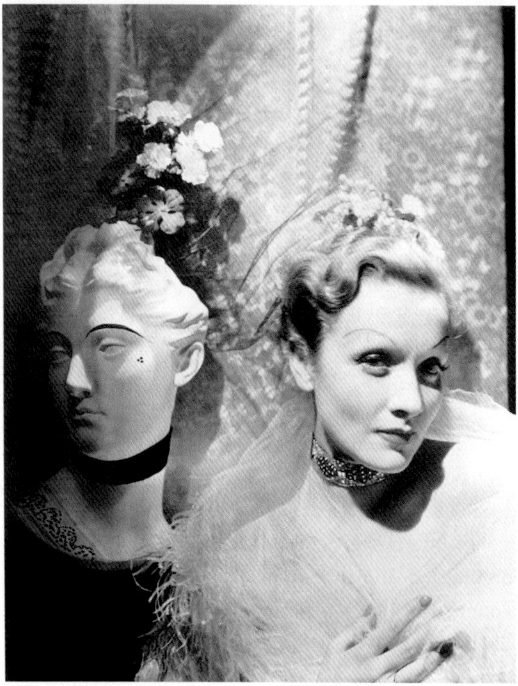

Cecil Beaton

Paula Gellibrand, Countess De Maury, um 1930

Silbergelatine-Abzug
MUSEUMSANKAUF
73:0190:0004

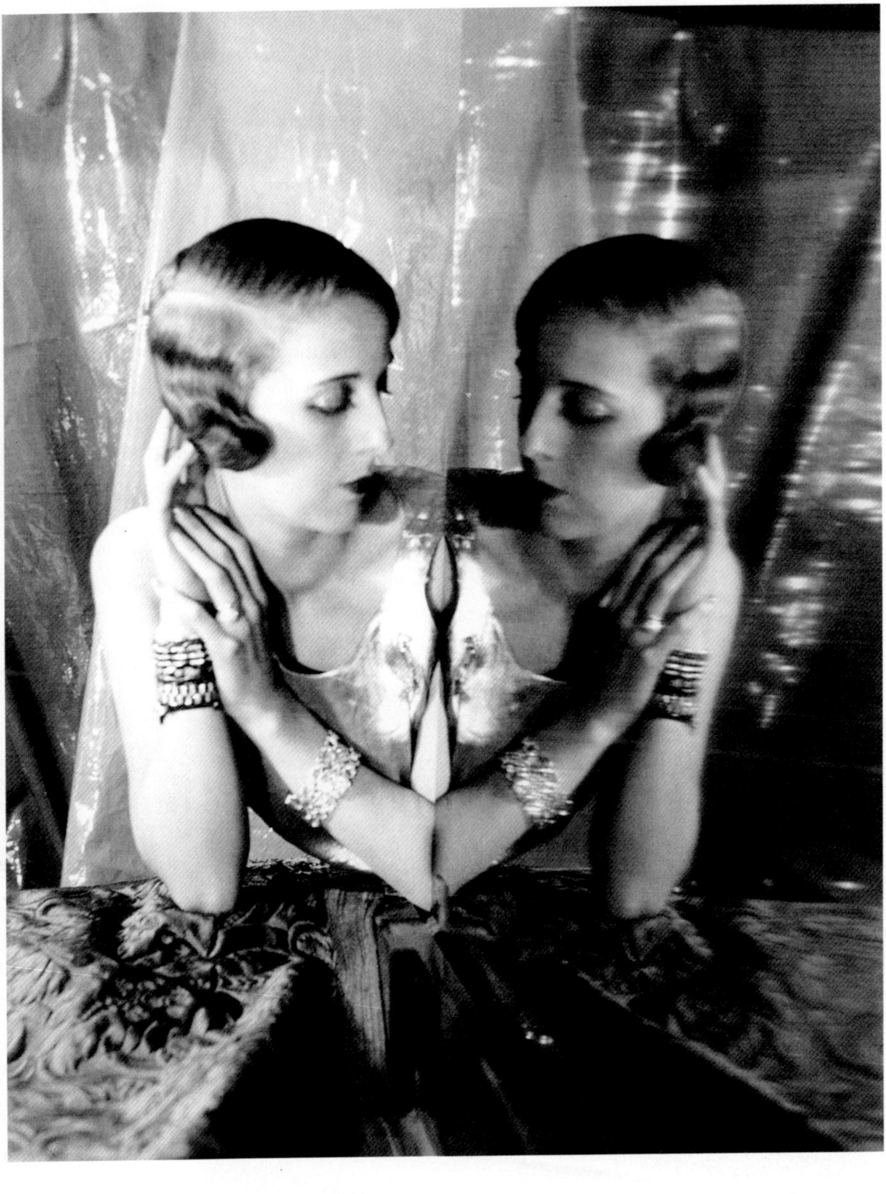

witzigen und ausgesprochen eleganten Photographien fanden großen Anklang. Beaton wurde der erfolgreichste britische Gesellschaftsphotograph seiner Zeit, schrieb und illustrierte fast 40 Bücher, entwarf Kostüme und Bühnenbild Dutzender Theater- und Filmproduktionen und erhielt Auszeichnungen für die Inszenierungen von *Gigi* und *My Fair Lady*. 1972 wurde er von seinem berühmtesten Modell, Königin Elisabeth II., zum Ritter geschlagen.

Das Museum besitzt fast 25.000 Bilder von Nickolas Muray, darunter Drucke, Negative, Transparentbilder und Reklamebeilagen aus Zeitungen. Die meisten Drucke sind Schwarzweiß-Portraits berühmter Persönlichkeiten der 1920er Jahre, die Muray in seinem Atelier in Greenwich Village in New York aufnahm. Hinzu kommen etwa 60 Farbdrucke von Filmstars der 1940er und 1950er Jahre sowie 300 Farbaufnahmen aus Murays Werbeprojekten, mit fast 70 Drucke aus der Zeit, als er für *McCalls Magazine* arbeitete. Diese Sammlung bietet einen guten Einblick in die wechselnden Stile und Techniken eines der bedeutendsten amerikanischen Illustrations- und Werbephotographen, der von den 1920er bis in die 1960er Jahre aktiv war.

Nickolas Muray lernte die Techniken der Lithographie und der Photogravüre sowie photographische Chemie an einer Schule für graphische Künste in Ungarn, bevor er 1913 nach New York City übersiedelte, wo er bald eine Anstellung als Photograveur bei Condè Nast, dem Herausgeber von *Vogue*

Nickolas Muray
Amerika,
geb. Ungarn,
1892–1965

Nick and Eva LeGallienne,
um 1927

Silbergelatine-Abzug
SCHENKUNG MRS. NICKOLAS MURAY
83:2160:0001

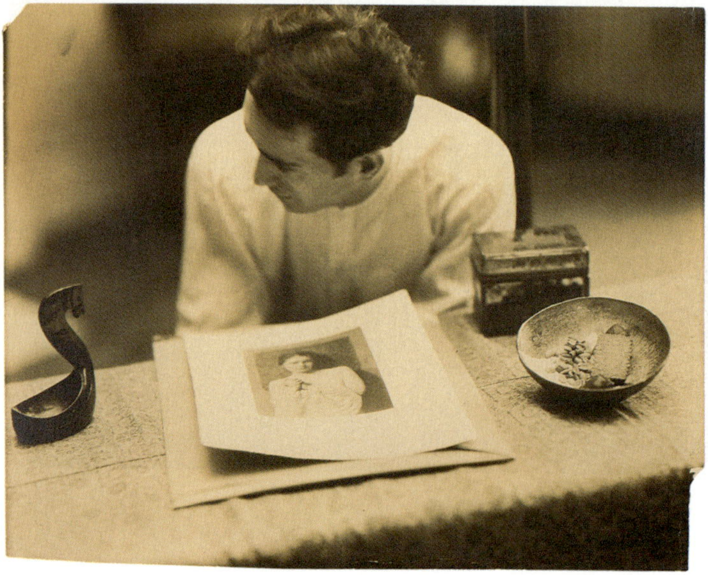

(rechts)
Nickolas Muray

Gloria Swanson,
um 1922

Silbergelatine-Abzug
SCHENKUNG MRS. NICKOLAS MURAY
77:0188:2809

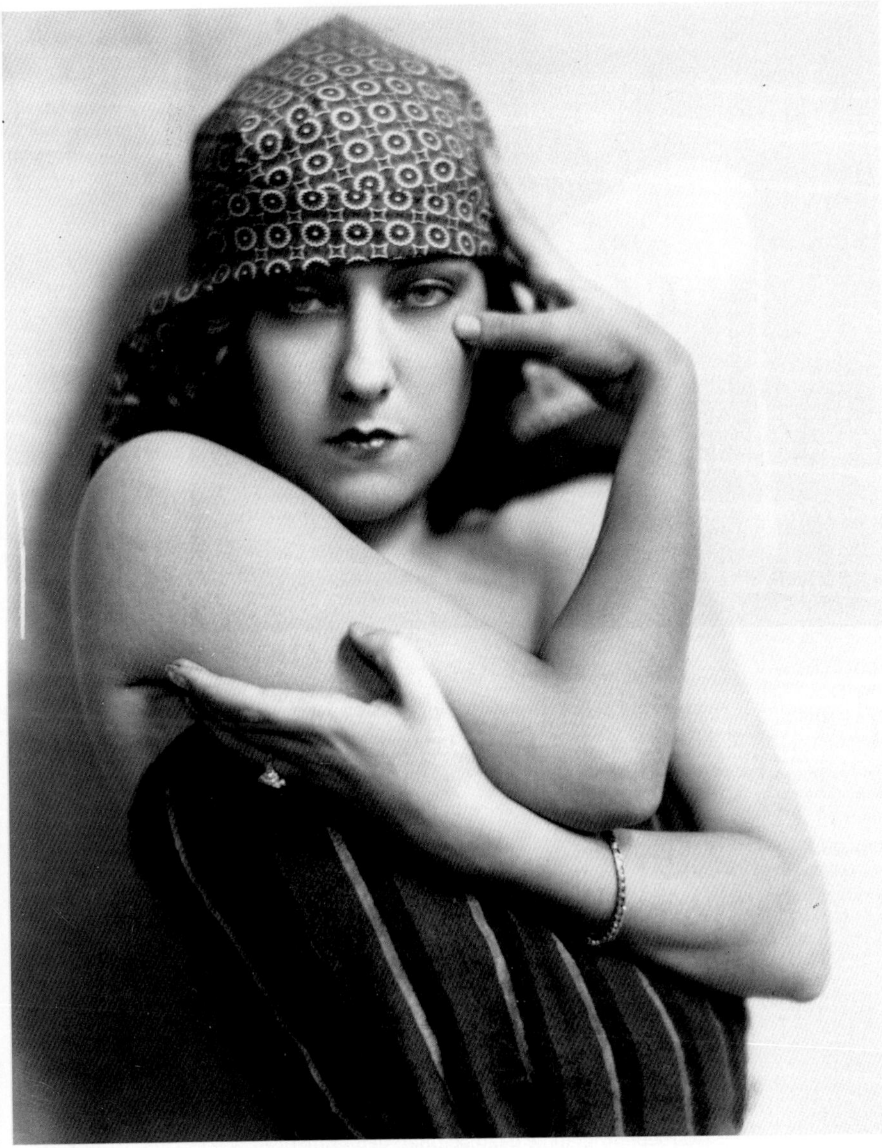

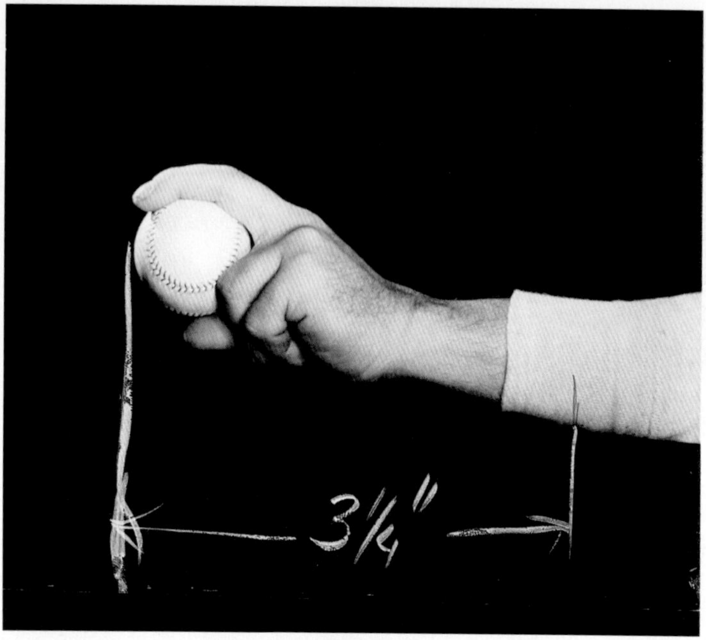

(rechts)
Nickolas Muray

Babe Ruth, um 1927

Silbergelatine-Abzug
SCHENKUNG MRS.
NICKOLAS MURAY
77:0188:2448A

Nickolas Muray
Amerika,
geb. Ungarn,
1892–1965

Babe Ruth
Baseball haltend,
um 1927

Silbergelatine-Abzug
SCHENKUNG MRS.
NICKOLAS MURAY
77:0188:2449

und *Harper's Bazaar*, bekam. 1920 richtete er ein Portraitatelier in seinem Haus in Greenwich Village ein, arbeitete jedoch weiterhin als Photograveur. Ein Jahr später beauftragte ihn *Harper's Bazaar*, das Portrait einer berühmten Persönlichkeit aufzunehmen; schon bald wurden seine Portraits in jeder Ausgabe dieses Magazins und seine Mode- und Produktphotographien in zahlreichen anderen abgedruckt. Bereits 1925 war Muray ein etablierter Portraitphotograph, der immer größeres Ansehen genoß. Seine frühen Portraits, wie das um 1922 entstandene von *Gloria Swanson* (Seite 555), waren weich gezeichnete, malerische Photographien, in denen Form über Linie, ausgewogene Flächen über Details und Stimmung über Information standen. Muray eignete sich in den 1920er Jahren auch das Verfahren des Carbrodrucks an und war in den 1930er Jahren einer der ersten Berufsphotographen, die Mode- und Werbeaufnahmen in Farbe machten.

Während der wirtschaftlichen Depression und des Krieges wurde die Werbephotographie dazu benutzt, den »American Way of Life« zu verkaufen. Von den 1930er bis in die 1950er Jahre griff sie in den Vereinigten Staaten nationalistische Werte in einem Maß auf, das häufig über den Verkauf eines bestimmten Produkts hinausging, so auch Murays *McCalls Magazine*,

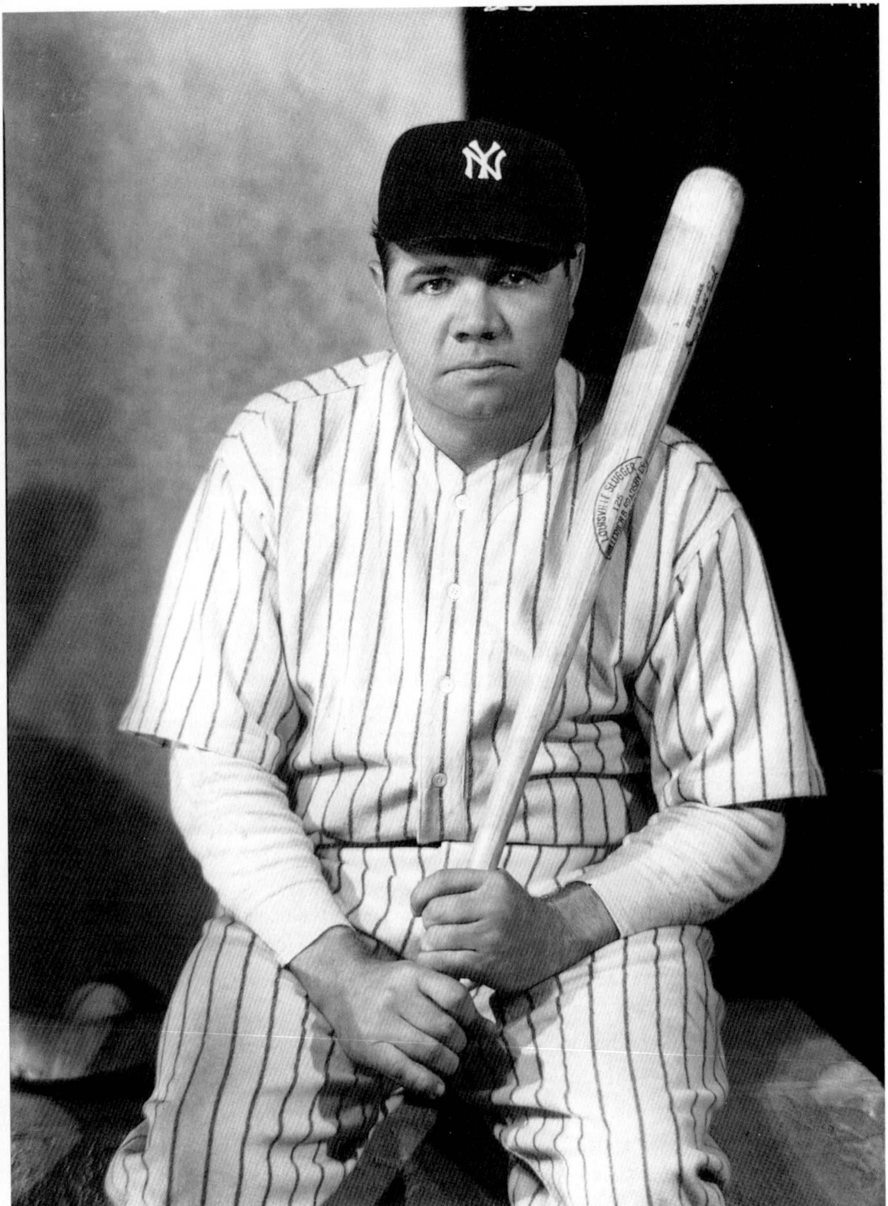
LOUISVILLE SLUGGER
125

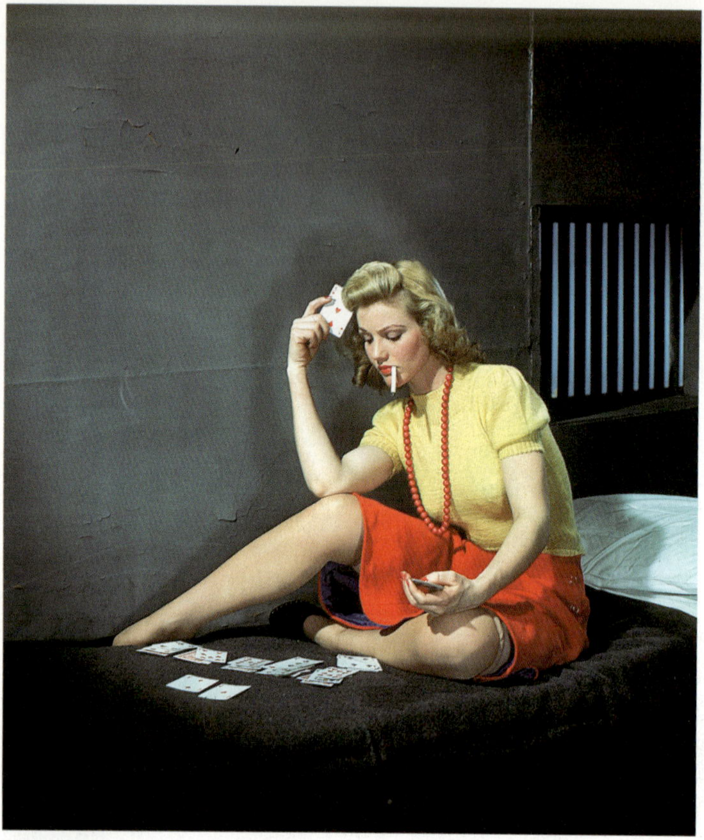

Nickolas Muray
Amerika,
geb. Ungarn,
1892–1965

Frau in Zelle spielt Patience, um 1950

Farbdiapositiv, chromogenes Entwicklungsverfahren (Kodak)
SCHENKUNG MRS. NICKOLAS MURAY
83:0567:0151

(rechts)
Nickolas Muray

McCalls Magazine, Homemaking Cover, 1939

Farbabzug, Carbrodruck
SCHENKUNG MRS. NICKOLAS MURAY
71:0050:0038

Homemaking Cover (Seite 559), ein farbiger Carbrodruck, der das idealisierte Reich des Mittelklasseheims darstellt. Diese Art der Präsentation ist ein Beweis für den damals wachsenden Einfluß der Massenmedien auf kulturelle Verhaltensweisen.

Mehr als vier Jahrzehnte zählte Victor Keppler zu den bekanntesten Werbephotographen der Vereinigten Staaten. Er war weitgehend Autodidakt und begann seine Karriere 1926 als freier Werbephotograph, der dafür bekannt war, daß er auch die schwierigsten kommerziellen Aufträge ausführen konnte. »Es ist machbar – rufen Sie Keppler an«, ein Slogan, den eine Werbeagentur geprägt hatte, wurde zu Kepplers Markenzeichen. Eines der Geheimnisse von Kepplers Erfolgs lag in seiner Fähigkeit, eine modernistische

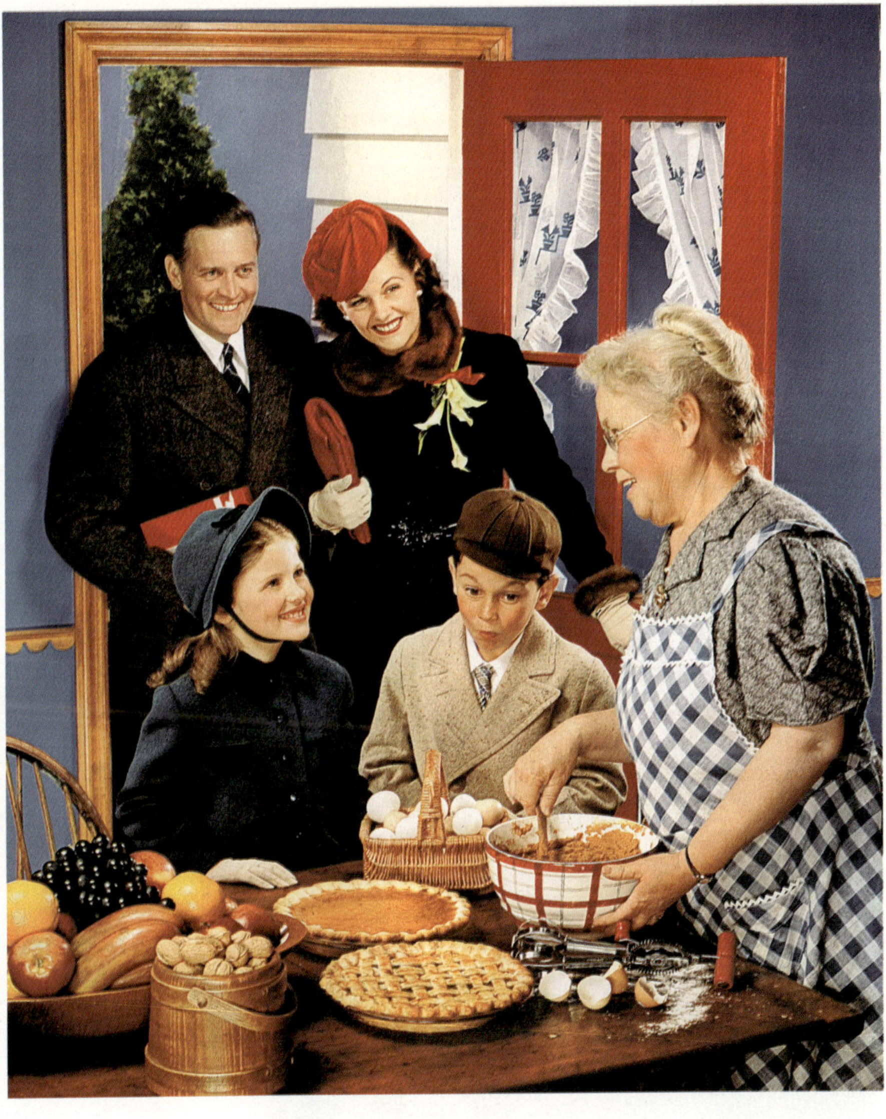

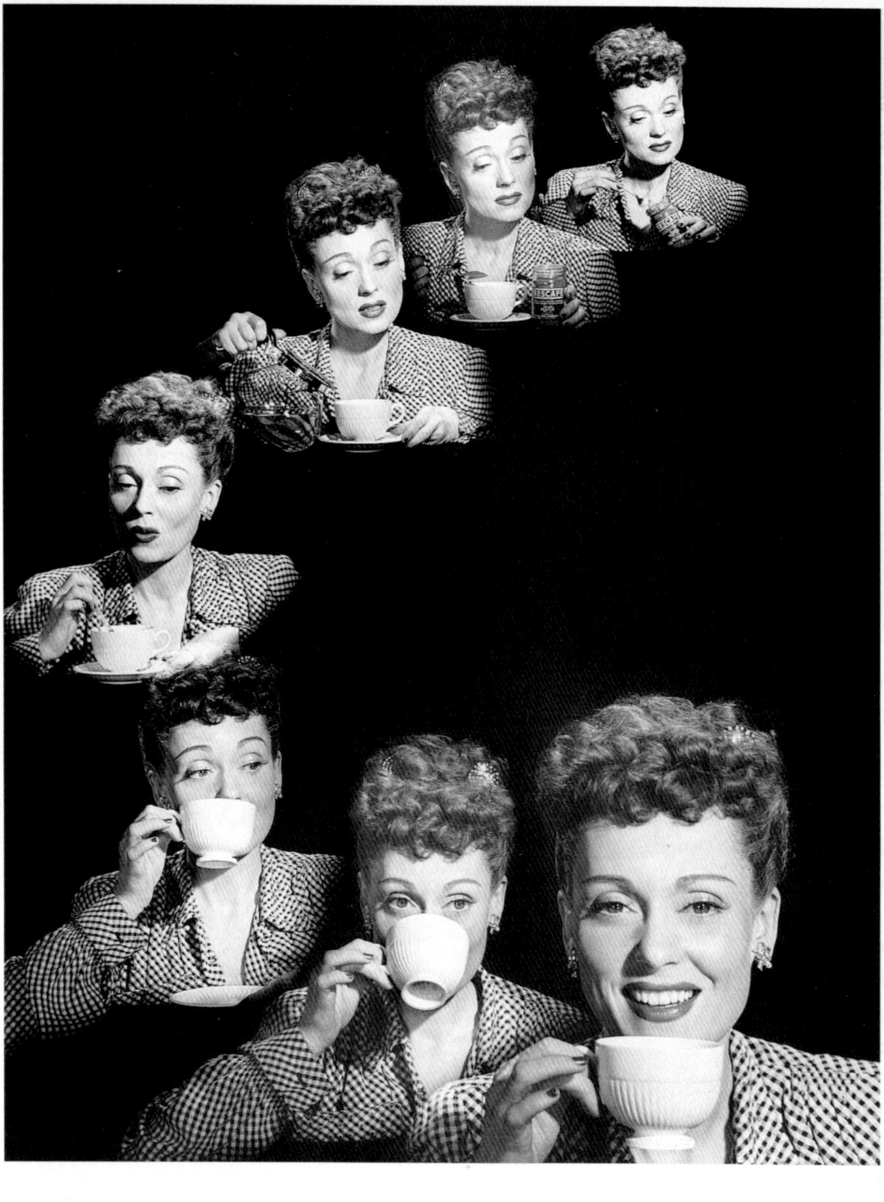

ESCAFE

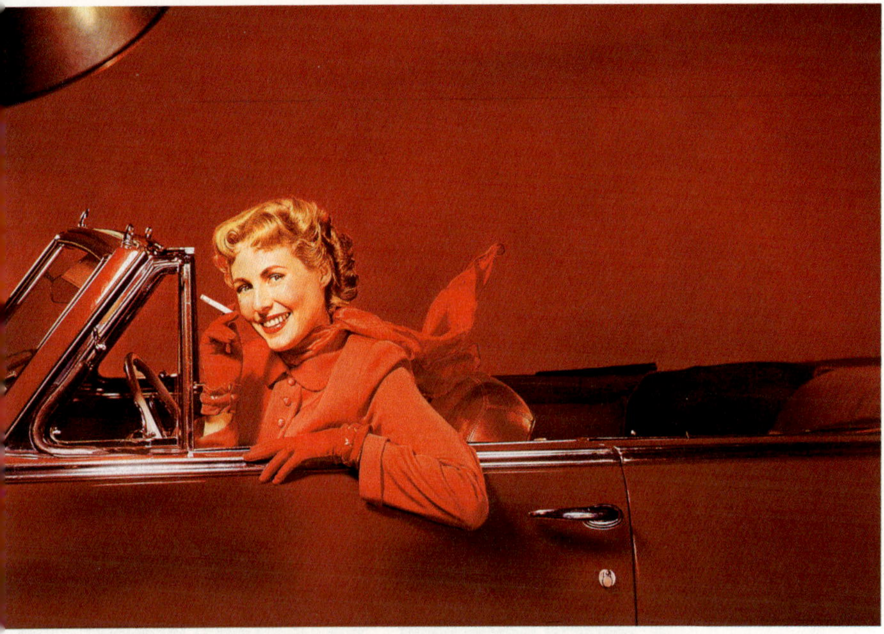

Tendenz zum Experimentieren zu kultivieren und so innovative, verlockende Bilder zu schaffen. Seine Photographie von Martha Scott in einer Anzeige für Nescafé ist eine Photomontage aus sequentiellen Vignetten in einem narrativen Fluß mit konstruierter, filmähnlicher Handlung.

In den 1930er Jahren machte sich Keppler einen Namen mit innovativen, farbigen Werbephotographien nach dem Carbro-Verfahren. Seine erstaunliche Aufnahme *Woman in Convertible* verwirrt das Auge des Betrachters durch den spielerischen Umgang mit einer dominanten Farbe und ihren korrespondierenden Abstufungen, während sie verführerisch die kommerzielle Botschaft vermittelt. Das Museum besitzt 1.300 Schwarzweiß- und Farbphotographien, 12.000 Kontaktabzüge und Negative von Keppler sowie die Geschäftsbücher seines Ateliers.

Der in Australien geborene Anton Bruehl sah 1923 eine Ausstellung mit Photographien von Schülern Clarence Whites. Diese zufällige Entdeckung sollte sein Leben verändern. Er entschloß sich, bei White zu studieren und wurde wie Ralph Steiner und Paul Outerbridge, ebenfalls Schüler von White, ein berühmter New Yorker Werbephotograph. Wie seine Zeitgenossen nahm sich auch Bruehl viele Ratschläge seines Lehrers zu Herzen, vor allem den,

Victor Keppler
Amerika, 1904–1987

Camel Zigaretten Werbung – Frau im Cabriolet, 1951

Farbabzug, Carbrodruck
SCHENKUNG 3M COMPANY, EHEMALIGE SAMMLUNG LOUIS WALTON SIPLEY
77:0292:0027

(links)
Victor Keppler

Schauspielerin Martha Scott, Werbung für Nescafe, 1946

Silbergelatine-Abzug
SCHENKUNG THE PHOTOGRAPHER
76:0241:0145

Victor Keppler
Amerika, 1904–1987

Carter Corsets
(Carter Korsetts),
1938

Silbergelatine-Abzug
SCHENKUNG THE
PHOTOGRAPHER
76:0241:0209

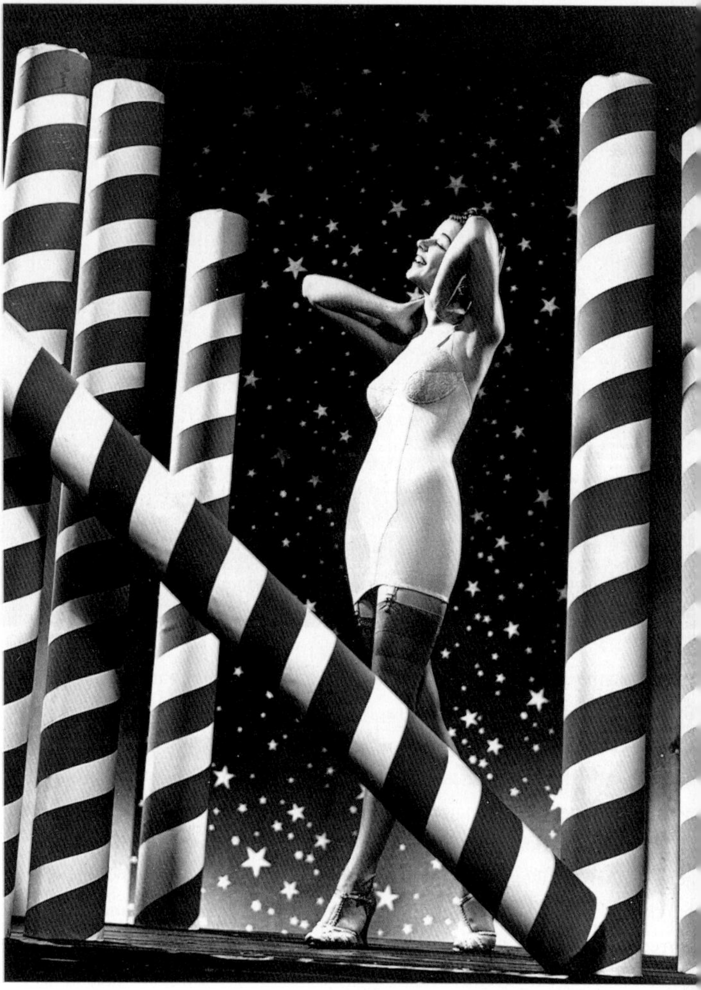

(rechts)
Victor Keppler

Hausfrau in der Küche, um 1940

Farbabzug, Carbrodruck
SCHENKUNG 3M COMPANY,
EHEMALIGE SAMMLUNG
LOUIS WALTON SIPLEY
77:0292:0011

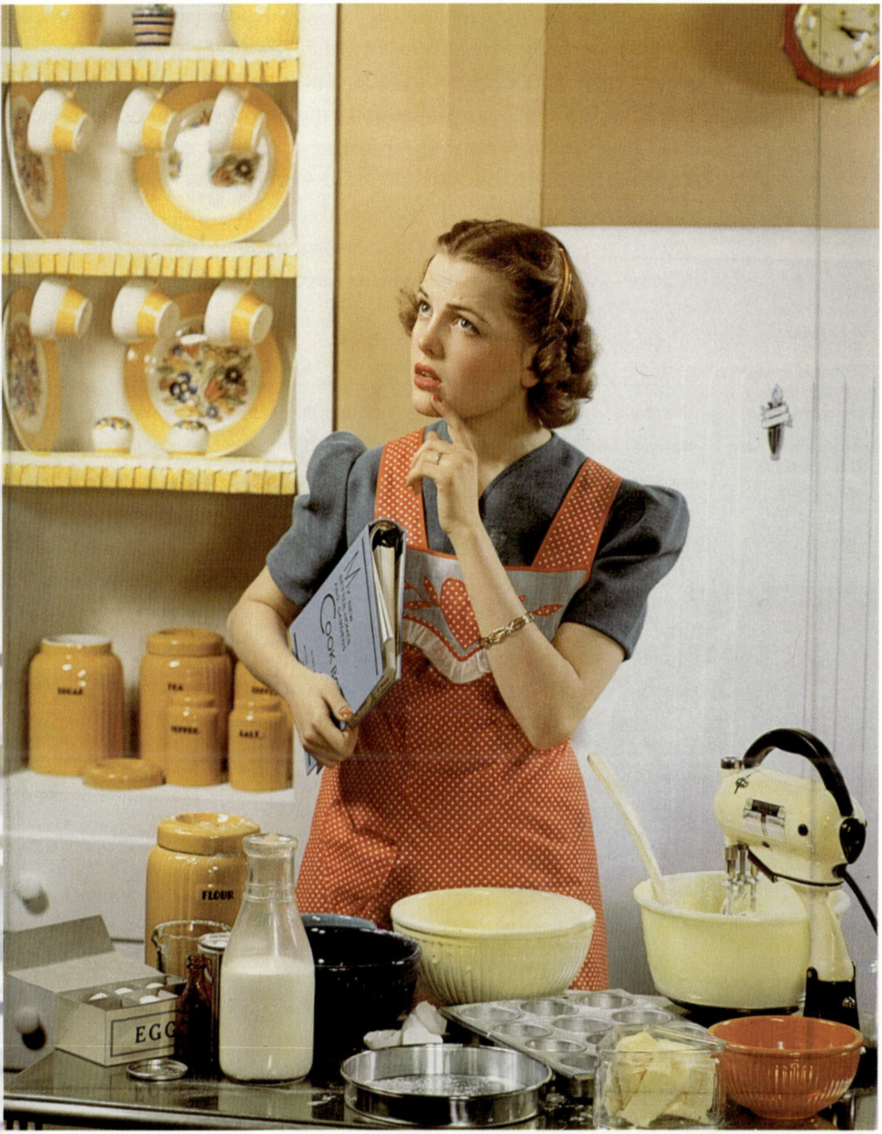
FLOUR

die kommerzielle Illustration von den Beschränkungen früherer, malerischer Konventionen zu befreien. Dies wird in der Aufnahme *Top Hats* deutlich, einer Anzeige für die Herrenausstatter-Kette Weber und Heilbroner, in der moderne, klar umrissene Formen und eine stromlinienförmige Perspektive das Szenario für eine dynamische, fließbandartige Aufreihung eleganter Kopfbedeckungen bilden. Das Jahr 1929, in dem diese Aufnahme gemacht wurde, erwies sich für Bruehls Karriere als äußerst wichtig: mit *Top Hats* gewann er einen angesehenen Preis für Werbephotographie und seine Arbeiten wurden in der wegweisenden Ausstellung »Film und Foto« in Stuttgart gezeigt.

Anton Bruehl
Amerika,
geb. Australien,
1900–1982

Top Hats (Zylinder)
Anzeige für Weber und Heilbroner, 1929

Silbergelatine-Abzug (Modern Print) von Originalnegativ
76:0095:0016MP

Condé Nast beschäftigte Bruehl in den 1930er Jahren als leitenden Farbphotographen, und 1935 brachten sie eine Broschüre seiner Photographien mit dem fast entwaffnend direkten Titel *Color Sells* (Farbe verkauft sich) heraus. Mit der Aufnahme *Dance from a Nightclub Act* (Seite 565) für das Magazin *Esquire* bewies Bruehl seine meisterliche Beherrschung verschiedener Farb-Verfahren. Seine Arbeiten hoben sich deutlich von denen anderer Farbphotographen der Zeit ab und veranlaßten seine Verleger zu der Behauptung: »Farbe ist wie Dynamit – gefährlich, wenn man nicht weiß, wie man damit umgehen muß.«

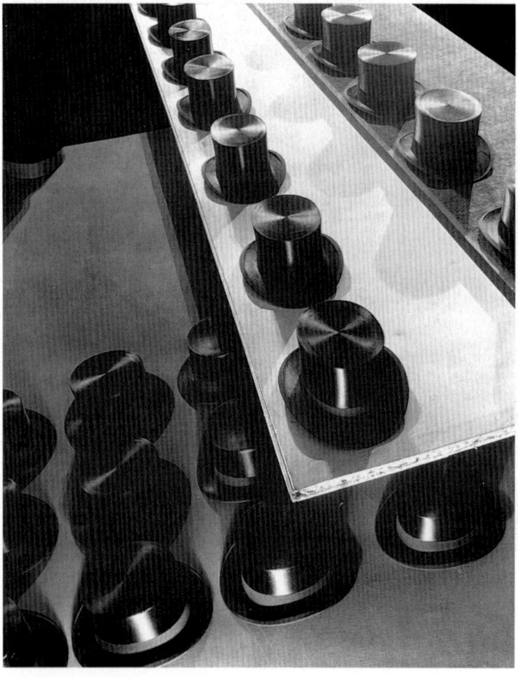

Anton Bruehl

Dance from a Nightclub Act (Tanz einer Nachtclub-Nummer), um 1943

Farbabzug, dye imbition process (Kodak Dye Transfer)
MUSEUMSANKAUF MIT UNTERSTÜTZUNG NATIONAL ENDOWMENT FOR THE ARTS
75:0146:0001

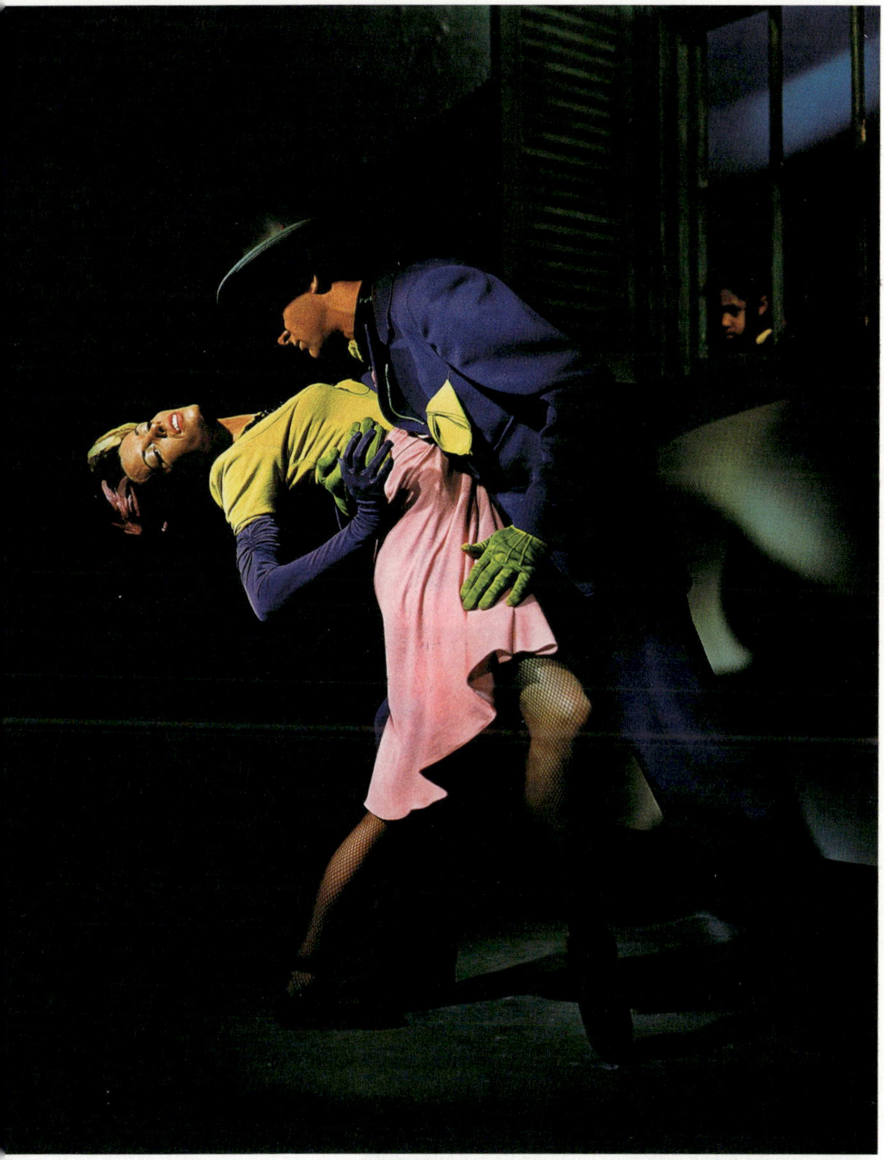

Lejaren à Hiller begann 1899 zu photographieren, wollte aber eigentlich Künstler werden. Er studierte Kunst am Art Institute of Chicago und berichtete, daß »... die Photographie in diesen Jahren den größten Teil meiner Ausgaben bestritt, obwohl ich als Illustrator für amerikanische Zeitschriften recht erfolgreich war.« Zwischen 1904 bis 1914 gestaltete er über 1.000 Titelbilder für *Munsey's Magazine* sowie zahlreiche andere illustrierte Zeitschriften. Bereits um 1900 hatte Hiller versucht, die Herausgeber dieser populären Zeitschriften dafür zu gewinnen, Illustrationen photographisch statt zeichnerisch zu erstellen, und erhielt schließlich die Erlaubnis, es zu versuchen. Bis 1915 waren seine photographischen Illustrationen in Dutzenden von Magazinen erschienen, von *Cosmopolitan* bis zur *Saturday Evening Post*, und ihm wurde allgemein das Verdienst zugeschrieben, ein »[...] vollkommen neues Gebiet des Bildermachens, nämlich die photographische Illustration« etabliert zu haben. Das Museum besitzt 390 Arbeiten, darunter Drucke, 144 Negative, einige Diapositive sowie eine Werbebeilage von Hiller.

Lejaren à Hiller
Amerika, 1880–1969

War Bonds Campaign (Spy) (Kriegsanleihen-Kamapgne, Spion), um 1943

Silbergelatine-Abzug
SCHENKUNG 3M COMPANY, EHEMALIGE SAMMLUNG LOUIS WALTON SIPLEY
78:0953:0036

Ambroise Paré ist einer von 23 Drucken aus *Surgery Through the Ages*, einer aus etwa 200 Bildern bestehenden Serie, die Hiller von 1927 bis 1950 für das Pharmazie-Unternehmen Davis and Geck anfertigte. Die hier abgebildeten Aufnahmen illustrieren Leistungen und Aktivitäten berühmter Ärzte der Medizingeschichte. Siebzig dieser Bilder, die zuerst für Anzeigen, Plakate in Drugstores und aufwendige Geschenkalben für Kunden verwendet wurden, erschienen 1944 in Buchform. Der Plakatentwurf für die Kriegsanleihen-Kampagne war eine

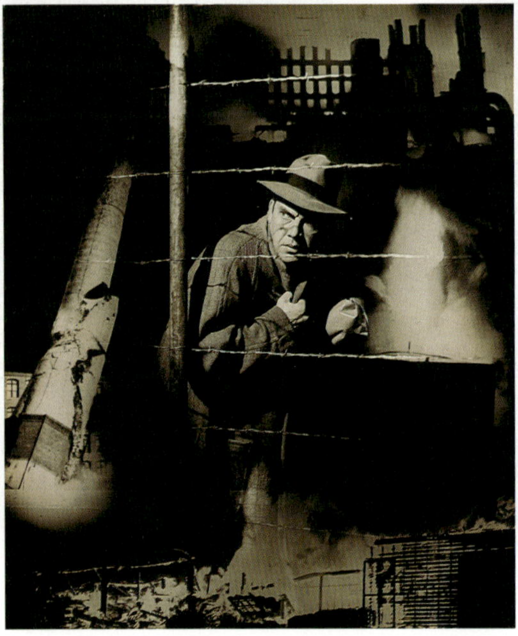

Lejaren à Hiller

Ambroise Paré, 1517–1590 A. D., um 1927–1938

Silbergelatine-Abzug
SCHENKUNG 3M COMPANY, EHEMALIGE SAMMLUNG LOUIS WALTON SIPLEY
77:0081:0004

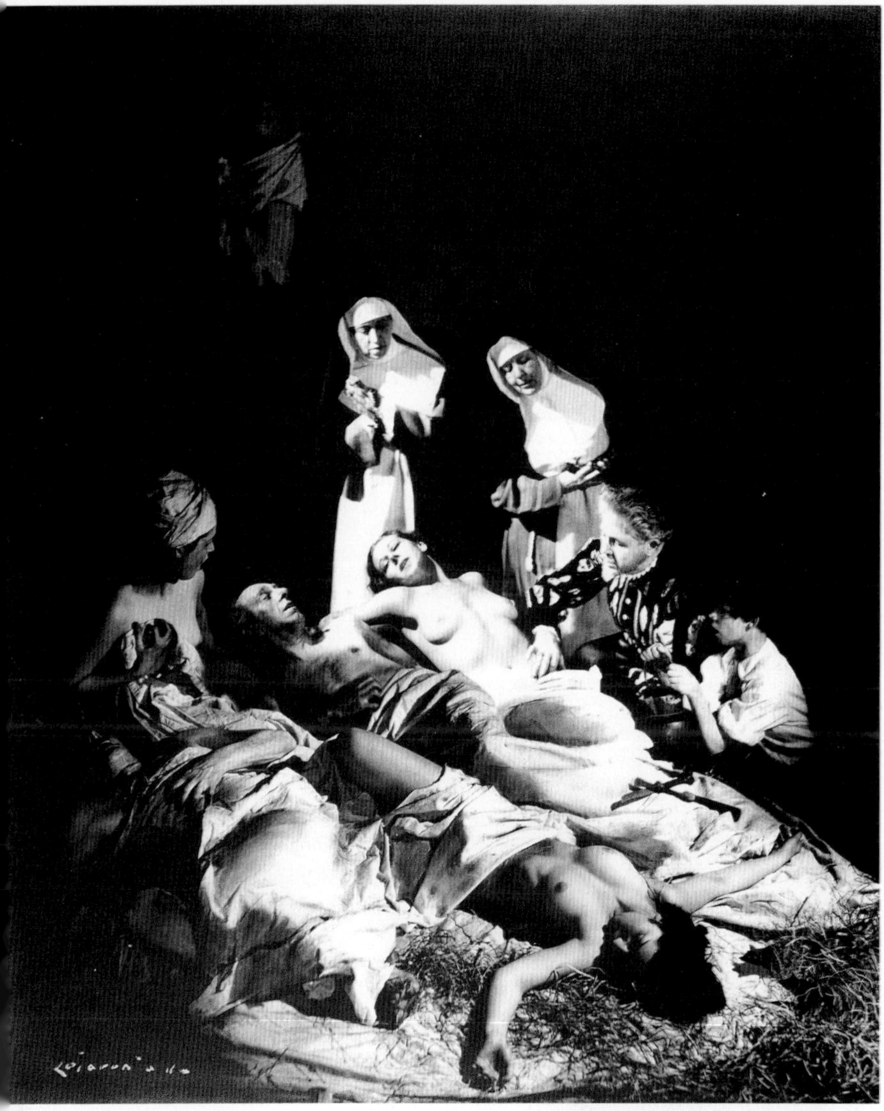

neue Richtung für Hiller, nicht, weil er seine Publicity-Arbeit während des Zweiten Weltkriegs in den Dienst der Kriegsbereitsschaft stellte (denn alle großen Studios taten dies), sondern weil es sich dabei um eine Photomontage handelte. Fast alle anderen, äußerst komplexen Bilder von Hiller sind sorgfältig konstruierte Atelieraufnahmen.

William Mortensen
Amerika, 1897–1965

Jean Harlow, um 1927

Silbergelatine-Abzug (Modern Print) von Originalnegativ
SCHENKUNG 3M COMPANY, EHEMALIGE SAMMLUNG LOUIS WALTON SIPLEY
78:1643:0027MP

William Mortensen nahm das glamouröse Portrait des Filmstars Jean Harlow und die schockierende Charakterstudie *Human Relations, 1932* im Abstand von nur wenigen Jahren auf. Von 1921 bis 1930 war Mortensen in Los Angeles aktiv, wo er in den Gebäuden der Western Costume Company ein Portraitatelier betrieb. Dort arbeitete er als Standphotograph für verschiedene Filmstudios, photographierte Schauspieler und Details ihrer Kostüme und machte Publicity-Portraits. Diese Arbeit gab er 1932 auf, um die Mortensen School of Photography zu eröffnen, in der er in den nächsten 30 Jahren über 3.000 Schüler unterrichtete. Darüber hinaus schrieb er neun Bücher sowie zahlreiche Artikel über photographische Praxis, Technik und Theorie, und wurde zum einflußreichen Fürsprecher der Ästhetik der späten Piktorialisten. In seinem Stil, seinem Ansatz und seiner Auffassung vom Nutzen und Wert des Mediums stand Mortensen in fast direkter Opposition zu den Glaubenssätzen modernistischer Photographen nach 1920. In seiner eigenen kreativen Photographie konzentrierte sich Mortensen auf »Charakterstudien«. Er stellte grundlegende menschliche Werte, in aufwendig kostümierten, meta-

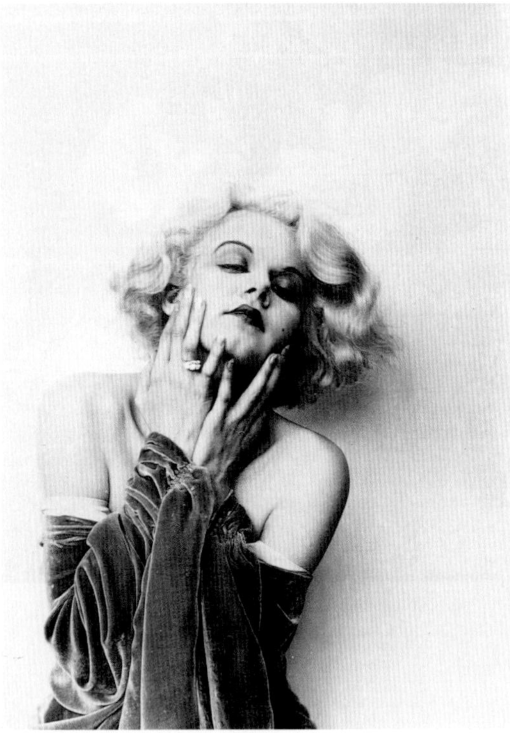

William Mortensen

Human Relations (Menschliche Beziehungen), 1932

Silbergelatine-Abzug
SCHENKUNG DR. C. E. K. MEES
80:0479:0024

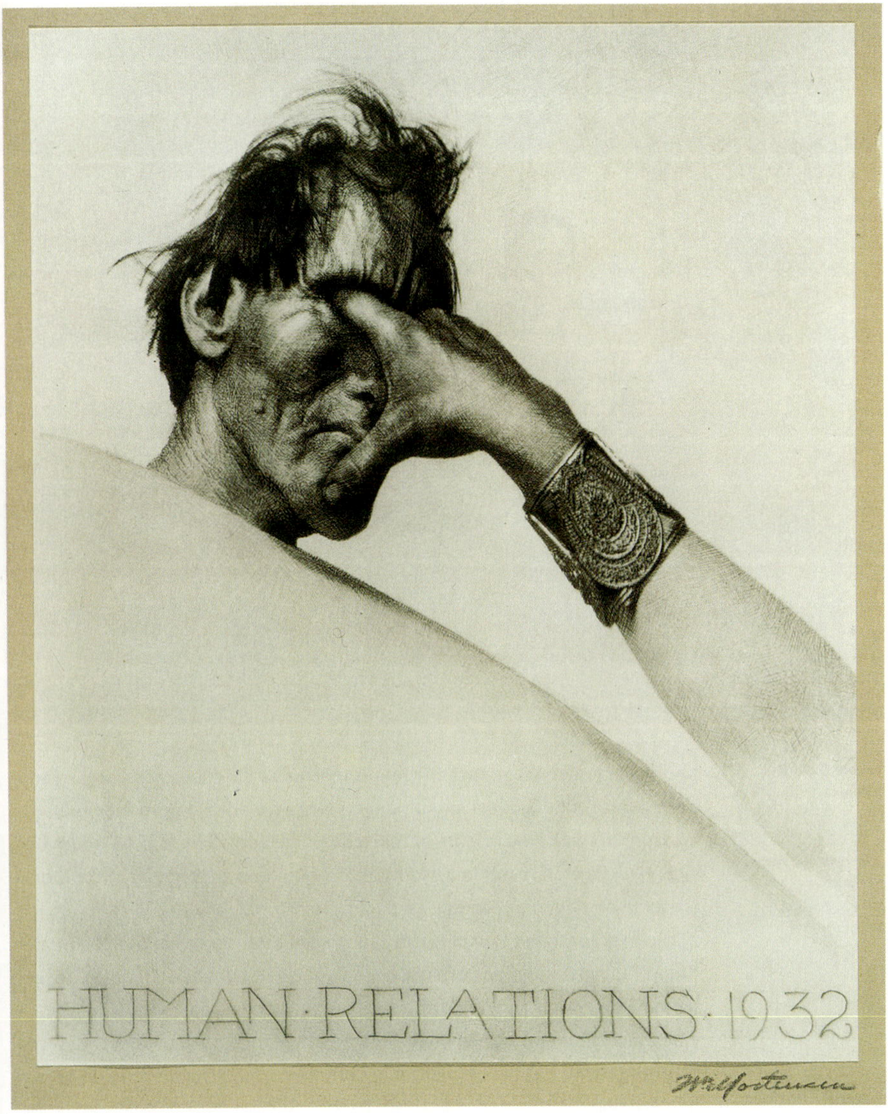
HUMAN · RELATIONS · 1932

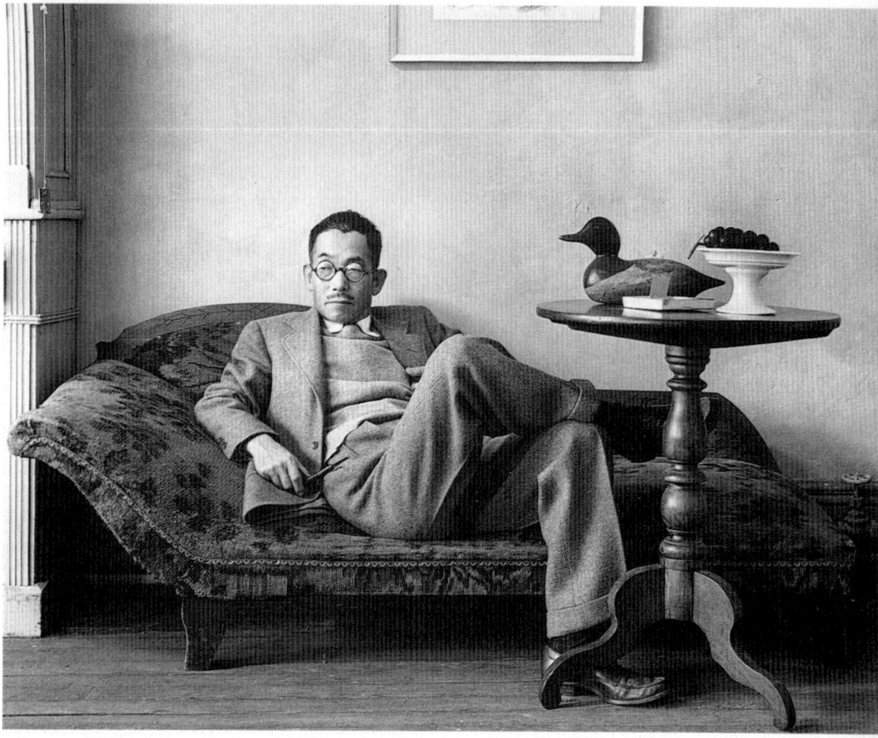

Arnold Newman
Amerika, geb. 1918

Kuniyoshi, 1942

Silbergelatine-Abzug
SCHENKUNG
HAROLD KAYE
80:0529:0014

(rechts)
Arnold Newman

George Grosz, 1942

Silbergelatine-Abzug
MUSEUMSANKAUF
73:0039:0005

phorischen oder allegorischen Genreszenen dar, für die professionelle Modelle posierten; die dabei entstandenen Negative oder Drucke manipulierte er dann, um das gewünschte graphische Bild zu erhalten. Das Museum besitzt zwei Portfolios mit insgesamt 45 Drucken und 55 Negativen von Mortensen, von denen 43 Abzüge gemacht wurden.

Die hier gezeigten Portraits des japanisch-amerikanischen Stillebenmalers Yasuo Kuniyoshi und des expatriierten deutschen Künstlers George Grosz wurden 1942 von Arnold Newman aufgenommen, als der junge Künstler eine Phase intensiver Kreativität erlebte, sich jedoch noch nicht sicher war, ob er die Photographie berufsmäßig betreiben sollte. Doch schon diese frühen Arbeiten deuten den charakteristischen Stil von Newmans Portraits an: wundervolle Komposition, tendenziell zu formalen, klare Perspektiven sowie die intuitive Fähigkeit, die Persönlichkeit eines Modells ans Licht zu bringen. Newman zeigte seine Modelle gewöhnlich in deren eigenem Lebens- oder Arbeitsraum und verlieh den Portraits damit eine psychologische Tiefe.

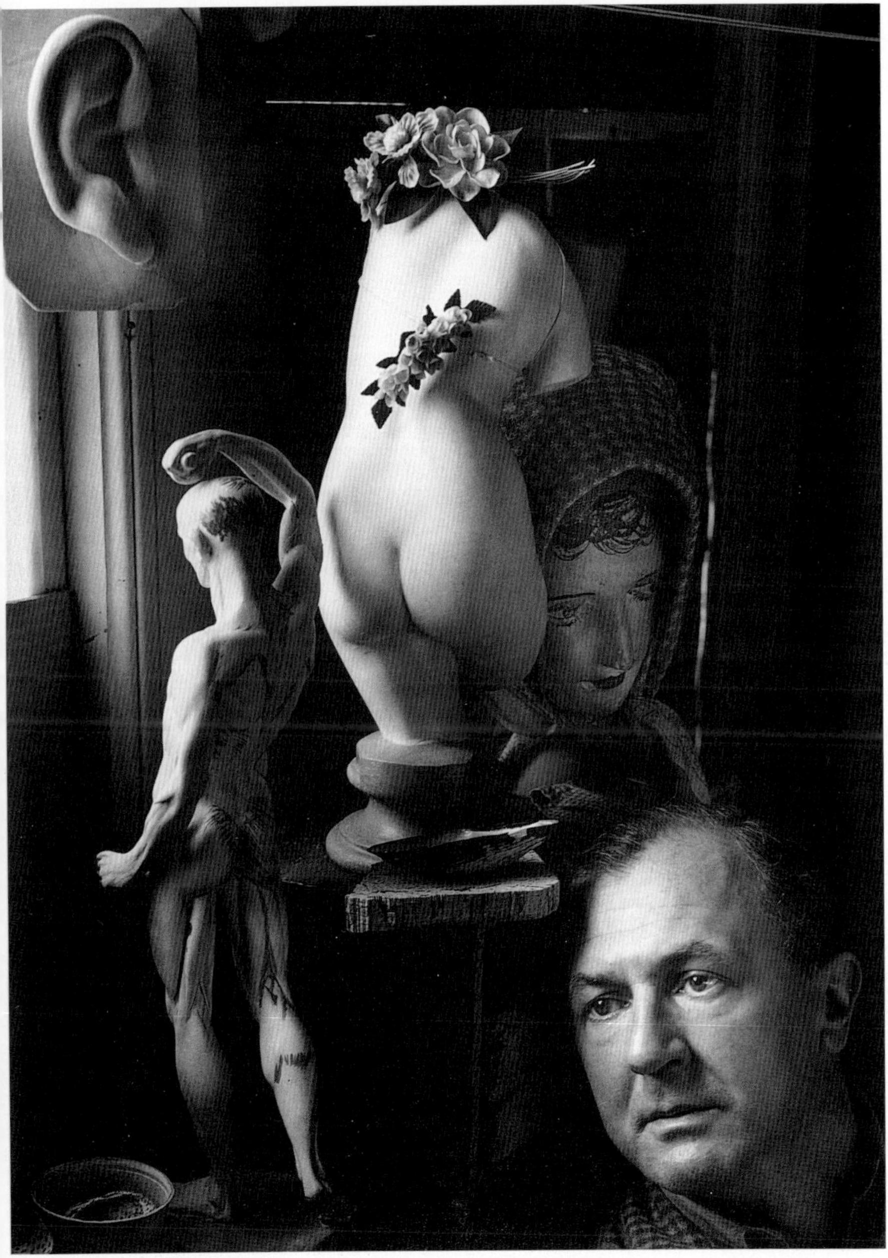

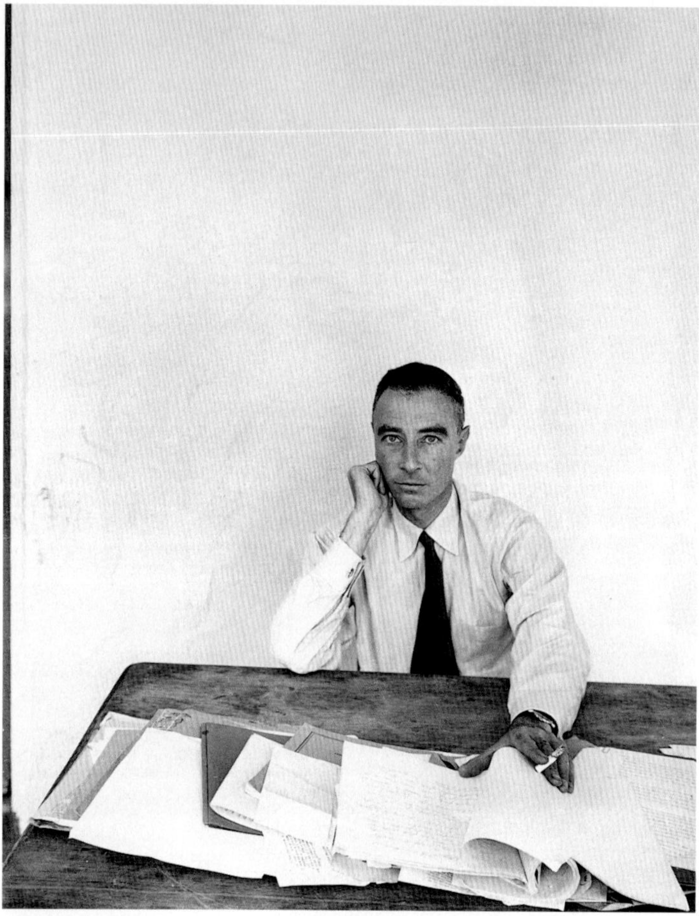

Arnold Newman
Amerika, b. 1918

Dr. J. Robert Oppenheimer, 1948

Silbergelatine-Abzug
SCHENKUNG
HAROLD KAYE
80:0529:0001

Dadurch wie Newman die Pose der Portraitierten mit dem typischen Charakter ihrer unmittelbaren Umgebung verbindet, wird die Persönlichkeit von Kuniyoshi oder Grosz, und sogar eine Andeutung des jeweiligen künstlerischen Stils vermittelt. Diese Art der Präsentation, und insbesondere Newmans Arbeit, wurde unter dem Begriff »environmental portrait« bekannt.

Als frühe Einflüsse gibt Newman Bilder aus *Vanity Fair* und die Arbeiten von Photographen der Farm Security Administration (eine dem amerikanischen Landwirtschaftsministerium unterstellte Behörde, die zur Zeit der großen Depression Hilfsprogramme für Kleinbauern und Pächter entwickel-

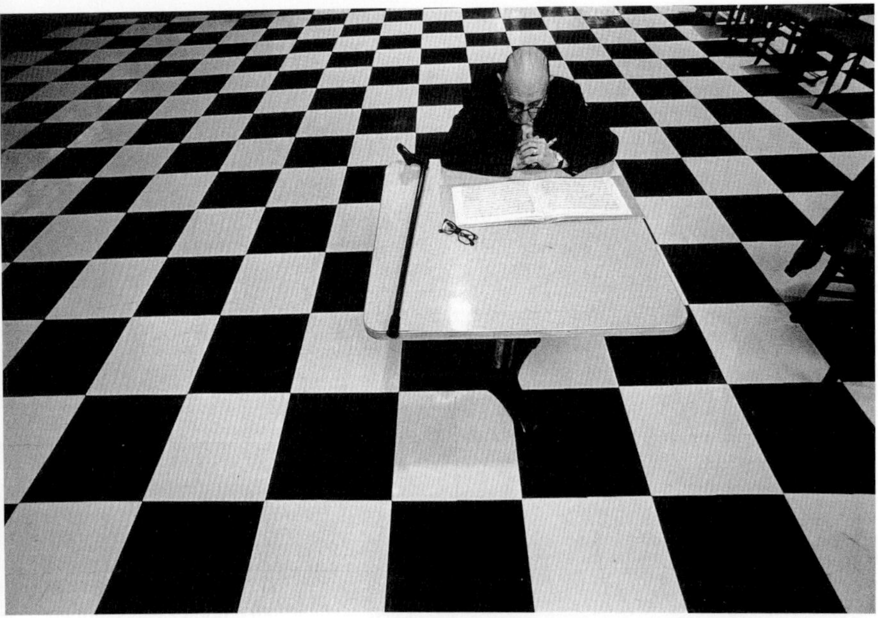

te, A. d. Ü.), insbesondere von Walker Evans an. Das Studium früherer Arbeiten aus *Vanity Fair* bedeutete für einen Portaitphotographen, etwas über historische Vorläufer zu erfahren, aber Newmans Interesse an den Photographen der FSA führte dazu, daß seine Arbeiten von einer Art stiller Menschlichkeit durchdrungen waren. Die Photographen der FSA traten in den 1930er und 1940er Jahren am deutlichsten als Vertreter einer sozial engagierten Dokumentarphotographie in Amerika hervor. Ihr Anliegen war es, ein menschlicheres Bild sozialer Probleme zu zeigen, in der Hoffnung, gesellschaftliche und politische Veränderungen herbeizuführen. Newmans Arbeiten lassen eine ähnliche Absicht erkennen, indem sie Respekt für die Würde des Modells vermitteln. Newman vermied die konventionelle, auf Glamour und Ruhm fixierte Präsentation von Berühmtheiten und konzentrierte sich darauf, in seinen Portraits statt der flüchtigen Illusion des Erfolgs, die bleibenden und bestimmenden Merkmale des Charakters und des Lebens eines Individuums zu zeigen. Seit den 1940er Jahren gilt Arnold Newman weltweit als einer der führenden Portraitisten. Von den 222 Photographien Newmans im Besitz des Museums stammen die meisten aus der ersten Dekade seiner Karriere.

Arnold Newman

Igor Stravinsky at Rehearsal (Igor Strawinsky bei der Probe), New York City, 1966

Silbergelatine-Abzug
SCHENKUNG THE PHOTOGRAPHER
92:1036:0027

Die Aufnahmen *Young Russian Jewess* und *Italienische Familie auf der Fähre* zeigen Einwanderer auf Ellis Island, der Insel vor New York, in deren Hafen um die Jahrhundertwende Millionen von Menschen eintrafen, die in die Vereinigten Staaten übersiedeln wollten. Lewis Wickes Hine, Lehrer an der Ethical Culture School in New York, begann 1904, im Rahmen eines Forschungsprogramms der Schule, Aufnahmen von Immigranten zu machen. Er photographierte bis 1909 auf Ellis Island und setzte seine Arbeit fort, nachdem er Berufsphotograph geworden war. Das Museum besitzt über 100 Bilder von Einwanderern auf Ellis Island, die Bestandteil der Sammlung von 3.800 Negativen und über 6.000 Abzügen von Hine sind.

Lewis Wickes Hine
Amerika, 1874–1940

Young Russian Jewess (Junge russische Jüdin), Ellis Island, 1905

Silbergelatine-Abzug
SCHENKUNG THE PHOTO LEAGUE, NEW YORK, EHEMALIGE SAMMLUNG LEWIS WICKES HINE
77:0177:0148

Zu Beginn des 20. Jahrhunderts erlebten die Vereinigten Staaten eine Zeit progressiver sozialer Reformen, die fast das gesamte Denken des Landes erfaßten und gesellschaftliche und pädagogische Theorien sowie politische Umwälzungen auf allen Regierungsebenen zur Folge hatten. Hunderte von öffentlichen und privaten Einrichtungen und Organisationen wurden gegründet, um den sozialen Problemen zu begegnen, die im Zuge der Industrialisierung in den Städten entstanden waren. Dieses neue soziale Engagement fand Ausdruck in so verschiedenen Aktivitäten wie der Begrünung von Wohnblocks bis hin zur Arbeit von internationalen Organisationen wie dem Roten Kreuz und der Heilsarmee. Durch Ausstellungen und Publikationen wurden die Reformvorhaben zu zentralen Themen in illustrierten Zeitschriften. Pädagogen, Behörden und Organisationen dokumentierten ihre wohltätigen Aktivitäten, die populäre Presse bot einen aktiven Markt für sozial engagierte Dokumentarphotographen.

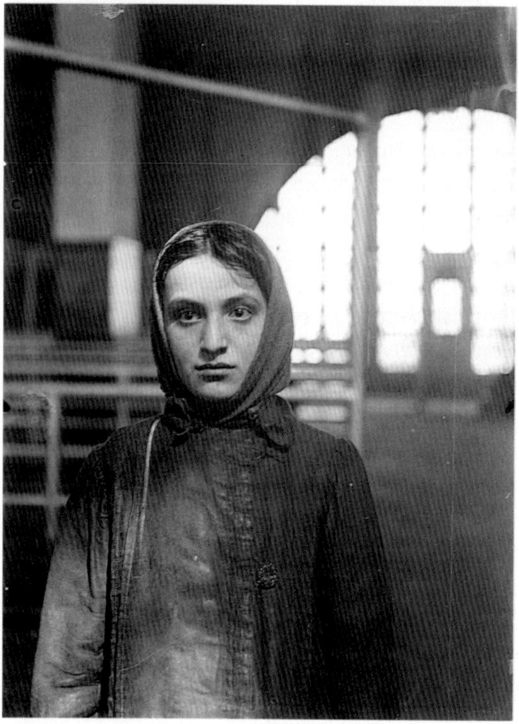

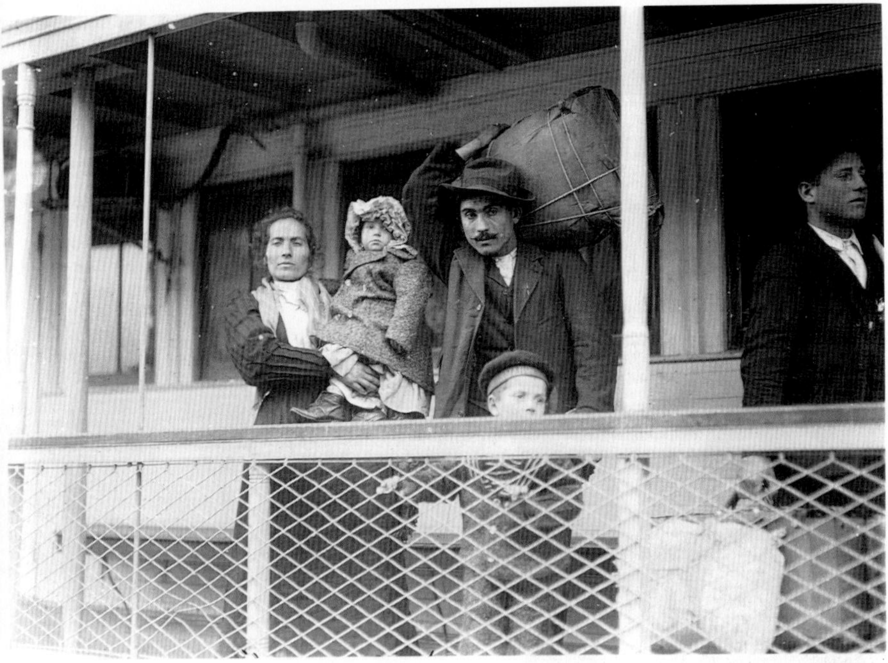

Von Kollegen ermutigt, gab Hine, der bis 1905 an der Columbia University in New York Pädagogik studiert hatte, die relative Sicherheit einer Anstellung als Lehrer auf, um Dokumentarphotograph zu werden. Seine Arbeit auf Ellis Island, der Studien der Lebensbedingungen in den Mietskasernen von New York City folgten, brachte Hine großes Ansehen sozial engagierter Gruppen ein.

Ab 1906 arbeitete Hine für das Magazin *Charities and the Commons* sowie für das National Child Labor Committee (NCLC). Von 1908 bis 1918 unternahm er zahlreiche photographische Reisen im Auftrag des NCLC und dokumentierte das Leben der Kinder, die auf Farmen, in Fabriken, Webereien und im Bergbau arbeiteten; diese Aufnahmen stellte er für Ausstellungen, Vorträge und eine Vielzahl von Publikationen zur Verfügung. Hine erkannte die Überzeugungskraft der Photographie als illustratives Dokument, die, begleitet von einem erläuternden Text, seiner Ansicht nach einen »... Hebel für den sozialen Aufschwung« darstellte.

1918 verließ Hine das National Child Labor Committee und wurde vom Amerikanischen Roten Kreuz beauftragt, die durch den Ersten Weltkrieg in

Lewis Wickes Hine

Italienische Familie auf der Fähre, Ellis Island verlassend,
1905

Silbergelatine-Abzug
SCHENKUNG THE PHOTO LEAGUE, NEW YORK, EHEMALIGE SAMMLUNG LEWIS WICKES HINE
77:0177:0169

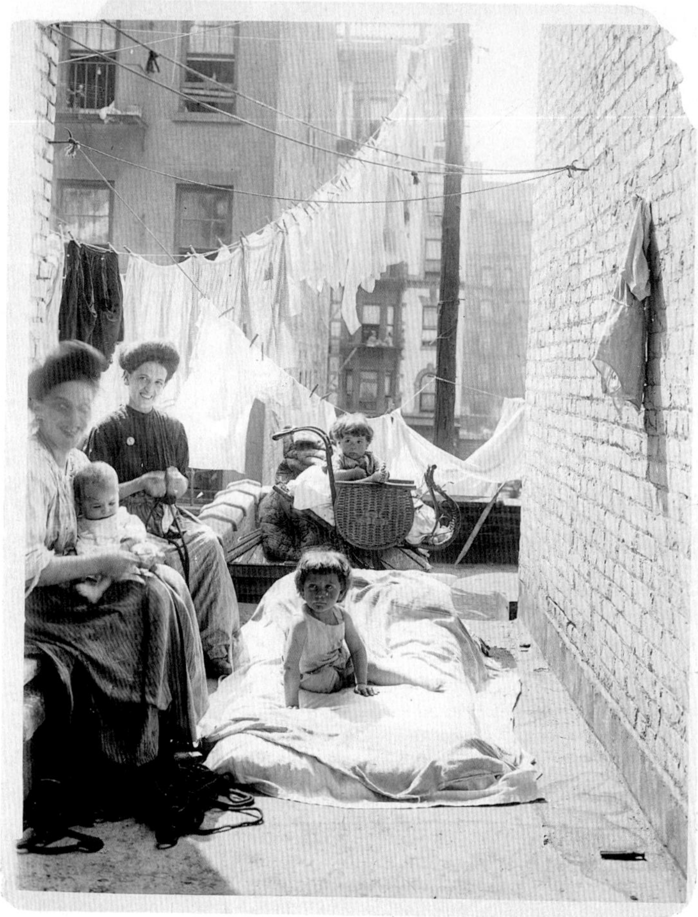

(rechts)
Lewis Wickes Hine

Street Play in the Early Days (Straßenspiele der frühen Tage) – N. Y., 1910

Silbergelatine-Abzug
SCHENKUNG THE PHOTO LEAGUE, NEW YORK, EHEMALIGE SAMMLUNG LEWIS WICKES HINE
78:1027:0047

(rechts)
Lewis Wickes Hine

Playground (Spielplatz) in Mill Village, 1909

Silbergelatine-Abzug
SCHENKUNG THE PHOTO LEAGUE, NEW YORK, EHEMALIGE SAMMLUNG LEWIS WICKES HINE
78:1028:0060

Lewis Wickes Hine
Amerika, 1874–1940

N. Y. Tenement Family Gets Fresh Air on a Hot Day (New Yorker Mietshaus-Familie schöpft frische Luft an einem heißen Tag), um 1910

Silbergelatine-Abzug
SCHENKUNG THE PHOTO LEAGUE, NEW YORK, EHEMALIGE SAMMLUNG LEWIS WICKES HINE
78:1026:0002

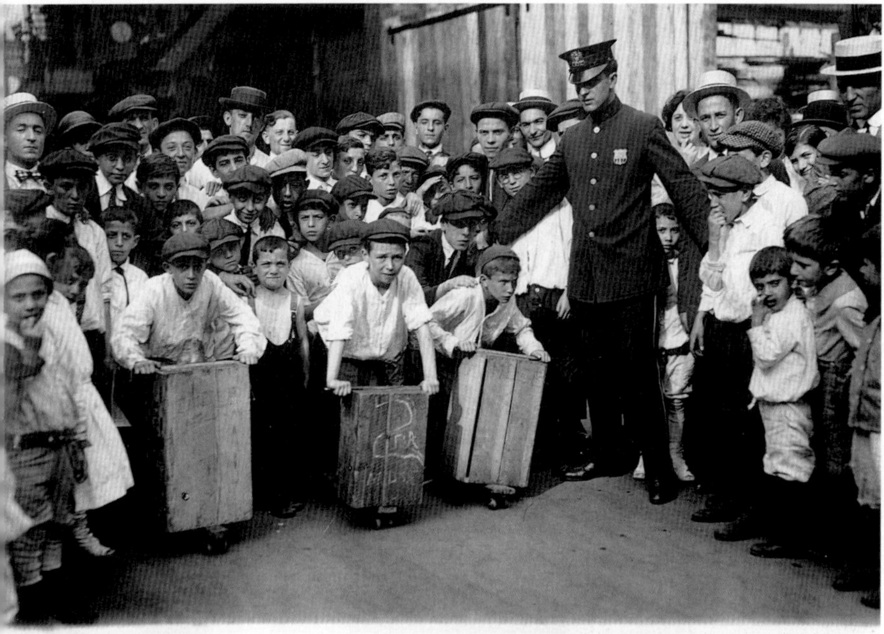

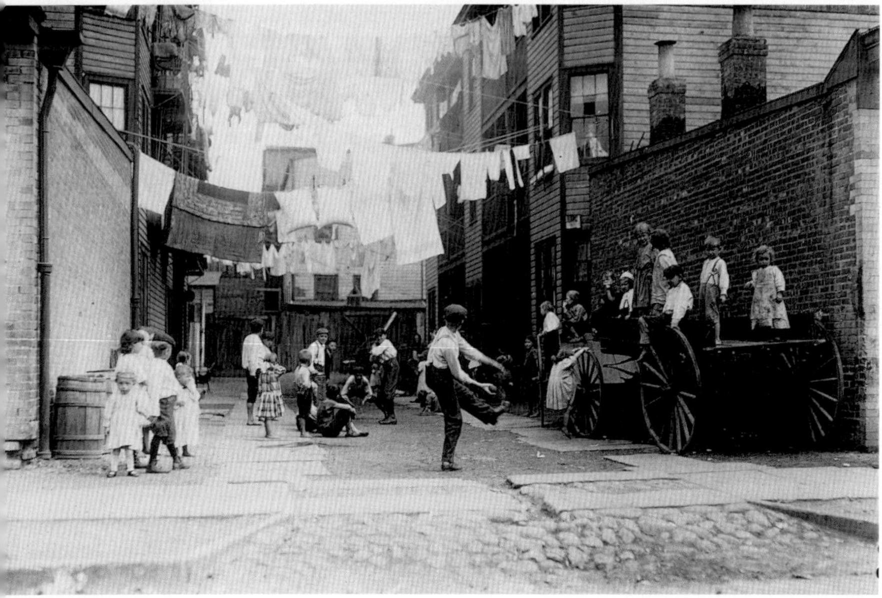

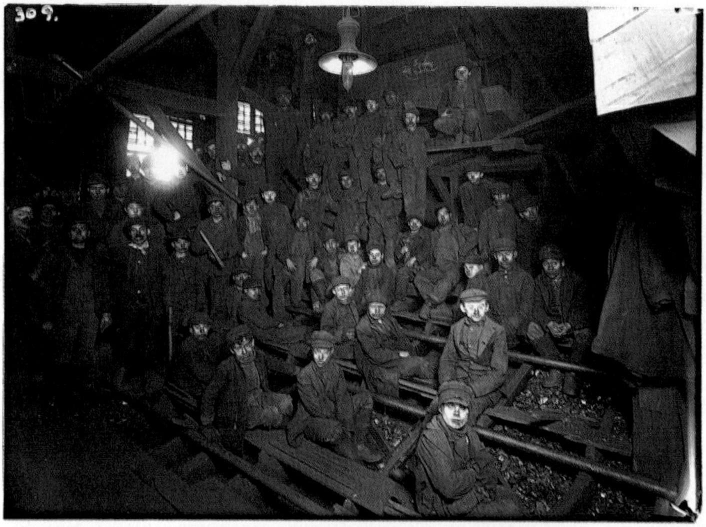

Lewis Wickes Hine
Amerika, 1874–1940

Breaker Boys in Coal Chute, South Pittston (Junge Kohlenbrecher im Schacht), Pennsylvania, 1911

Von Gelatinetrockenplatte-Negativ
SCHENKUNG THE PHOTO LEAGUE, NEW YORK, EHEMALIGE SAMMLUNG LEWIS WICKES HINE
85:0081:0021

Lewis Wickes Hine

Spinner Girl (Spinnerin), um 1908

Von Gelatinetrockenplatte-Negativ
SCHENKUNG THE PHOTO LEAGUE, NEW YORK, EHEMALIGE SAMMLUNG LEWIS WICKES HINE
85:0079:0021

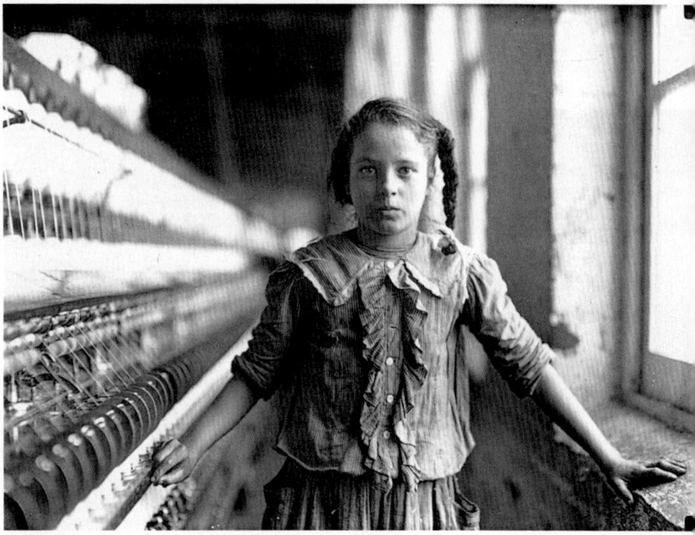

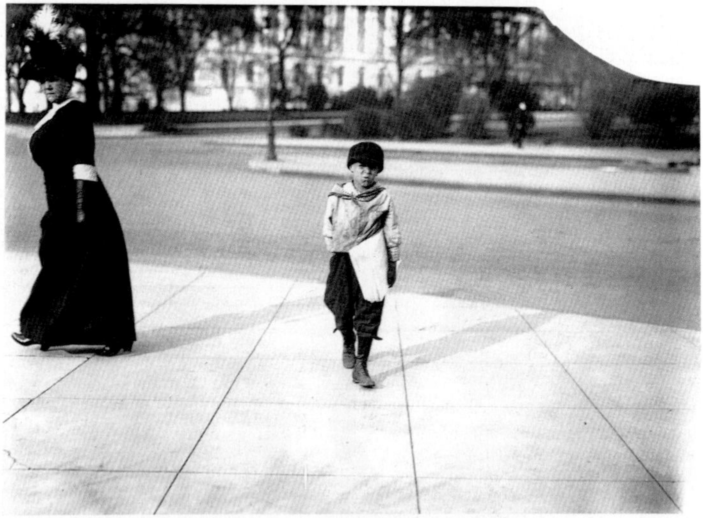

Lewis Wickes Hine

Newsie. Kinderarbeit, um 1912

Von Gelatinetrocken-platte-Negativ
SCHENKUNG THE PHOTO LEAGUE, NEW YORK, EHEMALIGE SAMMLUNG LEWIS WICKES HINE
85:0083:0012

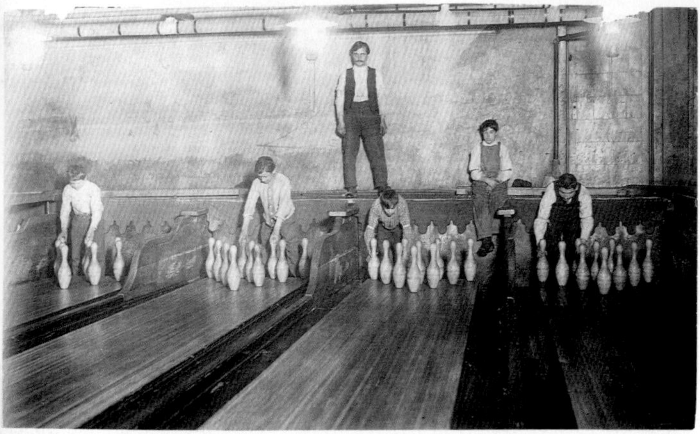

Lewis Wickes Hine

1 am. Pin Boys Working in Subway Bowling Alleys. Every Night. 3 Smaller Boys Were Kept out of the Photo by the Boss (1 Uhr [nachts]. Jungen bei der Arbeit in einer unterirdischen Kegelbahn. Jede Nacht. 3 kleinere Jungen wurden vom Boss aus dem Photo heraus gehalten), 1910

Silbergelatine-Abzug
SCHENKUNG THE PHOTO LEAGUE, NEW YORK, EHEMALIGE SAMMLUNG LEWIS WICKES HINE
77:0185:0010

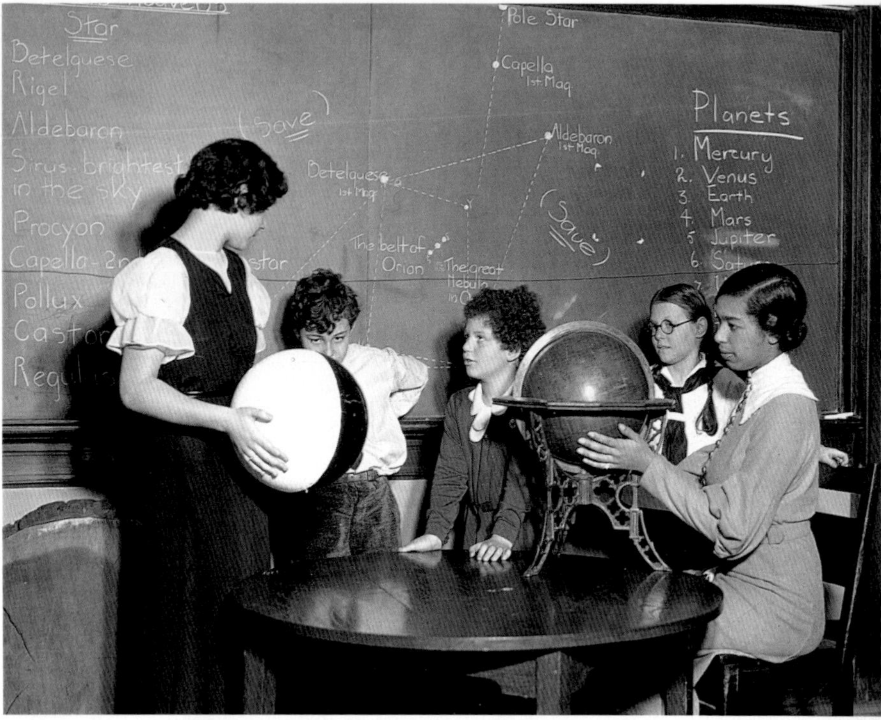

Lewis Wickes Hine
Amerika, 1874–1940
Finding Out What Caused That Recent Eclipse, Ethical Culture Schools, um 1935
Silbergelatine-Abzug
SCHENKUNG THE PHOTO LEAGUE, NEW YORK, EHEMALIGE SAMMLUNG LEWIS WICKES HINE
78:1016:0001

Health. Children under Sunlamps, um 1925
Silbergelatine-Abzug
SCHENKUNG THE PHOTO LEAGUE, NEW YORK, EHEMALIGE SAMMLUNG LEWIS WICKES HINE
78:1042:0117

Europa verursachten Zerstörungen zu photographieren. Zwei Jahre lang dokumentierte er die Hilfsaktionen des Roten Kreuzes und lieferte die Photographien, um dessen Aktivitäten in Übersee zu bewerben. Nach seiner Arbeit in Europa erhielt Hine kleinere Aufträge von zahlreichen pädagogischen und sozialen Einrichtungen.

Von 1904 bis 1920 konzentrierte sich Hines Photographie auf die Situation des Menschen in der industrialisierten Welt, so daß seine Arbeiten eine sehr humanistische, auf dem Wunsch nach sozialen Reformen basierende Qualität erhielten. In späteren Jahren erfuhr seine Photographie eine wesentliche Veränderung, denn die Aufträge seiner neuen Kunden hatten mehr mit Dokumentationen zum Zwecke der Werbung für das Programm einer bestimmten Einrichtung zu tun, als damit, soziale Mißstände aufzuzeigen. So schuf Hine mit *Herausfinden, was die Ursache der letzten Finternis war ...* und *Student Hairdressers, Bordentown School* (Seite 582) Photographien, welche die Aktivitäten und Leistungen der Organisationen zeigten und Kinder als Kunden darstellten, welche diese Dienste in Anspruch nahmen.

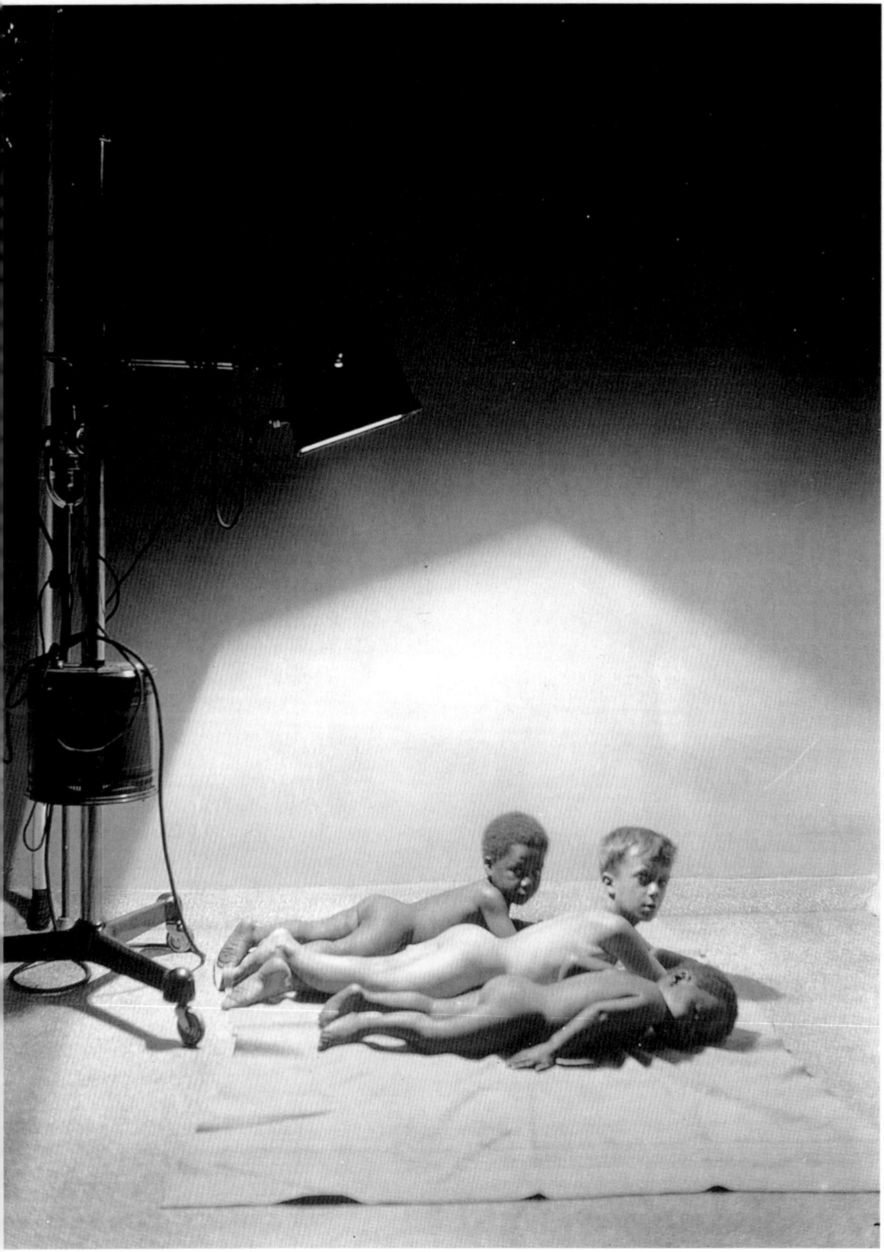

Lewis Wickes Hine
Amerika, 1874–1940

Kindergarten Students with Hammers (Kindergartenkinder mit Hammer), um 1930

Silbergelatine-Abzug
SCHENKUNG THE PHOTO LEAGUE, NEW YORK, EHEMALIGE SAMMLUNG LEWIS WICKES HINE
78:1021:0030

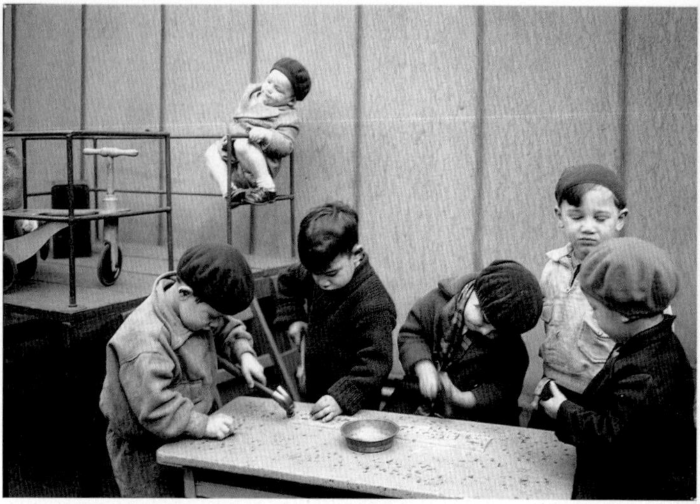

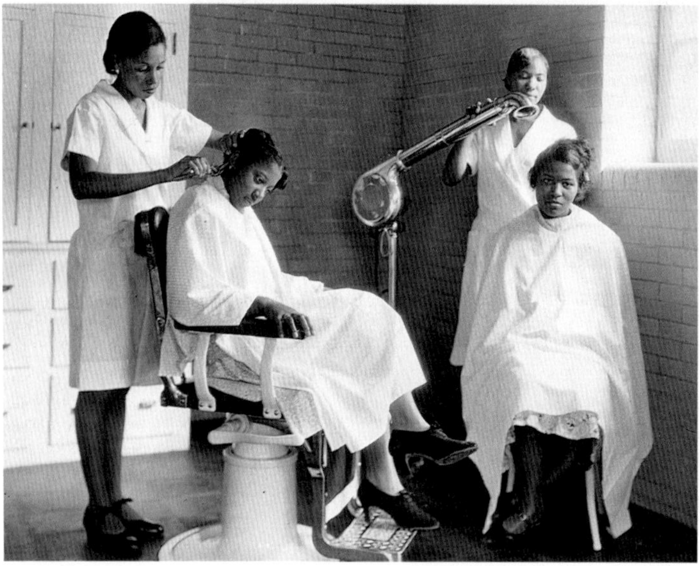

Lewis Wickes Hine

Student Hairdressers (Friseur-Schülerinnen), Bordentown School, um 1935

Silbergelatine-Abzug
SCHENKUNG THE PHOTO LEAGUE, NEW YORK, EHEMALIGE SAMMLUNG LEWIS WICKES HINE
78:1020:0020

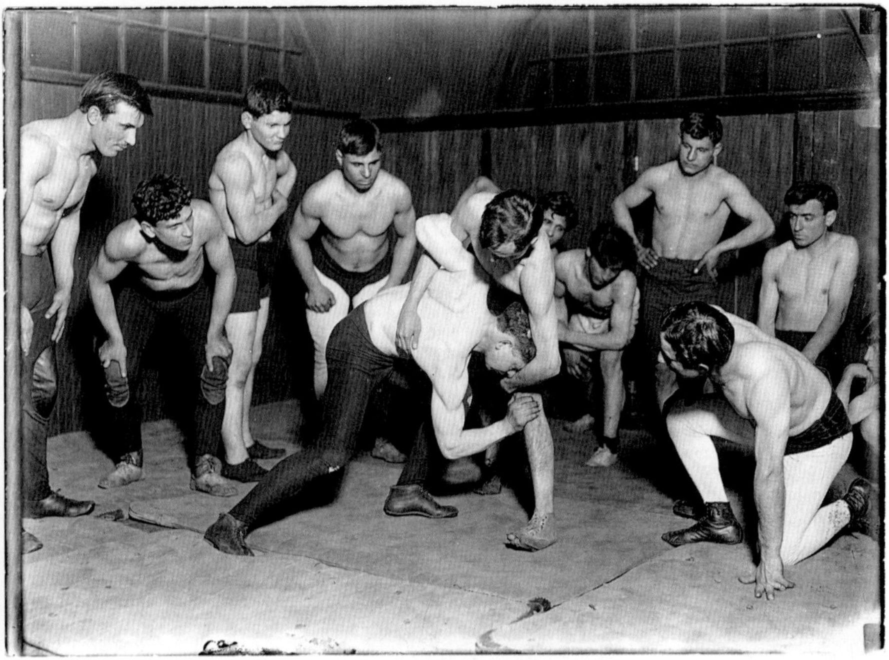

Aus seinen Schriften, seiner persönlichen Geschichte und der Wahl seines Berufs geht deutlich hervor, daß Hine zutiefst davon überzeugt war, mit seiner Arbeit Veränderungen in einer Welt bewirken zu können, die dringend Reformen benötigte. Ebenso deutlich ist, daß er über die Zustände, die er photographierte, moralisch empört war und der Anblick fünfjähriger Kinder, die zwölf Stunden am Tag in unsicheren und unhygienischen Fabriken arbeiten mußten, ihn schmerzte und sein Mitleid weckte. Dennoch zeigt er die Menschen in seinen Photographien nie als Opfer. Die erschöpften Kinder behalten stets ihre Würde, sie verlieren nie ihren Stolz. Auch wenn er unmenschliche Zustände dokumentierte, waren Hines Photographien stets affirmative Bilder. Nach dem Ersten Weltkrieg änderte sich Hines Praxis, denn er sah voraus, daß es nicht mehr so viele Aufträge für sozial engagierte Dokumentarphotographen geben würde. Er selbst bezeichnete sich als interpretierenden Photographen und widmete sich wieder dem Thema Arbeit, um den progressiven Werten der neuen Ära gerecht zu werden.

In den Jahren zwischen den beiden Weltkriegen entstand in der bildenden Kunst eine Bewegung, welche die Vorteile des amerikanischen Kapitalismus

Lewis Wickes Hine

A »Wrestling-Club« in a Social Settlement in One of Our Large Cities (Ein Ringerclub in einer Sozialsiedlung in einer unserer großen Städte), 1910

Silbergelatine-Abzug
SCHENKUNG THE PHOTO LEAGUE, NEW YORK, EHEMALIGE SAMMLUNG LEWIS WICKES HINE
78:1023:0070

darstellte und den Arbeiter im anbrechenden Maschinenzeitalter in den Mittelpunkt stellte. Künstler wie Joseph Pennell, John Sloan und Joseph Stella griffen dieses dynamische Thema eine Zeitlang auf, und Photographen wie Margaret Bourke-White und Peter Stackpole folgten zu Beginn ihrer Karriere einem ähnlichen Kurs. Hine hatte bereits 1907 im Rahmen von Paul Kelloggs wegweisender soziologischer Studie *Pittsburgh Survey* Industriearbeiter photographiert. Seine Entscheidung, »die menschliche Seite der Industrie zu zeigen«, war von öffentlichem und finanziellem Erfolg gekrönt. Er war zweifellos davon überzeugt, noch immer zur sozialen Verbesserung beitragen zu können, indem er die Rolle des Arbeiters positiv darstellte. Durch diese Entscheidung blieb er auf der Höhe der Zeit, und die Veränderung wurde vom aufmerksamen Beobachter sofort erkannt. Hine erhielt Aufträge von Gewerkschaften wie von der Industrie. Mit seinen eindringlichen Portraits von Mechanikern inmitten der ausgeprägten Formen und der dramatischen Umgebung schwerer Maschinen gewann er Auszeichnungen, und seine Arbeiten wurden ausgestellt und in Kunstzeitschriften besprochen. Doch durch den Zusammenbruch der Börse 1929 und den Beginn der Depression erlitt er große Einkommenseinbußen und geriet in finanzielle Schwierigkeiten.

Lewis Wickes Hine
Amerika, 1874–1940

Seaman's Strike (Streik der Seeleute), um 1925

Von Gelatine-Diazetat-Negativ

SCHENKUNG THE PHOTO LEAGUE, NEW YORK, EHEMALIGE SAMMLUNG LEWIS WICKES HINE
85:0330:0031

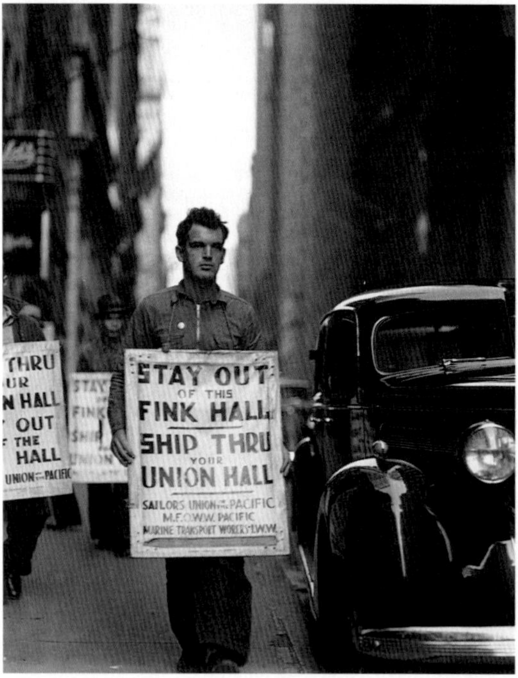

Im Mai 1930 erhielt Hine den Auftrag, die Bauarbeiten des Empire State Buildung zu photographieren. Vermutlich verdankte er diesen Auftrag seinem Nachbarn Richard Shreve, einem der Leiter des Architekturbüros, welches das Gebäude

Lewis Wickes Hine

Power House Mechanic (Kraftwerk-Mechaniker), 1920

Silbergelatine-Abzug
SCHENKUNG THE PHOTO LEAGUE, NEW YORK, EHEMALIGE SAMMLUNG LEWIS WICKES HINE
78:0999:0013

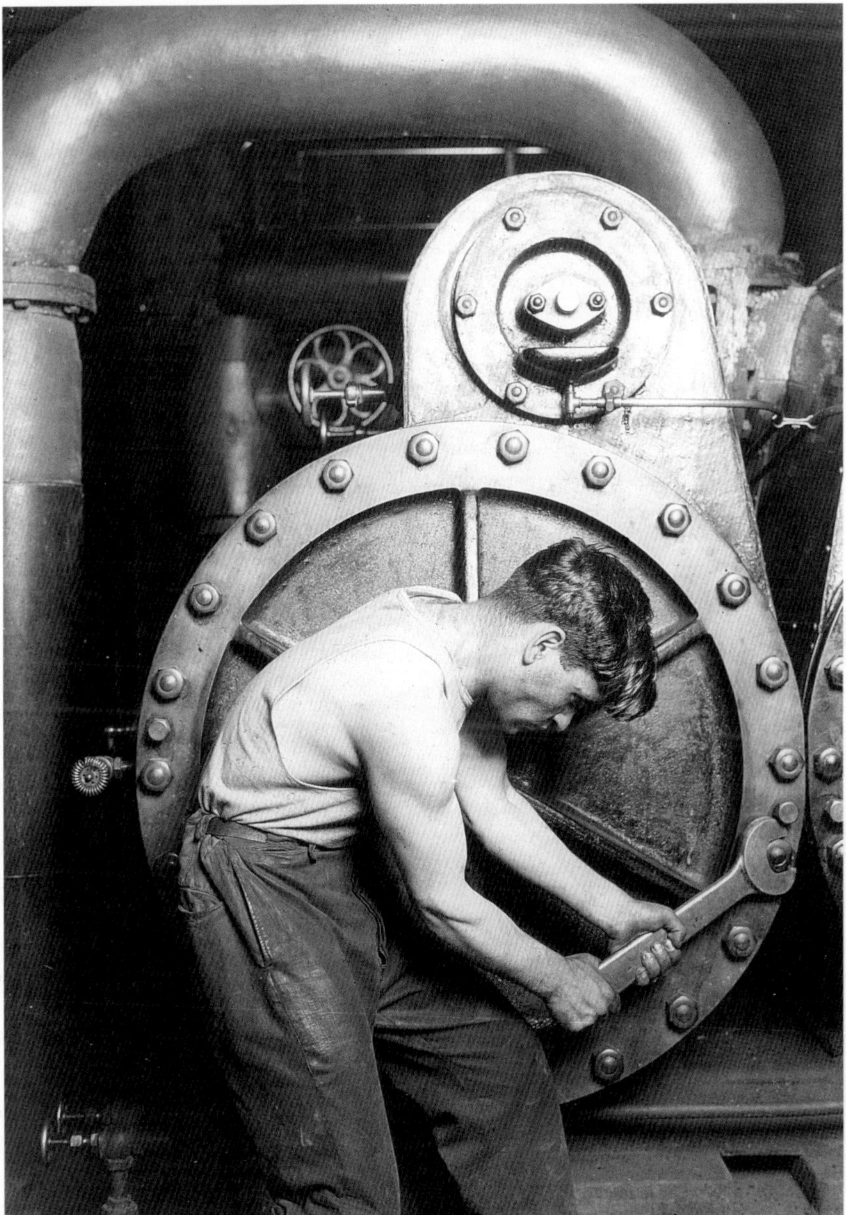

Lewis Wickes Hine
Amerika, 1874–1940

Riveters Working on Mooring Mast (Nieter bei der Arbeit am Verankerungsmast), Empire State Building, 1931

Silbergelatine-Abzug
SCHENKUNG THE PHOTO LEAGUE, NEW YORK, EHEMALIGE SAMMLUNG LEWIS WICKES HINE
77:0158:0007

entworfen hatte. Hine photographierte die Bauarbeiter und folgte ihnen in die Höhe, während das Gebäude auf 102 Stockwerke anwuchs und damit das höchste der Welt war. Wie bereits in früheren Jahren wirkten seine Aufnahmen auf den zeitgenössischen Betrachter ausgesprochen modern. Die ausgeprägten graphischen Formen der Streben und Pfeiler des Gerüsts und die steile Perspektive, die Hine einnehmen mußte, wenn er die Arbeiter photographierte, schienen einer aufregenden, neuen photographischen Vision Ausdruck zu verleihen. Da der Bau des Empire State Building ein besonders aufsehenerregendes Ereignis war, über das alle Medien berichteten, wurden Hines Photographien von einem großen Publikum gesehen und diskutiert. Europäische Kunstmagazine veröffentlichten sie als Ausdruck der amerikanischen Avantgarde, und Photographen, die der neuen objektivistischen und konstruktivistischen Bewegung in der Kunst nahestanden, waren von diesen Arbeiten besonders fasziniert. 1932 wurden die Photographien des Empire State Building in dem von der Kritik hoch gelobten Buch *Men at Work* veröffentlicht. Das Museum besitzt etwa 500 Bilder aus diesem Zyklus.

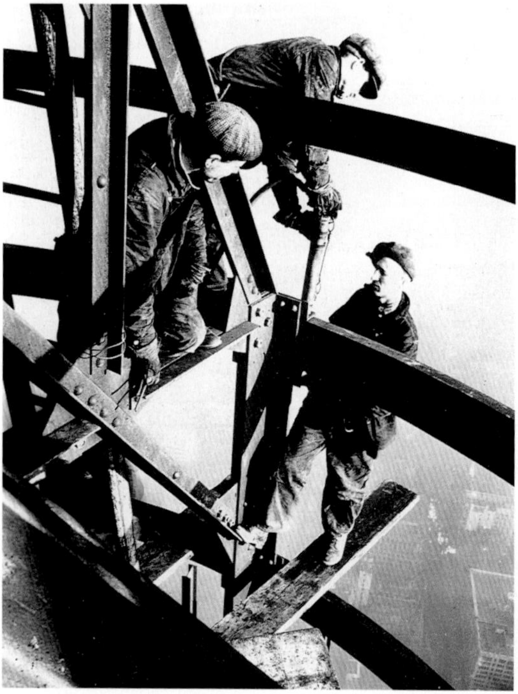

Lewis Wickes Hine

Männer auf dem Gerüst, Mooring Mast, Empire State Building, um 1931

Silbergelatine-Abzug
SCHENKUNG THE PHOTO LEAGUE, NEW YORK, EHEMALIGE SAMMLUNG LEWIS WICKES HINE
77:0161:0038

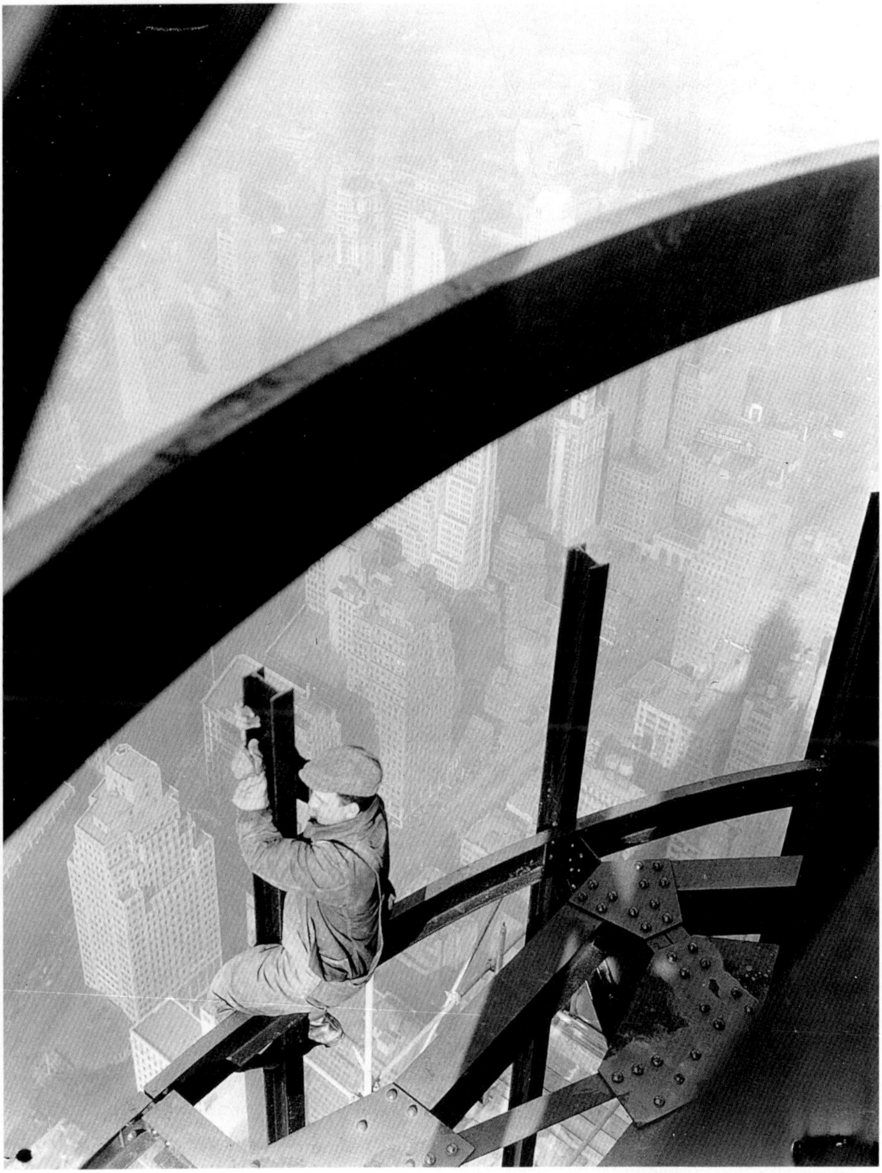

Margaret Bourke-White
Amerika, 1904–1971

Gargoyle of Chrysler Building Tower (Wasserspeier am Turm des Chrysler Building), 1930

Silbergelatine-Abzug
71:0155:0029

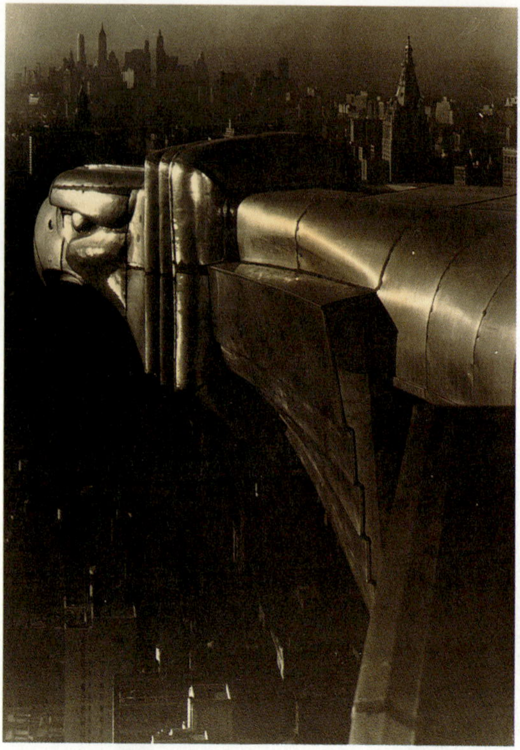

(rechts)
Margaret Bourke-White

Terminal Tower, Cleveland, 1928

Silbergelatine-Abzug
71:0155:0109

Margaret Bourke-White begann ihre Laufbahn 1927 als Werbe- und Industriephotographin in Cleveland. Sie entwickelte einen modernistischen Stil, der sich durch den dramatischen Einsatz von Perspektive, Licht und Schatten auf scharf umrissenen industriellen Formen auszeichnet, und verband in ihren Photographien Tatsachenwelt mit der ausdrucksstarken Sprache der Abstraktion. Im Gegensatz zu vielen anderen amerikanischen Photographen, welche die Welt der Industrie dokumentierten, verlieh Bourke-White ihren industriellen Bildern etwas Erhabenes und entwickelte einen sehr persönlichen, absolut zeitgemäßen Stil. Ihre ästhetische Auffassung von Maschinen veranlaßte sie zu der Behauptung: »Ein Dynamo ist ebenso schön wie eine Vase«; in ihren Aufnahmen erhalten Bauwerken, die vorher als häßlich oder destruktiv betrachtet wurden, Glanz und Größe. Diese Arbeiten fanden bei ihrer Klientel von Industriellen sofort großen Anklang. Als Henry Luce 1930 mit *Fortune* ein Magazin für Unternehmer herausbrachte, war Bourke-White die erste Photographin, die er anstellte.

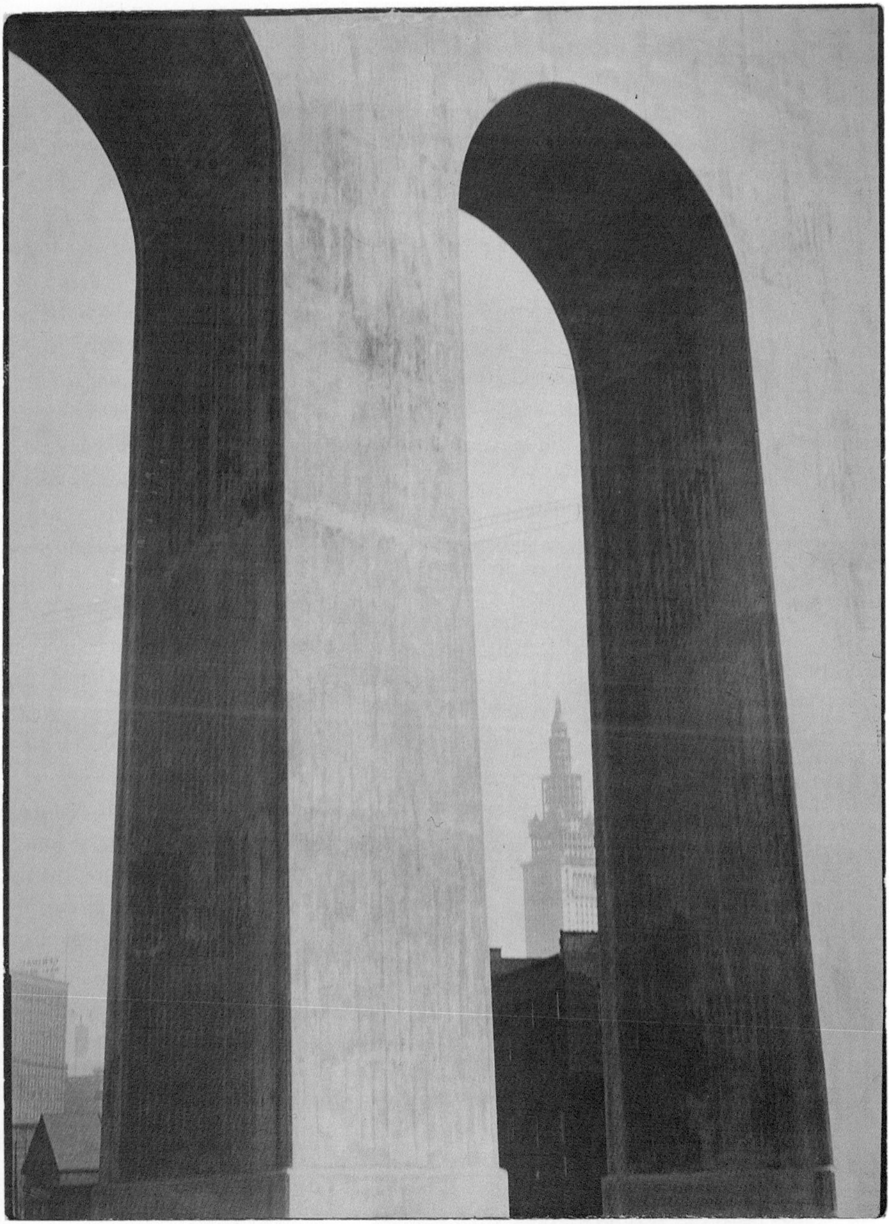

Von 1929 bis 1936 arbeitete Bourke-White in New York gleichzeitig als Werbephotographin und als Photographin für *Fortune*. Im November 1936 brachte Henry Luce, durch den Erfolg seiner beiden früheren Magazine *Time* und *Fortune* ermutigt, die photographisch illustrierte Wochenzeitschrift *LIFE* auf den Markt. Titelbild und -geschichte stammten von seiner Top-Photographin Margaret Bourke-White, die eine der vier leitenden Photographen von *LIFE* wurde. Die Titelstory der ersten Ausgabe sollte dem Bau des Fort-Peck-Damms in Montana gewidmet sein, aber Bourke-Whites Arbeit entsprach nicht dem eigentlichen Auftrag. Was die Redaktion des Magazins erwartete hatte, waren »Bilder von den Bauarbeiten, wie nur Bourke-White sie aufnehmen kann. Was die Redaktion erhielt, waren bewegende Dokumente vom Leben an der Grenze, die, zumindest für sie, eine Offenbarung darstellten.« Die erste Ausgabe von *LIFE* übertraf selbst die kühnsten Erwartungen, und das Magazin wurde zu einem verlegerischen Phänomen. Vor der Verbreitung des Fernsehens erreichte *LIFE* einen beispiellosen Status als Informations- und Unterhaltungsquelle der amerikanischen Gesellschaft – eine Position, welche die Zeitschrift bis in die 1960er Jahre behielt. In den ersten 33 Jahren, einer Zeit, in der die Arbeit für *LIFE* als Höhepunkt in der Karriere eines Photojournalisten betrachtet wurde, galt Bourke-White als eine der berühmtesten und respektiertesten Vertreterinnen ihrer Zunft. Die Menschel Library besitzt alle ihre Bücher, und in der Photographie-Sammlung befinden sich 335 Photographien sowie das 1934 erschienene Portfolio *U. S. S. R. Photographs* mit Photogravüren.

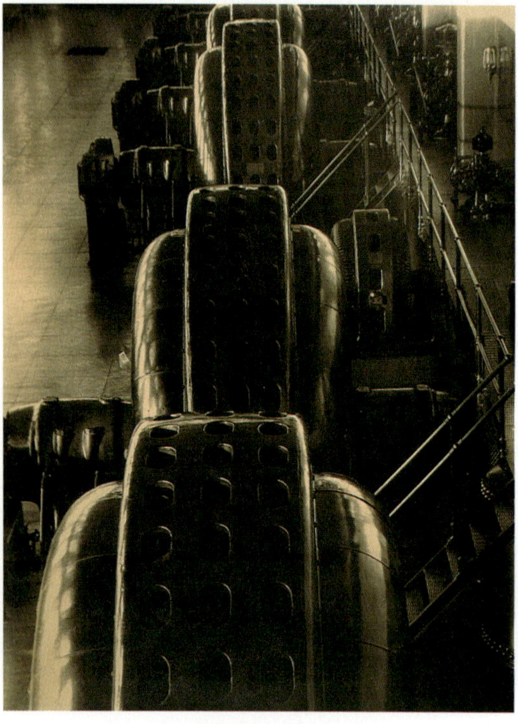

Margaret Bourke-White
Amerika, 1904–1971

March of the Dynamos
(Der Marsch der
Dynamos), 1928

Silbergelatine-Abzug
71:0155:0114

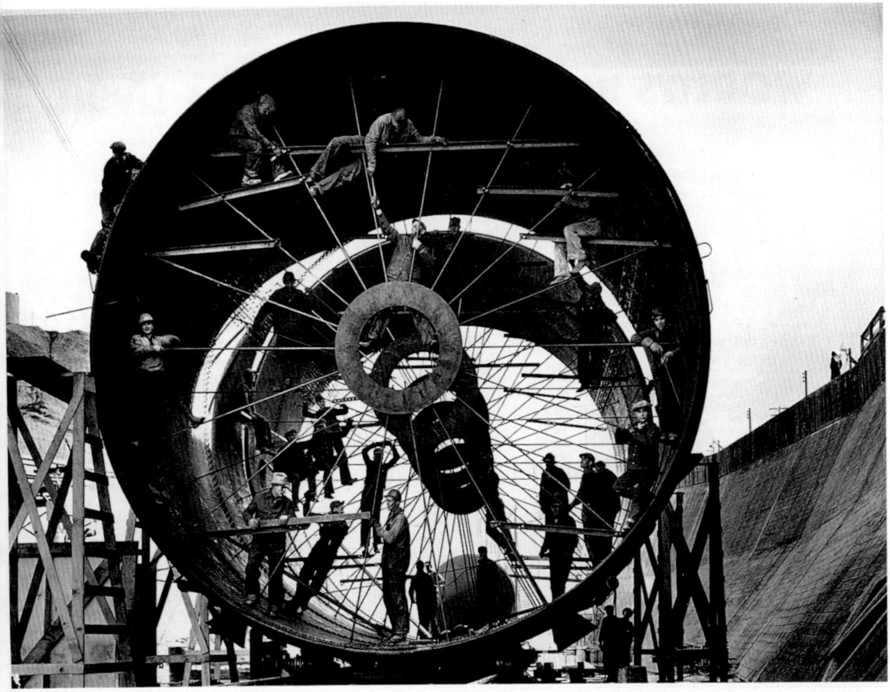

Margaret Bourke-White

Steel Liner (Stahlfutter), Fort Peck Dam, Montana, 1936

Silbergelatine-Abzug
71:0155:0074

Etwa 50 der Drucke in der Sammlung datieren aus der Zeit vor ihrer Arbeit für *LIFE*, und 11 Drucke gehören zu dem Artikel über den Fort-Peck-Damm.

Bourke-White war nicht nur eine produktive Photographin, sondern auch Schriftstellerin, was in den Augen vieler Herausgeber und Redakteure ein besonderer Pluspunkt war. Alleine oder als Co-Autorin verfaßte sie zehn Bücher über ihre zahlreichen Aufträge, die sie an entlegene Orte und in politisch instabile Regionen auf der ganzen Welt führten. Von besonderer Bedeutung sind ihre, in den 1930er Jahren in Deutschland und der Sowjetunion entstandenen Aufnahmen und jene, die sie während des Zweiten Weltkriegs von den Kämpfen in Italien machte sowie ihr Exklusivbericht über den indischen Unabhängigkeitskampf Ende der 1940er Jahre.

Mitte der 1930er Jahre paßte Bourke-White ihren Stil der veränderten Praxis und Denkungsart des Photojournalismus an und schuf sozial engagierte, dokumentarische Bilder. Sie ersetzte die heroische Erhabenheit ihrer früheren Photographien einer aufsteigenden Industriemacht durch eine Direktheit, die auf ihren Kontakt mit Mittellosen und Heimatlosen in der

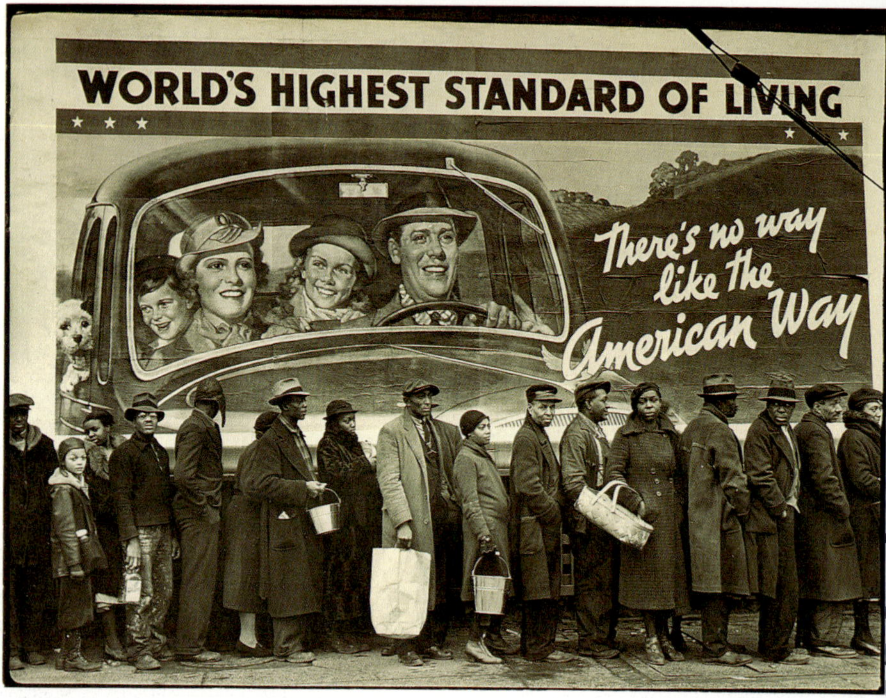

Margaret Bourke-White
Amerika, 1904–1971

At the Time of the Louisville Flood, 1937

Silbergelatine-Abzug
66:0079:0008

(rechts)
Margaret Bourke-White

Khadeeja Feroze Ud-din, a Deputy Directress of Education, Veils Face and Hands in the Presence of Men, um 1947

Silbergelatine-Abzug
81:1002:0012

Zeit der amerikanischen Depression zurückging. In der für *LIFE* gemachten Aufnahme *At the Time of the Louisville Flood* zeigt sie mit großer Ironie hungrige, entwurzelte Menschen, die vor einem Werbeplakat um Essen anstehen, auf dem die Vereinigten Staaten als das Land mit dem »höchsten Lebensstandard der Welt« gepriesen werden.

Während ihrer gesamten Karriere war Bourke-White eine zentrale Figur in der Entwicklung des Photojournalismus, der sich damals gleichzeitig als spezialisierte Disziplin und als legitime Form der Massenkommunikation verstand. Durch ihren photographischen Scharfsinn blieb sie immer auf der Höhe der Zeit und paßte ihre visuellen Fertigkeiten den Anforderungen ihres Publikums und der Motive an, wie in diesem späten Portrait von Khadeeja Feroze Ud-din deutlich wird. In diesem, im Buch *Halfway to Freedom* erschienene Portrait der neuen stellvertretenden Erziehungsministerin Pakistans gelingt es Bourke-White, durch Licht und eine pyramidale Form das mysteriöse Abbild einer Frau zu zeigen, der ihr muslimischer Glaube gebietet, in Gegenwart von Männern Schleier und Handschuhe zu tragen.

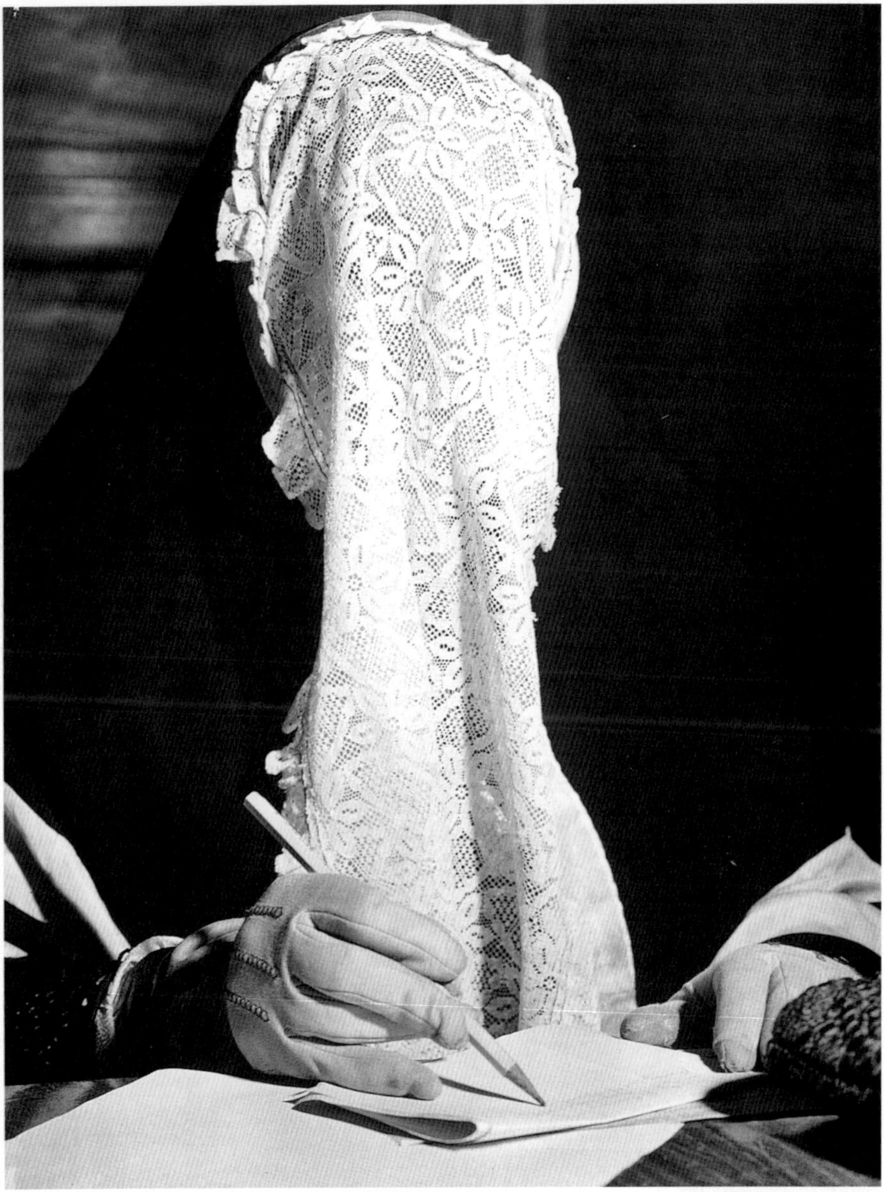

Nachdem er Ende der 1920er Jahre mit abstrakten Stadtansichten experimentiert hatte, lenkte Walker Evans den Blick auf die volkstümlichen Architekturformen amerikanischer Städte. Seine Aufnahmen, die er mit der leidenschaftslosen, formalistischen Präzision einer Großbildkamera und einem nüchternen, klassischen Blick machte, waren so eindrucksvoll, daß sie die photographische Gemeinde dazu veranlaßten, die Kraft sowohl seiner Objekte als auch seiner photographischen Praxis neu zu bewerten. In *View of Margantown, West Virginia, 1935* und *Furniture Store Sign, Birmingham, Alabama, 1936* verwandelte er gewöhnliche, übersehene und sogar verachtete Alltagsobjekte in klare, ausdrucksstarke, ja schöne Bilder. Gleichzeitig machte er ungestellte 35mm-Aufnahmen einfacher Leute, die er untätig auf der Straße herumgehen und -stehen sah. In diesen Photographien ging es nicht um spezielle Ereignisse, Aktivitäten oder zeremonielle Funktionen, sondern um einfache Menschen und deren Beziehung zu ihrer unmittelbaren Umgebung. Evans machte aus Alltagsobjekten kraftvolle und bewegende Kunst und veränderte damit maßgeblich die kreative photographische Praxis im Amerika der 1930er Jahre.

Evans, ein nüchterner Mensch, der sozialen und politischen Gruppen und Slogans kritisch gegenüberstand, war eine Schlüsselfigur in der

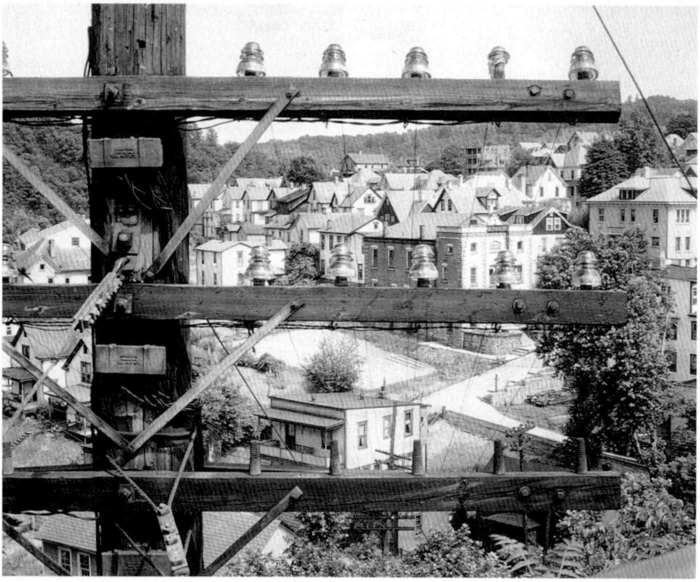

Walker Evans
Amerika, 1903–1975

View of Morgantown (Ansicht von Morgantown), West Virginia, 1935

Silbergelatine-Abzug
MUSEUMSSAMMLUNG, DURCH AUSTAUSCH, EHEMALIGE SAMMLUNG ROY STRYKER
73:0013:0041

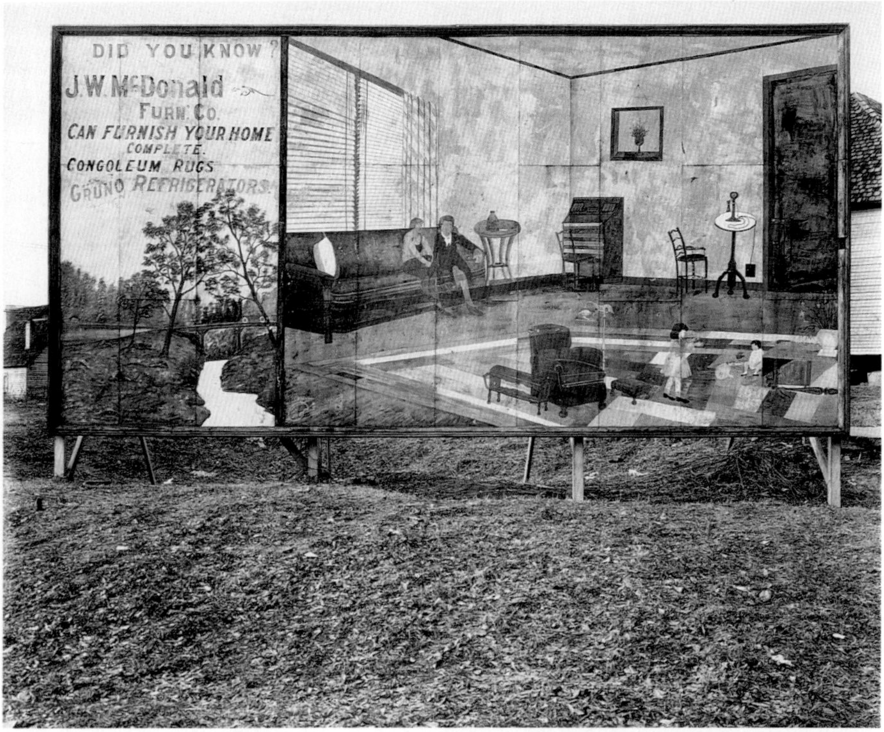

Zeit des Übergangs von der Dominanz der modernistischen Abstraktion zu einer sozial engagierten Dokumentarphotographie. Als Roy Stryker, Leiter der Historischen Abteilung der Farm Security Administration (FSA) plante, einen Bildbericht über die Auswirkungen der Depression auf das Leben der amerikanischen Bevölkerung anzufertigen, wandte er sich an Evans, um herauszufinden, welche Rolle die Photographie bei einem solchen Projekt spielen könnte. Da er von der visuellen Kraft der Arbeiten von Walker Evans ebenso fasziniert war wie von der bewegenden Menschlichkeit in den Photographien von Dorothea Lange, stellte Stryker beide Photographen in seiner neuen Organisation an.

Evans arbeitete nur 18 Monate für die FSA; seine Verbindung mit Stryker endete aufgrund persönlicher Differenzen. Aber die wenigen Aufnahmen, die er während dieser Zeit machte, hatten ungewöhnlich starken Einfluß sowohl auf seine damaligen Kollegen als auch auf nachfolgende Generatio-

Walker Evans

Furniture Store Sign (Schild eines Möbelladens), Birmingham, Alabama, 1936

Silbergelatine-Abzug
MUSEUMSANKAUF
71:0006:0001

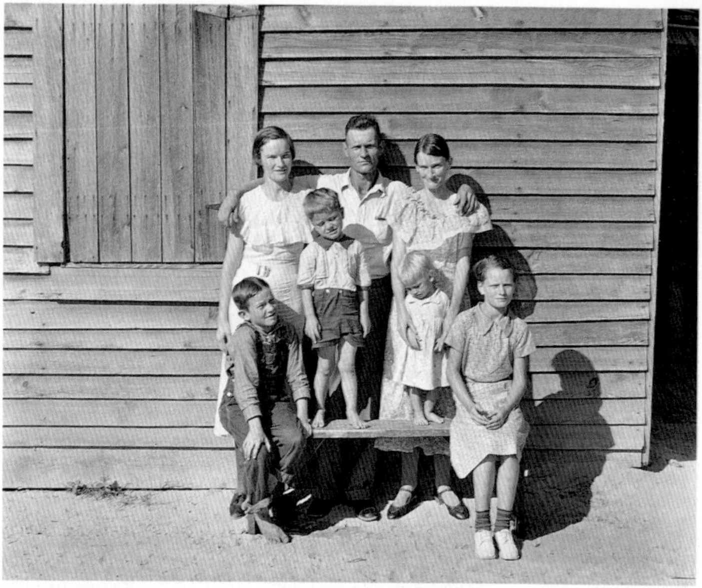

Walker Evans
Amerika, 1903–1975

Burroughs Family,
Hale County,
Alabama, 1936

Abzug James Dow,
um 1971
Silbergelatine-Abzug
MUSEUMSANKAUF
72:0017:0011

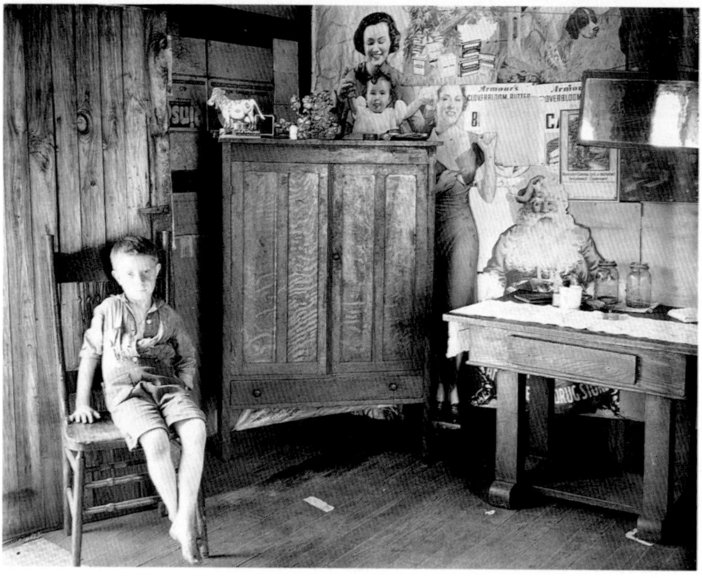

Walker Evans

A Miner's Home
(Heim eines Berg-
arbeiters), Vicinity
Morgantown, West
Virginia, 1935

Abzug James Dow,
um 1971
Silbergelatine-Abzug
SCHENKUNG
JAMES DOW
76:0191:0010

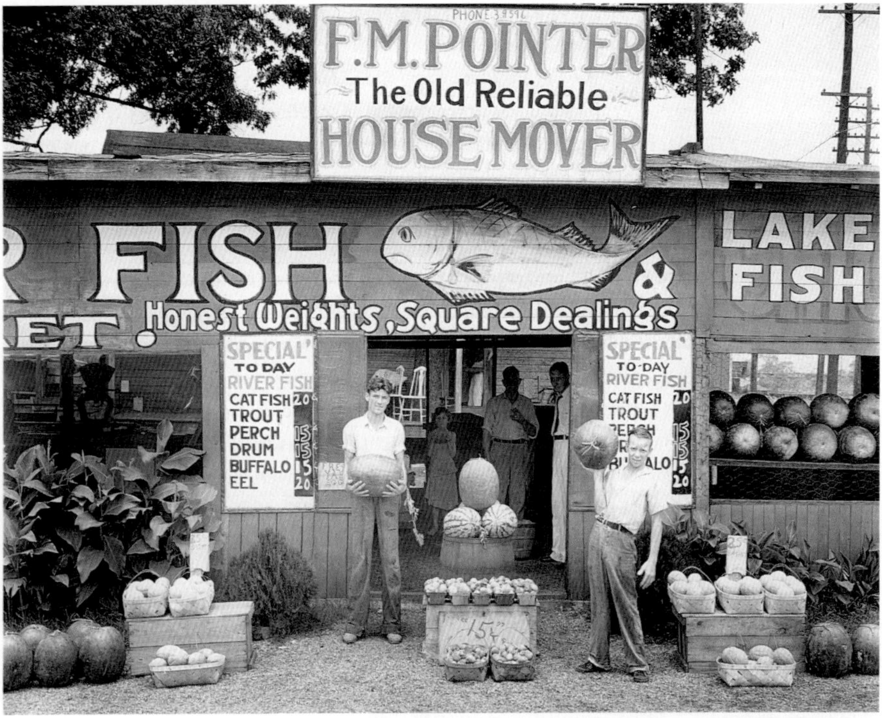

nen von Photographen. Besonders die beiden Bücher *American Photographs* (1938) und *Let Us Now Praise Famous Men* (1941) machten den Einfluß von Evans deutlich. Das 1938 erschienene Werk begann 1936 als Auftragsarbeit eines Magazins, für das er eine Familie von Gutspächtern im Süden der USA portraitieren sollte. Als die mit Texten von James Agee begleiteten Bilder erschienen, reagierte die Kritik mit Verwirrung. Aber die Kombination von Agees leidenschaftlicher, poetischer Prosa und Evans' asketischen, fast schmerzhaft scharfen Photographien wurde zunehmend als kreative Leistung von großer Kraft betrachtet. Beide Bücher gehören heute zu den Klassikern der Kunst photographischer Buchillustration.

Zu Beginn der 1930er Jahre besaß Dorothea Lange ein kleines Portraitatelier an einer viel befahrenen Straße in San Francisco. Als sich die Auswirkungen der Depression verschlimmerten, sah sie die Flut der entwurzelten, arbeitslosen Männer, die ziellos an ihrem Fenster vorbeigingen. Wie bei vielen anderen Künstlern ihrer Zeit veränderte sich auch bei Lange die künstleri-

Walker Evans

Roadside Stand, Vicinity Birmingham (Verkaufsstand am Straßenrand nahe Birmingham), Alabama, 1936

Abzug James Dow, um 1971
Silbergelatine-Abzug
SCHENKUNG JAMES DOW
76:0191:0032

sche Praxis als Reaktion auf die überall im Land herrschende Not. Dorothea Lange arbeitete in den Straßen und photographierte die Obdachlosen, wie sie beispielsweise in *White Angel Bread Line* ... um Brot anstanden. Paul S. Taylor, Professor der Wirtschaftswissenschaften an der University of California, wurde 1936 vom Staat Kalifornien gebeten, einen Bericht über das massive Problem der Wanderarbeiter zu erstellen. Er engagierte Lange, um die Feldstudien seines Teams mit visuellen Dokumenten zu untermauern. Auf der Gehaltsliste wurde sie als Schreibkraft geführt, da es keine Mittel für eine Projektphotographin gab. Taylor und Lange erstellten eine wissenschaftlich ausgerichtete Studie zu diesem sozialen Problem, die statistische Zahlen und Analysen, Aussagen von Wanderarbeitern sowie bewegende, eindringliche und überzeugende Photographien enthielt, die das harte Los vieler Wanderarbeiter zeigten. Diese neue Verbindung eines wissenschaftlichen Berichts und humanistischer, ausdrucksstarker Photographien, die »der Statistik ein menschliches Gesicht« verliehen, wurden zum Leitbild der zukünftigen Praxis der FSA-Photographen sowie unzähliger anderer Dokumentationen in den kommenden Jahrzehnten.

Dorothea Lange
Amerika, 1895–1965

White Angel Bread Line (Armenspeisung der Weißen Engel), San Francisco, 1933

Silbergelatine-Abzug
MUSEUMS-SAMMLUNG, DURCH AUSTAUSCH
74:0024:0017

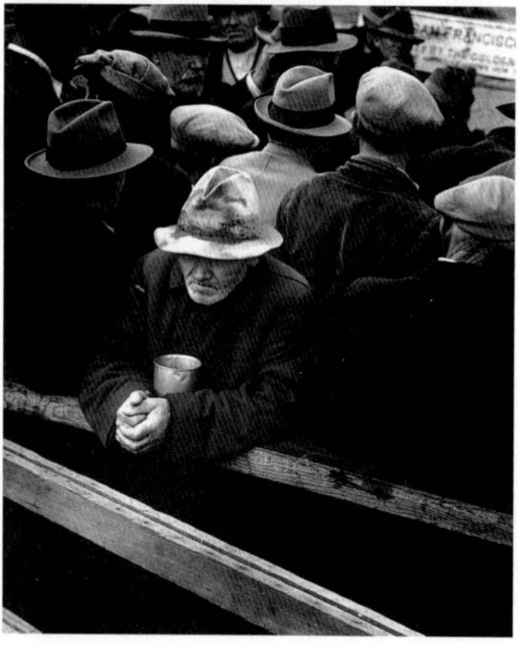

Dorothea Lange

Migrant Mother (Heimatlose Mutter), Nipomo, California, 1936

Silbergelatine-Abzug
SCHENKUNG EINES ANONYMEN STIFTERS
73:0095:0001

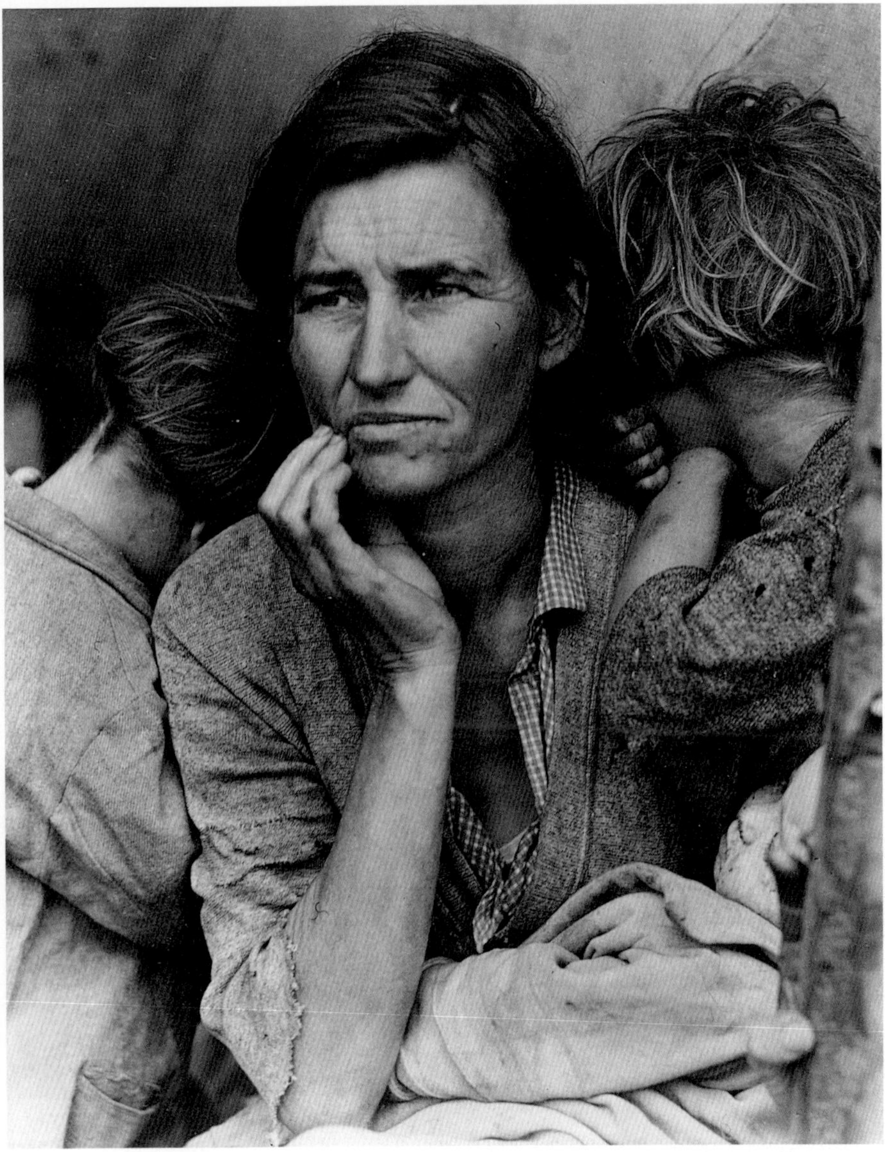

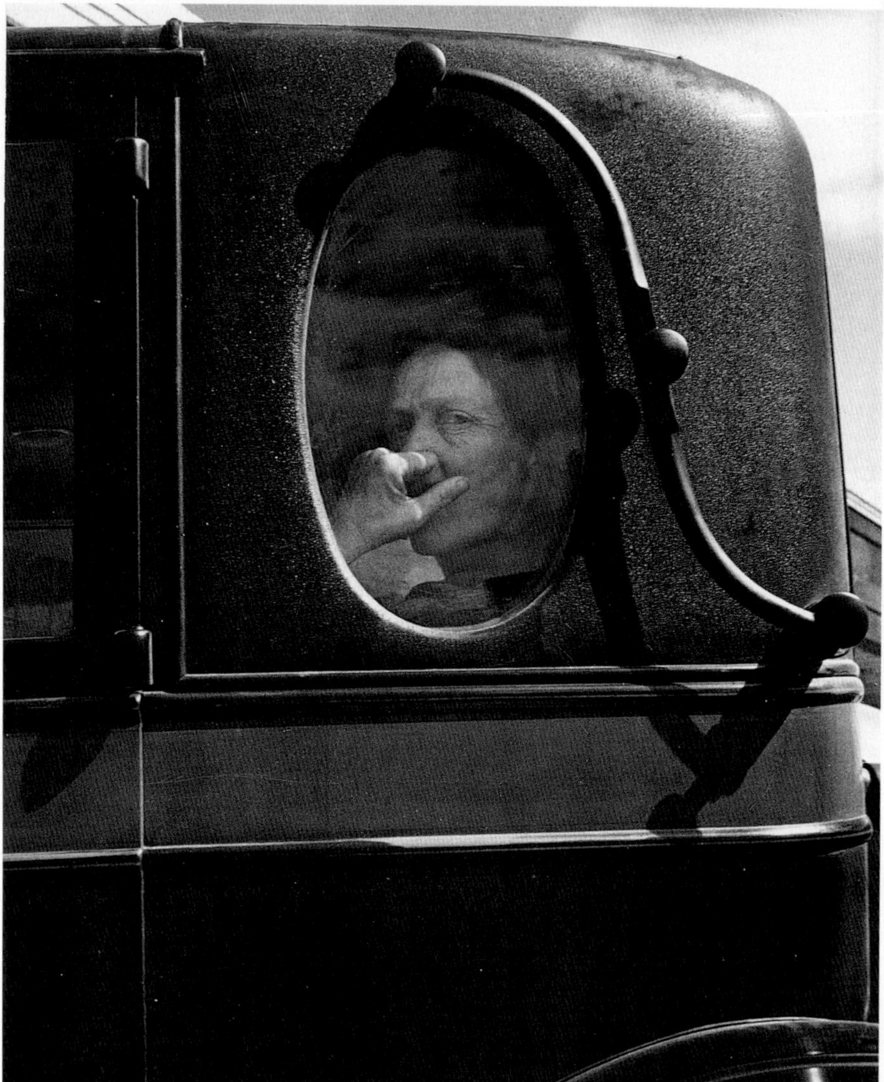

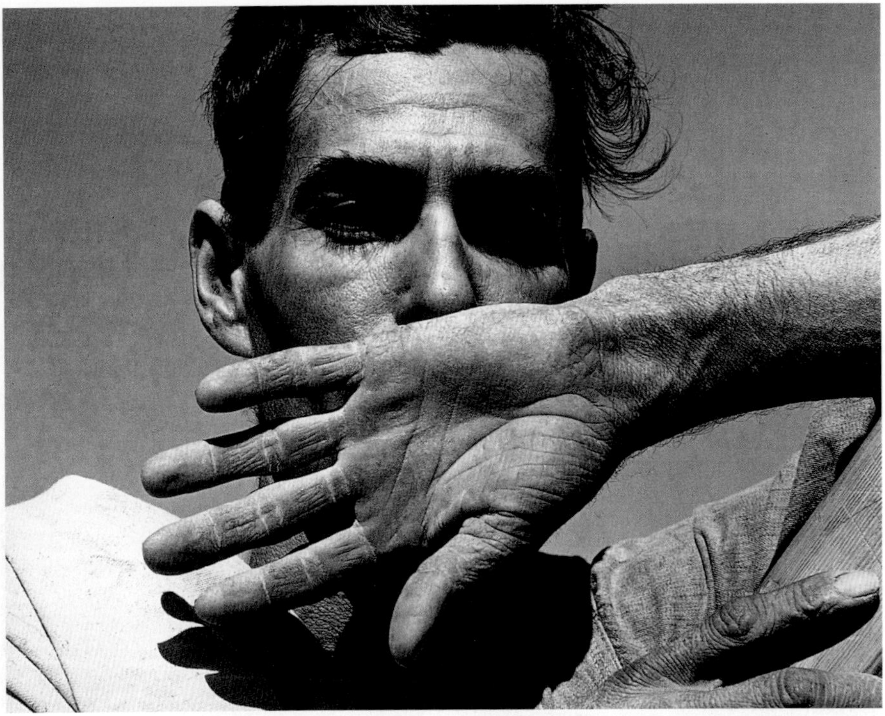

Das Museum besitzt über 60 Photographien von Dorothea Lange, von denen etwa die Hälfte aus ihrer Zeit bei der FSA stammen, während die übrigen in den 1950er Jahren entstanden. Dorothea Lange war klein und hinkte aufgrund einer Polio-Erkrankung in ihrer Kindheit und konnte auf die Vertreter eines stolzen, reservierten Volkes direkt zugehen, ihnen eine ziemlich große und unhandliche Kamera vor das Gesicht halten, und sie aus einer außergewöhnlich intimen Distanz photographieren. So entstanden Bilder, die stärker und menschlicher waren, als die aller anderen damaligen Photographen. Da sie wußte, daß die beste Photographie die war, welche die stärkste menschliche Aussage hatte, machte Lange in jeder vielversprechenden Situation zahlreiche Aufnahmen, stets bemüht, das bestmögliche Bild zu machen. Sie verwandte große Sorgfalt auf Komposition und Ausschnitt und, wenn sie konnte, auch auf die Qualität ihrer Abzüge. All dies zählt nicht zu den Voraussetzungen für eine traditionelle dokumentarische Praxis, zeigt aber das Anliegen eines Künstlers.

(oben)
Dorothea Lange
Amerika, 1895–1965

Migratory Cotton Picker, Eloy, Arizona, 1940

Silbergelatine-Abzug
MUSEUMSANKAUF
81:1484:0010

Dorothea Lange

Funeral Cortege, End of an Era in a Small Valley Town, California, 1938

Silbergelatine-Abzug
79:2636:0001

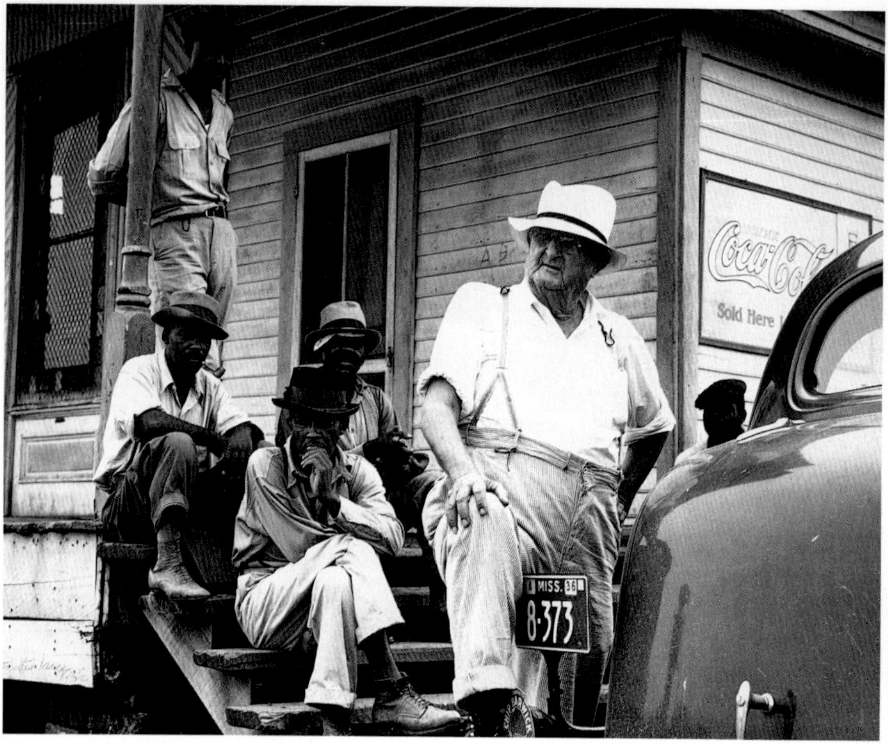

Dorothea Lange
Amerika, 1895–1965

Plantation Owner and His Field Hands near Clarksdale, Mississippi (Plantagenbesitzer mit seinen Feldarbeitern nahe Clarksdale, Mississippi), 1936

Silbergelatine-Abzug
SCHENKUNG THE PHOTOGRAPHER
80:0751:0003

Die hier gezeigte Aufnahme machte Lange 1936 während einer ausgedehnten Reise durch den amerikanischen Süden im Rahmen ihrer Arbeit für die Farm Security Administration. Der informative Inhalt, wie er auch in dem Titel erläutert wird, wird in diesem Bild durch die instinktive Darstellung von Körpersprache und räumlicher Distanz emotional aufgeladen. Lange nahm diese Photographie von unten auf und faßte alles in einen flachen, abgegrenzten Raum, in dem alle Fluchtlinien von der dominierenden Figur des weißen Mannes ausgehen; er ist gleichzeitig umgeben und abgesondert von den Nebenfiguren der schwarzen Feldarbeiter. Der Eigentümer, die Hand stolz auf das Bein gestützt, das besitzanzeigend auf seinem Automobil steht – ein Symbol des Wohlstands und Prestiges – dominiert das Bild, ebenso wie er die Welt dominierte, in der er lebte.

Arthur Rothstein wurde von seinem ehemaligen Lehrer Roy Stryker als erster Photograph der FSA angestellt. Zu Anfang bestand seine Aufgabe

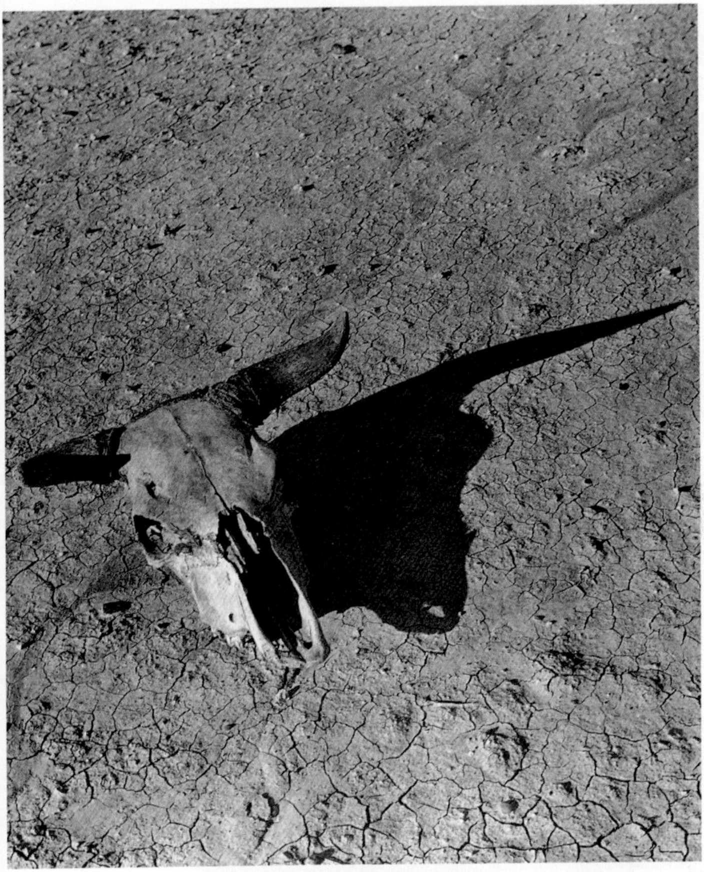

Arthur Rothstein
Amerika, 1915–1985

Cattle Skull (Rinderschädel), Bad Lands, South Dakota, 1936

Silbergelatine-Abzug
SCHENKUNG THE PHOTOGRAPHER
76:0137:0002

darin, Dokumente zu kopieren und Ereignisse im Zusammenhang mit der Behörde zu photographieren, während Stryker an der Entwicklung ihrer photographischen Abteilung arbeitete. Rothstein wurde zu einem bedeutenden Mitglied der FSA und lernte schnell, die Bilder zu machen, die Stryker wollte, Bilder, die sowohl informativ als auch symbolisch für die Zustände in dem zerrütteten Land waren. Seine Aufnahme *Cattle Skull, Bad Lands, South Dakota, 1936* verkörpert die Katastrophe in der amerikanischen Landwirtschaft, die Dürre und die Sandstürme, die so viele Farmer zwangen, ihr Land zu verlassen und sich als Wanderarbeiter zu verdingen.

Rothstein verließ die FSA 1940 und startete eine bemerkenswerte Karriere als Photojournalist. Zuerst arbeitete er im Auftrag von *Look*, wo die beiden

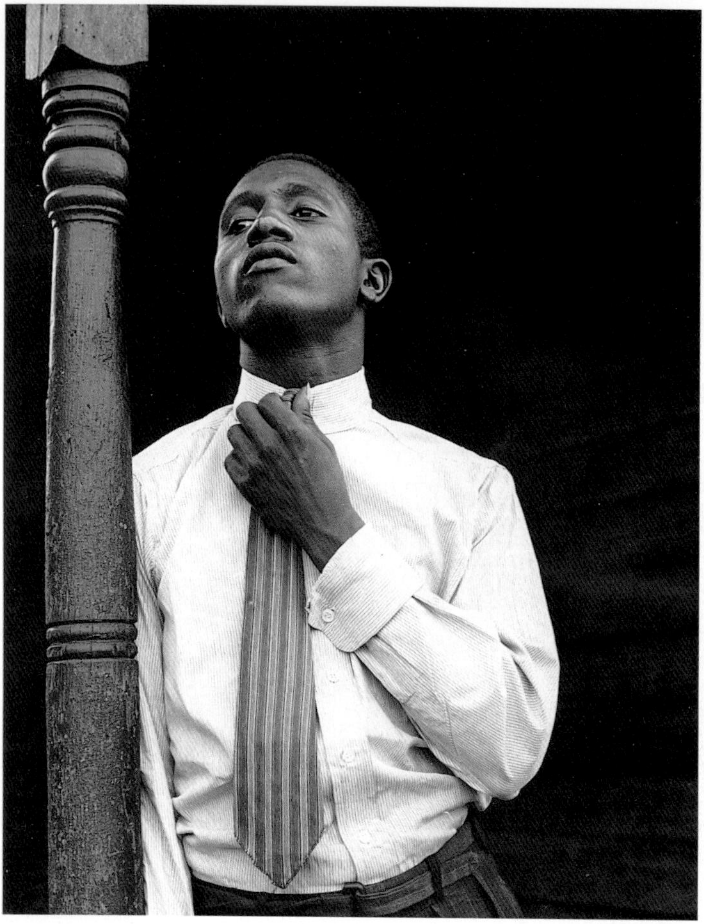

(rechts)
Arthur Rothstein

Colored Balcony, Birmingham, Alabama, 1940

Silbergelatine-Abzug
SCHENKUNG GRACE ROTHSTEIN
89:1475:0018

Arthur Rothstein
Amerika, 1915–1985

Saturday Night (Samstagabend), Birmingham, Alabama, 1940

Silbergelatine-Abzug
SCHENKUNG THE PHOTOGRAPHER
76:0137:0025

hier gezeigten Aufnahmen erschienen. *Look*, *Friday*, *PM*, *LIFE* und zahlreiche andere illustrierte Zeitschriften beschäftigten in den 1930er Jahren viele Photographen der FSA und der Photo League und machten sich damit viele der humanistischen Prinzipien zu eigen, welche für die amerikanische Dokumentarphotographie bestimmend waren. Zur Sammlung des Museums gehören etwa 150 Photographien von Rothstein, von denen viele zwischen 1938 und 1948 aufgenommen wurden.

Nach seiner Arbeit für die FSA und das »Office of War Information« gewann Stryker die Unterstützung des Unternehmens Standard Oil in

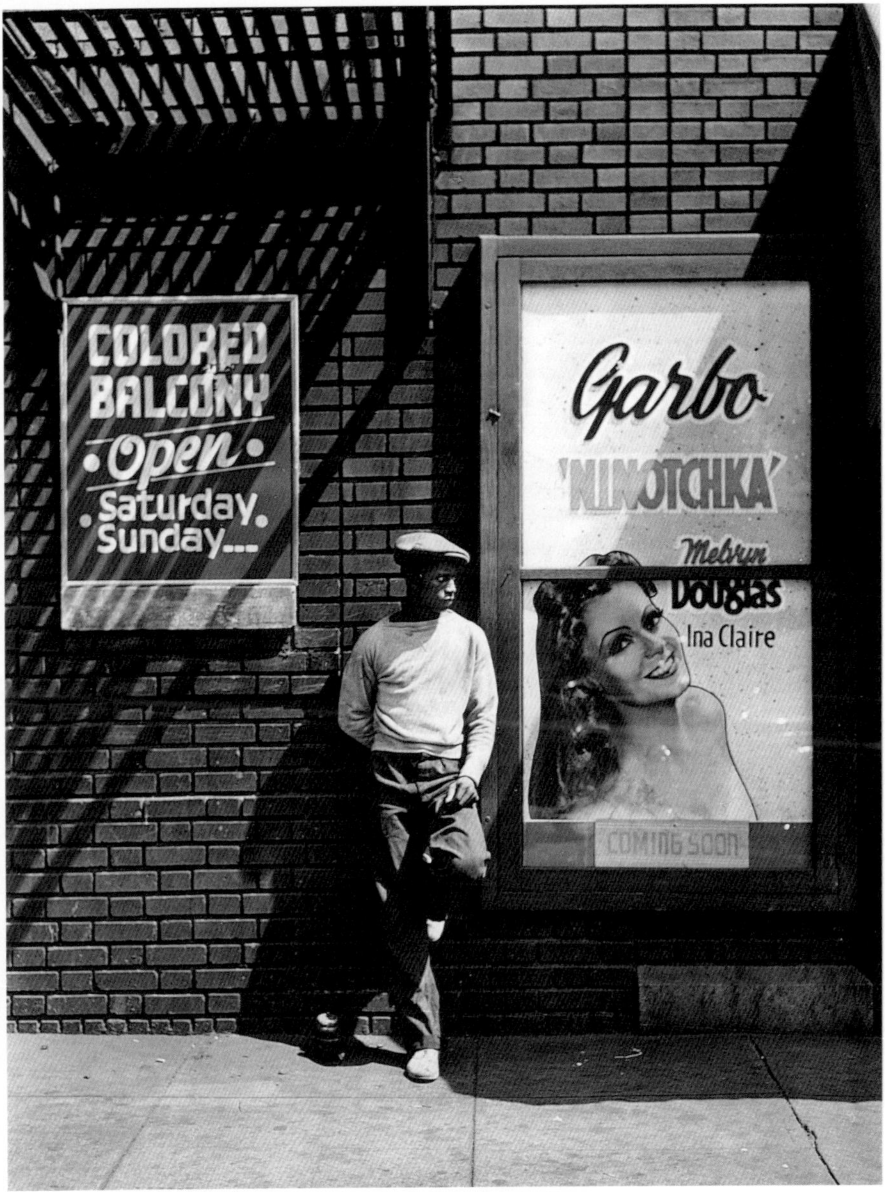
COLORED BALCONY
Open
Saturday
Sunday...
Garbo
'NINOTCHKA'
Melvyn
Douglas
Ina Claire
COMING SOON

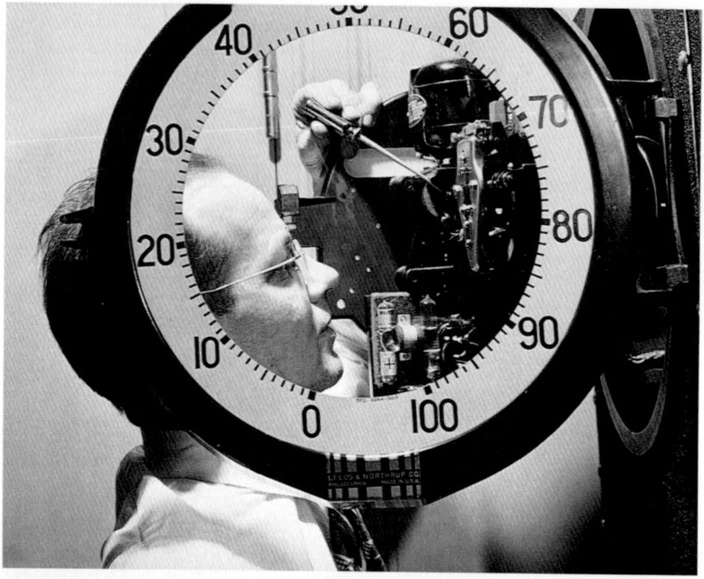

Esther Bubley
Amerika, 1921–1998

Esso Research Center, Linden, New Jersey. Mechanic Oils Mechanism in a Micromax Recorder Which Is Used with the Infra-Red Gas Analyzer (Esso Forschungszentrum, Linden, New Jersey. Maschinenölmechanismus in einem Micromax Recorder, der mit dem Infrarot-Gas-Analysator verwendet wird) um 1945

Silbergelatine-Abzug
SCHENKUNG STANDARD OIL OF NEW JERSEY
80:0209:0004

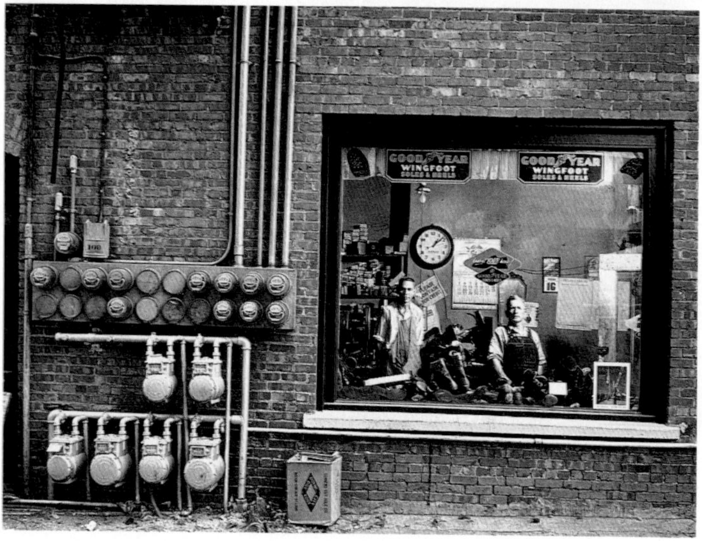

Harold Corsini
Amerika, geb. 1919

Shoe Repair Shop (Schusterladen), Cushing, Oklahoma, um 1950

Silbergelatine-Abzug
SCHENKUNG STANDARD OIL OF NEW JERSEY
81:2930:0011

Esther Bubley

Entomology Laboratory Assistant Sprays Insecticide into a Fly Chamber. Bayway Refinery (Entomologie-Laborantin sprüht Insektizid in eine Fliegenkammer, Bayway Refinery), Linden, New Jersey, um 1940

Silbergelatine-Abzug
SCHENKUNG STANDARD OIL OF NEW JERSEY
80:0536:0010

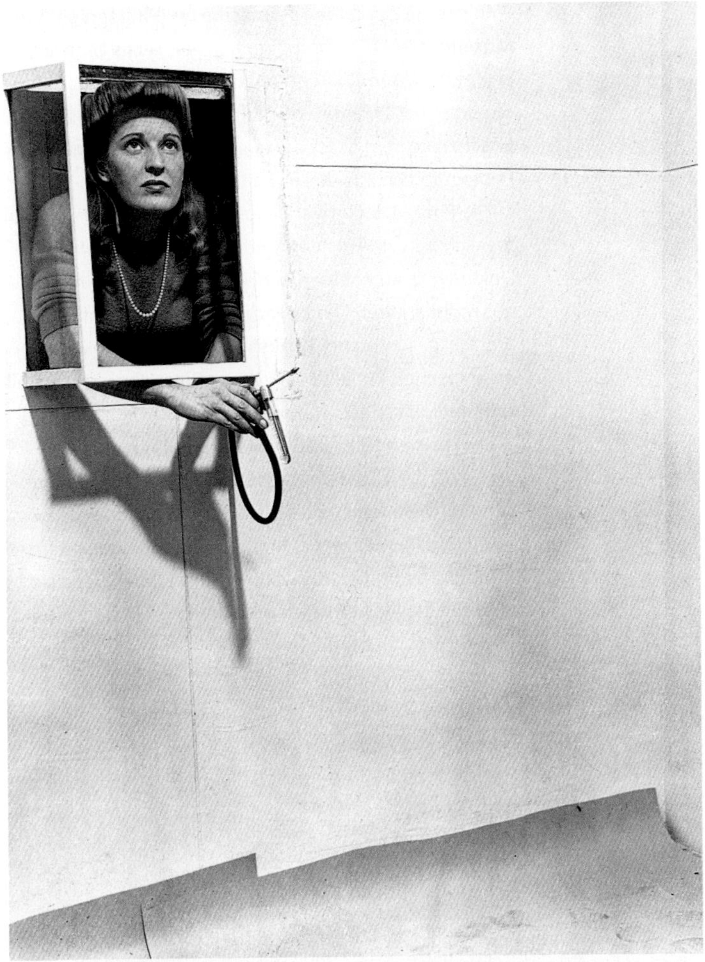

New Jersey, um seine photographische Dokumentation des zeitgenössischen Amerika fortzusetzen. Er stellte eine Gruppe junger Photographen zusammen, versorgte sie mit Informationen über die wirtschaftliche und soziale Lage des Landes und teilte ihnen bestimmte Themenbereiche zu. Das Standard Oil-Projekt dauerte bis 1950 und beschäftigte bis zu 20 Photographen, die insgesamt 67.000 Aufnahmen machten. Das Museum besitzt 129 Bilder von 19 der Projektphotographen, zu denen auch Esther Bubley und Harold Corsini gehörten.

In den 1960er Jahren vermachte der Photograph Aaron Siskind dem Museum etwa 140 Photographien von sechs Mitgliedern der Feature Group, einem Kreis von Photographen, den Siskind in den 1930er und 1940er Jahren unter der Schirmherrschaft der New Yorker Photo League organisierte. Er schenkte dem Museum auch 300 Negative und 600 seiner eigenen Photographien aus dieser Zeit.

Die Photo League war ein einzigartiger, äußerst einflußreicher Zusammenschluß von Amateur- und Berufsphotographen, der in erster Linie an Dokumentaraufnahmen von sozialer Relevanz interessiert war. Ausgestattet mit rudimentären Dunkelkammern bot die Photo League Kurse für Anfänger und Fortgeschrittene, Workshops und die Teilnahme an langfristigen dokumentarischen Projekten an, deren Ergebnisse in Ausstellungen und Publikationen präsentiert wurden.

Die meisten Mitglieder der Organisation waren New Yorker, die von der Lower East Side in Manhattan, aus Brooklyn oder der Bronx stammten, darunter viele arme, jüdische Amerikaner der ersten Generation. Finanziert wurde die Photo League durch Mitgliedsbeiträge, Kursgebühren und Einnahmen aus Festen, die während des Jahres organisiert wurden. In ihrer Blütezeit zählte sie zwischen 80 und 200 Mitglieder.

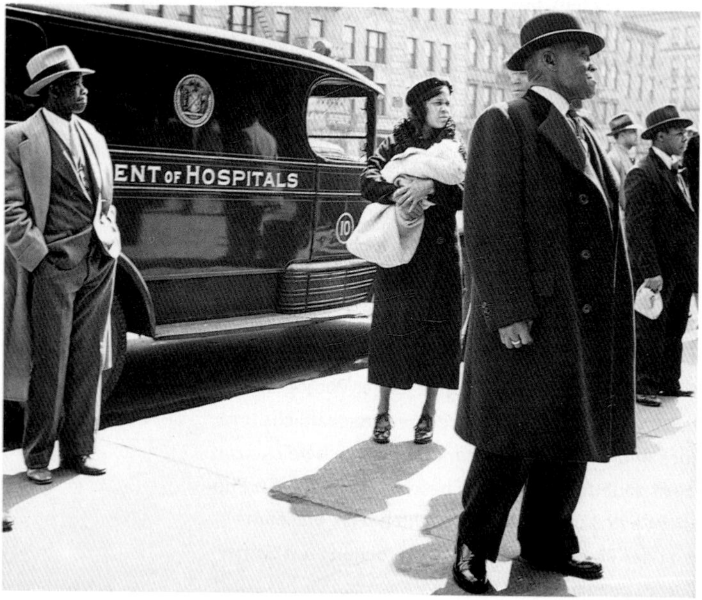

Lucy Ashjian
Amerika, aktiv um 1930er

Gruppe vor einer Ambulanz, um 1935

Silbergelatine-Abzug
SCHENKUNG AARON SISKIND
73:0079:0002

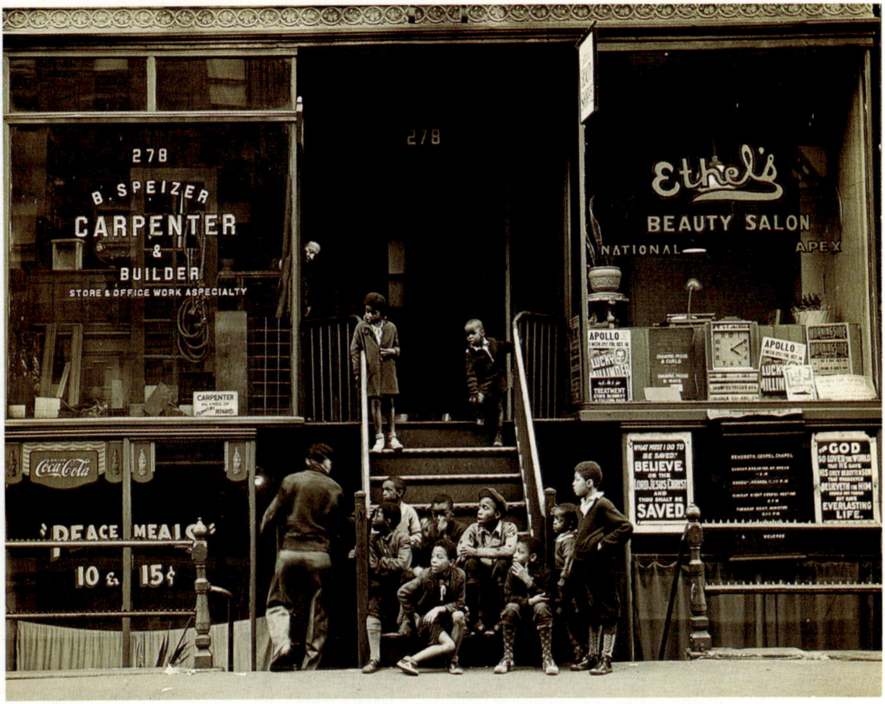

Ende der 1930er Jahre war die kleine Organisation zu einem führenden Zentrum der photographischen Aktivität in Amerika geworden, deren Kurse, Vorträge und Ausstellungen großen Einfluß ausübten. Zahlreiche ehemalige Mitglieder der League machten Karriere als Photographen. Siskind versammelte 1936 eine Gruppe junger Photographen der League, um dokumentarische Projekte zu verschiedenen sozialen Themen durchzuführen. Im Rahmen von »Harlem Document«, dem größten dieser Projekte, traf sich jede Woche eine Gruppe von Photographen, darunter Lucy Ashjian, Harold Corsini, Morris Engle, Sol Fabricant, Beatrice Koslofsky, Richard Lyon, Jack Manning und Siskind, mit dem farbigen Soziologen Michael Carter, der Hintergrundinformationen über Harlem lieferte und Kontakte zu den Bewohnern herstellte. Die Gruppe photographierte während der Woche, kam regelmäßig zusammen, um die Arbeiten der einzelnen Photographen zu diskutieren, und kehrte nach Harlem zurück. Das letzte »Harlem Document« wurde 1940 in Harlem selbst und an anderen Orten in New York ausgestellt.

Jack Manning
(Jack Mendelsohn)
Amerika, geb. 1920

Harlem-Street-Szene,
1937

Silbergelatine-Abzug
SCHENKUNG AARON SISKIND
73:0081:0023

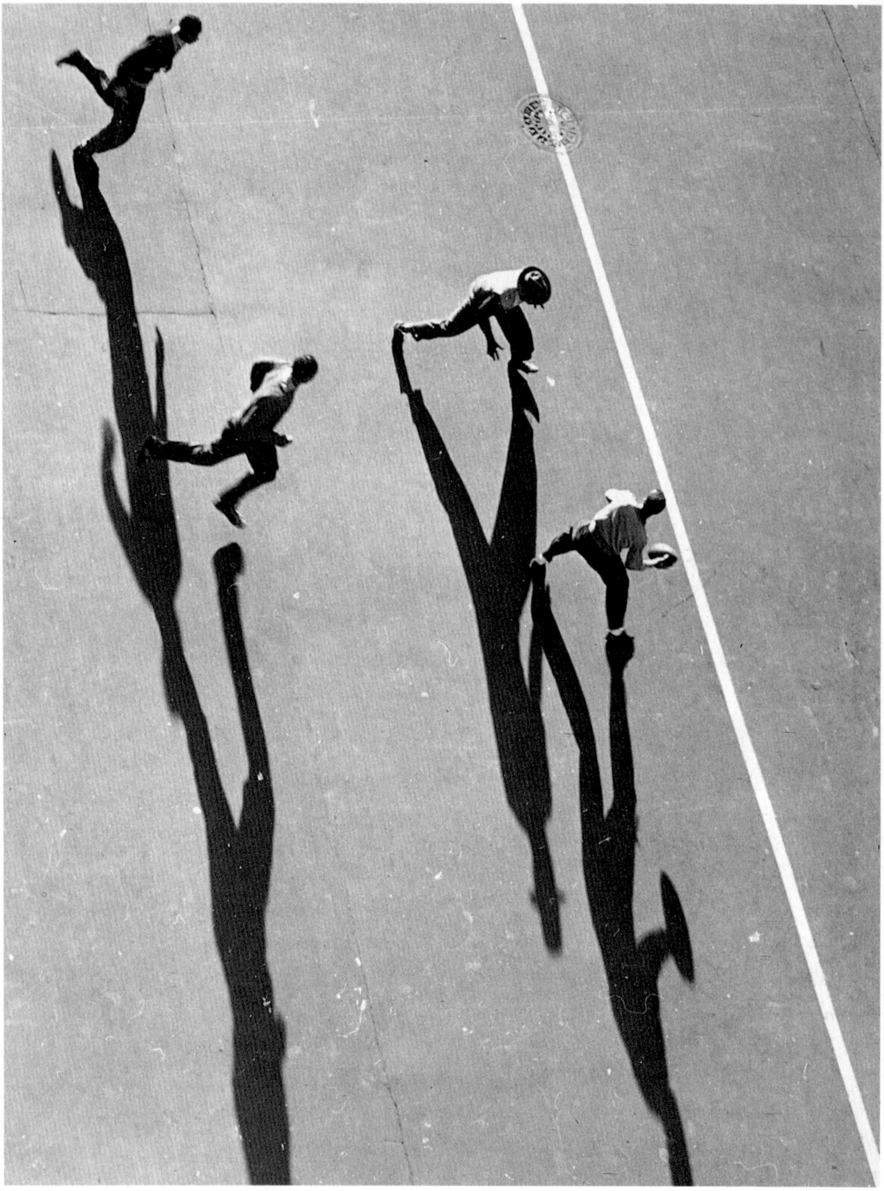

(links)
Harold Corsini
Amerika, geb. 1919

Playing Football (Football spielen), um 1935

Silbergelatine-Abzug
SCHENKUNG AARON SISKIND
69:0073:0012

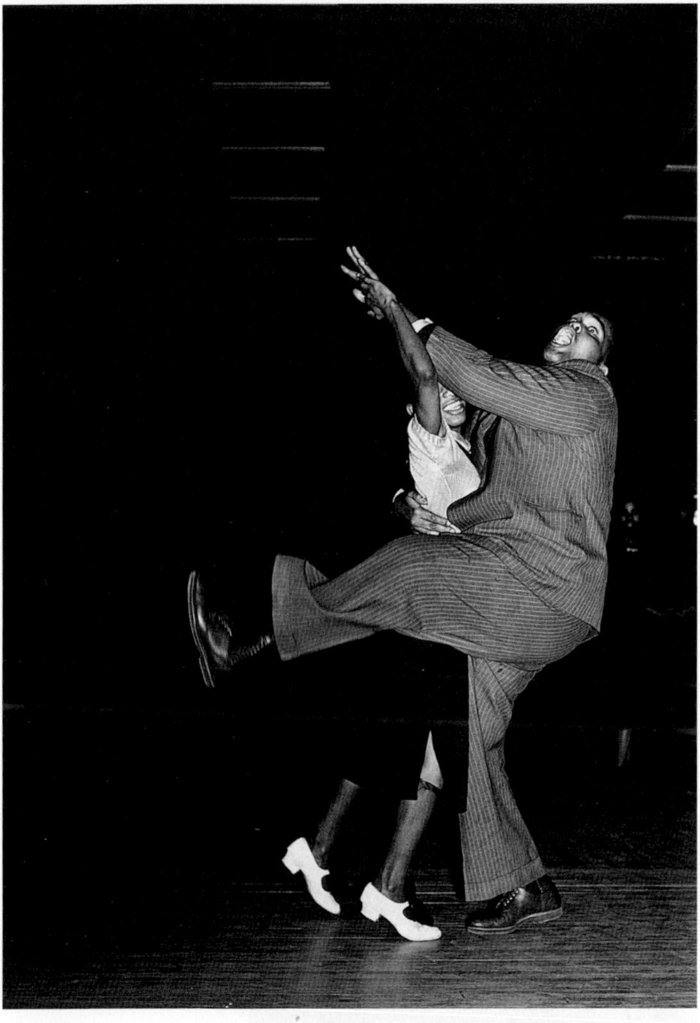

Aaron Siskind
Amerika, 1903–1991

Savoy Dancers, Harlem (Tänzer im Savoy, Harlem), um 1937

Silbergelatine-Abzug (Modern Print) von originalem Negativ
SCHENKUNG THE PHOTOGRAPHER
81:0751:0031MP

Andreas Feininger, der Sohn des deutschen Malers Lionel Feininger, war Architekt und brachte sich in den 1930er Jahren das Photographieren selbst bei. Er arbeitete zuerst für die Photoagentur Dephot in Deutschland, doch als er vor den Nazis fliehen mußte, ging er zunächst nach Frankreich und dann nach Schweden, um schließlich in die Vereinigten Staaten auszuwandern, wo er eine Anstellung bei der Photoagentur Black Star fand. »Wenn ich keine Aufträge hatte, streifte ich mit meiner Kamera durch die Straßen von New York und versuchte, jeden Aspekt dieser Stadt zu photographieren, die für mich die größte und aufregendste der Welt war,« schrieb Feiniger über seine photographischen Aktivitäten in der neuen Heimat. Seine dynamische Aufnahme des bevölkerten Times Square reflektiert die soziale Energie der Zeit und deutet gleichzeitig die politisch instabile Situation an, die ihn nach Amerika gebracht hatte. Das später entstandene, von einer amerikanischen Flagge beherrschte Bild einer Parade auf dem Broadway zeugt von einer starken patriotischen Leidenschaft. Zu Beginn der 1940er Jahre wurde der amerikanische Photojournalismus in den Dienst der Kriegspropaganda gestellt, und fast die gesamte Praxis der sozial engagierten Dokumentarphotographie wurde diesen patriotischen Bemühungen untergeordnet. Feiniger arbeitete ebenfalls für das Office of War Information und war von 1943 bis 1962 Photograph bei *LIFE*. »Ich mache Bildbände, da ich nur selten einzelne Bilder aufnehme«, schrieb er. Er veröffentlichte über 50 Bücher, und das Museum besitzt etwa 675 seiner Photographien, die seine gesamte Karriere überspannen.

Andreas Feininger
Amerika, geb. Frankreich, 1906–1999

Corner Times Square and 42nd Street, Midtown (Ecke Times Square und 42. Straße, Midtown) Manhattan, 1940

Silbergelatine-Abzug
SCHENKUNG THE PHOTOGRAPHER
78:0606:0298

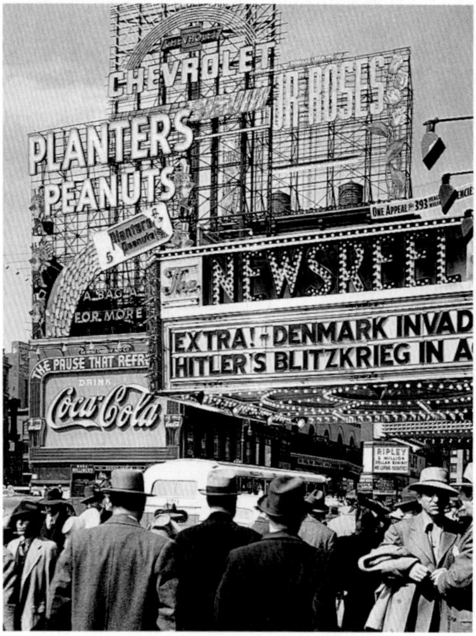

Andreas Feininger

Parade auf dem Lower Broadway, 1952

Silbergelatine-Abzug
SCHENKUNG THE PHOTOGRAPHER
78:0606:0099

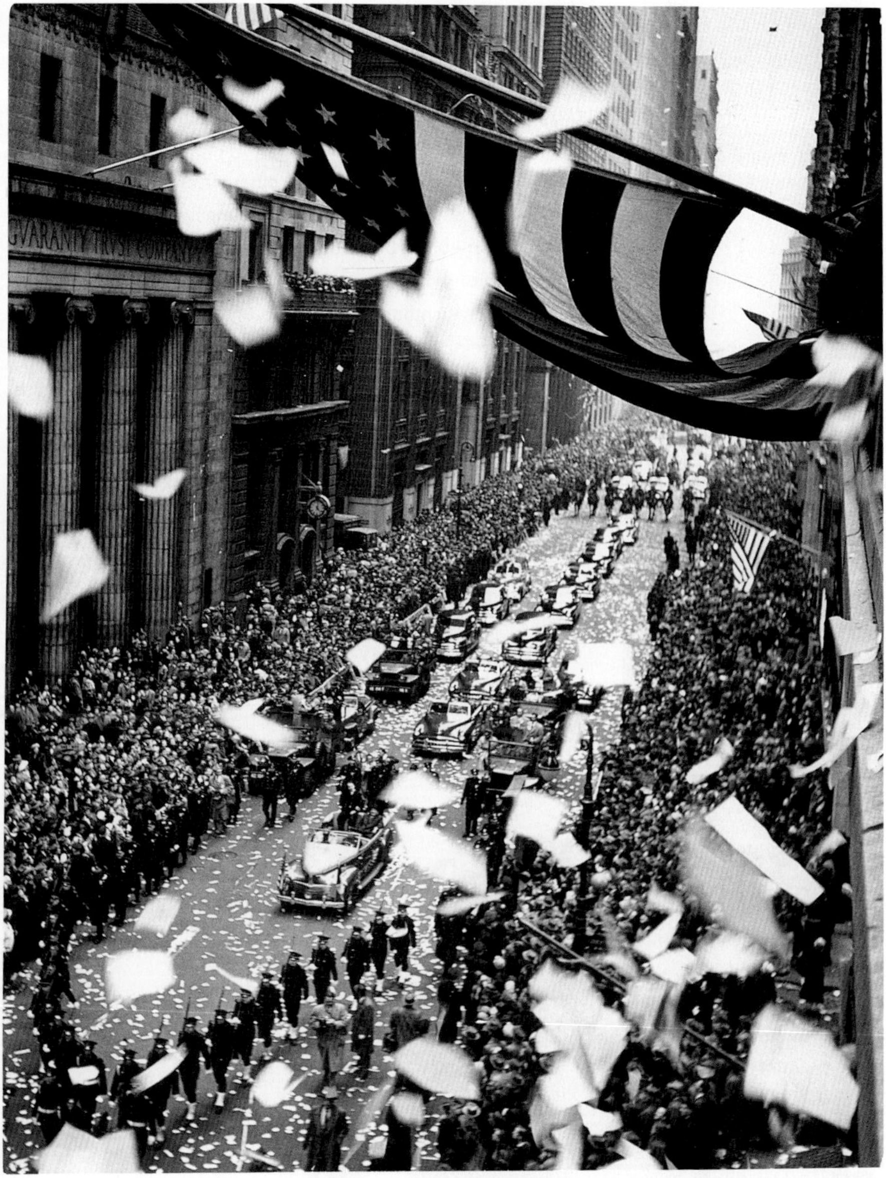
GUARANTY TRUST COMPANY

Die photographische Laufbahn von Berenice Abbott war lang und äußerst produktiv. Sie umfaßte viele der photographischen Bewegungen des 20. Jahrhunderts, vom dokumentarischen Realismus bis zu surrealistischen Anklängen, von kommerziellen Portraits bis zu wissenschaftlichen Dokumentationen. Aber welchem Sujet sie sich auch zuwandte, Abbott war sich stets ihrer Rolle als privilegierter Augenzeugin einer sich rapide verändernden modernen Welt bewußt. Aufgrund ihrer Abbildungsgenauigkeit war die Kamera nach Ansicht von Abbott besonders geeignet, den gegenwärtigen Augenblick festzuhalten und die Spuren größerer kultureller Zusammenhänge und Erscheinungen sichtbar zu machen.

Abbott, die in den Vereinigten Staaten geboren war, ging Anfang der 1920er Jahre auf dem Höhepunkt einer neuen künstlerischen und literarischen Bewegung nach Paris. Dort assistierte sie Man Ray und erlebte die berauschende, von surrealistischem Denken durchdrungene Atmosphäre. Zur gleichen Zeit lernte sie auch den verarmten Eugène Atget kennen und rettete dessen photographisches Archiv fast im Alleingang für die Nachwelt.

Berenice Abbott
Amerika, 1898–1991

Horse in (Pferd auf dem) Lincoln Square, 1930

Silbergelatine-Abzug
MUSEUMSANKAUF
67:0006:0001

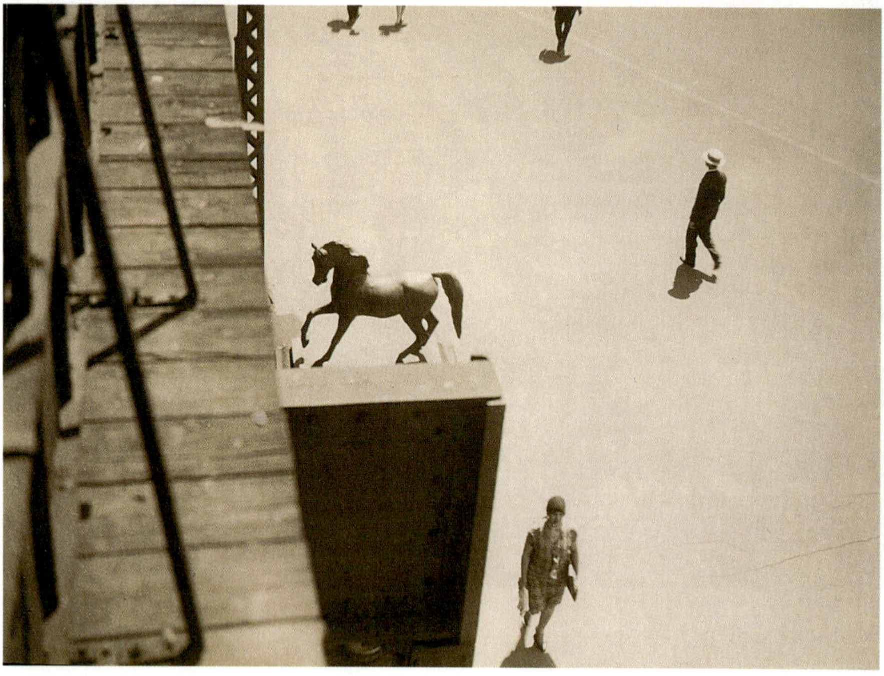

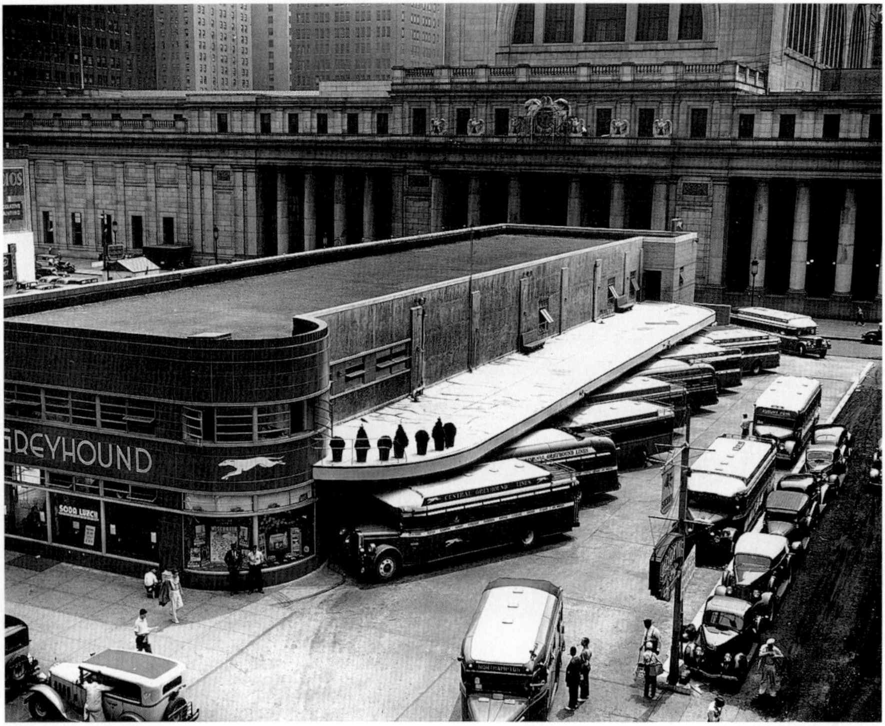

1929 kehrte Abbott in die Vereinigten Staaten zurück und ließ sich in New York City nieder. In den folgenden zwei Jahrzehnten durchstreifte sie die Stadt, die sie als »das wahrhaftigste Phänomen des 20. Jahrhunderts« beschrieb. Bilder wie *Horse in Lincoln Square* verraten Abbotts avantgardistische Sensibilität und suggerieren durch die Wahl der Vogelperspektive und einer weitläufigen Ordnung von Form und Raum das Geheimnisvolle und Außergewöhnliche alltäglicher Erscheinungen.

1935 wurde Abbott Leiterin des Projekts »Changing New York«, das vom Federal Art Projekt, einer staatlichen Einrichtung zur Unterstützung von Künstlern, gefördert wurde. Dieses Projekt ermöglichte es Abbott, ihren dokumentarischen Ansatz auszuweiten und zu formalisieren. Die Photographie *Greyhound Bus Terminal* nahm sie ebenfalls aus der Vogelperspektive auf – ein zentrales kompositorisches Element ihrer Arbeit –, ersetzte aber das Mysteriöse und Unerwartete früherer Arbeiten durch einen starken informativen Inhalt, der dem dokumentarischen Anliegen des Bildes Gewicht verleiht.

Berenice Abbott

Greyhound Bus Terminal,
July 14, 1936

Silbergelatine-Abzug
MUSEUMSANKAUF
71:0021:0014

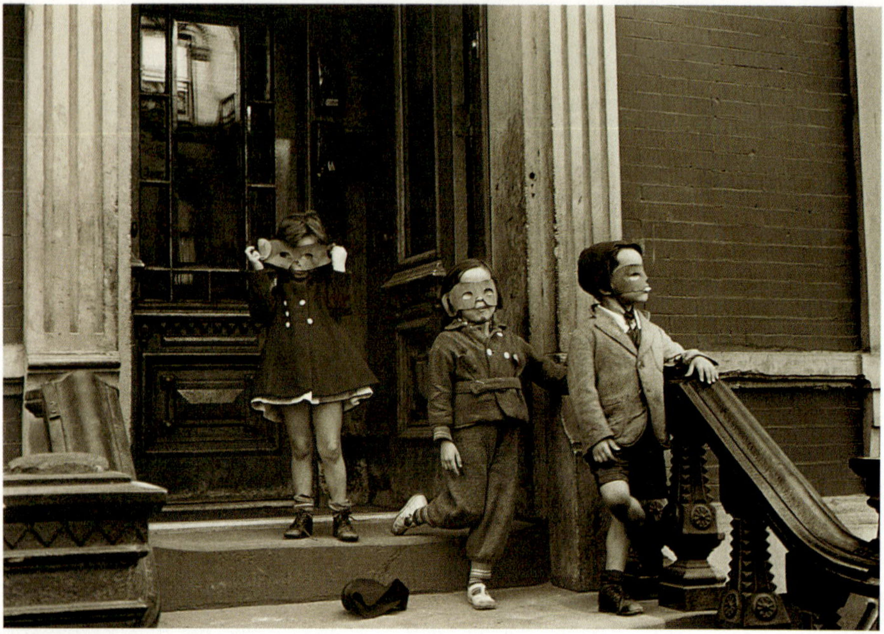

Helen Levitt
Amerika, geb. 1918

New York, 1939

Silbergelatine-Abzug
MUSEUMSANKAUF, CHARINA FOUNDATION PURCHASE FUND
93:0519:0001

In den 1940er Jahren erteilte sich Helen Levitt selbst Aufträge und photographierte in den Straßen von New York spielende Kinder und Kinderzeichnungen, wie sie in den beiden hier abgebildeten Aufnahmen zu sehen sind. Inspiriert von Henri Cartier-Bresson und unter Anleitung von Walker Evans verwendete Levitt eine unauffällige 35 mm-Kamera, mit der sie flüchtige Momente einfangen konnte, ohne das Wesen und den Geist der Aktivitäten, die sie beobachtete, zu verändern. Sie wählte zwar die gleichen Sujets und einen ähnlich direkten und offenen Stil wie er für die Dokumentarphotographie charakteristisch ist, aber der Ausdruck dieser Bilder ist persönlicher und poetischer.

In den 1940er Jahren stellte Levitt gemeinsam mit dem Schriftsteller James Agee ein Buch mit ihren Photographien zusammen; *A Way of Seeing* wurde jedoch erst 1965, zehn Jahre nach Agees Tod, veröffentlicht. Beeinflußt von Agee, der auch ein angesehener Filmkritiker war, wandte sich Levitt dem Dokumentarfilm zu und drehe zusammen mit Agee und Janice Loeb den Film *In The Street*. 1949 arbeitete sie an der Entstehung des Films *The Quiet One* mit, der heute zu den Klassikern des Dokumentarfilms zählt.

Helen Levitt

New York City, 1938

Silbergelatine-Abzug
MUSEUMSANKAUF, CHARINA FOUNDATION PURCHASE FUND
93:0522:0001

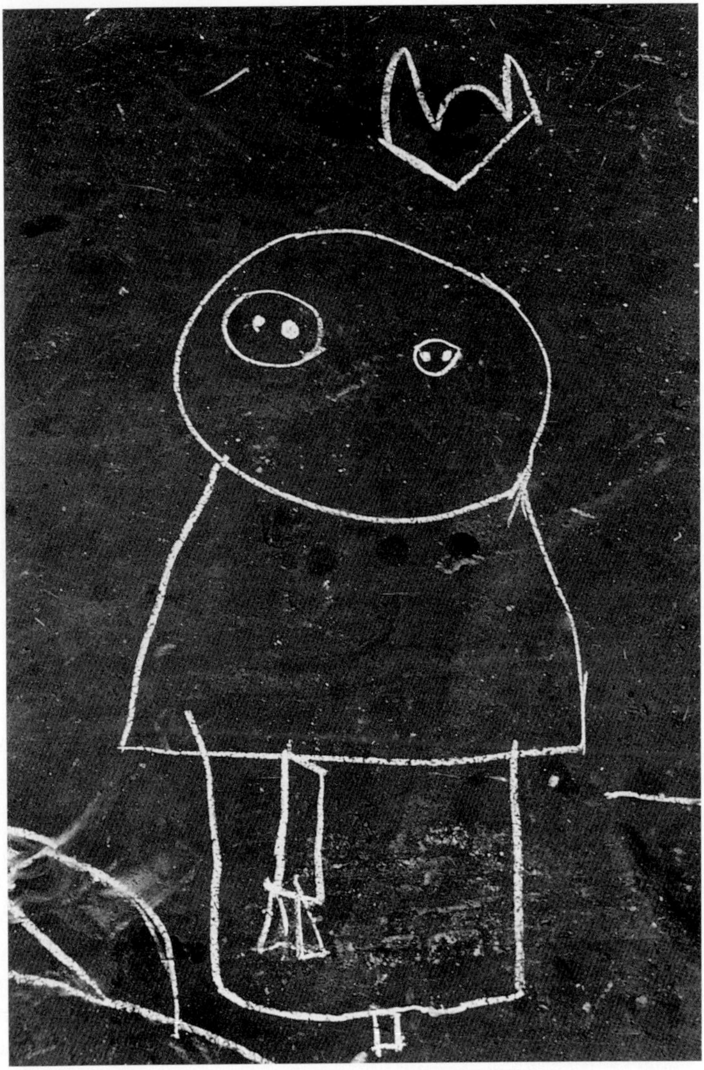

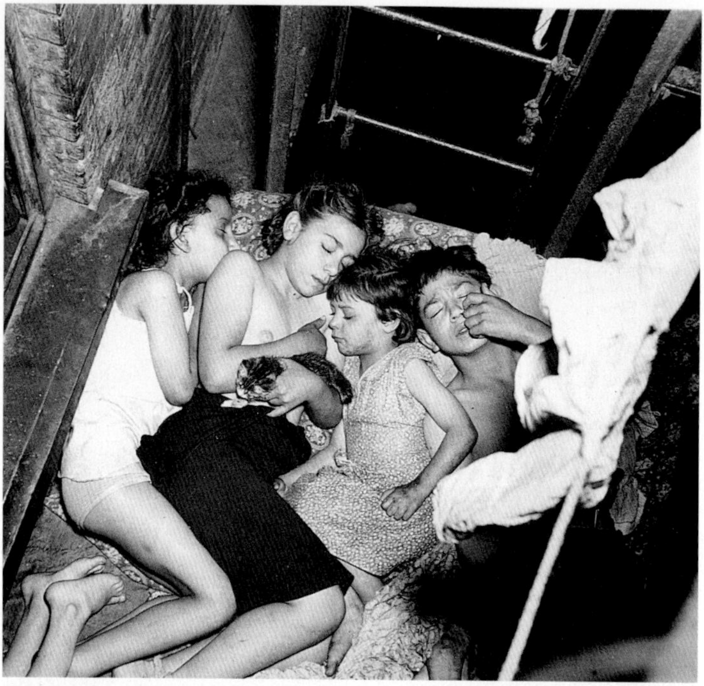

(rechts)
Weegee (Arthur H. Fellig)

Booked on Suspicion of Killing a Policeman (Verhaftet wegen des Verdachts, einen Polizisten getötet zu haben), 1939

Silbergelatine-Abzug
MUSEUMSANKAUF, INTREPID FUND
84:0157:0003

Weegee (Arthur H. Fellig)
Amerika, geb. Polen, 1899–1968

Tenement Penthouse (Mietwohnung), um 1940

Silbergelatine-Abzug
81:2076:0001

Arthur Fellig, besser bekannt unter dem Pseudonym »Weegee« oder »Weegee der Berühmte«, wie er sich häufig selbst nannte, arbeitete zuerst als Tellerwäscher und dann 12 Jahre als Photolaborant bei der Photoagentur Acme-News, bevor er 1935 mit 36 Jahren freiberuflicher Pressephotograph wurde. In seinem Auto und seiner Wohnung hatte er ein Polizeifunkgerät installiert, und im Kofferraum war stets eine Kameraausrüstung – so konnte er schnell auf Polizeimeldungen reagieren und war häufig vor den Gesetzeshütern am Tatort eines Unfalls oder Verbrechens. Fellig verkörperte das Klischee des abgebrühten Polizeireporters, der leidenschaftslos mit starken Blitzlichtern Morde, Brände und familiäre Tragödien photographierte. »Viele Photographen leben in einer Traumwelt schöner Hintergründe. Es würde ihnen nicht schaden, eine Kostprobe von der Realität zu bekommen, um aufzuwachen«, sagte er einmal, und seine grell ausgeleuchteten, hastig komponierten Aufnahmen bieten eine »Kostprobe der Realität«. Manchmal überschreiten sie die gewohnten Grenzen der Pressephotographie, um übersehene, aber unvergeßliche Augenblicke menschlicher Existenz zu zeigen.

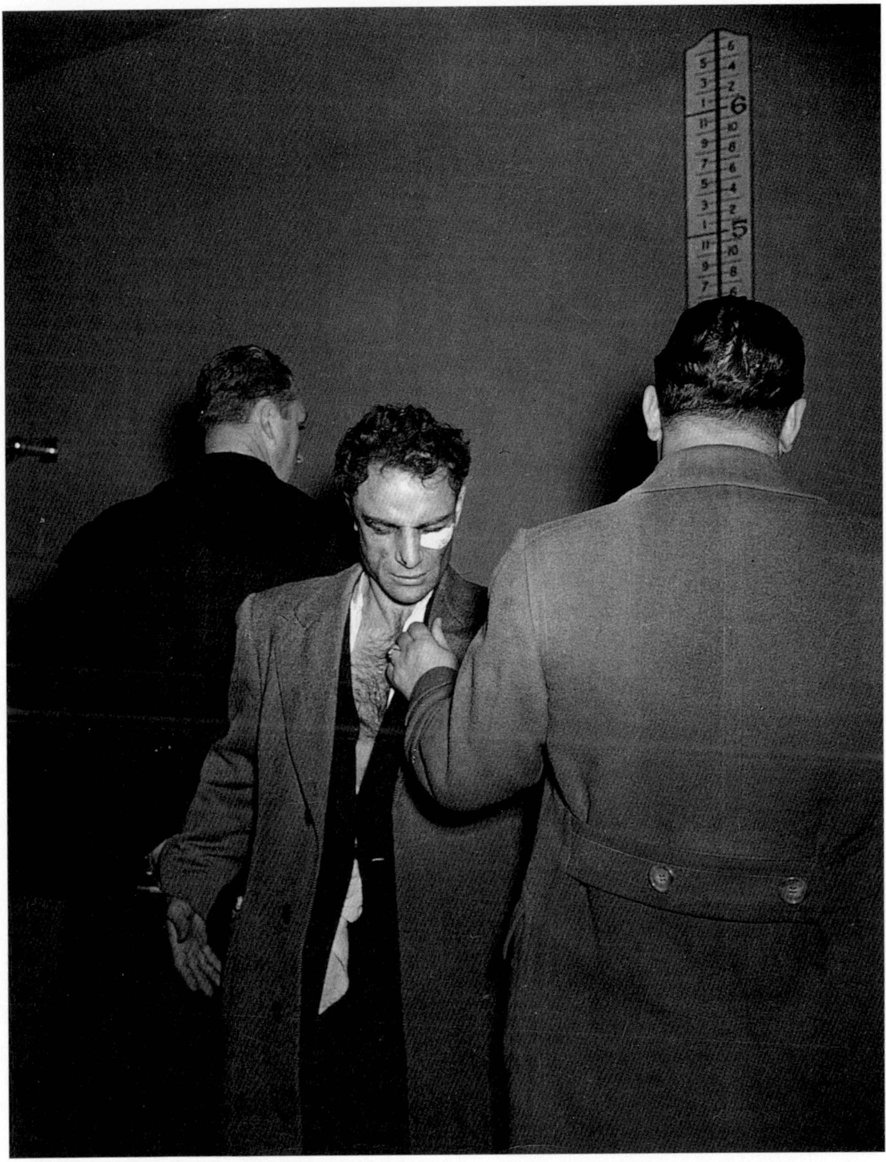

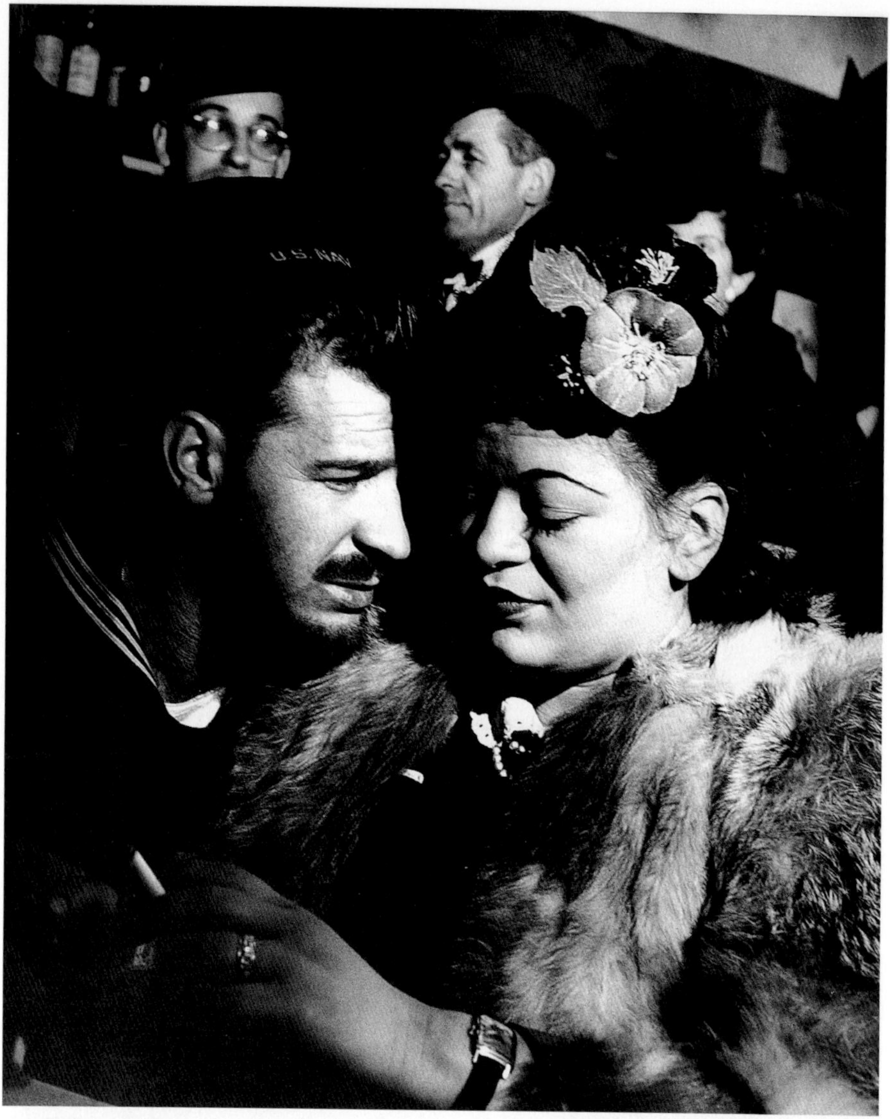
U.S. NAV

(links)
Lisette Model
Amerika, geb. Österreich, 1901–1983

Sailor & Girl (Seemann und Mädchen), Sammy's Bar, New York, 1940

Silbergelatine-Abzug
MUSEUMSANKAUF
80:0470:0003

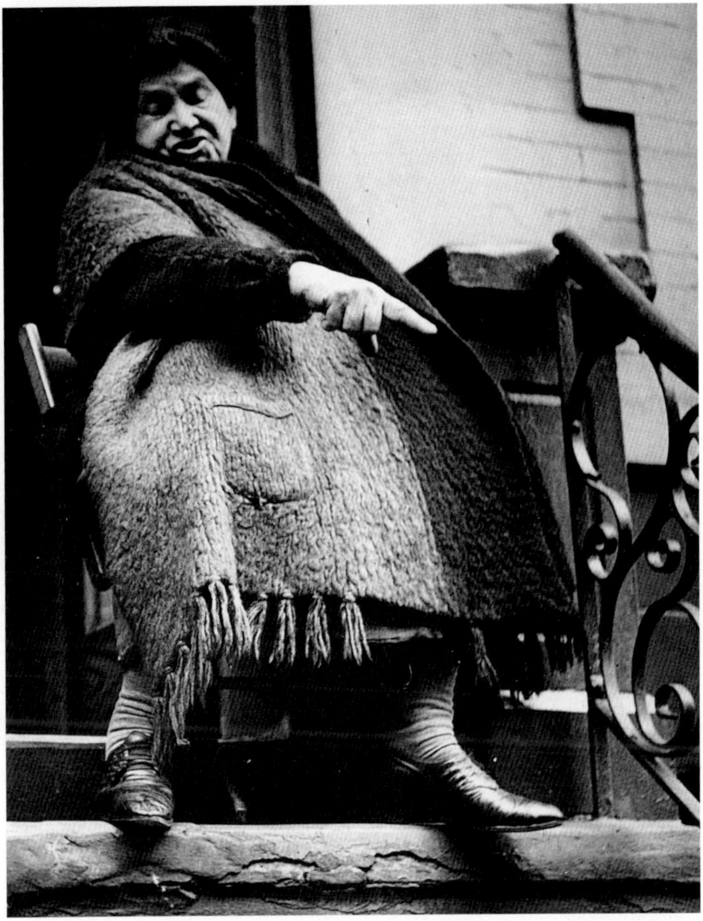

Lisette Model

Lower East Side, N.Y., um 1955

Silbergelatine-Abzug
SCHENKUNG ANSEL ADAMS
81:1502:0001

Berenice Abbott schrieb einmal: »Es ist eine Zumutung, das Leben inmitten der allgemeinen Verwirrung unerschrocken zu betrachten. Nur wenigen gelingt dies. Für mich steht Lisette Models Sichtweise an der Spitze dieser Elite.« Lisette Model floh vor den Nazis aus ihrer Heimat Österreich nach Frankreich und emigrierte 1937 in die Vereinigten Staaten. Sie hatte ein Musikstudium absolviert, verdiente sich ihren Lebensunterhalt aber mit der Photographie, arbeitete freiberuflich als Pressephotographin und gab Kurse in New York City. Vor allem in ihren monumentalen Portraits von Menschen der Straße zeigt sich Models direkter, ironischer und überzeugender Ansatz.

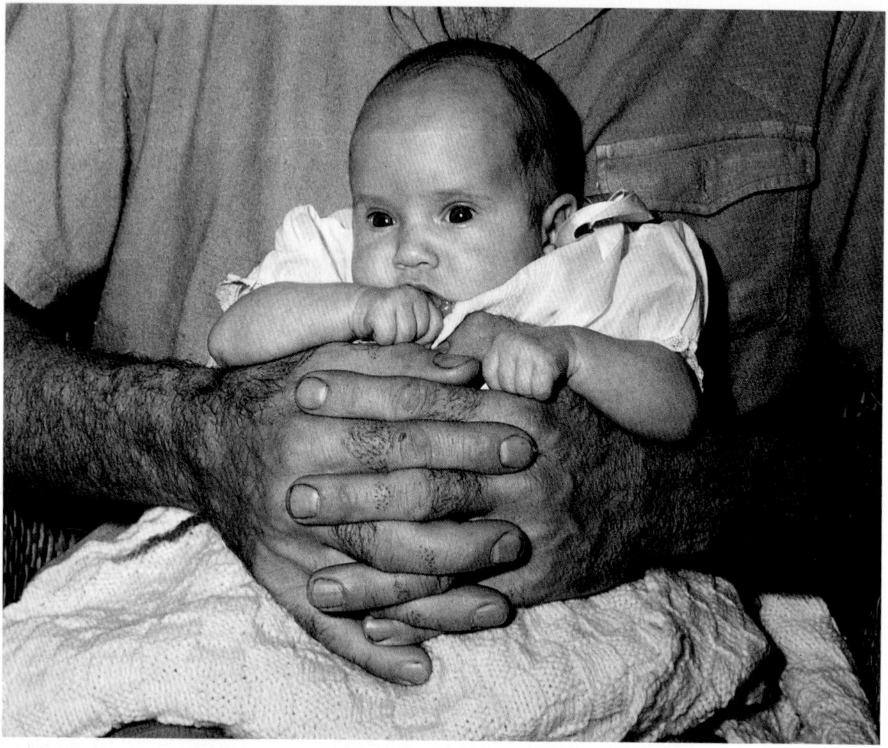

Will Connell
Amerika, 1898–1961

Hände und Baby,
um 1937

Silbergelatine-Abzug
SCHENKUNG THOMAS J. MALONEY
79:4227:0001

Edward Farber
Amerika, 1915–1982

The Flag Is Passing By. Citizens Day Rally, Milwaukee, 1941

Silbergelatine-Abzug
SCHENKUNG THOMAS J. MALONEY
89:0423:0002

Von den späten 1930er bis in die 1950er Jahre waren Tom Maloneys populistische Publikationen *U. S. Camera* und *U. S. Camera Annual* die wichtigsten und einflußreichsten Photomagazine in den Vereinigten Staaten. Sie waren ein Ausstellungsort für alle Aspekte der photographischen Praxis, von Werbung bis Kunst, vom Pressejournalismus bis zur wissenschaftlichen Forschung. Der schiere Eklektizismus dieser Publikationen war Ausdruck der enormen Vitalität, Vielfalt und Bedeutung der Photographie während dieser Zeit. Die hier gezeigten Bilder von Will Connell, eines Berufsphotographen und Lehrers für Photographie in Kalifornien, und Edward Farber, der in den 1940er Jahren für das *Milwaukee Journal* photographierte, illustrieren die humanistischen Werte und die demokratische Ideologie, die in den Kriegsjahren zu den Eckpfeilern des amerikanischen Selbstverständnisses gehörten. 1974 schenkte Maloney dem George Eastman House 250 Photographien von über 100 Photographen, die für seine Magazine gearbeitet hatten.

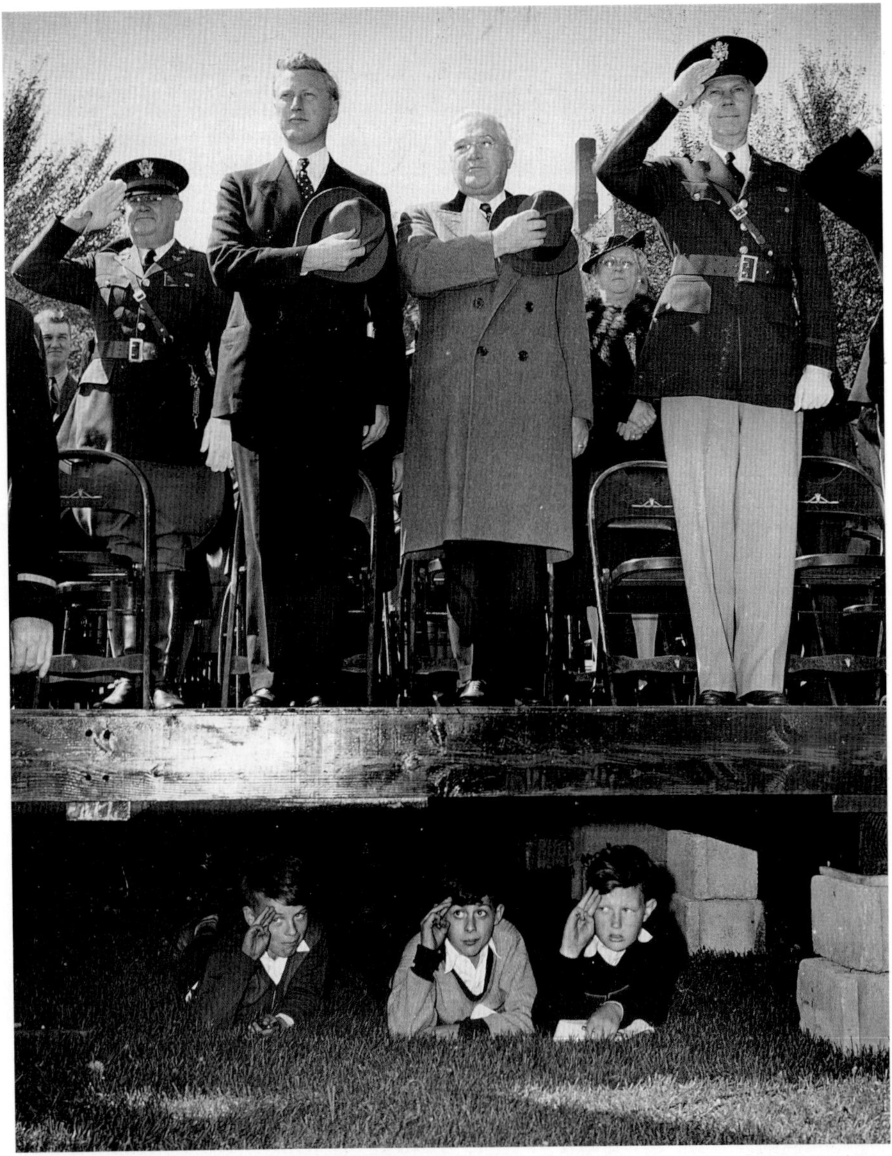

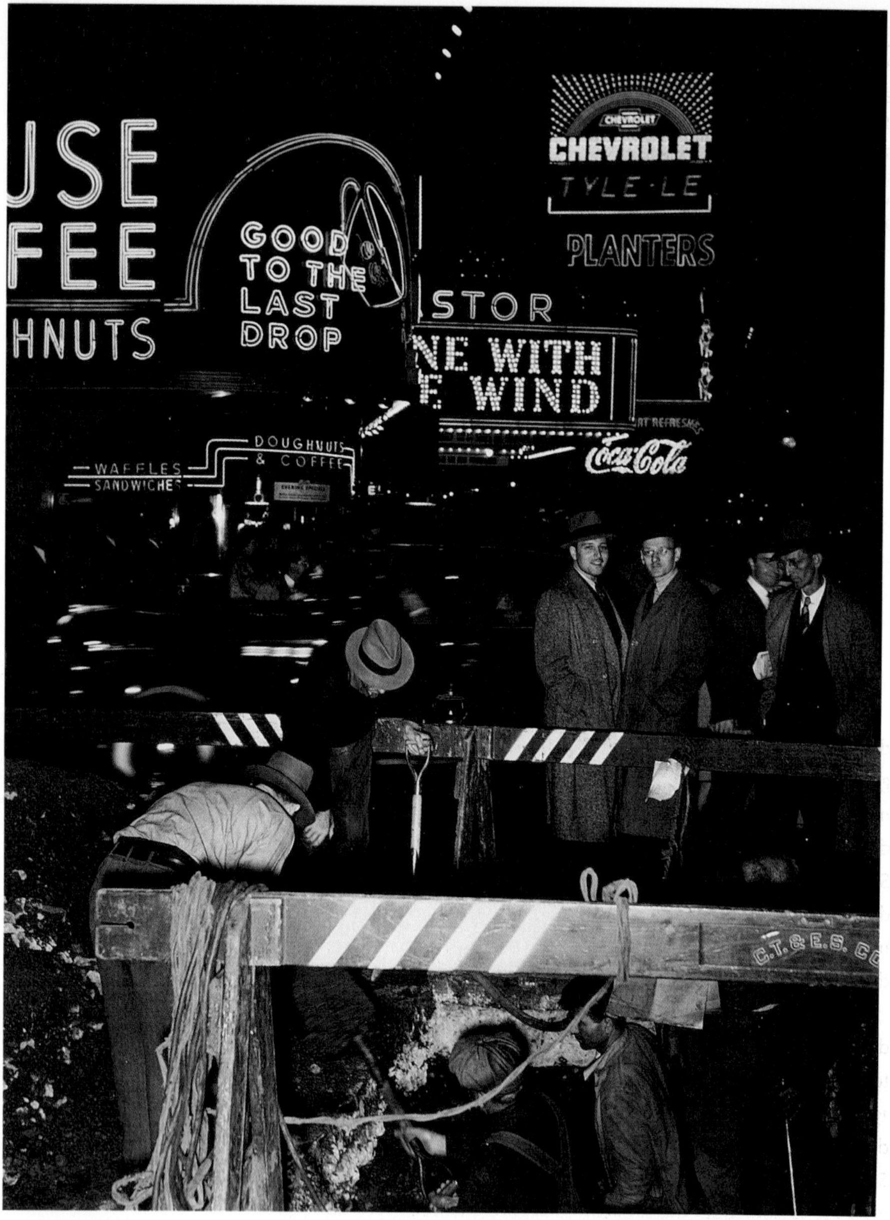
USE
FEE
HNUTS
GOOD
TO THE
LAST
DROP
CHEVROLET
PLANTERS
STOR
NE WITH
E WIND
WAFFLES
SANDWICHES
DOUGHNUTS
& COFFEE
Coca-Cola

(links)
Lou Stoumen
Amerika, 1917–1991

Excavating (Ausgrabung), 1940

Silbergelatine-Abzug
SCHENKUNG THE ARTIST'S ESTATE
92:0385:0006

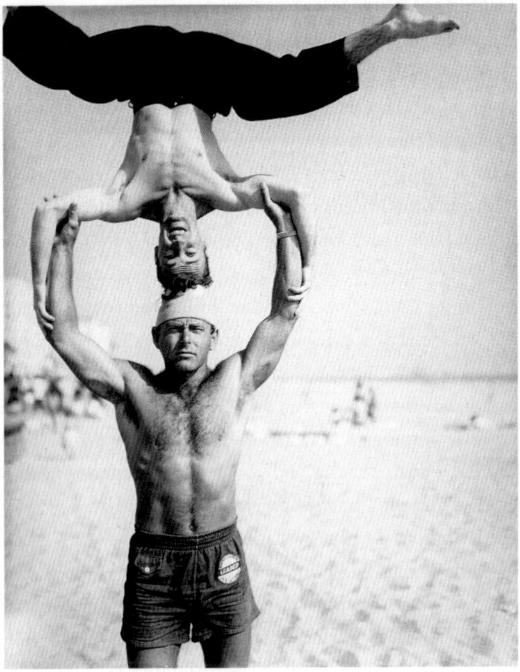

Larry Silver
Amerika, geb. 1934

Head Stand (Kopfstand), Muscle Beach, Santa Monica, California, 1954

Silbergelatine-Abzug
SCHENKUNG WILLIAM SILVERSTEIN
83:0714:0003

Lou Stouman studierte 1939 bei Sid Grossman in der Photo League und dankte seinem Mentor dafür, daß dieser sein leidenschaftliches, lebenslanges Interesse für die Photographie geweckt hatte. Der Dokumentarist Stouman beschrieb seine Arbeit schon früh als »Straßen-Photographie«, wie diese Aufnahme aus seinem, in den 1940er Jahren durchgeführten Times Square-Projekt deutlich macht. Im Gegensatz zur damals vorherrschenden dokumentarischen Praxis und Denkungsweise vermied Stouman politische Inhalte in seinen Arbeiten und konzentierte sich statt dessen auf Szenen, die sich unmittelbar vor seinen Augen abspielten.

Stouman war nicht der einzige, der sich entschied, in einem unpolitischen dokumentarischen Stil zu arbeiten; auch Photographen wie Larry Silver zeigten in ihren Bildern solche Tendenzen. Der in der Bronx geborene Silver zog 1954 als Student nach Los Angeles. Diese Welt lieferte neue Sujets, die anders waren, als die der von den Profis der Photo League photographierten. Silver beschäftigte sich mit der Kultur der Westküste und schuf eine photographische Serie über die südkalifornischen Bodybuilder von Muscle Beach, deren Lebensform jenseits ihrer eigenen Gemeinschaft wenig bekannt war.

Heimlicher Zeuge

Dieses Pressephoto, das Charles Lindbergh neben seinem Flugzeug *The Spirit of St. Louis* nach seinem ersten Transatlantikflug zeigt, ist ein frühes Exemplar eines übertragenen Bildes. Solche, von einer Nachrichtenagentur über Telegraphen- oder Telefonleitungen an Zeitungen in der ganzen Welt übermittelten Photos tauchten zwar bereits 1907 auf, aber erst in den 1920er Jahren konnte das Verfahren kommerziell genutzt werden. Das »Bartlane«-System, eingeführt von Harry Bartholomew, Leiter der Kunstredaktion des Londoner *Daily Mirror*, und dem britischen Forschungsingenieur Robert McFarlane, war ein frühes telegraphisches Übermittlungsverfahren, bei dem Photographien in Perforationsmuster zerlegt auf ein Papierband übertragen wurden. Zu Beginn des Zweiten Weltkriegs wurde es durch verbesserte Technologien ersetzt, von denen manche zwar heute noch Anwendung finden, jedoch zunehmend von digitalen Verfahren verdrängt werden.

Übermittelte Photographien gehörten zu den zahlreichen technischen Neuerungen, die in den 1920er Jahren entwickelt wurden, um Geschwindigkeit und Reichweite photographischer Reportagen zu verbessern. Sie waren nur ein Teil der komplexen Gleichung, die zur Entstehung des globalen Phänomens gedruckter Massenmedien beitrug. Mit Hilfe neuer Kameras und durch das Entstehen von Nachrichtenagenturen, illustrierten Zeitschriften und Zeitungen, löste die Photographie das geschriebene Wort als vorrangiges Mittel der Massenkommunikation ab.

Bartlane (Bartholomew & McFarlane)
England, aktiv 1920s–1930er

Lindbergh und Flugzeug, 20.–21. Mai, 1927

Silbergelatine-Abzug, übertragenes Bild
SCHENKUNG MAYNARD MCFARLANE
68:0323:0042G

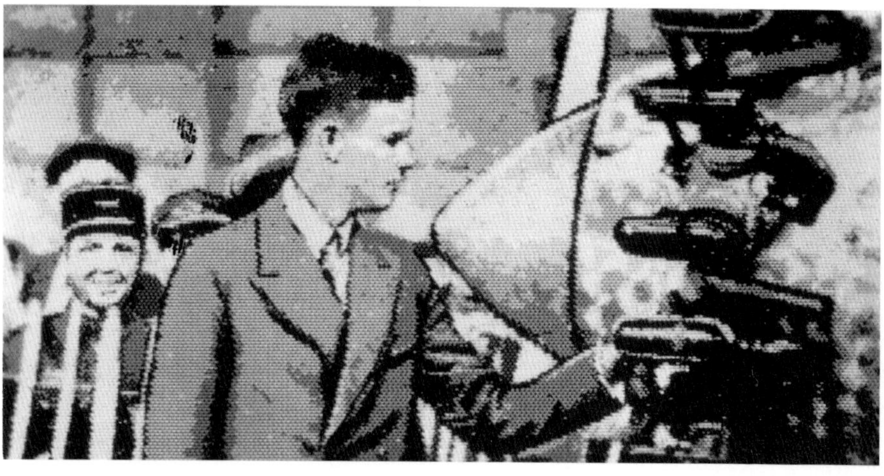

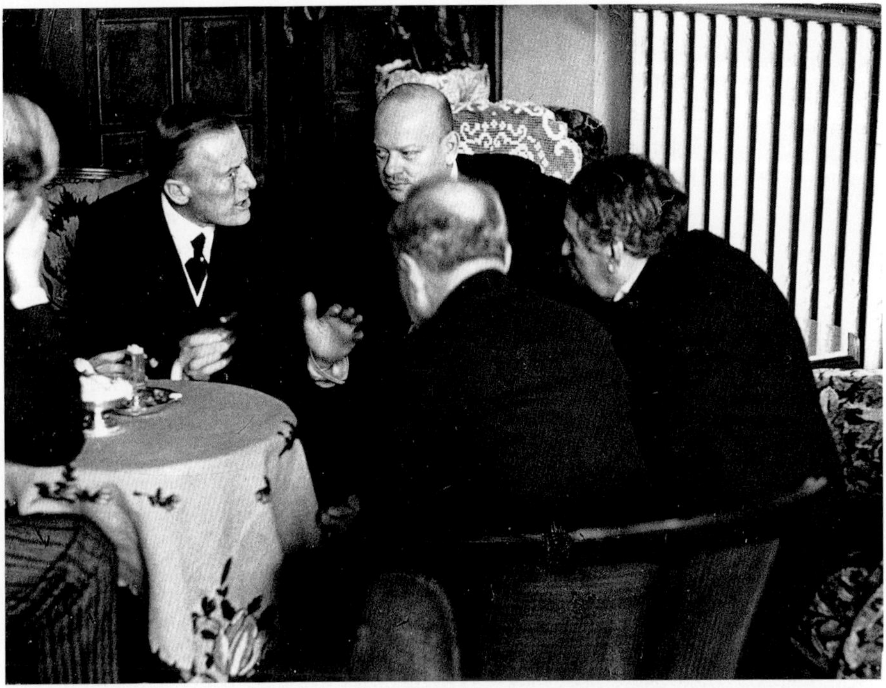

Dr. Erich Salomon, Sohn einer wohlhabenden Familie, studierte vor dem Ersten Weltkrieg Jura an der Universität von Berlin. Im Chaos der inflationsgeschwächten Weimarer Republik fand Salomon schließlich eine Anstellung bei einem Verlag. 1926 kaufte er eine Ermanox, eine unauffällige Handkamera, und begann, politische Ereignisse zu photographieren, zu denen die Presse sonst keinen Zutritt hatte. Salomons elegante Erscheinung und feine Lebensart verschafften ihm Zugang zu diplomatischen Treffen und sicherten ihm den Respekt seiner Modelle, die seine Bilder als öffentliche Dokumente ihrer Arbeit schätzen lernten. Mehr als jeder andere Photograph seiner Zeit definierte Salomon einen neuen Reportagestil, der sich durch Spontaneität und Direktheit auszeichnete. Seine Aufnahmen, die im Englischen als »candid photographs« – offene, ehrliche und ungestellte Bilder – bezeichnet wurden, waren bei den Wochenzeitschriften gefragt. Salomon war zwar eine berühmte Persönlichkeit, aber es gelang ihm nicht, den Schrecken des Zweiten Weltkriegs zu entkommen – mit seiner Frau und seinem Sohn wurde er nach Auschwitz deportiert, wo sie 1944 umgebracht wurden.

Erich Salomon
Deutschland,
1886–1944

Summit Meeting in 1928. The Architects of Franco-German Rapprochement, Aristide Briand and Dr. Gustav Stresemann, Meet in the Hotel Splendide in Lugano with British Foreign Minister, Sir Austen Chamberlain. From left to right: Zaleski, Poland; Chamberlain; Briand; Scialoia, Italy, 1928

Silbergelatine-Abzug
MUSEUMSANKAUF
81:1926:0001

Robert Capa, geboren als Andréi Friedman, ist eine herausragende Figur in der Geschichte des Photojournalismus. Er gilt als der Inbegriff des Kriegsphotographen, der über den spanischen Bürgerkrieg und die Kämpfe des Zweiten Weltkriegs berichtete. Seine Aufnahmen, die in illustrierten Zeitschriften wie *LIFE* erschienen, zeigen mit großer Sensibilität das menschliche Drama kriegerischer Konflikte, deren Qualen und Triumphe.

Capa kam als junger Mann zur Photographie, als politische Unruhen den europäischen Kontinent und seine Heimat Ungarn überschatteten. Er arbeitete 1931 als Photolaborant in Berlin, als er den Auftrag erhielt, eine politische Versammlung in Kopenhagen zu photographieren, bei der Leo Trotzki sprechen sollte. Capa mußte sich heimlich Zutritt zu dem Treffen verschaffen, bei dem keine Pressephotographen zugelassen waren, um, wie bereits Erich Salomon vor ihm, seine Aufnahmen zu machen. Mit der neuen 35 mm-Kamera von Leica portraitierte er Trotzki als faszinierenden Redner, ergriffen von der Spannung eines politisch äußerst bedeutsamen Augenblicks. Dieses Portrait war Capas erste veröffentlichte Arbeit und wurde in der Wochenzeitschrift *Berliner Illustrierte Zeitung* abgedruckt.

Robert Capa (Andréi Friedmann)
Amerika, geb. Ungarn, 1913–1954

Leon Trotsky, Kopenhagen, 1931

Silbergelatine-Abzug
66:0080:0005

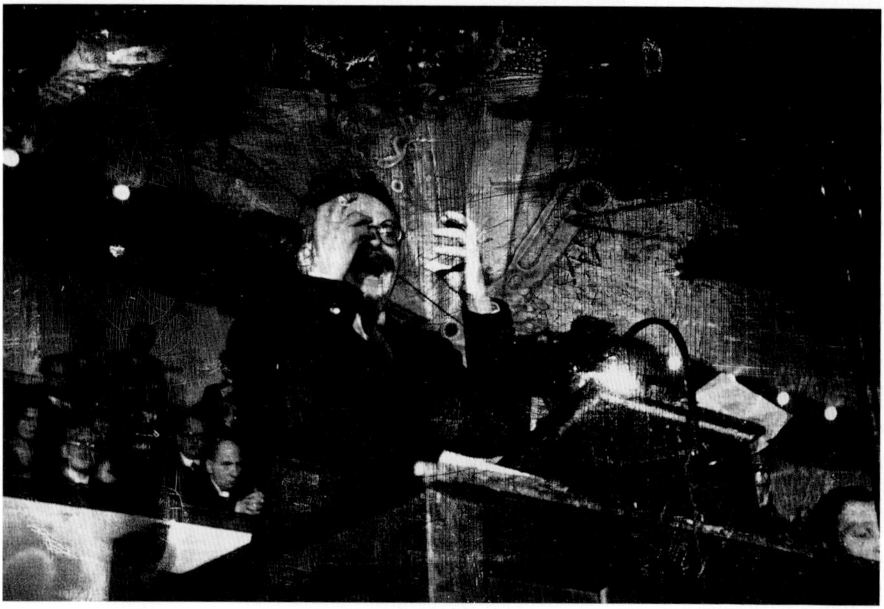

Edward J. Steichen
Amerika, geb. Luxemburg, 1879–1973

Aboard the U. S. S. *Lexington*: Preparing for the Strike on Kwajalein (An Bord der USS Lexington: Vorbereitungen zum Angriff auf die Kwajalein-Insel), 1943

Silbergelatine-Abzug
SCHENKUNG JOANNA T. STEICHEN
74:0025:0732

Als die Vereinigten Staaten 1941 in den Krieg eintraten, ersuchte der mittlerweile 62 Jahre alte Edward Steichen die US-Marine um Erlaubnis, mit einer kleinen Sondereinheit von Photographen, die Rolle der seegestützten Luftwaffe zu dokumentieren. Die Navy war sich bewußt, wie wertvoll eine positive Propaganda im eigenen Land sein würde, und kam Steichens Bitte nach.

Diese Einheit, von Steichen aus handverlesenen professionellen Photographen wie Horace Bristol, Paul Dorsey, Barrett Gallagher, Fenno Jacobs, Victor Jorgensen, Charles Kerlee, Wayne Miller und John Swopes zusammengestellt, wurde schließlich der Navy unterstellt, arbeitete jedoch unabhängig von allen offiziellen photographischen Diensten der Marine. Steichen ging 1945 an Bord der U. S. S. *Lexington*, die den Angriff der Streitkräfte auf Kwajalein Island im Südpazifik unterstützen sollte. Die hier abgebildete Photographie zeigt die Figuren der angespannten Matrosen, die sich auf den Angriff vorbereiten, auf dem riesigen Deck des Flugzeugträgers, und vermittelt den Eindruck massiver militärischer Stärke sowie intensiver, konzentrierter menschlicher Zielstrebigkeit.

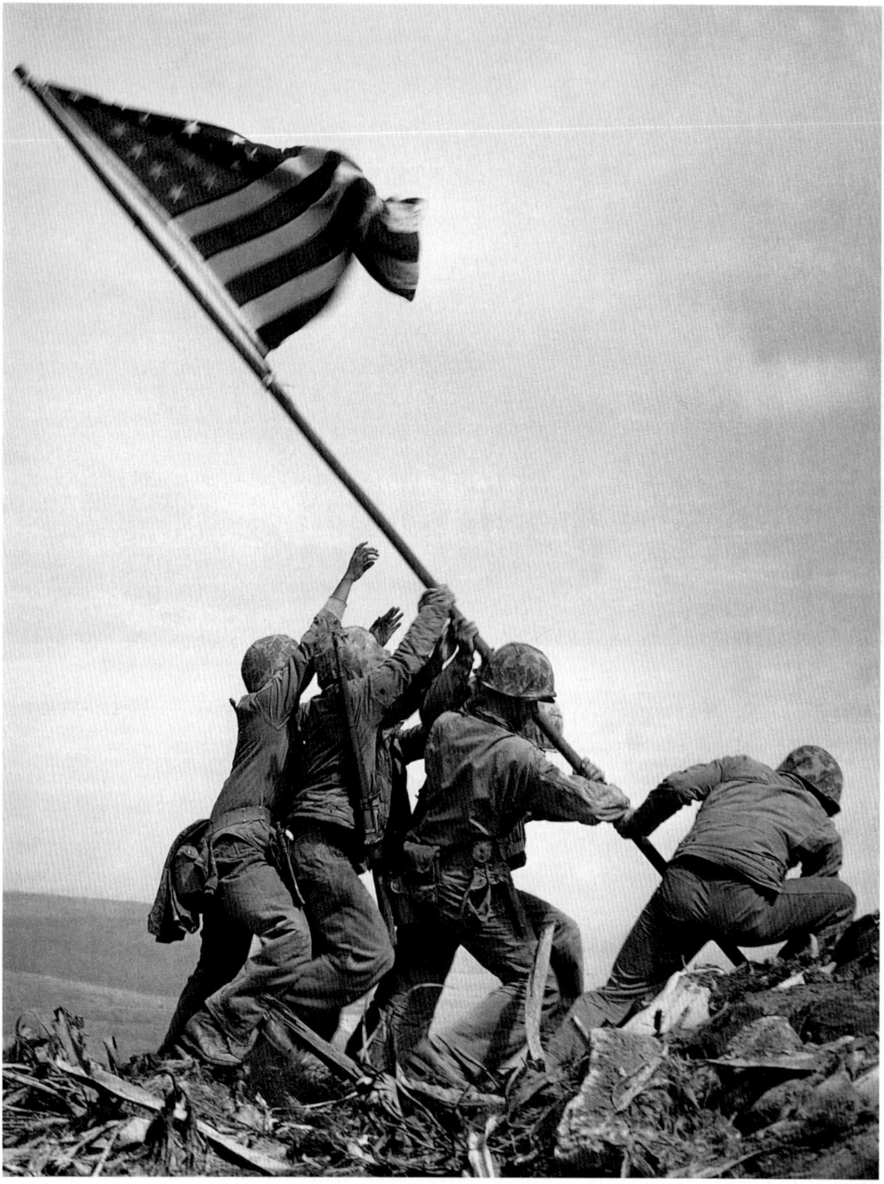

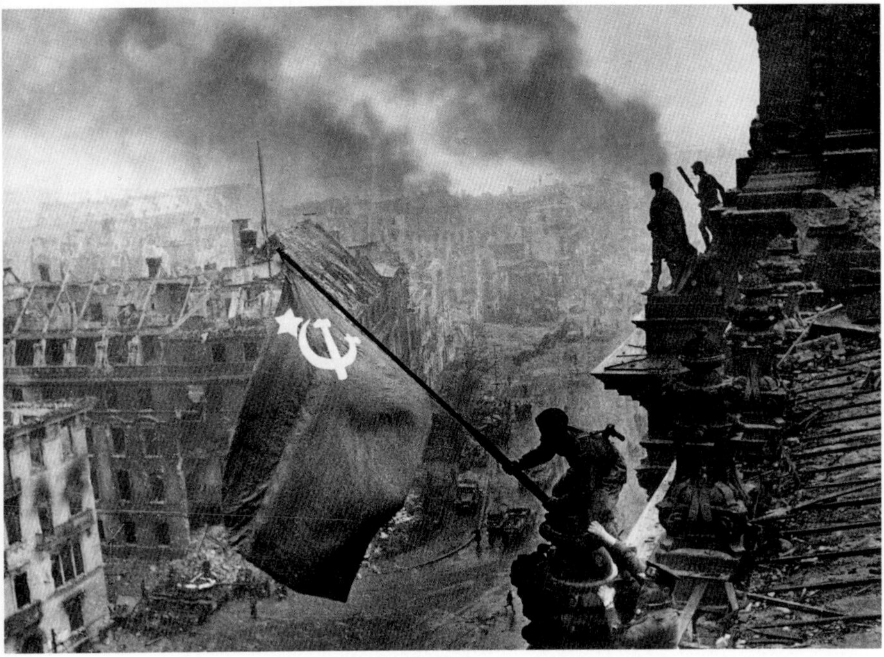

Jewgeni Khaldei
Rußland, 1917–1997

Berlin, 1945

Silbergelatine-Abzug
MUSEUMSANKAUF, FORD MOTOR COMPANY FUND
96:0359:0004

(links)
Joe Rosenthal
Amerika, geb. 1911

Old Glory Goes up on Mt. Suribachi, Iwo Jima (»Old Glory« wird auf dem Mount Suribachi, Iwo Jima, aufgestellt), 1945

Silbergelatine-Abzug
SCHENKUNG THE ASSOCIATED PRESS
81:1678:0001

Am 19. Februar 1945 stürmte die US-Marine die kleine, strategisch bedeutsame Insel Iwo Jima im Südpazifik. Am fünften Tag der Invasion hatten die Marines die japanischen Gegner vom Strand und dem dahinter aufragenden vulkanischen Kegel vertrieben. Die Kämpfe dauerten zwar noch einen Monat an, aber die Schlacht um Iwo Jima war gewonnen worden. Eine Gruppe von Soldaten wurde nach den Gefechten auf die Erhebung geschickt, um eine größere, weithin sichtbare Flagge dort aufzustellen. Joe Rosenthal, ein Photograph von Associated Press ging zusammen mit der Gruppe an Land und photographierte die Aktion. Seine Aufnahme wurde zu einer nationalen Ikone und ging als Symbol des amerikanischen Sieges um die Welt.

In Europa sah Jewgeni Khaldei, ein Mitglied der sowjetischen Nachrichtenagentur TASS, Rosenthals Photographie und nutzte sie als Vorlage für ein ähnlich dramatisches Bild des sowjetischen Triumphs. Beim Fall von Berlin drang Khaldei zusammen mit einigen Soldaten auf das Dach des Reichstags vor, wo er »einen guten Blickwinkel« fand, seine selbstgemachte Flagge einem Soldaten reichte, der sie schwenken sollte, und diese denkwürdige Aufnahme machte.

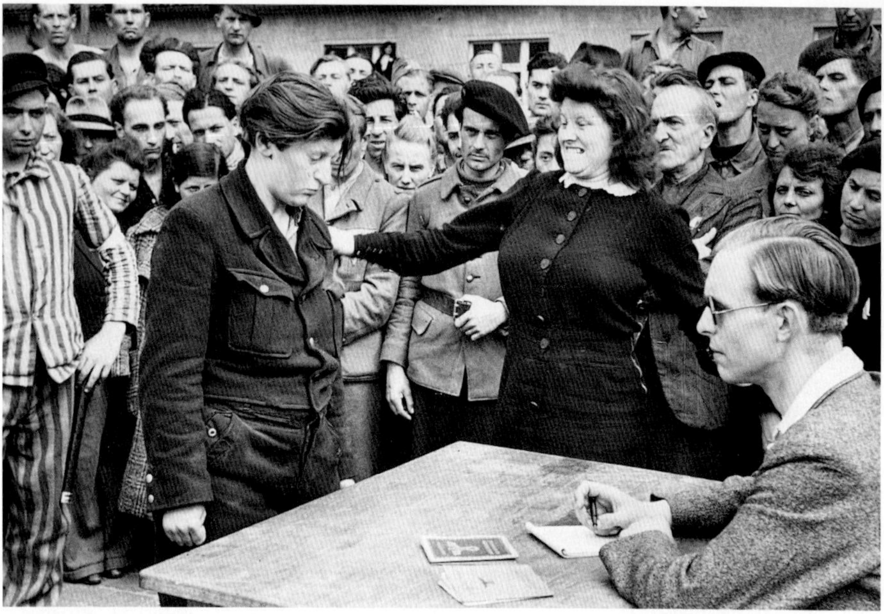

Henri Cartier-Bresson
Frankreich, geb. 1908

Dessau: Exposing a Gestapo Informer, 1945

Silbergelatine-Abzug
MUSEUMSSAMMLUNG, DURCH AUSTAUSCH
73:0057:0002

(rechts)
Anonymer Associated Press Photograph
Amerika?, aktiv 1950er

Army Troops See Atomic Blast, 1951

Silbergelatine-Abzug
SCHENKUNG THE ASSOCIATED PRESS
92:0902:0012

In den Jahren unmittelbar nach dem Zweiten Weltkrieg spielte der Photojournalismus eine größere Rolle in den Massenmedien und markierte den Anbruch eines gefährlichen Zeitalters beispielloser menschlicher Konflikte und wissenschaftlicher Erfindungen, wie in Henri Cartier-Bressons Bild *Dessau* und in der Aufnahme *Army Troops See Atomic Blast* eines unbekannten Photographen zum Ausdruck gebracht wird. Auch wenn diese Bilder durch Raum, nationalistische Belange und Zeit voneinander getrennt sind, vermitteln beide die Konsequenzen eines Krieges, der die moderne Zivilisation und ihre rationalen Grundlagen zutiefst erschütterte.

Der Photograph und Filmemacher Henri Cartier-Bresson war 36 Jahre alt, als er die Aufnahme *Dessau* machte. Er war lange Zeit in Kriegsgefangenschaft gewesen, bevor er fliehen konnte und sich der französischen Widerstandsbewegung anschloß. Geprägt von seinen Kriegserlebnissen machte Cartier-Bresson sozial engagierte Photographien, welche die aufschlußreiche Geste oder den sogenannten »entscheidenden Augenblick« zeigen und die dunkle und erschütternde Geschichte von Betrug und Vergeltung erzählen.

Das Bild eines aufsteigenden Atompilzes verkörperte wie kein anderes Pressephoto eine neue Weltordnung – die neue Weltmacht der Vereinigten Staaten, den Kalten Krieg und das Schreckgespenst des Atomkriegs.

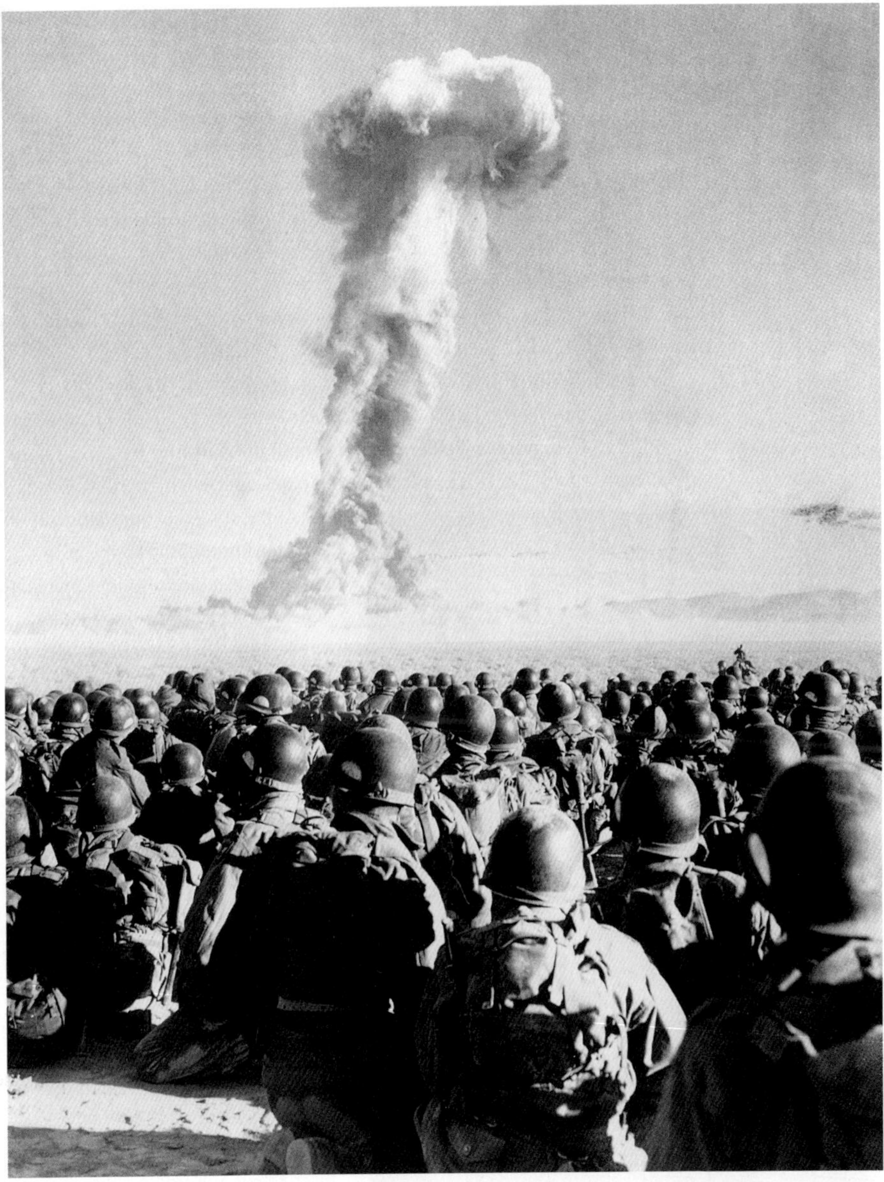

Edward Steichen, damals der einflußreichste Vertreter der amerikanischen Photographie, schrieb 1962 über W. Eugene Smiths Aufnahme *The Thread Maker*: »Dieses Bild einer spinnenden Frau aus einem spanischen Dorf besitzt etwas von der Pracht und Erhabenheit spanischer Malerei – von Velázquez, Goya und El Greco.« Mit dieser Aussage verlieh Steichen der Einstellung vieler Pressephotographen Ausdruck, der Photojournalismus sei nicht nur ein Instrument der Nachrichtenübermittlung, sondern auch eine kreative Praxis, erfüllt von Qualitäten der schönen Kunst. Mehr als jeder andere Photograph seiner Generation versuchte W. Eugene Smith, dieses Ziel durch klassisch gestaltete Bilder von technischer Virtuosität und emotionaler Intensität zu erreichen.

W. Eugene Smith
Amerika, 1918–1978

The Thread Maker
(Die Spinnerin), 1951

Silbergelatine-Abzug
80:0338:0001

Smiths außerordentliche Begabung, Photographien zu machen, die gleichzeitig dramatisch und künstlerisch waren, festigte seinen Ruf, aber das wichtigere photographische Format war für ihn der narrative Essay, die Kombination aus Bild und Text zur Erläuterung eines speziellen Themas. Er war der Auffassung, ein sorgfältig gestalteter Photoessay könne zum besseren Verständnis einer menschlichen Geschichte beitragen. Seine intellektuell ansprechenden und emotional bewegenden Essays definierten in den 1940er und 1950er Jahren die Höhepunkte photojournalistischer Praxis.

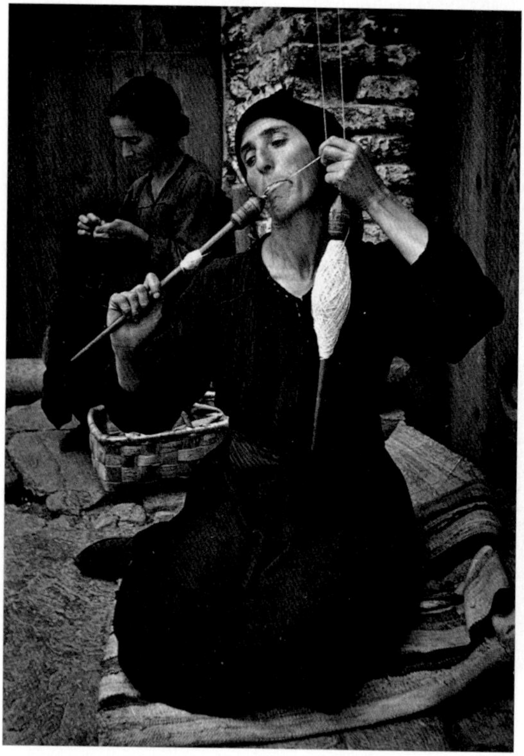

Der festen Überzeugung, der Photograph müsse die Kontrolle über die Präsentation seiner Aufnahmen behalten, verließ Smith das Magazin *LIFE* 1954, da er sich mit den Bildredakteuren nicht über die Aufmachung seines Photoessays über Dr. Albert Schweitzer einigen konnte. In späteren Jahren fungierte Smith als Mentor für eine neue Generation von Photographen, die ihrer Arbeit außerhalb eines institutionalisierten Rahmens des Photojournalismus nachgingen.

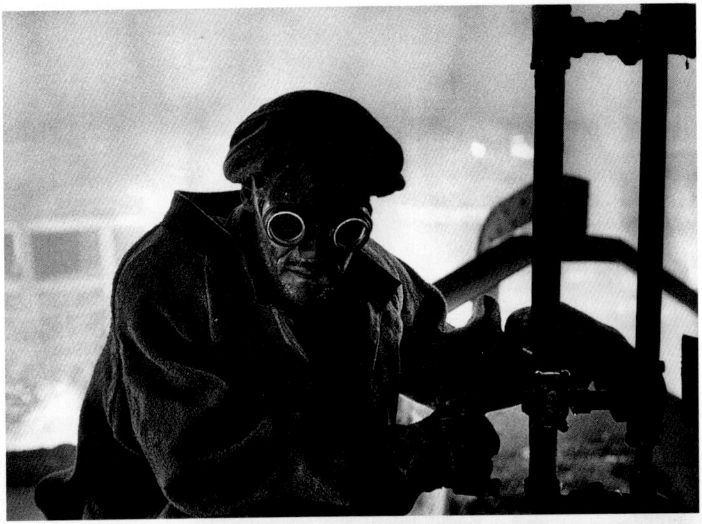

W. Eugene Smith

Pittsburgh Steel Worker (Stahlarbeiter), 1955

Silbergelatine-Abzug
MUSEUMSANKAUF
MIT EASTMAN KODAK
COMPANY FUNDS
81:1935:0001

W. Eugene Smith

Lambarene, French Equatorial Africa (Französisch-Äquatorial-Afrika), 1954

Silbergelatine-Abzug
MUSEUMSANKAUF
66:0023:0013

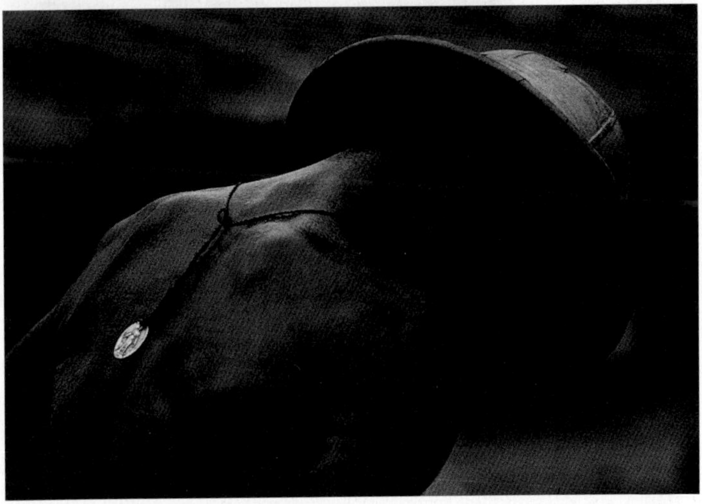

Bill Brandt
England, geb. Deutschland, 1904–1983

Parlour Maids (Dienstmädchen), London, um 1936

Silbergelatine-Abzug
MUSEUMSANKAUF
77:0745:0011

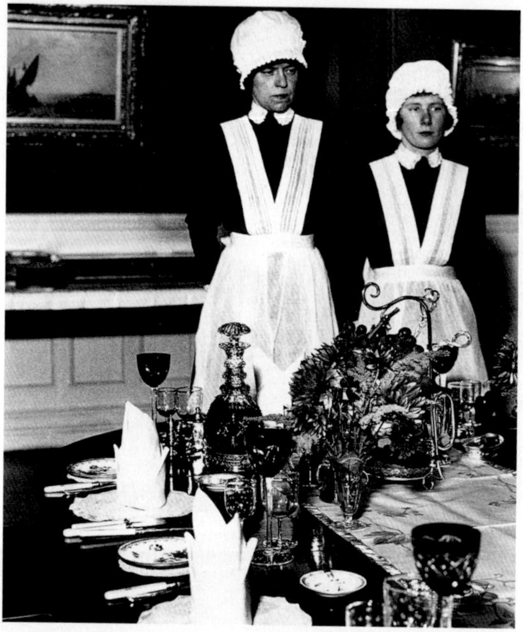

(rechts)
Bill Brandt

Belgravia, London, 1951

Silbergelatine-Abzug
MUSEUMSANKAUF
77:0745:0018

Die photographischen Anfänge von Bill Brandt wurden in den 1920er Jahren weitgehend durch einen Kreis von Freunden geprägt, die zur surrealistischen Bewegung in Frankreich gehörten. Brandt arbeitete einige Monate als Assistent im Atelier von Man Ray in Paris, wo er zwar wenig produzierte, aber regen Anteil am intellektuellen Leben der Metropole nahm. 1931 übersiedelte er nach England, wo er zuerst als Photojournalist und später als künstlerischer Photograph arbeitete. Im Gegensatz zu anderen Photojournalisten der damaligen Zeit, zog Brandt das quadratische Negativformat der Rolleiflex dem rechteckigen Format der populären 35 mm-Kamera vor. Seine Aufnahme *Parlour Maids, London*, die in abgewandelter Form in dem Buch *The English at Home* veröffentlicht wurde, zeigt die feine Ironie, mit der Brandt das britische Klassensystem darstellte. Nach dem Zweiten Weltkrieg wandte er sich der Erforschung von Themen zu, welche die in der damaligen künstlerischen Photographie zu erkennende poetische Sensibilität aufgriffen. *Belgravia, London*, eine Aufnahme, die Brandts surrealistische Wurzeln verrät, ist eine turbulente Verzerrung von Form und Raum, die das altehrwürdige, universelle Sujet des weiblichen Akts umwandelt und neu belebt.

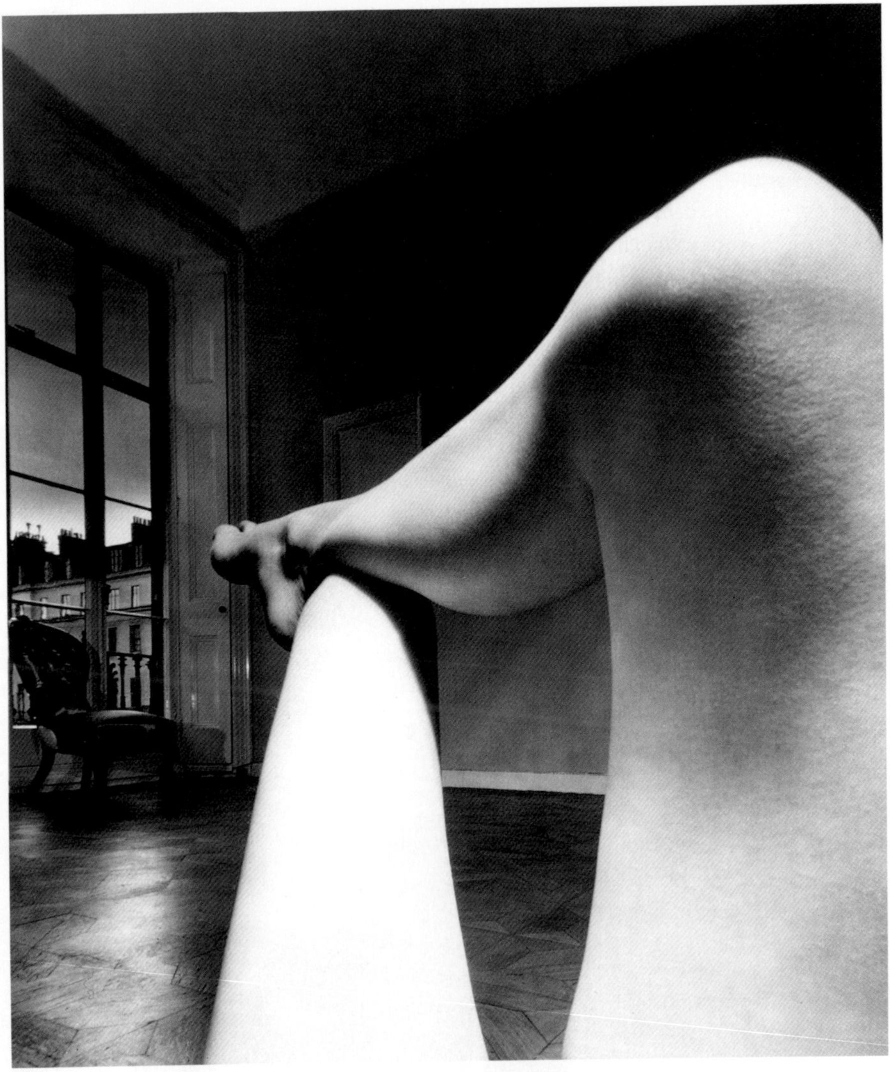

Als die Photographie endlich als eigenständiges künstlerisches Medium akzeptiert war, begannen Photographen, die Grenzen der Wahrnehmung über das »Sichtbare« hinaus zu verschieben. Der einflußreichste Photograph, der dieses Vorhaben in Wort und Bild vertrat, war Minor White. Nach dem Studium der Botanik an der University of Minnesota wurde White »kreativer Photograph« der »Works Progress Administration«. Nachdem er 1955 begonnen hatte, vergleichende Religionswissenschaften zu studieren, war seine Arbeit von einer tiefen Spiritualität erfüllt. Die Eastman-Sammlung besitzt 155 Photographien von White, darunter eine autobiographische Sequenz aus 117 Bildern mit dem Titel *Sequence 13: Return to the Bud* (ursprünglich *Ashes Are for Burning* betitelt). Die narrative Bildfolge, die White als »Kino aus Einzelaufnahmen« bezeichnete, war seine bevorzugte Präsentationsmethode. *Lake Road, Rochester* zeigt zwei Bauplanen vor einer Beton-

Minor White
Amerika, 1908–1976

Lake Road,
Rochester, 1957

Silbergelatine-Abzug
77:0369:0095

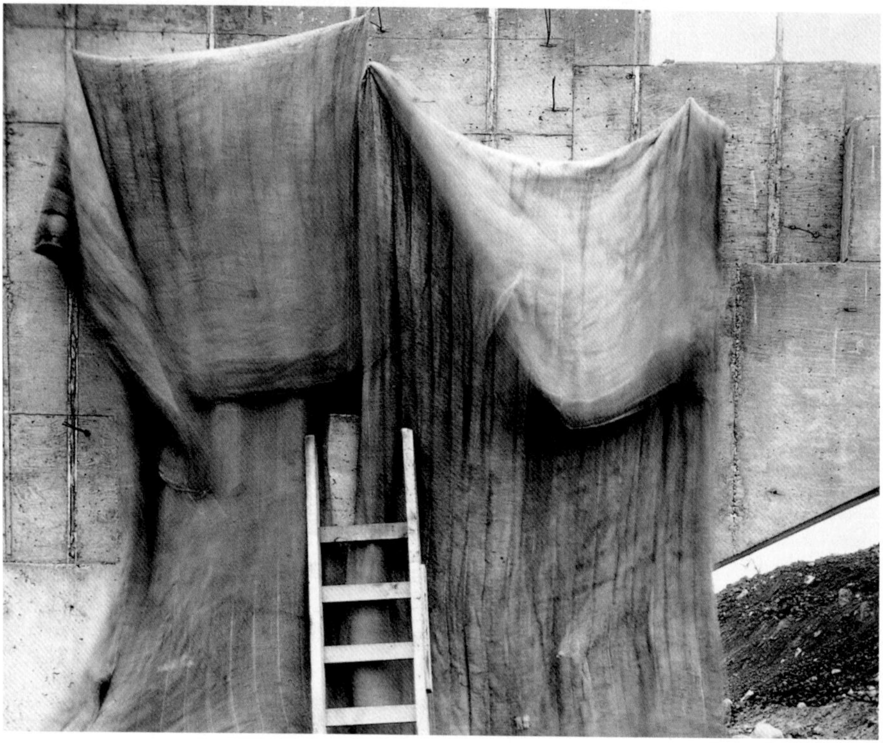

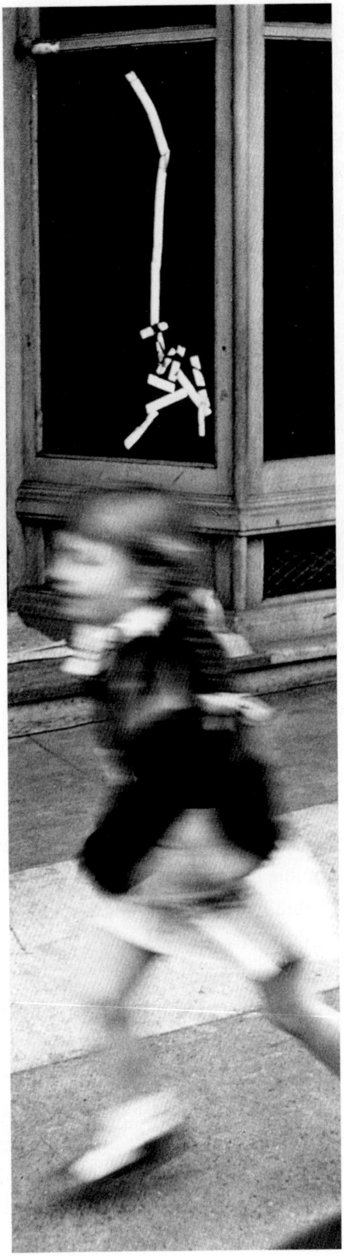

Minor White

Mission District,
San Francisco, 1949

Silbergelatine-Abzug
77:0369:0025

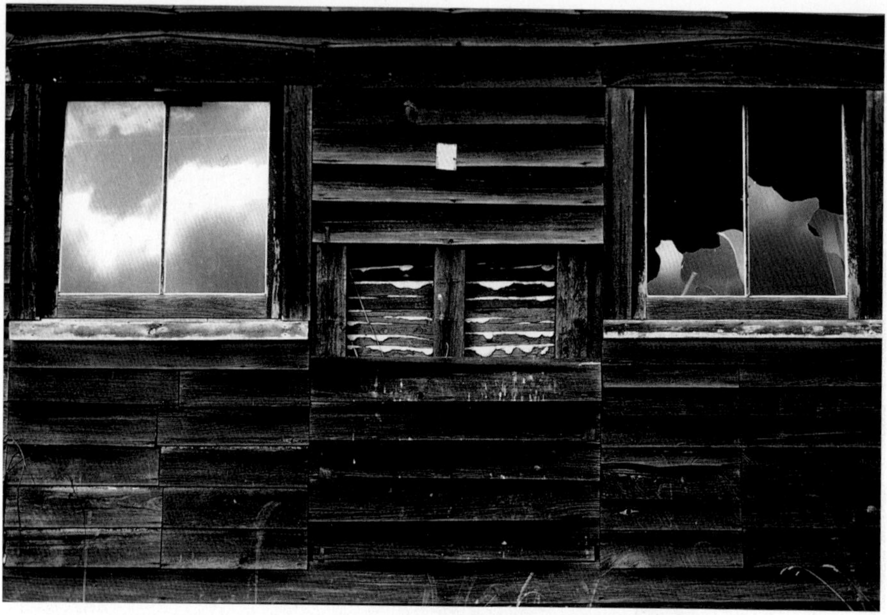

Minor White
Amerika, 1908–1976

The Three Thirds
(Die drei Drittel),
1957

Silbergelatine-Abzug
72:0250:0001

wand zwischen denen eine Leiter steht. Die Bewegung des Gewebes ist zugleich belebt und elegisch, wie das schnelle Flattern eines Kolibris.

Das schmale Hochformat von *Mission District, San Francisco* (Seite 639) demonstriert die Fähigkeit des Künstlers, aus einen größeren Negativ das wesentliche Element auszuwählen, um die gewünschte Stimmung zu vermitteln. Diese radikale Ausschnittgestaltung suggeriert auch, daß für White die Vision des Künstlers das einzige ist, was bei der Schaffung einer unverwechselbaren Photographie nicht manipuliert werden sollte. Beide Bilder wurden in *Sequence 13* veröffentlicht. »Ich photographiere stets gefundene Objekte; außer den Portraits zeigen alle meine Photographien gefundene Objekte ... die besten Photographien sind die, die sich selbst gefunden haben«, schrieb er 1957, dem Jahr, als *Sequence 13* erstmalig im Eastman House ausgestellt wurde. »Wenn ich Bilder anschaue, die ich gemacht habe, habe ich meist vergessen, was ich vor der Kamera sah, und reagiere nur auf das, was ich in den Photographien sehe.« White zufolge gibt es zwei Möglichkeiten, kreativ zu sein: »... Die erste besteht darin, das Objekt so zu photographieren, daß sein Charakter enthüllt wird, und die zweite, ein Objekt zu wählen, das eine Idee illustriert, die zuvor nur in der Vorstellung des Photographen existiert hat.«

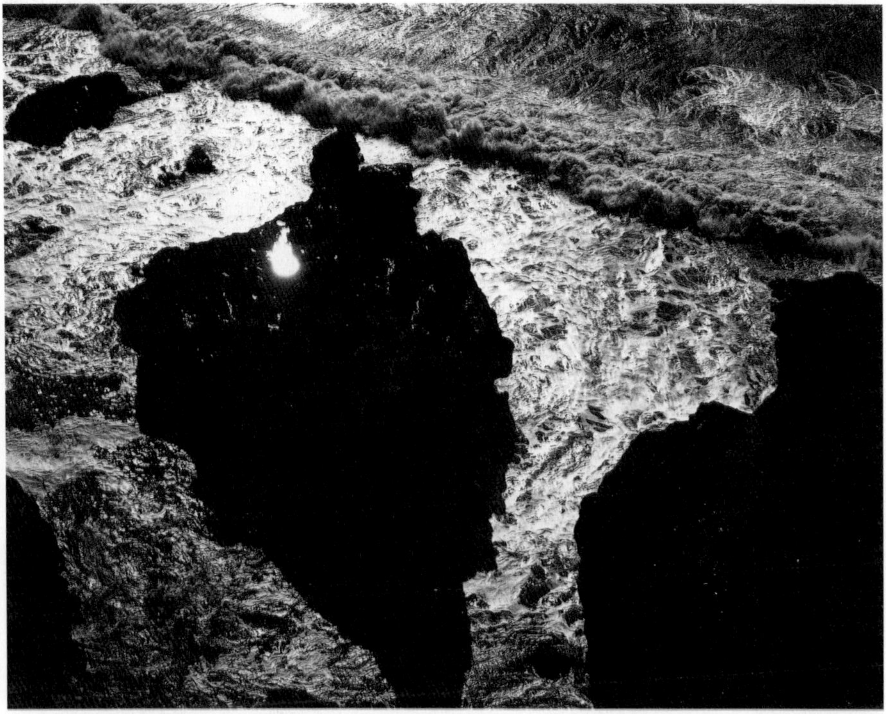

Der Titel *The Three Thirds* kann wörtlich aufgefaßt werden, denn er bezeiht sich auf drei verschiedene formale Elemente in der Aufnahme: die Wolken, die sich in einem Fenster spiegeln, der Mörtel, der zwischen den Brettern einer vernagelten Öffnung hervorquillt, und die Zacken einer zerbrochenen Fensterscheibe. Mit diesem Titel weist White darauf hin, daß das Bild als Summe seiner Einzelteile gelesen werden soll und somit ein Ganzes ergibt. White griff diese Dreiteilung, die für ihn sowohl spirituelle als auch formale Bedeutung hatte, immer wieder auf. *Sun & Rock* ist ein Bild aus der Sequenz *Song without Word*, in der White die verwirrenden Gefühle im Zusammenhang mit seiner Homosexualität reflektierte. White, der Ausstellungen im George Eastman House kuratierte und als Redakteur für die Museumszeitschrift *Image* arbeitete, war ein äußerst einflußreicher Photograph, Verleger und Lehrer, den ein Zeitgenosse einmal als »den Archetyp des Künstlers als Guru ... umgeben von einem Halbschatten aus Spiritualität« bezeichnete. Alfred Stieglitz, Edward Weston und Ansel Adams waren seine Mentoren gewesen, und Carl Chiarenza und Paul Caponigro wurden seine Schüler.

Minor White

Sun & Rock (Sonne & Fels), 1948

Silbergelatine-Abzug
73:0063:0009

Zusammen mit Ansel Adams, Dorothea Lange, Barbara Morgan und Beaumont und Nancy Newhall gründete White 1952 das einflußreiche Magazin *Aperture* und war 23 Jahre lang sein Herausgeber.

Der in San Francisco geborene Ansel Adams hatte zuerst eine Ausbildung als Konzertpianist absolviert. Seine ersten Aufnahmen machte er mit einer Kodak-Brownie-Kamera, als er 1916, zusammen mit seinen Eltern, das Yosemite Valley besuchte, für ihn »eine Gipfelerfahrung von solcher Intensität, daß es fast schmerzte. Seit diesem Tag ... ist mein Leben von der großen Erd-Geste der Sierra koloriert und moduliert.« Er kehrte jeden Sommer in das Tal zurück und wurde ein passionierter Bergsteiger und Naturschützer – was vielleicht nicht einer gewissen Ironie entbehrt, da Adams mit seinen großartigen Bildern dazu beitrug, daß der Tourismus in den Nationalparks stark zunahm. 1927 machte er mit *Monolith, the Face of Half Dome* (Seite 645) eine seiner berühmtesten Aufnahmen. Sie gehört zu einem, 1959 vom Sierra Club veröffentlichten Portfolio, das sich heute im Besitz der Eastman-Sammlung befindet.

Ansel Adams
Amerika, 1902–1984

Lake Cliffs, Kaweah Gap, Sierra Nevada, um 1932

Silbergelatine-Abzug
72:0065:0074

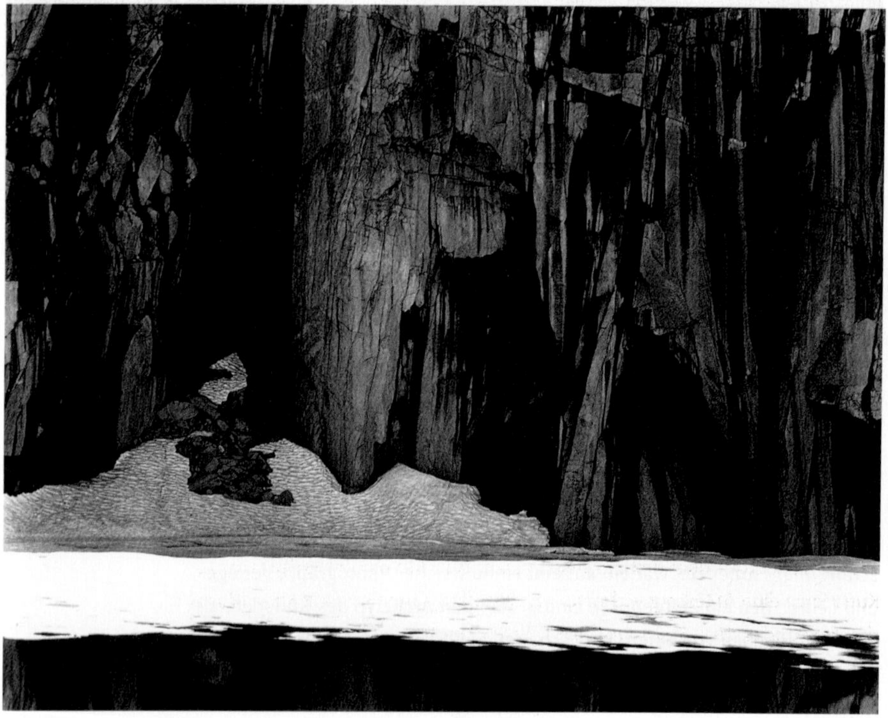

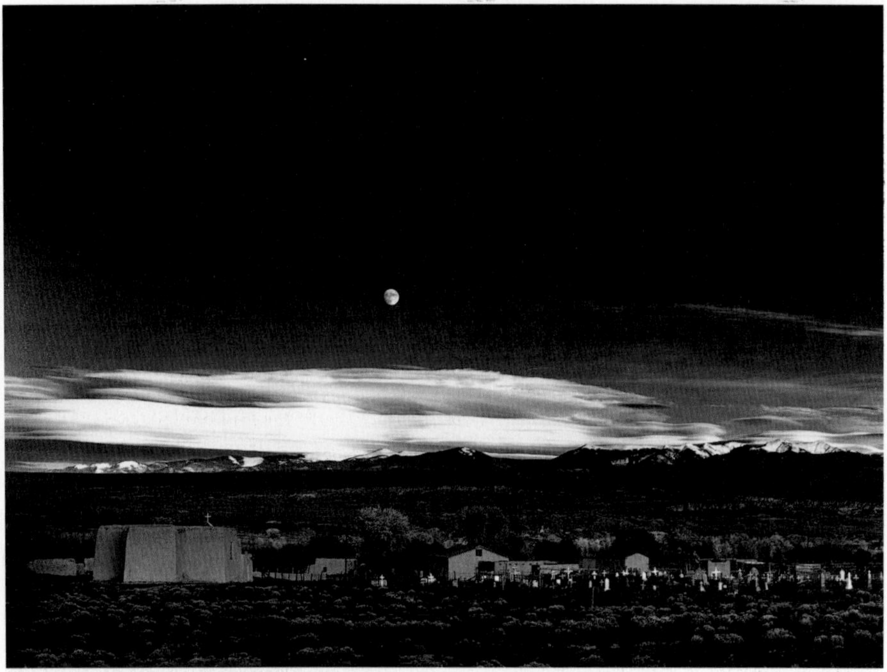

Nachdem er 1930 Paul Strand kennengelernt hatte, dessen Bilder für ihn eine Offenbarung waren, widmete er sich ganz der Photographie. Für viele ist es vielleicht überraschend, daß Adams' erste Arbeiten malerische, weich gezeichnete und romantische Bilder waren. 1931 notierte er in seinem Tagebuch: »Wachte mit einer Art Vision auf. Es war wie die Verkündigung! Plötzlich sah ich, was Photographie sein kann ... eine ungeheuer überzeugende Kunstform«, und gab seinen malerischen Stil auf. Im folgenden Jahr war er eines der Gründungsmitglieder der Group f/64 und trat für das expressive Potential der reinen Photographie ein. *Lake Cliffs, Kaweah Gap, Sierra Nevada* demonstriert überzeugend das Vermögen des Mediums, Bilder von großer Tiefenschärfe und Detailgenauigkeit zu schaffen. 1940 gehörte er zu den Begründern der photographischen Abteilung des Museum of Modern Art in New York City – dem ersten Museum, das dem Medium als selbständige Kunstform eine Abteilung widmete. Im darauffolgenden Jahr nahm er *Moonrise, Hernandez, New Mexico auf*, ein Erkennungsbild von Adams, das zeigt, daß seine Kunst so kalkuliert war, wie die eines leidenschaftlichen Technikers. Statt die Melancholie des »Sonnenuntergangs« zu beschwören, nann-

Ansel Adams

Moonrise (Mondaufgang), Hernandez, New Mexico, 1941

Silbergelatine-Abzug
74:0082:0001

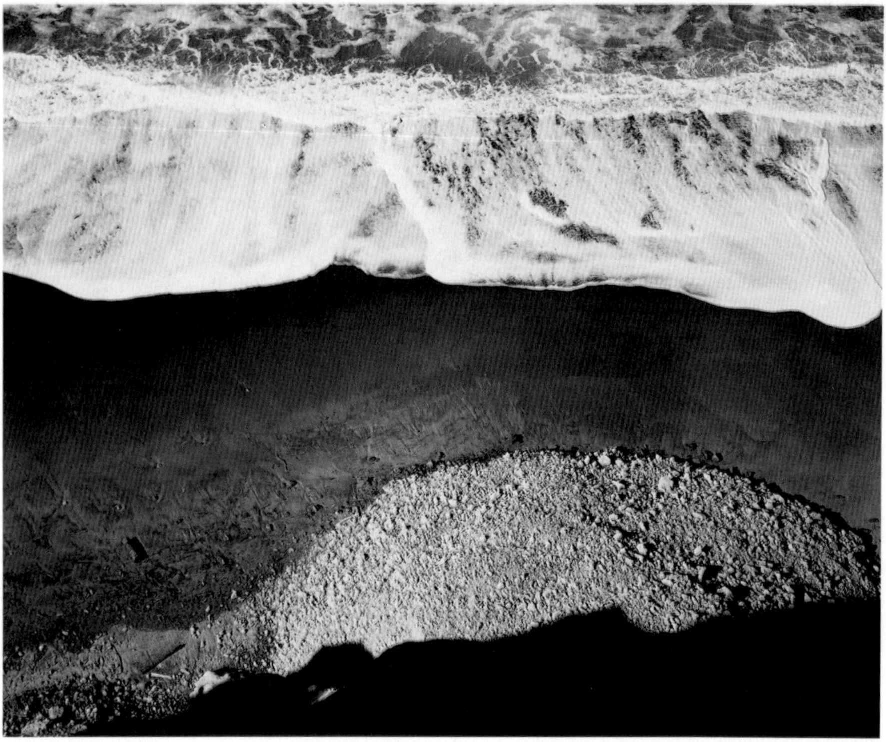

Ansel Adams
Amerika, 1902–1984

Surf Sequence III, California Coast (Brandungssequenz III, Kalifornische Küste), um 1940

Silbergelatine-Abzug
72:0065:0020

(rechts)
Ansel Adams

Monolith, the Face of Half Dome (Monolith, die Wand des Half Dome), 1927

Silbergelatine-Abzug
MUSEUMSANKAUF
81:1018:0001

te Adams das Bild *Moonrise*. Er druckte zwei Versionen der Aufnahme; in der ersten ist der Himmel in einem matteren Grau wiedergegeben, so, wie er im Zwielicht erschien, während er in dieser berühmteren Version dunkler ist. So entsteht ein dramatischer, fast übernatürlicher Kontrast, der jedes Kreuz auf dem kleinen Friedhof im Vordergrund des Bildes deutlich hervorhebt.

Eine Photographie wie *Surf Sequence III, California Coast* verrät Adams Hintergrund als Musiker. Wie er selbst über die Bedeutung der Prävisualisierung und der Technik in der Dunkelkammer sagte: »Das Negativ ist das Ergebnis, der Abzug die Ausführung.« In seinen Schichten von fast reinem Weiß zu Schwarz, dazwischen fast alle Nuancen von Grau, scheint das Meer wahrhaftig von Klang erfüllt. Über diese Arbeit schrieb Adams: »Wer vermag die Stimmungen von Orten der Wildnis zu definieren, die Bedeutung der Natur in Regionen jenseits des materiellen Nutzens? Hier geht die Welt der Erfahrung über die Welt des aggressiven Menschen, der Geschichte und der Wissenschaft hinaus. Die Stimmungen und Eigenschaften der Natur und

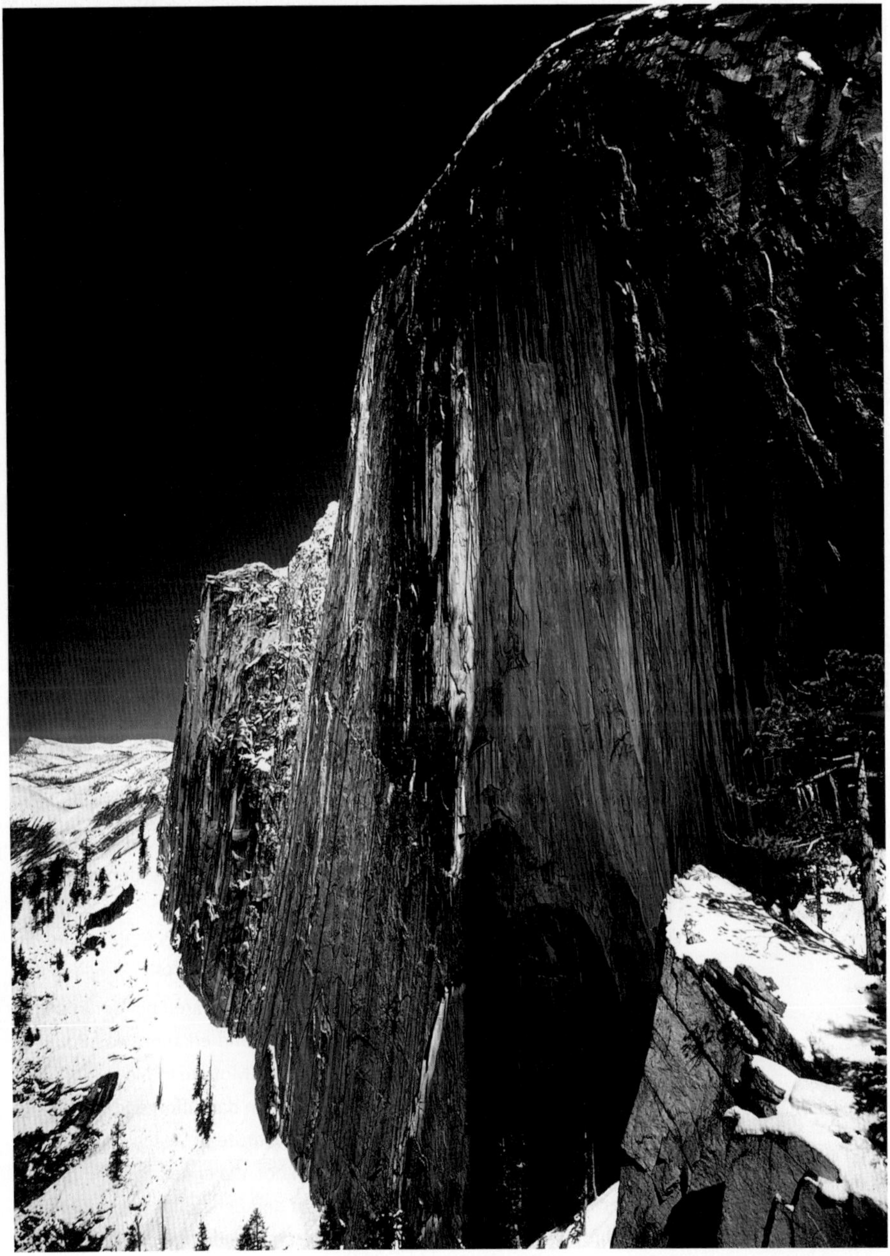

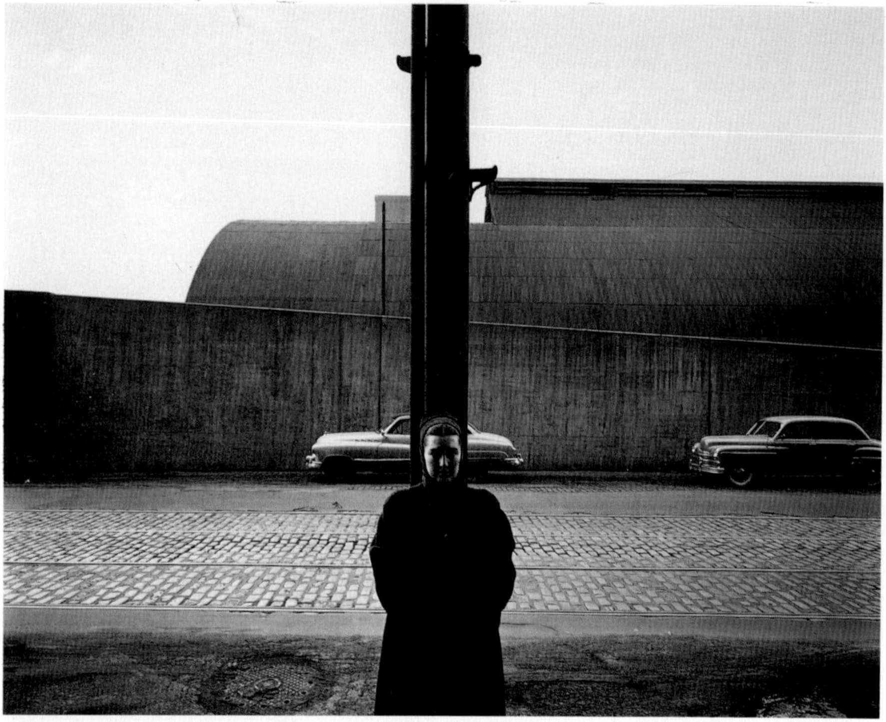

Harry Callahan
Amerika, 1912–1999

Eleanor, Chicago, 1953

Silbergelatine-Abzug
81:1135:0002

die Offenbarungen großer Kunst sind gleichermaßen schwer zu definieren; wir können sie nur in den Tiefen der Wahrnehmung unseres Geistes erfassen.« Das Eastman House besitzt fast 300 Bilder von Adams, dem zweifellos bekanntesten amerikanischen Photographen.

Harry Callahan ist in der Eastman-Sammlung mit fast 100 Bildern vertreten. Callahan war Ingenieur bei Chrysler und betrieb die Photographie als Hobby. Während einer Reihe von Wochenend-Seminaren bei der Photo Guild in Detroit sah er Arbeiten von Ansel Adams und erkannte das Potential des Mediums. 1945 verbrachte Callahan sechs Monate in New York und widmete sich ganz seiner neuen Beschäftigung. Im darauffolgenden Jahr stellte ihn László Moholy-Nagy als Lehrer am Institute of Design in Chicago an. Callahans Aufnahmen von seiner Frau Eleanor, die er seit Beginn ihrer Ehe im Jahr 1936 photographierte, gehören zu den persönlichsten, poetischsten und eindringlichsten Portraits in der Geschichte des Mediums.

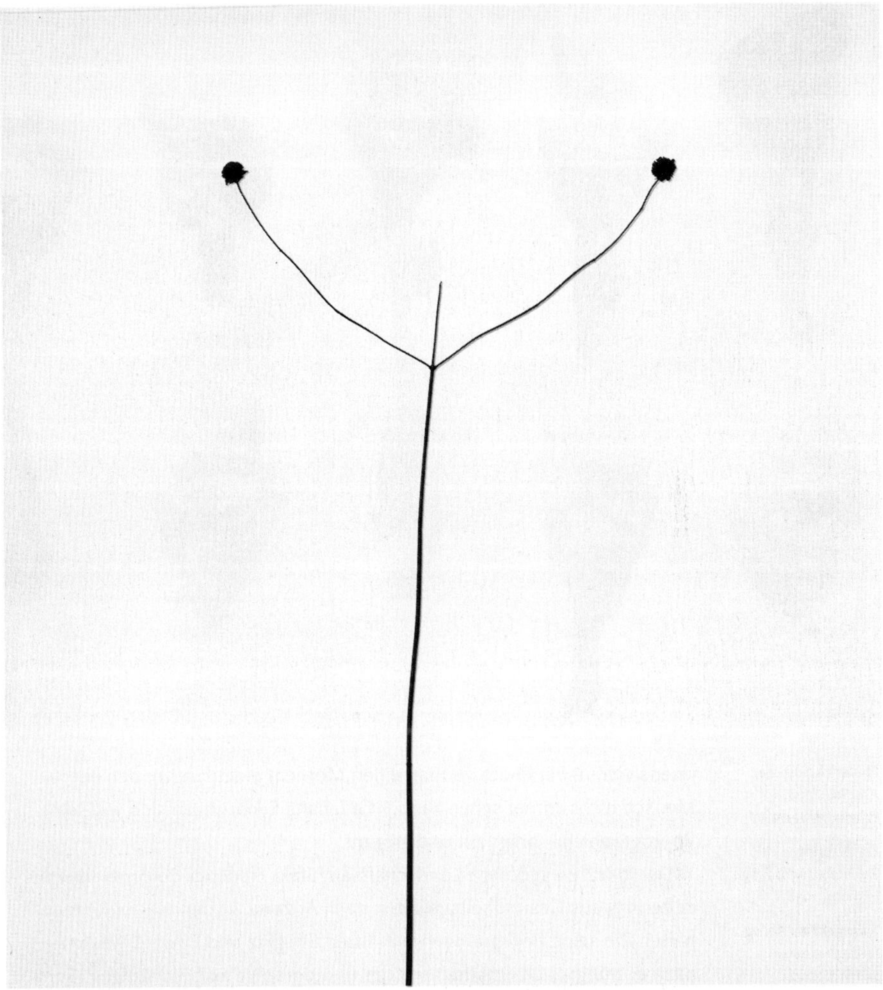

In der hier abgebildeten, in Chicago aufgenommenen Photographie steht Eleanor direkt vor einem Telefonmast, exakt in der Mitte der Komposition. Autos und Gebäude im Hintergrund scheinen leicht aus dem Gleichgewicht geraten zu sein, so daß der Bildaufbau nicht perfekt symmetrisch ist. Die Aufnahme des haarfeinen Astes vor rein weißem Schnee, die einfach *Detroit* heißt, verkörpert den Triumph des Minimalismus. »Auf den Inhalt kommt es an. Mich interessiert es, ein Objekt auf eine neue Art zu zeigen, um es zu

Harry Callahan

Detroit, um 1947

Silbergelatine-Abzug

MUSEUMSANKAUF

81:1131:0001

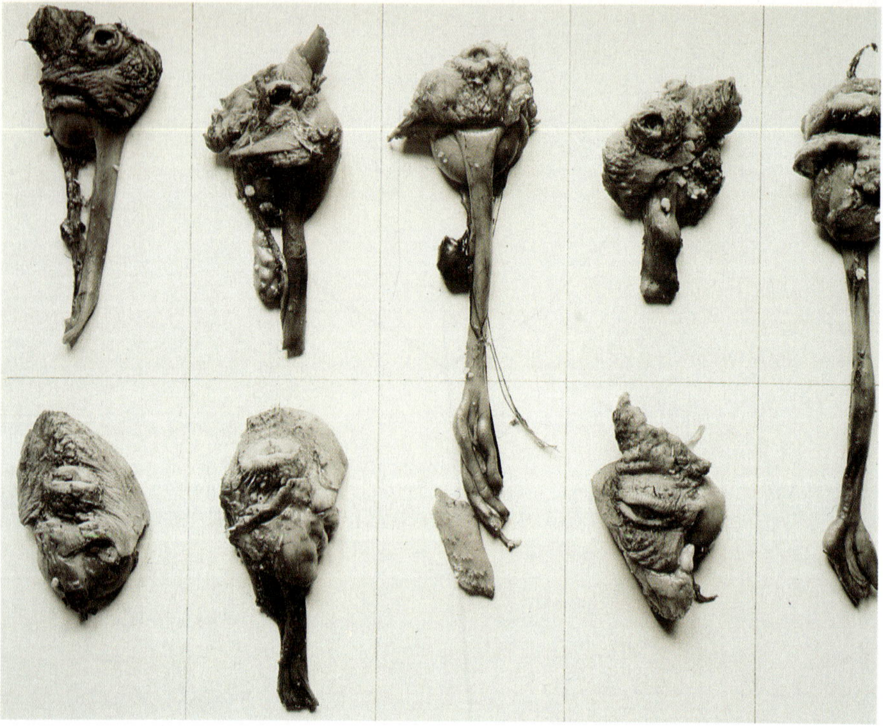

Frederick Sommer
Amerika, geb. Italien, 1905–1999

Eight Young Roosters (Acht junge Hähne), 1938

Silbergelatine-Abzug
MUSEUMSANKAUF
71:0112:0002

(rechts)
Frederick Sommer

Moon Culmination (Mondkulmination), 1951

Silbergelatine-Abzug
MUSEUMSANKAUF
72:0006:0001

intensivieren. Ein Photo vermag einen Moment einzufangen, den der Mensch nicht immer sehen kann.« Callahans Erklärungen sind wie seine Photographien – prägnant und elegant.

Der in Italien geborene Landschaftsarchitekt Frederick Sommer übersiedelte 1935 aus Gesundheitsgründen nach Arizona. In den 1930er Jahren hatten ihn seine Begegnungen mit Alfred Stieglitz und Edward Weston dazu ermutigt, sich ernsthaft mit der Photographie zu beschäftigen. Sommers frühe Bilder zeigen surrealistische Anklänge; zwar war er nie Mitglied der Surrealisten, arbeitete aber mit Man Ray und Max Ernst zusammen, den er bei einem Besuch in Arizona portraitierte. Die Anatomie von Hühnern wurde zu einem Thema, das Sommer immer wieder aufgriff; *Eight Young Roosters* ist eine Anordnung ausgeweideter Hühnerteilen, die weniger wegen des Schockeffekts als wegen ihrer seltsam abstoßenden Schönheit gezeigt wurden. *Moon Culmination* zeigt das zerrissene und verwitterte Bild eines tanzenden Paars, das Zeit und Natur zu einer Art Fels verwandelt

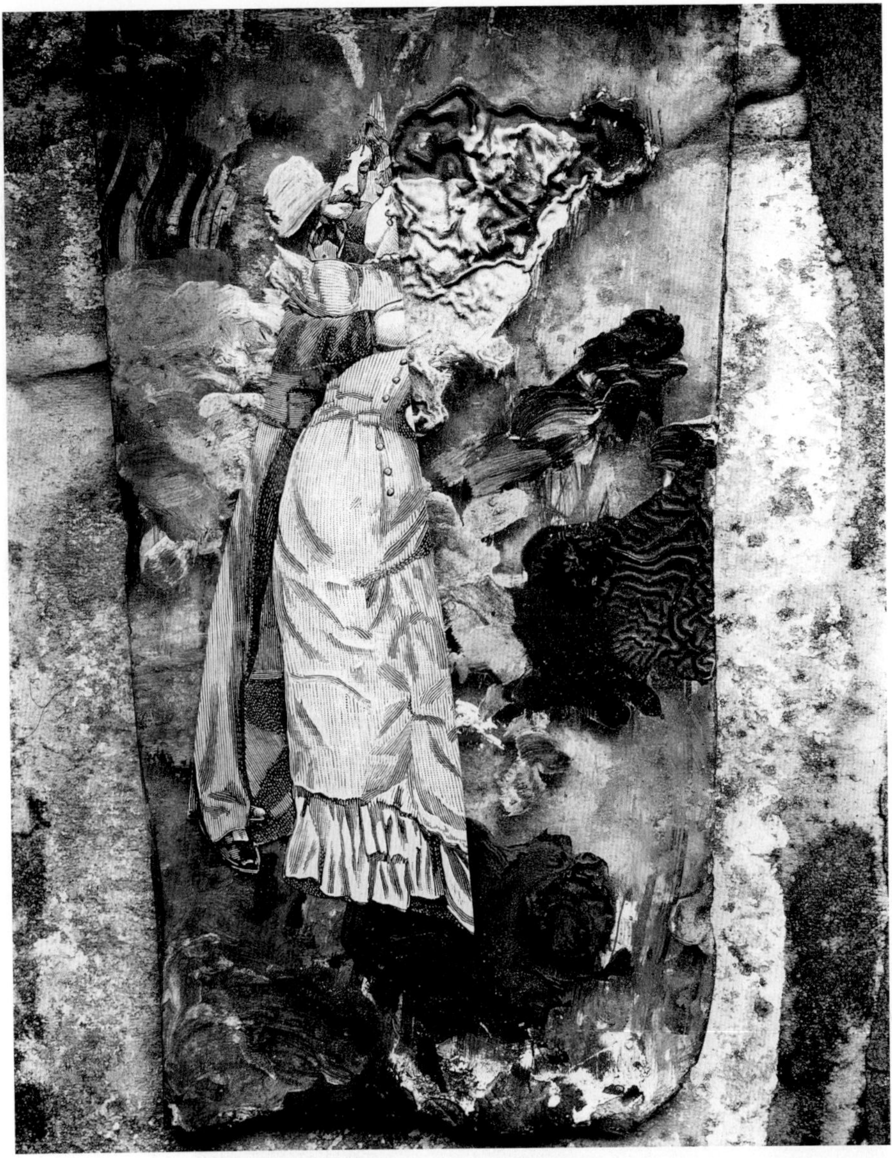

Aaron Siskind
Amerika, 1903–1991

Martha's Vineyard
107, 1954

Silbergelatine-Abzug
MUSEUMSANKAUF
81:2343:0020

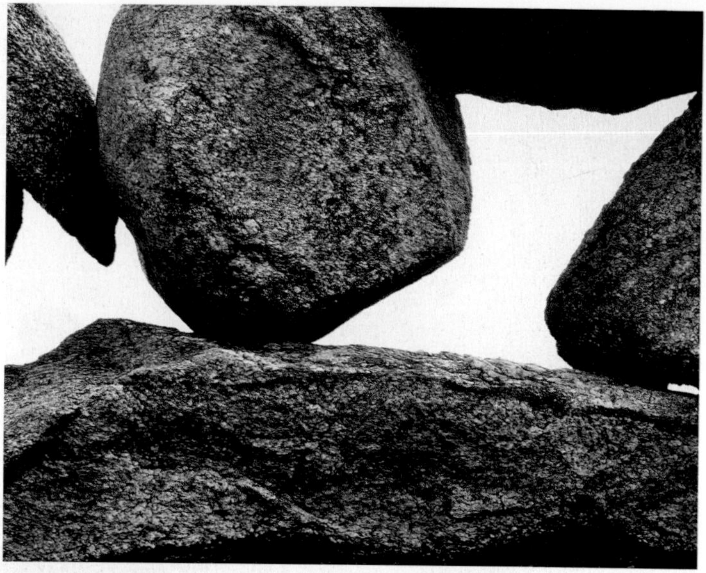

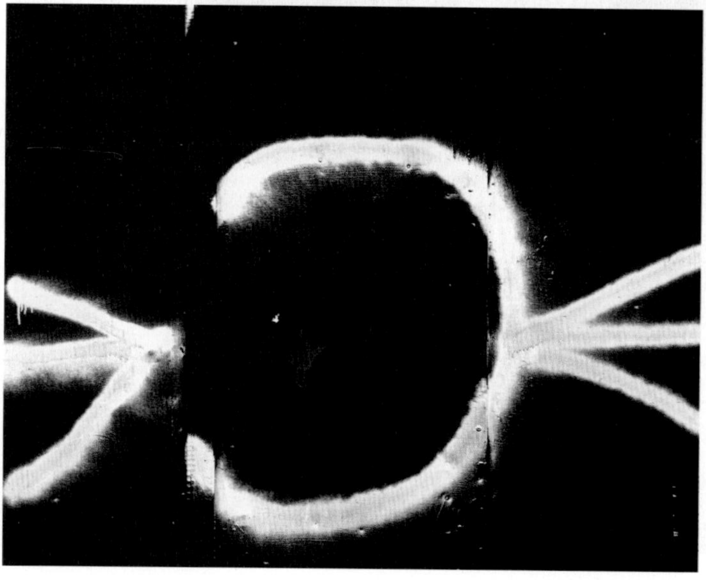

Aaron Siskind

Chicago, 56, 1960

Silbergelatine-Abzug
MUSEUMSANKAUF
81:2343:0007

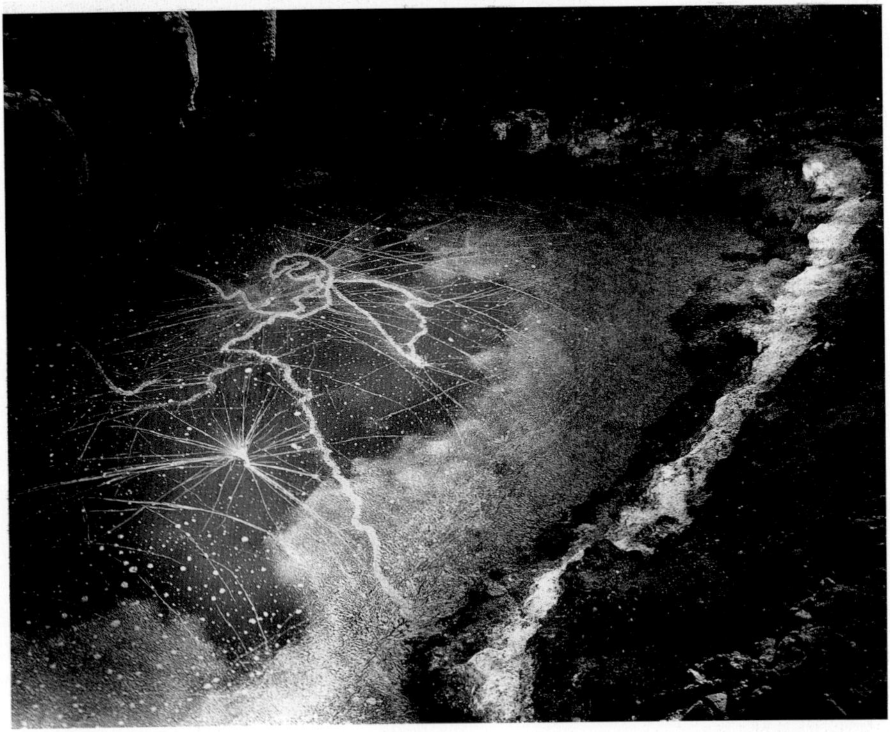

haben. Durch eine unwahrscheinliche Setzung findet Sommer in grundverschiedenen Objekten Gemeinsamkeiten von poetischer Form.

»Ich habe in meine Bilder Ausdrucksqualitäten eingebracht, die sich aus meiner Erfahrung von Musik und der Literatur ableiten. Meine Überzeugung von der Bedeutung des abstrakten Ausdrucks stammt von meiner Liebe zur Musik«, sagte Aaron Siskind einmal. Seine Photographien von Felsen bei Martha's Vineyard und von Graffitis an einer Hauswand in Chicago scheinen Welten von seiner früheren dokumentarischen Arbeit entfernt zu sein, aber beiden eignet das Gespür für aufschlußreiche Gesten und fragiles Gleichgewicht. Siskind hatte während seiner gesamten Karriere, als dokumentarischer wie als abstrakter Photograph, großen Einfluß auf die amerikanische Kunstszene, zuerst in der Photo League und später am Chicagoer Institute of Design, wo er auf Einladung von Harry Callahan lehrte.

Die metaphorische Beziehung zwischen Musik und Photographie, die Ansel Adams und Aaron Siskind herstellten, empfanden auch Wynn Bullock,

Wynn Bullock
Amerika, 1902–1975

The Tide Pool (Das Gezeitenbecken), 1958

Silbergelatine-Abzug
MUSEUMSANKAUF
81:1072:0018

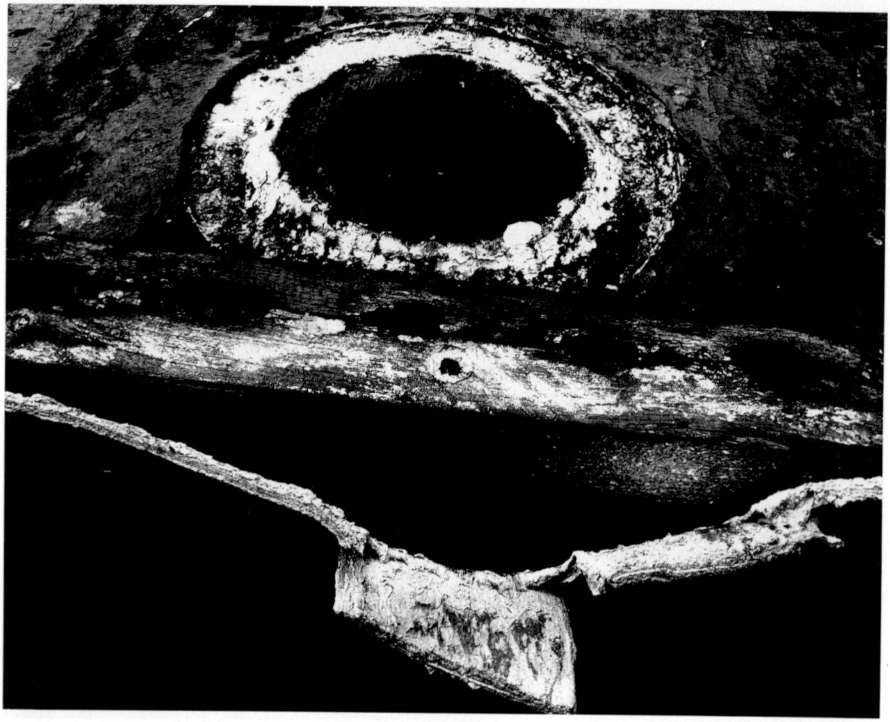

Carl Chiarenza
Amerika, geb. 1935

Ohne Titel Nr. 32, 1962

Silbergelatine-Abzug
MUSEUMSANKAUF
80:0339:0005

Carl Chiarenza und Paul Caponigro. Wynn Bullock arbeitete als Sänger, bevor er am Los Angeles Art Center Photographie studierte. Indem er das Bild eines *Gezeitenbeckens* (Seite 651) auf dem Kopf präsentiert, überprüft er das Verständnis des dargestellten Gegenstands und verändert es in eine himmlische Landschaft.

Carl Chiarenza sagte über seine Bilder: »Die Landschaften, die in meinen Photographien erscheinen, haben mit Vorstellungen über das Land im Verlauf der Zeit zu tun; für mich sind es Landschaften des Geistes ... so geheimnisvoll und voller unbekannter Kräfte, wie sie im Verlauf der Geschichte [gewesen sind].« Chiarenza, der sich früh von erkennbaren Inhalten zugunsten kristalliner Strukturen abwandte, zeigt in seiner Arbeit den spirituellen Einfluß seines Lehrers Minor White. Seine Photographien haben auch Gemeinsamkeiten mit Siskinds abstrakten Bildern. (Siskinds Einfluß war so groß, daß Chiarenza 1982 eine Biographie über ihn schrieb). *Ohne Titel Nr. 32* transzendiert das Spezifische des photographierten Objekts und geht

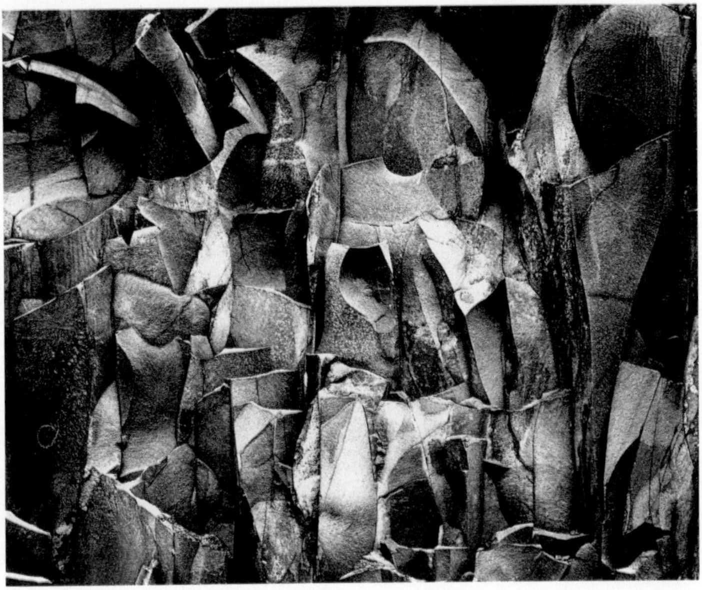

Paul Caponigro
Amerika, geb. 1932

West Hartford, Connecticut, 1959

Silbergelatine-Abzug
MUSEUMSANKAUF MIT UNTERSTÜTZUNG NATIONAL ENDOWMENT FOR THE ARTS
80:0212:0002

über die bloße Oberfläche hinaus, um das zu zeigen, was man nicht sehen kann. Die tiefen, satten Schwarztöne in Chiarenzas Drucken stehen nicht für die Abwesenheit von Licht, sondern repräsentierten eine spirituelle Präsenz.

Ebenso wie Chiarenzas photographische Arbeit von seiner Liebe zur Musik durchdrungen war, beeinflußten auch die frühen musikalischen Studien von Paul Caponigro dessen Gefühl für Rhythmus und Bewegung in Photographien. Caponigro, ebenfalls ein Schüler von Minor White, zitiert auch Weston als wichtige Inspirationsquelle. *West Hartford, Connecticut* ist eine Landschaftsaufnahme von fragilem Gleichgewicht. »Hören heißt, in Einklang gebracht werden/Hören heißt, die größere Liebe zu erwecken/Und sanft teilen sich die Mauern zu echtem Sehen/Das Auge der Wahrheit schafft den Spalt/Damit die Mauern einstürzen und das innere Ohr hören kann« schrieb Caponigro. Diese Aufnahmen erweitern die Vorstellung dessen, was eine Photographie bedeuten kann, und fordern den Betrachter auf, über die Oberfläche des dargestellten Objekts hinaus zu sehen und die Möglichkeiten des Mediums zu erforschen, das mehr zeigt, als nur das Ding an sich. Ihre visuell unterschiedlichen Arbeiten legten den konzeptuellen Grundstein für die experimentelle Photographie der 1970er Jahre.

Louis Faurer
Amerika, geb. 1916

Black Automobiles (Schwarze Automobile), 1950

Silbergelatine-Abzug
SCHENKUNG MIRIAM MEDNICK ROTHMAN
89:1334:0001

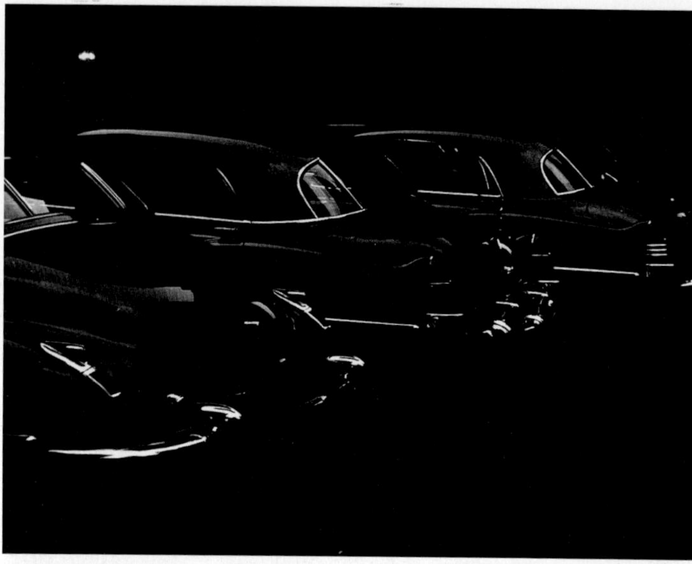

Amerika in Bildern

Nach dem Zweiten Weltkrieg versuchten immer mehr Photographen, eine persönliche Vision zu entwickeln. Viele gingen mit 35 mm-Kameras auf die Straße und praktizierten die sogenannte »available-light-photography«. Diese, ohne Blitzlicht unter den gegebenen Lichtverhältnissen aufgenommenen Photographien vermittelten durch ihre ausgeprägte Körnung, starke Kontraste und unscharfe, abgeschnittene Formen ein Gefühl von Unmittelbarkeit. Louis Faurer arbeitete von 1947 bis 1969 als Modephotograph für *Harper's Bazaar* und andere Magazine in New York City. Zu Beginn der 1950er Jahre verbrachte er, wie sein Freund Robert Frank, viel Zeit damit, auf der Suche nach poetischen Bildern vom Fluß des Großstadtlebens, die sich ständig verändernden Straßen von New York City zu photographieren.

Roy DeCarava arbeitete von 1944 bis 1958 als Künstler und Illustrator und dann als freiberuflicher Photograph. In seiner Freizeit photographierte er in den Straßen von Harlem, wo er wohnte, und schuf nach und nach ein Œuvre oft melancholischer, aber stets sehr evokativer Bilder von großer Menschlichkeit. Sein 1955 erschienenes Buch *The Sweet Flypaper of Life* mit Texten von Langston Hughes bot damals einem afro-amerikanischen Künstler in Amerika die seltene Möglichkeit, eine öffentliche Stimme zu finden.

(rechts)
Roy DeCarava
Amerika, geb. 1919

Sun and Shade (Sonne und Schatten), 1952

Silbergelatine-Abzug
SCHENKUNG THE PHOTOGRAPHER
70:0064:0004

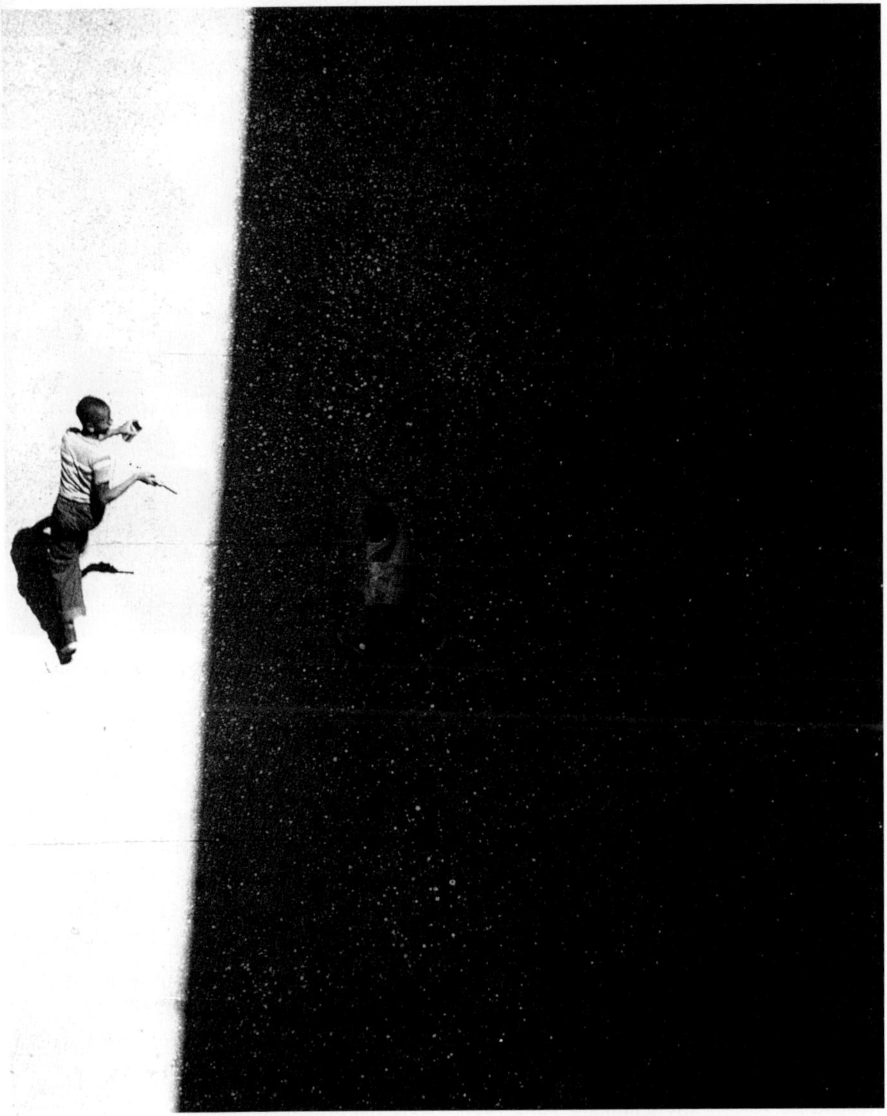

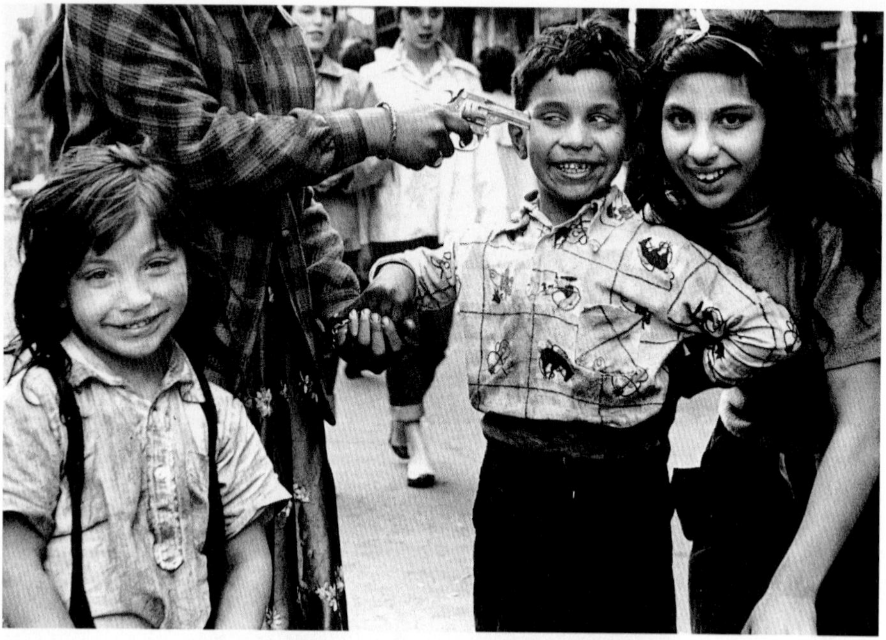

William Klein
Amerika, geb. 1928

Gun 2, near the Bowery (Pistole 2, in der Nähe der Bowery), New York, 1955

Silbergelatine-Abzug
MUSEUMSANKAUF, LILA ACHESON WALLACE FUND
85:1058:0003

Nachdem er 1948 aus dem Militärdienst entlassen worden war, studierte William Klein in Paris Kunst, wo er die Maler Fernand Léger, Bill Max und die dort lebenden Amerikaner Ellsworth Kelly und Jack Youngerman kennenlernte. Anfang der 1950er Jahre experimentierte Klein mit geometrisch-abstrakter Malerei, die seine späteren kompromißlosen, nüchternen Straßenphotographien beeinflußte. 1954 kehrte er für kurze Zeit nach New York zurück, um dort in den Straßen zu photographieren.

Dieses Bild dreier Kinder, die verkrampft in die Kamera lächeln, während ein Erwachsener einem von ihnen eine Spielzeugpistole an die Schläfe hält, vermittelt die unterschwellige Gewalt und den Verlust der Unschuld, den Klein auf seinen Wanderungen durch die Stadt beobachtete. Fasziniert von der Gegenüberstellung von Gewalt und Spiel, griff er das Thema Kinder und Waffen wiederholt auf. Seine Beschreibung der Stadt als einer »Mischung aus Schönheit, Zärtlichkeit, idiotischer Brutalität und unfaßbarer Bedrohung« ist ebenso in diesem Bild verkörpert. Kleins 1956 veröffentlichtes Buch *New York* kombiniert ein radikales Layout mit seinen kontrastreichen, herausgeblitzten großkörnigen Abzügen. Klein hat 15 weitere Photobücher gestaltet und veröffentlicht und bei über 20 Filmen Regie geführt.

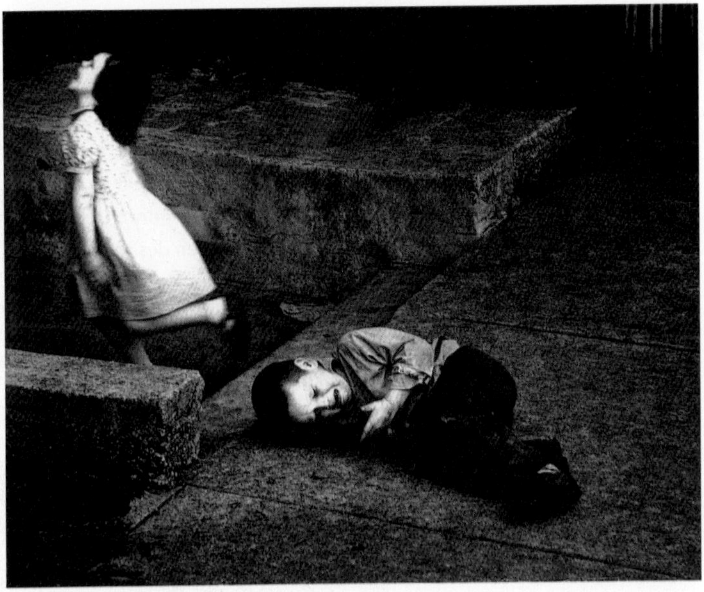

David Heath
Amerika, geb. 1931

Vengeful Sister (Rachsüchtige Schwester), Chicago, 1956

Silbergelatine-Abzug
MUSEUMSANKAUF MIT EASTMAN KODAK COMPANY FUNDS
80:0366:0001

David Heath sah 1947, im Alter von 16 Jahren, in *LIFE* Ralph Cranes *Bad Boy's Story*, einen klassischen Photoessay über ein Kind in einem Waisenhaus. Heath selbst hatte seine Kindheit in verschiedenen Waisenhäusern und Pflegefamilien verbracht, und dieser Photoessay hatte maßgeblichen Einfluß auf seine Entscheidung, Photograph zu werden. Wie Crane schuf auch Heath narrative Gruppen von Bildern. Sein vorrangiges Thema war die Auswirkung von Isolation und Gemeinschaft auf den menschlichen Geist; dies wird besonders in seinem bedrohlichen Bild *Vengeful Sister, Chicago* deutlich. Heath photographisches Œuvre ist stark autobiographisch, und sein Stil entsprach der damaligen Zeit, als die aufrührerische Stimme des subjektiven »Ich« in den bildenden und literarischen Künsten in den Vordergrund trat. »Für mich«, schrieb Heath, »bedeutet der Akt des Photographierens nicht mehr, als tagebuchartige Notizen zu machen. ...« Zutiefst beeindruckt von Robert Franks Werk *Les Américains* erkannte Heath, daß das Buchformat die geeignete Form für seine Photokunst bot. Mit seinem Buch *A Dialogue with Solitude*, das 1961 fertiggestellt, aber erst 1965 veröffentlicht wurde, trieb er die Form des umfangreichen photographischen Essays in eine persönliche und poetische Dimension, die für die damalige Zeit ungewöhnlich war und auch heute noch sehr selten ist.

Lee Friedlander beschrieb seine photographische Praxis zu Beginn der 1970er Jahre als Dokumentation »der amerikanischen Landschaft und ihrer Verhältnisse.« Diese Aussage trifft jedoch nur bedingt zu, denn in seinen Photographien geht es um den Dialog zwischen dem Beobachter und der amerikanischen Soziallandschaft und ihren Bedingungen, wie er in *New York City*, einem Bild aus Friedlanders Selbstportrait-Serie dargestellt ist. Diese Serie, in der der Schatten des Photographen in das Bild eindringt, enthält ein Element, das an bestimmte literarische Konventionen des modernen Romans seit Molière erinnert. Dieses autobiographische Element ermöglicht es dem »Autor«, persönliche Kommentare in die Erzählung einfließen zu lassen. Friedlander setzte dieses Mittel häufig ein, um seine Präsenz in Bildern anzuzeigen, die ansonsten als dokumentarische Berichte gelesen werden könnten. Dazu bemerkte er: »Ich fand mich zuweilen in der Landschaft meiner Photographie wieder. Ich könnte mich als Eindringling bezeichnen. Jedenfalls kamen [meine Photographien] langsam zustande, ohne einen Plan, sondern jedesmal wie eine weitere Entdeckung.« In Friedlanders Photographien geht es ebenso um persönliche Beobachtungen wie um das Medium selbst. Wie sein Freund und Kollege Garry Winogrand interessierte sich Friedlander dafür, wie die Welt erscheint, wenn sie photographiert wird;

Lee Friedlander
Amerika, geb. 1934

Galax, Virginia, 1962

Silbergelatine-Abzug
MUSEUMSANKAUF MIT UNTERSTÜTZUNG NATIONAL ENDOWMENT FOR THE ARTS
81:0303:0002

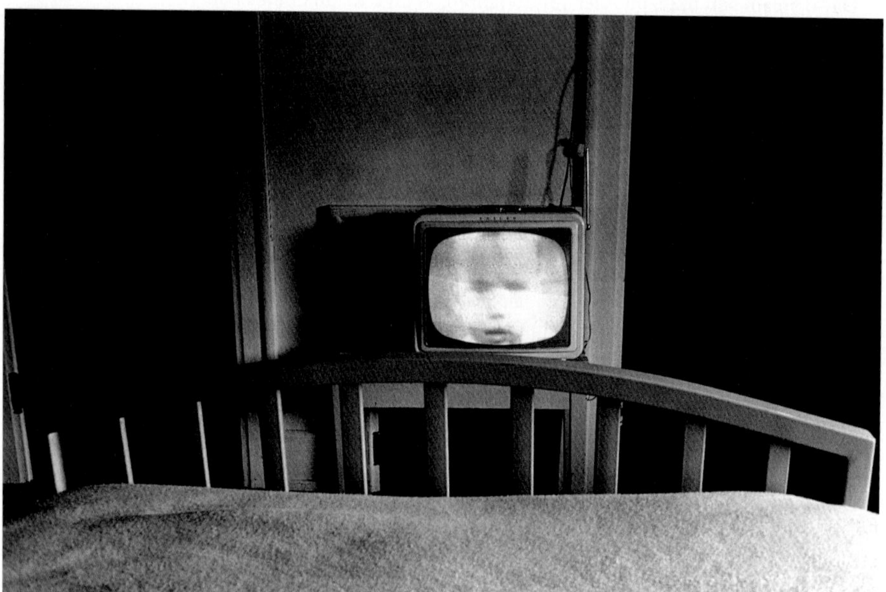

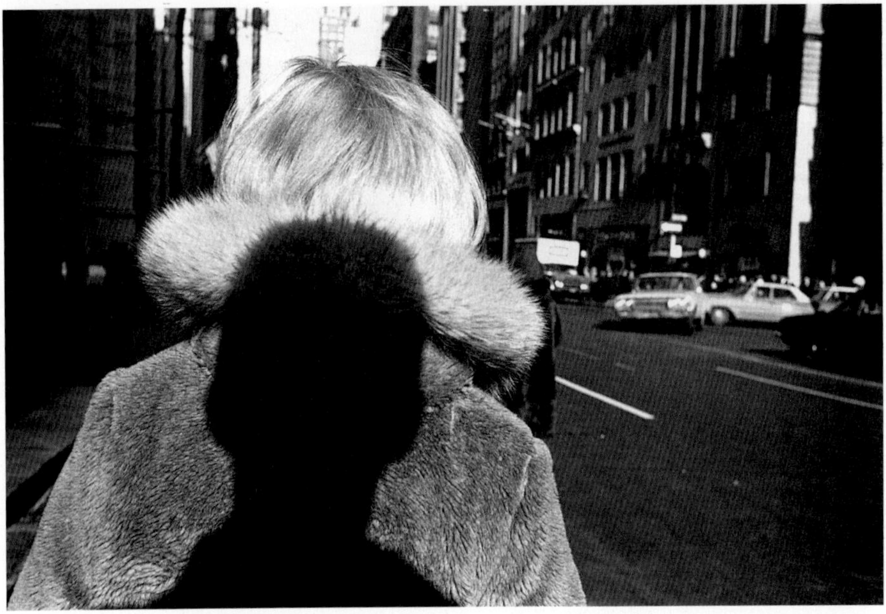

Lee Friedlander

New York City, 1966

Silbergelatine-Abzug

MUSEUMSANKAUF
84:0837:0004

mit anderen Worten, wie die Realität durch das Medium der Photographie in etwas anderes verwandelt wird – etwas, das immer ein Bild sein will und manchmal zu Kunst wird.

Friedlander verfolgte stets den Ansatz, zahlreiche Aufnahmen zu machen und sie in Gruppen zusammenzufassen. Aus diesen unterschiedlichen Gruppen ergibt sich dann allmählich ein Thema. Daher findet Friedlander photographischen Inhalt und Bedeutung nicht in einem einzelnen Bild, sondern in den Entdeckungen, die er beim Akt des Photographierens und der anschließenden Anordnung der Bilder macht. Diese Dialektik aus Frage und Antwort war zwar Malern vertraut, wenn sie Skizzen für ihre Gemälde entwarfen und überarbeiteten, aber vor den 1960er Jahren war sie in der Photographie alles andere als üblich. Vorher hatte ein Photograph einfach versucht, das »beste« Bild zu finden.

Als sich das Potential von Büchern und Museumsausstellungen in den 1960er Jahren als Ort künstlerischer Kommunikation entwickelte, war es für Friedlander und andere leichter, Antworten in dem Prozeß der Herstellung zahlreicher Bilder zu finden, statt sich selbst mit einem einzigen, ikonischen Bild zu definieren.

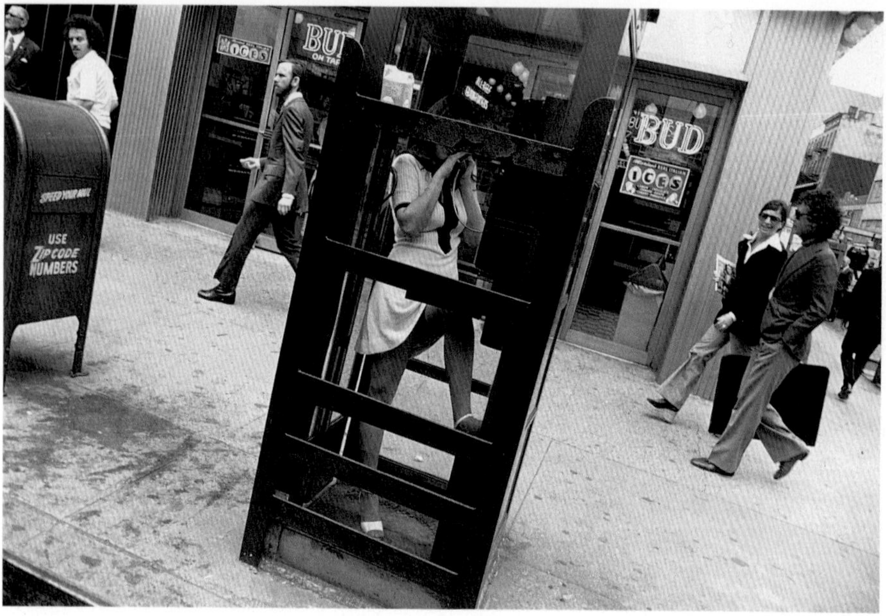

Garry Winogrand
Amerika, 1928–1984

New York City, 1972

Silbergelatine-Abzug
SCHENKUNG
ARTHUR GOLDBERG
83:0151:0050

Garry Winogrand begann zwar bereits 1948 zu photographieren, entwickelte aber erst in den 1960er Jahren ernsthafte Ambitionen in seiner Arbeit. Er war der existenzialistischste Photograph seiner Generation und schuf eine Vision, welche die Authentizität des flüchtigen Augenblicks und die Zweckgerichtetheit unterstreicht, die in diesem Augenblick deutlich werden kann. Für ihn war der bloße Akt des Photographierens die Essenz der Erfahrung, denn er suchte das Außergewöhnliche im Alltäglichen. Aber es war auch ein Spiel, bei dem es darum ging, eine Vielzahl von Photographien zu machen, aus denen vielleicht ein erfolgreiches Bild oder ein thematischer Block von Arbeiten hervorgehen würde.

Wie sich am Ende seines Lebens zeigte, photographierte Winogrand fast besessen. Als er 1984 starb, hinterließ er über 2.500 Rollen belichteten, aber nicht entwickelten Film, 6.500 Rollen entwickelten Film ohne Kopien sowie ungeschnittene Kontaktbögen von 3.000 weiteren Filmrollen Kontaktbögen. Mit anderen Worten, in den letzten fünf oder sechs Jahren seines Lebens machte er über 350.000 Bilder, die er sich nach der Belichtung überhaupt nicht mehr ansah. Die photographische Sammlung des Museums besitzt 129 Aufnahmen von Garry Winogrand, darunter ein Set von 85 Drucken aus der Serie *Women Are Beautiful*, die er in den 1960er Jahren anfertigte.

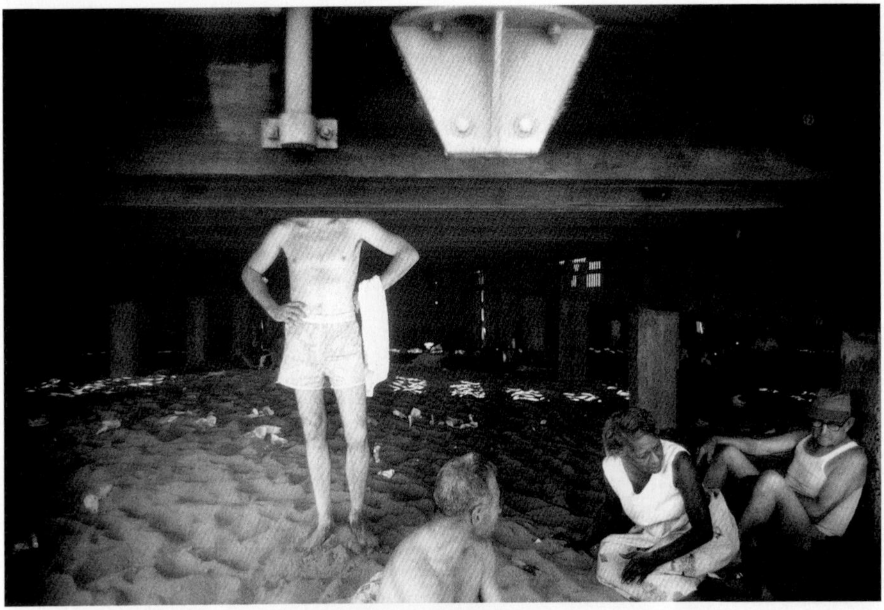

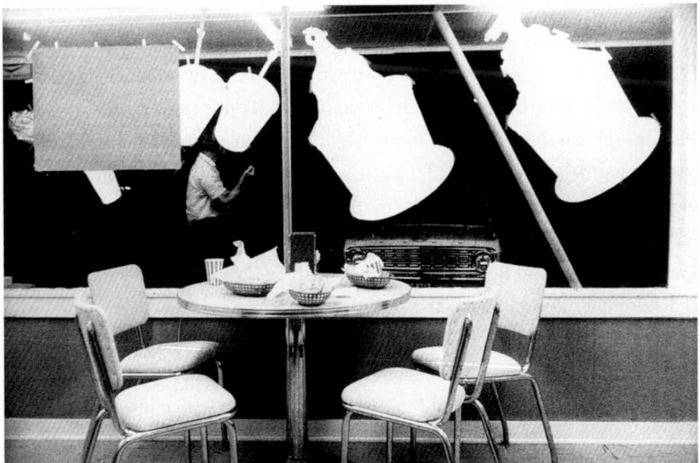

Garry Winogrand

Coney Island,
um 1960

Silbergelatine-Abzug
MUSEUMSANKAUF
MIT EASTMAN KODAK
COMPANY FUNDS
81:2077:0001

(links)
Garry Winogrand

San Marcos,
Texas, 1964

Silbergelatine-Abzug
MUSEUMSANKAUF
66:0058:0006

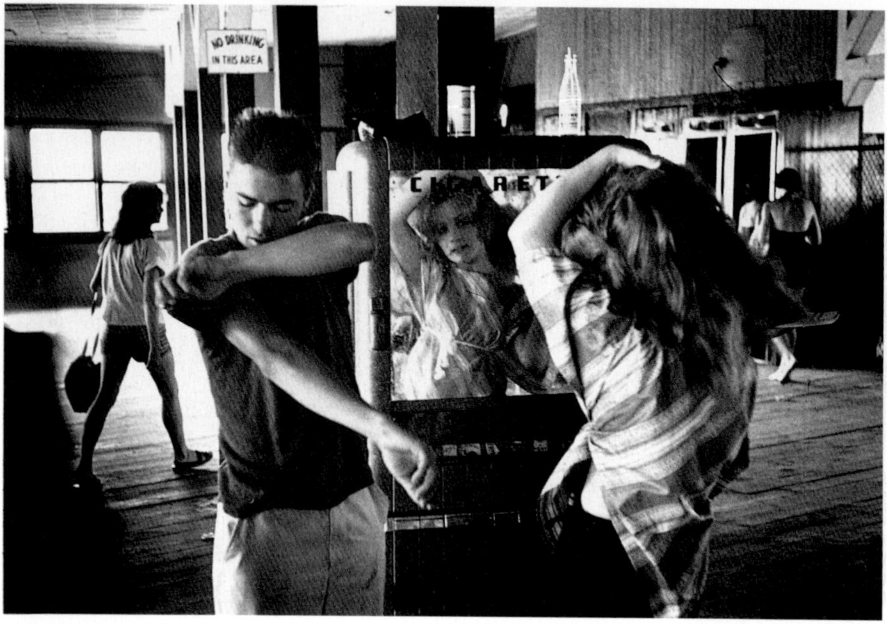

Bruce Davidson
Amerika, geb. 1933

Two Youths (Zwei Jugendliche), Coney Island, 1958–1959

Silbergelatine-Abzug
MUSEUMSANKAUF
80:0244:0032

Bruce Davidsons Aufnahme *Two Youths, Coney Island* stammt aus einem Photoessay über Jugendgangs in Brooklyn, an dem er zwischen 1958 und 1959 fast täglich arbeitete. Davidson wußte bereits mit zehn Jahren, daß er Photograph werden wollte. Er hatte Talent und Glück, denn sein erster Photoessay wurde von *LIFE* veröffentlicht, als er noch das College besuchte, und er war noch keine 25, als er in die berühmte Photoagentur »Magnum« gewählt wurde. Zu Anfang seiner Karriere war er von W. Eugene Smith, Henri Cartier-Bresson und Robert Frank beeinflußt. Sein Ziel war es, wie Smith redaktioneller Photojournalist zu werden und wie dieser »... über einen kurzen Zeitraum intensiv mit einer Gruppe von Menschen zu arbeiten.« Diese geballte Konzentration gestattete es Davidson, mit seinen Modellen vertraut zu werden, die ihrerseits die Möglichkeit hatten, sich vor seiner Kamera ungezwungener zu verhalten. Von Cartier-Bresson übernahm er die zutiefst positive humanistische Haltung und brachte, wie Robert Frank, eine poetische Sensibilität in seine grobkörnigen, verschwommenen und kontrastreichen Bilder von Randerscheinungen der amerikanischen Gesellschaft ein. Das Museum besitzt 67 Photographien, die Davidson zwischen 1958 und 1966 machte.

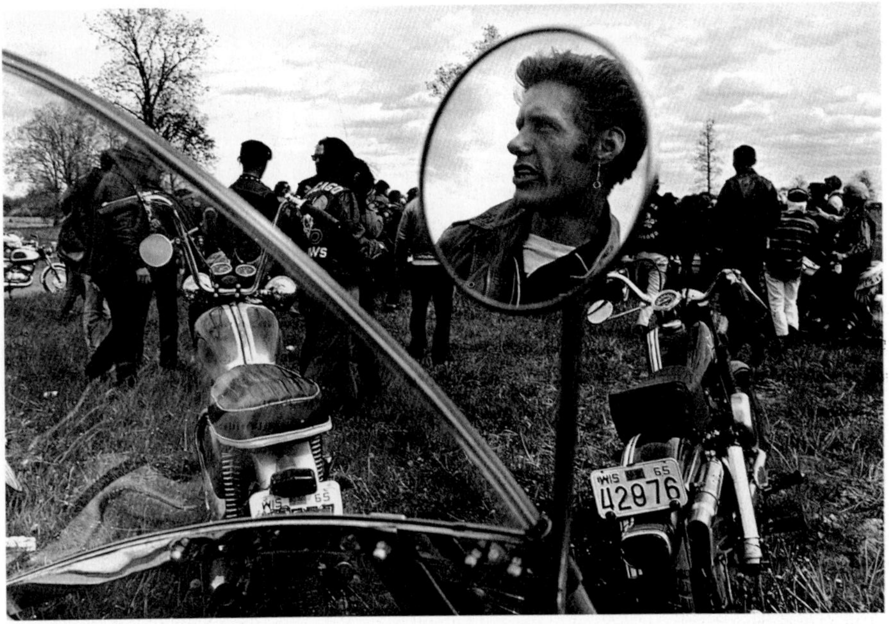

Danny Lyon
Amerika, geb. 1942

Cal, Elkhorn,
Wisconsin,
um 1965–1966

Silbergelatine-Abzug
MUSEUMSANKAUF,
CHARINA FOUNDATION FUND UND
FUNDS VON MR. &
MRS. ROBERT A. TAUB
90:0003:0043

Auch die Aufmerksamkeit von Danny Lyon galt Menschen am Rande der amerikanischen Gesellschaft. Bereits als Student an der University of Chicago, photographierte er für das »Student Nonviolent Coordinating Committee« die Aktivitäten der Bürgerrechsbewegung im Süden des Landes, kehrte 1964 nach Chicago zurück und machte in einem vier Jahre dauernden Projekt Aufnahmen von einer Motorradgang, die er 1968 in dem Buch *The Bikeriders* veröffentlichte. Zwischen 1968 und 1991 brachte er weitere Bücher heraus und war Regisseur und Drehbuchautor mehrerer Filme. Von 1967 bis 1968 photographierte er die Insassen texanischer Gefängnisse und veröffentlichte schließlich das beeindruckende Buch *Conversations with the Dead: Photographs of Prison Life, with the Letters and Drawings of Billy McCune #122054*. In den nachfolgenden Jahren portraitierte Lyon obdachlose Kinder in Südamerika, die Armen Haitis, die Arbeiterklasse im amerikanischen Südwesten und seine eigene Familie. Er ist stets ein Anwalt der Menschen gewesen, die er photographierte. Die Wahl seiner sozialen Themen, seine Arbeitsweise, die Richtung seiner Karriere und auch die Wahl seine Ausstellungsorte, haben immer als eine Alternative zur gängigen Medienpraxis des »Establishments« fungiert.

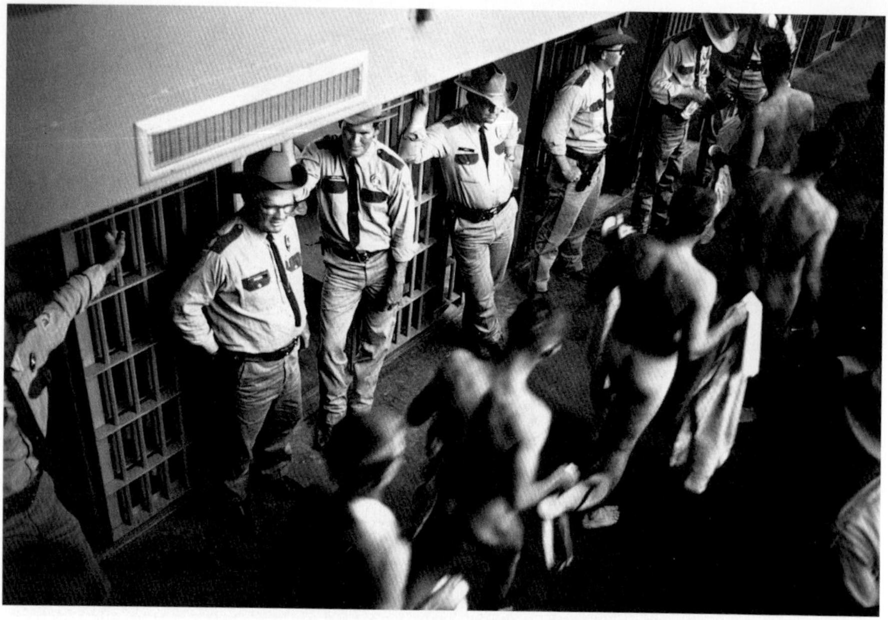

Danny Lyon
Amerika, geb. 1942

Building Shakedown (Durchsuchung des Blocks), um 1967–1968

Silbergelatine-Abzug
MUSEUMSANKAUF
71:0160:0003

Während Danny Lyon seine Objekte äußerst mitfühlend portraitierte und versuchte, Aspekte ihres Lebens mit Anteilnahme und Klarheit darzustellen, ist Larry Clarks Sicht des Nonkonformen weitaus extremer.

Als bekennender Drogenabhängiger photographierte Clark die eigene hermetische Welt jugendlicher Drogensucht in seiner Heimatstadt Tulsa in Oklahoma. Sein 1971 von einem unabhängigen Verlag herausgegebenes Buch *Tulsa* ist eindeutig autobiographisch und enthält direkte, unsentimentale Photographien ohne moralisierende oder journalistische Floskeln wie *Mann mit Baby*. Das Buch lieferte einen gleichermaßen ernüchternden und faszinierenden Einblick in eine unerforschte Welt, die offenbar dem Blick bis dahin verborgen war.

Innerhalb der photographischen Gemeinschaft war Clarks Buch eine Sensation und veranlaßte viele dazu, ihrer Arbeit eine überwiegend autobiographische Ausrichtung zu verleihen. Clark wurde zu einem einflußreichen Vertreter einer Generation von Photographen, die mit ihren Bildern einen Lebensstil darstellten, der in der amerikanischen Bevölkerung als Opposition zu traditionellen kulturellen Werten betrachtet wurde. Diesen Ansatz führt Clark in seiner derzeitigen Arbeit als Filmemacher weiter. Zum Besitz des Museums gehört ein vollständiges Set der 50 Bilder für *Tulsa*.

Larry Clark
Amerika, geb. 1943

Mann mit Baby,
um 1965

Silbergelatine-Abzug
MUSEUMSANKAUF
72:0136:0039

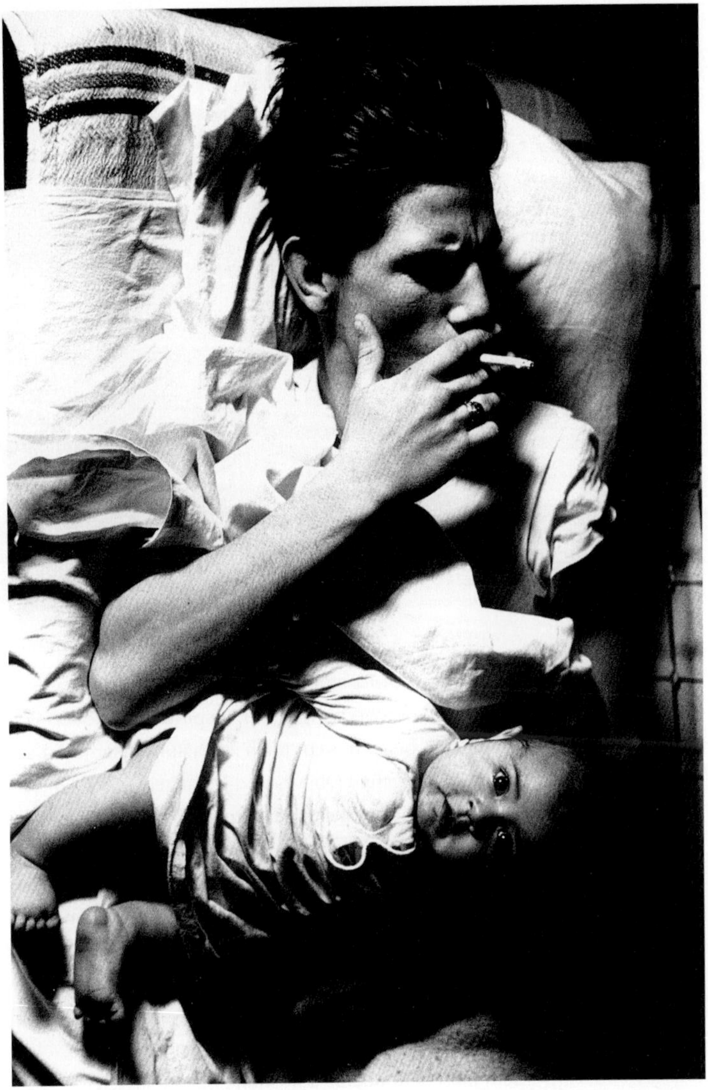

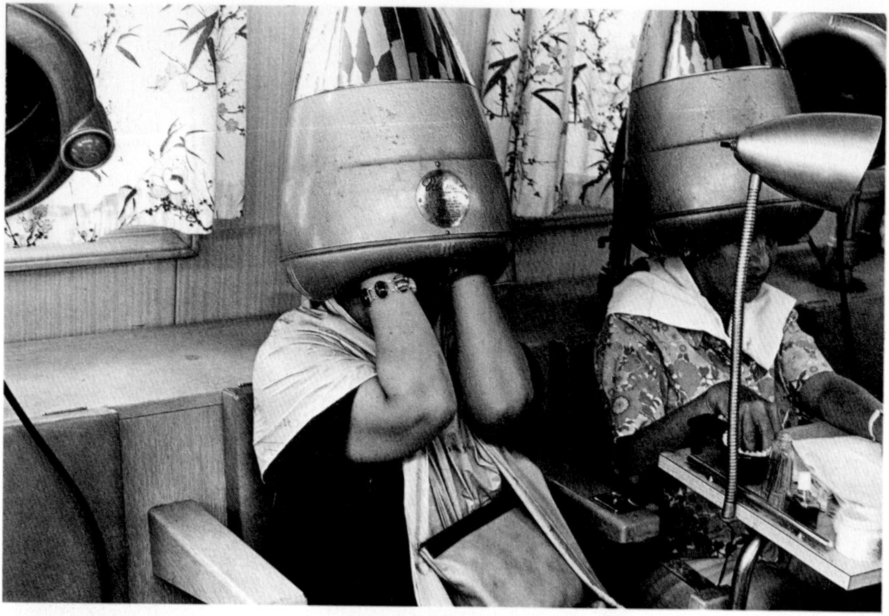

Joel Meyerowitz
Amerika, geb. 1938

Frauen unter Haartrocknern, um 1964

Silbergelatine-Abzug
SCHENKUNG THE PHOTOGRAPHER
78:0851:0020

Joel Meyerowitz studierte Malerei und arbeitete 1962 in New York als Art Director in der Werbung, als er, inspiriert von Robert Franks Arbeit, zu photographieren begann. »Für mich ist es auf seltsame Art schön, daß die Kamera mit der ihr eigenen Objekt- und Detailgenauigkeit Bilder erzeugen kann, welche die Möglichkeiten bergen, mehr zu sein, als sie sind ... eine Photographie von etwas völlig Belanglosem, nur eine Intuition, eine Reaktion, ein Aufblitzen vom Erlebnis des Photographen«, schrieb Meyerowitz 1966. In den 1960er Jahren machte er Schwarzweiß-Aufnahmen mit einer 35 mm-Kamera und fing in den Straßen der Stadt das Bizarre und Surreale des Alltags ein. In den 1970er Jahren entstanden Farbphotos mit großen Kameras in einem eher formalistischen Stil, mit dem Meyerowitz neue photographische Bewegungen wie »New Topographics« oder »New Color« inspirierte, die in diesem Jahrzehnt überall aufkamen. Später sagte er: »[Die kleine Kamera] lehrte mich Energie, Entschlossenheit und Unmittelbarkeit ... Die große Kamera lehrte mich Ehrfurcht, Geduld und Meditation.« In der Sammlung befinden sich 34 frühe Schwarzweiß-Photographien von Meyerowitz.

»Eine Photographie ist ein Geheimnis über ein Geheimnis. Je mehr es dir sagt, desto weniger weißt du«, bemerkte Diane Airbus einmal. Dank ihrer

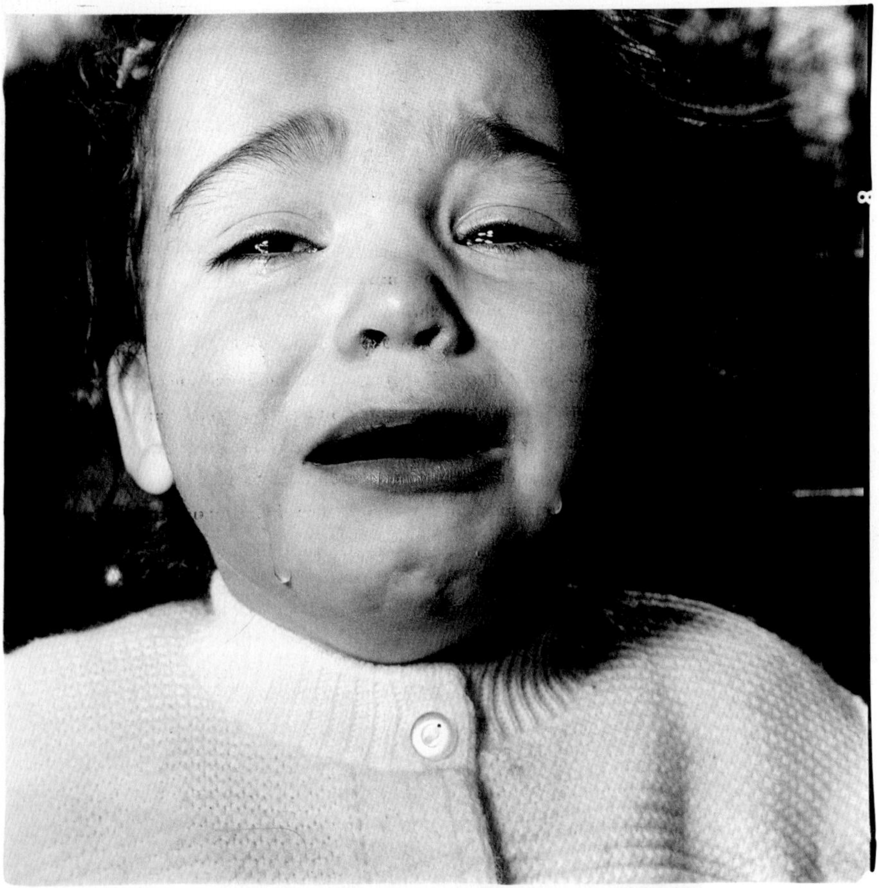

außerordentlichen Begabung, sich in ihre Modelle hineinzuversetzen und ihnen damit verblüffende Momente der Ehrlichkeit zu entlocken, schuf Airbus eindrucksvolle und herausfordernde Portraits, die in der Geschichte des Mediums ihresgleichen suchen. Diese Nahaufnahme des weinenden Kindes bietet weder dem Betrachter noch dem Modell einen Fluchtweg oder Besänftigung. In seiner direkten Konfrontation stellt das Bild die Vorstellung einer glücklichen Kindheit in Frage, um statt dessen die Schrecken und Ängste zu zeigen und den Betrachter zu zwingen, nicht nur zu schauen, sondern zu »sehen«. Als Photographin bewies Airbus großen Mut in ihrem Vorhaben, das verborgene Reich der menschlichen Psyche zu enthüllen.

Diane Arbus
Amerika, 1923–1971

A Child Crying
(Weinendes Kind),
New Jersey, 1967

Abzug 1988
Neil Selkirk
Silbergelatine-Abzug
MUSEUMSANKAUF,
CHARINA FOUNDATION FUND
89:0358:0001

Bill Burke
Amerika, geb. 1943

How Many? (Wie viele?) Kentucky State Fair, Louisville, 1975

Silbergelatine-Abzug
SCHENKUNG THE PHOTOGRAPHER
80:0343:0005

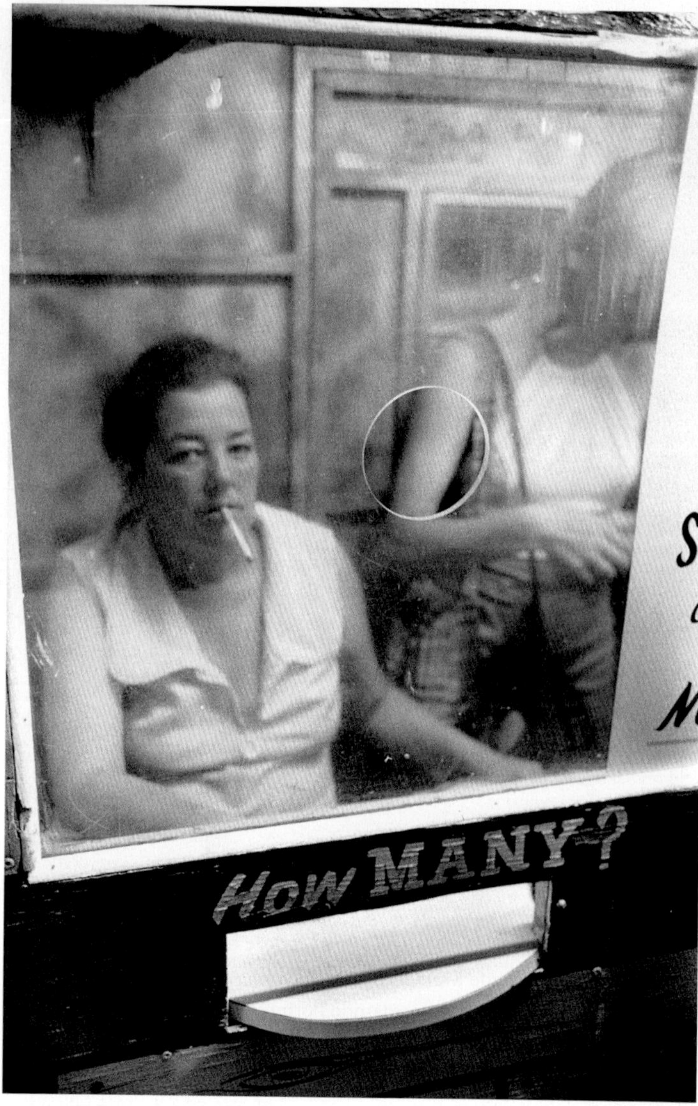

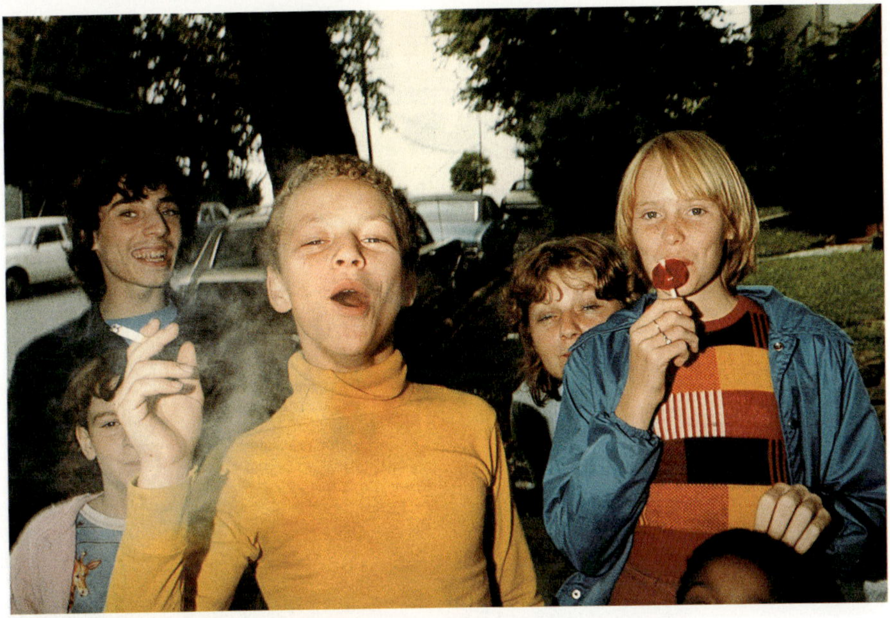

In gewisser Hinsicht sind Bill Burkes *How Many?* ... und Mark Cohens *Gruppe von Kindern* exemplarisch für das logische Ende einiger konzeptueller Ideen der sogenannten »Street Photography«, die nach dem Zweiten Weltkrieg und dem vorausgegangenen Dokumentarismus aufkam. Betrachtet man die Photographie als demokratischste aller Kunstformen, als diejenige, die am engsten mit der Struktur demokratischer Ideale verbunden ist, ist es naheliegend, »das Volk« zu photographieren. Das gemeinsame Sujet von Burke und Cohen ist das Leben des amerikanischen Durchschnittsbürgers. Mark Cohen, der ein Portraitatelier in Wilkes-Barre, Pennsylvania, hatte, fing zu Beginn der 1970er Jahre als »Straßenphotograph« in der Alltagswelt Bilder von geheimnisvoller Schönheit ein. Das Museum besitzt 127 Arbeiten von Cohen.

Bill Burke photographierte Durchschnittsmenschen, das unauffällige Gesicht in der Menge. Dazu reiste er an ungewöhnliche Orte, beispielsweise in die Wälder von Kentucky und West Virginia, das Landesinnere von Brasilien, und später in das kriegsbereite Kambodscha. An jedem dieser scheinbar exotischen Orte zeigte er immer den einfachen Bürger bei all den alltäglichen Beschäftigungen, die das Reich menschlicher Existenz ausmachen.

Mark Cohen
Amerika, geb. 1943

Gruppe von Kindern, um 1977–1978

Farbabzug, chromogenes Entwicklungsverfahren (Ektacolor)
MUSEUMSKOMISSION MIT UNTERSTÜTZUNG EASTMAN KODAK COMPANY
78:0641:0034

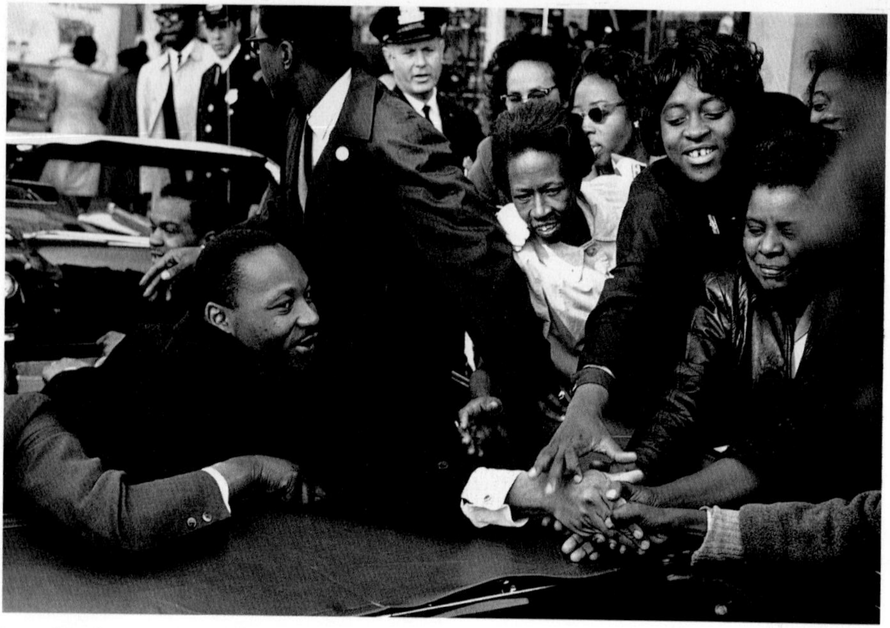

Leonard Freed
Amerika, geb. 1929

Dr. Martin Luther King, Jr. Greeting His Supporters after He Received the Nobel Peace Prize in 1964, Baltimore, MD (Dr. Martin Luther King Jr. begrüßt seine Anhänger, nachdem er den Nobel-Preis 1964 in Baltimore erhalten hat), 1964

Silbergelatine-Abzug
SCHENKUNG THE PHOTOGRAPHER/ MAGNUM PHOTOS, INC.
88:0459:0003

Der Puls der Zeit

»Bilder können tatsächlich etwas verändern. Starke Bilder von historischen Ereignissen haben Einfluß auf die Gesellschaft ... Man hört den Schrei nach Freiheit von Südafrika bis in die Sowjetrepubliken. Wir dürfen nicht aufhören, in diesem großartigen Land für mehr Demokratie und gleiche Rechte für alle Menschen zu kämpfen«, schreibt Charles Moore in seinem 1991 erschienen Buch *Powerful Days*. Dieses soziale Anliegen war die treibende Kraft der Arbeit von Moore und vielen anderen Photographen, die in diesem Kapitel vorgestellt werden. Sie richteten ihre Aufmerksamkeit auf die »heißen Eisen« des Photojournalismus und begaben sich direkt in die Schußlinie. Leonard Freed, Charles Moore und Flip Schulke photographierten in den 1960er Jahren im Rahmen von Aufträgen die Aktivitäten der Bürgerrechtsbewegung im amerikanischen Süden.

Freed, Photojournalist von *Magnum*, sammelte Material für sein Buch *Black in White America*, Schulke sollte Martin Luther King für das Magazin *Jet* photographieren, und eine Zeitung in Montgomery, Alabama, beauftragte Moore, über die Bürgerrechtskampagne von King zu berichten. Für jeden von ihnen wurden diese Aufträge zu einer Mission und führten zu dem fort-

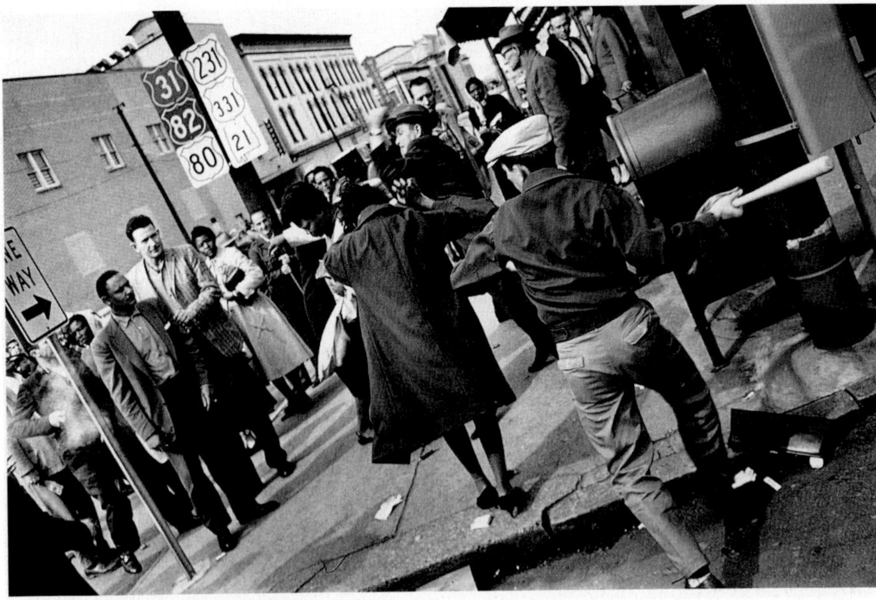

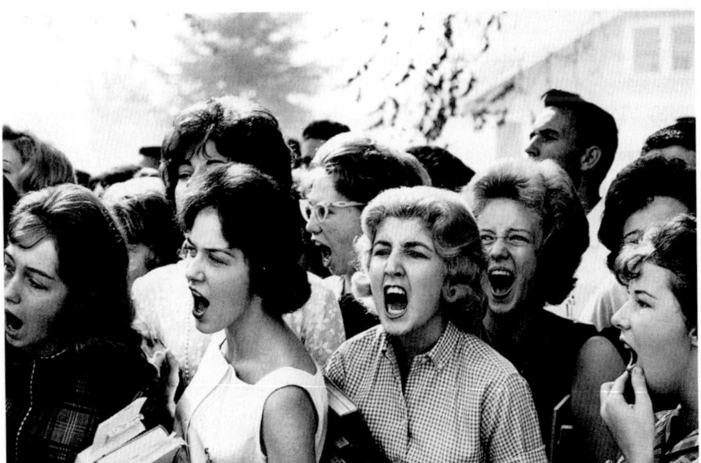

Charles Moore
Amerika, geb. 1931

Man Swinging Club at Black Woman on Montgomery, Alabama Street Corner, um 1960–1961

Silbergelatine-Abzug
MUSEUMSANKAUF, CHARINA FOUNDATION FUND
88:0463:0002

(links)
Flip Schulke
Amerika, geb. 1930

White Students in Birmingham Demonstrate against Integration in Their High School, September 1963

Silbergelatine-Abzug
SCHENKUNG THE PHOTOGRAPHER
88:0397:0001

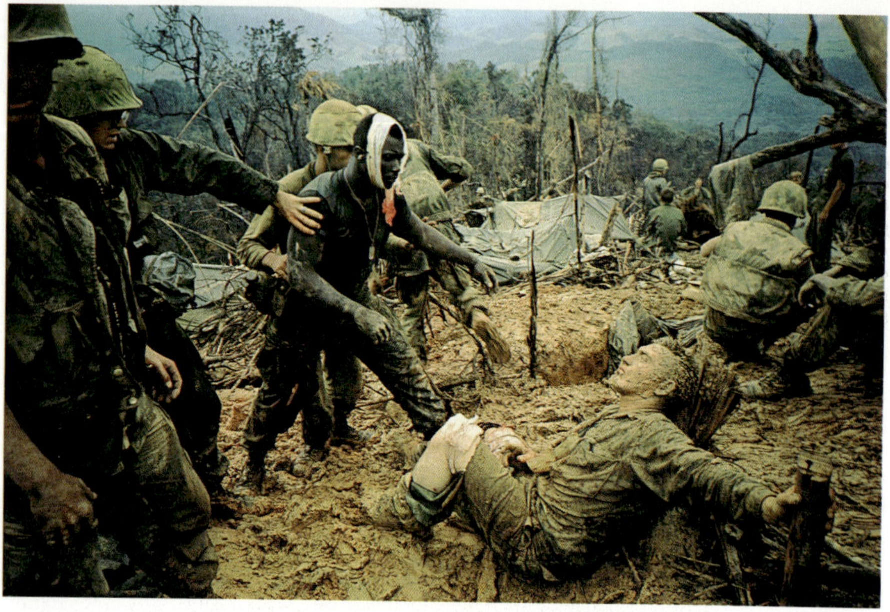

Larry Burrows
England, 1926–1971

Reaching Out, The DMZ (During the Aftermath of the Taking of Hill 484, South Vietnam) (Angriff, entmilitarisierte Zone [Nach der Einnahme von Berg 484, Südvietnam]), 1966

Abzug F. Tartaro, 1987. Farbabzug, Dye imbibition process (Kodak Dye Transfer)
MUSEUMSANKAUF, FORD MOTOR COMPANY FUND
87:0390:0001

gesetzten Engagement, die politischen und sozialen Veränderungen zu photographieren, welche die amerikanische Gesellschaft damals spalteten.

Reaching Out, The DMZ ... von Larry Burrows und *Khe Sanh* ... von Robert Ellison zeigen die außergewöhnliche Direktheit und Nähe, mit der es manchen Photojournalisten gelang, über den Vietnamkrieg zu berichten. In den 1960er Jahren hatten 35 mm-Kameras und Farbfilme die größeren Pressekameras und Schwarzweiß-Filme ersetzt und waren zum Standard geworden. Auch brachten sich Photojournalisten häufiger in Gefahr als in der Vergangenheit. War man während des Zweiten Weltkriegs der Ansicht, Robert Capas und W. Eugene Smiths Arbeit inmitten der Kampfhandlungen sprenge den Rahmen journalistischer Praxis, setzten sich in den Jahren danach viele Photographen gefährlichen Situationen aus, vor allem während des Vietnamkrieges. Burrows photographierte 1962 bis 1971 in Vietnam, als er dort ums Leben kam. Sein Photoessay *Yankee Papa 13* (*LIFE*, 16. April 1965) gilt, ebenso wie die Aufnahme *Reaching Out* ..., als Meilenstein des Photojournalismus. Robert Ellison trat in den Dienst der Photoagentur Black Star und ging nach Vietnam, wo er 1968 die Offensive der Nordvietnamesen bei Khe Sanh photographierte und zwei Wochen später getötet wurde.

Robert Ellison
Amerika, 1945–1968

Khe Sanh, Vietnam War (Vietnamkrieg), 1968

Abzug 1988. Farbabzug, chromogenes Entwicklungsverfahren (Ektacolor)
MUSEUMSANKAUF, CHARINA FOUNDATION FUND
88:0463:0001

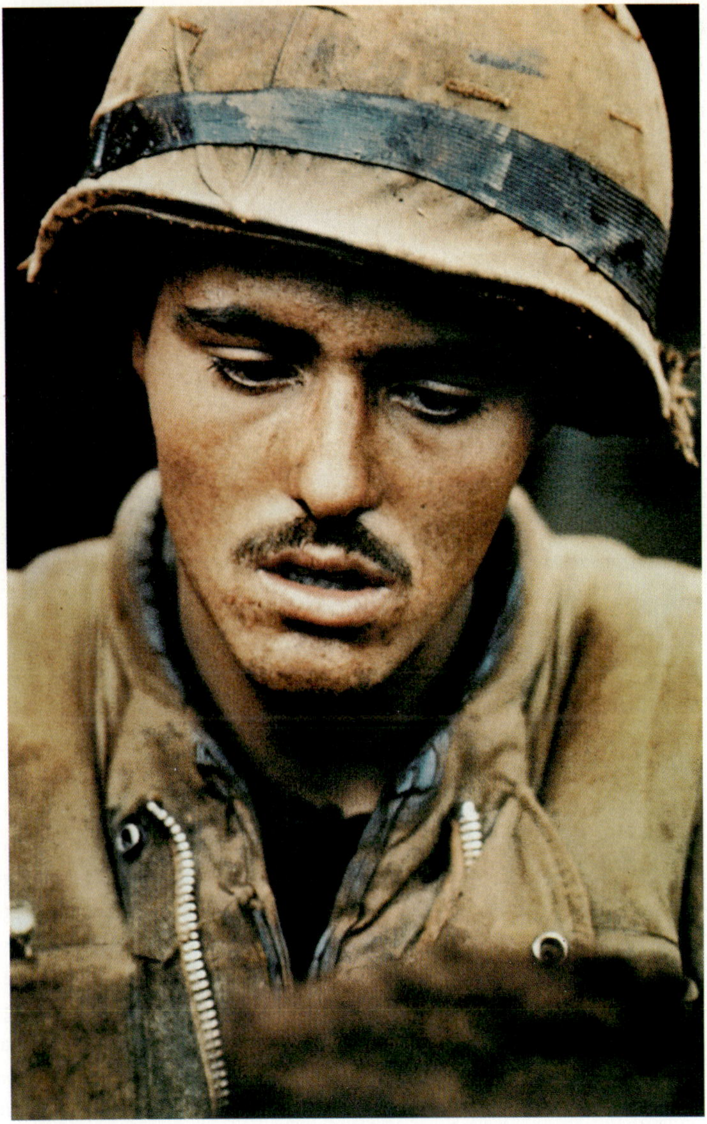

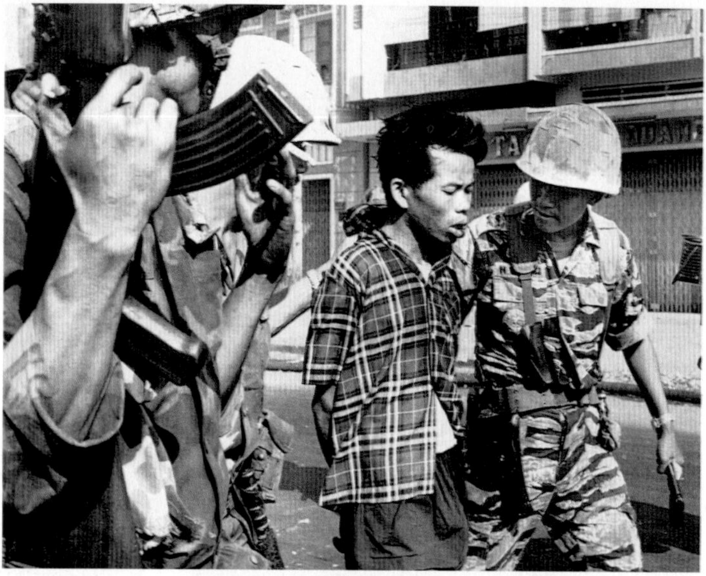

(rechts)
Benedict J. Fernandez
Amerika, geb. 1936

Dissenters (Kriegsgegner), United Nations Plaza, New York City, April 1967

Silbergelatine-Abzug
SCHENKUNG THE PHOTOGRAPHER
88:0460:0001

Eddie Adams
Amerika, geb. 1933

Vietcong Arrested (Verhafteter Vietkong), 1968, Druck 1988

Silbergelatine-Abzug
SCHENKUNG THE ASSOCIATED PRESS
88:0398:0026

Die Photographien von Larry Burrows, Robert Ellison und anderen führten dem amerikanischen Volk zu Hause die Qualen und den Wahnsinn des Krieges mit beispielloser Direktheit und graphischer Kraft vor Augen. In einem Guerillakrieg ohne feste Kampflinien gelang es weder der vietnamesischen noch der amerikanischen Regierung, in dem Maße Zensur auszuüben, wie sie es in früheren Konflikten getan hatten. Dies beweist eine Aufnahme wie *Vietcong Arrested*, die Eddie Adams als Teil einer Serie von Photographien über Hinrichtungen am Straßenrand machte. Die Serie wurde nach einem Angriff auf die An Quang Pagode in Saigon aufgenommen. Der Gefangene, vermutlich ein Leutnant der Vietcong, wurde zu Brigadegeneral Nguyen Ngoc Loan, dem Chef der vietnamesischen Polizei, geführt, der ohne Vorwarnung eine Pistole zog und ihn in den Kopf schoß. Dieses atmosphärisch dichte Bild, das ebenfalls zur Sammlung des Museums gehört, wurde zum universellen Symbol der Brutalität dieses Krieges. Es polarisierte die öffentliche Meinung über Amerikas Kriegsbeteiligung und seine Außenpolitik.

Zu Hause in Amerika griff die nationale Debatte über den Vietnamkrieg auf die Straße über, wie Benedict J. Fernandez in seinen Aufnahmen von Kriegsgegnern und -befürwortern bei Demonstrationen in New York City zeigt. Fernandez photographierte die Versammlungen, Proteste und Führer, welche die soziale Landschaft der 1960er Jahre beherrschten. Das Museum

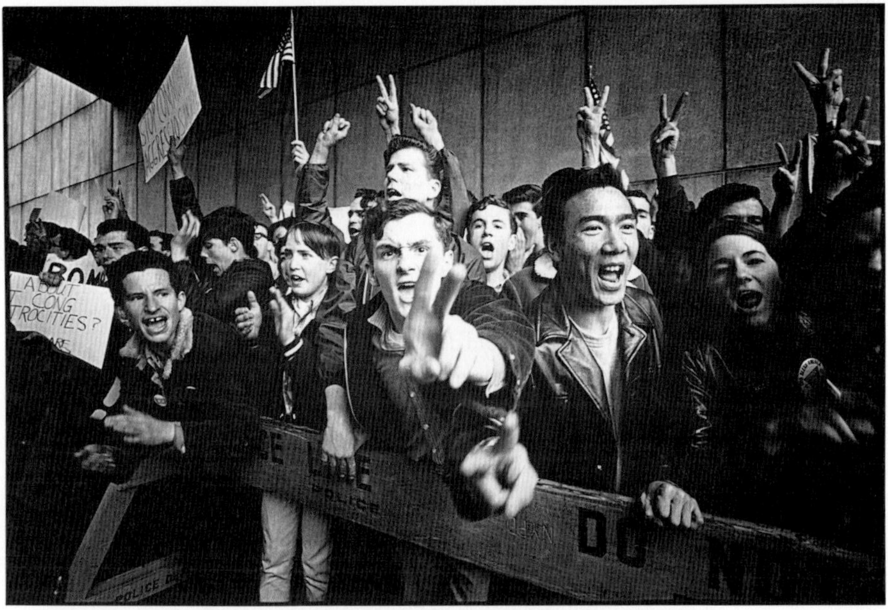

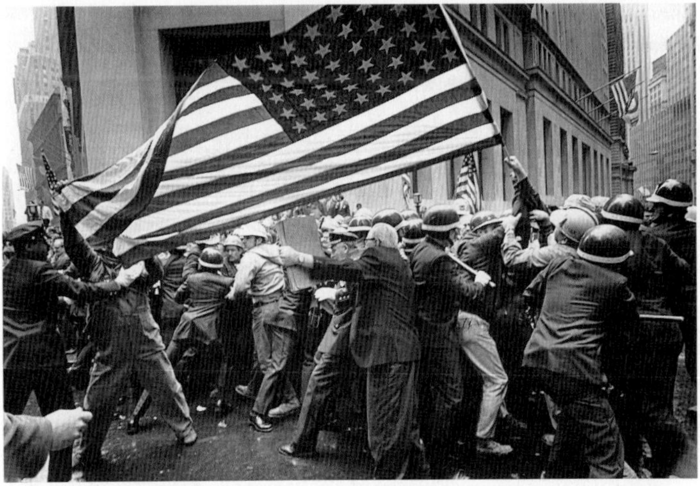

(links)
Benedict J. Fernandez

Pro-Vietnam-War Demonstration, New York, 1970

Silbergelatine-Abzug
SCHENKUNG THE PHOTOGRAPHER
96:0350:0014

besitzt 114 Photographien von Fernandez, darunter über 50 Aufnahmen aus dem Leben von Martin Luther King.

Die Photographien *Cyprus* und *British Soldiers ... Londonderry* von Don McCullin zeigen die Gewalt in zwei der unzähligen nationalen Konflikte, die seit dem Zweiten Weltkrieg überall in der Welt ausgebrochen sind. McCullin, der aus einem Londoner Slum stammte, wurde zu einem der angesehensten Photographen Großbritanniens. Während seines Militärdienstes bei der Royal Air Force in den 1950er Jahren lernte er die Welt und die Photographie kennen. Nach seiner Rückkehr nach England schlug er sich zunächst als Hilfsarbeiter durch und photographierte seine Freunde aus einer Londoner Jugendgang. Als ein Mord die Gang in die Schlagzeilen brachte, zeigte er seine »Schnappschüsse« einem Zeitungsverleger, der weitsichtig genug war, sie zu veröffentlichen und McCullin als Lokalreporter anzustellen. Der Londoner *Observer* schickte McCullin 1964 nach Zypern, um über den dortigen Bürgerkrieg zu berichten. Seine Aufnahmen, die er inmitten der erbitterten Straßenkämpfe machte, um die Leiden der Kriegsopfer zu zeigen, brachten ihm Auszeichnungen und internationale Anerkennung ein. 1967 stellte ihn die *Sunday Times* als Photojournalisten an, und in den folgenden 20 Jahren

Don McCullin
England, geb. 1935

Cyprus (Zypern), 1964

Silbergelatine-Abzug
MUSEUMSANKAUF, FORD MOTOR COMPANY FUND
88:0273:0001

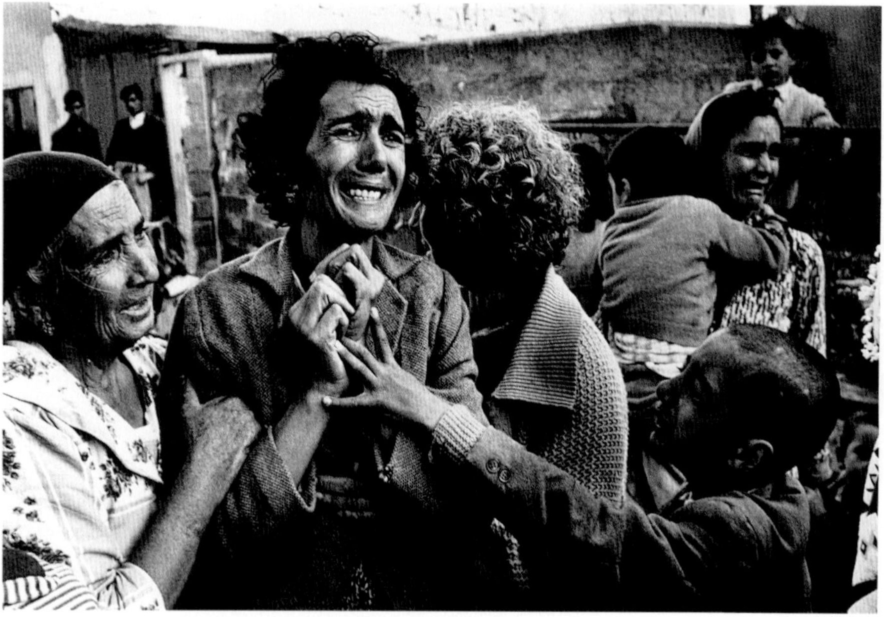

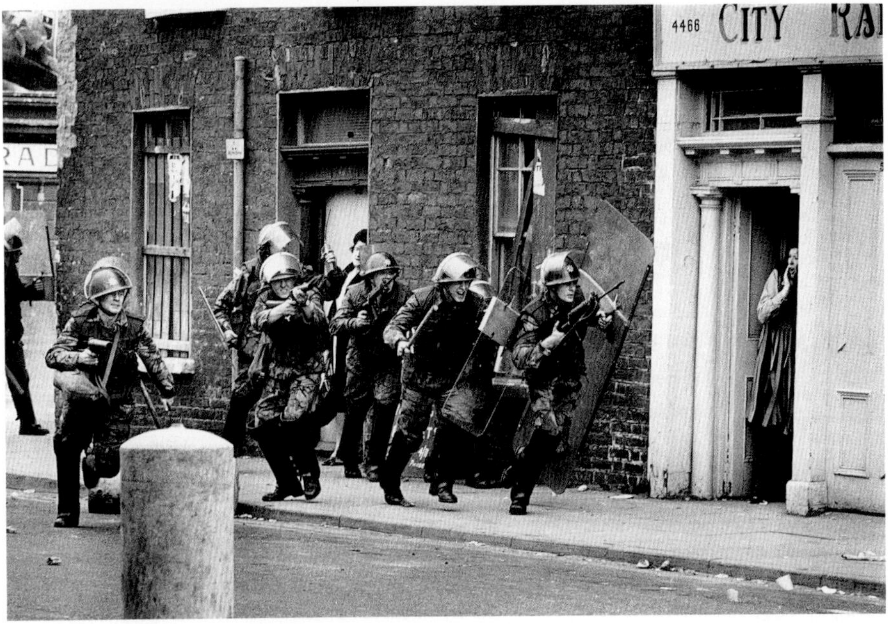

photographierte er die Armut in England, Hungersnöte und Kriege im Kongo, in Südvietnam, Kambodscha, Biafra, Indien, Pakistan, der Sahara, Nordirland, Beirut und anderswo.

McCullin beschrieb seine Arbeit 1989 folgendermaßen: »Ich glaube nicht, daß man über den Rand hinaus sehen kann, wenn man nicht seinen Kopf darüber streckt; ich bin viele Male direkt am Abgrund gewesen, nicht einen Zentimeter entfernt. Das ist der einzige Ort, um zu sehen und zu zeigen, was Leid wirklich bedeutet ... Ich habe vierzehn Jahre damit verbracht, in Flugzeuge zu steigen, um die Konflikte anderer Völker zu photographieren. Ich werde nie mehr in ein Flugzeug steigen und den Krieg eines anderen Landes photographieren.« Trotz dieses Versprechens suchte McCullin Anfang der 1990er Jahre wieder einen Kriegsschauplatz auf und photographierte Saddam Husseins Angriffe auf die Kurden im Irak. Im Laufe seiner Karriere veröffentlichte er zahlreiche Bücher, um ein größeres Publikum zu erreichen, darunter *The Destruction Business* (1971), *Is Anyone Taking Notice?* (1973), *The Homecoming* (1979), *Hearts of Darkness* (1980), *The Palestinians* (1981), *Beirut: A City Crisis* (1983) und *Don McCullin: Sleeping with Ghosts* (1996).

Don McCullin

British Soldiers Dressed Like Samurais Charge Stone-Throwing Youths (Britische Soldaten, gekleidet wie Samurai, verfolgen Steine werfende Jugendliche), Londonderry, 1970

Silbergelatine-Abzug
MUSEUMSANKAUF, FORD MOTOR COMPANY FUND
88:0273:0002

Raymond Depardon
Frankreich, geb. 1942

Christian Phalangist Militiaman Fires to Cover Himself as He Races for a New Position in the Shattered Streets of Beirut (Milizsoldat der christlichen Phalangisten gibt sich selbst Feuerschutz, während er zu einer neuen Position in den zerstörten Straßen von Beirut läuft), 1978

Silbergelatine-Abzug
MUSEUMSANKAUF, FORD MOTOR COMPANY FUND
88:0459:0001

Christian Phalangist Militaman ... von Raymond Depardon und *Pro-Shariatmadari Demonstration* ... von Gilles Peress sind Photographien, die während der politischen Unruhen im Mittleren Osten Ende der 1970er Jahre aufgenommen wurden. Depardon und Peress waren angesehene französische Photojournalisten, die für unabhängige Photoagenturen arbeiteten, und beide benutzten die schnelleren und besseren 35mm-Kameras und Objektive, die in den 1970er Jahren auf den Markt kamen, um die turbulenten Ereignisse ihrer Zeit zu photographieren. Sich ins Zentrum eines Konflikts zu begeben, war zum Standard der photojournalistischen Praxis geworden, die zudem durch viele Anhänger der Konfliktparteien gefördert wurde, weil sie hofften, ihrer Sache so in der Weltpresse Gehör zu verschaffen.

Beide Photographien wurden mit einem Weitwinkelobjektiv aufgenommen, das eine größere Schärfentiefe bei gleicher Blende ermöglicht; es erfaßt einen Raum, der ausgedehnter ist, als es das menschliche Auge wahrnehmen kann, und verstärkt so die räumliche Perspektive. Sehr nahe und sehr entfernte Objekte können mit der gleichen Schärfe wiedergegeben werden, so daß der Photograph die Möglichkeit hat, Komposition und Stimmung dessen, was sich vor seiner Kamera abspielen, dramatisch zu überhöhen. Das Ergebnis läßt sich deutlich an einer Aufnahme wie *Militiaman* ...

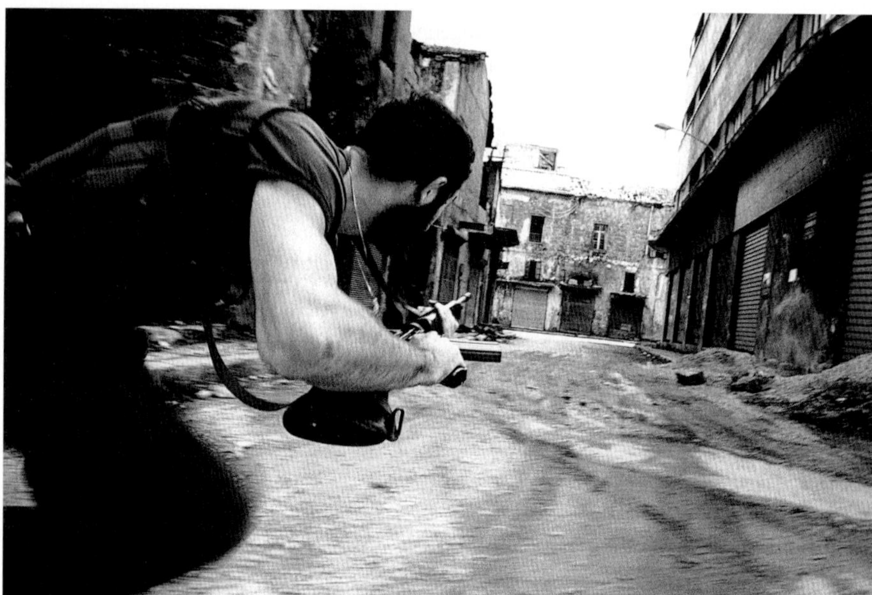

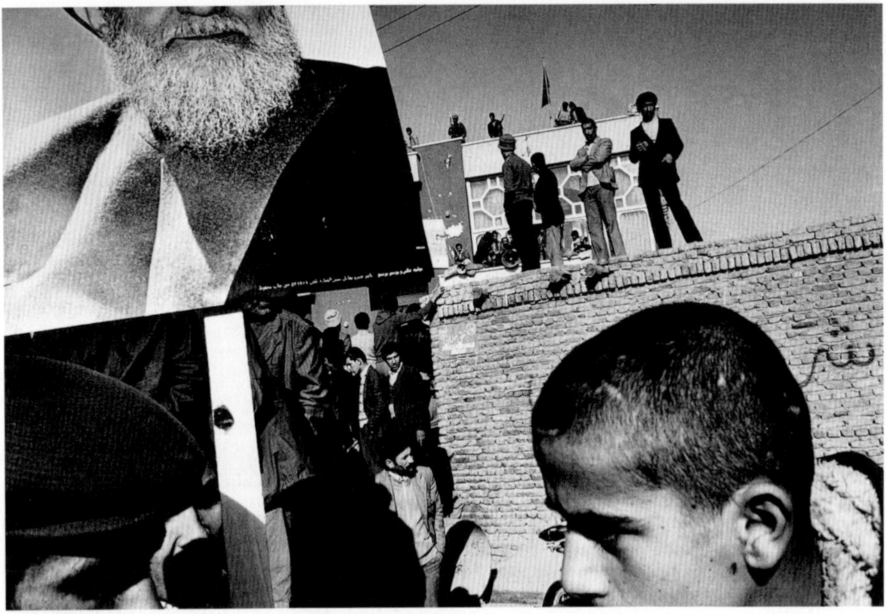

ablesen, in der Depardon den Schützen im Vordergrund mit der Quelle des bevorstehenden feindlichen Beschusses im Hintergrund zusammenbringt.

Peress setzt in seiner Photographie ähnliche kompositorische Mittel ein, um die räumliche Ordnung des Bildes zu einem dynamischen Blickfeld zusammenzufassen. Die fast abstrakten Formen der verschwommenen Köpfe am unteren Bildrand sind gegen den angeschnittenen Kopf des Ayatollahs auf dem Plakat gesetzt; sie erhalten durch die Gruppe teilweise bewaffneter Männer im Hintergrund ein Gegengewicht. Diese spannungsgeladene Komposition deutet metaphorisch die Komplexität und Ungewißheit der politischen Situation im Iran nach der Abdankung des Schahs und der Gefangennahme der amerikanischen Geiseln an. Depardon und Peress haben Bücher veröffentlicht und bei verschiedenen Dokumentarfilmen Regie geführt. Das Buch *Telex: Iran: In the Name of Revolution* von Peress ist mit über 100 Photographien, begleitet von Texten der Telegramme an seine Photoagentur, mehr als eine bloße Reportage, es bezieht persönliche Kommentare ein.

Mary Ellen Mark und Donna Ferrato dokumentierten soziale Probleme im Amerika der 1980er Jahre. Beide begannen als Photographinnen für Magazine ohne speziellen thematischen Schwerpunkt, widmeten sich aber später

Gilles Peress
Frankreich, geb. 1946

Pro-Shariatmadari Demonstration, Tabriz, Iran, um 1979–1980

Silbergelatine-Abzug
MUSEUMSANKAUF, FORD MOTOR COMPANY FUND
85:0760:0001

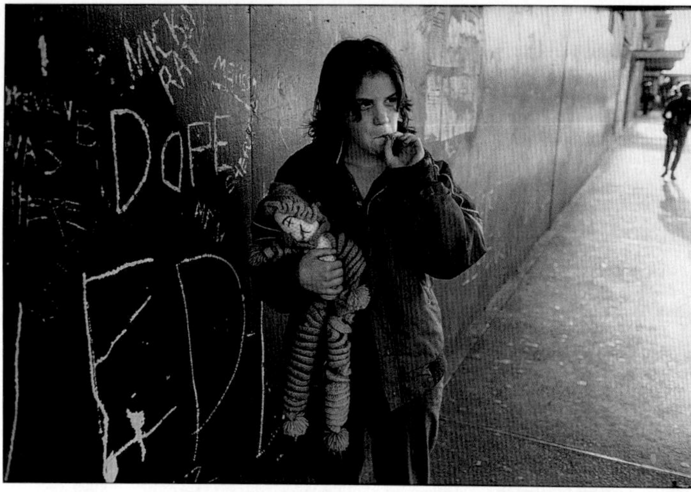

Mary Ellen Mark
Amerika, geb. 1941

Lillie with Her Rag Doll – Seattle, Washington (Lillie mit ihrer Stoffpuppe), 1983

Abzug Sarah Jenkins, um 1991
Silbergelatine-Abzug
SCHENKUNG THE PHOTOGRAPHER
97:2695:0028

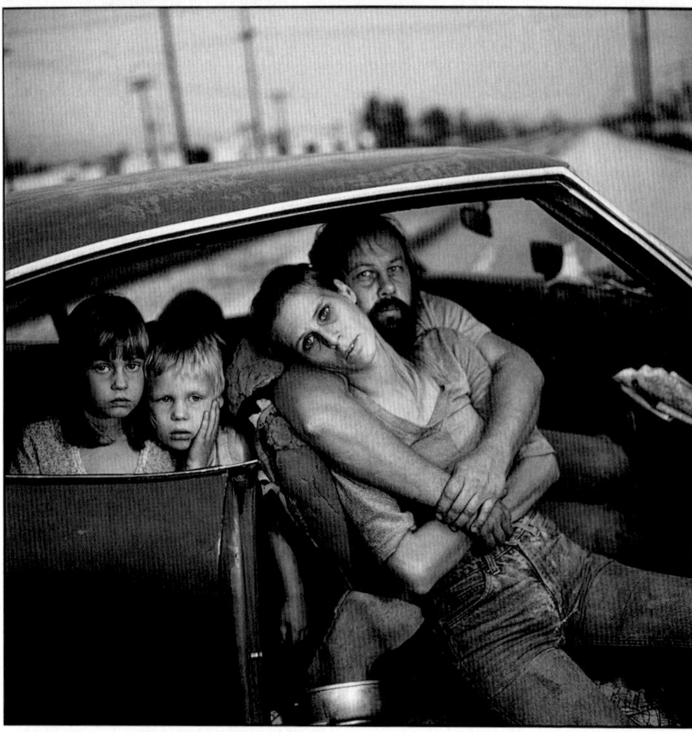

Mary Ellen Mark

The Damm Family in Their Car (Die Familie Damm in ihrem Wagen), Los Angeles, California, 1987

Druck um 1991 Sarah Jenkins
Silbergelatine-Abzug
SCHENKUNG THE PHOTOGRAPHER
97:2695:0054

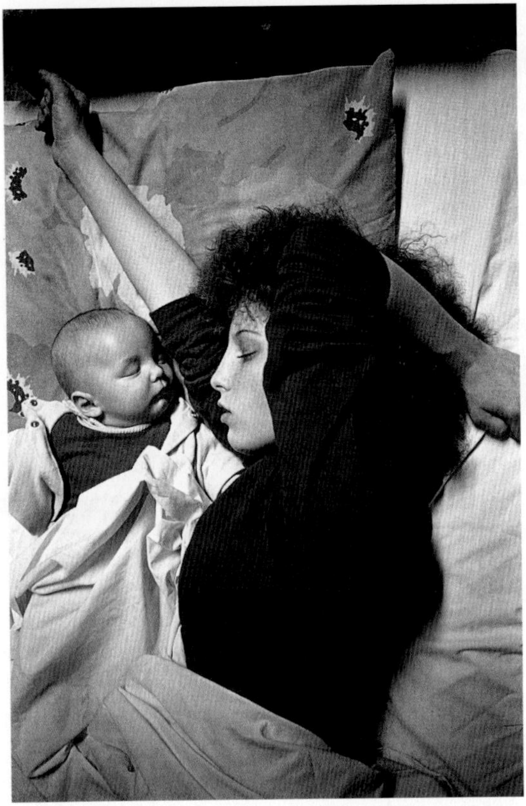

Donna Ferrato
Amerika, geb. 1949

First Night in Shelter (Erste Nacht in der Unterkunft), Februar, 1987

Silbergelatine-Abzug
SCHENKUNG THE PHOTOGRAPHER
88:0461:0001

sozialen Fragen, die zuvor in den Printmedien nicht angesprochen wurden. Im Vorwort zu ihrem 1991 erschienenen Buch *Living with the Enemy* schreibt Ferrato, sie habe 1981 begonnen, häusliche Gewalt zu photographieren, aber erst 1986 einen Verleger gefunden, der bereit war, etwas über dieses Thema zu veröffentlichen. Mary Ellen Clark war mit ähnlichen Schwierigkeiten konfrontiert, denn ihr herausragendes Buch *Streetwise* über das entbehrungsreiche Leben von Straßenkindern wurde erst 1988, fünf Jahre nach Beginn des Projekts, veröffentlicht. Für Ferrato und Clark bedeutet Photojournalismus nicht nur die Verpflichtung, soziale Probleme aufzudecken, sondern auch, die vorherrschende öffentliche Meinung zu hinterfragen und zu verändern.

Mit 32 Jahren erhielt Susan Meiselas 1979 für ihre bahnbrechende Dokumentation der Revolution in Nicaragua als zweite Frau den begehrten Robert Capa Prize für Photojournalismus. In Farbaufnahmen wie *Awaiting*

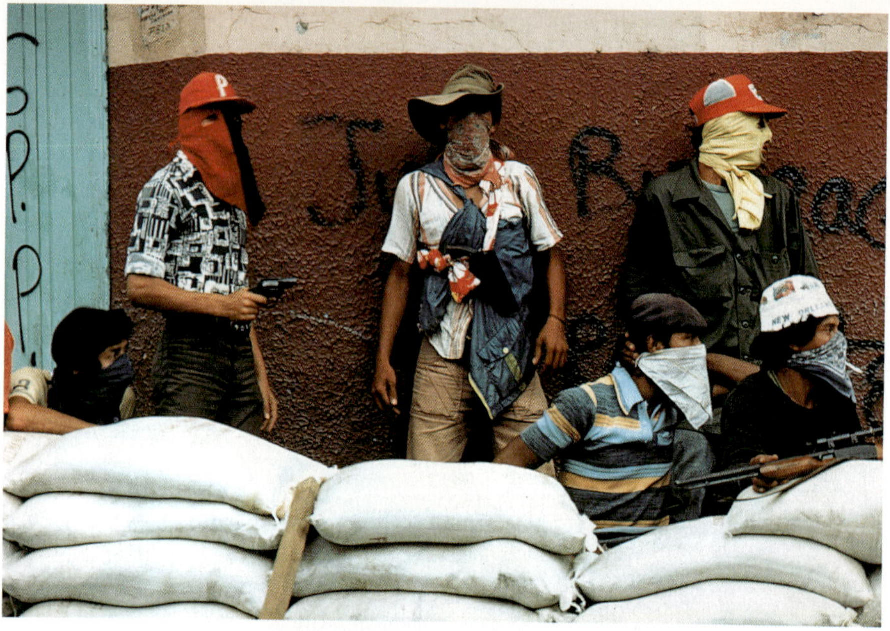

Susan Meiselas
Amerika, geb. 1948

Awaiting Counter-Attack by the Guard in Matagalpa (In Erwartung des Gegenangriffs der Militärs in Matagalpa), um 1978–1979

Farbabzug, chromogenes Entwicklungsverfahren (Ektacolor)
SCHENKUNG THE PHOTOGRAPHER/ MAGNUM PHOTOS, INC.
88:0459:0009

Counter Attack ... betont sie sie psychologische und körperliche Spannung während einer Gefechtspause. Meiselas fuhr ohne Auftrag und ohne besondere Kenntnisse der Sprache und Hintergründe der Krise nach Nicaragua, aber sie wußte, daß es sich um einen Konflikt handelte, der von der internationalen Presse weitgehend ignoriert wurde. Nachdem man aufmerksam geworden war, dienten ihre Photographien dazu, die komplizierte politische Situation zu erläutern und die Welt darüber in Kenntnis zu setzen.

Im Gegensatz zu anderen Photojournalisten vor und nach ihr, verbirgt Meiselas nie ihre Sympathie und Loyalität gegenüber einer bestimmten Situation, wenn sie, wie in ihren Darstellungen der nicaraguanischen Rebellen, äußerst spannungsreiche Momente photographiert. Sie ist sich der Macht des Photographen bewußt gewesen, starke Emotionen hervorzurufen und die öffentliche Meinung zu beeinflussen. In den darauffolgenden Jahren hat Meiselas die politische und soziale Entwicklung Latein- und Mittelamerikas zu ihrem persönlichen Anliegen gemacht und der Arbeit von Photographen in El Salvador zu größerer internationaler Anerkennung verholfen.

Die Entwicklung schnellerer Druckverfahren für Zeitschriften und Zeitungen machte den Photojournalismus in den 1970er Jahren immer mehr zu

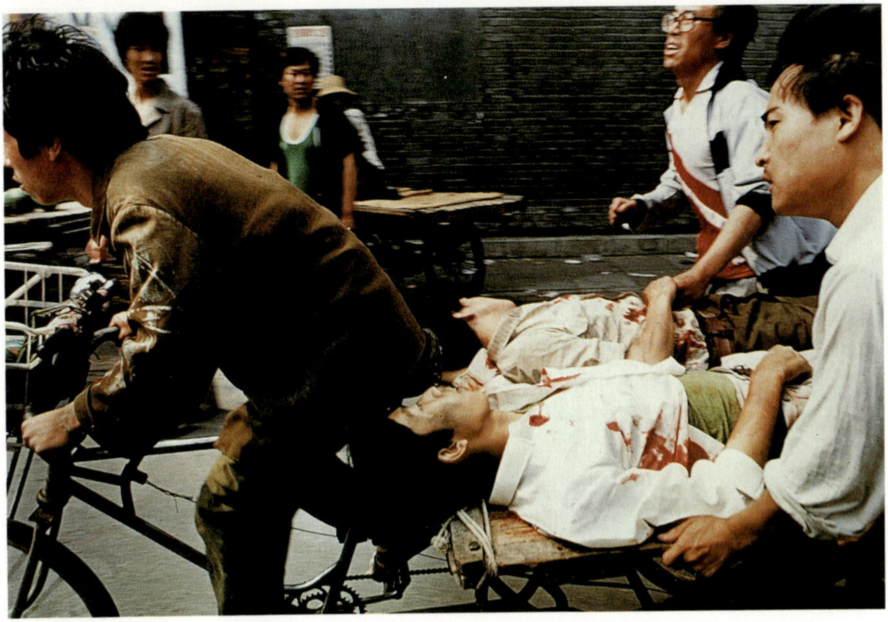

einem praktischen Handwerk. In fast allen illustrierten Zeitschriften und Zeitungen sind Schwarzweißbilder inzwischen durch Farbphotos ersetzt worden. Erfahrung mit der psychologischen Macht der Farbphotographie besaß auch der chinesische Photojournalist Liu Heung Shing, der im Auftrag von Associated Press die Studentendemonstrationen auf dem Platz des Himmlischen Friedens in Peking und deren Niederschlagung durch die chinesischen Behörden photographierte.

Heung Shing wurde 1951 in China geboren und studierte Publizistik und Politologie am Hunter College in den Vereinigten Staaten. Mitte der 1970er Jahre berichtete er für *Time* über politische Unruheherde. Wie viele seiner Zeitgenossen hebt Heung Shing in seiner Anwendung der Farbphotographie die psychologische Distanz zwischen photographiertem Objekt und Betrachter auf. Gekoppelt mit der dramatischen Authentizität der Farbe wird so nicht nur die Gesamtkomposition einer Photographie integriert, sondern es wird auch die emotionale Tragweite und Tiefe der dargestellten Handlung vermittelt, wie seine Aufnahme *Rescue Bullet Wounded* ... deutlich macht. Shings Einsatz von Farbe akzentuiert den gewalttätigen Kontext dieser Szene und wird zum Emblem ziviler Konflikte.

Liu Heung Shing
Amerika, geb. Hong Kong, 1951

Rescue Bullet Wounded – A Rickshaw Driver Fiercely Paddled [*sic*] the Wounded People with the Help of Bystanders to a Nearby Hospital Sunday. P. L. A. Soldiers Again Fired Hundreds of Rounds towards Angry Crowds Gathered outside Tiananmen Square at Noon, June 1989

Farbabzug, chromogenes Entwicklungsverfahren (Ektacolor)
SCHENKUNG THE ASSOCIATED PRESS
90:0466:0026

Zeitgenossen und Vorläufer

Ende der 1960er Jahre war der Streit um den Status der Photographie als Kunstform ausgefochten und (weitgehend) gewonnen. Das Medium hatte die Malerei erfolgreich imitiert und sich durch die fortgesetzte Erforschung seines einzigartigen Potentials behauptet. Universitäten hatten photographische Fachbereiche und Studiengänge geschaffen, das Museum of Modern Art hatte 1940 eine photographische Abteilung eingerichtet, und das Eastman House öffnete 1949 seine Türen der Öffentlichkeit. Einige der im folgenden diskutierten Photographen, darunter Thomas Barrow, Robert Fichter und Joe Deal, arbeiteten im Eastman House und hatten Zugang zu seiner umfangreichen Sammlung. Andere, wie Paul Berger, Betty Hahn, Les Krims, Joan Lyons, Bea Nettles und Jerry Uelsmann, besuchten die Schule, unterrichteten oder lebten in Rochester und profitierten von der aktiven photographischen Gemeinde und Einrichtungen wie dem »Visual Studies Workshop« oder dem »Rochester Institute of Technology«.

Nachdem sich die Photographie als eigenständige Kunstform etabliert hatte, nutzten Photographen das Medium, um sich demjenigen zuzuwen-

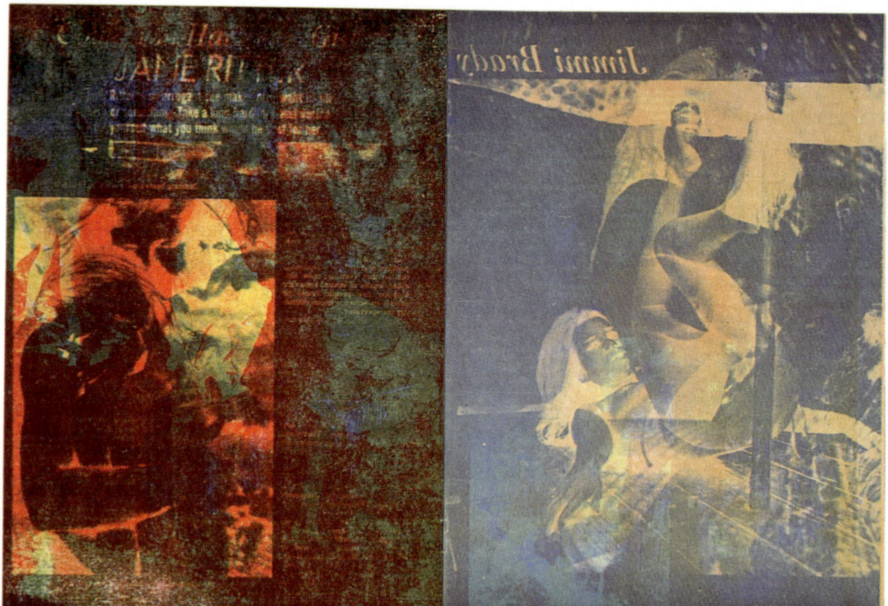

Robert Heinecken
Amerika, geb. 1931

Mansmag, 1969

Offsetlithographie in Buchform
SCHENKUNG THE PHOTOGRAPHER
79:4389:0001

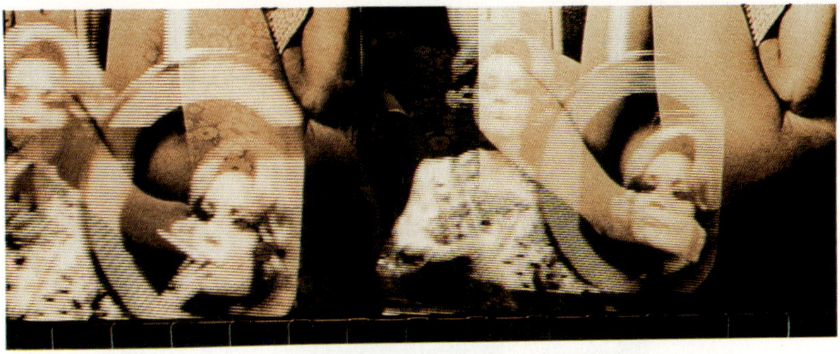

Thomas F. Barrow
Amerika, geb. 1938

Television Image Montage (Fernsehbild Montage), 1969

Getönter Silbergelatine-Abzug
MUSEUMSANKAUF
70:0167:0002

den, dem Museen und Universitäten traditionell keine Beachtung schenkten: den populären Medien. Die meisten Menschen kamen täglich durch Fernsehen, Zeitungen und Zeitschriften mit Photographien in Kontakt und die wenigsten von ihnen interessierten sich für die akademische Debatte, ob ein Medium mit derartig praktischen Anwendungsmöglichkeiten die gleichen Ausdrucksqualitäten habe wie die Malerei. Diese Generation wurde auch von Photographen wie John Heartfield, László Moholy-Nagy und Alexander Rodschenko beeinflußt, die gefundene Bilder, Text und graphisches Gestaltung einsetzten, um politische und persönliche Botschaften durch Arbeiten zu vermitteln, die nicht unbedingt als Kunst konzipiert waren.

All diesen Arbeiten liegt die Prämisse zugrunde, daß die Menschen glauben, was sie in einer Photographie sehen. »Weil ich niemals eine schulische Situation erlebt habe, in der jemand sagte: ›So muß eine Photographie aussehen‹, hatte ich die Freiheit, sie zu zerschneiden, zu kombinieren oder irgend etwas anderes mit ihnen zu machen. ... Ein Teil meiner Begeisterung für die Photographie gründete in der Tatsache, daß sie stets den Rest einer Illusion von Wirklichkeit besaß, egal, was ich mit ihr machte«, schrieb Robert Heinecken, der eine Ausbildung als Grafiker hatte. *Mansmag* ist teils Photomontage, teils subversive Inszenierung. Heinecken verwendete Photos aus Pornomagazinen und Modezeitschriften, montierte sie mit Hilfe des Offset-Verfahrens und gab sie als Negative wieder. So verwischt er die Unterschiede zwischen verschiedenen Formen kultureller Repräsentation und überläßt es dem Betrachter, über die widersprüchlichen Botschaften nachzudenken, mit denen sich die Medien an Frauen oder auf Männer richten.

Thomas F. Barrows frühe Arbeiten kommentierten ebenfalls die populären Medien, in diesem Fall das Fernsehen oder die »Kathodenstrahl-Leinwand«, wie es auch genannt wurde. Wie Heinecken verwendete auch

Robert W. Fichter
Amerika, geb. 1939

Astronauten-Stilleben, um 1974

Cyanotypie und Gummidruck
MUSEUMSANKAUF MIT UNTERSTÜTZUNG NATIONAL ENDOWMENT FOR THE ARTS
74:0222:0004

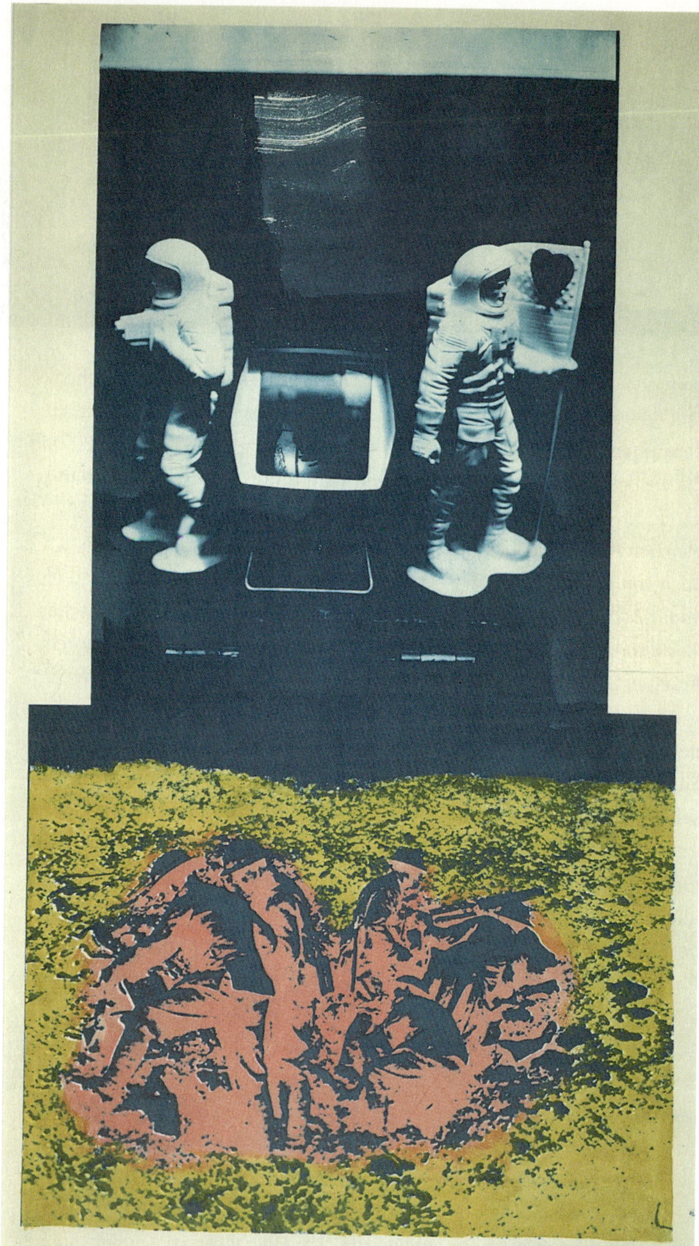

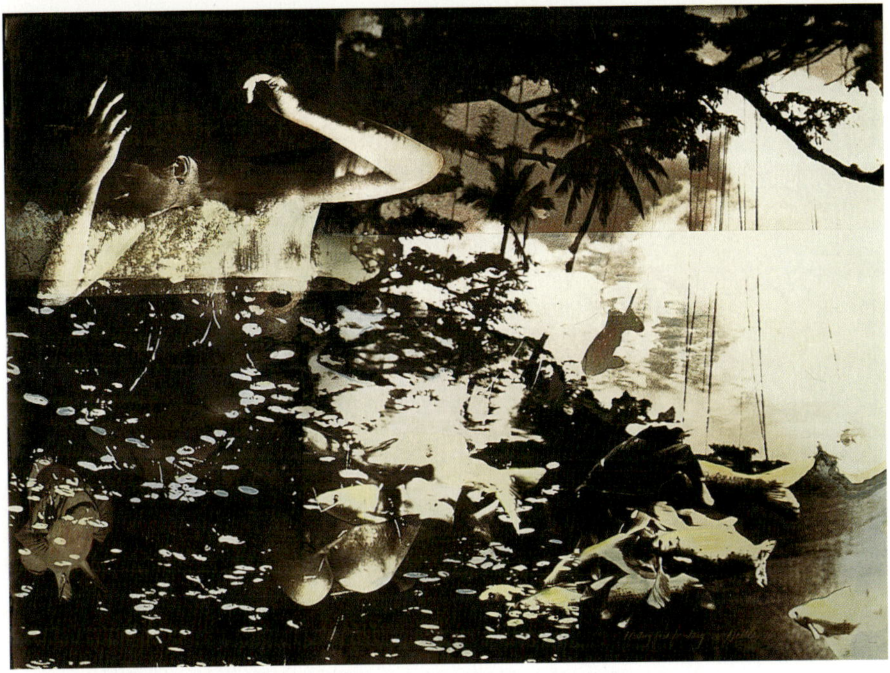

Bea Nettles
Amerika, geb. 1946

Floating Fish Fantasy (Schwebende Fisch-Phantasie), 1976.

Kolorierter Van Dyke-Druck

MUSEUMSANKAUF
77:0387:0003

Barrows pornographische Bilder, die in dem hier gezeigten Beispiel (Seite 685) über einen Fernsehbildschirm gelegt sind, auf dem Szenen einer Seifenoper zu sehen sind. Mit Hilfe des von dem Fernseher abstrahlenden Lichts nahm er eine Photographie der montierten, neu geschaffenen Beziehungen und Bedeutungen auf. Diese Arbeit zeigt die hypnotische Überlagerung von Bildern, die auf einem Fernsehschirm in jenem Sekundenbruchteil entsteht, in dem ein Ausschnitt in den nächsten überwechselt.

Robert Fichter bedient sich in seiner Photographie *Astronauten-Stilleben* der Ikonographie von Spielzeug und Kriegsspielen, um ein Bild der Entfremdung und Zerstörung zu schaffen. Fichter, ein Schüler von Jerry Uelsmann, sagte: »Ich bin ein Student der Photographie, kein Photograph«, um darauf hinzuweisen, daß er das Medium nur als Mittel zum Zweck benutzte. Die sich beißenden Farben des Drucks vermitteln eine erschreckende Botschaft von Amerikas Überzeugungskraft, mit der neue Grenzen überschritten werden.

Fichter, Bea Nettles und Betty Hahn nutzten ältere photographische Verfahren wie Cyanotypie, Van Dyke und Gummibichromat, um ihre Botschaf-

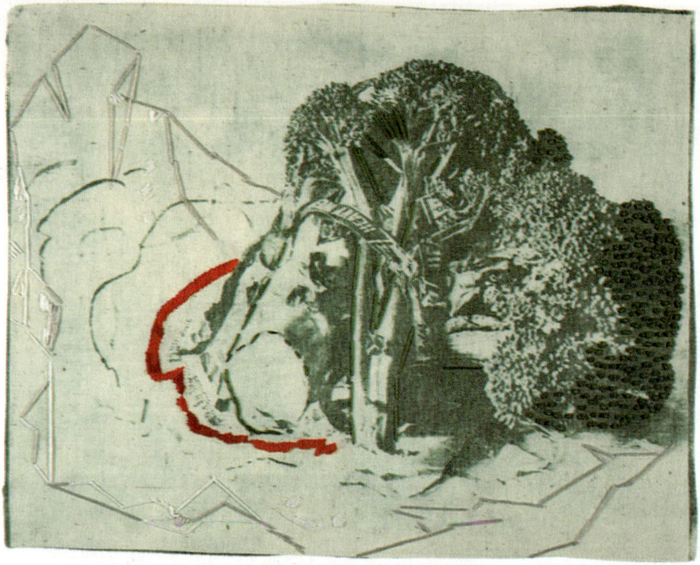

Betty Hahn
Amerika, geb. 1940

Broccoli, 1972

Gummibichromat auf Textil mit Stickerei
MUSEUMSANKAUF
73:0044:0002

ten zu übermitteln. Diese Techniken lassen die Arbeiten nostalgisch wirken, während sie gleichzeitig die Hand des Künstlers anzeigen. Mit *Floating Fish Fantasy* (Seite 687) schuf Nettles ein vielschichtiges Bild, das Landschaftselemente in eine imaginäre Traumlandschaft verwandelt. Das feine Kolorieren verleiht diesem Van Dyke-Druck eine autobiographische Dimension.

Die Bilderwelt von Nettles wurde als sogenannte »Frauenkunst« kategorisiert, die etwa zu dieser Zeit aufkam und die akzeptierten Grenzen künstlerischer Medien ausweitete. Zusammengenähte Papierphotos und Photographien auf Stoff waren Methoden, die sie und andere anwendeten. Es ist ein aufschlußreicher Zufall, daß Nettles ihre erste Kamera von ihrer Großmutter erbte, die diese für den Kauf einer Nähmaschine erhalten hatte.

Betty Hahns *Broccoli* aus ihrer Reihe *Gum Bichromates on Fabric* ist eine witzige Variation der traditionell in der Kunstgeschichte als »floral« definierten Bilder sowie der von Edward Weston photographierten Gemüse. Der auf Stoff aufgezogene Gummidruck ist mit Stickerei verziert, eine traditionell mit Frauen assoziierte Handarbeit. Indem sie diese beiden Medien kombiniert und jedes einzelne als zulässiges Ausdrucksmittel beansprucht, schafft Hahn ein Objekt, das zwar keinen Vorläufer, aber eine reiche Geschichte hat.

Schon immer haben Künstler Selbstportraits geschaffen, aber Joan Lyons veranschaulicht in ihren Arbeiten die Plastizität des Mediums, die sie mit

Joan Lyons
Amerika, geb. 1937

Self-Portrait
(Selbstportrait), 1974

Offsetlithographie
von Haloid Xerox-Bild
SCHENKUNG XEROX
CORPORATION
79:3332:0001

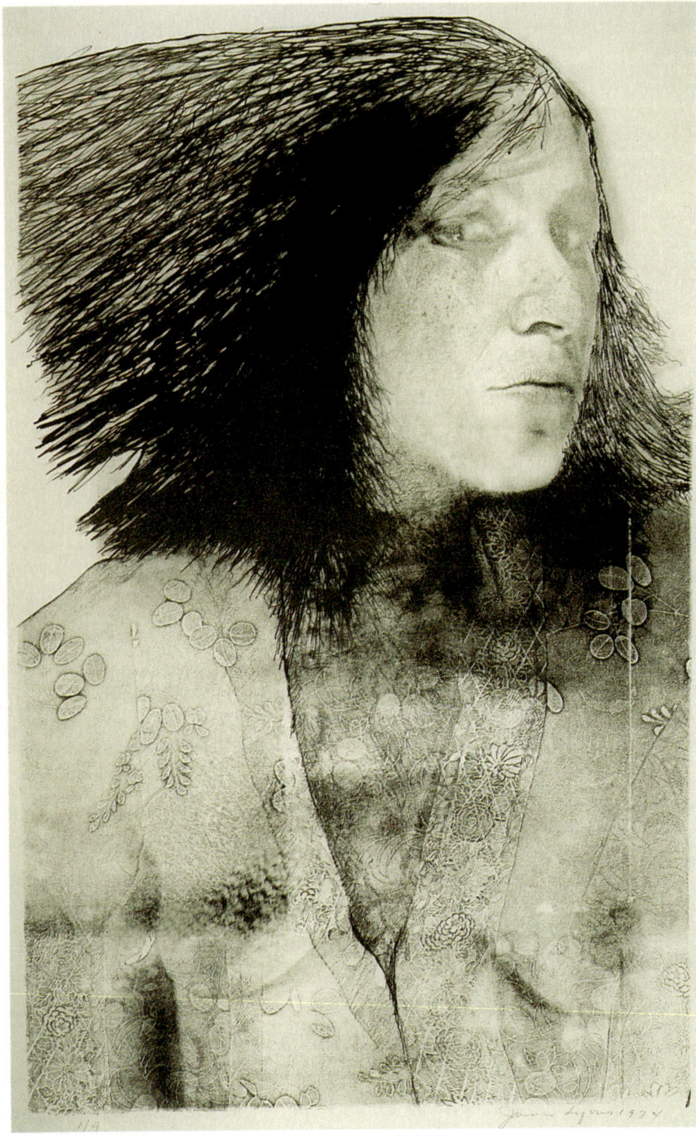

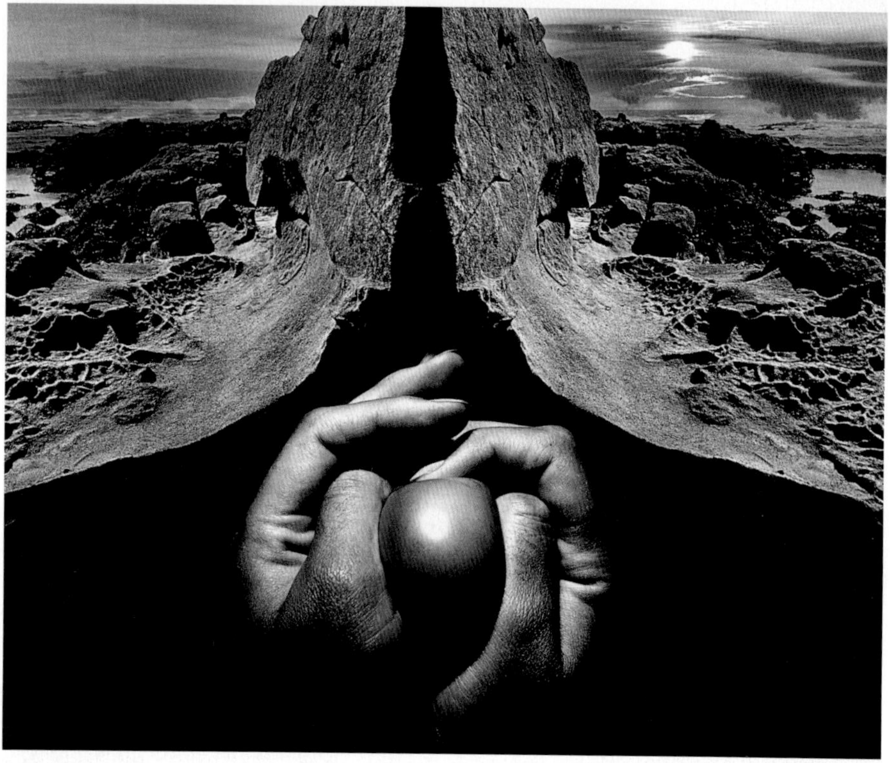

Jerry N. Uelsmann
Amerika, geb. 1934

Hände mit rundem Objekt in Berglandschaft, 1970

Silbergelatine-Abzug
MUSEUMSANKAUF
73:0051:0002

verschiedenen »Bildmaschinen« erforscht. Ihrer eigenen Aussage nach zeigen ihre Arbeiten »den Unterschied zwischen Autobiographischem und Persönlichem sowie Vorstellungen, die universell und alltäglich erscheinen ... Erfahrungen, die verstanden werden.« Lyons betrachtet ihre mit einem frühen Kopiergerät gemachte Serie von Abbildern nicht als Selbstportraits. »Die Maschine macht die verrücktesten Dinge, und ich könnte mit ihr Selbstportraits machen, auf denen ich aussehe, als wäre ich sechzehn oder achtunddreißig Jahre alt. Es ist jedesmal eine andere Person.«

Für Jerry Uelsmann ist die Dunkelkammer Labor technischer und psychologischer Erforschung. Als seinen »photographischen Paten« nennt er Minor White. Seine montierten Bilder sind so nahtlos hergestellt und hinterfragen den Glauben an die Authentizität des photographischen Bildes.

Über das Selbstportrait aus seiner Serie *Photo-Transformations*, schreibt Lucas Samaras: »Jedes Klicken des Auslösers suggeriert eine emotionale

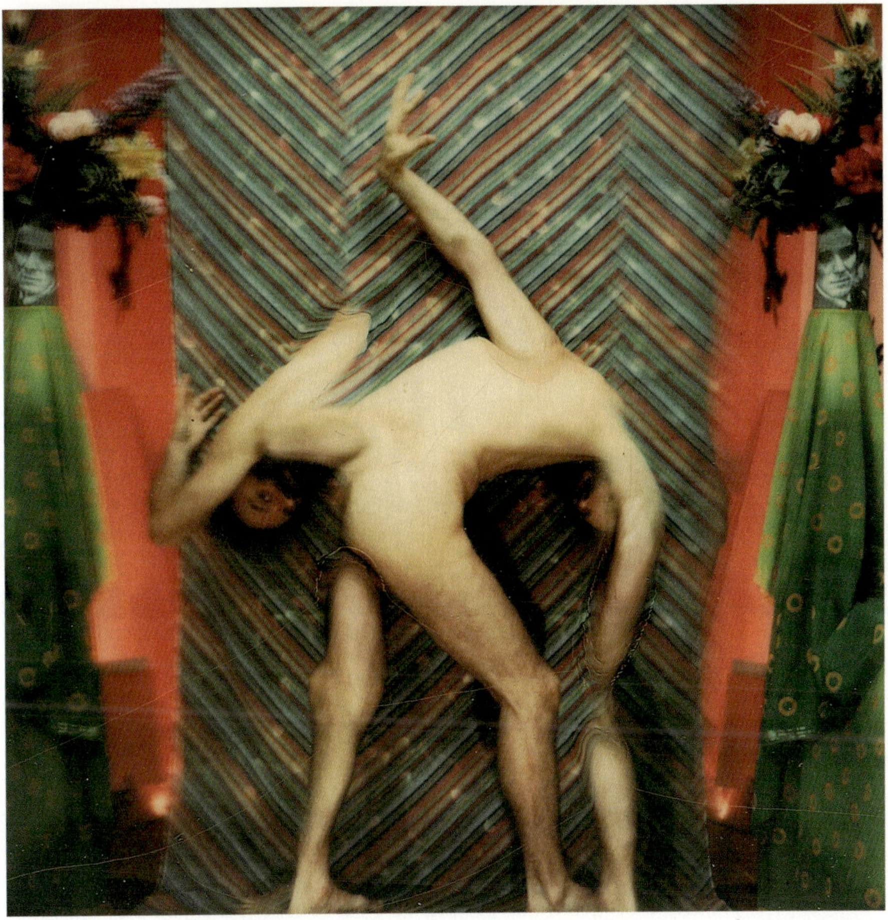

und visuelle Beteiligung und birgt das Potential, eine stärkere Verbindung mit einem zentralen Aspekt des Objekts und meinem Gefühl zu ihm herzustellen, sowohl bewußt als auch unbewußt.«

Samara benutzte die beliebte Polaroid SX-70, mit der man kleine quadratische, farbige Unikate aufnehmen kann. Durch den Einsatz von selbstgebauten Filtern, welche die Farbe radikal verändern, erweitert Samara die Ausdrucksmöglichkeiten des hauptsächlich für Schnappschüsse genutzten Polaroids, und manipuliert die Emulsion während der Entwicklung, um figurative Verzerrungen zu erreichen.

Lucas Samaras
Amerika, geb. Griechenland, 1936

Photo-Transformation, 1976

Farbabzug
ALVIN LANGDON COBURN MEMORIAL FUND DURCH AUSTAUSCH
83:0617:0002

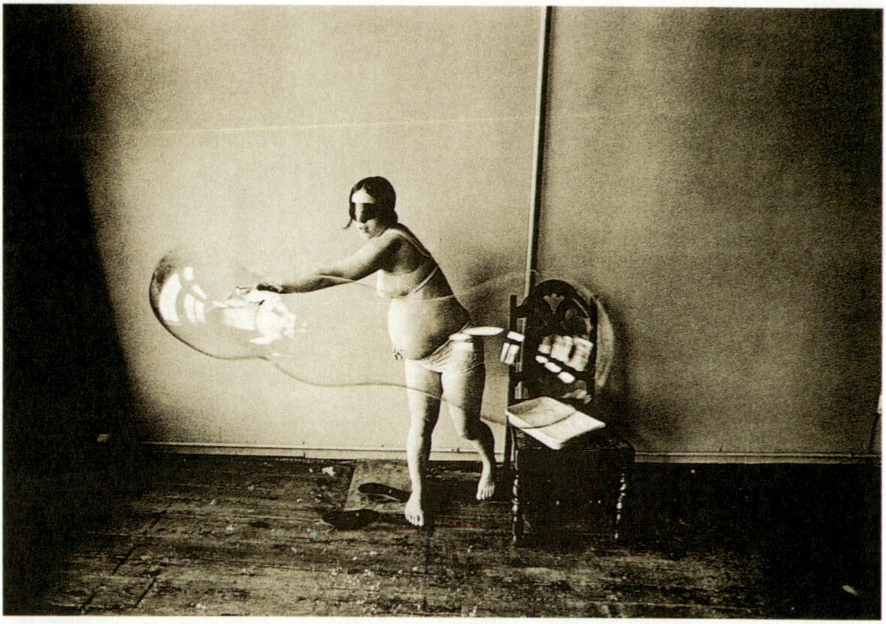

Les Krims
Amerika, geb. 1943

Schwangere macht große Seifenblase, 1969

Getönter Silbergelatine-(Kodalith)-Abzug
78:0516:0022

Der bizarre Humor von Les Krims ist eine Ausnahmeerscheinung im photographischen Kanon. Formal betrachtet ergeben die scheinbar unvereinbaren Elemente in *Schwangere macht große Seifenblase* Sinn: die riesige, langgezogene Seifenblase, welche die Frau erzeugt, ist ein Echo der Form ihres Bauchs. Die verwendeten Objekte beschwören verschiedene Bilder aus der Photographiegeschichte herauf: die Maske erinnert an Pierre-Louis Piersons *Portrait der Gräfin von Castiglione*, und die fließende Kugel an das delikate Gleichgewicht in Ann Brigmans *The Bubble*. Aber am meisten fasziniert Krims Bildgestaltung, die komplette Inszenierung einer Szene, die sich Begriffen wie Logik und Notwendigkeit entzieht. Die Maske zu tragen, die Geste der Person, die banale Funktionalität der Unterwäsche, die eher Ausgezogensein als akademische Nacktheit suggeriert, und sogar die Entscheidung, die Handlung vor einem vertikal verlaufenden Heizungsrohr anzusiedeln, erzeugen den Eindruck, daß die Realität um der Photographie willen verfälscht wurde.

In der Arbeit des gelernten Optikers Ralph Eugene Meatyard aus Lexington, Kentucky, nehmen Masken eine andere Bedeutung an. Auch er arrangiert Szenen für die Kamera. Eine Aufnahme seiner Frau und seiner Kinder,

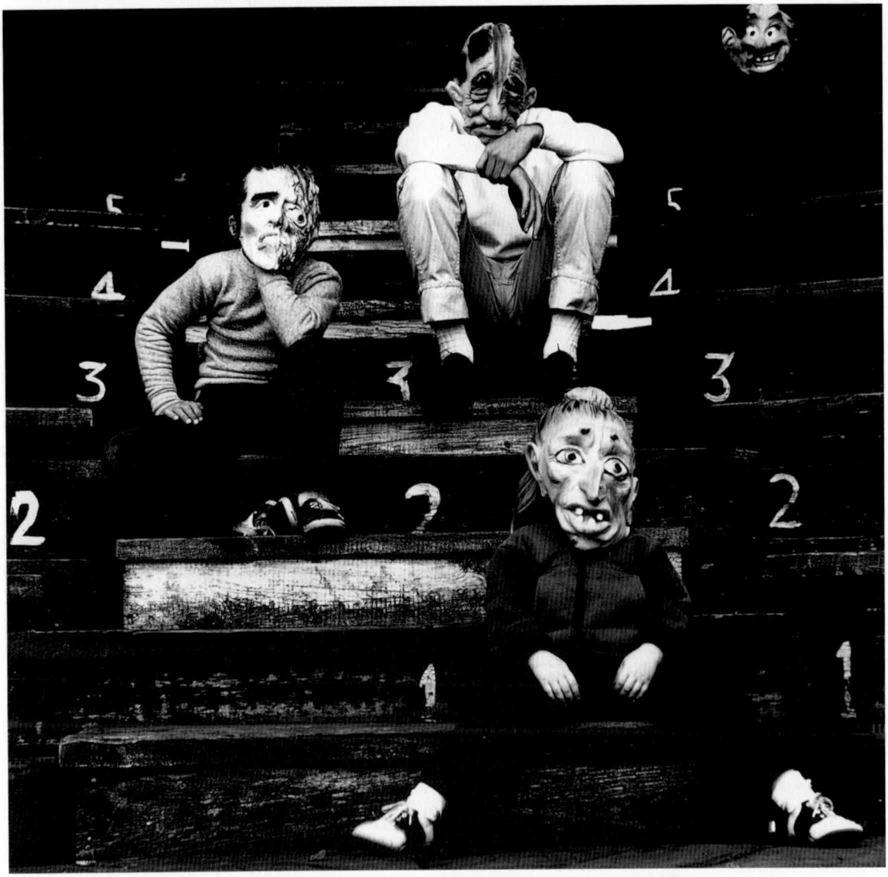

die in gelangweilter Pose auf einer Tribüne sitzen, erhält durch die gruseligen Halloween-Masken vor ihren Gesichtern, die ihren lässigen Posen widersprechen, eine andere Dimension. Besonders eindringlich ist die Art, in der diese grotesken, von Kindern getragenen Masken den intensiven Blick ihres eigenen Vaters auf seine Sterblichkeit verraten. Der Titel *Romance (N) from Ambrose Bierce, No. 3* fügt diesem Bild eine literarische Anspielung hinzu. Was ein einfacher Schnappschuß von Meatyards Frau und Kindern hätte sein können, wird zu einer Meditation über Persona und kollektives Gedächtnis. Bierce definierte Romantik als »Fiktion, die dem ›Gott der Dinge an sich‹ keine Loyalität schuldig ist«, und Meatyards fiktive »Romanzen« huldigen auf ihre Art der Macht der Erinnerung und der Phantasie.

Ralph Eugene Meatyard
Amerika, 1925–1972

Romance (N) from Ambrose Bierce, No. 3, 1962

Silbergelatine-Abzug
MUSEUMSANKAUF MIT EASTMAN KODAK COMPANY FUNDS
80:0467:0001

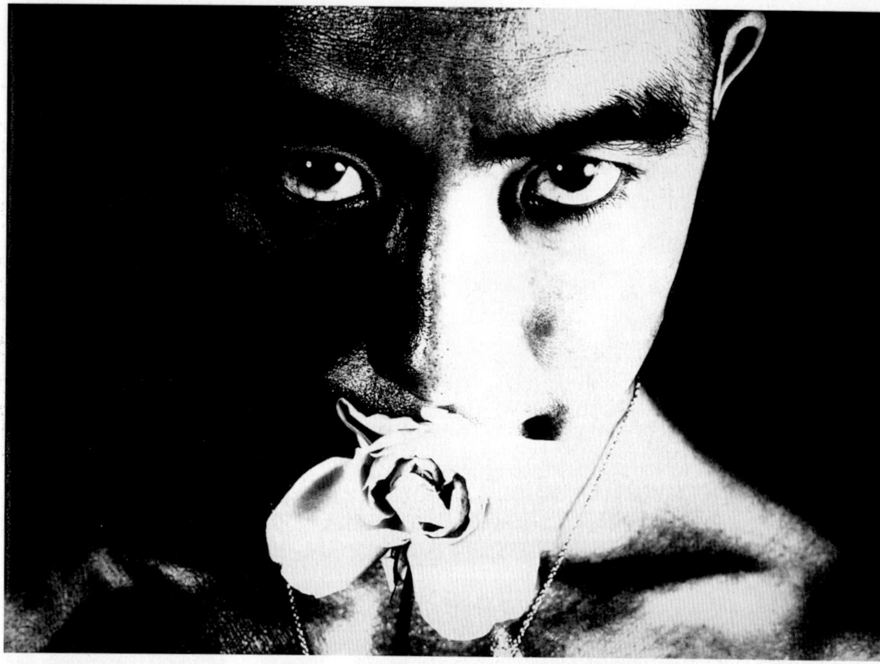

Eikoh Hosoe
Japanese, geb. 1933

Ordeal by Roses (Rosenprobe), 1962

Silbergelatine-Abzug
MUSEUMSANKAUF
75:0119:0003

(rechts)
Ralph Gibson
Amerika, geb. 1939

Schlange um den Hals eines Mannes, 1972

Silbergelatine-Abzug
MUSEUMSANKAUF, CHARINA FOUNDATION PURCHASE FUND
90:0701:0014

Der japanische Photograph Eikoh Hosoe machte 1962 die Aufnahme *Ordeal by Roses* im Rahmen der Serie *Killed by Roses* über den japanischen Autor Yukio Mishima. Hosoe beschrieb das Projekt als »... Versuch der Zerstörung von Ikonoklasmen ... es war auch mit großem Respekt gegenüber meinem Modell verbunden. Auf Zerstörung folgte Wiederherstellung, und das Projekt wurde zu einer subjektiven Dokumentation über Mishima, basierend auf meiner eigenen Imagination und Vision der Wahrheit.« Dies Portrait Mishimas mit Rose und seinem eindringlichen Blick zeigt weniger ein Abbild, als einen Geisteszustand. Mishima beschrieb die Erfahrung photographiert zu werden wie folgt: »Die Welt, in die ich unter dem Zauber seines Objektivs entführt wurde, war abnormal, verzerrt, sarkastisch, grotesk, wild und verworren ... dennoch herrschte eine spürbare Unterströmung von Poesie, die sanft durch ihre unsichtbaren Kanäle murmelte.«

Eine ähnliche Welt unsichtbarer Bedeutung durchdringt auch Ralph Gibsons Aufnahme *Schlange um den Hals eines Mannes* aus der Serie *Days at Sea*. Aufgrund seiner radikalen Perspektive erinnert das Bild an Arbeiten von Rodtschenko und Moholy-Nagy. Die Figur ist bewußt als unruhiges abstraktes Muster dargestellt.

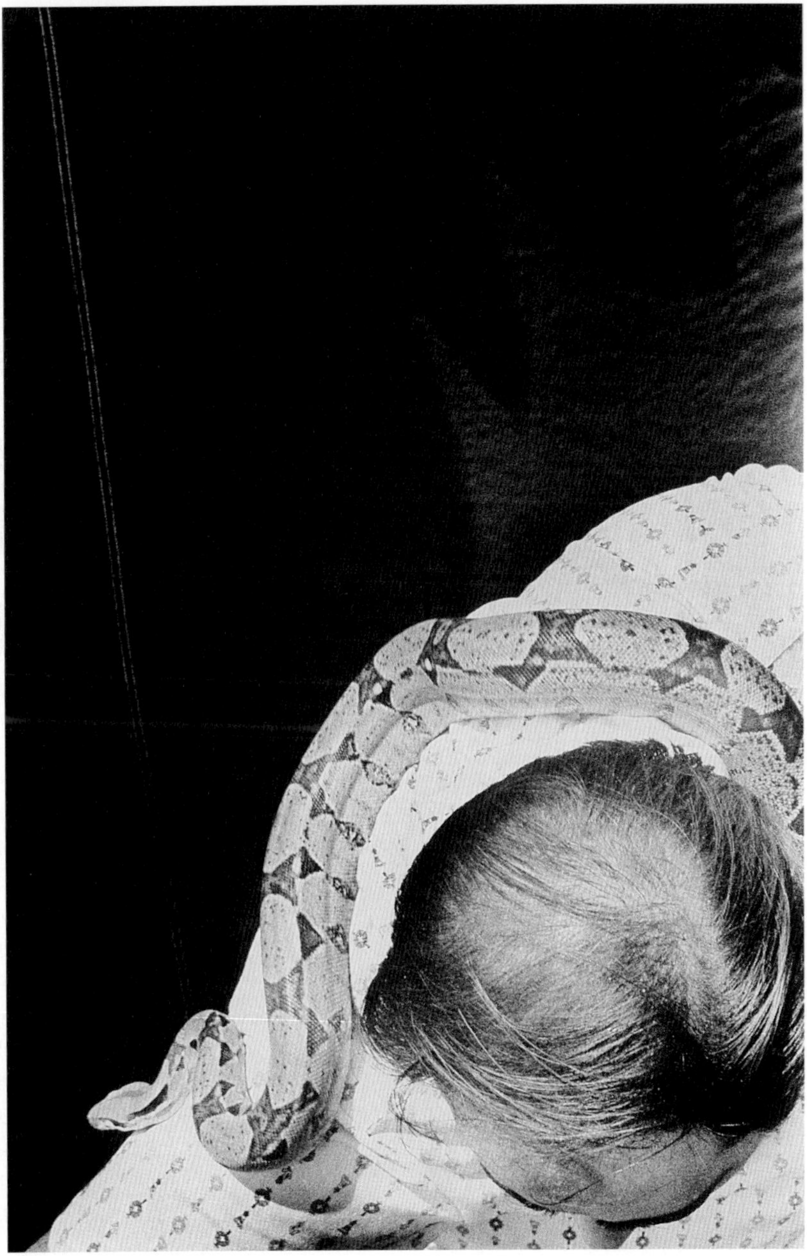

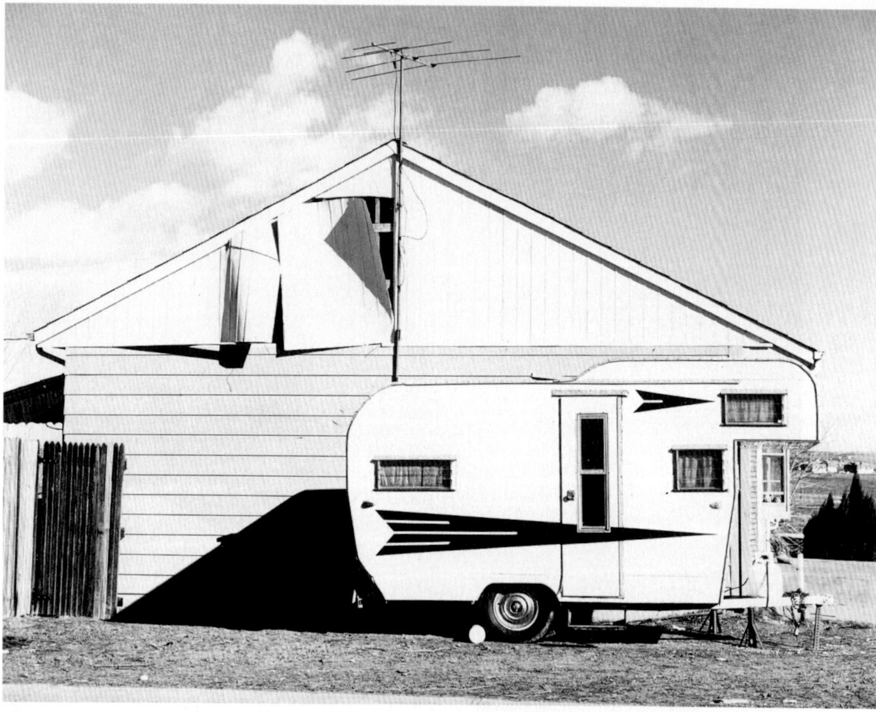

Robert Adams
Amerika, geb. 1937

Tract House (Einzelhaus in Wohnsiedlung), Westminster, Colorado, 1974

Silbergelatine-Abzug
SCHENKUNG THE PHOTOGRAPHER
77:0149:0006

Zu Beginn der 1970er Jahre entwickelte sich unter Photographen, die den Westen und Südwesten Amerikas bereisten, eine besondere Ästhetik. Ihre Bilder einer industriellen und vorstädtischen Architektur und Raumordnung definierten die mythische, heroische Landschaft des Westens als zeitgenössische Realität neu. Robert Adams schreibt, er hoffe als Photograph, »eine so exakte Spannung zu entdecken, daß sie ruht.« *Tract House, Westminster, Colorado* kritisiert das dargestellte Objekt nicht, sondern sucht in dem, was der Photograph vor sich sieht, nach Schönheit, selbst in der volkstümlichen Architektur wildwuchernder Vorstädte. Mit der Ausstellung »New Topographics«, die 1979 im George Eastman House stattfand, wurde diese Ästhetik vorgestellt, und die Bezeichnung »Neue Topographie« wurde auf jene Arbeiten angewandt, welche die neue amerikanische Landschaft erforschten. In dieser Ausstellung wurden unter anderem die Arbeiten von Robert Adams, Lewis Baltz, Joe Deal, Frank Gohlke und Stephen Shore gezeigt.

Gohlke war ein Schüler von Paul Caponigro; er schrieb: »Die besten Landschaftsbilder, egal in welchem Medium und welche anderen Emotionen sie

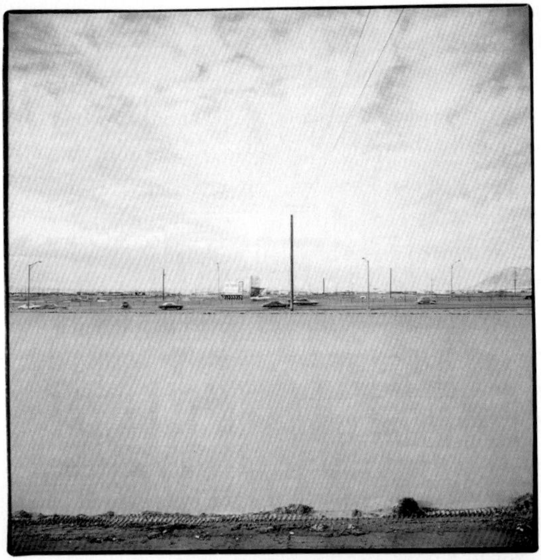

Frank Gohlke
Amerika, geb. 1942

Landscape (Landschaft), Albuquerque, New Mexico, 1974

Silbergelatine-Abzug
MUSEUMSANKAUF MIT UNTERSTÜTZUNG NATIONAL ENDOWMENT FOR THE ARTS
77:0055:0004

Joe Deal
Amerika, geb. 1947

Untitled View (Ansicht ohne Titel) (Albuquerque), 1974

Silbergelatine-Abzug
SCHENKUNG THE PHOTOGRAPHER
77:0118:0001

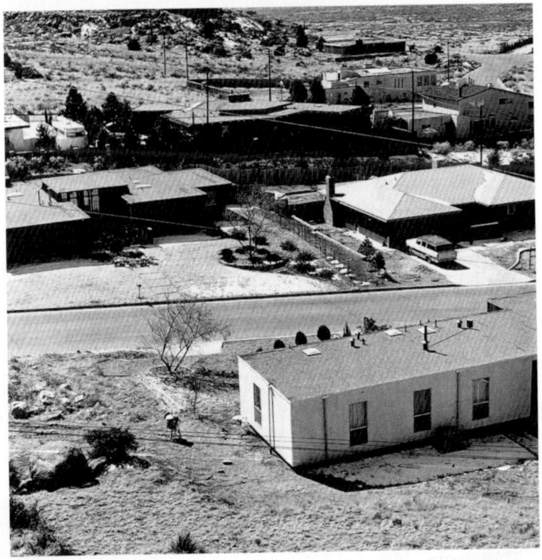

auch hervorrufen mögen ... bieten die Möglichkeit einer intimen Verbindung mit einer Welt, zu der wir nur durch unsere Augen Zugang haben, ein Versprechen, das seine eigene Nichterfüllung enthält.« Seine Landschaftsaufnahme von Albuquerque, New Mexico (Seite 697), zeigt nur Beton und Himmel, so daß die lauteren Zeichen der Zivilisation am Horizont klein erscheinen. Was die Arbeit all dieser Photographen verbindet, ist die verdächtige Abwesenheit von Menschen, gepaart mit der spürbaren Kraft menschlicher Präsenz im Inneren dieser bewohnten Welten.

Lewis Baltz
Amerika, geb. 1945

South Corner (Südecke), Riccar America Company, 3184 Pullman, Costa Mesa, 1974

Silbergelatine-Abzug
SCHENKUNG THE PHOTOGRAPHER
78:0515:0017

Joe Deals Auffassung über die Möglichkeiten der Photographie veränderte sich während seiner Zeit am Eastman House, wo er zuerst als Aufsicht und später als Ausstellungsdirektor arbeitete und ständig eine große Vielzahl verschiedener Bilder sah. Zu seinen Landschaften, wie beispielsweise die hier gezeigte, unbetitelte Ansicht eines Vororts von Albuquerque (Seite 697), sagte Deal: »Mich interessierten ganz gewöhnliche Bauten unserer Zeit, denn ich wollte sehen, was man damit machen kann ... Die Schwierigkeit lag darin, dieses neue Thema auf eine Art zu photographieren, die es zu einer Satire machte. Es war mehr Zufall, daß ich auf einem Hügel stand und die Häuser

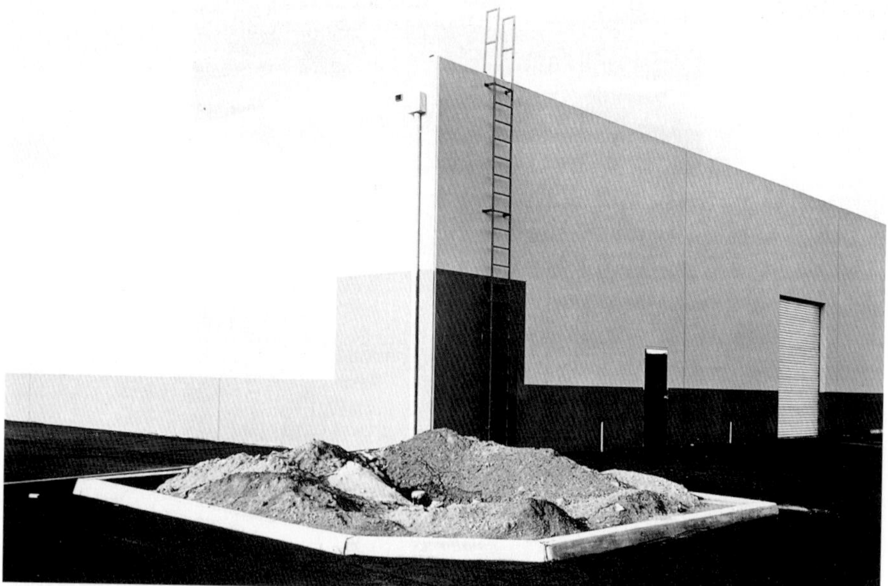

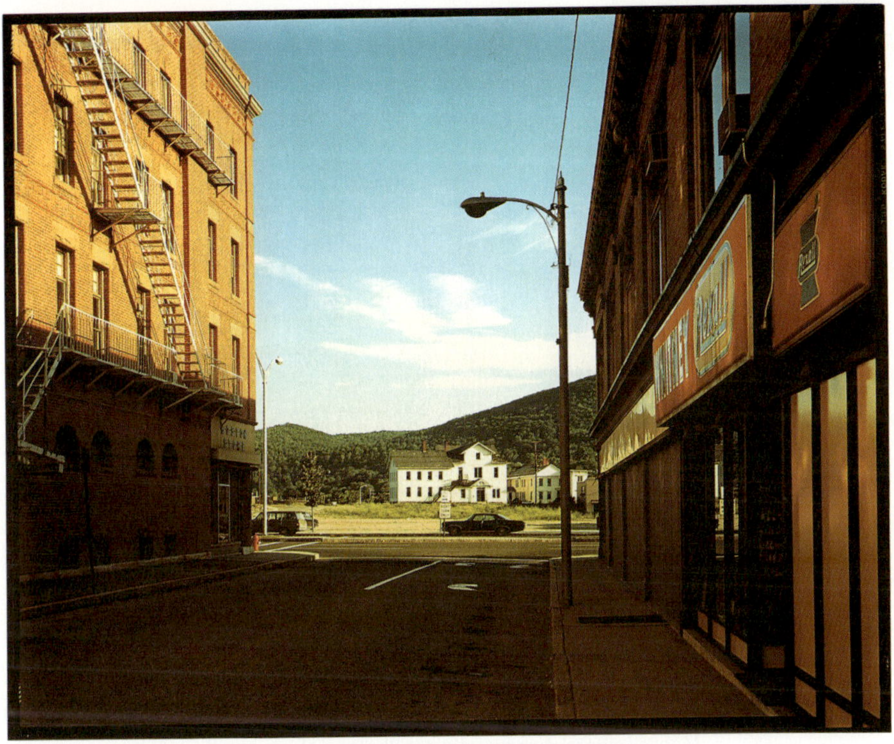

von oben im Kontext der Landschaft sah, statt nur die Details der Architektur. Ich hatte mehr Abstand, und darin lag ein Gefühl größerer Objektivität.«

Ebenso wie Deal bewahrt Lewis Baltz in seinen Arbeiten stets eine kühle Distanz zu persönlichem Ausdruck und Gefühlen. Bereits der präzise, fast klinische Titel von Bildern wie *South Corner, Riccar America Company, 3184 Pullman, Costa Mesa* verrät die nüchterne Objektivität der Darstellung.

Obwohl er eine Zeitlang bei Minor White studierte, war Stephen Shore weitgehend Autodidakt. Seine Arbeiten zeichnen sich häufig durch satte Farben aus, so daß Bilder wie *Holden St., North Adams, Massachusetts* nicht nur sofort wiederzuerkennen sind, sondern auch als formale Kompositionen aus photographischer Farbe und Details betrachtet werden können.

John Pfahl verleiht der Landschaftsphotographie eine eigene Note. *Shed with Blue Dotted Lines, Penland, North Carolina* aus der Serie *Altered Landscapes* ist gleichzeitig ein visuelles Wortspiel und eine Auslotung der zweidimensionalen Ebene. Die Feldlinien sind tatsächlich in die Landschaft gesetzt

Stephen Shore
Amerika, geb. 1947

Holden St., North Adams, Massachusetts, July 13, 1974

Farbabzug, chromogenes Entwicklungsverfahren (Ektacolor)
SCHENKUNG BARNABAS MCHENRY
85:1240:0001

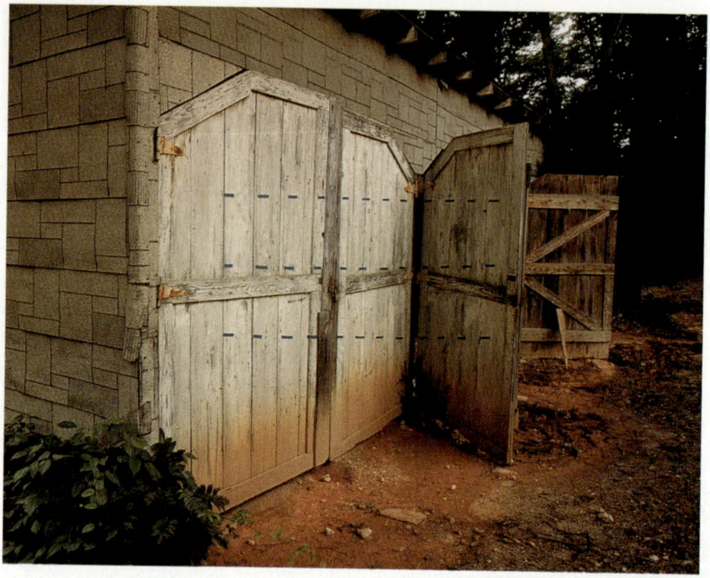

John Pfahl
Amerika, geb. 1939

Shed with Blue Dotted Lines (Schuppen mit blauen gepunkteten Linien), Penland, North Carolina, Juni, 1975

Farbabzug, chromogenes Entwicklungsverfahren (Ektacolor)
MUSEUMSANKAUF
77:0119:0001

und nicht, wie man annehmen könnte, später auf dem Druck hinzugefügt. Dazu Pfahl: »Die Orte für die Aufnahmen wurden nach ihrer ›malerischen‹ Qualität ausgewählt, nach ihrer formalen Struktur und ihren referentiellen Möglichkeiten. Die hinzugefügten Elemente deuten auf verschiedene Markierungszeichen hin, die mit Photographien, Landkarten, Plänen und Diagrammen assoziiert werden. In einem anderen Kontext können sie ein ausgeprägtes formales Element in der Landschaft wiederholen, Informationen einfügen, von der Szenerie suggerierte Informationen aufgreifen oder willkürlich mit ihr zusammenhängen und statt dessen auf den Entstehungsprozeß einer Photographie verweisen.«

Kaanapali Coast, Maui, Hawaii aus der Serie *Picture Windows* erkundet die Strategien, die wir anwenden, um die Natur vor dem Fenster zu interpretieren, die wir nicht erleben können; das Fenster rahmt die spektakuläre Aussicht in der Photographie, die wiederum beide einrahmt. *Bethlehem # 16, Lackawanna, New York* aus der Serie *Smoke* zeigt die schreckliche Schönheit industrieller Abgase und Verschmutzung. Pfahl lockt den Betrachter mit Farben, die an William Turner erinnern, zeigt aber genug von den Schloten, um ihn an die Subjektivität von Schönheit zu erinnern. Das Eastman House schätzt sich glücklich, vom Künstler als Museum für sein Lebenswerk ausgewählt worden zu sein.

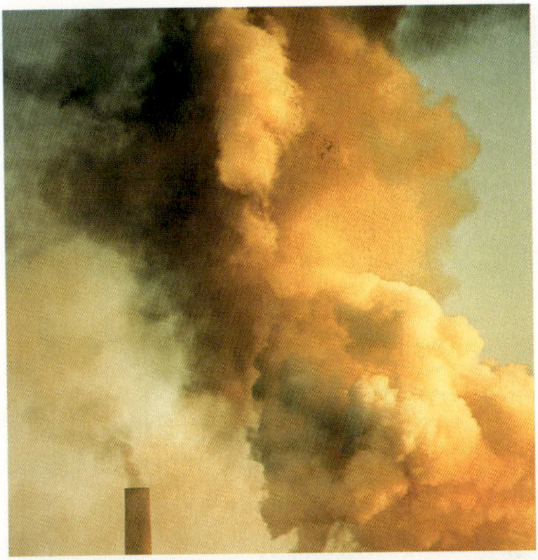

John Pfahl

Bethlehem # 16,
Lackawanna, N.Y.,
1988

Farbabzug, chromogenes Entwicklungsverfahren (Ektacolor),
CHARINA FOUNDATION FUND UND ZUGEHÖRIGE FUNDS
90:0066:0001

John Pfahl

Kaanapali Coast,
Maui, Hawaii,
March 1978

Farbabzug, chromogenes Entwicklungsverfahren (Ektacolor)
SCHENKUNG THE PHOTOGRAPHER
95:1562:0001

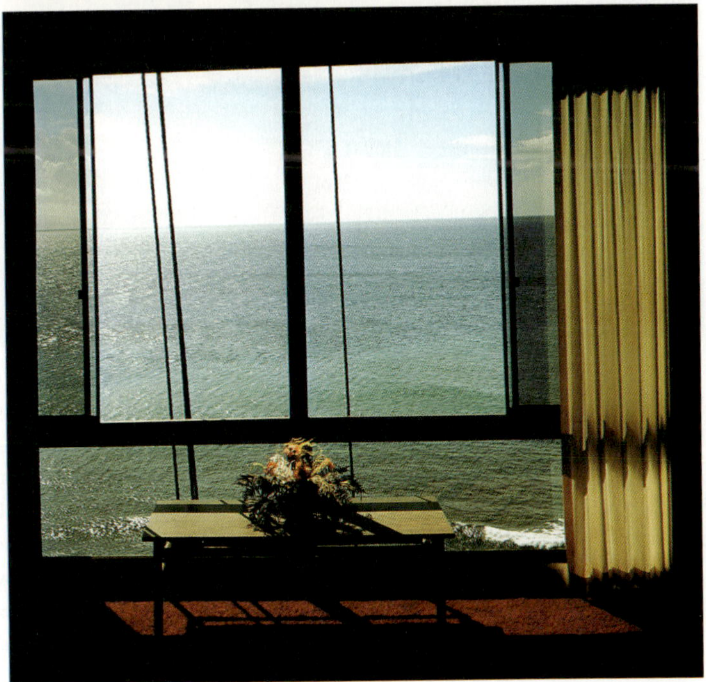

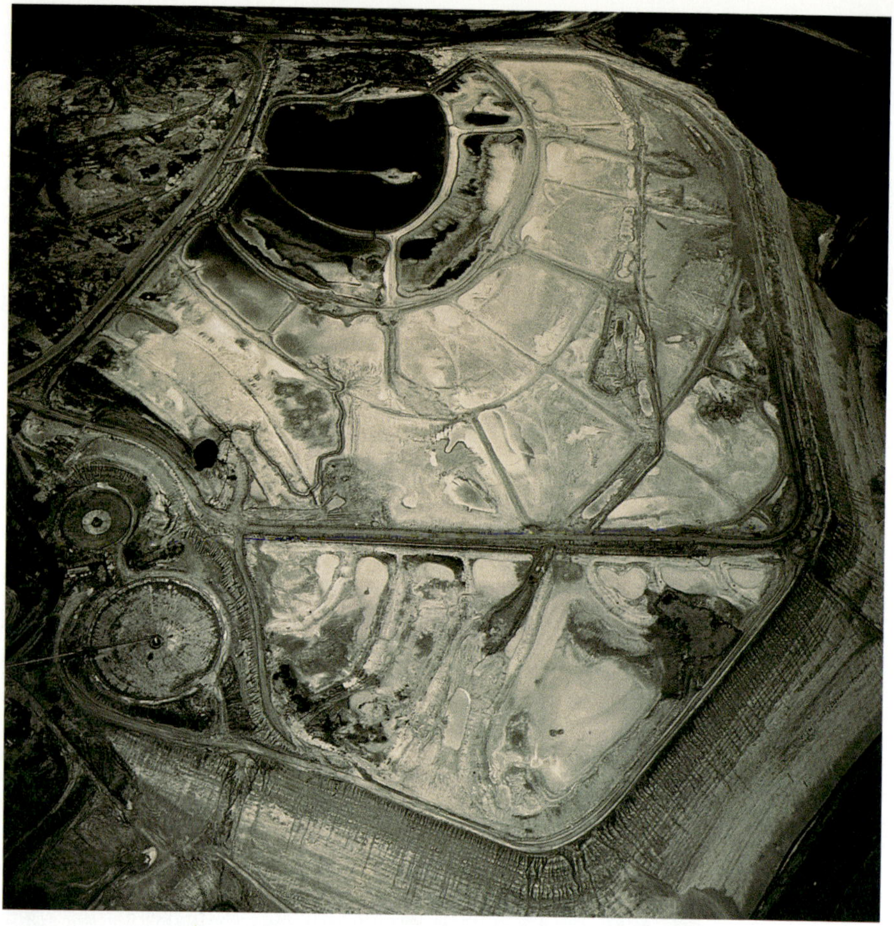

Emmet Gowin
Amerika, geb. 1941

Copper Ore Tailing, Globe, Arizona, 1988

Silbergelatine-Abzug, getont

MUSEUMSANKAUF, CHARINA FOUNDATION FUND UND ZUGEHÖRIGE FUNDS
90:0012:0001

Auch Emmet Gowin hat die verführerische Schönheit industriellen Abfalls erforscht. Gowin studierte an der Rhode Island School of Design bei Harry Callahan, dessen Arbeiten für ihn »eine Poesie von Gefühl und Intimität [besaßen] und die Enthüllung einer geheimen, unerkannten Dimension im Alltäglichen versprachen.« Gowin verleiht verwirrenden Bildern wie *Copper Ore Trailing, Globe, Arizona*, Luftaufnahmen, die als Studie der nuklearen Landschaft begannen, eine seltsame Leuchtkraft. »Selbst wenn wir die nukleare Uhr zurückdrehen könnten, gründet sich die Einstellung der Menschheit zur Natur überwiegend auf Herrschaft, Besitz und eine Rechtsauffassung, die

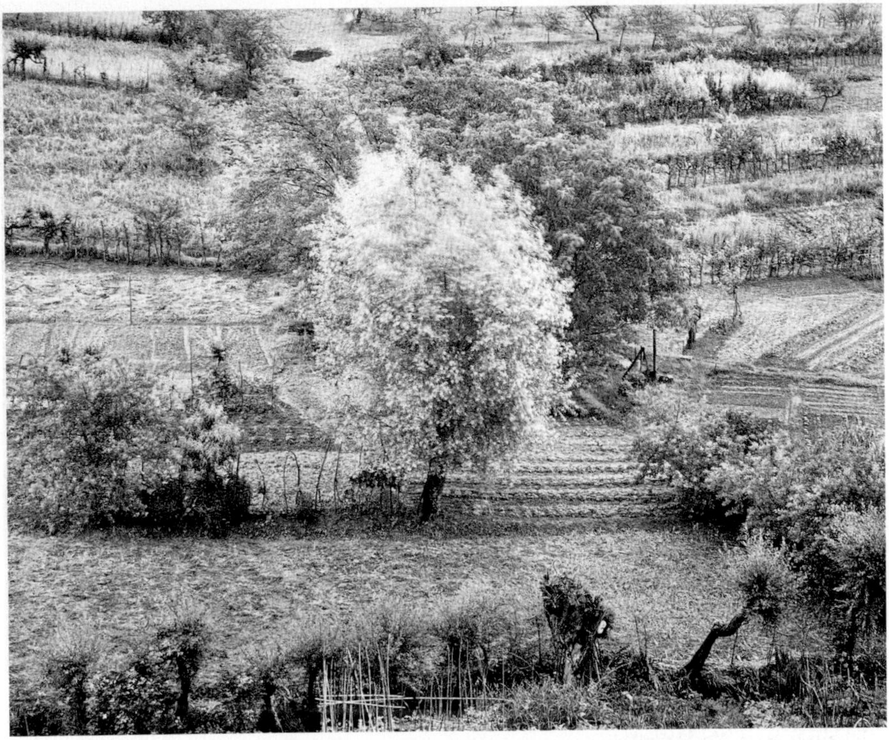

auf Mißverständnissen beruht. Wir haben geglaubt, wir könnten mit der Erde umgehen, wie wir wollen, ohne uns selbst sonderlichen Schaden zuzufügen«, schrieb Gowin. Die frühere Arbeit *Siena, Italy*, ist eine Reminiszenz an Frederick Sommer, den Gowin 1967 kennenlernte und dessen horizontlose Landschaften großen Einfluß auf seine Arbeit hatten. »Laß dir natürliche Pracht von niemandem ausreden«, hatte ihm Sommer einst geraten, und Gowins Bilderwelt ist die künstlerische Manifestation dieser Mahnung. Gowin hegt große Achtung vor der Natur und jenen, die sie erforschen: »Ich fühle mich in Einklang mit Naturforschern und Wissenschaftlern. Für mich sind sie die poetischsten Menschen unserer Zeit. ... Sie besitzen die sanfteste Sprache ... Ich verlange friedliche Bemühungen um positive Lösungen, bei denen es um die Einheit des Lebens geht.«

Wie Tom Barrow und Robert Fichter verwendet auch John Baldessari Photographien, ohne sich jedoch als Photograph zu sehen. Seine Arbeiten gehö-

Emmet Gowin

Siena, Italy (Italien), 1978

Silbergelatine-Abzug
MUSEUMSSAMMLUNG DURCH AUSTAUSCH
85:0519:0002

John Baldessari
Amerika, geb. 1931

Embed Series: Cigar Dreams (Seeing Is Believing), (Embed Series: Zigarrenträume [Sehen ist Glauben), Oktober, 1974

Retuschierter Silbergelatine-Abzug
MUSEUMSANKAUF
76:0185:0001

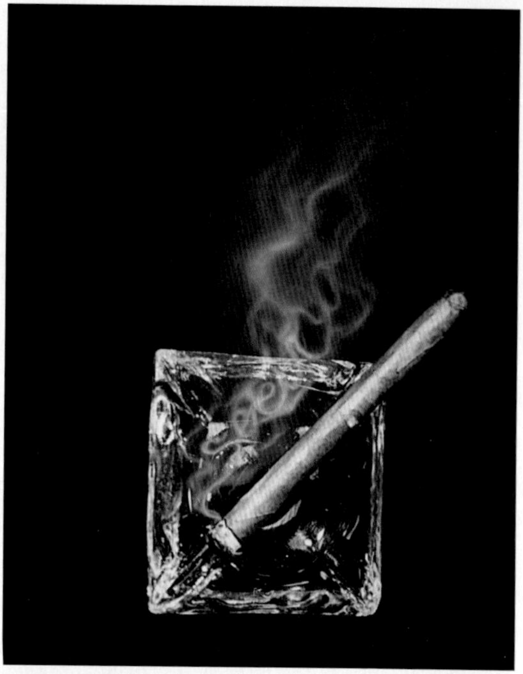

ren zur Konzeptkunst, die Ende der 1960er Jahre aufkam und ihre Wurzeln im Symbolismus sowie im Dadaismus und Surrealismus hat. Aufgrund ihrer Allgegenwart und Alltäglichkeit sind Photographien für Baldessari ein reizvolles Medium: »Ich möchte die Grenzen hinterfragen, die durch Konventionen errichtet werden. Die Ironie ist ein Nebenprodukt. Ich nehme mir nicht bewußt vor, ironisch zu sein. Und ich bringe den Traditionen genügend Wertschätzung entgegen, um sie zu bewahren. Aber ich arbeite nicht bewußt für die Schönheit«, schrieb er. *Embed Series*, die er 1974 begann, ist ein Kommentar zu der Kodierung von Verbraucherbotschaften in Anzeigen. Baldessari zufolge geht es in dieser Serie um »die Einbettung von Worten und gelegentlichen Bildern in das photographische Abbild. Eine Vielzahl von Mitteln wurden verwendet – Airbrush, Pinsel, Doppelbelichtung etc. ... Ein Anreiz bestand darin, die Idee der subliminalen Motivation zu überprüfen. Kann ich wirklich jemanden dazu bringen, die Botschaften über Vorstellung, Träume, Phantasie und Hoffnung zu glauben, die ich versteckt habe?« In *Cigar Dreams* sind die Worte »seeing is believing« (Sehen ist glauben) eingebettet, die als ironischer Kommentar über die Glaubwürdigkeit der Photographie fungieren.

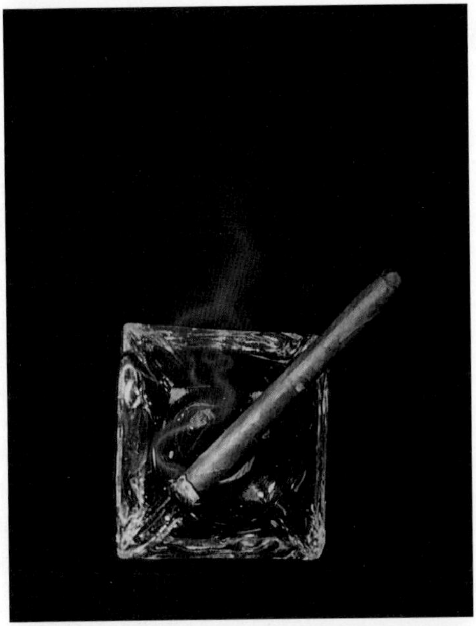

John Baldessari

Embed Series: Cigar Dreams (Seeing Is Believing), (Embed Series: Zigarrenträume [Sehen ist Glauben]), Oktober, 1974

Retuschierter Silbergelatine-Abzug
MUSEUMSANKAUF
76:0185:0002

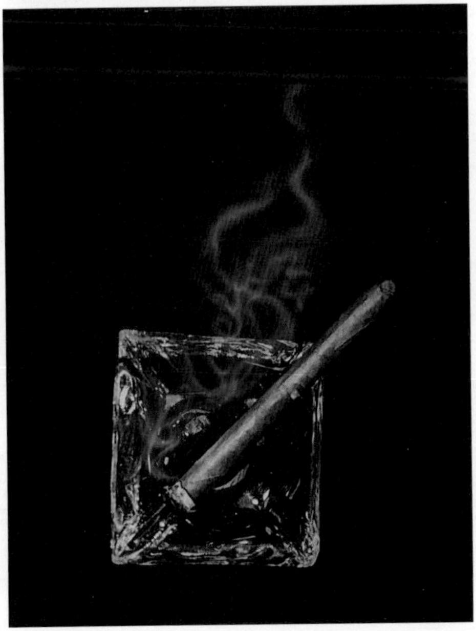

John Baldessari

Embed Series: Cigar Dreams (Seeing Is Believing), (Embed Series: Zigarrenträume [Sehen ist Glauben]), Oktober, 1974

Retuschierter Silbergelatine-Abzug
MUSEUMSANKAUF
76:0185:0003

Paul Berger verwendet Erzählsequenzen und das Format populärer Nachrichtenmagazine, um den Wahrheitsgehalt von Photographien und Bildunterschriften zu hinterfragen. *Seattle Subtext – Photography* ahmt das Layout des Magazins *Time* nach. In dem englischen Text unter der bedrohlich wirkenden Parkansicht ist zu lesen: »Mal sehen ... es ist ein Park ... in Frankreich ... nein, in Italien ... ja, ich glaube, es ist Italien ...« Der französische Text darunter wiederholt den Kommentar in der dritten Person. Berger verwendet Sprache und Bilder aus Video und Fernsehen, Familienphotos, eigene Stills und Ausdrucke seines Katalogisierungssystems, um eine Kakophonie von Bildern zusammenzustellen, die an das tägliche Sperrfeuer disparater Botschaften erinnern und durch ihre optische Nähe zueinander sowie ihre überlagerte Wahrnehmung verbunden werden. Dazu Berger: »Ich fühlte mich dem Konstruktivismus verwandt, da in unserer täglichen Begegnung Photographien sehr kontextgebunden sind, hängt ein großer Teil ihres Inhalts davon ab, wo und wie wir sie sehen. Ein kohärentes photographisches Werk ist nur dann möglich, wenn die Kunstaktivität diese Aspekte in einen neuen, klaren und bestimmten Kontext bringt.«

Paul Berger
Amerika, geb. 1948

Seattle Subtext – Photography, 1981

Silbergelatine-Abzug
MUSEUMSANKAUF
84:0837:0008

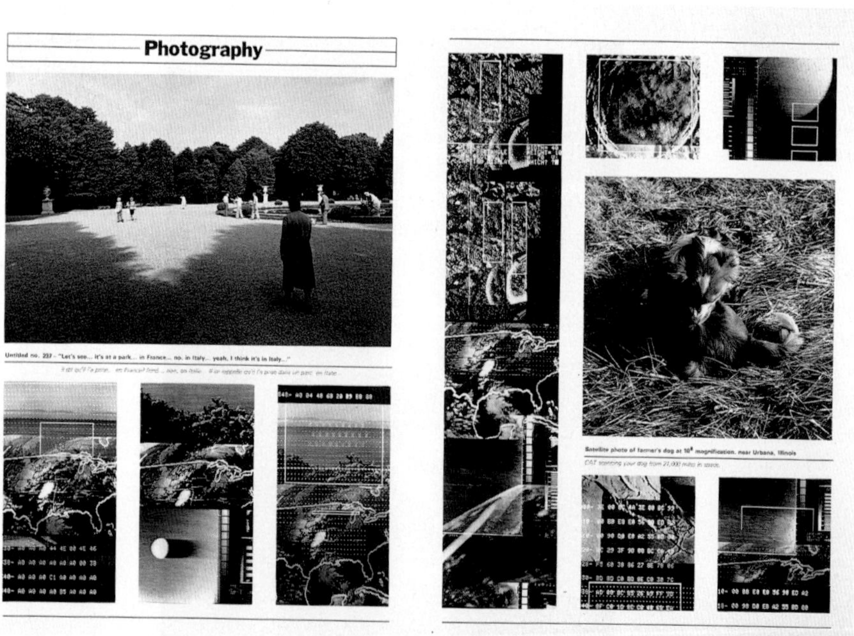

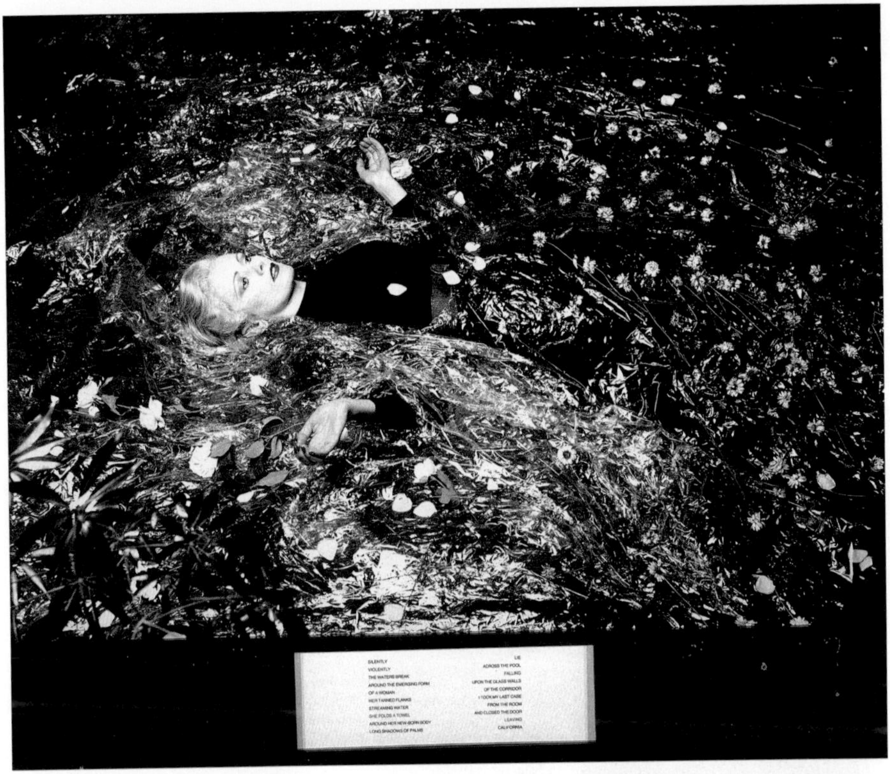

Victor Burgin
England, geb. 1941

The Bridge – Venus Perdica (Die Brücke – Venus Perdica), 1984

Silbergelatine-Abzug
MUSEUMSANKAUF, INTREPID FUND
85:0516:0001

In den Arbeiten des Engländers Victor Burgin geht es darum, daß Bedeutung nicht nur durch das hergestellt wird, was in einem Bild in Erscheinung tritt – in diesem Fall kunsthistorische Bezüge und das Hollywood-Kino – sondern auch durch die Art und Weise, in der Bilder im Kontext des Museums diskutiert und beurteilt werden. Die Photographie *The Bridge – Venus Perdica* basiert auf Sir John Everett Millais 1852 entstandenem Gemälde der ertrunkenen Ophelia aus William Shakespeares *Hamlet* und dem Charakter der Madeleine aus Alfred Hitchcocks Film *Vertigo.* »Die Geschichte der Malerei ist überschwemmt mit Bildern von Frauen im Wasser. Etwa das Bild von Millais ... ›Susanna Bathing‹ ... Es geht nicht so sehr um die Beziehungen zwischen Männern und Frauen. ... Die Frage ist, wie Unterschiede zwischen Männern und Frauen konstruiert werden.« Zu seiner Form der Appropriation sagt Burgin: »Die Galerie ist der Produktionsort von Bildern über die Beziehungen zwischen Mann und Frau. Die Galerie kann ein Ort der

Dieter Appelt
Deutschland,
geb. 1935

Die Befreiung der Finger, 1979

Silbergelatine-Abzug
MUSEUMSANKAUF, FORD MOTOR COMPANY FUND
85:0675:0006

Befragung eben dieser Bilder sein. Die Bilder, die der Geschichte der Kunst, des Kinos und der Photographie angehören, werden wie Fliegen in Bernstein gefangen, in Bedeutungen, die ihnen durch die institutionalisierte Form des Diskurses verliehen werden: Kunstgeschichte, Photographiegeschichte und Kunstkritik. Wir können zu diesen Bildern zurückkehren und sie wieder öffnen, wir können den ›Fall wieder aufrollen‹.«

»Zeit sichtbar machen, um sie zu verstehen«, ist das Anliegen der photographischen Arbeit des deutschen Künstlers Dieter Appelt. *Die Befreiung der Finger* stammt aus der Serie *Erinnerungsspur*. »Ein Schnappschuß stiehlt Leben, das er nicht zurückbringen kann. Eine lange Belichtung [schafft] eine Form, die nie existierte«, schrieb Appelt; seine Bilder sind überlagerte Fragmente aus Tausenden von Belichtungen mit einer manuellen Zeitrafferkamera, deren Aufnahme mehrere Stunden dauert. So wird deutlich, daß Photographie nicht nur eine Momentaufnahme ist, die im Bruchteil einer Sekunde entsteht, sondern auch Dauer in einem einzigen Ausschnitt zeigen kann.

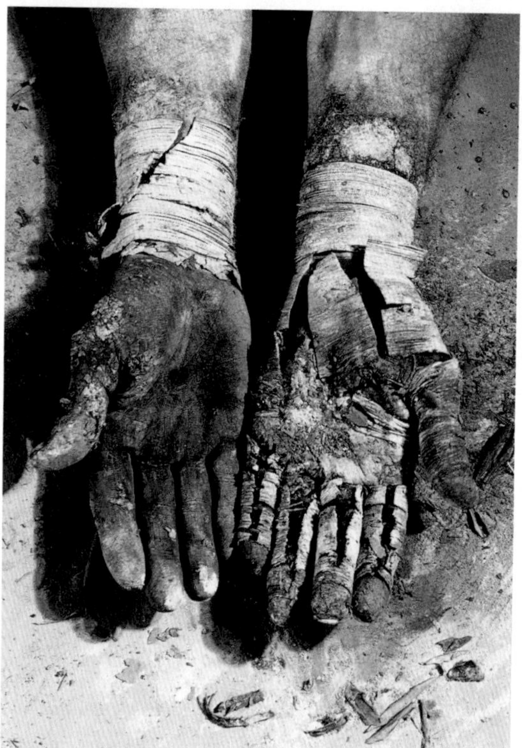

Der japanische Photograph Hiromi Tsuchida ist eine Generation jünger als Eikoh Hosoe. Seine Serie *Hiroshima* dokumentiert die gefundenen Objekte nach dem Abwurf der Atombombe durch die Vereinigten Staaten 1945. Tsuchida begann 1975, »Hibakusha«, die Überlebenden von Hiroshima zu interviewen und zu photographieren; 1978 und 1979 dokumentierte er die zerstörte Landschaft in einem Umkreis von drei Kilometern von der Abwurfstelle, und 1980 photographierte er die Dokumente im Peace Memorial Museum von Hiroshima. Die Aufnahme *Lunch Box* stammt aus dieser letzten Arbeitsphase. Die emotionale Wirkung des deformierten Objekts, kündet von den grausamen Qualen der Atombombenopfer.

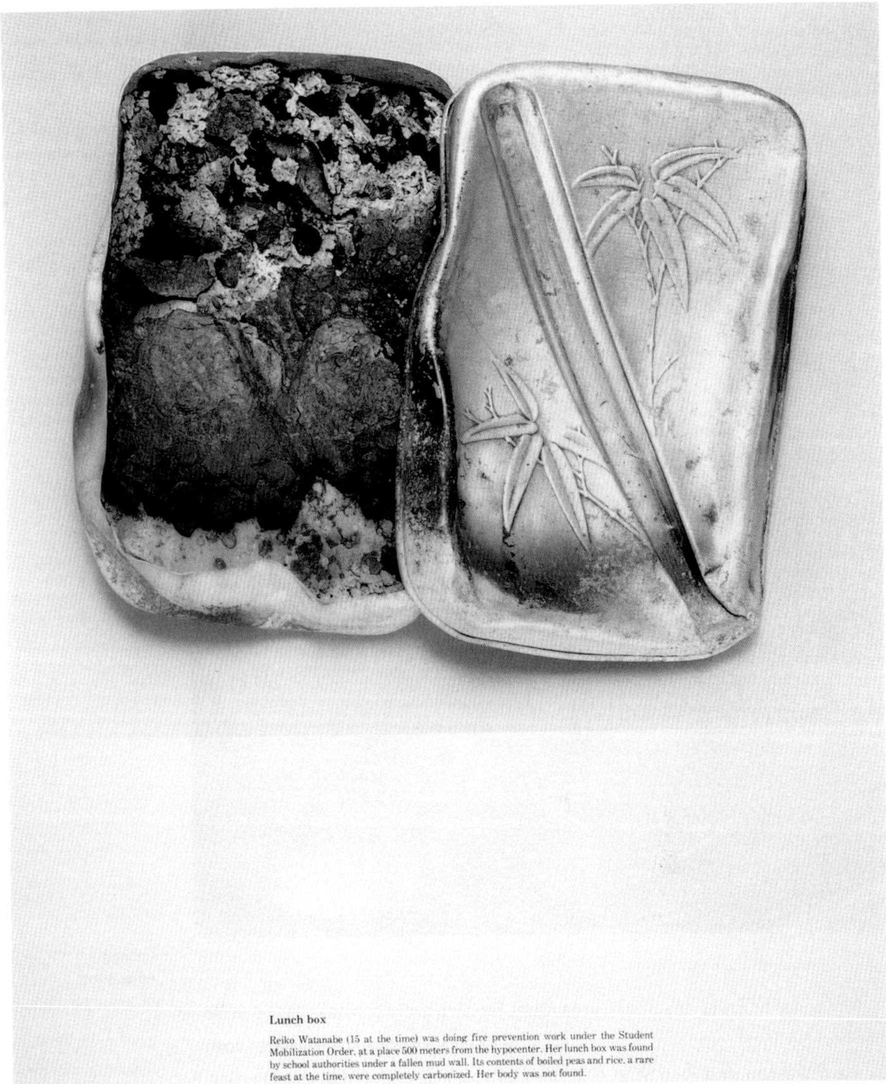

Hiromi Tsuchida
Japan, geb. 1939

Lunch Box (Butterbrot-Dose), 1982

Silbergelatine-Abzug
SCHENKUNG THE PHOTOGRAPHER
90:0700:0005

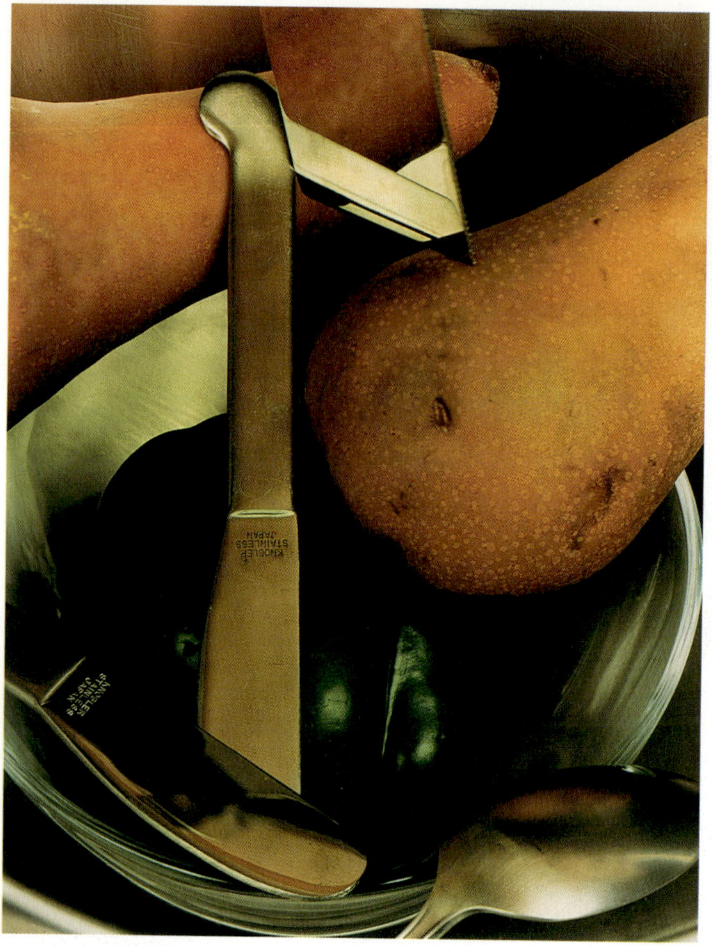

Jan Groover
Amerika, geb. 1943

Ohne Titel, Nr. 78.4, 1978

Farbabzug, chromogenes Entwicklungsverfahren (Ektacolor)
MUSEUMSANKAUF, MARGARET T. MORRIS FOUNDATION FUND, IN ERINNERUNG DR. WESLEY T. »BUNNY« HANSEN, MIT NATIONAL ENDOWMENT FOR THE ARTS FUNDS
89:0355:0001

Am anderen Ende des Spektrums steht Jan Groovers formalistische Stillebenkomposition, eine Aktualisierung der frühen formalistischen Bilder von Edward Weston und Paul Strand. Indem Groover den Maßstab der Objekte verzerrt und ihre Funktion ignoriert, erfindet er mit intensiven Farben, welche die Realität der photographierten Gegenstände erhöhen, diese vertrauten Formen neu.

Als Bewunderin der Arbeit von John Baldessari, konzipiert Anne Turyn ihre Bilder wie eine Geschichtenerzählerin. Die Aufnahme *Ohne Titel* aus der

(rechts)
Anne Turyn
Amerika, geb. 1954

Ohne Titel, 1984

Farbabzug, chromogenes Entwicklungsverfahren (Ektacolor)
SCHENKUNG THE PHOTOGRAPHER
89:1119:0003

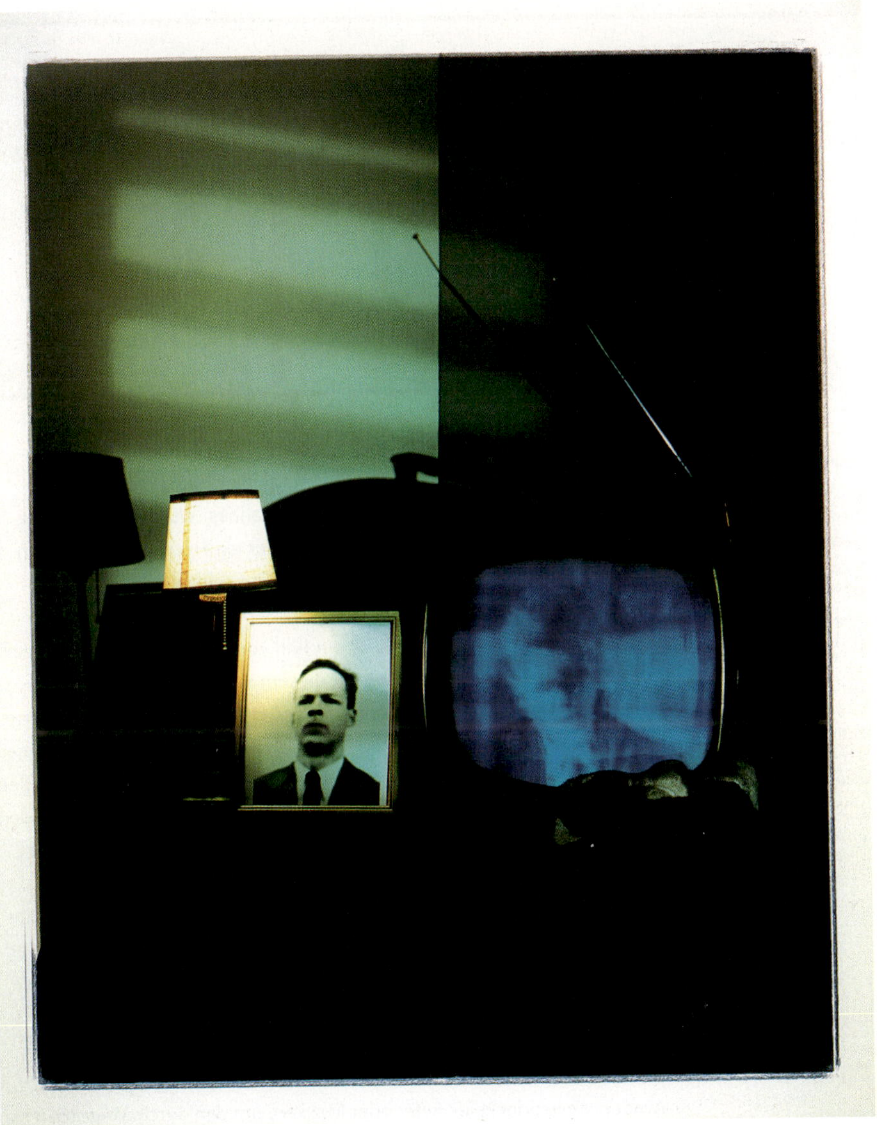

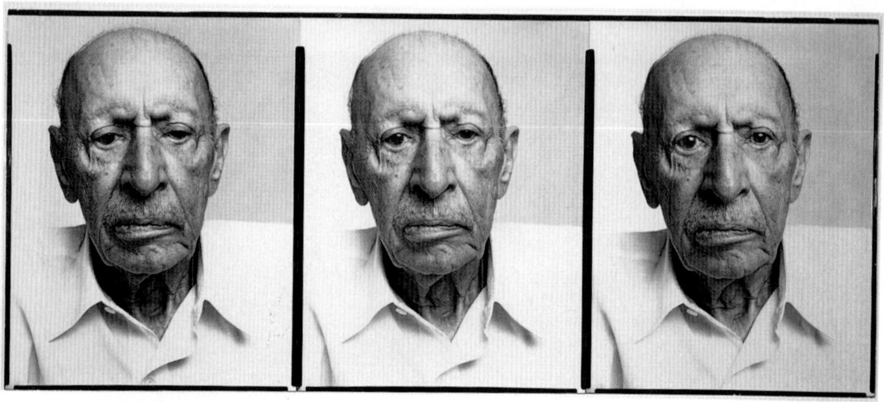

Richard Avedon
Amerika, geb. 1923

Igor Stravinsky, Composer (Igor Strawinsky, Komponist), New York City, November 2, 1969

Silbergelatine-Abzug (Triptychon)
MUSEUMSANKAUF MIT UNTERSTÜTZUNG NATIONAL ENDOWMENT FOR THE ARTS
76:0046:0001

Serie *Illustrated Memories* (Seite 711) zeigt einen Schreibtisch, das geisterhafte Bild auf dem Bildschirm eines abgeschalteten Fernsehers sowie die gerahmte Photographie eines unbekannten Mannes. Wurde die Photographie zurückgelassen? Ist es eine Wohnung oder ein Hotelzimmer? Indem sie Abwesenheit photographiert und eine Fiktion schafft, stellt Turyn provozierend nicht zu beantwortende Fragen.

»Ein photographisches Portrait ist ein Bild von jemandem, der weiß, daß er photographiert wird, und was er mit diesem Wissen macht, ist ebenso ein Teil der Photographie wie das, was er trägt oder wie er aussieht. Er ist eingeschlossen in das, was passiert ist, und er hat eine gewisse reale Macht über das Ergebnis«, schrieb Richard Avedon. Die Portraits von Avedon sind offen, direkt und zwingend in der physischen Information, die sie über das Modell enthüllen. Im Atelier vor einem weißen Hintergrund photographiert, zeigt das Triptychon des Komponisten Igor Strawinski ein verblüffendes Bild des Alters und der körperlichen Akkumulation gelebten Lebens. Die subtile Transformation, die sich von Bild zu Bild vollzieht, deutet das langsame, bewußte Verstreichen der Zeit sowie das Vermögen der Kamera an, evokative, oft flüchtige Nuancen des menschlichen Charakters einzufangen. Avedons Portrait des Pianisten Oscar Levant hingegen ist eine lebendige, kraftvolle Explosion purer Emotion vor dem unbestechlichen Objektiv der Kamera.

Avedon verwendet keine Filter oder Masken, um den durchdringenden Blick der Kamera abzuschwächen. Seine kompromißlosen Portraits bilden sowohl Ähnlichkeit als auch Psychologie ab, aber ihre Spannung liegt darin, zu entdecken, wessen Psychologie offenbart wird – die des Modells, die des Photographen oder die des Betrachters. Darin liegt die Kraft von Avedons

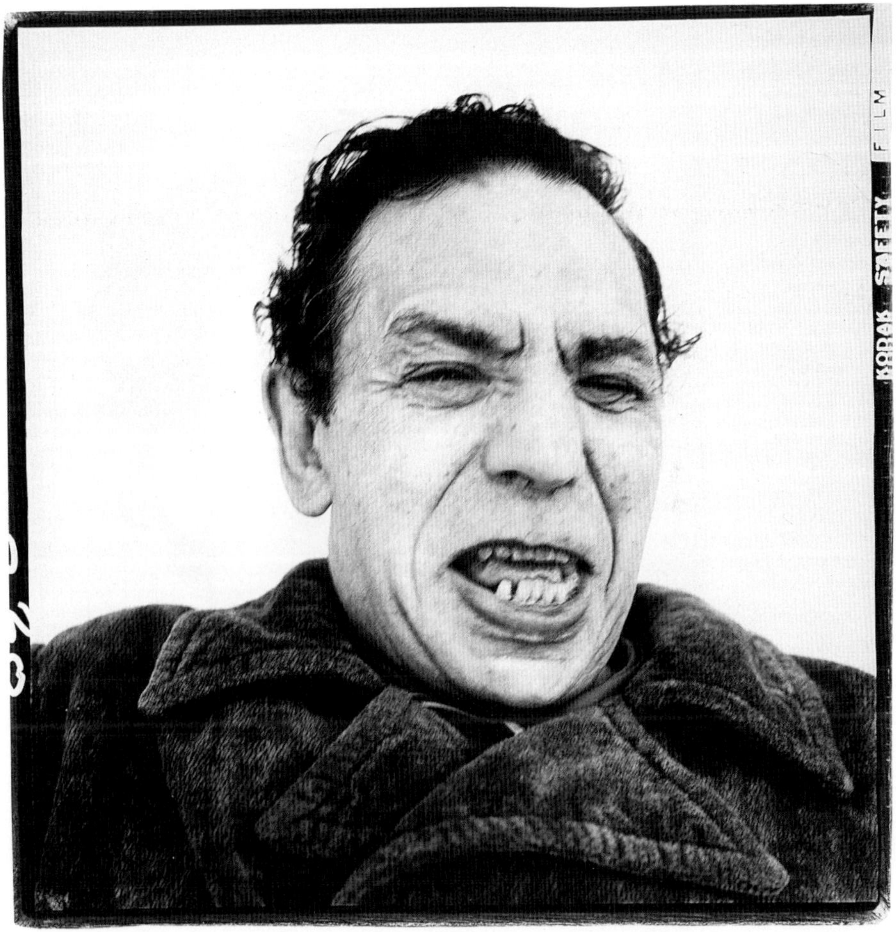

Portraits. Durch die Berühmtheit der Portraitierten und die automatische Vertrautheit, die der Betrachter Avedons Photographien dadurch entgegenbringt, erhalten diese Bilder eine weitere Dimension.

Anders als die in *Galerie Contemporaine* oder Alvin Langdon Coburns Buch *Men of Mark* (siehe Seite 420) portraitierten Persönlichkeiten, werden Berühmtheiten des 20. Jahrhunderts nicht nur deshalb photographiert und gesammelt, weil sie bewundert werden, sondern auch, weil die Öffentlichkeit etwas von einer Person zu sehen verlangt, was diese dem Betrachter nicht unbedingt zeigen will.

Richard Avedon

Oscar Levant, Pianist, Beverly Hills, California, April 9, 1972

Silbergelatine-Abzug

SCHENKUNG THE PHOTOGRAPHER

76:0047:0002

Chuck Close
Amerika, geb. 1940

Working Photograph for Phil (Arbeitsphotographie für Phil), 1969

Kolorierter Silbergelatine-Abzug mit Maskenklebstreifen

MUSEUMSANKAUF, LILA ACHESON WALLACE FUND
85:1376:0001

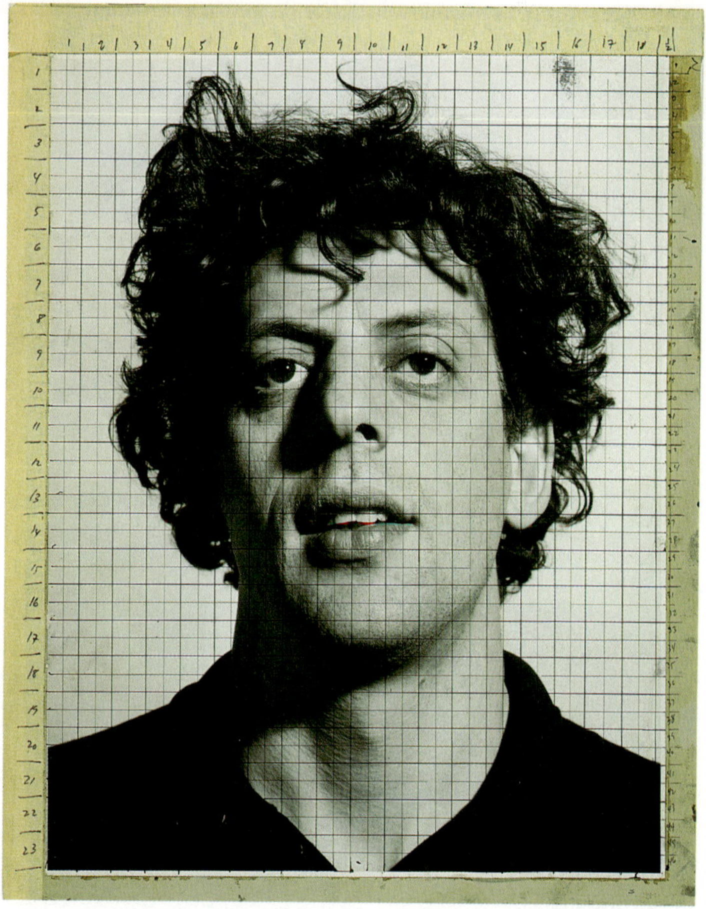

Avedons Portraits hatten starken Einfluß auf den jüngeren Künstler Chuck Close, der ähnliche großformatige Aufnahmen mit der gleichen Detailgenauigkeit macht wie Avedon und, wie dieser, seine Modelle vor einem weißen Hintergrund isoliert. *Working Photograph for Phil* ist eine Photographie für den Komponisten Philip Glass. Entgegen der Konvention präsentiert Close das Portrait mit einem Raster überzogen, statt als vermeintlich vollendete Arbeit und unterstreicht damit, wie ein Portrait in konsumierbare und verständliche Einzelteile aufgespalten und zerlegt wird. Indem er bewußt ein Bild, das normalerweise als vorbereitende Studie betrachtet würde, als fertige Arbeit präsentiert, weist Close den Betrachter darauf hin, daß er einem

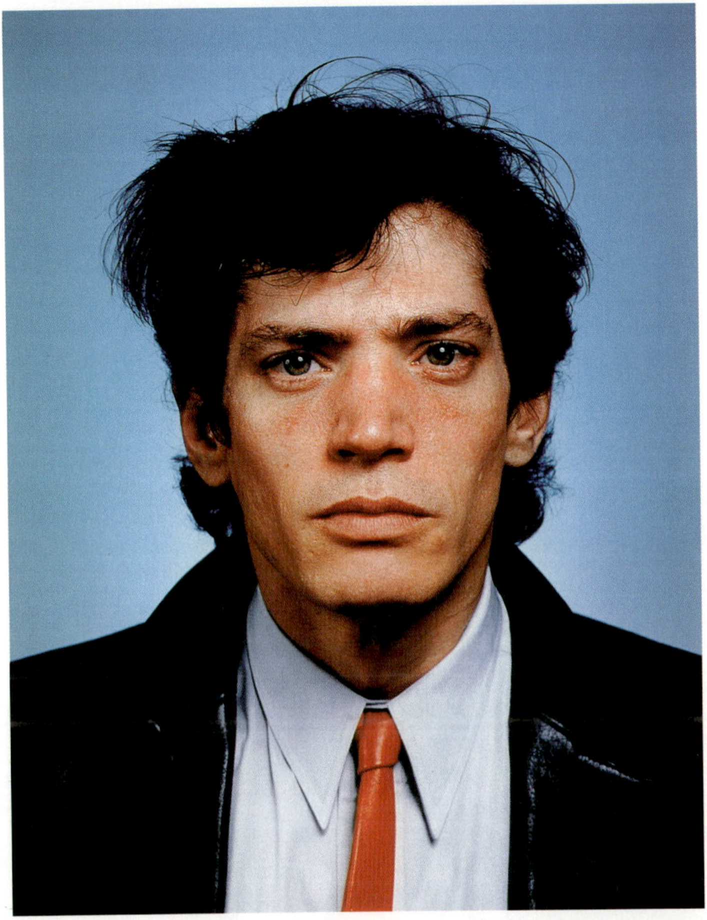

Neil Winokur
Amerika, geb. 1945

Robert Mapplethorpe, 1982

Farbabzug, chromogenes Entwicklungsverfahren (Ektacolor)
SCHENKUNG THE PHOTOGRAPHER
83:2325:0002

Portrait kein vollständiges Bild, sondern viele kleinere Teile entnimmt, die er selbst und nicht der Photograph zu einem Ganzen zusammensetzt.

Neil Winokurs offenes, lebensgroßes, als Brustbild aufgenommenes Farbportrait des Photographen Robert Mapplethorpe bezieht seine Kraft und Resonanz zum Teil aus Mapplethorpes Bekanntheit und dessen konstruierter photographischer Persona. Sich selbst außerhalb des künstlerischen Kanons ansiedelnd, sagt Winokur: »Zwischen erkennungsdienstlichen Photos, polizeilichen Fahndungsphotos und meinen eigenen Photos gibt es keinen Unterschied. Es geht grundsätzlich darum, wie die Person aussieht. Ich erzähle nichts über sie. Man kann sich seine eigene Geschichte über diese

Robert Mapplethorpe
Amerika, 1946–1989

Ajitto, 1981

Silbergelatine-Abzug
MUSEUMSANKAUF, INTREPID FUND
83:2336:0001

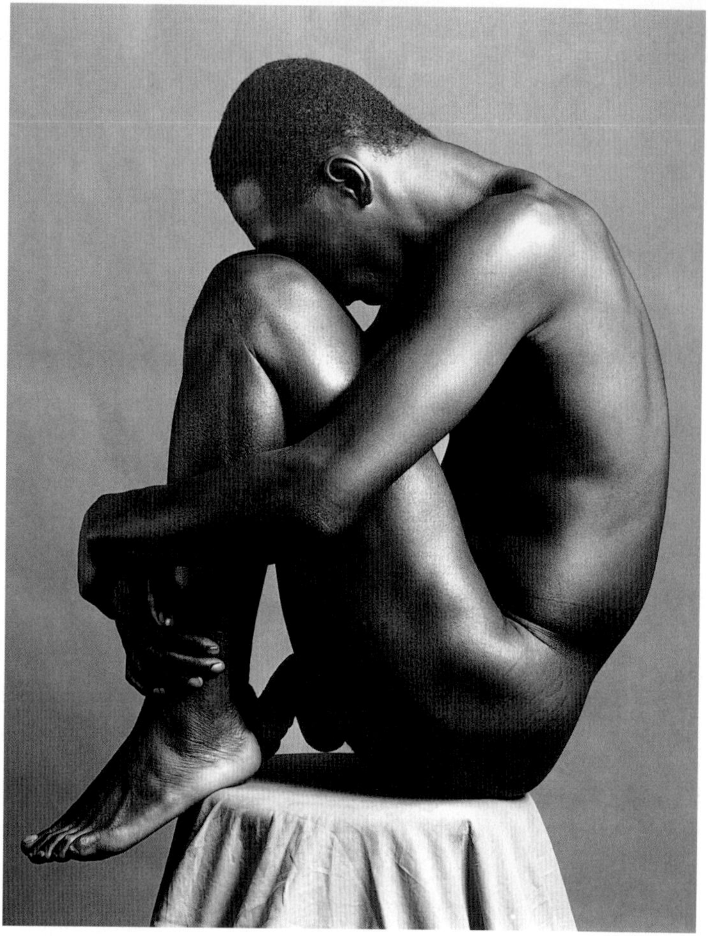

Person ausdenken, denn das ist die einzige Information, die man wirklich hat.« Winokur versorgt den Betrachter mit der notwendigen visuellen Information und überläßt es ihm dann selbst, eine persönliche Bedeutung herzustellen.

Robert Mapplethorpes eigene Photographien hingegen sind oft mit dem sachlichen Formalismus der Bilder von Edward Weston verglichen worden. Seine vorrangigen Sujets sind Blumen und der menschliche Körper. Das Diptychon von Ajitto, der wie eine Ebenholzskulptur auf einem verhüllten Sockel sitzt, erklärt diese männliche Figur sowohl durch die Pose als auch

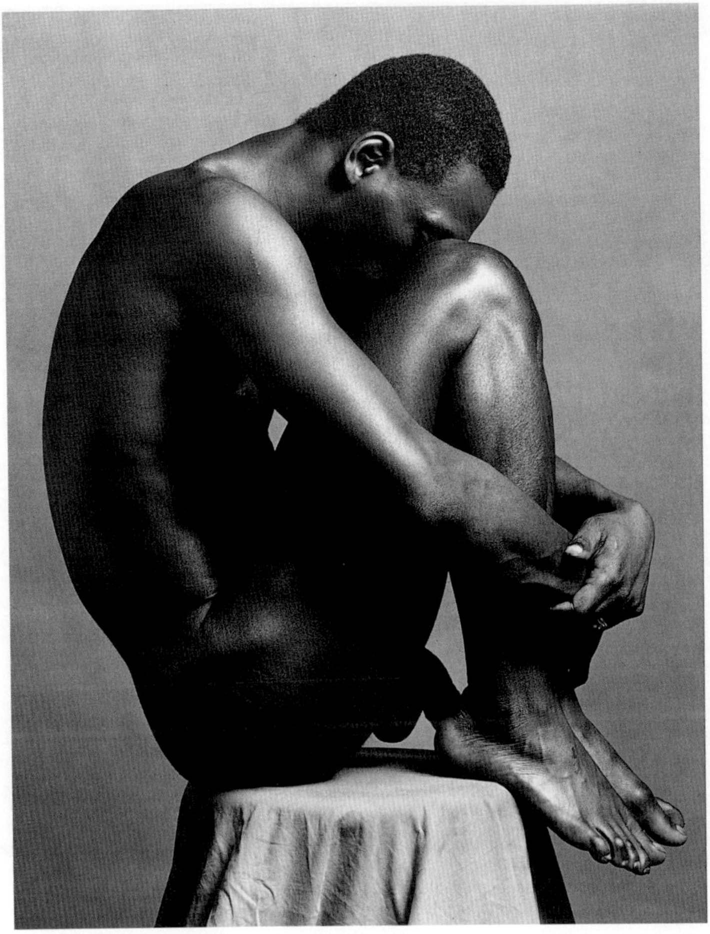

Robert Mapplethorpe

Ajitto, 1981

Silbergelatine-Abzug
MUSEUMSANKAUF, INTREPID FUND
83:2336:0002

durch diese Art eines photographischen »Schreins« zu einem Kunstwerk. Mapplethorpe aktualisiert das Genre der Aktstudie durch die Verwendung eines schwarzen männlichen Körpers, ein Sujet, das im Laufe der Geschichte der Photographie selten zu sehen war und noch seltener zelebriert wurde. Ajittos Pose erinnert an die Aktstudien von F. Holland Day; hier wird die Individualität des Modells durch den Spiegeleffekt des Diptychons vermindert und seine Rolle als ikonographischer Typ hervorgehoben. Zudem verwandelt die bewußte Einbeziehung der Genitalien des schwarzen Mannes Mapplethorpes Arbeit von Klassizismus in Fetischismus und bewegt sich auf dem

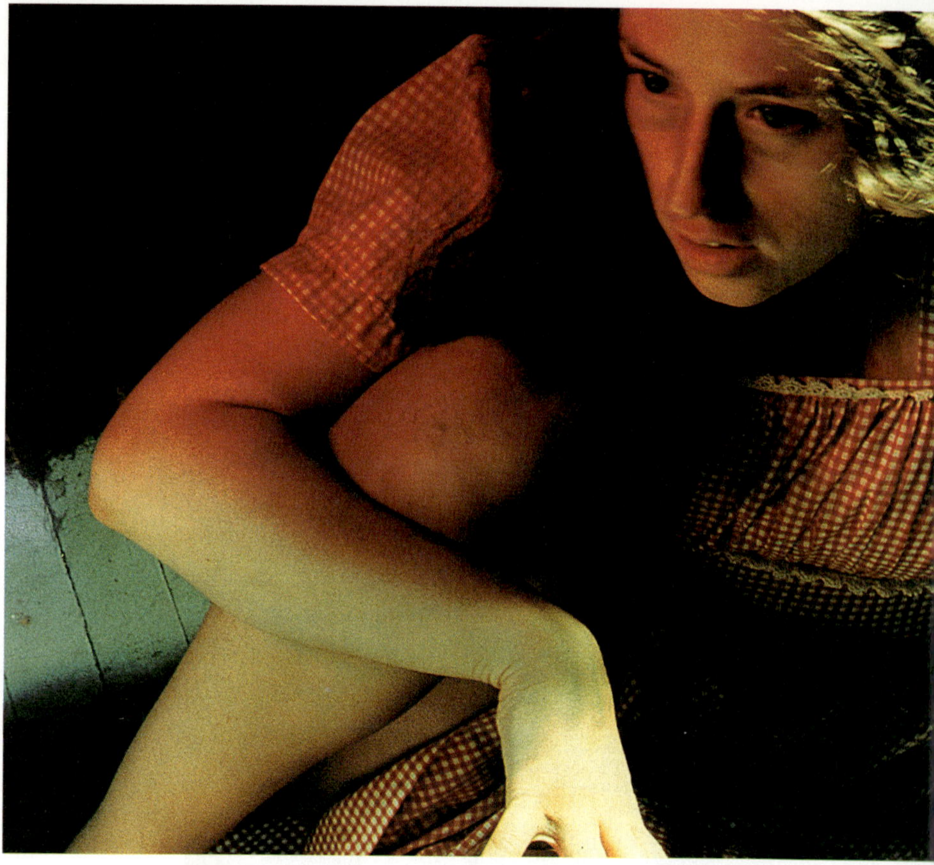

schmalen Grat zwischen Zelebrierung und Ausbeutung. Angesichts der Klischeevorstellung, Schwarze seien sexuell hyperaktiv, steckt Mapplethorpes Bild voller kultureller und persönlicher Assoziationen.

»Ralph Eugene Meatyard war einer der wenigen Photographen, die irgendeinen Einfluß auf meine ›photographischen‹ Wurzeln hatten. ... Ich glaubte an seine bizarre, fiktive Welt«, schrieb Cindy Sherman. Mit ihren fortgesetzten Untersuchungen, für die sie ihren eigenen Körper als Katalysator verwendete, wurde Sherman zu einer der bedeutendsten Künstlerinnen der 1980er Jahre; ihre inszenierten Erzählungen zeigen jedoch auch Ähnlichkeiten mit den fiktiven Geschichten, die Les Krims für die Kamera konstruierte. Wie Baldessari sieht sich auch Sherman nicht als Photograp-

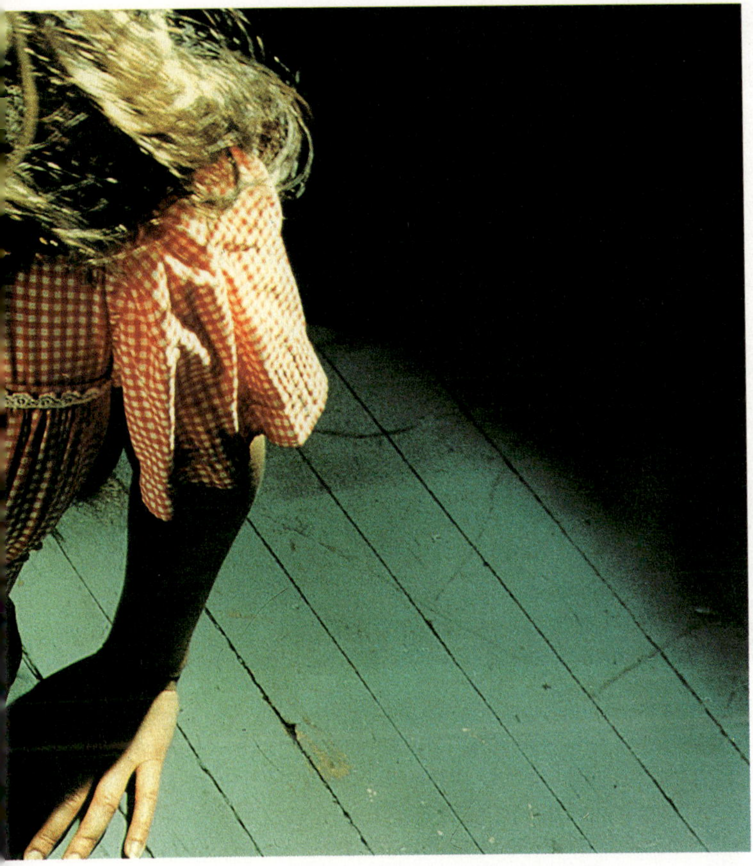

Cindy Sherman
Amerika, geb. 1954

Ohne Titel Nr. 85, 1981

Farbabzug, chromogenes Entwicklungsverfahren (Ektacolor)
MUSEUMSANKAUF, L. A.W. FUND
83:1576:0001

hin, sondern als Künstlerin, die mit Photographien arbeitet. In einer frühen, unbetitelten Arbeit sieht man sie auf einem Küchenboden sitzen; ihr kariertes Kittelkleid erinnert an die kleinstädtische Unschuld der Dorothy aus dem Film *The Wizard of Oz*, aber in ihrem Gesichtsausdruck erkennt man nacktes Entsetzen. Das Bild illustriert keine konkrete Geschichte, sondern verläßt sich auf die kulturelle Bildung des Betrachters, um die Erzählung zu liefern. Ihre Haltung, ihr Ausdruck und ihr Kostüm sind codiert und wiedererkennbar: Die Implikation von Bedrohung und die Verwundbarkeit der Frau sind offensichtlich und zu einem überhöhten Melodrama komprimiert.

Nan Goldins *Ballad of Sexual Dependency*, ein Projekt, das sie als ihr »öffentliches Tagebuch« bezeichnete, dokumentiert das intime Privatleben

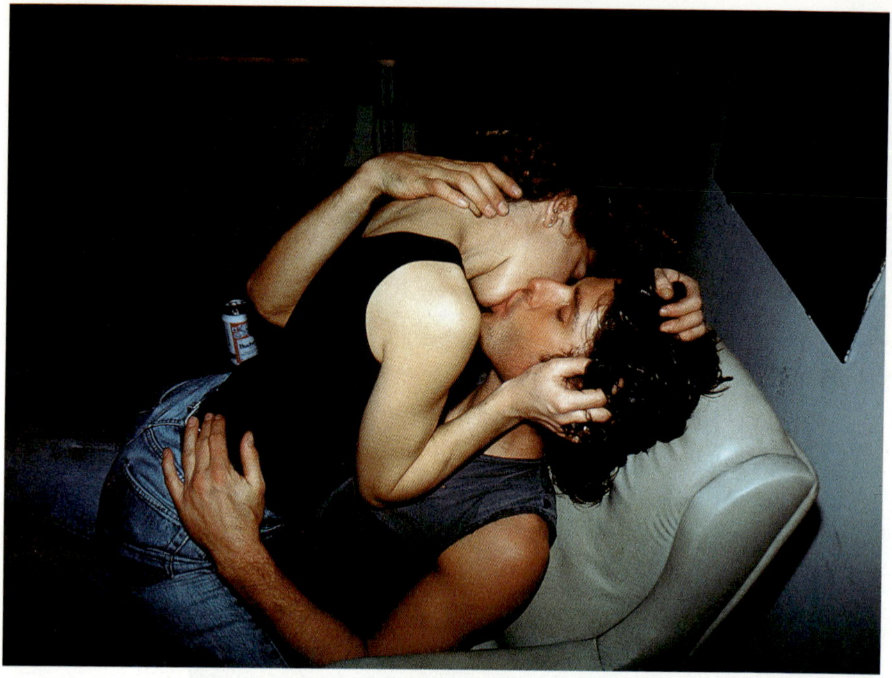

Nan Goldin
Amerika, geb. 1953

Rise and Monty on the Lounge Chair (Rise und Monty auf dem Sessel), N. Y. C., 1988

Farbabzug, Silberfarbbleichverfahren (Cibachrome)
MUSEUMSANKAUF, CHARINA FOUNDATION FUND
88:0615:0002

der Photographin und ihrer Freunde. *Rise and Monty on the Lounge Chair, N. Y. C.* macht das Private öffentlich. Die völlige Nichtbeachtung der Präsenz der Kamera weist darauf hin, wie sehr sie zu ihrem Leben gehört; die Personen scheinen weder zu bemerken noch sich daran zu stören, daß ein Zuschauer durch eine Freundin hinzugebeten wurde. Goldins Bilder bestechen durch ihre Aufrichtigkeit; sie vermitteln Einblicke in ihre Welt und die ihrer Freunde, die universell verständlich sind. Wie Larry Clark definiert auch Nan Goldin ihr Leben als Kunst durch den Akt des Photographierens. »Ich hoffe, sie transzendiert die spezifische Welt, in der sie entstanden ist und bezieht sich auf das Wesen der Beziehungen zwischen Männern und Frauen«, schrieb Goldin über *Ballad of Sexual Dependency*, eine Arbeit, die in ihren verschiedenen Präsentationen Standphotos, Diashows und Soundtracks umfaßte.

Lorna Simpsons kühl distanziertes und bewußt unpersönliches Bild *Counting* verweist auf afro-amerikanische Geschichte und das Vermächtnis der Sklavenarbeit sowie den Tribut, den beide von dem weiblichen schwarzen Körper fordern. Zeitabschnitte, die an Arbeitsschichten erinnern, sind

Lorna Simpson
Amerika, geb. 1960

Counting (Zählen), 1991

Photogravüre mit Siebdruck
MUSEUMSANKAUF
95:2875:0001

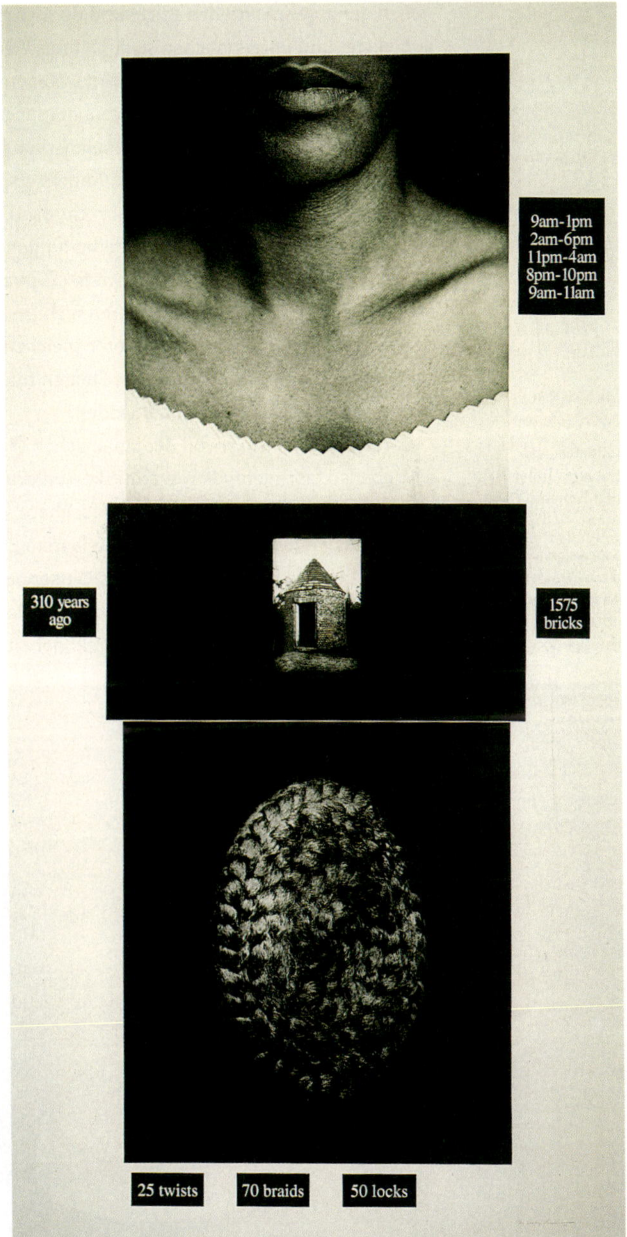

neben der abgeschnittenen Büste und dem stummen Mund einer Frau aufgelistet und unterstreichen sowohl ihren Wert als Arbeiterin (wieviel sie »zählt«) als auch ihre fehlende Stimme. Neben einer Aufstellung der persönlichen und ökonomischen Arbeitsmaterialien und einer Chronologie der Sklaverei sieht man das Bild eines Räucherhauses und eines sorgfältig aufgerollten, geflochtenen Haarzopfes. Anders als gewöhnliche Bildunterschriften dienen die Worte in »Counting« nicht dazu, die Photographien zu definieren, sondern sie tragen Doppelbedeutungen, die sich auf die dargestellten Objekte beziehen. »Twists« (Spiralen), »Locks« (Locken) und »Bricks« (Ziegelsteine) repräsentieren nicht nur die physischen Objekte in den Photographien, sondern evozieren gleichzeitig die Hindernisse, auf die schwarze Frauen in den Vereinigten Staaten traditionell stoßen, sowie die Stärke, der es bedarf, sie zu überwinden.

Cuttlefish and Sneaker von der japanischen Photographin Michiko Kon ist eine ebenso faszinierende wie groteske Konstruktion. Der Turnschuh besteht nicht aus Leinen, sondern aus Fischhaut, und die Schuhbänder sind Arme eines Tintenfisches. Der unmittelbarste Bezug in der Kunstgeschichte ist die Arbeit des italienischen Malers Giuseppe Arcimboldo, der im 18. Jahrhundert Portraits aus Früchten, Gemüse und Teilen von Tieren komponierte. Kons Atelier in Tokyo befindet sich direkt neben dem Fischmarkt; sie hat die

Michiko Kon
Japan, geb. 1955

Cuttlefish and Sneaker (Tintenfisch und Turnschuh), 1990

Silbergelatine-Abzug
MUSEUMSANKAUF, FORD MOTOR COMPANY FUND
92:0386:0003

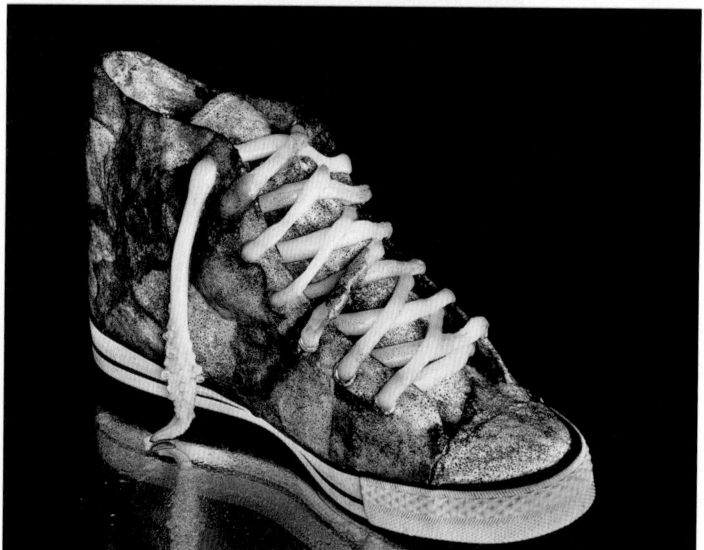

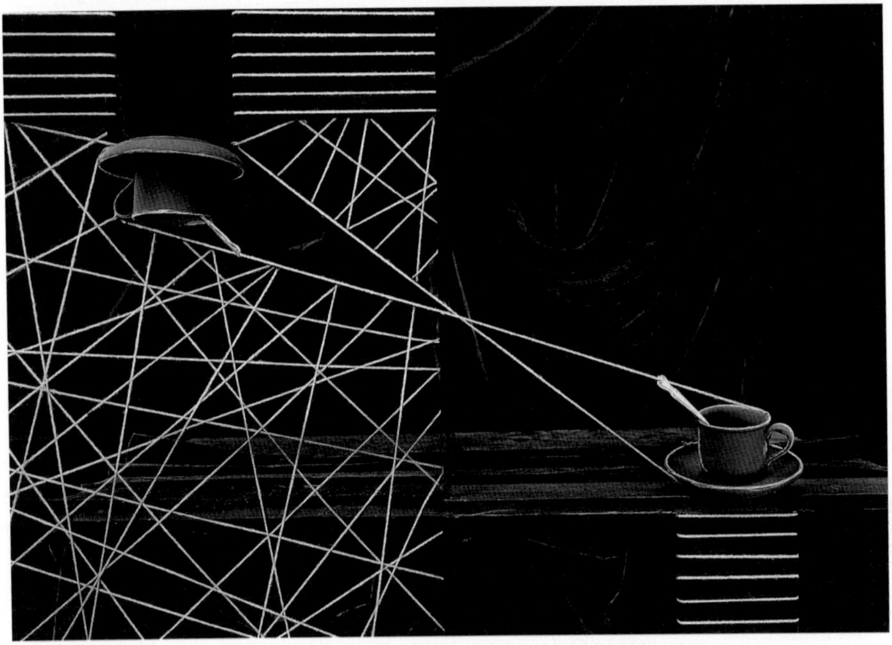

Fischhaut sorgfältig über die Grundform des hochgeschlossenen Turnschuhs gespannt. Die Photographie bildet die Grundlage für die Bedeutung des Objekts; sie ist Beweis seiner befremdlichen Realität. Kons Bilder fordern zum genauen Hinsehen auf, sie markieren den Unterschied zwischen dem, was man sieht und was man zu sehen glaubt – ihre Krux ist der hartnäckige Glaube an die Authentizität von Photographien. Während man Photographien visuell wahrnimmt, erfährt man frischen Fisch hauptsächlich durch Fühlen und Riechen; so fordert das photographische Abbild diese Sinne stark heraus, stellt uns vor Frage, wie wir die Welt erleben – durch tatsächliche Begegnung mit ihr oder durch Erinnerungen an sie? »Ich möchte mich selbst ausdrücken und sensibel bleiben, indem ich alle Sinne benutze – Schmecken, Fühlen, Hören, Sehen und Riechen«, sagt Kon, ohne irgend einen dieser Sinne zu bevorzugen.

Zeke Berman hingegen ist in erster Linie daran »interessiert, wie wir sehen, wie wir die Welt mit unseren Augen erfassen. Am Anfang habe ich Skulpturen gemacht, aber dann wollte ich sehen, was passiert, wenn ich die Kamera zwischen mir und dem, was ich tue, plaziere. Das Ergebnis ist eine Art Distanzierung, die eine physische Konstruktion in eine optische verwan-

Zeke Berman
Amerika, geb. 1951

Inversion, 1991

Silbergelatine-Abzug
MUSEUMSANKAUF, CHARINA FOUNDATION FUND
92:1039:0001

delt.« Optik und Wahrnehmung sind die Werkzeuge Bermans: »Man hat ein Objekt, nimmt eine Linse und macht ein Bild. Dies ist ein naheliegendes und wirksames Schema für einen Vorgang, mit dem man Bilder erzeugt.« Auch Berman interessiert sich für die Beziehung zwischen Blick und Wissen, dafür, wie Photographie den Akt des Sehens beeinflußt. *Inversion* (Seite 723) stellt das Bild einer einfachen Tasse sprichwörtlich auf den Kopf.

Suzanne Bloom und Ed Hill begannen ihre Zusammenarbeit 1974 als MANUAL. Für *Lore/Lure* verwendeten sie ein Reklamephoto aus *LIFE* aus den 1940er Jahren, um mittels eines Wortspiels Konsumismus und geschlechtsspezifisches Marketing zu kommentieren. Werbung lockt (to lure) den Konsumenten, während das, was verkauft wird, Märchen (lores), Klatschgeschichten oder Lügen sind. Durch die Verdopplung des Bildes wird die Frau vergrößert, aber die unscharfen Computerpixel »verwischen« ihre Identität. Der digitale Umriß eines Modellheims ohne Fenster und Türen impliziert, daß es keinen Ausweg aus dieser speziellen häuslichen Falle gibt.

Auch Barbara Kruger verwendet für ihre Arbeit *Ohne Titel* ein Archivbild; es zeigt eine männliche Hand, die einen Ehering an den Finger einer Frau steckt, und darüber den Text »You are a captive audience« (Sie sind ein unfreiwilliges Publikum) als Kritik an der bedingungslosen Akzeptanz der patriarchalischen Ordnung, besonders, wenn sie Juwelen verspricht. Das Arm-

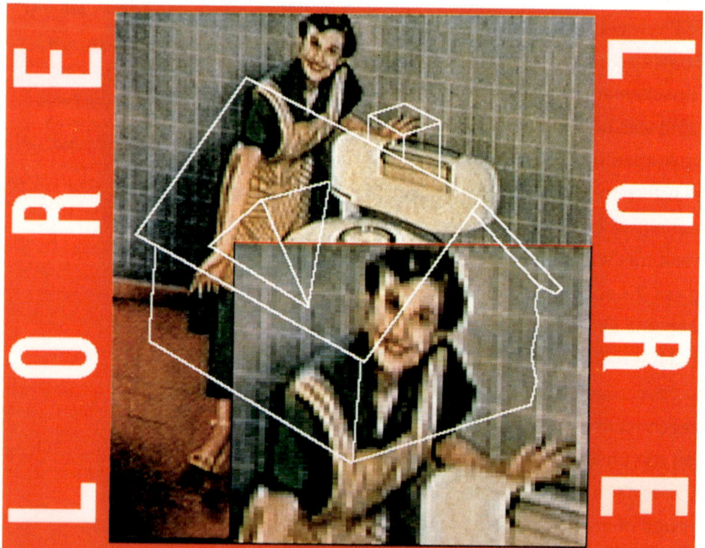

MANUAL (Suzanne Bloom & Ed Hill)
Amerika, geb. 1943 & Amerika, geb. 1935

Lore/Lure, 1987

Farbabzug, chromogenes Entwicklungsverfahren (Ektacolor)
MUSEUMSANKAUF, CHARINA FOUNDATION FUND
88:0264:0003

Barbara Kruger
Amerika, geb. 1945

Ohne Titel, 1992

Photo-Siebdruck
MUSEUMSANKAUF, CHARINA FOUNDATION PURCHASE FUND
92:0379:0001

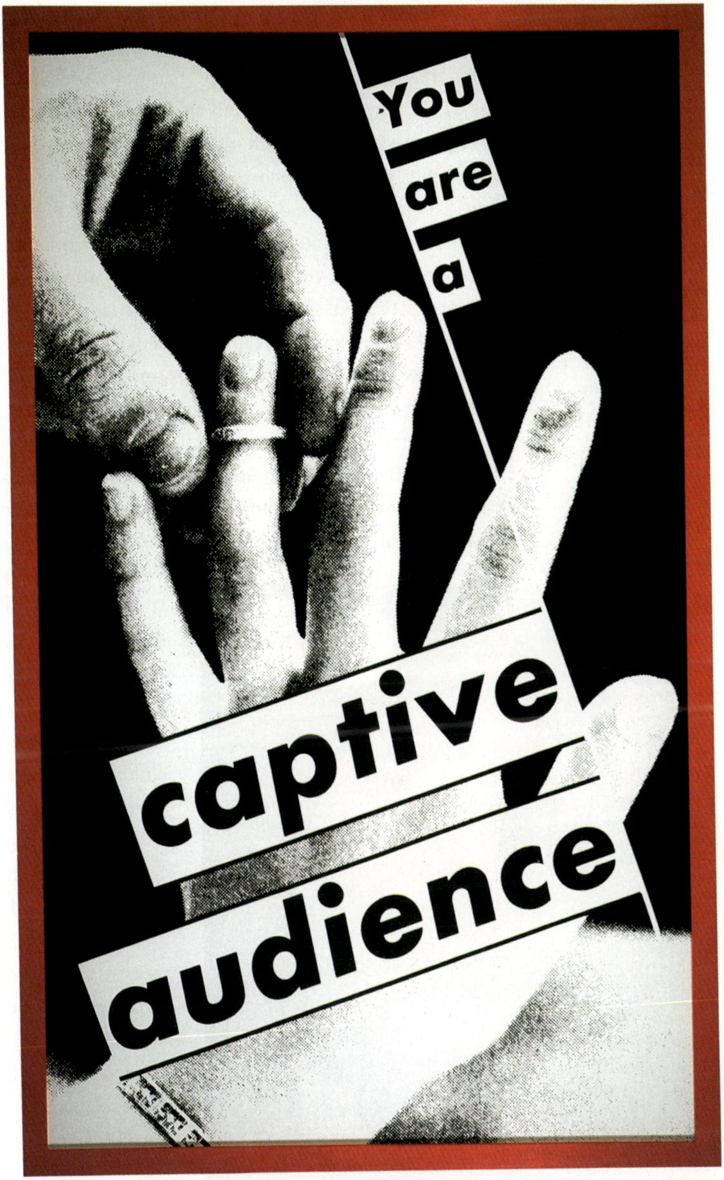

(rechts)
Bill Jacobson
Amerika, geb. 1955

Songs of Sentient Beings, # 1530, 1995

Silbergelatine-Abzug
MUSEUMSANKAUF, CHARINA FOUNDATION PURCHASE FUND
97:0643:0001

Joyce Neimanas
Amerika, geb. 1944

Face Lift, 1993

Computergenerierter Farb-Ink-Jet (Iris)-Druck
MUSEUMSANKAUF, WARREN AND MARGOT COVILLE FUND
93:1506:0003

band der Frau deutet darauf hin, daß sie bereits umworben wurde, der Ring ist der Zuckerguß auf der Hochzeitstorte. Krugers Text klagt auch den Betrachter an, der sich in die Geschichte einkauft, um herauszufinden, was als nächstes passiert. Ihr Hintergrund als Redakteurin bei Modemagazinen wird an Design und Layout deutlich, daran, wie wirkungsvoll die Kombination aus einfacher, starker Graphik und fett gedrucktem Text eine Botschaft übermittelt. Krugers Arbeiten, die an Rodtschenko und Heartfield erinnern, sind feministische, postmoderne Propaganda, die auf kulturelle Ikonen abzielt.

Joyce Neimanas ist eine Mixed Media-Künstlerin und ehemalige Studentin des Art Institute of Chicago, wo sie heute lehrt. In *Face Lift* aus der Serie *Legends of the Powerless*, hat Neimanas Bilder von Frauen aus verschiedenen Epochen übereinandergelegt und mit einem rechteckigen Spiegel oder einem ovalen Portraitrahmen versehen. Der Text, den das Bild »spricht« ist zum Teil einem Dialog aus dem Film *Taxi Driver* entlehnt, in dem der Protagonist, Travis Bickle, vor dem Spiegel seinen berühmten, aus einem Satz bestehenden Monolog führt, immer wieder »You talkin' to me?« sagt und dabei immer aufgewühlter, aggressiver und gefährlicher wird. Die hier in der Vergangenheitsform erscheinenden Worte suggerieren durch die Frau, die sich selbst nach ihrem Abbild neu schafft, daß die implizierte Bedrohung nicht mehr existiert.

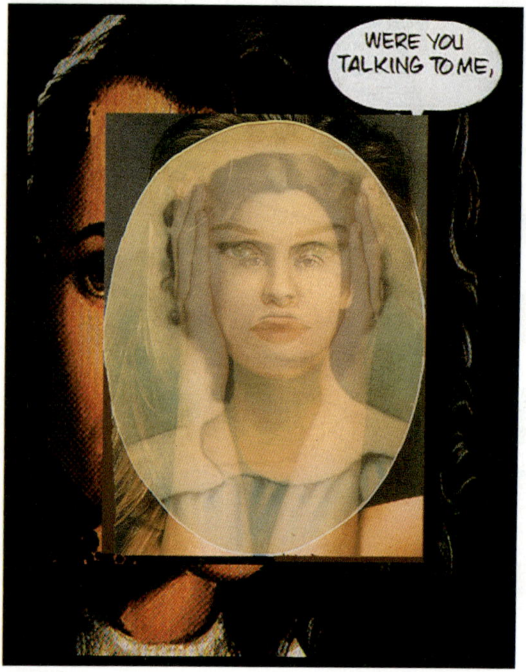

Bill Jacobson beschreibt seine eindringlichen Bilder als »Aussagen über persönliches Verlangen und kollektiven Verlust, ... die sich auf Gefühle im Zusammenhang mit der Zögerlichkeit und Verletzbarkeit im Zeitalter von AIDS stützen. ... Ich möchte schwebende, fragile Objekte schaffen, welche die Gespenster und Geister eines rapide verschwindenden Teils der Bevölkerung heraufbeschwören.« Die malerische Qualität seiner Bilder erinnert an die Piktorialisten zur Jahrhundertwende. *Songs of Sentient Beings, # 1530* zeigt die Rückenansicht eines Man-

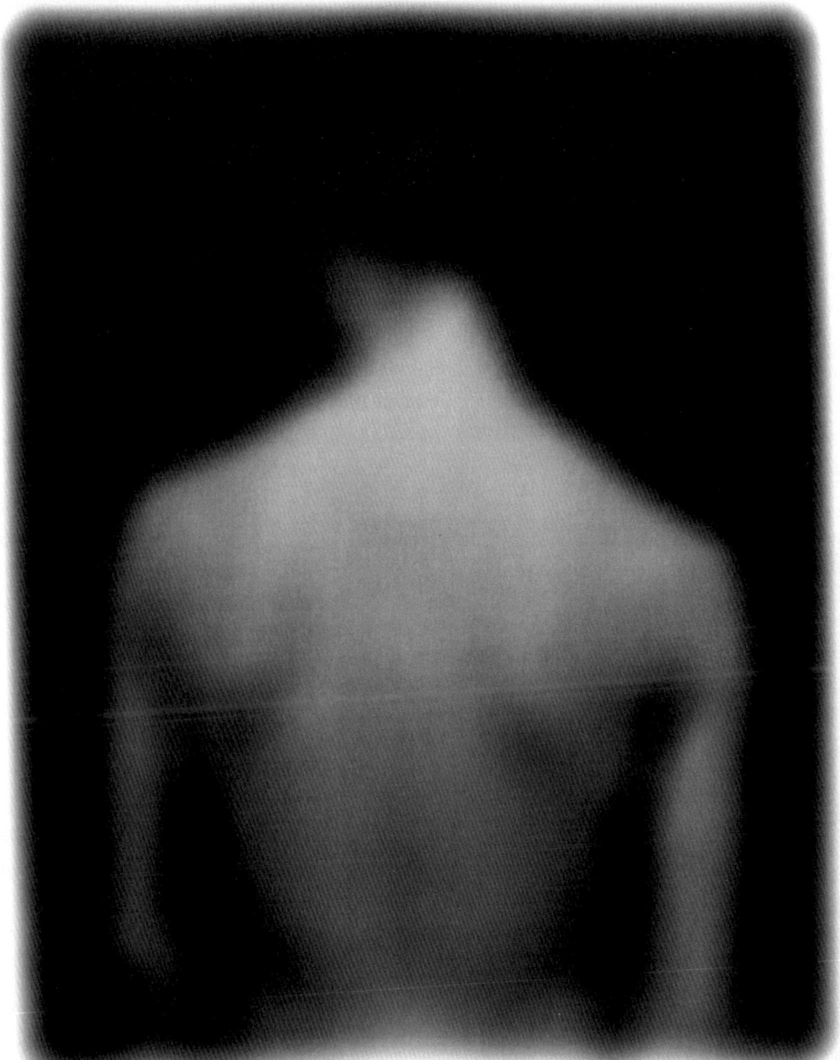

nes, die scheinbar langsam in den Hintergrund sinkt: »Ich glaube, ihre verblaßte Qualität ist eine Reflexion darüber, wie der Geist arbeitet, wie er darum kämpft, Erinnerungen zu bewahren, während sie verblassen«. In ihrer stummen Eloquenz bestätigen Jacobsens Bilder die emotionale Wirkung der Photographie und zeigen was vorher unsichtbar war.

Photographien bestätigen auf viele Arten, wer wir sind; die einfachste besteht darin, unsere Ähnlichkeit darzustellen, sowohl individuell als auch kollektiv. »Wer definiert Schönheit?« fragt Joan Myers. »Ist ›schön‹ Teil der Definition, wer eine Frau ist?« Als sie auf die 50 zuging, sah sich Myers um und fragte sich, wo ihr Abbild sei. Der alternde weibliche Körper wird in der Populärkultur so gut wie nie gezeigt, und einer Gruppe anzugehören, die nie ihresgleichen sieht, ist eine eigentümliche Erfahrung. Anne Noggle und Imogen Cunningham schufen Portraitserien älterer Männer und Frauen. Myers, deren vorherige Arbeit weitgehend aus Landschaften bestand, photographierte in der Serie *Women of a Certain Age* die Frauen nackt, ohne die spezifischen Merkmale von Kultur und Klasse, die Kleidung anhaften. *June* war offensichtlich einverstanden, sich nackt zu zeigen, aber sie bedeckt ihren alternden Körper in einer Geste, die an die persönlichen Schwierigkeiten erinnert, Grenzen zu überschreiten, während sich um ihre Lippen ein herausforderndes Lächeln andeutet. »Ich benutze meine Kamera, um Möglichkeiten zu erforschen, die Botschaften und Geschichten, die im Körper anderer Frauen zum Ausdruck kommen. Ich will nicht definieren, sondern enthüllen«, sagt Myers.

Joan Myers
Amerika, geb. 1944

June, 1993

Platinpalladium-Druck mit Aquarellfarbe
MUSEUMSANKAUF, CHARINA FOUNDATION PURCHASE FUND
94:1231:0005

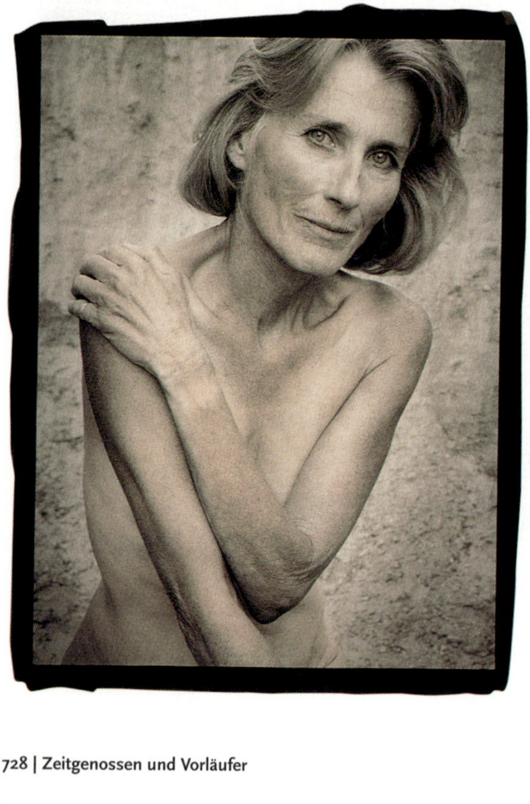

Trotz aller Fortschritte, welche die Photographie seit 1839 gemacht hat, beläßt Abelardo Morell im Zeitalter digitaler und elektronischer Bilder in seinen Arbeiten die Photographie dort, wo sie angefangen hat und macht Aufnahmen mit der Camera obscura. Statt einer Schachtel ver-

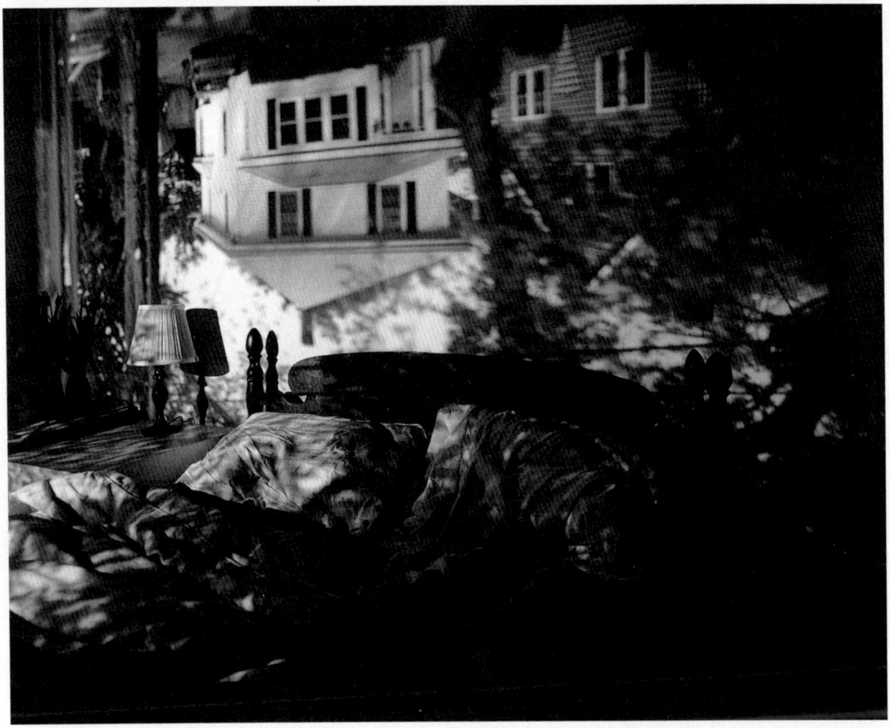

wandelt Morell ganze Räume in Behälter von Licht-Bildern; seine Blende ist eine knapp 1 cm große Öffnung in einem verhängten Fenster. *Camera Obscura* ... zeigt den Prozeß in seiner rudimentärsten Form; in der Projektion der Camera obscura erscheint ein auf dem Kopf stehendes, seitenverkehrtes Bild, das Morell mit einer Großbildkamera auf einem Stativ photographierte; die Belichtung dauerte etwa acht Stunden. »Die einfachen Grundlagen der Photographie können sehr überzeugend und neu sein«, sagte Morell, »warum also nicht Bilder über das Medium selbst machen?«

Ungefähr 160 Jahre später sind Photographen zu den Wurzeln des Mediums zurückgekehrt, haben aber auch seine Möglichkeiten über die kühnsten Träume von Daguerre und Talbot hinaus ausgeweitet. Die Photographie hat sich als das experimentellste, faszinierendste, zugänglichste und komplexeste aller künstlerischen Medien erwiesen. Fünfzig Jahre lang hat das Eastman House die Meisterwerke und die anonymen Juwelen des Mediums gesammelt, ihre Vergangenheit bewahrt und ihre Zukunft gefördert.

Abelardo Morell
Amerika, geb. Kuba, 1948

Camera Obscura Image of Houses across the Street in Our Bedroom (Camera-obscura-Bilder der Häuser auf der unserem Schlafzimmer gegenüberliegenden Straßenseite), 1991

Silbergelatine-Abzug
MUSEUMSANKAUF, FORD MOTOR COMPANY FUND
95:2068:0001

Anhang

Albuminpapierabzug

engl. ***Albumen print*** · *frz.* ***Epreuve à l'albumine***

Im 19. Jahrhundert verbreitetes Verfahren zur Herstellung photographischer Drucke, bei denen das Bild in einer Schicht *auf* der Oberfläche des Papiers liegt und nicht *in* seinen Fasern. Bei diesem Verfahren wird das Papier mit Albumin (Kollodium) überzogen, so daß es eine glänzende, glatte Oberfläche erhält. Anschließend wird es mit saurer Silbernitratlösung sensibilisiert und dann zusammen mit dem Negativ, meist Kollodium auf Glas, belichtet. Albumindrucke werden »auskopiert«, d.h. nur durch Lichteinwirkung auf das sensibilisierte Papier hergestellt, ohne chemischen Entwickler. Dies erfordert sehr lange Belichtungszeiten, und es entstehen Abzüge, die schnell verblassen. Trotz dieser Nachteile wurden direkte Positiv-Verfahren wie das der **Daguerreotypie** und der **Ambrotypie** wegen des Detailreichtums und der Möglichkeit, viele Abzüge von einem einzigen Negativ herzustellen, durch dieses Negativ-Positiv-Verfahren verdrängt. Der von Louis-Desiré Blanquart-Evrard in den 1850er Jahren eingeführte Albumindruck ersetzte den **Salzpapierabzug** als vorherrschende Form der Photographie, wurde aber seinerseits in den 1890er Jahren vom **Silbergelatine-Abzug** abgelöst.

Ambrotypie

engl. ***Ambrotype*** · *frz.* ***Ambrotype***

Verfahren zur Herstellung von photographischen Unikaten auf Glas, die in Schutzetuis, ähnlich denen für **Daguerreotypien** verwendeten, montiert wurden. Bei einer Ambrotypie handelt es sich im Grunde um ein gezielt unterbelichtetes, nach dem **Kollodium-Verfahren**, beschichtetes Glasnegativ, das vor einem dunklen Hintergrund als Positivbild erscheint. Das Verfahren wurde 1854 in den Vereinigten Staaten von Ambrose Cuttin patentiert. Ambrotypien (sowie die eng verwandten **Ferrotypien**) ersetzten die teureren **Daguerreotypien** als bevorzugtes Verfahren für Portraitphotographie. Da sie nicht reflektieren waren sie einfacher zu betrachten als Dagurrotypien. Die Popularität der Ambrotypie war jedoch nur von kurzer Dauer; sie wurde bald durch Negativ-Positiv-Prozesse wie **Albuminpapierabzug** und nach dem **Kollodium-Verfahren** hergestellte Glasnegative ersetzt.

Autochrome-platte *engl.* ***Autochrome plate*** · *frz.* ***Plaque autochrome***
Erstes praktikables Verfahren zur Herstellung von Farbphotographien. Die photographische Platte wurde mit einem Mosaik von gleichmäßig verteilten, in den additiven Grundfarben gefärbten Stärkemehlkörnern überzogen und mit einer panchromatischen Silberemulsion beschichtet. Die Belichtung der Platte in der Kamera erfolgte von der Rückseite und das Licht wurde gefiltert, bevor es die Emulsionschicht erreichte. Nach der Entwicklung wurde das Negativ im Umkehrverfahren in ein Positivbild verwandelt. So entstand ein Transparentbild, das die Originalfarben sehr genau wiedergab. Autochromeplatten wurden von 1907 bis in die 1930er Jahre von den Gebrüdern Lumière produziert, die auch eine wichtige Rolle in der Geschichte des Films spielen.

Auskopieren siehe Silbergelatine-Abzug

Carbrodruck *engl.* ***Carbro print*** · *frz.* ***Epreuve Carbro***
Zur Herstellung eines Carbrodrucks werden drei Gelatineschichten, jeweils in einer der primären subtraktiven Farben – Blaugrün, Purpur und Gelb – übereinandergelegt. Das Bild, das auf jeder dieser Schichten erscheint, ist das Ergebnis einer chemischen Reaktion, zu der es kommt, wenn mit Bichromat versetzte Gelatineschichten mit einem Silberbromid-Abzug in Kontakt gebracht werden. Von jedem dieser »Farbauszugsnegativ« werden in herkömmlicher Weise separate Schwarzweißkopien hergestellt. Nach dem Entwickeln wird die ungehärtete Gelatineemulsion abgelöst, dann in Blaugrün, Purpur und Gelb gefärbt und paßgerecht auf eine neue Papierunterlage gepreßt. So entsteht ein Dreifarben-Druck. Das 1905 als »Ozobrome« patentierte Carbro-Verfahren wurde von der in den 1850er Jahren entwickelten **Kohledruck**-Technik abgeleitet. Zwar wurden auch monochromatische Carbrodrucke angefertigt, aber das Verfahren wurde vor allem zur Herstellung lebhafter Farbbilder genutzt und ist für seine hohe Lichtbeständigkeit bekannt.

Carte-de-visite *engl.* ***Carte-de-visite*** · *frz.* ***Carte de visite***
Diese Papierphotographien, aufgezogen auf einen dünnen Karton von etwa 5,5 x 9 cm Größe, waren im 19. Jahrhundert das populärste Format für Portraitaufnahmen. Sie hatten etwa die gleiche Größe wie eine Visitenkarte und wurden häufig zwischen Freunden und Familienangehörigen ausgetauscht und in speziellen Alben gesammelt. Das Format erlangte in den 1850er und 60er Jahren besondere Beliebtheit, als eine Technik entwickelt wurde, um mehrere Negative auf einer einzigen Glasplatte unterzubringen und damit die Kosten für Portraitphotographien zu reduzieren. Das Format wurde schließlich von der größeren **Kabinettkarte** verdrängt.

Chromogenes Entwicklungsverfahren *engl.* ***Chromogenic development process*** · *frz.* ***Procédé de développment chromogène***
Ein chromogenes farbiges Diapositiv ist ein positives Bild auf Glas oder Film, bei dem die drei jeweils für eine der additiven Grundfarben sensibilisierten Emulsionsschichten dem Licht ausgesetzt werden. Während des Entwicklungsprozeß verbinden sich Farbkuppler mit den Silberkristallen und so entstehen komplementäre subtraktive Farbbilder. Das Silber wird ausgebleicht und hinterläßt ein farbiges positives Bild. Das chromogene Entwicklungsverfahren ist heute das meistverbreitete und wird für die Entwicklung von Negativen, für Diapositiven sowie für Abzüge verwendet. Aufgrund chemischer Verunreinigungen in den Farbbädern sind chromogene Farbabzüge nicht so haltbar wie andere Farbabzugsverfahren.

Cibachrome *engl.* ***Cibachrome*** · *frz.* ***Procédé cibachrome***
siehe Silberfarbbleichverfahren

Collotypie siehe Lichtdruck

Cyanotypie *engl.* ***Cyanotype*** · *frz.* ***Cyanotype***
Diese Form des photographischen Drucks zeichnet sich durch eine ausgeprägte Blaufärbung aus. Bei einer Cyanotypie scheint das Bilder *im* Papier zu liegen und nicht *auf* einer Beschichtung, wie beim **Albuminpapier-**

abzug oder **Silbergelatine-Abzug**. Ebenso wie Albumindrucke und **Salzpapierabzüge** werden auch Cyanotypien »auskopiert«, d. h. das Bild entsteht allein durch Lichteinwirkung auf sensibilisiertes Papier ohne Verwendung von chemischen Entwicklern. Dazu wird das Trägerpapier in einer Ferrosalzlösung getränkt und dann über einem Negativ belichtet. Die dem Licht ausgesetzten Bereiche des Papiers erscheinen blau, während die unbelichteten weiß bleiben. Das Bild wird durch Abwaschen mit Wasser fixiert, so daß nicht belichtete Chemikalien entfernt werden und die Blaufärbung intensiviert wird. Das Verfahren wurde 1842 von Sir John Herschel erfunden.

Daguerreotypie *engl.* ***Daguerreotype*** · *frz.* ***Daguerréotype***
Daguerreotypien sind fein nuancierte, hoch reflektierende Unikate auf versilberten, polierten Kupferplatten, die hinter Glas in Schutzetuis präsentiert wurden. Das 1839 von Louis-Jacques-Mandé Daguerre eingeführte Verfahren wurde als erstes zur kommerziellen Herstellung von Photographien genutzt und vor allem wegen seiner Schärfe und Detailgenauigkeit geschätzt. Frühe Daguerreotypien erforderten Belichtungszeiten von mehreren Minuten, die jedoch durch Verbesserungen des Verfahrens – und zur Erleichterung der lange stillsitzenden Modelle – bald verkürzt werden konnten. Daguerreotypien erfreuten sich in den 1840er und 1850er Jahren besonders in der Portraitphotographie großer Beliebtheit, wurden aber in erster Linie durch die preiswerteren und leichter zu betrachtenden **Ambrotypien** und **Ferrotypien** sowie durch verbesserte **Kollodium-Verfahren** für Negative und **Albuminpapierabzüge** verdrängt.

Dye-Transfer *engl.* ***Dye transfer*** · *frz.* ***Dye-Transfer***
Verfahren zur Herstellung von Farbdrucken (Farbstoffübertragung), das auf der Überlagerung von drei Bildern beruht. Dazu benötigt man drei verschiedene Negative (siehe **Farbmischung, additiv**), von denen Gelatine-Matrizen angefertigt werden, welche die Farbstofflösungen (Dyes) in den subtraktiven Grundfarben aufnehmen und freisetzen. Durch paßgerechtes Aufquetschen auf Papier dringen die Farbstoffe in das Papier ein und es entsteht ein Farbbild. Das Verfahren wurde vor allem wegen der

Möglichkeit zur genauen Farbabstimmung der Drucke bevorzugt. Sie zeichnen sich besonders durch lange Haltbarkeit aus, und der für dieses Verfahren verwendete schwarzweiße Matrix-Film ist stabiler als ein chromogener Farbfilm, so daß auch Jahre nach der Anfertigung des Originaldrucks von diesem noch Farbdrucke angefertigt werden können.

Farbmischung, additiv *engl.* ***Color, additive*** · *frz.* ***Couleur, synthèse additive***
Das Prinzip der additiven Farbmischung zeigt, daß alle Farben des Lichts durch Kombinieren verschiedener Anteile der drei Grundfarben Blau, Grün und Rot hergestellt werden können. (Diese Farben sind die Komplementärfarben zu den primären **subtraktiven Farben** Gelb, Purpur und Blaugrün). Werden die drei additiven Grundfarben in gleichem Verhältnis übereinander gelegt, addieren sie sich zu weißem Licht. **Autochromeplatten** und Farbfernsehbilder entstehen nach diesem Prinzip. Wenn weißes Licht durch einen Filter fällt, der in einer der additiven Grundfarben eingefärbt ist, übeträgt der Filter nur diese Farbe des Lichts und absorbiert die anderen Farben. Schwarzweißnegative, die durch solche Filter belichtet werden, nennt man »Auszugsnegative«.

Farbmischung, subtraktiv *engl.* ***Color, subtractive*** · *frz.* ***Couleur, Synthèse soustractives***
Nach dem Prinzip der subtraktiven Farbmischung lassen sich alle Farben mischen, da (in verschiedenen Anteilen) eine oder mehrere der subtraktiven Grundfarben – Gelb, Purpur und Blaugrün – von weißem Licht absorbiert oder »subtrahiert« werden. Die subtraktiven Grundfarben sind die Komplementärfarben der drei additiven Grundfarben – Blau, Grün und Rot. Die meisten Verfahren der modernen Farbphotographie beruhen auf dem Prinzip der subtraktiven Farbmischung.

Ferrotypie *engl.* ***Tintype*** · *frz.* ***Ferrotype***
In Amerika »tintype« genannt, zu deren Herstellung schwarzlackierte Weißblechstücke mit lichtempfindlicher Emulsion überzogen wurden. Ebenso wie die **Ambrotypie** beruht dieses Verfahren auf dem Prinzip, daß ein unterbelichtetes Kollodium-Negativ als positives Bild erscheint, wenn man es vor einem dunklen Hintergrund betrachtet. Ferrotypien waren

preiswerter und haltbarer als Ambrotypien oder Daguerreotypien; sie mußten nicht in Schutzetuis aufbewahrt werden und wurden in einfachen Papierrahmen oder Mappen präsentiert. Sie kamen zuerst 1856 in den Vereinigten Staaten auf und erfreuten sich bis weit ins 20. Jahrhundert hinein großer Beliebtheit.

Gelatinesilber siehe Silbergelatine-Abzug

Gelatinesilber-Glas-Interpositiv *engl.* ***Gelatin silver glass interpositive*** · *frz.* ***Interpositif gélatino-argentique sur verre***
Hierbei handelt es sich um ein positives Bild von einem Negativ, das auf eine Glasplatte kopiert wird. Dieser Zwischenschritt gibt dem Photographen die Möglichkeit, ein positives Bild zu bearbeiten. Ein Interpositiv kann auf verschiedene Arten manipuliert (Zeichnen, Kratzen etc.) und dann zur Anfertigung eines weiteren Negativs verwendet werden. Von diesem zweiten Negativ wird dann ein Abzug gemacht.

Gelatine-Nitrozellulose-Planfilm *engl.* ***Nitrocellulose sheet film*** · *frz.* ***Négatif, gélatine sur nitrocellulose***
Zelluloidfilm als Träger einer lichtempfindlichen Gelatineemulsion zur Herstellung von Zelluloid-Negativen. Die Suche nach einem flexiblen und transparenten Filmträgermaterial führte 1889 zur Einführung des Zelluloidfilms durch die Eastman Dry Plate and Film Company. (Das Verfahren wurde bereits 1887 von Reverend Hannibal Goodwin entwickelt, der jedoch erst 1914 Anerkennung für seine Erfindung erfuhr). Die einfache Handhabung des Rollfilms im Vergleich zu den sperrigen Glasplatten machte die Photographie auch Amateuren zugänglich. Die Perfektionierung des Materials ermöglichte bald auch eine Verwendung der Filmstreifen als Kinofilm. Da Zelluloid leicht entflammbar und nicht sehr haltbar ist, wurde es in den 1950er Jahren durch andere Emulsionen ersetzt.

Gelatinetrockenplatte *engl.* ***Negative, gelatine on glass*** · *frz.* ***Négatif, gélatine sur verre***
Mit einer Emulsion aus Gelatine, gemischt mit lichtempfindlichen Silbersalzen überzogene Glasnegative. Dieses, 1871 von Richard Leach Maddox

eingeführte Verfahren war eine Weiterentwicklung des **Kollodiumverfahrens**, denn Gelatine-Negative waren bis zu zehn Mal lichtempfindlicher als Kollodium-Negative. Zudem konnten diese Platten lange Zeit vor ihrer Verwendung präpariert werden, so daß sich Negativmaterial erstmals fabrikmäßig herstellen ließ und nicht mehr von dem Photographen per Hand gefertigt werden mußte. Die ersten Glasplatten kamen 1875 in den Handel, und Gelatine verdrängte Kollodium als vorherrschendes Negativmaterial. Die einfach zu handhabenden, überall erhältlichen Gelatinetrockenplatten erfreuten sich in den 1880er Jahren besonders bei Amateurphotographen großer Beliebtheit.

Gummidruck *engl.* ***Gum bichromate print*** · *frz.* ***Epreuve à la gomme bichromatée***
Nach diesem Verfahren hergestellte Pigmentdrucke zeichnen sich häufig durch geringe Detailgenauigkeit und Tonwertabstufung aus. Es basiert auf dem Prinzip, daß mit Bichromat versetztes Gummi aushärtet, wenn es dem Licht ausgesetzt wird. Ein Blatt Zeichenpapier wird mit sensibilisiertem, pigmentiertem Gummiarabicum überzogen und dann unter einem Negativ dem Sonnenlicht ausgesetzt, so daß das Gummi je nach Stärke der Lichteinwirkung aushärtet. Nach der Belichtung wird das Papier mit Wasser abgewaschen, um das nicht ausgehärtete Gummi zu entfernen; auf dem Papier erscheint dann ein positives Bild. Diese Technik wurde in den 1850er Jahren eingeführt, geriet aber weitgehend in Vergessenheit, bis sie in den 1890er Jahren von den Vertretern der Kunstphotographie wieder aufgegriffen wurde. Diese Photographen schätzten die Technik, weil sie ihnen eine weitgehende Kontrolle über die Bildgestaltung ermöglichte und sie die Oberfläche eines Bildes, ähnlich wie ein Maler, mit einem Pinsel bearbeiten konnten. Wie andere Pigmentdrucke weisen auch Gummidrucke keine lichtempfindlichen Metalle auf, so daß sie besonders lichtbeständig und haltbar sind. Dieses Verfahren läßt sich zudem mit anderen kombinieren; um beispielsweise einem **Platindruck** größere Tiefe zu verleihen, kann man ihn mit Gummiarabicum beschichten und ein zweites Mal kopieren.

Kabinettkarte *engl.* ***Cabinet card*** · *frz.* ***Carte de cabinet***

Im 19. Jahrhundert beliebtes Format für Photographien, die auf einen Karton von 16,5 x 11,5 cm aufgezogen wurden. Kabinettkarten waren meist Atelierportraits. Ein beliebtes Motiv waren Prominente, deren Aufnahmen in diesem Format im letzten Viertel des vorigen Jahrhunderts von vielen gesammelt wurden. Das Format kam 1866 in England auf und verdrängte bald die kleineren »Visitenkarten« (**Cartes-de-visite**). Nach der Jahrhundertwende verlor es jedoch an Popularität und war bis zum Ende des Ersten Weltkriegs weitgehend vom Markt verschwunden.

Kalotypie *engl.* ***Calotype*** · *frz.* ***Calotype***

1841 von Henry Fox Talbot in England patentiertes Verfahren zur Herstellung von Papiernegativen. Kalotypie-Negative waren die ersten Negative, die durch chemische Entwicklung eines latenten Bildes auf lichtempfindlichem, in einer Kamera belichtetem Papier gefertigt wurden. Das Verfahren war eine Weiterentwicklung von Talbots ersten Papiernegativen, den sogenannten photogenischen Zeichnungen, die einzig durch die Einwirkung von Licht auf sensibilisiertes Papier entstanden. Durch den chemischen Entwicklungsprozeß konnte die Belichtungszeit der Kalotypie-Negative erheblich verkürzt werden. Von diesen Negativen ließen sich beliebig viele Abzüge herstellen (zur damaligen Zeit **Salzpapierabzüge**); dieses sogenannte Negativ-Positiv-Verfahren ist der direkte Vorläufer der modernen Photographie. Aufgrund der längeren Belichtungszeit und der geringeren Detailgenauigkeit der Bilder waren Kalotypien für Portraits nicht so beliebt wie **Daguerreotypien**, wurden aber in den 1840er Jahren neben Salzpapierdrucken bevorzugt für Architektur- und Landschaftsphotographie verwendet. Mit dem Aufkommen des **Kollodiumverfahrens** um 1855 verlor die Kalotypie weitgehend an Bedeutung.

Kodak Schnappschuß *engl.* ***Kodak snapshot*** · *frz.* ***Instantané Kodak***

Dieser Begriff bezieht sich auf Photographien, die mit der Kodak Schnappschußkamera aufgenommen wurden; sie wurde 1888 von der

Eastman Dry Plate and Film Company (später Eastman Kodak Company) eingeführt. Diese Kameras hatten eine Autofokus-Linse, eine festgelegte Blendengeschwindigkeit und waren mit einem Rollfilm für 100 Belichtungen geladen. Der Photograph brauchte den Film nur zu belichten und vorzuspulen. Schnappschußkameras wurden der wachsenden Zahl von Amateurphotographen in Amerika mit dem Slogan angeboten: »You press the button. We do the rest.« (Sie drücken den Knopf, wir erledigen den Rest.) Wenn der Photograph den Film belichtet hatte, schickte er die Kamera an das Unternehmen zurück, welches die Bilder entwickelte und die Kamera mit einem neuen Rollfilm lud. Die entwickelten Bilder wurden dann zusammen mit der Kamera wieder an den Photographen zurückgesendet. Der Begriff »Schnappschuß« wurde von Sir John Herschel in den 1860er Jahren geprägt und beschreibt »die Möglichkeit, ein Bild in einer Zehntelsekunde festzuhalten.«

Kohledruck *engl.* ***Carbon print*** · *frz.* ***Epreuve au charbon***
Verfahren zur Herstellung von Drucken mit gefärbtem Pigmentpapier, die nicht nur äußerst haltbar waren, sondern auch durch eine reiche Tonwertskala überzeugten. Dazu mischte man Kohlenstoffpartikel mit Gelatine und Kaliumbichromat. Mit dieser Emulsion wurde Papier überzogen und getrocknet. Bei der Belichtung unter einem Negativ härtet die mit Bichromat versetzte Gelatine entsprechend der Menge des empfangenen Lichts aus. Nach der Belichtung wird das Papier auf ein zweites Blatt gepreßt, das mit einer wasserunlöslichen Gelatineschicht überzogen ist. Weicht man beide Blätter in Wasser ein, löst sich die unbelichtete Gelatine des ersten Blattes ab und der Farbstoff wird an den belichteten Stellen auf das zweite Blatt übertragen. Das Verfahren wurde 1855 von Alphonse Louis Poitevin in Frankreich patentiert und war zwischen 1870 und 1910 weit verbreitet.

Kollodium-Naßplatten-Negativ *engl.* ***Collodion on glass negative*** · *frz.* ***Collodion sur verre***
Im 19. Jahrhundert vorherrschendes Verfahren zur Herstellung von Negativen, die wegen ihrer größeren Detailgenauigkeit und kürzeren Belichtungszeit den **Kalotypie**-Negativen vorgezogen wurden. Die 1851 von

Frederick Scott Archer eingeführte Methode verdrängte das **Daguerreotypie-** und das **Ambrotypieverfahren** und erfreute sich bis etwa 1880 großer Beliebtheit, als **Gelatinetrockenplatten** aus Glas die Oberhand gewannen. Glasplatten wurden mit Kollodium, einer dickflüssigen, klebrigen Substanz überzogen, an dem lichtempfindliche Silbersalze haften. Die sensibilisierten Platten wurden in einer Kamera belichtet und in einem chemischen Bad entwickelt. Meist handelte es sich um »nasse Platten«, die unmittelbar vor der Belichtung sensibilisiert und entwickelt werden mußten, bevor sie trockneten. Deshalb mußte der Photograph alle Chemikalien und die Entwicklungsausrüstung stets mit sich führen. Zwar wurden Methoden entwickelt, um das schnelle Trocknen der Platten zu verhindern und sie längere Zeit vor ihrer Verwendung zu präparieren, aber diese sogenannten »Trockenplatten« führten zu unbefriedigenden Ergebnissen und erforderten längere Belichtungszeiten als die nassen Platten.

Laterna-Magica-Diapositiv

engl. ***Lantern slide*** · *frz.* ***Transparent de lanterne magique***
Das Laterna-Magica-Diapositiv ist ein positives Silbergelatinebild auf Glasplatte, das auf eine Leinwand projiziert wird mit Hilfe des Projektors oder der Laterna-Magica. Vor dem Aufkommen der Photographie wurden die Laterna-Magica-Bilder gezeichnet oder schabloniert, seit den 1850er Jahren waren Albumindrucke verfügbar. Mit den 1870er Jahren wurden Silbergelatineplatten als Diapositive kommerziell produziert um den stetig wachsenden Markt zu bedienen. Laterna-Magica-Diapositive wurden eingesetzt für Unterhaltung, Erziehung, Forschung oder als Reiseerinnerungen. Bei den mechanischen Laterna-Magica-Diapositiven stehen zwei oder mehr Diapositive in einem Halter oder Rahmen. Indem sie übereinander bewegt werden, ergibt sich eine scheinbare Bewegung in der Projektion auf die Leinwand.

Lichtdruck

engl. ***Collotype print*** · *frz.* ***Collotype***
Zur Herstellung eines Lichtdrucks, auch Collotypie genannt, wird eine Druckplatte zunächst mit Bichromat-Gelatine überzogen. Nach der Belichtung unter einem Negativ wird die Platte mit Wasser abgewaschen,

wodurch die Gelatine aufquillt und ein Reliefbild aus feinen Vertiefungen ensteht. Bringt man Druckfarbe auf die feuchte Platte auf, wird sie von der ungehärteten Gelatine an den unbelichteten Stellen abgestoßen und von der gehärteten Gelatine an den belichteten Stellen angenommen. Diese Druckplatte wird dann auf Papier gepreßt. Das Verfahren liefert Drucke von erlesener Tonqualität, die sich nur durch Vergrößerung von Silbersalz-Drucken unterscheiden lassen. Die Entwicklung des Lichtdrucks und anderen photomechanischen Verfahren in der zweiten Hälfte des 19. Jahrhunderts war eine bedeutende technische Errungenschaft, die photographische Reproduktionen in Büchern ermöglichte.

Negativ siehe Gelatine-Nitrozellulose-Planfilm, Gelatinetrockenplatte, Kollodium-Naßplatten-Negativ

Nitrozellulose-Planfilm siehe Gelatine-Nitrozellulose-Planfilm

Öldruck *engl.* ***Oil print*** · *frz.* ***Oléotypie***

Zur Herstellung eines Öldrucks wird Papier mit unpigmentierter Bichromat-Gelatine überzogen. Dieses beschichtete Papier wird mit einem Negativ als Kontaktkopie belichtet und dann gewässert, so daß die unbelichteten Bereiche Wasser absorbieren und aufquellen. Mit einem Pinsel aufgetragene Ölfarbe wird an den unbelichteten, ungehärteten Partien (den Schlaglichtern) abgewiesen, während sie an den belichteten, gehärteten Partien (den Schatten und Mitteltönen) aufgenommen wird. Das Verfahren wurde 1904 von G. E. H. Rawlins eingeführt und von vielen Photographen angewandt, da es eine größere Kontrolle über den fertigen Druck bot als herkömmliche photographische Techniken.

Photogramm *engl.* ***Photogram*** · *frz.* ***Photogramme***

Früheste Technik der photographischen Bildherstellung ohne Verwendung einer Kamera oder Linse. Ein Photogramm entsteht, wenn ein Objekt auf lichtempfindliches Papier oder Filmmaterial gelegt und dann dem Licht ausgesetzt wird. Auf dem belichteten Papier entwickelt sich so eine Art Schattenriß des Objekts, der an den belichteten Partien dunkle und an den unbelichteten Partien helle Tonwerte aufweist. Photogramme wurden von frühen Photographen wie Anna Atkins und William Henry Fox Talbot angefertigt, aber auch Künstler der Moderne wie Man Ray (Rayogramme) und László Moholy-Nagy experimentierten damit.

Photogravüre *engl.* ***Photogravure*** · *frz.* ***Photogravure***
Auch Photoradierung genanntes Verfahren, das die Wiedergabe photographischer Bilder mittels Druckerschwärze erlaubt. Das Bild wird in eine Kupferplatte geätzt und die dabei entstehenden Vertiefungen werden anschließend mit Druckerschwärze ausgefüllt, die in der Druckpresse das Bild auf Papier überträgt. Bei diesem Verfahren wird aufgeschmolzener Asphaltstaub auf die Druckplatte gebracht, so daß das Korn für ein Raster entsteht. Anschließend wird die Platte mit Bichromat-Gelatine überzogen und in Kontakt mit einem positiven Transparentbild belichtet. Jetzt kann diese Druckplatte an den unbelichteten, nicht ausgehärteten Stellen (den Schatten) geätzt werden, jedoch nicht an den belichteten, ausgehärteten Stellen (den Schlaglichtern). William Henry Fox Talbot experimentierte bereits 1852 mit dem Verfahren, aber es fand erst in den 1870er Jahren breite Anwendung, als es von Karl Klic perfektioniert wurde. Zur Zeit der Jahrhundertwende wurde es von den Vertretern der Kunstphotographie zur Herstellung photographischer Reproduktionen eingesetzt. Die vielleicht perfektesten Photogravüren findet man auf den Seiten von *Camera Work*, der von dem Photographen Alfred Stieglitz von 1903 bis 1917 herausgegebenen Zeitschrift.

Physionotrace-Zeichnung *engl.* ***Physionotrace engraving*** · *frz.* ***Physionotrace***
Von Gilles-Lous Chrétin 1786 erfundenes Verfahren, mit dem erstmals auf mechanischem Wege mehrere Drucke von einem Portrait angefertigt werden konnten. Das Profil des Modells wurde mit einem beweglichen Visier nachgezeichnet, das über ein Gestänge mit einem Schreiber verbunden war, der jeden Zug verkleinert mit Tusche auf einer Kupferplatte festhielt, die nachher graviert wurde.

Pigmentdruck *engl.* ***Pigment print*** · *frz.* ***Epreuve au pigment***
Bezeichnung für photographische Verfahren (wie **Kohledruck** und **Gummidruck**), bei denen Pigmente und mit Bichromat versetzte Kolloide statt lichtempfindlicher Ferrosalze zur Herstellung eines Druckbildes verwendet werden. Das in den 1850er Jahren entwickelte Druckverfahren war vor allem deshalb sehr populär, weil es eine genauere Kontrolle des endgültigen Bildes erlaubte, das zudem durch seine hohe Haltbarkeit überzeugte.

Platindruck *engl.* ***Platinum print*** · *frz.* ***Epreuve au platine***
Ein Platindruck zeichnet sich durch eine matte Oberfläche und große tonale Feinheit aus. Ebenso wie beim **Salzpapierabzug** befindet sich das Bild direkt im Papier und nicht in einer aufgetragenen Emulsionsschicht. Mit Ferrosalzen sensibilisiertes Papier wird in Kontakt mit einem Negativ belichtet, bis ein schwaches Bild entsteht. Bei der Entwicklung werden die Ferrosalze durch Platin ersetzt, und das Bild tritt deutlicher hervor. Aufgrund der Tonwertabstufung und Oberflächenqualität des Platindrucks gaben viele Kunstphotographen des ausgehenden 19. und beginnenden 20. Jahrhunderts diesem Verfahren den Vorzug vor **Silbergelatine-Abzug**. Es wurde in den 1870er Jahren eingeführt; gebrauchsfertiges, bereits sensibilisiertes Papier wurde knapp, als die Preise für Platin während des Ersten Weltkriegs das Verfahren nahezu unerschwinglich verteuerten. Daher wurde die Platinlösung häufig mit dem chemisch verwandten, preiswerteren Palladium gestreckt (Palladiumdruck). Platindrucke zeichnen sich durch äußerst hohe Haltbarkeit aus.

Polaroid siehe Sofortbildverfahren

Salzpapierabzug *engl.* ***Salted paper print*** · *frz.* ***Epreuve sur papier salé***
Erster photographischer Druck auf Papier, der sich häufig durch eine geringe Detailgenauigkeit und matte Oberfläche auszeichnet. Das Bild scheint im Papier und nicht auf einer Schicht zu liegen. Salzpapierabzüge werden in Kontakt mit einem Negativ »auskopiert«, und das Bild entsteht nur durch die Einwirkung des Lichts auf Ferrosalze, ohne chemische Ent-

wickler. Die Methode des Auskopierens erfordert lange Belichtungszeiten zur Herstellung eines Positivdrucks. William Henry Fox Talbot entwickelte das Salzpapier-Verfahren in den 1830er Jahren; Mitte der 1850er Jahre wurde es von **Albuminpapierabzügen** verdrängt.

Silberfarbbleichverfahren *engl.* ***Silver dye bleach print*** · *frz.* ***Procédé cibachrome***
Verfahren zur Herstellung von Drucken (z. B. Cibachrome) auf Papier mit drei Emulsionsschichten, die jeweils für eine der additiven Grundfarben des Lichts sensibilisiert sind und Farbstoffe enthalten, die den jeweiligen Komplementärfarben entsprechen. Bei der Entwicklung werden die Silberkristalle (die das Schwarzweißnegativ bilden) und der angelagerte Farbstoff aus den Schichten herausgebleicht, so daß aufgrund der **subtraktiven Farbmischung** ein positives Farbbild zurückbleibt. Das Verfahren garantiert hohe Lichtbeständigkeit, Farbechtheit und Farbsättigung. Erst durch die Einführung von Cibachrome-Material im Jahr 1963 fand das bereits zu Beginn des Jahrhunderts erforschte Verfahren breite Anwendung.

Silbergelatine-Abzug *engl.* ***Gelatine silver print*** · *frz.* ***Epreuve gélatino-argentique***
Zur Herstellung eines Silbergelatine-Abzugs wird Papier mit einer Gelatine-Emulsion überzogen, die lichtempfindliche Silberhalogenide enthält. Wie beim Albumindruck liegt das Bild auf der Oberfläche des Papiers und verschmilzt nicht mit seinen Fasern. Das Bild wird jedoch entwickelt und nicht »auskopiert«; auf dem Papier ensteht ein latentes Bild, das erst durch Entwicklung in einem chemischen Bad sichtbar wird. Dieses Trockenverfahren ermöglichte kürzere Belichtungszeiten und die Herstellung von Bildern, die nicht so schnell verblaßten. Der Silbergelatine-Abzug wurde Ende des 19. Jahrhunderts eingeführt und ist das am häufigsten verwendete Verfahren des 20. Jahrhunderts.

Sofortbildverfahren *engl.* ***Polaroid print*** · *frz.* ***Epreuve Polaroid***
Sofortbilder oder Polaroids sind Unikate in Farbe oder Schwarzweiß, die hauptsächlich von der Firma Polaroid vertrieben werden. In jedem Filmbild ist der Entwickler bereits als Emulsion eingelagert; es wird sofort nach der Belichtung aus der Kamera herausgezogen und in einer komple-

xen chemischen Reaktion entwickelt. Die belichteten Silberhalogenide in den additiven Farbschichten verhindern die Diffusion der komplementären, subtraktiven Farben von der Negativschicht in die Bildschicht, während die eingelagerte Entwicklerschicht undurchlässig wird und die nicht belichteten Silberhalogenide bzw. die daran angekoppelten Farbstoffe, die nicht auf die Bildschicht gelangt sind, verdeckt.

Stereophotographie *engl.* ***Stereograph*** · *frz.* ***Stéréogramme***
Ein Stereophotographie besteht aus zwei parallel versetzten photographischen Drucken, aufgenommen mit einer speziellen Kamera, deren Linsen im Augenabstand zueinander montiert sind. Die Negative der beiden Teilbilder werden meist gleichzeitig belichtet und auf Karton gedruckt. Die übereinandergelegten Bilder verschmelzen bei der Betrachtung mit einem Stereoskop, und entsteht der Eindruck von Dreidimensionalität und Tiefe. Stereophotographien waren von den 1850er bis 1920er Jahren sehr populär und erlebten im 20. Jahrhundert in Form des »Viewmasters« eine Neuauflage.

Woodburytypie *engl.* ***Woodburytype*** · *frz.* ***Woodburytype***
1864 von Walter Woodbury erfundenes Verfahren zur Reproduktion von photographischen Bildern, das sich durch äußerste Detailgenauigkeit und hohe Haltbarkeit auszeichnet. Unpigmentierte, mit Bichromat versetzte Gelatine wird in Kontakt mit einem Negativ belichtet und härtet im Verhältnis zu der empfangenen Lichtmenge aus. Beim Auswaschen der Gelatine mit heißem Wasser lösen sich die unbelichteten, also ungehärteten Partien auf und hinterlassen ein feines, hartes Reliefbild. Mit Hilfe einer starken hydraulischen Presse, in der das Gelatine- Relief gegen einen Bleiblock gepreßt wird, entsteht dann eine Form (Blei-Tiefdruckplatte), die mit pigmentierte Gelatine gefüllt und anschließend auf Papier gepreßt werden kann.

Alternative Image II: Photography on Nonconventional Supports. John Michael Kohler Arts Center, Sheboygan, Wis.,1984.

Arnold, Harry John Philip. *William Henry Fox Talbot: Pioneer of Photography and Man of Science.* London, 1977.

Auer, Michèle und Michel Auer. *Encyclopèdie internationale des photographes de 1830 à nos jours.* Hermance, Schweiz, 1985.

Baldwin, Gordon. *Looking at Photographs: A Guide to Technical Terms.* John Paul Getty Museum in Zusammenarbeit mit British Museum Press, Malibu, Calif., 1991.

Becchetti, Piero. *Fotografi e fotografia in Italia 1839–1880.* Rom, 1978.

– *La fotografia a Roma dalle origini al 1915.* Rom, 1983.

Brettell, Richard R., Roy Flukinger, Nancy Keeler und Sydney Mallett Kilgore. *Paper and Light: The Calotype in France and Great Britain, 1839–1870.* D. R. Godine in Zusammenarbeit mit dem Museum of Fine Arts, Houston und dem Art Institute of Chicago, Boston, 1984.

Browne, Turner und Elaine Partnow. *Macmillan Biographical Encyclopedia of Photographic Artists and Innovators.* New York, 1983.

Bruce, Chris und Andy Grundberg. *After Art: Rethinking 150 Years of Photography; Selections from the Joseph and Elaine Monsen Collection.* Henry Art Gallery, Seattle, 1984.

Bruce, Roger R., Hg. *Seeing the Unseen: Dr. Harold Edgerton and the Wonders of Strobe Alley.* Essays von James Enyeart, Douglas Collins und Joyce E. Bedi. International Museum of Photography at George Eastman House, Rochester, N. Y.; Cambridge, Mass., 1994.

Buerger, Janet E. *The Era of the French Calotype.* (Kat.) International Museum of Photography at George Eastman House, Rochester, N. Y.,1982.

– *French Daguerreotypes.* (Kat.) Chicago, 1989.

Bunnell, Peter C., Maria B. Pellarano und Joseph B. Rauch. *Minor White: The Eye That Shapes.* The Art Museum, Princeton University in Zusammenarbeit mit Bulfinch Press and Little, Brown & Co., Princeton, N. J., 1989.

Bunnell, Peter C., Hg. *A Photographic Vision: Pictorial Photography, 1893–1923.* Salt Lake City, 1980.

Carlebach, Michael L. *The Origins of Photojournalism in America*. Washington, D.C., 1992.

Coburn, Alvin Langdon. *Alvin Langdon Coburn, Photographer; An Autobiography*. Herausgegeben von Helmut Gernsheim und Alison Gernsheim. New York, 1978.

Coe, Brian. *Das erste Jahrhundert der Photographie*. München, 1979.

– *Farbphotographie und ihre Verfahren. München, 1979.*

Coe, Brian und Paul Gates. *Schnappschussphotographie. München, 1979.*

Coke, Van Deren. *Avant-Garde Fotografie in Deutschland, 1919–1939. München, 1982.*

Collins, Douglas. *The Story of Kodak*. New York, 1990.

Conger, Amy. *Edward Weston: Photographs from the Collection of the Center for Creative Photography*. (Kat.) Center for Creative Photography, University of Arizona, Tucson, 1992.

Daniel, Malcolm. *The Photographs of Édouard Baldus*. (Kat.) Metropolitan Museum of Art, New York; Canadian Centre for Architecture, Montreal; New York und Montreal, 1994.

Darrah, William Culp. *Cartes de Visite in Nineteenth Century Photography*. Gettysburg, Pa., 1981.

– *The World of Stereographs*. Gettysburg, Pa., 1977.

Davis, Keith F. *Désiré Charnay, Expeditionary Photographer*. Albuquerque, 1981.

Dixon, Penelope. *Photographers of the Farm Security Administration: An Annotated Bibliography, 1930–1980*. New York, 1983.

Doherty, Jonathan L. *Lewis Wickes Hine's Interpretive Photography, The Six Early Projects*. Chicago, 1978.

Doherty, Jonathan L., Hg. *Women at Work, 153 Photographs by Lewis W. Hine*. George Eastman House, Rochester, N.Y.; New York, 1981.

Earle, Edward, Hg. *Points of View, The Stereograph in America: A Cultural History*. Essays von Howard S. Becker, Thomas Southall und Harvey Green. Visual Studies Workshop Press in Zusammenarbeit mit der Gallery Association of New York State, Rochester, N.Y., 1979.

Eauclaire, Sally. *The New Color Photography*. New York, 1981.

Eder, Josef Maria. *Geschichte der Photographie. Halle, 1932.*

Ehrens, Susan. *A Poetic Vision: The Photographs of Anne Brigman.* (Kat.) Santa Barbara Museum of Art, Santa Barbara, Calif., 1995.

Elliott, David, Hg. *Russische Photographie 1840–1940.* (Kat.) Berlin, 1993.

Enyeart, James. *Brugière: His Photographs and His Life.* New York, 1977.

Evans, Martin Matrix und Amanda Hopkinson, Hg. *Contemporary Photographers.* 3. Auflage, Detroit, 1995.

The Extended Document. International Museum of Photography at George Eastman House, Rochester, N.Y., 1975.

Fabian, Rainer und Hans-Christian Adam. *Frühe Reisen mit der Kamera. Hamburg, 1981.*

Fielder, Jeannine, Hg. *Photography at the Bauhaus.* Cambridge, Mass., 1990.

Finkel, Kenneth. *Nineteenth Century Photography in Philadelphia: 250 Historic Prints from the Library Company of Philadelphia.* New York, 1980.

Fleming, Paula Richardson und Judith Luskey. *Die nordamerikanischen Indianer in frühen Photographien. München, 1988.*

Flukinger, Roy. *The Formative Decades: Photography in Great Britain, 1839–1920.* (Kat.) University of Texas Press in Zusammenarbeit mit dem Harry Ransom Humanities Research Center und der Archer M. Huntington Art Gallery, Austin, 1985.

Frank, Robert und Alain Bosquet. *Les Américains.* Paris, 1958.

French Primitive Photography. (Kat.) Mit einer Einführung von Minor White; Kommentare von André Jammes und Robert Sobieszek. Millerton, N.Y., 1969.

Fuller, Patricia Gleason. *Alternative Image: An Aesthetic and Technical Exploration of Non-conventional Photographic Printing Processes.* John Michael Kohler Arts Center, Sheboygan, Wis., 1983.

Fulton, Marianne. *Eyes of Time: Photojournalism in America.* (Kat.) Essays von Estelle Jussim, Colin Osman, Sandra S. Phillips und William Stapp. New York Graphic Society und Little, Brown & Co. in Zusammenarbeit mit dem International Museum of Photography at George Eastman House, Boston, 1988.

– *Mary Ellen Mark, 25 Years.* (Kat.) Little, Brown & Co. in Zusammenarbeit mit dem International Museum of Photography at George Eastman House, Boston, 1991.

Fulton, Marianne, Hg. *Pictorialism into Modernism: The Clarence H. White School of Photography.* (Kat.) Texte von Bonnie Yochelson und Kathleen A. Erwin. George Eastman House in Zusammenarbeit mit The Detroit Institute of Arts, New York, 1996.

Gardner, Alexander. *Gardner's Photographic Sketchbook of the Civil War.* Ungekürzte Neuausgabe, New York, 1959.

Gee, Helen. *Photography of the Fifties: The American Perspective.* (Kat.) Center for Creative Photography, University of Arizona, Tucson, 1980.

George Eastman House: International Museum of Photography and Film, Rochester N.Y. Photographers Biography File.

Gernsheim, Helmut. *The Origins of Photography.* New York, 1982.

– *The Rise of Photography, 1850–1880: The Age of Collodion.* Überarbeitete 3. Auflage, New York, 1988.

Gernsheim, Helmut und Alison Gernsheim. *L. J. M. Daguerre: The History of the Diorama and the Daguerreotype.* New York, 1968.

Goldschmidt, Lucien und Weston J. Naef. *The Truthful Lens: A Survey of the Photographically Illustrated Book, 1844–1914.* 1. Auflage, New York, 1980.

Green, Jonathan. *American Photography: A Critical History, 1945 to the Present.* New York, 1984.

Green, Jonathan, Hg. *Camera Work: A Critical Anthology.* Millerton, N.Y., 1973.

Greenhill, Gillian. »The Jersey Years: Photography in the Circle of Victor Hugo«, in: *History of Photography* 4, Nr. 2 (April 1980): S. 113–120.

Greenough, Sarah und Juan Hamilton. *Alfred Stieglitz, Photographs and Writings.* (Kat.) National Gallery of Art, 1. Auflage, Washington, D.C., 1983.

Grundberg, Andy und Kathleen McCarthy Gauss. *Photography and Art: Interactions Since 1946.* (Kat.) Fort Lauderdale Museum of Art, Fort Lauderdale, Fla.; New York, 1987.

Gutman, Judith Mara. *Through Indian Eyes.* International Center for Photography, New York, 1982.

Haas, Robert Bartlett. *Muybridge: Man in Motion*. Berkeley, 1976.

Hager, Michael, Rick McKee Hock und Ruth Rosenberg-Naparsteck. »A Portrait of Rochester: Through the Lens of Charles Zoller«, in: *Rochester History* 50, Nr. 1 (Januar 1988).

Hales, Peter B. *William Henry Jackson and the Transformation of the American Landscape*. Philadelphia, 1988.

Hambourg, Maria Morris, Françoise Helibrun und Philippe Néagu u. a. *Nadar*. Metropolitan Museum of Art New York, 1994.

Hambourg, Maria Morris und Christopher Phillips. *The New Vision: Photography Between the World Wars*. (Kat.) Metropolitan Museum of Art, New York, 1989.

Hannavy, John. *Roger Fenton of Crimble Hall*. London, 1975.

Harker, Margaret F. *Henry Peach Robinson: Master of Photographic Art, 1830–1901*. New York, 1988.

– *The Linked Ring: The Secession Movement in Photography in Britain, 1892–1910*. London, 1979.

Haworth-Booth, Mark. *The Golden Age of British Photography, 1839–1900: Photographs from the Victoria and Albert Museum ...* (Kat.) Aperture in Zusammenarbeit mit dem Philadelphia Museum of Art, Millerton, N. Y., 1984.

Hine, Lewis. *Men at Work, Photographic Studies of Modern Men and Machines*. 1932. International Museum of Photography at George Eastman House, Rochester, N. Y.; Neuausgabe, New, York 1977.

Hirsch, Julia. *Family Photographs: Content, Meaning, and Effect*. New York, 1981.

Homer, William Innes. *Alfred Stieglitz and the Photo-Secession*. Boston, 1983.

Hurley, Forrest Jack und Robert J. Doherty, Hg. *Portrait of a Decade: Roy Stryker and the Development of Documentary Photography in the Thirties*. Baton Rouge, 1972.

Jammes, André und Eugenia Parry Janis. *The Art of French Calotype, With a Critical Dictionary of Photographers, 1845–1870*. Princeton, N. J., 1983.

Jenkins, William. *New Topographics: Photographs of a Man-Altered Land-*

scape. International Museum of Photography at George Eastman House, Rochester, N. Y.,1975.

Johnson, Osa Helen. *I Married Adventure: The Lives of Martin and Osa Johnson*. Garden City, N. Y., 1940.

Johnson, William S. *Nineteenth-Century Photography: An Annotated Bibliography, 1839–1879*. Boston, 1990.

Jussim, Estelle und Cheryl Brutvan. *A Distanced Land: The Photography of John Pfahl*. (Kat.) University of New Mexico Press in Zusammenarbeit mit der Albright-Knox Art Gallery, Albuquerque, 1990.

Johnston, Patricia. *Real Fantasies: Edward Steichen's Advertising Photography*. Berkeley, 1997.

Keppler, Victor. *A Life of Color Photography: The Eighth Art*. New York, 1938.

Kraus, Rosalind und Jane Livingston. *L'Amour Fou: Photography and Surrealism*. Corcoran Gallery of Art, Washington, D. C.; New York, 1985.

Knapp, Ulrich. *Kühn: Photographien*. Salzburg, 1988.

Lahs-Gonzalez, Olivia und Lucy Lippard. *Defining Eye: Women Photographers of the Twentieth Century*. (Kat.) St. Louis Art Museum, St. Louis, Mo., 1997.

LéCuyer, Raymond. *Histoire de la Photographie*. Paris, 1945.

Lemagny, Jean-Claude und André Rouillé. *A History of Photography: Social and Cultural Perspectives*. Übersetzung von Janet Lloyd. New York, 1986.

Lewinski, Jorge. *The Camera at War: A History of War Photography from 1848 to the Present Day*. New York, 1980.

Livingston, Jane. *The New York School: Photographs, 1936–1960*. New York, 1992.

Lloyd, Valerie. *Roger Fenton, Photographer of the 1850s*. London, 1988.

Lorenz, Richard. *Imogen Cunningham: Ideas without End, A Life in Photographs*. San Francisco, 1993.

Lukitsh, Joanne. *Cameron, Her Work and Career*. International Museum of Photography at George Eastman House, Rochester, N. Y., 1986.

Lyons, Nathan. *Photography in the Twentieth Century*. Horizon Press in Zusammenarbeit mit dem George Eastman House, New York, 1966.

– *Towards a Social Landscape.* Horizon Press in Zusammenarbeit mit dem George Eastman House, New York, 1967.
– *Vision and Expression.* Horizon Press in Zusammenarbeit mit dem George Eastman House, New York, 1969.
Maddow, Ben. *Faces: A Narrative History of the Portrait in Photography.* Photographien zusammengestellt und herausgegeben von Constance Sullivan. Boston, 1977.
Manchester, William. *Zeitblende. 5 Jahrzehnte Magnum Photographie.* (Kat.) München, 1989.
Marbot, Bernard. *After Daguerre: Masterworks of French Photography, 1848–1920, from the Bibliothèque Nationale, Musée de Petit Palais.* The Metropolitan Museum of Art, New York, 1980.
Margolis, Marianne Fulton. *Camera Work: A Pictorial Guide with Reproductions of All 559 Illustrations and Plates. Fully Indexed [from the original magazine edited by] Alfred Stieglitz.* International Museum of Photography at George Eastman House, Rochester, N. Y.; New York, 1978.
– *Muray's Celebrity Portraits of the Twenties and Thirties: 135 Photographs by Nickolas Muray.* International Museum of Photography at George Eastman House, Rochester, N. Y.; New York: 1978.
Martin, Rupert. *Floods of Light: Flash Photography, 1851–1981.* London, 1982.
McCauley, Elizabeth Anne. *Industrial Madness: Commercial Photography in Paris, 1848–1871.* New Haven, 1994.
Michaels, Barbara L. *Gertrude Käsebier: The Photographer and Her Photographs.* New York, 1992.
Mulligan, Therese, Eugenia Parry Janis, April Watson und Joanne Lukitsh. *For My Best Beloved Sister Mia: An Album of Photography by Julia Margaret Cameron: An Exhibition of Works from the Hochberg-Mattis Collection.* University of New Mexico Art Museum, Albuquerque, 1994.
Muybridge, Eadweard. *Muybridge's Complete Human and Animal Locomotion: All 781 Plates from the 1887 Animal Locomotion.* Mit einer Einführung von Anita Ventura Mozley. New York, 1979.
Nadeau, Luis. *Encyclopedia of Printing, Photographic, and Photomechanical*

Processes: Containing Invaluable Information on Over 1500 Processes. Atelier L. Nadeau, Fredericton, New Brunswick, Kanada, 1994.

Naef, Weston J. und James N. Wood. *Era of Exploration: The Rise of Landscape Photography in the American West, 1860–1885.* Boston, 1975.

Naylor, Colin, Hg. *Contemporary Photographers.* 2. Auflage, Chicago, 1988.

Neubauer, Hendrik. *Black Star: 60 Years of Photojournalism.* Köln, 1997.

Newhall, Beaumont. *The Daguerreotype in America.* 3. Auflage, New York, 1976.

– *Frederick H. Evans.* George Eastman House, Rochester, N.Y., 1964.

– *Geschichte der Photographie.* München 1984.

Newhall, Nancy. *This Is the Photo League.* New York, 1949.

Newhall, Nancy Wynne. *Peter Henry Emerson: The Fight for Photography as a Fine Art.* New York, 1975.

Nir, Yeshayahu. *The Bible and the Image: The History of Photography in the Holy Land, 1839–1899.* Philadelphia, 1985.

O'Neal, Hank. *A Vision Shared; A Classic Portrait of America and Its People, 1935–1943.* New York, 1976.

Onne, Eyal. *Photographic Heritage of the Holy Land, 1839–1914.* Institute of Advanced Studies, Manchester Polytechnic, Manchester, England, 1980.

Ostroff, Eugene. *Western Views and Eastern Visions.* Smithsonian Institution Traveling Exhibition Service unter Mitwirkung des U.S. Geological Survey, Washington, 1981.

Panzer, Mary. *Philadelphia Naturalistic Photography, 1865–1906.* Yale University Art Gallery, New Haven, 1982.

Perez, Nissan N. *Focus East: Early Photography in the Near East, 1839–1885.* Harry N. Abrams in Zusammenarbeit mit Domino Press, Jerusalem und dem Israel Museum, Jerusalem; New York, 1988.

Peterson, Christian A. *After the Photo-Secession: American Pictorial Photography, 1910–1955.* (Kat.) The Minneapolis Institute of Arts in Zusammenarbeit mit W.W. Norton and Company, New York, 1997.

Plattner, Steven W. *Roy Stryker: U.S.A., 1943–1950; The Standard Oil (New Jersey) Photography Project.* Austin, Tex., 1983.

Points of Entry: A Nation of Strangers. (Kat.) Essays von Vicki Goldberg und Arthur Ollman. Museum of Photographic Art, San Diego, 1995.

Points of Entry: Reframing America. (Kat.) Essays von Andrei Codrescu und Terrence Pitts. Center for Creative Photography, Tucson, 1995.

Points of Entry: Tracing Cultures. (Kat.) Essays von Rebecca Solnit und Ronald Takaki. Friends of Photography, San Francisco, 1995.

Rinhart, Floyd und Marion Rinhart. *The American Daguerreotype.* University of Georgia, Athens, Ga., 1981.

Ritter, Dorothea. *Venedig in historischen Photographien. München, 1994.*

Rosenblum, Naomi. *A History of Women Photographers.* 1. Auflage, New York, 1994.

– *A World History of Photography.* New York, 1984.

Rosenblum, Naomi, Walter Rosenblum und Alan Trachtenberg. *America and Lewis Hine: Photographs, 1904–1940.* New York, 1977.

Sandweiss, Martha A. *Photography in Nineteenth-Century America.* (Kat.) Essays von Alan Trachtenberg u. a. New York, 1991.

Schaaf, Larry J. *Out of the Shadows: Herschel, Talbot and the Invention of Photography.* New Haven, 1992.

Seiberling, Grace und Carolyn Bloore in Zusammenarbeit mit dem **International Museum of Photography at George Eastman House.** *Amateurs, Photography, and the Mid-Victorian Imagination.* (Kat.) Chicago, 1986.

Silverman, Jonathan. *For the World to See: The Life of Margaret Bourke-White.* New York, 1983.

Sipley, Louis Walton. *A Half-Century of Color.* New York, 1951.

Snyder, Joel. *American Frontiers: The Photographs of Timothy H. O'Sullivan, 1867–1874.* Millerton, N.Y., 1981.

Snyder, Joel and Doug Munson. *The Documentary Photograph as a Work of Art: American Photographs, 1860–1876.* The David and Alfred Smart Gallery, Chicago, 1976.

Sobieszek, Robert A. »An American Century of Photography, 1840–1940: Selections from the Sipley/3M Collection«, in: *Camera* 57, Nr. 6 (Juni 1978).

– *The Art of Persuasion: A History of Advertising Photography.* (Kat.) New York, 1988.

– *Masterpieces of Photography from the George Eastman House Collections.* (Kat.) New York, 1985.

Sobieszek, Robert und Odette M. Appel. *The Spirit of Fact: The Daguerreotypes of Southworth and Hawes, 1843–1862.* (Kat.) Boston, 1976.

Stapp, William F. »Souvenirs of Asia: Photography in the Far East, 1840–1920«, in: *Image* 37, Nr. 3–4 (Herbstl/Winter 1994): S. 2–53.

Steichen, Edward. *Ein Leben für die Photographie. Wien, 1965.*

Steinorth, Karl, Hg. *Internationale Ausstellung des Deutschen Werkbundes: Film und Foto Stuttgart 1929.* (Kat.) Mit einer Einführung von Karl Steinorth, Vorwort von Manfred Rommel. Stuttgart, 1979.

– *Lewis Hine, Passionate Journey, Photographs, 1905–1937.* (Kat.) Texte von Anthony Bannon und Marianne Fulton. Edition Stemmle in Zusammenarbeit mit dem International Museum of Photography at George Eastman House, Rochester, N.Y.; New York und Zürich, 1996.

Stevenson, Sara. *David Octavius Hill and Robert Adamson: A Catalogue of their Calotypes Taken Between 1843 and 1847 in the Collection of the Scotland National Portrait Gallery.* (Kat.) National Galleries of Scotland, Edinburgh, 1981.

Stuhlman, Rachel. »It Isn't Sanity, But It Sure Is Fun«, in: *Image* 34, Nr. 1–2 (Frühling/Sommer 1991): S. 22–28.

Sweetman, Alex. *Photographic Book to Photobookwork: 140 Years of Photography in Publication. CMP Bulletin* 5, Nr. 2, California Museum of Photography, University of California, Riverside, Calif., 1986.

Szarkowski, John. *Photography until Now.* (Kat.) Museum of Modern Art, New York, 1989.

Szarkowski, John und Maria Morris Hambourg. *The Work of Atget.* (Kat.) Museum of Modern Art, New York; Boston, 1981.

Taft, Robert. *Photography and the American Scene: A Social History, 1839–1889.* New York, 1938.

Teitelbaum, Matthew, Hg. *Montage and Modern Life: 1919–1942.* Cambridge, Mass., 1992.

Thomas, Alan. *Time in a Frame: Photography and the Nineteenth-Century Mind.* New York, 1977.

Thomas, Anne. *Beauty of Another Order: Photography in Science.* (Kat.) Essays von Marta Braun u. a. Yale University Press in Zusammenarbeit mit der National Gallery of Canada, New Haven, 1997.

Thomas, Dr. G. *History of Photography, India, 1840–1980*. Andhra Pradesh State Akademi of Photography, [Hyderabad], 1981.

Traub, Charles, Hg. *New Vision: Forty Years of Photography at the Institute of Design*. Essay von John Grimes. Millerton, N.Y., 1982.

Treadwell, T.K., and William C. Darrah. *Stereographers of the World*. vols. 1–2. N.p.: National Stereoscopic Association, 1994.

Tucker, Anne. *Photographic Crossroads: The Photo League*. (Kat.) National Gallery of Canada for the Corporation of National Museums of Canada, Ottawa, 1978.

Van Haaften, Julia und Jon E. Manchip White. *Egypt and the Holy Land in Historic Photographs: 77 Views by Francis Frith*. New York, 1980.

Voignier, J.M. *Répertoire des Photographes de France au Dix-Neuvième Siècle*. Chevilly-Larue, 1993.

Weinberg, Adam D., Eugenia Parry Janis und Max Kozloff. *Vanishing Presence*. (Kat.) Walker Arts Center, Minneapolis; New York, 1989.

Welling, William. *Photography in America: The Formative Years, 1839–1900*. New York, 1978.

Weston, Edward. *The Daybooks of Edward Weston*. Herausgegeben von Nancy Newhall, Vorwort von Beaumont Newhall. 2. Auflage, New York, 1990.

White, Stephen. *John Thomson: A Window to the Orient*. (Kat.) New York, 1986.

Wood, John. *The Art of the Autochrome: The Birth of Color Photography*. Vorwort von Merry A. Foresta. Iowa City, 1993.

– *The Scenic Daguerreotype: Romanticism and Early Photography*. Iowa City, 1995.

Wood, John, Hg. *The Daguerreotype: A Sesquicentennial Celebration*. Iowa City, 1989.

Worswick, Clark, Hg. *Japan: Photographs, 1854–1905*. New York, 1979.

Zannier, Italo. *Le Grand Tour: dans les Photographies des Voyageurs de XIX*^e^ *Siècle*. Venise: Canal and Stamperia, 1997.

Photonachweis

Der Verlag und die Herausgeber danken den Copyrightinhabern – den Photographen und ihren Vertretern, Nachlässen, Agenturen, Stiftungen und Sammlungen – für ihre Unterstützung. Trotz intensiver Recherchen kann nicht ausgeschlossen werden, daß nicht alle Urheberrechte ermittelt wurden. Wir bitten ggfs. um Mitteilung.

Abbott: © Commerce Graphics, Inc., East Rutherford | **Adams**: © The Ansel Adams Publishing Rights Trust, Carmel | **Adams**: © The Associated Press, New York | **Adams**: © Robert Adams, Astoria | **Alvarez-Bravo**: © Manuel Alvarez-Bravo, Coyoacan | **Appelt**: © Dieter Appelt, Courtesy of Galerie Rudolf Kicken, Cologne | **Arbus**: Copyright © 1972 The Estate of Diane Arbus, New York | **Avedon**: © Richard Avedon Studio, New York | **Baldessari**: © John Baldessari, Santa Monica | **Baltz**: © Lewis Baltz and Stephen Wirtz Gallery, San Francisco | **Barrow**: © Thomas F. Barrow, Albuquerque | **Bayer**: © Mr. Javan Bayer, Denver | **Berger**: © Paul Berger, Seattle | **Berman**: © Zeke Berman, New York | **Bourke-White**: © Estate of Margaret Bourke-White, Jonathan B. White, East Lansing; © Time Life Syndication, New York | **Brandt**: Bill Brandt © Bill Brandt Archive Ltd., London | **Brassaï**: © Gilberte Brassaï, Paris | **Brigman**: © The Oakland Museum of California, City of Oakland | **Bruehl**: © Estate of Anton Bruehl, Courtesy of Howard Greenberg Gallery, New York | **Bubley:** © Photographic Archives. Ekstrom Library, University of Louisville, Louisville | **Bullock**: © The Bullock Photography Trust, Carmel | **Burke**: © Bill Burke, Dorchester | **Burrows**: Courtesy Laurence Miller Gallery, New York | **Callahan**: Courtesy of PaceWildensteinMacGill, New York | **Capa**: © Cornell Capa, New York | **Cartier-Bresson**: © Helen Wright, New York | **Chiarenza**: © Carl Chiarenza, Rochester | **Close**: © Chuck Close, New York | **Cohen**: © Mark Cohen, Wilkes-Barre | **Corsini:** © Harold Corsini, Pittsburgh | **Cunningham**: © The Imogen Cunningham Trust, Berkeley | **Davidson:** © Bruce Davidson and Magnum Photos, Inc., New York | **Deal**: © Joe Deal, St. Louis | **DeCarava**: © Roy DeCarava, Brooklyn | **Depardon**: © Raymond Depardon and Magnum Photos, Inc., New York | **Drtikol**: © Ervina Boková-Drtikolová, Podebrady | **Edgerton**: © Harold and Esther Edgerton Foundation, 1998, Courtesy of Palm Press, Inc., Concord | **Ellison**: © Paul Stephanus, Wayne; Black Star, New York | **Evans**: © Evan Evans, Epsom Surrey | **Evans**: Library of Congress, Prints and Photographs Division, FSA/OWI Collection, LCUSF3428253A; LC-USF342–8091A; LC-USF342–894A; LC-USF342–890A, Washington, D.C.; © The Walker Evans Archive. The Metropolitan Museum of Art, New York | **Faurer**: © Louis Faurer, Howard Greenberg Gallery and Ferber, Chan & Essner, LLP., New York | **Feininger**: Photo by Andreas Feininger, *LIFE Magazine* © Time Inc., New

York | **Fernandez**: © Benedict Fernandez, North Bergen | **Ferrato**: Courtesy of Domestic Abuse Awareness Inc., New York | **Fichter**: © Robert Fichter, Tallahassee | **Freed**: © Leonard Freed and Magnum Photos, Inc., New York | **Friedlander**: © Lee Friedlander, New City | **Gibson**: © Ralph Gibson, New York | **Gohlke**: © Frank Gohlke, Southborough | **Goldin**: © Nan Goldin, New York | **Gowin**: © Emmet Gowin, Newtown | **Groover**: © Jan Groover, Montpon-Menesterol | **Hahn**: © Betty Hahn, Albuquerque | **Heath**: © David Heath, Toronto | **Heinecken**: © Robert Heinecken, Chicago | **Henri**: © Galleria Martini & Ronchetti, Genoa, Italy | **Hiller**: © Visual Studies Workshop, Rochester | **Hosoe**: © Eikoh Hosoe, Tokyo | **Jacobsen**: © Bill Jacobsen, Courtesy of Julie Saul Gallery, New York | **Keppler**: © Herbert Keppler, New York | **Kertész**: Photo André Kertész © Ministère de la Culture-France, Mission du Patrimonie Photographique, Paris | **Khaldei**: © Anna Khaldei-Bibicheva and Leonid Khaldei, Moscow | **Klein**: © William Klein, Paris | **Kon**: Courtesy of Photo Gallery International/Sata Corporation, Tokyo; © Michiko Kon, Courtesy: Robert Mann Gallery, New York | **Krims**: © Les Krims, Buffalo | **Kruger**: © Barbara Kruger, Courtesy of Mary Boone Gallery, New York | **Krull**: © Fotografische Sammlung, Museum Folkwang, Essen | **Kühn**: © Kühn-Nachlaß, Birgitz | **Lange**: Library of Congress, Prints and Photographs Division, FSA/OWI Collection, LCUSF349058C; LC-USF34–9599C, Washington, D.C.; © The Dorothea Lange Collection, The Oakland Museum of California, City of Oakland. Gift of Paul S. Taylor, Oakland | **Lartigue**: Photographie J.H. Lartigue © Ministère de la Culture-France A.A.J.H.L., Paris | **Lazarnick**: Courtesy of the Detroit Public Library, National Automotive History Collection, Detroit | **Lerski**: © Fotografische Sammlung, Museum Folkwang, Essen | **Levitt**: © Helen Levitt, New York | **Lissitzky**: © 1998 Artists Rights Society (ARS), New York/VG Bild-Kunst, Bonn | **Lyon**: Courtesy of Danny Lyon and Edwynn Houk Gallery, Clintondale | **Lyons**: © Joan Lyons, Rochester | **Man Ray**: 1998 Man Ray Trust/Artists Rights Society, NY/ADAGP, Paris | **Manning**: © Jack Manning, Pearl River | **MANUAL**: © Suzanne Bloom and Ed Hill, Houston | **Mapplethorpe**: © The Estate of Robert Mapplethorpe. Used by permission. New York | **Mark**: © Mary Ellen Mark, Falkland Road, Inc., New York | **McCullin**: © Don McCullin, Somerset | **Meatyard**: © Christopher Meatyard, Lexington | **Meiselas**: © Susan Meiselas and Magnum Photos, Inc., New York | **Meyerowitz**: © Joel Meyerowitz, New York | **Model**: © Lisette Model Foundation, New York | **Moholy-Nagy**: © 1999 Artists Rights Society (ARS), New York/VG Bild-Kunst, Bonn | **Moore**: © Charles Moore, Shelbourne Falls | **Morell**: © Abelardo Morell, Brookline | **Myers**: © Joan Myers, Tesuque | **Neimanas**: © Joyce Neimanas, Chicago | **Nettles**: © Bea Nettles, Urbana | **Newman**: All photographs copyrighted by Arnold Newman, New York | **Outerbridge**: © Courtesy of G. Ray Hawkins Gallery, Santa Monica | **Peress**: © Gilles Peress and Magnum Photos, Inc., New York | **Pfahl**:

© John Pfahl, Buffalo | **Renger-Patzsch**: © 1998 Artists Rights Society (ARS), New York/VG Bild-Kunst, Bonn | **Rodchenko**: © Howard Schickler on behalf of Rodchenko/Stepanova Archives, New York | **Rosenthal**: © The Associated Press, New York | **Rothstein**: © Photograph by Arthur Rothstein, New Rochelle | **Salomon**: © Peter Hunter, The Hague | **Samaras**: © PaceWildensteinMacGill, New York | **Sander**: © Die Fotografische Sammlung/SK Stiftung Kultur – August Sander Archive, Cologne; ARS, New York, 1998 | **Schulke**: © Flip Schulke, West Palm Beach | **Sheeler**: Courtesy of Theodore E. Stebbins, Jr., The Lane Foundation, Boston | **Sherman**: © Cindy Sherman and Metro Pictures, New York | **Shing**: © The Associated Press, New York | **Shore**: © Stephen Shore, Tivoli | **Silver**: © Courtesy of G. Ray Hawkins Gallery, Santa Monica | **Simpson**: © Lorna Simpson, Brooklyn | **Siskind**: © Aaron Siskind Foundation, School of Visual Arts, New York | **Smith**: © Black Star, New York | **Sommer**: © Frederick Sommer, Prescott | **Steichen:** Reprinted with permission of Joanna T. Steichen, New York | **Stieglitz**: © The Georgia O'Keeffe Foundation, Abiquiu | **Steiner**: © Estate of Ralph Steiner, Milwaukee | **Stoumen**: © Museum of Photographic Arts, San Diego | **Strand**: »Lathe, Aekely Shop, New York, 1923,« © 1985, Aperture Foundation, Inc., Paul Strand Archive; »The White Fence, Port Kent, New York, 1916,« © 1971, Aperture Foundation, Inc., Paul Strand Archive, Millerton | **Tsuchida**: © Hiromi Tsuchida, Tokyo | **Turyn**: © Ann Turyn, New York | **Uelsmann**: © Jerry Uelsmann, Gainesville | **Unbekannter Photograph**: »Army Troops See Atomic Blast,« © The Associated Press, New York | **Weegee**: © Weegee (Arthur Fellig), reproduced with permission of the International Center of Photography, New York | **Weston**: © 1981 Center for Creative Photography, Arizona Board of Regents, Tucson | **White**: Reproduction of »The Three Thirds« and »Lake Road, Rochester« courtesy the Minor White Archive, Princeton University. Copyright © 1989 by the Trustees of Princeton University. All rights reserved. Reproduction of »Sun in Rock, Devil's Slide« and »Mission District, San Francisco« courtesy the Minor White Archive, Princeton University. Copyright © 1982 by the Trustees of Princeton University. All rights reserved. | **Winogrand**: © Estate of Garry Winogrand, courtesy Fraenkel Gallery, San Francisco | **Winokur**: © Janet Borden, Inc., New York

Index der Photographen